SHANXIJIAOTONGNIANJIAN

U0816789

山西交通年鉴

2009

山西出版集团
山西人民出版社

图书在版编目（CIP）数据

山西交通年鉴. 2009 / 山西省交通运输厅编. —太原: 山西人民出版社，2009.12
ISBN 978-7-203-06701-6

I. 山… II. 山… III. 交通运输业—山西省—2009—年鉴 IV. F512.725-54

中国版本图书馆 CIP 数据核字（2009）第 237807 号

山西交通年鉴（2009）

编　　者：	山西省交通运输厅
责任编辑：	白玉梅
装帧设计：	纪　德　雁　平
出 版 者：	山西出版集团·山西人民出版社
地　　址：	太原市建设南路 21 号
邮　　编：	030012
发行营销：	0351-4922220　4955996　4956039
	0351-4922127（传真）　4956038（邮购）
E-mail：	sxskcb@163.com　发行部
	sxskcb@126.com　总编室
网　　址：	www.sxskcb.com
经 销 者：	山西出版集团·山西人民出版社
承 印 者：	山西三和印刷有限公司
开　　本：	787 毫米 × 1092 毫米　1/16
印　　张：	63.75
字　　数：	1645 千字
印　　数：	1-1000 册
版　　次：	2009 年 12 月第 1 版
印　　次：	2009 年 12 月第 1 次印刷
书　　号：	ISBN 978-7-203-06701-6
定　　价：	180.00 元

《山西交通年鉴》编审委员会

《山西交通年鉴》编纂人员

► 2009年6月17日，省委书记张宝顺深入阳盂高速公路建设工地视察指导工作

◄ 2009年5月12日，省长王君、副省长牛仁亮深入忻保高速公路调研

► 2008年8月20日，厅党组书记、厅长段建国深入高陵高速公路建设工地调研

◀ 2009年7月3日，厅党组副书记、副厅长、省交战办主任张润和有关同志研究战备基地规划方案

▶ 2008年6月17日，厅党组成员、副厅长王志民深入祁临高速公路公司检查、指导奥运火炬传递接待准备工作

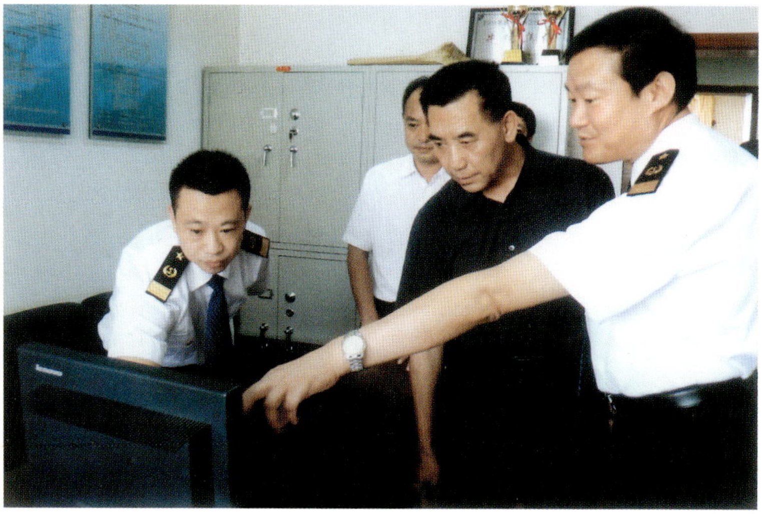

◀ 2009年8月27日，厅党组成员、驻厅纪检组长韩日裕深入省地方海事局调研

▶ 2009年7月4日，厅党组成员、副厅长张志川深入祁临高速公路公司调研

◀ 2009年3月19日，厅党组成员、厅总工程师郜玉兰深入闻垣高速公路LA5标段中条山隧道工地调研

▶ 2008年11 月3日，厅党组成员、厅总会计师张德仪深入晋中交通征稽分局调研

◀ 2009年9月25日，厅党组成员、省公路局党委书记赵振田深入晋中公路分局扶贫点调研

▶ 2009年9月14日，厅巡视员曹燎原深入忻阜高速公路工地调研

◀ 2008年7月31日，厅副巡视员郭贵平深入太佳高速公路吕梁段调研

山西省临汾市交通局

局长华志刚在西山公路建设一线

“村村通”水泥（油）路铺就致富路、幸福路

筑路铺油施工忙

争分夺秒赶进度

2008年，在省交通厅和临汾市委、市政府的正确领导下，临汾市交通局以科学发展观为统领，创新发展理念，增强发展能力，强化行业管理，促进行业文明，交通工程质量进一步提升，增长方式进一步转变，管理能力进一步增强。一是交通事业保持快速和谐发展势头。全市交通建设完成投资21亿元，新建改建沿黄干线公路、309国道临汾西段等国省道干线公路320公里，新建改建沿黄扶贫旅游公路、农村公路811公里，完成村村通水泥（油）路2773公里。全市又有吉县、浮山、古县、安泽4个山区县实现“村村通”目标，实现村村通水泥（油）路的县达到11个。二是“西山公路建设年”活动成效显著。西山地区全年完成公路建设投资16.5亿元，交通“瓶颈”制约状况得到较大改善。截至2008年底，全市公路通车里程16 082公里，比上年新增1703公里，全省排位第一；公路密度79.32公里/百平方公里，比上年增加8.4公里；建制村通水泥（油）路率88.64％，比上年增长4.22%，高于全省88％的平均水平；建制村通客车率达94.49％，高于全省94％的平均水平。建成6个二级客运站、11个乡镇客运站和135个侯车亭。全年共完成各项规费17 364万元。车辆超限超载率下降至0.08％，低于全省0.2％的平均水平。全市农村公路养护好路率达80％，平均好路率达79％；养护综合值达75，平均达73。局直单位涌现出7个先进基层党组织、8名优秀党务工作者和42名优秀共产党员。

2009年，临汾市交通系统认真贯彻党的十七大和十七届二中、三中全会精神，以科学发展观为统领，围绕服务全市经济发展大局和改善民生，加强交通基础设施建设，完善综合服务功能，提高行业管理能力，深化体制改革和机制创新，全面提升交通“三个服务”水平，努力建设以人为本、持续发展的和谐交通，为临汾“转型发展、安全发展、和谐发展”提供强有力的交通支撑。全市交通工作的主要任务是实施“十大工程”，即青兰高速公路临汾段、国省道干线公路新改建工程、市区内环一级公路西北环工程、市区内环一级公路西南环工程、农村公路改造工程、沿黄扶贫旅游公路工程、村村通水泥（油）路工程、临汾城西一级客运站工程、临汾城北物流中心工程、千里安保建设工程。

荣誉奖牌

山西省晋中

局长　李彦平

2008年，在省交通厅和晋中市委、市政府正确领导与大力支持下，晋中市交通局广大干部职工全面贯彻落实十七大精神，以科学发展观统领交通工作全局，进一步加强交通基础设施建设，大力发展农村公共交通，加快综合运输体系建设，全面提升全市交通行业公共服务能力，为完成“十一五”发展目标打下坚实基础，也为改革开放30周年献上了一份隆重的厚礼。全年完成公路建设投资14.3亿元，新增公路通车里程618公里，公路密度达到86公里/百平方公里，完成农村公路二级化改造309公里，村村通工程1758公里，全市行政村水泥（油）路通达率达到98％，公交（班）车通达率达到96.5％，全面完成或超额完成了省交通厅下达的目标任务，以总分第一的优异成绩再次被评为全厅“目标责任制考核优秀单位”，获得了“十连冠”的殊荣，并被晋中市政府评为“工作目标责任制考核先进单位”。

农村示范路

30年来，在几代交通人共同努力下，晋中市交通发生了翻天覆地的巨变：1978年

山区二级路

乡镇客运站

市交通局

局领导班子成员研究工作

晋中全区共有公路通车里程3240公里，其中只有少数三级公路有沥青表处路面。经过30年的发展，到2008年底，全市公路通车里程达14 103公里，是1978年的4.34倍。全市高速公路、国省干线、农村公路三级路网四通八达，通达深度和路面质量得到极大提高。目前，全市拥有高速公路274公里，一级公路283公里，二级公路1903公里，农村公路12 498公里，全市100％的乡镇通了水泥（油）路，98％的建制村通了水泥（油）路，96.5％的建制村通了公交（班）车。1978年，全区共有民用汽车3004辆，仅有为数不多的运输公司从事客货运输。至2008年底，全市共有民用汽车13万余辆，是1978年的30倍还多。30年的历程充分表明，只有改革开放才能发展交通。在新的历史时期，晋中交通人将始终不渝地坚持和推进交通改革开放，不断开创交通发展新局面。

和顺出境公路

晋中客货运输信息中心大楼

大山深处致富路

山西省长治市交通局

长治市交通局是长治市政府主管交通的职能部门，主要负责全市县乡公路建设与养管、公路规划、道路运输管理、拖拉机养路费征收等工作。2008年，在长治市委、市政府的正确领导下，在省交通厅的大力支持下，全局广大干部职工深入贯彻落实科学发展观、团结拼搏、奋力进取，圆满完成上级布置的各项任务，为促进全市经济发展和社会主义新农村建设提供了良好交通保障，连续九年被省交通厅授予全省交通系统“完成工作目标责任制优秀单位”称号。

公路交通重点项目建设成效显著。完成公路交通建设投资12.9亿元，新增公路通车里程160公里，全市通车总里程达到10 490公里；完成长治至临汾、长治至安阳高速公路设计工作，新改建多条国省道公路；完成长治市区一级汽车客运东站和武乡、壶关、长子3个县城二级客运站主体工程建设。

农村交通建设成绩斐然。完成县乡公路改造工程325公里，通达通畅工程354公里，村连村工程1029公里，全市97.2%的行政村通水泥（油）路；投入102辆节能环保客车，新开通12条城乡公交线路和56条农村客运公交班线，全市97.2%的行政村通客车，达到路通车通的目标；新建9个县级物流中心，93个乡镇物流站，290个村级物流信息点，参与农村物流营运车辆1500余辆。

规费征收再创新高。全年规费征收完成9881.74万元，其中运管费5587.62万元，客运附加费1611.12 万元，拖拉机养路费2683万元，均超额完成年计划目标。

交通安全管理上台阶。全年未发生一起交通安全责任事故，市交通局被评为全省交通系统安全管理工作先进单位，名列全省第一。

省交通厅党组书记、厅长段建国深入长治调研

长治市副市长尚宪芳春运期间亲临汽车站宣传安全

局领导班子成员集体学习

农村客货运输网络初步形成

山西省忻州市忻府区交通局

局长　郭月亮

2008年，在区委、区政府正确领导下，在上级主管部门大力支持下，忻府区交通局以科学发展观为统领，以“三个服务”为主线，全区交通工作再上新台阶。公路建设全年累计完成投资6507万元，建设总里程223公里。其中县乡公路改造工程9路2桥55公里，通畅工程23条102.5公里，村连村工程23条65.78公里；全区12条232公里县公路的养护，年终实现好路率92.4%，综合值79.1的好成绩；全年实现货运量428.1万吨，货物周转量41 238万吨公里；客运量710.8万人次，旅客周转量43 396万人公里。特别是农村客运服务水平不断提高。截至2008年底，全区拥有客运公司4家，农村客运班车108辆，全区建成农村候车亭63个，招呼牌326个，在建乡镇客运汽车站2个，乡镇通班车率达100%，行政村通班车率达97%，基本形成以市区为中心，乡镇为结点，辐射村庄的农村客运新网络；路政管理以强化路面巡查为工作重点，以加强农村公路建设施工期间的路政管理为难点，坚持24小时巡查制度，对全区的县乡公路实行全天候监控，对辖区公路乱堆乱放、公路沿线违章建筑和违章占用、毁坏公路的行为进行清理规范。全年查处路政案件25件，路损案件18件，为国家挽回经济损失1 794 874元；治超工作以路面执法、源头治理为重点，共检车280 348辆，查处违法超限车946辆，其中55吨以上173辆，罚款2 216 600元，实现了“双超”零报告，忻府区治超工作跨入全省先进行列。同时，全系统党建、精神文明建设、效能建设、档案管理、社会综治、计划生育、交通信息、交通战备、工青妇、老干部工作等都圆满完成任务。2008年，全行业风清气正，全系统上下干事创业、和谐奋进的良好氛围已经形成。

郭月亮局长与忻府区区委、区政府领导共商交通发展大计

郭月亮局长陪同忻州市交通局领导检查县乡公路

严把工程质量关

抓好治超源头关

现场会上介绍经验

山西省交通征费稽查局

厅党组书记、厅长段建国，厅党组成员、厅总会计师张德仪在省征稽局调研指导工作

山西省交通征费稽查局始建于1987年交通监理体制改革时，原为山西省交通厅交通征费稽查局，1997年更名为山西省交通征费稽查局。下辖11个征稽分局、霍侯路通行费管理处等12个二级征管单位，175个交通征稽所站及191个国省道主干线上的普通公路通行费收费站等三级基层征管单位。有后勤中心、资讯交流中心、信息中心、稽查总队4个直属单位，全系统有42个业务管辖的政府还贷普通公路通行费收费站点。

2008年，全省交通征稽系统以科学发展观为统领，团结一致，开拓进取，各项工作成绩斐然。

规费征收实现新突破。全年征收公路养路费、货运附加费和车辆通行费46.14亿元，完成省厅年计划113.98％，增长16.52％，超收6亿元。其中，“两费”征收44.46亿元，完成年计划115.24％，同比增长18.87％，提前100天完成全年“两费”征收任务，公路养路费费收总额位居全国第八，增长比例跃居全国第二；车辆通行费受高速公路通车、道路维修和撤站等客观影响，征收1.68亿元，完成年计划83.87％，通过努力，实征率同比提高3.57％。另外，代省政府征收铁路道口安全管理费2088万元。

行业文明建设再上新台阶。新增省级文明和谐单位标兵2个，省级文明和谐单位6个，是全系统文明单位创建“升级上档”幅度最高、成效最好的一年，截至2008年底，全系统省级文明和谐单位32个、标兵4个，总数和标兵数分别占到全省交通系统43％和31％，并有29个单位和集体分别被授予国家、省级青年文明号；文明创建更加丰富多彩，一些分局、所站获得全国交通行业“工人先锋号”、“全国交通行业巾帼文明岗”、“五一劳动奖状”、“五四红旗团支部”等各种荣誉。2008年，全省交通征稽系统积极响应党中央号召，发扬“一方有难、八方支援”的精神，全力支援抗震救灾，据统计，共向灾区捐款和缴纳“特殊党费”163.7万元，其中抗雪灾捐款6万元、抗震捐款54.7万元、对口征稽系统捐款12万元，交纳特殊党费91万元。

文化建设成果喜人。交通征稽文化课题是交通部部署、山西省交通厅承办、省征稽局具体落实的交通文化22个课题之一。2008年5月8日，通过评审，《交通征稽文化》研究专著和《交通征稽文化手册》已由人民交通出版社出版，在全国范围内发行，填补了研究空白。

便民服务能力和党风廉政建设得到加强。积极贯彻《政府信息公开条例》，按要求对全系统适宜对外公开的内容全部予以公开；基本健全了全系统行政执法工作机构、制度和方案，建

先进牌匾

征稽鱼水情

"特殊党费"献灾区

立了行政执法监督机制；一些单位深化服务内容，创新载体，以开办"服务超市"等方式，为车户提供休息场所、宣传材料和缴费手续的填写范本，在缴费高峰时增开缴费窗口、延长缴费时间、为缴费大户集中办理手续等等，赢得车户信赖；以参加当地电台行风热线、聘请行风监督员等方式，进一步加强政风行风建设；充分利用"96567"服务热线和088555查询平台，为车户答疑解难并催缴欠费车户。在全系统深入开展理想信念和反腐倡廉教育，着力深化行政效能和作风建设，加大查办案件工作力度，保证了征稽工作的健康运行。

深入学习实践科学发展观

学习实践科学发展观活动顺利推进。紧紧围绕"党员干部受教育，科学发展上水平，人民群众得实惠"的总体要求，以"管理科学、征缴和谐"为主题，在"四个环节"求实效，从"四个能力"找不足，以"四个到位"抓落实，严格遵循方法步骤，做到高标准启动，严要求推进，高质量落实。

经验交流促发展

2008年12月18日，国务院下发《关于实施成品油价格和税费改革通知》(国发[2008]37号)，要求取消公路养路费、航道养护费、公路运输管理费、公路客货运附加费、水路运输管理费、水运客货运附加费等6项收费，自2009年1月1日起实施。至此，交通征稽"为国家征费、为兴路开源"的使命圆满完成。2009年，全省交通征稽系统广大干部职工按照改革的步骤和要求，在厅党组的正确领导下，坚守工作岗位，保持稳定大局，提升队伍素质，做好"充电储能"，接收新任务，展现新面貌，再创新业绩，再铸新辉煌。

山西省交通规

厅党组副书记、副厅长张润，厅党组成员、厅总工程师郜玉兰在省交通设计院检查指导工作

山西省交通规划勘察设计院位于太原市并州南路69号，成立于1964年，是集科研、设计、咨询于一体的公益性科技单位，是山西省唯一具有公路全行业设计甲级、特大桥梁设计甲级、特大隧道设计甲级、工程勘察综合甲级、工程咨询甲级、工程监理甲级、工程测绘甲级、交通工程设计甲级、工程检测试验社会一级以及地质灾害治理工程勘察设计乙级资质的交通勘察设计单位。

截至2008年底，全院共有在册职工540人。其中，在职职工404人，离退休职工136人。享受国务院特殊津贴专家4人；各类执业注册工程师50余人；教授级高工30人，博士、硕士研究生60人；高中级以上职称占67.6%，主体大专以上学历职工占94.4%、大学本科以上学历职工占77.4%。内设5个勘察设计所、1个道路试验研究所、1个桥梁设计研究室、1个交通工程设计室、1个前期环保设计室、4个生产技术管理科室、9个机关管理科室及下属9个经济实体。

2008年，在厅党组的正确领导下，在厅相关处室和交通系统兄弟单位的大力支持下，交通设计院领导班子带领全体干部职工以邓小平理论和“三个代表”重要思想为指导，深入学习实践科学发展观，抓大事，促全面，保质量，全力推进厅党组2008年开工1000公里高速公路项目前期工作，圆满完成了年初与省厅签定的各项工作责任

高平至临川高速公路外业勘测现场

全院劳动竞赛总结表彰大会

划勘察设计院

制目标和职代会通过的工作目标。全年完成勘察设计规模折合里程945公里。其中高速公路预可185公里、工可132公里、初步设计236公里、施工图设计391公里。完成钻探实进尺11.5万米，高速公路和汽车厂站房建设计面积25万平方米。所完项目都是全省交通2008年开工和“十一五”规划先期实施的重点项目，为省厅推进高速公路建设提供了前期保证。连续11年保持“文明和谐单位”称号，连续7年保持“全国创建文明行业先进单位”称号，连续9年被省厅评为“完成工作目标责任制优秀单位”和“安全生产管理工作先进单位”，被省厅评为“政务信息工作先进集体”、“山西交通年鉴工作先进集体”、“人事工作先进集体”、“财务决算先进单位”和“老干部工作先进单位”。院党委被厅党组评为“先进基层党组织”。

院长聂承凯、党委书记帖智武深入外业现场指导工作

2009年，省交通设计院以邓小平理论和“三个代表”重要思想为指导，全面贯彻落实党的十七大和十七届四中全会精神，抓住新一轮高速公路建设高潮的机遇，加快发展方式转变和结构调整，提高可持续发展能力；深化内部改革，增强发展活力和动力；加强内部管理，提高工作效率和服务水平，为全省重点公路建设项目前期工作做好坚实的技术保障。

学习实践科学发展观活动进入分析检查阶段

每年一度的中层以上干部座谈会

山西省交通运输管理局

9月27日，副省长李小鹏检查晋龙捷泰旅游公司安全工作

副省长牛仁亮检查汽车站安全工作

局长李华中陪同省交通厅厅长段建国在太原汽车站检查奥运安保工作

副厅长王志民检查“春运”工作

在省委、省政府和省交通厅党组的正确领导下，2008年，山西省交通运输管理局以邓小平理论和“三个代表”重要思想为指导，把精神文明建设作为落实科学发展观、推进道路运输业又好又快发展的一项系统工程，扎实推进群众性精神文明创建活动，呈现出道路运输发展和党建、精神文明建设双丰收的可喜局面。经过几年的艰苦创建，2008年被省精神文明委员会授予“文明和谐单位”荣誉称号。

健全文明创建机制，强化职工学习教育。一是成立精神文明建设领导组，负责组织、领导、协调文明创建，制订建设规划；二是落实责任，把文明创建纳入年终目标责任制考核，做到人员、经费、责任三落实；三是提高职工素质。多次邀请省内外知名专家讲课，坚持每周二集中学习，开办职工图书阅览室。

加强党组织建设，狠抓党风廉政工作。一是加强“三基”建设。即加强基层组织建设，建立健全党建工作机制；加强各支部管理，统一规范基础管理档案；强化党员干部基本素质，积极探索新形势下干部队伍建设新路子。二是发挥共产党员先锋模范作用。5月12日，汶川大地震发生后，运管系统广大党员一方面踊跃交纳“特殊党费”，一方面积极组织运力运送归心似箭的灾区民工、运送灾区急需的各种物资，以

治超人员用警用头盔式摄像机稽查

山西道路旅游运输行业优质服务迎奥运万人签名活动

局长李华中深入货运源头调研指导治超工作

局长李华中深入太原市运管局就学习实践科学发展观活动进行调研指导

实际行动支援抗震救灾，涌现出一大批抗震救灾、援川重建先进个人和典型，受到上级充分肯定和表扬。三是加强党风廉政建设，转变行业风气。局政务大厅被省政府授予“政风行风评议先进单位”，被交通部授予“巾帼文明岗”和“文明和谐示范窗口”；开展“作风纪律整顿月”，机关作风得到根本转变；认真执行信访工作制度，及时化解矛盾纠纷。

立足文化建设，开展行业文明创建。推出晋龙捷泰、晋城汽运、并州运业、长治气运等一些有影响的运输企业，表彰奖励太原汽车客运东站、临汾捷康旅游客运有限公司等一批诚信文明客运汽车站和旅游企业，全面提升客运市场服务质量和水平。省局机关努力改善职工的办公、生活环境，努力提高职工的福利待遇，不折不扣地落实老干部“两费”和“两个待遇”，为全体女职工上重特大病保险，充分体现人文关怀，调动了职工的工作热情和积极性。

全省道路运输业实现又好又快发展。一是农村客运线路达到2738条，客车达到6687辆，全省100％的乡镇、94％的建制村通客车，30％的乡镇有了汽车站，71％的建制村有了候车亭和招呼站牌，惠及约1860万农村人口。全省17个县（市）开展农村物流试点工作，对发展农村经济，促进农民增收起到了积极促进作用。二是构建道路运输保障体系，提高应急保障能力。在全国率先建立了战略物资运输保障体系。组建完成14支战略物资运输保障车队，总运力579辆。建立旅客运输应急保障体系。汶川大地震后，全省运管机构紧急调运旅客应急运输车辆200多辆，运送四川民工9000余人，受到省政府领导表扬。建立汽车维修救援网络体系。全省已经形成以258户骨干企业和340辆专业救援车为支撑的全省汽车维修救援网络，2008年实施救援93 592次。三是不断强化安全监管能力，认真履行“三关一监督”职责；四是胜利完成服务奥运会志愿者通勤运输保障任务。奥运会期间，开行通勤班车线路12条，出车2000多次，行程4.2万公里，运送志愿者近7.4万人次，受到北京奥组委和交通运输部表扬。五是治理超限超载运输成效明显。从“货源头、车源头、人源头”抓起，重点对具有合法经营资格、经当地政府公示的9093家货运源头单位实行进驻、巡查，强化对道路运输企业和从业人员的监管，建立“黑名单”制度，基本形成源头卡住、路口堵住、路面打击的治超局面，受到王君省长、牛仁亮副省长的鼓励和肯定。

教练车统一标识

晋中货运源头治超信息系统

吕梁市运管处副处长高子涛正在组织四川农民工乘车返乡

山西省交通科学研究院

厅党组书记、厅长段建国，厅党组成员、厅总工程师郜玉兰等在省交通科研院调研

自主研发的改性乳化沥青成套设备出口北非购买榆次工业园区土地签约仪式

建立中试产业化平台

2008年，在省交通厅的正确领导和亲切关怀下，山西省交通科学研究院全体干部职工高举邓小平理论和“三个代表”重要思想伟大旗帜，认真贯彻落实党的十七大、十七届三中全会精神和中央关于在全国开展深入学习实践科学发展观活动精神，认真贯彻落实省委、省政府关于加快推进科技进步和创新决定精神，大力推进科技创新和企业文化建设，从强化企业内部管理入手，以全面提升员工队伍综合素质为依托，以技术优势占领市场制高点为突破，以项目成本核算效益效率最大化为核心，在强化市场开拓能力和源头创新能力上下工夫，全面提升企业的持续创新能力和综合竞争实力，“山西交科”品牌的影响力得到进一步巩固和加强。一年来，省交科院为全省交通事业科学和可持续发展作出重大贡献，已经成为全省乃至全国交通系统重要的科技开发、勘察设计、成果推广和产业化基地。全年研发和产业完成总产值达到4.6亿元，是2007年的1.1 倍；科研、勘察设计、试验检测和高技术含量产业产值超过60％，达到预期发展目标；利润较2007年又有明显增加；人均收入明显提高，超过6万元，是2007年的1.16 倍。4项科研成果获得省科技进步二等奖，2项获得省科技进步三等奖。继续保持省直“文明单位标兵”和省交通厅“先进基层党组织”等称号。连续9次荣获省交通厅完成工作目标责任制“优秀单位”称号。

山西省交通建设开发投资总公司

厅党组书记、厅长段建国深入公司调研

2008年，在省交通厅的正确领导下，省交通建设开发投资总公司以深入开展学习实践科学发展观活动为契机，以服务山西交通建设、加快企业转型发展为目的，按照年初确定的工作思路和经营方针，抓安全，促稳定；抓创建，促效益；抓改革，促发展，在公路经营管理、投融资工作、发展多种经营、改革内部管理机制、党建和精神文明建设等方面取得突破性进展，圆满完成经营目标，全面落实管理目标，扎实推进发展目标，全年实现营业收入22.65亿元，较上年增长13％；总公司连续7年保持省级“文明和谐单位”称号，长晋公司跨入省级文明和谐单位行列，太长公司被授予省直“文明和谐单位”称号，晋焦公司丹河收费站被授予“国家级青年文明号”，全公司新增文明示范窗口1个、青年文明号6个，企业在快速发展、协调发展、和谐发展中迈出了新步伐。

公司乔迁新址庆祝仪式

学习实践科学发展观活动第一阶段总结暨第二阶段动员大会

举行抗震救灾义卖拍卖会为地震灾区捐款

公司所属公路经营单位业务技能比武大赛

青年文明号挂牌仪式

公司新办公楼

龙湖生态园开发的移民新村

公司经营单位消防演练

山西省公路

副省长牛仁亮，厅党组书记、厅长段建国，省公路局局长戴飞深入分局调研

局长　苗宏宇

山西省公路局长治分局位于长治市紫金东街64号，担负着长治境内16条国省道（3条国道、13条省道），共计1305公里干线公路养护、建设和管理任务。其中国道392公里，省道913公里；一级路46公里，二级路889公里，三级路248公里，四级路122公里；水泥路面35公里，沥青路面1270公里。

分局下辖12个公路管理段，6个收费站，3个超限运输检测点和5个直属企业，分局机关设14个科室。全局现有干部职工2055人，其中正式职工814人，具有大专以上学历197人，具有专业技术职称200人，中高级技术职称103人。

2008年以来，在省交通厅、省公路局和长治市委、市政府的正确领导下，分局以科学发展观统揽全局，立足"三个服务"，坚持以人为本，着力加快路网改造步伐，加快养护转型，推进依法管理，狠抓通行费征收，强化公共服务，加强自身建设，繁荣公路文化，圆满完成各项工作任务。

全年共填补油路坑槽500 524平方米，刷油罩面540 348平方米，处治路面翻浆

特色化养护成果

路面改造工程施工

维护路产路权

局长话务局

159 084平方米，修标准化边沟46.5公里。改造危桥55座，完成投资4696万元。中修罩面66.6公里，完成投资484.3万元。干线公路综合治理364.7公里，完成投资899.7万元。公路绿化完成新植和补植行道树394.8公里，新建绿化景点和绿化平台7055平方米，投资1683.6万元，文明样板路保持里程519公里。全年平均好路率83.60％，综合值77.31，分别比省局计划提高2.75％和6.31％；年末好路率84.60％，综合值77.44，分别比省局计划提高2.18％和1.38％。

全年共完成路面改造和改建工程约142公里，完成投资5.7亿余元。开工建设省道南沁、汾屯线改建工程，截至2008年底，该工程共完成20公里，完成投资6930万元。

全年共查处路政案件937起，发现率、查处率、结案率均达100％；收取赔偿费150余万元，拆除违章建筑427平方米。治理超限超载共检测车辆761 567辆，查处超限车辆602辆，罚款392 360元。

全局所辖各收费站共征收通行费4412万元。

长治市副市长尚宪芳在208国道路面改造工程一线现场办公

党委书记　郭新德

新建成的208国道夏店互通立交桥

新改造后的208国道沁县境内段

山西省公路局太原分局

局长　李润平

党委书记　赵湧文

山西省公路局太原分局管养着太原地区国道3条、省道9条，全长521公里的干线公路，下设6个公路管理段、5个经济实体、3个超限运输检测点、3个卸货点、8个收费站（验票点）、12个职能科室，职工人数1269人。

2008年，分局全面贯彻党的十七大精神，以邓小平理论和“三个代表”重要思想为指导，深入贯彻落实科学发展观，围绕“三个服务”，不断创新发展思路，加快养护转型，推进依法管理，繁荣公路文化，提升公路服务水平，努力抓好“四大工程”，即：“建成一个精品工程，打造一个形象工程，大力抓好安全工程，全面实施廉政工程”，努力建设创新型、节约型、服务型的现代公路管理行业。一是立足养护，更新观念，公路养护质量和服务水平明显提高。年末干线公路好路率达85.33％，创“十五”以来最高水平。二是科学规划，精心实施，加快干线公路建设步伐。完成总投资3.6亿元的工程建设任务，其中完成路面改造57.5公里，新改建工程70公里。三是完善制度，强化管理，通行费收入10 405万元，创历史新高。四是依法治路，严格治超，公路管理水平不断提高。全年累计查处路政案件560起，案件发现率、结案率均为100％，检测车辆121万余辆，查处超限车辆364起，超限率控制在0.03％以下，有效维护了路产路权。累计拆除违章建筑2590平方米/23处，治理过村（镇）路段1375延米/88处。五是转变经营思路，积极开拓市场，经营性工作取得新进展。六是坚持不懈抓好安全和信访工作，营造安全和谐稳定环境。全年未发生一例安全责任事故，未出现赴省进京上访事件。七是服务养建，务实创新，提高党建和精神文明创建水平。围绕公路养建中心工作，以学习贯彻党的十七大精神和学习实践科学发展观为主线，全面抓好党建工作，连续10年保持省级“文明和谐单位”称号。

岚古线施工现场

208线施工现场

焕然一新的208国道

纪念改革开放30周年歌咏比赛

山西省交通征费稽查局朔州分局

党委书记　何斌祚

局长　曲恒卯

局领导班子成员共商发展大计

深入学习实践科学发展观

山西省交通征费稽查局朔州分局组建于1994年3月，2008年底有干部职工93人，内设11个职能科室，下设8个基层所站和1个驻车管办，担负着全市2区4县40 897台机动车辆、1.3亿元公路养路费、货运补偿费的征稽管理工作。

自组建以来，在省征稽局和朔州市委、市政府的正确领导下，分局高举邓小平理论伟大旗帜，以“三个代表”重要思想为指导，全面贯彻党的十七大、十七届三中全会精神，牢固树立和落实科学发展观，大力弘扬求真务实和行业文化精神，抓费收，保稳定，强管理，求发展，取得规费征收、党的建设、征稽管理、队伍建设、三个文明建设和党风廉政建设等各项工作的持续健康快速发展。建局15年来，累计征收规费16.5亿元，为地方代征税收5000万元，为全省公路交通事业发展作出积极贡献。

建局以来，分局紧紧围绕交通规费征收这一中心任务，狠抓党的建设、廉政建设、精神文明建设和征稽管理工作，真抓实干，锐意进取，在前进中开拓，在创新中发展，努力建设一流的班子，培养一流的队伍，树立一流的形象，抓出一流的管理，争创一流的业绩。坚持以“提高行业文明程度，打造行业文明品牌”为目标，深入开展以“做文明职工、树文明形象、创文明单位”为主题的文明创建活动，广大干部职工的工作热情空前高涨，精神文明创建活动日趋活跃，分局机关和8个所站全部进入市级文明单位行列，有8个所站被评为“市级文明单位标兵”。朔城区所被评为2002年至2003年、2006年至2007年度省级文明单位、省级文明和谐单位；分局机关2004年被省委、省政府授予“山西省模范集体”，2005年进入“省级文明单位”，2006年进入“全国交通文明行业”，2007年被评为“省级文明和谐标兵”单位，并被省纠风办评为“治理公路三乱先进集体”。同时有1个所站进入“省级青年文明号”，5个进入“市级青年文明号”，3个单位被省厅授予“文明示范窗口”。15年来，分局先后受到表彰的优秀共产党员、优秀党务工作者有170余人次，获得省、市“五一”劳动奖章的有8人，省、市先进工作者有160余人次。

放声高唱正气歌

广泛宣传法律法规

山西省交通征费稽查局忻州分局

团结战斗、坚强有力的局领导班子（从左至右：副局长雷红锋，党委副书记、纪委书记、工会主席李宣厚，局长薛存银，党委书记段志伟，副局长智利敏）

严格的军事化训练

坚持开展丰富多彩的文体活动

干部职工高唱《征稽之歌》

分局办公大楼

2008年是忻州征稽分局新领导班子全面贯彻落实科学发展观，肩负厅党组厚望，带领全分局广大干部职工开拓奋进，不断取得新突破的开局之年，创新之年。一年来，先后经受了春季抗击冰冻、“5·12”汶川大地震、北京奥运会和费税改革的洗礼，领导班子的凝聚力、号召力、战斗力不断提高，干部职工的团队意识、奉献精神、敬业态度和精神风貌进一步增强，费收征管跨越式发展，各项工作整体推进，全面进步。全年征收交通规费41 256.58万元，超收6705万元，突破4亿元大关。全分局保持市级以上文明和谐单位满堂红，有省级文明和谐单位7个，省级青年文明号3个，市级青年文明号8个，被省委、省政府授予“依法治理示范单位”和“劳动模范单位”荣誉称号，分局党委被评为“红旗党组织”。局长薛存银被山西省劳动竞赛委员会授予“五一奖章”。

山西太旧高速公路管理有限责任公司

省政协党组成员、副主席李潭生在省交通厅副厅长张志川、省高管局局长董新品等陪同下深入太旧路调研

公司领导深入一线现场办公

向四川地震灾区募捐暨党员踊跃缴纳"特殊党费"

扩容改建后的旧关收费站

绿色生态长廊

山西太旧高速公路管理有限责任公司成立于2000年11月，所辖太旧高速公路于1996年6月25日全线建成通车（全国统一编码G035，里程桩号K378至K519），是交通部高速公路7918远景规划中青岛至银川、北京至昆明高速公路的交织路段。公司内设综合办公室、党委工作部、计划财务部、人力资源部、收费稽查部、养护工程部、经营开发部、通讯信息监控中心、后勤中心9个部门；辖晋中、阳泉两个养护处，武宿、旧关、峪头、寿阳、坡头、平定6个收费站，晋中、阳泉两个服务区及太旧路政大队、旧关超限运输检测点、太旧运业公司、博特工程公司、凯斯达公司、旅游公司和广告部等17个单位，担负着太旧高速公路收费、养护、路政、经营服务综合管理任务。

2008年，在省交通厅、省高管局正确领导和大力支持下，公司深入学习实践科学发展观，紧紧围绕"三个服务"，扎实推进"五大工程"，坚持"科学发展是第一要务，综合效益是第一追求"经营理念，突出"和谐、节约、精细、创新"管理主题，各项运营管理工作取得骄人业绩。全年累计征收通行费10.34亿元，完成省局年度计划79.54％。太旧路养护质量指数MQI值达95.1，优等路率达98.6％以上，桥梁技术状况评定等级Ⅱ类桥以上达100％，其中Ⅰ类桥达60％。全路段路产案件共发生3025起，发现率、结案率分别为99.17％和99.67％，建筑红线控制率达100％。沿线各入口检测点共检测车辆245.2万辆（次），劝返3317辆(次)，太旧路超限超载车辆得到有效遏制。公司各类经营实现收入2.23亿元，服务区、博特、凯斯达、广告、旅游等经营实体实现利润782.1万元。旧关收费站被省劳动竞赛委员会授予"工人先锋号"；寿阳收费站、坡头收费站被省精神文明建设指导委员会分别授予"文明和谐单位标兵"和"文明和谐单位"；晋中养护处被省公路运输工会授予"模范职工小家"；太旧公司被省直精神文明建设指导委员会授予"省直文明和谐单位"，被省局评为2008年度完成工作目标责任制"优秀单位"。

旧关收费站"工人先锋号"揭牌仪式

丰富多彩的职工文化生活

山西省高速公路信息监控中心

主任　倪　津

党支部书记　曹世勋

山西省高速公路信息监控中心于2004年4月成立，2005年12月正式组建运作，核定事业编制35人，是全省高速公路和隧道信息、监控、通信、供配电、防雷等业务核心管理机构，也是全省高速公路对外服务窗口和指挥调度中心。

自运作以来，在省交通厅、省高管局的正确领导和大力支持下，中心坚持以邓小平理论和"三个代表"重要思想为指导，全面落实科学发展观，紧紧抓住"机电管理是基础，信息管理是平台，监控管理是手段，科技管理是保障"的业务管理工作思路，不断加强行业运营管理，全面提升信息服务水平，大力推进高速公路信息化建设，为全省高速公路事业发展做出积极贡献。

中心以提高全省高速公路机电设备完好率为目标，不断加强行业管理力度。2008年全省通信系统完好率达到99.62％，监控网络完好率达到99％。紧密结合技术创新和管理革新的客观需求，先后组织完成了山西省高速公路网H.264视频标准评测、《山西省高速公路收费网络监管及安全技术策略研究》、《高速公路远程监控系统联网管理平台技术研究》、《山西省高速公路管理信息网省域联网规范化研究》等课题研发工作，其中2项经省科技厅鉴定达到国内领先水平。

中心不断拓宽服务渠道，提升服务水平。通过可变情报板、手机短信平台、网站、省市交通台等媒介，3分钟内刷新路网信息，全方位、多途径、全天候地为社会提供准确、方便、快捷、高效的信息服务，并完成了客服电话96565向12122的平稳过渡。不断加强电子政务建设，积极推行网上办公，已建成覆盖局机关的计算机局域网络，全网拥有计算机及相关外设300余台、业务服务器10余台；各基层单位中，建有办公局域网的有15个，建有OA系统的有11个。组织进行了全省高速公路非现金结算系统项目建设，如期完成任务，实现通行费电子支付目标。全面承担交通信息化建设"1166"通信管道工程，完成11个省辖市通信网络设计和施工管理，新建通信管道路由长度76.477公里，置换网通公司通信管道路由长度87.79公里。在24个服务区分别安装电子监控和可变情报板，80％的服务区实现刷卡消费，为过往司乘人员提供良好的消费环境。

组织系统网络安全培训

全面建设公众出行信息系统

对视频图像进行巡查

对机电系统进行调试

对高速路况实时监控

山西省太佳高速公路（吕梁段）建设管理处

处长刘子兴、副处长刘迎全检查施工单位临建工作

山西省太佳高速公路（吕梁段）建设管理处成立于2008年7月，现有职工48名，下设五部一室三个驻地组。即办公室、党务人事部、工程管理部、工程技术部、财务部、地方协调部及第一、二、三驻地组。承担着太原至佳县高速公路吕梁段的建设管理工作。

2008年，在省交通厅正确领导下，在吕梁市委、市政府大力支持下，在各级部门积极配合下，处党政领导班子带领全体干部职工改革创新，迎难而上，真抓实干，奋力拼搏，又好又快地完成了项目前期准备工作，为全面掀起施工热潮奠定坚实基础。一是前期工作超常规推进。7月16日，省厅通过初测外业验收；9月17日，省厅组织初步设计评审；9月19日，省国土厅对地质灾害危险性评估报告进行备案；10月8日，省厅批复初步设计；10月27日，省国土厅批复土地预审；11月17日，省环保局批复环境影响报告；11月26日，省水利厅批复水土保持方案。二是工程招投标规范有序。整个环节做到全程依法监督、依法公证，中标的25个施工单位7个监理单位均符合标书要求。三是征地拆迁调查初显成效。吕梁市政府召开项目推进会，配合市县有关部门完成附着物调查。四是工程临建势态良好。施工、监理单位陆续进场，临建工作基本完成。五是学习实践科学发展观活动深入人心。始终坚持同项目工作结合，“两不误、两促进”，有力促进各项工作快速发展。

与时俱进的精神，生生不息；开拓创新的队伍，青春永驻。面对新形势、新任务，建管处一班人将全面践行科学发展观，与时俱进，开拓创新，凝聚人心，扎实工作，全力确保2010年底建成通车目标的圆满实现！

建设推进会会场

齐聚吕梁共商建设大计

招标开标大会

建设用地预审论证会

施工单位临建现场

施工单位临建现场

施工单位临建现场

老区群众关注工程建设

山西太长高速公路有限责任公司

现代化的监控设备

业务竞赛

大路文化

风景如画

2008年，山西太长高速公路有限责任公司紧紧围绕“三个服务”，牢固树立大服务意识，取得了实实在在的成效，一是全年客户总满意度87.25，名列全省17家运营公司第4；ISO9001和OHSAS18001认证于2008年8月顺利通过认证；九亿九任务超额完成。公司全年完成费收10.97亿元，完成年度计划的110.8%，年公里收入550万元。二是两项重点工作进展顺利，确保了“迎奥保畅”工作万无一失，完美收笔，“迎检保验”工作也取得了突破性进展；两个“零”纪录始终保持。确保了窗口服务有理投诉和安全生产重大责任事故两项“零”纪录。三是八项具体工作有声有色。即，以“迎奥运、保畅通”为契机，应急、保畅能力取得新突破；以大服务意识贯穿始终，公共服务能力得到新提高；以和谐劳动关系、激发工作热情为出发点，体制改革和机制创新取得新进展；以促进企业持续发展为最高目标，思想创新和科技创新取得新成果；以人本人和为价值取向，企业文化建设得到新加强；以推广不停车治超检测系统为标志，治超工作取得新成效；以开展“隐患治理年”活动为重点，安全生产等工作再上新水平；以开展深入学习实践科学发展观活动为推手，党建、党风廉政建设和行业文明创建取得新业绩。

从运营开始截至目前，共有榆次站、襄垣工区、路政队等11个基层单位分别被省直团工委、长治、晋中团市委命名为“青年文明号”；榆次、太谷两站获“晋中市直文明和谐单位”称号；武乡服务区获省厅“文明和谐示范窗口”称号；榆次收费站被省直工委命名为公民道德建设“十佳文明窗口”。公司被省直工委命名为“文明和谐单位”。

为奥运加油

山西长晋高速公路有限责任公司

省委常委、省纪委书记金道铭深入公司视察指导工作

长治市委书记张茂才，副书记、纪委书记石正民为公司荣膺“省级文明和谐单位”揭牌

省交通厅厅长段建国、晋城市副市长赵学梅为晋城东收费站荣获“工人先锋号”揭牌

2008年，在省交通厅正确领导下，山西长晋高速公路有限责任公司以科学发展观为统领，围绕“三个服务”和“六高”目标，狠抓基础制度、基础管理和基础设施建设，着力提升安全保畅能力、管理服务能力和自我发展能力，积极构建和谐高速。

通行费征收迈上新台阶。全年完成通行费收入3.29亿元，占年任务2.7亿元的122％，比上年增收6304万元，增长22.5％。公司通行费收入一年一个台阶，通车4年来累计收入9.34亿元，年均增长20％，年均征收2.34亿元。

运营管理取得新成效。坚持和完善以机关部室效能考核、一线员工“星级”考核、基层单位劳动竞赛考核为主体的绩效考核评价体系，收入与岗位、考核结果挂钩，新型薪酬激励制度启动实施，管理机制有序、高效运转。

道路景观工程女娲补天

通行环境得到新改善。全年养护质量指数MQI平均值为98，全线养护质量评定等级为“优”，优等路率为100％，双向次差路率为0，绿化成活率达到95％以上，通行条件和生态景观效应得到改善和提升。

企业形象实现新提升。全年顾客满意度97.7％，有理投诉为0，安全生产无事故，公司跨入“省级文明和谐单位”行列，晋城东站荣获省级“青年文明号”。

英姿飒爽的员工队伍

积极投入全民健身运动

干净整洁的收费站

设施齐全的高平服务区

山西晋焦高速公路有限公司

团结战斗、开拓进取的领导班子

心系灾区踊跃捐款

2008年，在省交通厅、省高管局、省交通建设开发投资总公司的坚强领导下，山西晋焦高速公路有限公司全面贯彻党的十七大精神，深入落实科学发展观，紧紧围绕“三个服务”和“六高”目标总体要求，不断夯实“三基”工作，全面建设“五大工程”，着力提高高速公路的安全保畅能力、便民惠民能力、公共服务能力和企业创新能力，各项管理工作再次迈上新台阶，进一步实现企业又好又快发展。

2008年，公司共完成通行费征收31 744.3149万元，为计划2.5亿元的127 %；全线养护质量综合指数MQI值为97.1，优等路率100 %，桥梁技术状况评定等级2类桥以上达100 %，次差路率为“0”；路产赔偿案件发现率达100 %，结案率达99 %，路产恢复率达100 %，建筑红线控制率达100 %，共收取路产赔偿款94.3659万元；一年来，未发生安全责任事故和公路“三乱”事件，有理投诉率始终保持为零。同时，党建工作扎实有效，精神文明硕果累累。公司先后被省总工会、省高管局、晋城市委、市政府授予“山西省模范劳动关系和谐企业”、“完成工作目标责任制先进单位”、“纠风工作先进单位”、“文明和谐单位”、“文明和谐企业”、“人防工作先进单位”等荣誉；所属丹河收费站、超限运输检测点分别被团中央、省纠风办、省治超领导组授予国家级“青年文明号”、“治理公路三乱工作先进单位、“先进治超站点”等多项荣誉。

荣誉牌匾

热情服务奉献爱心

斗志昂扬喜迎奥运

山西省忻州高速公路有限责任公司

党委书记 张显

董事长、总经理 王志义

山西省忻州高速公路有限责任公司机关设7个职能部室，下设3个运营管理处、信息监控稽查中心、隧道管理站、后勤管理服务中心共6个二级机构和12个收费站、3个养护工区、3个服务区监管办、1个养护机械管理中心共19个基层单位，现有员工1018名。

2008年，公司通行费收入突破7亿元大关，达到7.8678亿元。公路技术状况指数92.96，桥梁技术状况评定等级2类以上100％，其中1类桥78.5％，绿化保存率98％、成活率98.2％，机械设备完好率98.68％。案件发现率、建筑红外线控制率、损坏路产恢复率均达100％，结案率98.5％，治超工作共检测车辆242.47万辆，劝返5348辆，治理超限超载双超率控制在6％以内。由中石化公司承租经营的3个服务区共完成营业额3.18亿元。无有理投诉。财务管理严格执行财务支出计划，无超支现象。党建廉政建设工作稳步推进，精神文明建设成效明显。全年未发生任何违法违纪事件，未发生任何公路“三乱”、商业贿赂、火灾、治安灾害等事件。深入学习实践科学发展观活动内容丰富、成效明显，受到省委、省厅学习实践活动指导检查组的充分肯定和高度赞扬。公司被省高管局党委授予“先进基层党组织”，被省高管局评为“2008年度完成工作目标责任制优秀单位”，被省交通厅评为“2008年度安全生产管理工作先进单位”，公司顺利通过省直“文明单位标兵”复查验收。公司荣获“2008年全国实施用户满意工程先进单位”、“2008年度山西省质量管理小组活动优秀企业”、“全国交通行业质量管理小组活动27周年优秀企业特别奖”、“2008年度山西省科技奉献奖先进集体二等奖”。

荣誉牌匾

山西省阳泉市交通规费征收稽查处

处长、党支部副书记杨德军

阳泉市交通规费征收稽查处是阳泉市交通局所辖的主要职能部门之一，行使行政执法管理职能，并负责对县区交通局交通规费征收业务工作进行指导和协调。内设办公室、业务办、财务办、督查办、城区所、矿区所、征稽服务大厅，县区设平定、郊区、盂县规费征收稽查所，所下设乡镇规费征收稽查站。全系统现有征稽执法人员143名。

坚强有力的领导班子（从左至右：聂和平、杨德军、孙晋军）

自1988年成立以来，累计征收拖拉机养路费8490.39万元，代征铁路道口安全管理费69.04万元，车工建勤费1031.92万元。21年来，全处干部职工自觉保持和发扬“团结、务实、创新、奉献”的精神，始终坚持严谨、扎实的工作作风，克服困难，排除干扰，文明执法，依法征费，连续16年超额完成交通规费征收任务，铸就和锻炼了明荣知耻、团结敬业的征稽队伍，涌现出了以苏新华为代表的忠于法律、爱岗敬业先进模范人物。塑造了文明执法、依法征费、为民服务、清正廉洁的良好社会形象。他们以强烈的使命感和责任感，运用法律手段制止暴力抗费，运用征费执法人员的智慧、职业道德和模范行为化解征稽矛盾。培养和形成“为国征费，为兴路开源”为最高追求的价值观，践行着“在岗1分钟，奉献60秒”的诺言。从职能上实现了由单一行政管理向服务市场主体型转变；从征稽监督手段上实现微机征费；实现年征收规费74.4万元到653.12万元飞跃，费收提高8.8倍，累计为阳泉的县乡公路建养筹集近亿元的资金。征稽队伍建设、科技创新、管理水平都取得质的飞跃和历史性突破。2008年，全系统共征收养路费653.12元，完成年度目标的130.6％；代征铁路道口安全管理费5.04万元，完成年度目标的112％，实现费收征稽历史第二新高。

征稽工作一丝不苟

宣传征稽法律法规

灾区捐款献爱心

抗震一线作贡献

运动会上显神威

歌咏比赛展风采

山西省公路局长治分局勘测设计所

山西省公路局长治分局勘测设计所是从事公路与桥梁勘察设计的专业技术单位，现有职工50人。其中，工程技术人员44人，高级工程师1人，工程师11人，助理工程师20人。下设总工办、全面质量管理室、生产经营室、综合办公室、财务室、党工团办。主要技术设备有：GPS全球定位仪1台，电子全站仪2台，红外线测距仪2台，自动安平水准仪3台，经纬仪3台，杰克电子平板仪1台，路面弯沉仪4套，核子湿度密度仪1台，复印机2台，汽车4辆等。在内业设计方面，先后购置概预算软件、桥梁大师软件、小桥涵软件、路线软件、路面软件，内业资料出图率达到98％。

2008年共完成公路测设里程213公里，测设任务完成率100％，测设资料合格率100％；全年完成测设产值680万元；固定资产保值增值率105％；职工人均收入3.6万元。全所认真贯彻落实党的十七大精神，坚持民主集中制，按时召开党员民主生活会和领导班子民主生活会，认真开展民主评议党员，加强作风建设。在职工中深入开展劳动竞赛、文体娱乐活动、岗位练兵技术比武活动，有效增强职工竞争意识、质量意识，更加凝聚全体干部职工的向心力。积极参加中华“慈善一日捐”、“八一双拥捐”、“送温暖、献爱心”、“南方冰、雪冻灾捐款”、“四川地震捐款”等捐助活动。为在职及退休职工进行健康体检，建立健康档案，使每位职工有病早治疗，无病早预防。在继续为职工缴纳养老保险、医疗保险和住房公积金的同时，又为职工缴纳大病保险和女工生育保险，增强抗风险能力。

所长　高传贤

领导班子成员共商发展大计（右起：党支部书记姚志庭、所长高传贤、副所长冯爱民）

外业勘测

职工集体学习

山西省公路局太原分局勘测设计所

所长　周　鑫

团结奋进、勇于拼搏的领导班子

山西省公路局太原分局勘测设计所，原名山西省公路局太原分局测设队，成立于1986年8月，主要以公路工程勘测设计业务为主。在各级领导的关心与支持下，经过全所干部职工不懈努力，截至2008年底，有注册资金210万元，固定资产330万元，职工83人，年收入达到800万元左右。具备勘察、设计双甲级资质与交通部乙级监理资质，经营范围也由原来单一的勘测设计，逐渐延伸到公路工程试验检测、监理、绿化等领域。拥有GPS全球定位仪、拓普康全站仪、自动安平仪、水准仪、经纬仪、核子密度仪、大型压力机、击实仪等价值上百万元的一批高中级测绘、试验检测仪器，以及预算、桥涵、路线等一批设计软件。

多年来，设计所多次被太原公路分局评为“先进单位”、“先进党支部”；2005年被交通部、共青团中央授予国家级“青年文明号”光荣称号；2006年至2008年被评为“太原市精神文明标兵”单位；“5·12”汶川地震后，全所积极参与灾区援建活动，被分局授予支援四川茂县灾后重建“先进集体”；2009年，在全面建设小康社会活动中，荣立“集体二等功”；2008年在全省公路优秀设计评选中，设计所设计的太长一级路与阳双线二级公路分别荣获一等奖和二等奖。

在新的一年里，设计所以科学发展观为指导，秉承“科技为先 以人为本 诚实守信 开拓创新”的发展理念，坚持“设计时精益求精 服务中尽善尽美”的服务宗旨，以高素质职工队伍为依托，立足技术优势，努力为全省创建更多优秀勘察、设计和优质工程。

测量队员在艰苦的条件下工作

援川测量队认真研究地面高程原始数据

援川测量队使用GPS卫星地位仪进行中线测量

荣获山西省劳动竞赛委员会“集体二等功”称号

山西省长治公路管理段

日常养护

208国道路面改造

严查公路超载超限

丰富多彩的职工业余生活

公路文化建设成果

团结战斗的领导班子（左起：党支部书记李瑾、段长姚建波、副段长白宁）

山西省长治公路管理段隶属于长治公路分局，共有干部职工86人。内设综合办公室、财务资产股、工程技术股和路政大队，下设工程队、机械队、沥青拌和场及信义、黎岭、苏店、炭场坪4个道班。主要担负着国道207线、省道长陵线、省道川荫线、长晋线共计69.2公里的公路养护和管理等任务。

2008年，在省公路局和长治分局的正确领导下，全段大力加强公路日常养护，全力搞好工程建设，强势推进路政管理，规范内部各项管理，狠抓党组织建设和党风廉政建设，扎实推进精神文明建设和公路文化建设。先后被省公路局评为标兵公路段和安全生产先进单位、被山西省公路运输工会评为模范职工小家、被长治公路分局评为标兵单位和先进工会、被长治市爱委会评为市级卫生先进单位、被长治县委、县政府评为先进单位、连续八年保持市级文明单位。

2008年内，完成国道208线9.3公里路面改造任务，完成投资2880余万元。狠抓薄弱路段养护、安保工程、危桥改造、预防性养护、文明路建设和干线公路综合治理等工作，养护水平明显提高。在干线公路综合治理、集中清理非公路标志和治理超限超载等方面成绩显著，有力保障路产、路权。建设文化公路，在长陵线陵川交界建设公路文化景点，川荫线建设以历史文化和现代气息为特色的浮雕长廊。狠抓党建、党风廉政、政风行风、职工道德教育和工会建设，先后组织开展"迎奥运、讲文明、促和谐"征文暨演讲比赛、公路养护技术比武、"中华魂"主题教育、第七届职工文化节等丰富多彩的文娱活动。

山西省长治市公路管理段

段长裴满庆（左五）在工地检查工作

完善标志标线

依法护路

2008年，山西省长治市公路管理段紧紧围绕公路养建管工作，以科学发展观为指导，广泛深入地开展“学、树、创”、“文明行业”、“和谐单位”等创建活动。

公路养护中，在“畅、洁、绿、美”上下工夫，以两个共建为基础，开展“文明服务，服务行车”和“有困难我来帮”服务延伸活动，修建标准化水沟、风景隔离墙；利用公路两侧挡墙刷写公路宣传标语，营造和谐、便捷、安全、舒适的道路环境。

工程建设中，大力开展“创优质工程、安全工程、廉政工程、文明工程”活动，强化精品意识，狠抓工程管理，严格控制材料的规格和级配，以试验数据为标准，指导工程规范化施工。

精神文明活动中，以“学先进、树新风、争一流”为主线，开展丰富多彩的文体活动，营造和谐向上的活动氛围。成功举办第五届职工文化节、第二届元宵节灯展，组织职工进行“纵横野战拓展训练”。利用重大节日开展征文、演讲比赛等活动，极大地丰富干部职工生活。开展“送温暖”活动给离退休老职工和困难家庭送去组织关怀。积极向南方雪灾、汶川地震灾区捐款捐物。

确保工程建设质量

积极向四川地震灾区捐款

丰富多彩的职工文化生活

山西省黎城公路管理段

团结、和谐、战斗的领导班子（左起：路政大队长连黎红、段长杜立新、党支部书记梁爱梅）

山西省黎城公路管理段隶属长治公路分局，下设办公室、生产股、财务股、路政大队、养护中心，以及西井、东崖底、横岭、石梁、城关、东阳关等6个养护道班。现有沥青混凝土拌和站、水稳拌和站等30余台养护设备，年养护施工能力3000万元以上。有在职职工120余人，其中大专以人学历23人，有初级以上职称13人。主要负责黎城境内国道207线和309线（含复线）共97公里的养管任务。

2008年，在长治公路分局和黎城县委、县政府的正确领导与大力支持下，全段狠抓日常养护工作，积极推进路面大修改造，严格开展路政管理和治理“双超”工作，大力实施文化公路建设和“迎奥保畅”专项行动，全面加强党的建设和行业文明建设，收到明显成效。

改革创新，注重养护。将砌筑边沟截水墙作为一项创新项目全面推广实施，不仅有效解决土质边沟养护难的问题，而且还充分利用沿线多年来的废弃石料。针对309复线某路段地势低排水不畅实际，尝试用修建外侧引水渠的办法来分流保畅。为确保北京奥运指定绕行路线309线畅通运行，采用大颗粒垫底，热沥青灌注，再反复多次罩面的方法，保证了路面修复质量和畅通运行。

采取有力措施，促进工程建设。采用分段落施工和半幅施工两种方法来组织施工，对全部半幅作业的连接纵缝切除后重新铺筑，同时加大基层混合料的水泥剂量，严格控制碾压次数和速度，确保工程质量和施工速度。

坚定不移，推进治超。在做好道路日常巡查同时，段路政大队依托东洼临时治超检测点坚持全天候值勤，严格检测，公平执法，文明服务，重点加大对短途超限超载车辆的监控。

狠抓党建和行业文明建设。重视基层班组建设，注重改善一线道工的工作和生活环境，提高工资待遇，稳定职工队伍。为全体在职临时工办理养老保险，统一签订劳动用工合同，解决后顾之忧，确保内部稳定。大力推进文化公路建设，组织开展迎“五一”、迎“十一”、迎“元旦”等各种文体活动，营造浓厚文化氛围。

日常养护见成效

综合治理效果好

踊跃捐款献爱心

绿色长廊美如画

山西省沁源公路管理段

段长 李书文

山西省沁源公路管理段担负着省道汾屯、沁洪、南沁线共149.338公里干线公路养管任务。段机关设2股1室1队。下设路面养护中心1个，设备租赁中心1个，1000型油料拌和场1个，道班5个。全段拥有筑养路机械设备28台件；具有省交通厅二类乙级和三类乙级公路养护工程施工从业资格。先后获得长治公路分局"先进单位"、沁源县"模范单位"称号。

团结战斗、朝气蓬勃的领导班子（左起：路政大队长白福柱、副段长秦正荣、段长李书文、副段长苗琛）

2008年，沁源公路段以科学发展观为统领，立足"三个服务"，狠抓全面养护、工程建设、超限治理、安全稳定，深入推进公路文化、创新型、节约型公路行业建设，各项工作取得较好成绩。在公路养护工作中，坚持以路面养护为中心，机械化养护为手段，安全生产为保障，狠抓干线公路养护管理责任制，进一步强化养护责任，明确养护职责，加速养护转型步伐，提高公路养护优良率；在工程建设中，积极参与市场竞争，中标承建省道汾屯、南沁线公路改造工程任务9.885公里；狠抓质量，提高素质，增强单位实力；在公路路政管理中，大力推行人性化执法，狠抓超限治理工作，加强干线公路综合治理，切实维护路产路权不受侵害；大力加强公路文化建设，因地制宜，在所养路段建设人文景观6处，组织举办首届职工文化艺术节；大力加强精神文明建设，深入开展"青年文明号"创建活动，保持"省级青年文明号"2个，创建"工人先锋号"1个；积极向南方雪灾和四川汶川地震灾区捐款献爱心。

明确公示公路养管责任

认真治理过村路段

统一标识养护车辆

全力提供文明优质服务

编辑说明

《山西交通年鉴》(2009年版)为本年鉴系列第十六卷,由山西省交通厅资料信息中心组织编纂,收载文稿内容涵盖全省交通系统各单位、各部门改革与发展情况,时限为2008年1月1日至2008年12月31日。

本版年鉴承接上年体例,设栏目、类目、条目三个层次。其中,栏目分为"特载、交通史志年鉴工作会议专辑、大事记、各市交通局工作业绩、厅直单位工作业绩、公路系统单位工作业绩、征稽系统单位工作业绩、高管系统单位工作业绩、重点公路工程建设单位工作业绩、交通开发单位工作业绩、山西汽车运输集团工作业绩、部领导调研摘记、省领导调研摘记、厅领导调研摘记、深入学习实践科学发展观活动专辑、援川抗震救灾、治理超限超载、全省交通建设成就、交通行业管理、精神文明建设、统计资料、政策·法规辑录、光荣榜、领导干部名录、图片资料、先进典型集锦",各栏目下又根据情况分若干类目和条目,全面、完整地记述和反映了全省交通系统各单位工作情况,突出展示了全省交通建设各条战线、各行各业辉煌成就,重点突出,结构合理,体例得当,层次清楚,内容丰富,表述准确,是一部资料翔实、开卷有益的工具书。

《山西交通年鉴》(2009年版)在编纂过程中,得到全省交通系统各级领导和有关编写人员大力支持与热忱帮助,及时提供了许多有价值的资料和稿件。在此,谨表示衷心感谢。

《山西交通年鉴》(2009年版)经厅资料信息中心全体同志辛勤努力,圆满完成了全书组稿、修改、编辑、校对、审定等工作,由山西人民出版社公开出版发行。鉴于编者水平有限,不妥之处在所难免,诚恳希望广大读者及交通系统有识之士提出宝贵意见,以便续编时进一步改进和完善。

目录

特　　载

在全省交通工作暨党风廉政建设
工作会议上的讲话 …… 牛仁亮（3）
在全省交通工作会议上的讲话
………………………… 牛仁亮（6）
抢抓机遇　奋力进取
开创交通科学发展新局面
——在全省交通工作会议上的讲话
………………………… 段建国（10）
深入学习实践科学发展观
开创交通运输党的建设新局面
——在纪念建党88周年暨“创先
争优”表彰大会上的讲话
………………………… 段建国（23）
深入贯彻落实科学发展观
不断推进全省交通系统反腐倡廉建设
——在全省交通系统党风廉政建设
工作会议上的报告
………………………… 韩日裕（30）
全面实施交通运输安全发展战略
扎实推进交通行业安全生产工作
——在全省交通安全生产工作
会议上的报告
………………………… 张　润（39）

交通史志年鉴工作会议专辑

注重时代特色　勇于开拓创新
不断开创全省交通史志年鉴工作新局面
——在全省交通史志年鉴工作会议上的讲话
…………………………………………… 韩日裕（49）
认真工作　努力进取
再谱交通史志年鉴工作新篇章
——在全省交通史志年鉴工作会议上的
工作报告…………………………… 师国梁（54）

大　事　记

1月1日至12月31日 ……………………… 师国梁（63）

各市交通局工作业绩

太原市交通局 ……………………………… 张建刚（235）
大同市交通局 ……………………… 张明生　邓　盛（239）
朔州市交通局 ……………………… 石　爱　周建平（242）
忻州市交通局 ……………………………… 顾占斌（245）
吕梁市交通局 ……………… 贾永岩　高树峰　田光铭（247）
晋中市交通局 ……………………………… 李彦平（253）
阳泉市交通局 ……………… 李书田　史晋阳　王九存（257）
临汾市交通局 ……………………………… 华志刚（263）
运城市交通局 ……………………………… 王健康（265）
长治市交通局 ……………… 李明芳　师文高　韩金廷（269）
晋城市交通局 ……………………………… 贾承健（272）

厅直单位工作业绩

山西省公路局 ……………………… 赵振田　戴　飞（277）
山西省交通征费稽查局 ……………………… 张晋鹏（281）
山西省交通运输管理局 ……………………… 李华中（284）
山西省高速公路管理局 ……………………… 董新品（289）
山西省地方海事局 …………………………… 牛世骏（293）
山西省交通规划勘察设计院 ………………… 聂承凯（296）
山西省交通科学研究院 ……………………… 赵队家（299）
山西省交通基本建设工程质量监督站 ……… 常二栋（303）
山西交通职业技术学院 ……………………… 孟　科（306）

山西交通技师学院 …………………… 张文才 孟仁贵（309）
山西省交通干部学校 ……… 肖毓恺 曹有生 赵卫中（312）
山西省交通建设开发投资总公司 …… 魏庆飞 李 平（314）
山西省交通建设工程监理总公司 …………… 张跃峰（319）
山西省交通厅资料信息中心 ………… 师国梁 梁锦华（322）
山西省交通厅新闻宣传中心 ………………… 杨原平（329）
山西省交通厅后勤服务中心 ………………… 张补才（333）
山西省交通厅规划发展中心 ………………… 安小平（336）
山西交通安居置业管理中心 ………… 郭永刚 王津林（338）
山西省物流中心 …………… 郭树中 田向东 王振宇（339）
山西省交通厅会计核算(审计)中心 …………… 郭贵堂（341）
山西省交通环境保护中心站 ………………… 王东伟（343）
山西省交通厅公路交通工程定额站 …………… 雷英夏（345）

公路系统单位工作业绩

山西省公路局太原分局 ……………… 李润平 赵湧文（349）
山西省公路局大同分局 …………………………… 刘 美（352）
山西省公路局朔州分局 ……………… 李 开 康义仁（355）
山西省公路局忻州分局 ……………… 张利民 杨中平（358）
山西省公路局吕梁分局 ……………… 王 敏 王福贵（361）
山西省公路局晋中分局 ……………… 王四小 胡钢成（364）
山西省公路局阳泉分局 ……………… 禹彦荣 卫 生（367）
山西省公路局临汾分局 ……………… 姚来义 李 红（369）
山西省公路局运城分局 ……………… 丁惠民 权可进（372）
山西省公路局长治分局 ……………… 苗宏宇 郭新德（375）
山西省公路局晋城分局 ……………… 郭长庆 张根法（379）
山西省公路局生活服务中心 ………… 徐碧河 李跃强（383）
山西省公路工程质量检测中心 ……… 王进满 米春玲（386）
山西省公路构件厂 …………………… 李敬中 陈德镛（389）

征稽系统单位工作业绩

山西省交通征费稽查局太原分局 …… 王志国 刘宝东（395）
山西省交通征费稽查局大同分局 …………… 梁文亮（398）
山西省交通征费稽查局朔州分局 …… 何斌祚 曲恒卯（402）
山西省交通征费稽查局忻州分局 …… 段志伟 薛存银（405）
山西省交通征费稽查局吕梁分局 …………… 贾志刚（408）
山西省交通征费稽查局晋中分局 …… 宋亚平 张志坚（410）
山西省交通征费稽查局阳泉分局 …… 耿春光 赵有恭（413）

山西省交通征费稽查局临汾分局 …… 杨国泉 李建勋（416）
山西省交通征费稽查局运城分局 …… 贾振卜 杨海滨（420）
山西省交通征费稽查局长治分局 …… 秦国增 乔明珍（424）
山西省交通征费稽查局晋城分局 …… 张联信 张慧锋（427）

高管系统单位工作业绩

山西太旧高速公路管理有限责任公司
………………………………………… 李新喜 郭迎平（433）
山西省大同高速公路有限责任公司 … 尉继廷 董化全（436）
山西省朔州高速公路有限责任公司 …………… 刘根生（439）
山西省忻州高速公路有限责任公司 … 王志义 张 显（442）
山西省太原高速公路有限责任公司 …………… 刘玉柱（446）
山西省祁临高速公路有限责任公司 … 姚惠发 李志刚（450）
山西省临汾高速公路有限责任公司
…………………………… 衡小平 樊肖林 刘晋峡（453）
山西省运城高速公路有限责任公司 … 贾建民 昝生晋（456）
山西吕梁高速公路有限责任公司 …… 张启星 高存厚（459）
山西吕梁汾离高速公路建设有限公司 ………… 张启星（461）
山西省长治高速公路有限责任公司 …………… 杨 勇（465）
中交翼侯高速公路有限公司 ………… 王为善 姜中石（468）
山西省高速公路管理局晋城管理处 …………… 陆晨旭（471）
山西省交通信息通信公司 …………… 赵文华 温廷全（474）
山西省高速公路开发有限公司 ……… 王联明 高耀华（477）
山西省高速公路收费管理结算中心 …………… 范双成（480）
山西省高速公路信息监控中心 ……… 倪 津 曹世勋（483）
山西省高速公路路政总队 … 魏和平 孙吉亮 于金柱（486）

重点公路工程建设单位工作业绩

山西省重点公路工程建设领导组办公室 ……… 刘清平（491）
山西省县际及农村公路改造工程领导组办公室
……………………………………………………… 李俊生（494）
山西省阳翼高速公路建设管理处 …………… 张 华（497）
山西省大同高速公路建设管理处 …………… 李应怀（500）
山西省太佳高速公路（吕梁段）建设管理处
………………………………………… 刘子兴 刘迎全（502）

交通开发单位工作业绩

山西太长高速公路有限责任公司 …… 赵善义 王玉亮（507）

山西长晋高速公路有限责任公司 ……………… 刘玉怀（510）
山西晋焦高速公路有限公司 ……………………… 白正义（512）

山西汽车运输集团工作业绩

山西汽车运输集团有限公司
…………………………… 胡鲜朝 郭鹏飞 王永茂（519）
山西运城汽车运输集团有限公司
…………………………… 孙振清 张欢照 乔耀旭（525）
山西三皇侯马运业集团股份有限公司
…………………………… 崔德民 鹿向东 陈来旺（531）
山西汽运集团临汾汽车运输有限公司
…………………………… 常民锋 孟德生 高增运（538）
山西省晋城汽车运输有限责任公司
…………………………… 秦建军 王和平 田 峰（544）
山西省长治汽车运输有限责任公司
…………………………… 马瑞峰 刘海存 李晋生（547）
山西省阳泉汽车运输有限责任公司
…………………………… 牛天长 王立魁 张世明（552）
山西省汾阳汽车运输有限责任公司 … 武建军 王小明（556）
山西汽运集团忻州汽车运输有限公司
…………………………… 常 彪 王 涛 张四满（560）
山西省阳方口汽车运输有限责任公司
…………………………… 李九龙 宫承亮 周银柱（565）
山西雁北运业有限责任公司
…………………………… 邵龙晓 张俊贵 王均国（569）
山西汽运集团晋龙捷泰运输贸易有限公司
…………………………… 曹星义 赵建成 李保全（572）
山西宇星客车有限公司 ……………… 张晋华 崔俊文（576）
山西迎泽物流有限公司 ……………… 赵泽华 郭思通（581）
山西汽运集团同兴开发有限公司 …… 李 俊 杨 海（585）
山西汽运集团交通大厦 ……………… 林 原 蔺 莲（588）

部领导调研摘记

翁孟勇副部长深入省交通厅援川抢通保通突击队
施工现场慰问 …………………………………（593）
杨利民组长莅临突击队已抢通公路水毁现场视察
慰问 ……………………………………………（593）
周海涛总工程师考察晋济高速公路 ……………………（594）

交通运输部在安县召开援川公路抢通保通对口单位座谈会 …………………………………………… (594)
中央新闻媒体采访省交通厅援川公路抢通保通突击队 …………………………………………… (595)
全国交通运输行业弘扬抗震救灾精神报告会召开 …… (596)
交通运输部部长政策咨询小组赴晋调研农村公路 …… (596)
交通运输部安全生产综合督察组赴晋督察 …………… (596)
《国家高速公路网交通量调查观测站点布局规划》审定会在晋召开 ………………………………… (597)

省领导调研摘记

张宝顺书记亲切慰问省交通厅援川公路抢通保通突击队队员 ……………………………………… (601)
王君代省长充分肯定省交通厅工作 ……………………… (602)
金道铭书记深入省交通厅属单位检查指导工作 ……… (602)
金道铭书记深入省公路局调研 …………………………… (602)
金道铭书记深入忻州公路分局南湾收费站视察 ……… (603)
杜玉林书记深入祁临高速公路临汾服务区视察 ……… (603)
靳善忠副主任深入省交通厅调研 ……………………… (604)
牛仁亮副省长致信祝贺全省运管系统治超推进会召开 …………………………………………… (604)
牛仁亮副省长深入太原检查春运和治超工作 ………… (605)
牛仁亮副省长看望治超执勤员乔建宁 ………………… (605)
牛仁亮副省长深入晋北检查指导治超工作 …………… (606)
牛仁亮副省长致信祝贺全省道路运输工作会议召开 … (606)
牛仁亮副省长深入省交通厅调研 ……………………… (607)
牛仁亮副省长充分肯定公路建设阳光操作的做法 …… (608)
牛仁亮副省长深入太原检查指导公路交通设施和汽车客运安全工作 …………………………………… (608)
牛仁亮副省长深入108国道介休至霍州一级公路建设工地检查指导工作 …………………………………… (609)
牛仁亮副省长深入晋中市检查省道危桥改造工程 …… (609)
牛仁亮副省长再次深入省交通厅调研 ………………… (610)
吕日周副主席深入吕梁市调研治超工作 ……………… (611)
吕日周顾问深入晋中市、长治市检查指导治超工作 …… (611)
吕日周顾问深入临汾市调研治超工作 ………………… (612)
李潭生副主席深入太旧高速公路调研 ………………… (613)
省政府慰问团看望省交通厅援川公路抢通保通突击队 …………………………………………… (614)

厅领导调研摘记

王晓林厅长总结8年交通工作 …………………………（617）
王晓林厅长提出全省交通发展新目标 ……………………（617）
王晓林厅长概括5条工作经验 …………………………（618）
王晓林厅长要求“十一五”后3年继续加强“四个环节”，
　　抓好“八方面”工作 ……………………………………（618）
王晓林厅长要求从5个方面抓好全省春运工作 ………（619）
王晓林厅长要求认真学习贯彻温家宝总理、李盛霖部长
　　重要指示精神 …………………………………………（620）
王晓林厅长对全省交通征稽工作提出新要求 …………（620）
王晓林厅长对山西汽运集团工作提出3点意见 ………（620）
王晓林厅长对省交通开发总公司工作提出新要求 ……（621）
王晓林厅长对厅重点办工作提出4点要求 ……………（621）
王晓林厅长对全省重点公路工程建设提出新要求 ……（621）
王晓林厅长对全省海事工作提出新要求 ………………（621）
王晓林厅长、张德仪总会计师深入太原征稽分局
　　慰问一线干部职工 ……………………………………（622）
王晓林厅长深入吕梁高速公路公司检查指导工作 ……（622）
王晓林厅长对省高管局工作提出4点要求 ……………（622）
王晓林厅长对省交通设计院工作提出3点要求 ………（623）
王晓林厅长对省交通科研院工作提出新要求 …………（623）
王晓林厅长要求从3个方面贯彻落实全国农村公路
　　电视电话会议精神 ……………………………………（623）
王晓林厅长对全省公路工作提出新要求 ………………（624）
王晓林厅长检查晋济、阳翼高速公路工程进展情况 ……（624）
王晓林厅长充分肯定晋城公路分局工作 ………………（624）
王晓林厅长、赵振田书记深入运城绕城高速公路
　　西南段建设工地调研 …………………………………（625）
王晓林厅长对山西交通技师学院工作提出新要求 ……（625）
王晓林厅长代表厅党组述职述廉 ………………………（625）
王晓林厅长对山西交通学院工作提出4点要求 ………（626）
王晓林厅长、张德仪总会计师深入阳泉市调研 …………（626）
王晓林厅长对全省道路运输工作提出新要求 …………（626）
王晓林厅长要求进一步搞好全省交通战备工作 ………（627）
王晓林厅长要求发挥好国防交通协会作用 ……………（627）
王晓林厅长传达全国“两会”精神 ………………………（627）
王晓林同志担任省人大常委会城乡建设环境保护
　　工作委员会主任 ………………………………………（628）

段建国同志任省交通厅厅长 …………………………（630）
段建国厅长、张志川副厅长深入太原高速公路柴村收费站调研 ……………………………………（631）
段建国厅长充分肯定交通征稽文化研究的重大意义 …（631）
段建国厅长对交通专业保障队伍参加演练活动提出4点要求……………………………………（631）
段建国厅长出席“迎奥运、健步走”活动启动仪式………（632）
段建国厅长要求全省交通系统掀起学习劳模和先进工作者高潮 ……………………………………（632）
段建国厅长要求充分认识搞好政风行风评议及纠风工作重要性 ……………………………………（633）
段建国厅长要求认真抓好安全生产工作 ………………（633）
段建国厅长要求全力以赴迎奥运讲文明 ………………（633）
段建国厅长要求坚定地肩负起加快干线公路发展的历史责任 ………………………………………（634）
段建国厅长要求抓好沿黄公路建设 ……………………（634）
段建国厅长要求全面提升高速公路服务保障活动 ……（634）
段建国厅长深入中条山隧道工地调研 …………………（635）
段建国厅长、赵振田书记带领慰问团赴四川慰问并指导工作 ……………………………………（635）
段建国厅长要求从3个方面做好交通战备演练工作 …（636）
段建国厅长深入长治市调研 ……………………………（636）
段建国厅长要求全面提升交通行政执法队伍整体素质 ……………………………………………（636）
段建国厅长慰问“联动—2008B”演练人员………………（637）
段建国厅长要求从6个方面抓好全省道路水路运输安全工作 ………………………………………（637）
段建国厅长、郜玉兰总工程师深入省交通设计院、省交通科研院调研 ……………………………（638）
段建国厅长、王志民副厅长深入省运管局调研…………（639）
段建国厅长看望省交通厅援建茂县工作人员 …………（639）
段建国厅长、郜玉兰总工程师深入山西交通学院调研 ……………………………………………（640）
段建国厅长深入省交通建设开发投资总公司调研 ……（640）
段建国厅长希望记者们多宣传交通战备建设的重要意义 ……………………………………………（641）
段建国厅长对全省重点公路工程建设工作提出新要求 ……………………………………………（641）
段建国厅长、郜玉兰总工程师深入山西交通技师学院调研 ……………………………………………（642）

段建国厅长要求顺利完成事业单位人事制度改革试点各项任务 …………………………………… (642)
段建国厅长深入大运高速公路雁门关隧道检查指导工作 ……………………………………………… (643)
段建国厅长要求修改完善《山西省高速公路网调整规划》方案 …………………………………… (643)
段建国厅长要求高度重视安全工作 …………………… (643)
段建国厅长希望各部门加强合作提高道路运输安全水平 ……………………………………………… (643)
段建国厅长向离退休全体干部祝贺"九·九"老年节 … (644)
段建国厅长深入省道太长线潇河大桥检查指导工作 … (644)
段建国厅长对山西交通学院工作提出新要求 ………… (645)
段建国厅长要求构建科学的高速公路管理体制 ……… (645)
段建国厅长介绍省交通厅综合治理和平安建设经验 … (645)
段建国厅长要求省征稽局转变职能稳定队伍 ………… (646)
段建国厅长深入省交通开发总公司、省地方海事局调研 ……………………………………………… (646)
段建国厅长对各市交通局工作提出7点要求 ………… (647)

张润副厅长对全省交通局长第一期培训班学员提出殷切希望 …………………………………………… (647)
张润副厅长对交通定点扶贫工作提出4点要求 ……… (648)
张润副厅长要求交通部门当好治超主力军 …………… (648)
张润副厅长总结全省交通征稽工作实现6项突破 …… (648)
张润副厅长希望继续得到新闻界朋友鼎力支持 ……… (649)
张润副厅长对厅重点办工作提出3点要求 …………… (649)
张润副厅长深入大同市、朔州市慰问交通系统干部职工 …………………………………………… (649)
张润副厅长提出农村公路发展新目标 ………………… (649)
张润副厅长对全省交通征稽工作提出3点希望 ……… (650)
张润副厅长对全省公路工作提出5点要求 …………… (650)
张润副厅长对全省交通新闻宣传工作提出5点要求 … (650)
张润副厅长深入吕梁沿黄扶贫旅游公路调研 ………… (650)
张润副厅长对太原公路分局工作提出新要求 ………… (651)
张润副厅长对全省交通史志年鉴工作提出3点要求 … (651)
张润副厅长对晋中市交通工作提出5点要求 ………… (651)
张润副厅长对太原市交通工作提出新要求 …………… (652)
张润副厅长充分肯定交通征稽文化研究的作用 ……… (652)
张润副厅长对厅关工委工作提出新要求 ……………… (652)
张润副厅长对朔州市交通工作提出新要求 …………… (652)

张润副厅长要求认真抓好民主评议政风行风工作 ……（653）
张润副厅长对厅直系统宣传思想工作提出新要求 ……（653）
张润副厅长要求深刻认识加快沿黄公路建设紧迫性 …（654）
张润副厅长要求从5个方面抓好治安综合治理工作 …（654）
张润副厅长对太原高速公路公司工作提出新要求 ……（654）
张润副厅长要求从6个方面抓好全省农村公路养护工作 ……（655）
张润副厅长要求全力以赴完成国省干线公路改造任务 ……（655）
张润副厅长要求齐抓共管确保行业安全稳定 ……（656）
张润副厅长对全省农村公路建设提出新要求 ……（656）
张润副厅长要求文明和谐创建工作"走在前,做表率" ……（656）
张润副厅长要求学习"右玉精神" ……（657）
张润副厅长深入晋中市国省干线公路调研 ……（657）
张润副厅长对纪检工作提出新要求 ……（658）
张润副厅长深入大同市、朔州市国家高速公路过境段调研 ……（658）
张润副厅长要求确保全省普通公路计重收费工作顺利实施 ……（658）
张润副厅长要求从3个方面学习贯彻中国工会十五大精神 ……（659）
张润副厅长深入晋中公路分局调研 ……（659）
张润副厅长、郜玉兰总工程师深入省交通设计院调研 ……（660）
张润副厅长深入省公路局调研 ……（660）
张润副厅长要求从3个方面做好全省交通基础设施建设安全工作 ……（661）
张润副厅长深入四川茂县黑虎羌寨旅游公路建设工地视察 ……（661）

王志民副厅长深入太原市检查指导绿色通道运行情况 ……（662）
王志民副厅长要求从5个方面抓好全省春运工作 ……（662）
王志民副厅长对太原市道路运输工作提出4点要求 …（662）
王志民副厅长要求采取6项措施保障公路安全畅通 …（663）
王志民副厅长深入太原市检查指导春运工作 ……（663）
王志民副厅长要求从5个方面贯彻落实温家宝总理、李盛霖部长重要指示精神 ……（664）
王志民副厅长对山西汽运集团工作提出新希望 ……（664）

王志民副厅长对全省海事工作提出新要求 ……………（664）
王志民副厅长对厅后勤服务中心工作提出新要求 ……（665）
王志民副厅长总结2008年春运工作4条经验 …………（665）
王志民副厅长对全省道路运输工作提出新要求 ………（665）
王志民副厅长要求从3个方面做好老干部工作 ………（666）
王志民副厅长要求从3个方面抓好交通安全生产 ……（666）
王志民副厅长再次对全省海事工作提出新要求 ………（666）
王志民副厅长检查奥运火炬传递道路交通保障准备情况 ……………………………………………………（667）
王志民副厅长对交通信访工作提出新要求 ……………（667）
王志民副厅长要求把预防各类事故和事件作为一项重要政治任务 ………………………………………（667）
王志民副厅长要求从3个方面抓好交通安全生产工作 ……………………………………………………（668）
王志民副厅长要求发挥专家咨询委员会作用 …………（668）
王志民副厅长充分肯定农村公路通达情况专项调查意义 ……………………………………………………（668）
王志民副厅长要求不断推动海事正规化建设 …………（668）
王志民副厅长深入阳翼高速公路建设工地调研 ………（669）
王志民副厅长深入省运管局调研 ………………………（669）
王志民副厅长要求继续推进全省道路运输卫星定位应用系统建设 ………………………………………（669）
王志民副厅长要求从4个方面做好全省运管工作 ……………………………………………………（669）
王志民副厅长对办公室工作提出新要求 ………………（670）

韩日裕组长要求高度认识纪检监察工作重要性 ………（670）
韩日裕组长要求坚定不移地推进反腐倡廉建设 ………（670）
韩日裕组长要求认真做好被征地农民社保工作 ………（671）

张志川副厅长深入忻州市检查指导工作 ………………（671）
张志川副厅长深入长治市、晋城市检查指导工作 ………（671）
张志川副厅长深入省运管局调研 ………………………（672）
张志川副厅长要求认真落实“1166”工程 ………………（672）
张志川副厅长深入晋中市指导治超工作 ………………（672）
张志川副厅长要求从4个方面确保道路畅通 …………（672）
张志川副厅长对路政大厅工作人员提出3点要求 ……（673）
张志川副厅长要求《中国水运报》山西记者站作出更大贡献 ………………………………………………（673）

张志川副厅长要求认真抓好全省公路交通信息资源整合与服务工程 …………………………………（673）
张志川副厅长要求从4个方面做好厅属院校安全工作 ……………………………………………………（673）

郜玉兰总工程师要求认真做好公路工程概预算编制办法和定额宣传贯彻培训工作 ………………（674）
郜玉兰总工程师对省交通开发总公司工作提出4点要求 …………………………………………………（674）
郜玉兰总工程师深入忻州市检查指导工作 ……………（674）
郜玉兰总工程师对全省重点公路工程建设提出新要求 …………………………………………………（675）
郜玉兰总工程师慰问省交通设计院技术人员 …………（675）
郜玉兰总工程师对山西交通技师学院工作提出新要求 …………………………………………………（675）
郜玉兰总工程师对山西交通职业学院工作提出3点要求 …………………………………………………（675）
郜玉兰总工程师对全省重点公路工程建设系统组织人事工作提出新要求 ……………………………（676）
郜玉兰总工程师对全省交通质监工作提出新要求 ……（676）
郜玉兰总工程师要求抓好农村公路建设质量 …………（676）
郜玉兰总工程师要求更加突出认识养护管理工作重要性 …………………………………………………（677）
郜玉兰总工程师要求认真整改存在的问题 ……………（677）
郜玉兰总工程师要求从4个方面做好重点工程项目环保工作 ………………………………………………（677）
郜玉兰总工程师深入晋济、运城环城高速公路建设工地检查 ………………………………………………（677）
郜玉兰总工程师要求全省高速公路建设运营安全突出抓好6项工作 …………………………………（678）
郜玉兰总工程师要求实现高速公路建设可持续发展 …（678）
郜玉兰总工程师深入省交通科研院调研 ………………（678）
郜玉兰总工程师要求认真做好全省重点公路工程质量安全工作 ……………………………………………（679）

张德仪总会计师深入太原市、吕梁市检查指导工作 ……（679）
张德仪总会计师对全省交通征稽工作提出4点要求 …（679）
张德仪总会计师对交通财务审计工作提出3点要求 …（680）
张德仪总会计师深入太旧高速公路公司调研 …………（680）

张德仪总会计师要求省征稽系统肩负起资金保障神圣使命 ……………………………………………… (680)
张德仪总会计师要求确保全年“两费”超收6亿元 …… (680)
张德仪总会计师深入省征稽局、省高管局调研 ………… (681)

赵振田书记深入晋中市检查指导工作 ………………… (682)
赵振田书记对忻州市交通工作提出6点要求 ………… (682)
赵振田书记提出交通防汛5项工作重点 ……………… (682)
赵振田书记要求从3个方面完成好调研课题 ………… (683)

曹燎原巡视员要求从5个方面抓好信访工作 ………… (683)
曹燎原巡视员深入吕梁市、阳泉市调研 ………………… (683)
曹燎原巡视员深入厅后勤服务中心、省交通开发总公司调研 ………………………………………………… (684)
曹燎原巡视员深入忻州市、朔州市交通系统调研 ……… (685)
曹燎原巡视员要求加强新形势下离退休人员管理服务工作 ………………………………………………… (685)

郭贵平副巡视员对全省高速公路建设前期工作提出新要求 ………………………………………………… (685)
郭贵平副巡视员要求加快推进太佳、太古高速公路前期工作 ……………………………………………… (686)
郭贵平副巡视员深入石楼县检查指导交通扶贫工作 … (686)
郭贵平副巡视员要求进一步推动被征地农民社会保障工作进度 …………………………………………… (686)
郭贵平副巡视员深入省高管局调研 ……………………… (687)

深入学习实践科学发展观活动专辑

省交通厅党组传达全省深入学习实践科学发展观活动动员大会精神 …………………… (691)
省交通厅开展深入学习实践科学发展观活动动员大会召开 …………………… (691)
省交通厅深入学习实践科学发展观活动指导检查组动员会召开 ……………………………… (693)
省交通厅举办深入学习实践科学发展观活动领导干部首期培训班 ……………………………… (694)
省交通厅举办深入学习实践科学发展观活动领导干部第二期培训班 ………………………………… (694)
省交通厅党组中心组集体学习科学发展观 ……………… (696)

省交通厅党组召开“解放思想,推动交通科学发展”
大讨论专题会议 …………………………………… (697)
省交通厅召开深入学习实践科学发展观活动
第一阶段汇报会 …………………………………… (697)
省交通厅召开向党员老干部和党外人士
征求意见座谈会 …………………………………… (698)
省交通厅召开深入学习实践科学发展观活动
第一阶段总结暨第二阶段动员大会 ……………… (699)
省交通厅党组召开学习实践科学发展观活动
专题民主生活会 …………………………………… (700)
省交通厅学习实践科学发展观活动领导组办公室
召开指导检查组长会议 ………………………… (701)
省交通厅党组专题研究讨论领导班子分析检查报告 … (702)
省交通厅领导班子分析检查报告群众评议大会召开 … (702)
省交通厅学习实践科学发展观活动转入整改落实
阶段 ………………………………………………… (702)
省交通厅召开学习实践科学发展观活动
整改落实阶段推进会 …………………………… (703)
省交通厅召开深入学习实践科学发展观活动总结
大会 ………………………………………………… (704)
省公路局开展解放思想大讨论 …………………… (705)
省公路局学习实践科学发展观活动成效显著 ………… (706)

援川抗震救灾

省交通厅向四川省交通厅发出慰问信 ……………… (709)
全省交通系统职工捐款捐物献爱心 ………………… (709)
省交通厅援川公路抢通保通突击队第一梯队抵川 …… (709)
省交通厅援川公路抢通保通突击队首战告捷 ………… (710)
省交通厅援川抢通保通突击队抢通县乡公路
21.9 公里 ………………………………………………… (710)
省交通厅援川公路抢通保通突击队荣获
“抗震救灾重建家园工人先锋号”称号 …………… (711)
汉旺至清平公路再抢通 1.5 公里 …………………… (711)
突击小分队涉险再探“一把刀” …………………… (711)
汉旺至清平公路又向前挺进 1.2 公里 ……………… (712)
遵道至金华公路再次被全部抢通 ………………… (712)
援川前线指挥部安排部署汛期安全工作 …………… (712)
突击队再次打通德茂公路汉旺至“一把刀”堰塞湖段 … (713)
德阳市领导深入突击队抢险现场检查指导 ………… (713)

援川前线指挥部召开安全工作会议 …………………… (714)
德茂公路汉旺至清平段再次畅通 ……………………… (714)
省交通厅援川抢通保通突击队凯旋 …………………… (714)
省交通厅举行援川抢险救灾事迹报告会 ……………… (715)
省交通厅举行援川抗震救灾抢通保通先进事迹
　　报告会 ……………………………………………… (715)
省交通厅支援茂县灾后交通重建
　　调研规划小组在茂县调研 ………………………… (716)
省交通厅茂县援建工作全面铺开 ……………………… (716)
省交通厅援建茂县首期两条通乡公路通过评审 ……… (717)
省交通厅认真学习贯彻张宝顺书记讲话精神 ………… (717)
晋中公路分局向茂县捐赠公路试验设备 ……………… (718)
阳泉市交通局迅速完成抗震救灾抢运任务 …………… (718)
山西汽运集团执行援灾物资运输保障有力 …………… (719)
山西省交通学院掀起向抗震救灾英雄教师
　　学习活动高潮 ……………………………………… (719)
省公路局踊跃奉献爱心积极投入抗震救灾工作 ……… (720)

治理超限超载

全省运管系统治理非法超限超载
　　搞好货运源头管理工作推进会召开 ……………… (723)
全省新一轮治超取得显著成效 ………………………… (724)
全省治理非法超限超载车辆工作会议召开 …………… (725)
全省交通系统再度部署非法超限超载车辆治理工作 … (725)
省交通厅对治超不力人员作出处理 …………………… (726)
省政府治超两个《办法》正式实施 ……………………… (727)
全省普通公路货车计重收费新闻发布会召开 ………… (728)
全省普通公路货车计重收费正式启动 ………………… (728)
省交通厅推出《超限运输车辆通行证》办理便民
　　新举措 ……………………………………………… (729)
全省高速公路不停车治超检测系统试运行 …………… (730)
全省治超步入法制化轨道 ……………………………… (730)
全省超限超载治理取得重大阶段性成果 ……………… (731)
省公路局编制计重收费突发事件应急预案 …………… (732)
省公路局治理超限超载成效显著 ……………………… (732)
太原市交通局多种方法破解治超难题 ………………… (732)
阳泉道路运输管理处源头治超成效显著 ……………… (733)
阳泉市郊区被省政府授予“治超工作优秀区” ………… (733)
《阳泉市货运源头治超工作规范》出台 ………………… (734)

临汾市治理超限超载取得阶段性成果 …………………… (734)
临汾市开展集中打击短途非法超限超载大行动 ……… (735)
忻州高速公路公司六项措施巩固治超成果 …………… (735)
太长高速公路公司治理超限超载实现自动化 ………… (736)

全省交通建设成就

公路设计

省交通厅大力加强高速公路勘察设计管理 …………… (739)
宝塔山特长隧道、惠济河特大桥技术设计方案
论证咨询会召开 ……………………………………… (739)
阳泉至盂县高速公路初测外业通过验收 ……………… (740)
灵丘至山阴高速公路初步设计通过预评审 …………… (740)
高平至陵川段高速公路初步设计通过评审 …………… (740)
省交通设计院各项经济指标取得丰硕成果 …………… (740)

公路建设

全省交通工作推进会召开 …………………………… (742)
省交通厅与忻州市政府合力推进高速公路建设 ……… (743)
省交通厅与晋中市政府召开推进高速公路建设
座谈会 ……………………………………………… (744)
省交通厅与大同市政府领导达成共识 ……………… (744)
省交通厅与大同市、朔州市政府召开高速公路建设
推进会 ……………………………………………… (745)
山西省重要政务信息新闻发布会召开 ……………… (745)
省交通厅与五大银行举行战略合作
暨首批贷款签约仪式 ……………………………… (747)
晋中市新农村公路建设道路交通状况调查顺利结束 … (748)
阳泉至五台山高速公路阳泉至盂县段奠基仪式举行 … (748)
大运公路介休至霍州改建工程合同签订仪式
暨开工动员会举行 ………………………………… (749)
汾阳至邢台高速公路和顺至榆社至平遥段开工奠基 … (750)
运城至稷山一级公路全线通车 ……………………… (750)
祁临高速公路荣获詹天佑大奖 ……………………… (751)
得胜口至大同高速公路通过竣工验收 ……………… (751)
旧关收费站车道扩容工程顺利完工开通运行 ……… (751)
盂县运煤专线公路二期工程开工建设 ……………… (752)
省道340一级公路改建工程正式启动 ……………… (752)
太佳高速公路东段和西段初测通过外业验收 ……… (752)
太旧高速公路路面大修工程项目通过竣工验收 …… (753)
108线忻州段路面改造工程顺利完工 ……………… (753)

阳泉义白路桃河特大桥荣获“太行杯”奖 …………………（754）
307 国道汾阳至离石段改建工程通车仪式举行…………（754）
208 国道长治市西过境段改建工程通车…………………（754）
晋中市打通又一条出省通道 ………………………………（755）
忻阜高速公路科技示范工程全面启动 ……………………（755）
闻垣高速公路控制性工程开工 ……………………………（755）
长治至长子一级公路奠基 …………………………………（756）
大宁线甘棠至山庄公路全线通车 …………………………（756）
太原环城高速长风收费站扩建工程竣工通车 ……………（756）
襄台公路部分大修工程完工 ………………………………（757）
台忻线公铁立交桥竣工通车 ………………………………（757）
太佳高速公路（吕梁段）建设推进会举行 ………………（757）
晋中市交通局组织重点工程观摩活动 ……………………（758）
离碛扶贫旅游公路改造工程竣工通车 ……………………（758）
朔州市“六项工程”竣工通车 ………………………………（758）
省道南沁汾屯公路改建工程开工 …………………………（758）
208 国道长治境内路面改造工程竣工通车………………（759）
307 国道平定城段改线工程平定西外环公路竣工
　　通车 ……………………………………………………（759）
309 国道潞城市区过境段改线工程竣工通车……………（760）
太古、太佳（东段）高速公路建设推进会召开……………（760）
五台山至保德高速公路建设推进会隆重举行 ……………（761）
临汾市开展农村公路质量年活动 …………………………（762）
临汾市交通局着力打造全市旅游公路网络 ………………（762）
阳泉至五台山高速公路征地拆迁安置方案（草案）
　　出台 ……………………………………………………（762）

公路养管

省人大通过《大同市农村公路养护管理条例》 …………（764）
省公路局组织实施全省农村公路养护检查观摩活动 …（764）
省公路局积极组织开展农村公路建设质量年活动 ……（765）
省公路局全力办好《山西农村公路动态》 ………………（765）
省公路局认真做好《公路技术状况评定标准》宣传
　　贯彻工作 ………………………………………………（765）
省公路局积极完善干线公路标志、标线…………………（766）
晋中市为各县配备农村公路养护综合专用车 …………（766）
晋中市榆次区全力整治旅游公路和农村公路环境 ……（766）
全省农村公路养护阳泉观摩会在平定县召开 …………（767）
阳泉市农村公路养护卓有成效 …………………………（767）
盂县农村公路有专人管养 ………………………………（768）

临汾市交通局采取多项措施确保农村公路桥梁安全畅通 …………………………………………… (768)
长治市出台农村公路管理养护体制改革实施意见 …… (769)

质量监督

《高速公路建设招标投标联合监督办法》出台 ………… (770)
吕梁市政府出台《关于加强交通建设质量工作的决定》…………………………………………………… (770)
省交通科研院施工监理继续保持强劲发展势头 ……… (770)
山西交科公路工程咨询监理有限公司又获两项市场通行证 ………………………………… (771)
省交通监理总公司获"三晋工程监理企业20强"荣誉称号 ………………………………………………… (771)
省交通监理总公司咨询业务成功跨出国门 …………… (771)

水上安全

省地方海事局大力开展海事管理正规化建设 ………… (773)
平陆县水上安全监管有了巡航搜救艇 ………………… (773)
山西省水上安全监管与搜救装备发放仪式隆重举行 … (773)
全省船舶检验机构资质通过部海事局年度审核 ……… (774)
吕梁与榆林开展界河联检活动 ………………………… (774)
临汾市地方海事局采取多项举措确保奥运期间水上交通安全 …………………………………………… (774)

收费管理

《山西省公路养路费征收管理规定》出台 ……………… (776)
全省交通征稽系统费收业绩创历年最佳 ……………… (776)
省征稽局提前完成"两费"征收任务 …………………… (776)
晋城、焦作两市交通征稽部门启动跨省联合稽查行动 …………………………………………………… (776)
省征稽局开展稽查管理工作督导行动 ………………… (777)
全省高速公路刷卡收费正式启动 ……………………… (777)
全省高速公路"五比五看、服务创优"竞赛活动举行 …… (778)
全省高速公路第三届收费业务技术比武结束 ………… (778)
吕梁征稽分局提前半年完成全年费收任务 …………… (779)
太旧高速旧关收费站吹响文明微笑服务"集结号" …… (779)
汾离高速公路公司提前完成通行费征收任务 ………… (779)
运城高速公路公司强化收费员工服务意识 …………… (779)
省高管局出台全国首家服务区餐饮企业经营规范细则 …………………………………………………… (780)

交通科技

综述 …………………………………………………… (781)
省交科院三项机电科研项目通过鉴定 ……………… (782)
《汽车手动变速器试验台的开发研究》通过鉴定 ……… (783)
《高速公路建设发展投融资问题研究》课题评为
一等优秀 ……………………………………………… (783)
《国家高速公路网交通量调查观测站点布局规划》
课题审定会召开 ……………………………………… (784)
《山西省交通行业技能型人才需求分析与研究》
达国内先进水平 ……………………………………… (784)
《山西省道路运输行业评价指标体系研究课题》
达国内领先 …………………………………………… (785)
山西交通技师学院科研工作成绩斐然 ……………… (785)
省交通科研院交通科技信息化工作得到加强 ………… (785)
省交科院岩土治理和隧道工程专业领域
不断创造新成绩 ……………………………………… (786)
省交科院机电工程和汽车检测专业取得新成绩 ……… (786)
阳泉华伦陶瓷有限公司利用煤矸石制陶项目
获国家金桥奖 ………………………………………… (786)

交通行业管理

奥运保障

省运管局出台《奥运期间道路运输安保工作实施
方案》…………………………………………………… (789)
全省第一批服务北京奥运会交通保障车队进京 ……… (790)
省交通厅圆满完成奥运圣火传递交通保障任务 ……… (791)
进京服务奥运会交通保障车辆圆满完成任务返并 …… (792)
省公路局抓好主业确保奥运期间道路畅通 ………… (792)

路政管理

综述 …………………………………………………… (793)
省公路局积极进行路地共管模式探索 ……………… (793)
全省干线公路综合治理成效显著 …………………… (794)
临汾市交通路政支队荣获省级集体一等功 ………… (794)

运输管理

综述 …………………………………………………… (795)
全省公路春运圆满结束 ……………………………… (796)
全省“十一”黄金周道路旅客运输安全有序 ………… (796)
山西运政智能识别稽查系统正式启用 ……………… (796)

省运管局、省交管局联合开展全省机动车驾驶人培训、考试专项检查 ……………………………… (797)
省运管局召开道路运输承运人责任险续保工作座谈会 ……………………………… (797)
阳泉郊区物流配送中心成立 ……………………………… (798)
临汾市对全市货运源头监管情况进行专项检查 ……… (798)
平顺县交通局采取“五项措施”抓春运 ………………… (798)

交通法制

综述 ……………………………………………… (800)
省交通厅认真开展案卷评查工作 ……………………… (800)
省交通厅重视法制宣传教育 …………………………… (800)
省交通厅大力加强立法工作 …………………………… (801)
省交通厅举办全省交通行政执法高级培训班 ………… (802)

交通安全

综述 ……………………………………………… (803)
高速公路优先保障三类车辆通行 ……………………… (805)
省公路局建立安全隐患有奖举报制度 ………………… (806)
省高管局开展高速公路突发事件应急管理培训与演练 ……………………………… (806)
全省启用12122全国高速公路救援电话 ……………… (806)
山西交通学院举行紧急疏散和消防演习活动 ………… (806)
晋中市榆次区交通局百日安全生产督查行动有序推行 ……………………………… (807)
阳泉客运总站严格执行“三关一监督”和“六不”报班规定 ……………………………… (807)
临汾市采取措施加强道路运输安全监管 ……………… (808)
长治市交通系统安全生产管理工作成效显著 ………… (808)
长治公路分局“五个加强”狠抓安全 ………………… (809)
太旧高速路政大队开展重大事故快速应急处置实战演练 ……………………………… (809)
忻州高速公路公司三项措施提高通行保障能力 ……… (810)

交通战备

综述 ……………………………………………… (811)
全省国防交通工程建设进展顺利 ……………………… (811)
全省交通战备信息化建设稳步推进 …………………… (811)
全省交通战备法规建设日臻完善 ……………………… (811)
山西省国防交通协会成立 ……………………………… (811)

全省交通战备工作暨“军交—2007B”活动
　　山西分现场总结表彰大会召开 …………………… (812)
交通运输部交通战备办公室检查全省储备器材 ……… (813)
省交战办组织参加“联动－2008”实兵演习 …………… (813)
省交战办举办全省交通战备干部培训班 …………… (813)
省交战办开展30周年主题系列活动 ………………… (814)
全省交通战备30周年建设成果新闻采访活动启动 …… (814)
《山西省交通图》编绘印刷 ………………………………… (815)
省公路局交通储备器材工作受到交通运输部表彰 …… (816)
省公路局积极参与交通战备恢复30周年纪念活动 …… (816)

计划统计

综述 ………………………………………………………… (817)
全省公路运输枢纽规划编制工作基本完成 …………… (819)
《山西省2008年至2012年旅游公路建设规划》
　　编制完成 ……………………………………………… (819)
《山西省高速公路网调整规划》经省政府常务会议
　　审议通过 ……………………………………………… (819)

财务审计

综述 ………………………………………………………… (820)
全省规费征收实现新突破 ……………………………… (820)
省交通厅不断拓宽筹融资渠道 ………………………… (820)
省交通厅资金安全和资金效益管理能力明显提高 …… (821)
省交通厅预算执行监管能力进一步提升 ……………… (821)
省交通厅财务监督管理体制进一步完善 ……………… (821)
省交通厅财务监管力度持续加强 ……………………… (822)
省交通厅积极推进预算项目绩效自评与考评工作 …… (822)
省交通厅圆满完成行政事业单位资产损益批复工作 … (822)
省交通厅着力强化和规范收费公路行政许可审核
　　工作 …………………………………………………… (823)
省交通厅积极应对燃油税费改革 ……………………… (823)
省交通厅着力加强财务审计队伍建设 ………………… (824)
省公路局积极筹措资金保障公路建养工作正常进行 … (824)
省公路局认真开展路桥集团资产清查工作 …………… (824)
山西汽运集团晋龙捷泰公司推行“财务公司”经营
　　模式 …………………………………………………… (825)

交通公安

综述 ………………………………………………………… (826)
省交通厅认真做好“春节”“元宵节”安全稳定工作 …… (826)

省交通厅认真做好奥运安保工作 …………………………（827）
省交通厅厅直各单位认真做好矛盾纠纷排查调处
工作 ……………………………………………………（827）
省交通厅认真做好奥运火炬传递安全保卫工作 ………（828）
省交通厅开展打击盗用仿造军车号牌专项行动 ………（828）
省交通厅调整社会治安综治领导组成员 ………………（829）
省交通厅厅直单位加强防控基础设施建设 ……………（829）
省交通厅厅直单位“平安创建”工作五到位 ……………（830）
省交通厅厅直单位“平安小区”建设管理水平全面
提升 ……………………………………………………（830）
三所交通院校结合奥运安保引深“平安校园”建设 ……（831）
全省交通系统综治宣传活动效果突出 …………………（832）

人事劳资

综述 ……………………………………………………………（833）
山西省交通厅重点公路工程建设办公室正式挂牌 ……（835）
省交通厅召开事业单位机构编制清理规范工作会议 …（836）
省交通厅召开领导干部任职大会 ………………………（837）

精神文明建设

党团建设

综述 ……………………………………………………………（841）
省交通厅大力强化“三基”工作 …………………………（841）
省交通厅持续深化文明和谐创建活动 …………………（842）
省交通厅广泛开展以“迎奥运、树新风、促和谐”
为主题的文明和谐创建活动 …………………………（842）
省交通厅文明和谐创建工作获检查验收组好评 ………（842）
省交通厅召开“知荣明耻”主题教育活动
“双先”表彰大会 ………………………………………（843）
省公路局不断强化基层党建工作 ………………………（843）
省公路局顺利通过省直文明和谐单位标兵验收 ………（843）
全省公路系统行业文明建设再结硕果 …………………（844）
全省公路系统文明和谐示范窗口创建成效明显 ………（844）
全省公路系统青年文明号创建工作取得新成就 ………（844）
省公路局积极推进公路文化建设年活动 ………………（844）
山西交通技师学院跻身全国交通行业文明单位行列 …（845）

纪检监察

综述 ……………………………………………………………（846）

省交通厅全面推行党风廉政建设责任制 ………………（846）
省交通厅扎实开展廉政教育和文化活动 ………………（846）
省交通厅全面推进反腐倡廉监督制度创新 ……………（847）
全省交通系统积极推行公路建设阳光操作 ……………（848）
省交通厅端正行风治超治乱 ……………………………（849）
省交通厅加大信访和案件工作力度 ……………………（850）
省公路局惩治和预防腐败工作体系不断完善 …………（850）
省公路局预防治理腐败能力不断提高 …………………（850）
省公路局加大查处违法违纪案件工作力度 ……………（851）
省公路局治理超限超载工作有了新突破 ………………（851）
阳泉市交通局获全市政风行风评议工作先进单位 ……（851）
临汾市交通局“五个到位”狠抓政风行风建设 …………（851）
晋城公路分局出台《领导干部廉政谈话暂行办法》 ……（852）

交通教育

综述 ………………………………………………………（853）
山西交通技师学院启动课程开发工作 …………………（853）
山西交通技师学院新校区投入使用 ……………………（854）
全国机动车检测维修专业技术人员职业水平
　　实操考点建成 ………………………………………（854）
交通征稽文化课题通过交通部评审 ……………………（854）
省征稽局对局管干部进行全方位封闭式培训 …………（854）
山西交通学院奖励三位省级双师型教师 ………………（855）
山西交通学院举行青年教师测量技能大赛 ……………（855）
山西交通学院顺利完成2008年度国家奖学金、
　　国家励志奖学金和国家助学金的评审发放工作 …（855）
全省首届一汽丰田（合力会杯）服务技能大赛
　　成功举办 ……………………………………………（855）
山西交通学院荣获“金蝶杯”全国总决赛一等奖 ………（856）
山西交通学院举办2009届毕业生就业双选洽谈会 ……（856）
山西交通学院两名师生喜获第五届
　　吴福—振华交通教育奖励基金 ……………………（856）
山西交通学院筑机专业就业形势喜人 …………………（857）
晋中市举办首届交通局长培训班 ………………………（857）

资料宣传

省交通厅表彰《山西交通年鉴》工作先进单位和
　　先进个人 ……………………………………………（858）
《山西交通年鉴》2008年版出版发行 ……………………（858）
《山西路谱》正式出版发行 ………………………………（859）

《大路人生——山西交通改革发展30年回顾与展望》
编撰完成 …………………………………………… (860)
《山西交通志》(1978~2008)出版发行 ………………… (861)

新闻宣传

省交通厅举行山西交通新闻宣传迎春座谈会 ………… (865)
《中国交通报》驻山西记者站再次获
全国"优秀记者站"称号 ……………………………… (865)
省交通厅组织赴晋济高速公路新闻采访团 …………… (866)

工会工作

综述 ……………………………………………………… (867)
省公路运输工会再传"祥云"火炬激励职工共建和谐 … (871)
西坞岭道班荣获全国"模范职工小家"称号 …………… (871)
旧关收费站荣获山西"工人先锋号"称号 ……………… (872)
省交通厅为四川灾区捐款捐物献爱心 ………………… (872)
晋焦高速公路公司荣获"山西省模范劳动关系和谐企业"
荣誉称号 ………………………………………………… (872)
省运管局举办首届职工羽毛球、乒乓球赛 …………… (873)
省高管局举办职工卡拉OK大赛……………………… (873)
山西、河北两省交通运输工会举行羽毛球友谊赛 ……… (873)
临汾市交通局开展第二期大病医疗互助活动 ………… (873)
省公路运输工会举办"运管杯"职工卡拉OK大赛 …… (874)
王晓光当选中国工会十五大代表 ……………………… (874)
省交通征稽局举办职工书画摄影比赛 ………………… (874)

老干部工作

综述 ……………………………………………………… (875)
省交通厅机关老干部健步走迎奥运 …………………… (876)
省公路局离退休人员管理工作扎实有效 ……………… (876)

图　表

2008年全省公路密度统计表 ………………………… (881)
2008年全省公路等级里程统计表 …………………… (881)
2008年全省公路路面里程统计表 …………………… (882)
2008年全省公路有铺装路面、简易铺装路面里程
统计表 …………………………………………………… (882)
2008年全省公路通车里程统计表 …………………… (883)
2008年全省公路晴雨通车里程统计表 ……………… (883)
2008年全省公路绿化里程统计表 …………………… (884)
2008年全省公路里程增减变化情况统计表 ………… (884)

2008 年全省公路桥梁实有数统计表 ……………………… (885)
2008 年全省国道里程及其技术状况统计表 …………… (886)
2008 年全省省道里程及其技术状况统计表 …………… (887)
2008 年全省县公路里程及其技术状况统计表 ………… (888)
2008 年全省乡公路里程及其技术状况统计表 ………… (889)
2008 年全省专用公路里程及其技术状况统计表 ……… (890)
2008 年全省村公路里程及其技术状况统计表 ………… (891)
2008 年全省乡(镇)村通公路、通油路情况汇总表 …… (892)
2008 年全省公路系统机构设置情况统计表 …………… (893)
2008 年全省各市公路养护组织机构设置情况统计表 … (894)
2008 年全省营业性公路运输量统计表 ………………… (895)
2008 年全省道路运输经营业户统计表 ………………… (896)
2008 年全省道路客运线路班次统计表 ………………… (897)
2008 年全省农村道路客运统计表 ……………………… (898)

政策·法规辑录

中华人民共和国交通运输部

收费公路权益转让办法 …………………………………… (901)
关于修改《中华人民共和国公路管理条例实施细则》
的决定 ………………………………………………… (907)
中华人民共和国公路管理条例实施细则 ……………… (908)
道路旅客运输及客运站管理规定 ……………………… (915)

光 荣 榜

国家部委表彰奖励

中华全国总工会 ………………………………………… (929)
交通运输部 ……………………………………………… (929)
中共中央宣传部、中华人民共和国司法部、
全国普及法律常识办公室 ………………………… (931)
中国交通报社 …………………………………………… (931)
中国关心下一代工作委员会 …………………………… (931)

省委、省政府表彰奖励

中共山西省委、山西省人民政府 ……………………… (932)
中国共产党山西省委员会 ……………………………… (932)

省部委办厅局表彰奖励

山西省人民政府办公厅 ………………………………… (933)
山西省劳动竞赛委员会、山西省总工会 ……………… (934)

山西省直机关劳动竞赛委员会 ……………………… (936)
山西省关心下一代工作委员会 ……………………… (936)
山西省直属机关工作委员会 ………………………… (937)
山西省交通厅 ………………………………………… (938)

领导干部名录

山西省交通厅 ………………………………………… (965)
市县区交通局 ………………………………………… (967)
厅直属单位 …………………………………………… (973)
公路系统单位 ………………………………………… (976)
征稽系统单位 ………………………………………… (979)
高管系统单位 ………………………………………… (981)
重点公路工程建设单位 ……………………………… (983)
交通开发单位 ………………………………………… (985)
山西汽车运输集团有限公司 ………………………… (986)

图 片 资 料

▲2009 年 6 月 17 日省委书记张宝顺深入阳盂高速公路建设工地视察指导工作
▲2009 年 5 月 12 日，省长王君、副省长牛仁亮深入忻保高速公路调研
▲2008 年 8 月 20 日，厅党组书记、厅长段建国深入高陵高速公路建设工地调研
▲2009 年 7 月 3 日，厅党组副书记、副厅长、省交战办主任张润和有关同志研究战备基地规划方案
▲2008 年 6 月 17 日，厅党组成员、副厅长王志民深入祁临高速公路公司检查、指导奥运火炬传递接待准备工作
▲2009 年 8 月 27 日，厅党组成员、驻厅纪检组长韩日裕深入省地方海事局调研
▲2009 年 7 月 4 日，厅党组成员、副厅长张志川深入祁临高速公路公司调研
▲2009 年 3 月 19 日，厅党组成员、厅总工程师郜玉兰深入闻垣高速公路 LA5 标段中条山隧道工地调研
▲2008 年 11 月 3 日，厅党组成员、厅总会计师张德仪深入晋中交通征稽分局调研
▲2009 年 9 月 25 日，厅党组成员、省公路局党委书记赵振田深入晋中公路分局扶贫点调研

▲2009 年 9 月 14 日，厅巡视员曹燎原深入忻阜高速公路工地调研
▲2008 年 7 月 31 日，厅副巡视员郭贵平深入太佳高速公路吕梁段调研

先进典型集锦

●改革创新，勇于奉献的省交通运输厅领导班子（封面）
●蓬勃发展的山西道路运输业（封底）
●山西省临汾市交通局
●山西省晋中市交通局
●山西省长治市交通局
●山西省忻州市忻府区交通局
●山西省交通征费稽查局
●山西省交通规划勘察设计院
●山西省交通运输管理局
●山西省交通科学研究院
●山西省交通建设开发投资总公司
●山西省公路局长治分局
●山西省公路局太原分局
●山西省交通征费稽查局朔州分局
●山西省交通征费稽查局忻州分局
●山西太旧高速公路管理有限责任公司
●山西省高速公路信息监控中心
●山西省太佳高速公路（吕梁段）建设管理处
●山西太长高速公路有限责任公司
●山西长晋高速公路有限责任公司
●山西晋焦高速公路有限公司
●山西省忻州高速公路有限责任公司
●山西省阳泉市交通规费征收稽查处
●山西省公路局太原分局勘测设计所
●山西省公路局长治分局勘测设计所
●山西省长治公路管理段
●山西省长治市公路管理段
●山西省黎城公路管理段
●山西省沁源公路管理段

特　　载

在全省交通工作暨党风廉政建设工作会议上的讲话

（2008年2月1日）

□ 牛仁亮

同志们：

经济要发展，交通必先行。近年来，全省交通系统在省委、省政府的正确领导下，为山西交通事业作出了巨大贡献，省委、省政府给予了高度肯定，得到全省人民的认同。数据我就不多说了，一会王晓林厅长报告里还要讲。在这里，我受省委常委、省纪委金道铭书记，人大常务副主任、党组副书记杨安和同志的委托，代表省委、省人大、省政府对全省交通系统广大干部职工为山西交通事业作出的贡献表示感谢，对刚刚获得先进荣誉称号的各个先进单位和各位先进个人表示最热烈的祝贺。因为时间关系，道铭书记和安和主任都委托我代表他们俩讲话。下面，我讲三点意见。

一、科学认识和正确把握全省目前的经济社会总体形势

党的十七大的胜利召开，全国人民欢欣鼓舞，山西和全国一样，根据科学发展观，根据建设和谐社会的要求，省委提出了“走出四条路子，实现三个跨越”的总体战略思路。刚刚结束的人代会，孟学农省长作的政府工作报告，人大已经在法律程序上通过了这个报告，报告代表了山西人民的意愿，提出了“推进四大攻坚、强化四大支撑、着力实施五大惠民工程”，这就是全省2008年乃至省政府五年内的工作纲要，大家要认真学习领会工作报告。交通工作是四大攻坚之一。第一攻坚就是发展服务业。运输业是服务业的重要内容，山西是运输经济，也可以说在中央的10号文件提出的中部崛起战略的推动下，省委、省政府把发展服务业放在第一的重要位置上，迎来了全省交通事业发展的新阶段，比如说，孟省长在工作报告中提出了要对所有的重要景点实现一小时通达工程，这是个非常重要的任务，所以我讲的第一条意见就是大家要认清形势，全省在过去的5年内取得了巨大的进步，在未来5年，任务艰巨，我们全体交通人要抓住新的时机，把工作做好。

二、2008年全省交通工作重点

概括起来，大概有六条。一是全年要开工1000公里高速公路，在孟省长的报告里已经讲得非常清楚。但是，现在的问题是前期工作还有一定的距离。在土地预审、环评、水保评价、征地拆迁、工程准备等方面，问题都很大。所以，要加快这项工作。与此同时，要重点打通东出口，张宝顺书记讲过几次，全省现在的高速公路向西延伸得多，向东出口得少。东面是发达地区，如果东出口交通不畅，那就会发生堵车现象，货物就难以畅其流，这

是高速公路建设方面要认真把握的。在国省干线公路方面,重点是改造大运和太长公路。原来的大运二级路,现在每年的货运量、车流量都比较大,所以改造工程要排到议事日程上。在农村公路方面,要重点抓好养护工作;在村村通水泥路方面,要逐步延伸,把水泥路通到农民家门口;这是我在路的方面提的几个要求。二是工程质量。工程质量一定要放在公路工作的首位,百年大计,要绝对防止豆腐渣工程,吸取凤凰桥倒塌事件的教训。三是公路建设的融资工作。省交通厅这几年在融资方面取得了许多好的经验,但是,距离我们所要完成的任务而言,还需要加大这方面的改革力度。如社会融资、资本市场融资、下放权限的融资等。11个市如果能够采取有效措施推进公路建设,那就可以考虑把权力适当下放。四是抓好计重收费。省政府2005年初以来提出这个问题,省交通厅做了很多工作,2006年12月推出计重收费,2007年全面推进计重收费。2006年全省高速公路通行费收费大数是40亿元(高速公路在还没有计重收费以前),2007年收费达到75亿元,是收回了应该收的钱;另一个是用这些钱可以修更多的路,可以还贷款。我在这里要说的计重收费,是下一步全省的许多一级公路、新修的路。交通部规定不能增加一个收费站,二级公路的收费站要撤销,三级公路的收费站要全部撤销,我们要按照交通部的要求逐步推进。但是,我已经请示过交通部领导,可以做一些适当的内部整合。比如说把二级公路撤下10个站,二级公路现在是223个站,撤下10个至20个,把它整合到新的一级公路的收费上去。有的收费站一年收入400万元至500万元,每个收费站有40人至60人,可职工的工资就要600万元、800万元。所以说这个收费站只是养活了一些收费员,这是不允许的。那么,整合的时候不是把这些收费员都赶回家里去,而是要通过考试,通过筛选,整合到别的收费站。所以说全省的计重收费要在2008年再上新的台阶。五是高速公路不停车收费和刷卡收费。全年分两步推进,先搞刷卡收费。据了解,刷卡收费可以节约75%的时间,就是说,过去收费需要40秒,刷卡收费变成10秒钟,不停车收费在全国已经有了先例,从10秒钟变到3秒钟,这就大大地提高了通畅能力,大大提升了山西人的形象。高速公路的标牌,张宝顺书记、薛军副省长包括许多省级领导干部跟我说过多少次,高速公路标牌为什么不标得清楚一点,下面有一些重要的建筑物,重要的单位,重要的路口,标得早一点,把里程写准确,2008年要到位,花2000万元、2亿元都值得。为了山西人的形象,我们路修起来了,就是给人家方便,为了畅通,要做这件事情。最后一个任务是治超。治超工作是省长工程,孟省长11月30日专门主持召开专题会议部署治超工作,两个月以来,在各个部门,尤其是省交通厅和省公安厅这两个核心部门推动下,全省治超工作取得了突破性进展,受到交通部表扬。过去超载率是8%,现在超载率是0.28%;过去每1000辆车,就含有4辆55吨以上车,现在每10万辆里面只有十几辆,而且超载的仅是几百公斤。过去限载50吨的车,拉100吨,拉180吨,拉200吨,现在没有了;另外一个好的情况就是运价回升了42%,接近50%。也就是说,过去拉60吨收入的运费,现在拉40吨就行了;事故发生率减少27%,死亡率下降9%。如果我们把治超工作抓好,就可以少死很多人,这就是以人为本。所以说,我们要把治超工作进一步引向深入,再上台阶。

三、下大工夫,认真抓好队伍建设

首先是抓好制度建设。过去刘振华省长在任的时候,交通系统有句名言,叫做"修好一条路,不倒一个人"。我分管交通工作以来,我一直在强调另外一句话,叫做"不是查不出问题,而是没有问题可查"。廉政建设,刚才道铭书记开会前专门跟我讲,廉政问题重在制度建设,重在预防。出了问题把谁抓住，那很简单，处理也有章可循。关键是不要让大家出问题，这叫做保护干部。要保护干部，就要在制度设计上把握好。比如说刚才有人堵门闹事，耽误了大家一个多近两个小时时间。为什么会闹事呢，人家干了活拿不到工钱。干活为什么不给我工钱？这个问题出在哪里呢？谁不给他工钱呢？已经查清楚了，省交通厅一分钱都不欠，一级承包队、二级承包队、三级承包队，就是最后末梢那个承包队，为了把工程拿到手，用很低的价格竞标。工程拿到手以后，就先垫资。垫谁的资？农民工我先不给你发钱，这都是垫资的一个内容。所以，我们要从制度建设上，研究这个问题。比如说，一个工程的标段，只允许到哪一级工程队，是一级工程队，还是二级工程队，绝对不允许搞三级、四级甚至五级工程队，决不能分包。这是一条，这个标段要准确到哪一级，不能他想搞几级就搞几级。如果这样做的话，那肯定要乱套。我曾给魏庆飞同志讲过，有一次去吕梁的路上被堵住了，就是工钱问题。问题清楚以后，让魏庆飞一查，他们也没有问题，钱早已经付了。也是工程队没给人家钱，这样的事情我曾经遇过若干次。我曾经说过一个办法，当然也不是说我这个办法有多科学。比如，你给他这个标段价值1000万元的工程，按农民工工资概数先扣他200万元保证金，如果他不给工资，民工找来，照付不误。当然对农民工来说，民工，你还得弄清楚是不是欠下的工资，这个要搞清楚。我认为，制度建设是第一位的。如果有一个好的制度，我们会省好多事情，也会保护干部。这个事，金书记还在进行专题研究，我建议把省交通厅作为一个案例。交通系统在反腐倡廉方面，在制度建设方面要做一个先进典型。其次是逐级负责制。每年有近200亿元的投资。有这么多工程，要把这么多事情做好，就是要把责任层层分解，每一件事都有一个具体的领导，厅长、副厅长，处长、副处长，科长、副科长，总经理、副总经理等等。也就是说，这件事情做好了我知道表扬谁，出了问题我打板子该找谁。所以，逐级负责制是现代科学管理的一个重要思想。我希望，要在新的阶段，新的任务面前，把我们的队伍建设得更好。再次是通过时间来检验和培养干部，发现干部，使用干部，重用干部。就是说，在实践中谁做得好，人正派，工作能力强，作风硬，我们就应该大胆地把他提拔到重要岗位上。在实践中发现，在实践中培养，这也是全年贯彻省委、省政府重要决策的一项重要工作。

还有五天春节就要来了，借此机会，我再次代表金书记和杨主任，向参加会议的所有同志，向全省交通系统的所有干部职工并通过你们向家属祝贺新年。祝福大家在新的一年里，身体好，心情好，工作好，一切都好。

谢谢大家。

在全省交通工作会议上的讲话

（2009 年 1 月 20 日）

□牛仁亮

同志们：

在省十一届人大二次会议和省政协十届二次会议刚刚闭幕，全省上下深入贯彻落实科学发展观，立足扩大内需、力保经济平稳较快增长之际，全省交通工作会议胜利召开了。在此，我代表省政府，向辛勤工作在交通战线上的广大干部职工表示最亲切的慰问，向受到表彰的先进单位和个人表示最热烈的祝贺。刚才，段建国厅长总结了去年的工作，分析了当前的形势，安排了今年的任务，我完全同意。下面，我再讲三点意见：

一、2008 年交通改革发展取得显著成绩

2008 年是全省发展进程中很不寻常、很不平凡的一年，也是交通行业负重奋进、取得显著成绩的一年。比较突出的有以下五点。

第一，新一轮高速公路建设高潮全面启动。交通的快速发展是科学发展的内在要求。去年的省人大会上，省政府向全省人民做出了开工 1000 公里高速公路的庄严承诺。这是以段建国同志为首的新一届交通厅党组首先面对的一项艰巨任务，也是对交通厅新一届党组执政能力的重大考验。面对高速公路前期工作滞后的问题，厅党组成员分片包干、各把一关，突出重点、突破难点，使高速公路前期工作滞后的问题全面突破，开工 1000 公里的目标基本实现，并全面启动了今后两年内所有计划内项目的前期工作，为我们抢抓扩大内需机遇、迎接新一轮公路建设高潮做了充足的项目准备。同时，大力推进投融资体制改革，与开发银行等五大银行签订了总额 1750 亿元的战略合作框架协议，通过招商引资、资本运作，落实了近 400 亿元的资本金，并主动适应经济社会发展要求，调整了高速公路网规划。省政府做出今后两年投资 2000 亿元建设高速公路 3000 公里的决策，很大程度是建立在这些工作基础上的。

第二，国省干线与农村公路建设取得新的成绩。

第三，治超工作成效显著。

第四，路桥企业改革发展稳定取得重大突破。

第五，抗震救灾和奥运保障成绩突出。

二、再掀公路建设新高潮，为山西扩大内需、完成经济指标再作新贡献

当前，由美国次贷危机引发的国际金融危机已从局部发展到全球，从发达国家传导到新兴市场国家，从金融领域扩散到实体经济领域，其涉及范围之广、影响程度之深、冲击强度之大，为上个世纪 30 年代大危机以来所罕见。我省是以能源、原材料为主导产业的地区，金融危机对我省经济的冲击已在去年显现出来，煤炭价格、货运价格大幅下跌，企业效益下滑、就业形势严峻、居民收入增长放缓，但更大的冲击和更多的反应还在今年，

今年可能是新世纪以来我省经济最为困难的一年,也是交通蕴含重大机遇的一年。国家出台扩大内需的一系列政策措施,为再掀公路建设新高潮带来了历史性机遇。

王君省长在省十一届人大二次会议上所作的政府工作报告,把"加大基础设施投资,保持经济平稳较快发展"作为全年经济工作的首要任务来抓,铁路、公路、机场三驾"马车"齐头并进。铁路建设中,全省将开工建设大同至太原至运城至西安高速铁路、中南部铁路大通道、太原市枢纽西南环线等10条新线,改造扩建邯长复线、侯西复线、大包线等10条旧线;到2012年,全省铁路营运总里程将从现在的3000公里增加到5300公里。公路建设方面,将开工建设灵丘至山阴至平鲁、五台山至忻州至保德、平定至太原(阳曲)至佳县、长治至临汾至吉县等27条高速公路;到2010年,全省高速公路总里程将从现在的1965公里增加到3000公里;2015年,省会城市出省口由目前的10个增加到29个;同时新建改建一批国省干线、旅游公路、煤运通道和农村公路。机场建设,将新建吕梁机场、五台山机场、临汾机场,改扩建大同机场、运城机场,异地搬迁长治机场。通过五年的努力,在全省形成纵贯南北、横跨东西、运力充足的铁路网;形成三纵、十一横、十一环的高速公路网,形成高速公路、干线公路、县乡公路、通村公路互连互通的公路网;形成布局合理、辐射全国、高效便捷的航空网;形成覆盖全省、立体交叉、功能完善的现代化交通网络体系。届时,全省实现人便其行、货畅其流,全省工业化、城市化、现代化将驶入真正的快车道。

在三位一体的交通网络中,投资公路交通2500亿元,占今后两年全省基础设施建设6500亿元投资计划的1/3强,无论从建设里程看,还是从投资额度看,都将是我省历史上规模最大的一次公路建设,备受省委、省政府重视。省政府在公路建设用地、项目审批、征地拆迁、资金支持等方面出台了一系列优惠政策。全省交通系统要抢抓机遇,奋发进取,再掀公路建设新高潮,全力把国家政策带来的机遇转化为交通发展的生产力,为我省经济平稳较快发展作出贡献。

第一,继续在抓前期、保开工上下工夫。按照全面发展的要求,国家一方面要加强交通基础设施建设,另一方面也必须严格耕地保护制度、严格基本建设程序、严格环保评价和征地拆迁。要紧紧抓住我省扩大内需政策的机遇,充分运用好省政府给予公路建设的优惠条件,加强横向协调和上下沟通,在已经开工1000公里高速公路的基础上,按照轻重缓急,继续加快推进项目前期工作,能早开工尽早开工。

第二,继续在抓质量、保安全上下工夫。质量是安全的保证,质量是责任的体现,建设是政绩,安全也是政绩,没有质量保证的工程我们宁愿不要。要以权责一致为主线,以建立信用体系和落实建设各方责任为重点,加强公路建设市场监管,创新工程质量安全监管机制,突出工程质量技术研究,加大工程质量安全监督力度,增强工程的耐久性和结构的安全性。

第三,继续在抓融资、保资金上下工夫。"兵马未动,粮草先行",资金是建设的前提,也是决定交通发展新规划能否如期完成的关键。省交通厅这几年在融资方面取得了许多好的经验,但是,距我们所要完成的任务而言,差距仍然明显,特别是燃油消费税改革后,公路建养格局、融资格局发生重大变化,需要探索新的融资平台。要积极争取交通运输部支持,但关键是要进一步解放思想,BOT、合作转让经营权、上市、出售等各种方式都可以用,什么办法筹资快,就用什么办法,也可采取下放地市建设的办法,调动各方面积极性,多渠道筹集资金。

三、大力促进交通行业转型发展、安全发展、协调发展

"转型发展、安全发展、协调发展"是省

委、省政府结合山西实际、深入落实科学发展观确定的新时期全省科学发展的主题。我们一定要围绕这一主题,针对性地做好本行业的各项工作。

交通系统落实转型发展,要重点致力于四个方面。一是优化交通运输布局。加快形成便捷、畅通、高效、安全的综合运输体系,充分发挥各种交通运输方式的整体优势和综合效率,是国家赋予交通运输部门的重要职责。要紧紧把握经济社会发展对交通运输的需求特征,从发展综合运输的角度统筹考虑和规划各种运输方式的合理布局,整合运输资源,引导运输企业,走集约化经营道路,提高运输专业化、组织化程度和产业集中度。二是加强运输方式衔接。要充分适应现代交通和物流发展的趋势和要求,统筹考虑和加强各种运输方式基础设施建设的衔接,加强交通运输信息化建设,加强运输组织协调,从规划上实现多种运输方式之间的对接,为提高综合运输效益打好基础。三是提高交通运输科技水平。着力加强交通运输科学研究,提高自主创新能力,大力推广科研成果转化和应用。要加强人才培养,支持交通运输类院校、专业建设。同时,要积极培育物流市场,推动传统物流业改造升级,支持物流园区公共交通基础设施建设,大力推进现代物流业发展。四是突出公路养护。建设是发展,养护也是发展。随着路网密集,交通养护的责任越来越重,我们要把更多的精力放在养护上来。要保证养护投入,加强日常养护,确保养护资金到位、养护人员到位、养护措施到位。

交通系统落实安全发展,当前要突出抓好四方面工作。一是确保行业稳定。燃油税改革涉及面广、影响大,特别是牵涉到大量的人员安置问题,要认真贯彻落实国务院改革方案确定的人员安置原则,加强宣传引导和政策解释,强化政策研究,完善安置预案,帮助改革涉及人员解决实际困难,千方百计做好人员安置工作。要积极稳妥、逐步有序取消政府还贷二级公路收费工作,同时要研究税费改革后公路发展问题,积极引导行业适应新的发展模式。二是继续保持治超工作力度。治超是一项长期而艰巨的任务,特别对于山西而言,受货运价格猛跌、停驶车辆增多的影响,要严防超载反弹。治超工作要突出长效机制的建立,以燃油税改革和机构改革为契机,争取政府支持,改进治超体制,组建常设机构,落实人员编制和经费渠道,充分利用交通收费征稽人员的转岗安置加强治超工作,并纳入新的交通行政管理架构体系。三是认真落实安全生产责任制。运输安全,人命关天,交通运输安全是全国安全生产的重要组成部分,全国交通安全事故和人员伤亡事故绝大部分发生在道路交通领域,必须把交通安全摆在更加突出的位置,警钟长鸣,常抓不懈。要在各个方面体现安全性,建公路必须建成安全公路,施工安全、结构安全、干部安全;管公路必须管成安全公路,公路安全、桥梁安全、运营安全;搞运输必须安全运输,行车安全、乘车安全、客货安全;抓管理必须抓安全管理,做到制度管安全、措施保安全、考核评安全。四是确保廉政安全。实践证明,交通部门不仅建设任务重,而且职业奉献高。要继续把交通基础设施建设领域廉政工作作为反腐倡廉建设的重点,完善制度控管体系,强化监督制约机制,认真落实党风廉政建设责任制,“修好一条路,不倒一个人”。

交通系统落实协调发展,必须坚持以人为本,实现物质文明、精神文明和政治文明的同步推进。要大力加强领导班子和干部队伍建设,造就一支特别能创业、特别能战斗、特别能奉献的干部职工队伍,为事业发展提供人力支撑和人才储备;要统筹经济社会与交通发展、统筹区域经济与交通发展、统筹城镇化建设与交通发展、统筹新农村建设与交通发展、统筹资源环境与交通和谐发展,做到高速公路、干线公路、农村公路“三网并重”,建设与养护管理并重,公路建设与运输发展并重;要着力增强宗旨观念,提高实践能力,强化责任意识,推进行业文明,实现交通发展为经济社会全局服务、为社会主义新农村建设服务、为人民群众安全便捷出行服务，把交通系统建设成为有作为、有地位、有品格的现代化组织。

同志们，做好今年的交通改革发展工作，任务艰巨、使命光荣，我相信，在省交通厅党组的坚强领导下，在大家的共同努力下，全省交通事业一定会有更大的发展，迈上新的台阶。新春佳节即将来临，在此，我提前给同志们拜个早年，祝大家新春愉快，身体健康，合家幸福。

谢谢大家。

抢抓机遇　奋力进取
开创交通科学发展新局面

——在全省交通工作会议上的讲话

(2009年1月20日)

□段建国

同志们：

今年的全省交通工作会议，是在深入学习实践科学发展观活动取得阶段性成效，交通发展面临新的历史机遇的时刻召开的。会议的主要任务是：全面贯彻落实党的十七大和十七届三中全会精神，按照全国交通运输工作会议和全省经济工作会议、省十一届人大二次会议的部署，总结2008年的工作，分析面临的形势，安排2009年的任务。下面，我讲三点意见。

一、2008年工作回顾

2008年是我国历史上极不平凡的一年。我省交通行业和我们的国家一样，经历了许多的大事、难事，也迎来了前所未有的机遇。在省委、省政府的正确领导下，新一届厅党组带领全省交通干部职工积极应对挑战，全力推进交通新的发展，省政府提出的各项交通工作目标圆满完成，省厅承诺为民办的八件实事全部兑现。

全省公路建设完成投资200.3亿元。其中，高速公路完成40.4亿元，干线公路完成68.9亿元，农村公路完成88.4亿元，运输站场完成2.46亿元。新增公路通车里程4904公里，高速公路72公里，一、二级公路988公里；新增通水泥(油)路的建制村951个。

道路运输完成客运量4.1亿人、旅客周转量213.2亿人公里，分别比2007年增长3.5%、3%；完成货运量8.64亿吨、货物周转量460.4亿吨公里，分别增长5.26%、7.71%。

交通规费征收完成168.6亿元，比2007年增长18.5%。其中，汽车养路费及货附费44.5亿元，增长18.9%，在全国分别排第8位、第2位；拖拉机养路费及货附费2.46亿元，增长1.9%；运管费及客附费8.37亿元，增长38.8%；车辆通行费113.3亿元，增长17.4%。

一年来，我们深入贯彻落实科学发展观，主要抓了以下六个方面的工作。

(一)抓大事、应急事，全力做好抗灾救灾和奥运交通保障

2008年，在我国南方冰雪、汶川特大地震等罕见的自然灾害面前，全省交通系统急国家之所急，想灾区之所需，全力以赴支援抗灾救灾。厅党组四次组织厅直单位干部职工共向灾区捐款440余万元、捐物9700余件，组织党员交纳特殊党费284.6万元，组织向

南方雨雪冰冻灾区抢运电煤6.75万吨，向四川地震灾区运送救灾物资7.8万吨、过渡板房33448套、返乡民工9000余人。各公路收费站点及时开通抗灾救灾通道357条。高速公路免费放行救灾车辆3万辆次，免收通行费566万元。在抗震救灾的关键时刻，厅党组派出突击队火速入川参加公路抢通保通战斗，为灾区人民打通了一条条震不塌、摧不垮、冲不毁的交通"生命线"，保证了救灾物资和人员运输畅通，被中共中央、国务院、中央军委授予"全国抗震救灾英雄集体"光荣称号，被中华全国总工会授予"全国五一劳动奖状"和"工人先锋号"，一批干部职工受到交通运输部和四川省政府的表彰。抗震救灾转入恢复重建后，省厅第一家向援建灾区茂县派出公路测设队，帮助茂县完成了交通恢复重建规划编制和重点项目勘察设计工作；厅公路抢通保通突击队第一家转战茂县参加援建工作，首个援建项目黑虎羌寨旅游公路开工建设。这些都为山西人民和交通人争了光、添了彩。

在保障北京奥运会交通畅通中，全省交通系统服从大局、心系奥运，把做好奥运交通保障作为提升交通公共服务能力、树立山西交通行业形象的巨大动力和契机，认真组织实施了基础设施改善提升、进京货车绕行组织、进京客车尾气改造、公路标志标线完善配套、交通设施绿化清洁、"奥运快速通道"六项工程，圆满完成了奥运火炬传递大运高速公路转场和奥运期间的交通保障任务，并派出奥运应急车队进京服务，安全准时运送奥运志愿者7.4万人，受到了奥组委的高度评价。

迎接奥运、抗震救灾的实践使我们进一步丰富了交通应急经验。省厅组织编制了交通应急两个总体预案、6个专项预案、13个系统预案，涵盖了高速公路、国省干线、道路运输、水上搜救、重点工程建设、安全生产、交通战备等各个方面。同时加强了应急救援及保障队伍建设，经过整合、重组，建立了12支战略物资运输应急保障车队、11支旅客运输应急保障车队、38支公路工程应急保障中队和覆盖全省的汽车维修救援网络，共有专业保障人员8000多人、保障车辆1400余辆、战备钢桥41座、冲锋舟4艘、浮箱128节、机械设备1600余台(件)。去年紧急运送物资21万吨、旅客8万余人，紧急救援车辆7万余辆次。参加了山西省"联动—2008B"军警民联合演习。

(二)抓重点、攻难点，全力加快公路建设

适应经济社会发展要求，围绕省委、省政府提出的"十一五"末高速公路达到3000公里等目标，省厅从以下六个方面全力推进公路建设：一是加强交通发展战略规划和研究工作。制定并经省政府批准了高速公路网调整规划，路网布局由"人字骨架、九横九环"调整为"三纵十一横十一环"，路网规模由4050公里调整为6300公里。完成了旅游公路建设规划，开展了干线公路网、公路运输枢纽、红色旅游公路建设、太原城市圈公路建设等规划的编制工作，开展了交通与经济社会发展适应性等重大课题的研究。二是集中力量推进高速公路建设。一年来，省厅积极协调解决项目建设中遇到的困难和问题，千方百计保证资金需求，晋城至济源、运城南环两条高速公路胜利建成，阳城至翼城高速公路进展顺利。调动各方面的积极性，全力推进高速公路前期工作。新一届厅党组多次召开专题会议，研究高速公路建设前期工作，厅领导对高速公路建设项目分片包干、各把一关，九牛爬坡、个个出力，使高速公路前期工作滞后的问题取得重大突破，省政府提出的开工1000公里的目标基本实现，今后两年开工2000公里项目的前期工作也全部启动，为我省抓住机遇、迎接新一轮公路建设高潮做了充足的项目储备。三是全面实施国省干线公路改造提升工程，启动了108国道、307国道、309国道等48个2283公里交通量较大的经济干线、旅游干线和出省公路项目的建设改造，完成1498公里。沿黄干线除57公里因改线未完外，其余路段500余公里建成通车。四是注重发挥地方政府和广大农村的积极性、主动性，大力加强农村交通建设。全省完成县乡公路改造 4678 公里、通村水泥（油）路 18 291 公里，全长 1200 公里的沿黄扶贫旅游公路基本贯通。建成一、二级汽车站 12 个、乡镇汽车站 90 个。省厅调整了汽车客运站建设补助奖励办法，并安排专项资金 500 万元，支持农村物流配送网络和信息网络建设。五是开工建设了 315 基地进出道路等国防交通基础设施项目，进一步完善了国防交通网络。六是切实加强工程建设监管。省厅与省重点办先后组织了 2 次重点公路建设质量安全综合检查，所有在建项目工程质量均处于良好受控状态。开展了干线公路建设质量创优活动和农村公路建设质量年活动，组织了多次公路建设质量抽查，及时发现和解决了问题，消除了安全、质量隐患，保证了我省公路建设健康发展。

（三）抓管理、上台阶，推动交通全面协调可持续发展

落实科学发展观，使我们更加注重统筹兼顾，并从政府工作的着力点和投入方面做出调整。省厅去年用于公路养护的投入达 32 亿元，用于治超 4.13 亿元，用于科技教育 3110 万元。

在公路养护方面，高速公路养护投资 7.85亿元，分批分期对“瓶颈”路段和拥堵站点进行了拓宽改造，完成了太原至旧关高速公路爬坡车道拓宽改造和所有三类以上桥梁的加固，完成收费站扩容改造 27 个、安全整治和预防性养护 300 公里，并在所有收费站和服务区经营网点建立了非现金交易系统，实现了刷卡交费、刷卡消费。国省干线公路完成危桥改造 253 座、安保工程 886 公里、公铁立交安全整治 20 座、综合治理 2400 公里、大中修 710 公里、GBM 工程 500 公里，大大提高了公路通行能力和服务品位。农村公路建立了省、市、县“三级抬”的养护经费渠道和县、乡、村分级负责的管理体制，所有计入通车里程的农村公路都纳入养护里程。开展了农村公路危桥改造试点，完成 71 座。省厅出台了《农村公路管理养护实施细则》，并按国务院规定标准提高了农村公路养护补助资金，补助总额比 2007 年提高了 3 倍。

在治理超限超载车辆方面，紧紧依靠各级政府，启动了新一轮“拉网式、无缝隙”集中治超行动。各级公路管理机构会同交警等部门，依托治超站点，辅之必要的流动稽查，全方位、多角度开展执法活动，共查处非法超限超载车辆 7 万辆次，卸载 11.3 万吨。运管机构派出 4000 多名运管人员对政府公示的 9000 多个货运源头企业全部实施了现场监管，查处违法案件 406 起，罚款 1602 万元，有效控制了超限超载车辆出场。全省 2/3 以上的高速公路出入口安装了不停车检测系统，所有收费公路实行了计重收费。省厅还拨出专项资金，支持临汾市开展流散物体密闭厢式化运输试点，去年该市改装和购置全密闭货车 1700 辆。严格落实省政府治超责任追究办法和考核奖惩办法，对上半年治超成绩显著的 3 个县（市、区）分别奖励了一个环城公路项目，对 3 个优秀治超站点分别奖励了 10 万元，近期还将兑现下半年奖励。同时对治超不力的 3 个县（市、区）实行了交通项目限批。经过各级政府、各有关部门的共同努力，我省货运车辆超限超载率由 8% 至 11% 下降到 0.2%，高速公路消除了车货总重 55 吨以上的非法超限超载车辆，交通事故明显减少，公路和桥梁得到有效保护，通行效率明显提高。

在科技教育方面，围绕交通科学发展急需的关键技术，先后组织开展了“高等级路面大纵坡路段路面典型结构和材料研究”等 40 余项科技项目的攻关，共获省科技进步奖 8 项，占全省同类奖项总数的 10%。省交通科研院研制的具有自主知识产权和核心技术的汽车自动变速器检测台、液体聚合物沥青改性等产品初步投入规模化生产。围绕走资源节约、环境友好之路，大力加强节能减排工作，尽量减少高速公路建设项目占地，环保直接投资增加了20%。粉煤灰、煤矸石筑路技术和废旧沥青再生利用、隧道照明节能技术在公路建养中得到推广应用。交通职业技术教育立足行业创特色、创优势,不断推进教育创新,毕业生就业率达到90%以上。

在依法治交方面,争取省政府出台了源头治理、责任追究两部治超政府规章。建立了法律顾问制度,依法处理了一批多年沉积的公路建设债务纠纷案件。加强了行政复议、行政诉讼工作,依法撤销了3起违法或不当的具体行政行为,严肃查处了一批不作为、乱作为的交通执法人员,出台了统一交通执法服装的方案。建立了公路养护、高速公路工程招标代理市场体系,调整了公路建设项目定额标准和概预算编制办法。开展了公路勘察设计、施工、监理企业履约考核和运输、维修、驾培等企业信用考核,对履约和考核不合格的企业分别作了停业整顿、取消投标资格等处理。

(四)抓改革、激活力,创新交通管理体制机制

新一届厅党组坚持用改革创新的办法化解交通发展中面临的难题,大力推进重点公路建设体制改革,积极探索省市共建共管建设模式,已在榆次至祁县、晋城环城两条高速公路和108国道介休至霍州段、临汾至大宁一、二级公路、省道340等国省干线公路上试行。不断深化投融资体制改革,8个高速公路BOT项目建设全面启动。省厅与开发银行等五大银行签订了总额1750亿元的战略合作框架协议,已有一批贷款到位。积极推进城乡交通管理体制改革试点,省厅安排500万元,支持试点县(市)城市公共交通基础设施建设,全省已有晋城、阳泉2个省辖市和78个县(市)实现了城乡交通运输统一管理。认真落实国家实施成品油价格和税费改革的决策,提出了交通征稽与收费人员转岗安置意见和取消政府还贷二级公路初步方案。积极稳妥推进企事业单位改革,在确保稳定的前提下,组织制定了全省路桥企业三年发展规划和吕梁、中北、太行3个路桥公司破产方案,并报省国资委和省劳动厅审查。厅属事业单位改革完成了清理规范的调查摸底工作。

(五)抓安全、保民生,努力营造和谐稳定的发展环境

认真贯彻落实以人为本、安全发展的理念,建立和完善了"一把手"负总责,分管领导具体负责,班子成员分工负责、"一岗双责"的安全生产责任制。组织制定了安全生产管理八项制度和道路运输安全"三关一监督"源头管理"十项措施",设立了安全生产奖励资金。组织开展了安全生产"隐患治理年"等活动,督查整改了国务院和部省提出的20多项安全生产重大隐患,协调有关市政府健全了水上交通安全监管机构。建成了全省道路运输卫星定位应用系统,7634辆营运长途客车、旅游客车、危险化学品运输车辆全部安装了卫星定位终端,实现了实时监控。为绝大部分一、二级汽车站配齐了安检仪;为地方海事机构配备了安全监督与搜救装备。严格事故责任追究,对发生群死群伤责任事故的企业分别做出了限期整顿、停业整顿、取消客运线路经营权、客运线路限批等处理。

关注民生、改善民生是去年交通工作的一个鲜明特点。省政府决定省路桥企业划归省厅监管后,厅党组迅速向路桥企业派驻了14个稳控工作小组开展工作。奥运期间,派出4名厅级领导深入吕梁、中北两个困难路桥公司蹲点指导,积极帮助解决困难企业职工生活和"三险一金"拖欠,并出台了一系列扶持路桥企业、监理企业发展的政策,力促企业稳定。积极协调劳动部门和地方政府,解决养路协议工养老保险,在1/3的县取得了实质性进展。加强劳动监察工作,在重点公路建设领域建立了由农民工工资专户、保证金和巡查回访、信用考核等制度共同构成的农民工工资防欠机制,去年未发生因欠薪引发的农民工集体上访。认真落实鲜活农产品"绿色通道"政策,并按照省政府要求开通了季节性化肥运输“绿色通道”，去年共免收通行费2.5亿元。

（六）抓党建、树新风，创建廉洁文明交通行业

各级党组织认真贯彻落实党的十七大和十七届三中全会精神，坚持用科学发展观武装党员队伍、指导工作实践、提高执政能力。根据中央和省委的部署，厅党组认真组织开展了深入学习实践科学发展观活动，厅领导班子成员带头学习科学发展观、带头实践科学发展观、带头领题调研、带头分析检查，形成了11个专题调研报告。厅领导班子分析检查报告得到了广大党员干部的一致认可。厅援川突击队临时党委坚持把党组织建设放在首位，领导干部靠前指挥，共产党员冲锋在前，党支部、党小组集体攻坚，为完成公路抢通保通任务提供了坚强的政治保证。省交通征稽局党委坚持抓党建不松劲，努力锻造一支听党指挥、勇于负责的职工队伍。交通征稽机构22年历经3次改革，特别是在这次成品油价格和税费改革中，广大征稽人员始终信念不移、思想不散，以实际行动和优异成绩塑造了忠于责任、勇于开拓、甘于奉献的交通征稽精神，值得我们全省交通运输战线的同志们学习。

厅党组认真贯彻落实中央建立惩防体系工作五年规划，结合交通实际制定了《实施意见》，并按照“一岗双责”要求层层分解细化廉政责任，层层抓落实。不断加大源头防腐力度，将反腐倡廉寓于推进交通改革发展的各项政策措施之中，坚持和落实了廉政责任制、廉政合同制、纪委书记派驻制、总会计师委派制等，在高速公路建设领域完善招投标机制和办法，组织开展了“坚持八严格、落实十公开、创建阳光廉洁工程”活动，并与省人大财经委、省高检等六部门共同下发了《高速公路建设招标投标联合监督办法》，每个高速公路建设项目招投标都邀请六部门全程监督。不断加大对领导干部的财务审计监督力度，各市交通局、厅直各单位、所有高速公路建设管理处（公司）均向省厅作出了严肃财经纪律、杜绝屡查屡犯承诺，省厅先后组织了22次内部审计，有效预防了重大违纪问题发生。建立了交通行政许可（审批）管理系统，严格落实规范性文件前置审查、政府信息公开和新闻发言人制度。从去年5月1日起，所有政府交通信息均在政府网站公开。

巩固和发展千里大运文明高速路、全国交通文明行业成果，认真开展了“迎奥运、讲文明、树新风”和纪念改革开放30周年等系列活动和社会主义劳动竞赛。开展了节日慰问活动。各级工会以困难帮扶中心和大病医疗救助中心为载体，积极倡导和开展多种形式的互帮互助活动，弘扬民族精神，融洽了党群、干群关系。注重发挥老干部作用，厅直系统老干部活动场地达到了人均2平方米。大力加强行业文化建设和宣传工作，着力培育具有行业特色的核心价值体系，省交通征稽局承担的交通征稽文化和交通征稽文化手册研究成果通过交通运输部组织的评审，并出版发行。

在肯定成绩的同时，我们也必须清醒地看到，我们的工作还有许多不容忽视的问题。主要体现为“三个凸显”、“一个增加”。“三个凸显”：一是交通基础设施总量不足、质量不高的问题依然突出，新一轮交通“瓶颈”制约更加凸显；二是随着公路建设高潮到来，资金短缺、土地紧缺的矛盾更加凸显；三是随着我省公路建设向山区转移和建设规模的扩大，管理力量不足与建设监管任务加重的矛盾日益凸显。“一个增加”是：行业发展中的不安全、不稳定因素增多，既有安全、质量、廉政方面的风险，也有基本建设程序等方面的风险，还有不公平、不协调的问题。对于这些问题，必须引起高度重视，并采取措施认真加以解决。

同志们，2008年的成绩，是在改革开放30年工作的基础上取得的。30年来，在几代交通人的努力下，我省交通发生了历史性巨变。到2008年底，全省公路通车里程达到

12.48万公里,公路密度达到79.62公里/百平方公里,分别比1978年增长4.6倍;高速公路从无到有,达到1965公里,特别是建成了以仙神河桥、雁门关隧道为代表的一批在全国有影响的特大桥梁和隧道;农村公路总里程达11万公里,是改革开放前的6.4倍,全省100%的乡镇、88%的建制村通了水泥(油)路,具备条件的建制村通了公路,100%的乡镇、94%的建制村通了客车。民用汽车拥有量是1978年的40倍,公路客运量、旅客周转量、货运量和货物周转量分别比1978年增长16倍、17倍、12倍和40倍。

30年历程充分表明,只有改革开放,才能发展交通、振兴交通。在新的历史条件下,我们必须始终不渝地坚持和推进交通改革开放,不断开创交通发展新局面。

二、当前形势与工作要求

当前和今后一个时期,是推进全省交通科学发展的关键阶段。全省交通运输行业面临的形势很复杂,挑战与机遇并存,困难与希望同在。国内外经济和金融形势复杂多变,国际金融危机的影响正进一步加深,正在演变成经济危机,世界经济增长减速,我国经济下行压力加大,今年很可能是我国进入新世纪以来经济面临困难最大、挑战最严峻的一年。交通运输业也面临着前所未有的冲击和巨大考验。一方面,金融危机导致的客货运输量下降,广泛影响到公路、水路、航空等各种运输方式,持续的时间很可能较长,对运输企业的生存发展十分不利;另一方面,这次交通运输企业遭遇困难与几项重大交通运输改革相叠加,如成品油价格和税费改革,对交通运输业造成了很大的冲击,增加了我们的应对难度。从我省交通运输业来看,建设任务重,土地、资金等制约因素多,困难大;扩大内需与成品油价格和税费改革、取消政府还贷二级公路同时启动,使公路建养格局发生了重大变化。不仅公路建设规模扩大,养护的负担也加重,使本来就十分紧张的公路建养资金捉襟见肘;公路建设融资格局也发生了重大变化,收费公路政策的适用范围进一步收缩,资本运作的保险系数进一步降低;加之金融危机对我省煤炭等支柱产业的冲击不断加重,货运价格猛跌,停驶歇业车辆增多,今后唯一可靠的资本金来源高速公路通行费收入增长明显减缓,资本金短缺的矛盾更加突出。我们还面临山西路桥等企业急需支持改革发展问题、农民协议工稳定问题、成品油价格和税费改革大量人员需要安排、政府收费还贷二级路取消债务需要清偿问题、事业单位改革问题、大部制机构改革问题等。对此,我们必须要有充分的估计和准备。

但是,全省交通运输业的发展也有许多有利因素和机遇。尽管目前经济危机对交通运输业影响很大,交通运输发展的重要外部环境和我国宏观经济发展的基本面还是好的,具有巨大的潜力、强劲的动力和抵御风险的能力;交通运输业自身快速发展的基本态势没有改变。而且正是因为世界经济危机对我国的影响,交通运输业迎来一个难得的发展机遇。为应对这一危机,国务院出台十项政策措施,要求交通运输基础设施建设要加快发展,扩大内需,保持经济平稳较快增长。省委、省政府提出了两年总规模6500亿元的基础设施建设计划,并把公路建设作为重中之重来抓,在建设用地、项目审批、环保评价、文物发掘、征地拆迁、施工环境和资金等方面给予了极大的支持。从行业来看,经过前几年特别是去年的艰苦努力,高速公路建设项目前期工作取得了全面突破,项目储备大大加强。省厅还与开发银行等五大银行共同签署了战略合作框架协议。可以说,在国家和省委、省政府的政策支持下,一直制约我省交通发展的土地、资金、审批等突出问题正在得到解决,再掀公路建设新高潮的政策环境、经济基础和项目储备条件已经具备。这是我省交通运输业难得一遇的机遇。我们要正确把握形势,因势利导,趋利避害,改革创新,不断扩大有利因素,克服不利因素,努力把国家政策带来的机遇转化为加快交通科学发展的现实生产力,实现交通科学快速协调安全发展。

根据省十一届人大二次会议和全国交通运输工作会议精神,全省交通工作的总体要求是:全面贯彻党的十七大和十七届三中全会精神,以邓小平理论和"三个代表"重要思想为指导,深入学习实践科学发展观,按照我省转型发展、安全发展、和谐发展的要求,抓住国家扩大内需的机遇,再掀公路建设新高潮,积极推进产业结构调整和发展方式转变,提升交通运输服务保障能力,为全省经济平稳较快发展作出贡献。

省十一届人大二次会议批准的今后两年全省基础设施建设6500亿元投资计划中,涉及公路交通项目总投资2500亿元,占1/3还强,建设规模4.8万公里。无论从建设里程看,还是从投资规模看,都将是我省历史上规模最大的一次公路建设。

今后两年,高速公路建设规模3180公里,项目总投资2000亿元,分40个项目实施。两年建成1040公里,2013年全部建成。到2010年,全省高速公路达到3000公里,2013年达到5000公里。到2015年,"三纵十一横十一环"高速公路网基本建成,全省实现省会到省辖市三小时、相邻省辖市之间两小时通达,全部县(市、区)半小时上高速。

国省干线公路两年建设规模2500公里,总投资320亿元。其中一级公路1500公里,二级公路1000公里(含国道二级化420公里)。两年内项目全部竣工。届时,国省干线走到哪里都是好路,全省一、二级公路达到16 800公里。

农村公路两年建设规模4.2万公里,总投资160亿元。其中,县乡公路改造工程1.2万公里;建制村通水泥(油)路3万公里,危桥改造4万延米,两年内全部竣工。届时,全省70%的县道、乡道实现油路化,实现具备条件的建制村通水泥(油)路、通客车全覆盖。

运输站场两年建设项目177个。其中,公路主枢纽物流园区1个,一、二级汽车客运站16个,乡镇汽车站160个,项目总投资5亿元,两年内全部竣工。届时,全省实现市市有一级客运站、县县有二级客运站、50%以上的乡镇有等级客运站。

落实上述总体要求和目标,必须把科学发展观的要求贯穿于交通改革发展的全过程,坚持把发展作为交通工作的第一要务,努力实现又好又快发展;坚持把以人为本作为交通工作的核心,努力做到交通安全便捷化和公共服务均等化;坚持把全面协调可持续发展作为交通工作的基本要求,努力促进交通与环境资源和谐一致;坚持把统筹兼顾作为交通工作的根本方法,努力推进综合运输协调发展,促进区域、城乡交通一体化。

三、2009年的主要任务

(一)抢抓机遇,再掀公路建设新高潮

2009年是新一轮公路建设高潮的起步之年,也是打基础之年。全省公路建设投资700亿元,加快推进目前1000公里在建高速公路建设,并新开工1000公里,使今年我省高速公路建设里程达到2000公里以上;完成通村水泥(油)路1.5万公里;继续推进国省干线、县乡公路改造提升和运输站场建设。

各级交通部门和公路建设管理单位要牢牢抓住今年投资700亿元的总目标不松手,加大力度推进项目建设的各项工作。一要进一步加强项目前期工作。省厅安排今明两年开工的其他27个项目的前期工作都要抓紧往前赶,厅领导按照分片包干责任,加强内部督导、横向协调、上下沟通,充分运用好省政府给予高速公路建设的各种优惠政策,妥善解决好项目用地、审批等问题。省厅已经明确,今后高速公路建设项目前期工作由厅重点办统一牵头负责,厅重点办和厅规划、公路等处室要加强沟通、协调配合,严格按照基本建设程序,科学安排项目工可、设计、招标、水保、环评等工作,交叉作业,平行推进,尽量保证足够的前期工作周期和深度,力争项目早日开工。要立即启动规划内其他项目的前期

工作，做好项目储备。继续推进干线公路网、公路运输枢纽、太原经济圈公路建设、红色旅游公路建设等规划的编制和实施工作，配合交通运输部、国家发改委做好中部地区交通发展规划、国道网建设规划编制和国道网、国高网修编、调整工作。二要切实加强公路建设质量监管。以权责一致为主线，以建立信用体系和落实建设各方责任为重点，加强公路建设市场监管，充实质量安全监管队伍，创新工程质量安全监管机制。继续开展公路设计、施工、监理企业履约评价。对评价信誉等级较高的企业，在招标资格预审时优先参与竞标；对信誉等级最差的企业，限制进入公路建设市场。要从项目运营的实践中认真查找设计、施工中的差距，完善设计方案，优化施工组织与施工工艺，推广精细化管理，把工程做精做细，增强工程的耐久性和结构的安全性。强化交通工程建设技术标准管理工作，制定工程质量监督办法，建立和完善监理企业和监理工程师信用评价制度、试验检测机构和从业人员信用评价制度、总监理工程师负责制度、第三方检测制度，组织开展“监理企业树品牌、监理人员讲责任”的行业新风建设活动、工程质量通病治理活动、试验检测专项治理活动，全面开展公路建设质量年活动，打造“十年路面百年桥”等质量品牌。抓好对口援建茂县项目建设，优质高效建成茂县黑虎羌寨旅游公路。三要积极筹措落实资金。今后两年我省公路建设筹资任务艰巨，省厅将积极争取交通运输部给予更多的支持，并通过盘活路产、资本运作，招商引资、金融创新等多渠道筹集资金，力争高速公路和一级公路建设不靠省政府投资。各市交通部门要充分利用国家实行积极财政政策和适度宽松的货币政策的机遇，积极争取地方政府通过调整预算、发行债券等方式加大对公路建设的投入，保证资金到位。

（二）养管结合，继续加强公路养护和治超工作

继续把公路养护放在更加突出的位置，成品油税收转移支付首先用于保证公路养护支出。继续实施公路安全保障、危桥改造、高速公路收费站扩容改造工程，加强以预防性养护为重点的日常养护，启动干线公路标准化建设和微型服务区建设试点工作，完成高速公路命名编号工作。深入落实省厅《农村公路养护管理实施细则》，努力做到人员到位、资金到位、措施到位。总结推广农村公路管理养护体制改革的好经验。积极协调有关部门，争取将特别贫困地区的农村公路养护纳入公共财政支持范围。进一步完善桥梁管理责任制，全面实施农村公路危桥改造工程，两年改造 4 万延米，到“十一五”末，基本消灭国省道所有桥梁、县道中桥以上、乡道大桥以上危桥。

治超是一项长期而艰巨的任务。各级交通部门和公路、运管机构要克服松懈麻痹思想，在地方各级政府的领导下，各负其责，标本兼治，继续坚定不移地把治超工作抓到底、落到实处。省厅主要从五个方面积极推动建立治超长效机制：一是优化治超站点布局，积极协调相关部门，整合治超、公安执勤、煤检和收费站点资源，统一规划、统一标准、统一执法，实现资源共享、信息共享、一票通行，提高执法效率；二是在全省高速公路、干线公路全面推广不停车治超检测系统、电子称重等先进设施，完善监控网络，提高车辆通行效率；三是协调公安部门加强车辆注册管理，严格控制不符合国家标准的货车上户；四是以机构改革为契机，争取政府支持，改进治超体制，组建常设机构，落实人员编制和经费渠道，并纳入新的交通行政管理架构体系。充分利用交通收费征稽人员的转岗安置加强治超工作。五是严格治超责任追究与考核奖惩。对治超成绩显著的县（市），省厅将及时兑现奖励项目；对出现反弹的地区，严格执行交通项目限批规定，停拨一切交通建设资金。

（三）调整结构，努力提高运输产业素质和服务保障能力

紧紧把握经济社会发展对交通运输的需

求特征，整合运输资源，引导运输企业走集约化经营道路，提高运输专业化、组织化程度和产业集中度。完善产业政策和技术措施，继续推进道路流散物体运输车辆厢式化、密闭化改造，优化运力结构。积极支持骨干运输企业做大做强，扶优扶强、优胜劣汰，培育一批主业突出、核心竞争力强、能够主导行业发展方向的大型运输企业或企业集团。

把发展现代物流业作为调整产业结构、发展现代交通运输业的龙头工程来抓，鼓励道路运输企业延伸产业链条，依托交通运输枢纽建设，向仓储业务、配送业务延伸，逐步发展成为第三方物流企业。加强公共物流园区建设，完善物流配送体系，开工建设太原公路主枢纽武宿物流园区。支持物流公共信息系统建设，整合物流需求资源、物流设施设备资源、物流企业资源和物流管理服务资源，提高物流组织化、专业化、社会化水平，降低物流成本，引导企业在公共信息平台注册和交易。

加快完善农村客运网络，规范农村客运市场，统筹城乡公共客运协调发展。加强农村客运线路规划，积极推进农村客运公交化改造，促进农村客运网络和城市公交网络的合理衔接和有效融合。随着成品油价格和税费改革的实施，省厅原有的农村客运优惠政策大部分同时被取消，各地要积极争取地方政府加大农村客运发展的政策扶持力度，降低农村客运成本，保证农村客运开得起、留得住、有效益。继续支持农村物流信息网络建设，严格落实国务院和省政府"三农"政策，确保鲜活农产品、化肥和抢险救灾物资运输"绿色通道"畅通。

研究制定应对金融危机和成品油税费改革、扶持应急保障车队的政策措施，确保重点物资、重点时段的客货运输安全顺畅。全力做好煤炭、石油、粮食等重点物资和人民群众节日生产生活物资的运输保障，加强"春运"、"黄金周"等节假日的客流预测、运力调度和组织协调。

强化运输市场监管，建立完善道路运输从业人员职业资格制度，健全运输市场信用机制，加强运输企业信用考核，完善企业信用档案，疏通企业准入、退出通道。修订交通统计指标体系，建立新的运输量统计调查体系。

（四）改革开放，建立充满活力的交通运输管理体制

2009 年全省交通运输发展任务十分繁重，改革的任务也十分艰巨，要重点抓好以下五项改革。一是认真落实成品油价格和税费改革的人员转岗安置工作。交通运输部已会同国家发展改革委等部门拟定了《关于实施成品油价格和税费改革人员安置工作指导意见》，已报国务院审批。省厅也在组织制订实施方案。各级交通部门要在地方人民政府的领导下，按照国务院提出的"转岗不下岗、待安置期间级别不变、合规合理的待遇不变"的总体要求，与有关部门密切协作，统筹安排，用好国务院和省政府的转岗安置政策，积极开辟新的渠道，妥善做好安置工作。交通系统内部成立新机构或增编、扩编新进人，要首先考虑交通收费与征稽人员的转岗安置。二是逐步有序推进取消政府还贷二级公路收费工作。国家发展改革委、交通运输部和财政部草拟的《取消政府还贷二级公路收费实施方案》已上报国务院。总的要求是，逐步有序、尊重地方意愿；总体思路是：国家鼓励、地方为主，确定目标、有序推进，锁定债务、逐年偿还，安置人员、确保稳定。目前全国已有 14 个省区市确定作为试点省份，一次性取消政府还贷二级公路收费。考虑财政承受能力，我省采取逐步取消的办法，今年先撤一批效益差、密度大、社会反映特别强烈的收费站，2012 年底前将剩余部分全部撤掉。省政府批准实施方案后，省厅将会同有关部门抓紧完成审计报告、银行还贷协议和人员安置方案，对省里批准取消的收费站点，必须在规定时间取消，并及时向社会公布，接受社会监督。三是认真研究公路建设投融资政策和体制创新。成品油价格和税费改革的实施，使公路建设融资平台受到严重影响，要研究新情况、解决新问题，积极推进公路建设投融资体制创新。要变公路建设主要由政府投资为投资主体多元化，进一步开放公路投资市场，加大招商引资力度，采取BOT、合作和出让经营权等多种方式引导包括保险资金在内的社会资本进入公路建设领域。进一步改革政府投资方式，政府资金主要用于国家高速公路网项目和市场不能有效配置的项目建设，向欠发达地区特别是“两区”和农村倾斜，向公益性强的项目倾斜。进一步拓宽政府资金来源渠道，加快已建成的政府还贷高速公路权益转让步伐，收回投资用于新的项目建设，实现滚动发展。积极探索高速公路与普通公路统筹发展新机制，逐步形成以高速公路为主体的收费公路网和以普通公路为主体的免费公路网，充分体现效率与公平的原则。进一步加强通行费征收管理，最大限度地扩大政府还贷高速公路通行费收入结余资金，进一步提高资本运作能力。支持省交通开发投资总公司等大型交通企业发展壮大，继续发挥融资企业平台作用。认真分析研究金融形势，利用好各种金融政策和金融新产品，尽可能争取银行和其他金融企业的支持。对支持交通建设力度大的银行，要给予存款倾斜的优惠政策。积极争取各级政府加大对普通公路建设发展的财政投入，合理安排财政替代养路费等收入和用于补助取消政府还贷二级公路收费的资金。四是主动研究和推进交通行政管理体制和事业单位改革。按照省政府部署，今年上半年省级机构改革完成，下半年市县改革完成。各级交通部门要把握改革方向，适应改革要求，主动研究改革方案，把政府机构、执法机构以及交通征稽机构改革有机统一起来，综合考虑交通行政管理体制架构，科学界定职责，理顺体制关系，建立有利于综合运输体系发展的交通运输行政管理体制。事业单位改革要抓紧推进岗位设置、单位分类、编制核定和收入分配制度改革，按照省政府部署，稳步推进。五是继续推进路桥等交通企业改革。解决路桥企业的问题，一要扶持，二要改革。去年省厅已在扶持路桥企业、监理企业方面给予了许多扶持政策，今后还要扶持，扶持基础好、有实力的企业发展壮大，力争用三年时间扶持路桥企业走出困境，走上良性发展轨道。扶持不是包办，路桥公司的改革不能停，省政府批准实施政策性破产的吕梁、中北、太行三个企业要加快破产重组步伐，所有路桥企业都要从长远发展出发，加快由建设型向建设与养护型转型发展。省公路局要加强对路桥企业的监管，保证省政府和省厅扶持路桥企业的政策落到实处，落到企业发展上，落到保障职工利益上。

（五）统筹兼顾，积极推进综合运输体系建设和法制建设

综合运输是交通运输业发展到一定阶段的内在要求。综合运输体系是各种运输方式在社会化的运输范围内和统一的运输过程中，按照技术经济特点组成分工协作、有机结合、联结贯通、布局合理的交通运输综合体系。要找准制约综合运输体系发展的关键环节，充分发挥地方政府、科研单位和企业等各方面的积极性，积极推动综合运输体系建设。一要建立健全综合运输规划体系，统筹各种运输方式在规划上的衔接，充分发挥各种运输方式的比较优势，合理布局，优化通道资源利用。二要促进现代综合运输枢纽建设，特别是连接航空、铁路、公路、水运、城市公交等各种运输方式的11个省辖中心城市综合枢纽布局和建设，合理配置运输资源，加强运输网络建设，促进各种运输方式的有效衔接，逐步实现客运“零距离换乘”和货运“无缝隙衔接”。把太原综合交通运输枢纽作为示范工程来抓，重点扶持、高点起步、加快建设。三要加强综合运输政策和标准规范的研究制定，促进各种运输方式政策标准的衔接，加快推进多式联运，促进交通运输一体化发展。以太原经济圈为试点，认真研究探索区域综合交通运输发展的政策、标准、规则和综合运输枢纽的建设运营模式。四要整合现有资源，加快综合运输管理和信息服务平台建设，形成各种运输方式既自成体系、高效运行，又优势互补、相互衔接的格局，促进各种运输方式之间的信息资源共享，推动多种运输方式的有机衔接与协同运转，进一步改善公众出行信息服务，提高交通运输管理效能和服务水平，提高紧急情况下的应急联动能力。

加强交通法制工作，为发展综合运输体系提供法制保障。争取出台民用运力国防动员办法和机动车维修管理办法，做好《山西省公路管理条例》、《山西省道路运输条例》等地方法规的修订工作。认真做好道路货物运输源头治理超限条例、水上交通管理办法等立法储备项目前期工作。稳步推进交通运输治超执法改革试点工作，进一步完善交通运输行政执法责任制。制定交通行政处罚自由裁量基准，开展交通行政执法案卷评查。完善行政复议工作机制，建立健全行业复议人员资格认证和管理制度。加强执法队伍建设，强化交通运输行政执法人员资格管理和执法证件管理。今年上半年完成交通执法服装统一。加强普法工作，提高全行业的法律素质。

（六）着眼未来，切实做好科技创新和节能减排工作

要以交通科技创新和节能减排推动结构调整和发展方式转变，促进现代交通运输业发展。建设交通科技创新体系，加强重点实验室能力建设与管理，继续对直属院校重点专业学科建设予以重点支持。进一步加强行业科技政策研究，做好“十一五”科技规划实施情况中期评估工作，建立交通科技统计制度。完善交通科技项目计划管理体系，制定交通行业企业科技创新计划和科技成果推广应用计划，做好关键技术研究和科技成果转化工作。加大重大科技项目组织实施力度，积极开展新技术、新材料和新工艺的推广应用。

加快交通信息化建设。全面启动交通信息化“1166”工程建设，完成省级交通综合数据库和全省交通通信主干网建设，实现省厅与各市交通局、厅属各单位的联网，建成交通应急指挥调度、综合运行分析、公众出行服务三个业务平台。同时，加快建设电子政务、市场监管、业务管理三个业务平台和干线公路管理、高速公路管理、道路运输管理、海事、交通战备等五个业务管理系统，建立健全交通基础数据采集机制，加强高速公路交通量调查工作，为高速公路规划、建设、养护、公众出行以及应急处置提供及时、准确的数据支持。积极推进高速公路不停车收费系统和智能交通系统的建设。

做好交通行业节能减排，加快构建节能减排长效机制，完善规章制度、标准规范，建立交通运输节能减排监测考核体系，开展能源消耗统计。制定并实施资源节约、环境友好、材料节约、循环利用重大项目专项行动计划，实施营运车辆燃料消耗量准入制度，开展高耗油营运车辆提前退出道路运输市场的试点。继续深入开展交通运输行业节能减排示范活动。强化交通固定资产投资项目节能评估审查。组织开展驾驶员节能专项行动。加强各级交通行政机关节约工作。

（七）以人为本，继续加强安全监管和应急维稳工作

坚持“安全第一、预防为主、综合治理”的方针，认真组织开展好为期一年的重点行业和重点领域安全生产专项整治，做到思想认识上警钟长鸣、制度保证上严密有效、技术支撑上坚强有力、监督检查上严格细致、事故处理上严肃认真，严防重点时段、敏感时段发生群死群伤责任事故，杜绝重特大事故发生。贯彻实施道路运输、水上交通、交通基础设施建设施工三个安全生产专项整治方案，省、市、县三级联动，条块结合，加强对重点行业、重点领域、重点项目、重点时段的安全生产隐患排查整治，提高行业本质安全度。切实加强交通大建设、大发展时期的重点公路施工组织与安全质量监管，建立大型桥梁隧道工程设计方案与施工安全风险评估制度，实现安全风险的预控、预防、预报、预警管理。继续组织实施事故多发路段安全整治，完善标志标线和安全防护设施。落实道路运输安全"三关一监督"源头管理各项措施，督导运输企业完善安全生产长效机制，落实生产经营单位安全生产主体责任和行业管理部门安全监管主体责任，有效发挥道路运输三级监控体系的作用，加强长途客运、危货运输车辆和驾驶员的动态监管，实施驾驶员素质教育工程。继续推进水上安全监管能力建设，做好重点时段、重点船舶、重点区域和重点环节的安全监督管理工作。建立水上交通安全应急指挥中心，加强渡口改造和海事监管装备建设。严格责任追究，严肃查处重特大责任事故。

严格落实社会治安综合治理各项措施，增强反恐意识，做好桥梁、隧道、车站、码头等重要设施和公共场所安全保卫工作，创建"平安交通"。进一步完善交通应急体系，加强应急队伍专业化建设，建立钢桥架设应急队伍，组织开展跨区机动、钢桥架设、高速公路通行保障、水上搜救等专项应急演练和综合演习，提高交通应急实践能力。

对于交通行业来讲，当前和今后一个时期，既是"战略机遇期"，也是"矛盾凸显期"。尤其是路桥企业、养路协议工等问题，沉积多年，积重难返。实施成品油价格和税费改革，又增加了3.6万交通收费与征稽人员的分流安置。这些问题解决不好，将直接影响交通行业的发展和稳定。要积极争取各级政府和有关部门的支持，用改革的思路、发展的办法逐步解决好这些矛盾。要建立和完善信访预控、预警机制，落实信访工作责任制，保护职工和农民工的合法权益，维护行业稳定。

（八）围绕中心，加强党组织建设、党风廉政建设和行业文明建设

巩固和深化开展学习实践科学发展观活动成果，加强领导班子、基层党组织和党员队伍建设，不断提高推进交通运输科学发展的能力和水平。继续深化人事制度改革，加大干部轮岗交流力度。推进人才培养选拔工作，探索建立高层次、高技能人才培养投入机制和选拔机制，充分发挥专家在科学决策中的咨询作用和社团组织的桥梁纽带作用。

认真贯彻中纪委三次全会精神，继续把交通基础设施建设领域廉政工作作为反腐倡廉建设的重点，关口前移、重心下移，进一步完善工程项目招标投标制度和举报投诉处理机制，出台高速公路招标代理机构招投标办法和企业投资项目建设管理办法，建立农村公路建设项目巡查制度。继续严格落实纪检书记派驻制、廉政合同制、总会计师委派制和七部门联合监督制，加强对建设项目的过程审计。监督检查实施成品油价格和税费改革落实情况，严禁变相新增收费项目、乱收费。坚决纠正违规设置收费站、擅自提高收费标准、任意延长收费期限等行为。组织开展收费公路权益转让清理整顿工作，规范公路收费权转让行为，加强对转让行为的廉政监督。深入推进纠风工作，认真解决群众反映强烈的问题，严禁行政执法人员从事与职权相关的经营活动。继续推进行政效能建设，改进行政审批方式，逐步实现行政审批（许可）网上申请、网上受理、网上审批、网上监督。强化内部审计监督，继续实行严肃财经纪律杜绝屡查屡犯承诺书制度，开展领导干部经济责任审计、重点工程专项审计、农村公路与专项资金使用管理审计调查、绩效评价等。认真落实党风廉政建设责任制，严格执行各项廉政制度。建立巡视制度，出台巡视工作暂行办法和纪检监察干部管理办法。进一步加大案件查办力度，坚决惩治腐败。

总结宣传新中国成立60周年交通发展成就和经验。继续以"学树创"活动为着力点，开展多层次、多形式的行业文明创建活动和社会主义劳动竞赛。发掘、培养和树立先进典型，推进交通运输行业核心价值体系建设。重视发挥工、青、妇等群众组织和老干部在维稳定、保民生、创和谐中的作用。强化行业对外信息服务和公众传播机制建设，提高突发事件应急宣传报道能力。深入开展交通运输文化建设实践活动,弘扬行业精神,树立行业形象。

同志们,民为邦本,本固邦宁。交通运输与人民群众生产生活息息相关,人民群众是我们的衣食父母,我们的全部任务和责任就是全心全意为人民谋利益、办实事、做好事。围绕关注民情、顺应民意、化解民忧、改善民生,2009年,省交通厅继续为民办好六件实事。

1.实施村村通水泥(油)路工程15 000公里,全省90%的建制村通水泥(油)路,让老百姓出行更方便。

2.新建乡镇汽车站80个,新安装候车亭和招呼站牌各1000个,让老百姓候车更方便。

3.实施村村通客车工程,全省95%的建制村通客车,让老百姓乘车更方便。

4.实施干线公路安保工程500公里,改造加固农村公路危桥2万延米,让老百姓出行更安全。

5.严格落实鲜活农产品“绿色通道”和化肥运输季节性“绿色通道”政策,让老百姓得到更多实惠。

6.逐步有序取消政府还贷二级公路,今年先撤一批公路收费站点,让老百姓行路更畅通。

同志们,让我们在省委、省政府的领导下,同心同德,脚踏实地,抢抓机遇,乘势前进,奋力开创交通工作新局面,以优异的成绩迎接新中国成立60周年。

谢谢大家。

深入学习实践科学发展观 开创交通运输党的建设新局面

——在纪念建党88周年暨“创先争优”表彰大会上的讲话

(2009年6月30日)

□段建国

同志们:

今天,我们在这里隆重召开纪念建党88周年暨“创先争优”表彰大会,回顾中国共产党走过的光辉历程,总结2008年以来的党建和精神文明建设工作,安排部署当前及今后一段时期的任务,表彰“创先争优”活动中涌现出的先进集体和先进个人,对于全系统进一步深化学习实践科学发展观活动,切实加强党的工作,更好地把党的组织资源转化为发展资源、组织优势转化为发展优势、组织活力转化为发展活力,努力实现全省交通运输科学快速安全协调发展,具有十分重要的意义。

中国共产党风雨兼程,走过了88年坎坷而光辉的道路。88年来,中国共产党始终代表中国先进生产力的发展要求,代表中国先进文化的前进方向,代表中国最广大人民的根本利益,领导中国人民完成新民主主义革命,实现民族独立和人民解放;建立社会主义制度,完成中国历史上最广泛、最深刻的社会变革;开创中国特色社会主义道路,为实现中华民族的伟大复兴指明方向。历史雄辩地证明,没有共产党就没有新中国,没有共产党就没有中国特色社会主义事业的胜利。中国共产党不愧为伟大、光荣、正确的马克思主义政党,不愧为领导中国人民不断开创新事业的核心力量。全系统各级党组织和广大党员继承和发扬党的优良传统和作风,认真学习贯彻党的十七大、十七届三中全会精神,全面落实科学发展观,围绕做好“三个服务”,大力加强党的先进性建设,充分发挥了党员先锋模范作用、党员领导干部带头表率作用、党支部战斗堡垒作用、党委政治核心作用,有力地推动了我省交通运输事业又好又快发展。在此,我代表厅党组向奋战在全省交通运输战线上的广大党员表示节日的慰问!向受到表彰的先进基层党组织、优秀共产党员和优秀党务工作者表示热烈的祝贺!

下面,我讲两点意见。

一、2008年以来厅直系统党的工作回顾

2008年以来,在省委和省直工委正确领导下,厅直各级党组织认真学习贯彻党的十七大和十七届三中全会精神,紧紧围绕交通运输工作大局,坚持抓党建、促发展、保稳定,特别是去年10月份以来,按照中央和省委统

一部署，厅直系统24个单位、5060名党员参加了第一批深入学习实践科学发展观活动，在精心组织、严格程序的基础上，集中解决了一批与科学发展不符合、不适应及涉及群众切身利益的突出问题，较好地实现了“党员干部受教育、科学发展上水平、人民群众得实惠”的预期目标，有力地促进了交通运输的科学发展。

（一）规范管理，强化“三基”，基层组织建设得到新加强

围绕发展抓党建、抓好党建促发展，重点在基层，关键是基础。一年来，省厅始终坚持把党的基层组织建设贯穿于党建工作始终，始终坚持把加强基层组织、强化基础管理、提高党员基本素质“三基”工作贯穿于交通运输改革发展的各个方面。

*一是强化基层组织建设。*针对近年来全省交通建设发展较快、新增单位较多的实际，及时健全了所有新成立单位的党组织和纪检组织。重点加强了在建工程项目党的工作，参建单位在进驻工地的同时都健全党组织，把党的基层组织建到了工队、班组。所有基层单位也全部建立健全基层党组织，保证厅党组的决策及时贯彻落实到基层，保证党的政治优势的发挥。援川灾区公路抢通保通突击队组建后，迅速成立了指挥部临时党委，在抢通保通过程中，发挥了强有力的战斗堡垒作用。

*二是强化基础管理。*从规范基层党组织工作机制、规范党组织换届选举工作、规范专职党务干部的选拔配备等入手，严格落实“一课三会”制度、党日活动制度、民主评议党员制度等，努力提高基层党组织工作的规范化水平。为全面加强基层党的建设，进一步落实党建工作目标责任，修订完善了厅直党的工作责任制考核办法。同时，各级党组织把《中国共产党流动党员活动证》发放工作与流动党员摸底登记、党员教育、关心爱护党员相结合，完成了全系统基层党组织和全体党员基础信息采集、录入与审核等工作，完成党组织及党员的信息库建设，严密了党的组织体系。

*三是强化党员基本素质。*按照“坚持标准、保证质量、改善结构、慎重发展”的方针，将发展党员计划向建设、生产、教育、科研一线倾斜，严把“入口关”，2008年以来发展新党员270名。在援川抗震救灾抢通保通战斗中，30名队员火线入党，广大党员充分发挥先锋模范作用，真正成为带领群众前进的先进分子，为灾区人民作出重大贡献。同时，通过党员先锋岗、党员突击队、劳动竞赛等形式，为党员服务群众、奉献社会，加强党性锻炼搭建平台。在急难险重任务面前和关键时刻，绝大多数共产党员都能够挺身而出，勇挑重担，充分体现出先锋模范作用。

通过强化“三基”工作，增强党组织的凝聚力、创造力和战斗力，较好地发挥广大党员的先锋模范作用，为交通运输各项工作又好又快发展提供坚强政治保证。厅直系统一大批“创先争优”典型受到上级党组织表彰，省厅党的工作受到中央组织部和省委检查组的充分肯定，厅直机关党委连续19年保持“省直机关先进基层党组织”光荣称号。

（二）注重教育，狠抓防范，党风廉政建设取得新进展

出台《山西省交通厅党组贯彻落实 < 建立健全惩治和预防腐败体系2008年至2012年工作规划 > 的实施意见》，明确了今后五年全省交通系统以科学发展观为指导、推进惩防体系建设的工作思路和目标，为全省交通系统的惩防体系建设有序推进奠定基础。制定《山西省交通厅党组巡视工作办法》，积极推行巡视制度，加强对重大决策、重大项目安排、重要人事任免和大额度资金运作等集体研究决策情况的监督检查，做到了监督工作前移。修订完善了公路建设领域领导干部廉洁自律有关规定，设置“高压线”，进一步规范干部从政行为。同时，结合学习实践科学发展观活动，以树立正确的权力观、价值观、荣辱观为目标，以反腐倡廉建设为重点，扎实开展党性党风党纪教育，并通过召开座谈会、发倡议书、作出廉洁承诺、观看警示片、征集廉政书画作品、群发廉政短信等形式，引导党员干部自觉讲党性、重品行、做表率。通过扎实推进党风廉政建设，领导干部从政行为进一步规范，服务大局和科学发展的能力进一步增强，维护了交通运输改革发展稳定大局。

（三）创新载体，丰富内涵，行业文明创建再上新台阶

2008年，坚持把文明和谐创建工作同群众性精神文明创建活动有机结合起来，以先进典型推动行业文明，以行业文明推动社会文明，在共建中共享，在共享中共建。目前，全系统100多个单位荣获省部级“文明和谐单位”和“文明和谐单位标兵”称号。大运高速公路被省政府和交通部联合命名为“千里文明高速路”。厅直单位“文明和谐单位”覆盖率达到了82%。全省交通系统率先跨入“全国交通文明行业”之列。

一是坚持典型引路。积极配合省文明委组织实施千里大运文明长廊推进计划，继续挖掘大运“千里文明高速路”的创建内涵，丰富创建形式，提升创建品位，完善长效机制，推动全行业文明创建向纵深发展；不断引深文明路、文明车、文明和谐示范窗口、文明和谐单位（行业）、文明职工“五个文明”创建活动，通过道路、站所、码头、服务区等窗口，让每一位旅客切切实实享受到方便快捷、安全舒适、整洁优美的交通服务。

二是坚持特色创建。在交通行政管理领域，深入开展“创建文明和谐机关、当好人民公仆”活动，培育“团结、求实、廉洁、高效”的工作作风；在交通基础设施建设领域，深入开展创优质工程、安全工程、廉政工程、文明工程活动，建人民放心满意工程；在交通服务领域，深入开展“为人民服务，树行业新风”活动，为人民群众提供优质满意的服务；在交通行政执法领域，开展文明执法创建活动，提高了行政执法队伍整体素质和依法行政能力；在青年、妇女和全体职工中开展争创青年文明号、青年岗位能手、巾帼建功等群众性创建活动，营造了浓厚的创建氛围。

三是坚持共建共享。全行业认真落实省委、省政府有关统筹城乡，以城带乡，推进社会主义新农村建设要求，扎实开展文明和谐单位和社会主义新农村建设重点推进村结对帮扶、共建文明和谐村活动。厅机关、省公路局、省运管局、省高管局分别与4个社会主义新农村建设重点推进村结成帮扶对子，以改善农村生产生活环境为重点，以繁荣农村文化、培育文明新风为抓手，以帮扶村实现街道硬化、公路通畅等为载体，努力推进城市文明和谐向农村延伸。同时，还在全系统开展了“文明和谐行业、文明和谐单位、文明和谐集体、文明职工和行业精神文明建设先进工作者”创建活动。通过广泛开展群众性文明创建活动，全省交通运输行业文明和谐程度和职工队伍综合素质得到了明显提高。

同志们，一年来，我们牢牢抓住发挥党员先锋模范作用这个根本，抓住发挥党员领导干部带头表率作用这个关键，抓住发挥党支部战斗堡垒作用这个基础，抓住发挥党委政治核心作用这个保证，以“四个作用”的发挥，推动了交通运输事业全面协调可持续发展。这些成绩的取得，是省委和省直工委正确领导的结果，是全系统各级党组织高度负责、扎实工作的结果，是广大党务工作者辛勤工作的结果，是全体党员团结奋斗的结果。在此，我代表厅党组向你们，并通过你们向全系统广大干部职工表示衷心的感谢！

二、2009年党的工作的主要任务

当前和今后一个时期，各级党组织特别是各级领导干部，一定要坚持把党的执政能力建设和先进性建设作为主线，努力做到在理论上不断有新发展，在实践上不断有新创造，在发挥作用上不断有新提高，在推进发展上不断有新举措。

（一）不断深化理论武装，着力解放思想、提振信心，为交通运输科学发展提供思想保证

要将提振信心、增强素质作为理论武装工作的主要任务，认真学习贯彻党的十七大和十七届三中全会精神，深入学习实践科学发展观，引导党员干部正确看待当前面临的严峻的国际国内经济形势和交通运输难得的发展机遇，化危为机，破浪前行，以强烈的责任感和使命感促进交通运输又好又快发展。

一要将学习实践科学发展观活动不断引向深入，真正用科学发展观武装头脑、指导实践、推动工作。继续巩固和深化学习实践科学发展观活动成果，对整个学习实践活动进行认真的“回头看”：回头看学习，继续深化认识；回头看问题，深刻剖析原因；回头看成果，狠抓整改落实，加快整改进度，将“回头看”与完善体制机制结合起来；回头看作风，加强队伍建设。要将胡锦涛总书记在纪念改革开放30周年大会上的讲话和国际国内的经济形势作为重要的学习内容，并将学习实践活动与庆祝新中国成立60周年结合起来，开展多种形式的宣传活动，引导党员干部深刻认识改革开放以来取得的辉煌成就和宝贵的历史经验，深刻认识我省交通运输业面临的机遇和挑战，进一步统一思想，坚定信心，不断推进交通运输科学发展、快速发展、安全发展、协调发展。

二要着力抓好经常性的学习教育，提高党员干部队伍整体素质。紧紧围绕提高党的执政能力、保持党的先进性这一主题，突出学习、遵守、贯彻、维护党章这一重点，丰富教育内容，创新教育形式，落实教育责任，确保教育效果，建立健全党员长期受教育的长效机制；要进一步加强党委中心组学习，积极推进领导班子思想政治建设，大力弘扬理论联系实际的马克思主义学风，进一步完善党委中心组学习制度，引导党员干部把学习的成果真正转化为谋划工作的思路、解决问题的措施和服务发展的本领。按照加强党的执政能力建设和先进性建设的要求，进一步做好厅直单位党员干部培训工作，积极参加省直工委组织的省直机关处级干部和中青年干部的轮训，并逐步建立党员领导干部的学习档案。要把业务培训与深化对科学发展观的认识、提高战略思维能力的培训结合起来，把集中培训与对干部有针对性的教育结合起来，不断丰富培训的内容和方式，提高培训的质量和水平。

三要理论联系实际，提高运用科学理论分析解决问题的能力。理论必须与实践相结合，只说不练等于白说，没有理论指导的实践是盲目的，只能陷入混乱的局面。因此，我们必须坚持理论联系实际的作风，把学到的理论用到实际工作中去，用到解决实际问题中去。这次厅机关号召同志们到基层挂职和任职，就是要让大家到火热的一线去锻炼自己，提高分析问题、处理问题的能力，培养一批能打硬仗的人才。要坚持用科学发展观等党的最新成果武装党员干部头脑，不断提高分析问题、解决问题、推动发展的能力，这是我们培训教育的目的。

（二）切实加强基层组织，着力固本强基、增强活力，为交通运输科学发展提供有力保障

紧紧抓住贯彻落实新修订的《中国共产党党和国家机关基层组织工作条例》的重要契机，坚持抓基层、打基础，切实加强基本组织、基本队伍、基本活动、基本制度和基本保障建设，增强组织活力，调动党员干部积极性，把基层党组织建设成为促进科学发展的坚强战斗堡垒。

一是加强组织建设，保证基层党的工作“全覆盖”。要总结近年来在这方面好的做法，坚持有利于加强对党员教育管理、有利于发挥党的领导作用、有利于巩固党的执政地位的原则，积极探索新的更加务实管用的模式和做法，形成与交通运输改革发展相适应的党的基层组织格局。坚持分类指导，做好厅直系统企事业单位、科研院所、社团组织的党建工作，切实加强各级党组织工作机构建设。要建立党员党性分析制度，增强党员意识和党性修养，提高素质和能力。建立健全党内激励、关怀、帮扶机制，做好关心和爱护基层干部、老党员和生活困难党员工作。

二是切实发展党内民主，不断完善党内制度建设。要坚持和完善体现民主集中制和集体领导的具体制度，健全领导班子的民主决策程序和议事规则，建立科学高效的工作机制。营造党内民主的良好环境，强化党员主体意识，建立健全反映党员和党组织意愿的党内民主工作制度。逐步推进党务公开，建立和完善党内情况通报、情况反映和重大决策征求意见制度，不断拓宽党员了解党内事务的渠道。着重抓好党的组织生活会制度和党内监督制度的贯彻落实，切实抓好对贯彻执行党的各项制度的督促检查。

三是创新方法载体，不断增强基层组织工作活力。按照十七大对党的基层组织建设提出的新要求，积极创新方法载体，增强基层组织的生机与活力。要创新学习方式。既要坚持好集中学习、专题辅导等"静态"的学习方式，又要发挥好基层调研、结对子帮扶等"动态"学习方式优势，进一步探索建立适合不同知识结构、能调动党员积极性、激发党员学习内动力的制度，形成人人自觉学习、善于学习、终身学习的良好氛围。要创新活动方式。结合形势的发展变化，根据党员的不同岗位和行业特点，通过建立和创造符合不同特点和各自具体情况，为广大党员和群众认可接受的多种活动载体来推动党员作用的积极发挥，让党员干部在寓教于学、寓教于乐活动中陶冶情操、增强党性。要积极运用现代信息技术，拓展延伸信息渠道，提高工作效率，优化服务环境。

（三）大力加强机关建设，着力优化服务、改进作风，为交通运输科学发展创造良好环境

机关建设是党的建设的一项十分重要的任务。要认真学习贯彻胡锦涛同志在中央纪委十七届三次全会上的重要讲话精神和张宝顺同志在全省党风廉政建设干部大会暨省纪委九届四次全会上的重要讲话精神，紧紧围绕保增长、保民生、保稳定这条主线，深入贯彻落实科学发展观，以班子、队伍、作风建设的新成效取信于民，为交通运输改革发展稳定提供坚强保证。

一是要从端正从政理念、提高执政能力、增进团结和谐入手，切实加强各级领导班子建设。要坚持以人为本、以民为本，牢固树立执政为民的理念。认真执行党的群众路线，自觉摆正自己的位置，时刻把人民群众的安危冷暖放在心上，切实把为民掌权、为民办事作为自己的座右铭，正确行使手中的权力，自觉接受组织和群众的监督，下大力气解决好人民群众最关心、最直接、最现实的利益问题，做到权为民所用、情为民所系、利为民所谋。要紧紧围绕贯彻落实科学发展观，全面提高执政能力。以宽广的眼界胸怀全局，做到审时度势、与时俱进；以宏观的思维把握形势，做到顺势而动、因势利导；以辩证的思维谋划工作，做到总揽全局、统筹兼顾；以坚强的党性服从大局，做到坚持原则、为党分忧；以高超的领导艺术掌控全盘，做到得心应手、进退自如。要营造团结和谐的工作氛围，充分发挥领导班子的整体功能。在贯彻民主集中制原则基础上把握全局、抓住大事，落实民主决策；在集思广益基础上充分论证、作出判断，实现科学决策；在坚持原则基础上化解分歧、形成共识，促进团结共事；在分工负责基础上加强协调、搞好衔接，做到主动配合。

二是要立足于提高综合素质、培养年轻干部这两个基点，进一步激发干部队伍的活力。既要广泛动员组织广大干部职工，本着"缺什么、补什么"的原则，立足本职工作需要，加强理论学习，提高自身素质，也要坚持理论性与实用性相结合的原则，健全完善并认真执行干部教育培训制度，使干部的综合素养得到不断完善。要坚持党管干部和民主、公开、竞争、择优的原则，不断深化干部人事制度改革，优化干部选拔任用机制。鼓励年轻干部下基层，精兵强将到一线，充实基层一线特别是重点工程建设一线的干部队伍，激发干部队伍的活力和智慧，保证重点工程建设任务顺利完成。

*三是要认真实践清廉、高效、务实的要求，进一步改进工作作风。*各级领导干部要不断增强理论修养、政治修养、道德修养、纪律修养、作风修养。要牢记党的宗旨，严格要求自己，常修为政之德、常思贪欲之害、常怀律己之心，从思想上筑牢反腐倡廉的防线。要公平处事、公道待人、公正用权，切实把好每一道关口，抵制权力、地位、金钱的诱惑，坚守清正廉洁的原则立场。要切实转变工作作风，大力弘扬求真务实抓落实之风，艰苦奋斗、勤俭节约之风，密切联系群众和服务群众之风，树立和科学发展观相适应的思想作风和工作作风。要急发展之所急、急基层之所急、急群众之所急，规范行政行为，提高办事效率，保证工作质量，面向社会、面向基层、面向群众提供高效优质的服务。要真抓实干，察实情、讲实话、出实招、办实事、求实效，不怕矛盾困难，敢于攻坚克难，以认真负责的精神状态，创造实实在在的工作业绩。

（四）切实加强文明和谐建设，着力化解矛盾、凝聚人心，为交通运输科学发展营造和谐氛围

发挥思想政治工作优势，注重从源头上化解不和谐因素，努力构建具有政令畅通、人和气顺、团结协作、作风优良、保障有力的文明和谐行业，将各方面的力量凝聚到实现交通运输科学发展的战略目标上来。

*一是强化思想政治工作，化解矛盾促进和谐。*围绕中央和省委、省政府及交通运输部的重大决策部署，着眼严峻的经济形势和我省交通运输改革发展稳定所面临的困难和问题，紧贴单位中心工作，密切关注利益关系调整给干部职工带来的冲击和影响，掌握和分析重大突发事件中干部职工的思想动态，注重人文关怀和心理疏导，把思想政治工作和服务基层群众、解决实际问题结合起来，努力做好维护稳定、化解矛盾和防范邪教组织活动的工作。

*二是深化文明和谐创建活动，营造和谐发展环境。*以庆祝新中国成立60周年为主线，深入开展庆祝新中国成立60周年暨群众性爱国主义教育活动和“迎国庆、讲文明、树新风”活动，展示发展成就，坚定理想信念，激发爱国热情，努力塑造文明交通、和谐交通、礼仪交通的良好形象。全面实施精神文明建设精品带动战略，继续深化文明和谐行业、文明和谐单位、文明和谐集体、文明职工和行业精神文明建设先进工作者“五创”活动，继续深入开展大运“千里文明高速路”共建共享活动和“创建五型机关（效能型、服务型、创新型、协调型、廉洁型）、促进四个发展（科学发展、快速发展、安全发展、协调发展）”群众性文明和谐创建活动，不断提升全省交通运输行业文明和谐创建水平。

*三是发挥群团组织作用，努力构建和谐交通。*进一步加强对群团工作的领导，支持他们依照法律和各自章程积极开展工作，并赋予其更多的资源和手段，促进群团工作水平不断提升。机关群团组织要充分发挥桥梁纽带作用，聚焦党的中心工作，组织开展各种竞赛活动，引导干部职工把思想、时间和精力集中到谋事、干事、成事上来，在交通运输大发展中发挥重要作用。

（五）全力落实“三保”要求，着力深化改革、加快建设，为交通运输科学发展作出积极贡献

当前，全省扩内需、保增长的任务十分艰巨，面对新形势、新任务，我们要迎难而上、锐意进取、加快步伐、不辱使命，全力推进公路建设，早日显现投资效益，成为保持全省经济平稳较快发展的重要支柱。

*一是要加强领导，千方百计突破项目前期制约。*继续坚持厅领导分片包干、分工负责的办法，项目到人、责任到人，全力以赴加快项目审批、设计等前期工作，在严格基本建

设程序的前提下，交叉作业，平行推进，简化环节，一切工作往前赶。要千方百计突破制约因素，针对公路建设用地指标不足的问题，在积极争取省政府给予用地指标倾斜的同时，充分利用国家现有政策，争取国家用地指标。对省际通道、战备公路项目，争取国家立项，占用国家土地指标，缓解我省建设用地指标不足的问题。要积极争取省直有关部门和地方政府支持，妥善解决好矿产压覆、林地审批等问题，进一步完善项目手续，确保今年26个高速公路项目按期开工，国省干线一、二级公路明年竣工项目大部分在今年开工，农村公路建设掀起新高潮。

二是要突出重点，抓好各项工作落实。第一，要拓宽筹资渠道。要进一步抓好利用政府还贷高速公路通行费结余和公路基金转移支付未来收入搭桥贷款、采用BOT方式建设、转让公路收费权益、发行企业债券、厅属大型国有交通企业股份制改造等筹资方式的落实。要积极开辟新的资金渠道，探索保险资金用于公路建设、组建高速公路集团融资、市县政府以征地拆迁费用入股等多种方式筹资，保证700亿元资本金全部落实。第二，要加强监管。对筛选出的明年建成1000公里的17个支撑项目，在土地、资金、技术和组织领导、施工环境、前期工作等方面给予重点保证，按照征地拆迁和施工计划，倒排工期，责任到人，加强督导，确保项目从7月底起全面掀起施工高潮，为明年建成1000公里高速公路打牢基础。第三，要抓好村通水泥(油)路“全覆盖”工程。要落实政策和配套资金，充分发挥地方政府的积极性。对积极性高的地市，实行计划、资金、项目“三倾斜”；对财力困难的贫困县，加大政策与资金扶持力度，力争今年有1/3的市率先实现具备条件的建制村通水泥(油)路“全覆盖”。

三是要推进改革，建立有利于交通运输科学发展的体制机制。第一，按照省委、省政府统一部署，搞好省级交通部门机构改革和厅属事业单位改革，进一步理顺体制、转变职能，建立适应综合运输体系发展要求的交通管理体制架构。第二，进一步做好成品油价格和税费改革后涉及的人员分流安置工作，重点做好省交通征费稽查机构的职能划转和人员安置工作，以及取消政府还贷二级公路收费后的人员安置工作，维护行业稳定。第三，进一步深化公路建设体制改革，对于地方有积极性的高速公路建设项目，可实行地方政府组织建设、省交通运输厅筹资的模式。要做好运城和大同两个试点的工作，取得经验后在全省推广。第四，进一步深化路桥企业改革，调整结构，整合重组，培育一批骨干企业，建立现代企业制度。三个列入政策性破产计划的路桥企业在年内完成破产重组。

完成如此艰巨繁重的中心工作任务，必须要强化党的领导，发挥党的政治优势，以党的先进性作为坚强的政治保证。

同志们，围绕交通运输中心工作，加强党的先进性建设，服务交通运输科学发展，是新形势下各级党组织的重要任务。我们一定要全面贯彻落实科学发展观，以改革创新精神全面推进党的建设，坚定信心、迎难而上，为确保全年交通运输改革发展各项任务的顺利完成、促进经济平稳较快发展作出新的更大贡献，以更加优异的成绩迎接新中国成立60周年！

谢谢大家！

深入贯彻落实科学发展观
不断推进全省交通系统反腐倡廉建设

——在全省交通系统党风廉政建设工作会议上的报告

（2009年1月20日）

□韩日裕

同志们：

今天召开的全系统党风廉政建设工作会议主要任务是：总结2008年全省交通系统党风廉政建设和反腐败工作，安排部署2009年反腐倡廉建设任务。下面，我受厅党组委托，向大会作党风廉政建设和反腐败工作报告。

一、2008年党风廉政建设和反腐败工作回顾

2008年，全省交通系统的反腐倡廉建设在省纪委和厅党组的正确领导下，落实改革创新、惩防并举、统筹推进、重在建设的基本要求，突出抓好以工程建设领域为重点的源头治理，以治理超限超载为重点的执法监督，以纠风治乱为重点的行风建设，以履职尽责为重点的领导干部作风建设，配套建立交通特色的惩防腐败体系，为促进全省交通事业又好又快发展提供了坚强有力的政治保证。

（一）党风廉政责任制得到落实，惩防体系建设稳步推进

一是反腐倡廉工作的组织领导坚强有力。省厅多次召开党组扩大会议、厅属单位党政负责同志和纪委书记会议，传达上级有关部署和要求，谋划交通廉政工作和惩防体系建设。厅领导班子调整后，及时充实调整了党风廉政建设各个领导组的组成人员和领导机构，为工作落实提供了坚实基础。厅党组还分别召开纠风和政风行风评议、治理非法超限超载、纪委书记座谈会等专项会议，对反腐倡廉建设提出具体要求，厅属各单位迅速传达贯彻，结合实际制定落实措施，促进了工作落实。二是党风廉政责任制进一步扎实落实。厅党组将年度反腐倡廉任务分解为42项，明确了厅领导和各部门的责任分工，逐级制定了措施。驻厅纪检组及时把握工作的进程，多次对厅属单位纪检监察工作进行帮助指导，一季度专门抽调10多名纪委书记对厅属单位党风廉政建设责任制落实情况进行了考核，督促党风廉政建设责任制的落实。三是惩防腐败体系建设取得新进展。根据中央颁发的《工作规划》和省《实施办法》，厅党组结合交通实际，出台了《山西省交通厅党组贯彻落实<建立健全惩治和预防腐败体系2008至2012年工作规划>的实施意见》，明确了今后五年全省交通系统以科学发展观为指导、推进惩防体系建设的工作思路和目标，

对省委、省政府赋予我厅的1项牵头任务、6项协办任务进行了重点部署,对教育、制度、监督、改革、纠风和惩处6个方面的工作进行了周密安排,为今后一个时期全省交通系统的惩防体系建设提供了重要依据。省纪委《简报》连续两次转发了我厅贯彻落实《工作规划》的措施和做法。

(二)拓展源头治理领域,形成长效运行机制

一是扎实开展廉政教育和文化活动。各级以树立正确的权力观为重点,先后组织了作风建设、中纪委二次全会精神、中央惩防体系《工作规划》、学习"右玉精神"和科学发展观的学习教育,组织党员干部收看抗震救灾英模报告,结合王月喜、苗元礼等案件和交通系统的违规违纪案件,及时进行警示性教育,吸取教训,引以为戒。采取征集廉政书画、群发短信、文艺节目等形式,在全系统广泛开展廉政文化活动,表彰了一批交通廉政文化建设先进单位和个人。厅领导和纪检工作人员在各种报刊发表廉政文章10多篇,上报省纪委、驻交通部纪检组反腐倡廉研讨文章3篇,促进了廉政教育的开展。省纪委《简报》转发了我厅加强节日廉政建设的措施,驻厅纪检组撰写的反腐倡廉论文被省纪委评比为优秀论文奖,被驻交通部纪检组评为调研论文二等奖并在交通监察年会上进行了大会交流,省交通厅被交通运输部表彰为全国交通行业廉政文化建设征文活动优秀组织单位。二是全面推进反腐倡廉监督制度创新。落实领导干部重大事项报告、述职述廉、民主评议、谈话诫勉、选拔任用等制度规定,配套建立了廉政档案,强化管理监督,从源头上预防腐败。着重修改完善了《重点公路联合监督办法》、《公路工程招投标管理监督实施意见》《厅党组议事制度》、《督查工作制度》、《责任审计联席会议制度》、《依法理财承诺制》、《政务信息公开办法》等规章制度,各项制度都在新的交通网站公开公布,厅党组和所属单位健全了议事规则、决策程序和规章制度,对"三重一大"的各个环节进行强有力的监督,有效预防交通领域的腐败现象。三是认真组织各种专项治理整顿。围绕治理超限超载、交通安全隐患督查、救灾经费物资监管、领导干部公款出国(境)整顿、政府采购专项检查、工程招投标调研和特权车、人情车紧急治理,积极配合有关部门开展专项整顿,查找和纠正问题,规范领导干部、行政机关、执法人员的行为,全系统党员干部廉洁自律的意识不断增强。

(三)突出工程廉政建设,全力打造交通"阳光工程"

一是注重完善工程建设监督机制。厅党组把交通基础设施作为建设和谐交通、廉洁交通的重点环节,推行项目法人责任制、招标投标制、纪检人员派驻制、双合同制、农村公路巡查制,做到事前、事中、事后监督相互结合,加强对工程建设概算控制、招标投标、转包分包、设计变更、资金拨付、物资采购等关键环节的监督检查。年初会同省相关7个监督部门联合出台《高速公路招投标联合监督办法》,规范重点工程招投标多家监督的做法,严格对评审专家的管理,强化对招投标全过程的监督。加强对工程验收项目施工现场和合同履行情况的监督检查,突出廉政合同落实情况的验收考核。二是不断改进招投标评标办法。在原有办法基础上,针对围标、串标、陪标、恶意竞标行为,省厅出台了《山西省公路建设信用评价管理办法(试行)》,利用信用评价体系,对从业单位和人员建立信用档案,形成诚信激励和失信惩戒机制;严格资格审查,认真落实投标单位行贿犯罪档案查询制度,创造公平竞争的良好氛围;放开限制投标单位数量的要求,增加投标队伍家数,防止串通投标行为;对招投标方法反复改进,提高抽取的各种系数的层次和科学性,最大限度减少专家在评标中的人为因素,促进评标公平公正。三是积极推行工程建设阳光操作。省厅出台《关于开展"推行公路建设阳光操作,打造优质安全廉政工程"活动的实施意见》，积极推进工程建设从规划立项到竣工验收的全过程公开，全省重点公路、干线公路、农村公路等建设单位都制订了实施方案，各单位还明确了公路工程建设阳光操作涉及的报刊、网站、专栏名称，规定了公开方式、实施范围、完成时限、监督渠道，使工程建设阳光操作达到了规范、有效。这项工作新华网、中国公路网、山西日报等多家新闻媒体进行了报道，省政府《舆情摘要》、省纪委《山西纪检监察信息》刊发了信息，我厅的做法得到牛仁亮副省长的充分肯定，省纪委还转发了我厅的《着眼交通工程建设领域特点，积极构建惩治和预防腐败新体系》典型材料。

（四）端正行风治超治乱，切实维护群众根本利益

一是强化联合治超管理，规范交通执法行为。进一步落实华北五省《通告》和省政府《实施意见》、《源头治理暂行办法》、《责任倒查与追究暂行办法》，建立治超工作责任制，明确岗位职责，形成了规范的监督体系。规范站点管理和执法程序，组织治超人员政策规定培训，完善持证上岗、轮岗交流制度，做到严格执法、规范执法、文明执法。加强责任倒查，查获的非法超限超载车辆按照倒查、问责、追责程序，逐级追究监管责任，对治超不作为和乱作为的部门和单位，追究主要领导责任。省厅先后发放倒查通知13份，查处倒查责任10余起，尤其是查处了太原公路分局所属3个治超站点的违规违纪行为，30名相关责任人受到处分。全国交通纠风工作会对我省治超工作给予了肯定，省纪委《山西纪检监察信息》刊发了我厅加强治超监督的做法。二是坚持不懈深化治理，严防“三乱”反弹。发挥查处公路“三乱”快速反应机制的作用，加大了上路明察暗访力度，省厅和厅直单位先后30多次对收费站点、路政执法人员的工作进行监督检查，及时纠正行政执法不规范和乱收费、乱罚款现象。继续清理了收费站点，严格二级路收费站审批程序，对不符合要求的到期站点坚决不予延期，撤销了清徐贯中桥收费站，对3个收费站进行了整改。各级还抓好涉农优惠“绿色通道”畅通、奥运火炬传递和抗震抢险救灾车辆的顺利通行，保证了应急任务圆满完成。全省交通系统40个单位被省政府表彰为治理公路“三乱”工作先进集体。三是认真开展评议工作，行风建设深入推进。省厅专门召开纠风暨政风行风评议工作部署会，明确纠风工作责任制，提出具体要求和落实措施。厅领导、农村路网处和厅属四个主管局领导，4次进入山西人民广播电台《行风热线》直播节目解答群众关心的行政审批、公路“三乱”等热点问题，对反映的突出问题进行了及时解决。厅领导于12月15日在《行风热线》节目中对交通厅年初向社会承诺的八件实事落实情况进行了反馈，得到全社会的认可。全省交通系统还专门在社会各界聘请政风行风评议代表850人，省厅和各级专门组织了行风监督员座谈会，接受群众对交通行业风气建设的监督。全系统积极开展文明创建活动，促进了政风行风建设，省交通厅被授予全国交通文明行业，厅属6个基层单位、6名个人被交通部表彰为精神文明先进集体和个人。省行评办对我厅政风行风建设的做法和取得的成绩给予了充分肯定。四是坚持公开办事程序，行政效能不断提升。落实《政府信息公开条例》，制定了信息公开办法和程序，落实首办责任制和限时办结制，强化监督。更新了全省交通信息网，建立了网上审批制度，重大项目审批、建设开工、招标中标、干部任免等工作，坚持在交通网站、《山西交通》报等媒体公开公示。厅行政效能办多次对厅机关、厅直有关单位效能建设和行政执法工作开展督查，重点对行政审批大厅的履行承诺情况进行检查指导，省厅21个行政审批（许可）项目全年受理33 783件，无一例超时办结。

（五）加大信访和案件工作力度，坚决查处违规违纪行为

省厅高度重视信访工作，成立了联合办

案领导组,注重发现和解决带苗头、倾向性问题,把治理重点放在案件查处上来,对确有问题的做出严肃处理,让广大党员干部吸取教训,接受警示教育。驻厅纪检组全年共受理群众举报和来访77件次,信访处理率达100%,驻厅纪检组、监察室按时上报省、部有关部门要结果的6件,查实初核涉及处级干部的6件,1名处级干部受到行政记大过处分,对3名处级干部进行了诫勉谈话,有些举报我们按照干部管理权限分别做出了处理。还受理工程招投标、质量验收等方面的举报、投诉12件,全部进行了核实、澄清,对属实的一一进行了查处,对不属实或有偏差的进行了反馈,为建设单位创造公平竞争的环境。在处理信访和案件中,我们注重树立大局意识,把握政策界限,尤其是协助厅党组较好地处理了路桥集团上访事件,落实省政府关于路桥集团由国资委改由交通厅监管的决定,驻厅纪检组抽调15名纪委书记深入各单位进行稳控、冻结结算账户的协助工作。还协助检察机关对支援四川地震灾区的机械设备进行了核实;配合省效能办对交通安全隐患整改情况进行了专项督查;配合省纠风办对公路收费站点设置情况进行了专项调查。同时结合案件和倾向性问题,及时堵塞漏洞,完善制度,发挥了查办案件治本作用。

过去的一年,在省纪委的正确领导下,在厅党组的大力支持下,在全系统纪检监察干部的共同努力下,全省交通系统的反腐倡廉建设做到了思路清晰、措施有力、监督到位、成效明显。但也要清醒地看到,交通领域的腐败现象虽然在一定程度上得到了遏制,但是发展不平衡、落实不到位的情况仍然存在;工程建设领域需要进一步规范的环节还很多;行业自律、节俭以及干部作风建设的任务还很重;基层党风廉政建设相对比较薄弱;执法不规范的现象仍然不同程度存在。这些问题,必须在今后的工作中下大力气解决。

二、2009年党风廉政建设和反腐败主要任务

2009年是全面贯彻落实科学发展观的关键一年,也是全省交通事业在新的起点上掀起第三次公路建设高潮的重要一年。党中央、国务院适应国际国内经济形势发展需要,及时果断地对宏观经济政策作出了扩大内需、促进经济增长的重大举措,为我省交通事业又好又快发展提供了良好的机遇,也带来了严峻的挑战,也为我们加强新时期交通系统的反腐倡廉建设提出了新的更高要求。在新的形势下,坚持以科学发展观为统领、加强交通行业的反腐倡廉建设,必须全面把握反腐倡廉建设的基本内涵,主要是:在领导核心上,坚持党的领导;在指导思想上,以发展着的马克思主义指导反腐倡廉实践;在工作方针上,坚持标本兼治、综合治理、惩防并举、注重预防;在战略目标上,建立健全惩治和预防腐败体系;在实现途径上,拓展防治腐败工作领域;在工作格局上,根据形势不断发展的要求适时加以丰富和完善;在战略部署上,坚持战略上整体规划,战术上分阶段实施;在政策策略上,做到宽严相济,注重综合效果;在领导体制和工作机制上,坚持党委统一领导、党政齐抓共管、纪委组织协调、部门各负其责、依靠群众的支持和参与。这些基本内涵是市场经济条件下反腐倡廉建设规律性的创新成果,需要我们在工作中继续坚持和不断深化。

根据中纪委十七届三次全会精神和省纪委关于新年度党风廉政建设的总体思路,今年全省交通系统党风廉政建设和反腐败工作总的指导思想是:以邓小平理论和“三个代表”重要思想为指导,深入贯彻落实科学发展观,紧紧围绕扩大内需、改善民生、促进发展的要求,坚持围绕一个主题(党性党风党纪建设)、突出一个重点(抓好新一轮交通建设高潮中的工程廉政建设)、实现一个突破(政风行风建设提高到新层次)、完善一个体系(具有交通特色的惩治和预防腐败体系),

强化四项监督（“三重一大”、廉洁自律、人事使用、财务资金的监督），使全省交通系统的反腐倡廉建设实现统筹兼顾、整体推进，为交通事业又好又快地实现大发展提供坚强的政治保证。完成以下6项主要任务：

（一）紧紧围绕加强党性党风党纪建设，努力改进领导干部作风

贯彻落实胡锦涛同志在中纪委三次全会上的讲话精神，加强领导干部的党性修养，树立和弘扬良好作风，是全省交通系统必须始终抓好的重大政治任务，是新时期以科学发展观为指导，围绕中心、服务大局，促进交通事业又好又快发展的重要保证，要坚持不懈地加强全系统党员干部的党性修养和作风养成。

1. 要在学习实践科学发展观活动中培育优良作风。全省交通系统要结合深入开展学习实践科学发展观活动，认真学习胡锦涛同志在中纪委三次全会上的重要讲话精神，把加强领导干部党性修养和作风养成的任务落实到交通建设的各个方面，努力建设政治坚定、作风优良、纪律严明、勤政为民、恪尽职守、清正廉洁的干部队伍。围绕研究解决影响交通事业新一轮大发展中的重点、难点和敏感问题，教育引导全系统党员干部增强宗旨意识、大局意识、忧患意识和责任意识，牢固树立正确的事业观、工作观、政绩观，培养履职尽责、真抓实干、务求实效、廉洁从政的优良作风。要把党性修养和作风养成作为衡量干部的核心内容，贯彻到干部培养锻炼、选拔任用、考核评价等各个方面。

2. 要认真解决在作风建设方面存在的突出问题。交通系统各级党组织要贯彻落实省纪委、省委组织部《关于领导干部进一步改进工作作风、严肃工作纪律的若干规定》，把解决作风和纪律方面存在的突出问题列为今年党风廉政建设的重要课题，认真对照检查领导干部在思想作风、学风、工作作风、领导作风和生活作风方面的突出问题。要把落实科学发展观和促进交通和谐作为领导干部作风建设的重点，紧密结合交通工作实际，抓住解决影响发展的关键问题和群众反映强烈的突出问题，制定交通系统加强领导干部作风建设的具体意见，坚决克服形式主义、官僚主义，严格控制各种名目的节庆、达标评比活动；改进会风和文风，精简会议和文件，认真执行会议、公务接待和差旅费管理有关规定；认真执行中央有关厉行节约、反对铺张浪费的规定，严禁用公款大吃大喝、游山玩水和进行高消费娱乐活动；坚决纠正以学习考察、招商引资等名义公款旅游特别是出国（境）旅游的不正之风。

3. 要积极推行领导干部和机关的行政问责制。出台全省交通系统《行政问责规定和实施办法》，严格执行领导干部问责制，通过严格要求、严格教育、严格管理、严格监督，促使领导干部自觉加强党性修养和作风养成。对不能认真履行职责、贻误工作、造成事故的；对铺张浪费、攀比享受、挥霍国家和集体资财的；对无视组织原则，有令不行、有禁不止的；对办事拖拉、推诿扯皮、敷衍应付等失职、渎职行为；对弄虚作假、欺上瞒下、误导公众而造成不良后果的行为，都要按照有关规定追究责任人和单位领导的责任，依法依纪进行严肃处理。

（二）突出新一轮交通大发展中的工程廉政建设，努力打造廉洁工程

在贯彻落实国家扩大内需、促进增长政策的前提下，我省交通行业的第三次公路建设高潮已经全面展开，工程建设领域的反腐倡廉建设任务将更加艰巨，这就要求我们始终要把监督管理摆在突出位置，确保工程优质、资金安全、干部廉洁。

1. 加强对工程建设项目规划、立项落实情况的监督检查。按照推进科学发展的要求和规定，重点监督检查是否存在未经批准擅自提高或降低建设标准、改变建设内容以及扩大或缩小建设规模的情况，坚决防止财政资金用于楼堂馆所项目或挪作他用，严防搞劳民伤财的“形象工程”和脱离实际的“政绩工程”。

2. 加强对工程建设项目审批和建设程序的监督检查。重点监督检查工程建设项目履行国家有关项目审批、核准、备案程序情况，执行土地、环保、节能等政策和管理规定，严格工程建设程序和管理有关规定，保证交通工程建设项目审批和建设程序依法合规。

3. 加强对工程项目招标投标和合同履约情况的监督检查。重点监督工程建设项目严格执行招标投标规定，杜绝规避招标、虚假招标等违规行为。规范和完善工程项目招标投标制度及举报投诉处理机制，打击招投标中的串通投标、出借资质、低价抢标、暗箱操作等违法违规行为。贯彻落实《关于建立公路建设市场信用体系指导意见》，加快构建统一规范、信息共享的交通建设市场信用平台，实行违规企业和人员“黑名单”制度，加强对从业单位的监督。还要监督检查工程建设项目施工过程履约情况，严禁转包和违法分包。

4. 加强对建设资金管理使用的监督检查。重点监督财务部门和项目业主按规定及时足额拨付建设资金情况。检查资金管理使用是否做到了公开透明，是否存在滞留、挤占、截留、挪用以及虚报冒领、铺张浪费建设资金等情况。工程建设资金使用情况还要建立跟踪审计制度，严格审查和杜绝违规使用、浪费建设资金的行为，确保工程进度、资金安全和效益发挥。

5. 加强对工程质量与安全的监督检查。重点监督项目和施工单位建立和落实工程质量和安全生产领导责任制，检查工程建设项目是否安全合格，是否严把工程质量关，是否存在盲目赶进度导致的质量安全隐患，严格防范事故风险，杜绝“豆腐渣工程”。

6. 加强对工程廉政建设和“阳光操作”情况的监督检查。重点监督联合监督机制、廉政合同制、重点工程纪检监察派驻制、农村公路巡查制的落实情况，落实公路建设公开“阳光操作”，全省公路工程建设（包括高速公路、干线公路、农村公路）从编制规划至竣工验收全过程的各重要环节，都必须坚持实施阳光操作，达到公开透明。要完善工程项目监督体系，严格治理商业贿赂，监督检查在建项目干部及有关人员在项目建设过程中是否存在滥用职权、玩忽职守、徇私舞弊、索贿受贿等违纪违法问题。

（三）进一步加大政风行风建设力度，努力实现纠风治乱工作的新突破

政风行风建设是推进依法行政、创优发展环境、树立行业形象的一项十分重要的工作，也是构建和谐交通的重要保障。厅属单位和各市（县、区）交通部门，都必须按照“管行业必须管行风”的要求，不断提高执法水平、行政效率和服务质量，以解决严重损害群众利益的不正之风为着眼点，以人民群众满意为标准，树立优质文明的交通行业形象，力争扭转全系统政风行风评议的低层次徘徊现象。

1. 坚决纠正公路“三乱”行为。服从国家对交通征收费的改革措施，取消二级公路收费站点。规范收费公路管理，坚决纠正违规设置收费站、擅自提高收费标准、任意延长收费期限等群众反映强烈的问题。继续实行快速反应机制，广泛运用无线监控、视频监控、网络监控等高科技手段，及时处置和治理公路“三乱”行为。认真落实鲜活农产品运输和应急抢险救灾“绿色通道”通行费减免政策，确保“绿色通道”畅通。

2. 继续抓好治超管理监督。加大整治公路超载超限工作力度，理顺治超组织领导和监督体系，明确岗位职责，强化源头治理，建立长效机制，形成规范的监控网络。坚持不懈地进行明察暗访，严格治超站点和源头驻站人员的管理，诚恳接受群众举报，强化责任倒查与追究。对查获的非法超限超载车辆按照倒查、问责、追责程序，一查到底，逐级追究监管责任。

3. 加强交通行政执法队伍建设。严格整顿交通行政执法人员风纪，不断提高行政执法人员的综合素质。实行行政执法主体资格合法性审查和行政执法人员资格制度，加强执法人员资格认证、执法标志和证件管理。对在执法中违规违纪的单位和个人，严格按照有关规定做到快查快办、严查严办，逐级追究责任。持续不断地在全行业开展“文明服务”主题活动，促进交通系统文明行业建设。

4. 加强行政效能建设。按照增强交通公共服务能力的要求，加强政务公开，积极推进政府上网工程，健全信息发布制度，实行社会听证、专家咨询等制度，促进行政权力公开透明运行。行政审批要通过健全管理制度，严格办事程序，明确业务流程，减少审批环节，合理规划审批大厅，扩大集中审批范围，落实首办责任制和限时办结，坚决纠正办事推诿、拖拉现象。建立网上远程管理和视频监控系统，推行行政审批项目的网上审批和联网监督，提高行政审批效率，按照责任追究办法，纠正和查处在公共管理、服务过程中缺位、越位和不作为、乱作为行为。

5. 切实解决涉农利益问题。加强对征地拆迁补偿费和农民工工资支付情况的监督检查，坚持农民工工资设立专户、专项支付等做法，合理确定征地拆迁补偿标准，监督拆迁补偿费及时到位，坚决防止新的拖欠行为，对引发集体上访、越级上访、群体性事件的失职渎职问题要依法依纪处理。

6. 高度重视政风行风评议。坚持“管行业必须管行风”，督促各级落实纠风工作责任制，深入开展民主评议政风行风活动，引导全省交通系统各级、各部门切实加强自身建设、改进工作方式、提高工作效率。继续通过行风热线、民主评议、承诺兑现活动，开好相关单位协调会、听证对话会、行评监督员咨询座谈会，广泛听取社会各界意见和要求，及时解决群众合理诉求，主动接受社会各界和新闻媒体的监督。完善纠风案件处理程序，厅纠风办与厅属单位、市县交通局建立案件移送和联合查处机制，严格查处和纠正行业不正之风。

（四）完善具有交通特色的惩防腐败体系，努力从源头上防治腐败

厅党组去年下发的《贯彻落实 <建立健全惩治和预防腐败体系2008年至2012年工作规划> 的实施意见》，结合省纪委赋予我厅的惩防体系建设任务，对建立健全具有交通特色的惩治和预防腐败体系建设进行了周密部署，我们必须坚持突出重点，在惩治腐败的同时加强源头治理。

1. 严格落实廉政建设责任制。坚持以科学发展观为指导筹划安排全系统的反腐倡廉建设，修订、完善厅党组《关于实行党风廉政建设责任制规定的实施办法》。年初抓好责任制分解，将党风廉政建设和反腐败斗争的重点工作进行责任分工，分别明确到厅党组成员和牵头、参与部门及单位，提出落实标准、时限和要求。将贯彻厅党组制定的惩防体系《实施意见》纳入到党风廉政责任制体系，共同部署、共同检查、共同考核。6月组织一次党风廉政责任制检查，年终进行考核和领导干部述职述廉，配套责任追究，及时通报情况，促进党风廉政建设责任制的扎实落实。

2. 扎实开展廉政教育文化活动。继续深入开展理想信念教育、党章和法纪教育、廉洁自律教育和正确的事业观、工作观、政绩观教育，结合案例深入开展警示教育，组织重点工程建设单位党政领导和全系统纪检干部开展反腐倡廉培训。制定全省交通系统加强廉政文化建设的具体意见，逐步探索并建设具有交通特色的廉政文化，采取廉政书画展览、征集群发短信、组织文艺节目、举办廉政论坛、典型报告会等多种形式，让廉政文化进机关、进基层、进工地、进站所、进家庭，在全系统营造反腐倡廉的良好环境。一季度组织一次惩防体系建设论文征集活动。

3. 积极推进反腐倡廉制度创新。完善在决策和执行中实行民主集中制的各项具体制度，细化运行规则，建立和完善“三重一大”事项党委集体研究决定的有关制度，推进民主科学决策。严格实行"收支两条线"财务预算管理,按《政府采购法》监督控制采购行为,健全依法理财承诺制度和经济责任审计制度。围绕干部人事制度改革,监督建立公开、公平、竞争、择优的科学选人用人机制,落实领导干部重大事项报告、述职述廉、民主评议、谈话诫勉、选拔任用等制度规定。修改完善工程建设招投标、材料采购、工程分包、计量支付、经营权转让等关键环节管理监督的规章制度,出台《交通建设工程招标代理机构实行招投标的实施办法》、《高速公路设计变更管理监督办法》,规范市场竞争行为。

4. 建立健全巡视工作制度。要认真落实厅党组出台的《巡视工作暂行办法》,积极开展对厅属单位的巡视工作,把巡视工作作为履行监督职能、加强行政管理的重要措施,作为建立健全监督监察体系的一种长效机制。通过对厅属单位全面工作或专项任务完成情况的巡查,了解厅属单位工作中的主要经验、薄弱环节,为厅党组决策提供意见和建议,保证上级和厅党组的决策在基层贯彻执行,进而促进交通事业的科学发展。

5. 坚决纠正和严肃惩处违规违纪行为。在抓好预防工作的同时,高度重视案件信访工作,完善联合办案机制,整合办案力量,完善协调机制,通过执法、治贿、纠风治乱等工作发现案件线索,针对行业特点,重视查处违规违纪行为。要进一步完善信访举报机制,畅通举报渠道,加强政务值机、值班,公开举报电话、信箱、电子邮箱,在交通网站设立网上举报通道和网页,健全群众举报奖励制度,深挖案件线索。要严格责任追究,认真落实"一案双查"制度,既要查直接的违纪违法者,也要查相关领导的责任。重点查办党员领导干部滥用职权、贪污贿赂、腐化堕落、失职渎职的案件,利用人事权、行政审批权、行政执法权谋取私利的案件。严厉查办虚假招标投标、转包和违法分包的案件;严厉查办官商勾结、权钱交易的案件;严肃查办领导干部和执法人员与黑恶势力串通一气、欺行霸市、谋取私利的案件。各级党委要为纪检监察部门查办案件创造条件,充分发挥各级纪检监察部门的监督检查和案件查处职能,充分发挥查办案件的治本功能。

(五)强化对重点环节、敏感部位的监督,努力形成规范的权力运行机制

纪检监察部门的职责主要是实施强有力的监督。交通行业企事业单位多、分布区域范围大、管理模式不统一,重要岗位、敏感部位易出现监管漏洞,要深入持久地全面完善监督体系、配套监督措施、行使监督责任,形成全方位的监督管理机制。

1. 加强对执行民主集中制情况的监督。严格落实重大事项集体研究决定制度,规范"三重一大"(重大问题决策、重要干部任免、重大项目投资决策、大额资金使用)决策议事程序,加强对集体研究决策情况的监督检查,保证党组(党委)、行政议事规则、决策程序的贯彻执行,反对和防止个人或少数人专断。加强对领导机关、领导干部特别是领导班子主要负责人的监督,加强对人财物管理使用、关键岗位的监督,在实现岗位责、权、利相统一的基础上,推行政府绩效管理和行政问责制度。

2. 加强对干部人事权行使的监督。落实《党政领导干部选拔任用工作条例》和《党政领导干部选拔任用工作监督检查办法(试行)》,认真执行个别酝酿、民主推荐、组织考察和党组讨论决定领导干部任用的有关规定。坚持和完善干部选拔任用前征求同级纪委意见的制度,坚持和完善强化预防、及时发现、严肃纠正的干部监督工作机制。加强对干部选拔任用中推荐提名、考察考核、任前公示、廉政谈话等关键环节的监督,有效防范考察失真和干部"带病提拔"。加大干部岗位轮换和任职交流力度,出台切实可行的实施办法,开展机关与基层之间、处室之间、党务与行政之间干部的轮换和交流。严肃查处跑官要官、买官卖官等问题,坚决纠正用人上的不正之风。

3. 加强对领导干部廉洁自律情况的监督。重点治理领导干部违反规定收送现金、有价证券、支付凭证和收受干股，参与企业经营和入股分红，违反规定插手市场交易活动，以及在住房、用车上以权谋私的问题。加强对领导干部落实廉洁自律规定情况的监督检查，抓好对民主生活会、述职述廉、诫勉谈话、函询质询和领导干部报告个人重大事项等制度执行情况的落实。

4. 加强对财政资金和国有资产的监管。开展对部门预算、国库集中支付、政府采购、非税收入和"收支两条线"规定执行情况的监督检查，继续对"小金库"进行专项清理。加强对重大决策、重大项目安排、大额资金运作事项等关键环节的监督。加强对重点专项资金的审计，强化审计结果运用，促进审计结果落实。完善收入分配、薪酬管理等制度，严格企业财务制度，规范国有资产管理体系，推进全系统企业的反腐倡廉建设。

（六）加强纪检监察干部队伍建设，努力树立可信、可敬、可亲的良好形象

要按照建设"模范部门"、打造"过硬队伍"的标准，加强纪检监察干部的自身建设，不断提高综合素质和业务能力，为全系统纪检监察干部履行职责、成长进步创造良好的环境。

1. 提高纪检监察队伍整体素质。以学习实践科学发展观活动为契机，在纪检监察干部队伍中深入开展"做党的忠诚卫士、当群众的贴心人"主题实践活动，按"建设学习型机关、责任型机关、廉洁型机关"的要求，抓好纪检监察干部的教育和培训，认真学习纪检监察工作的理论和业务知识，不断提高理论素养、完善知识结构、增强业务本领。

2. 支持纪检监察干部履行职责。厅属各单位党组织要高度重视纪检监察工作，进一步建立健全纪检监察机构，配齐配强工作人员。要支持纪检监察部门开展工作，及时听取纪检监察工作汇报，研究和解决纪检监察工作中遇到的困难和问题，鼓励和支持纪检监察部门放手开展工作，为他们履行监督职责、惩治违规行为撑腰壮胆。要积极采取措施，加大保障力度，为纪检监察部门日常工作、行使监督、查办案件提供必要的经费、器材、车辆等保障，为纪检监察工作创造一个良好的工作氛围。纪检监察干部要忠于职守，履行职责，对于监督工作不到位，对发现的违规违纪行为不制止、不处理的，要追究纪检监察部门和干部的责任。

3. 理顺纪检监察干部管理渠道。研究出台《纪检监察干部管理办法》，进一步建立健全纪检监察部门内部管理制度和制约监督机制，切实抓好培养、教育、选拔、管理和监督。各级交通部门要加强对纪检监察干部的培养，在政治上信任、工作上支持、生活上关心，加大轮岗和交流力度，及时选拔优秀干部充实到纪检监察战线上来，及时把优秀的纪检监察干部交流到其他重要岗位上去，为他们健康成长和全面提高创造条件，充分调动广大干部投身纪检监察工作的积极性和创造性。

同志们，2009 年全省交通系统全面落实科学发展观、推进反腐倡廉建设的任务十分艰巨，让我们坚持以科学发展观为指导，振奋精神，真抓实干，开拓进取，在新的起点上推进交通系统反腐倡廉建设取得新成效，为我省交通事业新一轮的快速健康发展提供坚强有力的政治保证。

最后，春节即将来临，在此，我受段厅长委托，代表厅党组向全省交通系统纪检监察部门的广大干部表示节日的祝贺，并通过大家向你们的家人致以亲切的问候，祝与会的各位领导和同志们节日愉快，万事如意！

谢谢大家！

全面实施交通运输安全发展战略 扎实推进交通行业安全生产工作

——在全省交通安全生产工作会议上的报告

（2009 年 1 月 20 日）

□张　润

同志们：

受段建国厅长委托，现在我向大会作安全生产工作报告。

一、2008 年全省交通安全生产工作回顾

2008 年，全省交通系统认真学习贯彻党的十七大精神，深入贯彻落实科学发展观，坚持“安全第一、预防为主、综合治理”的方针，紧紧围绕保障交通从业人员安全、保障人民群众安全便捷出行、保障交通安全畅通的目标，深入开展安全“隐患治理年”、“安全生产百日督查”和“全国安全生产月”等活动，突出抓好道路旅客运输、道路危货运输、水上交通、桥梁运营、重点公路施工五个领域的安全监管，不断推进依法治安、科技兴安、发展创安进程，进一步加强了安全生产管理基础，提升了安全生产监管与保障能力，遏制了一度时间出现的重大事故多发势头，保持了较为稳定的安全生产形势。全年道路运输行业发生 17 起死亡事故，其中一次死亡 10 人以上道路运输事故 3 起，共造成 88 人死亡，万车死亡率为 3.7 人；水上交通未发生死亡事故；公路建养施工发生 1 起死亡事故，造成 2 人死亡；除道路运输重大事故一项指标外，其余安全生产指标均控制在了省政府下达的考核指标之内。

一年来，交通系统安全生产工作呈现出以下五个鲜明特点：

1. 组织领导进一步加强。一是完善安全生产管理机构。各单位普遍成立行政“一把手”任组长的安全生产委员会和办公室，做到了机构、人员、职责、经费“四落实”。省厅先后两次调整充实厅安全生产委员会，建立了厅长任组长、分管副厅长任常务副组长、其他有关厅领导任副组长、厅直有关单位和厅机关有关处室负责人任成员的安全生产委员会，形成了“一把手”挂帅抓、分管领导具体抓、其他领导共同抓的“一岗双责”、齐抓共管安全生产工作格局。省运管局、省海事局、闻垣高速公路建设管理处专门设立了安全监督处，配备专人从事安全生产监管工作；晋中、阳泉两市交通局争取市政府及编办支持设立市地方海事局，落实水上交通安全监管机构和监管人员。二是及时研究部署。厅党组每年年初召开全省交通安全生产工作会议，去年先后十多次召开安全生产专题会议，

并在14次厅党组会议和厅长办公会议上研究安全生产工作，设立了100万元安全生产奖励资金，组织30多个安全检查组对春运安全、旅游黄金周安全、奥运安全、重点公路施工安全进行安全检查和督查。厅直各单位和各市交通局也都多次组织检查，及时发现和解决安全生产工作中的问题。

2. 安全生产基础不断夯实。坚持从强基础和抓基层入手，不断提升行业安全生产监管能力和水平。一是继续完善安全生产目标责任制。省厅与11市交通局、18个厅直单位、3个重点公路建设在建项目单位签订了安全生产目标责任书。各级各部门也都层层建立了年度安全生产责任制以及重点工作安全生产责任制，自上而下形成了纵向到底、横向到边的安全生产责任制体系。二是加强安全生产制度建设。省厅制定出台了安全生产重大隐患排查整治管理办法、安全生产隐患和事故举报等十项制度，修订了《山西省交通运输安全生产事故应急预案》，出台了道路运输安全"三关一监督"源头管理"十项措施"。省公路局制定并实施了安全隐患举报奖励制度，闻垣高速公路建设管理处制定实施了《安全专项资金计量支付办法》。三是制定并实施了安全生产专项工作预案。层层制定并组织实施了"隐患治理年"、"安全生产百日督查"、"全国安全生产月"、"渡口渡船整治"等活动方案，组织落实了春运安全、旅游黄金周运输安全、奥运保障运输安全等措施。省运管局会同省公安厅交通管理局实施了联合执法打击"黑车"非法营运专项行动。全省所有公路桥梁都建立了技术和养护档案，明确了管理责任人，做到了一桥一档，一桥一人，挂牌公示，认真管理。省高管局建立了桥梁健康体检系统，定期检查，及时维护。

3. 安全隐患治理取得明显成效。省政府挂牌督办的五项交通运输安全重大隐患，有四项整治完成，并通过了公路、安监、交警部门的联合验收，已上报省政府销号，有一项在继续整治之中。省道路交通事故预防工作领导组、省安监局提出的10项事故多发路段和安全隐患全部整治完成。全省公路系统和高管系统以及各市交通局大力实施公路安保工程、危桥改造工程、事故多发路段整治工程。国省干线公路完成安保工程886公里，完成危桥改造253座、公铁立交安全整治20座、综合治理2400公里，处理平交道口2451处，拆除违章建筑17.2万平方米，新安装交通标志6412套。高速公路加固维护桥梁16座、隧道4座、路基12处，增设了紧急避险车道、减速带和标志标线。农村公路启动了危桥改造试点工程，完成危桥改造71座。省交通质监站、厅重点办多次组织公路施工安全检查，晋城高速公路建设管理处认真排查整治安全隐患和规范施工安全管理。全省运管机构查处违法违规营运车辆10 340辆次，查处违章11 387起，排查整治安全隐患577条，取消了发生重大责任事故的2个企业的2条长途客运班线经营权，对信誉质量考核不合格的32所驾驶员培训学校和2所驾驶员从业资格培训学校进行停业整顿。省运管局、太原市交通局还积极推进道路运输组织结构调整，引导支持大型运输企业对安全管理薄弱的小型客运企业实施兼并重组，推进规模化发展、公司化经营、集约化管理，着力解决联营挂靠车辆安全失管失控的问题。全省地方海事机构开展低质量船舶整治和渡口渡船专项整治，整治渡口111道、渡船241艘。全省高管系统开展了高速公路路边摆摊设点及客车随意停车上下旅客专项整顿。全省开展拉网式、无缝隙治理超限超载专项行动以及源头治超工作，有效地改善了公路交通环境和桥梁运行环境。

4. 安全装备建设快速推进。全省道路运输卫星定位应用系统基本建成，三级平台互联互通，7600多辆客运车辆和危险化学品运输车辆安装了卫星定位应用终端并纳入系统管理，实现了对运输企业及营运车辆的动态安全监管。为32个汽车客运站新配备了行包安全检查仪，一、二级汽车站基本全部配备了安检仪。为50个汽车站安装了驾驶员及营运车辆安全报班系统。为地方海事机构配备安全监督车20辆、监督艇8艘和救生器材460套。高速公路隧道施工全面推广使用地质安全超前测报系统，闻垣高速公路建设管理处还专门委托省交通科学研究院全面监测超长隧道地质情况，有效指导隧道掘进及防护工作。

5. 安全宣传培训效果明显。认真组织开展"全国安全生产月"活动和"安全生产集中咨询日"活动。省运管局、省道路运输协会组织4期汽车客运站站长及"三品"检查人员安全培训，培训人员500多人；省交通企业协会组织了公路施工安全生产培训班，培训人员150多名；省交通质监站先后组织7期公路施工企业"三类人员"培训班、继续教育培训班、监理工程师安全培训班，培训各类人员1740人。闻垣高速公路建设管理处专门编印散发《施工人员安全提示手册》，并组织安全生产巡回展览。厅党组把安全发展列为学习实践科学发展观的重要内容和交通发展战略，专门组织举办了厅党组中心组学习建筑施工安全法律法规报告会。此外，还对三起重大道路运输事故进行了及时通报，协同有关部门按照"四不放过"的原则对事故进行了调查处理，深刻汲取事故教训。

回顾2008年全省交通安全生产工作，虽然取得了明显成效，但离安全发展、科学发展的要求还有一定的差距，安全生产工作中尚存在一些薄弱环节。一是安全生产工作发展还不平衡。有的领导重视安全生产，能够用很大的精力抓安全生产工作，落实安全生产各项措施，但有的领导对安全生产重视不够，只停留在一般性的安排部署和工作要求上，安全生产各项措施严格不起来和落实不下去。二是行业本质安全度还不高。道路水路运输经营主体多、规模小、分布散、管理弱的问题依然突出，挂靠车辆、个体车辆大量存在，安全管理基础薄弱，从业人员整体素质亟待提高。三是安全生产工作还不扎实。主要是存在以会议传达会议、以文件贯彻文件的现象和安全生产监管力度由上而下逐级衰减的现象，越到基层安全生产工作越薄弱，上级有关安全生产的部署和要求不能及时贯彻落实。四是生产经营单位安全生产主体责任落实不到位。一些生产经营单位对安全生产工作重视不够，抓得松、投入少、落实差，安全生产管理措施不到位，驾驶员安全教育和车辆保养维护流于形式。施工现场安全管理还需加强。五是安全生产形势依然严峻。群死群伤事故时有发生，给人民生命财产造成巨大损失，在社会上造成了严重影响。这些问题需要引起我们的足够重视并认真加以解决。

二、交通安全生产面临的形势与任务

交通运输行业是国民经济的基础产业和服务性行业，也是安全生产的重点行业和重点领域。随着经济和社会的发展，交通运输安全生产工作面临着更加严峻的挑战。

首先，搞好交通运输安全生产工作是贯彻落实科学发展观的要求。科学发展观的核心是以人为本。坚持以人为本这个核心，就是要实现好、维护好、发展好最广大人民的根本利益，而人民群众的根本利益莫过于人的生存权。没有了安全生产，就谈不上以人为本。党中央、国务院把安全发展作为一个重要理念纳入我国社会主义现代化建设的总体战略。胡锦涛总书记深刻指出："人的生命是最宝贵的。我国是社会主义国家，我们的发展不能以牺牲精神文明为代价，不能以牺牲生态环境为代价，更不能以牺牲人的生命为代价"。温家宝总理强调指出："各级党委和政府必须把食品安全和安全生产工作摆到重要的日程上来，任何时候都不能松懈，这是贯彻落实科学发展观的要求"。全省交通系统各级领导要深刻领会胡锦涛总书记和温家宝总理的重要指示精神，把思想统一到科学发展、安全发展上来。

其次，搞好交通运输安全生产工作是贯

彻落实省委、省政府及厅党组“安全发展”战略的要求。2008年全省重特大事故多发的状况,充分说明经济发展与安全生产的矛盾日趋突出,安全问题已经成为影响和制约我省科学发展的突出问题。在学习实践科学发展观活动中,省委、省政府提出了“转型发展、安全发展、和谐发展”的战略方针,厅党组贯彻省委、省政府的战略决策,结合交通行业实际,提出了“科学、快速、安全、协调发展”的总体要求。进入2009年以来,省委、省政府进一步重视和推进安全生产、安全发展工作,决定在全省开展为期一年的重点行业和重点领域安全生产专项整顿,已先后两次召开全省安全生产工作会议和召开一次全省安全生产专项整治动员大会,张宝顺书记、王君代省长先后在全省经济工作会议和省人代会上特别强调我省抓好安全生产工作、实现安全发展的重要性和紧迫性,特别指出“不能要带血的GDP”。全省交通系统各级领导要牢固树立“安全发展”的理念,把“安全发展”作为当前和今后一个时期交通经济工作的一项重要而紧迫的任务,始终坚持“安全第一、预防为主、综合治理”的方针,把交通发展和行业文明进步建立在安全保障能力不断增强、安全生产状况持续改善、劳动者生命安全和身体健康得到切实保障的基础上,使安全发展与交通事业又好又快发展融为一体,真正步入科学发展的轨道。

第三,搞好交通运输安全生产工作是保障交通大建设、大发展的要求。交通运输行业与人民群众生产生活密切相关,具有点多、线长、面广、量大、流动、分散的行业特点,并且包含多个危险性较大的行业。截至2008年底,全省公路通车里程12.48万公里,营业性客货运输业户14万户,营业性客货运输车辆近30万辆,各类运输船舶1000多艘。保障公路安全畅通、保障客货运输车辆及船舶安全生产,是一项十分艰巨而重大的任务。特别是我省新一轮公路建设高潮正在掀起,今后两年公路建设规模高达4.8万公里,其中高速公路40个项目、3180公里,国省干线公路2500公里,农村公路4.2万公里。建设规模之大、投资之多是前所未有的,施工难度之大、环境之险也是前所未有的,建设规模不断扩大与施工、管理力量不足的矛盾更加突出,给施工组织和安全质量管理带来了巨大挑战。全省交通系统各级领导要牢固树立预防为主的理念、本质安全的理念,牢固树立“发展经济是政绩、抓好安全生产也是政绩”的理念,进一步增强搞好安全生产工作的责任感、紧迫感和使命感,投入足够的精力和时间抓安全生产,把安全生产工作贯穿于交通发展的全过程。

三、2009年全省交通安全生产工作安排

2009年是交通大建设、大发展的一年,是省委、省政府确定的重点行业和重点领域安全生产专项整治的一年,也是新中国成立60周年。搞好全年交通安全生产工作,对于推进全省交通事业科学发展意义重大。全省交通安全生产工作的总体要求是:认真贯彻党的十七大精神,以科学发展观为指导,牢固树立“以人为本”、“安全发展”的理念,坚持“安全第一、预防为主、综合治理”的方针,全面实施“转型发展、安全发展、和谐发展”的战略,强化生产经营单位安全生产和行业管理部门安全监管“两个主体责任”,搞好道路运输安全、水上交通安全、交通基础设施建设施工安全“三项整治”,突出道路旅客运输安全、危险化学品运输安全、水上交通安全、公路桥隧运营和施工安全、人员聚集场所消防安全“五个重点”,夯实安全生产管理基础,不断提高交通运输行业本质安全度,努力实现各类生产事故起数稳定下降、死亡人数稳定下降、杜绝重特大事故“两下降一杜绝”目标,为全省交通事业又好又快发展创造稳定的安全生产环境。

1. 进一步加强安全生产宣传教育和培训,增强广大从业人员的安全防范意识,夯实安全生产的思想基础。“不伤害他人、不伤

害自己和不被他人伤害”是安全生产工作的根本要求。实现这样的要求,必须从思想认识入手,做到警钟长鸣,常抓不懈,不断增强广大交通从业人员的安全防范意识和安全防范能力。一是要加强安全生产培训工作。在继续搞好客货运输驾驶员安全培训、危险化学品运输从业人员安全培训、公路施工企业“三类人员”安全培训及继续教育的同时,高度重视并分批分期做好各级领导干部的安全培训教育,省厅重点举办道路运输安全、水上交通安全、公路施工安全三个领导干部高级培训班,组织有关单位主要领导、分管领导、分管部门负责人认认真真学法律、学业务、学管理,通过走出去、请进来和培训与参观相结合等办法,掌握安全生产先进理论和技术,学习外地安全生产先进经验和做法,增强推进安全发展的能力和水平。二是要加强安全生产宣传工作。认真组织开展好“2009年全国安全生产月”活动,丰富活动内涵,创新活动形式,注重活动效果。以《山西交通》、《山西交通运输》等报纸杂志和山西交通等网站为阵地,大力宣传安全生产法律法规和安全生产常识;以高速公路、汽车客运站、机关单位电子显示屏为载体进行安全生产信息传递活动;以各类安全生产事故为反面教材,对干部职工进行安全生产警示教育,开展安全生产“警示日”和“反思日”活动。三是要把安全生产教育培训贯穿在交通工作的全过程。进一步落实安全生产嘱咐制度、安全生产家访制度和安全事故约谈制度,开展人性化、个性化安全教育工作。

2.进一步落实安全生产“两个主体责任”,严格执行安全生产法律法规,夯实安全生产的法制基础。在建立和完善“政府统一领导、部门依法监管、企业全面负责、群众参与监督、社会广泛支持”的安全生产工作新格局中,要突出两个重点。一是要认真履行行业管理部门安全监管的主体责任。各级政府及其交通部门是市场监管的主体,也是安全监管的主体。各部门的主要负责人要切实负起安全监管第一责任人的责任,对本部门安全生产工作必须亲自抓、负总责;分管安全的副职要协助主要领导抓好安全生产工作;其他副职要抓好各自分管领域的安全工作。要按照“谁主管谁负责、谁审批谁负责”的原则,明确各部门安全监管的责任,把安全生产和安全发展纳入交通发展的战略全局中,始终做到安全生产与交通发展同规划、同部署、同推进,督促检查生产经营单位落实安全生产各项措施。要建立健全安全监管组织体系、责任体系、控制指标体系、考核奖惩体系、隐患排查和重大危险源监控体系、应急救援体系。要及时召开会议研究部署安全生产工作,每季度至少召开一次安全生产工作专题会议,研究解决安全生产工作中存在的重大问题。特别是各级交通主管部门及运管机构、海事机构要认真落实“三关一监督”安全监管职责,严把道路水路运输市场准入关、车船技术状况关、驾驶员和船员从业资格证,强化汽车客运站及渡口码头安全监督。各级公路建设管理部门也要严格公路建设市场准入,强化施工现场安全监督。二是要认真落实生产经营单位安全生产的主体责任。生产经营单位是市场经营主体,也是安全生产的主体,必须对安全生产全面负责。生产经营单位法定代表人要切实履行安全生产第一责任人的职责,加大安全投入,改善安全生产条件,健全落实安全生产责任制和规章制度,依法设置安全生产管理机构,配备安全管理人员,保障生产经营活动符合安全生产法律、法规的规定,加强安全教育培训,依法为从业人员配备防护用品和承担事故责任,加强安全生产管理,落实安全保障措施,消除事故隐患,创建本质安全型企业。

3.进一步加大安全投入,加快安全装备和设施建设,提升交通运输安全保障服务能力。一是要加快道路运输、水上交通、公路施工安全装备建设。加快车辆更新步伐,淘汰老旧车辆,特别是老旧依维柯客车。继续为汽车客运站配备行包安检仪,进一步提高

“三品”检查的手段和能力，严防“三品”进站上车。继续为地方海事机构配备水上交通安全监督装备和救生器材，为省、市交通质监站配备安全监督装备，提升安全监管能力。二是要继续推进公路安保工程，重点抓好国省干线公路上影响安全行车的急弯、陡坡、临崖、临水路段的改造，增设防撞护栏、防撞护墩、紧急避险车道、减速带，完善标志标线，特别是完善国省干线公路限速标志，大力推进农村公路安保工程和农村公路危桥改造工程。力争到“十一五”末，基本消灭国省道所有桥梁、县道中桥以上、乡道大桥以上危桥。三是要重视事故多发路段整治。会同公安交警部门对事故多发路段进行分析评估，切实需要采取工程措施并能够马上整治的要立即整治，短期内难以整治的要设置限速和警示标志并列入整治计划，公路技术参数及安全设施符合要求的要向公安交警部门书面说明情况。事故多发路段整治完成后要邀请安监、交警部门专家共同评估验收，确保整治效果。四是要会同公安交警部门大力开展“创建平安县区”活动。切实加强公路综合治理和日常养护管理，及时填补坑槽、清理路障、打冰扫雪、完善标志标线、布洒防滑沙料，保障公路安全畅通。

4.进一步深化安全生产专项整治，有效排查治理事故隐患，提高行业本身安全度。省政府决定集中力量进行为期一年的重点行业和重点领域安全生产专项整顿，并于1月14日召开了全省安全生产专项整治动员大会，要求全面开展安全生产专项整顿，省、市、县三级联动，不留死角，不留盲区，不留问题，大见成效。省政府要求我厅组织开展道路运输安全专项整治、水上交通安全专项整治、交通基础设施建设施工安全专项整治，近期将印发三个专项整治方案，各单位各部门要认真抓好落实。一是要高度重视。各市交通局、厅直有关单位要认真学习贯彻省政府下达的实施方案，并结合本单位、本部门的实际制定相应的工作方案，增强工作方案的针对性、有效性和可操作性，并切实加强对专项整治工作的组织领导，“一把手”亲自挂帅，并投入足够的精力和时间，抓好安全生产专项整治。二是要突出重点。要针对当前安全生产非法违法行为屡禁不止、各类生产事故多发频发的突出问题，在全省交通系统各部门、各单位、各企业深入开展专项整治，做到全覆盖、无遗漏。对于无证或者证照不全的道路水路运输车船和公路施工企业，要坚决予以取缔；对于证照齐全、但安全隐患多、安全没有保证的，要一律停产停业整顿，限期整改，经严格验收后方可恢复运营和生产；对证照齐全、具备安全生产条件的，要加强监管。道路运输安全专项整治要大力推进转型发展，采取切实有效措施引导企业走规模化经营、集约化管理的路子，解决挂靠车辆和个体车辆安全管理薄弱的问题，并突出打击“黑车”非法营运，查处超速、超限、超载、疲劳驾驶、酒后驾驶、车辆带病行驶等违法违规违章行为；水上交通安全专项整治要突出打击“黑船”非法营运，查处超速、超员、人与大牲畜共载等违法违规行为，整治低质量船舶和渡口渡船；交通基础设施安全专项整治要突出查处非法转包、分包以及违章作业、违章指挥、违反劳动纪律的行为，重点整治隧道、桥梁、高填深挖、高边坡防护、石方爆破等路段施工现场安全隐患。另外，还要配合其他部门做好危险化学品安全、人员密集场所安全、民用爆炸物品安全、特种设备安全、学校安全等专项整治。三是要落实责任。整治工作按照“生产经营单位全面自查自整、县级政府组织全面排查整治、省市县三级联动分类整治”的方式进行，各市交通局及厅直有关单位要明确职责，认真制订实施方案。鉴于我省公路建设及养护管理条块结合的体制，安全生产专项整治要在实施省、市、县三级联动的基础上，注意发挥厅直专业局（办、站）的作用，履行职责，加强督导，切实抓好高速公路、干线公路建设及养护安全生产专项整治工作。

5.进一步加强安全生产组织领导，完善

体制机制，形成齐抓共管、综合治理的安全生产工作新格局。全省交通系统各单位、各部门、各企业要进一步加强对安全生产工作的领导，把安全发展放在全局和战略层面加以推进。各级领导干部要投入足够的精力和时间抓安全生产工作，定期检查安全生产各项措施的落实情况，及时研究解决安全生产工作中存在的问题，动真的、碰硬的、抓实的。要进一步强化各单位安委会及安委办的作用，构建"一岗双责"安全生产领导机制与监管体系。要层层建立安全生产监督管理机构，完善运管人员驻站管理制度，严格"三不进站五不出站"的规定，加强交通基础设施建设工程安全和水上交通安全监管机构建设。要认真落实国家和省有关安全生产的法律法规，落实省厅出台的"八项安全生产制度"和道路运输安全"三关一监督"源头管理"十项措施"，严格重大隐患挂牌督办及事故责任追究和行政问责制度，按照"四不放过"的原则追究事故及重大隐患有关责任人的责任。要严肃查处事故背后的腐败问题，严厉惩治安全生产领域的腐败行为。要关心支持安全生产管理人员的工作和生活。

同志们，春节将至，春运工作已进入特别繁忙时段，多条高速公路和干线公路仍在进行隧道、桥梁冬季施工，大量的生产保障用车还在运行，春运安全、施工安全、交通安全任务繁重，责任重大，使命光荣。全省交通系统各级各部门各单位各企业都要进一步提高认识，高度重视，加强领导，常抓不懈，采取切实有效措施，确保春运安全，确保重点公路冬季施工安全，确保交通生产生活用车安全，确保人员聚集场所消防安全及其他安全，以稳定的安全生产工作秩序和优异的安全生产工作成绩，推动全省交通运输事业科学发展。

谢谢大家。

交通史志年鉴工作会议专辑

注重时代特色　勇于开拓创新
不断开创全省交通史志年鉴工作新局面

——在全省交通史志年鉴工作会议上的讲话

（2009年3月10日）

□韩日裕

同志们：

大家好。

2008年8月到省交通厅工作后，厅党组分工由我来分管全省交通史志年鉴工作，我深感责任重大。我愿与大家一道，共同谋划全省交通史志年鉴事业发展大局，解决工作中的困难和问题。我对这项工作还不很熟悉。最近，听了资料信息中心有关同志的汇报，翻阅了一些材料，对全省交通史志年鉴工作有了初步了解。总的感到，近几年来，在厅党组的正确领导下，全省交通史志年鉴工作者坚持以邓小平理论和“三个代表”重要思想为指导，树立和落实科学发展观，紧紧围绕交通率先发展目标，史、志、鉴整体推进，编撰出版了一批优秀史志年鉴书籍，为全省交通改革和发展提供了历史借鉴，为子孙后代留下了宝贵的历史资料和文化财富。同时，坚持从实际出发，及时调整工作思路，大胆创新工作模式，逐步完善编撰手段，探索出符合全省交通实际的工作体制和运行机制，走在全省其他厅局的前列，多次受到交通运输部和省史志研究院表彰。这是厅党组正确领导和各有关单位大力支持、配合的结果，更是全省交通史志年鉴工作者开拓进取、无私奉献的结果。同时我也了解到史志年鉴工作是一项辛苦、清贫、耗时间的工作，需要耐得住寂寞，守得住清贫。但它又是一项十分重要且有意义的工作，因为它肩负着“传承文明、服务当代、有益后世”的使命。这项工作没有甘于寂寞的韧劲是做不了和做不好的，每部史志书籍都倾注着大家的智慧、辛劳和奉献。借此机会，我代表厅党组向受到大会表彰和奖励的先进单位及先进个人表示热烈祝贺！向辛勤工作在全省交通史志年鉴战线上的广大人员表示亲切慰问！

关于今年的工作，国梁同志已经作了具体部署，我完全赞成，厅机关各处室和厅属各单位一定要高度重视，认真抓好落实。下面，我再强调三个方面的问题。

一、统一思想，充分认识史志年鉴工作的重要意义

中华民族的优良传统要代代相传，永不断章，编撰史志年鉴将是承担这一历史任务的具体体现。史志年鉴是保存历史、传承文明的重要载体，具有“资政、存史、育人”的重

要功能，具有能够见证历史、把握未来的作用，既能展示中华文明的博大精深和无穷魅力，也能体现现代文明和历史文明的一脉相承。编撰交通史志年鉴，既是对全省交通事业过去历史的真实记载和全景式描绘，也是对未来发展的一种启迪和借鉴，更为领导科学决策，推动交通科学发展，促进交通文化建设发挥着重要作用。

改革开放30年来，全省交通建设取得了辉煌成就，道路运输面貌发生了翻天覆地的变化。到2008年底，全省公路通车里程达到12.48万公里，公路密度达到79.62公里/百平方公里，分别比1978年增长4.6倍；高速公路从无到有，达到1965公里，特别是建成了以仙神河桥、雁门关隧道为代表的一批在全国有影响的特大桥梁和隧道，农村公路总里程达11万公里，是改革开放前的6.4倍，全省100%的乡镇、88%的建制村通了水泥(油)路，具备条件的建制村通了公路，100%的乡镇、94%的建制村通了客车。民用汽车拥有量是1978年的40倍，公路客运量、旅客周转量、货运量和货物周转量分别比1978年增长16倍、17倍、12倍和40倍。这些成就和变化是垂鉴后世的一笔宝贵财富，理当浓墨重彩，载入史册，流传千古。正因如此，在厅党组的高度重视下，全省交通交通史志年鉴工作者紧紧围绕交通中心工作，立足修志编鉴，开拓工作领域，在积累和保存交通史料，服务交通发展大局方面发挥了积极的作用，形成了编史、修志、出年鉴整体推进的工作格局。20多年来，史志编撰硕果累累，除厅里完成了《山西公路交通史》(第一册、第二册)、《山西航运史》、《山西通志·交通志·公路水运篇》、《山西交通史话》、《山西交通之最》外，11个市也大都完成了修志或编史任务，为后人留下宝贵交通史料。《山西交通年鉴》已经连续出版发行15卷，近2000万字。反映重点工程建设业绩的《太旧高速公路建设志》、《大运高速公路建设志》；集中反映"十五"交通辉煌业绩的《科学发展铸辉煌》等书籍出版后受到广泛好评，为社会各界了解交通提供了极大方便，成为交通"三个文明"建设的重要组成部分。尤其是2006年以来，全省交通史志年鉴工作者克服千难万阻，用两年多时间，完成了《山西交通志》的编撰工作，打了一个漂亮的攻坚战，用实际行动很好地贯彻落实了科学发展观。

当前和今后一个时期，是推进全省交通科学发展的关键阶段，交通工作处在新的历史起点上。站在新起点要实现新发展，这既对史志年鉴工作提出了更高要求，也为史志年鉴事业的发展提供了难得的机遇。做好史志年鉴工作，尤其是做好《山西交通年鉴》这一经常性工作，使其与全省交通事业协调发展、共同进步，才是真正贯彻落实"三个代表"重要思想和科学发展观。全省交通史志年鉴工作任重道远、空间广阔，史志年鉴工作者任务光荣、责任重大。为此 我们一定要认清形势，提高认识，增强历史责任感和时代紧迫感，以对党负责、对历史负责、对子孙后代负责的态度，进一步发扬优良传统，不断提高工作水平，做好新形势下的交通史志年鉴工作，切实承担起"认识社会、传承文明、资政育人、服务社会"的重要职责，把这一承上启下、继往开来、服务当代、福泽后世的千秋大业作为历史赋予我们的崇高事业，竭尽全力做好，推动全省交通事业在科学发展观指导下又好又快发展。

《山西交通年鉴》自1990年出版发行以来，已经成为省厅对外宣传的重要窗口，成为各级领导决策和指导工作的重要依据，成为展示全省交通改革和发展的百科全书，成为各级各部门资政存史的资料宝库。自创办以来，历届厅党组书记、厅长亲自担任年鉴编委会主任，经常关心、过问年鉴工作的进展情况，亲自审读年鉴有关重要内容，协调解决工作中存在的具体问题。每年都要由分管领导主持召开年鉴工作会议，印发相关文件，安排部署组稿、编辑、发行事宜。这充分说明厅党组对搞好年鉴工作的高度重视。各级各部门领导要从讲政治的高度，把年鉴工作作为一项重要的政务工作切实抓紧抓好。分管领导要亲自过问，明确专人负责，认真检查落实；各单位撰稿人员要以负责的态度，务实的作风，认真做好稿件撰写工作。只有各单位领导高度重视、每位编撰人员认真负责，各有关方面相互支持配合，年鉴编辑出版工作才能顺利推进。在这方面，山西汽运集团陈富根、省高管局王国忠都做得比较好，不管有多少下属单位，总要把每家的稿件催回来，装订的规规矩矩，清清楚楚，及时报回厅里。而以往那些撰稿时间拖得过长；报送的稿件质量不高；不按文件要求完成工作任务，严重影响年鉴出版质量，影响编审时间和出版发行进度的单位，要引以为戒，杜绝此类问题再次发生。

2009 年年鉴稿件报送时间，仍然定于 2009 年 5 月底截稿。对此，各单位务必抓紧时间，按时完成稿件撰写和报送任务。资料信息中心要进一步加大工作考核力度，对无特殊原因未能按时完成撰稿任务的单位加强督促检查，及时通报情况。我们相信，通过大家的共同努力，2009 年版《山西交通年鉴》一定能按规定时间完成撰稿编审和出版发行任务。同时，各单位要按照省厅〔2009〕95 号文件精神，充分利用年鉴先进典型宣传专辑和文字资料宣传本单位本部门取得的工作成绩，塑造和展示先进典型的精神风貌和良好形象。我们要向这次大会表彰的先进个人学习，学习他们在工作中尽职尽责，不怕吃苦，克服困难，创造条件完成任务的精神，认真做好年鉴先进典型宣传和发行工作。

二、狠抓质量，把精品意识贯穿编撰工作全过程

2003 年印发的《山西省交通厅贯彻落实〈山西省新一轮修志工作规划〉（2001 ~ 2015）实施意见》，对全省交通系统 2001 年至 2015 年史志工作的指导思想、主要任务、保障措施做出了明确安排，为建立史志工作长效机制，确保史志事业持续健康发展提供了保障，为今后做好史志工作奠定了坚实基础。目前，我厅第二轮修志正在紧张有序地进行，总体态势不错，尤其是阳泉市交通局，已经全面转入志稿评审和集中出书阶段，基本实现了全市各县区、局属各单位修志工作满堂红。省公路局、省交通建设投资开发总公司志书编撰工作也在紧锣密鼓地进行中。2009 年，我们工作的主要任务是出版发行《山西交通年鉴》（2009 年版），出版发行《山西交通志》，编辑出版《大路人生》、《山西路谱》、《辉煌的历程 – 山西交通建设 60 年回顾》等。工作任务繁重，责任重大。这就要求我们要找准位置，做好文章，抓住机遇，乘势而上。把交通史志年鉴工作放在建设和谐交通的大局中去审视、去谋划、去落实，把各项任务统筹好、安排好、落实好，力求我们编撰的每一部史志年鉴书籍都无愧于历史，经得起检验，这样，我们的工作也才能让领导重视、职工认可，社会承认。

质量是史志年鉴的生命。只有把质量意识和质量措施贯穿于编撰工作的全过程和各个环节，才能出好书，才能出精品。我认为应当抓好 3 项工作。一是要坚持正确的政治方向。要用党的十七大精神指导编撰工作，体现新时期改革开放的鲜明特点、快速发展的显著成就和与时俱进的突出标志。要坚持解放思想、实事求是的思想路线，以辩证唯物主义和历史唯物主义的基本立场、观点、方法观察问题、分析问题，这是确保志书编撰质量的基础和关键。二是把好质量的每个关口。要从基础抓起，层层把关，每个环节都要精益求精。坚持高起点、高标准、高质量，把好志书的体例关、资料关、文字关。要明确责任，通力合作，搞好配合，按照编撰规律和业务要求，严格遵循编撰程序，努力提高编撰质量。要把好保密关、评审关、验收关和印刷出版关。要通过各方面的共同努力，争取总体质量上一个大的台阶。三是要正确处理进度与质量的关系。始终把质量放在第一位，坚持

进度服从质量的原则，确保不出劣质书。保证质量并不是不要进度，要坚持质量与进度的辩证统一。要按照统一部署，掌握工作节奏，把握工作进度，在保证质量前提下，尽可能地快一些。信息中心要加大检查监督力度，定期通报工作进度，对措施不到位、工作进展缓慢的单位，要通报批评，必要时追究领导人责任，绝不能出现个别地方和单位拖大家后腿的现象。

此外，应着重把握好"客观、准确、科学、创新"四大要求：所谓客观，就是一定要以实事求是的态度来征集、筛选和写作，既要充分反映主旋律和主导面，又不忽视问题和失误，广采博引、去伪存真，全方位、多视角反映情况；所谓准确，就是要把握要领，字斟句酌，反复核对，确保资料真实可靠，数据准确无误，使其可信、可读、可鉴；所谓科学，就是整体撰写规划要合理可操作，兼顾实际，做到体例严谨、门类齐全、归属得当、层次分明；所谓创新，就是要坚持解放思想，大胆探索，既要遵守一般性的原则，又要借鉴他人的成功经验，力求内容与形式的与时俱进，具有更强的时代特征。

服务交通发展是史志年鉴的出发点，也是落脚点。史志年鉴工作只有贴近中心工作，主动为交通建设服务，才能得到领导和大家的承认。要进一步提高史志年鉴工作服务交通发展的能力，组织读志用志，扩大受众面；扩大史志年鉴的使用途径；通过各种形式，吸引更多的社会单位和人民群众了解交通发展的辉煌历史，感受改革开放以来交通发展的巨大变化，激发热爱交通、发展交通热情。

三、加强领导，健全机构，为修志工作创造良好条件

编撰史志年鉴是一项任务艰巨，责任重大的工作。各有关单位和部门，都要以高度的政治责任感和历史使命感及工作紧迫感，全力支持好史志年鉴编撰工作。思想认识必须到位，组织领导必须加强，职责任务必须明确，工作措施必须强化。

首先是加强领导。史志年鉴编撰工作是一项重要的政治建设、思想建设、文化建设和学术建设，是一项系统的文化工程，俗称"官书"，官书必须官修。各单位一定要遵照省厅文件精神，切实加强领导。一是不折不扣地做到"一纳入、五到位"，即把史志年鉴工作纳入年度总体规划和任务目标之中，和其他工作同计划、同部署、同检查、同考核、同兑现；做到领导到位、机构到位、经费到位、队伍到位、条件到位。二是成立史志年鉴编撰委员会，并确定一名领导分管史志年鉴工作，经常听取史志年鉴工作情况汇报，帮助解决实际困难，成为史志年鉴编撰工作强有力的后盾。三是厅资料信息中心要进行督导，跟踪督促检查各单位任务完成情况，定期编发工作通报。建立起宏观领导、分级负责、上下一体的史志年鉴领导体系。

其次是健全机构。加强史志年鉴队伍建设，培养一支牢记宗旨、淡泊名利、熟知业务、结构合理的高素质史志年鉴队伍是搞好史志年鉴工作的组织保证。按照"众手成书"的要求，各单位、各部门都要抽调政治素质好、业务能力强的人员负责本单位的供稿及本部门志书的编写工作，确保史志年鉴人员的相对稳定。资料信息中心要加大培训和督查指导力度，开展方志理论研究，举办史志年鉴人员培训班，不断提高史志年鉴人员的政治和业务水平。要按照建设一支政治强、业务精、作风硬的史志年鉴队伍的要求，加强对史志年鉴人员的教育培训，组织引导史志年鉴人员认真学习政治理论、政策法规、科技文化、社会历史和志书编撰等方面的知识技能，进一步提高史志年鉴人员的政治水平和业务能力，教育广大史志年鉴人员树立为国修志、为业存史的责任感，树立淡泊名利、无私奉献的精神，不负党和人民的重托，做潜心修志的无名英雄。

再次是强化保障机制。史志年鉴工作是

一项基础性文化事业，大量的资料搜集整理、人员培训、理论研究、资料考证、书稿评审等一系列工作，均需有足够的人员和经费保障。由于有些领导对史志年鉴工作的实际困难不甚了解，在编撰工作上难免存在人员、经费、办公条件等难以到位的问题。对此，各单位和各部门要及时给予关心和支持，妥善及时地解决史志年鉴工作中存在的具体问题和困难，为史志年鉴编撰工作营造良好的工作环境和氛围。

同志们，史志年鉴工作是一项功在当代，利在千秋的伟大事业。让我们带着责任，带着情感，用自己的辛劳和奉献精神，为史志年鉴工作作出新的更大贡献。也希望大家在新的一年里，继续努力，扎实工作，开拓创新，推动全省交通史志年鉴工作再上一个新的台阶。

谢谢大家。

认真工作　努力进取
再谱交通史志年鉴工作新篇章

——在全省交通史志年鉴工作会议上的工作报告

（2009年3月10日）

□师国梁

同志们：

今天，我们召开2009年全省交通史志年鉴工作会议，主要是总结2008年交通史志年鉴工作取得的成绩和经验，表彰先进单位和先进个人。同时根据全省交通工作会议精神，部署2009年交通史志年鉴工作任务，进一步加强领导，提高认识，全面贯彻落实科学发展观，认真工作，努力进取，爱岗敬业，拼搏奉献，开创全省交通史志年鉴工作新局面。

一、2008年工作回顾

2008年，在厅党组的正确领导下，在上级业务主管部门的指导下，在各单位大力支持与配合下，全省交通史志年鉴工作者以“三个代表”重要思想和科学发展观为指导，认真贯彻落实党的十七大精神和全省交通工作会议精神，自加压力，争创一流，较好地完成了厅党组部署的各项任务，为全面贯彻落实科学发展观，宣传交通，服务交通“三个文明”建设做了大量工作，得到各级领导充分肯定。

（一）切实加强对全省交通史志年鉴工作的领导

史志年鉴工作是一项功在当今，有益后人的事业，为了将这项工作抓紧抓好抓出成效，2008年我们主要采取了三项措施。

首先是会议部署。3月19日，召开了全省交通史志年鉴工作会议。厅党组副书记、副厅长张润亲临会议，作了题为《紧紧围绕交通率先科学发展要求，全方位加强交通史志年鉴工作》的讲话，对全省交通史志年鉴工作提出三点要求：一是提高认识，进一步增强自觉性；二是狠抓落实，推进史志年鉴工作再上新水平；三是认清形势，真抓实干，切实加强组织领导。我代表中心向大会作了《记载发展历程，传承先进文化，扎实推进交通史志年鉴工作》的报告，安排部署了全年的工作，同时对工作成绩突出的先进单位和先进个人进行表彰；对存在志稿质量差、报送不及时问题的单位提出批评。会后组织进行深入讨论，为进一步做好全年史志年鉴工作打下良好基础。

其次是文件安排。一是以省厅晋交办字〔2008〕74号文印发《关于认真做好2008年版＜山西交通年鉴＞资料报送、发行及先进典型宣传工作的通知》，将年鉴编撰任务层层分解，以文件形式下发，保证任务落实到位。二是以省厅晋交办字〔2008〕145号文印发《关于认真做好〈大路人生——山西交通改革发展30年〉一书编辑出版工作的通知》,安排部署了《大路人生》一书的稿件征集报送工作,为下一步编撰工作奠定了基础。

再次是多种形式督促。一是通过电话对那些没有交稿时间观念,工作拖延的单位进行督促;二是召开座谈会,主要是对在编撰《山西交通志》过程中体例把握不清楚,内容不知道该如何表述的情况进行讨论,解决在编撰过程中遇到的各种问题;三是发催稿函。有的单位对省厅安排部署的工作任务不落实,不完成,而通过电话及其他方式又无法引起重视,拖了全省修志后腿的,在经过和分管领导沟通后,以省厅便函形式发催稿函,提请相关单位领导重视,保证任务完成;四是下基层调研,全年分别到省公路局、晋中市交通局、太原市交通局、省海事局等单位调研,解决在修志中遇到的问题,保证了年鉴及修志工作顺利完成。

(二)圆满完成2008年版《山西交通年鉴》编撰任务

2008年版《山西交通年鉴》是交通年鉴系列丛书第15本。分设栏目、类目、条目。编撰中我们主要掌握三点:一是载录单位求"全"。年鉴重在反映全省交通系统中各单位改革发展建设成就,因此,必须把每一个应收单位业绩载录其中,才有价值和意义。如果缺少一个或几个,资料就不完整。"省交通厅公路交通工程定额站"成立已有十几年,由于以前一直是省交通设计院代管,没有单独设篇,造成资料缺陷。2009年年鉴中专门补上,而且把机构成立以来的工作情况也补全。二是重点文章求"新"。2008年是厅党组实现新旧交替时期,在全省交通工作会议上,王晓林厅长作报告;4月份,段建国任厅长后,于7月25日召开交通工作推进会,会上作报告。如果按照往常做法,2008年下半年的文章应该收入2009年年鉴中。但是考虑到基层实际工作需要,两位新老厅长工作报告一并载录,保证讲话时效性。"5·12"汶川大地震后,省厅党组果断决策,在最短的时间内派遣以厅副巡视员郭贵平为组长的公路抢通保通突击队,开赴灾区,帮助灾区人民重建家园。我们选取有代表性的照片并配以文字说明,将这一具有时效性和年度特色的事件,及时在图片资料宣传栏目中刊出,具有强烈的时代性和震撼力。三是先进典型宣传求"质"。在选取典型单位时,严格按照标准挑选,既从不同部门和行业考察,又有先进性和教育意义。图文并茂,充分反映了交通建设辉煌成就。全书164万字,全面、系统地反映了全省交通系统各部门、各单位2007年度工作业绩。

(三)圆满完成《山西交通志》编撰任务

自2007年2月28日省厅印发晋交办字〔2007〕66号文《关于认真做好<山西交通志>(1978—2006)一书编辑出版工作的通知》以来,各有关单位高度重视,成立专门机构,明确专人负责,积极搜集资料,反复修改完善。负责编修的同志不厌其烦,不怕辛苦,加班加点,查找全部三十年的资料,有的甚至深入走访退下来的老同志,生怕资料不完整,有漏项,表现出了高度负责和严谨求实的精神与作风。特别是阳泉市、吕梁市、运城市交通局严格把关,材料完整,数字准确。运城市交通局鲁晓岩从事史志年鉴工作不久,却善于学习,勤于钻研,在工作过程中爱岗敬业,值得表扬。省公路局、省高管局、省运管局、省征稽局、省地方海事局聘请专业人员反复修改,补充完善,书稿较全面、系统地反映了1978年以来30年改革发展变化和辉煌建设成就。王国忠,张慧萍、范彦军、杨志强等同志在单位承担着繁重的工作,但对史志年鉴工作照样倾注大量心血,及时圆满完成任务。厅机关各处室高度重视,多方搜集补充资料。尽管大家尽心竭力,但是由于撰稿人员水平不一,尤其是对志稿体例无从把握,致使报送的稿件内容参差不齐,详略不当,错别字也很多。甚至还出现许多常识性、技术性错误。为了保持初稿内容水平和质量,中心从总编、副总编到编辑，对每一份稿件都认真审阅，包括每一句话、每一个标点符号都不放过，按照省厅印发的编撰篇目进行取舍，提出修改意见后，及时通知有关单位修改和补充。有的单位一次没有补全，就不厌其烦地说明情况，再次提出要求。大家心里只有一个目标，就是不管费多大辛苦，受多少劳累，都要保证志书稿件质量。在近一年时间里，充分利用节假日和休息时间，反复推敲，一丝不苟，力求能编成一部精品志书。截至年底，修改各单位报送的志书初稿约1700万字，删改成500万字左右。全书分为公路交通、水路交通、行业文明建设、廉政建设、管理机构、汽车运输集团、人物、大事记8编35章，完整记述了1978年以来全省交通系统各部门、各单位建设改革发展的辉煌成就，全面展示改革开放给山西交通行业带来的巨大变化，集中反映全省12万交通职工自力更生、艰苦奋斗、不屈不挠、勇于奉献的不朽业绩，认真总结公路水路交通30年发展规律和经验教训，是一部可资借鉴的宝贵交通史料。

（四）努力做好《大路人生》征文活动

为了更好地传承历史，总结经验，充分展示交通改革辉煌成就，充分说明"只有社会主义才能救中国，只有改革开放才能发展中国、发展社会主义、发展马克思主义"的深刻道理，用数据和事实说明改革开放是交通振兴之基，发展之本，激励和鼓舞全系统广大干部职工牢记宗旨，坚定信心，高举旗帜，在十七大精神指引下，再创新业绩，再作新贡献。根据中共中央办公厅、省委办公厅通知精神和省史志研究院具体要求，省厅以晋交办字〔2008〕145号文印发《关于认真做好〈大路人生——山西交通改革发展30年〉一书编辑出版工作的通知》。为了加强领导，高水平、高质量完成资料征集及编撰任务，省厅成立编审委员会。由厅党组书记、厅长段建国担任编审委员会主任，厅党组副书记、副厅长张润任常务副主任，副主任由厅领导担任，委员由厅直单位，各市交通局及厅机关各处室有关领导组成。编委会下设编辑部。编辑部设在厅资料信息中心，具体负责书稿征集、修改、审定及编辑出版事宜。此次稿件征集范围为厅机关和厅直单位副处级以上干部；厅属县处级以上单位、山西汽车运输集团各分公司党政主要负责人；各市交通局副局级以上领导；厅机关、厅直各单位及各市交通局、山西汽车运输集团1978年以后离退休老干部（副处级以上职务或副高级以上职称）。文件下发后，各有关单位积极行动，省公路局办公室副主任徐媛丽积极和领导沟通，为激发大家踊跃撰写的积极性，以征文形式开展活动，收回稿件120多篇；省交通技师学院、省汽车运输集团也认真组织，分别报送稿件36篇和63篇；省交通科研院赵队家院长、刘耀龙书记亲自审读本单位收回的征文稿件，同时认真写稿，起了很好的带头作用；省交通质监站五名领导干部全部按照要求交回了稿件。省征稽局、省交通科研院、阳泉市交通局、省运管局、厅规划中心等单位也精心组织，及时上报资料，保证了稿件征集工作顺利进行。截至年底统计，共报回稿件320篇。

（五）精心撰写纪念十一届三中全会30周年文稿

1978年召开的十一届三中全会，开启了改革开放历史新时期。从那时以来，中国共产党人和中国人民以一往无前的进取精神和波澜壮阔的创新实践，谱写了中华民族自强不息、顽强奋进新的宏伟史诗，交通事业发生了翻天覆地的大变化。为了充分反映全省交通事业改革发展成就，中心积极搜集有关资料，撰写有关纪念文章。一是为省委宣传部提供《走出改革开放新路子》公路交通部分书稿。张润副厅长非常重视，主持召开厅直机关党委、厅办公室和厅资料信息中心负责人参加的协调会，要求高标准完成。中心有关人员从《山西交通年鉴》、《山西通志·交通志》、《山西经济》、《山西公路交通史》等书籍中摘录有关资料，又到厅综合规划处、厅档案室抄录有关统计数字，按要求整理出反映交通发展历程及成就的文稿1.6万字；二是为全省纪念十一届三中全会研讨会提供论文。3月份，收到省史志院文件，拟在下半年召开研讨会。按照论文题目要求，整理了“山西交通发展的突出成效和前景展望”一文(2.6万字)，从12个方面总结辉煌成就，总结出5条经验，从10个方面展望“十一五”前景。三是为《山西改革发展30年》综合卷提供书稿(1.8万字)。按照省委办公厅4月21日召开协调会要求，在向张润副厅长汇报后，召集省公路局、省运管局、省征稽局、省高管局、省地方海事局、省交通设计院、省交通科研院、省交通开发总公司办公室主任开会，提出具体要求，按照“五五”、“六五”、“七五”、“八五”、“九五”、“十五”、“十一五”划分阶段提供相关资料。在综合各方面资料基础上，仔细整理“党的十一届三中全会以来山西交通建设”书稿，并提供相关图片80余幅。上述三篇文稿呈报后，受到有关部门赞扬。认为重点突出，内容全面，层次清楚，数字翔实，语言准确。

(六)及时准确向交通部及省直有关部门提供资料

根据交通部要求及厅领导批示，一年来，中心向有关部门提供大量反映全省交通系统各部门、各单位改革建设发展辉煌业绩的文字资料和图片资料。一是向《中国交通年鉴》提供文字资料5万字，图片18张；二是向《山西年鉴》提供文字资料10万字，图片30张；三是向《山西经济年鉴》提供文字资料6万字，图片16张；四是向《中共山西年鉴》提供文字资料5万字，图片10张；五是向省政协文史资料委员会提供文字资料34万字；六是向外省市交通部门和省直各委办厅局提供文字资料330万字，图片260幅。

一年来，在全省交通系统各单位领导的大力支持和编撰人员的辛勤努力下，《山西交通志》的编撰工作克服了重重困难，基本达到了资料完整，脉络清楚，文字简练，没有漏项，实现了预期目标。《山西交通年鉴》先进典型宣传起到了宣传一个，带动一片的效果，发行工作也逐步扩大了范围，让越来越多的人通过先进典型宣传增强了干好交通工作的信心。通过《山西交通年鉴》了解了山西交通工作，理解了交通，给予了交通工作更多的支持与帮助。在先进典型宣传和发行工作中，运城、忻州、晋中、临汾、长治、大同、阳泉市交通局分管领导和具体承办人认真负责，落实到位。省征稽局、省运管局、省交通设计院、省交通开发总公司、省交通科研院一如既往地支持和重视先进典型宣传及发行工作，圆满完成任务。曹宏昇、席红霞、刘邦晋、王跃东、李玉洲、秦华国、许艳红、范彦军、宗庆文等同志对工作兢兢业业，一丝不苟，克服困难，不辞辛苦，值得大家很好地学习。在此，我向受到表彰的18个先进单位和22名先进个人表示热烈的祝贺，希望你们在新的一年里再接再厉，取得更大的成绩。

2008年，全省交通史志年鉴工作取得的成绩，是厅党组正确领导，全省交通系统各单位重视支持的结果；是全省史志年鉴工作者以和谐交通建设为己任，认真贯彻落实科学发展观，创新思维，辛勤工作，不断进步的结果。

在肯定成绩的同时，我们也要清醒地看到工作中存在的不足。

第一，年鉴工作作为一项经常性的工作，仍然不能引起少数单位领导和具体承办人的重视。具体表现在四个方面：一是不能按规定时间交稿，再三拖延交稿时间，三番五次打电话督促也无济于事，严重影响了年鉴编撰工作进度和出版时间；二是报送的资料中，对单位年度工作情况总结的稿件马虎应付，不能充分反映单位的实际工作成绩，标题、署名、统计数字等关键环节往往遗漏或不准确；三是在收集好资料后，缺乏对资料的分析提炼，条目质量差，内容空洞，以会议和领导活动居多，没有使用价值；四是一些单位的领导和具体承办人对先进典型宣传和发行工作积极性不高，不采取切实有力的措施解决先进典型宣传和发行的空白问题。

第二,工作发展不平衡。一些好的单位不管领导如何变化,都对史志年鉴工作给予了足够重视,做到了"一纳入,五到位",年年优质高效完成厅里安排的任务,年年受表彰当先进。有的单位则不管领导如何变化,工作总是一成不变,没有起色,没有突破,很关键的一点就是具体承办人没有很好地去做领导的工作,这一点尤其要引起大家的重视。

二、2009年全省交通史志年鉴工作安排

总体要求是:全面贯彻党的十七大和十七届三中全会精神,以邓小平理论和"三个代表"重要思想为指导,深入学习实践科学发展观,按照全省交通工作会议确定的转型发展、安全发展、和谐发展的要求,抓住全省再掀公路建设新高潮的机遇,乘势而上,加快推进,努力把全省史志年鉴工作提高到一个新水平。要抓紧抓好《山西交通志》、《山西交通年鉴》(2009年版)、《山西路谱》、《大路人生——山西交通改革30年》、《辉煌的历程——山西交通建设60年回顾》五本书的编辑出版工作,切实加强对全省交通史志年鉴工作的领导,不断提高编撰水平,大力加强史志年鉴队伍建设,努力促进交通史志年鉴工作全面协调和可持续发展,实现"创一流业绩,写上乘志书,修高尚人品"目标。

(一)编辑出版2009年版《山西交通年鉴》

自1989年省厅开始编撰第一本年鉴至今,已经整整20年了。20年来,《山西交通年鉴》编辑出版了15本,计2000多万字,形成了珍贵的历史史料。这些史料完整记载了山西交通改革发展、前进壮大的历史进程及辉煌成果,对各级领导进一步熟悉交通发展状况,了解山西交通发展历史,以史为鉴,增强历史责任感,提高为党为人民的执政能力,有极其重要的参考价值;为提升山西交通知名度,促进社会各界了解山西交通,扩大与山西交通的合作与交流,提供了翔实的资料;为增强全省交通系统广大干部职工的荣誉感和自豪感,提供了丰富而生动的教材。20年的实践证明,《山西交通年鉴》的编辑出版是山西交通三个文明建设不可或缺的重要组成部分,是交通文化建设的重要成果,需要进一步发扬光大。为此各市交通局、厅直各单位、厅机关各处室领导,要充分认识《山西交通年鉴》的重要性,加强对这一工作的领导。要严格按照厅晋交办字〔2009〕号文件《关于认真做好2009年版〈山西交通年鉴〉资料报送、发行及先进典型宣传工作的通知》精神,做好各项工作。一是加强组织领导,确定分管领导和具体承办人,层层分解任务,保证任务落实到位。二是严格按照文件内容及时限要求,精心撰写稿件,在规定时间内报送稿件。三是承办人以积极进取的作风和不怕吃苦的精神,力争圆满完成先进典型宣传和发行任务。尤其是省公路局、省征费局、省高管局、厅重点办要特别加强对所属单位资料报送和先进单位宣传及发行工作的落实。分管领导对所报材料要严格把关,认真审核,确保资料完整、真实、准确,质量符合要求。我们要以科学发展观为出发点和落脚点,适应科学发展的新形势,不断创新内容和形式,把思想真正统一到科学发展观上来,自觉运用科学发展观来指导年鉴的编辑出版工作,力求全面、翔实地记录和记载科学发展观的伟大实践,准确全面地反映我省交通经济、政治、文化等方面的发展和变化。

(二)出版发行《山西交通志》

作为全省交通文化建设的系统工程,第二轮修志工作的重中之重和改革开放30年的真实记录,《山西交通志》的编撰得到了各级领导和各个单位的高度重视。各市交通局、厅直各单位、厅机关各处室承担编撰任务的同志均以严肃认真的态度对待这项工作。经过大量的资料收集和整理,大家在两年的时间里,众手打造出一本质量过硬、上乘,准确、鲜明地反映改革开放30年这一重要历史时期交通辉煌发展伟大实践的典籍。内容方

面突出了"四个体现",即一是体现了历届厅党组带领全省交通系统广大职工艰苦奋斗、开拓创新的发展历程,客观地反映了交通事业发展的延续性;二是体现了交通系统各行各业的发展进程和取得的重大成就,客观地反映了交通事业发展的现实性;三是体现了交通系统在现代化建设实践中所创造和积累的有益经验及做法,客观地反映了交通事业发展的时代性;四是体现了在建设和谐社会,实践科学发展观过程中的创举,客观地反映了交通事业发展的独特性。质量方面,着重把握"客观、准确、科学、创新"八字方针,力求志书内容与形式的与时俱进,使志书具有更强的时代特征。目前《山西交通志》的编撰工作基本完成,进入印刷出版阶段。

(三)编撰出版《大路人生》

经过半年时间的稿件征集,《大路人生》至目前共收回稿件320篇。内容方面有以单位的发展壮大为落脚点的;有以某个历史事件为切入点的;还有以个人的成长为背景,展现交通发展成就的,有对比现在和过去,反映发展变化的;更多的是个人的体会及对改革开放带来巨大变化的感激之心,激动之情。稿件的作者有厅领导段建国、张润、王志民、张志川、郜玉兰、张德仪、赵振田、郭贵平;有单位或部门的一把手、厅机关处级干部;有退下来的老领导胡玉珍及其他老干部;有考任副厅级干部的张明旺等等,更多的是各个岗位上的中层干部和技术骨干,是交通事业发展的中流砥柱。稿件内容大都感情充沛,具有真情实感,读之有如置身交通发展变化的大舞台,生动,形象,感人。为此,中心全体将全力以赴,尽心尽力,高质量完成《大路人生》的编撰出版任务,尽量争取早日面世。

(四)编撰出版《山西路谱》

2005年,交通部专门发文,要求各省组织编撰《路谱》、《桥谱》等书籍。由于中心编撰任务重,人员少,未能及时开展此项工作。2008年,在《山西交通志》资料收集整理过程中,各市交通局报送了大量农村公路资料,由于篇幅所限,"十五"以来农村公路重要建设成就的县乡村公路无法在志中一一详述。为此,在向厅领导汇报后,决定专门编撰《山西路谱》一书。该书分县级公路、乡级公路、村级公路、专用公路四部分,详细记载了全省各县、市、区公路建设情况,内容全面,涵盖面广,是一部资料性、专业性很强的工具书,也是《山西交通志》的很好补充。目前已经编撰完成,送交山西人民出版社审定,预计2009年8月出版发行,将填补全省公路专业书籍的空白。

(五)认真做好《辉煌的历程—山西交通建设60年回顾》的编辑出版工作

为了隆重纪念中华人民共和国成立60周年,深入宣传新中国成立以来全省交通建设取得的辉煌成就,充分展示交通事业对全省经济建设和社会发展的巨大拉动作用,认真总结60年来道路运输全面协调可持续发展的宝贵经验,积极探索创新交通管理体制机制、营造和谐稳定发展环境、创建廉洁文明行业的新思路、新做法,根据国务院办公厅、省政府办公厅通知精神和省史志研究院具体要求,省厅以晋交办字〔2009〕60号文印发《关于认真做好〈辉煌的历程——山西交通建设60年回顾〉一书编辑出版工作的通知》。该书作为省厅向新中国成立60周年献礼的一部体现社会主义文化建设成果的产品,得到了厅领导的高度重视。为了加强领导,高水平、高质量完成资料征集及编撰任务,省厅成立编审委员会。由厅长任主任;其他厅领导任副主任,编辑部设在厅资料信息中心,具体负责书稿征集、修改、审定及编辑出版事宜。希望各单位会议之后,迅速行动起来,成立领导机构,责成专人负责,早日安排部署,争取多写稿件,写出好稿件,按期完成资料征集任务,早日编撰成书,向国庆60周年献礼。

三、几点要求

一是要有使命感。编修交通史志年鉴,

是建设交通先进文化的基础工程，是省厅长期坚持的文化建设传统。做好史志年鉴工作是各单位、各部门领导义不容辞的职责；为史志年鉴事业编撰出版提供完整准确的资料，是每一位史志年鉴工作者责无旁贷的义务。各单位和各部门要正确认识史志年鉴工作的地位和作用，切实加强领导，认真履行职责，为史志年鉴事业发展提供强有力的保障。要一如继往地坚持把编修史志年鉴作为与修路架桥同等重要的工作来抓。史志年鉴工作者则要牢记使命，树立信心，负重致远，以坚忍不拔的态度和耐力，打造精品佳作，为山西交通史志年鉴事业作贡献。

二是要有责任感。史志年鉴编撰是一项系统工程，必须各方合作，密切配合，共同推动。第二轮修志以来，各修志单位差距较大，有的进度缓慢是受客观条件制约，或财力不足，或缺少人才，但也有客观条件好的单位，既有经济实力，也不缺乏修志的专业人才，但工作进展缓慢。一些启动较早、动作较快的单位已经出书，大部分则正在广泛搜集资料、制订篇目、培训队伍、撰写初稿或进入评审阶段，还有少数单位或部门虽然作了准备和布置，却没有真正行动起来。归根到底是重视到位不到位，抓落实力度大不大的问题。承担第二轮修志任务的单位，要珍惜难得的30年才修一次志的机遇，编撰反映本系统、本单位发展历程和业绩的产品，按照省厅《实施意见》认真履行职责，按进度高质量地完成编撰出版任务。要认真履行《地方志工作条例》，切实加强对史志年鉴工作的领导，确保“一纳入、五到位”，真正把史志年鉴工作当作一项长期任务，规划协调好，贯彻落实好。

三是要有神圣感。有一句话大家经常讲，就是盛世修志。我们赶上了交通发展的好时代，赶上了编修史志的好时代。飞速发展的交通事业，日渐正规的编史修志工作，给我们每个人提出了新的要求和任务，为此，我们一定要抓住机遇，牢记神圣使命，不断加强学习，提升能力。既要加强专业知识的学习，培养对经济社会发展进行全方位观察、研究的能力，又要改变思维方式，拓宽观察视野，树立开拓意识和创新热情，以适应日新月异的新形势、层出不穷的新情况对我们提出的要求。要有为国修志、为业存史的责任感及淡泊名利、无私奉献的使命感，不负党和人民的重托，做潜心修志的无名英雄。

同志们，编撰史志年鉴需要刻苦用功，它的成果可以经世致用，更重要的是为后世留下真实的纪录，是一项不朽的事业。新一轮修志工作全面展开之际，正是中国特色社会主义事业蓬勃发展之时，全省交通史志年鉴工作者任重道远。让我们更加紧密地团结在以胡锦涛同志为总书记的党中央周围，高举中国特色社会主义伟大旗帜，坚持以邓小平理论和“三个代表”重要思想为指导，深入贯彻落实科学发展观，团结奋斗，开拓进取，推动史志年鉴事业不断迈上新台阶，为推动社会主义文化大发展大繁荣，为建设和发展中国特色社会主义，作出新的更大贡献！

谢谢大家。

大　事　记

1 月

1月2日 下午，临汾市委副书记、副市长夏振贵对临汾市区过境公路绿化情况进行现场调研指导。要求转变观念，吸取教训，高起点规划，分步骤实施，多种树，少种草，集中连片造林，形成连片景观。

1月2日 省交通厅印发《关于进一步做好拖欠工程款和农民工工资“回头看”工作的通知》。

1月2日 省交通厅转发省政府《关于山西省收费公路收费站设置及收费期限收费标准确定审批程序规定的批复》。

1月2日 省交通厅批复太旧高速公路路面大修工程调整概算。调整为599 662 547元，较原批复概算增加24 944 552元。

1月3日 全省交通局长第一期培训班在山西交通技师学院举办，来自晋中、运城、临汾、晋城、长治5市基层县市（区）交通局100余名学员参加。张润副厅长参加开学典礼并讲话。要求全体学员珍惜机会，融会贯通，认真学习农村公路政策、知识；注重思考，联系实际，结合管理养护、规划建设及治超等问题，进一步推动全省农村公路工作再上新台阶。

1月4日 省交通厅向交通部呈报《关于2006年全省农村公路建设资金的专项审计报告》。全年完成投资76.2元，首次超过重点公路。新改建县乡公路1746公里，通村水泥（油）路19 237公里，通村公路1735公里，完成农村巷道硬化11 933公里，新增通水泥路、油路建制村1032个，省政府确定的1098个社会主义新农村建设试点全部通水泥路、油路。仍有不通公路建制村665个。

1月5日 上午，全国交通工作会议在北京开幕，王晓林厅长参加。厅领导张润、王志民、张志川、张德仪、赵振田和厅直各单位主要负责人、厅机关全体人员，在厅五楼视频会议室里，与主会场代表一起聆听交通部部长李盛霖所作的工作报告。

2008年全国交通工作会议主要任务是：认真贯彻党的十七大精神，高举中国特色社会主义伟大旗帜，以邓小平理论和“三个代表”重要思想为指导，深入贯彻落实科学发展观，总结2007年和十六大以来交通工作，分析交通发展面临的形势和任务，按照中央经济工作会议部署和要求，安排2008年工作，努力做好“三个服务”，推进交通由传统产业向现代化产业转型。2008年重点做好10项工作：抓好运输保障和市场监管；抓好重点项目建设；抓好农村交通工作；抓好交通安全；抓好交通科技创新；抓好节能减排；抓好交通法制建设和体制改革；抓好交通对外交流合作；抓好行业文明建设；抓好交通廉政建设。

1月6日 牛仁亮副省长致信全省运管系统治理非法超限超载车辆搞好货运源头管理推进会，预祝会议圆满成功。要求继续按照省政府部署，恪尽职守，细化措施，认真实施，始终保持严打高压态势，切实加强对道路运输企业、从业人员和道路货运源头单位的监督管理，搞好基本无“双超”市县创建活动试点，树立“文明运管、威武运管、和谐运管”的良好社会形象。

1月6日 全省运管系统治理非法超限超载搞好货运源头管理工作推进会在忻州顿村召开。牛仁亮副省长向大会致信祝贺。张志川副厅长出席并讲话。省运管局局长李华中、忻州市政府副秘书长、市政府治超办主任曹剑文、各市运管局、各县运管所负责人200余人参加。朔州市运管处及长治县、大同县、平顺县、广灵县、清徐县运管所分别作经验介绍。

自2007年12月19日新一轮治超启动以来，全省各级运管机构迅速行动，加大工作力度，狠抓贯彻落实，治超工作全面展开。截至2008年1月5日，全省运管系统进驻485

个货运站点，占到政府公布站点的46%,进驻巡查运管人员达到2529人,严把治超源头关。近半个月来,交通堵塞、车辆抛洒现象明显减少,公路通行能力明显提高,运价得到回升,交通规费不断增长。全省征收运管费1.5亿元,同比增长42%。

李华中局长在讲话中提出3点要求。一要提高认识,坚定信心,坚决打赢治超攻坚战;二要精心组织,狠抓落实,确保治超目标实现;三要加强领导,严格考核,确保治超达到预期效果。

张志川副厅长在讲话中充分肯定全省运管系统在加强源头治理方面取得明显工作成效,提出4点要求。一是统一思想,提高认识,进一步增强做好治超工作的责任感和紧迫感。做到六看:一看政府决心,二看运政参与,三看源头治理,四看路面执法,五看责任倒查,六看长效机制。二是掌握政策,突出重点,切实抓好货运源头监管工作。突出4个重点:一要加强对货运企业和货物集散地等装载环节的监管力度,坚持运管人员进驻和巡查制度;二要持续不断地打击车辆非法改装行为,加大打击非法改装力度;三要完善治超工作黑名单制度,对屡次出现超载的运输企业,为“双超”车辆提供条件的非法改装汽车维修企业,超载车辆的驾驶员等要记入黑名单,并及时向治超有关单位通报;四要健全货运经营企业和营运驾驶员的信誉档案管理制度,完善道路运输市场诚信体系。对多次超载的货运企业和营运驾驶员,根据“双超”次数、程度给予相应处罚,直至责令停业整顿和吊销从业资格证。三是加强领导,落实责任,确保治超工作有序进行。四是按照“安全优质、平稳有序、客货兼顾”要求,高度重视,尽早安排,完善措施,抓好落实;要坚持安全第一,服务至上,保证广大旅客过一个祥和春节;要继续抓好冬季道路运输安全监管,履行好“三关一监督”职责。

1月6日 下午，张志川副厅长在省运管局局长李华中等陪同下,深入忻州市忻府区二十里铺卸载点、忻州华运汽车服务有限公司、忻府区道路运输管理所源头治超办公室督导治超工作。要求严格依法治超,着眼建立长效机制，从源头上杜绝各类非法改装车辆公路运输。

1月7日 省交通厅机关定点扶贫迎老送新工作座谈会在省公路局召开。表彰2007年定点扶贫工作中表现突出的先进单位和先进个人，新老队员进行表态发言。张润副厅长出席并讲话，提出4点要求。一是强化领导。各单位一把手要抓到手上,是第一责任人,每年都要抽出一定时间到扶贫点现场办公。二是选好项目。把扶贫项目与新农村建设有机结合起来,要干一件,成一件,群众受益一件。三是突出重点。要立足当前,着眼长远,统筹兼顾,有的放矢,一抓到底,抓住不放,直到抓出成效为止。四是用好资金。在群众充分参与基础上,将有限资金用好、用足、用到位,切记不要撒“胡椒面”,更不能发生其他问题。

1月7日 省交通厅向省政府呈报《关于落实省政府第117次常务会议建设阳泉至五台山高速公路有关事宜的报告》。

1月8日 省交通厅向交通部公路司呈报《关于报送农村公路建设质量回访情况的报告》。

1月8日 省交通厅批复东太国防公路寿阳黄岭至太安驿段改建工程初步设计。路线全长26.06公里,二级标准,核定概算47 198 478元。

1月8日 省交通厅印发《关于进一步加强高速公路勘察设计管理工作的通知》

1月9日 孟学农代省长签发216号省政府令,公布《山西省机构编制管理规定》。1月8日省政府第118次常务会议通过,3月1日起施行。主要包括总则、行政机构设置和职责管理、事业单位设置和职责管理、编制和领导职数管理、监督管理、法律责任、附则7章55条。

1月9日 省交通厅印发《关于组织开

展2008年全省水路运输业核查和换证工作的通知》。

1月10日 全省"送温暖、献爱心"社会捐助活动总结表彰大会暨第四批捐助款物发放仪式在太原举行。省交通厅等 29 个单位被授予捐助先进单位称号,21 个单位被授予捐助工作优秀单位称号。2008 年,全省一些地区遭受多种自然灾害,灾区群众面临生产生活困难。为此,全省开展"送温暖、献爱心"活动。按照省委、省政府办公厅有关文件精神,省交通厅积极行动,精心组织,广泛发动,有声有色,富有成效。太原地区 20 多个交通单位 5068 名职工参加,各级领导踊跃带头,共捐款 97 001.6 元,捐物 212 件。充分展示山西交通人良好精神风貌,对补充社会保障体系不足,解决困难群众基本生活问题,推进全省和谐社会与精神文明建设具有积极作用。

1月10日 省交通厅批复208国道东观至漳源至长治常金段路面改造工程设计。东观至漳源段实际建设里程71.293公里(晋中市境内35.385公里,长治市境内35.935公里);漳源至长治常金段实际建设里程84.00公里。晋中境内段路基宽9米、12米(其中11.121公里为18米至26米),时速40公里、80公里;长治境内段路基宽12米、17.4米、23.5米,二级公路。核准预算522 322 443元,其中东观至漳源段晋中境内128 247 937元,长治境内89 594 565元;漳源至常金段304 489 941元。

1月10日 省交通厅向省政府呈报《关于落实孟学农代省长在忻州调研中安排部署工作的报告》。

1月10日 省交通厅印发《关于加强交通行业职业资格制度建设有关事项的通知》。

1月10日 省交通厅印发《关于表彰2007年度交通统计工作先进单位、先进集体和先进个人的通报》。其中,先进单位10个,先进集体54个,先进个人191名。

1月10日 省交通厅党组印发《关于对厅机关工作人员进行2007年年度工作考核的通知》。主要包括7项:①考核目的、原则;②考核对象;③考核内容、标准、等次;④考核方法及组织领导;⑤考核程序;⑥其他规定;⑦考核时间。从1月15日开始,2月5日前结束。

1月10日 省交通厅批复增加太旧高速公路有限责任公司编制。共计49人。

1月11日 阳泉至五台山高速公路阳泉至盂县段奠基仪式在阳泉郊区杨家庄乡白家庄村举行。省人大常委会党组副书记、副主任薛军,省政协副主席韩儒英,中国建筑工程总公司党组书记郭涛、副总经理刘锦章,厅总工程师郜玉兰,阳泉市四大班子领导出席。白云市长主持。

项目全长 182 公里。采用 BOT 模式,由中国建设工程总公司投资建设。阳泉至盂县段是阳五高速公路建设一期工程。起于平定县西郊村,与太旧高速公路相接,止于盂县元吉村,与石太高速公路阳泉北客运站连线相接。主线长 41.2 公里,一级公路连接线 7.008 公里,按双向四车道标准设计,时速 80 公里,路基宽 24.5 米,投资估算 27.92 亿元,建设工期 3 年,它的实施,将带动山西东纵干线快速发展,对完善山西高速公路和东纵主干线公路网起到积极促进作用,对全省经济发展具有十分重要意义。

郜玉兰总工程师在讲话中要求项目业主和广大建设者要坚持"百年大计、质量第一"方针,广泛吸收国内外高速公路建设管理成功经验,建立健全工程质量保证体系和责任体系,合理安排工期,科学组织施工,严格质量管理,努力建成公路与自然和谐发展的"示范工程"。

薛军副主任在讲话中要求阳泉市和忻州市要积极配合,大力协助,紧紧抓住机遇,加快经济建设步伐,加大城市转型力度,走出一条符合科学发展观道路;省交通厅要一如既往当好建设新山西"先行官",克服重重困难,确保工程顺利实施;中建公司要严格管理。科学安排,加快进度,确保安全,确保质量,早日建成阳盂高速公路，为阳泉经济建设插上腾飞翅膀，为带动东纵干线快速发展发挥作用。

银行系统，省交通厅有关处室，忻州市政府及五台县，阳泉市市直单位及郊区、盂县、平定县有关负责同志、新闻媒体记者出席奠基仪式。

1月11日 省治超领导组顾问兼总监督员、省政协副主席吕日周深入吕梁调研。他认真听取市长董洪运、副市长成锡锋情况汇报后，对吕梁市“真治、长治、治出成效”的决心和信心，“三个追究责任”、“只卸不罚，只记不罚”等政策和措施以及取得效果给予充分肯定，特别赞赏该市投资2000多万元加强场地建设，将治超与保畅相结合，防止交通堵塞，解决“治了超保了不畅”的做法，认为值得在全省推广。要求一定要再接再厉，继续保持治超保畅的高压态势，采取更加有力方法和措施，巩固成绩，防止反弹，坚决打赢“双超”治理攻坚战。张润副厅长陪同调研。希望吕梁市高度重视农村公路治超工作，进一步注重源头治理，在建立长效机制方面走出新路子，创出新经验。并对吕梁市2008年公路建设提出明确要求。

1月11日 省交通厅向交通部公路司报送山西省公路交通信息资源整合与服务工程初步设计。

1月11日 省交通厅向省政府呈报《关于反映“村村通”养护资金缺乏致使道路损坏严重有关情况的报告》。

1月13日 介休至霍州一级公路合同签字仪式暨开工动员大会在晋中市举行。路线全长61.399公里，估算投资10.33亿元，北起介休市义棠镇，与霍侯一级公路相连，承担着连通南北作用。晋中市副市长马彦平、省公路局副局长惠高峰出席，晋中公路分局局长王四小与13个施工、监理单位法人代表签订施工、安全、廉政3项合同。

1月14日 省交通厅向省国土资源厅报送《关于2008年高速公路建设项目用地情况的报告》。总占地153 367亩，其中占用国家指标66 461亩，占用省指标86 906亩。

1月14日 省交通厅转发交通部《经营性公路建设项目投资人招标投标管理规定》，共计6章38条。2007年10月16日颁发第8号部令，2008年1月1日起施行。

1月14日 省交通厅向省发改委报送《关于批复汾阳至邢台高速公路平遥至榆社段终点工程可行性研究补充报告的请示》。推荐南线方案后，路线全长7.6公里。其中，终点东移至榆社县赵道峪村，建设规模由79公里调整为82.8公里，投资估算61 403万元，实际增加投资估算32 065万元。

1月15日 上午，省交通召开会议，传达贯彻落实省委九届三次全会、全省经济工作会议、全国交通工作会议精神，总结自2000年以来全省交通工作，安排部署2008年交通工作。会上，王晓林厅长传达全国交通工作会议精神和交通部部长李盛霖讲话精神，并就推进交通产业转型和率先发展及2008年交通工作作了重要讲话。张润副厅长传达全省经济工作会议精神和省委书记张宝顺、代省长孟学农讲话精神。厅党组成员、省公路局党委书记赵振田传达省委九届三次全会精神。王志民副厅长主持。

王晓林厅长在讲话中结合全省实际，回顾总结自2000年以来交通成就，对照交通部总体部署，明确2008年交通工作总体要求和具体任务。他说，本届领导班子从2000年上任至今已八个年头。这八年，是全省交通发展最好最快的时期，也是全省人民享受交通发展成果最多的时期。八年间，完成固定资产投资1200亿元，公路通车里程由52 807公里增长到119 869公里，增长1.3倍；高速公路由403公里增长到1893公里，增长3.7倍；新改建农村公路12万公里，是建国50年6倍还多；规费收入由不足26亿元增长到近140亿元，增长4.4倍；民用汽车拥有量由49.3万辆增长到150万辆，增长2倍；道路运输完成的客运量、旅客周转量、货运量、货物周转量由2.6亿人、127亿人公里、5.4亿吨、248.1亿吨公里增长到3.94亿人、197.8亿人公里、8亿吨、410亿吨公里，分别增长51.5%、55.1%、48.1%、65.3%；培育和树立了大运精神、大运文化、大运千里文明高速公路等一批在行业内外有重大影响的先进典型，山西交通行业率先进入全国交通文明行业行列。

2008年是“十一五”规划承上启下的一年，是全国改革开放30周年和北京奥运举办之年，大事多，要事多，面临的情况、新问题也多。2008年的交通工作总体要求是：继续高举中国特色社会主义理论伟大旗帜，以邓小平理论和“三个代表”重要思想为指导，深入贯彻科学发展观，围绕“三个代表”，提升交通服务能力水平；坚持“三个并重”，推进交通率先科学发展；加快交通基础设施建设，建设创新型交通行业。

2008年交通工作任务主要有9项。即抓好运输保障和市场监管、重点项目建设、农村交通、交通安全、科技创新、节能减排、交通法制建设和体制改革、行业文明建设、交通廉政建设。

会议要求，各单位要迅速组织认真学习全国交通工作会议、全省经济工作会议和省委九届三次全会精神，并与学习贯彻党的十七大精神结合起来，自觉地把思想、行动统一到交通部和省委、省政府对全省经济发展的形势和交通发展阶段性特征的判断及决策上来，准确把握建设新基地、新山西对交通发展需求的新变化、新趋势、新特征，进一步明确提高“三个服务”能力的途径、推动产业转型方面和2008年本单位、本部门改革的思路、目标和任务，进而开好2008年交通工作会议，落实责任措施，推动交通各项工作不断向前发展。厅领导张志川、部玉兰、张德仪，各市交通局长，山西汽运集团公司、山西路桥集团公司主要领导，厅直各单位党政主要负责人，厅机关各处室负责人，厅重点办、各公路分局、征稽分局、高速公路公司、高速公路建设管理处行政主要负责人参加会议。

1月15日 省交通厅文明委印发《关于开展“同沐党的十七大春风，共享改革发展成果”2008文明和谐之春系列宣传教育活动的通知》。包括指导思想、宣传教育内容、活动安排、具体要求4部分。

1月15日 省交通厅文明委印发2008年交通行业精神文明建设工作要点。包括指导思想、总体思路、工作重点3部分。

1月15日 省交通厅向交通部呈报《关于申请治超工作补助经费的请示》。恳请补助1.2亿元。

1月15日 省交通厅批复省高管局《山西省高速公路公司员工收入分配方案》。

1月15日 省交通厅印发《全省交通行业精神文明建设评比表彰规定》。主要包括总则、表彰种类和计划、推荐评选范围、程序、表彰与奖励、监督管理、附则7章33条，自公布之日起实施。并附有全省交通文明和谐行业、和谐单位、和谐集体、文明职工、先进工作者评选标准及申报表。

1月16日 下午，省交通厅召开专题会议，进一步研究治超工作。张润副厅长主持并讲话；张志川副厅长，省公路局、省高管局、省运管局、省征稽局、厅新闻宣传中心负责人，厅机关有关处室主要负责同志参加。张志川副厅长传达1月9日治超工作会议精神及牛仁亮副省长讲话精神，通报全省自开展拉网式、无缝隙治超活动以来情况。张润副厅长在讲话中，要求认真贯彻落实省治超工作会议精神，当好主力军，打好主力仗，提高认识，抓住机遇，迎难而上，强化责任，落实到位，在总结经验基础上不断创新，为省政府建立长效机制当好参谋。

1月16日 厅党组成员、省公路局党委书记赵振田带领厅机关有关处室负责同志赴晋中检查治超工作，并代表厅党组走访慰问老干部。赵振田一行先后慰问晋中征费分局、晋中市交通局、晋中公路分局祁县段和丰泽超限检测站，并和治超人员、退休老干部进行座谈。认为晋中公路分局治超工作做得很充分,措施很到位。要求突出安全、和谐,以人为本,搞好服务,保证国省干线及旅游公路安全畅通,让广大人民群众安全祥和地欢度春节。

1月16日 省交通厅印发《关于认真做好2008年全省道路水路春节运输工作的通知》。提出5点要求:①加强组织领导,周密部署安排;②加强运输市场监管,提高运输服务质量;③加强公路养护管理,确保交通安全畅通;④严格春运值班制度,做好信息报送工作;⑤加强春运工作宣传,营造良好春运环境。2008年春运从1月23日开始,3月2日结束,为期40天。

1月17日 王志民副厅长带领省公路局、省征稽局、省高管局、省运管局、省交通开发总公司有关领导和厅运管处、公安路政处主要负责人,对太原地区部分鲜活农产品运输绿色通道运行情况进行检查。要求认真贯彻落实省政府有关精神,进一步加强全省鲜活农产品运输绿色通道的监管和考核,完善标志标识,规范运行程序,提高通行效率,保障快速通行。

1月17日 省纪委驻厅纪检组集体组织学习中纪委十七届二次全会精神,认真领会胡锦涛同志在会上重要讲话和《会议公报》的精神实质,结合实际,开展加强新形势下反腐倡廉建设讨论。厅党组副书记、副厅长张润参加学习,要求以更坚定信心、更积极态度、更有力措施,在新的起点上努力开创全省交通廉政建设和反腐败斗争新局面,为交通事业又好又快发展提供坚强政治保证。

1月17日 省交通厅下达2007年村村通水泥路(油路)奖励补助资金计划。共计10 425.41万元。

1月18日 省交通厅召开2008年全省道路水路春节运输工作电视电话会议,安排部署春运工作。王晓林厅长作重要讲话,王志民副厅长主持。2008年春运工作自1月23日起至3月2日止,历时40天。王晓林厅长在讲话中要求全省交通系统要以创建"安全、畅通、文明、和谐"目标为主题,着力抓好5项工作。一要提高认识,高度重视,切实加强组织领导;二要及早安排部署,认真组织实施,切实做好各项准备工作;三要强化安全管理,落实各项措施,确保春运工作安全稳定;四要坚持以人为本,围绕"三个服务",努力提高服务质量水平;五要严格春运检查,认真监督管理,规范市场秩序。王志民副厅长讲话中提出5点要求。一是狠抓落实,在细节上做文章;二是狠抓安全,在源头上做文章;三是狠抓畅通,在防堵上做文章;四是狠抓基层,在站所队上做文章;五是狠抓督察,在整改上做文章。

1月18日 上午,厅机关全体党员干部集中学习《中国共产党第十七届中央纪律检查委员会第二次全体会议公报》和省十一届人大一次会议精神,认真讨论代省长孟学农所作政府工作报告。张润副厅长主持并提出具体要求。一要认真学习贯彻会议精神,努力加强自身建设,统一思想,深刻领会、准确把握《报告》精髓;二要联系实际,研究好、谋划好全年各项工作,重点是公路桥梁与场站建设,加大运输市场监管和行业服务力度,使老百姓满意、社会满意;做好交通节能减排与循环经济工作以及农村公路交通安全管理与养护,推动和谐社会建设发展;三要切实加强机关干部作风效能建设。厅机关各处室要起好带头作用,厅机关党委与纪检组要制定有效措施,加强全省交通系统干部作风建设监督管理,进一步推动各项工作又好又快发展。

1月18日 山西省道路运输协会、山西汽车运输集团有限公司、山西并州高速快客集团有限公司、山西省长治汽车运输有限责任公司、阳泉市交通集团有限公司、长治市第一汽车运输有限公司、临汾市交通运业集团有限公司、晋城市运输有限公司向全省道路运输企业及相关从业人员发出《倡议书》。提出6条倡议:一是细化安全措施,消除安全隐患;强化主体责任,完善岗位职责,严禁不符合资格条件的驾驶员和未通过安检的车辆参加春运，严禁超员运输，做到不售超员票，不检超员客，不发超员车，严防易然、易爆危险品进站上车；二是服务文明诚信，完善便民措施；三是加强组织领导，早准备，早动手；四是各汽车站要严格执行“三不进站、五不出站”规定；即易燃、易爆和易腐蚀等危险品不进站，无关人员不进站（发车区），无关车辆不进站，超载客车不出站，安全例行检查不合格客车不出站，驾驶员资格不符合要求不出站，客车证件不齐全不出站，“出站登记表”未经签字审核不出站；五是开通服务热线，欢迎社会监督；六是省道协要积极发挥桥梁和纽带作用，努力为会员单位提供政策、法规、业务技术和信息、咨询服务。

1月18日 省政府法制办、省交通厅印发《关于开展交通系统行政执法证件2007年度审验工作的通知》。

1月18日 省交通厅批复夏县客运汽车站工程可行性研究报告。二级标准，占地16 800平方米（约25.2亩），建筑面积2710平方米，其中候车楼2216平方米，附属设施494平方米，估算投资890万元，建设工期2年。

1月18日 省交通厅向省发改委报送晋城市汽车客运站初步设计。

1月18日 省交通厅批复平陆县客运汽车站工程可行性研究报告。二级标准，占地26 720平方米（约40亩），建筑面积3180平方米，其中候车楼2676平方米，附属设施504平方米，估算投资945万元，建设工期2年。

1月18日 省交通厅印发《关于进一步加强重点公路工程建设系统人员管理的通知》。

1月18日 省交通厅印发《关于高速公路系统理顺人员关系中有关事宜的批复》。

1月18日 省交通厅转发交通部《交通行政执法忌语》（12条）、《交通行政执法禁令》（7条）。

1月18日 省交通厅印发成立阳盂高速公路建设管理处的通知。

1月18日 省交通厅向省编办报送《关于山西交通职业技术学院增加编制的报告》。拟按在校生5000人考虑，增加编制130人。

1月18日 省交通厅向交通部呈报《关于为临时治超执法人员核发交通行政执法证件的请示》。拟实行一年一换，动态管理。

1月19日 太原市道路运输工作会议召开，王志民副厅长出席并讲话，提出4点要求。一要理清思路，明确任务，落实措施，围绕全局性工作，完善思路，努力提高“三个服务”能力和水平；二要以转变发展方式为牵引，找准道路运输工作科学发展、安全发展、协调发展切入点；三要以安全发展为重点，落实道路运输特别是春运安全各项措施；按照春运电视电话会议的安排部署，真正把各项措施落实到基层，落实到每个岗位，落实到“车头”、“人头”和“企业”；四要以“三个服务”为目标，当好同级党委和政府的参谋助手。围绕文化旅游和现代物流，做好发展道路运输业这篇大文章。

1月20日 省交通厅印发《关于进一步畅通鲜活农产品运输“绿色通道”的紧急通知》。提出4条要求。

1月21日 上午，省政府副秘书长、省治超办主任李顺通，省治超办副主任、副厅长张志川及省治超办、省纠风办、省交管局有关领导慰问太原高速公路路政和交警治超工作人员，将定做的棉大衣送到治超工作人员手里。

李顺通代表牛仁亮副省长对省广大治超人员战风雪，斗严寒，为治超工作付出的辛勤劳动表示感谢，对取得的成绩给予肯定。要求保持高清醒头脑，标本兼治，真抓实干，逐步形成治超长效机制；要处理好治超和堵车关系，勤于敬业，文明执法，为夺取全省治超工作新胜利而奋斗。

1月21日 下午，省交通厅召集省公路局、省高管局、省运管局、太原市交通局负责人，紧急召开交通、公安联席会议，共商持续降雪特殊气象条件下保障公路安全畅通措施。王志民副厅长主持，省公安厅交通管理局副局长边智慧出席。

双方经过认真研究，确定4条措施。一是公路部门特别是高速公路部门要以雪为令，组织全部力量清雪、融雪、打冰、保畅；二是每天上午11时至下午5时交警部门开放高速公路，允许装有防滑链长途客车、小型客车以及鲜活农产品运输车辆通行；三是严禁车辆超速、超员、超车，严禁不装防滑链车辆通行；三是严禁车辆超速、超员、超车，严禁不装防滑链车辆上高速公路运输；四是建立交通、公安信息互通、畅通、共享机制和工作协调机制。双方还决定，对被困客车特别是省界被困客车，交警或路政人员将警车开道，压速引导，就近驶离高速公路或进入服务区停靠。

王志民副厅长在讲话中要求公路部门和高管部门认真组织，加强领导，集中人力、物力、财力打好清雪保障主动仗。确保省到市公路和运输通道安全畅通；运管机构要科学安排班次，集中利用高速公路每日开通有效时间，抢运旅客，缓解铁路运输压力，安全有序地做好民工返乡、学生放假、职工探亲、旅游疏运。

1月21日 省交通厅党组调整厅关心下一代工作委员会组成人员。顾问：任先泉、刘乾、赵俊文；主任：杨继刚；第一副主任：任景春；副主任：郜学文、安正义、杨俊威；秘书长：安正义（兼）；副秘书长：李爱和、戎斌生；委员有：蔺建煌、尹新平、王京荣、郭全英、李贵顺、王晓光、张应珍、郜学良、李万定、聂保平、贾山泉、徐利民、张延盛、闫爱华、李月星。

1月21日 省交通厅向交通部呈报《关于全省畅通“绿色通道”落实省内外无差别政策情况的报告》。自2004年以来，全省128个高速公路收费站和227个普通公路收费站设置标志，开通绿色通道12 710个。

1月21日至22日 由厅公路处组织，厅定额站具体承办的公路工程概预算编制办法和定额宣贯培训班开班。郜玉兰总工程师及厅机关有关处室负责人出席。要求掌握具体内容和使用方法，更好地指导、合理确定建设资金，有效控制宏观投资，推动全省公路建设蓬勃发展。

1月22日 《山西交通》报道：近日，长治市市长杜善学、副市长尚宪芳、市政协副主席秦跃晋和交通部门负责人冒雪深入309国道和208国道郊区、襄垣段等治超点检查指导工作。

1月22日至23日 张德仪总会计师带领厅机关有关处室负责人深入太原、吕梁检查治超工作，并代表厅党组走访慰问交通系统干部职工。张德仪一行先后到太原市、吕梁市交通局，吕梁征稽、公路分局和高速公路公司慰问并和治超人员、退休老干部进行座谈，为他们送上慰问信及慰问品，要求突出安全、和谐，以人为本，搞好服务，加强治超力度，以优质服务，让广大人民群众安全祥和地欢度春节。

1月23日 春运第一天。一大早，王志民副厅长冒着严寒先后到太原长途汽车站、东客站、西客站，太原高速迎西收费站对春运工作进行明察暗访。李华中、杨吉平及相关单位负责人陪同。要求各汽车站要尽快增加售票窗口，安排充足运力，加大班次密度，增开包车或班车，认真做好疏运预案，确保旅客走得好，走得了。

1月23日 省交通厅印发《关于开展2007年度执法证件和公路监督检查专用车辆示警灯使用证审验工作的通知》。审验时间为3月6日至4月9日。

1月23日 省交通厅印发成立闻垣高速公路建设管理处的通知。

1月23日 省交通厅向省政府呈报《关于邀请省领导出席和榆平高速公路开工奠基仪式的请示》。

1月24日 省史志研究院晋史志发〔2008〕5号文印发《通知》。决定将《山西通志》改称《山西省志》，分卷由78卷增加为80卷。其中，公路水运志为第20卷。

1月24日 下午，吕梁市委副书记、市长董洪运，市委常委、宣传部长朱锦平，副市长王盛章一行带领吕梁市交通局、吕梁公路分局、吕梁征稽分局主要负责人到省交通厅进行春节慰问，特别对交通厅一年来对吕梁交通工作的大力支持表示感谢。

王晓林厅长，王志民副厅长及厅机关有关处室负责人与董洪运市长一行进行亲切座谈。王晓林指出，在长期的工作实践中，无论是交通建设还是扶贫工作，吕梁都与省交通厅结下深厚感情。“十一五”期间，省交通厅将一如既往地给予支持。希望吕梁市委、市政府能进一步加大对交通工作重视程度，特别在高速公路建设、国省干线改造、农村公路建设与养护、治超工作等方面加大力度，力争取得新的成绩，为吕梁、为山西经济建设作出更大贡献。

1月25日 晚9时，交通部紧急召开电视电话会议，传达学习温家宝总理在视察京石高速公路和北京铁路西客站时重要讲话精神。温总理在讲话中要求各级交通部门重点完成三大任务：一是旅客运输安全；二是电煤运输；三是粮食和鲜活农产品运输。李盛霖部长在讲话中提出要做到“五个力保”。即力保干线公路畅通，力保重点物资运输，力保绿色通道畅通，力保安全运输，力保运价稳定。电视电话会议结束后，王晓林厅长亲自主持召开会议，迅速学习贯彻温家宝总理和李盛霖部长重要讲话，安排部署春运工作任务。厅领导王志民、张志川以及省公路局、省高管局、省运管局主要领导、分管领导、部门负责人及厅机关有关处室负责人参加。

王晓林厅长在讲话中要求用“四个落实”，确保“三大任务”完成和“五个力保”目标实现。一是落实责任。公路、高管部门落实保障公路安全畅通责任，运管部门落实运输安全和运力组织责任。二是落实政策。主要是落实春运期间客运不涨价政策和鲜活农产品运输车辆免收公路通行费并确保“绿色通道”畅通政策。三是落实措施。公路、高管及市、县交通主管部门落实打冰清雪、撒防滑料保畅措施，交通运管机构落实“五关一监督”等保障旅客走得了、走得好、走得安全、走得有序措施。四是落到人。要分解任务，细化责任，把春运各项任务落实到车头、人头、企业头，落实到每一个驾驶员、乘务员、站务员、收费员、养路工以及公路养管人员、道路运管人员、运输从业人员，实行春运工作落实责任制，保障春运各项任务圆满完成。山西汽运集团要起好带头作用，为人民群众安全便捷出行和欢度春节提供强有力的运输保障服务。

王志民副厅长在讲话中，要求着力做好5项工作。一是打冰清雪保公路畅通。上午11时至下午5时保证客车、小汽车及鲜活农产品运输车辆高速公路通行，同时力保干线公路、农村公路畅通，特别是市到县干线公路畅通。二是科学组织保旅客运输。加强客车及驾驶员调度管理，组织运力，并有效利用高速公路开通时段，抢运旅客，缓解铁路运输压力，保障旅客安全便捷出行。三是严格监管保运输安全。严格执行雪地行车安装防滑链规定，坚持驾驶员安全嘱咐，防止超速超员和疲劳驾驶。四是落实政策保物资运输。要规范“绿色通道”管理，实行省内外鲜活农产品运输车辆无差别的免收公路通行费优惠政策。全省14支战略物资道路运输保障车队要全部处于应急状态，并主动向当地政府汇报，主动与电厂等大型企业联系，承揽电煤等重点物资抢运任务。五是加强宣传保信息畅通。要建立信息快报机制和春运宣传机制，确定人员，落实责任，特别是春运重大动态及好人好事要及时上报，及时宣传，为上级领导决策提供支持和服务，让广大人民群众及时了解春运工作情况，争取理解和支持，营造有利于春运工作的社会环境。

1月25日 省交通厅印发《关于确保春节期间公路安全畅通的通知》。

1月25日 省交通厅向省政府呈报《关于召开山西交通工作暨党风廉政建设工作会议的请示》。

1月25日 省交通厅批复太旧高速公路聂家庄大桥加固工程设计。核准预算19 506 048元。

1月26日 全省交通征稽工作暨党风廉政建设会议召开，总结2007年工作，分析当前形势，部署2008年任务。厅领导王晓林、张润、张德仪及厅有关处室负责人出席。省征稽局党委书记、局长张晋鹏作《贯彻落实党的十七大精神，努力推动交通征稽科学发展》的工作报告。

2007年，全省交通征稽系统广大干部职工坚持以科学发展观为统领，围绕做好“三个服务”，强化科学征管，注重行业创新，圆满完成各项任务。全年征收公路养路费、货运附加费、车辆通行费共39.6亿元，完成省厅计划101.5%。代省政府征收铁路道口安全管理费1969万元。同时全系统行业文明建设又上一个新台阶，省级文明单位达到26个、地市级文明和谐单位达到114个，国家级、省级以上“青年文明号”30个，广大干部职工的竞争意识和奉献精神明显增强，有力促进各项工作全面开展。

2008年全省征稽系统要围绕费收中心，坚持创新驱动、文化带动、管理促动、党建保证，推动交通征稽科学发展。不仅要确保完成省厅下达的年度费收任务，还要自加压力，瞄准42亿元费收目标奋力赶超。要大力推进科技创新和机制创新，大力实施标准化建设和征稽文化建设工程。同时要推进科技、管理、文化3项创新，加强党的建设、党风廉政建设和行业文明建设。

张德仪总会计师在讲话中提出4点要求。一要加强费源管理，努力多收多超，实现42亿元费收目标。要利用好法制环境改善的有利时机，加强车辆源头管理和基础管理，切实提高费收征管质量，提高实征率，降低欠费率。二要切实加强征稽管理。既要严格执法，规范执法；又要文明服务，高效便民。三要加强领导班子作风建设。成为政治素质好、团结协作好、作风形象好的一流班子，成为政治坚定、开拓创新、廉洁勤政的坚强领导集体。四要抓好廉政建设。作为促进发展、保持稳定、深化改革、提升形象的保障工程来抓，时时刻刻自重、自省、自警、自励，对事业发展负责，对自己负责。

张润副厅长在讲话中指出，“十五”以来，省征稽局党委充分发挥坚强有力的政治核心作用，团结带领全体党员干部职工，坚持以邓小平理论和“三个代表”重要思想为指导，坚持以科学发展观统领全局，认真贯彻执行厅党组的各项方针政策，聚精会神抓费收，一心一意谋发展，为交通率先发展、和谐发展作出积极贡献。

王晓林厅长在讲话中，希望在新的一年里围绕“三个服务”，咬定目标，振奋精神，奋力超收，不但要完成还要超额完成省厅下达的目标任务。同时要进一步吸取教训，规范执法，在强化“两费”征收方面走出一条新路子，实现交通征稽跨越式发展，为“十一五”全省交通工作又好又快发展继续发挥好支撑保障作用。

会议表彰2007年度优秀单位和征稽先锋奖“十佳百优”竞赛先进单位及个人，并签订2008年度目标责任书。

1月26日 山西汽车运输集团2008年工作会议召开。总结工作，分析研究当前公路运输形势，提出企业发展新战略，努力向现代运输服务业迈进。王晓林厅长、王志民副厅长、省国资委副主任朱成基、省道路运输协会会长任景春出席。

2007年，山西汽运集团全面落实科学发展观，以“三个根本性提高”为目标，转变发展观念，创新发展模式，优化经营结构，改进运行质量，加强党建和文化建设，各方面工作取得明显成效，企业活力、影响力和控制力进一步增强，继续列入全国道路运输50强、交通企业100强、全国服务企业500强行列。

2008年，重点抓好6项工作：①逐步建立以控股经营、公司化经营业为主的客运公司；②建立以货源基地为中心的货运公司；③建设以地区汽车站为中心的汽车站场网络和以集团总部所在地为中心，各公司所在地为结点的站场网络，实现网络化经营；④建立以配送、仓储、运输等为一体的物流基地；⑤建立以"4S"为中心的维修服务基地，拓展维修救援网络；⑥建立以驾培为中心的综合培训基地。

王晓林厅长在讲话中提出3点意见。一是转变观念，围绕"三个服务"，提升服务能力和水平。要争取政策支持，特别要加强企业内部改革和创新。要大力在规模化、集约化、网络化上下工夫，进一步优化运力结构调整，把交通运输公益性和企业效益性结合起来，大力发展旅游客运专线等。二是强化安全管理和各级管理部门责任，要依靠科技手段研究解决企业安全问题。三是做好企业节能减排工作，减少消耗和污染，提高效率和质量。

王志民副厅长在讲话中，希望汽运集团树形象、创品牌取得新进展，充分发挥公路运输主导作用，在"三个服务"上做文章；在安全管理上要着重落实工作责任制和各项措施，认真研究总结安全生产规律和经验，力争走在全省前列；在规模化、集约化经营方面要创新思路，大胆实践，科学发展；在节能减排的探索中取得新突破，提高实载率，开展技术创新，确保节能增效；在春运工作中，重在落实各项有效措施，保证安全畅通，圆满完成春运任务。

1月28日 汾阳至邢台高速公路和顺至榆社至平遥段开工奠基。省政府副秘书长李顺通，中国中铁股份有限公司副总裁白中仁，省交通厅厅长王晓林出席并讲话，部玉兰总工程师主持，省直有关部门、金融部门领导，晋中市四大班子领导、长治市领导及两市市直有关部门领导，高速公路沿线各县市党政主要领导和群众代表参加。

项目起于平遥县，接在建的汾阳至平阳高速公路，由西向东穿越山西腹地太行侧，横跨晋中东部山岭重丘区，途经介休、祁县、武乡、榆社、和顺7个市县，止于和顺县康家楼（省界），与河北省高速公路相连，全长约172公里。为全省又一个BOT高速公路建设项目，2007年9月由中铁三局集团有限公司中标，负责建设运营和移交。全线采用双向四车道，时速100公里，山岭区时速80公里，建设工期3年。

王晓林厅长在讲话中要求各级交通部门要转变职能，转变作风，加快前期工作，协调路地关系，搞好征地拆迁，竭尽全力为投资者搞好服务。项目业主和广大建设者要坚持"百年大计、质量第一"方针，合理安排工期，科学组织施工，严格质量管理，扎扎实实抓好全过程质量控制，努力建设成为公路与自然和谐发展的"示范工程"。要坚持标本兼治、重在治本方针，着力构建教育制度监督并重的惩治和预防腐败体系，坚决克服腐败现象，建廉政工程、精品工程。

李顺通副秘书长在讲话中，要求沿线各级政府、省直有关部门要积极配合交通部门和项目单位加快前期工作，加快征地拆迁，创优建设环境，为项目建设提供最优服务、最好环境。

中铁公司、长治市、晋中市有关领导作表态发言。

1月28日 新疆维吾尔自治区交通厅党委委员、副厅长李学东带领区交通厅、发改委、审计厅有关人员一行7人赴晋调研。张润副厅长与考察团一行进行座谈。介绍全省基本情况和交通工作，希望新疆同仁传经送宝，多提宝贵意见和建议。厅规划处、财务处、公路处、重点办负责人先后介绍省厅在公路建设、资金筹措、财务管理、工程建设，特别是国省干线公路项目建设管理模式，公路建设项目前期工作、招投标管理、奖惩措施等方面经验和做法。双方还就公路建设管理体制、农村公路建管养模式和收费公路运营管理模式等进行探讨。

1月29日 省交通厅印发《关于表彰2007年度全省交通系统安全生产管理工作

先进单位先进个人的决定》。其中,安全生产管理工作先进单位42个,安全生产专项整治先进单位12个,安全生产管理工作先进个人205名。

1月29日 省交通厅批复岢大线临县城区改线初步设计。路线全长10.759公里,二级公路,时速60公里,路基宽12米,核定概算74 139 481元。

1月29日 省交通厅、省人大财经委、省检察院、省发改委、省监察厅、省审计厅、省重点办印发《高速公路建设招标投标联合监督办法(试行)》,共计12条,自发布之日起施行。

1月29日至30日 张志川副厅长带领省公路运输工会、厅老干部处、公安路政处负责同志深入长治、晋城市交通局及公路、征稽分局、高速公路公司检查治超工作并慰问老干部。他代表王晓林厅长转达厅党组节日祝福和新春问候,送上大米、白面等慰问品和慰问金,详细询问存在困难和需要解决的问题。要求各有关单位和部门要站在维护改革发展稳定大局高度,为老同志多做实事、好事,切实解决好后顾之忧,千方百计服务好老干部,让他们安享晚年。

1月30日 省交通厅在省征稽局七楼会议室召开山西交通新闻宣传迎春座谈会,与中央驻晋新闻媒体、省内新闻媒体领导和记者朋友们欢聚一堂,共贺新春佳节。张润副厅长出席并介绍全省交通发展情况。新华社山西分社、人民日报山西记者站、光明日报山西记者站、经济日报山西记者站、中央人民广播电台山西记者站、山西日报、山西经济日报、山西人民广播电台、山西电视台、黄河电视台、山西交通台、山西晚报等总编和记者参加。张润副厅长代表厅党组和王晓林厅长、代表全省交通系统干部职工对各位老总和朋友们表示热烈欢迎,对他们在山西交通长期的建设、改革、发展中,呕心沥血,殚精竭虑,紧紧围绕发展大局,全方位、多角度、宽领域宣传交通、讴歌交通、监督交通,在弘扬行业正气、鼓舞人心士气、营造舆论氛围、促进环境改善、推动改革发展等方面发挥的不可替代作用,表示衷心感谢,并致以节日问候和新春祝福。他从重点工程建设和前期工作取得新突破,农村公路发展取得新跨越,运输保障能力建设迈上新台阶,公路治理超限超载成效明显、养护管理得到加强,收费公路管理与规费征收取得新进展,安全监管能力得到新提高,科技创新和节能减排取得新成果,行业文明建设再上新台阶等8个方面介绍全省2007年交通发展基本情况。提出2008年主要任务是:要继续深入贯彻落实党的十七大精神,高举中国特色社会主义伟大旗帜,以邓小平理论和“三个代表”重要思想为指导,深入贯彻落实科学发展观,按照“走出四条路子、实现三个跨越”要求,坚持“三个并重”,做好“三个服务”,加强交通基础设施建设,加快发展综合运输体系,加快建设创新型交通行业,加快发展现代交通业,提升交通服务能力水平,推进交通率先发展。他说,交通发展目标宏伟、任务艰巨,比以往任何时候更需要得到新闻界支持。希望各位老总、各位记者朋友们一如既往地关心交通、支持交通、理解交通,与交通人继续交朋友、结友谊、联感情,抓住重点,关注焦点,追踪热点,跟踪难点,宣传发展成果,讴歌时代先锋,批评落后对象,为交通率先发展鼓与呼。

座谈会上,光明日报山西记者站站长杨荣、中央人民广播电台山西记者站站长李文祥、山西经济日报总编辑尚晋生、山西人民广播电台副总编辑李铁元、山西电视台新闻部副主任樊冬平、山西晚报经济部主任张晓绵、山西日报工交部主任桂小纯等先后发言,对近年来交通事业快速发展予以赞扬,同时表示一如既往地关心、关注、关爱交通,为交通鼓与呼。厅直机关党委书记杨俊威主持,厅办公室、重点办、农管处、厅治超办有关负责同志以及厅新闻宣传中心领导班子成员及有关部室负责同志参加。

1月30日 省交通建设开发投资总公

司召开工作会议,总结回顾2007年工作,明确2008年工作思路和主要任务。王晓林厅长、郜玉兰总工程师出席并讲话。厅机关有关处室负责人出席,总经理魏庆飞作了题为《认真贯彻党的十七大精神,着力构建充满生机活力的文明和谐企业》的工作报告。

2007年是公司由集中建设型向建设与经营管理并重转型的重要一年。圆满完成省厅各项工作任务,实现既定目标,经营收入再创新业绩,全年实现营业收入20.02亿元;转让太焦高速公路部分股权取得重大进展,第一阶段工作全面完成,是目前全省交通落实"港洽会"项目最好成果之一;广泛开展"管理创新年"活动,全公司所有单位均按照质量、环境、职业健康安全国际标准建立运行体系,基础管理不断夯实,企业管理迈上新台阶;文化建设取得新成效;党建工作开创新局面;精神文明建设硕果累累,总公司连续6年保持省级"文明和谐单位"称号,36个基层单位分别荣获省、市级9项文明创建荣誉称号。

2008年,要以资本运营和信息化建设为重点,以构建充满生机活力的文明和谐企业为目标,进一步增强经营管理、投资融资、市场开发和持续发展能力,确保经营、管理、发展三大目标圆满实现。全年实现经营收入23亿元;完善质量、环境、职业健康安全三标一体化管理体系,企业文化建设走出新路,实现文化立企兴企,建立企业核心价值体系;创新人力资源开发、财务管理、薪酬分配机制;太晋高速要以千里大运文明路为榜样,跨入全国文明行列;多种经营在转变发展方式和提高发展质量上实现新跨越;创新投融资平台,加强信息化建设;规划、开发凤凰山植物园、龙湖生态园;保障生产经营安全,改革创新稳定,职工收入增长,企业和谐发展。

郜玉兰总工程师在讲话中提出4点要求。一要提高保畅通能力,特别要提高对桥梁、隧道等重大构造物的安全隐患排查,做到心中有数;二要增强社会责任意识,树立"管理就是服务"、"以社会和顾客为中心"理念;三要大力发展多种经营,做大做强现有产业;四要努力开拓新的产业,为企业发展提供不竭动力和后劲,立于不败之地,持续发展壮大。

王晓林厅长在讲话中要求再接再厉,团结奋进,认真贯彻党的十七大精神和科学发展观,围绕交通发展大局,按照"三个服务"和"又好又快"总体要求,继续贯彻"以人为本"服务理念,增强企业核心竞争力,把企业做大做强。

1月30日 郜玉兰总工程师带领省公路运输工会、厅重点办、科技处、老干部处负责同志深入忻州市检查治超工作,并代表厅党组走访慰问交通系统离退休老干部和困难职工。郜玉兰一行先后到忻州市交通局及公路、征稽分局、忻州高速公路公司和忻府区二十里铺临时卸载点慰问,并和治超人员、离退休老干部进行座谈,为他们送上慰问信及慰问品,祝他们度过一个安全、祥和、愉快的春节。要求治超人员真抓实干,下定决心,坚决打赢攻坚战。治超要与调整运输车辆结构相结合,提高守法运输者效益,加大违法者成本,防止反弹,以人为本,搞好服务,保证国省干线及旅游公路安全畅通。

1月31日 山西省交通厅重点公路工程建设办公室正式挂牌,办公地点搬至厅办公大楼五层。王晓林厅长、张润副厅长亲自揭牌,并与厅重点办全体工作人员进行座谈。

张润副厅长在讲话中提出3点要求。即坚持科学发展观,围绕"三个服务",立足"又好又快",全面落实"三个并重",确保"十一五"末高速公路通车里程达到3000公里;加强廉政建设,不断完善教育制度监督并重的惩治和预防腐败体系,实现"修好多条路,不倒一个人"廉政目标;进一步强化工程质量、安全工作,建立严密责任体系,确保万无一失。

王晓林厅长在讲话中提出4点要求。一要强化服务意识,转变工作作风,全力以赴为重点工程做好各项工作;二要加强协调能力,解决好制约工程建设的各种困难,真正发挥好服务协调作用；三要提高管理水平，制定加强工程管理有效措施，切实抓好工程质量和安全管理，强化监管，科学管理；四要加大监督力度，进一步强化职能，加强廉政建设，对重点环节、重点岗位工作人员严格管理，从源头上把好关口，严格用人程序；同时要加强党建工作，理顺各建设单位党组织关系，强化领导班子建设和基层组织、基础管理、基本素质。

1月31日 省交通厅印发《关于表彰2007年度完成工作目标责任制优秀单位和先进单位的决定》。其中，优秀单位15个，先进单位16个。

1月31日 省交通厅印发《关于做好2008年“春节”、“元宵节”期间安全稳定工作的通知》。提出5条要求。

1月31日 省交通厅批复省高管局等单位内设机构。省高管局内设14个科室，正科领导职数16名（含老干科、团委正科领导职数各1名），副科领导职数14名；省高速公路政总队内设4个科室，正科、副科领导职数各4名；省高速公路收费管理结算中心内设5个科室，正科、副科领导职数各5名；省高速公路信息监控中心内设5个科室，正科、副科领导职数各5名。

2月

2月1日 省交通厅党组发出《慰问信》，向广大干部职工及其家属、离退休老同志致以节日问候和新春祝福。要求以“邓小平理论和‘三个代表’重要思想为指导，深入贯彻落实科学发展观，按照‘走出四条路子、实现三个跨越’要求，坚持‘三个并重’，做好‘三个服务’，加强交通基础设施建设，加快发展综合运输体系，加快建设创新型交通行业，加快发展现代交通业，提升交通服务能力水平，为推进交通率先科学发展、加快新基地新山西建设作出新的更大贡献”。“当前正值春运高峰，各级交通部门要以高度的政治责任感和使命感，围绕保障旅客安全、保障电煤运输、保障粮食和鲜活农产品运输‘三大任务’，切实做到‘五个力保’。即力保干线公路畅通，力保重点物资运输，力保‘绿色通道’畅通，力保安全运输，力保运价稳定。在落实责任、落实政策、落实措施、落实到人上下工夫，为人民群众安全便捷出行和欢度春节提供强有力的运输保障和服务。”“祝全系统干部职工新春愉快，阖家幸福，吉祥如意！”

2月1日 全省交通工作暨党风廉政建设工作会议在太原召开，总结2007年交通工作以及近年来交通发展基本经验，安排部署2008年工作任务。省委常委、省纪检委书记金道铭，省人大常委会常务副主任杨安和，副省长牛仁亮，省纪委检查员、监察厅副厅长黄福莲，省总工会副主席郭争荣，省纪委监察厅纠风室主任潘少音等应邀出席会议并为受表彰的先进集体和个人颁奖。会上，省总工会副主席郭争荣宣读省劳动竞赛委员会关于为国道主干线离军、侯禹等重点公路工程建设先进集体和先进个人记功表彰的决定；厅总工程师部玉兰宣读省厅关于表彰2007年度完成工作目标责任制优秀单位和先进单位的决定；厅总会计师张德仪宣读省厅关于表彰2007年度全省交通系统安全生产管理工作先进单位、先进个人的决定；厅长王晓林作了题为《坚持“三个并重”推动交通率先科学发展，围绕“三个服务”提升交通服务能力水平》的工作报告；厅党组副书记、副厅长张润作了题为《深入推进反腐倡廉建设，确保全省交通事业持续健康发展》的党风廉政建设工作报告；厅党组成员、副厅长王志民作了题为《全面贯彻安全第一预防为主综合治理方针，努力实现以人为本以车为本安全发展目标》的安全生产工作报告。会议由厅党组副书记、副厅长张润，厅党组成员、副厅长张志川分别主持。厅党组成员、省公路局党委书记赵振田出席。

王晓林厅长在工作报告中总结回顾2007年工作,特别总结省厅本届班子从2000年上任至今八年来的交通工作及基本经验,宣布2008年交通工作目标,部署十项重点工作,并向社会郑重承诺2008年交通部门为民办的八件实事。

2007年,全省交通工作深入贯彻落实科学发展观,围绕"三个服务",立足"又好又快",全面落实"三个并重",高速公路"人字骨架、九横九环"基本成型,"五纵七横"国道主干线全面建成,全省具备条件建制村全部通公路,大运高速公路被省政府和交通部联合命名为"千里文明高速路",交通发展进入一个新的历史时期。全年取得十大建设成就,即重点工程建设和前期工作取得新突破;农村交通发展取得新跨越;运输保障能力建设迈上新台阶;公路养护管理和治理车辆超限超载得到新加强;收费公路管理与规费征收取得新进展;安全监管能力得到新提高;科技创新取得新进步;法制建设取得新成绩;党的先进性建设和廉政建设取得新成效;行业文明建设取得新成果。

省厅本届班子从2000年上任,至今已八年。这八年,是全省交通发展史上最好最快的时期,也是全省人民享受交通发展成果最多的时期。一是全省交通建设高潮迭起。累计完成投资1132亿元,公路通车里程由52 807公里提高到12万公里,百平方公里公路和密度由34公里提高到76公里,分别增长1.3倍;高速公路由403公里提高到1893公里,增长3.7倍;二级以上高等级公路由8918公里提高到15 786公里,增长77%;新改建农村公路12万公里,是新中国成立50年的6倍还多;全省乡镇通油路率由85.7%提高到100%,建制村通水泥(油)路率由42.6%提高到84.6%,通公路率由93.5%提高到近100%,通客车率由67%提高到91%,分别提高14.3%、42%、6.5%、24%;交通规费年收入由25.8亿元提高到138.4亿元,增长4.4倍;二是道路运输保障能力进一步增强。全省民用汽车拥有量由49.3万辆提高到150多万辆,增长2倍;道路运输完成客运量、旅客周转量、货运量、货物周转量分别增长52.3%、63.1%、52%、72.3%。三是行业创新能力不断增强,集中攻克一批具有国际国内领先水平的关键技术,形成一套具有山西特色的交通建设技术体系;四是运用市场经济思路和方法推进金融创新和投融资体制改革,走出一条经济欠发达地区公路建设市场化新路子;五是交通安全生产形势稳定,连续8年被省政府评为全省"安全生产先进单位";六是交通法制建设明显加强。以高速公路管理条例、养路费征管条例、水上交通安全管理办法、公路车辆通行费收取办法等出台为标志,适应市场经济的地方交通法规体系基本建立;七是交通战备综合保障能力不断提升。"国防大运"成为交通基础设施贯彻国防要求样板,交通战备专业保障队伍在历次军交演练和整训点验中发挥重要作用,省交战办被树为全国交通战备一面旗帜;八是党的先进性建设不断加强,精神文明建设硕果累累,全行业基本实现"修好多条路、不倒一个人"目标,并创育大运精神、大运文化、大运千里文明高速路等一批在行业内外有重大影响的先进典型,山西交通行业率先跨入全国交通文明行业行列。

八年来,交通工作取得的发展进步,是党中央、国务院方针政策指导的结果,是省委、省政府和交通部正确领导的结果,是地方各级党委、政府、省直各部门和广大人民群众大力支持的结果,是厅党组一班人带领全省12万交通职工团结战斗、改革创新、艰苦奋斗、奉献拼搏的结果。

八年交通工作实践的体会是:交通是国民经济的基础产业和服务性行业。推进交通又好又快发展,必须抓好6项工作。一是必须依靠正确的工作思路。深入贯彻落实科学发展观,围绕"三个服务",坚持"三个并重",不断提高行业服务能力和水平,不断满足经济社会发展和人民群众日益增长的交通运输需求。二是必须依靠解放思想和改革创新。从不合时宜的传统观念、思维定式中解放出来，运用市场经济思路和改革创新办法化解发展中遇到的困难，拓展发展空间，增强发展动力。三是必须依靠地方政府和人民群众。勇于跳出行业，把交通纳入政府工作全局，注重发挥地方政府和人民群众的积极性，使交通建设和管理由行业行为转变为政府行为，由政府行业转变为社会行为，形成促进交通发展的合力和联动机制。四是必须依靠有效的行业管理。要主动适应市场经济发展要求，建立健全交通法规体系和政策措施，不断加强和创新基础管理，转变政府职能，改进工作作风，完善监管手段，保证行业健康发展。五是必须依靠党的建设。牢牢抓住班子建设这个关键，扎扎实实地推进党的思想、组织、作风、制度建设，建立健全具有交通特色的惩治和预防腐败体系，不断提高拒腐防变能力，为交通发展提供政治保证。六是必须依靠行业文明和谐建设。坚持以人为本、关注民生，坚持改善民生、和谐发展，坚持典型带动、开展好“学树创”活动，把职工群众的创造热情、行业文化建设的目标任务与交通发展的具体实践有机结合起来，不断提升行业软实力，不断提升行业文明和谐行业程度，不断提升职工素质，为交通科学发展提供精神动力。

2008年交通工作总体要求是：全面贯彻党的十七大精神，高举中国特色社会主义伟大旗帜，以邓小平理论和“三个代表”重要思想为指导，深入贯彻落实科学发展观，按照“走出四条路子、实现三个跨越”要求，围绕“三个服务”，坚持“三个并重”，加强交通基础设施建设，加快发展综合运输体系，加快建设创新型交通行业，加快发展现代交通业，提升交通服务能力水平，推选交通率先科学发展。

主要目标是：①交通固定资产投资完成220亿元，力争达到240亿元，增长22.5%。其中：高速公路108亿元，干线公路50亿元，农村公路60亿元，运输站场2亿元。②高速公路建成72公里，新开工1000公里；干线公路新改建1000公里，县乡公路新改建3000公里，村村通水泥（油）路完成10 000公里。新增公路通车里程800公里，全省87%建制村通水泥（油）路，93%建制村通客车。③交通规费征收140亿元，力争达到145亿元。

重点做好10项工作。即抓好重点交通基础设施建设；抓好农村交通工作；抓好公路养护管理；抓好运输保障和产业结构调整；抓好治理车辆超限超载工作；抓好市场监管和安全生产工作；抓好交通科技创新和节能减排工作；抓好交通法制建设和体制改革；抓好交通反腐倡廉建设；抓好党的先进性建设和文明和谐行业建设。

2008年交通部门为民办好的八件实事是：①继续实施村村通水泥（油）路工程，完成村村通水泥（油）路1000公里，新增通水泥（油）路建制村1000个，全省87%建制村通水泥（油）路，让更多老百姓走上舒适、平坦的公路；②继续实施村村通客车工程，建设乡镇汽车站80个，安装农村客运候车亭1000个、招呼站牌1000个，全省93%建制村通客车，让老百姓一出门就能坐上客车；③继续加快推进交通信息化“1166”工程，在高速公路推行收费站刷卡交费和服务区刷卡消费，让老百姓快捷通行、方便消费；④建立和完善工程建设防欠机制，重点公路建设不拖欠农民工工资，让农民工按时足额拿到工资；⑤加固改造干线公路危桥150座，实施安全保障工程500公里，强化农村公路养护管理，让老百姓行车更安全、更舒适；⑥巩固治理超限超载车辆成果，强化源头治理，建立长效机制，让老百姓出行更便捷、更畅通；⑦强化道路运输安全管理，建立突发性公共事件应急机制。全省危险化学品运输车辆、长途客车全部安装GPS系统，让老百姓乘车更放心；⑧建立农村物流配送网络和信息服务网络，扶持农村物流企业发展，让老百姓的农产品能及时销售出去。

牛仁亮副省长在讲话中首先代表省委、省人大、省政府对全省交通系统广大干部职工对全省经济发展作出的贡献表示感谢，对受到表彰的先进集体和个人表示祝贺。要求正确认识全省经济发展形势，认真学习贯彻落实全省经济工作会议精神。2008年要建设1000公里高速公路，建设任务很重，要加快前期工作；同时，要抓好工程质量，抓好公路投融资工作，抓好计重收费和高速公路不停车刷卡收费工作，明确标识标牌，树好山西形象。他特别强调，治超工作虽然取得阶段性成果，受到国家、省里肯定，但还要进一步加强，真正把治超工作落到实处。要加强廉政建设和制度建设，强化责任意识，并在实践中发现干部、培养干部、选拔干部，为全省经济发展作出更大贡献。

王晓林厅长还就当前春运和春节期间工作提出具体要求。全省交通系统要迅速贯彻落实温家宝总理指示和国务院办公厅、公安部部署，紧急行动起来，积极投入到减灾抗灾工作中去，落实措施，落实政策，落实责任，落实到人，全力以赴完成好保障旅客安全、保障电煤运输、保障粮食和鲜活农产品运输三大任务，力保高速公路和干线公路畅通，力保电煤重点物资运输，力保“绿色通道”畅通，力保运输安全，力保运价稳定。一要组织14支战略物资运输应急保障车队处于应急状态，随时准备参加公铁、公水联运，千方百计保证电煤供应和重要物资、鲜活农副产品运输。二要严格落实国家“绿色通道”政策。春节之前，对货证相符、整车拉运鲜活农产品的车辆实行“四不一优”政策，不罚款，不卸载，不滞留，不收车辆通行费，优先通行；对合法装载的电煤运输车辆优先放行。三要加强春运组织管理。运管部门要派出专人进驻各汽车客运站，现场指挥调度，加强安全监管，严禁“三品”进站上车，严禁客车超员出站，严禁车辆带病运行和驾驶员疲劳驾驶，确保走得了，走得安全，走得有序。各汽车站要创优服务环境，提升服务质量，搞好便民服务。四要加强公路养护管理和应急保障工作。要强化治超管理，层层建立交通应急预案，并组织公路管理部门及时上路打冰除雪，保证公路安全畅通。一旦出现暴雪等特殊气候，要协同公安交警部门，积极创造条件，从上午11时到下午5日，允许带有防滑链等安全设施小车、客车和鲜活农产品运输车辆在高速公路通行。一旦出现因突发性公共事件造成车辆长时间滞留，公路管理部门向司乘人员和旅客送水、送饭，保证滞留人员喝上水、吃上饭。五要加强节日廉政建设。要严格执行中央和省委关于节日廉政和领导干部廉洁自律各项规定，严禁突击花钱，严禁以公款互相宴请馈赠，严禁收受他人礼金和有价证券，提倡和发扬勤俭节约、艰苦奋斗优良传统，过一个廉洁、节俭节日。六要做好节日慰问工作。春节之前，各级领导干部要深入困难企业、困难职工和老干部、老劳模家中慰问，帮助困难职工解决好生活问题，保证每一位职工都能过了节。春节期间，要深入基层慰问治超人员、收费员、养路工、站务员等一线在岗职工。七要努力消除不稳定因素，支持企业深化改革、渡过难关，保持行业稳定。八要加强节日值班工作。春节期间实行领导带班，专人24小时值班，不得脱岗，不得顶岗。一旦发生突发事件，立即按规定及时上报，主要领导在第一时间到达现场。厅总值班室要加强对各基层单位值班情况抽查，发现脱岗、顶岗情况，立即通报批评。厅直各单位春节值班安排于2月4日前报厅办公室。九要保持节日期间工作正常秩序。春节期间，各公路道班、汽车站和收费站不放假，根据工作需要安排人员上岗。十要严格请销假制度。春节期间，各级领导干部外出必须严格按干部管理规定履行请销假手续，任何人不得擅自外出。

厅老领导，各市交通局局长、纪检组组长、运管处处长、海事局局长，厅直各单位党政主要负责同志、纪委书记，各公路分局、各征稽分局、各高速公路建设管理部门党政主要负责人、纪委书记，厅机关各处室主要负责人参加会议。会议还特邀山西汽运集团、路桥集团主要领导参加。

会前，与会人员还观看党风廉政建设警示教育片。

2月1日 下午，全省重点公路工程建设座谈会在厅五楼会议室召开。王晓林厅长、郜玉兰总工程师出席并讲话。厅机关有关处室、厅重点办各处室负责人、各高速公路建设管理处主要负责人参加。

王晓林厅长在讲话中首先向大家拜早年，感谢大家一年来辛勤工作，并向他们及其家属表示亲切慰问和感谢。他说，重点公路工程建设是交通工作的重中之重。过去的一年，各公司施展自身才能，在工程质量和安全廉政方面没有出现任何事故，全部工作目标都已实现，翼侯、离军、大同环城胜利通车，重点公路建设取得突破性进展，得到社会认可和整个交通系统肯定。要求在新的一年里，各单位、各部门要统一思想，坚定信心，深入贯彻落实科学发展观，重点围绕"三个服务"，立足"又好又快"，全面落实"三个并重"，切实抓好项目建设，确保晋城至济源、运城南环两个项目在年内竣工通车。突出抓好新建项目开工，牢牢抓住全年开工1000公里和"十一五"末通车3000公里这个目标，克服一切阻力，全力以赴加快前期技术储备和项目审批，力争使项目早开工，多开工，确保"十一五"重点公路工程建设任务顺利完成。

郜玉兰总工程师在讲话中要求全年仍然要把重点公路作为工作重点，统一合同管理，统一人员模式，统一工程管理。按照中央要求，抓住工程建设、行政审批(许可)、干部使用3个重点，以改革思路寻求治本办法。要把反腐倡廉建设贯穿于交通改革发展全过程，不断深化对交通行业反腐倡廉建设规律认识，努力形成拒腐防变教育长效机制、反腐倡廉制度体系、权力运行监控机制，打造廉政交通。

2月1日 省劳动竞赛委员会作出《关于为国道主干线离军、侯禹等重点公路工程建设先进集体和先进个人记功表彰的决定》。其中，为离军高速公路建设管理处等8个单位颁发"山西省'五一'劳动奖状"；为田志发等8名同志颁发"山西省'五一'劳动奖章"；为山西路桥第二工程有限公司等11个单位记集体一等功一次；为山西路桥第一工程有限公司等8个单位分别记集体二等功一次；为中铁隧道集团有限公司等6个单位分别记集体三等功一次；为刘子兴等18名同志分别记个人一等功一次；为贾福志等20名同志分别记个人二等功一次；为张俊等18名同志分别记个人三等功一次。山西省劳动竞赛委员会希望受表彰的先进集体和先进个人，继续发扬艰苦奋斗的优良传统，再接再厉，发扬先进模范人物的示范导向作用，为实现交通率先发展，全面建设小康社会作出新的更大贡献。

2月1日 省交通厅向交通部基本建设质量监督总站报送全省试验检测专项治理活动开展情况工作总结。

2月1日 省交通厅印发《关于加快高速公路勘察设计进度的紧急通知》。

2月1日 省交通厅批复汾阳至邢台高速公路汾阳至平遥段施工图设计。路线全长41.7公里，另建国道307连接线16.8公里，孝义连接线5.1公里。分别采用高速公路、二级公路、一级公路标准。双向4车道，时速120公里，路基宽28米；时速80公里，路基宽12米；时速100公里，路基宽24.5米。核准预算1 375 990 717元。

2月2日 上午，省交通厅举行迎春茶话会，厅机关全体人员和离退休老同志欢聚一堂，辞旧迎新。王晓林厅长讲话，张润副厅长发表新春祝词，王志民副厅长主持，厅领导张志川、郜玉兰、张德仪出席。

张润副厅长代表厅党组向与会人员致以节日问候和新春祝福，对老同志们一年来对全省交通事业的大力支持表示感谢，并祝福他们节日愉快，身体健康，合家欢乐！在新春献辞中，他用"八个亮点"总结归纳2007年全省交通工作，介绍2008年全省交通三大目标和十项任务。要求机关全体同志再接再厉，再创辉煌；并希望老同志们一如既往地予以支持和关注。

王晓林厅长参加省领导干部会议后匆匆赶回，深情地向大家拜年，并传达会议精神和胡锦涛总书记视察山西讲话精神。要求明确形势，按照全省交通工作会议部署，保证节日期间各项工作正常有序。老同志代表、厅老领导廉平，厅机关干部代表、省交战办副主任史荣和发表新春感言。省公路运输工会组织精彩歌舞表演，整个会场始终沉浸在一片欢乐祥和的气氛中。

2月2日 上午，全省地方海事工作会议召开，总结2007年工作，安排2008年任务，提出要紧紧围绕水上交通安全监管这一中心，认真组织开展“全国安全生产月”和“安全隐患治理年”、“规范管理年”3个活动，着力加强海事管理正规化、海事装备及文明海事创建三项建设，不断提升海事执法和水上交通安全监管能力，努力创建安全和谐文明廉洁海事。王晓林厅长，王志民副厅长出席并讲话。

2007年，全省海事工作围绕做好“三个服务”，深入开展安全隐患排查整治行动，不断强化以人为本、安全发展理念，推进依法治安、管理治安、科技兴安进程，监管水平提高，基础管理夯实，精神文明加强。全省检验船舶230艘，整治渡口111道，整治渡船241艘，完成18个渡口改造。

2008年重点做好6项工作。即认真开展“全国安全生产月”和“安全隐患治理年”活动，夯实水上交通安全管理基础；强化源头管理，落实安全监管责任；认真组织开展“规范管理年”活动，加强海事机关正规化建设和信息化建设；扎实开展文明和谐创建活动，不断提升海事队伍水平；加强应急体系建设，进一步提高人命救助能力；抓好反腐倡廉建设，打造廉洁海事。

王志民副厅长在讲话中提出两项重点。一是着力解决好机构、人员、装备、经费问题。加大支持力度，保证装备、经费落实，为海事监管提供便利条件。严格海事执法人员上岗条件，控制编制，巩固已取得成果。大同、朔州、阳泉、晋中4个市交通局要尽快完成海事机构组建任务，把辖区水域水上交通安全纳入海事监管范围，确保水上交通安全。二是扎实做好2008年海事工作，确保取得明显成效。要加大宣传力度，通过多种形式进行宣传，提高广大人民群众安全意识，扩大海事社会影响力和知名度；加强船舶管理，对所有监管船舶实行档案管理，加强船舶检验和对低质量船舶治理工作；加强船员管理和培训，严格适任条件，提高船员素质；加强水运企业监管，从源头上抓好安全工作，督促各项安全工作落实；创新监管方式，改善监管条件。充分利用渡口码头建设改造有利时机，在重点水域现场修建监管场所，安排专门监管人员，落实责任，有力保证水上交通安全。

王晓林厅长在讲话中提出两点要求。一是吸取教训，加强监管。要牢固树立以人为本、科学发展、安全发展理念，牢记2004年“9·23”农用船沉船事故教训，警钟长鸣，切实把水上交通安全监管放在第一位，明确安全责任，提高监管能力，改进监管措施，防患于未然。二是抓住机遇，加快发展。汾河治理必将给全省海事发展带来前所未有的机遇与挑战，监管范围增大，给海事发展提供又一个广阔平台，要抓住机遇，加快发展，把全省海事做大做强。

2月2日至3日 张润副厅长深入大同、朔州慰问交通、公路、征费、高速系统老干部、特困职工、收费站一线职工和治超人员。张润一行先后走访两市15户困难职工、老干部和老劳模，为他们送上白面、大米、油、慰问信及慰问金。特别嘱咐交通系统有关部门负责同志，要切实关心困难群众生活，千方百计为他们办实事，解难事。在朔州，张润一行驱车近20公里慰问大夫庄道班班长谢金武。肯定他30多年来无怨无悔奉献精神，希望他继续以路为业，为公路养护事业作出新贡献。慰问期间，张润一行还检查朔州神头超限运输检测点、大同神泉堡超限运输检测点和大同高速收费站点，向奋战在收费和治超一线的全体员工致以诚挚的节日问候。

2月3日 上午，副省长牛仁亮、省政府副秘书长李顺通等有关领导在厅领导王晓林、王志民、张志川及太原市交通局、运管局、公路分局等领导陪同下，深入太原东客站和太原公路分局司徒洼治超检测点检查工作，提出明确要求。

在“三品”检测仪前，牛仁亮强调一定要严加把守，谨防易燃易爆危险品上车，确保旅客生命财产安全。在发往五台山方向客车前，同售票员、司机进行交谈。特意检查司机有关证件，看到驾驶证、道路运输从业人员资格证等“四证一牌”齐全时，表示满意，特别叮嘱司机要做到安全第一，不疲劳驾驶；同时还向司机了解全省拉网式治超开展以来道路运输畅通情况。在“有困难我来帮”便民服务点前，牛仁亮同服务员亲切交谈，肯定省运管局为因冰雪滞留旅客提供面包、方便面等免费食品的专项服务做法，是把便民、利民、惠民、为民措施落到实处。

随行的王晓林厅长也一再叮嘱省运管局有关领导，要在今年特殊天气情况下完成好温家宝总理提出的三大任务。即保障旅客安全，保障电煤运输，保障粮食和鲜活农产品运输，特别是大同、朔州、阳泉要确保运煤通道畅通。

在司徒洼治超检测点，牛仁亮代表省委、省政府向全体治超人员表示诚挚问候，祝福大家身体好，工作好，过年好，对治超人员辛勤劳动表示衷心感谢，并为他们送上米、面、油等节日慰问品。要求处理好治超与运煤关系，对电煤运输车辆做到“三快一优先”，即快速检测，快速处理，快速放行，优先通过。治超工作要常抓不懈，一抓到底。

2月3日 下午，郜玉兰总工程师深入省交通设计院慰问院领导、专业副总等技术骨干，并召开座谈会。希望在做好交通公路建设前期工作、当好先行同时，发挥自身技术资源优势，加大科技创新和研究开发投入，尽快研究制定出高速公路穿越采空区处理技术的科学评价体系，并逐渐转化为自身技术成果。

2月3日 省交通厅向交通部呈报《关于全省交通建设领域清欠工作的报告》。已受理16件，反映拖欠总额327.5万元，涉及农民工人数311人；已处理完毕13件，涉及农民工261人，总金额185.5万元。经查不存在1件，有争议2件。

2月3日 省交通厅成立预防拖欠工程款和农民工工资突发事件应急处置领导组。组长：张德仪；副组长：戴飞、董新品、蒋品；成员有：赵新民、苏敏、郭全英、王京荣、刘清平、李俊生；办公室主任：蒋品；副主任：郭全英；成员有：许有志、梁进勇、王惠权。

2月3日 省交通厅向省政府呈报《关于原养路协议工上访问题的报告》。

2月3日 省交通厅印发《关于解决运输不可解体大件物品车辆在晋焦高速公路丹河收费站滞留问题的通知》。

2月4日 在中华民族传统节日春节来临之际，王晓林厅长、张德仪总会计师在厅机关有关处室负责人及省征稽局张晋鹏局长陪同下，深入太原征稽分局，看望慰问一线干部职工，向大家表示新春问候。刘宝东局长简要介绍分局一年工作，表示在新的一年里将继续围绕厅党组、省局党委各项重大部署，扎实工作，开拓奋进，加快推进以费收为中心的各项工作又好又快发展。王晓林厅长在讲话中希望分局继往开来，团结进取，一年更比一年好。同时，向全省征稽系统一线干部职工拜早年，祝福广大干部职工新春愉快。

2月4日 下午，王志民副厅长带着厅党组祝福和深情厚谊，赴临汾、运城慰问交通系统干部职工，并检查治理超限超载工作。

2月4日 省交通厅印发通知，本着方便群众又不违背有关法律法规原则，就办理《超限运输车辆通行证》推出新举措：取消对散装货物超限运输车辆的审批，凡是经过国家公告、外形几何尺寸与行驶证相符、重量不超过国家规定超限超载标准的超限运输车辆，在运输散装货物时不需要办证即可通行。并授权晋焦高速公路路政大队可办证。沿线各路政大队要加强路面巡查力度，若未持证或车、证不相符，以及涂改、仿造、租借、转让等一经发现一律依法扣留，责令其停放到指定位置，并根据规定实施行政处罚。办理或重新办理《超限运输车辆通行证》，按照有关规定采取责任倒查，追究有关责任人责任。

2月5日 上午，农历春节前夕，省委常委、省纪检委书记金道铭在王晓林厅长、张润副厅长等陪同下，冒着严寒，深入厅属单位检查指导工作，慰问坚守岗位一线职工。

在太原高速公路柴村收费站、治超检测点及太原储煤场等地，金道铭认真察看储煤情况，询问过往司机，检查治超检测点，听取有关领导汇报，慰问一线职工。要求继续发扬成绩，精心组织好交通保障和电煤运输，在抗灾救灾中作出新的更大贡献。在柴村收费站治超检测点，金道铭仔细询问近期超限超载治理情况，要求坚持不懈，用科学方法，解决好治超和道路运输方面矛盾。在太原客运总站，金道铭视察候车大厅、母婴候车室、发车场等，亲自登上长途客车，询问旅客情况，嘱咐司乘人员一定要注意安全。对随行的交通部门负责同志一再嘱咐说，公路客运是关系到保民生的大事，一定要让广大人民群众走得早，走得好。

最后，金道铭代表省委、省政府，向节日期间坚守岗位的一线职工并通过他们向全省交通系统职工表示亲切问候，祝愿大家过一个幸福祥和的春节。

2月5日 下午，王晓林厅长在省高管局局长董新品及厅办公室、厅公安路政处主要负责人陪同下，赴吕梁高速公路公司检查指导工作，慰问一线职工。要求再接再厉，深入贯彻落实胡锦涛总书记“保交通、保供电、保民生”重要指示精神，把各项工作落到实处。同时，一定要把治超和运电煤有机统一起来，确保治超坚持不懈，确保道路畅通。最后，王晓林代表金道铭书记再一次向大家表示节日问候，并要求公司领导一定要安排好职工节日期间工作生活。

2月5日 省交通厅向交通部呈报《关于农村公路2008年建议计划和2007年项目备案的报告》。共计1270公里，其中二级公路5.6公里，三级公路7公里，四级公路112公里，等外公路14 519公里；桥梁4座62延米。总投资19 932万元，其中中央投资12 700万元，省自筹7232万元。

2月5日 省交通厅向省政府呈报《关于山西路桥集团有关问题的紧急报告》。就1月31日省工商局专题请示省政府，要求撤销中北路桥公司登记一事作出陈述。

2月14日 省交通厅召开紧急会议，安排部署向南方灾区捐款有关事宜，张润副厅长作动员。会后，厅直机关党委组织厅机关工作人员向南方灾区“送温暖、献爱心”捐款仪式，厅领导王晓林、张润、张志川等带头捐款，厅机关工作人员纷纷慷慨解囊，短短半个多小时，捐款达1.55万元。与此同时，厅直各单位迅速行动起来，广泛发动，精心组织，领导带头，在全系统掀起捐款热潮。仅两天时间，全系统共有13 138人参加，捐款达84.376万元。

2月15日 省交通厅批复309国道潞城过境段改线工程初步设计。路线全长8.646公里，其中，正线长7.716公里，连接线长0.930公里。主线采用一级公路标准，时速80公里，路基宽21.5米；连接线采用二级公路标准，时速80公里，路基宽12米。核准概算88 591 599元。

2月17日 张志川副厅长带领由省政府发展研究中心、省政府办公厅、省交通厅、省治超办、太原师范学院、中北大学等专家学者组成的调研组一行9人深入省运管局调研治超工作，并与有关人员座谈。

张志川副厅长在讲话中充分肯定运管部门在治超工作中所起的决定性作用，并对全省运管系统在源头监管中取得的经验和成绩表示感谢，要求省运管局用10天时间研究源头治理非法超限超载长效机制意见和建议后，上报省治超办。

2月17日 下午，晋城市代市长王茂设，晋城市委常委、副市长赵学梅等深入G207线、陵沁线，西岭头、狸猫泉超限检测点检查公路养护和治超工作，并看望慰问一线职工。

2月18日 省高管局召开2008年全省高速公路管理工作会议暨"双五十佳"表彰大会，总结2007年工作，表彰完成目标责任制先进单位和"双五十佳"先进集体及个人，安排2008年任务，提出要大力推进高速公路新型产业率先向现代服务业转变，着力提高高速公路安全保畅能力、便民惠民能力、公共服务能力和行业创新能力。王晓林厅长出席并讲话。省高管局局长董新品作了题为《全面贯彻党的十七大精神，努力提高高速公路"三个服务"的能力和水平》的报告。省高管局党委书记李万定主持会议。

2007年，全省高速公路管理工作坚持以科学发展观统领全局，紧紧围绕"三个服务"和"六高"目标总体要求，全面实施"五大工程"建设，巩固提高"六抓"格局，促进经济效益快速增长，高速公路通行环境得到较大改善，整体运营管理水平不断提高，行业整体竞争力得到增强，治理非法超限超载取得阶段性胜利，行业文明建设和党建工作取得新成效。全省高速公路通行费征收再创新高，共收取通行费75.93亿元，占全省交通规费54.6%，成为拉动全省交通经济主要增长点之一；服务区共完成营业额10.4亿元，接待服务车辆660万车次、顾客845万人次。

2008年任务目标是：实现通行费收入76亿元，服务区营业额12亿元，开发公司、信通公司完成产值1亿元；顾客满意度达86以上（第三方测评），有理投诉率不超过3%；年末优等路率提高1%；一般事故现场勘察完毕后1小时内恢复通车，重大事故3小时内恢复通车；力争使太旧、夏汾、汾离高速公路车辆拥堵得到有效缓解，其他出省路段通行效率有较大提高。为此，重点抓好九方面工作：以安全畅通为己任，竭尽全力提高通行保障能力；发展"五大工程"建设，树立良好服务形象；坚持科学发展，全面加强集中统一管理；立足"三基"工作，大力提升精细化管理水平；依靠科技创新，努力建设资源节约型、环境友好型行业；抓住发展机遇，促进提高综合经济效益；坚定必胜信念，坚决打赢超限超载治理攻坚战；建设行业文化，巩固发展大运千里文明高速路成果；拓展"六抓"格局，全面推进党的先进性建设。

会议要求，全系统干部职工要正确认识当前形势，切实增强加快发展的责任感，增加忧患意识，认真寻找工作中存在的差距。按照会议精神，切实把思想统一到提高"三个服务"的能力和水平上来，统一到省厅领导的讲话精神上来，统一到全年全局管理发展的总体目标和工作任务上来，全面推进管理创新，切实改进工作作风和加强党建和行业文化建设。

王晓林厅长在讲话中对近年来高速公路建设和管理所取得的成绩给予充分肯定。他说，全省高速公路无论是建设工作、还是管理工作，都走在全国前列。高速公路通车里程由144公里发展到目前1896公里，实现了从点到线，从线到面的转变。从管理上讲，全省高速公路系统广大干部职工围绕"三个服务"，狠抓"三基"工作，争创"三个一流"，落实"六高"目标，形成了比较健全的高速公路管理模式和管理体系，进一步提高了公共服务能力和水平，这些成绩的取得凝聚了大家的智慧和心血。就今后工作，提出4点要求。一是抓住机遇，解放思想，加快发展。从最近的南方雪灾可以看出，我国的基础设施建设还比较薄弱。今后国家将继续加强这方面的建设,高速公路系统要抓住这一发展机遇,自加压力,解放思想,力争使通行费收入达到100亿元。二是创新思路。领导班子必须创新思路和管理水平,加快高速公路由路到网转变,在全省率先实现高速公路由新型产业向现代服务业转变。三是提升理念,优质服务。交通是国民经济的基础性产业和服务性行业,一定要围绕“三个服务”,为人民群众创建安全便捷舒适的出行条件。四是强化管理。要完善全省高速公路监控、收费、通信联网系统;加大服务区的监管工作,促进高速公路服务水平和服务质量全面提升。

会议还表彰2007年度完成工作目标责任制优秀单位和先进单位、“五大工程”建设先进集体和先进个人以及安全生产先进单位和先进个人。

2月18日 省交通厅向省政府呈报《关于邀请省领导出席“全国农村公路工作电视电话会议”的请示》。

2月18日 省交通厅批复长邯高速公路207国道连接线设计。路线全长2.67公里,一级公路标准,时速100公里,路基宽24.5米,核定预算27 468 011元。

2月19日 省交通设计院2008年工作会议暨七届一次职代会召开。总结2007年工作,表彰先进集体和先进个人,安排2008年任务。王晓林厅长及厅机关有关处室负责人应邀出席。

2007年,中标高速公路9个项目11个标段,承担各项勘察设计项目(含前期项目)48项,完成693公里;完成钻探实进尺10万米;完成高速公路和汽车站场房建设计面积近20万平方米。全年签订合同2.5亿元,完成产值2.1亿元,落实项目回款9700万元,创利税收1500多万元,分别为2006年1.25倍、1.31倍、1.08倍、1.36倍、1.08倍;固定资产保值增值,各项经济指标均创历史新高。同时,连续10年保持“省级文明单位”称号,并被省文明委授予“文明和谐单位”称号,连续6年保持“全国创建文明行业先进单位”称号,被中国勘察设计协会授予“全国勘察设计诚信单位”。

2008年任务是:紧紧围绕全省高速公路建设前期工作这一中心,进一步提升综合服务能力,深化内部改革,开创科学发展新局面。主要目标:围绕全年高速公路开工1000公里目标,确保设计院承担项目前期工作全部到位;实现合同产值1.8亿元,完成产值1.6亿元、实现利税1600万元;多种经营完成产值5600万元。

王晓林厅长在讲话中提出3点要求。一是发展问题。要抓住机遇,迎接挑战,树立忧患意识,提高核心竞争力;二是创新问题。要树立创新理念和思路,依靠科技进步和技术创新,实现勘测手段和设计方法创新;三是人才问题。要把加强人才资源开发利用作为核心任务之一,既要引进和吸纳优秀人才,又要重视对现有职工队伍的继续教育和培养;要关心一线职工工作和生活,充分调动他们积极性和创造性,多出成果,多出精品;要继续保持朝气蓬勃、勇于奉献精神,争创一流管理、一流服务、一流品牌,为全省交通发展作出更大贡献。

2月19日 厅后勤服务中心召开2008年工作会议。王志民副厅长出席并讲话。对2007年工作给予高度评价,并代表厅党组和王晓林厅长表示感谢。希望在新的一年里,认真贯彻落实科学发展观,善于把后勤工作置于服务全省交通事业改革发展的大局中认识,维护机关正常秩序和和谐稳定环境;善于从服务对象的评价中找差距,改进工作;善于从小事和点点滴滴做起,把后勤服务保障工作做精、做实、做细。

2月19日 省交通厅向省政府呈报《关于采用BOT方式建设经营阳泉至五台山高速公路阳泉至盂县段的请示》。拟请同意中国建筑总公司建设经营,期限30年。

2月20日 下午3时,2008年全国农村公路工作电视电话会议在北京召开。翁孟勇副部长传达回良玉副总理对农村公路工作重要批示，冯正霖副部长总结2003年以来农村公路工作和基本经验，阐述新形势、新要求，提出加快发展6项任务，并对开展“农村公路质量活动年”活动作了专门安排。山东、吉林、四川三省交通厅和云南临沧市交通局分别介绍先进经验。

在山西分会场参加完全国农村公路工作会议后，省交通厅迅速贯彻会议精神。省政府副秘书长李顺通代表副省长牛仁亮对全省农村公路建设工作提出要求，王晓林厅长主持，张润副厅长就贯彻落实交通部会议精神提出意见。省政府办公厅、省新农村办公室、省发改委、省财政厅、省国土资源厅、省审计厅、国家开发银行山西省分行领导以及新闻记者，厅领导张志川、赵振田，省公路局局长戴飞，省运管局局长李华中，各市交通局局长、公路处长，厅机关有关处室、厅直有关单位负责同志出席会议。

2008年全省农村公路工作指导思想是：全面贯彻党的十七大和中央1号文件精神，以邓小平理论和“三个代表”重要思想为指导，深入贯彻落实科学发展观，以服务全省社会主义新农村建设为中心，以发展农村公共交通、改善农村公共交通服务为主线，继续加强农村公路建设，强化质量和安全监督，全面推进管养体制改革，深入推进农村客运网络化和线路公交化改造，积极发展农村物流，为农村经济发展和社会进步提供良好的公路交通服务。

2008年全省农村公路发展目标是：①完成投资60亿元；②全省87%建制村通水泥(油)路，93%建制村通客车；③质量、施工安全全面创优。质量合格率100%，优良率达到80%以上，无重大安全事故发生；④实现有路必养，有桥必管。县、乡公路和通村硬化路列养率达到100%，县公路年均好路率、年末好路率分别达到75%和80%，综合值分别达到65和70；乡、村公路路面完好率达80%以上，桥梁监管率达到100%；⑤廉政建设全面达标，不发生违规违纪问题；⑥具备条件的市县实现农村客运公交化、城乡客运一体化。

2008年农村公路工作要突出农村公路管理养护体制改革和工程建设管理创新两个重点，大力实施“六项工程”：①继续实施村村通水泥(油)路工程，完成村村通水泥(油)路1000公里，新增通水泥(油)路建制村1000个；②继续实施“两区”开发交通先行工程，突出抓好全长1004公里沿黄扶贫旅游公路建设，确保年内基本贯通；③继续实施村村通客车工程，建设乡镇汽车站80个，安装农村客运候车亭1000个、招呼站牌1000个，同时抓好农村物流发展试点工作；④继续实施县乡公路改造工程，完成改造里程3000公里；⑤启动农村公路安保工程和文明样板路创建工程，抓好危桥险路、农村渡口改造和渡改桥以及防护工程完善，加强治超，提高抗灾能力和安全保障水平；⑥协调指导、优质完成2000个新农村建设推进村街道硬化工程。为此，一要继续坚持“四轮驱动”，认真组织农村公路建设；二要调整投资结构，建立和完善政府投入为主导、农民积极筹资投劳、社会力量广泛参与的多元化投资体制；三要创新建设管理理念，认真组织开展“农村公路建设质量年”活动；四要坚持统筹协调，提升行业管理与公共服务能力；五要以改革为动力，大力加强农村公路和养护管理；六要按照统筹城乡协调发展要求，完善农村公共交通服务网络。

王晓林厅长在讲话中提出3点要求。一要统一思想，坚定信心。会议之后，各市交通局要迅速向各市政府汇报交通部、省政府具体部署，汇报农村公路建设新变化、新要求，进一步争取政府支持，落实政策措施，做好组织发动，迅速铺开全年农村公路建设。二要摸清底数，搞好对接。各市交通局要抓紧组织对本地区农村公路通达通畅、县乡公路路况及在建项目进展等方面情况进行全面调查，明确全年建设目标与任务，并与省厅搞好项目、计划对接，同时要积极筹措配套资金，做到项目、计划、资金“三落实”，切实把农村公路建设基础工作做实做到位。资金不落实的项目不得开工。三要围绕农村公路建设质量年活动,抓好宣传发动工作,制定详细计划,提出具体要求,加强监管,确保工程质量和施工安全。各级交通部门要切实肩负起行业监管职责,加强现场指导与监管,督促项目建设单位建立和完善质量、安全监督保证体系和责任体系,把质量、安全监管、廉政建设等工作落到实处,严防质量、安全、廉政事故发生。

李顺通副秘书长代表牛仁亮副省长对全省农村公路建设提出新的更高要求。一要提高思想认识,明确发展方向。切实做到农村公路建设内涵由路站运一体化向大力发展农村公共交通转变,农村公路发展模式由以通路通车为标志的速度型向以网络化、长效化为标志的质量型转变,农村公路建设重点由以“村村通”工程为主向县乡公路、村村通水泥(油)路并重,集中攻克“两区”转变等“三个转变”,确保省委、省政府提出的五项目标圆满实现。二要强化政府主导体制,进一步加强农村公路建设。要坚持政府主抓的工作机制,坚持政府主导的投资体制。三要注重服务引导,加强农村公路建设管理。要搞好规划,体现系统性、科学性和前瞻性;要确保建设质量;要加强廉政建设。四要统筹城乡,大力发展农村公共交通。要进一步深化农村公路管养体制改革;要大力推进农村道路运输网络化;要积极鼓励和引导农村物流,认真落实国家鲜活农产品绿色运输通道政策,继续扎扎实实把农村公路建设这项惠民利民便民的民心工程组织好、实施好,让更多的农民因路受益、借路致富、上路发展,谱写建设社会主义新农村的新篇章。

2月20日 上午,省交通厅召开全省农村公路新闻发布会,张润副厅长向新闻媒体介绍全省农村公路发展情况,厅党组成员、省公路局党委书记赵振田主持。

2002年以来,省厅创新农村公路发展、融资、管理思路,注重将农村公路建设与地方农村经济相结合,与扶贫开发相结合,与全省实际情况相结合,特别是在融资方面,省厅不断加大投入,实行“以奖代补”、“多干重奖”政策,大大激发广大人民群众参与交通建设的热情。在管理方面,按照建管并重原则,全面加强公路建设管理工作;按照建养并重原则,积极推进农村公路养护管理进程;按照公路建设与运输发展并重原则,同步推进农村客运事业发展。6年间,全省新改建农村公路15.2万公里,其中改造县乡公路1.9万公里,新建通村公路4514公里、通村水泥(油)路12.8万公里。到2007年底,全省通油路乡镇由“九五”末86.4%上升到100%,通水泥(油)路建制村由“九五”末42.5%上升到84.6%,通公路建制村由“九五”末94%上升到99.9%,通客运班车建制村由“九五”末58%上升到91%。

“十一五”期间,全省将新建和改造农村公路5万公里以上。到2010年,实现90%建制村通水泥(油)路,95%建制村通公交班车。从2008年起,省厅还将按照有路必养原则,加大农村公路养护投入,年度养护补助资金将达到3.17亿元。今后三年,要继续坚持以科学发展观统领全局,围绕“加快构建全省建设全国新型能源和工业基地的交通运输支撑保障服务体系”目标,继续加快农村公路建设;要坚持建养管并重、公路建设与运输发展并重方针,不断巩固和扩大已经取得的成果,让更多农民群众更直接地享受现代交通带来的现代文明。会议邀请18家中央驻晋新闻单位、省级各媒体参加。厅领导、厅机关有关处室和厅直有关单位负责人还现场回答了记者提问。

2月20日 省交通科学研究院召开2008年工作会议暨五届六次职代会。对2007年工作进行总结,表彰先进集体和先进个人,安排部署2008年任务。王晓林厅长出席并讲话,郜玉兰总工程师发来书面讲话,厅机关有关处室负责同志参加。

2007年,省交通科研院全力以赴积极参

与省内外重点公路工程建设，在培育特色经营理念，提升综合系统管理能力，推进管理体制和机制改革等诸多方面均做了大量卓有成效工作。研发和产业完成总产值达4.16亿元，是2006年1.3倍，利润有较大幅度增加；多元化与专业化做到较好协同，新增固定资产839万元；人均收入均有不同程度提高，达到5.6万元。

2008年目标是：实现年产值4.6亿元，员工人均收入6万元，经营性固定资产再增加不低于1000万元，职工住房条件和办公环境进一步改善，制定更为完善的管理体制。

王晓林厅长在讲话中要求适应新形势，抓住新机遇，迎接新挑战，实现新跨越。要围绕"三个服务"，狠抓"三基"工作，用新材料、新设备、新工艺、新技术，加强科研力度；坚持"好"字优先，加快结构调整，继续做大做强；坚持创新思路，围绕节能减排，创建新型科研企业；坚持深化改革，激发科研人员最大潜能；坚持以人为本，构建和谐交通。

2月20日 省交通厅印发《关于认真做好2008年版〈山西交通年鉴〉资料报送、发行及先进典型宣传工作的通知》。

2月20日 省交通厅印发《关于表彰2007年度〈山西交通年鉴〉工作先进单位和先进个人的决定》。其中，先进单位20个，先进个人24名。

2月21日 上午(正月十五)，省公路运输工会在厅机关五楼会议室举办"迎奥运、庆元宵"联欢会。厅领导王晓林、王志民、张德仪及厅机关各处室负责同志和机关干部职工参加。联欢会设有象棋、扑克、军棋、跳棋等项目，同时还举行歌颂祖国、讴歌近年来全省交通战线所取得辉煌成就的卡拉OK演唱活动。各项比赛紧张激烈，欢笑声、欢呼声此起彼伏。演唱活动更是进行得如火如荼，歌声不断，机关干部踊跃登台表演。王晓林厅长演唱革命歌曲《四渡赤水》，将整个联欢会气氛推向高潮，博得在场干部职工热烈掌声。王志民副厅长、张德仪总会计师也分别登台为大家演唱了充满激情的拿手曲目。联欢会在《祝福组国》的优美旋律中落下帷幕。

此次活动，省公路运输工会认真组织，精心安排，机关干部职工踊跃报名，积极参加，厅领导百忙之中亲临现场，充分体现厅机关团结和谐的良好精神风貌。

2月25日 省交通厅向省政府办公厅报送《关于太榆公路许西收费站撤站有关情况的报告》。

2月25日 省交通厅批复平定娘子关驻军部队出口路新建大桥可行性研究报告。桥长106.5米，引道长39米，桥宽12米，其中行车道宽9米，两侧各设1.5米人行道，估算投资690万元，建设工期1年。

2月25日 省交通厅向交通部规划研究院报送《关于荣乌高速公路山阴至平鲁段右玉连接线调整方案的报告》。路线全长12公里，二级公路标准，时速60公里，路基宽10米，总投资约5000万元，平均每公里417万元。

2月25日 省交通厅分别批复太旧高速公路3段爬坡车道改造工程可行性研究报告。时速60公里、80公里、80公里，投资估算1200万元、2890万元、2350万元，建设工期半年。

2月26日 2008年全省公路工作会议暨党风廉政建设、安全生产工作会议召开。王晓林厅长、张润副厅长出席并讲话；厅党组成员、省公路局党委书记赵振田主持；省公路局局长戴飞作工作报告。厅机关有关处室负责同志参加。会议总结回顾2007年各项工作，表彰先进集体和个人，安排部署2008年各项工作。

2007年，全省公路系统上下一心，迎难而上，开拓进取，夺取全省公路事业发展新胜利。全年累计完成干线公路投资46.5亿元，是计划116%，为近年最高水平。农村公路完成建设投资104.9亿元，继续保持强劲发展势头；干线公路完成路网改造1605公里，其中，新改建工程527公里，路面改造工程1078公里，列入省重点工程的省道孙吴线、

307国道旧关至新店、207国道平定至昔阳3条运煤通道按期竣工,沿黄干线公路全线开工建设;完成大中修工程851公里、危桥改造195座、安保工程808公里、公路绿化美化1936公里; 实施路域环境综合治理5079公里;收取车辆通行费11.72亿元。

2008年,省公路局重点做好8个方面工作:一是科学规划,进一步加快路网改造;二是以推动养护传统产业转型为突破,全面加强公路养护,深入推进预防性养护,着力实施“六大工程”,建立公路养护促进机制;三是统筹推进农村公路建养管工作,为新农村建设发挥更大行业作为;四是大力抓好路政管理和通行费收,推动依法管理水平再上新台阶;五是加强公共服务能力建设,加快生态文明建设步伐;六是深化改革,强化管理,进一步提高公路实体综合实力;七是强化自身建设,不断增强领导行业发展能力,牢固树立转型意识,重视管理创新,建立健全工作责任体系; 八是继续抓好党风廉政建设,繁荣发展公路文化。具体目标为:全省干线公路完成投资50亿元,完成路网改造1000公里;新改建农村公路13 000公里;干线公路平均好路率和综合值分别达82.26%和72.8;收取车辆通行费16亿元。

张润副厅长在讲话中提出5点要求。一要结合实际,规划好、谋划好全年任务;二要按照“畅通迎奥运,平安游山西”目标,加大公路养护管理力度,以良好公路状况和服务迎接八方来客; 三要高度重视公路工程质量、安全和廉政工作,严把质量关;四要坚持治超力度,防止反弹,建立长效机制,继续当好主力军,发挥主动性;五要以创建文明和谐行业为载体,创建和谐交通,打造精品工程,树立公路人良好形象。

王晓林厅长在讲话中要求面对新形势,抓住新机遇,迎接新挑战,围绕“三个服务”,抓好“三基”工作,尤其要抓好基础管理,公路段管理要规范化。同时,要强化危桥和公路整治,落实责任;强化养护和服务管理,提高服务意识;强化路政管理和应急管理,加强工作力度,以全新工作面貌,谱写全省公路事业发展新篇章。

2月26日 参加完全省公路工作会议后,王晓林厅长深入晋城,检查晋济、阳翼高速公路工程进展情况。要求在保证安全和质量前提下,加快施工进度,确保当年晋济高速公路通车, 阳翼高速公路路基完工。要严格按照“小业主、大监理”工程建设管理理念,全面实施好“抓监理、监理抓”模式,充分发挥监理作用,继续抓廉政,抓安全,抓质量,争取建成全省“建设一流、管理一流”高速公路。

2月26日 上午,太原交通征稽工作会议召开。张润副厅长出席并讲话,张德仪总会计师作书面讲话。厅机关有关处室负责人应邀参会,省征稽局党委书记、局长张晋鹏出席并讲话。

2007年,太原征稽分局征收“两费”63 127.25万元,为年计划101.41%,同比增长2.27%,增收1404万元,提前一个月完成省局计划。2008年计划完成公路养路费、货运附加费6.51亿元, 完成车辆通行费1400万元。三项交通规费确保完成6.65亿元,力争突破7亿元。

张润副厅长在讲话中提出3点希望。一是继续加大规费征收力度, 为全省交通事业发展作出新贡献;二是以“畅通迎奥运,平安游山西”为主题,继续深入开展文明和谐行业创建活动;三是切实抓好党风廉政建设,确保各项工作持续健康发展。

2月27日 厅新闻宣传中心2008年工作会议召开。张润副厅长出席并讲话。厅办公室主任尹新平、厅人事处处长蔺建煌、省公路运输工会主席王晓光出席并为先进单位和个人颁奖。

2007年,厅新闻宣传中心圆满完成年度各项工作任务,取得较为显著成绩。一是大力宣传党的十七大精神,牢牢把握正确舆论导向。二是充分利用各种宣传手段, 为全省交通工作又好又快发展营造良好舆论氛围。

重点组织策划大型专题新闻采风活动,全力助推大运千里文明高速路创建活动及重点工程、农村公路建设等工作不断引向深入。坚持政治性、时效性、艺术性三统一原则,进一步强化采编工作,不断提高办报质量,在2006年试行基础上,《山西交通》全部改为彩报,共出版99期;协助办好《山西日报·交通周刊》和《山西经济日报·交通周刊》,进一步拓展交通新闻宣传领域;组织省城书法家赴晋济高速公路采风等活动,受到基层单位热烈欢迎;《中国交通报》和山西电视台驻厅记者站宣传扎实有效,影响力逐步扩大。三是立足"保障服务"方针,紧紧围绕厅党组中心工作,及时为厅领导积极参与省厅各类重大活动组织策划和新闻宣传工作,特别是由中宣部和交通部组织的"老区新路"采访团活动在山西的组织工作受到部领导和中央媒体记者称赞;四是有效架构新闻宣传工作体系,加强与全系统各单位新闻信息共享,进一步加强新闻宣传工作建设;五是密切与新闻宣传部门和新闻单位沟通协调,求得支持与帮助,促进交通新闻宣传事业可持续发展;六是强化思想政治教育,严格各项规章制度,统筹做好各项工作。

张润副厅长在讲话中提出5点要求。一要切实抓好当前政策理论学习工作,要认真学习领会贯彻宣传好全国和全省宣传思想工作会议精神,用理论武装头脑;二要围绕大局,把握方向,突出重点,全面推进,精心制定工作要点;三要为全省交通加快科学发展鼓与呼,要贯彻落实全国和全省交通工作会议精神,围绕"三个服务"、"三个并重"进行宣传,创造良好舆论氛围,激发全系统广大干部职工工作热情;四要着力抓好治理车辆超限超载工作宣传,加强领导,深入宣传报道,鼓舞治超人员士气;五要高度重视外宣工作,继续加强队伍建设,贴近群众,贴近基层,贴近生活,深入基层,挖掘新闻,进行深度报道。

2月27日 上午,晋城公路分局举行执法车辆配发仪式,为养护生产、路政管理一线配发14辆工作用车。王晓林厅长,晋城市委副书记、代市长王茂设,市委常委、副市长赵学梅出席。

王晓林厅长在讲话中希望强化公路养护管理,强化危桥公路整治,强化路政治超管理,加快国省干线改造和农村公路建设,为晋城市经济腾飞起到交通应有的支撑保障服务作用。

2月27日 省交通厅印发2008年农村公路工作要点。

2月28日 运城至稷山一级公路竣工通车。王晓林厅长、赵振田书记及运城市四大班子领导出席。路线全长74.141公里,路基宽25.5米,双向四车道,时速100公里。王晓林厅长在讲话中希望运城市认真抓好管理养护,坚决治理非法超载,确保长久发挥效益;以通车为契机,优化公路结构,整合沿线工业、农业和旅游资源,建设一个新型经济带和新型文化带。

2月29日 王晓林厅长深入运城绕城高速公路西南段建设工地调研,要求在保证工程质量前提下,加快建设速度,高标准、高质量、高效益完成工程建设任务。厅党组成员、省公路局党委书记赵振田,运城市委副书记、代市长王安庞,市人大常委会主任黄有泉陪同调研。

2月29日 凌晨2时20分左右,4辆拉沙车辆从忻州方向向太原驶来,经过太原公路分局司徒洼超限检测点时,值勤交警和路政人员乔建宁等共同进行例行检测。这4辆有超载嫌疑的车辆非但没有减速,反而加大油门强行闯了过去,逃避检测。执勤交警和路政人员进行第二次拦截,第一辆车停下后,在拦第二辆晋H20972时,司机不但没有停车,竟然调整方向直接撞向路政人员。毫无防备的乔建宁被车辆横着碾压过去,后又被大卡车拖出十几米,当场压断双腿,昏死过去。肇事司机弃车逃逸。事件发生后,乔建宁被同事们紧急送到太原市中心医院。由于伤势严重,双腿被当场截肢。据事后了解,这辆核定载重量40吨的车，当时竟然拉了71.74吨，超载量79%。“2·29”事件引起省政府领导高度重视。牛仁亮副省长当日作出重要批示，要求迅速组织力量查办，对暴力抗法者依法严惩。

2月29日 省纪委驻交通厅纪检组印发《关于吸取厦门市个别超限站集体受贿案教训组织开展警示性教育的通知》。

3月

3月1日 交通部发布的《汽车客运站安全生产规范》开始在全国实施。当日上午9时，数千名运管人员及汽车客运站人员通过各种方式，在全省各市统一进行声势浩大的宣传活动。省运管局、太原市运管局在太原东客站举行隆重的宣贯活动仪式。

3月1日 上午，厅领导王晓林、张润、张志川、赵振田及省公路局局长戴飞，分别代表厅党组和省公路局党委慰问看望乔建宁。

3月1日 省交通厅印发《关于做好全国“两会”期间安全保卫工作的通知》。

3月2日 上午，牛仁亮副省长深入太原市中心医院慰问看望被非法超载车辆司机恶意冲撞，导致双腿截肢的路政治超值勤员乔建宁，给他送去鲜花和慰问金。牛仁亮高度赞扬乔建宁爱岗敬业、勇于奉献、不怕牺牲的精神，鼓励他安心养伤，争取早日康复。省政府副秘书长李顺通、孙跃进，省纪委常委、省纠风办主任黄福莲，省公安厅常务副厅长李连琪，省交管局局长宋建华，太原市委常委、副市长李俊明，副厅长张润、张志川，省公路局局长戴飞一同慰问。

在病房里，牛仁亮详细询问乔建宁伤情和医治情况。他说，“小乔，让你受委屈了，你是非常优秀的，是全省治超人员的榜样。我们一定会将此事一查到底，查个清楚，对肇事者进行严肃处理。你要好好养伤，争取早日康复。”接着，他对陪护的小乔父母说，非法超限超载车辆治理是省政府作出的一项重要决策，2007年12月19日启动以来，取得明显成效。超限超载车辆比例大幅下降，运货价格大幅回升，道路交通事故明显下降，交通事故死亡率下降12%，意味着集中治超两个半月来，全省道路交通事故死亡人数减少100人。你们是好样的，培养了这么一个好儿子，为全省超限超载治理作出了重大贡献和牺牲，组织已决定聘用小乔为正式职工，并会妥善安排好一切。牛仁亮还当场拜托医护人员，全力做好乔建宁的康复治疗。

小乔父母对牛仁亮一行的慰问看望表示感谢，并当场表示，大儿子为治超倒下了，他们决定把小儿子再送到治超一线。从病房出来后，牛仁亮又听取了医院对乔建宁的伤情和医治情况汇报，再一次要求太原市中心医院进一步完善后续治疗方案，以最好的技术、药品和护理精心治疗，尽最大努力医治乔建宁的身体损伤。

3月3日 上午，全国交通行业抗灾保通表彰电视电话会召开。王晓林厅长、王志民副厅长，厅机关各处室及厅直各单位负责人收看。上午10时，会议开始。冯正霖副部长主持。会议播放抗灾专题片《抗灾保通交通人》；黄先耀副部长宣读表彰决定；河南省交通厅赴湘援助队等先进代表作典型发言；翁孟勇副部长作重要讲话。全国交通行业共有148个先进集体、348名先进个人受到表彰。其中山西有2个先进集体、6名先进个人，分别是省高管局、省运管局及马东强、曲冰、李灵、贾建民、金路、张计林。

3月3日 省交通厅向省发改委报送《关于批复国道307线旧关至新店公路改建工程可行性研究补充报告的请示》。西郊至庄窝段3.84公里，一级公路标准，时速80公里，路基宽21.5米；旧关隧道增加140米；旧关隧道复线4.2公里采用三级公路标准，时速30公里，路基宽8.5米。估算投资增加5684万元。

3月3日 省交通厅批复长邯高速公路与309国道连接线工程可行性研究报告。路线全长3.48公里，二级公路标准，时速60公里，路基宽12米，投资估算2877万元，建设工期1年。

3月3日 省交通厅批复省高速公路信息监控中心、收费管理中心专业技术职务岗位职数结构比例。高级、中级为15%:38%。

3月3日 省交通厅向省发改委报送《关于忻阜高速公路长城岭隧道和火焰山隧道至凤凰岭隧道段工程列入山西省2008年度固定资产投资计划的请示》。其中，长城岭隧道长4700米，山西境内长3002米，双向6车道；火焰山隧道长2155米，凤凰岭隧道长5868米，双向4车道。申请资金7亿元。

3月3日 省交通厅批复全省2007年渡口改造工程初步设计。共计20个渡口，其中管理站房15处，面积891平方米，核定概算940万元，建设工期1年。

3月3日 省交通厅印发《关于在全省交通系统进一步开展安全生产隐患排查治理工作的通知》。

3月3日 省交通厅成立安全生产隐患排查治理工作领导组。组长：王志民；副组长：杨吉平、蒋品、田根；成员有：胡志勇、王联明、李灵、郝如恒、孙印、李新杰、杨绍波、张翼。

3月3日 省交通厅向省政府办公厅呈报《关于提请省政府函复交通部农村老旧渡船更新工作安排意见的请示》。共需更新和新建92艘，需更新资金1100万元。

3月4日 省交通厅向交通部报送2007年度车辆购置税基本建设财务决算报表。共计47项，概算总额1 722 374.42万元。

3月5日 上午，省交通厅组织在家的厅领导和机关全体工作人员以及厅直有关单位负责同志，在厅五楼会议室集中收看十一届全国人大一次会议电视直播现场，第一时间聆听国务院总理温家宝所作政府工作报告，回顾过去五年，鼓舞人心，展望前景，催人奋进。

3月5日 原省政协副主席、省治超办顾问兼总督察员吕日周深入平遥县、沁源县、屯留县、长治市检查治超工作。他说，治超工作责任重大，关系到人民群众生命财产安全。只有严格治超，才能多产煤多用煤，才能推动煤炭业发展。抓源头，治超是关键；抓倒查，干部有责任。特别是对在治超中发现的内部腐败分子要予以坚决打击，对违法司机、车主、车辆、装卸源头要追究法律责任。长治的经验非常好，指导思想明确，效果好，方法多，措施具有独创性，为全省起到带头作用，经验值得推广宣传。希望长治市鼓足干劲，再接再厉，把省治超办文件精神贯彻落实好，打好治超攻坚战。

3月5日 张润副厅长深入吕梁市沿黄扶贫旅游公路进行现场调研。认真听取各县工程建设详细汇报，实地查看一期工程和兴县段至保德界建设情况，详细询问二期工程准备、实施情况。充分肯定吕梁沿黄扶贫旅游公路建设成绩，指出存在的问题，要求加大道路两旁绿化带、排水工程和安全标志建设；严把质量关，加大监管力度，确保工程经得起历史考验；吕梁市交通局要运用新思维、新办法，积极探索新路面养护办法和机制。

3月5日 甘肃省交通厅副厅长康军带领考察团一行6人赴晋考察调研。郜玉兰总工程师及厅公路处、厅重点办、省公路局、省交通设计院有关负责人参加座谈。郜玉兰代表厅党组致欢迎辞，并介绍省情、交通发展概况和“十一五”规划，重点介绍全省公路建设管理体制。双方就高速公路、国省干线、农村公路建设、管理体制、资金筹措及招投标办法、施工单位信用评价体系、材料差价、国家资金拨付、重点项目建设过程中的奖惩等重点及热点问题进行深入交流和探讨。考察团对山西公路建设取得的巨大成就和创造的经验给予高度评价。

3月5日 太原市交通局召开“城乡清

洁工程”动员大会，要求所属单位和行业从业人员从细处入手，美化环境，为建设宜居城市作出应有贡献。

3月5日 省交通厅印发《关于表彰2008年全省道路水路春运工作先进集体先进个人的决定》。其中，先进单位90个，先进个人256名。

3月6日 上午，“迎奥运庆三八”全省交通系统女职工联欢会在省高管局举行，王晓林厅长出席并讲话。希望广大女干部职工继续发挥“半边天”作用，加强学习，提高自身素质，增强工作能力，除完成好本职工作外，还要相夫教子，在构建和谐交通中发挥重要作用。男士们要维护好妇女合法权益，帮助解决生活上的问题和困难。最后，他向全系统女职工致以节日问候，祝节日愉快，家庭幸福，事业有成。会议还对过去一年里全系统涌现出的先进女工组织和先进女职工进行表彰。

3月6日 上午，省交通厅召开2008年全省道路水路春运工作总结表彰视频会议，总结成绩和经验，表彰先进集体和先进个人，王志民副厅长出席并讲话。

今年春运恰遇暴雪冰冻灾害，持续降雪和严寒造成交通中断，运输停运，旅客滞留，煤电油运紧张。全省交通系统干部职工大力弘扬“辛苦我一个，幸福千万家”的行业精神，周密安排，精心组织，严格管理，优质服务，战严寒，斗冰雪，保畅通，保运输，保安全，保民生，圆满完成道路水路旅客、鲜活农产品、电煤抢运和抗冰抢险救灾物资运输任务，实现“安全、畅通、文明、和谐”总体目标。春运期间，全省日均投放客运车辆1.2万辆，日均发送班车3.6万个，组织客运包车106辆，加班1903个班次，累计发送旅客1820万人次，其中运送农民工621万人次，春节旅客运输量较上年同期增长0.7%；全省公路运输电煤698.3万吨，其中：为外省运输电煤440.9万吨，为省内24个电厂运输电煤257.4万吨，发挥电煤运输保障主力军作用；全省各级公路收费站共免费放行鲜活农产品运输车94 504辆次，免收通行费1149.8万元。

王志民副厅长在讲话中总结4条经验。各级领导高度重视、精心组织、狠抓落实是关键；各有关部门相互配合、相互支持、协同作战是有效措施；完善提升服务设施、服务装备、服务功能，是重要条件；交通干部职工坚守岗位、加班加点、勇于奉献是根本保证。要求认真总结和推广先进经验，学习先进典型，按照做好“三个服务”要求，查找薄弱环节，进一步理清交通科学发展思路。用春运精神、作风、干劲和文化推进各项工作，促进交通事业又好又快发展。

3月6日 下午，山西交通技师学院召开2008年工作会议。王晓林厅长、郜玉兰总工程师出席并讲话。

2007年，在加强校园硬件建设，深入推进科研教改，始终坚持开门办学，精心培育培训市场，夯实精神文明建设，为职工办实事、办好事等七个方面取得显著成绩，学院办学规模、办学水平、服务质量、社会形象和办学效益均取得新的突破。2008年，集中精力走内涵发展之路，以教学改革为重点，以教育质量为根本，推进学院又好又快发展。围绕建好技师学院总目标，按照“12355”改革发展思路，以就业为导向，以专业建设和课程改革为重点，以教育教学质量为核心，从严治校，努力开创生源质量有提高、就业出路有保障、育人质量稳步提升的新局面。

2008年着重做好8个方面工作。一是全面实施农民工培训示范基地工程；二是全力推进以专业标准开发为重点的教育教学改革；三是全面提升管理科学化水平；四是努力开创招生就业新局面；五是加大培训工作力度；六是健全后勤服务体系和安全保障系统；七是扩大党建、精神文明建设成果；八是积极为师生办实事、办好事。

郜玉兰总工程师在讲话中要求明确办学方向，找准市场定位；按教学规律治校，照市场规律办学；适应社会需求，保证培养质量。

王晓林厅长在讲话中要求准确定位，培养出高素质、高技能人才；抓住机遇，开拓市场，搞好教学教改；抓住学生，挖掘潜力，使其真正成为品行好、基础实、技能强、体魄壮的社会主义劳动者。

3月6日 省交通厅印发《关于转复2008年厅直单位收支预算的通知》。收入917 945.52万元，支出882 689.13万元。

3月6日 省交通厅党组向省委组织部报送《关于省公路运输工会参照公务员法管理的请示》。编制11人，设主席（正处级）1名，副主席（副处级）2名；现有7人。

3月6日至7日 牛仁亮副省长深入忻州、朔州、大同调研和检查指导治超工作，并在大同召开座谈会，听取3市近期治超工作汇报，与各级治超工作相关负责人就目前全省治超工作中出现的新问题、新情况进行广泛交流和座谈。张志川副厅长、省运管局局长李华中及省经委、省工商局、省交管局、省纠风办负责人陪同。牛仁亮副省长在讲话中要求狠抓路面、源头、倒查机制和典型案件“四个重点”，确保责任、机制、经费、队伍管理“四个到位”，逐步探索建立治超工作长效机制，再掀全省治超新高潮。

3月7日 下午，来自交通系统各条战线女工代表30余人，在郜玉兰总工程师带领下，参加由省体育局、省直工委、省妇联、省体育总会主办的“心系2008北京奥运会”庆“三八”山西省直机关女干部健步走活动。

3月7日 省交通厅厅直机关党委印发2008年厅直单位党的工作要点。

3月7日 省交通厅向孟学农省长呈报《关于三门峡大桥超限运输检测点有关问题的调查报告》。

3月8日 河南省发改委副主任裴志扬、省交通厅副厅长李庆瑞带领河南省发改委、省交通厅有关处室和地市交通部门负责人一行10余人莅晋，就晋豫两省高速通道对接与省发改委、省交通厅有关处室和部门负责人座谈。省发改委副主任兰光东，郜玉兰总工程师出席。双方通报晋城至济源、济南至闻喜、安阳林州至长治平顺高速公路、运城至三门峡高速公路三门峡黄河大桥，新乡至高平高速公路项目建设和前期工作进展，对有些项目上存在时间差、意见分歧坦诚交流看法，并表示要在充分理解和尊重对方意愿前提下，加强沟通，扎实推进，互相支持，争取双赢；同时，要继续加强干线公路和农村公路改造建设的沟通与合作。

3月10日 下午，交通部召开全国奥运交通保障工作电视电话会议，要求全力做好北京奥运会交通保障6项工作。省交通厅成立“畅通迎奥运、平安游山西”领导组，加强领导，统筹协调公路大中修改造与养护管理。要求当前要突出抓好重点旅游线路标志标线完善、环境整治及大中修工程，分层次分项目落实任务、落实资金、落实施工组织计划，确保7月底前完成。同时要建立和完善各种公路交通应急预案和应急机制，确保奥运活动期间全省公路畅通。

3月10日 省交通厅印发《山西省农村公路建设质量年活动实施方案》。主要包括指导思想、组织领导、主要目标、主要内容、时间安排、具体要求6项。

3月10日 省交通厅成立全省农村公路建设质量年活动领导小组。组长：张润；副组长：郜玉兰、赵振田；成员有：卫跃文、丁吉喜、李新杰、梁仁义；办公室主任：李俊生；副主任：卫跃文。

3月10日至11日 省交通厅特邀在美国工作的李硕、王忠仁、朱清3位博士就中美交通公路建设与管理技术进行现场交流和研讨。厅机关有关处室、各市交通局、厅属有关单位和各高速公路建设管理处领导和技术负责人200多人参加。

会上，3位博士分别就《美国路面结构设计和典型结构》、《交通安全设计与改造：原理与实践》、《路面摩擦系数及其测试》、《美国公路交通、气候数据采集和分析》等课题进行深入讲解，并就有关问题和与会人员进行研讨。

此次技术交流，对活跃全省交通学术氛围，加强交通技术交流，提高交通技术创新能力和整体科研水平，了解国际公路建设与交通管理领域发展新趋势，起到积极推动作用。

3月10日至13日 省征稽局举办新录用人员岗前培训班。从行政职业能力、公文行文规范、征稽文化以及相关法律法规政策、公路养路费基本知识、信息化建设等方面对新招录人员进行培训，并通过考试检验培训成果。

3月11日 省交通厅召开2007年度厅领导述职述廉大会。厅党组书记、厅长王晓林代表厅党组作述职述廉报告。省考核组组长、省纪委副厅级检查员王晓慧及考核组其他成员，厅机关副处以上干部、厅直单位党政负责人出席。

2007年，厅党组以迎接党的十七大胜利召开为动力，围绕省委提出的“走出四条路子、实现三个跨越”，按照全面推进、重点突破思路，着力在抓发展、抓管理、抓落实上下工夫，圆满完成本届政府既定各项交通工作任务，并为实现“十一五”规划目标打下坚实基础。一是坚决贯彻落实省委、省政府的各项重大部署，服务经济社会发展大局；二是坚持“三个并重”方针，推动交通全面协调可持续发展；三是以提高执政能力为核心，切实加强党的先进性建设；四是坚持从严治党、从严治政，深入开展党风廉政建设和治理商业贿赂工作。厅党组始终把推进党风廉政建设和反腐败工作摆在十分重要位置，认真贯彻落实中共中央《建立健全教育制度监督并重的惩治和预防腐败体系实施纲要》，切实加强对党风廉政建设和反腐败工作领导，严格落实党风廉政建设责任制，认真开展治理商业贿赂工作，大力加强政风行风建设，以改革精神推进源头治腐工作，保证改革开放和交通建设顺利进行。

王晓林厅长还就一年来工作以及廉洁自律情况作了述职述廉报告。其他厅领导张润、王志民、张志川、郜玉兰、张德仪分别就分管工作完成情况以及廉洁自律情况进行述职述廉。考评组对厅领导班子及厅领导分别进行民主测评。

3月11日 下午，山西交通职业技术学院召开2008年工作部署大会。王晓林厅长、郜玉兰总工程师及厅有关处室负责人出席。学院党委书记孟科作工作报告。

2007年，学院全面落实科学发展观，围绕教育部组织的人才培养工作水平评估整改和加强学生管理工作，奋力开拓，锐意创新，教育教学改革不断深化，教学质量稳步提高，招生和就业工作扎实有效，各项基础管理工作成效明显，党建工作、和谐校园文化建设出现新局面，各方面工作都有长足发展，实现厅党组确定的评估达到“优秀”目标。

2008年工作目标是：实施“4321”工程，即扎实推进特色专业、精品课程、名师双师、校区扩建四项建设；努力实现科研工作、校企合作、师资培养三大突破；切实加快省级示范院校、省级文明单位创建两项工作；搞好建校50周年庆典活动。着力抓好十一项工作。即坚持质量兴校、内涵发展，狠抓教学质量；提高师资队伍建设水平；规范教学和学生管理；搞好就业服务和招生工作；启动并加快实施示范性院校创建；搞好校区基础设施建设；加快校园信息化建设；深化内部改革，提高办事效率；推进后勤改革，抓好综合治理与和谐平安校园创建；搞好建校50周年庆典活动各项准备工作；积极为师生多办实事，办好实事。

郜玉兰总工程师在讲话中提出3点要求。一要准确定位，明确发展目标；二要确立模式，适应时代对高等职业教育新要求；三要积极努力，争取成为国家级高等职业示范院校。

王晓林厅长在讲话中提出4点要求。一要认清新形势，推动科学发展；二要抓住新机遇，增强学院实力；三要谋划新发展，强化教学质量；四要实现新跨越，办出学院特色。

3月12日 王晓林厅长、张德仪总会计师带领厅机关有关处室同志，在阳泉市委书记谢海、常务副市长王旭明、市人大副主任张清、市政协副主席王振国等领导陪同下，视察307国道复线阳泉坡头至水峪一级公路，并与阳泉市四大班子领导进行座谈。复线全长28.8公里，概算投资7.8亿元。

王晓林厅长在讲话中提出4点要求。一要抓好扫尾工程，统筹推进滑坡治理、护坡处理和绿化工程，提升公路综合服务能力和安全保障能力；二要加强采空路段和桥梁、隧道动态监控，发现问题，及时处治，为全省公路建设提供新经验；三要加强公路养护管理，加大综合运用行政、法律、经济手段和技术措施治理车辆超限超载力度，严格责任追究，坚决遏制反弹，保护公路设施，保证公路安全畅通；四要强化运营管理，降低运营成本，提高还贷效益。

3月12日 省交通厅、省财政厅、省物价局向省政府呈报《关于运风高速公路永济收费站迁址的请示》。中心桩号由K51+647变更为K52+076米，南移429米，站址仍为城关镇赵杏村。

3月12日 省交通厅批复闻喜至济源高速公路闻喜东镇至垣曲蒲掌段施工图设计。路线全长82.811公里，双向4车道高速公路标准，时速80公里、100公里，路基宽24.5米、26米，核定预算4 181 064 996元。

3月12日 省交通厅印发《关于促进全省道路运输业又好又快发展的若干意见》。主要包括6项内容：①指导思想、基本原则和发展目标；②深化改革创新，转变发展方式；③优化运输结构，搞好公共服务；④强化依法治运，规范市场秩序；⑤提高队伍素质，提高行政效能；⑥推进文明创建，促进行业和谐。共计30条。

3月13日 牛仁亮副省长致信祝贺全省道路运输工作会议召开，并向全省道路运输战线广大干部职工表示亲切慰问。希望全省道路运输系统深入贯彻落实科学发展观，坚持改革创新，转变发展方式，加强道路运输基础设施建设，加快发展公共交通服务体系和现代物流产业，努力提升农村道路运输服务能力，为建设新基地新山西作出新的贡献。

3月13日 上午，全省道路运输工作会议在太原隆重召开。会议认真贯彻党的十七大和全国、全省“两会”精神，落实全国道路运输工作会议和全省交通工作会议部署，总结2007年工作，分析当前面临形势，安排2008年任务，动员全省交通运输系统广大干部职工深入贯彻落实科学发展观，围绕做好“三个服务”，转变发展方式，提升产业素质，开创全省道路运输工作新局面。牛仁亮副省长为大会发来贺信，王晓林厅长出席并讲话，王志民副厅长作了题为《坚持科学发展，围绕“三个服务”，开创全省道路运输工作新局面》的工作报告，会议对2007年度全省运管系统和道路运输行业先进集体和先进个人进行表彰。李华中局长主持会议。

2007年，在省委、省政府正确领导下，全省各级交通主管部门和运管机构、运输企业以科学发展观为统领，注重发挥道路运输业比较优势，围绕“三个服务”，推进“四个创新”，全年完成客运量3.96亿人、旅客周转量207.14亿人公里，同比增长3.2%、和9.2%；完成货运量8.21亿吨、货物周转量427.46亿吨公里，同比增长4.5%和6.1%；完成机动车维修271.7万辆次，实现产值6.91亿元，同比增长27.5%和2.4%；完成汽车驾驶员培训24.2万人，实现产值7.12亿元，同比下降13.6%和增长35.9%；征收客运附加费1.5亿元、运管费4.5亿元，同比增长6.7%和16.7%；全省道路运输没有发生重大及其以上责任事故；道路运输业对经济和社会发展的贡献率以及在综合运输体系中的比重进一步提高。

2008年工作任务是：围绕做好“三个服务”，按照建立综合运输体系要求，全面实施以“三个并重”为核心的交通发展战略，以运输安全高效、服务文明诚信、节能减排主导、技术装备先进、市场规范有序、站运协调发展为目标,转变发展方式,提高产业素质,加快推进道路运输业向现代交通业转型,着力提高“五个能力”,提高道路运输在综合运输体系中的地位作用和比较优势。一要进一步加快道路运输协调发展,提高道路运输供给能力。要加快客货运站场等道路运输基础设施建设;要完善客货运输应急保障体系;要加快城乡交通协调发展。二要进一步完善长效机制,提高道路运输安全监管能力。要坚持业务管理与安全监管相结合;要坚持静态安全监管与动态安全监管相结合;要坚持安全生产监管与安全生产隐患排查整治相结合;要坚持完善安全事故应急预案和开展应急救援演练相结合。三要进一步加强组织领导,提高农村道路运输发展能力。要加强领导,政策支持,加大投入,以城带乡,发挥优势。四要进一步推进道路运输结构调整和优化升级,提高道路运输可持续发展能力。要大力推进道路运输组织结构调整、推进道路运输经营结构调整、推进运力结构调整、推进机动车维修业优化升级、推进道路运输信息化建设、推进超限超载车辆源头监管工作。五要进一步抓好运管队伍建设,提高道路运输市场监管能力。要加强培训,理顺机构;完善法规,依法行政;加强管理,规范行为;转变作风,狠抓落实;加强配合,增强协调。

王晓林厅长在讲话中,要求紧紧围绕“三个服务”和“三个转变”,推动道路运输率先科学发展。树立优先发展理念,树立协调发展理念,树立创新意识,树立法制意识。要紧紧围绕“三个服务”,提升道路运输服务能力水平。推进结构调整;完善旅客运输、战略物资运输和汽车维修救援保障体系;加强运输站场建设;加强安全监管;大力发展现代物流;继续抓好村村通客车工程。要全力做好北京奥运会交通保障工作。省人大财经委、省编办、省人事厅、省财政厅、省工商局、省质量监督局、省物价局、省政府法制办、省公安厅交通管理局、省安监局、省旅游局等单位有关负责人应邀出席。厅机关有关处室、厅直有关单位负责人、各市交通局、各市运管局(处)、各县运管所、有关客货运企业、维修企业、驾培学校及客货运站场主要负责人参加。

3月13日 忻州市交通局邀请忻州公路分局、征费分局、高速公路公司、忻阜高速建设管理处、忻保高速建设管理处、忻州汽车运输公司等驻忻交通单位领导、宣传部门负责人共聚一堂,举行全市交通系统新闻宣传联谊会。会议详细介绍《交通在线》栏目性质、运作方式及工作思路,《忻州交通网》建设基本情况以及网站主要栏目设置。要求以深入学习宣传贯彻党的十七大精神、科学发展观和构建和谐社会为主线,立足“保障服务”方针,加强“党管新闻”原则,切实加强与省市各新闻媒体联系,加强对重大交通新闻宣传活动组织策划;建立交通系统各单位与新闻媒体间沟通协调合作机制,多方寻求舆论支持;进一步建立健全全市交通系统新闻宣传联谊会制度,建立联动合作机制;加强新闻宣传业务培训,增强影响力,推动工作再上新台阶,为全市交通又好又快发展营造良好舆论氛围。

3月13日 省交通厅转发交通部《关于公布现有有效交通规章目录的公告》。共计241项。

3月14日 太原公路分局召开工作表彰会暨七届一次职代会,制定2008年发展八大任务。张润副厅长出席并讲话。希望继续保持朝气蓬勃、勇于奉献精神,围绕做好“三个服务”,按照“三个转变”要求,在基层组织、基础管理和基本素质建设上下工夫,争创一流管理、一流服务、一流品牌,为太原市乃至全省公路事业发展作出更大贡献。

3月16日 省监察学会交通分会第一届三次理事会在运城召开。会议回顾2007工作,增选学会领导成员,表彰2007年度优秀(先进)会员单位及优秀反腐倡廉理论研讨文章,部署2008年工作。省纪委监察厅副秘书长、监察综合室主任、省监察学会秘书长周礼仁,省监察学会交通分会会长赵龙出席会议并讲话。

2007年，分会紧紧围绕交通改革发展，开展反腐倡廉理论研究和学术交流，为全省交通行业反腐倡廉工作服务，各项工作都取得丰硕成果。全年刊选31篇理论文章，其中，赵新民、李征远撰写的《强化标本兼治，坚持综合治理，构建从源头上预防和治理腐败新体系》获中国监察学会交通分会2007年度优秀调研论文二等奖。同时，利用编辑出版《交通廉政》杂志这个平台，开展具有山西特点的反腐倡廉理论研究和经验总结，推广先进典型和廉政建设先进经验，为广大纪检监察干部深入开展反腐倡廉建设，加强理论研究，搭建交流平台。目前，共出版《交通廉政》7期。此外，分会按照做好“三个服务”要求，举办四期有针对性培训，增进交通系统广大纪检干部相互了解，交流经验，开阔视野，拓宽思路。

2008年任务是：围绕交通改革发展中心，联系反腐倡廉工作实际，紧紧抓住反腐倡廉难点、重点和热点，精心选题，组织力量，大力开展对策和措施研究；针对工作中的一些苗头性、倾向性问题，组织调查研究，不断探索反腐倡廉特点和规律，加强战略性问题、前瞻性和系统性研究；坚持“少而精、出成果、抓转化”工作思路，力争多出成果，多出精品，使研究成果能够更多地进入领导决策，体现到工作部署和安排之中。

3月17日 全省道路客运管理暨全省道路旅客运输企业质量信誉考核培训会议召开。省运管局局长李华中在讲话中要求加快转变发展方式，推进道路运输客运企业由外延式精放型增长向内涵式集约型增长转变，进一步搞好运输安全，提升服务水平，认清形势，把握机遇，把全省客运市场做实、做好、做强、做大。

3月17日 省交通厅印发《关于认真做好全省交通系统反恐暨安全防范工作的通知》。

3月17日 省交通厅印发《关于在全省交通系统开展老干部活动中心（室）“建设和管理服务年”活动的意见》。3月18日至8月18日为宣传发动、督察指导；8月19日至11月18日为考核验收、评比先进。

3月18日 全省交通战备工作暨“军交—2007B”活动山西分现场总结表彰大会在忻州顿村省交通职工培训中心召开。会议提出，2008年，全省交通战备系统要围绕军事斗争准备这个中心，搞好战场交通建设、正规化建设、保障能力建设、信息化建设、法规制度建设、业务素质建设，促进全省交通战备整体建设水平和综合交通保障能力提高。北京军区交战办副主任、北京军区联勤部军交运输部副部长万峰大校，省国动委副主任、省军区副司令员何永才大校等应邀出席并讲话。省交战办第一主任、厅党组书记、厅长王晓林作了题为《奋发有为，求真务实，推动交通战备工作又好又快发展》的工作报告，省交战办副主任史荣和作了“军交—2007B”山西分现场整训点验活动总结报告，厅党组副书记、副厅长张润主持会议。

2007年，全省各级交通战备部门和交通主管部门坚持“平战结合”原则，完成两条国防公路建设项目、红沟靶场道路改建、新建虎峪河两座小桥和“砺剑—2007”军事演习野营村场地整修，进一步改善国防交通基础设施，华北国防交通培训基地、山西省国防交通物储备基地建设也进入正常建设程序。特别是省运管局在全省8个市建成市级卫星定位应用系统平台，平时营运与运政管理服务系统互联互通，实现对运力动员进行适时调动指挥，有效增强全省交通运输保障能力。同时，全省还组建公路运输专业保障队伍13个中队，公路工程专业保障队伍38个中队，铁路工程专业保障队伍19个中队、4个区队，民航专业保障队伍7个中队。目前，一个与北京军区军事战略部署相适应，与全省交通力量分布相协调，精干管用、工种配套、互相衔接、平时服务、急时应急、战时应战的交通保障力量体系基本形式。

王晓林厅长在讲话中要求各级领导和从事交通战备工作的同志，要进一步提高认识，统一思想，增强使命感、紧迫感和责任感，从加强国防建设、军队建设和保卫国家安全战略高度，充分认识加强新时期交通战备工作重大意义，树立建设为准备、准备为实战思想，加强各级交战办服务、组织、协调、监督和指导职能作用，理顺工作机制，形成国动委统一领导，交战办组织协调，成员单位各负其责，各单位、各部门齐抓共管，全社会积极参与的交通战备工作格局。继续坚持交通战备工作目标责任制，继续坚持领导负责制和重大工作失误责任追究制。有计划、有重点地开展提高交通保障动员水平等专题研究，认真总结建设经验，科学分析新时期面临的新情况、新问题，正确把握新形势下交通战备建设工作的基本规律，加强工作薄弱环节，制定并采取改进工作的思路和措施，不断提高工作水平。

会议表彰全省交通战备工作和"军交—2007B"山西分现场整训点验活动先进单位、先进个人。各市交战办主任、副主任，铁路、电信、民航交战办主任、副主任，省厅有关处室负责人，厅直单位交通战备领导组组长、战备办主任以及先进单位、先进工作者代表和参加"军交—2007B"山西分现场活动军地有关单位代表参加会议。

3月18日 下午，山西省国防交通协会宣布成立，并召开第一届理事会第一次会议。会议通过《山西省国防交通协会章程》和《山西省国防交通办会会费收支管理办法》，选举产生了协会会长、副会长、常务理事、秘书长、副秘书长和第一届理事会。省交通战备办公室第一主任、厅党组书记、厅长王晓林当选为协会会长。中国国防交通协会秘书长宋先桃，北京军区交战办副主任、北京军区联勤部军交运输部副部长万峰大校，省国动委副主任、省军区副司令员何永才大校，省民间组织管理局局长李光烈，厅党组副书记、副厅长张润，厅党组成员、总会计师张德仪，省交战办副主任史荣和等出席会议。协会的成立，为开展交通战备工作建立了广泛而深厚的群众基础，进一步壮大了交通战备工作的基础和规模，标志着全省交通战备工作进入一个新阶段。协会成立后，将组织和团结各方面力量，充分发挥参谋、咨询、桥梁作用，协助政府和军队加强新时期国防交通工作，加速推进国防交通建设，不断增强全省交通保障能力。

王晓林厅长在讲话中提出协会工作总的指导思想是：贯彻新时期军事战略方针，依靠上级主管部门和协会全体会员，团结协会全体理事和国防交通战线上的广大群众，紧紧围绕国防交通中心任务和工作重点，发挥咨询和参谋作用，为促进国防交通事业和经济发展服务。"十一五"期间，要抓紧战场交通设施建设、保障力量建设、法制机制建设，确保完成保障任务。一要加强战场交通建设；二要抓好交通保障队伍建设；三要完善各类应急预案、方案；四要加快国防交通法规制度建设；五要进一步加强正规化建设；六要推进国防交通信息化建设。以上各项任务，单靠某一个部门、某一个单位难以完成，就需要国防交协发挥其广泛性特点，协调联络各有关单位共同工作。因此，协会要在重大问题研究上下工夫，在国防交通法规制度建设上下工夫，在协作效能上下工夫。协会成员要明确工作目的，牢固树立服务思想，为国防交通平时服务、急时应急、战时应战建言献策，通过本身的桥梁与纽带作用，努力为国防建设服务，为经济建设服务，为会员单位服务；要加强学习，丰富知识，开阔视野，提高能力，注重在实践中摸索规律，同时要搞好团结协作，争取各方面的广泛支持，不断开创协会工作新局面。

3月18日 省劳动竞赛委员印发《关于为山西省国防交通专业保障队伍"军交—2007B"整训点验活动先进集体和先进个人记功表彰的决定》。为省国动委交战办颁发"山西省'五一'劳动奖状"；为朔州高速公路公司记集体一等功一次；为省运管局、山阴公路管理段分别记集体二等功一次；为朔州高速公路公司康庄服务区、元营养护处、大同市天润运业有限公司、朔州市神龙实业运输有限责任公司4个单位分别记集体三等功一次；为朔州高速公路公司刘根生、何广龙、太原公路分局景勿停、山阴公路段焦全民4名同志分别记个人一等功一次；为省国动委交战办李改蓉、省运管局张晓峰、朔州高速公路公司程玉勋3名同志分别记个人二等功一次；为太原铁路局武装部王燕东、中铁十二局集团有限公司交战办娄世江、省国动委交战办马健、厅后勤服务中心王柏茂、省国动委交战办鲍立、潘铮、朔州高速公路公司元营养护处赵功7名同志分别记个人三等功一次。

3月18日 省国动委印发《关于表彰2007年度全省交通战备工作先进单位及先进工作者的通报》。通报表彰43个先进单位、86名先进工作者。

3月18日 省国动委印发《关于表彰国防交通专业保障队伍整训点验活动先进单位的通报》。通报表彰29个先进单位。

3月18日 第七届中国土木工程詹天佑奖颁奖典礼在北京举行。全长176公里的祁县至临汾高速公路获詹天佑大奖，是唯一一个工程全路段获奖项目。省人大常委会民族宗教侨务外事工作委员会副主任杨金泉，省土木工程学会副理事长兼秘书长史应标，厅党组成员、省公路局党委书记赵振田在北京参加颁奖盛会。在此次29项获奖工程中，祁临高速公路等交通工程凭借积极贯彻落实科学发展观以及良好的自主创新能力，较高的节能环保水平喜获大奖。这次获得此项荣誉的参建单位有：晋中路桥建设集团有限公司、中国葛洲坝集团股份有限公司、中铁十五局集团第一工程有限公司、中铁十九局集团第二工程有限公司、中国建筑第七工程局。

3月19日 全省交通史志年鉴工作会议召开。2007年，全省交通史志年鉴工作者深入贯彻落实科学发展观，围绕交通“三个服务”、“又好又快”、“三个并重”方针，与时俱进，牢记使命，尽职尽责，求实进取，编辑出版178万字2007年版《山西交通年鉴》，242.6万字《科学发展铸辉煌》，同时扎实推进，全面开始《山西交通志》编撰工作，为推进全省交通系统三个文明建设作出积极贡献。厅党组副书记、副厅长张润出席会议，并在讲话中高度评价全省交通史志年鉴工作，认为成绩很大，来之不易，应该充分肯定。对于存在的问题，他要求各有关单位要制定措施，认真加以改进。要求牢记使命，强化责任，下大力气把史志年鉴工作搞上去。一要提高认识，进一步增强做好史志年鉴工作责任感；二要狠抓落实，推进史志年鉴工作再上新水平；三要认清形势，真抓实干，切实加强组织领导。要按照《地方志工作条例》和省政府有关要求，把“一纳入”、“五到位”落到实处，真正把史志年鉴工作纳入到单位发展总体规划和工作任务之中，切实做到领导到位、机构到位、经费到位、队伍到位、条件到位，努力履行史志年鉴工作传承文化、资政育人、服务社会的原则，更好地为全省交通率先科学发展服务。会议还对2007年度《山西交通年鉴》编撰工作中成绩突出的20个先进单位、24名先进个人进行表彰。

3月19日 截至今日，全省“无缝隙、拉网式”治超总行动启动三个月（2007年12月19日始），全省共检测货运车辆1218.2万辆，查处非法超限超载车辆48 802辆，超限超载率0.4%，卸载货物6.24万吨；罚款和收取道路损坏赔（补）偿费1270.9万元，记分8421人次、2.76万分；取缔非法储（售）煤场1476处，取缔非法改装厂98处，拆解非法改装车辆577辆，没收拼装车辆58辆。

3月20日 省交通厅向省政府呈报《关于河曲朱家川至保德庙峁二级公路高地堎隧道工程质量调查情况的报告》。路线长17.116公里，其中隧道长2.29公里，概算投资1.425亿元。

3月20日 省交通厅批复山西省公路基础数据及应用系统建设项目可行性研究报告。估算投资750万元，建设工期1年。

3月20日 省交通厅批复山西省联网收费机电一体化省高速公路信息监控中心二期工程可行性研究报告。估算投资2050万元，建设工期半年。

3月20日至22日 省治超工作领导组总顾问、总监督员吕日周深入临汾调研。他先后赴霍侯一级路、临汾尧都勾上卸载点、襄汾京安检测点、乡宁县部分治超站点，细详了解情况后说，治超工作是对每个干部的考验，也是对政府执政能力的考验。因此，要根据当地实际，加大突击检查、倒查力度，要对市县治超工作排队亮相，真正落实“三丢”，即丢官、丢人、丢线；同时，要加大对县乡领导、货源地负责人、装卸工、货主、司机、派驻人员、路面巡查人员监管，并依法责任倒查。只有保持治超高压态势，治超工作才能稳步推进。

3月21日 省交通厅召开会议，传达贯彻全省老干部工作会议精神，王志民副厅长出席并讲话。会议明确全系统开展老干部活动中心“建设和管理服务年”活动具体办法：第一阶段为宣传发动，督察指导，从3月31日起至8月18日。要求做到领导亲自抓，有计划，有安排，有投入，搞出特色，务求实效。第二阶段为考核验收，评比先进，从8月19日起至11月18日。年底，省厅将派考核组，采取“听、看、评、查、反馈”等方法，对各单位认真评比，活动室达标情况要列入厅考核各单位年终目标责任制内容，对先进单位要进行表彰。

王志民副厅长在讲话中提出3点要求。一要认真学习贯彻“十七”大精神和全省老干部工作会议精神，准确把握新要求，切实增强责任感和使命感。要讲究工作方法和工作策略，充分发挥有资历、有权威、有影响老干部在全面建设小康社会中的积极作用。二要加强基础设施建设，加大经费投入力度，充分调动各方面积极性，多渠道、多形式筹集资金，改善基础条件，做到场所宽裕、设施完善，每个老干部人均活动面积不得低于2平方米。要围绕迎奥运、纪念改革开放30周年等主题，开展内容丰富、形式多样、不同层次的文体活动。三要探索规律，掌握规律，把握规律，积极主动做好老干部工作，关心老干部的政治生活。

3月21日 上午，全省重点公路工程建设系统组织人事工作座谈会在太原召开。部玉兰总工程师出席并讲话。要求进一步统一思想，把基层党组织建设成为重点公路工程建设的政治核心和战斗堡垒。要按科学发展观要求，积极探索党建工作特点和规律，走出一条具有重点工程建设特色新路子。在实际工作中要切实加强人员管理，为重点公路工程建设提供强有力的人才支撑；严格把好选人用人关，特别是要把好工程技术、工程管理、财务、大宗材料设备采购等关键岗位关键人员选拔任用关，按标准选人，按程序办事，真正把优秀人才选进来；厅人事处、厅直机关党委、厅重点办要进一步加大对各建设单位组织人事工作的检查和监督力度，建立并完善考核体系。

3月21日 省交通厅印发《关于省森林防火指挥车辆在省内公路免费通行的通知》。通行证有效期3月20日至6月15日，10月15日至2009年3月20日。

3月21日 省交通厅向省发改委报送《关于批复运城市解州至陌南（黄河桥头）公路项目建议书的请示》。路线全长约30公里，采用4车道高速公路标准，时速80公里，路基宽24.5米，投资估算14.5亿元，建设工期3年。

3月21日 省交通厅印发《关于进一步规范道路运输车辆二级维护管理加快维护质量监管体系建设的通知》。主要包括指导思想、工作目标、规范整治重点、工作步骤、建设要求、具体要求6项内容。4月1日至4月30日动员部署，5月1日至7月31日自查自纠，8月1日至12月31日规范提高，2009年1月1日至4月

30日检查验收。

3月21日 省交通厅印发《关于暂停朔州市交通项目审批的通知》。

3月24日 上午，厅党组召开会议，传达全国“两会”精神，厅领导王晓林、张润、郜玉兰、张德仪、郭贵平出席。王晓林厅长传达“两会”精神。他说，“两会”是在全国深入学习贯彻党的十七大精神，加快推进社会主义现代化建设新形势下，召开的一次承前启后、继往开来的大会。会议审议批准政府工作报告和其他重要报告，审议批准国务院机构改革方案，选举和决定新一届国家机构领导成员，选举产生新一届全国政协领导成员，成果丰富，意义重大。要认真学习“两会”精神，把思想和行动统一到大会决策部署上来，提高学习贯彻落实的自觉性和主动性；要深刻认识过去五年取得的巨大成就，增强贯彻落实中央决策部署的坚定性；要深刻认识过去五年创造的宝贵经验，自觉在实践中坚持和运用。要紧密结合实际抓好贯彻落实，推进全省交通事业又好又快发展。

3月24日 忻州市交通工作暨党风廉政建设会议召开。忻州市副市长杨晋生主持，市委副书记、代市长李平社，厅党组成员、省公路局党委书记赵振田出席并讲话。会议全面总结2007年工作，安排部署2008年任务，动员全市交通系统干部职工团结务实，再鼓干劲，以顽强作风、高昂斗志，开创忻州交通事业新局面。

赵振田书记在讲话中提出6点要求。一要拓宽资金渠道，加大资金投入；二要继续实施通畅工程、沿黄扶贫旅游路和县乡公路改造三大工程，努力保持忻州农村公路发展强劲势头；三要加快农村公路管理养护改革进程，取得新突破；四要以质量和安全为核心，精心组织开展农村公路建设质量年活动；五要坚持建、管、养、运并重，完善农村公共交通网络；六要高度重视超载超限治理工作，坚决打胜治超攻坚战。

3月24日 省交通厅向交通部呈报全省2008年道路水路春运工作总结。

3月24日 省交通厅批复吉县客运汽车站工程可行性研究报告。二级标准，占地11 925平方米（约18亩），建筑面积2624平方米，其中候车楼2210平方米，附属设施414平方米，估算投资660万元，建设工期2年。

3月24日 省交通厅批复蒲县客运汽车站工程可行性研究报告。二级标准，占地16 665平方米（约25亩），建筑面积2536平方米，其中候车楼2226平方米，附属设施310平方米，估算投资730万元，建设工期2年。

3月24日 省交通厅批复河曲县客运汽车站工程可行性研究报告。二级标准，占地15 900平方米（约24亩），建筑面积2332平方米，其中候车楼1897平方米，附属设施435平方米，估算投资570万元，建设工期2年。

3月24日 省交通厅批复新降县客运汽车站工程可行性研究报告。二级标准，占地33 335平方米（约50亩），建筑面积2775平方米，其中候车楼2266平方米，附属设施509平方米，估算投资850万元，建设工期2年。

3月24日 省交通厅向省编办报送《关于山西省物流中心增加编制的报告》。拟增加8名。

3月24日 省交通厅批复夏家营至汾阳高速公路路面改造工程可行性研究方案。全长56公里，投资估算29 300万元。

3月24日 省交通厅批复大运高速公路实施蓝天碧水工程改造项目可行性研究报告。改造原煤锅炉75台，更新12台，新增太阳能热水器24台，新增污水处理设施15套，维修改造26套，估算投资2148万元，建设工期6个月。

3月25日 省交通厅批复太焦高速公路股权转让收入分配。股权收入22.7563亿元。其中，归还开行贷款10亿元，华夏银行贷款6亿元，剩余部分用于高平至新乡高速公路建设。

3月26日 省交通厅向省政府呈报《关于张晋鹏同志率团赴巴西、阿根廷、智利进行工作交流的请示》。拟于4月至5月出访，在外停留14天，费用自理。

3月26日 省交通厅向省发改委报送《关于核准2008年汽车客运站基本建设项目可行性研究报告的请示》。包括武乡、长子、壶关、平陆、夏县、新绛、岚县、交口、吉县、壶口、蒲县、河曲、天镇13个汽车站，投资10 670万元。

3月26日 省交通厅批复长子县汽车客运站初步设计。二级标准，占地28亩，建筑面积2881.68平方米，其中候车楼2502.8平方米，附楼169.42平方米，机修车间150.1平方米，门房59.36平方米，核定概算7 754 694元。

3月26日 省交通厅批复武乡县汽车客运站初步设计。二级标准，占地面积29亩，建筑面积2861.93平方米，其中候车楼2481.49平方米，锅炉房194平方米，机修车间138平方米，门房48.44平方米，核定概算9 658 665元，建设工期2年。

3月26日 省交通厅、省财政厅、省物价局向省政府呈报《关于省道台运线运城至稷山段一级公路设立车辆通行费收费站的请示》。路线全长73.161公里，建设里程67.676公里，2006年5月开工建设，投资估算4.8亿元。其中建设单位自筹1.1亿元，申请银行贷款3.1亿元。批设北相、翟店两个收费站，收费期限15年。

3月27日 省交通厅印发《关于加强全省公路水运工程建设安全生产监督工作的通知》，包括监督范围、原则、职责划分、监督程序、监督检查内容、其他事项6个方面问题。

3月27日 省交通厅印发《关于表彰2007年度优秀先进工程质量监督单位的决定》。其中，优秀单位4个，先进单位7个。

3月28日 上午，全省机动车驾驶员培训管理工作会议在太原召开。截至2007年底，全省共有机动车驾驶员培训机构219所，比上年增加15所；拥有各类教练车近6000辆，年培训能力达25万人；各类教练员7600余人，教练场地1.6万亩。全年培训各类机动车驾驶员24.2万人，实现产值7.12亿元。全省共有道路运输驾驶员从业资格培训机构65所，培训各类道路运输驾驶员3.85万人。

3月28日 晋中市交通工作会议召开。张润副厅长出席并讲话。提出5点要求。即精心安排全年工作，突出抓好旅游公路、客运站场建设；突出抓好公路建设质量年活动和农村公路管养体制改革工作；要研究长效机制，坚决治理超限超载，为全省再提供经验；四要集中精力抓好大通道建设；要加快物流发展，提升交通服务水平。

3月28日 省交通厅直属机关党委转发《中共中央组织部〈关于中国共产党党费收缴、使用和管理的规定〉的通知》。

3月31日 中国交通报社2008年全国通联工作会议召开。中国交通报驻山西记者站再次获全国“优秀记者站”荣誉称号，连续22年保持此项荣誉。全年发表稿件（图片）211篇（幅），超额完成年度考核任务。厅党组副书记、副厅长张润在听取情况汇报后，作出批示：希望继续努力，并感谢新闻中心和记者站同志们。

3月31日 上午，省运管局邀请中央党校研究室副主任、北京科技大学博士生导师周天勇教授作《学习“两会”精神，解读行政体制改革》专题讲座。李华中局长提出5点要求。即在深入学习上下工夫，在推动道路运输改革上下工夫，在坚持改革创新上下工夫，在深入调查研究上下工夫，在转变作风求真务实上下工夫。

3月31日 省交通厅批复全省交通系统1166信息传递网管道工程设计。新建11个市高速公路出口至当地交通局通信管道76.48公里，置换通信管道68.09公里，核准预算25 851 581元。

4 月

4月1日 中国地方志指导小组办公室中指办字〔2008〕11号文印发《关于开展全国地方志系统统计工作的通知》。

4月1日 省交通厅、省财政厅、省物价局向省政府呈报《关于河曲朱家川至保德庙峁二级公路高地焲隧道设置车辆通行收费站及确定收费标准收费期限的请示》。路线全长17.116公里，其中高地焲隧道长2290米，2005年8月开工建设，投资估算13 000万元，自筹4550万元，贷款8450万元，收费期限30年。

4月1日 省交通厅批复侯运高速公路路面预防性养护工程。核准预算8 907 147元。

4月1日 省交通厅批复运三高速公路路面病害处治工程。核准预算7 990 747元。

4月1日 省交通厅、省经委、省工商局、省公安厅交管局印发《关于开展打击非法改装道路运输车辆、治理非法超限超载车辆工作专项行动的通知》。提出8点要求。

4月2日 山西省第十一届人民代表大会常务委员会第一次会议审议批准《大同市农村公路养护管理条例》。共有6章42条，从7月1日正式施行。为大同市农村公路实现又好又快发展提供政策依据和资金保障，对于大同市农村公路实现建管养综合协调发展具有深远影响和意义，对全省各市有着很好示范作用。

4月3日 省交通厅印发2008年交通系统会计人员继续教育工作安排的通知。

4月3日 省交通厅批复厅属行政事业单位资产清查结果。资产净损失118 610 066.3元。其中，资产盘盈1 906 724.8元，资产损失124 643 907.03元，负债净减少4 127 115.93元。不予确认的资产盘盈3 039 796.65万元，资产损失21 742 111.7元。

4月3日 省交通厅印发《关于2008年交通系统会计人员继续教育工作安排的通知》。

4月7日 上午，省交通厅召开干部大会，宣布厅主要领导任免决定：段建国同志任省交通厅党组书记、厅长，王晓林同志任省人大常委会城乡建设环境保护工作委员会主任。副省长牛仁亮出席会议并作重要讲话。省委组织部常务副部长刘维佳宣布任免决定。大会由王晓林同志主持。厅领导、厅直各单位党政主要领导、厅机关全体公务员参加。

新任厅党组书记、厅长段建国在大会上讲话。他说，在全省交通建设关键时期，能融入交通行业做一名交通人，非常光荣，同时也感到非常大的压力。他坚信，有省委、省人大、省政府、省政协四大班子关心和支持，有王晓林和历任老厅长艰苦奋斗打下的基础，有一支特别能吃苦、特别能战斗、特别能奉献的交通职工队伍，有全省人民对交通建设的支持，靠改革创新推进交通建设，靠班子团结凝聚力量，靠健全完善廉洁机制带好队伍，一定能和大家一道共同开创全省交通工作新局面。

刚刚卸任即将履新的王晓林同志在讲话中充满深情地回顾了在省交通厅工作的八个春秋，对八年来支持他工作的省委、省人大、省政府领导，共事的班子全体成员，交通系统的广大职工表示衷心感谢，表示将永远心系交通，情系交通，一如既往地关心支持交通工作。他坚信，以段建国同志为班长的交通厅新一届党组，一定会按照省委、省政府决定，贯彻落实科学发展观，使全省交通事业又好又快发展。

牛仁亮副省长代表省委、省政府在讲话中，充分肯定省交通厅工作，并对新一届领导班子提出新要求。首先，要深入学习党的十七大精神，用十七大精神武装头脑。学习贯彻十七大精神，是当前和今后一个时期全党同志首要政治任务，希望省交通厅党组按照中央和省委部署，在前一段学习基础上进一步引深，使广大党员干部真正学有所获，并转化为自觉观念和行动，争做共产主义远大理想和中国特色社会主义共同理想的坚定信仰者、科学发展观的忠实执行者、社会主义荣辱观的自觉实践者和社会和谐积极促进者。其次，以提高领导水平和执政能力为核心内容，进一步加强领导班子建设。一是按照科学发展观和构建社会主义和谐社会要求，全面提高领导水平和执政能力。要以贯彻科学发展观为核心，进一步加强领导班子建设，不断提高领导水平和执政能力。要以主要领导调整为新起点，进一步加强思想建设、组织建设、作风建设、制度建设和反腐倡廉建设，带出一支素质过硬、作风优良、工作出色的队伍，为全省经济和社会发展作出新贡献。二是自觉坚持民主集中制原则，加强党的集体领导，提高决策的科学化民主化水平。民主集中制是我们党的根本组织制度和领导制度，要把自觉坚持民主集中制原则作为党内生活必须遵循的基本准则来贯彻执行。凡属方针政策性大事，凡属全局性问题，凡属重要干部推荐、任免、奖惩，都要按照集体领导、民主集中、个别酝酿、会议决定这一党内议事决策的基本制度来决定，必须正确处理集体领导与个人分工负责的关系，既要依靠领导集体智慧，作出正确决策，发挥整体效能，又要明确每个班子成员具体职责，充分调动和发挥每一个班子成员的主动性、积极性和创造性。三是坚持团结协作，合作共事，努力把班子建设成为团结战斗的集体。领导班子和干部队伍团结是我们各项事业取得胜利的保证，领导干部作为领导集体中的一员，要摆正自己位置，既要处理好班子成员之间、上下级之间关系，又要处理好与组织之间、群众之间关系。遇事多听其他同志意见，包括群众意见，包括不同意见，要集思广益，择善而从；遇事要多商量，多沟通，多通气。坚持团结协作，要敢于正视矛盾并主动化解矛盾，有了矛盾不能回避，不能带着框框偏袒一方，也不能当和事佬、和稀泥。要采取积极态度，正视矛盾，按照团结—批评—团结方法，站在有利于团结、有利于工作立场上公道解决。要多看他人长处和成绩，多检查自己不足和问题，多做补台和化解矛盾工作。四是坚持求真务实，真抓实干，进一步改进工作作风。求真务实是党的优良传统和一贯要求，要身体力行求真务实之风，坚持重实际，讲实话，办实事，求实效，对事关全局重大问题，主要领导必须亲力亲为，分管领导要全力以赴，精心组织实施，要下大力气研究解决制约发展的主要矛盾，要认真研究推进工作的具体对策措施，有效推进各项工作开展，对作出的决策和部署的工作要加强督促检查，确保收到实效。

4月7日 下午，厅机关举行座谈欢送会，欢送原任厅长王晓林赴省人大履新，厅领导、厅机关各处室主要负责同志参加。座谈会由厅党组书记、厅长段建国主持。

张润副厅长代表厅党组在座谈会上首先发言。他说，王晓林厅长在省交通厅工作的8年，是全省交通发展史上最好最快的时期，也是全省人民享受交通发展成果最多的时期。8年间，全省交通建设累计完成投资1132亿元，公路通车里程由52 807公里提高到12万公里，公路密度由百平方公里34公里提高到76公里，增长1.3倍；高速公路由403公里提高到1893公里，增长3.7倍；二级以上高等级公路由9818公里提高到15 786公里，增长77%；新改建农村公路12万公里，是建国50年6倍还多；全省乡镇通油路率由85.7%提高到100%，建制村通水泥(油)路率由42.6%提高到84.6%，通公路率由93.5%提高到近100%，通客车率由67%提高到91%；交通规费年收入由25.8亿元提高到138.7亿元，增长4.4倍；8年间，道路运输保障能力进一步增强，全省民用汽车拥有量由49.3万辆提高到150多万辆，增长2倍；道路运输完成的客运量、旅客周转量、货运量、货物周转量都有很大提高。8年间，行业创新能力不断增强，集中攻克一批具有国际国内领先水平的关键技术，形成一套具有山西特色的交通建设技术体系，走出一条经济欠发达地区公路建设市场化的新路子。8年间，交通安全生产形势稳定，连续8年被省政府评为全省“安全生产先进单位”。8年间，交通法制建设明显加强，以《高速公路管理条例》、《养路费征管条例》、《水上交通安全管理办法》、《公路车辆通行费收取办法》等出台为标志，适应市场经济的地方交通法规体系基本建立；8年间，交通战备综合保障能力不断提升，“国防大运”成为交通基础设施贯彻国防要求的样板，省交战办被树为全国交通战备的一面旗帜；8年间，党的先进性建设不断加强，行业精神文明建设硕果累累，全行业做到“修好多条路、不倒一个人”，并创育大运精神、大运文化、征稽文化、大运千里文明高速路等一批在行业内外有重大影响的先进典型，山西交通行业率先跨入全国交通文明行业行列。

王晓林厅长不仅带领全省交通职工创造了山西交通发展辉煌成就，也留下了宝贵经验。这就是：推进交通又好又快发展，一是必须依靠正确工作思路，深入贯彻落实科学发展观，围绕“三个服务”，坚持“三个并重”，不断提高行业服务能力和水平，不断满足经济社会发展和人民群众日益增长的交通运输需求。二是必须依靠解放思想和改革创新，从不合时宜的传统观念、思维定式中解放出来，运用市场经济思路和改革创新办法化解发展中遇到的困难，拓展发展空间，增强发展动力。三是必须依靠地方政府和人民群众，勇于跳出行业，注重发挥地方政府和人民群众积极性，使交通建设和管理由行业行为转变为政府行为，由政府行为转变为社会行为，形成促进交通发展合力和联动机制。四是必须依靠有效行业管理，主动适应市场经济发展要求，建立健全交通法规体系和政策措施，不断加强和创新基础管理，转变政府职能，改进工作作风，完善监管手段，保证行业健康发展。五是必须依靠党的建设，牢牢抓住班子建设这个关键，扎扎实实推进党的思想、组织、作风、制度建设，建立健全具有交通特色的惩治和预防腐败体系，不断提高拒腐防变能力，为交通发展提供政治保证。六是必须依靠行业文明和和谐建设，坚持以人为本、关注民生，坚持改善民生、和谐发展，坚持典型劳动、全面推进，把广大职工群众的创造热情、行业文化建设的目标任务与交通发展的具体实践有机结合起来，不断提升行业软实力，不断提升行业文明、和谐行业程度，不断提升职工素质，为交通科学发展提供精神动力。

8年交通工作实践雄辩地证明，王晓林厅长具有驾驭全局、科学决策、应对复杂局面的高超能力，堪称领导干部楷模。他勤奋好学，勤于思考，始终把“人生在于求知、生命在于奉献”作为自己座右铭，在科学高峰上勇于攀登，在知识海洋中孜孜以求，他对交通工作思路、改革创新举措、科学正确决策，都来源于知识积累与实践思考。他尊重人，关心人，理解人，始终把“政治上关心、生活上照顾、关键时刻保护”作为对待同志的根本原则，充分发挥班子成员的积极性和创造性，充分发挥广大干部职工的聪明才智与主观能动性，努力创造“事业大发展、个人能进步、群众得实惠”的环境。

8年来，全厅先后有一大批干部得到提拔重用，其中包括两大集团和会考出去的共30名干部被提拔为正副厅级干部，有1000多名职工受到交通部和省劳竞委记功表彰。他思路敏捷、办事干练，善于审时度势、因势利导，善于把握时机、抓住机遇，凡是只要认准了，就果断决策、果断行动。路桥、汽运等国有企业改革，大运、太长高速公路等重大工程开工建设，村村通水泥(油)路以奖代补政策实施和建设高潮掀起，等等，之所以能够成功运作，关键是时机把握好，抓住了国家政策机遇，适应了交通大发展形势。他作风务实，注重调查研究，8年来节假日很少休息，足迹遍布全省山山水水、乡乡村村，掌握大量第一手资料，也帮助基层和广大农民解决许多关系民生的实际问题。他廉洁自律,不贪不占,不仅严于律己,以身作则,而且严格要求身边工作人员和家属、子女,严格执行党和国家的法律法规,并结合交通实际,不断完善廉政教育机制、制度防腐机制、权力监管机制,探索出了一条交通系统反腐倡廉新路子,维护了全省交通行业的和谐稳定与健康发展。今天我们召开这个座谈会欢送王晓林厅长,就是要学习他对党、对人民、对交通事业高度负责的高尚品质,学习他勤奋敬业、勇于创新的革命精神,学习他求真务实、清正廉洁的优良作风,把王晓林厅长谋划开创的交通科学发展事业继续推向前进。

张润副厅长强调指出,当前,全省进入转型、跨越、崛起新阶段,交通建设任务十分繁重,交通发展的约束性矛盾和体制性障碍也日益加剧,我们要在省委、省政府正确领导下,在以段建国同志为班长的新一届厅党组带领下,高举中国特色社会主义伟大旗帜,全面贯彻党的十七大精神,以邓小平理论和“三个代表”重要思想为指导,深入贯彻落实科学发展观,按照“走出四条路子、实现三个跨越”要求,继续发扬改革创新精神,总结发扬好经验、好做法,进一步创新发展理念,转变发展方式,破解发展难题,推进交通发展由主要依靠基础设施投资建设拉动向建设、养护、管理和运输服务协调拉动转变;由主要依靠增加物质资源消耗向科技进步、行业创新、从业人员素质提高和资源节约、环境友好转变;由主要依靠单一运输方式发展向综合运输体系发展转变,着力提高交通服务新基地新山西建设、服务社会主义新农村建设、服务人民群众安全便捷出行能力,全面实现“十一五”规划目标,向省委、省政府、向全省人民、向我们的老厅长交一份满意答卷。我们相信,有省委、省政府正确领导,有王晓林厅长等老领导大力支持,新一届厅党组一定能带领全省12万交通职工,在过去工作基础上,续写山西交通发展绚丽篇章。

厅领导王志民、郜玉兰、张德仪也先后发言,结合自己分管工作和工作经历,表达8年相处的深厚情意。参加座谈的同志们一致祝愿王晓林同志在新的工作岗位上,为全省经济社会发展作出新的更大贡献。

王晓林老厅长表达难舍之情,并语重心长地希望新班子围绕“三个服务”,坚持“三网并重”,抓住安全质量廉政三个重点,打牢“三基”(基层组织、基础管理、基本素质),开创山西交通工作新局面。

4月8日 太原市交通工作会议召开。张润副厅长出席并讲话。2007年,太原市公路建设取得显著成绩。农村公路完成投资5.89亿元,为目标任务3.5亿元168.4%,完成里程1493公里,为目标完成968公里154%,全市行政村通水泥(油)路率达到99.5%。全市公路通车里程达到5859.89公里,其中,高速公路达到165公里,国省干线公路达到541公里,农村公路达到5153.89公里,公路密度百平方公里达到83.9公里。

张润副厅长在讲话中充分肯定太原市交通工作成绩,要求真正确立“三个服务”理念,认真贯彻“三个并重”方针,狠抓质量、安全、廉政“三个重点”,构建大通道、大路网、大物流“三大工程”,加快发展现代交通业,为太原市经济发展和社会进步作出应有贡献。

4月9日 山西交通学院召开专题会议,认真研究落实全省优秀毕业生到村任职工作会议精神。要求从全局战略高度出发,从构建和谐社会、建设社会主义新农村着眼,迅速开展宣传,动员优秀毕业生到农村任职。

4月10日 全省交通质监站站长座谈会召开,郜玉兰总工程出席会议并讲话。要求认真汲取“8·13”湖南凤凰桥事故教训,创新理念,加大监督力度,提高监督工作实效性,做到“理念新、思路新、有举措、见实效”;规范行业行为,加强市场监管,研究解决制约和阻碍行业规范化发展的主要问题,提高企业诚信和从业人员素质;加强自身机构和人员队伍建设,杜绝腐败现象,带好质量监督队伍。加强在岗培训,改善解决目前存在的大规模建设与专业人员不匹配、工程建设任务重与人员素质不适应、公路建设与质量监督工作不协调的问题；上下联动，加强监管，实现安全监管法制化，积极参与安全技术标准制订工作，为推动全行业规范管理作贡献树形象；畅通信息渠道，及时反映工程质量方面的问题，提高应对能力。

4月11日 省交通厅召开交通信息化通信专网管道工程建设协调会。张志川副厅长作总体安排部署。“1166”工程是提升全省交通行业管理与服务水平的一项重要任务，对实现“十一五”交通发展目标起着重要支撑、保障作用。具体内容是：“1”指建设一个省厅与市局通信专网，即充分利用现有高速公路2.5G骨干通信网资源，加速建设覆盖全省的交通通信主干网，扩大终端用户，提高高速公路通信信息资源利用率，降低建设和应用成本，促进高速公路信息化建设事业的大发展；“1”指建设一个集群数据库，统一格式，统一标准，统一管理；“6”指建设六大公众服务平台，即电子政务、公众服务、指挥调度、市场监管、业务管理、决策分析平台；“6”指建设六大综合管理系统，即运管、公路、高速、征稽、海事、战备系统。张志川副厅长在讲话中要求省高管局要认真履行业主职责，按照设计理念，在四个月的建设工期之内完成；各市交通局要创造条件，组织力量，全面落实这项工作，做到保工期，保质量，保安全。

4月11日 省交通厅向省政府呈报《关于交通运输部对开通季节性农资运输“绿色通道”有关批示的报告》。

4月11日 省交通厅印发《关于开展全省公路水路运输量专项调查的通知》。主要包括调查范围、调查内容、调查时间、组织方式、实施要求、经费安排、进度安排、前期准备。公路运输时间为7月1日至31日，水路运输时间为6月1日至30日。

4月11日 省交通厅成立全省公路水路运输量专项调查领导小组。组长：王志民、卢建明；副组长：王京荣、李华中、牛世骏、徐建中；成员有：吴秀武、史晓华、穆俊有、鹿庆华、李宏、杨斌、崔旭莲；办公室主任：吴秀武；副主任：史晓华、穆俊有、徐建中。

4月11日 省交通厅向省人事厅报道《关于录用乔建宁同志为太原公路分局正式职工的请示》。

4月11日 省交通厅印发《2008年全省交通基础设施建设安全生产隐患排查专项治理工作实施意见》。主要包括工作目标、治理依据、原则、范围、内容、组织机构和工作分工、方法、重点时段8项。

4月11日 省交通厅批复朔州高速公路管理中心施工图设计。占地面积20 401平方米（30.6亩），建筑面积8668.2平方米。其中，综合办公楼7706平方米，占地面积983.8平方米，8层框架结构；餐厅338.4平方米，附属建筑600平方米，门卫室23.8平方米。核准概算39 854 044元。

4月14日 全省交通系统工会工作会议在长治召开。会议认真学习贯彻党的十七大精神，深入贯彻落实科学发展观，总结2007年工会工作，安排部署2008年主要任务，进一步发挥工会组织在推动科学发展、促进交通和谐中的重要作用，动员广大职工为实现全省交通事业又好又快发展建功立业。会议提出10点要求。一是认真学习贯彻党的十七大精神，用十七大精神指导实践，推动工作，更好地发挥工会组织的重要作用，不断推动全系统工会工作创新发展；二是依法治会，依法维权，充分发挥协调劳动关系机制作用，切实保障职工劳动经济权益和民主权利；三是切实加强工会组织建设，进一步夯实基础，真正把工会建设成为组织健全、维权到位、工作活跃、作用明显、职工信赖的“职工之家”；四是按照社会主义核心价值体系要求，大力推进职工素质工程；五是团结动员广大职工充分发挥主力军作用，为促进交通又好又快发展建功立业；六是认真组织开展“节能减排”活动，动员广大职工为实现全社会可持续发展贡献聪明才智；七是努力为职工群众办好事,办实事,解难事,为职工争取合法权益;八是继续大张旗鼓地开展好交通文化建设,活跃职工文化生活;九是加大对职工技能培训,力争塑造一支能适应新形象、掌握新技术、完成新任务、特别能战斗的全新交通职工队伍;十是不断加强工会自身建设,把工会建设成学习型、服务型、创新型群众组织。

4月14日 省高管局就高速公路通行费非现金结算系统建设项目与工商银行山西省分行进行合作洽谈和方案论证。厅总工程师部玉兰主持,副行长于晋萍、省高管局局长董新品及交通部公路科学研究院专家、设计单位代表、工行山西省分行、省高管局有关领导和相关管理技术人员参加。会议本着求同存异、双方共赢原则,在前期共同调研与技术交流基础上,重点针对双方关注的投资、工期、放行速度、交易安全以及ETC实施规划等事项进行洽谈,通过对方案的比对和论证,初步达成共识。要求加快刷卡收费进程,确保在奥运会前在车流量较大收费站率先实行。

4月15日 全省高速公路不停车治超检测系统在太原高速公路柴村收费站治超检测点试运行。当日上午,段建国厅长、张志川副厅长与有关人员现场调研。

研发使用该系统是全省高速公路今年进一步深化超限超载治理的一项重点工作。系统具有全自动、不停车快速检测、实时监控功能,红灯亮,电子屏显示超载量,超载车按照要求调头处理;绿灯亮,车辆直接通过收费站上高速。该系统的运用,取消了原治超人员开具磅单程序,可提高放行速度一倍以上,最大限度地减少由于治超引发的高速公路收费站口拥堵现象,有效避免"三乱"行为的发生,同时有体积小、重量轻、安装方便、性能稳定、受外界及人为因素干扰少等特点。

段建国厅长在调研中要求创新管理,用现代化手段解决治超中的问题。不停车检测系统使用作为建立治超长效机制重要组成部分,首先要在太原环城高速堵车最严重、具备条件的几个站点进行试点应用,运行一段时间后,要对系统运行情况进行认真总结,不断改进完善,并在全省高速公路具备条件的站点尽快推广。

4月15日 全省重点公路工程建设系统征地拆迁管理工作座谈会召开,郭贵平副巡视员出席并讲话。会议学习传达省高速公路征地拆迁《管理办法》和《统计管理暂行规定》,听取建设单位土地报批等前期工作进展情况,并对厅重点办、建设单位近期工作重点和主要任务作了安排部署。郭贵平副巡视员在讲话中要求把思想认识统一到厅党组战略部署上来,集中精力,打破常规,加大力度,注重协调,全力以赴突破土地审批等制约,奋力在建设项目前期工作上取得重大突破,落实责任,环环相扣,依法办事,畅通渠道,为加快推进高速公路建设又快又好发展奠定坚实基础。

4月15日 太原至佳县高速公路东段、西段勘察设计合同在太原正式签订,7月底完成初步设计,11月底完成施工图设计。

4月15日至16日 全国交通新闻宣传工作会议在深圳召开。交通运输部副部长高宏峰出席并作重要讲话。会议认真总结交通新闻宣传工作,分析面临的形势和任务,明确今后五年工作目标,并对全年工作进行安排部署。这是交通部成立以来首次专题研究部署交通新闻宣传工作,也是交通运输部组建后第一个全国性会议。厅党组副书记、副厅长张润及有关部门负责同志参加。山西省交通新闻宣传经验在大会上交流,受到与会代表普遍关注。共有7个省的经验在大会上进行交流。全省交通新闻宣传工作是伴随着1995年的太旧高速建设逐步发展壮大的,对于培育"太旧精神"作出积极贡献。进入新世纪,为适应全面实施"十一五"规划和全省公路建设再掀新高潮需要,厅党组专门组建厅新闻宣传中心,全面负责指导全系统新闻宣传工作。经过千里大运高速公路建设的历练和洗礼，交通新闻宣传队伍水平和质量有了显著提高，对于宣传山西以及山西交通作出积极贡献。尤其是近年来，全省交通建设和管理工作高潮迭起，喜事多、大事多。比如，2005年7月，胡锦涛总书记视察在建的太长高速，并对全省交通工作提出殷切希望；交通部两任部长视察全省交通工作；全国农村公路工作座谈会在山西省召开；“千里大运文明高速路”创建活动；配合由中宣部和交通部共同组织的中央媒体“老区新路”采访活动以及全省重点工程建设、农村公路建设、治理超限超载等工作，都予以及时宣传报道，起到统一思想、凝聚人心、鼓舞士气、营造氛围、改善环境的积极作用。交通行业由于其社会性、公益性、服务型强的固有属性，同人民群众的生产、生活密切联系，社会关注的热点问题越来越多。如何做好“三个服务”，正确把握和引导好宣传舆论导向，适应形势发展需要，对全省交通新闻宣传工作提出更新更高要求。

4月16日 全省机动车维修行业管理暨道路运输车辆二级维护质量监管体系建设动员大会召开。总结2007年维修行业管理工作，表彰“星级服务企业”、“诚信综检站”和专项汽车维修业户清理整治工作先进单位，部署2008年维修行业管理工作。

2007年，全省机动车维修行业管理工作取得可喜成绩。截至年底，全省共有机动车维修企业7528户。其中一类机动车维修企业199户，二类机动车维修企业1351户，三类机动车维修企业5464户，摩托车维修企业514户，年维修量271.7万台次。汽车综合性能检测站60个，年检测量32.4万辆次，营运车辆技术等级评定检测量17.2万辆次。机动车维修与检测从业人员达6万余人，全年实现工业产值6.91亿元。

会议对2008年全省维修行业管理工作进行安排部署。一是认真贯彻全省道路运输会议精神，努力做好维修行业管理；二是规范道路运输车辆二级维护管理，加快维护质量监管体系建设；三是加强部门配合，开展严厉打击非法改装道路运输车辆专项行动；四是加快综检站技术改造，实现数据联网和实时监控；五是突出重点，加强管理，继续推进道路运输行业节能减排；六是继续完善汽车维修救援网络，提升救援服务能力；七是加强组织领导，深入开展“迎奥运，保清洁，讲文明，树新风”专项行动；八是转变管理职能，强化维修行业管理。

会议还传达了有关厅局联合下发的《关于打击非法改装道路运输车辆治理非法超限超载车辆工作专项行动的通知》和省厅《关于进一步规范道路运输车辆二级维护管理和加快维护质量监管体系建设的通知》精神。

4月17日 下午，省交通厅与忻州市委、市政府在顿村召开高速公路协调座谈会，共同解决当前影响忻阜、忻保高速公路开工建设的征地审批、拆迁等主要问题，合力推进忻州境内忻阜、忻保、太佳高速公路建设，并达成共识：省交通厅与忻州市政府各负其责，通力配合，共同努力，争分夺秒，倒排工期，争取7月中旬忻阜、忻保高速公路同时开工建设。厅领导段建国、郜玉兰、郭贵平及忻阜、忻保、太佳高速公路建设管理处、厅重点办及厅机关相关处室负责人参加。忻州市委书记张建欣、市长李平社代表忻州市委、市政府表示：将全力以赴，为忻州境内高速公路排除障碍，解决困难，并负责在7月10日前办妥土地征用手续，用早日开工建设来解决当前存在的个别矛盾和问题。

段建国厅长在讲话中表示：省交通厅对态度积极、提前开工建设并重视治超工作的高速公路所在市县，将在县乡道路建设上给予政策倾斜和支持。省厅各有关部门工作人员要与地方各级政府多联系，多沟通，责任到人，提高认识，密切配合，创新工作思路，不能按部就班，要超常规工作，能提前的尽量往前赶，倒排工期，确保7月中旬忻阜、忻保高速公路同时开工建设，确保全年高速公路开工1000公里，以实际行动确保省委、省政府向全省人民承诺的“十一五”规划目标的顺利实现。

4月17日 省交通厅召开会议，传达贯彻全年交通财务审计工作会议精神。张德仪总会计师出席并讲话，提出3点要求。一要客观分析和认真总结2007年交通财务、审计工作取得的成绩和存在的不足；二要准确判断和正确把握当前交通财务审计工作面临的新形势；三是以全省交通发展为中心，坚持稳中求进，开拓创新，努力做好全年交通财务审计工作。要突出重点，服务大局，创新审计理念，发挥保障作用，加强机构队伍建设，提升财务审计工作质量，开创交通财务审计工作新局面。

会议传达《山西省财政经济建设2008年工作要点》、交通部审计工作会议精神，安排2008年全省交通审计工作计划和交通财务重点工作计划。

4月18日 省交通厅向省政府呈报《关于完善〈山西阳泉至五台山高速公路项目投资框架协议〉的请示》。

4月20日 全国交通征稽文化建设暨规范化管理座谈会在太原举行。来自全国交通征稽系统近100名代表参加，厅领导段建国、张润、张德仪出席。交通运输部体改法规司黄克清处长，公路司吴春耕处长应邀参加。

省征稽局党委书记、局长张晋鹏介绍交通征稽文化研究情况。张润副厅长在讲话中希望各位代表都能够参与到文化研究中，继续关注和支持交通征稽文化建设，对交通征稽文化专著等课题研究多提宝贵意见和建议，通过大家群策群力，集中全国智慧，打造精品文化。

段建国厅长在讲话中介绍全省交通发展及交通行业文明建设等方面基本情况，并对交通征稽文化研究提出自己的思路和想法。他说，全省交通征稽系统的同志们相聚汾水之滨，交流沟通征稽文化建设和规范化管理经验，共话交通征稽未来发展美好前景，不仅对于推动交通征稽事业科学发展具有重大而深远意义，也为山西向全国学习搭建一个很好平台。全国征稽系统在多年的交通管理实践中积累许多好经验、好做法，通过这次沟通和交流，一定会迸发出更多睿智火花，达成更为广泛的思想共识，升华行业交通征稽核心价值理念认识。研究探讨征稽文化建设一定要着眼于社会背景和时代要求，以崇高社会责任感和使命感，充分认识加强征稽文化建设对行业发展和社会主义文化繁荣发展的重要意义，特别是在行业文化建设过程中要突出以人为本理念，突出实践性和创新的主题，真正使征稽文化成为交通征稽科学发展、实现行业历史使命的不竭动力。

4月22日 省交通战备办公室组织召开“联支—2008”任务部署会。段建国厅长参加并讲话，提出4点要求。一是各单位领导要高度重视，把演练活动作为大事、特事、急事来抓，在人力、物力和财力等方面给予有力保障。二是各相关部门、参演单位要从国家安全长远利益出发，处理好生产和演练关系，做到生产、演练两不误。三是明确职责，落实到人，保证在每一环节、每一个节点上不出现差错。四是军地双方要形成合力，共同解决出现的问题和困难，确保演练活动顺利开展。

4月22日 重新调整后的厅关工委召开全委会议，张润副厅长出席并讲话。新任厅关工委顾问任先泉、刘乾，厅关工委主任杨继刚，第一副主任任景春，副主任部学文、杨俊威、安正义及委员参加。安正义主持。

会议首先传达厅党组《关于调整厅关心下一代工作委员会组成人员的通知》。厅关工委原主任任先泉对厅关工委近12年来的工作开展情况及主要体会做了总结回顾，并对今后工作提出建议。与会人员对新调整的厅关工委提出的《2008年关心下一代工作安排意见（讨论稿）》进行充分讨论，提出补充意见及建议。新任厅关工委主任杨继刚作表态发言。

张润副厅长在讲话中代表厅党组对厅关工委近12年来的工作给予充分肯定和高度

评价，对以任先泉老厅长为代表的老领导、老同志全力以赴投身关心下一代工作表示衷心感谢。他深刻阐述了关心下一代工作对家庭、对行业、对社会的重要意义之后，对新调整的厅关工委提出5条希望。即提高认识，把握重点，不断创新，依靠基层，狠抓落实。要求全系统各级党组织、各单位党政领导、各处室和有关部门负责人，都必须予以高度重视，全力支持关心下一代工作，为全行业和谐稳定发展、为青少年健康成长作出新贡献。

4月22日 省公路运输工会印发2008年工作要点。

4月22日 省交通厅印发《关于要求上报山西路桥集团在大运高速公路建设中承揽工程与资金支付情况的紧急通知》。

4月23日 上午，厅老干处组织“迎奥运、健步走”活动，厅机关数十名离退休老同志踊跃参加，其中有多位厅级老领导表达对北京奥运的热切期盼和美好祝愿。段建国厅长出席启动仪式并讲话。希望通过这次活动，进一步营造交通行业迎奥运的良好氛围，提高交通职工人人为奥运争作贡献的积极性。同时，能够进一步丰富老同志们的晚年生活。并祝福大家身体健康，家庭幸福，生活美满，积极为全省交通事业又好又快发展建言献策，并给予他个人工作上的支持和帮助。活动线路为，从厅机关出发向西，经桃园南路，上迎泽大街，折新建南路后回文源西巷，即绕厅机关和家属院转一圈。

4月23日 上午，朔州市2008年交通工作会议召开。全面总结回顾2007年工作，表彰全市农村公路建设先进县区、先进集体和先进个人，详细安排部署2008年任务，并与各县区签订目标责任状。张润副厅长出席并讲话。要求继续确立“三个服务”理念和坚持“三网并重”方针，加快公路交通运输事业科学发展，为北京奥运盛会营造良好交通环境，继续推进农村公路体制改革，创优发展环境，推动境内高速公路建设步伐，进一步加大治超力度，并一抓到底，切实保障人民群众生命财产安全，强抓管理，带好队伍，确保廉洁，促进交通事业持续健康发展。

会后，张润在朔州市代市长冯改朵陪同下，视察正在建设的环城公路、世纪大道、神电运煤通道上团堡大桥工地。要求在保证质量前提下加快工程进度；进一步创新融资体制，吸引社会资本，切实保障建设资金。

4月23日 省交通厅向国家开发银行山西分行报送《关于山西省干线公路建设项目申请国家开发银行四期贷款的报告》。申请“十一五”后3年山西省干线路网改造贷款787 814万元。一是干线公路改建和路面改造贷款757 814万元，期限20年（宽限期3年）；二是已贷款项目追加贷款30 000万元，期限20年（宽限期1年）。

4月23日 省交通厅批复太祁高速公路清徐收费站改造工程。

4月24日 张德仪总会计师带领厅财务征费处、厅会计核算中心有关负责同志深入太旧高速公路公司就财务管理工作进行调研。认为太旧公司在财务管理过程中利用网银系统加强资金管理，减少现金结算，大大提高资金安全性，这些都是非常好的管理经验，值得推广。他希望高管系统各公司取长补短，积极探索，强化财经纪律，加大资金管理力度，加强财务预算管理，努力使会计核算和财务管理工作更加规范、有效。

4月24日 上午，山西交通学院2008年春季田径运动会举行。500多名运动员参加23个项目角逐。

4月25日 得胜口至大同高速公路通过省交通厅组织的竣工验收。厅党组副书记、副厅长张润，省重点办副主任刘继承出席竣工验收会议。

路线全长47.368公里，2003年10月1日开工建设，2005年10月18日建成通车，概算投资17.65亿元，2005年11月试运营。验收委员会14位专家仔细听取得大高速公路公司总经理李应怀项目建设执行情况报告，以及设计、监理、质量监督工作汇报，按照国家有关规定对全线进行严格检查验收后，一致认为：得大高速公路工期短，投资省，质量好，管理好，综合管理评价91.4分，为优良工程。

张润副厅长在讲话中提出4点要求。一要做好移交、接收工作，加强管养工作，保证得大高速公路正常运行；二要严格执法，文明执法，吸取经验教训，配合当地政府加大治超力度，保护来之不易的建设成果；三是各施工、监理、设计等部门要认真总结推广建设经验；四要加快工程结算工作，认真做好竣工验收后各项善后工作，为山西交通建设作出新的贡献。

4月25日 省交通厅印发《关于在全省交通系统深入开展行业文明创建活动的通知》。

4月25日 省交通厅关工委印发2008年关心下一代工作安排意见。

4月25日 省交通厅印发《关于认真做好〈大路人生—山西交通改革发展30年〉一书编辑出版工作的通知》。主要包括指导思想、组织机构、稿件征集对象、内容及时限、报送要求5项。

4月25日 省交通厅印发《关于认真做好奥运安保工作的紧急通知》。

4月25日 省交通厅成立奥运安保工作领导组。组长：段建国；副组长：张润、王志民、张志川、部玉兰、张德仪、赵振田；成员有：戴飞、张晋鹏、李华中、董新品、史荣和、尹新平、蒋品、杨吉平、田根、刘清平及各市交通局局长；办公室主任：田根；副主任：张立承。

4月25日 省交通厅印发《关于在全省交通系统深入开展行业文明创建活动的通知》。

4月27日至5月1日 全国高职院校道路桥梁工程技术专业课程标准和教学标准研讨会在太原召开。来自浙江、河南、云南、贵州、福建、安徽、湖南、北京交通职业技术学院、内蒙古大学交通学院、辽宁交通高等专科学校和人民交通出版社等单位22名领导和专家，与东道主山西交通职业技术学院领导和专家，及特邀的省交通设计院、省交通科研院、山西路桥集团公司领导和专家一起，运用理论，结合实践，对道路桥梁工程技术专业课标准和教学标准进行认真研究与讨论，形成初步结论。

4月28日 省交通厅党组调整厅精神文明建设委员会成员。主任：段建国；常务副主任：张润；副主任：王志民、部玉兰、张德仪、赵振田、张志川、郭贵平。成员有：张晋鹏、李万定、李铁山、李华中、牛世骏、杨俊威、尹新平、蔺建煌、赵新民、王晓光、刘清平、贾勇。办公室主任：杨俊威；副主任：贾勇、原建中。

4月28日 下午，省交通厅在太原召开全省交通系统劳模座谈会，庆祝"五一"国际劳动节。来自全省不同岗位的全国劳模、省劳模代表，受到省部级以上表彰的先进集体和先进个人代表、女职工代表，以及部分厅直单位领导和厅机关有关处室负责人共40余人，欢聚一堂，互相交流，共谋交通发展。座谈会由张润副厅长主持，段建国厅长、赵振田书记出席。

段建国厅长在讲话中，首先代表厅党组向各位劳模代表和为全省交通事业发展作出突出贡献的先进工作者致以节日问候，向奋战在全省交通战线的广大交通职工表示衷心敬意。要求全系统要掀起学习劳模、先进工作者高潮，学习他们立足岗位、恪尽职守的奉献精神，改革创新、争创一流的创新精神，锲而不舍、永攀高峰的拼搏精神，胸怀全局、勇挑重担的大局意识。他向劳模及先进工作者代表提出4点要求。即解放思想，争当与时俱进、改革创新先锋；求真务实，争当科学发展、加快发展榜样；顾全大局，争当和谐稳定标兵；提高素质，争当精神文明建设表率。他特别强调，各单位党政工团都要关心爱护，切实做好劳模帮扶工作，努力为劳模办实事，办好事。

座谈会上，代表们结合本职工作，交流经验，畅谈体会，一致表示要以高度事业心和责任感，立足本职，踏实工作，为全省交通事业又好又快发展作出新的更大贡献。

4月28日 正逢奥运会倒计时100天之际，省高管局作为唯一一个受邀请的地方基层单位，组队赴京参加交通运输部“迎奥运、讲文明、树新风”活动启动仪式，并进行方队和礼仪表演。张润副厅长、省高管局党委书记李万定等参加。在启动仪式上，由太原公司组建的路政方队、运城公司组建的收费礼仪方队共50人分别进行军事会操表演和收费礼仪展示。整齐的步伐、规范优雅的收费礼仪及双语会话表演受到部领导一致好评。

4月28日 省运管局发出紧急通知，要求各级运管机构、运输企业、汽车客运站提高认识，周密部署，明确责任，狠抓落实，早准备，细安排，严管理，精服务，切实做好“五一”期间道路旅客运输各方面工作。

4月28日 省交通厅调整厅思想政治工作初级专业职务评审委员会成员。主任：段建国；副主任：张润、赵振田、张晋鹏、李万定、李华中、杨俊威、贾勇、原建中、戎斌生、李平；办公室主任：杨俊威；副主任：贾勇、原建中。

4月29日 在山西省庆祝“五一”国际劳动节暨表彰大会上，省高管局被授予“全国‘五一’劳动奖状”荣誉称号。省征稽局晋中分局、运城市交通局获“山西省‘五一’劳动奖状”。近年来，省高管局以科学发展观为统领，坚持“三个服务”，立足创新发展，强化行业监管，保障公益属性，提升路网效能，紧紧围绕更好地为公众服务的核心价值理念，不断提升全省高速公路现代管理服务水平，构建安全畅通文明和谐的新高速，运营管理、科技应用、行业文明建设取得新成效，通行保畅能力、快速放行能力和人性化服务能力不断提高，全省高速公路指数MQI值达96.6，道路通行环境得到明显改善。这是继获“全国交通系统文明行业”、“全国交通系统先进集体”、“山西省‘五一’劳动奖状”、“山西文明和谐行业”、“山西省先进基层党组织”等荣誉之后的又一国家级荣誉。

2007年，是省征稽局晋中分局认真贯彻科学发展观和党的十七大精神，紧紧围绕“3456”工程思路，与时俱进，开拓创新，实现物质文明、精神文明和政治文明快速发展，为全省公路交通事业发展作出很大贡献。规费征收再创历史新高，全年累计征收“三费”35 627.92万元，完成年度征收计划31 900万元111.69%，同比净增3251.97万元，递增10.04%，再创历史最高水平，连续三年实现超收。

运城市交通局继2004年之后，再次获得“省‘五一’劳动奖状”。“十五”至今，累计完成投资113亿元，全市公路通车总里程达到14 055公里，公路网密度达到99.6公里/百平方公里，高速公路里程达到315公里，交通各项基本指标均在全省名列前茅。2002年至2007年，运城市交通局连续6年荣获省交通厅“目标责任制考核优秀单位”；2004年至2007年荣获市级“文明单位”；2007年荣获交通部“文明和谐单位”称号。

4月29日 省运管局召开全省旅游客运暨汽车客运站文明创建动员部署会。总结2007年全省诚信文明旅游客运企业创建工作，安排部署2008年旅游客运行业“优质服务迎奥运”竞赛活动（5月1日至11月3日）和全省星级汽车客运站创建工作。表彰奖励10家“诚信文明旅游客运企业”和“十佳旅游客运驾驶员”。

4月29日 省交通厅印发2008年交通财务工作计划。

4月30日 省科技厅组织专家对省交通科研院和交通部公路科学研究院完成的《山西路用材料地理信息系统研究》进行科技成果鉴定。项目主要创新点有：①建立全省路用材料资源分布和性能数据库，编制电子分布图；②基于岩石分类，提出路用石料分类体系；③在MapGIS技术基础上研究开发山西省筑路材料地理信息开发与应用系统，实现公路、地质、地理信息有机结合。经评审后认为:项目研究成果能为公路设计、施工、养护等提供信息支援，经济和社会效益显著，具有广阔推广应用前景。与会专家一致认为该项目研究成果达到国际先进水平,并提议建立数据库更新机制,加快研究成果推广应用。

4月30日 省交通厅印发《关于开展安全生产百日督察专项行动的通知》。

4月30日 省交通厅向省政府呈报《关于太原环城高速公路冶峪收费站暂行封闭的请示》。

4月30日 省交通厅调整厅普法依法治理及推行行政执法责任制领导组成员。组长:段建国;副组长:张润、王志民、张志川、郜玉兰、张德仪、赵振田、郭贵平;委员有:曹居月、尹新平、郭全英、杨吉平、田根、杨俊威、赵新民、戴飞、张晋鹏、李华中、董新品、牛世骏、常二栋;办公室主任:曹居月;副主任:杨继勇、武安瑜、陈星。

4月30日 省交通厅调整厅行政复议领导组成员。组长:段建国;副组长:张志川;成员有:曹居月、郭全英、蒋品、杨吉平、田根、戴飞、张晋鹏、李华中、董新品、牛世骏、常二栋;办公室主任:曹居月。行政复议员有:杨继勇、武安瑜、陈星、曲俊荣、鹿庆华、赵永红、郭丽琴、王春明、任艳静、傅泽峰、孙吉亮、崔玲玲、郭继如、穆俊有、安进。

5月

5月1日 省交通厅路政服务大厅晋城办证服务点正式办公。主要负责晋城地区超限运输车辆办理运输不可解体大件货物,超限运输通行证许可。

5月4日 省交通厅印发《关于开展“推行公路建设阳光操作,打造优质安全廉政工程”活动的实施意见》。实施公开的事项包括:公开项目建设计划,公开项目审批结果,公开招标过程,公开征地拆迁管理,公开建设资金使用情况,公开施工过程管理,公开工程设计变更,公开质量检查结果,公开履约管理考核情况，公开交工竣工验收结果等。明确阳光操作实施公开的主体单位,是公路工程建设项目管理、设计、施工、监理单位,主体单位法定代表人是实施阳光操作的第一责任人。要求形成“政策透明、制度公开、要求明确、管理有效、监督到位”的长效机制,确保落到实处。各职能部门要加强对所负责公开主体单位监督检查,积极整合资源,创新机制,加大力度,提高监督整体效能。通过推行重点公路建设联合监督制、纪检监察派驻制、农村公路巡查制、工程建设“双合同”制等活动,重点对公路建设工程招标投标、转包分包、设计变更、材料采购、资金拨付、经营权转让等重点环节和重点部位监督。充分发挥法律、行政、社会、舆论监督作用,通过严格实行公开,达到权力运行规范,程序严密,结果公正,监督有力。

5月4日 省交通厅党组研究决定对厅党风廉政建设责任制领导组成员进行调整。领导组组长:段建国;常务副组长:张润;副组长:王志民、张志川、郜玉兰、张德仪、赵振田、郭贵平;成员有:史荣和、尹新平、曹居月、王京荣、郭全英、蒋品、杨吉平、李贵顺、田根、蔺建煌、杨俊威、赵新民、王晓光、李爱和。领导组下设办公室,负责日常工作。主任:赵新民;副主任:杨俊威、蔺建煌;成员有:胡建新、李征远、郝左军。

5月4日 省交通厅党组研究决定对厅行政效能监察领导组成员进行调整。领导组组长:段建国;副组长:王志民;成员有:史荣和、尹新平、曹居月、王京荣、郭全英、蒋品、杨吉平、李贵顺、田根、蔺建煌、杨俊威、赵新民、王晓光、李爱和。领导组下设办公室。主任:赵新民;成员有:胡建新、李征远、张俊生。

5月4日 省交通厅党组研究决定对厅纠风工作领导组成员进行调整,本领导组及办公室负责全省交通系统的政风行风建设和行风评议工作。领导组组长:段建国;副组长:张润;成员有:尹新平、曹居月、杨吉平、田根、杨俊威、赵新民、戴飞、董新品、张晋鹏、李华中,牛世俊。领导组下设办公室(行风评议办公室)。主任:赵新民;成员有:胡建新、李征远、樊真德、戎斌生、陈星、杜锋。

5月4日 省交通厅印发《关于开展“推行公路建设阳光操作打造优质安全廉政工程”活动的实施意见》。包括指导思想、实施范围、实施内容、措施与要求4部分。

5月4日 省交通厅印发《山西省交通系统民主评议政风行风工作实施方案》。主要包括指导思想、组织领导、参评单位、评议内容、方法和步骤6项。5月31日前为宣传发动和安排部署阶段,6月1日至11月30日为调查评议和整改反馈阶段,12月1日至31日为工作考核阶段。

5月4日 省交通厅印发《关于开展农村公路建设质量年宣传月活动的通知》。5月4日至9日为准备阶段,5月12日至16日为集中宣传周,5月12日为活动启动日。

5月5日 下午,省公路局局长戴飞带领机关各处室领导深入公路构件厂现场办公,提出3点要求。即稳定人心,关注民生;干好当前,平稳过渡;开拓思路,积极探索。

5月5日 省交通厅印发《关于认真做好高速公路项目竣工验收工作的通知》。

5月6日 上午,省交通厅与晋中市政府在榆次召开推进高速公路建设座谈会,研究解决当前影响晋中境内高速公路开工建设的有关问题,推进汾阳至邢台高速公路汾(阳)平(遥)、和(顺)榆(社)平(遥)段及北京至昆明高速公路榆次龙白至祁县城赵段两路4个项目建设,双方达成共识:各负其责,密切配合,以积极稳妥态度,依法创新工作方法,全力推进项目建设。厅领导段建国、张润、郜玉兰、郭贵平,晋中市长张璞、副市长马彦平出席,张润主持。

4项目共长280余公里。双方认为,要突破当前制约瓶颈,必须精诚合作,紧密配合,态度要积极稳妥,手段要依法创新,突破常规思维,开展创造性工作,全力推进两路四项目建设。最后,双方达成如下共识:4项目所需土地指标、申报手续由晋中市政府负责完成,省交通厅、各项目部积极配合;凡开工高速公路项目征地拆迁工作由晋中市政府以总承包形式包干,双方签订承包合同,按国家和省有关补偿标准,足额把补偿费用给农民支付到位;汾平段5月份开工,当年完成路基建设,2009年竣工;和榆平一期加快前期进度,8月队伍进场,制约性工程开工;龙城段四车道改六车道,5月报送工可报告并跟踪落实审批,力争年内开工。双方在国省干线、县乡公路改造、超限超载治理等方面也达成一致意见,并决定联合向国土部门申请追加用地指标。

段建国厅长在讲话中希望双方各有关部门创新工作思路,超常规工作,在有限时间内争取两路四项目尽早开工建设,确保当年高速公路开工1000公里,共同为全省“十一五”高速公路建设规划目标实现作出新贡献。哪个市县支持高速公路建设,省厅将毫不犹豫地支持哪个市县交通事业全面发展。

5月6日 下午,段建国厅长、郭贵平副巡视员深入晋中市交通局、征稽分局、公路分局调研,详细听取近年来工作情况和“十一五”发展目标汇报,对各单位近年来取得的成绩给予高度评价,并对当前昂扬向上的发展态势、队伍精神面貌给予充分肯定。

5月6日 省交通厅成立政府信息公开工作领导组。组长:王志民;副组长:尹新平;成员有:曹居月、王京荣、郭全英、蒋品、杨吉平、李贵顺、田根、蔺建煌、杨俊威、赵新民、王晓光、苏敏。办公室主任:尹新平;副主任:苏敏、郭富平。

5月6日 省交通厅印发《山西省交通系统民主评议政风行风工作实施方案》。包括指导思想、组织领导、参评单位、评议内容、评议方法和步骤、工作要求6部分。5月31日前宣传发动和安排部署,6月1日至11月

30日调查评议和整改反馈，12月1日至31日工作考核。

5月6日 省交通厅直属机关党委印发做好2008年度发展党员工作的通知。

5月6日 省公路运输工会召开会议，传达全国总工会和省委领导讲话精神。要求站在讲政治高度，充分认清当前形势，搞好工会工作，维护职工利益。

5月6日 省交通厅成立政府信息公开工作领导组。组长：王志民；副组长：尹新平；成员有：曹居月、王京荣、郭全英、蒋品、杨吉平、李贵顺、田根、蔺建煌、杨俊威、赵新民、王晓光、苏敏；办公室主任：尹新平；副主任：苏敏、郭富平。

5月7日 省交通厅在太原召开全系统纠风暨政风行风评议工作会议，传达全省政风行风评议工作电视电话会和全国交通系统纠风工作座谈会精神，总结2007年工作，安排2008年工作。段建国厅长出席并讲话，张润副厅长作报告，张志川副厅长主持。

省交通厅将继续作为2008年全省13个经济管理部门和重点评议单位之一，参加全省政风行风评议活动，其中交通系统的收费站（点）、超限检测点又是评议重点。经省厅研究确定，厅机关、各市交通局、省公路局、省征稽局、省高管局、省运管局、省地方海事局、省交通建设开发投资总公司为省厅重点评议单位。

会议要求，2008年全系统政风行风评议工作重点要放在解决转变职能、改进作风、依法行政，切实解决多头管理、推诿扯皮、效率低下的问题上；放在规范执法行为、正确履行职责上；放在切实解决行政不作为、乱作为、有法不依、执法不公等严重损害群众合法权益的问题上；放在提高职业道德水准和提升服务质量上。各级参评单位要把与群众直接接触的基层单位作为评议重点，尤其是把各级收费站和超限检测点作为全年评议的重中之重来抓。

张润副厅长在讲话中要求各参评单位要提高认识，加强领导；注重实效，切实解决群众反映的突出问题；明确责任，推动政风行风评议工作全面落实；强化监督，切实注重源头综合治理；严明纪律，杜绝违纪违规行为发生，全面推进交通行业政风行风建设工作向纵深迈进，为广大人民群众提供一个安全、舒适、便捷交通环境，为实施交通事业又好又快健康发展提供强有力保证。

段建国厅长在讲话中要求充分认识必要性和重要性，增强责任感和使命感，加强组织领导，健全教育制度，着力构建与完善预防、发现、解决问题的机制和监督制约机制，努力解决不想为、不敢为、不能为问题，进一步落实好政务公开和民主评议制度，确保取得实效。

5月7日 省交通厅批复大运高速公路蓝天碧水工程改造项目设计。改造75台原煤采暖锅炉，新增型煤锅炉12台，工业太阳能热水设备24台，核准预算2123.1万元。

5月7日 省交通厅印发《关于评选表彰人事人才工作先进集体和先进个人的通知》。其中，先进集体12个，先进个人50名。

5月8日 上午，省交通厅在太原召开全系统安全生产百日督察专项行动工作会议，贯彻落实国家和全省会议精神，结合实际，全面部署，确保安全生产"隐患治理年"各项工作要求落实，努力实现全省交通行业生产形势稳定发展。段建国厅长、王志民副厅长出席并讲话。

从4月下旬到7月底，历时100天，全国开展安全生产百日督察专项行动，彻底消除事故隐患，为奥运会成功举办和经济社会又好又快发展营造良好安全生产环境。

王志民副厅长在讲话中提出3点要求。一要充分认识面临的形势和任务，进一步增强紧迫感和责任感；二要加强领导，精心组织，扎实开展，加强督察，不走过场，务求实效；三要突出重点，狠抓落实，精心做好服务北京奥运会的各项工作，履行职责，多作贡献。

段建国厅长在讲话中，要求全系统广大

干部职工要深入贯彻落实科学发展观，坚持“安全第一、预防为主、综合治理”方针，扎实开展安全生产“隐患治理年”活动和安全生产百日督察活动，最大限度地排查整治事故隐患，努力营造稳定的安全生产环境，为北京奥运会成功举办和全省交通运输又好又快发展提供有力安全生产保障。

会上，王志民副厅长还与各市交通局、厅直各单位签订2008年度安全生产责任书。

5月8日 省交通厅批复汾阳至邢台高速公路平遥至榆社段初步设计。路线全长80.026公里，另建平遥南连接线7.5公里，平遥南互通连接线0.96公里；主线按双向4车道高速公路标准，时速80公里、100公里，路基宽24.5米、26米；连接线按二级公路标准，时速80公里，路基宽12米。核总概算5 422 859 691元。

5月9日 上午，省交通厅隆重举行“迎奥运、讲文明、树新风”暨“全国交通文明行业”挂牌仪式。厅长段建国，省直工委常务副书记、省直文明委常务副主任闫登山，省文明办创建处处长李永和出席并讲话。王志民副厅长主持，张志川副厅长宣读交通部表彰决定，张德仪总会计师、郭贵平副巡视员出席。

段建国厅长在讲话中指出，2008年北京奥运会，是中华民族百年梦想，是令人为之振奋、倍感骄傲、充满期待的百年盛事。迎接奥运，服务奥运，办好奥运，是全国人民共同责任。交通运输行业更有责任为举办有特色、高水平奥运会作贡献。成功举办奥运会承载着海内外所有中华儿女的殷切希望。在省委、省政府正确领导下，要积极行动起来，全力以赴迎奥运，同心同德添光彩。从我做起，从现在做起，以文明礼仪促和谐，优质服务促发展，振兴交通，振兴山西，振兴中华。省交通厅率先跨入全国交通文明行业之列，是全省12万交通职工共同努力的结果，也为山西再次增添光彩。全行业上下一定要再接再厉，坚持“三个服务”，争创“五个文明”，取得更大成绩。

挂牌仪式结束后，山西交通职业技术学院、运城高速公路公司、太原高速公路公司、省公路运输工会表演精彩文艺节目，以饱满热情迎接北京奥运会。

5月10日 省交通厅印发《奥运交通保障工作方案》。包括指导思想、主要任务、组织领导与职责分工、检查考核4部分。

5月10日 省交通厅成立奥运交通保障领导组。组长：段建国；副组长：张润、王志民、张志川、郜玉兰、张德仪、赵振田；成员有：戴飞、张晋鹏、李华中、董新品、牛世骏、尹新平、王京荣、郭全英、蒋品、杨吉平、田根、杨俊威；办公室主任：尹新平。

5月10日 省交通厅转发省财政厅、省监察厅、省审计厅《山西省政府采购执行情况专项检查方案》。领导组组长：王志民；副组长：张德仪；办公室主任：王京荣；副主任：赵新民、郭全英；成员有：武建勇、秦培兰、许有志。

5月10日 省交通厅印发2008年人事工作要点。

5月10日 省交通厅转发省财政厅、省监察厅、省审计厅《山西省政府采购执行情况专项检查方案》。5月20日前自查自纠，6月1日至7月31日重点检查，8月1日至31日整改提高，9月1日至31日总结验收。

5月10日 省交通厅成立专项检查领导组。组长：王志民；副组长：张德仪；办公室主任：王京荣；副主任：赵新民、郭全英；成员有：武建勇、秦培兰、许有志。

5月10日至12日 省征稽局举办全省交通征稽系统“迎奥运”羽毛球比赛。张德仪总会计师、省征稽局局长张晋鹏出席开幕式。来自省征稽局机关、各征稽分局、霍侯路征费管理处等13个单位运动员参加。经过3天激烈争夺，省征稽局机关代表队获团体冠军，省征稽局机关张忠平和太原分局李娜分获男、女单打冠军，太原分局和省征稽局机关获混合双打冠、亚军。

5月12日 全省农村公路建设质量年宣传月活动在全省各地启动，厅总工程师郜玉兰，太原市副市长王建生出席太原市启动仪式。按照交通部和省厅部署，5 月为农村公路建设质量年宣传月，5 月 12 日至 16 日为集中宣传周，其中 5 月 12 日为宣传月活动启动日。主题为"转变农村公路发展方式，提升农村公路建设质量"。

部玉兰总工程师在讲话中指出，质量工作是经济社会发展的永恒主题，是关系到千秋万代的民族事业。农村公路建设质量关系到建设社会主义新农村大局，关系到党和政府形象及广大人民群众生命财产安全，因此，不断提高农村公路建设质量意义重大。她要求各级各部门、各参建单位和社会各界要紧紧围绕全年农村公路建设"好字当头，质量为先"的指导思想，齐心协力，共同实现农村公路由速度规模型向质量效益型转变，确保农村公路建设质量，夯实农村公路发展基础，更好地服务于社会主义新农村建设。

5 月 12 日 上午，省政府常务会议决定山西路桥建设集团改由省交通厅监管。

5 月 12 日 省交通厅向交通运输部综合规划司报送全省公路水路运输量专项调查方案的报告。

5 月 13 日 省交通厅致信四川省交通厅，就汶川发生强烈地震表示慰问，向灾区广大人民群众表示问候，向奋斗在抢险救灾一线的工作人员特别是交通系统干部职工致敬！表示将继续关注灾区灾情，并将最大限度地给予支援和帮助。坚信在党中央、国务院的正确领导和亲切关怀下，在全国人民的大力支持下，贵省省委、省政府一定能够带领全省人民夺得抗震救灾工作的全面胜利！

5 月 13 日 省交通厅批复国道207线长治至晋城公路晋城段路面改造工程设计。建设里程59.93公里，路基宽12米、20米、24米，核准预算166 797 996元。

5 月 13 日 省交通厅批复省道326线长治至长子过境段公路改建工程初步设计。路线全长22.771公里，另建长子县城连接线3.079公里。主线一、二级公路标准，时速100公里、80公里，路基宽26米、15米；连接线一级公路标准，时速80公里，路基宽26米。核准概算214 413 807元。

5 月 13 日 省交通厅批复静乐县赤泥洼扶贫公路可行性研究补充报告。时速30公里，路基宽7.5米，投资估算由1500万元调整为1995万元。

5 月 13 日 省交通厅批复大运高速公路原平至太原段2008年度路面改造工程可行性研究方案。投资估算2980万元，建设工期1年。

5 月 13 日 省交通厅印发《关于授权省公路局对山西路桥建设集团实施监管及有关问题通知》。

5 月 14 日 下午，牛仁亮副省长率省政府办公厅有关人员深入省交通厅调研。省政府副秘书长李建功主持。段建国厅长汇报工作，厅领导张润、王志民、张志川、张德仪、郭贵平，厅机关各处室负责同志、厅直各单位党政一把手、山西路桥集团负责人参加。

会上，段建国厅长从高速公路建设、国省干线公路建设、农村公路建设、公路养护管理、超限超载治理、交通规费与车辆通行费征收与管理、运输管理、国防交通战备建设、路桥集团稳控监管等方面工作进行汇报，并就高速公路、太原公路主枢纽武宿物流园区建设用地指标，公路建设资本金筹措，高平至陵川高速公路建设，高速公路污染物排放总量控制审批等交通发展关键时期面临的困难和问题，恳请省政府给予大力支持并协调解决。张润、王志民、张德仪等就有关问题进行阐释和说明。牛仁亮副省长对段建国厅长上任以来新班子的工作给予充分肯定，认为卓有成效。一是对高速公路、干线公路、农村公路有一整套考虑和部署；二是治超力度很大，效果很好；三是班子成员团结一致，工作上互相支持。

就公路建设，牛仁亮副省长要求抓好四个领域。高速公路要加大前期准备工作。加大与省、部沟通、协调力度；干线公路要提升等级，整合收费站点；县乡公路要加快改造；村村通要争取国家政策支持，继续扩大建设成果，继续为农民做实事办好事，并希望省厅从高速公路通行费超收部分中拿出一定比例加强养管。要全面推广计重收费，加强源头治理，严格责任倒查与追究，严惩治超中的违规违纪行为。要做好路桥稳控工作，认真开展清产核资，彻底澄清家底，摸清存在问题与亏损原因，分清责任，积极争取相关部门支持，落实省政府的扶持政策，帮助企业渡过难关，发展壮大；要继续深化改革，制订企业改制方案，通过破产重组、联合兼并等方式，建立现代企业制度和现代产权制度。

5月14日 下午6时30分，接到省交通厅批转的省政府应急办、省人大信访局紧急疏送四川省北川县130名农民工信函后，省运管局党委高度重视，立即召开紧急会议，启动应急预案，决定免费运送四川民工返乡。

省政府副秘书长孙跃进、省交通厅厅长段建国、省运管局局长李华中、省公安厅副厅长苏浩、太原市交通局局长张建刚等领导亲临现场指挥，省、市运管部门精心组织，晋龙捷泰运输公司和太原市并州运业公司陆续调用31辆豪华客车，至23点45分，历时6小时，先后将聚集在省人大门口的130多名农民工和聚集在太原火车站的1300多名农民工进行疏运。此外，全省运管系统已调用应急客车100多辆，运送四川籍在晋务工人员5000多人，用实际行动为灾区人民献上一份爱心，得到农民工的称赞和社会好评。

5月14日 上午，省交通厅召开会议部署厅机关和厅直各单位向灾区捐款活动。张润副厅长通报汶川地震灾情，传达省委办公厅、省政府办公厅紧急通知精神，动员全系统干部职工发扬中华民族一方有难、八方支援传统美德，立刻行动起来，积极为灾区人民渡过难关、重建家园奉献爱心。厅领导段建国、张润、王志民、张志川、郜玉兰、张德仪、赵振田、郭贵平带头捐款，厅机关、厅直各单位干部职工积极响应号召，不论是在职职工、离退休人员，还是临时聘用人员，自发踊跃捐款，掀起献爱心热潮。截至15日下午4时，厅机关、厅直各单位已捐款1 186 037.01元，并上解有关部门。

5月14日 省交通厅印发《关于联合收割机及指挥服务车辆免费行驶公路的通知》。有效期为5月10日至8月20日。

5月14日 省交通厅印发2007年度治安综合治理考核验收情况通报。

5月14日 省交通厅向交通运输部呈报《关于对〈交通应急工程可研报告修改建议〉意见的报告》。

5月15日 上午，山西路通公司举行抗震救灾义卖拍卖会，最后筹得爱心款19 093元，全部捐助地震灾区人民。

5月15日 省征稽局组织召开全省交通征稽系统政风行风评议工作视频会议，对2007年工作进行总结，2008年工作安排部署。党委书记、局长张晋鹏对做好新形势下政风行风评议工作提出新要求。

5月15日 省交通厅印发2008年治安综合治理工作要点。

5月16日 牛仁亮副省长在《舆情摘要》第84期上刊载的《山西省交通系统积极推行公路建设阳光操作》一文作出重要批示："阳光运作、制度入手是反腐倡廉、保护干部的根本之策，希望省交通厅将此项工作一抓到底"。接到批示后，厅领导十分重视，及时组织传达学习，段建国厅长、张润副厅长等领导指示相关处室和单位，认真贯彻牛仁亮副省长的批示精神，继续抓紧全系统推行公路建设阳光操作活动的扎实落实。全省涉及公路工程建设的主管单位和部门，都结合工作实际，制订《实施方案》，明确各自具体任务、分工和措施。

5月16日 上午，山西运政智能识别稽查系统启用仪式暨操作培训交流会在太原召开。省纠风办副主任潘少音，省运管局党委书记、局长李华中出席并讲话。该系统通过对多种现代信息技术综合利用，实现车辆图像获取、车辆识别、数据比对、自动报警等整个稽查流程的自动化处理,可以实现不停车稽查,增加运政稽查针对性,增加执法透明度,确保准确查处违规车辆,有效杜绝公路“三乱”。

5月16日 厅直系统宣传思想工作座谈会召开。传达学习全省宣传思想工作和全国交通新闻宣传工作会议精神,明确今后一个时期全省交通系统宣传思想工作目标任务。厅直机关党委书记杨俊威主持,厅党组副书记、副厅长张润出席并讲话,提出4点要求。一要深刻把握新形势,新任务,更好地肩负起宣传思想战线的神圣使命,要把握大局,更加自觉地为全省交通中心工作服务;明确定位,不断深化对宣传思想工作重要性的认识;正视挑战,牢牢把握新形势下宣传思想工作的领导权和主动权。二要创新思路,突出重点, 推动宣传思想工作迈上新台阶,特别是要抓好理论武装工程,进一步增强干部职工高举旗帜、科学发展的自觉性和坚定性;抓好社会主义核心价值体系建设,切实增强全省交通系统团结和谐、奋发向上的精神力量;抓好行业文明和谐创建活动,显著提升职工思想道德素质和行业文明和谐程度。三要把握正确舆论导向,切实加强和改进交通新闻宣传工作。特别是要抓好纪念改革开放30周年和奥运交通保障系列宣传,集中展示伟大成就,大力宣传发展经验;要抓好交通重大题材和重大典型的策划与挖掘;抓好新闻发言人制度贯彻实施和新闻宣传机制建设。四要加强组织领导,确保宣传思想工作各项任务落到实处。要牢牢把握政治方向,切实加强班子和队伍建设,努力提高领导能力。

5月19日 晚20时, 山西交通职业技术学院3000余名师生会集在操场上举行“让逝者安详,愿生者坚强”“5·12”震灾烛光祈愿活动, 沉痛悼念汶川大地震中遇难的同胞。在活动过程中,学生们饱含泪光,振臂高呼“中国加油”、“汶川加油”、“中国必胜”、“汶川必胜”口号,为灾区人民加油鼓励,愿他们早日重建家园,夺取抗震救灾的最后胜利。

5月19日 省交通厅党组印发《关于成立省交通厅路桥企业维护稳定深化改革领导组的通知》。组长:段建国;常务副组长:张润;副组长:王志民、张志川、郜玉兰、张德仪、赵振田、郭贵平、戴飞;成员有:尹新平、曹居月、王京荣、郭全英、蔺建煌、赵新民;办公室主任:戴飞。

5月19日 省交通厅向省监察厅报送《山西省高速公路奠基后未开工建设项目统计情况汇报》。共有8个项目,其中,有港洽会招商项目1项,B0T项目1项, 其余5个均为省确定项目,奠基时间在2006年10月至2008年1月之间。

5月19日 省交通厅向省政府呈报《关于高速公路建设项目环境影响评价有关问题的请示》。

5月19日 省交通厅调整厅职改领导小组成员。组长:段建国;副组长:张润、郜玉兰;成员有:蔺建煌、蒋品、王京荣、郭全英、李贵顺、董新品、周文全、聂承凯、赵队家、寇振林;办公室主任:蔺建煌。

5月20日 大同市委副书记、代市长耿彦波一行赴省交通厅机关,与厅领导就全年大同公路建设有关事宜进行座谈。厅领导段建国、张润、郜玉兰及省公路局、省高管局有关领导以及厅有关部门负责同志参加。段建国厅长在讲话中首先感谢耿市长一行专程到省交通厅商谈大同交通工作, 并对大同市近年来公路建设所取得的成绩给予充分肯定。他表示,省交通厅将打破常规,加大力度,一如既往地高度关注和全力支持大同公路建设。希望大同市认真做好规划,合理安排,分步实施;要广开渠道,多方引资,积极筹措建设资金;要认真细致地做好征地拆迁及各项服务工作,为公路建设提供良好外部环境;要坚持不懈地抓“治超”工作,确保道路安全畅通。张润、郜玉兰分别对大同市提出的公路建设有关事宜提出意见和建议。

5月20日 《山西省农村公路日常养护定额》编制工作座谈会召开。厅农村路网处、厅公路处、厅定额站及晋中、忻州、大同等市县交通局代表参加。各单位表示,将认真填报项目,保证数据真实、可信,保质保量做好此项工作,提供翔实数据,确保成果的准确性、适用性。

5月20日 由阳泉市交通局组织的赴四川德阳运送赈灾物资车队,圆满完成任务后安全返回山城。当天下午,阳泉市专门在市委办公楼对面广场上举行仪式,欢迎车队同志们胜利凯旋。市领导谢海、白云、樊盛武、陈继光等出席,郜爱国副书记讲话,王敬瑞副市长主持。

5月15日12:40分,市交通局接受市委、市政府要求紧急组织20辆大货车装运灾区急需的大米、面粉、食用油、方便面、矿灯、药品、饮用水、饮料、毛毯、棉被等440多吨、价值339万元赈灾物资任务后,局党组高度重视,精心组织,当即召集交通集团有限公司、汽车修造运输有限公司主要领导开会,由赵发明、梁保栋副局长、张昧小调研员进行安排部署。当晚紧急出发,星夜兼程赶赴德阳后,队员们不顾疲劳,将货物分送到绵竹、什邡和乡镇抗灾一线。在长达100个小时、行程4000多公里的运输过程中,全体同志冒着余震、滑坡、落石危险,发扬不畏艰险、不怕困难、连续作战作风,任劳任怨,风餐露宿,将赈灾物资安全运送到灾区人民手中,圆满完成市委、市政府交给的光荣任务,为抗震救灾作出积极贡献。李书田局长作汇报,并表示要做好工作,随时准备接受任务再次出发。

5月20日 《山西交通》报道:5月12日汶川特大地震灾害发生后,全省交通系统迅速行动,以各种方式支援灾区人民抗震救灾。一是省厅立即向四川省交通厅发慰问信,向灾区人民和抗灾人员表示慰问;二是积极组织捐款,厅机关、厅直单位目前捐款已达1 889 937.1元;三是在所有公路收费站开辟抗震救灾专用通道,所有运送抗震救灾物资和人员车辆,一律优先免费通行;四是调用应急客车100多辆,专门组织四川民工返乡,近两月运送5000多人;五是制订赴灾区救灾重建工作预案,落实人员、设备和必要的资金。上级一有命令,立即开赴灾区开展救灾重建。

5月20日 《山西交通》报道:经厅党组会议研究,决定向四川省交通厅捐赠50万元人民币,用于支援灾区公路及交通设施抢修与恢复工作。同时,将全力支持灾区救灾专业技术队伍、抢险设备等方面需求。

5月20日 省交通厅批复省道太克线三岔口段改线工程可行性研究报告。路线长1.9公里,二级公路标准,时速60公里,路基宽12米,投资估算1065万元,建设工期1年。

5月20日 省交通厅向省发改委报送《关于批复国道208线太原南出口超龄油路及薄弱路段路面改造工程可行性研究报告的请示》。路线长约38.3公里,投资估算19 856万元,建设工期1年。

5月20日 省交通厅向省政府办公厅督察处报送《关于对十一届全省人大一次会议6335号建议的答复》。主要是解决平顺县县城至苗庄镇公路建设所需资金建议。

5月20日 省交通厅向省政府办公厅督察处报送《关于对全国政协十一届一次会议第3401号提案的答复》,主要是昔阳县界都至左权县麻田扶贫公路项目建设的提案。

5月20日 省交通厅向省政府办公厅督察处报送《关于全国政协十一届一次会议0925号提案的答复》,主要是支持昔阳县至河北内丘运煤通道公路项目建设的提案。

5月20日 省交通厅印发《关于调整厅安全生产委员会组成人员及职责分工的通知》。主任:段建国;副主任:王志民;成员有:杨吉平、尹新平、蔺建煌、蒋品、田根、赵新民、王晓光、张翼、胡志勇、王联明、李灵、郝如恒、孙印、李新杰;办公室主任:杨吉平;副主任:张翼。

5月20日 省交通厅印发《关于在全省

交通系统开展2008年"全国安全生产月"活动的通知》。主要包括总体要求、活动主题、活动时间、组织机构、活动形式、活动要求6项。

5月21日 张志川副厅长一行莅临晋中市交通局，协调指导通讯线路施工，听取治超工作汇报，提出4点要求。一要进一步加大治超组织领导，确实抓紧、抓好、抓出成效；二要注重规范执法，加强人员管理和培训，努力提高执法队伍业务素质和执法水平，坚决清除害群之马，确保自身不出问题；三要配备和完善检测仪器、监控设备、稽查车辆等基本设施，做好后勤保障；四要严格执行治超纪律规定，确保国家治超政策落到实处，严禁公路"三乱"事件发生。

5月21日 根据交通运输部统一安排，省交通厅对支援四川灾区抢通保通公路工作作出部署。要求不惜代价，不讲条件，抽调全行业最优秀专业技术人员和最好的施工机械设备，全力以赴支援灾区，抢通灾区"生命线"。并迅速组建由1名厅领导带队、由150余名政治思想好、作风正派、业务能力强、身体健康的管理技术人员组成3支突击队，21日启程入川。

5月21日 全省干线公路建设质量现场会议在临汾市乡宁县召开。回顾总结前两年全省干线公路建设工作，分析当前面临的形势与挑战，安排部署下阶段主要任务和公路建设质量管理工作重点。会议强调，各级各部门与市县政府合力抓好干线公路的环境氛围，创新公路建设质量观念，落实质量责任，强化质量管理，提升质量品位，进一步掀起全省公路建设新高潮，圆满完成全年目标任务，推动干线公路建设又好又快发展。厅长段建国、副厅长张润，省公路局局长戴飞，省重点办副主任刘继承，临汾市委书记夏振贵，市长刘志杰、副市长成洪才等出席。

2006年和2007年，是实施全省干线公路建设"十一五"规划起步和打基础的两年。两年来，全省干线公路建设完成投资40亿元，建成通车902公里，如期建成以省重点工程省道孙吴线小站至孙启庄、307国道旧关至新店、207国道平定至昔阳等3条运煤通道为代表的一批新改建工程，建设规模627公里的沿黄干线公路、大运公路介休至霍州、307国道汾阳至离石、309国道临汾至吉县等重点项目开工建设。同时，公路建设理念显著提升，工程质量稳步提高，工程的质量品位和规范化水平也得到明显提高。

会议期间，与会人员现场观摩沿黄干线公路临汾段第5、6、7、8合同段水稳基层铺筑、重锤夯实、路面材料拌和场、石拱涵及高填方路基施工、上挡墙施工、沥青混凝土面层施工，学习交流临汾市在拆迁工作、临汾公路分局在沿黄干线建设管理、吕梁市在创优建设环境、晋中公路分局在介霍一级公路建设管理方面的经验。大家一致认为，全省11个地级市中，临汾市公路建设基础设施需求旺盛，大交通和重载运输特点明显，在全省具有代表性，这次会议在临汾召开很有意义。特别是临汾市委、市政府高度重视交通公路事业，狠抓公路建设环境工程质量管理，一举扭转落后局面，走在全省前列。

段建国厅长在讲话中要求各级各部门要提高认识，高度重视现在所面临的新一轮交通瓶颈形势，坚定地肩负起加快干线公路发展历史责任，坚决完成今后三年各项任务。一要继续加大干线公路改造建设力度，提升路网整体服务水平；二要加强公路养护管理，拓展服务功能；三要坚持全面协调可持续发展，走资源节约型、环境友好型发展之路；四要完善质量管理约束机制，加强基础科研和理论研究；五要建立健全有效质量保证体系和质量监控体系，切实加强安全管理和廉政建设。

5月21日 山西交通抢通保通突击队先遣队连夜24时赶到灾区德阳市，迅速与德阳市政府、四川省交通厅抗震救灾指挥部联系，第一时间赶赴市政府抗震救灾指挥部领取抢险任务，从对口人员接头到了解大概灾情，从抢险道路任务到两地人员任务协调，逐一进行研究，碰头会结束时已是22日凌晨3点。先遣队于22日凌晨6时赶赴灾区绵竹市、什邡市，途经汉旺镇、遵道镇、洛水镇、金华镇、红白镇、双盛镇、蓥华镇7个镇查看损毁道路200多公里。查看途中余震不断，山体滑坡、塌方随时可能发生，冒险边走边看，现场研究制订工程抢险方案。经研究，明确突击队主要任务是抢通绵竹市汉旺镇至天池镇通乡公路27公里损毁道路，该路段由于地震造成绵远河截断，形成4个堰塞湖，任务十分艰巨。

5月22日 段建国厅长一行从乡宁直接奔赴吕梁进行调研，并就当前公路建设、抗震救灾、奥运保障、安全稳定等任务提出具体要求。

5月22日 省交通厅、省财政厅、省物价局向省政府呈报《关于国道309线长治北寨至安泽段二级公路设置公路车辆通行费收费站的请示》。实际建设里程60.339公里，预算总投资17 387万元，建议在屯留县河神庙乡陡沟村设置收费站，收费期限暂定为9年。

5月23日 上午，省交通厅举行交纳"特殊党费"支援抗震救灾仪式。厅领导张润、郜玉兰、张德仪出席。活动中，段建国厅长带头交纳"特殊党费"，厅领导和机关在职党员、离退休老党员踊跃参与，纷纷主动交纳"特殊党费"，再一次向灾区人民表达关切之情，尽自己微薄之力，帮助灾区人民早日摆脱困境，重建家园。一些在外地出差的党员也都委托同事代交。特别是80多岁的原老厅长廉平，不顾年事已高，亲自到活动现场交纳，希望灾区人民早日重建家园，感动在场每个人。据统计，厅机关、厅直单位全体党员共交纳"特殊党费"200余万元，共产党员的先锋模范带头作用得到充分体现。

5月23日 省交通厅支援四川灾区公路抢通保通突击队第一梯队从太原启程出发，已于24日16时安全抵达德阳绵竹市汉旺镇。5月20日，交通运输部发出紧急通知，组织全国交通系统对口支援四川灾区开展公路抢通保通工作。按照省委、省政府和交通运输部统一部署，省厅组建由郭贵平副巡视员任总队长的山西省支援四川灾区公路抢通保通突击队，对口支援四川省德阳市公路抢通保通工作。21日下午，郭贵平已带领先遣队赴四川德阳灾区实地察看公路损毁情况。5月23日上午9时，省厅在山西路桥集团一公司办公楼前专门举行出征仪式，为突击队开赴灾区前线送行。张润副厅长主持。

张志川副厅长宣读交通运输部紧急通知，段建国厅长讲话并为突击队授旗。厅领导郜玉兰、张德仪、赵振田，厅机关有关处室负责人，省交战办、省公路局、省高管局、省运管局、山西路桥集团、路桥集团一公司主要负责同志，抢险突击队员及中央驻晋新闻单位，省新闻媒体记者参加出征仪式。由75名专业技术人员组成的突击队第一梯队携带公路抢通与养护保通机械设备30台，其中包括破碎机、装载机、挖掘机、推土机、油罐车、工程保障车、指挥车、发电机和空压机等。仪式结束后，段建国、张润等登车看望即将出发的突击队员，嘱托他们克服一切困难，全面完成支援灾区公路抢通保通和各项任务，在抗震救灾中为山西人争光，为交通人争光。同时希望他们密切关注灾情疫情，时刻保护好自己，特别要做好预防山体滑坡、泥石流等次生灾害和疫病发生的准备工作，确保施工安全、人身安全。特别嘱咐厅新闻宣传中心记者要把抗震救灾一线的先进事迹采写好、报道好。

5月23日 省交通厅印发《支援四川灾区开展公路抢通保通工作实施方案》。主要包括组织机构与职责任务、时间计划安排、保障措施及内容。

5月23日 省交通厅成立赴四川灾区工作突击队。总队长：郭贵平；副队长：周文全、李晋宏；成员有：韩洪泽、石建高。下设办公室和三个突击分队。第一分队队长：杨海龙；第二分队队长：阎长学；第三分队队长：杨志贵。第一突击队队员共计75人。

5月23日 省交通厅向省发改委报送《关于批复国道108线原平城北至太原新城路面改造工程可行性研究报告的请示》。路线全长约102公里，实际建设里程约99公里，投资估算23 919万元（含建设期贷款利息1542万元），建设工期1年。

5月24日 省交通厅印发《2008年省人民政府交通工作目标责任分解的通知》。共计31条。

5月24日 省交通厅印发2008年交通为民办的8件实事责任分解的通知。

5月25日 上午9时，刚刚到达四川的山西抢通保通突击队来不及休息就接到指令，绵竹市至金花镇县级路被滑落山石阻塞，请求火速支援。总队长、厅副巡视员郭贵平立即安排部署路桥一公司董事长杨海龙火速组织队伍，赶往现场。公司派有多年施工经验的庞爱忠、吴光华带领10名工程技术人员及1台450挖掘机和50装载机火速赶往现场。半个小时到达现场后，面对二三十吨的巨石，抢险保通人员全力组织，克服重重困难，经过10余小时奋战，3公里路段全部抢通，突击队首战告捷，受到当地群众一致赞扬。

5月26日 省交通厅印发《政务信息公开管理办法》(12条)，自5月1日起实施。

5月26日 省交通厅印发《政务信息公开指南》。包括主动公开、依申请公开、监督和保障3部分。

5月26日 省交通厅印发《政务信息公开目录》。共计16项。

5月26日 太旧高速公路旧关收费站改造工程顺利通过验收。先后完成对旧关收费站办公楼加层及收费棚加宽；新增1入4出收费车道机电设施和系统方案；收费监控室计算机网络、闭路电视监控系统扩建；收费站级软件、硬件系统调试、相关设备移位及联调等工程；以及低压配电柜安装、UPS安装和并机运行，柴油发电机安装，车道配电系统的更换安装以及高杆灯的安装。2005年11月1日开工，2006年5月31日投入运行。

5月26日 省交通厅向中国建筑工程总公司报送《关于采用BOT方式建设阳泉至五台山高速公路的通知》。要求2008年开工建设一期工程阳泉至盂县段，确保2013年全线通车。

5月26日 省交通厅成立支援四川灾区公路抢通保通前线指挥部。指挥：郭贵平；副指挥：周文全、李晋宏；成员有：杨海龙、石中生、韩洪泽、石建高；办公室主任：韩洪泽。

5月27日 省交通厅印发《关于认真做好2008年交通防汛工作的通知》。

5月27日 省交通厅印发2008年保密工作要点。

5月28日 全省高速公路管理系统纠风暨政风行风评议工作会议召开。回顾2007年工作，安排部署2008年各项任务。并对运输不可解体大件车辆收取护送费问题和治超堵车问题进行解答。董新品局长主持，李万定书记讲话。

5月28日 上午，全省水上安全监管及搜救装备发放仪式在太原市南宫广场举行，7市19县基层海事单位代表从段建国厅长手中拿到海事执法车钥匙，以及对讲机、救生圈、救生衣等水上监管及搜救装备。这是省海事局成立以来，资金投入最大、装备数量最多、涉及范围最广的一次装备配发，对于促进全省水上旅游事业健康发展，保障水上安全，具有十分重要意义。

王志民副厅长在讲话中要求全省地方海事机构进一步加强水上交通基础设施建设、海事队伍建设，认真做好水上搜救应急训练和搜救演练，有效发挥装备功能，不断提高地方海事机构水上监管、应急搜救能力，适应新时期水上交通发展新要求。要进一步扩大监管范围，完善监管网络，努力做好重点时段、重点水域、重点船舶安全监管工作，确保全省水上交通安全。

这次共配发20部海事执法车、8艘监督搜救艇、45部对讲机、230个救生圈和230套救生衣等。省安监局、省交战办、厅机关有关处室负责同志参加发放仪式。

5月28日 上午，晋城市委副书记、市长王茂设带领市直有关部门和泽州县负责同志，深入G207线新房洼至省界段路面综合改造工地指导工作。要求强化思想认识，积极创造条件，努力克服困难，加强施工管理，切实做到“四个确保”。即确保工程质量，确保施工安全，确保工程进度，确保交通畅通。

5月28日 下午，全省海事局长安全工作座谈会召开。要求一刻也不能放松安全监管，对在检查中发现的安全隐患限期整改，确保监管工作落实到位。

5月28日 下午，四川省交通厅党组副书记、副厅长杨占昌一行在厅副巡视员郭贵平、省公路局总工程师周文全、山西路桥集团副总经理李晋宏陪同下，深入汉旺镇至堰塞湖段抢通现场实地检查。对5天时间抢通保通县乡公路21.9公里表示非常感谢。对突击队员们勇于吃苦、无私奉献、不怕牺牲的精神表示非常钦佩。

5月29日 省交通厅成立支援四川灾区公路抢通保通前线指挥部临时党委。党委书记：郭贵平；副书记：周文全；委员有：李晋宏、杨海龙、石中生、韩洪泽、石建高。

5月29日 厅支援四川灾区公路抢通保通突队经过5天奋战，绵竹市至金华镇16公里被堵公路全部抢通，排除险情19处。

5月29日 省交通厅向省教育厅报送《关于山西交通学院申报路桥专业示范实训基地建设项目的承诺函》。

5月29日 省交通厅向省教育厅报送《关于山西交通学院汽车维修专业申报中央财政支持职业教育实训基地建设项目的函》。

5月29日 省交通厅向省政府呈报《关于乡宁县朝龙公路有关情况的报告》。

5月30日 省交通厅、省监察厅、省审计厅印发《关于对山西路桥建设集团公司进行清产核资的通知》。主要包括目的、组织领导、范围、基准日、要求、时间6项内容。基准日为2008年5月13日，时间从5月30日开始，6月30日结束。

5月30日 省交通厅批复运三高速公路爬坡车道改造工程可行性研究报告。全长10.1公里，时速60公里，宽3.75米，投资估算9000万元，建设工期2年。

5月30日 省交通厅批复省道台忻线北同蒲公铁立交桥可行性研究报告。项目长0.85公里，其中桥长155米（5米~30米箱梁），引道长695米，路基宽22.5米，二级公路标准，时速80公里，控制投资2990万元，建设工期1年。

5月30日 省交通厅向省政府呈报《关于全省公路建设部分项目实行邀请招标的请示》。其中，高速公路共计12个项目，建设里程1353公里，预计总投资738.5亿元；国省干线4个项目，建设里程293.8公里，预计总投资48.8亿元。

5月31日 省交通厅召开沿黄公路建设推进会，研究解决目前存在的问题，确保当年沿黄干线公路全面建成、沿黄扶贫旅游公路基本通车。厅长段建国，副厅长张润，厅党组成员、省公路局党委书记赵振田，省公路局局长戴飞出席。

沿黄干线公路北起偏关县万家寨黄河大桥，南至平陆县城，沿线途经忻州、吕梁、临汾、运城4市17县，全长957公里，概算投资20.68亿元，其中新改建里程627公里。沿黄扶贫旅游公路北起偏关县老牛湾，南至垣曲县寨里，沿线途经忻州、吕梁、临汾、运城4市19县，全长1214公里，估算投资约15亿元，其中新改建里程976公里。省公路局，忻州、吕梁、临汾、运城4市交通局汇报沿黄建设进展情况。

赵振田书记在讲话中针对沿黄干线公路建设中存在的问题、沿黄扶贫旅游公路沿线贫困县加大投资补助等提出意见和建议。

张润副厅长在讲话中要求深刻认识加快沿黄公路建设紧迫性，进一步增强责任感；要坚持各项工作立足于一个"好"字,处理好速度与质量、安全、效益关系,既要以只争朝夕、分秒必争精神加快建设进度,又要高标准严要求,保质量保安全保廉洁;要以改革创新精神,认真研究解决好资金、用地、技术和管理等问题,化解矛盾,克服困难,不断促进全省干线和农村公路持续、快速、健康发展。

段建国厅长在讲话中希望沿线各市县把沿黄公路建设摆在重要位置,认真做好征地拆迁工作,在资金上给予倾斜,在沿黄扶贫旅游公路建设标准上要实事求是,因地制宜;厅机关处室要加快审批,合力推进沿黄公路建设;要顾全大局,确保年底沿黄干线公路全面建成、沿黄扶贫旅游公路基本通车,圆满完成省政府交给的任务。

6月

6月2日 来自全省交通征稽系统基层所站的59名科级干部以及省局机关副科以上干部作为第一期学员,参加由省征稽局举办的2008年局管干部培训班。此次培训分为8期,每期6天,内容包括征稽文化、征稽业务知识、团队建设等内容。张晋鹏局长讲授"思维与观念的创新"第一课。

6月2日 省交通厅直属机关党委印发《关于纪念中国共产党成立87周年开展评比表彰活动的通知》。其中,先进基层党组织30个,优秀共产党员200名,优秀党务工作者50名。

6月2日 省交通厅党组研究决定,组建临吉(临汾至吉县壶口)高速公路建设管理处。任命处长郭锁记。

6月2日 省交通厅党组研究决定,将太佳高速公路建设管理处分设为太佳高速公路(太原段)建设管理处和太佳高速公路(吕梁段)建设管理处。任命姚建军为(太原段)建设管理处处长,王刚、刘晓明为副处长,茹晋龙为纪委书记;任命刘子兴为(吕梁段)建设管理处处长,刘迎全为副处长。

6月2日 省交通厅印发《关于进一步加强高速公路建设项目档案管理工作的通知》。

6月2日 省交通厅印发《关于做好当前和北京奥运会期间突发事件上报工作的通知》。

6月2日 省交通厅批复307国道复线坡头至水峪段一级公路调整概算为846 592 884元,其中增加费用72 478 616元。

6月2日 省交通厅印发《关于开展2008年全省公路建设市场检查工作的通知》。5月20日至6月20日建设单位自查,7月10日至8月20日主管单位普查,9月10日至11月20日省交通厅组织互查。

6月2日 省交通厅成立全省公路建设市场检查工作领导组。组长:张润;副组长:王志民、部玉兰;成员有:戴飞、董新品、赵新民、蒋品、杨吉平、刘清平、李俊生、常二栋。下设干线公路、高速公路、农村公路3个组。

6月2日 省交通厅、省供销合作社联合社印发《关于开通全省季节性化肥运输"绿公通道"的通知》。即每年上半年2月15日至5月15日,下半年8月15日至10月15日,合计5个月。优惠政策从印发之日起试行,试行期1年。

6月3日 四川《德阳日报》刊登《劈山斩石的"钢铁队伍"——山西交通抢险突击队抗震救灾纪实》。厅党组副书记、副厅长张润作出批示,《山西交通》6月6日全文转发。

6月3日 早晨6时50分左右,北京冀东广龙物流公司朔州公司车牌号为晋F03210大货车在行至朔州元元公路时,与执行右玉至太原长途客运任务的朔州汽车运输有限公司车牌号为晋F08004依维柯客车相撞,造成22人死亡、2人受伤。这是近年来全省发生的最大一起道路运输恶性事故,给人民群众生命财产造成巨大损失,并在社会上造成严重不良影响。接到事故报告后，在外地出差的段建国厅长要求立即启动安全生产应急预案，王志民副厅长带领有关人员迅速赶赴事故现场，组织交通、运管、运输企业积极协助当地政府及公安交警部门进行伤员救治及善后处理工作。

6月3日 全省高速公路养护现场观摩暨经验交流会在运城召开。会议总结近年来全省高速公路养护管理的科学运行规律，对社会所关注的焦点、热点问题进行重点研究，动员全系统广大干部职工迅速行动起来，精心做好"迎奥运、保畅通"各项工作，全力构建更畅通、更安全、更和谐、更高效的高速公路通行环境。段建国厅长、郜玉兰总工程师出席并讲话，运城市长王安庞、副市长柴林山出席。

会议认为，通过有效管理手段解决车流拥堵是当前最核心最重要的工作任务，坚持不懈加强公共服务能力建设始终是工作主题。要认真贯彻"统一规划、协调运转，把握规律、处治科学，反应快捷、行业规范，注重质量、保证畅通"的养护质量方针，以"六高"要求为目标，以畅通工程建设为平台，以制定标准、服务指导、监督保障、考核评价为手段，全面推进"迎奥运、保畅通"为重点的养护管理工作。

郜玉兰总工程师在讲话中充分肯定全省高速公路养护管理工作，认为起步高，成绩大，效果好，总体水平居全国前列。但随着人们对交通运输本质属性认识的深化和交通方式转变，对养护理念和方法提出重大挑战。所以，要更加突出认识养护管理工作重要性，深入研究养护管理方式，把养管近期目标和远期目标紧密结合起来。并从微观方面对如何把握好养护管理工作提出明确要求。

段建国厅长在讲话中指出，建设是积极发展，养护是永续发展，加强养护管理是推动高速公路科学发展的重中之重和紧迫任务，是实现高速公路又好又快发展的根本要求和保持高速公路可持续发展的重要途径，也是高速公路节约友好型发展的必然选择和发展现代交通运输业的重要抓手。目前，全省正面临着新一轮交通"瓶颈"，高速公路建设和养护管理任务十分艰巨。主要表现为经济高速增长带来的运输需求迅速膨胀，人民生活水平提高带来的出行需求多样化及建设资源节约型和环境友好型社会带来的三方面挑战。全省高管系统必须进一步理清发展思路，全面提升全省高速公路服务保障能力。省高管局作为全省高速公路行业主管部门，要着力加强公共服务能力建设，着力加强行业监管，着力推动高速公路建设。当前，要切实加强治理超限超载车辆工作和奥运交通保障工作。

会议由省高管局党委书记李万定主持，副局长王联明进行安排部署，局长董新品就养护管理发展和当前运营管理工作重点提出要求。运城、太旧、长治公司作经验介绍。与会代表还赴运三路、侯运路现场观摩路面裂缝、坑槽处治，桥梁预防性养护和加固施工，路面微表处施工，赴运城公司机关参观养护管理内业资料。

6月3日 省交通厅印发《安全生产重大隐患排查整治管理办法》。共计14条，从印发之日起实施。

6月3日 省交通厅印发《安全生产奖励资金使用管理办法》。共计100万元，其中公路养路费70万元，道路运输管理费30万元，从2008年起试行。

6月4日 全省高速公路养护现场观摩暨经验交流会后，段建国厅长带领有关人员在运城市长王安庞和交通相关部门负责人陪同下，深入解陌公路中条山隧道工地检查指导。

隧道全长7.4公里，年初从芮城陌南石坡村北和运城解州出入口同时开钻，目前，石坡村北洞口已凿进150余米。在听取武警交通部队负责人汇报后，段建国厅长详细询问工程施工具体方案和地质探测情况，并亲切慰问武警部队官兵，要求注意施工安全，在确保工程质量前提下加快施工进度。他表示,省交通厅将尽可能地支持中条山隧道工程建设。

6月4日 省交通厅召开治安综合治理工作会议,回顾总结2007年工作,安排部署2008年任务。厅领导张润、张志川出席并讲话。

2007年,省厅综治工作紧紧围绕交通工作大局,深入落实治安综合治理领导责任制,进一步深化矛盾纠纷排查调处,加强内部治安防范和管理,强化治安综合治理基层基础组织建设,坚持"打防并举"和"夯实稳定基础,建设平安交通"总体思路,防控措施安全到位,全面落实治安综合治理各项措施,有力维护内部安全稳定,促进交通系统综治工作不断向下延伸向纵深发展,"平安交通"创建工作取得显著成绩。

张志川副厅长通报交通系统奥运安保工作,并就确保道路畅通提出5点要求。一要强化对危险化学品和易燃易爆物品管理;二要增添安检设施,确保安全;三要加强内部安全保卫和节日值班,做好应急预控,确保各类设施安全;四是安保人员确保24小时开机,一旦遇到可疑情况,立即向厅里汇报,消除治安隐患。

张润副厅长在讲话中提出5点要求。一要认清形势,提高认识,增强做好综治工作责任感和紧迫感。二要统一思想,提高认识,认真做好奥运安保工作。三要继续加强矛盾纠纷排查调解工作。要把解决涉及困难职工生活和下岗职工工作的实际问题作为排查调处矛盾纠纷的中心任务,认真研究,妥善解决。要进一步健全工作制度,坚持定期排查和经常性排查相结合方针,加强信息交流,深入调查研究,清楚掌握本单位职工内部思想动态,在抓早抓小抓苗头上下工夫,力争把矛盾解决在萌芽状态,防止矛盾激化,防止"民转刑"案件发生。四要继续深入开展"平安交通"创建活动。要以实现"六好",即组织领导好,严打整治好,防控措施好,矛盾调处好,队伍稳定好,单位秩序好;"六无",即无严重危害国家安全和政治稳定的重大事件,无大规模集体上访,无影响本单位社会稳定的重大群体性事件,无重特大刑事案件,无影响重大的群死群伤治安事故和重特大安全事故,无影响恶劣的干部违纪违法案件作为"平安交通"创建标准,进一步深化、细化、具体化,力争把开展"平安交通"创建活动提高到一个新高度。五要加大综合治理工作宣传力度。要采取多种形式,做好宣传工作,不断提高广大干部职工认识,增强主动参与自觉性,实现全社会关心支持、各部门齐抓共管社会治安综合治理的目的。

会议还表彰2007年度创建"平安小区"、"平安校园"竞赛活动先进单位和先进个人。

6月4日 交通运输部副部长翁孟勇在公路司司长戴东昌、四川省交通厅党组书记、厅长高烽等陪同下,冒着高温酷暑和余震不断危险,莅临省支援四川公路抢通保通前线指挥部和汉(旺)天(池)清(平)公路抢通保通现场指导抢险工作,并带着120件T恤等慰问品对突击队员表示亲切慰问。

"5·12"特大地震,造成德阿路绵竹汉旺至清平乡段道路中断,地震截断了绵远河,并形成4个堰塞湖,抢通任务十分艰巨。据估计,清方量将超过300万立方米,道路整体抢通难度极大。前线指挥部指挥郭贵平向翁孟勇副部长简要汇报抢通保通抢险情况。

翁孟勇副部长听完汇报后,充分肯定突击队所取得的成绩,高度评价突击队工作。认为山西省交通厅突击队是一支纪律严明、不怕牺牲、不畏艰险,特别有战斗力的队伍。希望所有队员继续发扬不怕疲劳、连续作战精神,克服困难,顽强拼搏,再接再厉,不辜负交通运输部重托,为支援灾区抗震救灾工作作出新的更大贡献。

之后,翁孟勇又视察前线指挥部食堂、居住帐篷等营房驻地;同时指示郭贵平,一定要关心突击队队员生活,注意生活和环境卫生,严防疫情发生;注重调整队员公路抢险和休息节奏，确保身体健康。同时，要求突击队发挥晋军优势，在确保人身安全情况下，尽最大可能，千方百计采取各种办法清除滑坡体，尽快打通灾区人民的“生命通道”。

6月4日 下午，厅党组副书记、副厅长张润与交通运输党校2008春季班学员座谈。学员班一行34人，6月3日莅晋。张润代表厅党组对大家的到来表示欢迎，并简要介绍山西人文地理及全省“十五”以来交通发展情况，希望大家多走走，多看看，多提宝贵意见，把好的经验、做法留在山西，为山西交通事业发展出谋划策。同学们在发言中，充分肯定山西交通建设取得的成绩，并根据交通未来发展趋势结合山西实际提出建议。双方还特别就海事方面工作进行交流。

厅直机关党委、省地方海事局、省交通干部学校等相关部门主要负责同志参加座谈。

6月4日 省交通厅印发《关于深刻汲取“6·3”重大道路运输事故教训，切实加强道路运输安全生产管理工作的紧急通知》，提出5项要求。

6月4日 省交通厅印发《关于表彰2007年度创建“平安小区”、“平安校园”竞赛活动先进单位、先进个人的决定》。其中，“平安小区”先进单位6个，先进个人45人；“平安校园”先进单位2个，先进个人9人。

6月4日 省交通厅转发公安部、交通运输部、解放军总参谋部、总政治部、总后勤部《关于加强涉及军车号牌及相关证件违法犯罪活动查处工作的意见》。共计7条。

6月5日 省交通厅印发《关于全面加强交通应急管理工作的实施意见》。主要包括指导思想和工作目标、管理规划和建设、突发公共事件防范、装备和队伍建设、加强领导和宣传工作5项内容。

6月5日 省交通厅向财政厅报送《关于治超运管巡查专用车购置预算的请示》。共计316辆，全部费用3855.85万元，其中各市配套1906.96万元。

6月5日 省交通厅向省政府治超领导组报送《关于对太原公路分局所属治超检测点存在问题的相关责任人处理意见的报告》。

6月5日 省交通厅向省发改委报送《关于批复国道309线临汾城区过境公路秕其村南至新李村段可行性研究报告的请示》。路线全长4.2公里，一级公路标准，时速80公里，路基宽32米，估算投资12 600万元，建设工期1年。

6月6日 上午，省委常委、政法委书记、公安厅厅长杜玉林一行在厅长段建国，省高管局局长董新品、副局长周存信陪同下，赴祁临公司临汾服务区视察迎奥运准备工作。要求公司从讲政治、讲大局高度，精心组织，全力以赴，切实做好迎奥运各项准备工作，圆满完成奥运火炬团接待任务，为奥运火炬顺利传递、奥运会成功举办作出积极贡献。一要加强桥梁、涵洞等重点部位安全管理，制订预案，责任到位，强化控制，保证传递路线绝对安全。二要在临汾市奥组委统一领导下，全力抓好服务区食品卫生安全、内部保卫等工作，全力配合有关部门做好安检、外围治安保卫等工作，确保服务区绝对安全。三要进一步完善服务设施，优化服务品质，为奥运火炬营造优美、温馨、舒适环境，提供热情、周到、快捷服务。

段建国厅长在讲话中对临汾服务区今年以来迎奥运各项准备工作给予充分肯定，要求祁临公司以高度责任感和使命感，把握大局，统筹兼顾，把迎奥运各项准备工作做精、做细、做实；进一步加强服务区公共场所消毒工作，对场地进行彻底清洗，采取有效措施，营造洁净、卫生服务环境；严格值班制度，加大巡查力度，加强流动人员、重点部位的安全管理，及时修复周边护栏、护网，确保服务区运营安全，保证圆满完成奥运火炬团接待任务，在服务奥运、奉献奥运中展现山西交通文明、和谐良好形象。

6月6日 省交通厅批复省道太长线武乡过境段改建工程可行性研究报告。路线全长5.398公里，二级公路标准，时速60公里，路基宽12米，估算投资2998万元，建设工期1年。

6月6日 省交通厅向省发改委报送《关于批复省道桃临线木瓜沟至马务桥段公路改建工程可行性研究报告的请示》。路线全长113.5公里，其中与霍侯一级公路重复里程4.1公里，改扩建91.2公里，新建18.2公里。二级公路标准，时速60公里、40公里，路基宽12米、10米，估算投资50 140万元，建设工期1年。

6月6日 省交通厅批复省道平风线芮城过境段改线工程可行性研究报告。路线全长4.5公里，二级公路标准，时速80公里，路基宽15米，估算投资2284万元，建设工期1年。

6月6日 省交通厅向省发改委报送《关于省道太长线襄垣过境段改建工程可行性研究报告的请示》。路线全长约14公里，二级公路标准，时速80公里，路基宽15米，估算投资16 900万元，建设工期1年。

6月6日 省交通厅向省发改委报送《关于批复省道东长线沁县口头至阎家沟段公路拓宽改建工程可行性研究报告的请示》。路线全长15.5公里，二级公路标准，时速80公里，路基宽15米，估算投资8265万元，建设工期1年。

6月7日 省交通厅调整厅人口与计划生育领导组组成人员。组长：段建国；副组长：张润、王志民；成员有：尹新平、王晓光、赵新民、张补才；办公室主任：张补才；承办人：王旭梅。

6月7日 省交通厅向省编办报送《关于成立山西省交通应急指挥调度中心的请示》。拟为自收自支正处级事业单位，与山西省交通计算机通信中心（信息中心）两块牌子，一套人马，合署办公，在中心原核定编制15人基础上，增加编制15人。

6月7日 省交通厅印发《关于表彰全省交通系统人事人才工作先进集体和先进个人的通知》。其中，先进集体12个，先进个人50名。

6月10日 省交通厅成立交通突发公共事件应急管理工作领导组。组长：段建国；副组长：张润、王志民、张志川、郜玉兰；成员有：戴飞、董新品、李华中、史荣和、牛世骏、尹新平、蒋品、杨吉平、田根、刘清平。办公室主任：王志民；副主任：尹新平、蒋品、杨吉平、田根、苏敏。

6月10日 省交通厅向省政府呈报《关于采用BOT方式建设经营高平至新乡高速公路高平至陵川段的请示》。路线全长62.175公里，投资估算36.3亿元。

6月10日 省交通厅向环保部呈报《关于荣城至乌海国家高速公路山西灵丘至山阴段环境影响评价报告书的请示》。路线长约151.3公里，投资约65亿元。

6月10日 省交通厅批复2008年国省干线公路标志牌实施意见。实施标志6119套。其中，指路标志1788套，警告标志3285套，禁令标志1012套，指示标志34套。投资2875万元。

6月10日 省交通厅向省政府并牛仁亮副省长呈报《关于解决石楼至清涧黄河公路大桥建设资金的报告》。概算投资6796万元。

6月10日 省交通厅批复长邯高速公路与309国道连接线设计。路线全长3.459公里，二级公路标准，时速60公里，路基宽12米，核准预算28 733 308元。

6月11日 厅领导段建国、赵振田及省高管局、厅直机关党委、省公路运输工会、山西路桥集团主要负责人组成的厅慰问团一行8人，莅临四川绵竹抢通保通公路现场指导工作并慰问一线抢险突击队员。在前线指挥部驻地绵竹市汉旺镇举行全国总工会“山西省交通厅抗震救灾重建家园工人先锋号”授旗暨新党员入党宣誓、老党员重温入党誓词仪式。郭贵平副巡视员陪同并主持授旗、宣誓仪式。

段建国厅长在讲话中，代表厅党组和慰问团向突击队表示诚挚慰问并致以崇高敬意。希望参战队员继续在交通运输部、当地政府及抗震救灾指挥部的统一部署和前线指挥部临时党委领导下，继续发扬不怕疲劳、连续作战精神，克服困难，顽强拼搏，再接再厉，为支援灾区抗震救灾作出新的更大贡献。

四川省交通厅副巡视员胡大昌、绵竹市委书记蒋国华在讲话中对突击队做出的成绩给予充分肯定，对山西省交通厅支援四川灾区公路抢通保通抢险工作表示衷心感谢。

6月11日 省交通厅赴四川灾区公路抢通保通突击队近日被全国总工会授予“抗震救灾重建家园工人先锋号”称号。5月23日奉命火速入川后，全体队员克服气温高、湿度大、暴雨等困难，冒着余震不断、山体滑坡、泥石流、崩塌等次生灾害随时发生的危险及上游堰塞湖严重威胁，安全快速打通绵竹市广济至金花、金花至遵道、汉旺至马尾桥至红岩3条公路，德茂公路、汉旺至清平公路推进至“一把刀”堰塞湖坝底，累计抢通保通46.9公里，完成清理泥石流32.5万立方米，累计排除险情149处，圆满完成公路抢通保通阶段性任务。

6月11日 省交通厅向环保部呈报《关于荣城至乌海国家高速公路山西山阴至平鲁段环境影响评价报告书的请示》。路线长约108公里，投资约47.8亿元。

6月11日 省交通厅批复大运高速公路原太段路面改造工程设计。核准预算29 796 885元。

6月11日 省交通厅批复太旧高速公路爬坡车道改造工程设计。核准预算67 102 346元。

6月11日 省交通厅批复大同环城高速公路购置养护机械设备和办公设备。核准预算14 161 500元。

6月11日 省交通厅向省发改委报送《关于山西省高速公路非现金结算系统建设项目工程可行性研究报告的请示》。估算投资5590万元，建设工期3个月。

6月11日 省交通厅向开行山西分行报送《关于山西省2008年至2010年农村公路申请国家开发银行贷款的报告》。申请30亿元，期限20年（宽限期3年）。

6月11日 省交通厅向省财政厅报送《关于山西省干线公路车辆通行费使用管理办法的请示》。共计15条。

6月12日 省交通厅在德阳市召开支援四川灾区公路抢通保通座谈汇报会。段建国厅长与省厅慰问团领导出席并讲话。郭贵平副巡视员主持，省公路局总工程师周文全作汇报。

段建国厅长听取情况汇报后，充分肯定全体参战抢险队员取得的成绩。一是服从命令行动快；二是组织严密，动员有力；三是团结一致，众志成城；四是机制健全，制度完善；五是靠前指挥，现场组织有力；六是与当地政府、人民群众关系非常融洽；七是路桥一公司是一支敢打硬拼的队伍；八是圆满完成抢通保通任务，给山西交通增光添彩。

鉴于目前德茂公路汉旺至清平段因武警水电部队正在排除堰塞湖险情，具备抢通条件的公路抢通保通任务已全部完成。段建国厅长提出6点要求。一是留一个突击小分队，保管好抢险机械设备，待汉旺至清平公路上游堰塞湖泄洪后，按照当地政府安排，继续完成公路抢通保通任务。二是按照国务院对口援建要求，山西省对口援建茂县，国省干线公路的恢复重建与抢通保通性质不同，工程地质更为复杂、工程量更大，要做好充分准备。厅规划处、公路处、省公路局、省交通设计院、省交通科研院要做好深入一线援建恢复勘察工作准备。三是对抢险突击队员中有子女高考、中考人员，厅工会要积极与教育部门联系，以省厅名义争取政策优惠，解除抢险队员后顾之忧。四是加强宣传工作。厅新闻宣传中心要与全国、全省各大媒体联系进行专题报道，编写制作好音像资料，大力宣传公路抢通保通涌现出的先进集体、先进个人事迹，对抢险突击队员和优秀党员，要上报有关部门进行记功表彰。五是注意饮食卫生，提高抢险突击队员的生活水平。六是在抗震救灾期间，要对抢通保通一线人员采取特殊办法，提高待遇，增加补助，给予适当奖励。

郭贵平代表全体抢险突击队员感谢厅党组亲切关怀,并表示一定按段厅长6条要求,继续发扬不怕疲劳、连续作战精神,圆满完成厅党组交给的任务。

6月13日 上午,省交通厅在五楼视频会议室组织观看交通运输部组织的巡回报告"抗震救灾英模事迹报告会"。厅领导张润、王志民、郜玉兰、张德仪及厅直各单位党政一把手、党务工作者、工会主席、厅机关各处室负责同志一同收听收看。

此次作报告的6位英雄来自抗震救灾一线,他们讲述了抗震救灾中的亲身经历和真实感受。一个个真实感人事迹强烈地震撼每个人心灵,观看报告会的同志们都流下了感动热泪。大家一致认为,在这场规模空前的抗震救灾斗争中,这些抗震救灾英雄临危不惧,坚忍不拔,自强不息,团结互助,用自己的实际行动谱写了一曲曲感人的时代壮歌,为伟大的民族精神注入新的内涵。

6月13日 下午,省交战办召开分练情况讲评会议,重点对下一步工作进行安排部署。厅长、省交战办主任段建国出席并讲话。省军区后勤部副部长、省交战办副主任林保江、省公路局局长戴飞及省运管局等有关部门负责人参加。省交战办副主任史荣和主持。

会议指出,"联动—2008" 活动是全省军警民一次难得的联合演练,是在奥运安保的大背景下组织的一项大活动,是对全省国防交通专业保障队伍"平时服务、急时应急,战时应战"的一次综合性检验和考核。各单位要思想上高度重视,对所属参演人员进行再动员和再教育,增强责任感和使命感;行动上要高度自觉,切实将这次多样化交通保障演练任务研究实,将合练、预演方案进一步细化;组织上要严密科学,要各负其责,牢固树立"一盘棋"思想,密切协作,严密组织;安全上要万无一失, 把安全工作摆在演练任务首位,思想上高度重视,行动上慎之又慎,切实做到时时想安全,处处抓安全,事事保安全。

段建国厅长在讲话中提出3点要求。一要站在讲政治高度,充分认识演练重要性,紧贴创建和谐社会、奥运安保和抢险救灾现实需要,充分认清当前诸多挑战严峻形势,时时要有紧迫感和危机感;二要加强领导,精心组织,充分发挥参演人员积极性、主动性和创造性;三要加强管理,提高保障能力,加强应急管理,抓好安全工作。

6月13日 省交通厅党组印发2008年党风廉政建设和反腐败工作任务的分解意见。共计42项。提出3点要求:坚持统一领导,强化责任落实;严格检查考核,落实责任追究;加强协调配合,切实抓好落实。

6月13日 省交通厅印发开展2008年节能宣传周活动的通知。时间为6月15日至21日。6月19日为无空调日,6月20日为无车日。

6月13日 省交通厅向交通运输部呈报《关于配备水上交通安全监管装备的请示》。共计配备5部执法车、3艘监督艇、10艘冲锋舟,共计210万元。

6月13日 省交通厅向交通运输部规划司报送《关于山西省农村公路基础数据和电子地图更新数据的报告》。

6月14日 交通运输部党组成员、纪检组长杨利民在四川省交通厅、德阳市和绵竹市政府及交通部门一行20余人陪同下,冒雨莅临汉旺至天池至清平公路现场、汉旺镇万灯村旧营地实地查看公路损毁及山西突击队部被洪水冲毁受灾情况, 并慰问一线参战人员。

杨利民组长高度赞扬山西省交通厅公路抢通保通抢险突击队取得的阶段性成果,特别是在危急时刻,生命财产即将遭受重大损失之时,不畏艰险,舍生忘死,不怕牺牲,奋力抢救国家财产的大无畏献身精神。称赞是一支过得硬、信得过、能打胜仗、特别有战斗力的队伍。希望所有参战队员继续发扬不怕疲劳、连续作战、勇于奉献的精神,克服困难,顽强拼搏,再接再厉,完成部交给的公路抢通保通任务，为支援灾区抗震救灾工作再作新的更大贡献。

6月14日至18日 交通运输部部长政策咨询小组一行9人对全省农村公路建设、养护情况进行调研。张润副厅长陪同调研并出席座谈会。

咨询小组一行就太原、晋中、阳泉、忻州农村公路建设养管情况进行实地调研和认真总结，给予高度评价。认为全省农村公路建设思路清，体制好，资金落实到位，充分调动了广大人民群众积极性。咨询组组长周秋田在座谈会上总结说，山西农村公路建养体制和经验值得学习、借鉴和推广，特别是治超成效显著，从源头治超就是最好的农村公路养护管理措施。咨询小组建议尽快争取人大立法，建立农村公路建养长效机制，变行业行为为政府行为、社会行为，形成全民修路、全民养路、全民护路的良好格局。

6月15日 全省运管系统源头治超工作经验交流会召开，11个县(市、区)运管所长、交通局长和相关地市运管处长参加。李华中局长在讲话中要求做到组织、人员、工具、经费保证，把用得住、有能力、敢负责任的同志用到治超岗位上；要抓好两个政府令的宣贯工作，继续推广"无双超县"的经验和做法，多方协调，形成合力，锻炼队伍，结合治超。

6月15日 全省新一轮"无缝隙、拉网式"治超总行动自2007年12月19日启动以来，取得重大突破和进展。一是超限超载率大幅下降。2007年全省超限超载率为8%至13%(高速8%，干线13%)。治超总行动以来，超限超载率逐步下降，截至6月14日，全省公路超限超载率下降到0.2%。尤其是55吨以上车辆超限超载势头得到遏制，超限超载率不到0.2%，全省高速公路杜绝55吨以上非法超限超载车辆的行驶。二是交通事故明显减少。从2007年12月21日至2008年6月14日，全省涉及货运车辆交通事故比上年同期下降18%；伤亡人数比上年同期下降6%；直接财产损失比上年同期下降22%。三是运输环境明显改善。全省货车日通行量由2007年12月19日7.6万辆，增加到2008年6月14日21.5万辆，增长1.8倍。道路客车正点率达到91%，交通堵塞状况明显缓解。公路、桥梁也得到有效保护，治超6个月与上年同期相比，全省干线公路危桥减少146座，下降70%；路面损毁减少214公里，下降52%；两项合计减少经济损失4亿元。四是货运价格合理回升。以2007年12月19日运价为基准，截至2008年6月14日，全省9类主要公路货运价格，短途运价为1.21元/吨·公里，平均上涨32%；长途运价为0.68元/吨·公里，平均上涨26%。其中，煤炭及其制品短途运价上涨61%，长途运价上涨38%；金属矿石短途运价上涨35%，长途运价上涨26%；钢铁短途运价上涨56%，长途运价上涨11%。全省公路货运市场初步显现出有序、健康态势。

6月15日 为给四川省交通厅、公路局专家评估组提供德茂公路汉旺至清平段公路损毁准确数据，抢险突击小分队一行7人，在张文红带领下，再次徒步涉险深入被洪水冲垮的"一把刀"堰塞湖处，实地勘察测量4段冲毁路基距离及每一个险情数据。返回途中突遇余震，飞石滚下，情况危急。经多方努力，平安返回驻地，历时3个多小时。对此，前线指挥部专门召开会议，郭贵平指挥传达段建国厅长重要指示，在上游堰塞湖未全部爆破、未完全排除险情、未完成泄洪、未制定万无一失安全施工保障措施之前，一律不准强行施工作业，确保队员生命财产安全。要把安全施工作业作为一条铁的纪律确定下来，严格执行并真正落到实处。

6月15日至19日 由交通运输部质监总站副站长成平带队的交通运输部公路工程质量和安全督察组，对晋济、阳翼高速公路和曲沃县两条农村公路项目进行检查，并于19日在太原召开反馈意见座谈会。郜玉兰总工程师出席。

督察组采取现场检查、工程实体抽检、内业资料检查等方式，分桥梁、路基路面、内业3组，对工程参建各方的施工安全管理、施工工艺、工程实体质量、实验室等情况进行深入细致检查。认为在建项目施工现场规范，安全防护和安全措施基本到位，对存在的监理职责、劳务管理、变更批复等方面问题，提出具体意见和要求。

郜玉兰总工程师在讲话中表示：针对部督察组提出的问题，省厅将督促各参建单位制定具体整改措施，举一反三，认真整改；整改后，业主要牵头组织回头看，坚决防止屡查屡犯问题的发生，坚决纠正重大质量与安全管理中的盲点，确保工程质量安全。

6月15日至21日 省交通厅厅直各单位都利用多种形式，大力宣传有关节约的法律、法规、方针、政策和开展节约型机关建设的重要性、必要性，引导广大干部职工从我做起，从小事做起，养成勤俭节约良好习惯，做资源节约表率，做好建设节约型机关的舆论宣传和教育工作，开展“无空调日”和“无车日”活动，开展“能源紧缺体验”活动。6月19日、20日，省交通厅先后开展无空调日和无车日活动，省交通系统干部职工骑自行车、步行或坐公交上班，各单位尽量停用空调，以实际行动节约能源，创建节约型机关。6月20日，郜玉兰总工程师同机关人员徒步上班并接受记者采访。

6月16日 省纪委驻交通厅纪检组转发省纪委《关于贯彻落实中央纪委监察部〈抗震救灾款物管理使用违法违纪行为处分规定〉的通知》的通知。

6月16日 省交通厅下达2008年1月至5月大运、太长、汾柳公路车辆通行费收支考核计划。共计3971万元。

6月16日至18日 王志民副厅长带领省公路局、省高管局及厅机关有关处室人员，沿大运高速公路进行逐点、逐段演练式检查。

按照火炬传递组委会工作总体布局安排，奥运火炬将沿大运高速公路在运城、平遥、太原、大同4个城市进行传递，进出运城东、平遥、晋祠、古城营、滨河、柴村、西河7个收费站出入口，并在临汾、大营2个服务区进行餐饮和休息，省厅主要负责大运高速公路清障和畅通保障、火炬运行团队在服务区的餐饮服务和休息保障、线内奥运火炬传递的宣传3项工作。

王志民副厅长在听取各有关单位汇报后，对检查中发现的问题和需要改进的工作作了进一步细化安排。要求全线道路交通保障所有整治工作在6月20日前结束，6月23日前各项准备工作全部到位，同时要搞好3个衔接，即交通部门与当地有关部门衔接、上一站点与下一站点衔接、高速公路与普通干线公路衔接。他说，奥运火炬传递是展示全省形象的大事，更是对全省道路交通保障工作的一次大检验，一定要按照组委会要求，竭尽全力做好交通服务保障各项准备工作。

6月17日 交通运输部在安县山东省交通厅公路抢通保通前线指挥部召开对口支援四川公路抢通保通单位座谈会，山西、山东、云南、河南、湖北5省交通对口支援单位领导和四川省交通厅、公路局领导参加，部党组成员、纪检组长杨利民出席并讲话，部总工程师周海涛主持。5省分别就前段时间对口支援公路抢通保通工作进展情况、存在问题及今后需要采取的措施和对策等进行汇报。郭贵平、周文全分别代表山西作汇报。

郭贵平指挥说，山西省交通厅党组接到部党组对口支援四川公路抢通保通明传电报后，第一时间召开厅党组会议，成立山西抗震救灾抢险突击队；第一时间抢险突击队先遣队赶到灾区德阳市，第一时间赶赴德阳市抗震救灾指挥部领取抢险任务，第一时间奔赴灾区查看道路险情。厅党组书记、厅长段建国对抗震抢险工作十分重视，每天听取前方指挥部工作汇报和存在困难，要求突击队坚决按照部党组和当地政府及交通部门抗震救灾指挥部的部署，完成抢通保通任务。特别是6月10日至12日，冒险来汉旺镇抢险突击队驻地，慰问抗震抢险一线职工，亲自带领新老党员在党旗下领读入党宣誓，极大地鼓舞一线抢险突击队员士气。同时要求抢险突击队要克服一切困难和危险，抢通保通德茂公路汉旺至清平段，坚决完成部党组和当地政府及交通部门抗震救灾指挥部任务。周文全副指挥在汇报中说，德茂公路汉旺至清平段已抢通保通5.9公里，但由于6月12日该路段上游小岗剑堰塞湖爆破处理不当造成溃堤，使原已抢通的路段被水冲毁，而且十分严重。更可怕的是，由于堰塞湖爆破缺乏预警和协调机制，溃堤的大水冲向山西营地，险些造成人员和机械重大损失。建议建立各部门、各单位及部队统一协调配合机制，防止此类事件发生。

杨利民听取汇报后说，各对口支援交通部门出色完成公路抢通保通任务，对灾区生命线恢复起到巨大作用，体现全国交通一家亲的深厚感情。他特别对山西抢险突击队所做的工作和取得的成绩给予充分肯定。

6月17日 下午，全省治理非法超限超载车辆工作会议在太原召开。总结成绩，分析问题，交流经验，表彰先进，并对下一阶段治超工作进行研究和部署。牛仁亮副省长出席并讲话。段建国厅长作表态发言。

牛仁亮副省长在讲话中首先转达孟学农省长对全省治超一线干部职工的亲切慰问，并提出5点要求。一是进一步提高认识，统一思想。充分认识重要性和治理长期性、艰巨性和复杂性，时刻保持清醒头脑，坚定治超信念。二是认真贯彻省政府发布的有关治超工作两个办法。注重源头治理，建立长效机制，把办法学深学透，更好地指导治超工作实践。三是规范路面站点。要整合治超站点、储煤点和煤焦检查站点，收缩战线，抓住要害，集中治理。四是充分运用现代科技手段。要用现代科技手段支撑超限超载治理，譬如GPS定位系统、不停车测重系统、密闭式厢式运输等等。五是建立激励机制。对成绩显著的市、县、单位、个人要给予物质和精神奖励，真正做到奖惩分明。

段建国厅长在表态发言中，表示全省交通系统将重点抓好6个环节，即突出源头监管，强化路面执法，加大经济调节力度，加强治超点建设，抓好保通保畅工作，大力推进运输结构调整，落实好加强组织领导、严格监督问责、始终把握正确舆论导向3项措施，有决心、有信心打好攻坚战，夺取治超全面胜利。

会上，对考核先进市、县、治超点进行表彰奖励，名列前三名的离石市、宁武县、高平市由省交通厅按二级公路标准各奖励一条城区绕行公路路面和桥涵。

6月18日 上午，交通运输部召开全国运输行业节能减排工作视频会议。山西三皇侯马运业集团公司“GPS全球定位系统和行业记录仪”、长治市第一汽车运输公司“甲醇燃料汽车”两项目作为全国交通行业首批20个节能示范项目被授牌。

郜玉兰总工程师，山西汽运集团、厅直单位、各市交通局、三个节能示范项目单位主管节能减排工作负责人及厅机关有关处室负责同志在山西分会场参加会议。

高宏峰副部长作了题为《推进节能减排，发展现代交通》讲话，徐祖远副部长主持。会议主要任务是学习贯彻《节约能源法》和《国务院关于加强节能工作的决定》，落实全国节能减排工作会议精神及国务院节能减排综合性工作方案，总结交通运输行业开展节能减排工作经验，研究部署下一阶段全行业节能减排任务和工作重点。

6月18日 省交通厅印发《政务督查工作制度》。包括主要任务、工作原则、督查范围、督查分工、督查方式、督查程序、通报与奖惩制度、工作要求、附则 9 项，自发布之日起实行。

6月18日 省交通厅向省政府呈报《关于忻阜高速公路项目有关事宜的请示》。路线全长124公里，投资估算约60亿元。

6月18日 省交通厅决定恢复朔州市交通项目审批。

6月18日 省交通厅批复增加太旧高速公路公司收费人员编制38名。

6月19日 段建国厅长带领厅机关有关处室负责人深入长子、襄垣、壶关3县，就太长高速长子连接线、襄垣立交、大峡谷旅游路等工程建设和筹备情况进行调研。并深入长治市汽车客运车站建设工地和市交通局、长治公路分局、征稽分局、高速公路公司进行调研。

6月20日 省政府副秘书长孙跃进、张润副厅长等慰问团一行3人，莅临绵竹汉旺至天池至清平再抢通公路现场指导工作并慰问一线抢险突击队员。前线指挥部指挥郭贵平、德阳市人大常委会副主任王远辉、副指挥周文全等陪同视察。

郭贵平指挥向省政府慰问团汇报省厅支援四川开展公路抢通保通以来的基本情况、取得的阶段性成果及今后再抢通汉旺至天池至清平公路安全施工方案。

孙跃进副秘书长认真听取工作汇报。他受省委副书记薛延忠委托，代表省委、省政府向日夜奋战在公路抢通保通一线的抢险突击队员表示诚挚慰问并致以崇高敬意！对在较短时间内打通4条公路的成绩给予充分肯定，高度赞扬突击队是一支行动迅速的队伍，是一支能打胜仗的队伍。大家以实际行动充分彰显了山西人不怕牺牲、不畏艰险的精神风貌，生动抒写了山西交通人“一方有难、八方支援”的高尚情怀。要求在施工中十分注意安全，注意环境防疫、疾病防治和防控安全，注意饮食卫生。要加强沟通协调，加强与当地政府联系，密切配合，互通情况，确保信息畅通。要服从地方政府抗震救灾指挥部领导，全力以赴完成好公路抢通保通任务。

张润副厅长在讲话中要求指挥部全体人员一定要关心职工生活，注意生活、环境卫生，确保参战队员身体健康，并代表厅党组、代表全系统13万职工表示亲切慰问，向当地政府支持配合公路抢通保通工作表示感谢，向默默无闻支持参加队员入川支援灾区的职工家属表示衷心感谢，希望一线干部职工再接再厉，为四川灾区人民作出新的更大贡献。

王远辉副主任代表德阳市委、市政府、市人大和380万人民，对山西省交通厅支援四川灾区公路抢通保通抢险工作表示衷心感谢，并表示全力做好后勤服务和协调工作，为尽快打通这条生命路、经济路创造一切条件。

郭贵平指挥代表全体抢险突击队员表示一定按省委、省政府和厅党组要求，继续发扬不怕疲劳、连续作战精神，坚决打好打胜这场攻坚战。

6月20日 全省交通防汛工作电视电话会议召开。传达贯彻省防汛工作会议精神，分析全年交通防汛形势，安排部署全省工作。戴飞局长主持，董新品局长传达省防汛工作会议精神，厅党组成员、省公路局党委书记赵振田代表厅防汛领导组组长、副厅长张润作出安排。

赵振田书记在讲话中提出5点要求。一要抓好高速公路防汛保畅通工作。对已建成1893公里高速公路，要全面彻底排查排水系统、防护工程、大中桥构造物，及时发现隐患并进行应急处置。二要抓好国省干线和农村公路防汛保通工作。要加强公路日常养护，全力疏通各种排水防护设施；要对山区公路、沿河公路的高挡墙、高边坡以及高填深挖路段进行重点防范。三要抓好在建工程项目防汛保安工作。要制订周密的人员、物资、设备转移预案，落实各项防洪保安措施，确保万无一失。四要抓好公路水路运输度汛安全工作。通过各种渠道向司乘人员宣传防汛工作重要性，及时公布雨情、水情信息，加强客运车辆、渡轮、旅游船舶管理。五要抓好防汛检查和监督工作。对发现的问题要明确责任，限期整改，不留死角。厅新闻中心和厅网站要加强防汛宣传，及时通报各单位防汛抗灾的工作进展，充分发挥媒体的宣传监督作用。为此，一要加强领导，明确责任；二要制订执行好防汛应急预案，做到兼顾全面，突出重点，周密安排，程序到位；三要组织落实好防汛抢险队伍和防汛物资储备；四要加强部门合作，在发生灾情时相互支援，互相协助；五要认真执行上路巡查、防汛值班和灾情报告制度。厅防汛领导组各成员单位代表在太原主会场参加会议。全省11个市分别设立分会场。

6月20日 省交通厅印发《关于做好〈山西省道路货物运输源头治理超限超载暂行办法〉、〈山西省治理非法超限超载工作责任追究办法〉宣传贯彻工作的通知》。提出3点要求。

6月21日 省交通厅印发《预算资金拨付(审批)管理暂行办法》。包括总则、用款计划申报、用款计划审核、资金支付的审批、预算执行情况监督管理、处理处罚、附则7章32条，自下发之日起施行。

6月21日 省交通厅批复高速公路朔州等14个收费站扩容改造工程可行性研究报告。主要包括毛皂、朔州、代县、忻州、开栅、长风、襄垣、屯留、平遥、灵石、明姜、襄汾、平陆、风陵渡收费站，核定投资13 573万元，新增出口车道26条，进口车道20条。

6月21日 省交通厅向省发改委报送《关于批复运风高速公路永济服务区项目工程可行性研究报告的请示》。征地188亩，建筑面积7030平方米，投资估算4500万元。

6月21日 省交通厅印发《预算资金拨付(审批)管理暂行办法》。主要包括总则、用款计划申报、审核、资金支付审批、预算执行情况监督管理、处理处罚、附则7章32条，自下发之日起施行。

6月21日 省交通厅向开行山西分行报送《关于全省公路运输枢纽客运站建设项目申请国家开发银行贷款的报告》。拟贷款项目为：太原客运东南站、太原客运南站、太原客运西站、大同客运东站、大同客运西站、长治客运东站、临汾客运总站、离石客运总站、晋城客运东站、运城客运东站、忻州客运西站、晋中客运总站、阳泉客运总站，共计13个。总投资约142 970万元。其中，交通部补助9600万元，地方自筹83 270万元，开行贷款50 100万元(不含建设期贷款利息)。拟申请贷款6亿元，年限20年(宽限期为项目建设期)。具体为：2008年1亿元，2009年2.5亿元，2010年2.5亿元。

6月21日 省交通厅印发《关于开展全省农村公路通达情况专项调查评比表彰工作的通知》。其中，先进集体23个，先进个人95名。

6月23日 省交通厅党组印发《关于表彰厅直单位2008年度先进基层党组织、优秀共产党员和优秀党务工作者的决定》。其中，先进基层党组织31个，优秀共产党员221名，优秀党务工作者50名。

6月23日 省交通厅、省财政厅、省物价局向省政府呈报《关于国道307线旧关至新店段公路设置隧道车辆通行费收费站的请示》。建设里程45.166公里，其中新建旧关隧道1座1.54公里。2005年11月，省发改委批准按收费公路建设，2006年7月开工建设，2007年12月完成交工验收，核准预算25 485.6万元，实际完成投资24 251万元。拟在平定县柏井镇槐树铺设隧道收费站，收费期限15年。

6月23日至25日 在建党87周年前夕，厅离退休人员管理处党支部组织部分离退休老党员进行一次以"纪念'七一'迎奥运"为主题的红色之旅活动，先后赴万家寨水利枢纽及汾河源头等地进行参观学习，并举行迎奥运登山健体和篝火联欢晚会，特别是在长城与黄河"握手处"的偏关老牛湾，庄重举行重温入党誓词、永远对党忠诚活动。全体党员心潮澎湃，表示通过这次活动，进一步加深对党的光辉历史和带领人民改天换地发展所取得的骄人业绩的认识，决心永葆共产党员先进本色，努力为成功举办北京奥运、为实现全面建设小康社会宏伟目标而奋斗。

6月24日 《山西交通》报道：山西汽运集团入围全省企业管理机构行业10强。近年来，山西汽运集团通过认真落实科学发展观，着力转变发展观念，创新发展模式，提高发展质量,以做强做大、实现又好又快发展为方向,以“三个根本性提高”为目标,在提高利润率、效益上下工夫,取得明显成效。企业在又好又快发展同时,积极履行社会责任,企业社会形象明显提升,服务品牌逐步树立,受到社会各界好评。企业活力、行业影响力与控制力进一步增强,在全省同行业中占主导地位局面已经形成,在全国同行业中影响力进一步增强。继续列入全国道路运输500强、交通企业100强、全国服务企业500强行列,成为交通部重点联系企业之一。

此次评比是由省统计局、省发改委、省工商局、省地税局、省质监局等10家省直部门联合开展的全省范围内第一次经济普查,每五年进行一次。评比的主要指标为企业综合实力、资产规模、科技含量、售后服务、客户满意度等。

6月24日 省交通厅向省发改委报送《关于打捆审批路网改造项目可行性研究报告的请示》。共计16项。

6月24日 省交通厅向开行山西分行报送《关于申请短期贷款的报告》。拟申请10亿元。

6月24日 省交通厅向省发改委报送《关于批复太原晋祠至古交段运煤通道可行性研究补充报告的请示》。路线全长约61.3公里,其中新建43.1公里,改建18.2公里(太汾连接线2.2公里,太克线旧路16公里),投资估算80 463万元。

6月24日 省交通厅向省财政厅报送《关于追加2008年高速公路收支预算的请示》。收入中,太旧等6条高速公路计划征收车辆通行费403 300万元,路产赔偿费1454.75万元,清障费329.1万元。支出中,省高管局支出101 632.5万元,系统财务通行费支出291 352.35万元,全额用于偿还公路建设贷款本息。

6月25日 全省交通系统治理非法超限超载车辆工作会议在太原召开。回顾全系统半年来治超工作,部署下一阶段任务,号召全省交通系统继续发挥好主力军作用,把握重点、攻克难点,精诚团结、全力以赴,迅速掀起新一轮治超新高潮,夺取全面胜利。段建国厅长作《突出新重点,展开新攻势,在新一轮治超中继续当好主力军》的工作报告,张志川副厅长传达全省治超工作会议精神,张德仪总会计师主持。省治超领导组副组长、省治超办主任李顺通,省监察厅副厅长、省纠风办主任黄福莲出席并讲话。

段建国厅长在报告中对全系统半年来治超工作进行分析回顾,对治超工作重要性、必要性、长期性和艰巨性进行详尽阐述,就如何做好全年治超工作提出明确要求。要求全省交通系统采取强有力措施,加强组织领导,严格监督问责,加强协调配合,加强队伍建设,建立奖惩激励机制,加大宣传力度,不达目标,决不收兵,为夺取治超工作全面胜利,营造全省和谐有序的道路运输市场秩序,实现“抓综合、保安全、保畅通、为人民”目标作出新贡献。

黄福莲在讲话中就如何处理好双超治理与治理公路“三乱”关系提出明确要求。

李顺通在讲话中要求全省交通系统认清使命,准备打持久战;掌握“武器”,不折不扣贯彻省政府两个《办法》;提高素质,锻造一支过硬治超队伍。他说,交通系统是治超工作中坚力量,随着深入开展,治超必将由部门集结治理向以交通系统为主力的综合治理转变,交通系统一定要站在新起点,全方位推进治超工作,不辜负全省人民厚望。

离石市、宁武县、高平市3个源头治超示范县(市)代表,省公路局局长戴飞,省高管局局长董新品,省运管局局长李华中在会上做表态发言。

6月25日 上午11时40分许,由北京奥组委、山西组委会、媒体记者、随行人员约600余人、40余辆车组成的奥运火炬团车队缓缓驶入临汾服务区,全体工作人员立即投入到转场接待服务中。张平副省长在王志民副厅长陪同下,随同奥运火炬团莅临临汾服务区。

按照北京奥运会火炬山西省传递路线统一安排，祁临高速临汾服务区负责为奥运火炬团600余人提供就餐、休息等服务，是全国唯一一个承担奥运火炬团转场接待任务的高速公路服务区。省厅、省局对此项工作高度重视，段建国厅长多次亲临服务区，调研、督导迎奥运准备工作；省高管局局长董新品、党委书记李万定等领导多次深入到一线，现场指导建设奥运餐厅、硬化场地等工作。祁临高速公路公司上下深感责任重大，使命光荣，全力以赴开展各项准备工作，新建500平方米可容纳300人同时就餐的奥运餐厅，配备中央空调等完善的配套设备设施。

张平副省长对临汾服务区的服务设施、就餐环境、饭菜质量、文明服务等方面给予高度评价，对服务区为接待奥运火炬团所做的各项工作及成效给予充分肯定。优美洁净的服务环境、卫生可口的奥运餐、热情周到的服务也受到北京奥组委及其他奥运火炬团成员一致好评。临汾服务区在服务奥运、奉献奥运中充分展现山西交通文明、和谐的良好行业形象。13:20分，临汾服务区送走第二批奥运火炬团成员，圆满完成接待任务。

6月25日 截至今日，省征稽局征收全年公路养路费、货运附加费共计30.94亿元，完成年计划80.2%，同比增长21.79%。其中吕梁、太原两分局完成年计划90%以上，吕梁分局同比增幅46.3%，太原分局在高费基(年征收计划6.51亿元)基础上增幅22.45%。

6月25日 太旧高速公路旧关收费站车道扩容改造工程顺利完成并开通运行。采用高速公路主线加宽方式对道路进行改造，同时新增收费广场并增加车辆收费雨棚。扩容后9进16出25条车道。

6月25日 省征稽局吕梁分局交城所征稽员张迪作为第173棒火炬手在平遥进行传递。张迪2007年毕业于山西师范大学临汾学院竞技体育系，曾获得省第十二届运动会柔道冠军。

6月25日 由于暴雨和余震原因，突击队6月9日全部抢通的绵竹市遵道至金华10公里路段再次中断。接到抢通命令后，经过4天艰苦奋战，终于将这条“生命线”再次抢通。

6月25日 省交通厅下达2008年科研项目计划。2008年安排科研项目32项，安排接转科研项目32项；2008年安排科研项目专项经费900万元，其中用于新立项目经费593万元，用于接转项目经费307万元。

6月25日 省交通厅下达2008年农村公路养护工程计划。总投资2007年39 629万元，2008年63 148万元。好路率年末达到73%，年均达到71%；综合值年末达到65，年均达到62。其中，养护工程补助2007年7755万元，2008年31 698万元；改建工程2007年1988万元，2008年14 362万元；应急保障费2007年500万元，2008年1200万元；建设补助费2007年19 292万元，2008年15 265万元；养路费超收返还资金2007年4955万元，2008年622万元。

6月25日 省交通厅下达2008年高速公路养护计划。2007年总计32 212.68万元，2008年83 176.88万元。其中，日常养护费2007年6418.68万元，2008年11 820.47万元；小修工程2007年7505.00万元，2008年32 668.24万元；大中修工程2007年481万元，2008年22 126.01万元；养护工程2008年500万元；改建工程2007年16 177万元，2008年8000万元；绿化工程2007年1591万元；机电工程2008年4585.16万元；养护机具设备购置费2007年40万元，2008年1427万元；其他工程2008年2050万元。

6月25日至27日 省交通厅圆满完成奥运圣火传递交通保障任务。根据省委、省政府和奥运会火炬接力山西组委会部署，省厅制订传递方案，专门成立由王志民副厅长挂帅的奥运火炬传递工作领导组，调动全厅力量，全力以赴做好奥运火炬传递道路交通保障工作。段建国厅长多次听取专题汇报，研究落实方案，实地检查各项准备工作。省高管局从路面改造、收费站扩容、人员培训、服务接待等各个方面做好充分准备。为了确保奥运火炬传递交通保障万无一失，6月中旬，王志民副厅长带领省高管局、省公路局和厅机关有关处室负责人实地检查大运高速公路及各个就餐、休息场所，并组织模拟演习，进一步发现问题，弥补不足。火炬传递开始后，他又全程跟踪，现场指挥，保证交通秩序正常。临汾和大营两个服务区分别为奥运火炬团队提供餐饮、休息等服务。火炬传递交通保障工作圆满完成，得到省委常委、政法委书记、公安厅厅长杜玉林和山西省组委会领导高度评价和赞扬。

6月25日至30日 由张润副厅长为组长、省公路局副局长惠高峰为副组长、厅直有关部门参加组成的省交通厅支援茂县灾后交通重建调研规划小组不顾随时发生的余震和山体滑坡、泥石流危险，6天行程2000余公里，对茂县茂绵高速公路可行性走向和设计方案进行详细现场踏勘论证，并实地调查茂县境内213国道、302省道以及22个乡镇中17个乡镇通乡通村公路受损情况，详细了解各乡镇客运站场受损情况以及当地建筑材料主要分布和产量情况，在第一时间内掌握茂县震灾中受损情况并形成茂县交通重建发展规划。

在临时搭建的帐篷会议室，张润听取茂县县委、县政府关于全县交通基本情况及抗震救灾工作汇报后表示，作为山西省援建茂县交通的代表，一定要认真贯彻科学发展观，按照"规划先行、有序推进、讲求实效"原则，努力做到"硬件"与"软件"相结合，"输血"与"造血"相结合，当前与长远相结合。在下一步工作中，一是尽快摸清受灾情况，理清重建思路、举措和需求。二是根据三年完成重建任务要求，尽快帮助茂县制定符合当地实际的交通重建规划，报请山西省委、省政府审议通过后开始实施。三是建立科学援建工作机制。统筹各方力量，集约使用资源，提高资金使用效益，充分发挥当地干部群众积极性和创造性，把建设援建项目与帮助当地群众解决就业、提高收入结合起来。四是发扬山西人民"艰苦奋斗、勇于奉献"精神，以坚强决心、科学态度和踏实作风，做好茂县灾区交通援建工作，帮助灾区人民建设美好家园，向茂县人民，向省委、省政府，向党中央、国务院交一份满意答卷。

6月26日 省交通厅、省发改委下达2008年公路养护工程计划。2008年养路费计划征收350 000万元，支出为：缴纳水利基金10 500万元，纳入公路基金111 994万元，划拨公安经费5492万元，安排干线公路养护工程支出60 931万元，农村公路养护工程支出49 648万元（含以工代赈工程补助2500万元），沿黄路等配套资金2000万元，国防公路建设配套补助1883万元，偿还养护工程贷款本息25 677万元，安排养护房屋建设9582万元，信息化工程750万元，交通事业发展等其他支出69 543万元。2008年安排养护工程投资541 796万元，其中省养路费122 911万元，公路基金22 231万元，车辆通行费370万元，国家开发银行贷款320 872万元，其他银行贷款20 000万元，自筹54 669万元，其他资金743万元。好路率年末达到80%，年均达到76%；综合值年末达到72，年均达到70。

6月26日 省交通厅向省政府呈报《关于高速公路通行费结余部分作为公路建设资本金的请示》。

6月26日至28日 省交通厅在忻州顿村省交通职工培训中心举办全省交通行政执法高级培训班。段建国厅长出席开班典礼并作动员报告。培训主要内容是省政府新发布的《山西省道路货物运输源头治理超限超载暂行办法》、《山西省治理非法超限超载工作责任追究办法》和国家新近实施的《行政复议法实施条例》等，通过集中强化学习、集中辅导，有效提高广大交通行政执法人员，特别是领导干部学法、用法和执法水平，进一步强化依法行政、依法办事能力和水平。150人参加。

段建国厅长在讲话中要求全省交通系统要以这次培训为契机，广泛深入开展两个《办法》和相关法律法规学习，通过举办讲座、办培训班等多种方式，全面提升全系统交通行政执法队伍整体素质。要增强学习责任感和紧迫感，发挥带头示范作用，将所学知识应用到交通行政执法实践中，理论指导实践，通过实践推进理论建设，整体提升交通行政执法队伍能力，为交通事业快速发展作出新贡献。

6月27日 上午，太旧高速公路旧关收费站举行"工人先锋号"揭牌仪式。近年来，收费站紧紧围绕"服务人民群众安全便捷出行"这一根本要求，坚持以"最大限度地满足顾客"为核心服务理念，突出"和谐、节约、精细、创新"管理主题，全力向社会公众提供优质服务、优良秩序和优美环境，实现"三个服务"协调同步发展。截至6月26日，已累计为国家收取通行费41.8亿元，通行费收入一直位居全省高速公路130个收费站之首，尤其是2007年年收费额占全省高速公路六分之一还多；先后获得国家级、省级荣誉65项，个人荣誉119项，是全省高速公路行业的一面旗帜和标杆。

6月27日 山西路桥一公司司机、山西支援四川灾区公路抢通保通突击队队员孙怀胜作为第169棒火炬手在大同进行火炬传递。孙怀胜是从四川灾区公路抢通保通抢险一线赶回来参加火炬传递活动的。

6月27日 《山西交通》报道：为满足暑假和奥运前旅客乘车出行需求，确保旅客运输工作"安全、畅通、文明、和谐"，省运管局就暑假道路旅客运输工作提出4点要求。即高度重视，周密部署；以人为本，优质服务；强化安全监管，确保运输安全；严格依法行政，规范经营行为。

6月27日 省交通厅向孟学农省长呈报落实全省道路指示牌重要批示的报告。

6月27日 省交通厅向交通运输部、财政部呈报2008年车辆购置税用于一般公路建设项目年度预算。共计229 572万元。其中，中央投资104 100万元，自筹125 472万元。具体为：①农村公路改造177 892万元（中央投资80 000万元，自筹97 892万元）；②通达工程19 950万元（中央投资12 700万元，自筹7250万元）；③无桥改造17 559万元（中央投资7000万元，自筹10 559万元）；④安保工程11 025万元（中央投资3200万元，自筹7825万元）；⑤乡镇客运站3146万元（中央投资1200万元，自筹1946万元）。

6月27日 省交通厅印发《关于报送国家扶贫开发工作重点县整村推进建设计划的通知》。

6月27日 省交通厅向省发改委报送《关于批复灵丘至山阴高速公路控制性工程可行性研究报告的请示》。共有隧道4处，特大桥2座，即驿马岭隧道（2075米+2050米）、云彩岭隧道（单洞长4385米+4455米）、抢风岭隧道（单洞长5495米+5480米）、恒山隧道（单洞长5170米+5160米）、郝家湾特大桥（桥长1267米+1207米）、青磁窑2号大桥（桥长1027米+787米），工程投资约203 569万元。

6月27日 省交通厅批复夏汾高速公路汾阳收费站车道及内外广场扩建工程可行性研究报告。投资估算2368万元，建设工期1年。

6月28日 晚12时，厅援川抢通保通突击队前线指挥部召开紧急会议，郭贵平指挥再次向突击队员们敲响安全警钟。要求用最科学、最安全施工办法，确保安全施工，确保安全推进，确保安全完成任务，真正做到安全施工，万无一失。

6月28日至7月2日 全省交通系统第四届"学院杯"职工足球赛在山西交通学院足球场举行。经过激烈角逐，省高管局代表队获冠军。通过比赛，增强交通系统干部职工团队精神和拼搏精神，提高职工素质，进一步活跃职工文化生活，促进全系统精神文明建设。

6月29日 新华社、人民日报、中央电视台、光明日报、经济日报、中央人民广播电台、农村日报、法制日报、科技日报、工人日报、中国青年报、中国妇女报等12家新闻媒体记者同赴山西省交通厅抢通保通突击队抢险一线，即德茂线汉旺至清平段进行集体采访。这是中央媒体采访团第一站的采访目的地，郭贵平指挥接受媒体采访。他说，112名突击队员在灾区40天抢险日子里，冒着生命危险，和余震比勇气，和环境拼毅力，和塌方抢速度，保障绵竹"生命线"畅通。累计抢通保通46.9公里，清理塌方、泥石流49.5万立方米，累计排除险情172处，圆满完成公路抢通保通阶段性任务，受到交通运输部、地方各级政府和交通部门领导高度赞扬。天灾面前，突击队员们奋勇争先，他们在苦、累、险环境中，没有一人畏惧和松劲，用双手与臂膀、热血与忠诚，托起抗震救灾条条生命线。表示将用汗水和科学安全方法，用不怕疲劳、连续作战的大无畏精神，让公路成为震不垮、砸不断的"生命线"！

记者们还纷纷围住突击队员进行采访，队员们40多天不怕牺牲、不畏艰险、奋勇拼搏的抢险事迹成了采访焦点。看到队员们在如此恶劣的环境下仍然奋战不止，无不为之动容。截至目前，各级媒体共报道突击队抢险事迹40余次。

6月30日 上午，省交通厅、省高管局与工商银行山西分行联合举行山西省高速公路刷卡收费启动暨工商银行"牡丹晋通卡"首发仪式。厅长段建国、副行长林明为"牡丹晋通卡"揭牌，标志着山西成为全国第六家实现高速公路刷卡收费的省份。

张德仪总会计师主持，部玉兰总工程师、于晋萍副行长分别介绍全省高速公路刷卡收费工程建设情况、牡丹晋通卡功能特点和服务优势，省高管局、山西分行有关人员回答记者提问，并向首批特卡申请人代表配发"牡丹晋通卡"。省高管局局长董新品、党委书记李万定出席。

"牡丹晋通卡"是集磁条、接触式芯片、非接触式芯片为一体的三界面卡，既具备牡丹贷记卡金融功能，又具有在山西境内高速公路缴费信用功能。卡片采用共同发行联名卡方式，在IC卡行业应用区采用双方商定的交通部密钥进行高速公路通行费缴费认证，通过高速公路收费站口车道刷卡器读取卡号、计算费额，经专用网络与银行连接进行在线交易，当网络传输或银行系统有故障时，采用POS机刷卡缴费，在应用过程中无需手工输入密码，无需持卡人签字，并建立自动对账差错纠正系统，极大方便广大司机和车主。据实地测试，一次性完成交易时间大约为2至3秒钟，车辆通行高速公路收费站大约10秒钟，比现金收费缩短近50%的时间。

6月30日 下午，厅党组书记、厅长、省交战办主任段建国一行慰问"联动—2008B"全体交通战略运输物资保障演练人员，省军区后勤部副部长林保江大校，省交战办、省公路局、省运管局、省公路运输工会负责同志一同参加慰问。

此次演练任务是为适应目前国际、国内新形势要求，切实保障人民生命财产安全和交通战略物资运输安全而采取的一项党、政、军联合行动。来自太原公路分局和长治运输公司100余名演练队员，顶风雨，冒酷热，进行50余天强化训练，取得阶段性成绩。

段建国厅长在讲话中要求全体演练人员提高认识，增强责任，坚定务求必胜信心和决心；要刻苦训练，精益求精，按照演习要求，准确把握技术要点；服从指挥，沉着应战，力争取得优异的演练成绩。要注意安全，搞好后勤保障工作，圆满完成演练任务。

6月30日 省监察厅驻交通厅监察室转发中纪委办公厅《关于认真学习贯彻〈违反土地管理规定行为处分办法〉的通知》。

6月30日 省交通厅向省人大财经委员会报送2007年度部门决算草案。

6月30日 省交通厅印发《关于编制2009年省级部门预算建议计划的通知》。

6月30日至7月1日 山东省交通厅

副厅长高洪涛带领有关人员一行20余人赴长治市考察农村物流发展情况。王志民副厅长陪同。近年来,长治市交通部门围绕社会主义新农村建设,强化服务意识,大力实施“村村通水泥路”、“村村通客车”工程,取得明显成绩。2005年又依托“双通”成果,以平顺县为试点,在全省率先开展农村物流探索和实践。全市建成10个县级物流中心,65个乡镇物流站,850个村级物流信息点。全市参与农村物流的车辆1200多台,其中专业物流车队10个300辆。全市有3000多人从事农村物流工作,其中专业从事农村物流工作的有1000多人,初步形成人员相对稳定、车辆保障有力、货物流通便捷局面,基本解决农村群众买难、卖难问题。全市通过农村物流销往外地的农副产品由2005年8万吨增加到2007年底17万吨,实现销售收入3亿多元。

两省交通部门就发展农村物流具体情况进行交流座谈。省运管局、长治市、平顺县交通局分别介绍省、市、县发展农村物流情况。高洪涛副厅长对全省坚持“政府引导、行业推动、市场主导、企业运作、资源整合、试点先行、全面推动”发展农村物流的经验做法十分赞赏,要求考察团人员虚心学习,取长补短,促进本省农村物流发展。他还介绍了山东省发展农村物流的基本情况。王志民副厅长在讲话中分析晋鲁两省发展农村物流的相同点和不同点,表示要学习山东省建设经验,做到相互学习,共同提高。考察团一行还深入平顺县物流中心和东寺头物流服务站进行实地考察。

7月

7月1日 《山西省治理车辆非法超限超载工作责任追究办法》、《山西省道路货物运输源头治理超限超载暂行办法》开始实施。

7月1日 交通运输部公布通过审查的公路工程监理资质许可企业名单。山西交科公路工程咨询监理有限公司在已具有交通部公路工程甲级监理资质基础上,又获得特殊独立大桥和特殊独立隧道两项监理专项资质,从而成为全省第一家也是唯一一家同时拥有3项监理资质的监理企业。

7月1日 《山西省道路货物运输源头治理超限超载暂行办法》和《山西省治理车辆非法超限超载工作责任追究办法》启动仪式在太原举行。省治超领导组组长、副省长牛仁亮宣布两个政府令正式实施。

省治超领导组副组长、省治超办主任李顺通,厅长段建国,省监察厅副厅长、省纠风办主任黄福莲,省公安厅交管局副局长边智慧,省工商局副巡视员赵勇出席,交通、交警、工商、质检等执法代表和11个治超示范县交通局长参加。省政府副秘书长、省法制办主任崔国红主持。

李顺通在讲话中要求全省交通系统要充分认识两个《办法》重要意义,坚定不移贯彻实施,深入细致地做好思想教育工作。要站在新的起点,下大力气,全面推进,为促进全省经济社会又好又快发展作出不懈努力。

段建国作表态发言。他表示,一要以学习宣传两个《办法》为重点,两掀全民治超新高潮。要组织全省交通系统学习两个《办法》并纳入全年干部培训、执法培训和党员学习计划,通过举办法律讲座、领导干部辅导学习班等多种形式,分层次分批次抓好轮训,让每一位治超人员都了解并熟悉运用,自觉做到依法行政、依法治超。二是以实施两个《办法》为抓手,加快建立治超长效机制。按照“抓两手、促全面、再深入”要求,一手抓源头治超工作长效化,继续组织运管人员通过进驻企业、现场巡查等方式,依法加强对货物装载源头监管,严格控制超限超载车辆出场上路;一手抓治超责任落实,抓住典型案件、典型事件和典型人员,从严追究本系统治超部门和治超人员失职、渎职和不作为、乱作为责任,维护法纪尊严，维护政府权威，促使治超人员始终做到依法治超、守土有责。三是以实施两个《办法》为契机，进一步加强治超队伍建设。各级交通执法人员要严格执法、规范执法、文明执法，自觉遵守法律法规和各项纪律，诚恳接受各方面监督。各级交通纪检监察部门要加强对治超工作监督检查，对治超不作为单位，从严追究主要领导责任。对充当车托保护伞及养黑车、收黑钱、放黑车的执法人员，一律清理出执法队伍。

黄福莲、边智慧、赵勇分别代表省监察厅、省公安厅交管局、省工商局作表态发言。

启动仪式上，牛仁亮副省长等向运管源头执法人员发放巡查车钥匙，60 辆治超专用稽查车也于当日发放给运管执法人员，执法人员代表做了宣誓。为加强源头治理力度，建立长效治超机制，此次共向 11 个地市运管源头单位发放 300 余辆巡查车。

启动仪式结束后，牛仁亮副省长在相关领导陪同下，深入清徐县马峪乡碾沟煤矿、高速公路小店出入口处源头企业和治超点进行调研。牛仁亮副省长对太原高速研发成功的不停车治超快速检测系统给予高度评价，要求尽快召开现场会在全省予以推广。

7月1日 吕梁征稽分局征收公路养路费、货运附加费累计达 25 202 万元，提前 180 天完成全年费收任务，以实际行动向党的生日献上一份厚礼。

7月1日 省交通厅印发《关于认真做好〈国内水路运输经营资质管理规定〉宣传贯彻工作的通知》。交通运输部2号令，5月26日颁发，8月1日起施行，共6章40条。

7月1日 省交通厅下达2008年国防公路建设计划。共计1931万元。其中，红沟靶场256万元，白娘国防公路675万元，文水开栅至315基地路面改造1000万元。

7月2日 省交通厅印发《关于加强高速公路建设项目预付前期费管理的通知》。

7月2日 省交通厅向省发改委报送《关于大运高速公路大同市出口改造工程可行性研究报告的请示》。投资估算6800万元，建设工期1年。

7月2日 省交通厅下达2008年公路建设计划。其中：①重点项目269 764万元（中央投资32 242万元，自筹21 665万元，银行贷款215 857万元）；②危桥改造项目17 558.5万元（中央投资7000万元，自筹10 558.5万元）；③安全保障工程11 025万元（中央投资3200万元，自筹7825万元）；④通村油路改造计划177 892万元（中央投资80 000万元，自筹97 892万元）；⑤农村公路通达工程19 950万元（中央投资12 700万元，自筹7250万元）；⑥公路交通信息资源整合与服务工程1460万元（中央投资500万元，自筹960万元）。

7月2日 省交通厅下达2008年公路主枢纽汽车客运站基本建设投资计划。其中：太原汽车西站1200万元，长治汽车东站1200万元。

7月2日 省交通厅下达2008年农村客运站建设计划。项目80个，年度计划总投资3146万元。其中，中央车购税1200万元，省客运附加费1200万元，市县自筹746万元。

7月2日 省交通厅印发《关于编报2009年交通固定资产投资建议计划的通知》。

7月2日 省交通厅向省财政厅报送《关于申请农村公路养护补助的报告》。共需养护资金547 900万元，其中省养路费投入31 671万元，申请财政补助497 820万元，拖拉机养路费18 410万元。

7月2日 省交通厅印发临汾至吉县高速公路初测外业验收意见。路线全长99.894公里，双向4车道，时速80公里，路基宽24.5米。

7月3日 下午，省总工会常务副主席高凤平、组织部部长李太生、省公路运输工会主席王晓光共同为荣获全国“模范职工之家”称号的省高管局工会授牌。

全系统基层工会组织达到 15 个，基层工会小组达到 234 个，工会会员有 11 026 人，占到全体职工 85%。共有省级“职工之家”2 个，“职工小家”2 个，厅级“职工之家”3 人、

“职工小家”10个。设有大型阅览室17个，职工活动场所260个。

7月3日 省交通厅致晋城市政府《关于晋济高速公路煤焦管理站建设事宜的复函》。

7月3日 省交通厅向省财政厅报送《关于山西技师学院燃煤锅炉及其附属设备报废的请示》。共计3台，原值2 104 199元。

7月3日 省交通厅印发《关于开展预算执行情况检查工作的紧急通知》。

7月4日 上午，由省委宣传部主办的“2008中国抗震救灾大型新闻图片巡展”启动仪式在太原市文庙举行，厅党组副书记、副厅长张润率领厅直单位60余人参观。

7月4日 全省干线公路预防性养护现场会在运城召开。省公路局将在全省干线公路上全面推行预防性养护，实现由改正性养护向预防性养护转变，由被动性养护向主动性养护转变，由传统养护向科学养护转变，从而达到延长公路使用寿命和减少公路周期养护费用目的。省公路局局长戴飞出席并讲话。局机关有关处室负责人，各分局分管副局长、养护科长、部分公路段段长共80余人参加。省公路局副局长王升云主持。

省公路局初步确定按照“两年打基础，三年上台阶，五年见成效”规划布局，到2010年，保证55%以上公路段全面推行预防性养护，到2012年，所有公路段全面推行预防性养护。

戴飞在讲话中要求各单位牢固树立预防性养护理念，明确实施重点，建立科学预防性养护体系；狠抓基层基础工作，夯实预防性养护的根基；重视科研和技术开发，建立可靠的技术支撑体系；加大资金投入，建立有稳定来源的资金保障机制。

会议宣读并讲解《山西省干线公路预防性养护指导意见》；晋城、运城、晋中公路分局以及临猗公路段作预防性养护经验交流。与会人员还先后观摩晋城、运城公路分局沥青再生剂、密封胶灌缝、微表处施工作业等实施预防性养护作业现场，并在运城公路分局机关会议室观看预防性养护专题汇报片。

7月4日 《山西交通》报道：省交通厅对4月30日和5月5日检查中发现的一些治超站点不作为、不认真履行治超工作职责的失职、渎职问题，高度重视，在积极进行整改同时，按照有关规定对有关责任人进行责任追究。给予太原公路分局局长李润平行政记大过处分；免去分管治超工作的太原公路分局副局长吴胜斌职务；给予北郊公路段段长彭波、司徒洼治超检测点副主任刘伟、李铭祥3人撤职处分。给予清徐公路段、南郊公路段段长及小店（西草寨）治超检测点主任行政记过或行政警告处分。另外，太原市对部分执法人员在执法工作中存在的不规范、不文明问题，在整改同时，严肃追究有关责任人的责任。给予清徐县治超办主任、县交通局局长姚忠杰行政警告处分；给予县治超办副主任、县交通局副局长边建国行政记过处分，同时针对其违反廉洁自律规定的行为给予党内严重警告处分，并由清徐县委组织部提名免去其县交通局副局长职务。

运城市也对4月10日发现的永济市不落实治超工作、不认真履行职责以及源头监管失控等问题，高度重视，迅速整改，作出处理。给予永济市治超办主任魏晓峰行政降级处分，免去其治超领导组副组长、治超办主任职务；给予交通局局长朱焕喜行政记过处分；给予交通局党总支书记李全忠行政警告处分；给予交通综合执法大队长李富荣和副大队长、栲栳治超卸载点负责人樊建国行政撤职处分，并调离治超岗位。太原市、运城市多名交警也受到处理。

7月4日 省委办公厅、省政府办公厅印发《关于对省直事业单位机构编制进行清理规范的意见》。

7月4日 省交通厅向省发改委报送《关于晋城高速公路片区管理中心项目可行性研究报告的请示》。主体办公楼建筑面积4450平方米，餐厅、厨房470平方米，投资估算

4420万元，建设工期1年。

7月4日 省交通厅向省发改委报送《关于省交通高级技校农民工培训示范基地建设项目申请省级资金补助的请示》。总投资3499万元，可增加建筑面积1.8万平方米。其中，开行贷款2380万元，省交通厅补助600万元，学样自筹519万元，恳请补助200万元。

7月5日至6日 连续两天，绵竹发生两次大的余震，致使突击队已经抢通的德茂公路汉旺至“一把刀”堰塞湖段5.9公里路段，再次出现大面积滑坡。经过30多个小时奋战，突击队将滑坡全部清理，使该路段再次畅通。

7月6日 上午，德阳市委书记、市人大常委会主任、市抗震救灾指挥部指挥长方小方深入省厅突击队绵竹汉旺至清平公路“一把刀”堰塞湖已经抢通的现场，检查并指导工作。

上午10时，方书记在德阳市、绵竹市领导陪同下，冒着随时有飞石危险，深入抢通现场视察。在听取突击队副队长周文全、抢通现场指挥樊建国汇报后，方小方高度评价突击队抢通工作。他说，你们不畏艰险，英勇拼搏，连续作战，一直冒着生命危险，在非常艰难情况下加紧施工，抢修道路，在乱石堆中重新铺设一条新路，先后两次全部抢通，非常了不起，是公路抢通的楷模，德阳人民永远不会忘记你们，绵竹人民非常感谢你们。希望突击队继续发扬不畏艰险、不怕疲劳、连续作战精神，在确保安全前提下，精心组织，统筹协调，攻克艰险，全力推进公路抢通工作，为绵竹灾后重建和产业发展奠定良好基础。

7月7日 省纪委驻交通厅纪检组转发省纪委、省监察厅、省财政厅、省审计厅、中国网通公司山西分公司《关于纠正个人“小灵通”与单位办公电话捆绑使用问题的实施方案》。

7月7日 省交通厅向省政府法制办报送《关于恳请将〈山西省公路保护体例〉等治超法规列入2009年地方法规立法计划的函》。

7月7日 省交通厅向省政府办公厅报送《北京奥运（残奥）会期间港澳航班备降太原公路运转工作预案的报告》。领导组组长：王志民；副组长：董新品；成员有：尹新平、蒋品、田根、周存信；联络员：丁吉喜。

7月7日 省交通厅向省发改委报送《关于批复忻州至阜平高速公路控制性工程可行性研究报告的请示》。路线全长124公里，控制工程30.822公里，估算造价207 474万元。

7月7日 省交通厅印发《关于精简会议改进会风切实提高议事质量和工作效率的通知》。主要内容包括：控制规格、数量、规模、会期，改革形式，简化程序，提高效率，严肃纪律，规范文件，降低成本，严格管理。并印发7个附件：①厅长办公会议制度；②厅党组会议制度；③专题会议制度；④厅领导例会制度；⑤电视电话会议制度；⑥行业性会议审批管理制度；⑦厅领导政务活动安排制度。

7月7日 省交通厅、省财政厅、省物价局向省政府呈报《关于临汾市屯里汾河大桥设置车辆通行费收费站的请示》。路线长2.7公里，大桥长517米，投资估算8100万元。

7月8日 太原、晋中公路分局41名测设人员经过3天长途跋涉到达茂县，开始大规模公路测设，8月底结束。

7月8日 凌晨6时，前线指挥部全体成员在郭贵平指挥带领下，前往德茂公路汉旺至“一把刀”堰塞湖段已抢通5.9公里路段现场查看道路保通情况，分别对除险、拓宽、平整、加固路段，有针对性地提出详细具体措施。

7月8日 省交通厅向省财政厅报送《关于高速公路通行费结余部分作为公路建设资本金的请示》。

7月8日 省交通厅向省发改委报送《关于批复省道340汾阳至柳林段公路可行性研究报告的请示》。总长约123公里。其中，一级公路88.66公里，二级公路22.73公里；另有孝义连接线5.9公里，新建高阳煤矿东西出口连接线0.563公里，国道307线李家湾连接线5.19公里；主线时速40公里、60公里、80公里，路基宽13.5米、23米、24.5米；连接线分别为二三级公路，时速30公里，路基宽7.5米、8.5米、18米。投资估算137 267万元，建设工期2年。

7月8日至11日 为了让大家近距离目睹“祥云”火炬风采，体会担当奥运火炬手荣耀，根据段建国厅长安排，省公路运输工会组织奥运火炬展示活动，火炬先后到达厅机关、省海事局、省运管局、省公路局、省征稽局、厅新闻宣传中心、省高管局、太原高速公司小店收费站、滨河收费站、省交通科研院、省交通设计院、省交通开发投资总公司、山西交通技师学院、山西交通职业学院。这是重在参与奥运精神的具体体现，也是山西交通人迎奥运、讲文明、树新风活动的一项内容。

7月9日 国务院法制办工交司交通处处长马森述、交通运输部公路司副司长李华等有关领导和专家一行 7 人，就《公路保护条例》立法工作赴晋调研。在座谈会上，张志川副厅长向调研组介绍全省公路保护工作总体概况，省公路局、省高管局、省运管局、省征稽局主要领导、有关部门负责人及厅机关有关处室负责人就相关内容与调研组进行探讨。

李华副司长表示，在山西调研富有成效，收集综合了许多意见和建议，对完善《公路保护条例》草案很有裨益。希望全省交通各有关部门在公路保护实践中继续探索，出经验，出成果，及时反馈，争取《公路保护条例》早日出台。

7月9日 上午，省人大常委会副主任靳善忠带领省人大财经委相关人员就 2007 年全省交通财政预算和部门决算管理工作深入省交通厅调研。厅领导段建国、张志川、张德仪、赵振田及厅机关相关处室负责同志参加并汇报。

靳善忠副主任详细询问全省公路养护管理、公路通行费收费还贷等问题，听取段建国厅长关于全省交通工作汇报和总会计师张德仪关于 2007 年省厅部门决算情况汇报后指出，全省交通工作近年来取得突出成就，为带动山西经济社会发展作出突出贡献。全省交通系统要坚持公路建设与养护管理并重，不能重建轻养，并特别指出，治超就是最好的养护管理措施。要从民生角度进一步重视高速公路、干线公路和农村公路的建设与管理工作，创新机制，想方设法加快全省高速公路建设步伐，用实际行动向全省人民交一份满意答卷。

7月9日 省交通厅向交通运输部呈报《关于山西公路抢通保通突击队转移茂县对口支援的请示》。

7月9日至11日 由交通运输部公路司副司长戴贵率领的安全生产综合督察组一行，在王志民副厅长及省公路局、省高管局、省运管局、省地方海事局、省交通质监站以及厅运管处主要负责同志陪同下，对太原市、晋中市部分客运站场、客运企业、水库、公路施工、桥梁等进行督察。先后实地检查太原汽车客运总站、太原汽车东客站、晋龙捷泰汽运公司、汾河二库水上交通安全、祁介一级路施工路段、潇河大桥改建工程。每到一处，都详细听取各有关单位安全生产制度、措施落实情况介绍，并检查重点环节和部位。

10 日下午，督察组在太原听取全省交通运输行业安全生产工作汇报，并对督察情况进行通报和反馈。戴贵副司长在讲话中提出 3 点要求。一要进一步认识安全生产、反恐工作长期性、复杂性，努力构建长效机制；二要强化奥运期间安保工作，确保交通运输安全稳定；三要抓好重点部位和薄弱环节的安全工作。

王志民副厅长在讲话中表示：对督察组提出的问题，有关单位应尽快纠正和解决；提出的意见和要求，各单位在具体工作中要抓好落实，重点防范薄弱环节，决不能有丝毫管理漏洞和纰漏；要从建立长效机制入手，真正把安全生产要求、措施落到实处。监管单位一定要监管到位，不留死角，通过突查和随机抽查等方式落实好监管责任。

7月10日 省交通厅向省政府呈报《关于采用BOT方式建设经营高平至新乡高速公路高平至陵川段有关情况的报告》。

7月11日 上午,省道340一级公路改建工程奠基仪式在中阳县举行。副省长牛仁亮发来贺信,吕梁市委书记聂春玉参加。项目起于汾阳河北村,止于柳林庙湾,与国道307相接,全长123公里,途经汾阳市、孝义市、中阳县、离石区和柳林县5个县(市、区),是全省西部出省的主要通道之一。总投资15.4亿元,工期2年。

7月11日 运城市海事管理正规化建设现场会在临猗县召开,80余人参加。

7月11日 吕梁沿黄干线第一合同段提前50天圆满完成23.8公里路基路面、51道涵洞、19座加宽加固桥梁建设任务,完成投资5007万元,多次受到业主表彰奖励,为全线11个合同段树立榜样。

7月11日 省交通厅调整厅治理商业贿赂组织领导机构及办公室成员。领导组组长:段建国;副组长:张润、赵新民;成员有:尹新平、曹居月、王京荣、郭全英、蒋品、杨吉平、田根、杨俊威、刘清平、戴飞、张晋鹏、李华中、董新品、牛世骏、张跃峰、魏庆飞;办公室主任:赵新民。

7月14日 省运管局召开源头治超检查工作汇报会。听取6个检查组对全省10个市运管处、25个县区运管所源头治超工作情况汇报。

7月14日 山西交通大酒店安置7名四川茂县来晋务工人员。

7月14日 省交通厅印发《关于进一步做好奥运交通安全保障工作的紧急通知》。

7月14日 省交通厅批复大同绕城高速公路西段未完工程。核减费用352.9万元。

7月14日 省交通厅批复忻州至保德高速公路施工图设计。路线全长191.45公里,设置8处互通,双向4车道高速公路标准,时速80公里,路基宽24.5米,核定预算9 805 354 138元。

7月14日 省交通厅印发《山西省农村公路养护管理实施细则》。主要包括总则、资金筹措与管理、养护管理、路政管理、附则5章29条,自发布之日起施行。

7月14日 省交通厅向交通运输部环保办公室报送《关于申请对青岛至兰州国家高速公路山西临汾至吉县段环境影响报告书进行审查的报告》。路线长约99公里,投资约67亿元。

7月14日 省交通厅向省政府呈报《关于五台山景区内公路调整变更的请示》。

7月14日 省交通厅印发《关于加强桥梁养护管理的紧急通知》。

7月14日 省交通厅印发《关于开展"我为交通节能减排献计献策"活动的通知》。时间为7月15日至8月15日。

7月14日 省交通厅向交通运输部环保办公室报送《关于申请对荣城至乌海国家高速公路山西山阴至平鲁段环境影响评价报告书进行审查的报告》。路线长约108公里,投资约47.8亿元。

7月14日 省交通厅向交通运输部环保办公室报送《关于申请对荣城至乌海国家高速公路山西灵丘至山阴段环境影响评价报告书进行审查的报告》。路线长约151.3公里,投资约65亿元。

7月15日 上午,交通运输部召开全国交通运输行业弘扬抗震救灾精神报告会,省交通厅在厅五楼会议室组织厅机关各处室负责人及厅直各单位党政主要领导收听收看。厅领导段建国、郜玉兰、张德仪、赵振田以及戴飞、张晋鹏、董新品、李万定、李华中、孟科等也一同收看。

报告会由副部长高宏峰主持,副部长冯正霖宣读《关于表彰交通运输行业抗震救灾先进集体和先进个人的决定》。甘肃省公路局局长赵彦龙、四川省阿坝州公路管理局汶川分局装载机驾驶员邱正等5位代表分别作《誓死捍卫生命线》、《在绝境中抢通生命线》

等报告，向大家讲述了在“5·12”汶川大地震中公路交通人奋力抢险保路的先进事迹。副部长翁孟勇在讲话中指出，当前，抗震救灾工作进入安抚受灾群众和灾后重建阶段，交通系统保通保运任务依然十分艰巨，全行业要学习抗震救灾中涌现出的先进集体和个人，弘扬抗震救灾精神，保证灾后重建抢路保通工作顺利进行，推进交通运输改革又好又快发展。

7月15日 省交通厅向牛仁亮副省长、郭良孝副主席呈报《关于落实对交通工作指示有关情况的报告》。共计6个项目。

7月15日 省交通厅向省政府呈报《关于忻阜高速公路项目投资合作情况的报告》。

7月15日至17日 全省交通战备干部业务能力素质建设培训班在忻州举办。省国动委综合办公室主任车瑞金大校，省交战办副主任史荣和，省交战办副主任、省军区后勤部副部长林保江大校参加动员，80余人参加。

7月16日 太原高速公路公司举行全国交通行业“文明单位”挂牌仪式，张润副厅长出席并讲话，厅直机关党委书记杨俊威宣读交通运输部表彰决定。张润副厅长在讲话中提出4点要求。一要认真学习贯彻党的十七大精神，切实加强党的领导，坚定正确的政治方向，为树立全省交通系统形象带好头，示好范，做表率；二要以路为本，以车为本，以人为本，积极研究与探索高速公路保畅、保通的新思路、新办法，尽快研究解决高速公路在快速发展中遇到的新情况、新问题；三要以高度的政治责任感，认真做好迎接奥运会的各项准备工作和奥运会期间“赛在北京、游在山西”的保通、保畅、保安全工作；四要加强为职工排忧解难，办实事，办好事，使公司职工以饱满的热情积极投身到各项工作之中，为山西交通事业快速发展和全省经济腾飞作出新的更大贡献。

7月16日 太原至佳县高速公路东段和西段初测外业验收会议召开，厅总工程师郜玉兰主持，段建国厅长出席并讲话。要求各有关单位和部门要充分认识到太佳高速公路建设的重要意义，站在政治、经济高度，认真调查研究，更新设计理念，使设计更具前瞻性和合理性，精心组织，努力工作，又好又快地完成勘察设计任务。郜玉兰总工程师在讲话中充分肯定太佳高速公路建设前期工作，希望在下一步设计中，综合考虑各种因素。并针对路线起点、省际连接、口站设置等问题作了安排。沿线各地方政府及厅公路处、规划处、科教处、重点办负责同志从不同角度也提出意见和建议。

7月16日 翼城公路段西坞岭道班被中华全国总工会授予“全国模范职工小家”授牌仪式举行。省公路局局长戴飞、省公路运输工会主席王晓光出席。

7月16日 省交通厅向省政府呈报《关于请求武警部队对特大桥梁重点隧道进行保卫的请示》。主要有禹门口、风陵渡、三门峡黄河大桥、仁义沟特大桥、雁门关隧道等。时间为8月1日至9月30日。

7月16日 省交通厅转发省委办公厅、省政府办公厅《关于在省直机关开展厉行节约反对铺张浪费严格财政支出管理活动的意见》。

7月17日 中午，省交通厅支援四川灾区公路抢险突击队圆满完成交通运输部下达的支援四川灾区公路抢通保通任务，凯旋而归。厅长段建国、副厅长王志民、省公路局局长戴飞及山西路桥集团、厅机关有关处室主要负责同志一同迎接。5月23日，省交通厅组织公路抢通保通117名突击队员携带33台(件)机械设备，赶赴四川灾区。

在川期间，突击队员冒着余震、山体滑坡、泥石流、堰塞湖溃堤、疫情等次生自然灾害，积极开展公路抢通保通工作。经过近50多天日夜奋战，累计抢通道路59.6公里，排险296处，清理土石方55.036万立方米，疏通铁路、公路道口两处，清理民房废墟12

处,圆满完成广济至金华等4条公路抢通保通任务。

7月17日 全省农村公路养护检查观摩总结会在大同召开,回顾总结近年来特别是2006年以来全省农村公路管理养护体制改革工作进程和宝贵经验,进一步动员全系统广大干部职工,继续解放思想,坚持改革创新,推动科学发展,全面推进全省农村公路管理养护体制改革工作再上新台阶。张润副厅长出席并讲话。

从7月2日开始,来自全省11个市交通局的分管副局长、公路处长历时半个月,行程5000公里,检查观摩了18个县区的养护情况。这次活动是自1998年以来省公路局组织的又一次全省农村公路养护检查活动,既是对全省农村公路养护工作的大检阅,也是近年来养管工作改革创新成果的大展示;既是市县之间的养护大竞赛,也是对养护工作的一次大促进。晋中市、大同市、长治市被评为全省农村公路管理养护体制改革先进市,清徐县、汾阳市、古县、河津市、陵川县、平顺县、昔阳县、平定县、忻府区、怀仁县、广灵县被评为农村公路管理养护先进县。

张润副厅长在讲话中提出6点要求。一要进一步提高认识,把农村公路养护看做民生责任,讲大局,讲奉献,讲责任,带着感情搞好农村公路养护;要宣传好"建设是发展,养护也是发展,是持续的发展"、"建设是政绩,养护也是政绩,是公认的政绩"、"建设是惠民,养护也是惠民,是长效的惠民"这三句话。二要体制创新,不搞一刀切。各县市要根据自身实际情况,因地制宜,改革创新;要降低成本,整合资源,保证质量。三要资金长效,积极落实本级财政负责筹集的养护费用。在保障投入同时,加强资金使用、管理和监督,确保资金使用效益和安全。四要治超安保,将桥梁养护管理作为农村公路养护管理工作重要内容来抓,不断加大危桥改造力度。五要标准规范,狠抓农村公路日常养护,依靠科技进步实现农村公路养护现代化,逐步解决县乡公路安全防护设施不足、危病桥数量多、抗灾能力弱的突出问题。六要监督落实。要加强行业指导,对农村公路建设质量、资金使用、养管质量等进行监督。厅农网处、省公路局要抓好农村公路养护定额编制、管养体制指导意见、日常养护及养护工程招投标办法、养护技术标准及验收检查办法、县道省补政策落实等工作,研究好养护机械化、管理人员定编、危桥改造和安保工程实施意见等工作,筹备好全省农村公路管养大会。

7月18日 《山西交通》报道:省运管局积极落实2008年农村客运、城市公交、出租车燃油补贴政策,每车将获得1万多元的燃油补贴,是历次财政补贴额度最大的一次。

7月18日 运城市安全检查团一行40余人,在市委书记高卫东带领下,对黄河公路大桥反恐、防汛等安全保卫工作进行现场调研,对"深、细、实"给予充分肯定和赞扬。

7月18日 上午,段建国厅长与王茂设市长就建设晋城环城高速公路进行座谈。双方表示,要加大合作力度,加快工作步伐,早日建成晋城环城高速公路西北段,力争2009年春天全面开工。同时希望晋城市加大对晋济、阳翼、高新等高速公路建设支持力度,认真做好征地拆迁及各项服务工作,为公路建设提供良好外部环境。厅领导张润、张志川、郜玉兰、张德仪及厅机关有关处室负责同志参加座谈,并提出意见和建议。

项目起点泽州县北义城镇张庄村,与长晋高速公路相连,沿途经巴公镇、西上庄办事处、南村镇,终点泽州县大箕镇冶头村,与晋济高速公路相接,建设里程40.979公里,路基宽24.5米,双向四车道,其中一级路10.984公里,估算投资19.2亿元。

7月18日 全省交通征稽系统反腐倡廉理论研讨会召开,5篇论文获奖,25篇论文书面交流。

7月18日 省交通厅通报2008年上半年政府还贷公路车辆通行费收取及解缴情况。预算收入454 025万元,截至6月底累计收取473 497万元，完成104.3%；截至7月15日，累计上解446 059万元，上解率94.2%。

7月18日至8月31日 省运管局、省交管局在全省集中开展机动车驾驶人培训、考试专项检查。

7月20日 省交通厅路政处邀请山西通圳大件设备运输公司等多家运输单位代表和太重集团储运公司、九州焊接厂等生产企业代表召开座谈会，共同商讨如何规范大件设备运输和规范大件运输市场，提高路政大厅办事效率。张志川副厅长出席并讲话，提出3点要求。一要发挥服务功能，促进社会发展。要及时、高效、方便、周到、文明；二要发挥法律作用，规范山西运输市场。要许可、检查、处罚、调控、创新；三要发挥社会监督参与作用，规范文明执法。要互通、参与、监督、试信、和谐。

7月20日 省关工委、省文明办、省委老干部局联合召开山西省关心下一代工作十佳先进集体先进个人表彰大会。省交通厅关工委获"十佳先进集体"荣誉称号。晋中公路分局、晋城征稽分局关工委、娄烦公路段获先进单位；安正义、武瑞祥、郭新德、张锁顺获先进个人。

7月20日 省交通厅下达2008年候车亭及安检仪等补助计划。共计3718万元，其中客运附加费2912万元，地方自筹806万元。

7月21日 上午，全省首批15辆服务奥运会交通保障车队从太原启程进京，为北京奥运会提供运输服务。王志民副厅长出席出发仪式并作动员讲话。

按照交通运输部和北京奥组委要求，省运管局负责组织50辆大型客车进京参加奥运会交通服务保障工作。主要任务是接送北京交大和首都师大两所高校1600多名奥运自愿者，为他们提供从高校到各比赛场馆间的通勤班车服务。承担此次运输保障任务的山西汽运集团晋龙捷泰运输贸易有限公司和太原市并州运业有限公司共同新购置50辆大型高级客车，分别为晋龙捷泰30辆，并州运业20辆。各公司车辆车身颜色统一，驾驶员服装统一，全部车辆前挡风玻璃上方粘贴印有"山西省进京服务奥运会交通保障车队"的统一标识，并精选60名政治成熟、技术过硬、身体健康、安全意识强、综合素质高的优秀驾驶员。出发前，各公司还专门对驾驶员进行规范服务、安全意识、文明用语、应急保障等内容培训。

出发仪式由省运管局局长李华中主持。出发仪式上，太原市运管局负责人介绍服务保障车队基本情况，承担服务保障任务的企业代表和驾驶员代表作表态发言。

王志民在讲话中要求从讲政治、顾大局高度，严格管理，勤奋工作，确保车容整洁、车况良好，服从调度，安全正点，言行文明，优质服务，以实际行动为山西争光，为北京奥运添彩。

9时30分，李华中下达"出发令"，15辆崭新、锃亮、光艳的客车满载着全省人民"圆满完成保障任务，凯旋而归"祝福驶向北京。第二批24辆客车于8月3日出发赴京，其余11辆客车作为应急保障车辆在太原待命，只要一声召唤，随时赴京服务。

7月21日 下午，全省交通信访工作会议在太原召开。王志民副厅长出席并讲话。

会议通报上半年省厅接待群众来信来访情况，总结全省交通系统群众信访所集中反映的经营企业监管改制、拖欠工程款和农民工工资、养路协议工及道路客运市场经营管理、公路建设征地拆迁补偿等5个方面问题，安排部署下一步全省交通信访工作重点和主要任务。

半年来，省厅共接待群众来信来访63件次，与上年同期相比上升7%。其中，来信25件，上升13%；来访38批次，274人次，分别上升6%和9%；群众上访19批，234人次，增加1批；涉及地方交通部门运输企业的占到1.89%，涉及厅直单位的占到98.11%。

王志民副厅长在讲话中要求各级领导干部一定要从讲政治高度，从改革发展稳定大局出发，充分认识做好敏感时期信访稳定工作重要性。严格按照省委省政府和交通运输部安排部署，以高度政治责任感，把信访工作摆在更加突出位置，以更加有力措施和务实工作作风，标本兼治，源头防范，切实维护好交通行业稳定大局，为促进社会和谐稳定作出贡献。

7月21日 省交通厅向省发改委报送《关于省道临午线临汾马务桥西至蒲县薛关段公路重新立项的请示》。

7月21日 省交通厅向省发改委报送《关于省道临午线马务桥西至蒲县黑龙关段改建工程可行性研究报告的请示》。路线长约50公里，一级公路标准，时速80公里、60公里，路基宽32米、23米。其中，13.5公里双向6车道，36.5公里双向4车道。估算投资151 731万元，建设工期2年。

7月21日 省交通厅向省发改委报送《关于省道临午线蒲县黑龙关至午城接209国道午城至大宁县城段公路改建工程可行性研究报告的请示》。路线全长60.3公里。其中，省道临午线49.1公里，国道209线11.2公里。25公里采用一级公路标准，时速60公里。路基宽23米；35.3公里采用二级公路标准，时速60公里，路基宽12米。估算投资79 307万元，建设工期2年。

7月21日 省交通厅批复省道太长线温村至白家沟段改建工程可行性报告。路线全长7.5公里，其中利用潞安环能路2.7公里，实际改造路段4.8公里。二级公路标准，时速60公里，路基宽15米，投资估算1493万元，建设工期1年。

7月21日 省交通厅向交通运输部呈报《关于预算和收支两条线制度执行情况自查报告》。截至2008年5月底，累计结余22 656万元。

7月22日 上午，全省道路水路运输安全紧急电视电话会议在省运管局视频会议室召开。段建国厅长出席并讲话，王志民副厅长进行再动员、再部署，张志川副厅长主持。

王志民副厅长在动员讲话中要求把预防各类事故和事件作为当前一项重要政治任务，深刻汲取“6·3”、“7·17”重大道路事故深刻沉痛教训，进一步提高思想认识，增强做好交通运输安全工作责任感和使命感；要认真落实上级工作部署和要求，突出加强交通运输安全生产和安全保卫工作；要继续引深安全生产百日督察专项行动，进一步落实安全生产和安全保卫各项具体措施，努力营造稳定的安全生产和安全保卫形势。要采取切实有效措施，充实基础，消除隐患，确保奥运会期间全省交通行业不发生群死群伤责任事故和事件，以实际行动为北京奥运会成功举办营造稳定的安全生产和安全保卫环境。

段建国厅长在讲话中提出 4 点要求。一要强化政治意识、责任意识、防范意识“三个意识”，增强做好奥运会安全生产、安全保卫工作的自觉性和责任感。全省交通系统广大干部群众特别是各级领导干部，必须把道路水路运输安全生产和安全保卫作为当前的重要政治任务，时刻绷紧安全生产和安全保卫这两根弦，真正做到警钟长鸣，提高警惕，加强防范，消除隐患，防患于未然。二要做到坚持专项整治和长效机制建设相结合，近期治表与长期治本相结合，运输管理与公路管理相结合“三个结合”，标本兼治，综合治理，提升交通运输行业安全生产、安全保卫能力和水平。三要突出旅客运输安全、危险化学品运输安全、汽车客运站场安全、重点公路施工安全、特大桥梁隧道安全“五个重点”，采取切实有效措施，保障安全生产，搞好安全保卫。四要落实营运驾驶员监管、营运客车安全例检、汽车客运站“三品”检查、特大桥梁隧道安保、公路施工易爆物品管理、汽车站及车辆停放区安全保卫、收费站及治超点安全防范、交通院校及宾馆安全管理等“八项工作”，建立安全生产和安全保卫责任制。要加大明察暗访力度，暗查突查相结合，真正发现和解决一些工作中存在的突出问题，及时通报，及时整改，务求实效；各级主管部门要紧急行动起来,以高度政治责任感和旺盛工作精力,投身于迎奥运安保具体工作中,努力营造全省安全稳定平安有序的交通运输环境。

7月22日 省交通厅直属机关党委印发《关于开好2008年度厅直单位党员领导干部民主生活会的通知》。

7月22日 省交通厅向省发改委报送《关于给予忻阜高速公路项目前期工作特别支持的请示》。

7月22日 省交通厅印发《坚持依法理财,杜绝屡查屡犯承诺书》的通知。

7月23日 上午,在厅五楼会议室,厅副巡视员郭贵平作“抢通生命线,情系重灾区”事迹报告,讲述突击队大爱无疆、不辱使命感人事迹。厅直单位副处级以上老干部、厅机关全体离退休老同志及老干部工作者参加。大家一致认为,突击队员以大无畏的牺牲精神和一往无前的勇气,抢通保通抗震救灾“生命线”,以心系灾区大爱谱写抗震救灾嘹亮凯歌,以坚韧不拔钢铁意志诠释民族脊梁的时代内涵,在灾区人民面前树立山西交通人良好形象,为三晋人民争得荣誉。他们表示,一定要向突击队员学习,尽最大能力为山西交通事业又好又快发展作出新贡献。

7月23日 省交通厅批复国道309线临汾城区过境公路毶淇村南至新李村段初步设计。路线全长4.155公里,其中含分离式立交桥1座长81米。一级公路标准,时速80公里,路基宽32米,核准预算119 926 923元。

7月23日 省交通厅印发全省农村公路工程质量监督检查情况通报。6月6日至22日进行检查,累计实测260点(组),合格215点(组),平均合格率85.5%。

7月24日 省交通厅印发《公告》。为塑造行业形象及便于社会公众识别,拟对全省交通系统执法人员和收费人员制式服装进行统一。兹将筛出的3套执法人员服装及1套收费人员服装予以公示,欢迎社会各界特别是本系统各单位和职工提出宝贵意见和建议,请各市交通局及厅属执法单位收集意见和建议并反馈省厅政策法规处。本方案同时公示于山西交通网(www.sxjf.gov.com),亦可在网上推选及留言。公示截止日期8月1日。

7月24日 省交通厅批复厅办公楼加层改造工程和交通信息化业务用房改造工程预算。核准预算4 972 507元、1 366 668元。

7月24日 省交通厅转发省政府办公厅《关于开展全省环境集中整治百日活动的通知》。

7月24日 省交通厅成立环境保护突发事件应急领导组。组长:郜玉兰;成员有:戴飞、董新品、李华中、蒋品、杨吉平、李贵顺;办公室主任:李贵顺;副主任:李明;成员有:李明、梁进勇、靳茂林。

7月24日至28日 交通运输部海事局行政执法监督工作组一行6人,赴晋检查海事行政执法工作。

7月25日 省交通厅召开全省交通工作推进会。回顾总结上半年交通工作,部署今后一段时期交通发展战略和高速公路建设、人事人才工作,安排下半年任务。表彰2007年全省交通系统人事人才工作和高速公路建设先进集体及先进个人。

牛仁亮副省长出席会议并作重要讲话。段建国厅长作了题为《坚持科学发展提升服务能力,为新基地新山西建设提供有力的交通运输保障》工作报告。张润副厅长主持,王志民副厅长宣读《关于表彰全省交通系统人事人才工作先进集体和先进个人的决定》,张志川副厅长宣读《关于表彰2007年度完成重点公路工程建设工作目标责任制优秀单位的决定》。省政府副秘书长李建功,省人大财经委副主任邬敬文,厅领导郜玉兰、张德仪、赵振田、郭贵平出席。

2008年,全省交通系统转变发展方式,积极应对新一轮交通“瓶颈”制约,省政府提出的重点工程积极推进,省厅年初确定的各项工作和为民办的8件实事进展顺利。上半年,全省公路建设完成投资46亿元,同比增长9.3%,完成年计划21.9%。全省高速公路MQI值达到95.2；国省干线好路率82.18%,养护质量综合值77.75；县公路好路率82.03%,养护综合值77.72。全省征收交通规费38.6亿元,车辆通行费收入63.82亿元,分别比上年同期增长23.7%、46.8%。全省公路运输完成客运量2.05亿人，旅客周转量103.9亿人公里，分别为上年同期100.7%、94.3%；完成货运量4.35亿吨、货物周转量226.8亿吨公里，分别为上年同期111.6%、110%。

会议分析全省交通发展面临的形势,提出今后一个时期基本思路和主要任务。即"一条主线、七大工程、六化目标"。"一条主线"就是转变发展方式,推动交通运输由传统产业向现代交通运输业转型。"七大工程"就是高速公路加密开放工程、干线公路改造提升工程、农村公路网化完善工程、公路养管治超保养工程、枢纽站场布局配套工程、运输产业转型提质工程和交通信息化工程。"六化目标"就是要努力实现基础设施网络化、城乡区域交通一体化、公路养管长效化、运输服务综合化、行业管理智能化、部门行业规范化,为新基地、新山西建设提供强有力的交通运输服务与保障。

段建国厅长指出,全年开工1000公里高速公路,是省政府年初向全省人民的郑重承诺。他在讲话中要求各单位、各部门要围绕目标,全力加快前期工作;围绕又好又快发展,创新和加强工程管理;围绕加快建设,搞好服务监督;围绕经济社会发展需求,抓好高速公路网规划调整,再掀高速公路建设新高潮。要认真贯彻落实中央和省委、省政府提出的坚持经济建设与抗震救灾"两手抓"方针,继续在抓重点,抓难点,抓落实上下工夫,力保省政府提出的重点任务圆满完成,力保省政府和省厅为民办的8件实事圆满兑现,力保奥运期间交通运输安全畅通、文明和谐,力保交通行业稳定,力保抗震救灾援建工作有序展开,力保交通规费和车辆通行费征收圆满完成任务。要大力加强领导班子和领导干部队伍执政能力建设，稳步推进事业单位人事制度改革,建设一支高素质的人才队伍,为交通运输又好又快发展提供组织保障和人才支持。

牛仁亮副省长在讲话中指出，全省上半年规费征收、治超、抗震救灾等工作成绩突出,其他工作进展顺利,但也面临着新一轮交通"瓶颈"制约,一定要认清形势,明确任务,下半年要全力加快1000公里高速公路前期工作,抓好1400公里国省干线公路的改造提升,完成1000公里农村公路建设,做好重点旅游景点到省辖市、最近机场或高速公路"一小时通达"工程的规划及前期工作,进一步强化源头治超工作。要创新思路，拓宽融资渠道，变公路建设主要由政府投资为投资主体多元化,进一步开放公路投资市场,加大招商引资力度,特别要盯住省内煤焦企业资本,采取多种方式引进公路建设领域。与此同时,还要积极推进交通行业体制机制创新、科技创新、管理创新,加快不停车收费技术推广应用和干线公路计重收费实施，重点做好交通运输安全、行业稳定和队伍建设工作。

会上,段建国厅长代表省厅与各市交通局、厅直各单位签订2008年度工作目标责任书。

各市交通局局长、厅属各单位党政主要领导及人事、财务部门负责人、厅机关各处室主要负责同志参加会议。

7月25日 下午,省公路局召开干线公路建设推进会。张润副厅长出席并讲话。要求克服一切困难,千方百计、全力以赴完成全年1400公里国省干线改造任务,确保全省干线公路上新的档次。厅党组成员、省公路局党委书记赵振田,省公路局局长戴飞等出席。

7月25日 省运管局召开全省班车客运、旅游客运、危险品运输安全隐患排查整治紧急电视电话会议。

7月25日 《山西交通》报道:省运管局制订出台《山西省道路运输安全保卫工作实

施方案》;并成立以局长李华中为组长、11个市运管局、处长及省局相关负责人为成员的奥运期间安全保卫工作领导组。从7月21日起至9月25日实行“零报告”制度。

7月25日 截至今日,太原征稽分局共征收公路养路费、货运附加费65 178万元,完成年计划100.12%,比上年同期增长23.42%,同比增收12 367万元,创历史最高水平。

7月25日 省交通厅向省政府呈报《关于授权长治市政府筹资建设长治至安阳(山西段)高速公路的请示》。

7月25日 省交通厅批复汾离高速公路汾阳西收费站车道及内外广场扩建工程可行性研究报告。投资估算2000万元,建设工期1年。

7月25日 省交通厅向省发改委报送2008年第一批汽车客运站基本建设项目可行性研究报告。共计10 920元,其中,客运附加费4090万元,地方自筹6830万元。

7月25日 省交通厅向省人事厅报送交通抗震救灾先进集体和先进个人名单及事迹材料。其中,省政府表彰的先进集体为省交通厅抗震救灾抢险突击队,先进个人5名;省人事厅表彰的先进个人11名。

7月25日 省交通厅印发《关于2008年太旧等高速公路通行费追加预算的通知》。其中,追加收入403 300.00万元,追加支出391 201.00万元。

7月25日 省交通厅向省发改委报送《关于审批省交通技校实训楼工程可行性研究报告的请示》。建筑面积3016.20平方米,控制投资635万元,建设工期1年。

7月28日 下午,省交通厅与大同、朔州市政府在大同召开两市境内高速公路建设推进会。张润副厅长与大同市副市长郝月生、朔州市副市长李发以及两市交通局、国土资源局和厅公路处、规划处、重点办等相关部门负责同志参加。

目前,大同、朔州境内拟开工建设的高速公路项目共4个,分别是荣城至乌海公路山西境灵丘至山阴段,大同至呼和浩特公路山西境大同至右玉段,大同至浑源高速公路,山阴至平鲁高速公路,依次由大同市公路建管处、大呼高速公路建管处、大同市交通局和朔州高速公路建管处进行建设管理,总里程约250公里,占全年全省拟开工建设计划25%。会议就制约开工建设的土地征用批复、资金筹措、设计、环评、水保等关键问题进行深入细致研究和部署,并达成共识。即高速公路项目要路地共建,各项目要密切配合,建设程序要同步进行,齐心协力确保12月各建设项目开工建设。

张润副厅长在讲话中要求各有关单位负责同志要统一思想,提高认识,把公路建设作为大同、朔州两市重要基础设施建设项目来抓,路地共建,科学组织,平行推进各个项目程序,责任到人,倒排工期,齐心协力,全力攻关,力保年内大同、朔州境内高速公路建设项目早日开工。

7月28日 省征稽局召开上半年工作通报分析视频会议。张德仪总会计师出席并讲话。

上半年,全省交通征稽系统规费征收势头强劲,共征收养路费、货运附加费、车辆通行费31.97亿元,完成年计划78.78%,同比增长20.03%,预计全年费收将超收6亿元以上。在行业文明建设方面,全系统新增省级文明和谐单位标兵2个,省级文明和谐单位6个,为近年来文明单位升级上档幅度最大的一年,省级文明和谐单位总数占到全省交通系统44%。

张德仪总会计师在讲话中要求交通征稽肩负起资金保障的神圣使命,以大局为重,认清形势,抓住机遇,挖潜堵漏,开源增效,科学管理,确保全年“三费”突破45亿元,为征稽事业发展、为公路交通建养作出应有贡献。

7月28日 省交通厅印发《关于做好2008年度交通运输工程高级专业技术职务任职资格评审工作有关事项的通知》。

7月28日 省交通厅印发《关于做好2008年度交通运输工程中级专业技术职务任职资格评审工作的通知》。

7月28日 省交通厅向省发改委报送《关于批复长安高速公路长治至平顺段可行性研究报告的请示》。路线长约72公里,长城环城全长约24.9公里,采用4车道高速公路标准,时速80公里、60公里,路基宽26米、24.5米,投资估算715 500万元,建设工期4年。

7月29日 太旧高速公路路面大修工程顺利通过由省高管局组织的专家竣工验收委员会工程质量鉴定,以90.89综合评分,被评为"优良"等级工程。

7月29日 交通运输部办公厅印发《关于组织编写中国交通运输改革开放30年·地方卷有关工作的通知》。要求9月30日前上报有关稿件。

7月30日 省高管局在太原小店收费站举行山西省高速公路"迎奥运、促畅通、讲文明、树新风"收费业务技能大赛启动仪式。段建国厅长出席,并宣布大赛全面启动;郜玉兰总工程师及厅有关处室负责同志出席。省高管局局长董新品安排部署,党委书记李万定主持。

本次竞赛是省高管局在全系统17个单位、132个收费站、5000多名收费员中开展的一次全员技能竞赛。参赛人员采取单位选拔优秀和省局随机抽取相结合力法,突出全员练兵、全员参与、全员覆盖,所有参赛成绩将全部公开,张榜公布,留存档案,力争在提升广大收费人员业务技能基础上选拔出一批岗位服务标兵和业务技术能手,实现全省高速公路各运营管理单位同步发展。本次竞赛分初赛、复赛、决赛3个阶段进行,包括收费业务操作技能和文明礼仪两大部分,内容包括现金收费操作流程、刷卡收费操作流程、班报结算和知识竞赛、收费员军事会操、文明礼仪服务、突发事件应急处置等6个科目。8月1至8月8日为全员岗位练兵,主要强化所有收费员的岗位操作技能,全面提升广大员工业务素质;8月9日至8月19日为各站级技能比赛,以提高收费站放行速度和文明礼仪为重点;8月20日至8月30日为各公司选拔赛,9月8日为全系统总决赛。

本次竞赛活动还将与收费员"双百千亿"无差错优秀技术能手表彰和星级信誉考核"AAA"级收费站表彰结合起来,并为首批技术能手颁发优秀纪录保持者荣誉证书,为获得本届"AAA"级的收费站授予公示牌。

郜玉兰总工程师在讲话中要求高管系统各单位、各部门要把开展好此次收费业务技能大赛作为当前的一项重要工作,围绕"竞赛与普及相结合、竞赛与促进相结合、竞赛与提高相结合"的主题,切实加强领导,把活动引向深入,以优良秩序、优美环境、优质服务迎接奥运会胜利召开。同时祝愿此次活动圆满成功,参赛人员取得优异成绩。

启动仪式上,大家共同观看了收费双语、文明礼仪操表演和路政军事表演,并参加收费业务技能比赛现场。

启动仪式后,段建国厅长一行还赴小店收费站检查指导工作。

7月30日 省交通厅向省反恐工作协调小组办公室报送《关于交通系统重点防范目标的情况报告》。包括路线名称、桥隧名称、地点桩号、结构形式、桥隧长度、分局责任部门、分局责任人、所在公路段负责人、24小时守候人员名单。

7月30日 省交通厅向交通运输部呈报《关于推行行政执法责任制工作情况的报告》。

7月31日 下午,省交通厅召开庆祝建军81周年座谈会。厅总会计师张德仪,省交战办副主任史荣和,厅办公室、厅直机关党委、省公路运输工会负责同志及厅机关全体复转军人,厅直单位复转军人代表共50余人参加。

省交通厅有着光荣拥军传统,是全省接收军转干部和复转军人最多的单位之一。张德仪总会计师在讲话中希望大家继续努力,保持军队优良传统，发扬特别能吃苦、特别能战斗、特别能奉献精神，结合交通实际，以“一条主线，七大工程，六化目标”为主要任务，为再掀全省公路建设新高潮再立新功。

复转军人代表李万定、鹿庆华、胡建新、王志国等先后发言，纷纷表示，将在厅党组正确领导下，继续发扬军队优良传统，为全省交通事业又好又快发展作出应有贡献。

7月31日 省交通厅下达2008年高速公路建设项目投资计划。共计8个项目，即运城绕城高速公路西南段、阳城至翼城高速公路、忻阜高速公路忻州至长城岭段、五保高速公路忻州至保德段、闻喜东镇至垣曲蒲掌（晋豫界）高速公路、汾邢高速公路汾阳至平遥段、汾邢高速公路平遥至榆社段、阳泉至盂县高速公路，安排投资960 036万元。其中，公路基金102 536万元，工行贷款9500万元，开行贷款408 000万元，交行贷款160 000万元，企业自筹280 000万元。

8 月

8月1日 省交通厅印发《执行交通部颁〈公路工程基本建设项目概算预算编制办法〉补充规定（试行）》。共计15项内容，自8月1日起执行。

8月1日 省交通厅印发灵丘至山阴高速公路初步设计预审意见。7月23日，省交通厅主持召开预审会。

8月3日 山西省“中华魂”（知荣明耻从我做起）主题教育读书活动“双先”表彰会召开。厅关工委同时荣获全国、全省“先进集体”奖。这是厅关工委在组织开展“中华魂”主题教育活动中，连续第3次获全国“先进集体”荣誉，第5次获全省“先进集体”荣誉。厅关工委副主任兼秘书长安正义获全国“先进个人”一等奖；厅关工委副秘书长戎斌生获全国“先进个人”三等奖；省交通设计院关工委主任钱恒达、山西交通技师学院关工委常务副主任孙宗斌获全国“优秀辅导员”奖；厅关工委委员李月星、长治公路分局党工部干部王燕峰、长治高速公路公司东阳关收费站办公室干事许莎莎分别获全省“先进个人”一、二、三等奖；山西交通学院关工委主任孟科、太原公路分局关工委主任锁德元、长治征稽分局关工委主任翟晋余、省运管局关工委秘书长王海锦获全省“优秀辅导员”奖；省高管局关工委常务副主任樊子义获全省“先进工作者”奖。

8月4日 下午，郭贵平副巡视员主持召开太原、吕梁片区高速公路工程建设项目前期工作座谈会。听取太原至佳县太原段、吕梁段、太原至古交3个项目前期工作进展情况汇报，研究解决工可、初设、土地审批中面临的问题和困难。他说，加快推进太佳、太古高速公路前期工作，确保年内开工建设，是省委、省政府对全省3000万人民的郑重承诺，事关2000年底全省高速公路通车里程能否达到3000公里目标的顺利实现。为此，各建设单位、厅机关有关处室、重点办、设计、科研单位要从加快科学发展，加快交通发展的高度出发，一盘棋一股劲一条心，通力协作配合，加快工作进度，确保太原、吕梁承东启西大通道年内早日开工建设。

郭贵平副巡视员在讲话中要求广大党员干部以身作则，全体工作人员奋力争先，扎实有效做到“六讲”。一要讲大局。要认清形势，理清思路，统一思想、提高认识，增强紧迫感和责任感。二要讲科学。在明确目标前提下，把前期工作目标具体化，逐项科学排序，明确责任，落实到人。三要讲程序。依法定程序，完善各项内容，依法办事，按规矩办事。四要讲效率。要加大工作力度，倒排工期，细化、量化各个审批内容和过程，提高每一环节效率。五是讲纪律。要严格遵守各项制度，加强工程廉政建设，建立责任追究制。六要讲奉献。发扬不怕吃苦、勇于奉献精神，放弃节假休息日，加班加点地把各项基础工作做好做实，特别是领导干部、厅有关部门负责人要全力以赴做好服务工作，为前期工作创造良好环境。

8月4日 省交通厅转发交通运输部办公厅《关于2007年度公路养护统计年报和电子地图数据报送质量情况的通报》。

8月5日 上午，省交通厅在省征稽局七楼视频会议室举行援川抗震救灾抢通保通先进事迹报告会。段建国厅长出席并讲话；张润副厅长主持，厅领导张志川、郜玉兰、张德仪出席。

5月21日，接到交通运输部关于对口支援四川灾区开展公路抢通保通工作的明传电报后，厅党组立即召开紧急会议，成立了由厅副巡视员郭贵平挂帅的山西交通对口支援四川灾区公路抢通保通突击队，并于第一时间集结入川。50余天里，一百多名突击队员克服气温高、湿度大、余震不断等重重困难，冒着滑坡、泥石流、飞石、堰塞湖决堤的严重威胁，争分夺秒抢通保通损毁公路。累计抢通公路51.6公里，排险296处，清理土石方55.036万方；疏通铁路、公路道口2处，清理民房废墟12处，圆满完成了广济至金华等4条公路的抢通保通任务，为抗震救灾作出突出贡献。"铁军"、"钢铁队伍"美誉响遍巴蜀大地，交通部副部长翁孟勇盛赞："晋军来了，蜀道通了"。突击队不仅完美展示山西交通人风采，而且在灾区人民面前树立全新山西形象。

报告会上，郭贵平、杨海龙、任跃生、白爱梅先后作了《抢通保通抗震救灾的生命线》、《千里驰援，共赴国难》、《用生命抢通》、《无畏先锋张江志》的报告。他们用朴实语言，从不同层次和角度，饱含深情地讲述了在抗震救灾斗争中的亲身经历和真切感受，再现突击队舍生忘死、战天斗地、迎难而上、不屈不挠动人场面。报告感人肺腑，催人奋进，深深打动在场的每位听众，一次次被热烈掌声打断。大家纷纷表示，受到了一次精神洗礼和灵魂涤荡。

段建国厅长在讲话中，要求全省交通行业要大力学习弘扬抗震救灾精神，即共度时艰、和衷共济，临危不惧、不屈不挠，顾全大局、舍己为人，协调一致、科学抗灾，在全系统形成人人学先进，个个争先进良好氛围。他强调指出，与前一阶段抢通保通任务相比，下一阶段支援茂县灾后恢复重建工作更艰巨，持续时间更长，任务更繁重。当前，要坚持全面部署，把握重点，科学决策，扎实推进；要切实加强支援灾区恢复重建工作。同时，要研究建立交通应急机制，不断提高交通应急反应和快速处置能力，不断推进交通改革发展，开创交通工作新局面，推进全省交通事业又好又快发展。

张润在总结讲话中部署北京奥运会期间安保工作。各市有关人员在各征稽分局参加。

8月5日 省交通厅援川抗震救灾抢通保通先进事迹报告会结束后，厅领导段建国、张润、张志川、郜玉兰、张德仪、郭贵平深入厅新闻中心、省交通质监站、厅治超办以及省征稽局有关处室看望工作人员。

8月5日 下午，省交通厅召开厅直系统维护稳定工作会议，传达省总工会《关于切实做好北京奥运会期间维护职工队伍稳定工作的通知》、省直机关维护稳定工作会议精神，安排部署厅直系统维护稳定工作。张润副厅长在讲话中要求党政工团齐抓共管，确保行业安全稳定，为北京奥运会创造优良的交通环境。一是把思想和行动统一到中央和省委总体部署上来，统一到厅党组要求上来，切实增强责任感和使命感。二是转变工作作风，优化服务环境，改善服务条件。对群众关心和反映强烈的问题，凡是有能力做到的，要落实责任，限期解决；暂时办不到的，也要创造条件尽快解决；三要层层建立工作责任制和责任追究制，扩大舆论宣传，营造良好奥运氛围；领导干部要加强领导，靠前指挥，严格督促检查；按照省委提出的"七个坚决防止"总要求，坚定不移提高通行保障能力，坚持不懈建设平安交通，锲而不舍地做好信访工作，始终不渝开展文明和谐创建活动，认真扎实抓好值班工作，扎实做好交通安全稳定各项工作，以交通平安促进山西平安，以山西平安促进北京的平安，以山西稳定维护全国大局稳定。

8月5日 《山西交通》报道：近日，中国总会计师协会公布2007年省部级立项的30个研究课题评审结果。省高管局《高速公路建设发展投融资问题研究》，作为全国交通系统中唯一入选课题，被评为一等优秀。

8月6日 省交通厅印发《关于对灵丘县源头治超明察暗访情况的通报》。

8月6日 省公路运输工会召开太原地区交通系统各单位工会主席会议，总结上半年工作，安排部署下半年工作。

8月6日 上午，307国道汾阳至离石段改建工程通车仪式在汾阳杏花镇举行。吕梁市委书记聂春玉、市长董洪运，厅领导张润、赵振田及有关单位负责同志出席。项目起点汾阳市与文水县交界处冀村镇北，沿307国道经杏花村镇、汾阳市、离石城区，终点南关村西，全长100.13公里，总投资3.39亿元。

张润副厅长代表省厅向吕梁市各级党委、政府以及沿线人民群众表示衷心感谢，向作出突出贡献的设计、施工、监理、管理人员和专家、技术人员表示亲切慰问。他说，作为交通运输部重点补助工程，对于缓解吕梁境内交通压力，提高国道通行能力，改善吕梁城市环境，促进煤炭资源发展和区域经济发展具有重要意义。

8月6日 省交通厅召开高速公路环保验收工作专题会议，汾离、太长、翼侯、大同环城、侯禹、离军6条高速公路建设管理单位和省交通环保中心站等单位有关负责同志参加。郜玉兰总工程师出席并讲话，提出4点要求。一是项目前期要严格执行环境影响评价制度，设计阶段坚决落实，做到环保与主体工程同时设计；二是施工阶段要制定环境监理实施方案，坚持做到环保、水保与主体工程同时施工，同时完工；三是运管养护阶段要加强生态保护意识，完善生态恢复和水土流失防治，尤其要做好沿线地质灾害预防；四是要加强环保相关法律法规学习、贯彻和宣传，研究制定切合实际、利于操作的环境保护制度与办法。

8月7日 省交通厅印发《关于同意由乡宁县政府接管朝龙公路的函》。

8月7日 省交通厅批复山西省公路基础数据及应用系统设计。核定概算7 247 679.7万元，建设工期1年。

8月8日 省交通厅向省援茂领导组办公室报送《关于开展茂县安乡公路测设工作的请示》。路线长约40公里。

8月8日 省交通厅转发省政府《关于加快全省干线公路建设改造的会议纪要》。6月18日，牛仁亮副省长召集省交通厅、省政府发展研究中心、省公路局等有关部门负责同志，就加快全省干线公路建设改造的有关事宜进行专题研究。省政府副秘书长李建功、省交通厅领导段建国、张润、王志民、郜玉兰、张德仪、赵振田，省政府发展研究中心副主任张复明，省政府办公厅秘书四处处长陆东参加。

8月8日 省交通厅向省政府呈报《关于尽快审批阳城八甲口至芹池二级公路收费期限的请示》。拟延长收费期限3年。

8月8日 省交通厅向交通运输部呈报《关于追加2008年交通固定资产投资追加建议计划的报告》。共计21个项目，追加投资228 326万元，申请追加车购税80 268元。其中，高速公路项目1个（五保高速忻保段）、国省道改造项目19个，追加194 569万元；危桥改造追加25 882万元，农村公路追加30 000万元。

8月8日 省交通厅批复2008年公路部门治理超限超载工作经费。共计9141.78万元。

8月10日 省交通厅召开农村公路上半年质量检查通报会，要求各市县提高认识，采取有力措施，确保农村公路建设质量。厅领导张润、部玉兰出席。6月6日至22日，厅有关处室、省交通质监站联合对在建农村公路项目工程质量进行检查。结果表明，质量与目标存在很大差距，一些关键、耐久性指标控制合格率较低，个别县市监理工作、试验检测作用发挥不够，没有起到控制质量作用。

张润副厅长在讲话中要求坚持“好字当头，质量优秀，稳中有进，科学发展”原则，推进农村公路稳步发展；要采取严格控制工程等级、突出监督重点，狠抓配套资金落实、适当调整补助标准，强化政府监督和工程管理等措施，确保工程建设质量，并建立责任追究终身制。

8月10日 省交通厅向交通运输部公安局报送《关于全省汽车客运站安保工作隐患整改情况的报告》。

8月11日 省交通厅批复高速公路连接线及通道立交养护管理。

8月11日 省交通厅转发交通部《交通运输行业公路水路环境监测管理办法》。共计6章27条，从4月9日起施行。

8月12日 省运管局召开山西道路运输承运人责任险续保工作座谈会。省运管局、省道协相关负责人、各市运管机构代表、全省14家大中型客运、危货运输企业代表和中国人民财产保险公司、中国平安财产保险公司负责人共40余人参加。

会议商定，2008年至2009年度全省道路运输承运人责任险继续由中国人民财产保险公司、中国平安财产保险公司承保。省道路运输协会代表全省运输企业与“人保”和“平安”两家保险公司负责人当场补充签订《山西省道路客运、危险货物运输承运人责任保险特别约定》。

8月12日 省交通厅批复得胜口治超检测工程可行性研究方案。核定总投资2125万元，建设工期6个月。

8月12日 省交通厅批复同意太旧高速公路桥梁通信管箱进行维修改造。

8月13日 段建国厅长、部玉兰总工程师带领厅机关有关处室负责同志赴省交通设计院和省交通科研院进行工作调研。

上午，在听取聂承凯院长工作汇报后，段建国厅长在讲话中对省交通设计院在山西交通建设发展中作出的突出贡献表示感谢，特别是对设计院在高速公路建设中所做的前期工作给予充分肯定。要求抓住时机，精心组织，积极做好工程前期设计工作，确保全年1000公里高速公路开工建设；面对激烈竞争市场要有危机感，做好长远规划，拓展省外市场，打出品牌工程；要与先进设计理念接轨，具备超前意识，项目设计要紧密结合当地经济社会发展，尊重当地政府意见，设计出合理工程项目，为交通建设和社会发展作出更大贡献。

下午，在听取赵队家院长工作汇报后，段建国厅长在讲话中对省交通科研院工作给予肯定，对取得的经济效益和社会效益给予赞誉。要求抓住当前机遇，采取有力措施，不断提高发展能力，继续做大做强；要把自己当作市场竞争主体，创新思路，创新设计、管理理念，研究解决科技难题；要发挥人才优势，积极参与市场竞争，抢占市场，尤其是省外市场，真正打出自身品牌。

段建国厅长还分别对省交通设计院提出的设计周期调整、企业改制和省交通科研院提出的新技术推广、实验经费、投标担保、环保中心站等有关问题一一给予答复。

部玉兰总工程师在讲话中希望两单位面对新形势、新挑战，迎难而上，增强竞争力，为交通工程建设做好设计和科研，为全省经济和社会发展承担重任，不断创造更好经济效益和社会效益，为全省交通发展作出更大贡献。

8月13日 省高管局邀请美国国土安全部国家应急培训中心教授ChuckDolejs、北京宽信减灾系统技术有限公司董事长、应急演练专业师于鸣平一行，对全省高速公路突发事件应急管理工作进行专题培训并组织桌面演练。

8月13日 省交通厅印发《关于奥运安保反恐工作存在问题的通报》。

8月13日 省交通厅、省财政厅、省物价局向省政府呈报《关于大同至运城、东观至长治、汾阳至柳林二级公路通行费纳入省级财政预算管理的请示》。申请批准从2008年7月1日起按照政府还贷公路进行规范化管理。

8月14日 省交通厅批复太旧高速公路旧关收费站改造机电工程预算。核准2 770 962元。

8月14日 省交通厅下达2008年公路运输计划。货运量83 730万吨,其中晋煤外运9700万吨,货物周转量4 402 800万吨公里;客运量40 100万人,客运周转量2 134 000万人公里。

8月14日至16日 《国家高速公路网交通量调查观测站点布局规划》审定会在太原召开。段建国厅长致辞;交通运输部综合规划司副司长于胜英讲话。省高管局局长董新品、厅规划处有关负责人及各省市代表60多人参加。

国家高速公路交通量调查与信息服务体系总框架为金字塔状四层结构,自上而下分别为一类及二类调查站、各级高速公路监控中心、省级公路交通情况调查数据中心、部级公路交通情况调查数据中心。规划目标是:到2010年,初步建成国家高速公路交通量调查与信息服务体系,覆盖所有建成通车路段,初步具备监测路网运行质量、为社会提供出行服务能力;到2020年,全面建成国家高速公路交通量调查与信息服务体系,覆盖全部路网里程,具备全面、准确地为行业、为社会提供信息服务能力。

段建国厅长在致辞中介绍全省基本概况及公路建设情况。表示将按照交通运输部要求,进一步抓好高速公路交通流量调查工作,有效整合利用交通量调查基础数据,促进全省高速公路网管理和养护事业的科学可持续发展。

于胜英副司长在讲话中对山西治超工作和高速公路管理模式给予高度评价,并对各省市高速公路交通量观测站点规划和数据中心建设等提出5点要求。

8月15日 省厅援建四川茂县的黑虎、渭永通乡公路两项目测设评审会在茂县召开。四川省公路局、阿坝州茂县以及山西公路专家参加,张润副厅长出席。

黑虎通乡公路起于国道213线飞虹乡,止于黑虎乡羌寨,全长8.5公里,震后损失严重;渭永通乡公路起于国道213线渭门乡,止于永和乡政府,全长11.79公里,原路线为无标准乡路,勉强可通过一辆车,地震后交通基本中断。评审会上,专家们对设计方案给予充分肯定,同时也结合当地公路建设实际情况提出修改意见。

茂县是5·12地震阿坝州损失较严重的三县之一(汶川、理县、茂县),公路损毁十分严重。6月23日,根据省委、省政府安排部署,厅党组召开专题会议,研究对口支援茂县交通重建工作。6月25日,厅党组副书记、副厅长张润带领先遣工作队赴茂县展开调研规划工作,实地查看茂县境内213国道、302国道和22个乡镇通乡通村公路以及乡镇客运场站受损情况,行程2000余公里,并编制《关于茂县灾后公路重建规划建设方案》。7月7日,根据茂县对口援建工作重点,受茂县政府委托,厅立即介入黑虎路、渭永路两条通乡公路重建工作,并紧急抽调太原、晋中公路分局测设所40余人携带测设器材赶赴茂县测设。全体测设队员克服重重困难,冒着余震随时发生和塌方飞石危险,风餐露宿,经过1个多月艰苦奋战,圆满完成测设任务。

测设工作牵动着厅领导的心。张润副厅长8月12日一到茂县就查看黑虎路、渭永路测设情况,在测设现场了解情况,并到队员驻地一线看望,反复叮咛大家一定要注意安全。张润还看望由绵竹抢通保通战场转战茂县待命的路桥一公司全体参战人员，要求他们继续发扬艰苦战斗作风，为茂县公路重建作出新贡献。

8月14日，张润一行还实地踏勘茂县九顶山旅游公路，冒着小雨沿着羊肠小道到达海拔3000米白龙池，实地察看这条旅游公路的开发价值，并对前期工作做出安排。这已经是张润副厅长第4次到茂县视察指导工作。

8月15日 省交通厅召开忻阜高速公路科技示范工程合同签字仪式，厅长段建国、厅总工程师郜玉兰，交通部公路科学研究院院长周伟、副院长张劲泉等出席。

项目2007年3月被交通部确定为全国四项科技示范工程之一。依托忻阜高速公路为建设载体，依靠交通部公路科学研究院为技术支持，联合省交通设计院、省交通科研院和中咨泰克公司等单位予以落实，重点围绕路侧安全防护技术、废旧橡胶粉路用技术、道路景观融合设计技术、隧道建设关键技术等开展安全快捷类、资源节约类以及环境友好类科技成果应用和开发创新。对增强公路运营服务能力，减少占用土地，降低隧道照明能耗，延长重载路面使用寿命，提高桥隧建设质量和工程管理水平，保护生态环境和培养工程技术人才等，具有重要意义。

郜玉兰总工程师在讲话中，要求充分发挥科技在交通建设中的引领和支撑作用，在创新理念指导下，综合吸纳各种科技创新成果解决工程建设中的关键技术问题，力求在管、产、学、研有机结合的科技成果推广应用和开发模式上有所创新，有所突破，打造一条科技成果推广应用转化示范路。

8月17日 上午，在省厅援建四川茂县驻地活动板房前，晋中公路分局8名测设队员火线入党。在入党仪式上，厅党组副书记、副厅长张润亲自将“共产党员”徽章挂在新党员胸前，希望他们认真学好《党章》，真正做一名合格共产党员，为四川茂县交通重建作出新贡献。

8月17日 晋中公路分局向茂县捐赠公路试验设备仪式举行。王四小局长亲自将20余万元公路试验设备经过三天两夜，行程2000余公里，安全送达茂县。

在捐赠仪式上，张润副厅长表示，省厅将举全厅之力，从规划、技术、设备、资金、智力等5个方面全力支援茂县交通重建。前期两条通乡公路已完成设计，交通援建工作将按计划步步深入。同时也希望茂县交通局尽快将试验设备投入使用，在恢复重建中发挥作用。

8月19日 省委书记、省人大常委会主任张宝顺在四川茂县考察期间，亲切慰问交通援建全体队员。

上午10时，张宝顺书记在张健民副省长、四川省张作哈副省长等陪同下，从松潘乘车到达茂县。一下车，就在段建国厅长、张润副厅长陪同下，走进路桥一公司驻地，详细询问援建人员生活、工作情况后，亲自将慰问品发放到队员手中，并发表热情讲话。他说，同志们前期到达茂县为援建项目工程进行对接，为公路恢复重建勘察设计做准备，大家非常辛苦，尤其是还有从绵竹抢通保通战场转战茂县的同志们，我代表省委、省政府向大家表示亲切慰问。交通战线在这次抗震救灾中表现了顾大局，特别能打硬仗、打胜仗的作风，为四川地震灾区抢通保通作出贡献，为山西人民争了光。你们是山西3400万人民的代表，把爱心奉献给灾区人民，奉献给羌族兄弟。希望大家在非常困难条件下，注意安全，平安健康地完成任务，回到家乡。全体队员对张宝顺书记嘱托报以热烈掌声。8月12日就到达茂县部署交通援建工作的厅党组副书记、副厅长张润向张宝顺书记介绍交通援建工作进展情况和援建人员生活情况。

中午1时15分，张宝顺书记还集体会见了山西援建茂县的交通、公安、卫生等战线代表，发表热情洋溢讲话，并与大家合影留念。省直有关厅(局)主要负责同志、四川阿坝州以及茂县主要负责同志陪同慰问。

8月19日 下午，省交通厅援建茂县工作组召开各级援建单位负责同志会议，认真传达学习张宝顺书记重要讲话，就下一步交通援建工作进行安排部署。

张润副厅长首先传达张宝顺书记提出的3点希望。一要牢记责任，不辱使命；二要尊重科学，攻坚克难；三要求真务实，注重形象。这是对交通援建人员的鼓舞和鞭策，一定要认真贯彻执行，更加扎实有效、有序地推进。

会议还对前期交通援建工作进行总结回顾，要求黑虎、渭永通乡公路再次优化设计，并纳入茂县交通重建总体规划中；要求设计人员再深入现场进一步勘察，对茂县政府提出的九顶山旅游公路也要做好勘察设计的前期准备工作。张润副厅长在讲话中指出，交通援建前期做了大量实实在在的工作，茂县政府和人民十分满意。援建工作具有长期性，要发扬山西交通人特别能吃苦、特别能战斗的优良传统，克服困难，锐意进取，连续作战，不获全胜决不收兵。他还对援建人员生活和安全工作提出要求。

8月19日 中午，专程陪同张宝顺同志到茂县视察工作的段建国厅长利用午饭时间，到省厅援建茂县工作组驻地和茂县交通局临时办公点看望援建人员及茂县交通局全体干部职工。

茂县交通局用“披红”的羌族最高礼仪欢迎段厅长。在刚刚搭好的平板房内，由晋中公路分局捐赠的公路试验设备摆放有序，张润副厅长介绍捐赠情况，并表示要派出专业技术人员，帮助茂县交通局将设备尽快安装调试好，投入使用。茂县副县长巴黎、交通局长余树荣对省厅援建工作一再表示感谢，对前期来茂县的援建人员一再予以称赞。段建国说，援建茂县是省委、省政府的决定，也是山西交通人义不容辞的责任，茂县交通工作是山西交通工作的一部分，我们一定会举全厅之力完成好援建任务。

段建国厅长还到茂县交通局办公室、晋中公路分局测设队员住的活动板房，了解渭永通乡公路测设情况，询问生活情况，问大家住的如何，吃得怎么样，有没有电视看，了解不了解奥运会情况。他还同茂县交通局全体干部职工、省厅援建人员合影留念。

8月19日 省交通厅向省发改委报送《关于忻阜高速公路项目投资合作纠纷有关事宜进展情况的报告》。

8月20日 省高管局召开首次局机关职工子女勤学成才座谈会。党委书记李万定出席并讲话。局关工委领导、2008年6名新考入大学、研究生的机关职工子女、家长及在读初、高中的局机关职工子女、家长参加。

8月20日 省交通厅转发交通部《关于组织开展“十一五”第二批全国重点推广营运节能产品(技术)推选工作的通知》。

8月21日 下午，段建国厅长、王志民副厅长带领厅办公室、运管处等机关相关处室负责同志到省运管局调研，并为省运管局获得“省级文明和谐单位”和省运管局政务大厅获“全国交通行业文明示范窗口”揭牌。

认真听取李华中局长工作汇报后，段建国厅长在讲话中充分肯定省运管局近年来所取得的工作成绩，提出7点要求。一要加强客货车辆监管，减少事故发生率；二要认真思考，重新定位运管工作发展；三要着力抓好源头治超工作，并通过治超改善全省形象；四要加强道路运输驾驶员培训，特别是高速路上的货车司机，提高驾驶技术，提高自身素质与技能；五要加强安全监管；六要加大运管费和客运附加费征收；七要加强全省运管部门信息化基础设施建设，保证运管工作又好又快发展。

王志民副厅长在讲话中要求省运管局要以这次揭牌为契机，认真履行法律赋予的监管职能，认清形势，把握机遇，紧扣工作重点，着眼长远发展。始终坚持运输管理工作与创建工作相结合方针，不断加大文明创建力度，加快创建步伐，为全省道路运输行业文明和谐创建工作再上新台阶，再创新辉煌。

8月21日 省交通厅、省财政厅、省物价局向省政府呈报《关于省道孙吴线小站至孙启庄段二级公路设置车辆通行费收费站的请示》。路线全长69.566公里，2007年10月交工验收，投资估算39 100万元。拟在大同县党留庄蔡庄村设收费站，收费期限暂定为10年。

8月22日 上午，段建国厅长、部玉兰总工程师一行深入山西交通职业学院调研。听取党委书记孟科工作情况汇报后，段建国厅长在讲话中旁征博引，以香港职业教育为例，希望学院加强教师队伍建设，吸引一批优秀、高水平教育人才，为我所有或为我所用；要大力促进校企合作和工学结合改革实践，全面深化内涵发展，积极推行订单培养等新的人才培养模式，着力提升学生动手能力和解决问题能力，办出特色，办出水平，为全省交通事业又好又快发展提供人才保障。他说，学院与一汽丰田合作的 T—TEP 培训班就是一个成功的典型范例。

针对学院提出的基础设施建设滞后等问题，段建国厅长建议以旧校区为主进行扩建。要求学院审慎定位办学理念和发展方向，把握扩大办学规模的节奏，做好旧校区扩建整体规划，实实在在地解决"瓶颈"制约。并当场责成厅科技处牵头、规划处配合，和学院一道实施解决。

8月22日 上午，晋中市国省干线公路重点工程劳动竞赛启动暨"青年突击队"授旗仪式在大运公路介休至霍州段改建工程第六合同段三湾口施工现场举行。省公路局局长戴飞，晋中市委常委、副市长马彦平，晋中市总工会、团市委、灵石县政府等领导出席，并为 18 支"青年突击队"授旗。

8月22日 省交通厅向省编办报送《关于成立山西省运管局治超办公室的请示》。拟作为内设机构，正处级规格，编制30名，主任(正处级)1名，副主任(副处级)2名，运管费列支。

8月22日 省交通厅印发通知，根据省编办晋编办字〔2008〕199号文《关于山西省运政稽查总队增加编制的通知》，同意增加事业编制5名。增编后，共有人员编制23名。

8月22日 省交通厅印发通知，根据省编办晋编办字〔2008〕53号文《关于山西省交通征费稽查局系统增加编制的通知》，同意交通征费系统部分单位增加编制。原有2052人，增加194人，现有2246人。

8月22日 省交通厅批复省道汾屯线晋中县至沁源交口段改建工程初步设计。路线长45.450公里(第一段21.646公里，第二段23.804公里)，核准概算210 131 139元。

8月22日 省交通厅印发通知，根据省编办晋编办字〔2008〕231号文《关于山西省交通工程定额站增加编制的通知》，同意增加自收自支事业编制8名。增编后，共有编制18名。

8月22日 省交通厅印发通知，根据省编办晋编办字〔2008〕70号文《关于成立山西省交通基本建设工程质量监督站检测中心的通知》，同意成立正科级建制事业单位，核定编制5名。

8月22日 省交通厅向开行山西分行报送《关于调整项目贷款还款计划的报告》。即将2008年下半年至2012年底期间需偿还的本金调整至2012年以后年度偿还，贷款期限不变。

8月24日 全省 30 辆奥运保障车满载着北京奥运会胜利喜悦和圆满完成保障任务的收获凯旋而归。在京期间，全体驾驶员和维修人员以饱满热情的工作，克服诸多困难，恪尽职守、勇于奉献，不怕疲劳、连续作战，为赛会志愿者提供了安全可靠、高效正点、统一规范的运输服务。车队主要服务于北京交通大学和首都师范大学两所高校，共开行通勤班车线路 12 条，出车 2000 多次，行程 4.2 万公里，运送志愿者近 7.4 万人次，没有发生一起道路交通安全事故，没有接到一起投诉，得到各方面一致好评。

8 月 23 日下午，北京奥组委、交通运输部和北京市政府联合召开会议，总结奥运赛会志愿者交通服务保障工作。交通运输部部长李盛霖、副部长冯正霖，北京奥组委执行副主席李炳华，北京市副市长赵凤桐出席，并为赛会志愿者通勤运输保障车队颁发纪念奖牌。

8月25日 省交通厅转复2008年第二批预算。共计68 951.45万元。

8月25日 省交通厅向省政府办公厅、研究室报送《关于古岚线静游段公路安全保障措施的报告》。

8月25日至30日 厅重点办联合省重点办、省交通质监站和省内有关专家组成检查组，由厅总工程师郜玉兰带队，省重点办副主任刘继承参加，对晋济、运城环城两个在建高速公路项目进行综合检查。通过实地察看、现场检测、工地试验、查看内业资料等方式，对项目质量控制、质量保证体系与制度、安全隐患排查治理情况、工程管理制度及办法、试验检测资料、履约管理与考核、农民工管理及工资支付等方面开展全面、细致、深入检查。结果表明：两个在建项目工程质量安全总体处于受控状态。

郜玉兰总工程师在讲话中要求两个在建项目建管处要高度重视，充分认识当前面临的工期紧张、任务艰巨的实际情况，精心组织，严格管理，针对检查组提出的问题认真排查，逐项整改，并以此次检查为契机，切实抓好工程质量和安全生产，确保两个项目在年内通车目标实现。

8月26日 省委常委、省纪委书记金道铭深入省公路局调研。听取戴飞局长工作报告后，金道铭书记对近年来全省公路系统工作给予充分肯定。他说，山西位于全国中部地区，既是资源大省、欠发达省份，又是全国重要的经济和运输通道，这种特殊省情，决定了山西对全国经济影响很大。特别是公路，既服务于全省，更服务于全国。省公路局下一步发展任务仍然很重，既面临山西经济社会发展和全国经济发展对山西提出的更高要求，面临群众日益增长的道路出行需求，还面临一些体制机制性障碍和制约。在这种情况下，要不断创新思路，转换观念，切实探索和找到一条适合山西公路又好又快发展的道路；要充分发挥优势，增强解决问题的信心和能力，一切向前看，把立足点放在推进工作、创造条件上，用良好的精神状态和面貌开拓性地开展工作。要按照中央和省委要求，严格执行党风廉政建设规定，严管队伍，特别是要严格要求各级领导班子和党员领导干部。要不断总结党风廉政建设和反腐败工作新经验，建立新机制，制定新制度，密切联系公路行业实际，创造性地开展工作。

8月26日 《山西交通》报道：近日，交通运输部和共青团中央作出《关于表彰2007年度全国交通行业青年文明号和青年岗位能手的决定》。晋焦高速公路公司丹河收费站、运城高速公路公司风陵渡管理处风陵渡收费站、吕梁公路分局汾阳公路管理段、长治征稽分局常村征稽站、原太高速公路公司养护事业部、太旧高速公路公司阳泉管理处旧关收费站、晋中公路分局108线榆次东长寿至祁县东38公里“青年文明号”创建管理组、太旧高速公路公司晋中管理处武宿收费站、太原征稽分局河西所、太原高速公路公司小店收费站、太原公路分局勘察设计所、临汾高速公路公司襄汾收费站、大同征稽分局落里湾收费站、晋中公路分局东观道班被命名为全国交通行业青年文明号；省高管局团委副书记陈丽、朔州征稽分局陈家堡征稽站站长张子军、阳泉市道路运输管理处主任连英男被评为全国交通行业青年岗位能手。

8月26日 省交战办在《山西交通》印发《关于开展“交通战备30周年”主题系列活动征文启事》。截稿日期为9月30日。

8月27日 省公路局党委书记赵振田、局长戴飞、副局长惠高峰及各有关处室负责人深入山西路桥集团公司调研。召开集团公司班子成员、职能部门负责人、下属子公司负责人座谈会，听取路桥集团公司划归省公路局监管以来工作情况。赵振田书记在讲话中对路桥集团提出具体要求。一是集团特级总承包资质是企业生存发展软资本,一定要维护好、使用好,使其发挥最大效能;要做好企业工商年检和资质动态考核及年审,要做好资源整合,把有实力、愿意加入经济联合体的企业吸收进来。二是要积极参与忻保高速公路施工建设和施工队伍管理,做好施工的前期准备工作。

戴飞局长在讲话中要求转变观念,从管理型向生产经营型转变。公司各级干部要适应改革,适应生产经营环境,振奋精神,谋划企业生存发展,积极投身于新工作。要围绕忻保高速公路建设和企业今后发展,制订工作方案和三年发展规划,明确思路和目标;进行体制改革与机制转换,精简机关人员,充实生产经营,在改革中使集团公司发展壮大。

8月27日 省交通厅印发《关于对全省农村公路建设项目进行2008年度第二次质量督察的报告》。

8月27日 省交通厅印发《关于开展高速公路高效照明改造试点工作的通知》。

8月27日 省交通厅印发《关于表彰全省农村公路通达情况专项调查先进集体和先进个人的通知》。全国先进集体4个,先进个人12名;全省先进集体23个,先进个人95名。

8月28日 下午,段建国厅长在厅领导郜玉兰、张德仪陪同下,带领厅办公室、财务处、公路处、重点办、综合规划处等处室负责同志,深入省交通建设开发投资总公司调研。认真听取总经理魏庆飞关于公司经营发展及全年工作情况汇报后,对公司多年来为山西交通事业发展作出的重大贡献给予肯定。认为公司有一个强有力的领导班子,一批务实求真的干部队伍,一个勇于奉献的职工群体。主要经验是:以市场为根,真正把自己置身于市场经济之中;善抓机遇,借山西交通大发展契机发展壮大自己;改革创新,不断适应市场经济需要。这一切都给人以启发,耐人寻味。要求公司充分发挥引资融资主渠道作用,为全省再掀新一轮公路建设高潮作出新贡献。要在巩固现有资金筹措渠道同时,积极探索资本运营新突破口。除银行信贷、盘活路产路权外,还可以考虑发行企业债券、企业上市等融资方式,为全省公路建设筹措更多资金。要进一步探索现代企业管理方式,真正建立"归属清晰、权责明确、流转顺畅"的现代产权制度,把企业做大做强。在实现产业多元化的同时,一定要突出引资融资、公路建设管理这一主业。效益一般、竞争激烈的辅业可以考虑退出。段建国厅长还就太长高速公路竣工验收、长晋二级路大修改造等具体工作提出明确要求。特别提出公司要加强与香港路劲公司沟通,争取尽早撤除许西收费站,给政府、给社会一个满意答复。

8月28日 全省高速公路管理系统反腐倡廉理论研讨会在祁县召开,省监察学会交通分会会长赵龙出席。会议要求善于从实践中探索反腐倡廉规律,总结普遍性经验,充分运用理论成果,指导反腐斗争实践。

8月28日 阳(泉)五(台山)高速投资管理有限公司举行揭牌仪式。中国建筑股份有限公司副总经理、阳五高速公路投资管理公司董事长刘锦章,阳泉市委常委、常务副市长王旭明为公司揭牌。公司是阳盂高速业主法人,代表中建履行出资人职责,承担阳五高速公路项目的投资、建设、运营。项目总里程260公里,投资153亿元。

8月28日 省交通厅、省财政厅、省物价局向省政府呈报《关于泽州县东沟至大阳二级公路延长收费期限的请示》。路线全长20.4公里,总投资2907万元,2003年10月开始收费,拟一次性延长收费时间5年至2003年8底。

8月29日 上午,省直文明和谐单位标兵检查验收组一行对省公路局2008年精神文明创建工作进行检查验收,张润副厅长出席座谈汇报会,赵振田书记代表省公路局作汇报。

检查组一行通过查看环境、听取汇报、查

阅资料、座谈、反馈意见等形式对省公路局精神文明创建工作进行全面检查验收。贾明建组长在讲话中认为省公路局领导班子坚强有力,对文明和谐单位创建重要意义认识到位,定位准确,创建主动性强,积极性高;创建工作亮点纷呈,尤其是公路文化建设、先进典型选树等有许多值得借鉴的地方。

赵振田书记听取反馈意见后表示:在今后工作中,一定要认真学习实践科学发展观,不断创新文明创建工作思路,进一步完善创建工作机制,拓展文明和谐内容,为建设和谐公路、和谐山西作出新的更大贡献。

8月29日 原省交通厅副厅长刘乾迎来90岁寿辰,段建国厅长送去花篮表示祝贺。王志民副厅长以及厅机关有关处室负责同志到场祝贺。王志民副厅长代表厅党组给刘老赠送慰问金以及寿桃、生日蛋糕、画册表示祝贺,并祝刘老福如东海,寿比南山,健康长寿。

8月29日 省交通厅向省编办报送《关于山西省交通征稽局后勤服务中心机构更名的请示》。拟更名为职工教育培训中心,并增挂山西省交通征稽票证票据印制中心牌子,其他均不变。

8月29日 省交通厅印发《关于第二届中国(太原)煤炭博览会期间有关车辆免费行驶公路的通知》。有效期为9月4日至9月21日。

9月

9月1日 省交通厅向省政府呈报《关于对支援四川灾区公路抢通保通突击队和全体队员予以通报表扬的请示》。

9月1日 省交通厅印发《关于进一步加强工程建设项目计量支付管理的通知》。

9月2日 全省交通战备30周年建设成果采访活动启动,段建国厅长出席并讲话。来自中央驻晋新闻媒体及省城主流媒体、省军区记者站、山西交通等15家新闻媒体将在为期5天时间里,赴晋中市、阳泉市、忻州市交战办,省高管局、省公路局、省运管局交战办,太原铁路局、省民航管理局、省通信管理局交战办,就全省交通战备建设情况、工程保障队伍建设、战储器材管理、运输保障队伍、正规化建设、交通动员准备、国防公路、应急保障等内容进行集中采访。

出发仪式上,记者们观看全省交通战备模拟沙盘,听取省交战办副主任史荣和情况介绍。段建国厅长发表题为《构建"三位一体"交通保障体系为国防交通战备事业作出新贡献》讲话。希望记者们能深入下去,用手中的笔和镜头,在宣传取得成果的同时,多宣传交通战备建设重要意义,进一步明确交通战备工作指导思想、基本原则和重点任务,让更多的人认识到交通战备建设的重要性,进一步完善"平时服务、急时应急、战时应战"交通保障体系,为国防交通战备事业作出应有贡献。仪式由省军区后勤部副部长林保江大校主持。

9月2日 同舟公司2008年董事会在太原召开。省交通设计院承办,王志民副厅长出席并致辞。公司成立于1999年2月,是由包括山西省交通设计院等全国12个省13个交通设计院共同出资组建的有限责任公司。成立近10年以来,建立公路勘察设计信息中心和专家人才管理中心,定期组织各种层次技术交流活动,在经验交流、技术合作、创新管理等方面发挥纽带和平台作用。聂承凯院长介绍山西省交通设计院以及山西勘察设计市场情况。

王志民副厅长在致词中向来宾介绍山西省情及交通发展概况,充分肯定近年来勘察设计单位工作业绩,特别是对省交通设计院对山西公路交通发展所作贡献给予较高评价。希望同舟公司面向新世纪全国交通事业蓬勃发展大好形势,继续发扬风雨同舟、患难与共优良传统，在技术交流、合作共赢等方面进一步发挥桥梁纽带作用，谱写交通勘察设计新篇章。

9月3日 省交通厅批复阳泉至五台山高速公路阳泉至盂县段初步设计。路线全长41.0公里，主线按双向4车道高速公路建设，时速80公里，路基宽24.5米；全线设互通连接线3段。其中，盂县、阳泉东互通连接线按一级公路标准，路线长7.3公里、2.022公里，时速60公里，路基宽23米；平定北互通连接线按二级公路标准，长7.092公里，时速60公里，路基宽15米。核准概算3 198 289 785元。

9月3日 省交通厅向省财政厅报送《关于公路建设基金和系统还贷资金对省交通厅实行实有资金拨付的请示》。

9月3日 省交通厅印发《关于成立环境保护办公室的通知》。组长：郜玉兰；成员有：戴飞、董新品、张晋鹏、李华中、牛世骏、赵队家、王京荣、蒋品、杨吉平、李贵顺；办公室主任：李贵顺；副主任：李明、王东伟。

9月3日至4日 全省农村公路建设现场会在吕梁市召开，动员全省交通系统广大干部职工大力弘扬吕梁精神，进一步加快以沿黄扶贫旅游公路为重点的农村公路建设，为提高交通“三个服务”能力，实现公共交通服务均等化作出新贡献。张润副厅长出席并讲话，吕梁市委常委、常务副市长丁雪峰出席。厅党组成员、省公路局党委书记赵振田主持。张润在讲话中要求沿线县市和交通部门要强化组织领导，积极筹措资金，加强施工管理，保证年底实现沿黄扶贫旅游公路基本通车目标。对村村通和县乡公路建设，重点要加强质量管理、环境保护、安全生产等方面工作。要扎实推进农村公路质量年活动，把好招投标、公示、过程监督、验收检查、奖惩5个关口，确保建设质量再上新台阶；要坚持以人为本，高度重视施工安全和人民群众出行安全；要注重节约环保，全力打造和谐公路；要坚持建养并重，协调发展，巩固农村公路建设成果。

会议期间，与会代表赴柳林、兴县实地参观吕梁市沿黄扶贫旅游公路建设；吕梁、临汾、运城3市交通局作经验介绍。

9月4日 省直文明委检查验收组对省交通厅文明和谐创建工作进行检查验收。检查组组长、省直工委副书记、省直文明委常务副主任贾明建给予高度肯定，检查组一致认为交通厅文明和谐创建特色鲜明，机制健全，内涵丰富，载体多样，效果显著。

汇报会上，厅党组副书记、副厅长张润以“五抓”总结概括厅直系统文明和谐创建工作。即抓典型带窗口，抓廉政保文明，抓创新富内涵，抓共建促和谐，抓党建强基础。厅直机关党委书记、厅文明办主任杨俊威从六个方面详细汇报：一是深化思想认识，加强组织领导，把文明和谐创建作为推动交通又好又快发展总抓手；二是建立长效机制，严格目标落实，保证创建工作广泛深入持久开展；三是突出行业特色，注重典型引路，创建工作整体推进；四是坚持以人为本，强化理论武装，交通队伍思想道德素质和科学文化素质明显提高；五是坚持党要管党，致力从严治党，抓党风促政风带行风；六是围绕“三个服务”，坚持“三个并重”，文明和谐创建推动交通运输事业全面协调可持续发展。贾明建组长在讲话中提出3点要求。一是继续探索交通行业文明和谐创建新模式，扩大拓展文明创建效果；二是结合交通行业特点，构建创建长效机制；三是推进创建成果转化，把创建成果转化为推动交通又好又快发展的强大凝聚力。

张润副厅长表示，将以此次检查验收为契机，继续发扬“走在前，做表率”光荣传统，坚持以科学发展观为统领，完善机制，丰富内涵，提高品位，勇于创新，推进创建工作全面协调发展，在铸魂、塑形、凝心、聚力上发挥新效力。

9月4日 省交通厅向省建设厅报送厅机关办公楼及附属建筑节能改造方案。

9月4日至5日 交通运输部总工程师周海涛、中交公路规划设计院副院长逯一新等一行 4 人在厅长段建国、副厅长张志川、总工程师郜玉兰及厅办公室、厅重点办、省交通设计院等有关负责人陪同下考察晋济高速公路。

当天下午，周海涛深入晋济高速公路晋城服务区、高速路收费站、仙神河大桥等施工工地实地察看，听取晋济高速公路建设和晋城环城高速公路西北段前期准备工作情况汇报。晋城市长王茂设，市委常委、副市长赵学梅陪同考察并座谈。

段建国厅长在讲话中对晋济高速公路设计者、施工者、组织者、建设者辛勤工作给予充分肯定，并对地方政府、沿线群众以及所有参建人员表示感谢。要求各施工单位咬紧牙关，振奋精神，在确保安全、质量前提下，加强管理，科学安排工期，圆满完成建设任务。

周海涛总工程师在讲话中对广大筑路员工辛勤工作表示慰问和感谢。要求继续发扬连续作战、不怕苦、不怕累精神，精心组织，科学施工，完善细节，将晋济高速公路打造成太行山上的一条科技路、人文路、绿色路、旅游路。要以世界眼光，战略思维，审视已完成的交通基础设施建设，审视未来交通发展。他表示，交通运输部将继续关注支持山西 1000 公里高速公路建设和晋城市高速公路建设，为晋城乃至全省经济社会发展作出应有贡献和支持。

9 月 5 日中午，周海涛在厅领导张志川、郜玉兰陪同下，莅临晋焦高速公路丹河超限运输检测点检查工作，现场查看治超检测点工作程序，详细了解进入本省超限车辆因办理《超限运输通行证》滞留丹河收费站广场时间等情况。

9月5日 长治至长子一级公路开工奠基。路线全长 25.85 公里，概算投资 24 370 万元，建设工期 1 年。

9月5日 省交通厅批复清徐县汽车客运站初步设计。二级标准，占地面积60亩，建筑面积4115.6平方米，其中候车楼3816.6平方米，附楼239平方米，门房60平方米，核定概算14 434 372元，建设工期2年。

9月5日 省交通厅批复壶关县汽车客运站初步设计。二级标准，占地面积44.1亩，建筑面积2632.02平方米，其中候车楼2358.3平方米，附楼193.72平方米，公厕50平方米，成品门房30平方米，核定概算9 528 430元，建设工期2年。

9月5日 省交通厅批复天镇县汽车客运站初步设计。二级标准，占地面积49.8亩，建筑面积3115.05平方米，其中候车楼2854.33平方米，附楼193.72平方米，旱厕22平方米，成品门房45平方米，核定概算8 667 785元，建设工期2年。

9月5日 省交通厅批复平陆县汽车客运站初步设计。二级标准，占地面积40亩，建筑面积2950平方米，其中候车楼2676.28平方米，附楼193.72平方米，成品门房30平方米，公厕50平方米，核定概算9 453 067元，建设工期2年。

9月5日 省交通厅批复吉县壶口汽车客运站初步设计。二级标准，占地面积25.2亩，建筑面积3886.23平方米，其中候车楼877.23平方米，附楼194平方米，司乘公寓1860平方米，餐厅、机修955平方米，核定概算9 918 703元，建设工期2年。

9月5日 省交通厅批复夏县汽车客运站初步设计。二级标准，占地25.2亩，建设面积2543.22平方米，其中候车楼2269.5平方米，附楼193.72平方米，成品门房30平方米，旱厕50平方米，核定概算9 054 082元，建设工期2年。

9月5日 省交通厅批复吉县汽车客运站初步设计。二级标准，占地18亩，建筑面积2501.16平方米，其中候车楼2336.26平方米，附楼164.9平方米，核定概算6 692 771元，建设工期2年。

9月8日 下午，全省重点公路工程建设工作汇报会召开。厅领导段建国、张润、张志川、郜玉兰、张德仪、赵振田、郭贵平出席并讲话。大呼、大同、朔州、忻阜、忻保、太佳高速太原段、太佳高速吕梁段、阳五、阳盂、长临、汾平、和榆、临吉、高陵、晋城、闻垣建设管理处(建设公司、服务监管处)及龙白至城赵、太原至古交高速公路项目分别汇报各自工作进展情况。

听取汇报后,段建国厅长在对各拟开工项目进展情况工作给予肯定的同时,要求看到有利条件和大好机遇,增强做好工作信心,咬紧牙关,狠下决心,坚决完成任务;要进一步统一思想,提高认识,加大力度。各项目单位要头脑清醒,解放思想,敢于负责,勇于创新,不辜负厅党组信任;要超常规、超常态地工作,坚持体制创新、机制创新,把更多资金、资本、资源投入到交通发展上来,不能按部就班,因循守旧。要集中智慧和力量,外抓协调,内抓落实,调动各方面积极因素,确保全年开工1000公里高速公路。要积极协调国家和省发改委、国土、环保、水利、林业等部门加快项目审批,要加强沟通和协调。哪个项目前期工作具备条件,就先开工哪个项目。对桥梁、隧道等不占用耕地的工程,要责成专人配合厅机关和厅重点办对项目文件跟踪审批,跟踪服务,一跟到底。对内,要有效利用每一分钟,一切工作往前赶,能平行交叉的就同时进行;要注重前期工作质量,提高前期工作深度。要充分发挥地方积极性,继续加强与地方政府的协调、沟通,分步分项目落实用地指标,优化建设环境。哪个地方的政府积极性高就先开工哪个地方的项目,哪个地方的政府积极性高就支持哪个地方的公路建设;要注意保护老百姓利益,该补偿的要补偿到位,坚决不留后遗症。

张润、张志川、部玉兰、张德仪、赵振田、郭贵平分别对分片包干的项目提出要求,并表示在所包项目上要进一步改进工作方式,能同时进行的程序尽量同时推进,超常规工作,确保全年开工1000公里目标实现。

9月8日至11日 中国水运报刊全国记者站(通联)工作会议在太原召开,省地方海事局协办,交通运输部体改法规司副司长柯林春出席并讲话,张志川副厅长致欢迎辞。认为这次会议为全国水运新闻宣传工作提供一个很好的交流平台,对于弘扬行业文化、促进山西水运新闻宣传工作科学发展,具有十分重要的意义。要求记者站要以此次会议为契机,向全国先进记者站学习,努力提高工作能力和水平,为宣传山西交通海事工作作出更大贡献。中国水运报驻山西记者站被评为“全国先进记者站”。

9月9日 段建国厅长、部玉兰总工程师带领厅有关处室负责人赴山西交通技师学院进行调研并参加第24个教师节庆祝活动。

段建国一行在学院领导陪同下,首先考察驾驶培训中心、汽车实训中心、各类实验场所和北校区,然后就学院工作进行调研。段建国厅长在讲话中,认为学院工作有四个特点。一是治校有思路,办学有特色;二是教师队伍整体素质高;三是坚持创新求发展、开放办教育,形成一系列具有行业职业教育特点的先进文化,推动办学水平不断迈上新台阶;四是干事创业氛围浓。对今后学院发展,他提出3点希望。即紧紧把握交通发展方向,加强交通高技能紧缺人才培养;坚持以就业为导向,着力提高办学质量;加强师资队伍建设,精心打造教学品牌。

部玉兰总工程师在讲话中提出5点要求。一要在提升办学理念上有新思路;二要在围绕服务交通、面向社会、建设实用型人才方面有新突破;三要在班子建设、干部廉洁上有新举措;四要在交通建设、社会经济发展方面有新贡献;五要在激烈市场竞争中有新进展,为交通事业发展提供大量人才支撑和保障。

调研工作结束后,段建国一行参加学院第24个教师节庆祝大会,向全院教师和教育工作者致以节日祝贺和崇高敬意,向受到表彰的十佳教师表示热烈祝贺。

9月9日 通过为期4天激烈角逐,全省高速公路“迎奥运、保畅通、讲文明、树新风”第三届收费业务技术比武暨文明服务礼仪竞赛完成总决赛阶段的各项活动,圆满结束。省妇联主席李悦娥,省总工会副巡视员张子光,厅总工程师郜玉兰,省高管局局长董新品、书记李万定及厅有关处室负责同志出席竞赛表彰总结大会,并为获奖单位和个人颁奖。

来自全省高速公路17个单位21个技能代表队和18个文明礼仪代表队参加总决赛,100多名选手各显其能,以娴熟操作技能、文明服务形象、良好精神风貌、优秀团队精神,展示高速公路行业文明建设成就和深入开展"五比五看、服务创优"劳动竞赛成果,进一步推进"巾帼建功"活动创新发展。活动内容包括收费业务操作技能和文明服务礼仪两大部分。从收费业务操作流程、便携机收费业务操作流程、班报结算、知识竞赛、收费员军事会操表演和文明服务礼仪竞赛多个方面进行全方位竞技。表彰会上,同时还对441名获得首批山西省高速公路收费业务"双百千亿"无差错技术能手颁发优秀纪录保持者荣誉证书,对47个被评为2007年度星级信誉考核"AAA"级收费站命名。省妇联还对文明礼仪服务竞赛活动中表现突出的10个集体和50名个人进行表彰。

9月10日 上午,省交通厅召开领导干部任职大会,厅党组书记、厅长段建国受省委、省政府委托宣布任命决定。张润任省交通战备办公室主任(正厅级);韩日裕任厅党组成员、省纪检委驻省交通厅纪检组长;曹燎原任厅巡视员。

省纪委副书记李正印出席并讲话,他充分肯定近年来全省交通事业超常规、跨越式发展为全省经济社会发展作出的突出贡献及近年来全省交通系统廉洁高效、扎实有效的纪检监察工作。要求省纪委驻厅纪检组认真贯彻何勇同志讲话精神,牢固树立"三监督"观念,为全省交通事业健康发展保驾护航。张润、韩日裕、曹燎原作表态发言,表示要牢记使命,维护班子团结,认真履行职责,勤勤恳恳做事,为交通事业又好又快发展作出新贡献。

9月10日 上午,省交通厅召开事业单位机构编制清理规范工作会议,学习贯彻中央和省委、省政府关于推进事业单位人事制度改革精神,对厅属事业单位机构编制清理规范工作进行部署。段建国厅长出席并讲话,张志川副厅长传达省委、省政府办公厅《关于对省直事业单位机构编制清理规范意见》精神,对清理规范工作原则、时间安排、方案制订、尺度把握等作了说明。张润副厅长主持,厅领导郜玉兰、张德仪、赵振田出席。

根据全省事业单位人事制度改革的总体进程要求,厅属事业单位人事制度改革分三步进行。首先是对现有事业单位机构编制进行清理规范。原则是:"科学定位、配套改革,先易后难、分步实施,人有去处、利有保证,积极推进、确保成效。"根据省交通厅实际,具体安排为:第一步,制定并上报清理规范意见,10月20日前完成;第二步,组织实施,12月中旬完成;第三步,检查验收,12月下旬完成。

会议要求,各单位要在10月20日前上报清理规范意见,从现在开始要认真学习有关文件,准确掌握清理规范的目标原则、主要内容和有关标准,深入细致了解情况,认真分析梳理。同时,要做好清理规范文件中一些内容的尺度把握,比如成立一年以上但尚未组建运行的事业单位的撤销、职责任务和编制机构的明确、经费形式的规范等问题。

段建国厅长在讲话中要求充分认识人事改革重大意义、重大责任及艰巨性、复杂性,坚持求真务实,大胆探索实践,勇于进取创新,积极主动做好工作,确保完成改革任务,努力为全省积累经验。一是加强领导,增强工作合力;二是突出改革重点,抓好当前工作;三是积极稳妥推进,保持社会稳定;四是搞好教育发动,营造良好氛围。

9月10日 在中秋节到来之际,厅副巡视员郭贵平深入石楼县罗村镇检查指导扶贫工作,并到特困户梁四平、崔计功家中,送去月饼和慰问金。他先后对征费组援建的文体活动中心，厅直组、省运管局为当地新建的文化活动广场，公路组新建的公路爱心小学寄宿制宿舍楼，省高管局为上田庄兴建的引水项目进行检查指导。他说，扶贫就是要在当地政府指导下，群众需要什么，我们就干什么，建设群众最需要、最迫切的项目。一定要注意工程质量，要把扶贫资金花好。扶贫队员要注意和群众的关系，要把党和政府的关心落到实际工作中。最后，他还叮嘱县、乡领导，要把扶贫项目维护好，发挥好应有的作用。

9月10日 省交通厅向省财政厅报送《关于山西交通职业学院离退休干部配备用车的请示》。现有离退休人员46名，申请配备服务专用车2辆。

9月10日 省交通厅向省政府呈报《关于山西省交通科学研究院学府街区域整体搬迁有关事宜的请示》。从业人员1018人，占地面积18 009.46平方米，有7栋办公楼建筑面积16 986.64平方米，2栋居民住宅楼建筑面积6659.01平方米，共91户。新规划用地100亩，办公楼建筑面积32 400平方米，国家重点试验和工程研发中心建筑面积31 350平方米，国家高新技术企业研发中试基地建筑面积13 200平方米，配套设施建筑面积10 350平方米。整体搬迁和新址建设费用共计3.47亿元，申请省政府补助1.4亿元，剩余部分由省交通科研院承租。

9月10日 省交通厅向省发改委报送《关于太原至古交公路可行性研究补充报告的请示》。调整后，路线全长22.497公里，投资估算29.8亿元，建设工期4年。

9月10日 省交通厅印发《关于山西省地方海事局机构编制的通知》。根据省编办晋编办字〔2008〕49号文，同意挂山西省航运管理局牌子，增加自收自支事业编制10名、副处级领导职数2名。增编后，共有自收自支事业编制27名。

9月10日 省交通厅批复省高管局专业技术职务岗位职数结构比例。现有正式职工113人，专业技术人员78人，专业技术职务高级、中级比例为15%：38%，即高级12个，中级30个。

9月10日 省交通厅批复省重点办专业技术职务岗位职数结构比例。现有正式职工26人，专业技术人员18人，高级、中级比例为15%：38%，即高级3个、中级7个。

9月10日 省交通厅向省发改委报送《关于太行山大峡谷旅游循环公路南线可行性研究报告的请示》。路线全长约64公里，估算投资39 246万元，建设工期3年。

9月10日 省交通厅向省政府并牛仁亮副省长呈报《关于省人大代表反映省道运永蒲公路车辆通行费收费站设置等问题的调查报告》。

9月10日至11日 厅直机关党委组织厅直单位党务和纪检干部赴右玉县参观考察，并现场召开"学习右玉精神"座谈会，厅党组副书记、副厅长张润结合交通发展实际情况提出具体要求。右玉县地处长城沿线潜在的沙漠化地带，是全省35个国家贫困县之一。面对恶劣自然环境，60年来，右玉县历届县委县政府团结带领全县党员干部群众，艰苦奋斗，前赴后继，锲而不舍，奋力赶追，一任接着一任干，一张蓝图绘到底，在塞外沙漠化地带顽强不息搞绿化，坚持不懈建生态，坚定不移谋发展，硬是把昔日"不毛之地"变成今天"塞上绿洲"，创造出改造生态自然环境奇迹，凝练出"艰苦奋斗、无私奉献、顽强拼搏、百折不挠、负重奋进、勇于争先"的右玉精神，走出一条坚持以人为本、推动科学发展的路子。最近，省纪委作出了"关于学习右玉精神，加强领导干部作风建设"的决定，号召全省各级党员干部学习右玉精神，改进作风建设。张润副厅长在讲话中要求学习右玉精神，进一步加强干部队伍作风建设和廉政建设；学习17任县委、县政府领导班子团结带领干部群众勤政为民思想、科学发展理念、艰苦奋斗作风。引导和教育各级干部转变作风，勤政为民，廉洁奉公，做好"三个服务"，真正把右玉精神贯彻到实际行动中，推动全省交通事业实现新的更大发展。

9月11日 省交通厅批复全省高速公路非现金结算系统建设项目设计。核定预算38 182 450元，

9月11日 省交通厅向省政府呈报《关于运城绕城高速公路占用北京军区第27集团军东部坦克战斗射击训练场的请示》。

9月12日 山西省道路运输协会在《山西交通》公示"百家诚信企业"名单，公开征求社会各界的意见或建议。其中，客货企业12家，客运企业6家，货运企业17家，客运站16家，货运站1家，驾驶员培训学校13家。要求9月23日前将意见或建议以书面形式或电话向省道协反映，并署真实姓名及联系方式，以便及时反馈。

9月14日 省交通厅向省财政厅报送《关于全省战略物资道路运输保障车辆规费实行转移支付的请示》。共计539辆11 966.5吨位，年需交养路费24 411 660元，货运附加费6 461 910元。

9月15日 晚，省政府召开安全生产座谈会，听取省直有关部门关于加强安全生产工作汇报，研究对策和措施，坚决遏制重特大事故发生。省委副书记、代省长王君作重要讲话，强调抓好当前安全4项重点工作。

9月16日 下午，省交通厅安委会召开全体成员会议，通报全系统2008年以来安全生产情况，传达"9·15"全省安全生产座谈会精神，对当前安全生产工作进行部署。王志民副厅长出席并讲话。要求汲取教训，警钟长鸣，坚决遏制重特大安全生产责任事故。一要继续深入排查安全隐患，真正做到不留死角，没有漏洞，全面覆盖。厅直单位一年至少全面排查一次，所管各基层单位至少半年排查一次。检查方式可由领导分片包责，明察暗访；检查内容要囊括制度建设、责任落实、资金投入等方方面面。二要继续加大安全隐患整改力度。查出的隐患要发书面整改通知书挂号整改，能限期整改的要限期整改，不能限期整改的要做出过渡期的安全保障措施；本单位本部门解决不了的要向上级部门报告并提出建议；要按职责主动进行防范、完善方案、采取措施，必要时可以"先斩后奏"；要严把营运车辆驾驶员、船员资格关，对货运要像客运、危险品运输一样重视，要充分发挥GPS定位系统等高科技作用，要建立隐患排查责任追究制度。三要继续加强安全生产教育。定期不定期通过各种有效方式对相关岗位人员、安全管理人员进行培训教育，使每个人都牢固树立安全生产、安全第一理念，真正做到以人为本。四要继续完善应急机制。发生安全生产事故后要有预案及时应对，善后人员要及时到位，决不能因应急不及时而导致次生事故，造成新的人员伤亡。

9月16日 上午，省公路局召开领导班子成员和机关各处室负责人会议。赵振田书记传达全省领导干部会议精神，戴飞局长安排部署全局安全生产工作。要求深刻吸取"9·8"特大事故沉痛教训，坚定不移地贯彻落实"安全第一、预防为主、综合治理"方针，以对党、对人民生命财产高度负责精神抓好安全生产，把安全发展理念贯穿渗透到公路工作全过程。

会议决定，在全局范围立即开展一次以在建工程施工现场、桥梁隧道运营为重点的安全生产大检查，在各单位自检基础上，由局领导班子成员带队分赴各地抽查，对检查中发现的问题要立即整改，不留死角，不留隐患。

9月16日 省交通厅召开全省高速公路建设运营安全工作会议，安排部署下一阶段安全生产工作，动员全省高速公路建设运营系统进一步统一思想，坚定信心，强化措施，狠抓落实，确保安全生产形势平稳，安全生产工作再上新水平。厅总工程师郜玉兰出席并讲话，副巡视员郭贵平主持。郜玉兰总工程师在讲话中，要求认真总结，居安思危，深刻认识安全生产形势；深刻吸取"9·8"特别重大尾矿库溃坝事故教训，深入开展安全隐

患排查治理，切实加强高速公路安全生产工作。从现在起至年底，立即在全省高速公路建设、运营两个系统深入开展“百日安全隐患排查治理活动”，进一步落实安全生产主体责任和行业安全监管主体责任，全面排查治理事故隐患和薄弱环节，建立健全高速公路建设、运营安全管理长效机制，有效防范和遏制事故发生，营造良好建设环境和道路通行环境，促进全省经济社会全面协调发展。郭贵平副巡视员在讲话中要求迅速传达贯彻会议精神，安排好下一阶段安全生产工作；深入开展隐患排查治理，切实提高安全保障水平；突出重点行业和领域，坚决遏制重特大事故；切实做好国庆期间的各项安全防范工作。

9月16日 中国地方志指导小组中指组字〔2008〕3号文印发《地方志书质量规定》。主要包括总则、观点、体例、内容、记述、资料、行文、出版、附则9章50条。

9月16日 省交通厅转发省政府办公厅《关于深入开展全民节能活动的通知》。

9月17日 由山东省交通厅副厅长任明英带队的交通考察组一行8人赴晋考察。张德仪总会计师与考察组一行进行座谈。他首先代表厅党组对考察组到来表示热烈欢迎，希望他们能在山西多走走，多看看，多提宝贵意见，为山西交通建设出谋划策并简要介绍全省“十五”以来交通发展的基本情况和做法。考察组对山西交通建设近年来所取得的成绩给予肯定，并表示山西有许多好的方法和好的思路值得借鉴，希望今后在多个方面加强沟通联系，相互学习，相互促进，共同发展。双方还就招商引资、投资融资、高速公路建设等问题进行交流和讨论。

9月17日 省运管局召开安全工作会议。李华中局长要求认真吸取事故教训，举一反三，不断改进和加强行业安全生产监管工作，切实落实好行业安全监管和运输企业安全生产主体责任，切实履行好“三关一监督”安全工作职责。

9月17日 省地方海事局召开“十一”黄金周水上交通安全大检查部署会。要求高度重视，精心组织，明确检查内容与安全监管责任人，突出隐患排查与整改，全力以赴，确保黄金周期间水上交通安全万无一失，保证人民群众生命财产安全。

9月17日 临汾至吉县高速公路晋陕黄河大桥接线方案论证评估会在北京召开，王志民副厅长代表山西就晋陕黄河大桥接线方案作了说明。在听取晋陕两省设计单位及评估单位中交公路规划设计院意见后，通过对比两方案的平面、纵断面、视距、安全性、超高、线形结合、收费站设置等诸多因素，会议确定采用苇子湾方案，为项目早日开工奠定基础。

9月17日 省交通厅批复汾离高速公路离石西收费站改造工程可行性研究报告。投资估算2800万元，建设工期1年。

9月17日 省交通厅向省发改委报送《关于晋城环城高速公路西北段可行性研究报告的请示》。主线全长约30公里，连接线约11公里。主线采用4车道高速公路标准，时速80公里，路基宽24.5米；连接线采用一级公路标准，时速80公里，路基宽24.5米。投资估算147 760万元、59 735万元，建设工期3年。

9月17日 省交通厅印发《关于加强交通行业依法行政的实施意见》，共计7个方面内容21条。

9月17日 省交通厅向省发改委报送《关于批复太原至祁县高速公路清徐南互通工程可行性研究报告的请示》。时速50公里、40公里，路基宽15.5米、8.5米，估算投资12 150万元，建设工期1年。

9月22日 上午，牛仁亮副省长在段建国厅长、王志民副厅长陪同下，先后深入太原高速公路、208国道和太原汽车客运总站，对全省公路交通设施安全和汽车客运安全工作进行检查。省高管局、省运管局及厅机关有关处室负责人陪同。

在杨家峪大桥、司庄大桥维修改造工地，

牛仁亮认真听取安全工作汇报，详细了解高速公路桥梁护栏设施安全、违章建筑、危桥改造、超限超载以及源头企业管理和安全防范措施。要求全省交通系统各级领导干部要认真吸取“9·8”襄汾溃坝事件教训，对全省公路桥涵隧道、防护栏等交通设施和各种施工现场进行一次全面细致排查，加固维修，加大公路基础设施安全维护力度，确保桥梁与人民生命财产安全，并一定要把安全制度建立健全，责任落实到每个人。

在太原汽车客运总站候车厅，牛仁亮要求省运管部门在“十一”黄金周到来前，对全省客运车辆进行排查摸底，完善安全运输制度，并责任到企业、到场站、到人，杜绝隐患，确保安全营运。要切实抓好从业人员资格认证关，对安全责任意识强、安全措施到位的客运企业通报表扬，并在政策上给予倾斜，加大奖励力度，对安全措施不力的企业要限期整改，必要时取消其营运资质，在源头上加大安全治理监管力度，确保道路运输和旅客出行安全畅通。

9月22日 下午，段建国厅长冒雨检查大运高速公路雁门关隧道消防、排水、通信、通风等设施安全工作。省高管局、厅机关相关处室负责人陪同。

段建国一行徒步检查雁门关隧道排水、通风等设施，现场检阅通信及消防工作应急实战演练，对隧道消防人员及时有效出警表示满意。听取忻州高速公路公司董事长王志义汇报后，要求公司全体干部职工提高认识，统一思想，站在一定高度检查安全工作，对雁门关隧道和桥梁进行重点排查监控；要在隧道中增设自救器、应急灯和求救电话号码等安全设施，加大机构改革力度，加强一线管理，提高工作效率，进一步增加公司经济效益和社会效益。

段建国厅长一行还就省高速公路开发公司和省交通物资公司共同研发的煤沥青实验铺筑路段项目在大运高速公路顿村施工现场进行观摩指导。

9月22日 由湖南省交通厅巡视员杜翔带队的学习考察组一行5人赴晋，就交通财务管理经验进行学习考察。张德仪总会计师与考察组一行进行座谈交流。从全省近3年交通规费征收情况、公路建设及养护管理体制、交通资金管理和投融资体制、交通建设负债情况及还款机制、部门预算管理情况及资金拨付方式、对交通建设优惠扶持政策情况6个方面作了介绍。真诚地希望通过此次考察，能够进一步增进湘晋两省交流与合作，促进两省交通事业共同发展。他希望考察组能在山西多走走，多看看，多提宝贵意见，为山西交通建设出谋划策。

考察组对山西交通建设近年来所取得的成绩及交通财务管理经验给予肯定，并表示要学习和借鉴山西交通财务管理方面的好方法、好思路，互相学习，互相促进，共同发展。

9月22日 省交通厅印发《关于认真做好2008年“十一”黄金周期间道路水路运输工作的通知》。提出6点要求，即科学统筹运输，加强安全管理，加强市场监管，提高服务水平，确保通道畅通，做好信息报送。

9月22日 省交通厅批复2008年国省干线养护机械设备购置计划。共计94台(套)，计划投资2542万元。

9月23日 省交通厅向省政府并牛仁亮副省长呈报《关于晋城福盛钢铁有限公司重载运输问题的报告》。

9月23日 省交通厅向省政府办公厅报送《关于全省规范和完善道路交通标识工作情况的报告》。全年共投资3347万元，制作标志6432套。其中，旅游公路标志1280套，其他干线公路标志5132套，奥运货车分流标志20套。具体为：警告标志3663套，禁令标志1578套，指示标志7套，方向、地点、距离标志1022套，导向标志26套，告示牌31套，旅游专用标志85套，奥运货车分流标志20套。

9月23日 省交通厅下达2008年度太原市外军转干部分配计划。共计15名，其中团职5名，营职以下及技术干部10名。

9月24日 省交通厅向省政府呈报《关于阳曲至平定公路规划为高速公路的请示》。

9月24日 省交通厅向省发改委报送《关于2008年公路建设项目煤炭可持续发展基金投资建议计划的报告》。共计3500万元。

9月25日 省交通厅致信省交通征稽局，对提前100天完成全年费收任务表示热烈祝贺，并向奋战在全省交通征稽战线上的广大干部职工表示亲切慰问！希望继续发扬成绩，再接再厉，锐意进取，认真学习实践科学发展观，不断推进交通征稽全面协调可持续发展，为全省交通事业率先科学发展作出新的更大贡献。

9月25日 全省交通征稽系统机构编制清理规范会议召开。截至9月23日，全省交通征稽系统共征收公路养路费、货运附加费38.68亿元，完成年计划100.25%，同比增长20%以上，提前100天完成全年费收任务，总量和增幅均创出"十一五"以来最好成绩。张德仪总会计师出席并宣读贺信。要求以大局为重，继续弘扬"忠于责任、勇于开拓、甘于奉献"的征稽精神，保持规费征收持续较快增长，挖潜堵漏，开源增效，科学管理，确保全年"两费"超收6亿元，为全省交通事业发展提供资金支撑。

9月25日 省征稽局举办"迎国庆"书画摄影比赛。张德仪总会计师出席开幕式并讲话。他说，展现交通征稽系统组建20多年来的丰硕成果，彰显广大干部职工高尚情操和昂扬斗志，对于进一步弘扬征稽文化，加强精神文明建设，为交通征稽持续发展注入新的活力。

9月25日 省交通厅召开《山西省高速公路网调整规划》评审会，广泛征求意见并通过评审。省委政研室、省政府经研中心、省发改委、省公路局、省高管局、省交通设计院及河北、河南、陕西省交通厅等专家参加。段建国厅长出席并讲话，王志民副厅长主持。

与会专家认真听取课题组汇报，经过广泛讨论后一致认为，《调整规划》在原规划基础上增加东西两纵和部分横线、环线，形成纵贯南北、承东启西、覆盖全省、通达四邻的高速公路网，提出的发展目标及规模科学合理，适应国家高速公路网布局要求和促进中部崛起战略需要，增强省份之间及省域内交通联系，进一步提高路网可靠性和应急保障能力，能够为新基地、新山西建设提供强有力交通支撑。

段建国厅长在讲话中要求编制单位尽快根据专家意见修改完善，构建适合山西省情、满足社会发展需要，布局合理、主次分明、功能完善、机动高效的高速公路网，提升城市品位和交通服务水平，为全省经济又好又快发展营造良好环境。

9月25日 张润副厅长在厅机关有关处室、省公路局及晋中分局、交通局负责人陪同下，对正在改建的大运公路介霍段和太长线潇河大桥工程进行检查指导。他说，安全和质量是工程建设中最重要的两个方面。必须警钟长鸣，常抓不懈，千方百计加强安全教育，加强责任落实，以桥梁和隧道为重点，对工程建设进行一次全面的安全隐患排查，决不能仅仅停留在开会发文件上。管理人员要深入一线，关键环节、关键部位要设安全员。同时，要加强对农民工、临时用工安全教育，加强对安全生产设备监管。排查出的问题要坚决整改，不能留一丝一毫隐患，确保做到万无一失。只有在安全生产和质量管理工作充分到位和保证的前提下，才能讲进度和工期。否则，进步再快也只能是零。张润还对两个建设项目部和晋中市提出的资金超概问题、太榆路改建问题予以明确答复。

9月25日 晋中市与河北邢台两市交通部门在榆次举行公路交通建设座谈会。晋中市委常委、副市长马彦平参加。

晋中与邢台连接线共有7条349公里，其中省道2条171公里，县道4条173公里，乡道1条5公里。座谈会上，两市分别介绍公路交通建设具体情况，并就加强交流、增进合作，对两市间各级公路连接线做到同步规划、同步建设等事项达成一致意见。会后，邢台市参加人员对昔阳县农村公路建设实地考察，对晋中农村公路建设给予很高评价。

9月25日 省交通厅、省财政厅向交通运输部、财政部呈报《关于申请调整2008年车辆购置税用于一般公路建设项目支出部分预算指标的请示》。总投资11 052万元，其中中央投资5526万元，自筹5526万元。

9月25日 省交通厅批复汾离高速公路汾阳西收费站车道及内外广场扩建工程设计。核准预算19 674 546元。

9月26日 国家发改委印发发改基础〔2008〕2559号文件，批复忻阜高速公路可行性研究报告。

项目前期工作始于2002年，至2007年6月底全部工可审批材料均已齐备并报国家发改委待批，因存在投资合作纠纷，一直未批。2008年4月以来，省厅与山西中海投资有限公司本着维护政府诚信形象和企业合法权益原则，互相尊重，平等协商，就项目有关事宜先后在北京、太原两地进行多次会谈协商并达成共识。先后于6月17日签订意向书，8月5日省政府专题会议议定并于8月22日印发会议纪要，9月5日双方正式签订新的合同书，中海公司退出项目主线投资建设经营，剩余服务区仍由中海公司按BOT方式投资建设经营及移交，之前双方签订的所有意向书、合同书及协议书同时失效。纠纷解决直接推动项目工可审批进程。

目前，经省厅领导和有关处室专项协调，项目初步设计文件已报交通部和中交二院审查，林地征用和正式用地手续正在进行相关资料准备，在部、省有关科研单位的协作配合下，科技示范工程已全面启动，经招标代理机构山西路华通工程咨询公司的努力工作，在省招投标工作联合监督组现场监督下，路基、桥涵、隧道工程施工、施工监理招标资格预审经专家评审已完成，为该项目年内全面开工建设奠定坚实基础。

9月26日 省交通厅召开安全生产工作会议。段建国厅长传达全省安全工作会议精神并对全系统安全生产工作进行部署。厅领导王志民、张志川、韩日裕、郜玉兰、张德仪、赵振田、曹燎原、郭贵平出席。厅直各单位党政一把手、厅机关各处室主要负责同志参加。

会议要求全省交通系统广大干部职工统一思想，提高认识，增强安全生产工作责任感和使命感，认真学习贯彻国务院和全省有关安全工作会议精神，狠抓落实，以高度责任心，抓好本单位安全生产工作。各单位各部门实行安全工作一把手负责制和行政问责制，发现重大安全隐患要及时汇报并挂牌督察；加大安全隐患举报奖励力度，对重点重大隐患和省政府督办的安全事项，要尽快整改，及时汇报。

段建国厅长在讲话中要求高度重视安全工作，吸取“9·8”事件惨痛教训，突出重点，加大客运企业和客运车辆监督力度，坚决杜绝群死群伤重特大恶性事件发生，完善各道路标识标志交通设施，加大施工路段监督管理，加大宣传力度。各单位对排查出的安全隐患要限期整改，责任到人，必要时可根据情况实行约谈问责制；要层层建立安全工作长效机制，特别是在国庆黄金周期间，实行24小时值班和领导带班制度，确保节日期间道路交通安全。

9月26日 省交通厅召开纪检工作座谈会，厅党组副书记、副厅长张润主持，厅党组成员、驻厅纪检组长韩日裕讲话。驻厅监察室副主任胡建新介绍省厅近三年来纪检工作；省公路局、省高管局、省征稽局和省运管局纪检书记分别就本单位纪检工作情况作汇报。厅直各单位纪检书记以及分管纪检工作领导参加。

韩日裕组长在讲话中对省厅近三年来纪检工作成绩给予肯定。要求高度认识纪检监察工作重要性，把监督检查落实到重要领域和重点部门，尤其是落实到工程建设、行政审批、收费站和路政执法各个环节，深入了解存在的问题。同时，要共同研究如何做好纪检工作，如何更好地发挥纪检部门职能，提高纪检干部自身素质，以新的眼光、新的视角去审视、判断和分析惩治和预防腐败体系建设面临的新情况、新问题，为全省交通建设健康发展作出更大贡献。

张润副厅长在讲话中要求保持清醒头脑，面对交通行业人员多、任务重、投资大等特点，充分认识到做好纪检监察工作任重道远；要把握重点，特别是工程建设领域反腐倡廉更是重中之重；要做好与人民群众利益相关热点工作范围的纪检工作。要结合本单位实际，建立惩防体系，通过改革创新、手段创新做好各项纪检工作，加强纪检队伍建设，扎实推进全省交通系统反腐倡廉建设，为交通事业又好又快发展提供坚强有力政治保证。

9月26日 省交通厅举办高速公路建设被征地农民社会保障工作培训班。副巡视员郭贵平出席开班仪式并作动员。要求学员们认清形势，明确要求，真正掌握最新政策法规、报批程序及相关内容，切实把学到的内容应用到实际工作中去，进一步推动被征地农民社会保障工作进度，全面推进重点公路建设项目前期工作，确保全省全年开工1000公里高速公路。

9月26日 省交通厅批复夏汾高速公路汾阳收费站车道及内外广场扩建工程设计。核准预算22 917 528元。

9月26日 省交通厅批复汾离高速公路离石西收费站改造工程设计。核准预算28 082 945元。

9月26日 省交通厅批复忻阜高速公路科技示范工程新技术推广施工技术指南。

9月26日 省交通厅印发《山西省高速公路网路线命名和编号细则》。主要包括概况、命名细则、编号细则、里程牌编排细则、出口编号细则、附录6部分。

9月26日至28日 张润副厅长带领厅公路处、厅重点办、省交通设计院、省交通科研院有关人员，踏勘国家高速公路网荣成至乌海公路山西境内灵丘至山阴段。认真听取沿线地方政府关于工程建设相关情况的意见和建议。要求大同、朔州建管处和有关部门要千方百计，想尽一切办法加快工可、土地、初步设计报批等前期工作，设计单位要组织技术人员进行回头看，精益求精，优化设计方案；要提前着手施工准备，确保全线年内开工，争取2010年山阴至浑源段（60公里）建成通车。项目起点晋冀界驿马岭，经灵丘、浑源、应县、山阴4县，终点山阴县北官庄，与大运高速公路交叉相接，全长154.08公里。

9月27日 太原环城高速公路最大收费站长风收费站扩建工程竣工通车，车道由7进7出14条增加为10进10出20条道，6月1日开工建设，为游客出行提供良好交通保障。

9月27日 省交通厅与省安监局、省质监局、省交管局召开道路运输安全工作协调会议。段建国厅长、张志川副厅长及省公路局局长戴飞、省高管局局长董新品、省运管局局长李华中、厅机关有关处室负责人参加。

会上，就公路交警、安全监管部门参与公路交通安全设施设计评审、竣工验收，进一步加强"三同时"工作问题，干线公路和限速标志限速值确定问题，事故多发路段评估整治问题，加强驾驶员培训考试管理、提高驾培质量问题，打击黑车非法营运、保障交通安全问题，加强危险化学品运输车辆罐体安全检测问题，治理长途客车高速公路随意停车上下旅客问题，加强客运车辆超速管理等8项问题进行探讨研究。省安监局副局长唐晋、省质监局总工程师张岐云、省交管局副局长李新生先后讲话。

段建国厅长在讲话中指出，这次协调会的召开，就是互通情况，资源共享，协调配合，各负其责，根据实际情况，创新管理方式，确保道路运输安全工作有序开展。今后，各部门要加强合作，提高道路运输安全水平，为全省交通又好又快发展作出贡献。

9月28日 交通运输部印发《“中国交通运输改革开放30周年座谈会”会议纪要》。

9月28日 交通运输内部情况通报第28期刊发黄镇东、高宏峰、杨咏同志在中国交通运输改革开放30周年座谈会上的讲话。

9月28日 省交通厅印发《关于确保国庆期间公路安全畅通的通知》。

9月28日 省交通厅向省环保局报送《关于申请对国道主干线青岛至银川公路山西汾阳至离石段竣工环境保护验收的函》。路线全长77.7公里，总投资29.681亿元，2005年10月28日建成投入试运营。

9月28日 省交通厅印发《山西省交通系统开展水运管理规范年活动实施方案》。2008年10月至12月宣传动员，2009年1月至2010年6月具体实施，2010年7月至8月总结评比。

9月28日 省交通厅成立水运管理规范年活动领导组。组长：王志民；副组长：牛世骏、杨吉平、曹居月；成员有：孙印、张翼、杨继勇；办公室主任：牛世骏。

9月28日 省交通厅印发《关于切实做好国庆期间安保工作的通知》。

9月28日 省交通厅向交通运输部呈报《关于忻州至阜平高速公路忻州至长城岭（晋冀界）段初步设计的请示》。路线全长123.956公里，采用双向4车道高速公路标准，时速100公里、80公里，路基宽26米、24.5米，核定概算6 211 282 498元。

9月29日 全省治超领导组办公室主任（扩大）会议召开。省政府副秘书长李建功，省治超办主任李顺通，副主任张志川、潘少音及各成员单位分管领导和治超办主任，各市治超办主任、常务副主任、联络员，各县治超办主任参加，省运管局局长李华中主持。

会议主要对治超工作《考核办法》和《奖励办法》的起草情况进行说明，征求意见；通报有关案件查处情况；安排部署全省开展打击短途非法超限超载运输专项行动。

李建功副秘书长在讲话中要求认真落实省政府223号、224号令，坚决做到“思想不松、要求不变、标准不降、力度不减”。各级治超办主任要统一思想，提高认识，坚定信心，加大力度，以强烈责任感和使命感，昂扬向上精神状态，求真务实工作作风，扎实做好各项工作，确保治超工作再上新台阶，为全省经济社会又好又快发展作出新的更大贡献。

10月

10月1日 省交通厅转复2008年第三批预算。共计92 947.02万元。

10月1日 省交通厅批复省道平万线改线工程可行性研究报告。全长6.6公里，二级公路标准，时速80公里，路基宽12米，投资估算2804万元，建设工期1年。

10月1日至7日 “十一”黄金周期间，全省各级运管机构、运输企业、汽车客运站广大干部职工提高认识、统一思想，坚守岗位、精心策划，严密组织、狠抓落实，圆满完成道路旅客运输任务。日均投入营运客车14万辆（其中旅游客车1280辆），日发班次3万多个，累计安全运送旅客420余万人次。全省未发生旅客滞留及道路旅客运输安全责任事故，为广大人民群众度过一个平安、祥和的国庆佳节创造条件。有3个主要特征：一是旅客流程“井喷”式增长，比上年同期增长25%，特别是发往北京、青岛、大连等方向客流大幅度增长；二是客流预测科学准确，应急运力准备充分，安全保障措施落实到位；三是车容车貌、站容站貌明显改善，服务质量显著提高，各项文明创建工作有效开展。

10月1日至7日 “十一”旅游黄金周期间，全省高速公路安全、畅通，各项工作井然有序，未发生顾客投诉事件，通行量比上年明显提高，达213万辆次，同比增长16.42%。

为了确保国庆期间高速公路安全畅通，给广大司乘人员营造良好通行环境，全省高速公路各管理单位结合实际，按照省厅和省高管局部署，认真分析可能出现的问题，积极排查各类安全隐患，完善各项应急预案和保畅方案，及时掌握运营动态；养护、收费、路政、经营开发、信息等有关部门认真履行职责，对相关设施进行全面检查和维修，确保供电、监控、收费设施设备完好，确保车辆快速通行；坚持文明服务，完善便民设施，保障重点物资运输及鲜活农产品运输“绿色通道”的畅通；高速公路客服热线96565全天24小时为顾客提供查询、咨询、紧急救援、投诉受理等服务；全省高速公路服务区加强公益服务设施管理，确保所有公共服务设施和经营项目全天候开放，油品和商品供应充足，价格合理，饭菜保热保鲜，卫生达标，为过往顾客提供舒适服务条件，树立全省高速公路良好管理服务形象。

10月4日 省交通厅党组印发通知，决定将和榆平高速公路建设管理处更名为和榆平高速公路建设服务监管处。

10月4日 省交通厅党组印发通知，决定将阳盂高速公路建设管理处更名为阳盂高速公路建设服务监管处。

10月4日 省交通厅党组印发通知，决定将汾平高速公路建设管理处更名为汾平高速公路建设服务监管处。

10月4日 省交通厅印发更名通知。根据晋编办字〔2008〕300号文，省征稽局后勤服务中心更名为山西省交通征稽职工教育培训中心，并挂票证票据印制中心牌子。

10月4日 省交通厅印发增编通知。根据晋编办字〔2008〕279号文，山西交通学院增加自收自支事业编制50名，增编后，共有编制353名。

10月6日 省纪委驻交通厅纪检组转发《山西省预防职务犯罪工作条例》。主要包括总则、重点与职责、预防措施、监督与保障、法律责任、附则6章34条。7月31日山西省第十一届人大常委会第四次会议通过，10月1日起施行。

10月7日 上午，厅机关举行离退休老同志庆祝“九·九”老年节联欢会。廉平、任先泉等原厅老领导、离退休老干部80余人共庆佳节。厅领导段建国、王志民、曹燎原出席并讲话。

段建国厅长在讲话中首先代表厅党组向老领导、老同志表示节日祝贺，祝福他们身体健康，家庭和谐，晚年幸福，并向长期以来辛勤付出的广大老干部工作者表示问候。他说，尊老敬老是中华民族的传统美德，老同志为新中国的建设流血流汗，没有老同志的贡献就没有我们今天的辉煌成就。在座的老同志在不同时期为山西交通事业发展作出了重大贡献，他们所取得的成绩、他们无私奉献的精神值得我们永远牢记。段建国向老领导、老同志简要介绍了2008年全省交通建设情况，以及下一阶段工作任务。希望老同志们在今后工作中能一如既往地关心和支持全省交通建设和发展，多提宝贵意见，为交通事业发展继续贡献力量。

王志民副厅长向老领导、老同志通报全年全省交通工作主要情况，特别就公路三网并重建设、廉政建设进行介绍。他说，关心老同志的学习、生活和健康是我们义不容辞的责任，老干部工作要以服务为宗旨，要深怀感情，主动服务，切实为老同志办实事，办好事，解难事，不断提高老干部工作质量和水平。

曹燎原巡视员在讲话中祝老同志们幸福安康，颐养天年。

老厅长廉平代表离退休老干部发言，对全省交通近年来取得的翻天覆地的变化表示祝贺，对多年来厅党组对老龄工作的支持，对老干部政治上关心、生活上照顾表示衷心感谢，并祝福山西交通的明天会更美好。

联欢会上，老同志们兴致勃勃地观看了文艺演出，精彩纷呈的节目博得大家阵阵掌声，老同志们纷纷上台表演，全场充盈着欢乐、祥和的气氛。

当日下午，王志民、曹燎原还赴山西交通技师学院调研，并为学院新扩建的老干部活动中心揭牌。

10月7日 省公路局召开重阳节老干部座谈会。戴飞局长代表局党委向全体老领导、老同志表达节日问候，并通报全年公路工作情况。

10月7日 省征稽局邀请离退休老领导、老同志们召开座谈会，共叙友情，共话发展。局长张晋鹏代表局党委向离退休老同志表示衷心问候，并汇报近期征稽工作新形势、新发展、新问题。老干部、老职工们畅所欲言，提出有针对性的建设性意见及建议。

10月7日至11月6日 省地方海事局再次对全省有水运业务的8个市、40个县（市、区）开展为期1个月的水上交通安全隐患大排查活动。要求进一步统一思想，提高认识，切实增强抓好安全工作责任感和使命感，以对人民群众生命财产高度负责精神，抓好大排查。

10月8日 省交通厅召开厅直单位信访工作会议。传达贯彻交通运输部《关于做好国庆节和党的十七届三中全会期间信访工作的通知》精神，安排部署下一步信访工作。厅巡视员曹燎原出席并讲话。厅直单位分管领导、办公室主任、信访工作负责人及厅机关有关处室负责同志参加。

曹燎原巡视员在讲话中提出5点要求。一要提高认识，强化政治责任感。要坚持“属地管理、分级负责、谁主管、谁负责”的原则，层层落实好信访责任，扎实解决好群众反映的突出问题。二要加强领导，分解责任，把问题解决在基层和萌芽状态。加强事前预防，变上访为下访，及时发现苗头性、倾向性问题，做到早发现，早介入，早解决。对越级重复上访，要制定针对性措施，跟踪解决，真正做到“人要回去，事要解决”。三要排查隐患，化解矛盾，特别是要加大重点信访问题解决力度。对重点信访问题逐一分类，逐级落实；对今年新发生上访问题，抓紧解决，不能形成新的积案。四要积极探索新形势下交通信访工作规律，努力形成信访工作的新理念、新思路，提高信访工作围绕中心、服务大局整体水平。同时，加强部门协作配合，形成齐抓共管大格局。五要加强值班工作，及时妥善处置突发事件。及时做好信息沟通，坚决防止瞒报、缓报、漏报和错报，对恶意瞒报、缓报造成工作被动和恶劣影响的，要严肃追究相关人员责任。

会议还印发《关于违反信访工作纪律处分暂行规定》、《关于违反信访工作纪律适用〈中国共产党纪律处分条例〉若干问题的解释》。

10月8日 中共中央、国务院、中央军委授予省交通厅对口支援四川灾区公路抢通保通抢险突击队“全国抗震救灾英雄集体”称号。厅副巡视员、突击队总队长郭贵平代表省厅赴京参加全国抗震救灾总结表彰大会，在人民大会堂聆听胡锦涛总书记重要讲话，并受到中央政治局全体常委等中央领导亲切接见。10月9日载誉而归后，受到省委常委、常务副省长申联彬等领导亲切接见。在全省抗震救灾座谈会上，郭贵平简要汇报抢险突击队圆满完成赴川抗震救灾任务情况，并表示，要深入贯彻落实科学发展观，把伟大的抗震救灾精神转化为努力工作、重在落实的实际行动，转化为推动科学发展、促进社会和谐的强大力量，以更加坚定信念、更加饱满热情、更加扎实工作，在省委、省政府和厅党组坚强领导下，完成好党和人民交给的各项任务。

10月8日 省纪委驻交通厅纪检组决定对厅反腐败斗争和案件查办协调领导组及其成员进行调整。组长：韩日裕；副组长：胡建新；成员有：李铁山、魏和平、部学良、刘志斌。办公室主任：胡建新；成员有：李征远、郝左军。

10月8日 省交通厅批复太原至佳县

高速公路东段初步设计。路线全长94.601公里，采用4车道高速公路标准，时速80公里，路基宽24.5米；阳曲互通立交连接线长5.7公里，二级公路标准，时速60公里，路基宽10米。核定概算6 443 912 447元。

10月8日 省交通厅批复太原至佳县高速公路西段初步设计。路线全长119.438公里，采用4车道高速公路标准，时速80公里，路基宽24.5米；方山互通连接线按二级公路标准，长10.63公里，时速80公里，路基宽12米。核定概算8 909 915 441元。

10月8日 省交通厅批复同意运城绕城高速公路增加收费运营设施。

10月8日 省交通厅向省发改委报送荣城至乌海国家高速公路山西境灵丘至山阴段公路可行性研究报告补充报告。采用A5方案后，增加路线长13.02公里，路线总长150.92公里，总投资83.21亿元，估算投资额增加为83.21亿元，平均每公里造价5513.8万元。

10月8日 省交通厅向环境保护部报送《关于批复青岛至兰州国家高速公路山西临汾至吉县段环境影响报告书的请示》。路线长约99公里，投资约100亿元。

10月8日 省交通厅转发交通运输部办公厅《关于进一步规范交通执法人员行为巩固治理公路"三乱"成果的通知》。

10月8日 省交通厅向省财政厅报送《关于解决山西路桥集团企业拖欠职工工资、三险一金和破产企业基本生活费的请示》。截至2008年5月12日，共有职工11 405人，所有路桥企业共拖欠职工工资和"三险一金"36 163.66万元。其中，拖欠职工工资20 415万元，欠缴"三险一金"15 847.77万元，养老保险7392.77万元，失业保险545万元，医疗保险1557.88万元，住房公积金6109万元。另外，还有中北、吕梁、太行3个破产企业职工基本生活费需3202.22万元，应缴"三险一金"（2008年5月至2008年12月18日）8967.87万元，退休人员补贴4809.6万元，共计53 143.75万元。

10月9日 上午，牛仁亮副省长在省政府副秘书长崔国红，厅长段建国、副厅长张润、省公路局局长戴飞及厅办公室、综合规划处、公路处等有关领导陪同下，检查省道东夏线昌源河危桥改造工程，要求公路工程建设一定要坚持百年大计、质量第一原则，从工程招投标就要科学规范。近年来大型超载超限车辆行驶，不仅毁坏公路，同时造成很多危桥，直接影响着广大人民群众生命财产安全。省公路局要尽快改造完成全省公路中剩余危桥的加固任务，创造安全舒畅出行环境；同时要加强公路管养举措，继续加大治超力度，为加快新基地新山西建设作贡献。

晋中市长张璞陪同检查。

随后，省政府副秘书长崔国红、厅长段建国、副厅长张润和晋中市长张璞一同赴介孝路南桥头汾河大桥检查并指导工作。

10月9日 上午，牛仁亮副省长对正在紧张建设的108国道介（休）霍（州）一级路拓宽改造工程进行考察。要求广大建设者坚持质量至上、安全第一原则，把介霍路改造工程打造成一条经得起历史考验、人民群众满意的优质工程，为全省国省干线公路改造树好样板，当好典型。省政府副秘书长李建功，厅长段建国、副厅长张润，省公路局局长戴飞以及晋中市领导张璞、马彦平等陪同考察。项目全长64.399公里，其中介休境内9.5公里，灵石境内44.95公里，霍州境内9.889公里，投资概算10.33亿元。

牛仁亮一行还察看108线平遥境内路面大修改造情况。

10月9日 省交通厅印发《关于命名表彰全省交通行业文明和谐示范窗口及标兵的决定》。其中，标兵单位3个，窗口单位10个。

10月10日 省运管局召开第二届专家咨询委员会第一次会议。王志民副厅长出席并讲话，厅机关有关处室负责人、省运管局局长李华中出席。

王志民副厅长在讲话中，从学习实践科学发展观高度肯定专家咨询委员会近几年所做的工作,要求从完善规划和发展思路、转变发展理念和发展方式上,在具体工作和专项工作中,利用好专家研究成果,采取多种方式,发挥专家作用。希望各位专家对山西道路运输乃至交通行业多研究,不拘形式提出好的意见和建议。

10月10日 省交通厅直属机关党委印发《关于进一步加强和改进党委中心组学习的意见》。

10月13日 上午,省交通厅党组召开会议,迅速传达10月7日至10日省委举行的全省深入学习实践科学发展观活动动员大会暨第一批学习实践活动单位主要领导干部专题研讨班精神,并围绕省委要求,结合交通工作实际,对全系统开展深入学习实践科学发展观活动进行研究部署。段建国厅长主持,厅领导张润、王志民、韩日裕、张志川、郜玉兰、张德仪、曹燎原、郭贵平及厅办公室、厅人事处、厅直机关党委主要负责同志参加。要求充分认识开展深入学习实践科学发展观活动的重大意义,突出实践特色,解决突出问题,加强领导,精心组织,切实把活动摆上重要位置,作为交通科学发展强大动力,把群众满意作为检验活动重要标准,在活动中带好头,作表率。

10月13日 省交通厅党组研究决定成立惩治和预防腐败体系建设领导组。组长:段建国;副组长:张润、韩日裕;成员有:尹新平、曹居月、王京荣、郭全英、蒋品、杨吉平、李贵顺、田根、蔺建煌、杨俊威、王晓光、李爱和。办公室主任:韩日裕;副主任:杨俊威、蔺建煌;成员有胡建新、李征远、郝左军。

10月13日 下午,由厅重点办和厅新闻宣传中心组织的"赴晋济高速公路采访团"举行出发启动仪式,张志川副厅长出席。

此次采访团由新华社山西分社,人民日报、光明日报、经济日报、中央人民广播电视台山西记者站,山西日报、山西经济日报、山西人民广播电视总台、山西电视台、山西新闻网、黄河新闻网、中国摄影家协会及山西省摄影家协会会员等20多家省内主流媒体记者组成。

10月13日 省交通厅向省政府呈报《关于设立晋济高速公路超限运输检测站的请示》。

10月14日 省交通厅党组晋交发字〔2008〕35号文印发《关于成立山西省交通厅深入学习实践科学发展观活动领导组的通知》。组长:段建国;副组长:张润;成员有:王志民、韩日裕、张志川、郜玉兰、张德仪、赵振田、曹燎原、郭贵平、杨俊威、尹新平、蔺建煌、胡建新;办公室主任:杨俊威;副主任:尹新平、蔺建煌、胡建新;成员有:王京荣、蒋品、杨吉平、苏敏、侯一方、贾勇。

10月14日 下午,段建国厅长,省公路局局长戴飞带领省厅、省局机关有关处室负责同志,对改建已近尾声的省道太长线潇河大桥进行检查指导,并与晋中市长张璞,副市长马彦平、李年善等就晋中市公路建设进行座谈。段建国表示,省厅将一如既往地支持晋中市公路建设,希望晋中市也能在高速公路、国省干线建设改造上予以支持配合,创优建设环境,共同促进全省交通事业又好又快发展。他郑重表示,哪个市县支持高速公路建设,省厅就将支持哪个市县交通事业的全面发展。

10月14日 省交通厅批复同意山西交通学院库房加层。建筑面积606平方米,估算投资60万元。

10月14日 省交通厅批复岚县汽车客运站初步设计。二级标准,占地52.4亩,建筑面积2966.83平方米,其中候车楼2743.1平方米,附楼193.72平方米,门房30平方米,核定概算9 880 208元,建设工期2年。

10月15日 省交通厅晋交学组印发〔2008〕1号文《关于深入学习实践科学发展观活动领导组办公室内设机构及其主要工作职责的通知》。组织协调组组长:杨俊威;副组长:贾勇;成员有:原建中、王丽川、徐晓阳、戎斌生、李宇淘、陈秀峰、穆霄峰。综合研究组组长：尹新平；副组长：王京荣、蒋品、杨吉平、胡建新；成员有：曹居月、郭全英、李贵顺、田根、郭富平、李栋然、王惠权。宣传指导组组长：蔺建煌；副组长：苏敏、侯一方、杨原平；成员有：李征远、宋建华、崔鸣原、李武军、王亚虎、卢永旺、李奋先、王建功、武作华、冀岚。

10月15日 省交通厅晋交学组印发〔2008〕2号文《关于开展深入学习实践科学发展观活动的实施方案》。主要包括指导思想、目标要求、基本原则、总体安排和方法步骤、组织领导5部分。9月下旬至10月上旬准备工作；10月中旬至2009年2月上旬组织实施。其中，第一阶段学习提高，调查研究（10月中旬至11月中旬）；第二阶段分析检查，找准问题（11月中旬至12月中旬）；第三阶段解决问题，完善机制（12月中旬至2009年2月上旬）；2009年2月上旬至下旬学习实践活动总结。

10月15日 上午，省交通厅召开全省普通公路货车计重收费工作准备会，副厅长张润、厅总会计师张德仪、省公路局局长戴飞以及有关单位、部门负责同志出席。全省普通公路货车计重收费将于11月1日正式实行。

在2006年12月9日全省高速公路实行计重收费后，省政府对普通公路货车计重收费十分重视，牛仁亮副省长亲自抓，省物价、财政部门以及省交通厅、省公路局积极调研，进行准备。由于普通公路收费管理部门分散，点多面广线长，实施难度较大。为确保此项工作顺利实施，省交通厅、省公路局、省征稽局、省交通开发投资总公司做了大量具体准备工作，包括安装计重设备、培训人员等，目前各项准备工作已经就绪。

普通公路货车实行计重收费，体现公平合理原则。对于进一步规范市场经济秩序，巩固治超成果，保护公路桥梁，保障交通安全畅通，促进交通事业健康发展将起到重要促进作用。张润副厅长在讲话中，要求所涉部门和单位要提高认识，高度重视，把这件实事办好办实，并与省直有关部门积极协调；要认真组织实施，正式实行前三天进行模拟试运行，发现问题及时解决并备好预案，确保车辆畅通，确保稳定；要广泛进行宣传发动，充分利用各类媒体告知社会，精心组织，确保万无一失。在试行期间，省公路局、省征稽局、省交通开发总公司等单位领导要分片包干，责任到人，确保计重收费工作顺利启动，平稳进行。

10月15日 忻州高速公路公司荣获中国交通企业管理协会“全国交通行业质量管理小组活动27周年优秀企业特别奖”，公司董事长兼总经理王志义荣获“全国交通行业2008年度质量管理小组活动卓越领导者”称号；公司综合办公室副主任葛彦明撰写的《浅谈如何增强QC小组活动的实效性》荣获“全国交通行业质量管理小组活动27周年优秀论文一等奖”。

10月15日 省交通厅转发交通运输部办公厅《关于全面开展交通科技统计工作的通知》。

10月15日 省交通厅印发《交通建设科技项目管理暂行办法》。主要包括总则、前期申报与审批、实施与管理、结题、成果管理、附则6章28条，自发布之日起实施。

10月15日 省交通厅向省发改委报送《关于调增忻州至阜平高速公路工可估算的报告》。增加工程建设费用1.8亿元，预备费1.85亿元，共计3.65亿元。

10月15日 省交通厅印发《关于表彰厅属单位“知荣明耻”主题教育活动先进集体、先进个人的决定》。其中，优秀组织奖18个，先进集体21个，先进个人33名，先进工作者22名。

10月16日 省交通厅晋交学组发〔2008〕3号文印发《关于派出指导检查组的通知》。第一组组长：郭贵平；副组长：任晓军；成员有：李云杰、史剑丽；负责省高管局及直属单位、代管单位指导检查。第二组组长：史荣和；副组长：王玉寿；成员有：杨宏、赵青梅；

负责省公路局及直属单位、代管单位，省交通质量监督站，省交通监理总公司（公路学会），山西交通安居中心，省物流中心指导检查工作。第三组组长：陈运生；副组长：杨桦；成员有：史勇敏、李军峰；负责厅机关，省运管局及直属单位，厅新闻中心，厅资料中心，厅规划中心，厅后勤中心，厅会计核算中心指导检查工作。第四组组长：孟科；副组长：王天龙；成员有：程曙光、默海平；负责厅重点办及各高速公路建设管理处（监管处），省交通开发总公司，省交通科研院，省交通设计院指导检查工作。第五组组长：王晓光；副组长：王德全；成员有：任绍伟、陈力军；负责省征稽局及直属单位，省地方海事局，太原征稽分局，省交通干校，山西交通技师学院，厅定额站指导检查工作。

10月16日 省交通厅主持召开高平至新乡高速公路高平至陵川段初步设计外业验收汇报会。验收主审单位为中国公路工程咨询集团有限公司，张志川副厅长出席。认为外业勘测手段、方法得当，外业工作深度、精度基本达到标准、规范、规程的要求，路线走向和主要工程方案符合工可批复意见，满足初步设计要求，原则同意通过外业验收。并就项目初步设计及概算、资格预审、隧道路面、设计方案、高压线路调查、环境保护以及不良路况和个别收费站的设置等问题形成17项指导性纪要。

10月16日 省交通厅向省发改委报送《关于批复国道209线交口县城区改线工程可行性研究补充报告的请示》。路线长13.17公里，估算投资10 286万元。

10月16日 省交通厅向交通运输部呈报《关于对全省干线公路水毁工程给予资金补助的请示》。拟申请水毁工程恢复投资8000万元。

10月16日 省交通厅向省发改委报送《关于山西省交通信息化"1166"工程可行性研究报告的请示》。总估算投资23 897万元，其中一期工程包括交通专网、数据中心及6个平台建设，估算投资9727万元，建设工期27个月；二期工程14 170万元，包括公路、征稽、运管、高管、海事、交战6个系统建设，建设工期3年。

10月16日 省交通厅印发《关于表彰北京奥运志愿者运输保障工作先进集体、先进个人的决定》。其中，先进集体5个，先进个人21名。

10月16日 省交通厅向省政府呈报《关于提请省政府发布普通公路实施货车计重收费通告的请示》。共计7条，拟从2008年11月1日起执行。

10月17日 下午，省交通厅召开深入学习实践科学发展观活动动员大会。段建国厅长作动员报告。要求以"坚持科学快速安全协调发展，提升交通运输服务保障能力"为活动主题和载体，进一步解放思想，实事求是，改革创新，推动实践，努力在交通科学发展、加快发展、安全发展、协调发展上取得新突破，开创交通科学发展新局面，为建设新基地、新山西作出新的更大贡献。省委学习实践活动指导检查第三组组长吕德功出席并讲话。张润副厅长主持。厅领导，厅机关全体党员干部，厅直单位党政主要领导及党办主任参加。

段建国厅长指出，开展学习实践活动是用中国特色社会主义理论体系武装全党的重大举措，是推进交通又好又快发展的迫切要求，是实现交通又好又快发展的根本保证。全系统党员干部一定要又好又快发展的根本保证。全系统党员干部一定要深刻认识开展学习实践活动的重大意义，切实增强开展学习活动的责任感，把开展学习实践活动作为应对挑战、解决矛盾、统一思想的重大契机，积极投入到学习实践活动中来，通过开展学习实践活动，把党的政治优势和组织优势转化为推动交通又好又快发展的强大动力，真正实现党员干部受教育、科学发展上水平、人民群众得实惠。学习实践活动要突出解放思想，突出改革创新，突出实践特色，突出解决问题,要在对科学发展观的认识上实现新提高;在增强发展能力上取得新进步;在解决群众反映强烈,影响和制约交通科学发展的突出问题上取得新进展;在解放思想、改革创新,构建有利于交通科学发展的体制机制上取得新突破;在改进作风上取得新成效,努力实现思想更加统一、行动更加自觉、机制更加完善、发展更加协调,使学习实践活动真正成为推动交通科学发展的强大动力,达到"提高思想认识、增强发展能力、解决突出问题、创新体制机制、促进科学发展"的活动目标。他特别强调,要着力转变不适应不符合交通科学发展的思想观念;着力解决影响和制约交通运输科学发展的突出问题,以及党员干部党性、党风、党纪方面群众反映强烈的突出问题;着力构建更有活力、更富效率、更加安全、更为协调、更有利于交通运输又好又快发展的体制机制,为人民群众安全便捷出行,为新基地新山西建设提供强有力的交通运输服务和保障。

段建国厅长要求,各单位要严格按照学习实践活动的指导思想、指导原则和方法步骤,扎实有序地做好各个阶段工作。各级党组织要加强组织领导,落实领导责任;坚持群众路线,正面教育为主;积极宣传引导,加强指导检查;坚持领导带头,层层示范;坚持统筹兼顾,突出特色,确保学习实践活动卓有成效。

吕德功组长在讲话中对省厅开展深入学习实践科学发展观活动所做的一系列准备工作给予充分肯定。他说,省交通厅高度重视开展深入学习实践科学发展观活动,前期工作扎实有效,动员部署体现中央精神和省委要求,紧密结合交通工作实际,具有很强针对性和可操作性。就如何做好下一步工作,他提出3点要求。一是认真学习贯彻中央和省委精神,牢牢把握学习实践活动的正确方向。要正确理解指导思想,高举一面旗帜,突出两个主题,围绕一个总要求,突出三个着力点;要始终坚持解放思想,突出实践特色,贯彻群众路线,正面教育为主,注重改革创新5条主要原则;要努力达到学习实践活动5个方面目标要求;要着力解决5个方面重点问题。二是充分认识搞好第一批学习实践活动的重大意义,切实增强责任感和使命感。要在深化理论武装上下工夫,在解决突出问题上下工夫,在完善体制机制上下工夫。三是加强组织领导,采取有力措施,确保实践活动取得实效。要落实领导责任,加强分类指导,积极探索创新,把握好舆论引导,注重统筹兼顾。

省厅参加第一批集中学习实践活动的单位共24个,时间从2008年9月开始,2009年2月基本结束,共分为学习提高、调查研究,分析检查、找准问题,解决问题、完善制度3个阶段17个环节。

10月17日 省公路局召开全省公路安全生产会议,要求全系统干部职工认清形势,强化责任,狠抓落实,巩固安全督察专项行动成果,坚决遏制生产安全事故,确保全年安全目标顺利实现。省公路局局长戴飞出席并讲话。

10月18日 山西交通职业技术学院迎来建校50周年华诞。交通运输部科技教育司、副省长牛仁亮致贺信。省人大常委会副主任王雅安,省政协副主任李雁红,省直工委书记刘传旺,省人大城乡建设环境保护委员会主任王晓林,省政府副秘书长崔国红,省教育厅副厅长王李金,厅领导段建国、郭贵平,省交战办副主任史荣和,省高管局局长董新品、书记李万定,省运管局局长李华中及厅有关处室、厅直单位负责同志,省内外兄弟院校领导出席庆典活动。

50年风雨沧桑,50年艰苦奋斗。1958年,在古城太谷,山西省交通学校在厅干部训练班的基础上挂牌成立,这是学院前身。建校后,学院经历了3个阶段。从1958年到1987年,是学院中专教育起步、创业和规范阶段。从1987年到2001年,是学院中专教育快速发展阶段。从2001年升格高职至今,是举办高等教育、办学水平稳步提高阶段。

半个世纪的艰苦创业和辛勤耕耘,几代人的持续建设和不懈努力,学院紧合时代节拍,面向交通战场,在学校建设和人才培养方面都取得丰硕成果。学院党委书记孟科总结回顾了学院半个世纪的发展历程。感谢多年来各级领导和全体校友的关心帮助和支持,表示学院的全体干部和师生员工将接过一代代教育先贤传递下来的接力棒,再鼓斗志,努力奋斗,为山西经济社会发展和人才强交战略实施,培养更多、更好人才。

段建国厅长在讲话中提出3点希望。一要紧紧把握交通发展方向,牢固树立"把学生培养成为社会需要的人才就是最大成功"的理念,充分发挥高等职业教育优势,扎扎实实培养行业急需的紧缺型人才、实用型人才,努力把交通高等职业教育办出特色、办出水平、办出效益;二要根据交通发展、交通技术进步和劳动力市场变化,及时调整优化专业,把教学活动与交通生产实践、社会服务、技术推广及技术开发紧密结合起来,大力推广"订单式"培养,提升特色,完善特色,壮大特色,提高学院竞争能力和办学优势。三要加强师资队伍建设,精心打造教学品牌。老师们要加强师德修养,淡泊名利,甘为人梯,切实肩负起传道授业的光荣职责,注重把教书与育人有机结合起来,不断更新教学理念,丰富教学内涵,改进教学方法,提高教学质量,努力为行业、为社会培养更多有用人才。

省政协副主席李雁红代表省政协向全体师生员工表示祝贺,希望学院抓住机遇,大有作为,为创造省级示范院校而努力。

学院校友代表、教师代表分别发言,感谢学院多年来的培养,祝愿学院不断发展壮大。

10月17日 省交通厅印发《关于做好2008年村通公路验收准备工作的通知》。

10月17日 省交通厅批复大运高速公路大同市出口改造工程设计。新建匝道路线全长5.921公里,新建收费站1处,核准预算68 978 483元。

10月19日 省交通厅晋交学组办发〔2008〕1号文转发省委学科办《关于运用"山西省学习实践科学发展观党员干部在线学习网"切实搞好深入学习实践科学发展观活动的通知》。

10月20日 下午,省厅深入学习实践科学发展观活动检查指导组召开动员会。自即日起将对各单位展开指导检查工作。张润副厅长到会讲话。

为进一步加强对深入学习实践科学发展观活动的指导,经厅党组同意,决定向参加第一批学习实践活动的厅直24个单位派出5个指导检查组。其主要职责是:了解掌握各单位深入学习实践科学发展观活动的进展情况,向所去单位提出意见和工作建议,总结、推广深入学习实践科学发展观活动经验,用典型指导工作,及时反映深入学习实践科学发展观活动中存在的问题并督促检查,及时向厅学习实践科学发展观活动领导组反映情况,提出建议,并同各单位党组织交换意见。

张润副厅长在讲话中要求提高认识,切实增强责任感和使命感,肩负起检查指导工作责任,紧紧依靠各级党组织展开工作;要抓住关键,切实提高检查指导水平,指导检查组人员要先学一步,要紧紧抓住六个重点展开指导检查工作,并要取得经验,创出特色。

10月20日 省交通厅直属机关党委转发省直工委《关于在学习实践科学发展观中充分发挥机关党组织作用的意见》。

10月20日 省交通厅向省安委办报送《关于省政府挂牌督办的交通运输重大隐患路段整治情况的报告》。

10月20日 省交通厅印发《加快服务业发展实施细则》。共计21条,自下发之日起施行。

10月20日 省交通厅转复2008年第四批预算,共计20 296.50万元。

10月21日 省交通厅召开表彰会,对全省农村公路通达情况专项调查中涌现出的先进单位和个人进行表彰。王志民副厅长出席并讲话。

农村公路通达情况专项调查是一项全新工作，战线长，工作量大。在这次专项调查中，省厅拨经费2000万元，全省共成立各级调查机构129个，农村公路调查外业采集组13个，采集人员680余人，干线公路及高速公路外业采集组13个，采集人员90余人。在两年700多个日日夜夜里，广大统计人员以对交通事业高度负责的精神和一丝不苟、求真务实工作作风，白天跋山涉水，走村串巷，晚上整理资料，汇总数据，仅用短短20多天完成全省9万多公里外业采集任务。经2006年、2007年全国年报审核检验，全省农村公路通达情况调查无论是数据质量还是时效性，都达到优等水平，受到交通运输部表彰。在这次专项调查中，首次运用全球卫星定位(GPS)技术，准确采集公路的线位、线形及乡镇政府、建制村村委会和小学等坐标信息；在全省首次利用地理信息系统技术开发建立全省电子地图系统。调查数据包括属性数据、图形数据和多媒体数据等，总数据量达到17万兆以上，涉及构建物公路沿线附属设施、主要养护机构、公路空间坐标、乡镇建制村地理位置等诸多信息，是全省交通行业历史上最为翔实的一次数据调查。所建立起来的全省公路基础数据库、全省公路电子地图系统等大型信息系统及其所包含的数据信息，为全省公路建设、管理、养护、规划编制、计划执行、项目决策等工作提供坚实数据支撑。

王志民副厅长在总结讲话中指出，加强和改进交通统计工作是科学、民主决策前提条件，是建设服务型政府、转变政府职能关键环节。当前要切实加快公路信息管理系统建设，建立数据更新维护长效机制，要稳定机构，注重培训，加强统计队伍建设，深入研究交通统计工作落实科学发展观的思路和方法，努力提高统计的科学性、准确性和权威性，充分发挥统计信息对规划、管理、决策等工作的支撑作用，为全省交通事业科学快速协调发展作出新贡献。

4个单位和12名个人、23个单位和95名个人分别受到交通运输部、省交通厅表彰。会议还对2008年公路年报统计工作进行部署。

10月21日 全省重点公路工程建设系统纪委书记座谈会召开。结合工作实际，就进一步落实建立健全党风廉政建设责任制，扎实推进全省交通健康发展进行研究探讨和学习交流。厅党组成员、纪检组长韩日裕出席并讲话。忻阜、忻保等10余家重点公路建设单位负责人分别从编制规划至竣工验收全过程中涉及的各项工作，特别是工程招投标、设计变更、征地拆迁、建设资金使用等重要环节，就反腐倡廉工作提出有针对性意见和建议，并就存在问题提出解决办法。

韩日裕组长在讲话中要求纪检干部要保持清醒头脑，要以实践科学发展观为契机，加强理论学习，武装自己，充分利用党和人民赋予的权力，坚查一批违法乱纪的人、损害群众利益的人，特别是违法违纪有影响有重点的领导干部。纪委书记要监督好领导班子主要领导及其成员的反腐倡廉工作，监管好本单位所有人的财、物、业务等工作情况，并有越级上报的权力。纪委书记、纪检干部要结合中央精神把握大局，加强学习，不但要有丰富纪检知识，还要率先垂范管好自己，为全省“十一五”交通事业各项工作健康发展作出贡献。

10月21日 省交通厅党组晋交发〔2008〕36号文印发《关于调整厅领导分工的通知》。经9月26日厅党组会议研究决定，厅领导分工作如下调整：段建国同志负责厅党政全面工作，分管厅人事处；张润同志协助厅党组书记、厅长负责党的建设、统战、工会、共青团、妇联、国省干线与农村公路建设养护管理、交通战备和安全生产，分管厅公路管理处、厅安委办、厅直机关党委、省公路运输工会、农村路网管理处、省公路局、省交通战备办公室；王志民同志协助厅长负责厅日常行政管理、交通发展规划、公路水路运输管理、运输物流站场渡口码头建设、交通应急保障和应急管理，分管厅办公室、综合规划处、运输管理处、省交通运输管理局、省地方海事局、厅规划发展中心、省物流中心，联系山西汽运集团；韩日裕同志协助厅长负责党风廉政建设、纠风治乱、精神文明建设、交通宣传、史志编撰、重点工程征地拆迁，分管厅新闻宣传中心、厅资料信息中心；张志川同志协助厅长负责高速公路运营管理、交通法制建设、信息化建设、交通教育、行政执法、路政管理、治理超限超载、社会治安综合治理、公安保卫及企事业单位改制工作，分管厅政策法规处、公安路政处、省高速公路管理局、山西交通职业技术学院、山西交通技师学院、省交通干部学校、省交通计算机通信中心；郜玉兰同志协助厅长负责高速公路建设、科研、技术、质量监督、环保工作，分管厅科技教育处、厅重点办、省交通规划勘察设计院、省交通科学研究院、省交通基本建设工程质量监督站、省交通建设开发投资总公司、省交通环境保护中心站、厅公路交通工程定额站；张德仪同志协助厅长负责交通规费征收管理、公路建设资金筹集及财务、会计核算、审计工作，分管厅财务征费处、省交通征费稽查局、厅会计核算中心(审计中心)；赵振田同志负责省公路局全面工作，分管山西路桥集团；曹燎原同志协助厅长负责交通安居工程规划建设、离退休人员管理、机关后勤管理、信访接待和维护稳定工作，分管厅离退休人员管理处、厅后勤服务中心、交通安居置业管理中心；郭贵平同志协助厅长负责干部培训、定点扶贫及“三农”工作，分管省交通建设工程监理总公司、交通职工顿村培训中心、五台山培训中心。

10月21日 省交通厅《内部情况通报》第4期刊发10月17日段建国、吕德功同志在省交通厅深入学习实践科学发展观活动动员会上的讲话。

10月21日 省交通厅、省财政厅、省物价局印发《关于大同至运城、东观至长治、汾阳至柳林三条二级公路车辆通行费收支纳入省级财政预算管理及相关事宜的通知》。自2008年7月1日起，三条公路按照政府还贷公路进行管理，其收费权划归省交通厅，车辆通行费收支同步纳入省级财政预算管理，实行收支两条线，继续使用财政性收费票据，不再缴纳相关税款。自通知下发之日起，省交通建设开发投资总公司不再负责有关管理事宜。

10月21日 省交通厅印发《关于编报2009年交通建设计划的通知》。2008年12月10日前报厅综合规划处。

10月21日 省交通厅向省政府呈报《山西省普通公路计重收费启动方案》。主要包括8项内容。

10月21日 省交通厅批复高速公路大同北等13处收费站入口治超检测工程可行性研究报告。总估算7269万元，建设工期3个月，主要有大同北、山阴、原平、榆次、介休、临汾、侯马、河津东、东镇、闻喜、运城、长治南、晋城东13处。

10月22日 上午，省公路局召开深入学习实践科学发展观活动动员大会。张润副厅长出席并讲话。赵振田书记作动员，戴飞局长主持。

赵振田在讲话中要求各级领导班子和党员干部真钻细研，学以致用，进一步深化对科学发展观认识，增强领导科学发展能力，改进工作作风，全面提高贯彻落实科学发展观本领。围绕“坚持科学发展、创新发展、和谐发展，全面提升公路行业服务水平”活动主题，做好各项工作。坚持科学发展，就是要处理好公路事业发展中主动发展与被动发展、发展规模与建设标准、发展进度与发展质量、现实需要与未来需求等关系；坚持创新发展，就是要有新的公路行业发展理念、发展举措和发展标准；坚持和谐发展，就是要多措并举，努力营造和谐的内外部环境。

张润副厅长在讲话中提出3点要求。一

要认真学习贯彻中央、省委以及厅党组精神，牢牢把握学习实践活动正确方向；二要充分认识搞好第一批学习实践活动的重大意义，切实增强责任感和使命感；三要加强组织领导、采取有力措施，确保学习实践活动取得实效。

10月22日 下午，省运管局召开深入学习实践科学发展观活动动员大会。李华中局长作动员讲话。省厅第三指导检查组组长、省公安局副局长陈运生作指导。

10月22日 四川省阿坝州茂县黑虎羌寨旅游公路正式开工建设。起点国道213线飞虹乡，止于黑虎乡鹰嘴河，全长8.532公里，双向双车道四级公路标准，概算投资1695.6万元。

10月17日，山西路桥集团第一工程公司以1515.6万元报价通过由茂县有关部门组织的施工单位比选，成为该项目的施工单位。在10月21日进行的项目施工合同签约仪式上，有关负责人表示，将全力以赴把项目建成放心工程、精品工程，给茂县人民交一份满意的答卷。

10月22日 省交通厅向省发改委报送《关于青岛至兰州公路山西境临汾至吉县壶口段可行性研究补充报告的请示》。路线全长约98.3公里，其中苇子湾黄河大桥桥长755米，采用4车道高速公路标准建设，时速80公里，路基宽24.5米，投资估算929 813万元，建设工期4年。

10月22日 省交通厅、省财政厅、省物价局印发《关于延长阳城县八甲口至芹池二级公路收费期限的请示》。路线全长23公里，总投资1840万元，建议一次性延长收费期限6年，期限自省政府批准之日计算起。

10月22日 省交通厅、省财政厅、省物价局向省政府呈报《关于延长怀仁县怀左煤炭专用公路收费期限的请示》。路线全长22.5公里，总投资1820万元。

10月22日 省交通厅、省财政厅、省物价局向省政府呈报《关于延长省道沁东、曲绛线境内二级公路收费期限的请示》。路线全长47公里，总投资2910万元，建议延长收费期限4年（自重新批准收费之日计算起）。

10月22日 省交通厅、省财政厅、省物价局向省政府呈报《关于延长省道临夏线临汾至新绛界公路收费期限的请示》。路线全长51公里，总投资11 354万元，建议延长收费期限7年（自重新批准收费之日计算起）。

10月22日 省交通厅、省财政厅、省物价局向省政府呈报《关于延长介休市万户堡至关子峪收费公路期限的请示》。路线全长32公里，总投资3497万元，建议延长收费期限6年（自重新批准收费之日计算起）。

10月22日 省交通厅、省财政厅、省物价局向省政府呈报《关于延长省道积大线大同至省界段公路收费期限的请示》。路线全长103公里。其中大同至天镇段全长81.56公里，总投资22 168万元，建议延长收费年限9年（自重新批准收费之日计算起）。

10月22日 省交通厅、省财政厅、省物价局向省政府呈报《关于延长省道董榆线和顺董坪沟至榆次段二级公路新寸收费站收费期限的请示》。路线全长160公里，实际总投资29 728万元。建议延长收费期限2年（自2008年1月计算起）。

10月22日 省交通厅、省财政厅、省物价局向省政府呈报《关于延长省道古吴线西社至古洞段二级公路延长收费期限的请示》。路线全长30公里，总投资3280万元。建议延长收费期限10年（自重新批准收费之日计算起）。

10月22日 省交通厅、省财政厅、省物价局向省政府呈报《关于延长省道临夏线夏县段收费公路收费期限的请示》。路线全长30.7公里，总投资5568万元。建议一项性延长收费期限7年（2009年1月1日计算起）。

10月22日 省交通厅、省财政厅、省物价局向省政府呈报《关于延长省道坪曲线沁水境内郑庄至老马岭公路收费期限的请示》。路线全长26公里，截至2007年底债务余额

8810万元。建议延长收费时间5年(自重新批准收费之日算起)。

10月23日 上午，省高管局召开全系统深入学习实践科学发展观活动动员大会，李万定书记作动员。厅第一指导检查组组长、副巡视员郭贵平出席并讲话。董新品局长主持。

10月23日 省征稽局召开深入学习实践科学发展观活动动员大会。张晋鹏局长作动员。厅第五指导检查组组长、省公路运输工会主席王晓光参加并提出指导意见。

10月23日 省交通厅、省财政厅、省物价局向省政府呈报《关于延长省道大石线下社至刘庄段收费公路收费期限的请示》。路线全长30.16公里，总投资7937万元。建议延长收费时间8年(自重新批准收费之日算起)。

10月23日 省交通厅印发《高速公路突发事件准备金管理暂行规定》。共计9条，自2009年1月1日起施行。

10月23日 省交通厅向省发改委报送2008年第一批基本建设项目投资建议计划，共计25 102万元。其中，货运附加费1亿元，客运附加费5180万元，地方自筹9922万元。

10月23日 省交通厅向交通运输部呈报2008年交通固定资产投资建议计划。公路建设总规模330亿元，其中，高速公路247亿元，国省干线50亿元，农村公路30亿元，运输站场建设3亿元；水运基建规模0.3亿元。重点公路有：一是高速公路。安排项目14个。其中，续建项目6个，新安排项目8个。计划投资2 470 000万元，其中，申请车购税217 420万元，地方自筹1 061 080万元，银行贷款1 191 500万元；二是国省道改造。安排项目10个。其中，续建项目4个，新安排项目6个。计划投资129 496万元，申请车购税47 429万元，地方自筹10 828万元，银行贷款71 239万元。三是煤炭集疏运项目。安排项目4个，其中续建项目1个，新安排项目3个。计划投资77 306万元，其中，申请车购税19 741万元，地方自筹14 565万元，银行贷款43 000万元。其他公路项目有：一是公铁立交项目1个，安排投资580万元，申请车购税100万元，地方自筹480万元；二是国防公路项目1个，安排投资2987万元，申请车购税1000万元，地方自筹1987万元；三是危桥改造项目。安排危桥改造429座25 426延米，计划投资54 742万元，申请车购税22 566万元，地方自筹32 177万元；其中，干线公路238座12 786延米，农村公路191座12 640延米。三是安全保障工程项目5800处1473公里，计划投资14 101万元，申请车购税5524万元，地方自筹8577万元。其中，干线公路2683处504公里，农村公路3117处969公里。农村公路项目有：一是通达工程3000公里，申请车购税30 000万元；二是通村油路改造工程8000公里，申请车购税80 000万元；三是渡口改造工程30个，申请车购税300万元；四是客运站点80个，申请车购税1200万元。重点公路用地，2009年需占用新增建设用地111 047亩，其中，农用地84 874亩，未利用地14 688亩。内河航道，建设55公里五级航道治理、4个码头7个泊位，安排投资3000万元，申请车购税1100万元，地方自筹1900万元。

10月23日 省交通厅向交通运输部呈报2009年路网结构改造工程项目建设计划。

10月23日 省交通厅向省发改委报送《关于榆次龙白至祁县城赵段公路可行性研究报告的请示》。路线全长约71.3公里。另有榆次东互通连接线3.5公里，太谷连接线5.5公里。采用6车道高速公路标准，时速100公里，路基宽33.5米，连接线分别采用一二级公路标准，时速100公里、80公里，路基宽26米、12米。投资估算359 845万元，建设工期3年。

10月23日至24日 省运管局举办全省运管系统财务管理培训班。厅总会计师张德仪出席并讲话。要求明确责任，提高素质，诚信为本，胜任时代赋予的新挑战。

10月23日至25日 省交通厅深入学习实践科学发展观活动领导干部首期培训班在忻州顿村省交通职业培训中心举办，厅机关全体党员干部和厅直属单位副处以上领导干部以及党办主任共计260多人,分两期参加。

省委驻厅指导检查组副组长、山西农业大学党委副书记崔富春作了题为《开展学习实践科学发展观活动,全面建设小康社会》的专题辅导。张润副厅长参加首期培训并对学习培训工作提出要求。一要提高思想认识,不断增强开展学习实践活动的自觉性。既要把中央、省委和厅党组精神和政策弄懂吃透,又要结合交通实际牢牢把握学习实践活动正确方向,取得工作主动权,确保健康推进,取得实效。二要积极投身学习实践活动之中,带头学习实践。各单位领导干部一定要以强烈政治责任感和历史使命感,积极投身到这次活动中来,发挥好带头表率作用。在活动中,要把深入学习、解放思想、解决问题、完善机制贯穿始终,夯实基础,达成共识,下工夫解决突出问题,并为贯彻落实科学发展观营造良好的政策制度环境。三要坚持解放思想,突出实践特色。在活动中,坚持以解放思想为先导、改革创新为动力,在解放思想中完善思想,推动实践,研究制定切合自身实际、具有自身特色、能够吸引广大党员干部广泛参与的具体活动载体,在深入学习中推动实践,把实践特色贯穿于活动全过程,建设一个团结和谐、心情舒畅、积极向上的交通系统。四要注重开局起步,扎实抓好第一阶段工作。学习提高、调查研究阶段是整个活动的基础,各单位要坚持高起点、高标准、严要求,努力开好局,起好步,引深思想发动,组织好学习培训,开展好专题调研,充分进行解放思想大讨论,明确推出新目标、新思路、新举措。五要加强组织领导,确保活动实效。各级党组织要站在全局战略高度,精心安排,周密部署,切实做到组织领导到位,安排部署到位,宣传发动到位,指导检查到位。要以保证质量,取得实效为前提,总结推广经验和做法,认真把握好舆论导向,推动交通各项事业在新的起点上更好更快地发展,为建设新基地新山西提供强有力的交通运输服务保障。

参加首期培训的厅领导还有张志川、张德仪、郭贵平。

10月24日 《山西交通》报道:针对社会上个别企业夸大治超对经济效益影响程度,以企业利益受损为由对治超工作颇有微词的情况。近日,根据省政府领导指示,省治超办组织省交通厅、省运管局、山西财经大学管理人员和有关专家,赴忻州对矿业大县繁峙县部分矿产企业和阳泉部分煤炭、运输、发电企业进行专题调研,结果表明:因治超引起的成本增加只有1%左右,影响微乎其微。相反,公平竞争和良性循环的运输市场对经济的科学和安全发展具有积极推动促进作用。

段建国厅长在调研报告上批示:"治超是省政府的决定。实践证明,治超对经济社会和人民生命财产安全、改善山西形象都有好处,必须坚持下去。一是尽快研究解决存在的问题;二是要加大宣传力度。"

10月26日 上午,省交通厅在太原召开全省普通公路计重收费动员视频会议。省公路局、省征稽局、省高管局以及省交通建设开发投资总公司主要负责同志参加。各公路分局、征稽分局相关负责人分别在各征稽分局视频会议室参加。张润副厅长出席并讲话,赵振田书记进行安排部署,张德仪总会计师主持。

从2006年2月筹备以来,各有关部门经过反复调研、论证,议定计重收费费率标准,并于8月27日经省政府批准,完成计重收费设备的招标安装、调试等工作,将于11月1日正式启动实行。会议要求全省交通系统各有关单位要坚持"统一领导、高度负责、部门协作、联合行动"原则,加强组织领导和协调配合,明确分工,责任到人,落实到位,全力以赴做好计重收费各项准备工作。进一步完善各类突发事件应急处置预案,加强收费、路政、公安、交警等部门的协作配合,建立联动机制,形成工作合力,建立应急处置能力,确保收费站点安全畅通。

张润副厅长在会上作了题为《精心组织,

落实责任,确保全省普通公路计重收费工作顺利实施》的动员讲话。要求各单位统一思想,提高认识,站在贯彻落实科学发展观高度,认真组织实施;精心组织,狠抓落实,以高度责任感和使命感,切实做好各项工作;广泛宣传,积极引导,站在构建和谐社会高度,为全省普通公路计重收费顺利实施,营造良好社会环境,进一步促进全省经济发展。

10月26日至28日 省交通厅第二期深入学习实践科学发展观活动领导干部培训班在忻州顿村省交通职工培训中心举办。厅领导王志民、韩日裕、郜玉兰、赵振田、曹燎原等参加培训学习并参加各小组讨论,围绕交通科学发展、快速发展、安全发展、协调发展,围绕扎实开展好这次学习实践活动提出很好意见和建议。厅党组书记、厅长段建国站在政治、战略、全局高度,为学员作了题为《深入学习实践科学发展观,着力提高领导交通运输科学发展能力》报告,王志民副厅长作总结讲话并提出具体要求。

段建国厅长指出,在全党开展深入学习实践科学发展观活动,是"三个代表"重要思想学习教育活动和保持共产党员先进性教育活动的继续,是深入推进改革开放、推动经济社会又好又快发展、促进社会和谐稳定的迫切需要,是提高党的执政能力、保持和发展党的先进性的必然要求。扎扎实实地开展好这项活动,对推动全省交通各项事业又好又快发展,全面做好各项工作,有着十分重要意义。开展学习实践活动,是用中国特色社会主义理论体系武装全党的重大举措,是推进交通又好又快发展的迫切要求,是实现交通又好又快发展的根本保证。首先,全系统各级党组织和广大党员干部一定要深刻认识开展学习实践活动的重大现实意义和紧迫性,把开展学习实践活动作为应对挑战、解决矛盾、统一思想的重大契机,积极投入到学习实践活动中来,通过开展学习实践活动,把党的政治优势和组织优势转化为推动交通又好又快发展的强大动力,真正实现党员干部受教育、科学发展上水平、人民群众得实惠目标。其次,结合实际,深刻理解科学发展的科学内涵、精神实质和根本要求。要突出"实践"二字,把学习实践活动与解决制约交通科学发展的突出问题结合起来,与解决党员干部党性党风党纪方面群众反映强烈的突出问题结合起来,与落实推进交通科学发展的重大战略结合起来,与做好当前的各项工作结合起来,紧紧围绕2008年全省交通工作推进会确定的长远目标和现阶段工作任务,紧密结合自身实际,研究制定活动载体,以学习实践活动为契机,在推进实践中深化学习实践科学发展观的根本要求。一要把握指导思想、目标要求、基本原则,解放思想,实事求是,改革创新,推动实践。着力转变不适应不符合交通科学发展的思想观念;着力解决影响和制约交通运输科学发展的突出问题以及党员干部党性党风党纪方面群众反映强烈的突出问题;着力构建更有活力、更富效率、更加安全、更为协调、更有利于交通运输又好又快发展的体制机制。要提高思想认识,增强发展能力,解决突出问题,创新体制机制,推动科学发展;要坚持解放思想,突出实践特色,贯彻群众路线,正面教育为主,注重改革创新。二要抓住环节,突出重点,完成好活动各项任务。要认真做好学习实践活动的各项准备工作,扎实抓好学习调研;要认真分析查找问题,开好领导班子民主生活会,要集中解决问题,完善体制机制。三要深入学习,积极实践,确保活动取得实效。厅直各级党组织要切实加强对学习实践活动的领导和指导,党委(总支、支部)的主要负责同志要把学习实践活动紧紧抓在手上,担负起第一责任人的责任,要在思想上高度重视、工作上落实责任、组织上提供保障,确保活动各项要求落到实处。要充分发扬民主,吸收群众全程参与,认真听取群众的意见和建议,充分调动广大党员群众的积极性和创造性。各单位要认真做好规定动作,因地制宜创新活动内容、活动方式和活动载体,努力创出交通深入学习实践科学发展观活动的新亮点，统筹兼顾，做到两手抓，两不误，两促进。

王志民副厅长在总结讲话中提出4点要求，一是继续深入思想发动，进一步明确省委、省厅部署和要求，明确本单位本部门具体安排，明确努力方向和着力点，迅速进入状态，积极行动起来，全身心投入。二是认真组织学习培训。各部门各单位要精心组织，认真制定周密的学习培训计划，对不同层次的党员采取灵活多样形式，认真组织好集中学习。创新学习形式，增强学习的针对性和实效性。三是深入开展专题调研。要因地制宜，根据本部门本单位具体实际，合理确定调研课题，做到数量精，题目实。调研活动要从实际出发，合理安排，有序进行，防止一窝蜂、走形式。四是充分开展解放思想讨论活动。要在学习和调研基础上，紧紧围绕主题，深入开展解放思想讨论，形成解放思想成果。把解放思想、改革创新贯穿于活动全过程，成效充分体现在促进整体工作、解决突出问题上，落实在完成全年各项工作任务、谋划2009年工作安排中，推动全省交通各项事业在新的起点上更好更快发展。

10月27日 省交通厅向环保部呈报《关于组织对国道主干线二连浩特至河口公路侯马至禹门口段高速公路竣工环保验收的请示》。

10月27日 省交通厅、省财政厅、省物价局向省政府呈报《关于延长省道东夏线平遥五里庄至灵石县收费公路收费期限的请示》。路线全长50公里，总投资7891万元。建议延长收费期限8年（自重新批准收费之日算起）。

10月27日 省交通厅、省财政厅、省物价局向省政府呈报《关于延长省道阳休线汾阳至介休一级公路收费期限的请示》。路线全长31公里，总投资17 620万元，建议延长收费时间4年（自重新批准收费之日算起）。

10月27日 省交通厅印发《关于在厅机关于开展“创建五型机关、促进四个发展”主题实践活动的实施方案》。主要包括指导思想、创建目标、内容要求、保障措施四部分。“五型”指效能型、服务型、创新型、协调型、廉洁型，“四个发展”指科学发展、快速发展、安全发展、协调发展。

10月27日 省交通厅成立创建活动领导组。组长：王志民；成员有：史荣和、杨俊威、尹新平、曹居月、王京荣、郭全英、蒋品、杨吉平、李贵顺、田根、蔺建煌、胡建新、王晓光、李爱和；办公室主任：杨俊威；副主任：尹新平、蔺建煌、胡建新、贾勇。

10月28日 从10月15日开始，省交通厅开展“送温暖、献爱心”捐款捐物活动。厅领导率先垂范，带头捐款捐衣，广大职工积极参与，热情捐赠，特别是60名厅离退休老干部踊跃捐款3050元，捐衣被71件，发扬一方有难、八方支援，团结互助、扶贫济困的中华传统美德。截至10月28日，全省交通系统共捐赠衣被8882件，现金443 450.18元。

10月29日 运城高速公路有限责任公司风陵渡收费站举行国家级“青年文明号”揭牌仪式。省高管局党委书记李万定出席。

风陵渡收费站成立于2000年7月，位于大运高速公路最南端，晋、秦、豫三省交界处，是主干线收费站。实行全封闭半自动化收费管理模式，共设四进四出八个车道，日通行流量约为3500辆。累计突破收费额3亿元。收费站始终坚持科学发展观，全面落实“六高”目标，以创建“规范、高效、文明、和谐”收费站为宗旨，在“学习、创新、务实、廉洁、高效”为核心内容的企业文化指导下，抓管理，强队伍，树品牌，重形象，创和谐，取得人才效益、经济效益和社会效益共赢，先后获省高管局“先进集体”、“十佳收费站”、“AAA级收费站”，全省交通行业“文明和谐示范窗口”，中华全国总工会“全国学习型班组”称号，省劳动竞赛委员会记“集体三等功”。2008年6月，被团中央、交通运输部评为国家级“青年文明号”。

10月29日 省政协副主席李潭生带领部分政协委员和提案人深入太旧高速公路调

研，了解省政协第226号提案“关于统筹解决太旧高速公路频繁严重拥堵问题的建议”和第422号提案“关于对太旧高速公路进行改扩建的提案”办理情况。副厅长张志川、省高管局局长董新品等陪同调研。

接到省政协提案后，省交通厅站在关乎民生利益和山西对外形象高度，将堵车严重路段及站点作为首要解决的重点问题。按照“因地制宜、复式出入”改造设施方案，把旧关收费站原来6进12出18条车道扩容为9进16出25条车道，收费广场扩增1.7万余平方米，通行能力提高1.5倍。太石方向峪头至晋中服务区、阳胜河以东两处三段15.4公里爬坡车道“二改三”扩容改造进行。新建省界旧关出口匝道连接线1条209米；增设紧急停车场3处4474平方米；加宽紧急停车带19处10 612平方米；拓宽改造爬坡车道1处505米。全线所有收费站47条出口车道刷卡收费；平定南、坡头、峪头3个治超检测点不停车检测系统已投入使用，其余站点年内完成。新配置大吨位吊车1辆、大型清障车2辆、小型清障车2辆，更换路政巡逻车6辆。同时，全方位为社会提供信息服务，加大治超力度，确保太旧路安全畅通。

当日上午，李潭生一行认真察看K500+100处加宽车道、扩容改造后的旧关收费站及K404+400处桥梁加宽现场。无论提案人还是其他委员，看到目前太旧路全线车辆运行安全有序、畅通无阻景象，无比欣慰。对所采取的一系列措施给予充分肯定。在下午举行的座谈会上，委员们详细听取张志川副厅长关于省厅解决太旧高速公路拥堵工作情况汇报，提案人和其他委员一致认为省交通厅、省高管局、太旧公司高度重视提案落实办理工作，措施得力，效果明显。省政协常委、提案委专职副主任焦惠生认为，这个重点提案的办理卓有成效，在全年700多个提案里办理效果空前理想。他表示，要在省政协提案报告中浓墨重彩，大书特书。

李潭生副主席在讲话中，充分肯定近年来全省交通事业飞速发展所取得的成绩和为保障山西经济社会发展所发挥的促进作用，认为全系统干部职工精神面貌良好，一定能为全省转型发展和新基地新山西建设作出新的更大贡献。关于提案办理情况，他表示十分满意，认为各级领导重视，办理认真，措施得力，效果明显。尤其是坚持建设、改造、管理三管齐下，把解决当前问题和从根本上解决结合起来的做法非常值得赞赏。

张志川副厅长还详细汇报了当前全省交通发展中所面临的问题和制约因素。委员们表示会予以高度关注并通过人民政协这个渠道推动解决，为全省交通事业科学快速安全协调发展助一臂之力。

10月29日 省史志研究院晋史志发〔2008〕55号文转发中国地方志指导小组《地方志书质量规定》。

10月29日 省交通厅晋交学组发〔2008〕4号文印发《开展“继续解放思想，推动科学发展”讨论的通知》。

10月29日 省交通厅晋交学组发〔2008〕5号文印发《关于做好学习提高、调查研究阶段工作的通知》。

10月30日 省交通厅、省财政厅、省物价局向省政府呈报《关于延长309国道安泽县花岩沟至洪洞甘亭段二级公路收费期限的请示》。路线全长98公里，总投资17 639万元。建议延长收费期限12年（自重新批准收费之日算起）。

10月31日 上午，全省普通公路货车实施计重收费新闻发布会在省公路局召开。张润副厅长主持，张德仪总会计师作主题发言，省计重收费领导组副组长李顺通出席并讲话。新华社、人民日报、经济日报、山西电视台、山西人民广播电台等28家媒体记者参加，省政府法制办、省公安厅、省质检局、省物价局、省煤运公司、省公路局、省高管局、省征稽局、省交通建设开发投资总公司主要领导以及厅机关有关处室负责同志参加并回答记者提问。

此次全省普通公路货车计重收费，按照

分步实施原则先在全省国省道干线政府还贷性收费公路中的85条路段129个收费站进行。11月1日上午9时举行启动仪式。

10月31日 由省征稽局承办的中部6省交通征稽工作交流会在太原召开。来自河南、安徽、湖北、湖南、江西、山西交通征稽单位30名代表参加。会议分析当前征稽部门面临形势和工作中存在的主要问题，充分沟通各省出台的征收政策规定，协调省际征稽业务工作，交流本系统征费管理、科技创新等方面先进经验。厅总会计师张德仪出席并讲话。就山西省情、山西交通发展状况和形势作介绍，对征稽工作提出指导意见。他说，在业务工作中，当前征稽部门存在计量不统一、“大吨小标”、“车辆外挂”等新事物新问题带来的挑战，要共同研究解决。在外部环境中，还需面对费改税的考验，需要大家积极探讨发展出路。

10月31日至11月3日 全省重点公路工程建设系统深入学习实践科学发展观活动培训班在忻州顿村省交通职业培训中心举行。副处以上干部、办公室主任、重点办机关全体党员共100余人参加。先后邀请省委党校教授刘树信、郭彩，副教授张路，教授宋建国分别作了“关于学习实践科学发展观的几个问题”、“科学发展上水平，人民群众得实惠”、“科学发展观在山西的实践”、“深刻领会、认真实践科学发展观”4次专题讲座，进行1次“解放思想大讨论”，召开2次专题会议。11月3日下午，学员们听取“围绕‘一个加快、三个创建’，着力提高党员领导干部科学发展的能力和水平”专题辅导报告。培训期间，厅第四指导检查组组长孟科进行指导。

11月

11月1日 上午，全省普通公路货车计重收费启动仪式在太原征稽分局小店收费站广场举行。经省政府批准，9时起，全省普通公路货车计重收费正式启动，涉及国省干线政府还贷性收费公路85条128个收费站。

省政府副秘书长崔国红、省纠风办主任潘少音、省物价局副局长张存登、省质量技术监督局总工程师张岐云、省公安厅副巡视员边智慧，厅领导段建国、张润、张德仪、赵振田和省公路局局长戴飞、省征稽局局长张晋鹏、省高管局局长董新品及厅机关相关处室负责人出席。仪式由省人大常委会内务司法工作委员会主任委员、省计重收费领导组副组长李顺通主持。

段建国厅长介绍全省普通公路实行计重收费有关情况。要求省公路局、省征稽局、省交通开发投资总公司要不折不扣落实好省政府这一决策。各级领导干部要靠前指挥，现场指导，及时发现和解决运行中出现的新情况、新问题，确保计重收费顺利实施。各收费、经营、管理单位要加强现场管理，制订和完善各类应急预案，加快推进治超不停车检测系统的配套建设，积极配合公安机关和交警部门做好交通疏导、治安管理工作，努力维护正常交通秩序和收费秩序。各级交通部门和公路管理机构要以此为契机，进一步规范收费公路管理，加大治理超限超载力度，为全省经济社会发展创造安全、畅通交通环境。

崔国红副秘书长代表牛仁亮副省长讲话。要求全省各级政府要认真按照科学发展观和市场经济要求，坚持“政府统一领导、部门分工负责、交通组织协调”的领导体制和工作机制，认真组织实施好普通公路计重收费工作。省交通厅要与省计重收费工作领导组成员单位密切配合，加强协作，正确分析普通公路实行计重收费后可能发生的新情况、新问题，进一步创新收费公路管理，加大治超力度，严厉打击各种恶意超载行为，建立和完善各类应急体系，确保计重收费平稳运行。各级公安机关和交通管理机构要采取有效措施，切实做好交通疏导和应急处置工作，严厉打击扰乱计重收费工作的各类违法犯罪行为，维护正常交通秩序和收费秩序。宣传部门要充分发动新闻媒体，全方位、多角度宣传计重收费政策，让每一个运输经营户都了解政策、理解政策、自觉遵守政策，为计重收费顺利实施营造良好的社会环境和舆论氛围。希望各级政府、各有关部门要各司其职，通力合作，共同打好治超与计重收费两大攻坚战，努力促进治超与计重收费协调发展，创造公平合理、安全畅通的交通运输新秩序，为全省新基地、新山西建设提供良好的交通保障与运输服务。

11月1日 省交通厅印发《关于表彰援川抗震救灾运输保障工作先进集体、先进个人的决定》。其中，先进单位24个，先进个人61名。

11月1日 省交通厅向工行山西分行报送《关于申请太原至佳县高速公路东段和西段贷款的报告》。拟申请工行贷款997 000万元（东段418 000万元，西段579 000万元），贷款年限20年（宽限期3.5年），2008年开工，2011年建成通车，资金分4年到位。具体是：2008年东段40 000万元，2009年东段160 000万元、西段240 000万元，2010年东段17 000万元、西段260 000万元，2011年东段48 000万元，西段79 000万元）。

11月3日 省交通厅印发《关于统一全省交通行政执法制式服装的通知》。要求最迟应于 2009 年 6 月 1 日前全部更换统一后的制式服装。

11月3日 省交通厅印发《制式服装管理办法》（试行），共 17 条，自发布之日起施行。

11月3日 台忻线北同蒲公铁立交桥竣工通车。上跨忻州城区云中北路和北同蒲铁路，桥长 155 米，净宽 22.5 米，引道长 591 米，为 5 孔 30 米预应力钢筋混凝土箱梁桥。是台忻公路横跨北同蒲铁路，连接五台山的交通枢纽工程，是忻州市真正意义上的第一座公铁立交桥。

11月3日 省交通厅下达交通运输部公路水毁抢修资金400万元。

11月3日 省交通厅转复2008年车辆购置税用于一般公路建设项目支出预算指标。共计104 100万元。其中，农村公路改造工程1924项80 000万元，通达工程311项12 700万元，危桥改造172座7000万元，安保工程26处3200万元，乡镇客运站80个1200万元。

11月3日 省交通厅向省发改委、省财政厅报送全省高速公路高效照明试点改造工程可行性研究报告。估算投资230万元，建设工期2个月。

11月3日 省交通厅印发《关于开展交通行政执法案卷评查工作的通知》。11月5日至20日组织评查，11月25日前总结上报，12月1日至20日抽查考核。

11月3日至4日 厅总会计师张德仪带领厅财务征费处、会计核算中心、综合规划处有关负责同志，围绕“创新投融资体制，适应公路建设快速发展要求”课题深入省征稽局、省高管局调研。张晋鹏、董新品、李万定参加。

11 月 3 日，听取省征稽局工作汇报后，张德仪在讲话中希望交通征稽系统能把握住深入开展学习实践科学发展观活动契机，根据省厅“科学发展、快速发展、安全发展、协调发展”要求，仔细研究经济社会环境，从容应对形势变化，结合自身实际，提出交通征稽发展新思路；要认识到养路费增长虽然迅速，但养护任务越来越重这一矛盾，继续弘扬“忠于责任，勇于开拓，甘于奉献”的征稽精神，保持规费征收持续较快增长。

11 月 4 日，听取省高管局工作汇报后，张德仪在讲话中提出新要求。一要搞好运营管理。同心协力，加强管理，大力提高通行费收入，努力降低运营管理成本，全面提高工作绩效，为全省高速公路建设提供强有力资金支持。二要将融资工作列入重要议事日程。“三年百亿”融资计划是交通实现科学、快速、安全、协调发展的重大战略，要紧紧抓住投资基础建设拉动经济重大机遇，用科学发展观破解高速公路建设中遇到的难题，适应经济社会发展需求，开创全省高速公路建设管理事业新局面。

11月4日 省交通厅召开交通系统学习贯彻中国工会十五大精神会议。厅党组副书记、副厅长张润出席并讲话，省公路运输工会主席王晓光作为参加中国工会十五大的代表向参会人员讲述大会情况，并传达全国总工会和省总工会有关文件精神。

张润在讲话中提出3点要求。一要把学习宣传十五大精神作为当前乃至今后一个时期一项政治任务，制定详细计划，认真组织实施。二要结合实际，把十五大精神落实到工会工作各个方面。全面布局，突出重点，加强民主管理和基层建设，激发组织活力，切实解决职工实际困难和问题，让职工更多地享有改革发展成果。三是各级党委行政要高度重视工会工作，全力支持依法依章开展工作，团结动员广大职工，为夺取全省交通事业又好又快发展努力奋斗。

11月4日 厅党组副书记、副厅长张润深入晋中公路分局就深入学习实践科学发展观活动进行调研，提出5点要求。一要以深入学习为基础，以解放思想为先导，以解决问题为关键，进一步加深对科学发展观科学内涵、精神实质和根本要求的理解，增强贯彻落实自觉性和坚定性，自觉坚持用科学发展观统领公路各项工作。二要立足公路实际，进一步理清思路，转变发展方式和理念，提高管理能力和服务水平，有效发挥路网整体功能。三要进一步建立健全落实科学发展观的决策、执行、监督机制和符合科学发展观要求的公路发展综合评价机制，力争在建立完善竞争有序、充满活力的公路养护运行机制和精简高效、运转协调的公路管理体制等方面取得实际效果，为全面贯彻落实科学发展观提供更加有效的体制机制保证。四要坚持把务求实效作为出发点和落脚点，努力在继续解放思想上迈出新步伐，在坚持深化公路改革上实现新突破，在推动公路科学发展上取得新成就，在构建和谐公路行业上见到新成效。五要树立建设是发展、养护是可持续发展的理念，全省治超工作要不惜代价治下去，计重收费是治理超限超载的长效机制之一。

会上，太原、晋中、吕梁、忻州4个公路分局就如何提高国省道干线公路路网标准、如何依靠科技进步提高建养水平及采取计重收费后存在的问题进行探讨。

11月4日 上午，临吉高速公路地方协调工作会在临汾召开，副厅长王志民，临汾市委常委、常务副市长成洪才出席并讲话。

王志民副厅长在讲话中要求临吉建管处要建立完善地方协调运作机制，努力构建重点公路建设与社会公众、系统内部、工程建设与自然的和谐关系，确保当地群众当前和长远利益。希望临汾市、县各级政府和有关部门，对地方协调和治安工作予以更多关心与支持，像当年支持大运高速公路建设那样，加强沿线交通管理，保障公路建设物资运输畅通，维护公路建设正常秩序。

11月4日 上午，省运管局局长李华中对全体职工进行学习实践科学发展观专题辅导。厅第三指导检查组组长陈运生参加并做指导。

11月4日 下午，省公路局党委中心组召开"继续解放思想，推动科学发展"专题学习会。围绕如何完成好调研课题，厅党组成员、省公路局党委书记赵振田提出3点要求。一要把握契机，增强解决问题的信心和决心。每个班子成员要本着对全省公路事业发展负责的态度，本着致力解决问题目的，克服畏难情绪，以极大热情投入调研。二是注重方法，运用矛盾分析法开展调研。调研报告在理论上要有说服力，在实际上要有可操作性。三是提高贯彻落实科学发展观能力。在调研中加深对科学发展观的理解和掌握，用丰富鲜活的公路建养管实践丰富科学发展观这一科学理论。

11月5日 上午,省交通厅党组中心组召开专题会议,集体学习科学发展观,总结第一阶段学习情况。张润主持,厅领导段建国、王志民、韩日裕、张志川、张德仪、曹燎原、郭贵平参加,省委第三学习实践活动指导检查组副组长、山西农业大学党委副书记崔富春出席并讲话。

按照中央、省委统一部署,全省交通系统有24个单位,包括2个副厅级领导班子,66个处级领导班子,420名处级领导干部,36个党委,22个党总支,325个党支部,共4156名党员参加第一批学习实践活动。自开展以来,在省委第三指导组有力指导下,全省交通系统各级党组织和广大共产党员,特别是各级党员领导干部,以饱满政治热情,克服工作学习矛盾,认真组织,精心安排,保证学习实践活动按时高效开展。截至目前,厅直单位和所有二级单位动员会已全部召开,集中培训也陆续完成,全省交通系统正进入集中组织研讨和领导干部专题调研阶段。

杨俊威作情况汇报后,厅领导张润、王志民、韩日裕、张志川、张德仪、曹燎原、郭贵平分别结合分管工作和调研课题,紧紧围绕落实学习科学发展观,如何科学快速推动全省交通工作进行深入浅出发言和认真讨论分析。最后,段建国厅长作小结。他说,发展是第一要务,只有发展才能解决目前交通系统中面临的矛盾和问题。因此,要牢牢把握以人为本的核心理念,把安全发展放在突出位置抓实抓好,降低事故发生率,确保工程建设质量安全和廉政安全,进一步创新体制机制,才能推动全省交通工作又好又快发展。

崔富春对省厅学习实践活动给予较高评价。他说,全省交通系统对此次学习科学发展观活动认真负责,很有特色和代表性。希望全省交通系统广大党员干部针对存在的问题,紧密围绕交通行业实际情况,继续深入学习实践科学发展观,推动交通科学、快速、安全、协调发展。

11月5日 上午,省交通召开"知荣明耻"主题教育活动先进集体、先进个人表彰大会。省关工委执行主任武正国,厅党组副书记、副厅长张润出席并讲话;厅党组成员、省公路局党委书记赵振田代表厅党组致辞。厅关工委原顾问廉平,厅关工委顾问任先泉、刘乾,厅关工委主任杨继刚、第一副主任景春等出席。

2006年3月以来,厅属单位各级关工委工作可以用六个"好"总结归纳:一是领导重视,快速反应,第一时间部署好;二是强化宣传,舆论先导,浓厚氛围营造好;三是普学普教,深化认识,坚实基础奠定好;四是形式多样,潜移默化,自律他律结合好;五是"五老"奉献,余热生辉,尽责尽职服务好;六是知行统一,学以致用,累累硕果结得好。近期工作重点:一要把开展"知荣明耻"主题教育活动的成功经验,运用到社会主义核心价值体系宣传教育活动中去;二要把对青少年积极开展科普宣传教育和技能培训落到实处;三要充分发挥主观能动性,不断增强开展工作的积极性、主动性;四是深入学习实践科学发展观,努力开创新局面。

武正国在讲话中希望全省交通系统关心下一代工作能够百尺竿头,更进一步,成为全省关心下一代工作的先进典型。他说,此次大会的召开在省直机关是第一家。他相信,在省交通厅党组正确领导下,交通系统的关心下一代工作一定能够搞得更好,做出更大成绩。

张润在讲话中指出,关心下一代工作涉及国家千秋万代,也涉及整个交通行业发展,要用科学发展观把关工委工作搞好,使青少年茁壮成长,成为山西交通的一个亮点。

省征稽局关工委、太原公路分局娄烦段、山西交通技师学院07341班、晋中公路分局关工委分别作经验介绍。

11月5日 全省运管系统规范运政执法巩固治理公路"三乱"成果工作会议召开。省纠风办副主任潘少音出席。

11月5日 省交通厅印发《关于切实做

好全省道路运输卫星定位系统应用及考核管理的通知》。

11月5日 省交通厅向工行山西分行报送《关于申请晋城环城高速公路西北段贷款的函》。共计贷款96 000万元,2009年开工,2011年建成通车,贷款分三年到位(30 000万元、46 000万元、20 000万元)。

11月5日 省交通厅向全国公路水路运输量专项调查办公室报送山西省水路运输量专项调查有关资料。

11月6日 牛仁亮副省长在省政府副秘书长崔国红陪同下,深入省交通厅调研,重点就今明两年及未来3至5年内全省公路建设与厅领导进行座谈。他强调指出,一定要抓住当前国家加强交通等基础设施建设的大好机遇,以超常规思维,确定大思路,制定大规划,实施大动作,全力以赴,大干快上,为全省经济结构调整和稳定增长,为全省人民安全便捷出行作出新贡献。厅领导段建国、张润、韩日裕、张志川、郜玉兰、张德仪、赵振田、郭贵平参加座谈。

认真听取段建国厅长关于2008年全省交通工作及2009年设想情况汇报后,牛仁亮副省长在讲话中对1月至10月全省交通工作给予充分肯定。要求全省交通系统一定要统一思想,高度重视,以超常规思维对待公路建设,确定大思路,制定大规划,实施大动作,今明两年及未来3至5年内的高速公路建设、国省干线改造、农村公路建设要一揽子布局到位,抓紧启动,尽快实施。这不仅是自身发展问题,还利于全省国民经济增长和经济结构调整,有利于拉动当前经济增长和增强发展后劲。高速公路要在原有规划基础上大胆突破,在实施过程中采取"两争取,两倾斜"四个原则:尽可能争取挂国网接部网,尽可能向西部项目倾斜、向提高运能项目倾斜。国省干线改造要加大力度,重点突出二级路向一级路改造升级。县级公路等级提升要根据车流量慎重把握,但不能缩小规模。"村村通"直接涉及"三农"问题,与农民兄弟切身利益密切相关,要同步规划,有关政策及做法要继续执行和实施。在实施过程中,要科学规划,特别是高速公路和国省干线建设改造,要坚持便民原则,多绕县城,尽可能离近一点或靠近一点,以带动区域经济发展。建设造价一定要严密论证,科学合理,节约每一分钱。对投资过高、社会上反响强烈的项目今后要抽样调查,进行复审,一旦发现问题要严肃处理。服务设施标准要尽可能坚持便民、服务原则,决不能因为细节上疏忽影响交通形象,影响山西形象。关于当前制约公路建设快速发展的土地指标严重不足、建设资本金缺口太大等问题,牛仁亮要求省交通厅尽快拿出操作性强的可行性方案上报省政府,争取省里支持。

牛仁亮特别对路桥企业改革发展和队伍稳定进行强调。他说,山西路桥集团及其原属企业5月12日改由省厅监管后,省交通厅、省公路局为支持企业改革发展、保持稳定做了大量工作。今后要继续高度重视,不能掉以轻心,做到防微杜渐,有预见性,责任到人,依法办事;要研究路桥企业的整体发展规划,像对待兄弟一样对待路桥企业员工,真正做到以人为本。

11月6日 全省海事管理正规化建设现场会在晋城召开。王志民副厅长出席并讲话,晋城市副市长赵雪梅应邀出席,省地方海事局局长牛世骏传达全国海事工作会议精神,并作了题为《发扬成绩,再接再厉,推动海事管理正规化建设不断深入》的工作报告。

王志民副厅长在讲话中要求结合实际,带着思考学,带着问题学,着力解决制约海事发展的不利因素。要把学习实践科学发展观同解决工作中的矛盾和问题结合起来,解放思想,着力转变不适应观念。抓重点,抓难点,不断推动海事事业走上正规化、科学化发展轨道。

11月6日 省交通厅印发《计算机信息系统安全和保密管理规定》(试行)。主要包括总则、组织管理、建设、应用维护、人员管理、奖惩、附则7章20条，自发布之日起试行。

11月6日 省交通厅向省发改委报送2008年重点公路建设项目投资计划的补充报告。共计投资45 000万元。

11月6日 省交通厅批复全省联网收费机电一体化省高速公路信息监控中心二期工程初步设计。核定预算20 146 226元。

11月6日 省交通厅党组印发《贯彻落实〈建立健全惩治和预防腐败体系2008年~2012年工作规划〉的实施意见》。主要包括：①总体要求；②积极完成省委、省政府赋予省交通厅的惩防体系建设任务；③推进反腐倡廉教育；④完善反腐倡廉制度；⑤强化监督制约；⑥深入推进改革创新；⑦纠正损害群众利益的不正之风；⑧保持惩治腐败的强劲势头；⑨切实抓好《实施意见》的贯彻落实。

11月6日 省交通厅印发《全省农村公路工程第二次质量督察情况通报》。

11月7日 王志民副厅长深入阳翼高速公路建设工地调研。认为工程建设综合管理情况较好，质量、进度、安全等各方面工作都做得比较扎实，为完成建设任务奠定很好基础。

11月7日 上午，省征稽局党委中心组召开专题会议，总结全省交通征稽系统深入学习发展观活动第一阶段开展情况，集体学习科学发展观。中心组成员结合各自分管工作和调研课题，围绕"管理科学，征稽和谐"主题进行讨论发言。

11月7日 省交通厅、省财政厅、省物价局向省政府呈报《关于晋济高速公路设置车辆通行费收费站的请示》。路线全长30.049公里，另有长晋高速公路连接线175米，实际建设里程30.224公里。其中，有特大桥、大桥13座4990延米，隧道9座26.4公里（单洞总长），桥隧里程占总建设里程61.1%。累计下达投资计划217 003万元，到位资金195 400万元。拟设1个主线收费站（泽州）、1个匝道收费站（天井关），建议收费期限定为15年。

11月10日 下午，省交通厅党组召开"解放思想，推动交通科学发展"大讨论专题会议。厅领导段建国、张润、王志民、韩日裕、张志川、张德仪、赵振田、曹燎原、郭贵平出席，省公路局、省高管局、省征稽局、省运管局、省地方海事局主要领导与厅机关各处室负责同志列席，省委第三检查指导组组长、省人大常委会农村工作委员会主任吕德功莅临并讲话。张润副厅长主持。

会议紧紧围绕"进一步解放思想，推动山西交通科学快速安全协调发展"主题，并结合11月9日国务院常务会议精神和11月6日牛仁亮副省长在省厅调研时的"一超三大"指示精神，进行全方位、深层次、针对性强的深入认真讨论。王志民、张志川、张德仪结合分管工作和调研课题，就构建综合运输体系、交通职能宣传、创新筹融资体制等进行专题发言。段建国厅长在听取省公路局局长戴飞、省征稽局局长张晋鹏汇报后，就全省交通系统学习实践科学发展观活动进行阶段总结和交流讨论，针对存在高速公路开工建设总量不足、重建轻养、体制机制不顺畅、工作作风不够扎实等问题进行深入分析研究，并就如何面对机遇，进一步解放思想进行安排部署。要求全省交通系统各级党员干部用超前理念谋划交通发展，打破按部就班传统观念，紧密联系工作实际，创新工作机制，努力改进工作作风，畅通各种渠道，深入基层一线，广泛听取群众意见，换位思考，实事求是，转变观念，切实增强各级党员和领导干部责任感、使命感，推动山西交通工作科学快速发展。吕德功组长对省交通厅深入学习实践科学发展观活动的各项工作表示满意。认为扎实有效，深入认真，各项工作走在全省前面，并紧密结合交通工作实际，进行了深入思考和积极有效探索。他希望全省交通系统各级党员干部抓住新一轮发展机遇率先实践，通过用科学发展观思想来破解交通工作中遇到的难题，在国家发展大交通的格局中抢位，在整合大运输体系的效能中跑项，用解放思想的成果在创新经营体制和管理水平中激活，在服务最广大人民群众中尽职尽责，为人民大众提供更便捷的交通环境。

11月10日 省交通厅向省政府呈报《关于尽快解决高速公路建设用地指标的请示》。

11月10日 省交通厅印发《关于认真做好山西省公路交通信息资源整合与服务工程建设工作的通知》。

11月10日 省交通厅成立建设项目组。组长：张志川；副组长：尹新平、王京荣、蒋品、李贵顺、苏敏。执行组长：苏敏；协调组长：尹新平；专家组长：李贵顺。

11月上旬至12月31日 省运管局对全省旅游客车进行年度审验。

11月11日 山西省公路交通信息资源整合与服务工程启动。张志川副厅长出席并讲话。

项目是交通运输部信息化示范工程“省级交通信息资源整合与服务工程” 推广项目，也是全省交通信息化建设“1166”工程中的重要组成部分。主要建设内容为：山西省交通厅数据中心（信息资源整合）、GPS整合与行业运行分析系统、公众出行服务系统和应急指挥调度系统。目前，部补助资金和省厅配套资金2000多万元已全部到位，经过面向全国公开进行的建设、监理招投标工作也已完成。计划建设周期为18个月。

张志川副厅长在讲话中要求各单位一定要把标准统一到省厅信息化“1166”工程框架内，下决心解决信息孤岛问题，确保共建共享。要坚持注重实用、适度超前原则，积极主动地配合省厅和承建单位做好前期需求调研工作，所提供的需求要科学、合理，所提供的数据资料要准确完整，真实可靠。对工程所涉及项目及内容给予人员、经费等支持。他还就这次建设整合进度、资金、质量管理等提出明确要求。

业主单位与项目承建单位、监理公司签订有关合同。

11月11日 下午，围绕“走资源节约环境友好之路，实现高速公路建设可持续发展”专题调研座谈会召开。厅总工程师郜玉兰及工程建设涉及的设计、施工、监理、项目业主、行业监督各领域12个单位负责人和厅重点办有关负责同志参加。在近4个小时的热烈讨论中，共梳理出涉及市场信息评价、前期工作、征地拆迁、设计、项目管理、BOT建设项目、监督管理、项目后期工作等工程建设各环节43条意见和建议。

郜玉兰总工程师在讲话中要求深入查找工作中存在的与科学发展观不适应、不符合、相违背的问题，认真研究，制定切实可行的措施加以改正。通过建立健全有关制度，走出一条节约资源、环境友好的高速公路发展之路。

11月11日 省交通厅印发《关于调整厅安全生产委员会组成人员暨职责分工的通知》。主任：段建国；常务副主任：张润；副主任：王志民、张志川、郜玉兰、张德仪、郭贵平；成员有：戴飞、张晋鹏、李华中、董新品、牛世骏、常二栋、尹新平、蒋品、杨吉平、田根、蔺建煌、胡建新、王晓光、刘清平、李俊生；办公室主任：杨吉平；副主任：张翼；成员有：胡志勇、王联明、李灵、郝如恒、孙印、李新杰、苏敏、侯一方、杨增梅、张立承、胡建新、王大为、杨绍波、李俊生。

11月11日 省交通厅向省财政厅报送《关于追加2008年养路费等交通规费收支预算的请示》。其中，收入68 776.6万元，支出66 803.2万元。

11月11日 省交通厅转发省财政厅《山西省干线公路车辆通行费使用管理办法》。共计15条，自下发之日起执行。

11月12日 下午，交通运输部召开贯彻落实中央决策部署加快交通基础设施建设电视电话会议，就贯彻落实党中央、国务院扩大内需促进经济增长的政策措施进行具体部署。翁孟勇副部长主持，李盛霖部长作重要讲话。厅领导张润、王志民、韩日裕、张志川、郜玉兰、张德仪、赵振田、郭贵平，省公路局、省征稽局、省高管局、省运管局、省地方海事局及厅机关有关处室负责人在山西分会场参加会议。

会议要求，全国交通运输系统要争取在今年最后时间里，抓紧建设具备施工条件的在建项目，积极研究谋划好明年加快交通基础设施建设工作。一要确保完成年底前加快公路建设任务；二要加快落实灾后交通基础设施恢复重建；三要努力扩大2009年交通基础设施建设规模。各地要切实明确和落实责任，把任务落实到每个项目、每个标段和每个单位。要加快项目前期工作进度和项目储备力度，积极拓展交通建设项目的融资渠道，切实加强工程质量和施工安全管理，严格交通建设项目资金监管。各地交通运输部门要制定严格可行的资金监管制度，采取必要措施，确保资金全部使用在安排的项目上，确保其使用安全和效益发挥。

11月12日 下午，厅总工程师郜玉兰带领厅有关处室负责人深入省交通科研院进行学习实践科学发展观专题调研。听取省交通科研院情况汇报后，希望全体干部职工能继续紧紧围绕科技创新和经济发展这个中心任务，深入学习贯彻落实科学发展观，以全省交通建设新一轮大发展为契机，以创新精神、科学态度，脚踏实地工作，使全院各项工作迈上一个新台阶，为全省交通建设做好科研技术服务。

11月12日 上午，太佳高速公路吕梁段建设推进会召开。确定2008年12月正式开工建设，涉及征地拆迁任务春节前必须完成。丁雪峰副市长要求县、乡、村要尽快充实相应协调机构，加强领导；创优环境，实现零干扰，确保工作进度；要协作配合，共同完成任务；要处理好失地农民保险问题。郭贵平副巡视员在讲话中要求珍惜机遇，确保顺利进行；工程难度大、任务重、时间紧，要共同研讨、共同想办法、共同克服困难，解决问题，确保按期竣工；要路地结合；组织机构、工作人员、工作措施到位，要以人为本，以科学发展观态度完成任务。

11月12日 阳泉市政府常务会议研究，决定对城市客运管理体制进行调整：一是将市建设局承担的城市客运行政管理职能划归市交通局，实行由一个部门统一管理的客运管理体制；二是将市场客运交通管理处成建制划归市交通局管理，并入市交通局所属事业单位市道路运输管理处；三是市建设局监管的市公共交通总公司同时移交市交通局监管。

11月12日 省交通厅批复国道208线太原南出口路面大修工程设计。路线全长38.39公里，时速80公里，一级公路标准，双向4车道，路基宽23米，路面宽22米，核准预算230 516 500元。

11月12日 省交通厅批复省界杨树庄至白泉公路（含隧道）初步设计。路线全长39.652公里，另有连接线4.449公里，共计44.101公里。其中，含短、中、长隧道各1座，长1895米。二级公路标准，时速40公里、60公里，路基宽10米、12米。核定概算400 794 712元。

11月12日 省交通厅向省政府呈报《关于江苏悦达集团退出大同至呼和浩特（山西段）高速公路项目建设的请示》。

11月13日 省交通厅向各市交通局、厅属各单位印发《关于征求对厅机关各处室意见和建议的函》。要求11月25日前报厅直机关党委。

11月13日 厅领导张润、郜玉兰在省交通设计院就深入学习实践科学发展观进行调研。他们指出，认真落实党中央国务院扩大内需，促进经济平稳较快增长的有关举措，牢牢把握新一轮交通大发展历史机遇，加快交通发展，是当前最大政治任务、最实载体和最好实践。

自10月17日省厅召开动员会以来，省交通设计院紧紧围绕党员干部受教育，科学发展上水平，人民群众得实惠这一总要求，突出“进一步提升设计理念，优化内部管理，提高工作效率，为交通建设又好又快发展提供安全、环保、节约、公众满意的勘察设计产品和服务”这一主题和载体，统筹安排学习实践活动，在促进科学发展上有新进步。

张润副厅长在讲话中提出3点要求。一要继续加强学习实践科学发展观活动组织调研，为第二阶段工作扎实开展创造条件；二要联系实践实际，找出不符合科学发展的问题，特别是在改革、创新、质量、服务四方面存在的问题；三要推进应对危机能力，牢牢把握新一轮交通大发展机遇，在新一轮公路建设高潮中再立新功。

郜玉兰总工程师在讲话中要求通过学习实践科学发展观活动，找出制约交通设计科学发展问题，推准与科学发展相违背问题，狠抓影响设计质量和安全因素，设计出更多精品工程。

11月13日 省交通厅向王君代省长并牛仁亮副省长呈报《关于2009年~2013年公路建设初步计划的请示》。

11月13日 省交通厅批复大同至呼和浩特高速公路大同至右卫段初步设计。路线全长103.346公里，双向4车道高速公路标准，时速100公里、80公里，路基宽26米、24.5米。全线共有3段连接线，总长29.56公里。其中，新荣、左云互通连接线长2.4公里、2.16公里，一级公路标准，时速80公里，路基宽21.5米；右玉互通连接线一二级公路标准，长7.6公里、17.4公里，时速80公里、60公里，路基宽21.5米、10米。核定概算3 741 232 742元。

11月14日 省交通厅召开深入学习实践科学发展观活动汇报会。张润出席并讲话，杨俊威传达省委学习实践活动领导小组《关于深入扎实做好学习提高调查研究阶段工作的通知》精神。厅指导检查组5位组长对前段指导检查工作进行汇报。呈现出三个特点：一是高度重视，学习实践活动全面展开；二是精心组织，学习调研工作成效显现；三是以学促用，交通科学发展达成共识。即交通落实好科学发展观，在发展方向上，首先必须突出发展这个第一要务，在加快发展中推动又好又快发展；在发展目标上，必须牢牢把握以人为本这个核心，在提升服务保障能力中落实科学发展；在发展方法上，必须把安全和协调放在更加突出位置，在统筹兼顾中推动科学发展；在发展措施上，必须更加注重改革创新，在完善体制机制中保证科学发展；在发展保证上，必须加强各级领导班子和党员干部队伍建设，在提高执行力中实现科学发展。

张润副厅长在讲话中提出5点要求。一要创新思路，打破陈规。要立足自身岗位，打破置身局外、坐而论道消极观念，把解放思想和推动自身工作结合起来，认真查找和改进思想观念上存在的问题，努力适应工作需要。二要跳出圈子，审视不足。要善于换位思考，冷静审视自身不足，以广阔胸怀，努力在实际工作中争当排头兵。三要学习经验，丰富自己。要下大决心改变过去故步自封做法，主动走出去，认真学习吸收好的做法和经验，抓住机会开阔眼界，坚持学中改，以改促用，不断加快发展。四要深入下去，夯实自己。要以解放思想为契机，广泛听取基层干部群众意见和建议，理顺与基层联系渠道，了解合理诉求，倾听群众呼声，以务实工作态度取得群众信任；五要改进作风，实事求是。面对交通发展新形势、新机遇，要紧密联系工作实际，以实事求是态度，务实进取工作作风，确定工作规划、把握进度、推进工作，做到目标更实一点、措施更多一点、办法更活一点，不断把解放思想大讨论引向深入，以思想大解放推动交通大发展。

11月14日 离碛扶贫旅游公路改造工程竣工通车。吕梁市领导聂春玉、薛万明、丁雪峰等参加通车典礼。项目起点离石区前王家坡村307国道，途经枣林乡，临县彩家庄、滴水局，终点南圪垛村，全长37.22公里，概算投资7414万元。

11月14日 省交通厅召开贯彻落实《中华人民共和国突发事件应对法》情况座谈

会。省公路局、省高管局、省地方海事局作情况汇报，厅应急办副主任苏敏针对今后工作进行安排。即加强应急预案组织、运行、保障、值班和体系建设。

11月14日 太佳高速公路东段征地拆迁协调会召开。太原市副市长王建生主持，市交通局、沿线各区、县有关负责同志和建管处负责人参加，厅副巡视员郭贵平出席并提出具体要求。王建生表示，高速公路建设至关重要，太原市政府一定要大力支持和全力配合。

11月14日 省交通厅向牛仁亮副省长呈报《关于全省收费公路有关情况的报告》。截至2007年底，全省共建成收费公路167条(段)9359公里，占全省公路通车总里程7%，占全省二级以上公路总里程59.3%，共设收费站350个。其中，高速公路26条(段)1893公里，收费站131个；国省干线103条(段)5611公里，收费站159个；县乡公路38条(段)1855公里，收费站60个。政府还贷公路投资总额490亿元，债务余额360亿元。其中，高速公路230亿元，普通公路130亿元。

11月14日 省交通厅印发暂停古交市、大同市南郊区交通项目审批的通知。

11月15日 朔州市道路建设“六项工程”举行隆重通车庆典仪式。省委常委、常务副省长申联彬，省人大常委会副主任王雅安，省政协常务副主席郭良孝，省交通厅厅长段建国、副厅长张润及朔州市四大班子领导出席。

工程包括神电运煤通道、张辽路、顺义路、振武街、友谊街和鄯阳西街，全长 34 公里，总投资 11.66 亿元。其中由朔州市交通局负责承建的神电运煤通道工程，总长 16.3 公里，投资 1.8 亿元，是全省第一批运煤通道建设重点项目。工程建成之后，使朔州城区面积由 23 平方公里向西拓展 40 平方公里，对朔州市经济建设具有重大意义。

申联彬副省长在讲话中要求用好国家扩大内需的政策措施，在抓好在建项目同时，争取再上一批事关长远发展的产业调整、基础设施、改善民生项目，为经济社会又好又快发展增强新动力，为建设新基地新山西作出新的更大贡献。

11月16日 张润副厅长带领厅机关有关处室负责同志深入省公路局，就国省干线公路提升改造工程规划工作进行专题调研。赵振田书记一同调研。

在听取省公路局情况汇报后，张润副厅长在讲话中要求一定要抓住国家扩大内需，加大基础设施建设的大好时机，进一步解放思想，认真贯彻落实科学发展观，实事求是，科学规划，乘势而上，加大全省干线公路提升改造力度，先安排好后两年规划，力争使全省干线公路建设上一个新档次。要以经济路(车流量大、效益好)、运煤通道、旅游路和出省路为重点，纵贯全省的人字骨架二级路全部一级化，并与储备项目相结合，尽快完善规划，争取早日开工建设。

11月17日 下午，省公路局局长戴飞同晋城市长王茂设就晋城干线公路发展进行座谈。要求晋城分局进一步加大工作力度，依法治路，规范管理，文明服务，推进创新型、节约型、安全型行业建设，努力增强可持续发展能力，为促进晋城经济社会发展提供更好支持和优良服务。

11月17日 省交通厅向省发改委报送《关于山西省交通政务大厅和交通数控信息中心初步设计的请示》。建筑面积8476平方米，地上6层，局部7层，地下1层，高度23.6米，概算投资2642.5084万元，建设工期2年。

11月17日 省交通厅印发《山西省2008年~2012年旅游公路建设规划》。安排项目400余公里，投资5亿元。

11月17日 省交通厅向王君代省长呈报《关于省政府与交通运输部座谈会议精神的报告》。2008年11月14日，牛仁亮副省长带领崔国红、段建国、王志民、郜玉兰等赴京，向李盛林部长、翁孟勇副部长及部规划、公路等司负责同志汇报，两位部长分别作重要指示。

11月17日 省交通厅向省财政厅报送《关于申请借资解决路桥企业拖欠职工工资基本生活费的请示》。申请借资5.3亿元。

11月17日 省交通厅批复晋城高速公路建设管理处人员编制。共计191名。

11月17日 省交通厅印发《关于做好全省公路水路运输量专项调查和第三次港口普查工作的通知》。

11月17日 省交通厅下发2008年统计年报和2009年定期统计报表制度及说明的通知。

11月17日 省交通厅印发《关于加强全省公路建设项目招标投标活动监督管理的意见》。主要包括7项内容:①招标范围和条件;②资格审查;③评标方法;④评标标准和程序;⑤公告、公示、备案和查询;⑥诚信体系建设;⑦监督检查。

11月17日 省交通厅下达2008年收费公路养护补充计划。共计4710.42万元(年初计划1202.00万元)。

11月18日 下午，省交通厅召开行风监督员座谈会,广泛征求社会各界意见和建议,进一步推动学习实践科学发展观活动深入开展。

会议由张润副厅长主持。他希望行风监督员们围绕山西交通科学发展存在的不足、影响和制约发展的主要问题,提出好的意见和建议,省交通厅将认真梳理,积极进行整改,真正实现领导干部受教育,科学发展上水平,人民群众得实惠的总要求。

座谈会上,来自运输企业、新闻媒体的9名行风监督员对部分高速公路堵车及隧道灯光差、施工提醒标识牌和公路标志标识设置不科学,计重收费站点测量误差大以及奥运车辆的消化、站场建设,不同级别车辆的经营期限等问题提出意见和建议。

厅直机关党委、驻厅纪检监察室负责人及省公路局、省征稽局、省高管局、省运管局、省交通建设开发投资总公司行评办负责同志出席。

11月18日 王志民副厅长带领厅直机关党委、厅运管处有关负责同志到省运管局,就深入学习实践科学发展观进行调研。认真听取汇报后，提出3点要求。一要找出突出问题、热点问题,完善发展思路,破解发展难题,促进道路运输又好又快发展;二要不断研究新情况、新问题、新挑战,并有效应对解决;三要积极转变职能，提前在构建道路运输综合服务体系、公交车和出租车接管等方面做一些基础性工作,认真总结全年工作,及早谋划明年工作。

11月18日 省运管局召开党委中心组解放思想讨论会,20余人参加。厅第三检查指导组组长陈运生一行3人到会指导。

11月18日 省交通厅、省公安厅、省安监局、省质监局印发《山西省道路运输安全工作协调会议纪要》。

11月18日至20日 厅巡视员曹燎原带领厅有关处室负责人、省公路局等有关领导赴吕梁、阳泉公路分局、征稽分局、交通局、高速公路公司等单位,对信访、离退休人员管理等工作进行调研,并提出“巩固、创新、提高、发展”的要求。

在听取两市有关单位负责人情况汇报后，曹燎原巡视员给予充分肯定。要求各单位结合落实科学发展观活动,理清工作思路,创新工作方法,提高管理水平,着力在安全发展、和谐发展上下工夫,在更好地为当地乃至全省经济社会发展提供有效服务的同时,全面提升交通部门的社会形象。各级干部要提高责任意识,切实关心群众切身利益,把维护好、实现好群众利益作为工作的重要出发点,把应该解决而没有解决的问题解决好；要下大力气抓好干部作风建设,加强对各级干部的管理教育,不断提高干部修养和素质,为更好地履行交通部门服务、生产、经营等诸多职能提供坚实的组织保证；要畅通信访信息通道,加强与地方政府的沟通协调,在依靠地方政府力量解决好群众有关拆求和做好稳控工作上多下工夫。

11月19日 208国道120公里路面改造工程暨夏店互通立交桥全线竣工通车。长治市副市长尚宪芳，省公路局局长戴飞等出席剪彩仪式。

208国道是纵贯长治市南北方向的政治、经济大动脉，1995年建成通车。由于交通流量增大，载重车辆增多，致使路面损坏严重，交通堵塞时有发生，2007年7月份被迫全线中断交通。2008年6月，长治段路面改造工程开工建设。北起晋中交界，南至长治常金，全长119.935公里，总投资5.3亿元。其中：路面改造投资3.94亿元；危桥改造35座，投资2303万元；新建襄垣夏店互通立交桥，襄垣县政府（含征地拆迁1000万元）投资4000万元；潞矿过境段10公里二级路拓宽工程，潞矿投资6600万元，襄垣县政府用于征地拆迁部分投资1000万元。

11月19日 省交通厅向省发改委报送《关于批复省道339线云冈石窟段改线工程可行性研究报告的请示》。路线全长6.71公里，估算投资8602万元，建设工期1年。

11月19日 省交通厅向工行山西分行报送《关于申请太原至古交高速公路贷款的报告》。路线全长22公里，总投资298 000万元，贷款193 000万元，2008年开工，2011年建成通车，分4年到位。具体为：2008年39 000万元，2009年58 000万元，2010年58 000万元，2010年38 000万元。

11月19日 省交通厅批复太原至古交高速公路（不含西山隧道机电工程）初步设计。主线全长20.497公里，古交连接线3公里，总长23.497公里。主线按双向4车道高速公路标准建设，时速80公里，路基宽24.5米；连接线按一级公路标准建设，时速60公里，路基宽20米。西山特长隧道长13.63公里。核准概算2 526 057 441元。

11月19日至21日 郭贵平副巡视员率厅第一指导检查组一行4人分赴大同、朔州、悦达京大、忻州高速公路公司，对学习实践活动第一阶段工作进行指导检查后，给予充分肯定。他说，高管系统基层单位学习氛围浓，准备充分，既轰轰烈烈，又扎扎实实。具体体现在：一是动手早，安排早，主体明确，突出“四个能力”提高，抓住主要问题；二是高度重视，组织机构健全。领导重视是基础，机构健全是保障，思想解放是前提，创新机制是关键，解决问题是根本，群众满意是标准。并提出3点要求。一要把主要精力放在解决基层具体问题上；二要认真总结领导班子集体讨论成果，及时上报材料；三要提前谋划下一阶段工作，为转段做好准备，方法要灵活，要想方设法达到预期结果。

11月20日 下午，省编办主任何令祚，厅长段建国、副厅长张志川，以及省编办综合处、事业处、厅人事处负责人一行9人深入省高管局调研。局长董新品、党委书记李万定及有关处室人员参加。

座谈会上，段建国首先介绍全省高速公路建设和近期规划调整情况；张志川介绍高速公路六大业务和承担的政府职能，对全省高速公路运营管理体制调研方案和提纲作了说明。在听取汇报后，参会人员就高速公路运营管理单位体制、省级高速公路管理机构建制、运营单位区域整合、加强对投资主体多元化形势下行业监管以及理顺人事关系问题等进行深入讨论。

何令祚对高速公路运营管理体制专题调研的前期工作予以肯定，提出4点要求。一要广泛收集资料，为下一步开展专题调研打好基础；二要多方面听取意见，广泛深入了解省内、基层和各个环节意见建议，做到科学决策；三要选择具有典型性的省外高速公路管理体制进行调研，了解优劣，吸收优点，互相学习；四要设计出一个兼具各方优势、体现山西特点、符合省情的管理模式，为全省交通事业发展提供有力支持。

段建国厅长在讲话中要求以开阔视野和国际眼光，广泛收集了解国外高速公路先进的管理模式和制度，从科学发展、政企分开、转变职能角度，设计出一套运行顺畅、职能科学、保障公益的高速公路管理体制，有效解决和避免管理中出现的各种问题，积极适应全省高速公路建设和管理发展需求。

11月20日 省交通厅召开厅属院校安全工作安排部署会。张志川副厅长出席并讲话，提出4点要求。一要从讲政治高度，充分认识重要性，放在突出位置来抓；二要实行安全生产行政责任制，强化“一把手”负总责、分管领导具体抓工作机制；三要立即行动起来，严格要求，加大安全隐患排查；四要尽快建立学校安全工作长效机制，并报厅科教处备案。

11月20日 省交通厅下达2008年第一批基本建设项目投资计划。共计17 102万元。

11月20日 省交通厅向省劳动和社会保障厅报送《关于忻州至保德高速公路被征地农民社会保险资金落实到位的承诺》。共计5552.48万元。

11月21日 下午，厅重点办召开座谈会，听取各建设管理单位被征地农民社保工作进展情况汇报，研究部署下一步工作。厅党组成员、纪检组长韩日裕出席并讲话。要求各建设单位抓住机遇，振奋精神，扑下身子，加大力度，忍辱负重，把进展不平衡的各项前期工作尽可能地往前赶，力争完成全省全年新开工建设1000公里高速公路目标。要把廉政建设渗透到工程建设各个领域和环节，渗透到全过程，时时刻刻做好被查准备，做到警钟长鸣，万无一失。

11月22日 省交通建设开发投资总公司举行山西交通投资大厦落成暨公司驻地动迁揭牌揭幕庆典仪式。原省人大常委会副主任杜五安，太原市高新区管委会党工委书记王茂建，厅领导张润、王志民、韩日裕、张志川、郜玉兰、张德仪、赵振田、郭贵平，厅直各单位、厅机关各处室负责同志出席。

11月23日 省科技厅组织国内有关专家对省运管局、长安大学共同完成的《山西省道路运输行业评价指标体系研究》项目进行科技成果评审。王志民副厅长、李华中局长出席。

经质询讨论后，一致认为项目首次提出全面、系统的山西省道路运输行业评价指标体系，并对全省道路运输行业进行深刻分析评价；深入分析了山西省道路运输产业与国民经济的相互影响关系，建立定量测算模型，为全国省级道路运输管理机构开展行业评价工作提供科学方法，对提高道路运输行业管理水平具有重要促进作用，达到国内领先水平。

王志民副厅长在讲话中充分肯定课题组近两年来辛勤工作，对研究成果表示赞赏。认为该课题对明确山西省道路运输业发展目标和提高管理水平具有重要意义。要求课题组根据新形势、新情况、新需求，对评价指标体系做进一步完善。

11月24日 上午，省交通厅召开座谈会，邀请部分党员老干部和党外人士征求意见。张润副厅长出席并讲话。

厅直机关党委书记杨俊威通报省厅开展深入学习实践科学发展观活动第一阶段总体情况及下一阶段安排。大家畅所欲言，一致认为：正在开展的学习实践活动扎扎实实，有声有色；厅党组找出的问题符合科学发展观要求，结合省厅实际，找得比较准和实。同时还就加强高速公路规划、设计等前期工作，继续深入细致找问题，推进节能减排等问题提出意见和建议。

张润副厅长在讲话中希望老干部继续发扬优良传统，关注全省交通发展，多提好的意见和建议，促进全省交通持续快速健康发展。

11月24日 省交通厅向交通运输部公路司呈报《关于公路建设市场信用体系情况的报告》。

11月24日 省交通厅补充下达2008年度重点公路建设项目投资补充计划。总投资4 296 482万元，其中2008年度投资50 000万元。

11月24日 省交通厅向省发改委报送《关于运城解州至陌南（黄河桥头）公路可行性研究报告的请示》。路线全长约31.1公里，另有芮城互通连接线5公里。采用4车道高速公路标准，时速80公里，路基宽24.5米；连接线采用一级公路标准，时速60公里，路基宽23米，投资估算240 626万元，建设工期4年。

11月24日至25日 曹燎原巡视员先后深入厅后勤服务中心、省交通建设开发投资总公司调研。

在厅后勤服务中心听取情况汇报后，曹燎原巡视员与班子成员和部分干部职工进行座谈，提出3点要求。一是继续解放思想，以思想解放推动中心科学发展。要紧密联系工作实际，以实事求是态度，务实进取作风，确定工作重点，做到目标更实一点、措施更多一点、办法更活一点，不断把解放思想引向深入。二是充分发挥党组织作用。把开展学习实践活动与做好党组织各项工作有机统一起来，做到两不误、两促进。三是以科学发展观为统领，推动后勤各项工作。紧紧围绕各项目标任务，着力抓好作风、资金保障和各项制度落实，以扎实工作确保取得实效。

在省交通建设开发投资总公司听取情况汇报后，曹燎原巡视员在讲话中要求加大改革创新力度，拓宽融资渠道，创新融资方式；要把管理作为企业加快发展根本，在管理、科技创新上下工夫，引进先进科学技术，靠高素质干部队伍和有效制度改革，强化企业管理；要坚持办事公开、透明，做到遵规遵纪守法，减少矛盾纠纷；要坚持以人为本，关心职工生活，注重思想教育，培养一批思想、工作作风过硬的干部队伍和管理队伍，一心一意谋发展，在发展中取得最大效益，保持企业长久健康发展。当前，全省交通系统正在深入开展学习实践科学发展观活动，公司要认真组织好学习实践活动，面对当前发生的金融危机，认清形势，科学判断，紧紧抓住国家扩大内需和全省交通新一轮建设机遇，及早筹划，奋发有为，不断开创企业发展新局面。

11月25日 省综治委成员单位联络员工作会议在省交通厅召开。段建国厅长介绍近年来省交通厅综合治理和平安建设经验，受到与会人员一致好评。省委政法委常务副书记高彦斌在讲话中表示，省厅综治工作以平安建设为载体，认真落实综合治理各项措施，有力推进交通事业科学发展，为各成员单位树立一个很好典范。希望各成员单位认真学习，为建设“平安三晋”，构建和谐山西作出积极贡献。

10年来，省交通厅经验是：抓领导，在提高思想认识上下工夫；抓基层，在发挥基层基础组织作用上下工夫；抓制度，在建立长效机制上下工夫；抓重点，在解决突出问题上下工夫；抓宣传，在提高预防能力上下工夫，综治工作取得突出成效。1997年至2004年连续7年被省综治委评为全省社会治安综合治理工作先进单位，1998年至2006年连续8年被省综治委评为省直机关综合治理工作先进单位。

11月25日 截至今日，阳泉公路分局共收取车辆通行费10 059万元，完成全年计划任务130.47%，完成全年目标任务108.75%。

11月25日 省交通厅印发《关于限期归还省厅代垫的农村公路建设贷款利息的函》。共计6092.07万元。

11月25日 省交通厅向省财政厅报送《关于无偿调拨省交通质监站专用仪器设备给检测中心的请示》。共计11件，总价值3 792 466.41万元。

11月25日 省交通厅转发省政府《关于印发山西省安全生产各项制度的通知》。11月3日印发，主要包括：①《山西省人民政府安全生产委员会制度》(12条)；②山西省安全生产厅(局)际联席会议制度(14条)；③山西省安全生产联合执法制度(12条)；④山西省安全生产事故隐患排查治理制度（12条)；⑤山西省安全生产责任事故约谈制度(10条)；⑥山西省安全生产隐患和事故举报奖励制度(13条)；⑦山西省重大危险源监督管理制度(24条)；⑧山西省安全生产专项督察制度(10条)。自发布之日起执行。

11月26日 上午，省委常委、纪检委书记金道铭在忻州市委书记张建欣等陪同下，深入忻州公路分局南湾收费站视察。金道铭仔细询问计重收费以来车流量变化及遇到的新问题，并勉励收费站人员要以站为家，一如既往地做好通行费征收工作。

11月26日 省交通厅印发《桥面防水黏结层施工技术指南》、《公路桥梁板式橡胶支座施工技术指南》。

11月26日至28日 厅巡视员曹燎原带领省厅和省公路局有关人员到忻州和朔州，与公路分局、交通局、征费分局、高速公路公司、建管处等单位领导和职工进行座谈调研。听取情况汇报后，曹燎原充分肯定交通部门近年来取得的工作成绩，要求各级领导要提高认识，加强责任意识和大局意识，切实关心群众切身利益，树立群众利益无小事观念，尽最大力量解决存在的困难；要从源头上减少和化解各种矛盾纠纷，站在讲政治高度，加强对信访工作的组织领导。对群众来信来访所反映的问题，要尽快落实、尽快办结，进一步加强信访联系渠道，保持信访渠道畅通，力争把矛盾解决在当地，解决在萌芽状态。

11月27日 下午，中国银行山西省分行与省交通厅达成合作意向。中国银行山西省分行行长魏国斌、副行长冷杰、张天民，厅长段建国、厅总会计师张德仪，省高管局局长董新品及厅机关有关处室负责同志参加座谈。

座谈会上，段建国介绍全省高速公路明后两年初步规划。计划新开工建设高速公路3000多公里共38个项目，大约需要资金2000多亿元。他说，能否实现大跨越发展，必须进一步加强与银行的金融合作。省交通厅与省分行达成合作意向，这是关系全省经济社会发展的大事和好事。张德仪表示，今年全省高速公路日通行费收3000万元，收益很好。虽然金融危机带来一些困难，但国家出台的一系列政策又提供很好机遇，投资高速公路建设，不会有金融风险。

魏国斌表示，虽然目前经济增速放缓，但基本面良好，山西分行将进一步拓展资金来源，加强银政合作，加大投放力度，为推进全省公路基础设施建设和经济平稳快速发展作出应有贡献。

11月27日 省运管局在吕梁召开全省道路运输行业卫星定位应用系统企业监管平台建设与管理现场会。王志民副厅长出席并讲话。省运管局局长李华中作工作报告。吕梁市运管处、吕梁顺达运业有限公司、离石区危货运输企业分别作经验介绍。

王志民副厅长在讲话中要求认真学习吕梁先进经验，继续推进全省道路运输卫星定位应用系统建设，完善应用软件，创新建设与管理模式。

11月27日 省交通厅印发《关于交通费税改革与事业单位机构编制清理规范期间严格进人制度的通知》。从即日起，厅属各企事业单位除厅统一安排的国家统配人员外，其他各类人员的增加实行冻结。

11月27日 省交通厅向省政府呈报《关于批复〈山西省高速公路网调整规划〉的请示》。

11月27日 省交通厅向省政府呈报《关于李万定同志随省公安厅出国团组赴南非进行道路交通管理考察的请示》。拟于12月出访，在外停留6天，费用自理。

11月27日 省交通厅向省政府呈报《关于采用BOT方式建设经营高平至新乡高速公路高平至陵川段的请示》。路线长62.175公里，主线采用4车道高速公路标准；陵沁连接线采用一级公路标准，长0.87公里；陵修连接线采用二级公路标准，长4.05公里。投资估算36.3亿元，建设工期3年。

11月27日 省交通厅批复吕梁高速公路有限公司增加人员编制。增加编制240名。

11月27日 省交通厅批复增加部分高速公路公司人员编制。其中，朔州公司44名，忻州公司33名，太原公司40名，吕梁公司50

名，祁临公司66名，临汾公司17名，运城公司22名。

11月27日 省交通厅印发《关于交通费税改革与事业单位机构编制清理规范期间严格进人的通知》。

11月28日 大同县汽车客运站落成剪彩仪式举行。大同市副市长郝月生，省交通厅副厅长王志民及省运管局局长李华中出席。项目总投资1180万元，占地2.4万平方米，建筑面积3000平方米，站内设标准发车位13个，日发200余个班次，日发客流7000余人次。

11月28日 省交通厅党组印发《关于调整厅人口与计划生育领导组的通知》。组长：段建国；副组长：张润、曹燎原；成员有：尹新平、王晓光、胡建新、张补才；办公室主任：张补才；承办人：王旭梅。

11月28日 省交通厅党组印发通知，任命省重点公路工程建设领导组办公室组成人员。主任：段建国；副主任：张润、王志民、韩日裕、张志川、郜玉兰、张德仪、曹燎原、郭贵平。

11月28日 省交通厅成立信访工作领导组。组长：曹燎原；副组长：尹新平；成员有：曹居月、王京荣、郭全英、蒋品、杨吉平、李贵顺、田根、蔺建煌、杨俊威、胡建新、王晓光、李爱和、刘清平、张补才；办公室主任：尹新平；副主任：曹居月、郭全英、杨吉平、蔺建煌、苏敏、刘清平、张补才。

11月28日 省交通厅下达旅游公路项目前期计划。共计357.7公里。

12月

12月1日 省交通厅向交通运输部呈报《关于山西省公路交通信息资源整合与服务工程建设进展情况的报告》。

12月1日 省交通厅下达2008年太原东山过境高速公路车辆通行费收支考核计划。收入18 566万元。

12月1日至2日 全省运管局（处）长和部分县运管所长座谈会在太原召开。王志民副厅长出席并讲话，提出4点要求。一要以学习实践科学发展观活动为契机，进一步理清和提高思想认识；二要做好“费改税”各项准备工作，顺应形势，主动改革；三是做好运管队伍稳定工作，加大宣传教育力度，使运管人员对运输行业管理工作重要性有进一步认识；四是建立完善应急预案，确保群体性突发事件能够及时、妥当处置，为费税改革工作顺利开展营造良好环境。

12月2日 省交通厅召开全省交通基础设施建设安全生产工作会议。张润副厅长出席并讲话，提出3点要求。一要进一步认清当前严峻形势，强化安全生产意识，增强紧迫感，真正记在心上，抓在手上，落实到行动上。二要进一步加强施工安全监管。要切实落实企业安全生产主体责任，落实监理单位现场安全监理职责，深化安全隐患排查治理工作。三要进一步构建安全长效机制。严格施工单位安全资质审查；严格按照设计、施工技术规范及安全技术规程组织施工；坚持合理工期；认真做好公路建设防灾减灾工程；完善公路施工现场安全生产管理体系。

12月2日 省公路运输工会印发《关于2009年元旦春节期间开展送温暖活动的通知》，主要包括指导思想、走访慰问对象、时间与步骤、慰问标准、几点要求5项内容。时间为2008年12月1日至2009年1月底。其中：困难职工，每户现金500元，面粉或大米50斤、食油10斤等；省级困难劳模，每户现金1000元，鲜花一束等；全国困难劳模，每户现金2000元，鲜花一束等；困难企业，千人以下（含千人），为2万元以内慰问金；千人以上为3万元以内慰问金。

12月2日 省交通厅批复运城高速公路信息监控指挥中心和公司档案室工程可行

性研究报告。建筑面积2918平方米，控制投资930万元，建设工期2年。

12月3日 省交通厅深入学习实践科学发展观活动领导组晋交学组发〔2008〕9号文印发《分析检查阶段工作方案》。要求重点抓好专题民主生活会、撰写领导班子分析检查报告、通报分析检查情况、群众评议四个环节。

12月3日 省高管局召开深入学习实践科学发展观活动第一阶段总结暨第二阶段动员大会。局党委书记李万定作动员报告，第一指导检查组组长、厅副巡视员郭贵平出席并讲话。局长董新品主持。

董新品在讲话中要求各单位认真全面落实厅党组各项安排部署，做到抓学习，在深化思想认识上下工夫；抓关键，在把握总体要求上下工夫；抓重点，在查找突出问题上下工夫；抓领导，在狠抓工作落实上下工夫，做到学习实践活动和推动高速公路改革发展“两不误、两促进”，确保全年各项工作圆满完成。

郭贵平在讲话中要求认真做好分析检查阶段各环节主要工作。

12月3日 省交通厅向省劳动和社会保障厅报送《关于忻阜高速公路被征地农民社会保障资金落实到位的承诺》。共计6598.0473万元。

12月3日 省交通厅向省劳动和社会保障厅报送《关于阳翼高速公路被征地农民社会保障资金落实到位的承诺》。共计6118.3464万元。

12月3日 省交通厅向省财政厅报送《关于解决路桥企业历史拖欠职工工资的请示》。共计2678.51万元。

12月3日 省交通厅向交通部综合规划司报送《关于山西省公路建设债务风险与可持续发展调研资料的报告》。

12月3日 省交通厅下达农村物流发展试点市县补助资金计划的通知。共计490万元。

12月3日 省交通厅向省政府呈报《关于今后两年全省公路建设项目的请示》。建设规模4.77万公里，总投资2435亿元，用地35万亩（国家指标7万亩，省里指标28万亩）。预计两年可竣工24.57万公里，完成投资1485亿元。

12月3日 省交通厅向省政府呈报《关于农村街道硬化有关情况的报告》。

12月3日 省交通厅批复新绛县汽车客运站初步设计。二级标准，占地50亩，建筑面积2658.64平方米，其中候车楼2448.74平方米，附楼164.9平方米，门房45平方米，核定概算8 509 300元，建设工期2年。

12月3日 省交通厅向省劳动和社会保障厅报送《关于大呼高速公路被征地农民社会保障资金落实到位的承诺》。共计4240.36万元。

12月3日 省交通厅批复蒲县汽车客运站初步设计。二级标准，占地25亩，建筑面积2537.02平方米，其中候车楼2310.12平方米，附楼164.9平方米，门房40平方米，旱厕22平方米。核定概算7 166 449万元，建设工期2年。

12月3日 省交通厅批复河曲县汽车客运站初步设计。二级标准，占地24亩，建筑面积2318平方米，其中候车楼1899平方米，附楼167平方米，检测机修200平方米，门房30平方米，旱厕22平方米。核定概算5 913 771万元，建设工期2年。

12月5日 省交通厅召开深入学习实践科学发展观活动第一阶段总结暨第二阶段动员大会。厅党组书记、厅长段建国作动员报告，省委第三指导检查组组长吕德功出席并讲话。厅党组副书记、副厅长张润主持。厅领导、厅直各单位党政主要负责人和党办主任、厅机关处级以上干部和离退休干部代表、厅学习实践活动指导检查组全体同志参加。

活动开展以来，厅直各级党组织和广大共产党员，特别是党员领导干部，紧紧围绕“党员干部受教育，科学发展上水平，人民群众得实惠”的总体要求，以饱满政治热情，“七个到位”抓落实,“三个重点”求实效,“五点共识”谋发展。即组织领导到位,思想发动到位,安排部署到位,指导检查到位,汇报沟通到位,示范引领到位,舆论引导到位;在学习培训上求实效,在专题调研上求实效,在解放思想大讨论上求实效;在发展方向、发展目标、发展方法、发展措施、发展保证上基本形成共识,学习实践活动起步扎实,开局良好,推进有序,取得明显成效。

段建国厅长在讲话中要求以科学发展观为指导,科学分析形势,把思想认识统一到中央的判断和决策上来,坚定信心,趋利避害,主动谋划对策,积极应对挑战。把动员广大党员干部特别是各级领导干部积极应对金融危机对我国经济的不利影响,在科学发展观指导下做好当前各项工作,作为学习实践活动的重要内容。根据经济社会发展情况变化,精心做好保发展、保民生、保稳定、保中央方针政策贯彻落实工作;要充分认识分析检查阶段工作的重要性,切实增强做好这一阶段工作的责任感,扎实做好分析检查阶段四个环节工作,认真组织专题民主生活会,认真撰写领导班子分析检查报告,及时通报分析检查情况,严格组织群众评价,确保分析检查质量。要继续强化组织领导,坚持边学边改,突出实践特色;坚持示范带头,发挥表率作用;切实加强领导,狠抓工作落实。

吕德功组长在讲话中指出,10月17日召开动员会以来,省交通厅学习实践活动组织精心,程序严格,进展顺利,取得阶段性初步成效。主要表现在四个方面:厅党组重视,周密部署,加强领导,主要领导带头,发挥表率作用;学习实践活动主题鲜明,针对性强,学习比较认真,在深入理解中解放思想,在解放思想中统一思想,在统一思想中取得共识,在取得共识中推进发展;学习调研扎实深入,坚持群众路线,广泛听取各方面意见;学习实践活动与推进各项工作紧密结合,在抢抓新机遇、促进大发展格局中主动抢位,在整合运输大体系中科学定向。符合科学发展观要求,符合山西交通工作实际,符合党员干部和人民群众的愿望与期盼。他说,分析检查阶段在学习实践活动中具有承前启后的重要作用,要广泛征求意见,找准问题,分析原因,理清思路,明确方向,扎实做好第二阶段各项工作。征求的意见要认真梳理,做到原汁原味反馈;民主生活会的主题要鲜明突出,氛围与质量要民主团结,深刻有效;会前领导班子成员要主动开展谈心活动;领导班子成员要认真撰写发言提纲进行自我检查;要提前确定好参加民主生活会的人员范围。民主生活会要坚持正面教育为主原则,重在分析问题,重在总结经验,重在明确方向;开展批评与自我批评,既要坚持原则又要注意方式方法,不纠缠历史旧账,不纠缠个人责任。他特别强调,虽然由学习调研阶段转入分析检查阶段,但要把学习坚持不懈地贯彻始终,要把注重实践特色坚持不懈地贯彻始终。

省委第三指导检查组副组长赵林平,对做好第二阶段各环节主要工作需要注意把握的要点提出要求。

12月6日 省交通厅党组调整厅老龄工作委员会组成人员。主任:王志民;常务副主任:曹燎原;副主任:杨俊威、李爱和;委员有:尹新平、王京荣、蔺建煌、郭全英、王晓光、张补才;办公室主任:李爱和。

12月6日 省交通厅党组调整厅老干部工作领导组成员。组长:段建国;副组长:张润、王志民;常务副组长:曹燎原;成员有:尹新平、王京荣、蔺建煌、杨俊威、郭全英、王晓光,李爱和、张补才;办公室主任:李爱和。

12月6日 省交通厅向省发改委报送《关于2009年交通重点工程建设项目投资建设计划的报告》。计划安排30个项目,建设里程2224公里,总投资13 782 458万元,2009年计划安排投资5 707 300万元,其中部补助210 300万元,申请省煤炭基金520 000万元,通行费986 600万元,开行贷款1 063 000万元,工行贷款720 000万元,交行贷款600 000万元,银行贷款527 400万元,货运附加费

20 000万元，企业自筹（BOT项目）1 600 000万元。

12月6日 省交通厅向省财政厅报送《关于解决路桥企业历史拖欠职工工资的函》。共计2678.51万元

12月8日 下午，全省重点公路工程建设系统深入学习实践科学发展观活动第一阶段总结暨第二阶段动员大会召开。厅第四指导检查组组长孟科出席并讲话。要求合理安排，统筹兼顾；突出重点，整体推进；努力做到两年抓、两不误、两促进，推动各项工作取得新进展、新进步。

12月8日 省交通厅向交通运输部呈报《关于全省公路交通应急体系建设情况的报告》。

12月8日 省交通厅批复阳高等11个公路段业务用房工程可行性研究报告。包括：①阳高公路段，征地10亩，建筑面积2750平方米，估算投资581万元，建设工期2年；②山阴公路段，建筑面积2938平方米，估算投资478万元，建设工期2年；③保德公路段，征地9.5亩，建筑面积2348平方米，控制投资500万元，建设工期2年；④阳泉郊区公路段，征地8亩，建筑面积2206平方米，控制投资486万元，建设工期2年；⑤太谷公路段，建筑面积4924平方米，控制投资958万元，建设工期2年；⑥岚县公路段，征地10亩，建筑面积2203平方米，控制投资507万元，建设工期2年；⑦垣曲公路段，征地10亩，建筑面积2136平方米，控制投资479万元，建设工期2年；⑧襄垣公路段，征地8亩，建筑面积2426平方米，控制投资502万元，建设工期2年；⑨沁县公路段，征地10亩，建筑面积2233平方米，控制投资494万元，建设工期2年；⑩沁水公路段，征地5.4亩，建筑面积4080平方米，控制投资956万元，建设工期2年；⑪永和公路段补充批复追加征地费130万元。

12月8日 省交通厅党组向省纪委呈报《关于推荐胡建新同志为省纪委、监察厅驻交通厅纪检组副组长、监察室主任的报告》。

12月9日 上午，省公路局召开深入学习实践科学发展观第一阶段总结暨第二阶段动员大会。第二指导组组长史荣和莅临指导。省公路局局长戴飞主持会议。

厅党组成员、局党委书记赵振田对学习实践活动第一阶段开展情况进行回顾总结，对第二阶段各环节工作提出4点要求。一要深刻自我剖析，认真开好专题民主生活会；二要深刻分析检查，形成高质量分析报告；三要坚持群众路线，认真组织群众评价；四要加强组织领导，确保分析检查活动取得实效。

12月9日 厅直机关党委转发中央统战部《关于支持协助各民主党派深入学习贯彻科学发展观的意见》。

12月9日 省交通厅党组印发通知，撤销大同环城高速公路建设管理处。

12月9日 省交通厅向省发改委报送《关于2008年交通业务用房基本建议投资建设计划的请示》。总投资5735万元，其中养路费4992万元，单位自筹743万元。

12月9日 省交通厅下达2008年县级公路危桥改造奖励补助资金计划。共计2372.80万元。

12月9日 省交通厅转复2008年第五批预算。共计153 617.87万元。

12月9日 省交通厅向省发改委报送《关于2008年交通业务用房基本建设项目可行性研究报告的请示》。共计投资6397万元，其中养路费5287万元，单位自筹1110万元。

12月9日下午至10日上午 厅党组书记、厅长段建国带领厅机关有关处室负责人深入省交通建设开发投资总公司、省地方海事局调研和指导深入学习实践科学发展观活动。

省交通建设开发投资总公司是段建国厅长联系点。认真听取工作汇报后，他对取得的阶段性成果表示满意。对公司当前“跟着走、务实干、科学谋、创新路”思路给予充分肯定，高度评价公司创新筹融资渠道“五管齐

下”做法。他说，明后两年，全省公路建设总里程达 47 000 多公里，其中高速公路就达 3000 公里，估算投资 2400 亿元，仅资本金一项就得 700 亿元，资金压力很大。开发公司作为全省公路建设的筹融资平台，担负着非常重要的责任和义务。希望公司进一步加快发行债券、中期票据、转让股权、企业上市及与省资本办积极探讨交通能源基金设立各项工作进度，并及时向省厅汇报有关情况，尽可能地尽快地为全省公路建设筹集更多资金。要顾全大局，肩负起国有企业应该承担的责任和义务，努力维护企业稳定。

在省地方海事局，段建国厅长听取汇报后，认为工作扎实，思路清晰，措施得力，各项工作都卓有成效，要求在强化安全意识、明确责任同时，要紧紧抓住沿黄渡口、大型水库、10 人以上船舶等监管重点，做好隐患排查，并通过实战演练等方式，不断提高队伍业务素质、应急能力和水平，确保全省水上交通安全。

段建国厅长在讲话中指出，由于受美国次贷危机影响，金融危机蔓延全球，严重冲击实体经济。为应对给全国经济带来的不利影响，党中央国务院决定实施积极财政政策和适度宽松货币政策，出台多项有力促进经济发展的政策措施。对交通部门来说，这是千载难逢的历史机遇，一定要把思想认识统一到党中央的判断和决策上来，认真贯彻落实中央和省委的决策部署，坚定信心，趋利避害，主动谋划对策，积极应对挑战，以良好的精神状态，扎扎实实做好本职工作，努力保持全省交通又好又快发展，维护全省交通改革发展稳定大局。

12 月 10 日 省交通厅深入学习实践科学发展观活动领导组办公室印发段建国、赵林平同志在省交通厅深入学习实践科学发展观活动第一阶段总结暨第二阶段动员会上的讲话。

12 月 10 日 省交通厅召开全省重点公路工程建设系统质量安全工作会议。厅总工程师部玉兰出席并讲话。要求充分认识工程建设安全生产重要性和紧迫性，按照部、厅部署，进一步落实安全生产主体责任和安全监管主体责任，建立健全长效机制，全面排查治理事故隐患；要完善安全事故应急预案，提升处置能力，有效防范和遏制事故发生，切实把质量安全工作抓紧、抓细、抓实、抓好，营造良好建设环境。

12 月 10 日 省运管局召开学习实践科学发展观活动第一阶段总结暨第二阶段动员大会。厅第三指导检查组组长陈运生等到会指导。李华中局长在讲话中要求积极应对当前国家燃油税改革新形势，坚定发展信心，维护稳定大局；增强责任感，确保分析检查质量；强化组织领导，突出实践特色，狠抓工作落实。

12 月 10 日 省交通厅印发《关于对高速公路建设项目前期借款的使用情况进行检查的通知》。

12 月 10 日 省交通厅向省国土资源厅报送《关于今后两年全省公路建设用地计划的函》。总规模4.77万公里，总投资2435亿元，用地约35万亩。其中，高速公路项目40个，建设规模3180公里，总投资1950亿元，用地29.5万亩；国省干线建设规模2500公里，总投资320亿元，占地5万多亩；农村公路4.2万公里，投资160亿元；运输站场项目177个，总投资5亿元。

12 月 10 日 省交通厅下达2008年农村公路建设项目省补助资金计划(之一)。共计2000万元。

12 月 10 日 省交通厅下达2008年农村公路建设项目省补助资金计划(之二)。共计2080万元。

12 月 10 日 省交通厅向省政府呈报《关于省路桥企业深化改革实施方案的报告》。全省路桥企业共有14个，其中省公路局监管3个，各分局监管11个，现有职工13 366人。其中在册职工11 416人，离退休人员1950人，注册资本合计25.64亿元，实收资本7.27亿元。截至2008年5月13日，企业资产总额40.99亿元，负债总额54.06亿元，资产负债率131.87%，所有者权益合计-13.12亿元；亏损共23.79亿元。其中，审计账面亏损（未分配利润）21.24亿元，企业拖欠职工工资和“三险一金”3.62亿元（拖欠工资2.07亿元，“三险一金”1.55亿元）。债权情况为：经业主确认拖欠工程款5.56亿元，到期未归还的履约保证金和质保金合计拖欠1.32亿元。另外，经监理确认，业主未确认的拖欠工程款11.05亿元；各路桥企业上报，但未经监理、业主确认的拖欠工程款4.3亿元（其中太长线0.64亿元）。企业分为三种类型：生产经营状况较好的有4家（路桥二公司、晋中路桥、晋城路桥、太原路桥），生产经营状况差的有3家（中北路桥、吕梁路桥、太行路桥），尚能维持正常运转的有7家（路桥集团公司、大同运方路桥、朔州路桥、运城路桥、临汾平阳路桥、路桥一公司和阳泉路桥）。根据分类指导原则和发展规划，用5年左右时间，做大做强第一类，关停破产第二类，扶持搞活第三类。

12月11日 省交通厅下达2008年度县乡公路水毁抢修费用。共计500万元。

12月11日 省交通厅向省劳动和社会保障厅报送《关于荣城至乌海高速公路山西境灵丘至山阴段建设项目被征地农民社会保障资金落实到位的承诺》。共计10 757.603万元。

12月11日 省交通厅向省财政厅报送《关于恢复曹燎原同志享受公费医疗保健干部身份的请示》。

12月11日 省交通厅向省财政厅报送《关于申请2008年村村通水泥路（油路）建设补助资金的报告》。全年共完成村村通水泥路（油路）18 291公里（村连村10 099公里，通过油路改造8192公里）。按每公里1万元给予补助安排10 099万元。

12月11日 省交通厅批复沿黄干线保德至土崖塔段初步设计。路线全长49.358公里，二级公路标准，其中10.671公里时速60公里，其余时速40公里，路基均宽8.5米，核定概算176 319 531元。

12月11日 省交通厅印发《关于表彰全省交通系统办公室工作先进个人的通报》。共计142名。

12月11日 省交通厅印发《关于表彰全省交通政务信息工作先进集体和先进个人的通报》。其中，先进集体18个，先进个人104名。

12月12日 厅党组召开学习实践活动专题民主生活会，对照科学发展观要求，认真分析检查工作中存在的问题，进一步理清思路，制定推动和保障交通新的科学发展具体措施。省委第三指导检查组组长吕德功，副组长崔富春、赵林平，省委组织部省直处郑秀春到会指导。省征稽局、省高管局、省运管局、省地方海事局党组织主要负责人，省厅指导检查组组长及厅学习实践活动领导组办公室有关负责同志列席。

为开好这次专题民主生活会，厅党组广泛征求各方面意见和建议，先后召开各类座谈会 21 次，发放征求意见表 70 多份，收集梳理肯定性意见 63 条，建议 93 条；厅领导围绕 11 个调研课题，分别带领有关部门和单位负责人深入联系点展开调研，累计深入 26 个基层单位调研 44 次，亲自主持撰写 11 个调研报告。各位班子成员根据这次民主生活会，对照征求到的意见和建议，结合各自分管工作，会前开展谈心活动，精心准备发言提纲。会上，大家联系思想和工作实际，交流学习实践科学发展观的体会，剖析交通改革发展中存在的突出问题，提出有针对性的整改意见和建议。

段建国厅长在发言中指出，改革开放以来，特别是党的十六大以来，全省交通事业在贯彻落实科学发展观、实现又好又快发展上取得令人鼓舞成绩，但与科学发展观要求相比，与省委、省政府和人民群众期待相比，交通发展过程中还存在着不足地方。对照“第一要义是发展”要求分析，交通发展最突出的问题是基础设施总量不足、质量不高、结构不合理、保障能力不强；对照“核心是以人为本”要求分析，交通公共服务的安全性、便民性、公平性还有较大差距；对照“基本要求是全面协调可持续”和“根本方法是统筹兼顾”要求分析，交通发展不平衡、不和谐、不稳定问题还比较突出；对照解放思想、改革开放要求分析，最突出的问题是创新意识不强、创新动力不足；对照“以改革创新的精神加强党的建设”要求分析，必须进一步加强厅领导班子建设和干部队伍建设。要切实改进上述5个方面突出问题，必须以科学发展观为指导，认真总结改革开放30年交通发展经验，以思想大解放推动交通大发展。为了推动和保障交通新的科学发展，段建国厅长提出6点要求。一要抓住机遇，再掀公路建设新高潮，努力使交通基础设施在质和量上实现双突破。二要解放思想，加大改革创新力度，全力化解制约交通发展的突出问题。三要统筹兼顾，落实“三个并重”，促进交通事业全面协调可持续发展。四要以人为本，抓住突出问题，不断发展、实现和维护广大人民群众根本利益。五要大力加强干部队伍建设。六要切实加强厅党组自身建设。他说，通过前一段时间学习实践，厅党组及各位成员对科学发展观理解有了明显提高，对交通改革发展中存在的问题有了更清醒认识，对推进交通科学发展的信心更加坚定。方向更加明确，思路更加清晰，措施更加有力。下一阶段要更进一步加强理论学习，进一步增强把握机遇能力、科学决策能力、开拓创新能力、学习新知能力、驾驭全局能力、廉洁自律能力，努力实现领导干部受教育、科学发展上水平、人民群众得实惠的目标，奋力开创交通运输科学发展新局面。

吕德功组长在讲话中总结这次专题民主生活会有4个特点。一是准备充分。厅党组对这次专题民主生活会高度重视，精心准备，在认真学习调研、广泛征求意见基础上，班子成员认真撰写了发言提纲。二是紧扣主题。班子成员紧紧围绕专题民主生活会主题，突出查找、解决影响和制约交通科学发展的矛盾与问题这个重点而展开。三是态度坦诚。认真开展批评与自我批评，着眼于工作的改进提高，着眼于交通新一轮发展，真正做到坦诚相见。四是注重对接。班子成员发言特别注重与征求意见对接，不回避矛盾。他要求下一步要抓好第二阶段其他环节工作，高质量完成分析检查报告，分析要深刻，检查要到位，主要领导和班子成员要全程把关分析检查报告。他说，当前，交通发展的机遇比较好，但行业发展任务大，行业改革矛盾多，行业稳定风险高，行业安全责任重。大家必须同心同德，团结一致，在厅党组领导下，解放思想，共同破解制约交通新发展的突出问题；抢抓机遇，科学指导，全力推动交通大发展的启动步伐；营造氛围，完善与地方政府的共建机制，强化共建责任，最后形成共建合力。

12月12日 全省交通系统办公室主任会议召开。总结交流全年工作成绩和经验，安排部署明年工作。王志民副厅长出席并讲话。要求一定要做好政务公开、应急管理、政务值班、对重大事项和决策的检查督察及信息工作。他说，政务公开是办公室的重要工作，各市交通局有行政许可任务和社会许可任务的都要重视这项工作，能让群众知道的一定要做到场务公开、政务公开；交通运输、公路、水上都是为社会提供服务的，一旦出现突发事件，应急保障一定要及时出动，信息报告反馈速度一定要准确及时，保证信息通讯、指挥系统的畅通；要维护正常值班秩序，特殊时期24小时值班是非常重要的，一定要安排值班人员在职在岗，要汲取教训，保证报告信息的时效性、敏感性；办公室对重大事项要督办督查，对重大事项工作批转要有办结制度；要保持和有关方面的密切联系，主要与当地信访部门和公安部门保持联系，加强沟通，一旦出现事故，主要负责人一定要及时到位。他希望大家在新的一年里继续努力，把办公室工作做好，促进交通事业又好又快发展。

会议还对在办公室工作中涌现出的先进个人、交通政务信息工作先进集体和个人进行表彰。

12月12日 省交通厅向省财政厅报送《关于车辆通行费用于公路建设基金和系统还贷资金对我厅实行实有资金拨付的请示》。

12月15日 省交通厅向省发改委报送《关于国道307线清徐段改线工程可行性研究报告的请示》。路线全长约19公里，一级公路标准，路基宽23米，时速60公里，估算投资42 200万元，建设工期2年。

12月15日 省交通厅印发《关于推荐选拔厅局联系高级专家的通知》。拟选60人。

12月15日 省交通厅向牛仁亮副省长呈报《关于举行公路建设系列活动事宜的请示》。

12月16日 省交通厅召开各市交通局长座谈会。段建国厅长出席并讲话，王志民副厅长主持，厅领导张志川、郜玉兰、张德仪、赵振田及省公路局、省征稽局、省运管局、省高管局、省地方海事局、厅机关各处室主要负责人和各市交通局局长参加。

2008年，全省交通建设成绩显著，全省公路交通建设安排投资210亿元，预计完成200.3亿元，为计划95.4%，其中高速公路完成56.3亿元，国省干线公路完成68.8亿元，农村公路完成75.3亿元。道路运输可完成客运量4亿人，旅客周转量212.3亿人公里，分别为上年103.8%、100.2%，完成货运量8.58亿吨，货物周转量458.7亿吨公里，分别为上年104.5%、107.3%，治超工作取得明显成效，交通为民承诺的8件实事全部兑现，道路运输在抗灾救灾、电煤运输和奥运交通保障中发挥重要作用。

座谈会上，11个市交通局局长汇报2008年交通工作情况以及2009年工作思路，并对工作中出现的问题提出建议和措施。五大专业局局长作表态发言。段建国厅长认真听取汇报，对大家提出的问题和建议，要求厅机关各处室和各专业局要对号入座，认真研究，提出解决办法和具体措施。

段建国厅长在讲话中指出，按照省政府要求，今后两年，全省公路建设总规模将要达到4.77万公里，总投资规模2435亿元，其中高速公路安排建设40个项目3180公里，国省干线公路建设规模约2500公里，农村公路建设规模约4.2万公里。这将是全省历史上规模最大的一次公路建设。为此，他提出7点要求。一是解决好土地征用事宜，做到提前争取，对县乡土地合理规划，完善前期工作，加快征地拆迁步伐；二是广开资金筹措渠道；三是对于已经规划好的建设项目，一定要严格按照规划要求进行施工，在施工过程中严把质量关，高度重视施工安全；四是加大对工程质量和进度的监控，对施工过程进行全程跟踪检查，发现问题，及时上报；五是做好指标分解落实工作，层层分解，层层落实；六是对已建好的公路要做到建养管并重；七是保护治超成果，进一步加大治超力度，维护路产路权，为"十一五"规划目标顺利完成打牢基础，为实现全省经济又好又快发展发挥交通应有的作用。

王志民、张志川、郜玉兰、张德仪、赵振田也分别在会上结合各自分管工作作了安排部署。

12月16日 省交通厅印发《关于报送2008年信访工作总结和形势分析报告的通知》。

12月17日 王君代省长在省运管局《关于全省运管系统11月份源头治超工作的报告》上批示："华中同志，你们的工作有力度，有成绩，上下反映都很好。望继续努力，加大力度，在治超工作中做出新成绩"。为贯彻落实王君代省长批示精神，全省运管系统将继续贯彻省政府223号、224号令精神，按照"思想不松、要求不变、力度不减、标准不降"要求，继续加大督察力度，重点治理短途非法超限超载运输，坚定不移地抓好源头治超工作。同时，还将对全省运管机构源头治超工作进行考核排名。

12月17日 省交通厅党组印发《关于调整山西省交通厅精神文明建设委员会成员的通知》。主任:段建国;常务副主任:张润;副主任:王志民、韩日裕、张志川、郜玉兰、张德仪、赵振田、曹燎原、郭贵平;委员有:张晋鹏、李万定、李铁山、李华中、牛世骏、尹新平、蔺建煌、胡建新、王晓光、刘清平、贾勇;办公室主任:杨俊威;副主任:贾勇、原建中。

12月17日 省交通厅成立成品油价税费改革领导组。组长:段建国;副组长:张润、王志民、张德仪、赵振田、曹燎原、张晋鹏、李华中;成员有:蔺建煌、尹新平、曹居月、王京荣、郭全英、蒋品、杨吉平、田根。领导组下设办公室,办公室设在厅人事处。领导组下设3个工作小组:①稳定协调工作小组。组长:尹新平;副组长:曹居月、田根;②业务工作小组。组长:郭全英;副组长:王京荣、蒋品、杨吉平;③人事工作小组。组长:蔺建煌;副组长:侯一方、吴秀武、高海青。

12月17日 省征稽局召开视频会议,介绍燃油税改革相关情况,安排部署当前各项工作,号召全系统干部职工坚定信心,顾全大局,以稳定求发展,以发展保稳定,落实工作目标,服务交通发展。

一年来,全省交通征稽系统围绕科学发展观,坚持"创新驱动、文化带动、管理促动、党建保障"方针,各项任务圆满完成。全年征收公路养路费、货运附加费、车辆通行费46亿元,超额6亿元完成省厅下达的费收计划。在公路建设投融资越来越困难形势下,真正实现为厅党组分忧、为交通发展全局服务。公路养路费费收总额位居全国第八,增长比例跃居全国第二,太原分局费收超过7亿元,4亿元以上分局由原来4个增长到7个,在山西这样一个经济欠发达省份,养路费征收标准又低于全国平均水平情况下,体现了高水平管理和扎实作风。新增省级文明和谐单位标兵2个,省级文明和谐单位6个,成为近年来文明单位升级上档幅度最大的一年,全系统省级文明和谐单位总数和标兵数分别占到全省交通系统43%和31%。自11月以来,虽然受费改税影响,虽然事关征稽系统前途和职工生存利益,但全体征稽职工仍然坚守岗位,"在岗一分钟,奉献六十秒",体现长期以来锻造出来的整体素质、文化底蕴和优良品质。

张晋鹏局长指出,回顾交通征稽专职机构成立22年来,交通征稽经历过监理体制分家、车购税划转、燃油税改革等多次考验。在考验面前,交通征稽人始终以国家利益为重,锻造出高素质队伍,开拓出不平凡业绩。22年为国家征收交通规费548亿元,实现高科技管理和现代化办公,交通征稽历史,见证着改革开放历史,承载着交通发展历史。22年来,交通征稽在国家利益面前,有12名同志为国牺牲,45名同志因公致伤致残,用生命代价支撑着交通事业发展,这一份忠诚、责任与信念,将伴随交通征稽跨越人生、跨越一道道事业发展的沟沟坎坎。会议提出"一切工作照常进行"总体要求,对2008年费收业务年结工作进行专项安排,对当前稳定、纪律和落实各项工作目标进行全面部署。一要做好稳定工作。要突出大局意识、责任意识和开拓意识,各级领导班子要做好思想政治工作,坚持正面引导,加强矛盾排查,不说过头话,不做冲动事,不搞无事生非,而是该干什么,还干什么,坚守岗位,做好组织交办的事,做好自己分内之事。二要忠于责任。以国家利益为重,按部就班,继续做好规费征收、依法清欠、资金上解等各项征管工作;要对事业发展和自己负责,越是在改革的时候,越要保护好自己的形象、素质和尊严。三要落实工作目标。抓好年终工作总结、目标责任制考核、干部考核、2008年工作表彰和2009年工作会议、学习实践科学发展观活动等6件大事。各级领导班子要加大责任追究,将稳定、纪律和落实目标任务作为各级领导班子执政水平考验、作为干部素质的检验和干部考核依据。

12月17日 省交通厅印发《关于撤销

平朔一级公路收费站意见的批复》。

12月17日 省交通厅下达2008年运煤公路和干线公路危桥改造工程投资计划。共计49 741万元，其中煤炭可持续发展基金3500万元，地方配套和自筹46 241万元。

12月17日 省交通厅向省重点办申报2009年度省重点工程建设项目。建设规模2224公里，总投资13 782 458万元，到2008年底累计安排投资13 782 458万元，2009年建议计划5 187 300万元。

12月17日 省交通厅下达2008年煤炭可持续发展基金基建支出预算(拨款)指标，共计3500万元。

12月17日 省交通厅批复高速公路朔州等14个收费站扩容改造工程设计。14个收费站为：毛皂、朔州、代县、忻州、开栅、长风、襄垣、屯留、平遥、灵石、明姜、襄汾、平陆、风陵渡；征地185.39亩，核准概算112 265 437元，建设工期3个月。

12月17日 省交通厅批复运三高速公路爬坡车道改造工程设计。工程全长10.1公里，核准概算80 082 304元。

12月17日 省交通厅复函高平市政府，对高平煤运公司西南庄煤焦销售营业站预留煤焦车道提出4条意见。

12月17日 省交通厅向省政府呈报《关于解决全省干线公路原养护协议工养老保险建议意见的报告》。

12月18日 省交通厅召开厅直单位老干部处(科)长座谈会。传达全省老干部工作会议精神，回顾总结 2008 年工作，安排部署 2009 年工作。曹燎原巡视员出席并讲话。要求加强新形势下离退休人员管理服务工作。一是完善落实好生活待遇的保障机制，特别要做好对有特殊困难人员帮扶工作；二是加强思想、政治建设，使离退休人员及时了解党的路线方针政策，国际、国内形势，自觉与党中央保持一致，针对交通系统出现的新情况、新问题做好解释工作；三是发挥好离退休人员在学习实践科学发展观，促进全省交通事业又好又快发展中的推动作用；四是做好管理和服务工作，创新和改进工作思路、方法，做好家属子女的配合工作，多沟通；五是加强老干部工作部门建设，做到机构、人员、经费、制度四落实。

12月18日 省史志研究院印发《关于表彰 2008 年度全省地方志系统先进集体和先进个人的决定》。其中，先进集体 56 个，先进个人 190 名。

12月18日 省高管局召开局领导深入学习科学实践发展观活动专题民主生活会。厅助理巡视员、第一指导检查组组长郭贵平及成员出席。

董新品局长结合前一阶段学习调研情况，分析近年来所取得的成绩及存在的不足，提出整改初步设想。其他成员紧扣主题，深入查找突出问题，明确今后工作思路。李万定书记在总结讲话中要求紧紧围绕“建强局、美环境、活机制、用人才、谋发展”的目标体系，努力建设人文高速、科技高速、绿色高速、文明高速、和谐高速，为实现山西高速又好又快发展奠定基础。郭贵平助理巡视员在讲话中对省高管局领导班子给予肯定。认为是一个求真务实，开拓创新，团结有力，顾全大局，政治上可靠，工作上勤奋，作风上务实，受到广大干部群众信赖的好班子。希望在今后的工作中做到和谐发展、安全发展、可持续发展紧密结合，推动各项工作不断取得新成就。

12月18日 上午 8 时，省高管局启用“12122”全国高速公路救援电话，成为继陕西、河南、青海等省后，率先开通此公益服务号码的省份。

为保证高速公路客服短号码调整平稳过渡，及时为司乘人员提供服务，经省通信管理局批准，从 12 月 18 日至 12 月 31 日期间实行“12122”与“96565”共存过渡，到 2009 年 1 月 1 日正式关闭“96565”短号码。目前全省高速公路 132 个收费站、30 个服务区都在显要位置悬挂宣传横幅，并通过各收费站、服务区可变情报板、道路可变情报板上滚动发布客服电话变更信息。

"96565"客服专线自2003年开通以来，共受理各类信息查询、服务投诉、紧急救援等256万多次，顾客满意度达98%以上。

12月18日 省交通厅调整厅社会治安综合治理领导组成员。组长：段建国；副组长：韩日裕、张志川；成员有：戴飞、张晋鹏、董新品、李华中、张补才、尹新平、曹居月、蔺建煌、杨俊威、胡建新、王晓光、田根；办公室主任：田根；副主任：张立承。

12月19日 全省新一轮"无缝隙、拉网式"治超总行动整整一周年之际，省治超办在太原高速小店收费广场再次举行声势浩大的现场宣传活动。牛仁亮副省长带领省治超领导组成员单位负责人出席并慰问一线治超人员。省政府副秘书长崔国红、省交通厅厅长段建国等参加。

12月19日 全省启动新一轮"无缝隙、拉网式"治超总行动一年来，在省委、省政府坚强领导下，各市、县政府和有关部门采取"控"、"拆"、"罚"、"记"、"赔"、"拘"等综合措施，通过艰苦努力，全省治超工作取得重大阶段性成果，严重超限超载局面得到有效控制和扭转，赢得全省上下好评。一是超限超载率大幅下降，大大低于国家要求。全省超限超载率由治超前8%至11%，下降到目前0.2%，全省杜绝车货总重55吨以上的非法超限超载车辆在高速公路上行驶，长途运输中的非法超限超载车辆已基本消除。二是交通事故数量大幅下降，伤亡人数明显减少。截至11月底，全省共发生道路交通事故6758起，与上年同期相比减少1635起，下降19.48%；死亡人数减少181人，同比下降6.59%；受伤人数减少2032人，同比下降20.63%；事故直接经济损失减少532万元，同比下降14.63%。三是道路畅通率明显提高，方便百姓出行。客车正点率由治超前60%上升到91%，车辆通行数量提高101%，长时间大面积堵车现象基本消除。四是公路、桥梁得到有效保护，好路率提升。全省公路国省干线平均好路率86.64%，同比提高0.96%，没有新增危桥。五是货运价格合理回升。以2007年12月19日治超前运价为基准，截至10月份，煤炭及制品短途运输运价上涨53.6%，长途运输运价上涨44%；金属矿石短途运输运价上涨51.4%，长途运输运价上涨22.1%。公路货物运价合理回升。六是煤炭外运增幅较大。2008年1月至4月，全省公路出省销售煤炭4274万吨，同比增加1337万吨，增幅45.51%。这期间正是南方雨雪冰冻天气，也是新一轮治超关键时刻，但是治超既没有影响电煤运输，又保证公路畅通。七是营运车辆总数和公路日通行量、货运周转量明显提高。截至12月18日，全省营运车辆数与上年相比净增加2.2万辆，货物周转量增长7.9%。全省高速公路货车通行量由治超日均5.1万辆增长为8.6万辆，增长40.7%，干线公路货车通行量由治超前日均2.2万辆增长为2.96万辆，增长34.5%。

12月19日 省交通厅向开行山西分行报送《关于申请国家高速公路项目青岛至兰州公路临汾至吉县段、荣成至乌海公路灵丘至山阴段追加贷款的报告》。两项目共申请贷款112.35亿元。其中，临汾至吉县段58.24亿元（145 000万元、271 000万元、166 400万元），灵丘至山阴段54.11亿元（180 000万元、244 900万元、116 200万元）。贷款年限20年（宽限期3年）。计划2009年开工，2011年建成，贷款分三年到位。

12月19日 省交通厅印发《关于做好中央新增投资农村公路项目管理工作的紧急通知》。

12月19日至21日 厅党组副书记、副厅长张润专程赴四川茂县察看工程进展，慰问施工人员。

黑虎羌寨旅游公路是山西对口援建茂县首批建设项目之一，也是全省援建的首个开工项目，是通往省级风景名胜区黑虎羌寨碉楼群的唯一通道。全长8.532公里，设计时速20公里，双向两车道，路基宽6.5米，沥青混凝土路面，工期为2008年10月22日至2009年12月30日。开工两个月来，在省援建办、阿坝州领导、茂县县委、县政府以及茂县交通局领导和沿线人民群众大力支持下，项目部克服各种困难，顽强拼搏。目前，共完成挖方7万立方米，填方2万立方米，砌体0.3万立方米，墙背回填部分结束，河道清理及改移工程全部完工，路基土石方工程基本完成，完成产值300余万元，占总投资造价19.8%。

张润副厅长一行认真察看整个施工现场，对建设初步成果以及施工现场管理十分满意。要求施工单位充分认识这条路的政治意义，要通过这项民生工程，让灾区人民尽快从地震阴影中走出来，让茂县人民笑起来。他希望一公司继续发扬在四川绵竹汉旺抢通保通时的战斗作风，精心组织施工，在塌方不断又不中断交通情况下，确保“零伤亡”安全无事故，在注重生态环境、体现旅游公路特色时，确保工程质量“零缺陷”，建成精品工程、样板工程。力争2009年7月底，确保8月底建成通车。董事长杨海龙表示，决不辜负全省人民重托，按照厅党组要求，坚决把这条工程量不大、意义重大的旅游公路按时保质保量建成。

12月22日 下午，省交通厅学习实践科学发展观活动领导组办公室召开指导检查组长会议，传达学习张宝顺书记讲话精神及省委第三指导检查组会议精神，并对分析检查阶段工作进行部署。厅党组副书记、副厅长张润出席并讲话。

会议指出，要认真学习贯彻中央、省委领导讲话精神，把开展学习实践活动与学习贯彻胡锦涛总书记重要讲话相结合，与学习贯彻中央经济工作会议精神相结合，认真做好分析检查阶段的各项工作。要在撰写分析检查报告、通报分析检查情况、组织群众评议3个环节上把好关；要统筹安排，掌握进度，精心组织，严格程序，确保分析检查阶段各项工作质量。

张润副厅长在讲话中，要求认真学习中央和省委领导讲话精神，切实做好学习实践活动分析检查阶段工作。要齐心协力，全力以赴，按要求完成好分析检查报告，把问题找准确，把根源弄明白，把思路理清楚，把对策定科学，做到解决问题有的放矢。在分析检查阶段要继续抓好学习，坚持把学习实践活动与完成全年各项目标任务有机结合起来，既要保证学习实践活动扎实有效，又要保证各项工作顺利推进，切实做到两手抓、两不误。

12月22日 省交通厅印发成立厅应急管理专家组的通知。成员有：周文全、李安渠、李灵、张海珠、周存信、武移风、张国民、王秀平、张明欣、刘少文、邬瑞光、李新杰、李平、贾晓峰、杨增梅、杨继勇。共计16人。

12月23日 省公路局召开2008年度年终总结汇报会。

2008年，在省委、省政府和省交通厅正确领导下，全省公路系统上下一心，圆满完成主要目标任务，全省公路事业取得新发展。全年预计完成公路建养投资73亿元，其中，公路建设66亿元，养护工程7亿元，预计全年完成公路建设里程1498公里，完成公路大中修570公里，改造危桥210座，安保工程890公里；累计收取车辆通行费15亿元，同比增收近5亿元，计重收费顺利启动实施，运行情况良好。

戴飞局长总结和评价全年工作，提出2009年工作思路。一是认真贯彻中央和省委拉动内需精神，努力完成省政府安排的建设投资120亿元目标。高效扎实做好公路建设前期准备工作，在与开行保持合作基础上，多渠道融资，广泛吸引资金。二是面对燃油税费改革，继续加大养护力度，保护和巩固路网改造成果，提高干线公路安全通行能力，真正体现出新政策实施后带来的新变化。三是做好分步分期撤销收费站的调查摸底工作。对尚未撤销的收费站要以通行费超收奖励为引导，以加强稽查和明察暗访为手段，以健全内部管理制度为基础，以加强队伍建设为重点，以科学制定目标任务为基本，进一步抓好通行费征收工作。四是克服超限运输行为大幅降低后出现“无超可治”的麻痹松懈思想，坚决将治超工作一抓到底。五是抓好稳定工作，力争从根本上消除不稳定因素。要千方百计解决职工工资以及工程款、农民工工资。借给路桥企业用于发放拖欠职工工资与生活费的资金，要尽快发放到职工手中，要加大监督力度，严禁挪用。当前要重点抓好冬季养护，加强巡路和值班，完善公路应急体系，确保“元旦”、“春节”两节和省“两会”期间公路安全畅通。要继续抓好安全生产，确保全年无事故；要抓好2009年开工项目的前期工作，为全年公路建设奠定基础；要搞好节日期间老干部和困难职工慰问工作。

12月23日 省交通厅向省政府呈报《关于举行太原至古交、太原至佳县（东段）高速公路建设推进会的请示》。

12月23日 省交通厅向省政府呈报《关于请省政府协调高速公路建设项目被征地农民社保审核工作的请示》。

12月23日 省交通厅向省政府呈报《关于为省和11个市交通质监站各配备1辆安全生产监督专用车的报告》。

12月24日 省交通厅印发《关于调整厅治理商业贿赂组织领导机构成员的通知》。组长：段建国；副组长：韩日裕；成员有：尹新平、曹居月、王京荣、郭全英、蒋品、杨吉平、田根、杨俊威、胡建新、刘清平、戴飞、张晋鹏、李华中、董新品、牛世骏、张跃峰、魏庆飞。办公室主任：胡建新；成员有：李征远、秦培兰、郝左军。

12月24日 在交通部召开的“纪念中国人民解放军建军80周年暨‘老区新路’系列采访活动”总结表彰会上，省交通厅获优秀组织奖。

12月24日 忻州高速公路公司忻州收费站被中国质量协会、中华全国总工会、共青团中央、全国妇联、全国用户满意工程联合推进办公室联合授予“2008年全国用户满意服务明星班组”称号，是全省获表彰的3个班组（集体）之一，也是全省交通系统首家获此殊荣的班组。

12月24日 省交通厅向省发改委报送《关于补列2009年重点工程公路项目名单的报告》。共计11项。

12月24日 省交通厅向交通运输部呈报《关于〈取消政府还贷二级公路收费实施方案〉的建议》。

12月24日 省交通厅批复省道台运线运城至稷山一级公路调整概算。增加费用2891.12万元，核定总概算为49 393.11万元。

12月24日 省交通厅向省政府呈报《关于〈山西省高速公路网调整规划〉增加3条线路的请示》。具体为：①垣曲东镇至临猗孙吉高速公路，全长85公里；②垣曲至古城高速公路，全长22公里；③阳城至蟒河高速公路，全长37公里。共计144公里。增加3条线路后，全省高速公路布局相应的调整为“人字骨架两纵十一横十二环”，总规模6160公里。

12月25日 省交通厅党组中心组集体学法报告会举行。厅领导段建国、张润、部玉兰、郭贵平，厅直各单位、各高速公路建设管理处、厅机关、厅重点办有关负责人参加。张润副厅长主持。

报告会邀请北京交通管理干部学院张柱庭教授主讲。他结合公路建设实际，就公路建设法律制度，特别是公路建设市场监管、工程质量和安全等法律制度进行全面系统讲解，给大家上一堂生动精彩、内涵丰富的法治教育课，并就提出的问题进行细致深刻解答，受到一致好评。

12月25日 省委宣传部、省政府新闻办公室、省交通厅共同组织召开山西省重要政务信息新闻发布会。省政府常务会议已研究通过省交通厅提出的《山西省高速公路网调整规划》和今后两年全省公路建设计划，并纳入今后两年全省基础设施建设6500亿投资计划。规模调整后，全省高速公路网规模由4050公里调整到6160公里，增加2000余公里，路网布局相应调整为“人字骨架、两纵十一横十二环”。其中：国家高速公路网有一射、一纵、三横、一支线穿越全省，里程约2000公里，全省规划里程4000公里。今后两年，全省公路建设规模4.8万公里，项目总投资2435亿元。预计两年可竣工4.57万公里，完成投资1485亿元。这一规模，无论从建设里程看，还是从投资额度看，都将是全省历史上最大的一次。

全省原来实施的高速公路网规划是2005年1月省政府常务会议批准的，规划布局方案为“人字骨架、九横九环”，规划目标是连通2020年城镇人口在15万人以上的城市，90%的市县实现一小时上高速，规划总里程4050公里。到2008年底可建成1965公里，完成规划的48.5%。“人字骨架”全面建成，“九横九环”建成“一横三环”，22个出省口打通10个，国家高速公路在山西路段建成70%。预计到2010年底可建成3000公里，完成规划的74%。

与原规划相比，调整的内容主要有：一是从支持晋西北、太行山革命老区加快发展，促进全省均衡发展角度出发，增加东纵（806公里）、西纵（747公里）2条纵向通道；二是对第五、八、十、十一横进行调整完善，十一条横线全部横贯东西，加强山西沟通东西部的能力；三是增加忻州、阳泉、吕梁3条城市环线，实现全省省辖市全部有绕城或区域高速公路环线，这些环线基本属于两条高速相交自然形成。适合做城市绕城的，增加连接线形成城市绕城环线；适合做区域经济圈的，连接为区域环线。

规划布局调整后，体现出4个特点。一是全省高速公路连通水平明显提升。省会到省辖市高速连通，可实现3小时通达；相邻省辖市之间高速直接连通，可实现两小时通达；全省距离高速公路在60公里以内的县（市、区）为119个，实现全省100%县（市、区）可一小时上高速；距离高速公路在40公里以内的县（市、区）为117个，实现全省98%县（市、区）可半小时上高速公路；距离高速公路在10公里以内的县（市、区）为106个，实现全省89%的县（市、区）可直接上高速。二是省辖市过境交通明显改善。11个省辖市中，9个为城市环线，3个市为区域环线，城市过境交通将得到缓解，有助于改善环境，提升城市品位。三是提高了高速公路网的覆盖率，全省高速公路面积密度由2.6公里/百平方公里提高到3.95公里/百平方公里，在中部六省中排名第二，人口密度由1.07公里/万人提高到1.66公里/万人，在中部六省排名第一。四是加强了与周边省份衔接。在规划22个出口的基础上，增加7个出口，达到29个出口，与相邻四省区内蒙古、陕西、河南、河北分别有4条、8条、9条、8条高速通道相连，进一步强化山西与国内各大经济区和相邻省份之间的联系。

2009年至2010年公路建设总体计划是：①高速公路。在2008年已建成“人字骨架、一横三环”、总里程1965公里基础上，今后两年重点建设“两纵十横五环两个重要路段”，分40个项目实施，里程3180公里，总投资1950亿元，这些项目由北向南、从东到西穿越山西腹地，出省后分别融入国家和邻省高速公路网，都是全省经济发展大动脉、对外开放大通道。其中：“东纵”起于晋蒙交界天镇马市口，穿越本省东部，终于晋豫交界泽州道宝河，今后两年重点建设天镇至大同至浑源、五台山至盂县至阳泉至和顺、左权至黎城3段，总里程433公里，总投资269亿元；“西纵”起于右玉杀虎口，穿越本省西部，终于芮城刘堡，今后两年重点建设平鲁至朔城区、岢岚至临县至离石至隰县至吉县、运城至芮城3段，总里程404公里，总投资243亿元；“十横”建设路段分别是：第一横：大同至右玉段，里程103公里，投资37亿元；第二横：山阴至灵丘至平鲁，里程259公里，投资131亿元；第四横：五台至忻州至保德，里程316公里，投资165亿元；第五横：平定至阳曲至佳县，里程328公里，投资295亿元；第六横：太原至交城段，里程40公里，投资16亿元；第七横：汾阳至平遥至榆社至和顺，里程211公里，投资124亿元；第八横：霍州至永和关、黎城至长治两段，里程215公里，投资116亿元；第九横：平顺至长治至临汾至吉县，里程366公里，投资247亿元；第十横：陵川至高平至沁水、阳城至翼城两段，里程202公里，投资124亿元；第十一横：闻喜至垣曲段，里程82公里，投资44亿元。"五环"是：太原、晋城、临汾、吕梁、朔州5条绕城高速公路和区域环线，里程184公里，投资95亿元。两个重要路段是：太原至古交、三门峡黄河二桥，里程37公里，投资44亿元。两年高速公路建设完成投资1000亿元，建成1040公里，全省高速公路通车里程达到3000公里，所有项目在2013年全部建成，届时东、西两纵基本建成，"十一横十二环"建成"八横八环"，全省高速公路达到5000公里。②国省干线公路。两年建设规模2500公里，总投资320亿元。其中，一级公路1500公里，投资270亿元；二级公路1000公里（含国道二级化420公里），投资50亿元。两年内项目全部竣工，投资全部完成。届时，国省干线走到哪里都是好路。③农村公路。两年建设规模4.2万公里，总投资160亿元。其中，县乡公路改造工程1.2万公里，投资60亿元；通建制村水泥（油）路3万公里，投资90亿元；危桥改造工程10万延米，投资10亿元。两年内项目全部竣工，投资全部完成。届时，无论是通达深度还是通行能力都再上一个新台阶。④运输站场。两年安排建设项目177个。其中，公路主枢纽物流园区1个，一二级汽车客运站16个，乡镇汽车站160个。项目总投资5亿元。两年内项目全部竣工，投资全部完成。届时，全省实现市市有一级客运站，县县有二级客运站，50%以上乡镇有等级客运站。到2010年，预计全省公路通车里程达12.6万公里，公路密度提高到80.6公里/百平方公里，高速公路通车里程达3000公里，一级公路里程达到2780公里，二级公路里程达到14 000公里，全省实现具备条件的建制村通水泥（油）路全覆盖。

中央驻晋新闻媒体、省城新闻媒体及境外媒体近50家媒体记者出席新闻发布会。

12月25日 省交通厅印发《安全生产制度》。主要包括：①《山西省交通厅安全生产委员会制度》（13条）；②《山西省交通运输安全生产厅（局）际联席会议制度》（14条）；③《山西省交通运输安全生产联合执法制度》（11条）；④《山西省交通运输安全生产事故隐患排查活动制度》（12条）；⑤《山西省交通运输安全生产责任事故约谈制度》（10条）；⑥《山西省交通厅安全生产隐患和事故举报制度（试行）》（17条）；⑦《山西省交通运输重大危险源监督管理制度》（24条）；⑧《山西省交通运输安全生产专项督察制度》（9条）；均自发布之日起执行。

12月25日 省交通厅向省政府呈报《关于举行高速公路建设开工仪式和推进会系列活动的请示》。

12月25日 省交通厅批复高平至新乡高速公路高平至陵川段初步设计。路线全长62.945公里，采用4车道高速公路标准，时速80公里，路基宽24.5米；陵修连接线3.802公里，采用二级公路标准，路基宽10米。核准概算3 715 693 366元。

12月26日 省政府召开第26次常务会。在听取有关厅（局）以及段建国厅长工作汇报后，王君代省长动情地说，明后两年工作任务十分繁重，省委出思路，政府抓落实。最近，省交通厅工作抓得非常实，段建国厅长有思路，又有办法，太古和太佳两条高速公路召开推进会，又要同省五大银行签署战略合作以及首批贷款协议，工作抓得非常紧、非常扎实。政府部门抓落实，如果都像交通厅段建国厅长这样抓，我们就轻松了。

段建国厅长在省政府常务会议上表示，省交通厅将按照省委、省政府要求，克服各种困难，全力推进当前工作。交通厅自行落实高速公路建设全部资金，对于“五个覆盖”中的农村公路建设全覆盖，请省政府在资金等方面予以支持。

12月26日 太原至古交、太原至佳县(东段)高速公路建设推进大会召开。省委书记、省人大常委会主任张宝顺启动控制性工程开工按钮，省委副书记、代省长王君作重要讲话，省委常委、太原市委书记申维辰，省人大常委会常务副主任杨安和，副省长牛仁亮，省政协常务副主席郭良孝，原省人大常委会副主任杜五安，省政府秘书长王清宪，厅领导段建国、张润、韩日裕、张志川、郜玉兰、张德仪、赵振田及太原市、忻州市领导出席。厅副巡视员郭贵平介绍工程概况。

两个项目全长118.1公里，概算投资92.8亿元。其中，太古高速公路起于太原绕城高速公路东社枢纽，经万柏林区，终于古交市河口镇，全长23.5公里，按双向四车道标准设计，路基宽24.5米，时速80公里，概算投资28.4亿元。桥隧里程占到全线71.1%。最大的制约工程西山隧道，全长13.63公里，是全国第二大公路隧道，仅次于陕西秦岭隧道。批准工期4年，2012年竣工通车。太佳高速公路东段起于太原西北环高速公路向阳店互通东，经尖草坪区、阳曲县、静乐县，终于娄烦县赤土华村，与太佳高速公路西段相接，全长94.6公里，按双向四车道标准设计，路基宽24.5米，时速80公里。概算投资64.4亿元，批准工期3年。

王君代省长在讲话中指出，公路建设是基础设施建设的重要组成部分，对促进经济社会发展有着不可替代的作用。山西历来高度重视公路建设，特别是在当前经济发展面临严峻形势的情况下，省委、省政府把公路包括高速公路等基础设施建设作为贯彻落实中央决策部署、应对国际金融危机、保持经济增长的一项重大举措，进一步加大工作力度，采取有力措施，扎实向前推进。各地、各有关部门要充分认识公路建设特别是高速公路建设的重要意义，高度重视，精心组织，密切配合，协同行动，积极做好项目建设中资金、土地、环保、拆迁等相关工作，为高速公路建设创造良好条件。全省交通部门和各参建单位要继续发扬特别能吃苦、特别能战斗的精神，精心设计，科学施工，加强管理，保证质量，努力打造高速公路精品工程，为推动全省转型发展、安全发展、和谐发展，加快新基地新山西建设作出新的更大贡献。

段建国厅长在讲话中，要求全体建设者牢固树立“百年大计、质量第一”意识，广泛吸收和借鉴国内外公路建设管理先进技术和成功经验，建立健全工程质量保证体系和责任体系，合理安排工期，科学组织施工，严格工程管理，扎扎实实抓好全过程质量控制和安全监管，确保工程质量，确保安全生产，确保各个项目如期建成通车。牢固树立和谐发展理念，在公路建设中最低程度地破坏生态，最大限度地保护生态，最强力度地恢复生态，建环保路，建生态路，建资源节约之路，争创一流工程、一流管理、一流效益。高度重视和切实加强反腐倡廉建设，坚决克服公路建设中腐败现象，“建好万条路、不倒一个人”，为山西改革开放和现代化建设作出新的历史性贡献，在山西转型、跨越、崛起中谱写交通科学发展的灿烂篇章。

太原市长张兵生、忻州市长李平社以及太古、太佳(东段)建设管理处负责人作表态发言。

12月26日 省交通厅党组印发通知，撤销高陵高速公路建设管理处，成立山西高陵高速公路有限责任公司。任命董事长李平，总经理郭智峰，副总经理、总会计师李吉祥，副总经理延建军。

12月26日 省交通厅向省委呈报《关于山西省高速公路网规划调整和今后两年公路建设计划的报告》。

12月26日 省交通厅印发《关于表彰定点扶贫工作先进单位和模范工作队员的通知》。其中，先进单位2个，模范工作队员7名。

12月26日 省交通厅印发通知，将省道311线西马坊超限运输检测点建设、管理主体由省公路局移交大同市交通局，务于2009年9月底前建成运行。

12月27日 省交通厅与国家开发银行山西省分行、中国工商银行山西省分行、中国农业银行山西省分行、中国银行山西省分行、交通银行山西省分行举行战略合作暨首批贷款签约仪式。这次战略合作，是交通厅与金融机构共同贯彻中央扩大内需政策、推动金融创新的成果，是再掀公路建设新高潮的根本保证，更是山西长远发展的有力支撑。省委副书记、代省长王君，副省长牛仁亮出席签约仪式。省政府秘书长王清宪主持。厅领导段建国、王志民、张德仪以及省直有关部门负责人，中央驻晋新闻单位及省城媒体记者参加。

根据国家扩内需、保增长的宏观调控政策，省委、省政府做出了再掀公路建设新高潮的战略决策，全面启动历史上最大规模的新一轮公路建设高潮。今后两年共安排公路建设4.8万公里，总投资2500亿元。再掀公路建设新高潮，对筹资工作提出严峻挑战，省交通厅通过争取国家支持、招商引资、资本运作等方式积极筹借资金，同时得到金融机构支持。这次框架协议总额为1750亿元，其中，国家开发银行500亿元，中国工商银行350亿元，中国农业银行300亿元，中国银行300亿元，交通银行300亿元。首批贷款合同136亿元，其中，国家开发银行110亿元，交通银行26亿元，这批贷款涉及高速公路和国省干线改造工程60多个项目。

段建国厅长表示，省交通厅作为承贷主体，一定会严格执行合作协议和贷款合同，严格施工管理，仔仔细细花好每一分钱，最大限度地提高资金效益。参加签约仪式的五大银行表示，要积极支持山西交通事业发展，为加快建设新基地、新山西作出应有贡献。

牛仁亮副省长在会上作重要作话。张德仪总会计师代表省交通厅与国家开发银行山西省分行签署战略合作协议和忻州至阜平高速公路忻州至长城岭段项目人民币资金银团贷款合同，与中国工商银行山西省分行签署战略合作协议，与农业银行山西省分行签署金融合作意向书，与中国银行山西省分行签署战略合作意向书，与交通银行山西省分行签署长期战略合作意向书和闻喜至垣曲高速公路基本建设借款合同。

12月27日 省交通厅向省政府呈报《关于对〈取消政府还贷二级公路收费实施方案〉(征求意见稿)的建议》。

12月28日 省交通厅向省发改委报送《关于省交通技校实训楼初步设计的请示》。建筑面积2835平方米，概算总投资567.13万元，建设工期1年。

12月28日 省交通厅转复2008年第五批支出预算。共计17 394.80万元。

12月28日 省交通厅向国家开发银行山西分行报送《关于申请国家高速公路项目荣城至乌海公路山阴至平鲁段贷款的报告》。拟申请贷款33.8亿元，贷款年限20年(宽限期3年)。2009年开工，2011年建成通车，贷款分3年到位（140 000万元、140 000万元、58 000万元）。

12月28日 省交通厅向省联席会议办公室报送《关于全省交通系统长期离岗人员实行属地稳控的情示》。除长治市、太原市没有外，其他9个市均有已离岗上访人员，共计935人，涉及48个县(市、区)。

12月29日 下午，省交通厅领导班子分析检查报告群众评议大会召开，张润副厅长主持，厅领导段建国、王志民、张志川、郜玉兰、张德仪、赵振田、曹燎原、郭贵平，厅机关各处室，厅直各单位党政负责同志，民主党派、党外人士代表，离退休干部和交通行风监督员代表参加。段建国厅长通报厅领导班子学习实践科学发展观活动分析检查报告，会议代表进行实事求是、客观公正评议。

进入分析评议阶段以来，厅党组充分吸收和运用前一阶段学习成果，紧扣学习实践活动主题和载体，紧密联系交通改革发展稳定和厅党组中心工作，深入分析寻找影响制约交通科学发展、快速发展的突出问题和党性党风党纪方面群众反映的突出问题，厅党组召开民主生活会，形成贯彻落实科学发展的分析检查报告。

段建国厅长从党的十六大以来厅领导班子贯彻落实科学发展观所取得的成效以及形成的共识、存在的问题和主观原因分析、推进全省交通运输科学发展的思路和主要举措、按照科学发展要求加强厅领导班子建设四个主要方面进行总结通报。

会议要求，全省交通系统各学习实践单位，要继续加强组织领导，做好领导班子分析检查报告的群众评议结果公布工作，厅指导检查组要加强督促检查，并充分接受群众监督；要突出实践特色，做好整改落实的准备工作，要立足于早，立足于实，要把解决问题贯穿于分析检查阶段全过程，并紧密结合国内经济形势变化，着力解决经济运行、安全生产、基层群众生活、社会和谐稳定等方面存在的问题；要坚持统筹兼顾，扎实推进各项工作。各单位要进一步拓宽工作思路，以科学发展观指导交通工作实践，并把学习实践活动与中央、省委及省厅再掀公路建设新高潮有关精神结合起来，与总结全年工作，谋划明年各项工作结合起来，切实做到两手抓，两不误，两提高。

12月29日 五台山至保德高速公路建设推进会在忻州市忻府区秦城乡秦城村隆重举行。原省人大常委会副主任杜五安出席并为控制性工程开工按下启动按钮，段建国厅长作重要讲话。省人大城乡建设与环境保护工作委员会主任王晓林，省直有关部门、金融部门领导，忻州市四大班子领导出席。张润副厅长主持，郜玉兰总工程师介绍工程情况，厅领导张志川、张德仪、赵振田、郭贵平以及厅机关有关处室、厅直有关单位领导参加。

项目全长316公里，概算165亿元。分为忻州至台山、忻州至保德两段实施。其中：忻州至五台山高速公路是国家发改委立项、交通运输部补助投资建设项目，被国家发改委确定为“重大建设项目动态监测与预警信息系统试点项目”，被交通运输部确定为“公路勘察设计典型示范工程”和“高速公路科技示范工程”。起于忻州市忻府区秦城乡部落村，以枢纽互通形式与大运高速公路相交，与忻州至保德高速公路相接，穿越忻府区、定襄县、五台县，终于晋冀交界五台山长城岭，出省后与在建的河北省保定至阜平高速公路相接，全长124公里，双向四车道，概算投资60亿元。忻州至保德高速公路是交通运输部补助投资项目，与忻州至五台山高速公路相接，穿越忻府、静乐、宁武、岢岚、保德5县区，终于保德县杨家湾乡会村，跨黄河出省后与陕西神府公路相接，概算投资105亿元。目前，两个项目前期工作基本完成，施工队伍已进场，“三通一平”工作进展顺利。计划2010年平微区路段170余公里建成通车，2011年全线建成通车。

段建国厅长在讲话中要求全体建设者牢固树立“百年大计、质量第一”意识，合理安排工期，科学组织施工，严格工程管理，确保工程质量，确保安全生产，高度重视和切实加强反腐倡廉建设，在全省新一轮公路建设高潮中作出应有贡献。

忻州市长李平社，忻阜、忻保建管处负责人分别作表态发言。

12月29日 省交通厅向省安委办报送《关于省政府挂牌督办的五项交通运输重大隐患整治情况的报告》。

12月29日 省交通厅、省财政厅、省物价局向省政府呈报《关于大运高速公路大同市出口增设车辆通行费匝道收费站的请示》。新建匝道全长5.921公里，新建收费站1处，投资估算6800万元，拟在大同市南郊区东河河村设大同收费站，收费期限暂定至2020年底。

12月29日 省交通厅批复太原晋祠至古交运煤公路初步设计。其中，太原晋祠至西村运煤公路长43.076公里，二级公路标准，时速60公里，路基宽12米；省道104原路补强

(支线)长16公里,太汾连接线长2.212公里。总长61.288公里。核定概算790 000 274元。

12月30日 省交通厅深入学习实践科学发展观活动领导组晋交学组发〔2008〕16号文印发《省交通厅领导班子学习实践科学发展观活动分析检查报告》。主要包括4项内容:①党的十六大以来贯彻落实科学发展观取得的成效以及形成的共识;②贯彻落实科学发展观存在的问题及主观原因分析;③推进交通运输科学发展的思想和主要举措;④按照科学发展观要求加强厅领导班子建设。

12月30日 晋济高速公路竣工通车。与此同时,晋城西北环、高平至陵川高速公路开工建设。副省长张平,原省人大常委会副主任杜五安,省人大城乡建设环境保护工作委员会主任王晓林,省政府副秘书长崔国红,厅领导段建国、韩日裕、张志川、郜玉兰以及晋城市四大班子领导出席竣工通车仪式。

项目全长30.049公里,概算投资21.7亿元,平均每公里造价7221万元。全线共有特大桥、大桥4990米/13座,中桥142米/2座,隧道13 213米/9座,桥隧合计18.3公里,占路线总长61.2%,后15公里更是桥隧相连,桥隧比例高达87.6%,是目前全省乃至全国地形复杂、桥隧比例高、施工难度大、技术含量高、公里造价高的高速公路建设项目之一。其中有华北最大的整幅式连续刚构桥南河特大桥,全省第二长高速公路隧道月湖泉隧道,亚洲最高、世界第二的矮塔斜拉桥仙神河大桥。全线有百米高桥5座,均是具有很高施工难度的技术挑战的工程项目。

郜玉兰总工程师宣读交通运输部贺信:"晋城至济源高速公路的建成通车,标志着二连浩特至广州高速公路在山西境内全线贯通,对完善国家高速公路网,促进沿线及周边地区经济发展具有十分重要的意义。近年来,山西省公路建设取得了显著成绩,为促进山西及周边地区经济发展和社会进步作出了重要贡献。"

晋城环城高速公路是全省规划的11个城市环城高速公路之一,起于泽州县北义城镇张庄村,向西跨太焦铁路,穿207国道,终于南村镇朗庄村,全长29.5公里,双向四车道,投资15亿元,计划2010年建成通车。高平至陵川高速公路,起于高平市河西镇长乐村,终于陵川县古郊乡营盘村,出省后与河南在建的新乡至晋城高速公路相接,全长62.9公里,概算投资37.1亿元,计划2010年平微区路段实现小循环,2011年全线建成通车。

张平副省长在讲话中要求各地、各有关部门要充分认识公路建设特别是高速公路建设的重要意义,高度重视,精心组织,密切配合,协同行动,积极做好项目建设中资金、土地、环保、拆迁等相关工作,为高速公路建设创造良好条件。全省交通部门和各参建单位要继续发扬特别能吃苦、特别能战斗的精神,精心设计,科学施工,加强管理,保证质量,努力打造高速公路精品工程,为推动全省转型发展、安全发展、和谐发展,加快新基地新山西建设作出新的更大贡献。

段建国厅长在讲话中要求各项目建设单位和广大建设管理人员要牢牢抓住"安全零事故、质量保部优、生态文明好、概算不突破、廉政无违纪、全面创一流"目标,广泛吸取和借鉴国内外公路建设管理的先进技术和成功经验,建立健全工程质量保证体系和责任体系,合理安排工期,科学组织施工,严格工程管理,加强现场监控,确保工程质量,确保安全生产。要坚持人与自然和谐共处,在公路建设中最低程度地破坏生态,最大限度地保护生态,最强力度地恢复生态,建环保路、建生态路、建资源节约之路,争创一流工程、一流管理、一流效益。要高度重视和切实加强反腐倡廉建设,坚决克服公路建设中的腐败现象,把晋城西北环、高平至陵川高速公路建成全国一流的高速公路,为山西改革开放和现代化建设作出历史性贡献。

通车仪式后,与会人员乘车参观晋济高速公路。

12月30日 省交通厅下达2008年公路

养护工程项目补充计划。共计24 308.35万元。

12月30日 省交通厅下达2008年收费公路养护补充计划。年初计划1202.00万元，补充计划4493.42万元。

12月30日 省交通厅批复临汾马务桥西至大宁段公路改建工程初步设计。路线全长104.40公里，一级公路71.184公里，二级公路33.216公里，时速80公里、60公里，路基宽32米、33.216米、12米，核定预算2 426 632 322元。

12月30日 省交通厅下达国道207线长治至晋城公路晋城段改造工程计划。建设里程59.93公里，总投资16 680万元，二级公路标准。

12月30日 省交通厅下达2008年高速公路养护工程项目补充计划，共计15 809.39万元。

12月30日 省交通厅转复内河河道应急抢修补助资金50万元。

12月30日 省交通厅转发2008年交通业务用房基本建设项目投资计划。共计5735万元。

12月30日 省交通厅向省发改委报送《关于批复风陵渡黄河公路大桥加固工程可行性研究报告》。投资4820万元，建设工期1年。

12月31日 《山西交通》评出全省交通十大新闻：①赴四川公路抢通保通突击队获中共中央、国务院、中央军委表彰。5月23日，由75名专业技术人员组成的山西交通公路抢通保通突击队赴四川执行抢通保通建设任务。50余天里，累计抢通公路51.6公里，排险296处，清理土石方55万余立方米；疏通铁路、公路道口2处，清理民房废墟12处，圆满完成广济至金华等4条公路的抢通保通任务，为抗震救灾作出突出贡献。10月8日在中共中央、国务院、中央军委举行的全国抗震救灾总结表彰大会上获“全国抗震救灾英雄集体”荣誉称号。②高速公路刷卡收费正式启动。6月30日，全省高速公路刷卡收费正式启动，中国工商银行“牡丹晋通卡”同期发行，标志着全省成为全国第六家实现高速公路刷卡收费的省份。全省联网收费的1864公里高速公路实现刷卡收费。③交通援建茂县工作全面进入实质性阶段。7月8日，太原和晋中公路分局41名测设人员经过3天长途跋涉到达四川茂县，省交通厅支援茂县灾后交通重建工作全面进行实质性阶段。8月19日，省委书记张宝顺在四川茂县亲切慰问交通援建人员。10月22日，全省援建茂县灾区首个建设项目黑虎羌寨旅游公路开工。期间，省、厅领导多次赴川慰问检查指导工作。④服务奥运交通保障车队圆满完成任务。7月21日和8月3日，为满足奥运会期间运动员、官员以及观众出行需要，应北京奥组委及北京市请求，省交通厅向北京提供的39辆奥运会交通保障车辆分两批赴京。在京期间，共开行通勤班车线路2条，出车2000多次，行程4.2万公里，运送志愿者近7.4万人次。在8月23日召开的总结表彰会上，获北京奥组委、交通运输部和北京市政府表彰。⑤普通公路实施货车计重收费。从11月1日9时起，全省普通公路货车计重收费正式启动，这是继2006年12月9日全省高速公路计重收费之后，全省公路收费制度的又一次重大改革，涉及国省干线政府还贷性收费公路85条128个收费站。⑥超限超载治理取得重大阶段性成果。截至12月19日，全省治超工作取得重大阶段性成果，全省超限超载率由治超前8%至11%，下降到0.2%，全省杜绝车货总重55吨以上的非法超限超载车辆在高速公路上行驶，长途运输中的非法超限超载车辆已基本消除。治超工作由集中治理步入长效治理的法制化阶段，由路面执法为主转入源头治理为主的新阶段。12月17日，王君代省长作出批示，对省运管局源头治理给予肯定。⑦今后两年全省公路建设规模4.8万公里，项目总投资2435亿元。12月25日，山西省重要政府信息新闻发布会发布，今后两年，全省公路建设规模4.8万公里，项目总投资2435亿元。山西省高速公路网规划进行调整，全省高速公路网规模由4050公里调整到6160公里，增加2000余公里，路网布局由“人字骨架、九横九环”相应调整为“人字骨架、两纵十一横十一环”。⑧再掀公路建设新高潮。12月26日和29日，省交通厅隆重召开太原至古交、太原至佳县（东段）、五台山至保德高速公路建设推进大会。这是全省公路发展史上的一件大事，也是全省再掀公路建设新高潮的重要标志。12月27日，省交通厅与国家开发行、工行、农行、中行、交行五大银行的山西分行举行战略合作暨首批贷款签约仪式，框架协议总额为1750亿元，首批贷款合同136亿元，为再掀公路建设新高潮提供根本保证和有力支撑。⑨晋济高速公路建成通车。12月30日，晋济高速公路正式通车。项目是国家高速路网二连浩特至广州主干线在山西的收尾路段，是全省人字形高速公路主骨架的组成路段，北接长晋，南跨太行，贯通两省，辐射中原，是山西的南大门和又一条出口黄金通道。路线全长30.049公里，概算投资21.7亿元，平均每公里造价7221万元。⑩农村公路建设成绩斐然。全年完成县乡公路改造3100余公里，为年计划103%；完成通村水泥（油）路13 000公里，为年计划130%；全长1000公里的沿黄扶贫旅游公路基本建成。全面完成省政府下达的目标任务。

12月31日 一年来，全省交通征稽系统认真学习实践科学发展观，坚持“创新驱动、文化带动、管理促动、党建保障”工作方针，费收业绩创历年最佳。全年征收公路养路费、货运附加费和车辆通行费46.14亿元，完成省交通厅下达年计划113.98%，增长16.52%，超收6亿元。其中。“两费”征收44.46亿元，完成年计划115.24%，同比增长18.87%，提前100天完成全年“两费”征收任务，公路养路费费收总额位居全国第八、增长比例跃居全国第二，在公路建设投融资越来越困难形势下，真正实现为厅党组分忧、为交通发展全局服务。

11月以来，面对税费改革，全体征稽职工坚持“忠于责任”征稽精神，秉承“为国家征费，为兴路开源”使命，紧紧围绕“坚持稳定发展、落实工作目标”要求，做到工作不断，秩序不乱，思想不散，体现了长期以来锻造出的整体素质、文化底蕴和优良品质。

12月31日 省交通厅印发《关于表彰2007年度决算先进单位的通知》。其中，部门决算先进单位11个，基本建设决算先进单位11个，企业财务决算先进单位6个。

12月31日 省交通厅批复晋城环城高速公路西北段初步设计。路线全长29.475公里，4车道高速公路标准，时速80公里，路基宽24.5米，核定概算1 413 704 006元。

12月 省交通厅党组、省交通厅向全省交通系统广大离退休老干部、老同志发出《慰问信》。“新年伊始，万象更新，在辞旧迎新之际，致以亲切的慰问和节日的祝贺”。“山西交通发展取得的每一项成绩，都凝结了广大离退休老同志忠于事业、艰苦奋斗的崇高责任和辛勤汗水。建国59年来，一代又一代交通人锐意改革，励精图治，夯实交通事业发展根基，推动交通事业不断向前发展；一代又一代交通人率先垂范，呕心沥血，以自己的实际行动树立良好形象，打造一支高素质人才队伍，为交通事业发展积累宝贵财富”。“2009年是建国六十周年，也是全国积极应对国际金融危机，保持经济平稳较快发展的一年，交通将在国家扩大内需中迎来又一个春天”。“希望全系统广大离退休老干部、老同志继续以高度政治热情和强烈责任感，一如既往地关心和支持交通工作，为维护改革、发展、稳定大局作出新贡献”。“祝愿全系统广大离退休老干部、老同志及家属新年愉快，身体健康，阖家欢乐，万事如意！”

各市交通局工作业绩

太原市交通局

□张建刚

2008年，太原市交通局党组带领全局广大干部职工深入贯彻科学发展观，团结一心，奋力拼搏，迎难而上，改革创新，圆满完成了太原市政府和省交通厅下达的各项工作任务。

截至年底，全市完成农村公路投资7.3271亿元，为目标任务3亿元的244%；完成新改建工程1471.3公里，为目标任务1120公里的131%。其中，完成县乡公路改造工程539.7公里，为目标任务350公里的154%，完成通畅工程311公里，为目标任务270公里的115%；完成村连村620.6公里，为目标任务500公里的124.1%；新增通车里程139.7公里，为目标任务50公里的280%。完成县乡公路危桥改造工程10座345延米，完成新农村推进村105个村的村街硬化工程。全市营运客车达到1997辆，总座位6.4万多座，全年完成客运量2430万人次，客运周转量15.8亿人公里，占全市综合运输总量的65%；营运货车达到74 700辆，总吨位达到36.8万多吨，全年完成货运量1.48亿吨，货运周转量58.3亿吨公里，占全市综合运输总量的70%。全市运管费征收7922万元，为目标任务5000万元的158%；客运附加费征收4085万元，为目标任务1800万元的225%；征收拖拉机养路费1430万元，为目标任务1000万元的143%。征收通行费4599万元。

坚持规划先行，建、养、管、运并重 “三个服务”能力水平得到提升

一是围绕建立综合运输体系和区域一体化交通网，按照“科学规划，分类指导，立足市情，适度超前，突出重点，协调发展”原则，初步完成《太原市综合交通发展规划大纲》的编写。二是积极协调，加快重点工程建设。太古、太佳高速公路和西山货运专线于12月开工；康西公路连接线北小店至安家庄14.1公里二级公路建设工程太原境内12公里已完工；太古公路改造工程工可通过省发改委评审核准，施工图设计已批复，招投标准备工作就绪。三是加强工程质量监督。在工程建设中，采取中间质量检查和综合巡查方式，在建的4557个开行贷款项目及其他农村公路检测组(点)，工程合格率达到100%。四是完善农村公路管养体制改革，加强农村公路养护管理。以省厅养护补助资金全额到位为契机，协调各县(市、区)基本建立起以县为主体的农村公路管养体制，以公共财政为保障的管养资金渠道和政府出钱、农民出力、市场运作、群专结合的养护运行机制。截至年底，全市县公路好路率达到83.42%，年平均79.14%，养护质量综合值达到81.19，年平均为77.98，桥梁监管率达到100%，乡村公路路面完好率达到80%。五是完善综合应急保障体系建设，提高道路运输综合应急保障能力。建立健全应急管理组织领导体制、

指挥体系和工作机制。制定和完善了《太原市交通局地震应急预案》等10个应急预案。援川救灾中，完成人员和各种物资的运输任务，局里及时向四川地震灾区发出1219辆装载援川建房物资的大型运输车辆，77辆运送人员和慰问品的大型客车，5节运送大型建筑机械设备车皮。共计运送7100余套简易活动房材料和其他建房附属设备，70余箱医疗器材和药品，圆满完成救灾运输任务。6月1日，国家安置房建设检查组对太原市为解决过渡安置房运输过程中，彩钢板容易出现开裂、弯曲、折断等问题，所采取的防护措施办法，给予高度评价，省援建办还在全省推广应用局里的做法。市运管局被评为全国交通运输行业抗震救灾先进集体。局被省劳动竞赛委员会授予"五一劳动奖状"。奥运会和残奥会期间，组织50辆大型客车和80名司乘人员，到北京执行运输保障任务，受到北京奥组委的高度评价，被市委、市政府评为服务2008北京奥运会、残奥会先进集体。市运管局被省交通厅评为奥运保障先进单位。组织50辆次大型客车，服务和保障了在我市举行的国际小轮车比赛。

坚持改革创新，满足人民群众日益增强的交通需求

一是在全省率先建立了公路路况信息平台，及时向社会发布国省干线公路和农村公路的路况信息，方便群众出行。二是以实现全市交通运输业转型发展、安全发展、和谐发展为目标，大力推行"节约型交通"技术创新。开展"绿色交通"十佳企业创建活动，在全国中心城市率先编制了《太原市绿色道路交通管理导则》，该导则于2009年2月1日开始实施。三是发挥道路运输在综合运输体系中的比较优势，提高道路运输竞争能力，打造全市道路运输业的服务品牌。积极推动客运企业公司化经营步伐；大力发展高等级客运车辆；大力发展集装箱运输、厢式运输；引导维修企业走连锁化、品牌化之路。四是扩大GPS应用范围，发挥卫星定位应用系统在运政管理和运输服务中的作用。全市31家旅游企业有28家建立了三级平台，并纳入了市级平台的管理；7家高速客运企业，均已建立三级平台，有6家纳入市级平台的管理；52家危货企业已有46家建立了三级平台。纳入监控的车辆包括旅游车辆594辆、高速客运车辆366辆、危险品运输车辆956辆、战略物资保障车辆50辆。

坚持安全防范，狠抓"两个主体"责任落实

进一步完善道路运输安全生产管理长效机制，狠抓责任落实。加强安全法规学习宣传；加强公路养护管理，推进交通安保工程、危桥改造工程，重点对县道大中桥、乡道大桥以上建立危桥改造项目库，实施动态管理，完善桥梁运行监控机制和养护管理机制；认真履行"三关一监督"职能，严格执行"三不进站，五不出站"的规定，加强道路水路运输安全监管，加强机动车综合性能检测站的监管，确保检测质量；及时调整局安委办机构，落实安全生产一把手工程，实行"谁主管，谁负责，谁签字，谁负责"的一岗双责制度。奥运期间，投资140余万元，为汽车站增设了安检门和安检仪等设备；全年开展了安全隐患排查专项整治，对排查出的隐患，做到"一般隐患立即整改，重大隐患限期整改"，主要领导总负责，分管领导具体负责，挂牌督办，保障人民群众出行安全、便捷、畅通。2008年，局被市政府评为安全生产先进单位。

坚持依法行政，树立全市交通行业良好形象

一是加快推进"依法治交"进程，努力建设法制交通。坚持依法行政，推行交通执法公示制、责任制。在全行业内开展明察暗访活动，纠正行业内的不正之风。从社会各界聘请了1000人的行风监督员。全系统召开民主听证对话会11次，参会180余人，解答群众反映

的热点难点问题12个,被市行评办评价为全市最务实的听证对话会之一。建北运管所被市行评办评为优质服务窗口。到年底,共办理市人大代表及政协委员提案、建议22件,办理市政府12345热线270件,答复率、满意率均为100%,并被市政府评为先进单位;办理2029005、96566咨询、投诉5058件。

二是整顿和规范道路旅客运输市场秩序,打击非法营运。全年共查处违规车辆3616辆,查处黑车346辆;查扣不合格旅游车辆12辆、违规旅游车辆31辆、牌证26件;查处危货运输车辆231辆;上缴财政罚没款783余万元,全市客货运市场秩序明显好转。

三是依法治理车辆超限超载,"双超"现象得到控制。强化部门联合执法工作机制,建立运管机构源头治超监管长效机制,严格落实"六查"机制,破解治超难题。到年底,全市交通系统共出动执法人员19.8032万人次,检查车辆902.5348万辆次,查处非法超限超载车辆7265余辆,卸载车辆2479辆,卸载货物45 045.76吨,罚款815.36万元,收取道路补偿费用6880元,超限超载率由治超前的8%—13%下降至0.08%。小店区、清徐县率先在全省安装了远程监控系统。2008年,局被市治超领导组评为治超工作先进单位。被评为省级依法治理示范单位,被市委评为"五五"普法依法治理中期先进集体,市运管局被交通部评为依法行政示范单位。

坚持文明创建,促进各项工作再上新台阶

以建设文明和谐行业、文明和谐单位、文明和谐公路、文明和谐班车为目标,大力开展文明和谐创建活动,推动交通各项工作全面发展。局机关党委被评为全市先进基层党组织。结合"城乡清洁工程",开展争创全国文明城市活动;组织为汶川地震灾区捐款104 040元,交纳特殊党费152 350元,为灾区送温暖、献爱心捐款29 250元,以实际行动支持灾区建设;积极开展全民终身学习周活动,第二十五次全国中心城市交通改革与发展研讨会上,有3篇论文被评为优秀论文;投资160万元,修复和保障奥运火炬传递道路;为扶贫点娄烦县水峪村投资3.6万元,用于购买树苗,资助困难户和贫困学生;为帮扶点阳曲县北郑村修建村连村工程1.3公里;2008年,被市委、市政府评为社会扶贫先进单位。开展纪念改革开放30年活动,使人民群众充分了解交通30年的巨大变化;信息化建设被省交通厅评为先进单位;大力开展双拥工作,投资180万元为部队红沟靶场、东山仓库、尖草坪仓库共修建6公里进出道路,投资66万元为北京军区太原弹药库修建了一条2.2公里的专用公路,被市委、市政府、太原警备区评为双拥模范单位;交通战备工作被省国防动员委员会交通战备办公室评为"全省交通战备工作先进单位"。被省政府评为全省援川救灾先进集体。

坚持狠抓党风廉政建设创建廉洁高效交通行业

2008年,认真贯彻落实中央、省、市纪委反腐倡廉工作会议精神,紧紧围绕《建立健全教育、制度、监督并重的惩治和预防腐败体系的实施纲要》的要求,认真抓好党风廉政建设和反腐败工作。全年全局干部职工未发生被查处和被新闻媒体曝光的违规违纪行为。一是以抓党风廉政建设责任制的落实为龙头,严格执行"一岗双责"制,逐级签订目标责任书20份,并在年终进行了认真考核。同时加强制度建设,强化源头防腐工作力度,制定《太原市交通局干部职工及配偶子女廉洁从业行为规定》、印发《太原市交通局行政效能诫勉教育书》和《行政效能告诫书》等,规范干部职工及配偶、子女的从业行为,集中对廉政管理中存在的私设"小金库"、乱发奖金、补贴等比较突出的问题进行了查纠。二是扎实开展"转变作风年,狠抓落实年"活动,严格执行市委、市政府"868"规定,制定了《太原市交通局公务接待活动规定》等12

项更为具体的操作办法和规定。三是认真组织开展治理商业贿赂工作，特别是在交通工程建设领域，认真贯彻落实《山西省交通厅廉政建设监督管理十项制度（试行）》规定，工程项目建设资金超过50万元的，必须公开进行招投标。重大项目坚持派驻廉政建设监督员进行全程监督，在项目招投标、设计变更、资金拨付、竣工验收等环节，进一步完善有关制度，增加透明度，强化监督，从根本上防止了暗箱操作。在资金使用和管理方面，取消了“一支笔”审批，实行“联审联批制”，即所有公款报销项目，要求经办人、财务处长、分管领导、局长签字后才能报销。四是认真抓好党风廉政建设责任制牵头工作的落实。按照“管行业必须管行风”的原则，把治理公路“三乱”工作作为党风廉政建设和反腐败工作的重要内容之一，纳入部门和行业工作目标，与各县（市、区）交通局、局属有关部门签订目标责任书13份，年底进行了认真考核。同时加大明察暗访力度，全年进行了4次明查暗访，全系统未发生公路“三乱”行为，巩固了全市公路基本无“三乱”成果。五是深入开展反腐倡廉宣传教育和廉政文化建设工作。组织局中心组集中学习12次，收看警示教育片4次，写出廉政文化建设论文21篇，编印《纪检监察信息》12期。组织全局153名党员干部参加《建立健全惩治和预防腐败体系2008—2012年工作规划》知识答题活动。六是继续保持对腐败行为的高压态势，本着“有举必查，一案一结”的原则，全年共受理投诉、举报案件17件，结案17件，为群众挽回损失5132元。

坚持思想政治建设，提高领导班子贯彻落实科学发展观能力

2008年，局党组坚持把提高贯彻落实科学发展观的能力放在首要位置，解放思想，更新观念，与时俱进，开拓创新，真正形成了强班子，带队伍，干事业的良好格局。一是着力在提高班子成员的“两个能力”上下工夫。局领导班子坚持把学习摆在首要位置，党组中心组系统学习了科学发展观、党的十七届三中全会精神，学习了胡锦涛同志的一系列重要讲话，不断提高思想政治水平，思想作风、学风、工作作风、领导作风得到改进；认真落实民主集中制；坚持周一上午召开局务会，坚持重大活动，重大事项党组会集体决策，杜绝一言堂，发挥了班子成员的积极性和主观能动性；适时召开民主生活会，通过开展批评和自我批评，促进了班子成员团结，领导班子的凝聚力和战斗力进一步增强，执政能力和决策能力进一步提高。二是着力在解放思想，找准和解决制约全市交通发展的“瓶颈”问题上下工夫。认真研究和分析全市交通发展面临的形势、任务、困难，树立抓住机遇，加快发展的理念；注重调研，及时发现和帮助各县（市、区）解决因资金不能到位影响工程进展的问题；根据国家大部制调整精神，按照决策、执行、监督分离的原则，调整理顺了公路和运管系统的机构设置和职能分工，从而建立起权责一致、分工合理、决策科学、执行顺畅、监督有力的新体制。三是着力在培养和建设高素质的交通干部队伍上下工夫。按照“政治坚定、求真务实、开拓创新、勤政廉政、团结协调”的要求和《党政领导干部选拔任用工作条例》规定，提拔和调整了23名运管局干部；组织“七一”表彰活动，对两年来在工作中取得优异成绩和突出贡献的7个先进党组织，15名优秀共产党员，6名优秀党务工作者给予了表彰奖励；加强干部队伍学习培训，全年共组织培训79名人员，选送6名干部到北京大学、上海复旦大学、太原市委党校进行学习；组织全系统直属单位271名执法人员参加法制知识培训，及格率90%，初步建立了一支结构合理、素质过硬、数量充足、能够担当交通事业发展重任的后备干部队伍。2008年，市局被省交通厅评为完成目标责任制先进单位。

（责编　张岐山）

大同市交通局

□ 张明生 邓 盛

2008年是全面贯彻落实党的十七大精神的第一年，也是“十一五”规划承前启后的一年。一年来，在大同市委、市政府的正确领导下，在省交通厅的全力支持下，大同市交通部门以深入学习实践科学发展观活动为契机，紧紧围绕全市“转型发展，绿色崛起”这一主题，以“发展现代交通，提供优质服务”为目标，坚持改革创新，推动科学发展，改善行业管理，重点实施“543221”工程，各项工作取得了较好成绩，为全市经济和社会发展作出了新贡献。

公路建养与管理

公路建设。2008年全市交通工作会议之后，市、县交通部门和各县区委、政府借助各方扶持农村公路建设的机遇，按照省、市目标责任书的要求，对任务进行了层层分解，建立了市局领导蹲点包片责任制。以开展农村公路建设质量年为契机，进一步规范农村公路建设市场准入，完善落实质量责任制、质量规范标准、质量监督措施，建立和落实了“政府监督、专业抽检、群众参与、施工单位自检”的质量保证体系。严把原材料进场关、施工工艺关和质量验收关，确保了农村公路建设质量。到年底，全市477.5公里县乡公路工程全部完工，共完成投资35 580万元；村通水泥路完成1381公里，完成投资20 032万元，95.7%的建制村通了水泥（油）路。开工建设神泉堡至南村和兴旺庄至燕子山两条煤炭运输公路，年底完成投资分别为940万元和280万元；完成了西村至白庙和郭家坪至王下庄两条煤炭运输公路的初步设计、上报审批工作；经过努力，完成了新荣至大窑山、塔山至里八庄等5条煤运公路的初步设计，为尽快开工做好了充分准备。

公路养护和管理。大同市交通局牢固树立“建设是发展，养护也是发展”的理念，加大养护力度，改革管理体制，使农村公路养护和管理工作有了质的飞跃。一是全面推进农村公路养护市场化，宣传贯彻《大同市农村公路养护管理条例》，进一步落实县级政府在农村公路养护管理工作中的主体责任。二是推进县公路和乡公路养护向预防性养护、周期性养护和集约型养护转变，进而改善了农村公路路况，通行能力明显提升。三是市政府进一步加大财政支持力度，从2008年起每年专项列支1000万元，用于全市乡村道路的养护。同时，省交通厅也增加了县、乡、村公路养护经费补助标准，共计补贴2876万元，这样有力地缓解了长期以来农村公路养护资金严重不足的压力。四是7月在广灵县召开了全省范围内进行的农村公路养护检查观摩现场会。会上，大同市农村公路养护和管理体制改革工作受到了充分肯定。全市县乡公路年末好路率达到84.4%，平均好路率达到83%，分别超省厅年计划的11.4%和16.1%；年末综合值达到76.7，平均综合值达到76.3，分别超年任务11.7和14.2。

道路运输管理

年内,全市道路运输管理着重抓了六方面工作。一是加强运输市场监管,严格市场准入,打击非法营运,进一步完善运输企业信用考核评价、失信惩戒和动态管理机制,建立起统一开放、竞争有序的运输市场体系。二是继2007年12月19日全省“无缝隙、拉网式”治超行动以来,按照“抓综治、保畅通、保安全、为人民”的总体要求,坚持市、县、乡三级联动,形成齐抓共管,综合治理,合力攻坚的治超工作格局。有力地打击以货车总重超过55吨为重点的非法超限超载车辆,安全事故明显下降,巩固和扩大了“双超”治理成果。截止2008年底,全市共投入执法人员40.9万人次,检查货运车辆185.2万车次,共查处超限超载违法行为3030起,卸载货物6622.1吨,罚款218.4万元,取缔非法煤场208个,取缔无照修理点5个,拆除车辆改装龙门架153个,超限超载率控制在0.17%。三是积极发展农村客运,新安装农村候车亭200个,占年任务的200%。四是加大交通规费征收力度,到年底,全市征收运管费6405万元,客运附加费1244万元,分别占年计划的142%和129%;征收拖拉机养路费1830万元,超额实现年初目标。五是加快推进城乡客运一体化进程。全市97%以上的建制村通了客车。六是加快推进农村物流建设,在天镇县试点的示范带动下,阳高、浑源县也建立了农村物流中心,全市物流得到了长足发展。

安全管理与节能减排

安全管理。一是开展安全生产百日督查专项行动,全面排查,重点监控重大危险源,有效防范和遏制交通事故的发生。二是进一步强化安全生产责任制,层层签订目标责任状,建立起“横向到边,纵向到底”的安全管理责任体系。三是结合2008年的“防患治理年”,重点加强对山区农村公路路基边坡和桥梁施工的安全管理,建立了危桥改造项目库并实施动态管理,完善了桥梁运行监控机制。四是加强运输组织和运力调配,抓好“春运”、“黄金周”、夏季防汛等季节性安全活动。五是提高认识,积极部署,确保奥运期间全市道路运输安全,开展了全市“迎奥运、保安全、讲文明、树新风”活动,并加大客运汽车站“三品”的检测力度,使开包检查率达到90%以上,全市交通安全生产形势保持平稳。

节能减排。2008年,坚持“发展与节能同步、开发与节约并举”的方针,以节能新技术、新工艺的引进推广为重点,扎实推进交通行业节能减排工作。一是在农村公路建设中,遵循因地制宜,量力而行的原则,重点改造路面,完善沿线排水,充分利用旧路资源,减少占用耕地,降低工程成本。二是加强机关用车日常节油管理,实行“一车一卡”加油制度。对食堂燃气灶进行改造,节气20%~30%。三是引导企业引进大容量的节能型客车,取代老旧及大排量车型,从而大幅降低平均能耗。四是从推广新设备、新工艺入手,摒弃落后的施工方法,对三级以上公路工程强制采用场拌机铺,水泥面层采用排式板捣和三滚轴铺筑,沥青面层采用机铺等方法,实现公路建设节能的新目标。五是以新南站为试点,实施滚动发班,通过优化运输组织,大大降低运输能耗,提高了车辆使用率和实载率。六是对工程运料车加强监管,规定水泥运输车辆拉运散装水泥必须使用专用车辆,拉运袋装水泥必须加盖苫布,砂石材料运输不得超过马槽。

党风廉政建设和行业文明建设

党风廉政建设和反腐败工作。大同市交通局把党风廉政建设和反腐败工作纳入到全系统各级领导班子、领导干部的目标管理之中,层层建立责任追究制度,逐级签订责任状。在交通基础设施建设中,严格执行项目廉政监督员派驻制和廉政合同制,加强重点环节和部位的监督，全年未发生一起重大违法违规案件。年内，对全市20个项目、27个合同段的县乡公路改造项目全部实行公开招标，最大限度地避免了围标、串标、虚假竞标现象的发生。

行业文明建设。年初，我国南方地区出现冰雪灾害，市交通部门担负起抢运电煤油的任务。在市政府的统一调度下，全市战略物资保障车队共抢运电煤1.7万吨，有力地支援了南方受灾地区。四川汶川地区发生特大地震后，市交通局全体干部职工先后几次向灾区人民献爱心，共捐款10余万元。同时，山西省战略物资道路运输保障车队大同总队圆满完成了大同市向灾区运送180套过渡安置房的运输任务。与此同时，全市交通系统还适时开展各种形式的学习活动，积极创建学习型机关、学习型行业。加强交通新闻宣传工作，创新宣传方式，加大宣传投入，不断提高宣传效果，为交通事业发展营造出良好的社会舆论氛围。

（责编　张岐山）

朔州市交通局

□石　爱　周建平

2008年,是党的十七大召开之后的第一年,也是“十一五”规划承前启后的一年。一年来,朔州市交通局认真贯彻落实市委、市政府和省交通厅的各项重大部署,紧紧围绕搞好“三个服务”的宗旨,加强交通基础设施建设、积极转变发展方式、强化行业管理、注重工作创新,顺利完成了全年的各项任务目标,有力促进了全市交通工作又好又快发展。

公路建设再上新台阶

年内,朔州市交通局按照年初制定的“43451”公路建设规划,围绕全市建设社会主义新农村的大局,着重从三个方面下工夫:一是在加强组织领导方面下工夫,市政府成立了公路建设领导组,各县(区)、各乡(镇)也相应成立了公路建设领导组,形成了政府主要领导负责、分管领导具体落实、交通部门组织实施、有关单位相互配合的公路建设体制,促进了全市公路建设再上新台阶。一年来,全市新增公路通车里程355公里,新增高级、次高级公路路面里程196公里,完成文明路工程60公里;完成村村通油(水泥)路293个村938.1公里,新增通油(水泥)路村59个,全市村通油(水泥)路率达87.2%,高出省目标1.2个百分点,完成7个村35公里的通达任务,完成了所有建制村通公路目标;完成危桥改造1座171延米;到2008年底,全市公路通车里程达到8784公里,公路密度达到了82.9公里/万平方公里。二是在加大筹资力度方面下工夫。在积极落实省补、市补资金的基础上,努力拓宽资金筹措渠道,采取吸引民间资本、以路置换资金以及尽可能降低工程投资节约资金的方式,落实公路建设资金。2008年全市共完成公路建设投资5亿元,超额完成了计划目标。三是在严格质量管理方面下工夫。制定了《朔州市农村公路建设质量管理工作方案》,实行“五不开工”和“四个强制”制度(即路基验收不合格不开工,原材料进场不合格不开工,持证技术人员不到位不开工,机械设备不达要求不开工,安全措施不到位不开工和县乡公路改造水稳基层强制使用场拌机铺,水泥面层强制使用排振,村通水泥路混凝土强制使用500搅拌机,水泥面层强制使用三滚轴)。通过以上措施,年内,朔市公路建设竣工工程合格率均为100%,优良品率为90%;其中神电运煤通道工程被省交通厅评为年度“十佳工程”。

公路养管取得明显成效

2008年,市交通局积极探索公路养管工作的新思路和新方法,大胆创新公路养护管理新模式,促使全市农村公路养管工作取得明显成效。年底,全市公路年末好路率达83%,年末综合值达76,年平均综合值为76,全部超过了省定目标。具体做法是:一是转变观念,创新公路养护管理新模式。随着市场经济的发展,农村新建公路的日趋增多,过去一直沿用的“以工代赈、民工建勤”的办法已不适应农村公路养管的需要。在新的形势下，朔州市交通局领导班子及时转变观念，确立了修路是发展，养护也是发展的新理念，实行了“政府主导、交通主抓、部门配合、分级管理”的农村公路养护管理新模式。二是创新机制，明确公路养护管理责任。逐步推行“养护工程市场化、养护组织企业化、养护用工社会化、养护管理现代化”的公路养护新机制。市政府成立农村公路养护管理领导组，区（县）政府成立农村公路养管中心，乡（镇）设立农村公路养护管理站，行政村设置农村公路管理员，形成了农村公路养管一竿子插到底，市、县、乡、村四级政府齐抓共管的养护管理新格局；三是创新筹资渠道，确保农村公路养管资金足额到位。按照“保障投入，规范使用”的指导思想，实行农村公路养护资金国家补助与地方自筹相结合的办法，确保全市所有农村公路养护资金足额到位。目前，全市农村公路养护资金已全部列入市、县（区）财政预算。除了省补资金外，市、县（区）养护补助标准为：县公路养护资金市补4000元/公里，县（区）自筹4000元/公里；乡公路养护资金市补1500元/公里，县（区）自筹2000元/公里；村公路养护资金市补500元/公里，县（区）自筹1500元/公里。2008年，全市县、乡、村公路养护资金市补合计1037.7万元，县（区）自筹合计1403.7万元。四是创新考评机制，强化监督管理。下发了《朔州市农村公路养护管理实施细则》，明确基层单位的职责、任务、工作要求和考核办法。使基层养管人员做到工作有制度、任务有目标、上班有考勤、岗位有责任、检查有标准。同时，市交通局还对农村公路养护资金实行专户管理、专款专用，严格按检查考评结果拨付，确保了农村公路养管理工作顺利健康运行。

运输管理呈现新特点

规费征收首次突破2000万元大关。2008年，全市各级运管部门通过强化管理，打击逃费、漏费和违法经营行为，超额完成了全年的规费征收计划任务。全年共征收道路运输管理费2460万元，客运附加费490万元。

道路运输量大幅增长。全市共完成客运量1800万人，客运周转量79 980万人公里；货运量8546万吨，货物周转量293 991万吨公里，较2007年有大幅度提高。

客运市管理扎实推进。继续加快农村客运站点建设，大力推进村村通客车工程。全市共建设完成乡镇等级汽车站2个，候车亭70个、招呼站牌310个；新增农村客运班线10条，延续和新增客车50部，实现了100%的乡镇和95%的行政村通客车。另外，努力提高全市客运企业服务质量和诚信水平，规范汽车客运站经营行为，为全市建设塞外“最宜居、最宜发展”城市树立了良好的窗口形象。

货运管理得到进一步加强。按照管理与服务并重的原则，2008年初，市运管处抽调骨干力量，深入基层一线对全市货运企业和营运货车进行年度审验。共验收合格货运经营户2664户，营运货车6534辆，挂车2018辆，危险货物车辆53辆。有力维护了货运市场秩序，规范了经营行为，同时也有效防止了带病车上路。

维修管理工作成效显著。进一步推广和学习应县运管所整顿规范维修市场的经验和做法，克服维修管理人员少，维修企业多、小、散的不利因素，不断加强对机动车维修的质量监督，强化对二级维护、汽车综合性能监测站的监管，增强汽车维修企业提高服务质量和诚信经营的意识，开创了全市汽车维修管理工作的新局面。

驾培管理逐步实现规范化。严格按照驾校年度考核验收标准，注重全市11所驾校培训质量，努力为社会输送合格优秀的驾驶员，取得了良好效果。

科技信息化建设取得新突破。2008年是全省运管系统科技信息化发展的关键年，全市各级运管机构在推动信息化建设的过程中，特别注重信息化人才队伍建设，采取培训学习、对外交流、实践提高的方法，有效提升了全市信息化队伍的整体水平，促进了全市运管科技信息化建设再上新台阶。

源头治超取得阶段性成果

自2007年12月19日全省开展新一轮的“无缝隙、拉网式”治超总行动以来，市交通局党组高度重视，按照“抓综治、保安全、保畅通、为人民”和“让守法者得实惠，让违法者受损失”的总体要求，坚持“依法治超、标本兼治、就地卸载、倒查责任、奖惩并举”的工作方针，实施了“五个结合”，即“重点进驻与一般巡查相结合，源头治理与路面检查相结合，难关突破与一般整治相结合，短期治超与长效治理相结合，治理双超与交通工作相结合”的工作方法；其中，重点采取源头卡住、路面截住、终端堵住的策略，三管齐下，治超工作收到了阶段性成果。一是超限超载率大幅度下降。集中治超行动开始以来，全市非法超限超载率由1.5%下降到0.02%。二是百吨王等大吨位车辆销声匿迹。非法改装、拼装车辆得到取缔，六轴以上的非法超限超载车辆彻底绝迹，全市各出境口和高速公路各入口超限超载现象彻底杜绝。三是道路畅通率明显提高。道路拥堵明显下降，车辆通行率明显提高，路产路况得到明显改善，因超限超载车辆所导致的道路交通安全事故大幅下降。四是运价稳定回升。据不完全统计，运价由集中治超前的0.42元上涨到目前的0.9元左右，过去拉60吨的运费，现在拉30吨就能赚回。五是运输市场日趋稳定。治超氛围的形成，治超措施的到位，治超效果的显现，使得人民群众生活、生产正常，所有运输车辆都能在一个公平、公开、公正的环境下运营。广大运输企业和司机由被动接受治超变为主动适应治超，运输市场逐步走向规范有序、公平竞争的轨道。

机关建设内容丰富多彩

2008年，朔州市交通局认真贯彻落实党的十七大和十七届三中全会精神，坚持用科学发展观武装党员队伍、指导工作实践和提高执政能力。在支援四川汶川抗震救灾活动中，全局广大党员和干部职工踊跃捐款捐物，为灾区人民作贡献。局机关党支部被市委评为全市捐款赈灾先进党组织；认真贯彻落实中央建立惩防体系工作五年规划，并结合本局实际制定了《实施意见》，创建“阳光廉洁工程”活动，制定了《公路工程招投标管理办法》、《公路工程前期管理制度》等一系列办法和制度，有效地预防了重大违纪问题的发生。确保做到“修好一条路，不倒一个人”；继续开展“学先进、树新风、创一流”活动，发展创新符合本单位、本行业实际的精神文明创建模式，提出了“建、学、讲、树、创”五字工作方针，为交通事业的快速安全发展提供了强大的精神动力，一年来，先后树立了交通行业精神文明先进个人、执法标兵、文明班车、文明站点、文明单位等六类先进文明集体、个人共120多个。市交通局因此连续四年荣获“省级文明和谐单位”称号；在全系统广泛开展树立“十佳监理工程师”、“十佳养护能手”、“十佳收费状元”、“十佳司乘人员”、“十佳执法标兵”、“十佳人民公仆”等评选活动，形成全社会关注交通的良好氛围；继续坚持周二、五早八点学习制度，通过视频讲座、业务学习、“八荣八耻”以及科学发展观等专题，全面提高全局广大党员和干部职工的思想素质和业务素质。尤其是在2008年初，为迎接北京奥运会的胜利举行，先后播放了《金正昆教授谈礼仪》、《于丹谈论语》等系列讲座，从日常行为规范到内心素质修养，对广大干部职工进行教育，收到了良好效果。全局上下形成了“讲文明人人有责、树形象人人有功”的活动氛围；加大信息化建设力度，先后投资80多万元建设了交通战备视频指挥中心和运管GPS安全监控视频信息中心，在全局大力推进电子化办公和信息化服务，取得了突破性进展，使局机关行业作风建设和机关效能建设取得了全面丰收。

（责编　张岐山）

忻州市交通局

□顾占斌

2008年，在省交通厅、省公路局和市委、市政府的大力支持和领导下，忻州市交通系统广大干部职工以高昂的斗志，扎实的工作，圆满完成交通建设的各项工作任务，以实际行动支持社会主义新农村建设，全面实现了市委、市政府提出的又好又快跨越式发展战略。全局多项工作受到了上级部门的表彰和奖励。中央文明委授予市局“全国精神文明创建先进单位”，山西省交通厅授予“全省交通系统完成工作目标责任制优秀单位”和“全省交通安全生产先进单位”称号，山西省国防动员委员会授予“全省交通战备工作先进单位”等各类奖励39项。

公路运输

*农村客运线路持续增扩。*2008年计划建设乡镇汽车站10个，完成投资350万元，安装候车亭140个、招呼牌64个，完成投资215万元，目前工程已全部完成。全市开通农村班线353条，4685个行政村通了客车，农村通客车率达到96%，超额完成市政府下达的指定任务。

*规费征收业绩辉煌。*2008年是交通规费机构征收的最后一年，全市800余名征管人员靠热忱服务赢得了营业户信任，靠敬业精神使规费征收再创佳绩。全年运管费省定任务5200万元，完成7950万元，完成任务的152%；客运附加费省定任务980万元，完成1200万元，完成任务的122%；拖拉机养路费计划完成1100万元，实际完成1527万元，完成任务的138%。

*运输生产圆满完成。*2008年，省定全市货运量5713万吨、货物周转量409 542万吨公里、客运量3172万人、旅客周转量235 110万人公里；实际完成货物量5714万吨、货物周转量416 989万吨公里、客运量3174万人、旅客周转量235 800万人公里。特别要指出的是，汶川大地震发生后，我们按照市委、市政府的安排，迅速启动应急运输车队，安全、快速、及时、圆满地完成了运送活动房的任务，说明我们的应急保障是扎实的，我们的应急保障队伍是值得信赖的。

公路建设

在全市上下的一致努力下，2008年完成公路建设投资8.1亿元；完成建设里程3118.53公里（其中，改造县乡公路481.25公里，通达558.6公里，通畅1400公里，村连村678.68公里）。全市公路通车总里程达到了15 874公里，绝对数位居全省第一，公路密度每百平方公里达到63.12公里，71.5%的行政村通了油路，具备条件的建制村全部通公路。尤其是21条省、市、县、乡之间断头路的打通，为154个村85 000口人打开通道，方便了出行，形成了市、县、乡之间道路经济循环圈，为山老区人民早日脱贫致富奠定了坚实的基础。

治理超限超载

经过全市治超一线全体干部职工的辛勤工作，我市车辆超限超载的势头得到了有效遏制，非法超限超载车辆大幅下降，货运价格合理加升，交通环境明显改善，公路货运运输市场呈现出有序健康的发展态势，我市治超工作取得了明显成效。到年底全市政府公示源头企业1039个，政府委派运管机构进驻站点103个，全市治超人员达到350多人，共检查出站车辆18.7万辆次，查处超限超载车辆78辆，限制出站车辆39辆，罚款102万余元。

交通战备

一年来，全市交通战备工作根据全省工作安排，围绕“双应一体化”要求，主要抓了县级交通战备工作正规化建设，保障方案的编制、完善，专职干部的学习培训，国防工程项目的立项及部队进出口路、保障队伍整组等项工作，全市交通战备运行机制逐步得到完善。

安全生产

安全生产是关系到人民生命、国家财产安全的大事，是促进生产力发展，保证经济健康运行的重要条件。搞好安全生产工作是政府职能部门的重要职责。一年来，我们认真贯彻落实《中华人民共和国安全生产法》，进一步贯彻“安全第一、预防为主、综合治理“的方针，落实安全生产工作的各项组织措施和技术措施，防止了各类事故的发生，使安全生产责任落到了实处。并重点加强了危桥改造，农村公路安保工程，加强了施工现场安全监管和运营安全。

（责编　张岐山）

吕梁市交通局

□ 贾永岩　高树峰　田光铭

2008 年，在市委、市政府和省交通厅的正确领导和大力支持下，吕梁市交通局面对全球金融危机和交通税费改革的双重影响，深入贯彻落实科学发展观，不断加强管理，加大工作力度，圆满完成了全年的各项工作任务。

公路建设

2008 年，吕梁市交通局将县乡公路开行贷款建设项目作为重点，全面加快基础设施建设步伐，全市农村公路建设稳步推进。全年完成交通建设养护投资 16.98 亿元，新增县乡村公路通车里程 225.7 公里，新增有铺装路面 685.8 公里、简易铺装路面 73.9 公里，乡公路提升县公路 41.8 公里。新增桥梁（县、乡、村道）37 座 1623 延米；新增隧道 2 处 885 延米。全年新建通达工程 62 公里，新建通畅工程 1266 公里，改建县公路 153.9 公里，改建乡公路 129 公里，新建村连村道路 2264.9 公里，新增通油路（水泥路）的行政村 231 个。截止 2008 年底，全市公路通车里程达到 14 759.4 公里，公路密度为 69.8 公里/百平方公里；按行政等级分，有国道 632 公里，省道 1008 公里，县道 2394 公里，乡道 3494 公里，村道 7203 公里，专用公路 28 公里。按技术等级分，有高速公路 192 公里，一级公路 181 公里，二级公路 1884 公里，三级公路 1831 公里，四级公路 6710 公里，等外路 3962 公里。有铺装路面里程达到 4089 公里，简易铺装路面里程达到 2634 公里，占通车里程的 45.5%；二级以上高等级公路 2257 公里，占总通车里程的 15.3%；等级公路达到 10 797 公里，占通车里程的 73.2%。全市共有 66 个乡、82 个镇、12 个街道办事处、3108 个行政村。其中，100% 的乡、镇、街道办事处和 68.02% 的行政村通油路（水泥路）。

公路养护

2008 年，吕梁市公路养护里程达到 14 567公里（不包括高速公路），其中交通部门县、乡、村、专公路养护里程总计 13 119 公里。包括县公路 2394 公里，乡公路 3494 公里，村公里 7203 公里，专用公路 28 公里。其中，等级公路 9157 公里，晴雨通车里程 9454 公里，已绿化里程 2506 公里。全市县公路年末好路率达 83.17%，年平均达 82.62%；养护质量综合值年末达 82.09，年平均达 81.70，公路养护指标均超额完成省交通厅的任务。公路标志设置齐全 2057 公里；公路标线划设齐全 1462 公里。

运输管理

2008 年底，全市拥有载客汽车 1853 辆 36 493 客位，其中，班车客运客车 1481 辆 31 670客位，出租客车 133 辆 665 客位。拥有载货汽车 28 180 辆 208 084 吨位。其中，栏板货车 26 973 辆 198 709 吨位，厢式车

833 辆4324 吨位，罐车250 辆4091 吨位。全年完成公路客运量2701.5 万人；旅客周转量170 556.7 万人公里；完成公路货运量5145.5 万吨；货物周转量314 693 万吨公里。

运政管理。一是积极开展文明客运班线创建活动。年初确定创建中阳至太原、孝义至长治、孝义至汉中、石楼至太原线路为文明客运班线。10 月底，通过对乘务员进行培训考试，实车查看，旅客问卷调查。对这4 条文明班线进行了初步验收，已上报省公路局。二是培育岚县金昌汽车出租有限公司为公司化经营、公交化运营试点企业。并于11 月18 日召开现场会在全市推广。三是完成了车辆年审工作。3 月27 日至5 月9 日，市运管处组织了由客运、货运、维修、稽查等科室工作人员参与的联合审验组，在吕梁市车辆技术综合性能检测站进行了为期40 天的集中审验，共审验县际以上班线客车679 辆、旅游客车25 辆，审验危货运输车辆198 辆；审验率均达到95%以上。各运管所也积极开展了对县内班线客车和普货运输车辆的年审工作，共审验县内班线客车672 辆，审验普货运输车辆8943 辆；审验率均达到93%以上。四是扎实搞好质量信誉考核工作。对全市12 户道路旅客运输企业、10 户危险货物运输企业、10 户客运汽车站、2 户旅游运输企业进行了质量信誉考核，其中：考核合格30 户，考核不合格并下发整改通知书3 户（危货运输企业），取缔1 户（山西宏特煤化工有限公司）；年内各运管所完成了对41 户普货运输企业的质量信誉考核工作。五是积极引导和扶持物流业的发展。汾阳市大唐物流公司得到长足发展，已经初具规模；交城县运管所制定了《农村物流发展实施方案》，扶持发展了天宁镇阳渠村交通公路物流园区、泰伦货运有限公司物流中心，以样板作用辐射全县。年内培育并基本建成了10 个农村物流点，极大地方便了农村物资流通，盘活了农村经济。六是加强对战略车队和保障大队七中队的管理。两次开展国防教育和安全知识培训，培训人数达50 余人，不断提高车队人员的战备意识，使车队从建制的完善和车辆的调派能力上能够真正跟得上国防建设需求。七是积极开展了二级维护市场专项整顿，并针对二级维护工作中存在的诸多问题组织部分管理人员和修理专家进行了二级维护市场调研，提出了切合实际的意见和建议。八是广泛开展节能宣传，大力推动节能减排。成立了节能减排领导组，明确了相关责任和节能减排工作目标，制定了切实可行的节能减排实施方案。积极参与了“我为交通节能减排献计献策”活动。参加了6 月19 日吕梁市组织开展的以“节能、环保、安全”为主题的大型宣传活动。通过悬挂宣传条幅，张贴标语，发放宣传资料等方式，对国家关于交通节能方面的法律法规、方针政策进行宣传。九是进一步加大对道路运输市场的整顿力度。5 月22 日，吕梁市人民政府下发了吕政办发〔2008〕64 号《关于开展“打击黑车、取缔黑站，净化道路运输市场环境”专项行动的通知》，在全市范围内开展了为期两个月的专项行动。期间，市处稽查支队三赴太原与省运管局稽查总队、太原市运管局、小店区运管所、清徐运管所联合行动，对文水县，汾阳市，孝义市的“黑轿车”进行了严厉打击，暂扣“黑车”41 辆。同时对其他违法违规营运行为依法予以查处。

源头治超。2007 年12 月19 日，自全省“无缝隙、拉网式”治超行动开始，运管部门始终把货运源头治理工作摆在突出位置，按照“立足源头、长效治理”的总体思路，积极工作取得阶段性的成果，基本消除了源头企业违规装载现象，无牌无证车辆得到了有效遏制，干线公路基本实现了无“双超”，通行能力显著提高。一是健全机构。市县两级运管机构均成立了相应的治理非法超限超载工作办公室，配足配齐专门的工作人员；市运管处统一购置了价值12 万元的办公设备，分别配发给13 个县市区运管所，专项用于源头治超工作。二是加大宣传力度。省政府两个

《办法》出台后,组织开展了大规模的宣传活动,出动宣传车76车次,设立咨询点18个,广播、电视台播放28次,散发传单30 000余份,粘贴标语、《通告》1200多份,悬挂横幅42条。三是加大源头治超培训力度。印发了吕梁市《关于认真做好省政府〈两个办法〉培训工作通知》,由各县市区人民政府治超办、运管所共同组织源头治超管理人员及辖区内源头企业计重员、开票员、装载员、分管治超负责人等进行培训。年内孝义、离石、汾阳、方山、临县、交口、中阳、文水等县市区共组织培训17期,培训人员达2087人,培训合格率达98%以上。培训合格者,核发了统一的上岗证件。四是创新管理手段。7月,在柳林、方山运管所试点的基础上,制定了《吕梁市源头治超道路货物运单使用和管理办法》(试行),经省治超办领导和牛仁亮副省长批示,吕梁市全面试行。五是加大督查监管力度。市县两级运管机构对合法源头企业进行了详细摸底,对派驻人员、巡查人员和企业分布进行了翔实统计。并汇总制作了《吕梁市货运源头治超工作概况》、《吕梁市合法源头企业分布图》等。市运管处就源头治超工作对辖区13个县市区进行了责任分片,成立了3个源头治超督查组,人员配发了市政府治超办核准的督查证。督查组不定期的深入到基层运管所、源头企业进行治超工作明察暗访,加强了对源头治超违章行为的查处力度,促进了各运管所的源头治超工作,提升了运管机构的社会地位。全市运管系统共巡查货运源头企业24 684余次,出动执法人员6265人次,查处违法案件55起,罚款237.4万元,抄告案件23起,移送案件10起。

客运场站建设和村村通客车。2008年我市新建成乡镇汽车站13个。同时,加强农村物流试点建设,交城制定了农村物流发展方案并开始试点,汾阳也启动农村物流发展工作。全市10县中已有9县实现了城乡客运一体化。同时,我们继续推进村村通客车工程,在农村客运线路建设上,最大限度地利用现有的线路和班车,减少资源浪费。今年增加农村班线20条,客车30辆。全年安装90个候车亭,完成计划的100%,安装160个招呼站牌,完成计划的100%。并对37个已损坏候车亭、牌予以全面维修。新增105个行政村通客车,通客车村数达到2887个,村通客车率由去年的89.5%提高到92.9%,较上年增长3.4%,超额完成任务。至年底,全市共有农村客运班线240条,农村客运车辆684辆,较好地满足了群众出行,沟通了城乡交流,发展了农村经济。同时完成了733辆农村客运班线和公交车、出租车燃油补贴发放和上报工作。

应急运输保障。2月23日,由于连降冻雪,道路封堵,离石区、孝义市等地出现了大量旅客滞留现象,市运管处及时启动应急预案,并与两个县所协同配合,对滞留的旅客进行及时疏导,紧急调配应急客车92辆,确保了2800余学生和民工的顺利回家。汶川大地震发生后,交口县和孝义市有近4000名亟待返乡的四川籍民工滞留。市交通局领导高度重视,再次启动应急预案,并派出副处长高子清和客运管理科科长张敦敏分赴交口县和孝义市现场指挥,两天时间共组织调动105辆应急客车,运送3789名四川籍民工安全返乡。5月28日,援川安置房运输任务下达后,调动应急货运车辆20辆,由副局长孙林富亲自指挥,随队奔赴灾区运送首批过渡安置房,出动人员60人,5月30日,车队顺利抵达都江堰市,按期完成了首次运输任务。截止8月8日,市运管处、离石区运管所共组织应急运输21批,投入货运应急车辆440车次,投入生活保障车辆62车次,出动人员1200余人次,运送过渡安置房3300套。圆满完成了市委市政府、市交通局下达的援川安置房运输任务。

运输安全管理。我们积极引导和帮助有关企业筹建GPS三级企业平台,到9月20日,我市8个三级企业监管平台全部建成并投入运行。从而实现了实时监控,动态管理,事前预防。全省道路运输行业GPS三级监管平台建设与管理现场会于11月27日在我市隆重召开。市运管处整合了96566运政热线和GPS二级监管平台,成立了吕梁市道路运输安全应急指挥中心。召开了“迎奥运、保安全”专题会议,制定了“迎奥运、保安全”工作应急预案。奥运期间,实行了24小时值班制和安全情况零报告制度;实现了道路运输安全生产平稳有序。积极开展了“安全生产月”活动,组织了声势浩大的《汽车客运站安全生产规范》宣传活动。

水运管理

强化宣传教育,排查治理隐患。一是以春运、五一和集、庙会等渡运高峰期为契机,深入一线向船主、船员、司乘人员和过往群众大力宣传安全操作知识、应急防范措施和安全乘船注意事项;二是结合“全国安全生产月”活动,在重要场所,向过往民众大力宣传有关法律法规。活动散发传单30 000余份,设立咨询点9个,悬挂横幅9条,张贴大幅规定300份。

认真开展了“隐患排查治理年”活动,加强了”隐患排查治理年”活动的组织领导,建立了隐患排查治理责任制、工作目标、实施方案、排查制度、治理原则,并按照时间安排和阶段性任务对水运企业、渡口码头、船舶、船员深入开展隐患排查治理活动。建立隐患数据库和隐患治理挂牌消除制。对重大隐患在报刊、电视、电台或以布告的形式进行公示、曝光。通过隐患排查治理工作的开展。对查出的32项隐患建立了数据库,已整改9项,有4项正在整改。

强化重点时段现场监管,确保水上安全。一是严格执行沿黄河两岸集、庙会渡口死看死守制,落实专人现场管理;二是重新制定了《吕梁市海事局汛期水上应急预案》;三是严格按照“谁检查、谁签字、谁负责”的原则,对各水运企业和水运业户的安全管理责任、制度建设、应急救援、船舶船员适航适任等各个方面进行了详细的检查;四是严格按照“分片包点、各负其责”和“死看死守”的原则,与各相关人员签订落实了重点时段现场监督检查责任,有效地遏制了各类违章和冒险航行的发生。为切实保证我市水运安全,我们按照市政府指令,于9月29日“十一”黄金周到来之前,将辖区所有营运船舶全部停航,卸掉了船上的动力装置,将船舶停船真正落实到了实处,彻底、有效地消除了水上交通安全隐患。

加强了渡口渡船专项整治验收工作。对辖区所有渡口再次进行了渡口船专项整治及验收,对兴县、临县、柳林、石楼四县的27个渡口、1艘渡船和2渡船船员及安全管理责任制的落实等情况进行了详细的验收和登记。一是建立了牛家川、王家滩、乔湾、三交旅游码头的渡口名牌;二是改造了牛家川、王家滩、乔湾、碛口、三交旅游码头、三交车渡码头。

适时对营运船舶进行检验,确保船舶适航。严格按照“谁检验、谁签字、谁负责”的原则,分别由省、市船检人员对全市18艘小型玻璃钢船舶、1艘42客位游船、12组浮桥舟体进行了严格的检验,并启用了5.0船舶检验程序。此外,及时将船长大于10米的2艘钢小型车辆渡船的具体数据上报省局船检处。

强化航运管理工作,规范水运市场秩序。今年,根据山西省交通厅有关文件精神,各县海事处对已取得水路运输和水路运输服务业经营资质的经营人入其所经营的运输船逐户进行了核查,对不符合规定的企业和船舶,明令限期进行停业整改。经过三次核查评估,核发《水路运输许可证》2本;《营运证》8本。碛口古镇公司和黄河旅游公司两个企业由于所有船舶由镇政府统一经营,仍存在公司章程形同虚设,所属船舶从经营到安全是“挂而不管”、所属船舶客位总数也不达资质要求,对两家公司作了停止运营限期整改决定。2008年7月8日,为基本具备水路运输企业经营资质管理规定的两家公司核发了《水路运输许可证》和9本《船舶营运证》,使我市营运船舶都达到了营运标准。全年完成客运量2.8万人,旅客周转量6.44万人公里;完成货运量0.087万吨,货物周转量0.087万吨公里。

对船员进行了培训,换发新证。对2007年参加新培训的船员进行了游泳和实操考试,并对未参加培训的持证船员进行了技术更新培训,换发新船员证33本,船员服务簿31本,我市在职船员换发新证率达到100%。

推动码头建设,夯实安全基础。完成了柳林县三交客、货码头扫尾工程,在无人承揽兴县牛家川、王家滩两码头工程的情况下,督促村委支书、主任修建,基本完工。兴县罗峪口,临县乔湾码头已做好动工前期准备,临县碛口码头已基本修建完成。

开展了榆林、吕梁第九次黄河界河水上交通安全联检。根据晋、陕两省政府晋政办发〔1993〕32号文件和两省三地(吕梁、榆林、忻州)交通局《关于加强黄河界河渡运安全管理的联合通知》,9月20日至24日,吕梁、榆林两市交通局和地方海事局组成联合检查组,对两市沿黄9县的水上交通安全行政、行业、监督管理及渡口码头建设、水上旅游、渡运情况、渡船改造等进行了检查。本次检查重点抽查了吴堡县政府的行政管理;神木、佳县、吴堡、绥德、清涧、兴县、临县、柳林、石楼县交通局行业及海事机构的安全监督管理;马镇、王家滩、牛家川、南河底、咀头、碛口、三交渡口及乡镇船舶管理工作以及佳县、柳林海事处的安全监管工作、正规化建设等情况。查看了王家滩、牛家川、桃花渡、南河底、碛口、李家沟、三交渡口改造项目工程。

规费征收

全年全市完成运输管理费征收6119万元,同比增长75%。客运附加费完成1543万元,同比增长7%。拖拉机养路费完成2572万元,同比增长6%。三项规费合计征收10 234万元,突破亿元大关,同比增长了39%。

治超与路政管理

加强路政管理工作,各县市加强日常路政巡查,全年共收取路产补偿费350余万元,查处路政案件12起,预防违法修建8处420平方米,清理路障、乱堆乱放150处,制止在公路上打场晒粮5处,制止乱设广告、标志牌匾32次,危险路段设置险路标志50块。

市政府统一领导,在全市范围内设立了34个临时治超卸载站点,吕梁市治超工作以市纠风办牵头,交通、公路、公安、交警、纠风等部门进行联合治超,部门联动,市交通局在人力、财力、物力予以大力支持。治理效果明显,治理工作得到省交通厅认可,“双超”车辆控制在0.1%以内,治超工作走在了全省前列。

交通战备

市交通战备正规化建设“五化”目标全部落实。13县市区全部建立机构,人员进入行政编制,保障队伍达到“组织、任务、装备、训练”四落实;吕梁市交通战备办网络系统已建成开通运营一年多时间,软件硬件全部到位;完成了《国防交通信息管理系统》,及数据库建设,保证战时交通线安全畅通和平时突发事件交通保障需要;完成了二级、三级重点目标保障方案编制会审工作;做好了国防公路、部队进出口道路验收准备的相关工作。

交通扶贫

年内,市局扶贫工作成绩显著。一是大力加强基础设施建设。无偿投入资金145万元。其中,投资40万元,建设了木会桥一座;投资80万元,修建了吴家沟通村公路一条;投资25万元,新建了大蛇头乡镇客运站一处。二是积极调整产业结构,引导大蛇头村发展仁用杏300余亩,吴家沟村种植优种饲草100亩;争取上级投资15万元,为吴家沟9户农民发展优质绒山羊1000只;在吴家沟推广地膜覆盖优种土豆300亩。三是通过与发改委争取，引进资金20万元，为吴家沟新增河滩地100余亩。四是加强实用技术培训，继续搞好科技扶贫。一年来共举办养羊技术、土豆种植技术以及农村政策、法律法规知识培训3次。五是加强精神文明建设，投资3000余元为两村配备扩音设备各一套。资助大蛇头村新建门楼两处。积极推进吴家沟村文化广场建设前期工作。六是加强基层组织建设。两村发展党员各1名。七是节日慰问。组织了3次节日慰问，共投入资金1.7万元，其中春节慰问1.2万元，"六一"慰问3000元，"七一"慰问2000元。

信息化建设

全面推进交通信息化建设"1166"工程。按照省交通厅统一要求，"1166"工程于5月7日开工，11月4日完工，建设完成省交通厅安排的信息化建设"1166"工程，完成投资185万元，并于11月14日经省交通厅组织验收合格交工；新建了吕梁市交通局网站，与市政府建立了内网专网，交通局内部建立了局域网；全力做好本单位网站及"山西交通"网站栏目的建设、信息更新和维护工作，120余条信息全部登录省交通网"市县信息"栏目。

党风廉政、党的建设和精神文明建设

一是加大交通基础设施领域内的廉政建设工作，严格执行《省厅廉政建设监督管理十项制度》。认真落实市交通局、市检察院联合出台的《吕梁市公路工程建设领域开展行贿犯罪档案查询工作的实施细则》的有关要求，强化对招投标全过程的监督，一年来共参与监督公路工程招投标11起。同时着力构建统一规范、信息共享的市场信息平台，完善工程建设招投标举报投诉处理机制。全面落实了"双合同"制度。所有开行贷款县乡公路建设项目都严格审批，全部实行公开招标。纪检、监察及人大代表等部门和人员参与招投标的全过程监督，全年没有发生任何违规行为。二是深入开展政风行风建设和评议工作，做到机构健全、制度规范、措施得力。继续通过行风热线、民主评议、承诺兑现活动，开好相关单位协调会、听证对话会、行评监督员咨询座谈会等各种会议，组织好问卷调查等活动，广泛听取社会各界的意见和要求。全年进行政风行风评议2次，参加行风热线活动2次，发放行风意见征询表400余份，所有政务项目全部公开公示，窗口实行挂牌上岗。杜绝了行业不正之风。三是认真开展交通基础设施建设领域治理商业贿赂工作，有明确的组织机构、工作制度和工作方案。2008年，我们继续组织自查自纠工作"回头看"，围绕"六个重点环节"、"八个重点对象"、"两类违规违纪行为"进行跟踪监督。有重点地进行在建项目、新开工项目防止不正当交易行为的巡回监督检查，发现和解决倾向性问题。结合落实信用体系建设规定，继续坚持交通工程建设领域开展行贿犯罪档案查询制度。严肃查处商业贿赂案件和行为，建立治理商业贿赂的长效机制。建立了定期监察制度，市局监察室建立了干部职工廉政档案，完善了资料、信息、台账等基础工作，健全了长效机制。

将精神文明建设列入年度目标责任制中，认真实施精神文明"十一五"规划及2008年计划。方山交通局、柳林县交通局保持了市级文明单位；文水县、中阳县交通局已申报市级文明单位。交口县交通局正在申请县级文明单位。目前全系统有省级文明单位1个，市级文明单位7个，县级文明单位10个，省级文明示范窗口2个，省级行业文明集体2个，省级青年文明号2个，市级青年文明号6个，市文明示范车25辆，市级文明小区1个。年终评出2008年度全市10个市级文明示范窗口、10条文明路、10部文明客车、13个文明职工。

（责编　张岐山）

晋中市交通局

□李彦平

2008年，在省交通厅和市委、市政府的正确领导和大力支持下，晋中市完成公路建设投资14.3亿元，新增公路通车里程618公里，公路密度达到86公里/百平方公里，完成农村公路二级化改造309公里，村村通工程1758公里，全市行政村水泥（油）路通达率达到98%，公交（班）车通达率到96.5%全面完成或超额完成了省交通厅和市委、市政府下达的指标和任务。市交通局以总分第一的优异成绩再次被评为全省交通系统"目标责任制考核优秀单位"，获得了"十连冠"的殊荣，被晋中市政府评为"工作目标责任制考核先进单位"。

公路建设再上新台阶

高速公路。2008年，在市高速公路建设领导组的领导下，汾邢和龙城两条高速公路进展顺利。市县两级组织了强有力的地方协调组，平遥、介休两县市工作积极主动，征地拆迁、"三电"移动等工作进展顺利，晋中境内18公里已开工建设。年初注册成立"晋中龙城高速公路有限责任公司"后，我们按照省交通厅的要求，在筹资、土地预审、环评、水保、设计等方面做了大量的工作。

县乡公路二级化改造。年内，各县（区、市）交通部门紧紧抓住建设环境相对宽松、优惠政策扶持的有利时机，全面推进县乡公路二级化改造。从项目立项、前期测设、资金筹措、项目招标、施工许可、项目管理以及交工验收等方面全方位采取有效措施，克服了原材料价格上涨的困难，在确保质量的前提下千方百计加快进度。年内，全市农村公路二级化改造开工建设487公里，完成309公里，占全省农村公路新增二级路里程的54%，还完成三、四级公路改造45公里。全市完成二级路改造最多的是寿阳县、榆次区、平遥县，分别为53公里、51公里和48公里。灵石县农村公路建设总投资达3亿多。

村村通工程。市政府将该项工作作为"十件实事"之一，加大通达通畅工程建设力度，解决边远山区建制村道路通畅问题，提高村与村之间的联结度，以进一步方便农民群众的生产生活。大力推进新农村试点村和重点推进村的街道硬化工程，确保水泥（油）路通村入户。去年，全市完成村村通1758公里。其中，完成通达工程99公里；通畅工程730公里，新增13个通水泥（油）路行政村，全市通水泥（油）路建制村达到2700个，通达率达到98%；完成新农村街道硬化929公里，超额完成了市政府下达的建设1500公里的任务。

运输管理不断规范

2008年，全市共完成客运量3058.4万人、旅客周转量16亿人公里，与上年基本持平；完成货运量8112.6万吨、同比增长13.2%；货运周转量54亿吨公里，同比增长17.0%；完成汽车维修37万辆次和驾驶员培训3.4万人次，道路运输公共服务能力明显增强。积极探索农村客运企业的整合改造，开展了城乡客运公交化运营试点工作，进一步推进了城乡客运一体化。大力发展农村物流业，重点扶持发展了榆次普家乐物流中心、介休介交运业集团有限公司、寿阳平头富山农副产品批发有限公司等14个物流中心，物流总量达83万吨。采取行业自律和行政监管相结合的方法，促进了驾培市场秩序的明显好转与驾培服务质量的提高。组织了营运车辆检测定级工作和全市二级维护企业岗位练兵，促进了汽车维修质量的提高。加快了农村县乡客运站场设施建设，太谷、左权县级汽车站顺利竣工，完成9个乡镇客运站建设任务。

养护体制改革进一步深化

2008年，我们继续深入推进农村公路养护体制改革，加大农村公路养护工作力度。一是理顺机构，出台办法。各县（区、市）理顺和规范现有县级农村公路管理机构及其职责，组建了乡镇农村公路管理机构和村级管理小组。二是组建适合农村公路养护实际的路基养护社会化养路队伍和从事路面、桥涵构造物等技术性较强的专业化养护队伍，实现每条农村公路都能看见有“黄马褂”队伍养护公路。市局统一配备的沥青路面综合养护车，从5月开始，已投入养护生产，效果明显。三是加大资金投入力度。省厅农村公路养护补助资金已经全部到位，各县（区、市）政府对农村公路养护给予了大力支持，灵石县全年投入500万元用于农村公路养护，昔阳、左权、介休等县市也拿出200多万元用于农村公路养护；四是各县（区、市）加大了农村公路示范路建设和县公路养护精品线路创建力度，全年完成示范190公里。年底，全市农村公路养护年末好路率达到86.59%，养护综合值年末达到81.84。完成县乡公路危桥改造34座，养护投资达到了5488万元。我市农村公路养护工作以全省第一名的成绩荣获“全省农村公路建养标兵单位”称号和“全省农村公路养护管理先进单位”。

公路质量年活动稳步推进

按照交通部和省交通厅的部署，市县两级交通部门都成立了公路建设质量活动领导组并制定了工作方案。完善了公路设计专家评审制度。请省公路局、省交通设计院、省交科院技术专家对桥梁建设进行把关、审核；对县乡公路主要改造项目，由市交通局、晋中公路分局的主要技术人员对设计进行审查，进一步提高了设计水平。对全部参加晋中市农村公路建设的施工企业都建立了企业信用评价档案。县乡公路二级化改造工程基层施工全部推行场拌机铺，大幅提高了基层的强度。充分发挥部门、社会、舆论的监督作用。在县乡公路改造工程和通畅工程建设工地设立项目公示牌，将建设、施工、设计、监理、技术指标全部公示上墙接受监督。

超限超载得到有效治理

在公路治超工作中，我们做到了6个坚持：一是坚持政府主抓，强化组织领导，将该项工作纳入政府工作目标责任制考核范围，各部门密切配合，精心组织，周密部署，落实责任，一抓到底。二是坚持综合治理，严控货运源头。市县两级运管机构共派出299名运管人员对政府公示的1339个货物源头单位进行了监管，从源头上遏制了超限超载行为。三是坚持不间断巡查。以巡防结合的方式，强化路面监控治理。四是坚持群防群治，建立监控网络。通过建立热线电话，实行有奖举报等方式，建立了市县乡村四级治超监管网络。平遥县完善监管网络，治超管理规范。五是坚持科技治超，加强科学管理。为19个固定检测点和临时卸载点更新配备了32台称重设备，购置租用卸载机具25台，配备的执法车辆20台，18个站点安装了电子监控设备，实现了站点电子运程监控和信息传输科技化。和顺县对货物源头单位率先安装远程监控，寿阳县为装载机配备了称重设备。六是坚持依法治超，严格责任追究。一年来共查处违纪违规案件3起，处理12名违规违纪人员。去年，全市路政执法人员共出动治超执法人员39.16万人次，共检查车辆572.62万辆，查处超限车辆2464辆，卸载货物5202.4吨，共收取罚款250.83万元，收取公路赔（补）偿费9.52万元，全市超限超载率下降为0.02%，道路交通安全形势明显好转，因超限超载导致的交通事故减少13%，运价回升率达50%以上，运输市场逐步规范，此项工作受到了省政府和省交通厅的表扬。

交通规费征收再创新高

2008年，全市交通规费征稽系统和运管机构广大干部职工强化征收措施，采取源头管理、上门服务、微机征管等有效手段，堵塞漏洞，挖潜增收，全市交通规费征收创了历史新高。全年共征收拖拉机养路费3112.18万元，比上年同期增长3%，征收运管费6802万元，同比增长40%，祁县运管所年度征收额2057万元，是全省运管费征收唯一上2000万元县级运管所。征收客运附加费1168万元，同比增长11%。

抗震救灾物资运输圆满完成

5月21日，接到市政府援川救灾房运输的任务后，市局党组立即召开专题会议研究，战备办主动与四川省战备办对接运输方式。祁县、榆次两县（区）积极行动，抽调100辆大型货车组建了“晋中市援川建房物资运输突击队”。交通部门和运管机构100多名干部职工发扬不怕吃苦、不怕困难和一方有难、八方支援的优良作风，经过一个多月的昼夜奋战，全市共完成援川建房物资运输3731间，其中公路运输276车次、2374间；铁路运输204个集装箱、1357间，为援川救灾工作作出了贡献，受到了市委、市政府的表彰，也得到了灾区群众的称赞。救灾物资运输任务的胜利完成，不仅展现了晋中交通人的时代风采，也检验了我市交通运输应急保障的能力和水平。

党风廉政和行业文明再上台阶

二年来，全市交通系统党风廉政建设和反腐败工作按照党风廉政责任制的要求，加大了宣传教育力度，先后组织两次全系统党员干部反腐倡廉警示教育集中培训，分别邀请市纪委、市检察院的领导到会给大家授课，使党员干部拒腐防变的道德防线进一步加强。强化了行政效能建设。通过明察暗访，将人民群众关注的热点问题和基层单位反映的难点问题，逐项落实反馈，进行督办，行业效能建设水平得到进一步深化。行风评议工作进一步引深，有效地促进了全系统行评工作的深入开展。市局在年终市政府行评排队中名列全市第三名，各县（区、市）交通局的行评排名都明显前移，基本实现了辖区内基本无“三乱”的目标。我市交通系统在全省率先出台了《晋中市农村公路建设“阳光工程”实施方案》。市局纪检监察部门监督介入农村公路施工全过程，强化了监督力度。

2008年，全市交通系统以“两学四建一创”活动为载体，积极开展了以“提高交通行业文明程度，提高职工队伍素质”为目标的文明创建工作，开展了以“迎奥运、树新风”为主题的全民健身活动。市局获得“省级文明和谐单位标兵”称号，市交通建设公司被中国海员建设工会全国委员会授予“全国交通建设系统工会工作先进集体”和“省级工人先锋号”。市运管局、和顺县交通局获得“省级文明单位”称号，2个县局所被授予“市级文明单位标兵”，8个县局所荣获“市级文明和谐单位”，3个局属单位获得“市级文明执法窗口”和“青年文明号”。

2008年，全市安全生产工作始终贯穿“隐患治理”这条主线，突出“百日督查，集中治理”两大重点，狠抓基础管理、责任体系和制度建设，紧紧围绕行业重点领域，深入排查治理事故隐患和薄弱环节，努力提升行业的安全度，推动“隐患治理年”的各项工作取得了新的进展。成立了晋中市海事局，加强了水上交通安全监管。全年交通系统未发生一起重特大安全生产责任事故。2月，被市政府授予“安全生产目标考核先进单位”。

（责编　张岐山）

阳泉市交通局

□ 李书田　史晋阳　王九存

2008 年阳泉市交通局认真贯彻党的十七大、十七届三中全会精神，以新思想、新举措、新理念深入学习实践科学发展观，各项工作均取得了历史性突破和不凡业绩，先后荣获中华全国总工会授予抗震救灾物资抢运大队“抗震救灾重建家园全国工人先锋号”称号；中共山西省委依法治省领导组授予的“法制宣传教育十佳集体”称号；省交通厅授予的2008 年度“完成工作目标责任制先进单位”；“安全生产管理工作先进单位”；“全省道路水路春节运输工作先进单位”；连续 6 年获“山西交通年鉴工作先进单位”；中共阳泉市委“先进基层党组织”等国家、省、市荣誉称号 20 多项。

公路建设

2008 年阳泉市交通局围绕构建廉政交通、和谐交通、质量交通、率先交通总目标，以科学发展观为统领，坚持建养并重，以改革创新为动力，以依法治路为保障，构建更安全、更畅通、更环保、更高效的公路交通网络，更好地满足经济发展和人民群众的需求。2008 年公路建设固定资产投资计划 30 000 万元，实际完成 50 043. 7 万元，完成计划的 166. 8%；新增公路通车里程计划 30 公里，实际完成 80. 2 公里，完成计划的 267. 4%；新增高级、次高级路面里程计划 40 公里，实际完成 80. 2 公里，完成计划的 200. 5%；村通水泥（油）路计划新增 10 个，实际完成 10 个，完成计划的 100%；通达工程计划 30 公里，实际完成 30 公里，完成计划的 100%；通畅工程计划 200 公里，实际完成 200 公里，完成计划的 100%；县乡公路改造工程计划 200 公里，实际完成 304. 5 公里，完成计划的 152. 3%。县乡公路 GBM 工程计划 30 公里，实际完成 64. 6 公里，完成计划的 215. 3%；县乡公路文明路计划 50 公里，实际完成64. 6 公里，完成计划的 129. 2%。

公路养护

一年来，阳泉市交通系统认真贯彻公路“建设是发展，养护管理也是发展”的指导思想，按照建养并重、协调发展、深化改革、调整结构、依靠科技、提高质量、依法治路、保障畅通、多方筹资、提高效益的总体思路，调结构、增投资、抓管理、打基础，全力化解历史欠账大、车辆超限超载严重等新旧矛盾，用科学发展观提升公路养护管理理念，用创新的精神加强公路养护，使公路养护管理的内涵不断拓展，公共服务能力得到提升，创造了一个安全、畅通、和谐、高效的公路交通环境。2008 年县乡公路养护年末好路率计划 73%，实际年末好路率达到 87. 5%，完成计划的 119. 9%；年平均好路率计划 71%，实际达到 82. 9%，完成计划的 116. 8%；年末养护综合值计划 65，实际达到 78. 4，完成计划的 120. 6%；年平均养护综合值计划 62，实际达到 76. 8，完成计划的 123. 6%。

2008年全市各级交通部门和地方政府不断加大县乡公路改造和养护管理投入，集中整治和加强薄弱环节，改善公路技术状况，消除安全隐患，大大提高了公路通行能力和安全保障能力。县乡公路的健康发展，体现为“两个战略转移”：一是由公路建设向养护管理转移，实现了“三化”目标。市交通局道路管理处与各级地方政府积极协调，达成共识，共筹措投入养护管理资金100余万元，配置县乡公路养护专用车、补坑槽机、平路机、打标线机等专用设备，全面告别了人工养护的落后状况，县乡公路养护初步实现了机械化；各县区在完善养护管理体系、创新养护机制的基础上，实行了“定路段、定人员、定标准、定资金、定奖惩”五定管理办法，实现了养护标准化；按照“路路平、道道净、线线白、条条绿”养护要求，全市各县区共创新循环样板路15条200余公里。采取整修路肩边坡、完善标志标线、种植花草树木、设置美化景点等措施，使行人体验到“人在车中坐，车在画中行”旅游般感觉，使县级公路养护实现了精品化。盂县交通局推行的“道班包片”养护模式，极大地提高了养护效率。郊区交通局创新的“养一条路、塑一道风景”县乡道路养护新思路，突出了养护品牌效应。尤其是平定县交通局首创的建、养、管、运“四位一体”模式的实，收到了事半功倍的效果，受到交通部政策咨询小组专家极高的评价，认为是全国首创。二是由村通公路建设向县乡公路改造转移，达到了“四高”要求。市道路处和各县（区）交通局紧紧抓住国债资金、开行贷款和阳泉至五台山高速公路开工建设的机遇，早规划、早动手，掀起县乡公路改造高潮，同时，加大了国省道改线升级和运煤专用通道建设的力度。2008年投资额高达4亿元之巨，使路网通行保障能力明显提高。同时，结合“质量管理年”活动，严把质量关，认真落实单位自检、社会监督、业主负责、政府监督保证体系，工程质量优良率达到90%以上，实现了高起点、高等级、高标准、高质量的要求。

道路运输

阳泉市交通局坚持以科学发展观为统领，以运输发展为主题，以结构调整为主线，以道路运输市场专项整治为载体，转变观念，转变作风，锐意改革，开拓创新，努力构建统一、开放、竞争、有序的道路运输市场秩序，较好地完成了2008年度目标任务，道路运输发展和道路运输行业管理取得巨大成绩。2008年全年完成货运量8128.5万吨，完成年计划的100.8%，完成货物周转量384 773万吨公里，完成年计划的100%；完成客运量3266.5万人，完成年计划的100.3%，完成旅客周转量113 655万人公里，完成年计划的100%。全年征收运输管理费3688万元，完成年计划的137%；征收客运附加费790万元，完成年计划的113%。

农村客运网络化建设步伐加快，县乡道路客运通达深度不断提高。2008年阳泉市交通系统坚持政府推动，政策调动，典型带动，市场拉动的“四轮驱动”工作思路，加强领导，精心组织，积极试点，全面推进。加之，燃油补贴政策的落实，有力地推动了农村道路客运的健康发展。至年底，全市共有县乡道路客运线路185条；客运车辆448辆；候车亭260个；招呼站（牌）544个（其中：2008年新建候车亭50个，招呼站牌50个）：乡镇通客车率达100%；通车行政村达916个，行政村通客车率达96%；全市在建的16个乡镇汽车站年内全部建成，已有13个新建乡镇汽车站投入运营。农村道路客运基础设施覆盖率达到76%。

大力推进道路运输保障体系建设，不断提高应急保障能力。2008年遵照中央军委、交通部关于平战结合、客货结合、应急应战、保障有力的指导思想，进一步健全市场经济条件下交通战备应急运输保障机制。在接到全市电厂燃煤告急，紧急抢运电煤通知后，先后两次启动战略物资道路运输保障车队运力。从2月8日至12日完成电煤2266辆次,运输电煤27 455吨,确保了全市三大电厂春节燃煤供应。5月12日四川省汶川发生大地震。5月15日接到阳泉市人民政府往四川灾区运送抗震救灾抢险物资紧急命令后,市交通局立即行动,市交通局局长和道路运输管理处处长亲自挂帅,坐镇指挥,仅用了两个小时便集结了交通战备应急保障车队20辆重型卡车到达指定地点,共装载救灾物资大米、食用油、药品、饮用矿泉水、棉被等440余吨,价值339万元,日夜兼程运往四川灾区。在援川灾后重建工作中,阳泉市交通局先后组织调度运输车辆338辆次,参与人员达2000人次,分别从山东、太原、阳泉三地装运活动板房3203间套,累计行程达120万车公里,圆满完成灾区人民急需的活动板房运输任务。同时也进一步考验和提高了阳泉市应急运输保障车队的能力,锻炼了运管队伍组织能力,树立了交通人的良好形象。

*加快客运协调发展,积极推进城乡客运一体化。*遵照国务院实施"大部制"改革的指导思想,消除城乡二元结构给道路运输客运发展形成的体制和机制障碍,从5月起,在市政府的正确领导和支持下,市交通局领导深入公共交通总公司及城市客运系统调研摸底,为构建大交通管理体系完成了前期准备工作。11月12日原隶属市建设局管辖的城市客运管理职能正式移交市交通局。由此,阳泉市城乡客运一体化进入了一个新的历史发展阶段。市公共交通总公司成立于1964年1月,属国有二级企业,下设5个分公司,2个保修厂,1个小车修理厂。1个广告公司和1个服务公司(三产企业)。公司设置16个职能部室。总公司拥有在册职工2350名、离退休职工456名。拥有公交运营车辆386.5标台,开辟客运线路31条,公交客运线路总长度达405公里。2008年,总公司在资金十分紧张的情况下,克服困难、多渠道融资,投资3000余万元购入以天然气燃料为动力的环保公共汽车120台,为建设环境优美型城市提供了交通支撑。城市客运管理处成立于1991年1月,属事业单位编制,现有在册职工20人,其中:干部16人。机构设置有:办公室、业务科、稽查队、信访室、违章处理办公室。至年底,全市拥有出租客运车辆1989部,其中:在册出租汽车1895部,大客车和中巴车94部。从业人员1583人,经营出租汽车企业13户。城市客运中巴营运线路14条。

*依法治运,形成合力,道路运输市场环境得到明显改善。*2008年先后开展了旅客运输、危货运输、汽车维修市场、驾培市场、客运站场等专项整顿,取缔了一批不符合条件的经营业户和客运、危货运输车辆,查处了一批违法违规行为,运输业户守法经营意识明显增强。首先,在全市开展了汽车维修企业与检测行业"服务质量年"活动,整顿规范维修市场,强化维修质量监督管理,全面落实机动车维修"五公开"和"三单一证"制度,构建汽车救援服务网络,实现维修服务资源和信息网络资源共享,充分发挥服务公共社会成员职能。全年共计救援1752辆次,救援产值达38万余元。

2008年,继续以提高驾驶员培训质量为主线,加强对教练员队伍管理,推动驾校规模化、专业化经营。全年投资1500万元新建驾校一所;投资218万元增加驾校教学设备;投入驾校培训场地规范化改造资金190万元,全市形成了师资雄厚、设备完善、服务良好的驾驶员培训网络。在全省职工技术大赛驾驶培训教练员技术比赛中取得优异成绩,两名教练员分别被省劳动竞赛委员会荣记一等功和二等功。

在加大道路运输市场监管力度,开展严厉打击非法营运"黑车""黑户"、规范道路运输市场秩序联合行动中,全年共出动各种不同形式稽查活动人员61 300人次,查处各类违章车辆1700余辆,补征规费4 895 118元,行政处罚违章车辆126辆,罚款456 800元。运管稽查支队被省纠风办公室授予"治理公路三乱"先进集体。

科技兴运，道路运输信息化建设在现代化管理中得到广泛应用。2008年，为实施科技兴运战略，增强科技及信息化管理能力，市道路运输管理处以信息化管理为重点，积极推广信息技术、网络通信技术和卫星定位技术等现代化管理手段，加快了传统运输生产管理方式的改造升级，大大提升了运政管理和服务水平。着力建成了市道路运输管理处GPS二级监管平台，并与全市7家企业三级平台实现了联网运行。全市安装并投入运行的GPS动态行驶记录仪的营运车辆达到336辆。

双超治理

2008年，作为治超的主力军，全市交通系统承担了路面、源头治超的主要任务。在市委市政府的正确领导下，开拓创新，依法治超、源头治超、科技治超，明确工作职责，强化责任追究，使全市车辆严重超限超载的势头得到有效遏制，非法超限超载车辆大幅度减少，公路运输秩序明显好转，交通事故率有所下降，道路畅通率显著提高，货运价格合理回升，公路"三乱"有效遏制，全市交通系统治超工作取得阶段性成果。

全市两级交通部门有治超执法人员416人，省政府批准的临时卸载点6个，承担着全市近5000公里的农村公路和9条主要出省公路的治超任务。2008年全市公路货运量7392.1万吨，途经我市的货运车辆日均约3.5万辆，治超任务十分繁重。经市、县(区)各级人民政府公告的货运源头企业575个。其中进驻站点18个，巡查站点557个。截止2008年12月31日，全市交通路政部门共组建4支稽查队，投入执法人员75 861人次，检测车辆477 078辆，查处超限超载车辆375辆，卸货372.78吨，超载率为0.08%。全市交通运管部门组建了12个巡查队，1支督查队，参与源头治超运管执法人员266名。

一年来，全市交通系统共投入治超经费1107万元，其中路面治超投入650万元，源头治超经费投入457万元，有力地保障了治超工作的顺利进行。全市交通系统治超工作取得了非常明显成效，概括为"三提高、三下降"。

"三提高"：一是公路好路率提高，县公路年平均好路率比去年同期上升了3.19%；二是运输车辆运费由治超前的0.3元/吨公里上升到0.6～0.7元/吨公里；三是社会各界对治超工作认可度提高，由原来的抵触、不理解转变为主动配合和协助管理。"三下降"：一是路损案件下降，比上年同期公路损坏案件发生率下降17%；二是超限超载车数量大幅度下降，由治理前的13%下降到0.08%，低于0.2%的全省平均水平；三是暴力抗卸载事件数量下降。全市交通系统没有发生一起公路"三乱"和"收黑钱、送黑车"等违规违纪行为。

2008年，阳泉市获得全省"治超工作优秀市"称号，郊区获得全省"治超工作优秀县(市。区)"称号。省治超领导组授予"山西省治理非法超载超限车辆工作优秀市流动奖杯"。省劳动竞赛委员会分别为阳泉市政府、郊区政府各记一等功一次。省政府为阳泉市委书记白云、郊区区长杨勇记一等功。为阳泉市委常委、常务副市长、市治超领导组组长王旭明、郊区副区长程继喜记三等功。省劳动竞赛委员会为阳泉市政府副秘书长、市治超办主任王新明等2人记一等功。平定县乱流临时卸载点获"优秀治超点"，阳泉公路分局白泉检测点、阳泉市驼岭头临时卸载点分别获"先进治超点"，市道路运输管理处获"源头治超先进单位"。吴鹏鸣等4名治超工作人员获"治超优秀工作者"称号，张宏光等30名治超工作人员获"治超先进工作者"称号。

规费征收

2008年市规费征收稽查处在市交通局党组的正确领导下，以邓小平理论和"三个代表"重要思想为指导，以科学发展观统领全局，以规费征收为中心，以机制创新为动力,建设高效的管理模式,优质的服务体系,优异的费收业绩,一流的队伍素质。他们着力于构建规范有序、管理科学、诚信友爱、充满活力的和谐征稽事业,铸就了阳泉征稽人的辉煌业绩。

2008 年共征收拖拉机养路费 635.12 万元,完成年计划的 130.6%。代征铁路道口安全管理费 5.04 万元,完成年计划的 112%。

交通企业

2008 年阳泉市交通局紧紧围绕企业改革发展和经济建设两大中心工作,用科学发展观统领全局,按照"诚信、和谐、创新、品牌"经营理念,着力抓好生产经营、基础建设、机制改革和多种经营,保持了企业全面快速发展和良好势头,圆满完成了全年目标责任计划,取得了优异成绩。市交通集团有限公司全年完成货运量 799.3 万吨,货物周转量 98 104 万吨公里,分别完成年计划的 106.6% 和 103.6%;完成客运量 853.8 万人,旅客周转量 36 784 万人公里,分别完成年计划的 123.7% 和 132.5%;实现利润 240.7万元;完成多种经营收入 533.4 万元;全公司资产保值增值率达 103.71%;职工全年收入同比增长 25%。全年发展载货汽车主车 819 部、挂车 135 部,完成年计划的 117%;截至 12 月底交通集团有限公司拥有载货汽车 2019 部,25 137 个吨位;拥有客运汽车 185 部,4406 座位。汽车修造运输有限公司年底统计拥有载货汽车 787 部,9565.2 个吨位;全年发展载货汽车 181 部,3079.7 个吨位;拥有客运汽车 83 部,1813 座位;客运线路 41 条。全年完成货运量 295.4 万吨,货物周转量 35 702 万吨公里,分别完成年计划的 102% 和 102%;完成客运量 325 万人,旅客周转量 14 233 万人公里,分别完成年计划的 103% 和 102%;全年完成多种经营收入 212 万元。

交通科技

2008 年,阳泉市交通局成功举办了全市交通系统科技论文、科技项目成果交流大会,共收集科技论文及科技项目成果和推广应用项目 26 篇(件)进行了大会交流。10 月与市科技局共同组织了主题为"环境保护与节约能源"的全市交通科普宣传活动,先后深入全市各县(区)乡镇,历时 3 天。并选送了 3 名科普志愿者参加了国家有关部门组织的中国科普志愿者活动。与长治市交通局联合组织开展交通规费征稽系统微机征管操作培训交流活动,实现了全市两县三区全部微机打票。全市交通系统建成了 GPS 三级监管平台实现联网运行,共有 336 台汽车安装 GPS 动态行驶记录仪,使先进的交通科技成果得以推广应用。

阳泉市交通局坚持实体工程技术研究与应用,为交通建设提供强有力的技术保障,紧紧围绕全市公路交通运输发展规划,加强了对交通发展具有前瞻性、战略性、实用性问题的研究,先后开展了《浅谈水泥砼路面不等距斜缩缝在施工中的应用》、《CASS 成图系统软件在公路工程测量中的应用》、《煤沥青贯入式在山西公路中的应用》、《轮桥定位与车架矫正技术》等交通科技项目的研究与推广。

2008 年,阳泉市交通局在开展节能活动中,采取"优化运力结构、推广先进技术、靠科技进步推进节能减耗工作;转变经营模式、发挥主体作用,靠体制创新实现节能减耗;发挥本地优势,着眼多能互补,深入开展节约型单位创建创建活动"等措施,有效地推动了节能减排工作,取得了显著成效。全年仅水、电、燃油等消耗比上年降低了 25%。并在全省运管系统节能减排工作阳泉座谈会议上进行了交流。

精神文明建设

2008 年,阳泉市交通系统以交通率先发展为中心,在“五个文明”创建活动基础上,认认真真、扎扎实实地开展了文明路、文明车、文明线路、文明和谐窗口、文明职工、文明和谐单位、文明家属、文明经营户、精神文明建设工作者“九个文明”创建活动。广泛深入地开展学先进典型、树行业新风、创一流业绩的“学树创”活动,把交通行业精神文明建设有机地融入和谐社会建设,构建全市建设新型能源重化工基地的交通运输支保障服务体系。为实现建设“太行明珠城”,打造“中国鲁尔区”的宏伟兰图,努力建设便捷高效,安全畅通,法治有序,环境友善的文明和谐交通,在交通跨越式发展中扎扎实实地推进了行业精神文明建设,行业形象得到显著提升。全年投入行业精神文明建设专项资金100多万元,取得了预期效果。

(责编　张岐山)

临汾市交通局

□ 华志刚

2008年，在临汾市委、市政府的正确领导下，临汾市交通系统以科学发展观为统领，创新发展理念，增强发展能力，强化行业管理，促进行业文明，交通发展质量得到进一步提升，增长方式得到进一步转变，管理能力得到进一步增强，各项工作保持快速和谐的发展势头。

交通建设投资再创新高

2008年，全市交通建设完成投资21亿元，其中干线公路完成投资11.8亿元，农村公路完成投资8.9亿元，客运场站完成投资3000万元。西山地区共完成投资16.5亿元，占总投资的79%。全市完成交通投资占全省交通固定资产投资的10.4%。

主要经济指标稳步增长

全市公路通车里程16 082公里，比上年新增1703公里，全省排位第一；公路密度79.32公里/百平方公里，比上年增加8.4公里，略低于全省79.62公里的平均水平；建制村通水泥（油）路率88.64%，比上年增长4.22个百分点，高于全省88%的平均水平；建制村通客车率达94.62%，比上年增长0.74个百分点，高于全省94%的平均水平。

公路建设取得重大突破

临汾市区内环一级公路西北环工程全面开工；新建改建沿黄干线公路、国道309线临汾西段等国省干线公路320公里；新建改建沿黄扶贫旅游公路、农村公路811公里；完成村村通水泥（油）路2773公里。全市又有吉县、浮山、古县、安泽4个山区县实现了“村村通”目标，实现村村通水泥（油）路的县达到11个。“西山公路建设年”活动成效显著，西山地区交通“瓶颈”制约状况得到较大改善。

客运场站建设步伐加快

永和、大宁、隰县、侯马西二级客运站已建成并投入使用；曲沃、浮山二级客运站已全面完工；洪洞、蒲县、霍州、吉县、壶口二级客运站前期工作完成。新建11个乡镇客运站、135个候车亭。

全年共完成各项规费17 366万元，占年度计划的124%，比上年增长13%。

交通运输保障全面增强

2008年，全市营运车辆达到24 851辆，比上年增长31%；全市公路运输完成客运量6146万人，客运周转量257 058万人公里；完成货运量8840万吨，货运周转量463 745万吨公里，分别占年计划的108.9%、103.1%、104.5%、102.4%，分别比上年增长10.9%、10.1%、6.4%、5.7%，运输生产服务能力显著提高。

超限超载治理成效显著

全市共投入治超执法人员78万人次，日

均2100余人次，其中出动路政执法人员25万人次，对1000家货源企业实施派驻和巡查的运政人员达460名。厢式化运输推行工作顺利推进，共开设加装企业7家，加装车辆550余辆，并引导6家企业投资5200万元购置全密闭运输整车130辆。全年共检测货运车辆420余万辆次，查处非法超限超载车辆3191辆。超限超载率下降至0.08%，低于全省0.2%的平均水平。

公路养管改革稳步推进

一年来，市交通局积极探索新形势下农村公路养管新机制，按照“县道县养，乡道乡养，村道村养”的原则，制定了《临汾市农村公路管理养护办法》，明确主体责任，拓宽资金渠道，转变养护方式，强化监督力度，为全市农村公路养管纳入法制化轨道奠定了坚实基础。全市农村公路养护好路率达到80%，平均好路率达到79%；养护综合值达到75，平均达到73。均比年计划有所提高。

交通安全生产形势稳定

全市共有客运站32个，在册客运车2009辆、货运车辆22 842辆，全市共有大中小桥梁818座，水运监管的水库2个、渡口码头13个。2008年，我们认真贯彻执行《中华人民共和国安全生产法》，坚持“安全第一，预防为主”的方针，认真落实安全生产责任制，重点开展了危桥排查治理、危货运输专项整治、沿黄“三无”船舶清理等，不断加强交通施工安全教育和管理，从源头上把关，防患于未然，确保了全市客运安全、水运安全、企业安全和施工安全，被省交通厅授予“安全生产管理工作先进单位”。

信息体系建设快速推进

按照“以信息化改造传统交通，加快实现交通现代化”的要求，切实加大投入，加快建设临汾交通信息中心工程(1166工程)，打造交通服务信息平台，努力实现资源共享，互联互通。投资500余万元，完成了与省交通厅交通通信专网的连接和500余平方米的交通信息中心机房及大厅的建设，加快推进了我市现代数字化交通建设步伐。

党风廉政建设不断强化

年内，市交通局坚持“两手抓、两手都要硬”的方针，按照“思想工作作看行风，日常工作看作风”的要求，狠抓党的建设、廉政建设和精神文明建设。深入开展了干部思想纪律作风集中整顿活动，加强了党员干部和技术人员培训。局直单位涌现出7个先进党组织、8名优秀党务工作者和42名优秀共产党员。加强党风廉政建设，对公路建设工程实施有效的纪检监督，行政监督，审计监督和社会监督。为南方冰冻灾区和四川地震灾区捐款25万余元，并发挥交通战备应急保障作用，派出运输车辆429台次，运输救灾过渡安置房2632套。临汾市交通局被省交通厅授予“完成工作目标责任制先进单位”。

（责编　张岐山）

运城市交通局

□王健康

2008年是运城市交通事业克难攻坚，快速发展，各项工作取得显著成绩的一年。一年来，运城市交通局紧紧围绕市委、市政府的中心工作，深入学习贯彻科学发展观，转变作风，狠抓落实，各项工作都取得了大的突破。全市完成交通投资额6亿元，是省定目标3亿元的2倍；新增公路通车里程258公里，新增高级、次高级路面257公里，公路通车总里程达到14 326公里；完成村连村工程1314公里，全市公路养护年末好路率达到86.8%，年末综合值达到81.8，建制村通客车率达到99%，均大幅超过省交通厅下达的任务指标。全年共征收拖养费4694万元、运管费6310万元、客运附加费2183万元，均超额完成年度任务，并创历史最高水平。

重点工程建设进展迅速

*运城至稷山一级公路。*运稷一级公路全长74公里，项目投资4.9亿元，是省、市"十一五"重点交通建设项目，也是运城市地方公路建设史上最大的一项以公司化运作的高等级公路。2月28日主线建成通车，5月开始收费还贷，11月底全线竣工。建成通车一年来，不仅对优化全市路网结构、合理分配变通流量起到了重要作用，而且对促进沿线经济发展，增强运城区位优势都产生了明显的拉动作用。

*沿黄扶贫旅游公路。*该公路是运城市境内线路最长、投资最大的交通扶贫项目，全长502公里(建设里程414公早)，途经河津、万荣、临猗、永济、芮城、平陆、垣曲、夏县8个县(市)、28个乡镇、168个建制村，受益群众60余万人。在省交通厅的大力支持下，运城市、县交通部门严格按照市委、市政府"高起点规划、高标准建设、高质量交工、高效益回报"的指导思想，明确责任，加强领导，严密组织，科学管理。经过近两年的艰苦施工，克服了资金严重短缺等困难，路基全部贯通，路面完成269公里，年底实现全线通车。

*运城市北内环道路及连通工程。*该项目包括国粮街、学苑路和人民北路，全长8.9公里，概算投资4.39亿元。建成后，将使运城市区交通拥挤状况得明显缓解，对提高交通效率和完善城市整体功能都具有重要意义。面对任务重、工期紧、拆迁多、筹资难等重重困难，市交通局党组科学决策，干群通力合作，从一开始就敢于突破常规，扎实工作。在拆迁上，局班子成员带领中层干部，蹲点包片。最多时，7个党组成员同时在一线指挥拆迁。交通局局班子成员善于创新工作方法，主动与当地干部群众沟通、协调，讲政策，明利害，层层动员，实行了重点突破、典型示范、点面结合、全面开化，确保了拆迁工作顺利进行。在资金筹措上，积极推行交通投融资机制改革，以融资公司为平台，通过多种方式、多种渠道，先后筹措资金2.9亿元，为工程的顺利建设提供了有力的资金保障。在工程建设上，成立了工程项目部，按照又好又快

的原则，夜以继日拧进度，严格把关抓质量，工程于2008年4月开工建设，到年底主体工程已全部完工。由运城市交通局负责的北内环道路及连通工程，拆迁速度之快、建设速度之快、工程质量之好、社会反响之好，创造了运城市城建史上的奇迹，受到了市领导和社会各界的高度评价。

运城市汽车客运东站。该站位于运城市经济技术开发区内，占地约227亩，建筑面积约16 420平方米，预计总投资1亿元。经过不懈努力，初步设计方案已经省交通厅、省发改委评审通过，规划方案、施工图设计和候车大楼的招投标工作全部完成，已开始通水、通电、通路的"三通"工作和拆迁测基施工工作。

渡口建设与改造工程。2008年共投资280万元，完成了夏县小堆渡、平陆车村渡、芮城大禹渡、芮城圣天湖渡、临猗吴王波、平陆太阳渡共6个渡口的建设和改造工作，全市水运安保水平明显提高。

农村"双通"工程不断优化

村村通水泥(油)路建设。运城市交通局本着为民办实事的精神，积极完善路网结构，共完成村连村工程1314公里，实现了农村公路由深化向优化的转变，农民群众的出行条件进一步得到了改善。

农村客货运输业。不断完善村村通客车工程，2008年新增直通客车行政村31个，目前全市已有农村客运线路334条、农村客车1034辆、候车亭472个、招呼站牌2707个，按照省交通厅"每天至少通一趟班车"的标准，村通客车率达到了99%，公交化运营率达到了81%，并基本实现了"开得通，留得住，有效益"。积极发展农村物流，一是加强管理，对全市382个农村信息服务网点进行了整顿规范；二是搞好调研，把临猗和新绛作为农村物流的试点县，抽出专人，积极扶持，重点培育，取得了良好的示范效应。

农村公路养管成效突出

2008年，运城市交通局大力宣传贯彻"建设是发展，养护也是发展，并且是可持续发展"的理念，通过"三会、两活动"，即养管责任落实会、各县(市、区)交通局长培训会、养护观摩及养护机制研讨会，开展了养护百日大会战和机械化养护大比武活动，使农村公路养护切实进入了各级政府的议事日程，并初步建立了以县政府为责任主体的养管责任体制、以公共财政投入为主的养管资金渠道和以市场为导向、机械养护、养管分离的养护生产机制，全市农村公路养护进入了日常化、科学化、规范化的轨道，农村公路改造完成500公里，公路好路率、综合值均有明显增长，养护水平得到很大提高。

交通综合执法改革深入推进

2008年是运城市交通综合执法改革全面推行的第三年，也是"大见成效"的一年，主要实现了三大进展。一是队伍素质全面提高。在市交通局的督促指导下，全市13个县(市、区)的综合执法大队已全部组建到位，统一更换了制服，并对执法骨干280余人次进行了法律知识、业务规程、执法忌语、执法禁令、军事队列等方面的教育和培训，交通综合执法队伍的执法水平进一步提高；二是治超工作成效显著。在市治超办的统一领导下，交通部门充分发挥主力军作用，联合公路、公安交警等部门，共投入执法人员43.2万人次，检测货运车辆44.7万辆，查处超限超载车15 454辆，卸货10 815.7吨，取缔非法储煤场120处、非法改装厂19家，拆解车辆141辆，没收拼装车7辆，全市车辆超限超载率下降到了0.02%。三是社会形象大幅提升。去年运城市交通局局先后参加了在重庆和广东东莞举行的全国交通综合执法联席会和座谈会，湖北大冶等市先后派员来运城市学习观摩交通综合执法工作，交通运输部检查组对运城市的交通行政执法工作进行检查并给予了高度评价。2008 年,运城市交通局先后被省、市纠风办评为“治理公路‘三乱’先进集体”,并被交通运输部确定为山西省“落实行政执法责任制重点联系单位”和全国“落实行政执法责任制示范单位”。

交通行业管理不断加强

在加快交通基础设施建设的同时,运城市交通局认真履行行业管理职能,不断促进全行业平稳、有序、较快发展。一是严格标准抓建设质量。无论重点工程还是农村公路建设,始终把工程质量放在突出位置来抓,各施工、监理单位和质监机构认真负责,严格施工程序,严格建设标准,严把市场准入,全市公路工程监督、监理覆盖面和建设质量合格率均达到 100%,交通质监工作迈入了全省先进行列。二是强化整治抓运输市场。围绕“三无车辆、危货运输、汽车维修、驾驶员培训、公交车、出租车超范围经营”五大重点,立足源头抓管理,对全市 13 家危货运输企业、715 辆危货车辆进行了年审和定级,做到了一车一档;完成了对县际 990 辆客车的类型划分和技术等级评定工作;对全市 123 家二类维修企业、370 家三类维修企业进行了验收和整改;对全市驾校级别进行了重新核定;县际营运客车全部安装了 GPS 卫星定位系统。通过大规模的专项治理,在全市基本形成了“统一、开放、竞争、有序”的客货运输市场格局。三是开拓创新抓客运改革。适应国务院大部制改革和客运市场发展要求,积极在全市推选了客运一体化改革。新绛县委、县政府立足长远、积极响应、深入调研、科学决策,把公交车、出租车全部纳入运管部门管理,率先在全市实现了城乡客运一体化。通过改革,新绛县客运市场统一规范、竞争有序、管理到位、效益良好,为其他县(市、区)作出了榜样和示范。四是积极主动促效益提高。2008 年,全市交通规费征收工作坚持早安排、早布置、早回笼、早检查,牢牢掌握工作主动权。各县(市、区)奋力增收,均创历史最高水平。市客运中心站实现营业收入 11 614万元,比上年增长 13%;运送旅客 456.1 万人次,投诉及意见处理率 100%,行包安全检查 100%,出站客车完好检查 100%,安全责任事故为零。

交通安全生产形势平稳

一年来,全市交通部门以高度的责任感和使命感,积极贯彻“安全发展”理念,坚持“无事当做有事抓,小事当做大事抓,重大安全隐患当作责任事故处理”,不断加大投入力度、执行力度和监管力度,做到了“三个到位”;一是组织领导到位。按照年初签订的《安全生产目标责任书》,市、县交通部门都成立了“安全生产工作领导组”,严格实行“一岗双责”和“安全一票否决制”。任务逐级分解,责任落实到人头,从上到下形成了高效、有力的安全生产领导机制。二是应急建设到位。市、县交通部门都制定了安全生产事故应急预案,并从实际和实战出发,重点进行了危险化学品事故等应急演练。制定并严格实行了 24 小时值班和领导带班制度。三是整改落实到位。2008 年全市共召开交通安全工作会议 6 次,重点开展了春运、“五一”、奥运、“十一”、安全生产百日督查和隐患大排查等六大专项行动。每次都是由市局班子成员带队,分片包县,深入全市车站、码头、危货运输企业等重点场所和重点企业,进行拉网式、无缝隙排查,对发现的安全隐患,实行“谁检查、谁签字、谁负责”,督促有关乡镇、部门和企业限期整改,严格验收,确保安全专项整治取得了实效。2008 年运城市交通部门没有发生任何责任事故,实现了安全发展、和谐发展。

党建、廉政和精神文明建设扎实推进

党的建设不断加强。市局机关于 2008 年 9 月 2 日召开了第三次党员大会,选举产生了新一届党委会和纪律检查委员会,局属各党支部顺利进行了改选,并坚持把支部建在一线。新建了综合执法党支部和运稷路两个党支部。全年共发展了7名新党员。目前，市局党委已有9个支部，152名党员，为交通事业实现新的跨越提供了坚强的组织保证。

*认真落实党风廉政建设责任制。*坚决治理商业贿赂，制定下发了《运城市交通局治理商业贿赂专项工作实施方案》重点围绕工程建设、产权交易、营运线路审批、交通规费减免和行政执法五个环节，深入开展了"七查七对照"。立足源头预防，明确治理责任，实现了全年公路基本无"三乱"。下发了《加强农村廉政建设实施意见》，检查涉农专项资金5次，金额1000余万元。认真开展了"大接访"活动，实现了市委提出的赴省进京零上访目标，解决了一批涉及群众利益的实际问题。抓好案件查处，全年共办理案件8件，组织处理5人。参加监督热线12期，受理群众反映的问题60余件，反馈意见满意率100%。行风建设不断加强，行业风气持续好转，在2008年度全市行风评议工作中，交通行业跃居第二位。

*大力开展文明和谐行业创建活动。*打造出了交通综合执法、"一站式网上行政审批窗口"、客运中心站"温馨使者"、运城至太原文明线路等一批交通服务品牌；大力开展了新一轮解放思想大讨论和贯彻落实科学发展观活动，坚持以人为本，换位思考，深入开展了大学习、大调研、大讨论、大整改活动，确立了"严明纪律，科学决策，提高效率，加强服务，提升形象，保持廉洁"的24字工作方针，为全市交通的全面、协调、可持续发展奠定了坚实的思想基础。汶川大地震后，运城市交通局干部职工充分发扬"一方有难、八方支援"的传统美德，踊跃捐款捐物，先后为灾区捐资137 010元，为四川省都江堰市大观镇运送救灾物资65批、安置房3680套66 240平方米，被省交通厅授予"抗震救灾先进集体"。2008年，运城市交通局被交通运输部授予"全国交通行业文明单位"荣誉称号，市客运中心站和河津市运管所被省交通厅评为"文明和谐示范窗口"。

（责编　张岐山）

长治市交通局

□ 李明芳　师文高　韩金廷

2008年，全市交通系统在长治市委、市政府的正确领导下，在省交通厅的大力支持和具体指导下，全面贯彻党的十七大和十七届三中全会精神，深入落实科学发展观，抓大事、应急事、克难事，团结拼搏，奋力进取，圆满完成了市政府和省交通厅下达的各项工作任务。市交通局被评为全省交通系统完成工作目标责任制优秀单位。另有6项工作受到省交通厅表彰，其中安全生产管理，道路运输管理，海事管理工作名列全省第一。

2008年，全市公路交通建设完成投资12.9亿元，其中：干线公路完成7亿元，农村公路完成5亿元，运输站场完成0.9亿元。新增公路通车里程160公里，全市通车总里程达到10 490公里，公路密度达到75.5公里/百平方公里。道路运输完成客运量4646万人、旅客周转量287 314万人公里，完成货运量7937万吨、货物周转量613 607万吨公里。交通规费征收完成9881.74万元，其中：运输管理费5587.62万元、客运附加费1611.12万元，拖拉机养路费2683万元。

交通重点工程

年内，交通重点工程建设项目稳步推进。一是积极推进高速公路建设。长治至安阳高速公路工程可行性研究报告通过省发展改革委员会评审，并开展设计工作。市政府成立协调领导组，进一步推进该项工程的建设；长治至临汾高速公路完成了设计工作；左权至黎城、霍州至沁源至襄垣至黎城两条高速公路分别列入了《山西省高速公路网规划》的东纵和第八横。二是继续完善路网结构。完成了208国道长治西过境及路面大修、长治至长子一级路长子境内路基等国省道新改建工程；太原至长治高速公路襄垣连接线竣工通车、沁县连接线完成路基工程；太行山大峡谷旅游循环公路南线工程立项并完成初步设计工作。三是大力实施公路运输枢纽工程。市交通局与交通部公路科学研究院联合编制完成了《长治公路运输枢纽总体规划》。完成了长治市区一级汽车客运东站和武乡、壶关、长子3个县城二级汽车客运站的主体工程建设。襄垣、黎城、屯留、沁源4个县城二级汽车客运站的工程可行性研究报告通过了省交通厅的评审。

农村交通建设

年内，长治市交通局围绕社会主义新农村建设，继续实施“农村公路、农村客运、农村物流”三大工程。全年完成开发银行贷款县乡公路改造工程328公里、通达通畅工程354公里、村连村工程1029公里，新增通水泥(油)路的行政村17个，全市97.2%的行政村通了水泥(油)路。农村客运持续发展，继续实行农村客运公交化运营模式，市到县30公里以内开通12条城乡公交线路，投入80辆节能环保型甲醇客车、22辆双燃料客车，县域境内开通56条农村客运公交班线，使全市97.2%的行政村通了客运班车，达到了路通车通的目标；年内全市建成乡镇汽车站3个，安装45个农村客运候车亭和60个招呼站牌。年内新建9个县级物流中心，93个乡镇物流站，290个村级物流信息点，从事农村物流运营车辆达到了1500余辆，农村物流事业进一步发展。

道路运输管理

全市道路运输管理系统加强科学管理、行业服务水平明显提升。在旅客运输管理方面，年内培育长治市第一汽车运输有限公司为公司化经营、规范化管理的试点企业，并逐步在全行业推广；推进文明客运班线创建活动，推出长治至北京、阳泉等文明客运班线7条，农村文明客运班线12条；组织开展了客运站场专项整顿，为广大旅客出行创建了安全有序、文明和谐的出行环境。在货物运输管理方面，年内采取整顿与许可相结合的办法，对全市1000余个货运源头单位进行了调查摸底，对货运站场进行了清理整顿；积极引导运输企业调整运力结构，提高规模化、集约化经营水平，推进厢式密闭运输步伐，开展了货物快件运输和专线运输；加强了对危货运输企业的日常监控。在车辆维修管理方面，严格落实机动车维修和质量管理制度，针对企业发展参差不齐，二级维护作业不规范等问题，重点对二级维护企业进行专项整顿；同时对全市三类维修企业及综合性能检测站进行了规范治理，严厉打击非法改装车辆和无证照经营行为。在驾驶员培训管理方面，一是对全市17所驾校的资质进行了重新评定，并组织全市598名教练进行了岗位轮训。二是换发新版驾驶员从业资格证2.9万个，并对从业资格管理系统进行升级改造，实现了培训管理省、市、县三级联网。三是建立了与交警部门联动办公机制，对驾培市场进行联合检查整顿，有效维护了驾培市场的经营秩序。

同时，着力提高应急保障能力，强化公共服务水平。在南方发生冰雪灾害时，全市立即启动应急预案，出动战略物资保障车辆750车次，运送电煤20 000多吨。汶川大地震发生后，根据市政府统一安排部署，市运管处共组织战略物资保障车辆315车次，运送援川安置房3426套、帐篷2000顶，以及救灾医疗队、药品等送往灾区；并对成都、西安方向加开客车班次，及时运送灾区700余名旅客安全返乡。7月，长治市第一汽车运输有限公司17辆应急保障车参加了代号为“联动2008B”的山西省军警民联合实兵演习，受到省委、省政府、省军区的嘉奖。

农村公路养管

年内，为巩固农村公路建设成果，长治市积极推进农村公路养护体制改革。一是市政府出台了《关于农村公路管理养护体制改革的实施意见》，为农村公路健康发展提供了政策依据。市财政投入1000万元专项资金用于农村公路养护。二是完成了平顺县、潞城市两个省定点养护试点工作，沁县、屯留县出台了养护体制改革实施意见。屯留县还组建了养护中心。全市统一配备了养护机械。三是按照省交通厅的统一部署，认真组织开展了农村公路质量年活动。对县公路养护实行《路面病害处治计量补助办法》，改先补后养为先养后补，改定额补助为计量补助，改切块补助为多干多补，不干不补，极大地调动了各县市区农村公路养护的积极性。在全省农村公路养护观摩检查评比中，长治市被省交通厅授予农村公路养护体制改革先进市，平顺县、长治县分别获得全省农村公路质量年活动养、建优胜单位。

治理超限超载

2008年，全市交通运管部门与有关部门多方配合，共同努力，按照省政府223、224号令赋予的职能，加大公路车辆超限超载治理力度，取得了明显成效。一是运管源头治超到位。全市运管部门组织开展了“两个政府令”的大型宣传活动，驾驶员培训学校增设治理超限超载法规课程，在货运源头企业设置警示标语2000余幅，印制治超宣传单两万余份，举办源头治超执法培训班12期。成立6个督导组、34个巡查队，采取例行检查、夜间突查、随机抽查等多种方式对政府公示的1072处货运源头单位巡查达1.89万次。基本形成了源头卡住、路口堵住、路面巡查打击、联合依法治超的局面。二是路面稽查力度进一步加大。综合运用“控、拆、卸、罚、记、拘”多种手段加强路面治理。对全市长、短途运输的各个环节进行了排查摸底，对重点路段、货源场点进行严密布控，做到责任到人。在全市主要路口和桥头设立统一规范、视认方便的限载、限宽、限高标志289块，在82个治超重要路口派出400余人专人值守，全市超限超载率下降到0.029%。三是治超站点建设不断规范。所有治超站点做到了“统一公示内容、统一工作流程、统一处罚票据，统一法律文书，统一设置便民设施”的“五统一”。

交通安全管理

2008年，全市交通系统狠抓安全宣传教育培训，积极排查消除隐患，组织开展“安全生产百日督查”、“全国安全生产月”等活动，保持了安全稳定的良好势头，全年未发生一起交通安全责任事故。在全省交通工作会议上，市交通局被评为全省交通系统安全生产管理工作先进单位，名列全省第一。一是严把农村公路安全设施关。继续实施以“消除隐患、珍爱生命”为主题的安全保障工程，在农村公路建设中同步设计，同步实施护墩、护栏、标志等安全设施，完善了通往旅游景点和主要县公路的安保设施。加大对工程质量的监督力度，监督覆盖率达到100%，鉴定合格率达到100%。二是严把运输企业隐患治理关。认真落实安全生产“隐患治理年”的各项要求，排查安全隐患262起，全部进行了整改。形成了一级对一级、一环扣一环，横向到边、纵向到底的安全监管工作格局。三是严把奥运期间安全保障关。监督全市运输企业与运营车辆签订了奥运安保责任书，对发往北京等奥运赛事举办城市的客车实行航空式安检、封闭式管理，顺利完成了奥运期间的安全保障工作。

党风廉政和文明建设

2008年，长治市交通局坚持“标本兼治，综合治理，惩防并举，注重预防”的方针，认真落实党风廉政建设责任制，以多种形式开展党风廉政宣传教育，重点突出工程建设领域的廉政工作，积极打造廉政交通，保持了全市交通事业健康发展。以政风行风治理整顿为突破口，开展了民主评议、听证对话、咨询座谈等活动，加强执法队伍教育培训，坚持规范执法，文明执法，全年未发生公路“三乱”现象。认真开展深入学习实践科学发展观活动，通过学习调研、分析检查、完善制度等措施，圆满完成了各阶段任务，提出了“以人为本谋发展，科学统筹大交通，规划一盘棋、管理一体化、服务一条龙”的交通科学发展思路。按照行业规范要求，开展形式多样的文明创建活动，树立了交通行业良好形象。在市经委组织的建党69周年歌咏比赛中，市交通局荣获特别奖。在四川汶川“5·12”大地震发生后，全行业积极组织捐款捐物支援灾区人民生活建设。注重统筹兼顾，和谐发展，工会教育、交通战备、老干部管理、宣传信息等各项工作都取是了明显的成绩。

（责编　张岐山）

晋城市交通局

□贾承健

2008年，是极不寻常的一年。奥运会召开，抗震救灾、应对金融危机，都使交通工作经受了严峻的考验。在市委、市政府和省交通厅的正确领导下，在相关部门的大力配合下，晋城市交通系统广大干部职工齐心协力，攻坚克难，超常规推进，全方位发展，圆满完成了各项工作任务，公路交通事业实现了新跨越。

公路基础设施建设取得新成就

2008年，全市公路交通基础设施建设进展顺利，成就显著。晋济高速公路竣工通车，阳翼高速公路进展顺利，高陵、环城高速公路项目超常规推进并在年底开工建设；国省干线公路综合改造和治理进一步完善；高沁高速公路列入全省高速公路网规划方案，项目预可行性研究报告通过专家评审；晋城至阳城、高平至晋城一级公路等项目前期工作正在积极推进。

农村公路建管养取得新进展

全市农村公路建设完成投资4.3亿元，完成县乡公路改造111.5公里，完成通畅工程500公里、通达工程119公里、村连村工程1058里，新增通水泥(油)路村56个、通公路村1个，全市建制村通畅率达到92%，通达率达到99.9%。为加强农村公路的管理养护，制定出台了《晋城市农村公路管理养护办法》和农村公路检查考评制度，县、乡政府的管养主体地位更加明确，全市基本建立起“县局有所、乡镇有站、村有养护管理员”的三级管养机构，建立了比较稳定的养护资金筹集渠道，共筹集农村公路养护资金3474万元，其中省交通厅从汽车养路费中补助2008万元，市、县财政补助1466万元，推动了农村公路管理养护工作的正常开展。全市农村公路年末好率82%，年均好路率达79.65%。

圆满完成运输保障任务

奥运期间，全市交通系统各级各部门尽职尽责、尽力尽心工作，完成了奥运交通安保的各项任务。在支援汶川抗震救灾工作中，各单位通力合作，按上级要求的时限，共组织客货运输车辆272部(客车12部)，出动人员1369人次，运送货物31批576车次，运送活动板材30万平方米，运送援建人员约400名，保证了我市援建灾区工作的顺利完成。“五一”、“十一”和春运期间，上下联动，科学组织，圆满完成了交通保障任务。

规费征收再创新高

全市全年完成拖拉机养路费11 468万元，完成运管费4348万元、客运附加费1017万元，均超额完成年度计划。随着成品油价格和税费改革的实施，除一级路和高速公路继续收取通行费，其他规费的征收已经完成了历史使命。

运输生产稳定增长

2008年，全市共完成道路旅客运输量6270万人次，旅客周转量22.8亿人公里，完成货物运输量8484万吨，货物周转量35.8亿吨公里。市汽车客运东站全面开工，泽州北路公交场站主体工程基本完成。启动了晋城至高平、阳城、陵川、沁水县际双向文明班线的创建，从整体上提升了道路客运管理水平和服务质量。积极推进城市公交优先发展，优化线路，更新车辆，进一步改善了城市居民出行条件。

治理“双超”成效显著

年内，全市各级交通部门进一步健全治超联动机制和监控检测网络，严格实行源头治理“一次停”、中间管控“一票通”、末端监管“一关卡”的“三个一”治超管控办法，共投入执法人员15万余人次，监管货运源头企业523家，检测车辆629万余辆，使车辆双超率下降至零。治超工作走在了全省前列，获得“治超先进市”荣誉。

安全形势保持稳定

认真落实安全生产责任制，加强行业安全监管，深入开展“安全生产月”、“百日安全隐患治理督查”、“海事管理正规化建设”等活动，全市交通工程建设未发生重大事故，道路运输、水上运输未发生重大责任事故，全面达到了市政府和省交通厅下达的安全生产考核指标。全省海事管理正规化建设现场会在晋城召开，推动了全市海事工作顺利开展。

政风、行风和廉政建设再上台阶

年内，市交通局以规范执法行为，提高行政能力为着眼点，认真落实各项责任制，加强权力监督，推行政务公开，围绕公路建设项目中的敏感问题和群众关心的热点、难点问题，加强教育，完善制度，做到为民、务实、清廉，推进了行政工作的制度化、规范化。全市交通系统行风评议工作取得好成绩。

（责编　张岐山）

厅直单位工作业绩

山西省公路局

□ 赵振田　戴　飞

2008年，在省委、省政府和省交通厅正确领导下，全局上下齐心协力，顽强拼搏，全年完成建养投资74.1亿元，创历史新高。完成新改建工程1498公里，沿黄干线公路除57公里地方国债项目需续建外，其余500公里建成通车，208国道太原至长治、307国道汾阳至离石等一批长期制约路网功能发挥、影响行业形象的“老大难”项目竣工通车。完成危桥改造253座、大中修710公里、安保工程886公里、公铁立交安全整治20处。完成路域环境综合治理3400公里。累计检测运输车辆1044万辆，查处超限车辆4900辆。收取车辆通行费14.9亿元，同比增长27%；省政府和省交通厅下达的各项目标任务圆满完成，全系统多项工作得到省委、省政府有关领导的充分肯定，省局被省交通厅表彰为完成工作目标责任制优秀单位和安全生产管理工作先进单位。2008年是各项事业取得积极进展的一年，也是各项工作全面发展的一年，更是全系统社会地位和影响继续提高的一年。

切实加强和改进管理
促进公路平稳快速发展

面对项目点多线长面广、土地和资金约束加剧等诸多不利因素，省局及时调整工作思路，着力增强管理的预见性、及时性和有效性。一是逐级签订目标责任制。为完成省政府安排的1400公里目标任务，省局领导分片包干，分头落实，按月考核工程进度，一级向一级交账。二是千方百计解决事关全局的问题。2008年是近年来省局资金形势最为困难的一年。对此，省局从年初就指定专人，负责跟踪落实计划拨付资金和国家开发银行贷款，累计拨付资金16.5亿元；省交通厅先后给予沿黄干线资本金和介霍一级路借款4亿元；经过多方努力，省局又从交通银行、兴业银行等多家金融机构筹措短期应急贷款19.2亿元，各单位也积极想方设法，共同努力把资金缺口控制到最低程度。但到2008年底仍欠款27.1亿元，春节前省交通厅在资金也很紧张的情况下借款10亿元，有效缓解拖欠工程款和农民工工资的巨大压力，保证工程建设的顺利进行和“两节”期间的总体稳定。同时，积极推广了临汾、吕梁等市支持公路建设的做法，并逐一与市县政府沟通协调，有效扭转了制约性工程滞后的局面。三是始终把工程质量摆在首位。先后出台了新改建工程质量责任制实施细则、工程质量责任登记制度和责任追究机制。加大质量监管力度，开展较大规模的质量监督检查近20次。对“十五”期间县际路网项目作了全面检查剖析，从项目决策、施工管理等方面进一步积累经验，完善措施。在临汾市召开了全省公路建设质量现场会，以点带面，推动全局。四是抓住重点，促进一般。把沿黄干线和介霍一级路等国道路段作为重点推进项目，从进度安排、质量控制、资金保障、建设环境等方面介入工作，给予重点保障。多层次、多形式地组织开展劳动竞赛，形成浓厚的比学赶超氛围。经过一年艰苦奋战，全省路况质量和服务水平又上了一个新台阶，也为促进交通完成投资稳步增长发挥了积极作用。

以科学理念为指导
推动养护工作上台阶

省局紧密结合形势发展和实际需要，把2008年确定为养护转型起步年，稳步推进预防性养护、日常性养护，为公众安全便捷出行提供优质服务。一是把道路安全摆在重要位置。继续实施危桥改造、安全保障、公铁立交安全整治、大中修"四项基础工程"，行车安全系数得到进一步提高。二是全面推行公路预防性养护，制定"两年打基础，三年上台阶，五年大见效"分阶段发展目标，对养护组织实施、资金安排、技术方案制定、实施效果评价等重点环节工作进行规范，引入和推广一批先进适用的养护技术，省局7月份在晋城、运城召开现场会作专门动员部署。三是加强养护工作的薄弱环节。公路技术检测机构投入运营，重点路段和桥梁实现专业化检测评定，有效提高技检工作的准确性与作业效率。研究部署108国道忻州段、董榆线等重要经济路段实施改造前的通行保障工作，薄弱路段养护与应急管理水平稳步提高。四是圆满完成省内火炬传递接力路线、4条远程分流绕行路线的交通保障和桥梁隧道的安全保卫任务，有力保证奥运期间全省公路安全通畅，凸显出公路部门的政治素质和大局意识。

依法行使权力履行责任
努力提高公路管理水平

落实源头治超和责任追究"两个办法"，依托现有检测点、计重收费站和流动稽查"三个阵地"，采取卸、罚、赔等综合手段，对超限运输行为给予有力打击，形成持续高压治超态势。按照全省路域环境综合治理三年实施方案，对违章建筑、标志标牌、过村镇路段和平交道口设置等重点问题继续展开专项整治，2006年至2008年累计完成1.11万公里，干线公路沿线环境脏乱差、行车秩序不良现象得到有力改善。围绕"抓基层，夯基础，重导向，强监管"目标，进一步加强车辆通行费收管理。一是抽选15个收费站，组织开展近年来第3次较大规模的包站蹲点、指导帮扶及跟踪回访工作，有效促进全局上下对收费工作的思想认识、全面管理和监督落实。二是加大明察暗访和稽查力度，继续实行违规违纪实名举报有奖，累计查处违规违纪收费站23个、人员150余人，兑现奖励资金3.3万元。三是发挥政策导向作用，积极争取出台通行费使用管理办法，制定配套实施细则。省局决定从2008年起兑现超收奖励、多收多奖承诺。四是坚持体现公平与促进收费相统一，精心筹备实施计重收费，实现社会稳定、辅助治超、费收增长等预期目标。

充分发挥各方面积极性
合力推进农村公路事业

一年来，市县两级交通部门和省公路局充分发挥行业管理职责，积极调动各级政府和农民群众等方面积极性，加快推进县乡公路改造和村村通工程。在各方共同努力下，全年完成投资86.2亿元，新增通车里程4752公里，新增高级次高级路面里程7007公里，完成通村水泥(油)路1万余公里，沿黄扶贫旅游公路基本贯通，农村公路技术等级和通畅率有了新提高。扎实启动农村公路建设质量年活动，突出抓好规范建设市场秩序、提高设计质量水平、建立质量管理制度、强化质量监管四项工作，从源头上、机制上促进农村公路建设质量的提高。高度重视农村公路养护管理，逐级强化指导、检查和督促，用半个月时间集中开展全省农村公路管理养护改革创新观摩活动，把农村公路管养工作推向纵深，涌现出晋中、清徐、广灵等24个农村公路养护管理及体制改革先进市县。

积极做好和谐稳定和科技创新为加快发展创造良好环境

一年来,省公路局把和谐稳定、科技创新作为推动公路事业科学发展的重要基础和支撑来抓。带头拥护省政府和省交通厅决定,积极稳妥有序地做好路桥企业接收和改革工作。一是以多种形式层层开展政策宣传和教育引导,依法明晰界定监管单位与路桥企业双方职责,高效完成清产核资和基本情况调查摸底工作,为进一步深化改革,促进发展,提供思想基础、可靠依据和组织保证。二是总结路桥企业发展的历史经验教训,指导督促各路桥企业加强各项内部管理制度建设和规范完善工作。制定路桥企业国有资产监督管理办法、工程项目监督管理办法,初步建立起比较符合实际的监管体制和制度框架。先后制定路桥企业历史遗留问题一揽子解决方案、三年发展规划和三个困难企业破产重组方案,基本理清企业改革发展方向与思路。三是尽心尽力落实路桥企业保护期扶持政策,在省政府和省交通厅大力支持下,省内工程由监管单位出具保函替代保证金制度,忻州至保德、灵丘至山阴等新建高速公路项目多项施工任务得到具体落实。为企业稳定发展打下良好基础,企业前景看好。

一年来,省公路局深刻吸取襄汾溃坝等重特大安全事故教训,建立安全生产隐患内部举报奖励等相关管理制度。全面开展安全隐患排查和安全专项整治,累计排查出一般安全隐患357项、治理337项,查出较大隐患65项、治理57项;省级重点督办的11处安全隐患路段整改工作基本完成,安全生产形势稳步好转。路桥企业长期拖欠工资及“三险一金”问题得到较好解决,企业离退休人员和军转干部得到妥善安置,各项待遇基本落实,困难企业职工基本生活得到保障。原养路协议工社会保险办理工作取得突破性进展,34个公路段纳入当地社保统筹。信访规模、数量日趋下降,奥运会和省“两会”期间等敏感时段实现零上访目标。

深入开展建设创新型和节约型行业活动,全局性的创新和节约初见成效。紧紧围绕公路中心任务,集中开展技术研究和科研攻关,“普通沥青路面柔性基层实用技术研究”等成果达到国际先进水平,白改黑典型路面结构、铣刨回收利用、车辆电子静态监测等一批新技术、新工艺、新设备在公路建设、养护、管理等各个方面都得到推广应用。粉煤灰、煤矸石筑路技术推广顺利,材料节约与循环利用收到积极成效。技术合作迈出重要步伐,与同济大学、长安大学、东南大学、交通部公路科学研究院等高等院校和科研单位建立起良好合作关系。全局上下对科技的引领和支撑作用,从认识到实践都发生喜人变化。

进一步加强党组织建设行业文明再添硕果

根据全省统一部署,省局机关、局直单位和局管路桥企业率先开展深入学习实践科学发展观活动。局党委发挥带头表率作用,分别形成8个专题调研报告和1个分析检查报告,基本找准了不适应不符合科学发展观要求的思想观念、突出问题和体制机制,明确了今后一个时期的努力方向与工作重点。民主法制建设扎实推进,企务公开、厂务公开、办事公开和集体合同制度落实良好,老干部各项待遇得到全面落实。加强党风廉政建设,开展了惩治预防腐败体系工作规划知识答题、廉政宣传警示教育等一系列活动。工程建设领域反腐倡廉工作取得新成效,纠风治乱工作进一步加强。加大内部审计力度,累计完成135项财务收支审计、基本建设项目审计和经济责任审计。充分发挥案件查办的治本作用,对29人作出党纪政纪处分。

大力弘扬“一方有难,八方支援”的优良传统,全局上下以各种方式积极支援四川灾区抗震救灾,以路桥一公司为主组成的抗震救灾抢通保通突击队被中共中央、国务院、中央军委授予“全国抗震救灾英雄集体”,被中华全国总工会授予“全国五一劳动奖状”和“工人先锋号”。以迎奥运、纪念改革开放30周年和公路文化建设年为重点,广泛开展各类主题实践活动。与此同时,进一步加大文明行业创建力度。晋城分局被授予“全国文明单位”,全系统共创建全国精神文明建设先进单位3个,省级文明和谐单位(含标兵单位)35个,国家级青年文明号5个,多个集体和多名个人受到国家及省级表彰。

(责编　师国梁)

山西省交通征费稽查局

□张晋鹏

2008年,全省交通征稽系统认真学习贯彻党的十七大和十七届三中全会精神,落实科学发展观,按照“十一五”实现全国领先的既定目标,解放思想,改革创新,紧紧围绕费收中心,坚持创新驱动、文化带动、管理促动、党建保证的工作方针,潜心谋求征稽事业科学发展,各项工作成绩斐然。

圆满完成年初计划 规费征收实现新突破

全年征收公路养路费、货运附加费和车辆通行费46.14亿元,完成省厅下达年计划113.98%,增长16.52%,超收6亿元。其中,“两费”征收44.46亿元,完成年计划115.24%,同比增长18.87%,提前100天完成全年“两费”征收任务,公路养路费费收总额位居全国第八,增长比例跃居全国第二;车辆通行费受高速公路通车、道路维修和撤站等客观影响,征收1.68亿元,完成年计划83.87%,但通过主观方面的努力,实征率同比提高3.57%。另外,代省政府征收铁路道口安全管理费2088万元。

贵在统一思想提高认识 行业文明建设再上新台阶

开展“人人讲文明,行业树新风”为主题的文明和谐行业创建活动,新增省级文明和谐单位标兵2个,省级文明和谐单位6个,是全系统文明单位创建“升级上档”幅度最高、成效最好的一年。截至2008年底,全系统省级文明和谐单位达到32个、标兵4个,总数和标兵数分别占到全省交通系统43%和31%,并有29个单位和集体分别被授予国家、省级青年文明号;文明创建形式更加丰富多彩,一些分局、所站获得全国交通行业“工人先锋号”、“全国交通行业巾帼文明岗”、“五一劳动奖状”、“五四红旗团支部”等各种荣誉。

2008年1月的南方特大雪灾和“5·12”汶川特大地震发生后,全省交通征稽系统心系灾区,情系同胞,积极响应党中央号召,发扬“一方有难、八方支援”的精神,全力支援抗震救灾,展示交通征稽人良好的精神风貌和崇高的思想境界。据统计,全省征稽系统共向灾区捐款60.7万元,其中抗雪灾捐款6万元、抗震捐款54.7万元,并交纳特殊党费91万元。交通征稽杂志社以《交通征稽》编委会为平台,紧急发出倡议书,号召全国征稽系统本着专款专用的原则,积极向受灾兄弟单位进行对口支援。据不完全统计,全国交通征稽系统向四川稽征系统捐款达57.8万元,其中全省征稽系统对口捐款12万元。

立足长远善谋发展 文化建设成果喜人

交通征稽文化课题是交通部部署、省交通厅承办、省征稽局具体落实的交通文化22个课题之一。2008年4月20日,省征稽局组织召开全国交通征稽文化建设暨规范化管理座谈会,对交通征稽文化建设的四个初步成果再次在全国征稽系统予以求证,得到交通运输部体改法规司、公路司高度评价,认为"符合交通部研究要求,填补研究空白,奠定好的基础,有很高参考价值"。2009年5月8日,交通征稽文化专著经交通运输部评审通过。历经两年的潜心研究,《交通征稽文化》研究专著和《交通征稽文化手册》已由人民交通出版社出版,在全国公开发行。

加大力度严格要求 提升基础管理水平

一年来,加强费源管理,加大对晋车外挂、假军车和"三无"车辆的治理力度。2008年1月至10月,全省平均吨位实征率达到83%,同比上升4%;加强政策宣传,在山西日报、山西晚报、山西人民广播电台、山西交通台、山西卫视、黄河电视台等六大主流媒体播发为期1个月的开征通告,各单位拨出专项宣传经费,创新宣传方式,采用宣传车、宣传单、宣传栏、座谈会、局长答疑等各种措施扩大宣传,《山西省公路养路费征收管理条例》、《山西省公路养路费征收管理规定》、国务院办公厅103文件、交通部111号文件等政策法规更加深入人心;加大稽查力度,规范稽查管理,制定出台《稽查管理规定及考核办法》、《停征车辆跟踪监督管理规定》,共查扣车辆5.58万台,34.29万个吨位,稽查收入1.1亿元,依法清理欠费1.3亿元;加强财务管理,重视审计监督,对所站长进行离任经济责任审计,对所有新建、维修、改造工程予以审计,核减金额198万元;进一步推进科技管理,在全省推行停征和稽查欠费车辆跟踪管理系统,试点"车辆电子标签系统",对车辆进行射频跟踪;开办山西交通征稽网,进一步健全电子政务系统;对办公自动化系统进行完善和验收,实现所有办公流程的网络运行。

提高干部和队伍素质 为加快发展奠定基础

按照省局新出台的《干部管理办法》,加强干部考察力度,共考察干部111名;完成局管干部8期封闭式培训,每期4天,培训干部690名:对新招录大学生进行岗前培训,对专业岗位人员强化专业性培训。截至2008年底,全系统具有中专以上学历人员占77%,具有大专以上学历人员占74%,具有本科以上学历人员占29%,具备专业技术任职资格人员占40%以上,相对原来较为薄弱的基础,征稽职工的文化素质得到全面提升;按照省局要求,省局、分局机关内设职能部门的副职和所站副职全部兼职做具体工作,一些所站的所站长也兼职做具体工作;全系统都按要求彻底规范编制外劳动用工。

增强便民服务能力 加强党风廉政建设

贯彻《政府信息公开条例》,按要求对全系统适宜对外公开的内容全部予以公开;贯彻交通部《交通行政执法检查的内容和标准》,基本健全全系统行政执法工作的机构、制度和方案,建立行政执法监督机制;一些单位深化服务内容,创新载体,以开办"服务超市"等方式,为车户提供休息场所、宣传材料和缴费手续的填写范本,在缴费高峰期增开缴费窗口,延长缴费时间,为缴费大户集中办理手续等等,赢得车户信赖;以参加当地电台的行风热线、聘请行风监督员等方式,进一步加强政风行风建设;充分利用"96567"服务热线和088555查询平台,为车户答疑解难并催缴欠费车户。在全系统深入开展理想信念和反腐倡廉教育,着力深化行政效能和作风建设,加大查办案件工作力度,保证征稽工作的健康运行,查处信访举报案件4件,处理违法违纪党员干部2人。

深入学习实践 科学发展观活动顺利推进

省征稽局自2008年10月下旬开展学习实践科学发展观活动以来,不断解放思想,积极探索,大胆实践,取得良好效果。紧紧围绕"党员干部受教育,科学发展上水平,人民群众得实惠"的总体要求,以"管理科学、征缴和谐"为主题,在"四个环节"求实效,即思想发动环节、学习培训环节、专题调研环节和解放思想大讨论环节;从"四个能力"找不足,即思想认识能力、解决突出问题能力、创新体制机制能力和科学发展能力;从"四个到位"抓落实,即认识到位、组织到位、措施到位和工作到位,严格遵循各项方法和步骤,做到了高标准启动,严要求推进,高质量落实。

(责编 师国梁)

山西省交通运输管理局

□李华中

2008 年,在省交通厅党组的正确领导下,全省运管系统以科学发展观为统领,以又好又快发展为主题,以改革创新为动力,围绕"三个服务",提高"五个能力",按照"先有作为,后有地位,有了地位才有更大作为"的理念,真抓实干,奋力拼搏,各项工作取得优异成绩。

全力以赴,治理非法超限超载成效明显

自全省新一轮治理非法超限超载车辆活动开展以来,作为首次参与治超的运管部门,站在讲政治高度,按照省政府治超工作总体部署,从"货源头、车源头、人源头"抓起,重点对具有合法经营资格、经当地政府公示的 9093 家货运源头单位实行进驻、巡查,强化对道路运输企业和从业人员的监管,建立"黑名单"制度。

为推动源头治超工作开展,省运管局在认真调研基础上,率先提出在全省开展"无双超示范县"、"无双超示范村"创建活动;为提高监管效率,改进监管方式,各级运管机构在充分运用科技手段方面进行积极探索。晋中市运管部门建立全市货运源头治超信息系统联网工程,并在和顺县、寿阳县 5 个货运源头单位试运行;太原市小店区运管所运用货运源头信息监控系统与源头企业联网,实现对辖区公示企业全天候、全方位、全过程源头治超监管;昔阳县运用"货运源头治超称重管理软件系统"开展源头治超,确保出厂车辆记录准确,称重无误,提高工作效率;大同县在 14 家货运源头企业安装远程监控设备,并与县运管所联网,实现对源头企业的有效监管。

通过全省运管人员艰苦努力和顽强拼搏,治超工作取得明显成效。货运车辆超限超载率由治超前普遍超载下降到 0.2%,货运源头单位基本消除违规装货现象,无牌无证车辆受到有效遏制,道路安全形势明显好转,运输市场秩序显著改善,货物运价大幅回升,客车正点率由治超前 60% 提高到 91%,基本形成源头卡住、路口堵住、路面打击的治超局面,受到广大运输业户的拥护和社会各界好评。

2008 年 8 月 1 日,牛仁亮副省长在省运管局《全省运管系统开展源头治超工作的汇报》上批示:"运管系统在源头治超方面取得了明显成效。汇报所提问题和建议值得重视,请省治超办研究"。12 月 17 日,王君省长在省运管局《关于全省运管系统十一月份源头治超工作的报告》上批示:"华中同志:你们的工作有力度,有成绩,上下反映都很好。望继续努力,加大力度,在治超工作中作出新成绩"。这些评价,都充分体现了省政府领导对全省运管系统源头治超工作的充分肯定、大力支持和殷切期望。

稳步推进,服务社会主义新农村建设的能力显著提高

一年来,全省运管系统认真落实交通运输部搞好“三个服务”要求和厅党组安排部署,大力推进村村通客车工程,实施城乡公交一体化,积极发展农村物流,为社会主义新农村建设当好先行。

大力推进村村通客车工程。一是继续落实国家燃油补贴政策和农村客运车辆交通规费减免政策,完成了对全省6226辆农村客车和归口运管部门管理的407辆公交车、1126辆出租车的燃油补贴工作。二是开展全省农村客运设施建设维护工作。全年安装候车亭1100个、招呼站牌1000个,78%的建制村有了农村客运基础设施。对639个候车亭进行维修,并将全省候车设施统一投保。三是推进村村通客车通达深度。全省100%乡镇、94%建制村通客车,农村客运线路达到2738条,客车达到6687辆,惠及约1860万农村人口,极大地方便了农民群众出行。

组织实施城乡公交一体化。以大部制改革为契机,在全省开展农村客运线路公交化运营试点工作。忻州市采取多站点停靠、就近下车的营运方式,方便广大农民群众出行。目前,全省96个县(市)中的78个县(市)实行城乡公交一体化,继晋城之后,阳泉市整体将公交出租划归运管部门管理。

积极推动农村物流发展。落实农村物流配送车辆规费优惠政策和省交通厅490万元农村物流基础设施建设补助资金,对3个市和17个县的试点工作进行检查验收。晋中市、忻州市结合“万村千乡”和“新网”工程,推进农村物流发展。襄垣、新绛、河曲、天镇、阳泉郊区等运管所与供销合作社等部门配合,在乡镇、村建立配送网点,形成县、乡、村三级物流配送网,受到农民群众普遍欢迎。

农村物流的兴起,促进了城市物流和货物配送的快速发展。晋城市运管处以乡镇汽车站为依托,构建城乡一体化客运网、农村物流网、汽车救援网和道路运输监督网“四网一体”的综合信息网。大同市运管处推动市政府出台《大同市道路货运出租车管理办法》,规范货运出租车管理。

肩负使命,保障国民经济建设和社会发展的能力有效提升

2008年,各级运管机构情注灾区,心系奥运,在抗震救灾和奥运保障等应急抢险运输方面作出突出贡献,展现了高度的政治责任感和良好的业务素质。

战略物资道路运输应急保障能力进一步体现。经过整合、重组,形成12支战略物资运输应急保障车队,共509辆货车,总吨位数1.1万吨。2008年1月,南方冰冻灾害期间,大同、晋城、阳泉等多支保障车队出动车辆433辆,圆满完成6.75万吨电煤抢运任务。汶川大地震后,全省运管系统共调动5329辆次应急车辆执行抢险救灾运输任务,共运送救灾物资7.8万吨、过渡板房33 448套。阳泉市运管处在地震发生后,率先组织车队赶赴灾区,圆满完成抗震救灾物资运送任务,受到市委、市政府的高度评价。参加山西省“联动-2008B”军警民联合实战演习,受到省军区、省交战办表彰。

道路旅客运输保障能力进一步提高。完善旅客运输应急保障车队,共583辆客车,总座位数1.7万个。圆满完成春运、“十一”黄金周等节假日的道路旅客运输任务,未发生旅客滞留现象。汶川大地震后,省局启动应急资金,出资130万元免费运送四川民工1400余人,受到省政府领导肯定和表扬。全系统组织应急客车200多辆,运送四川民工近9000人返乡。奥运期间,完成奥运火炬在全省传递转场的运输保障工作。组织山西汽运集团晋龙捷泰公司和并州运业公司提供50辆高档客车,选派60名驾驶员和维修人员进京服务奥运会,出车2000多次,行程4.2万公里,运送志愿者7.4万人次,圆满完成奥运交通保障任务,受到北京奥组委、交通运输

部和北京市政府表彰。

机动车维修救援工作进一步完善。运城等市积极开展救援演练，提高应急救援保障能力。全省共有汽车维修救援企业347户，救援专业拖车139辆，服务车298辆，共实施救援7万辆次。

转变观念，公共服务能力有效增强

加强客运班线管理，创建文明线路。引导和促进旅客运输企业依法诚信经营，实现公平竞争。制定下发《山西省道路旅客运输企业质量信誉考核实施细则》，完成三类以上客运班线52家企业的质量信誉考核和4200余辆客运班车审验，并对全省诚信文明客运企业进行表彰。继续开展文明线路创建活动，开展迎奥运、保清洁、讲文明、树新风活动。晋城市在晋城至陵川等5条客运班线上开展双向文明创建活动。运城市“凤凰快车”司乘人员将乘客遗失在客车上的7万元现金及时归还失主。武乡县在31辆农村客车上安装“影音系统”，开展流动信息服务。“冬有暖身垫，夏有爱心伞，上车有应声，下车有送语”，是乘客对文明线路温馨服务的真实评价。

旅游客运管理进一步规范。完成旅游客运企业质量信誉考核和旅游客车年审工作，组织编写《道路客运常用英语100句》，开展旅游客运行业“优质服务迎奥运竞赛活动”。截至年底，全省已有旅游客运企业61家，旅游客车1240辆。

客运站场建设与管理成绩明显。各市高度重视发挥汽车站公益性、服务性、基础性作用，不断加大投入，加快建设。全年站场建设完成投资3.66亿元，其中新建武乡、长子等11个汽车站，改造静乐、神池等5个汽车站，为32个汽车站配备行包安检仪，完成50个汽车站报班管理系统安装工作。忻州市政府办公厅专门发文，将农村客运站规划建设职能由原县交通局调整到县运管所，解决汽车站场规划建设和管理脱节的问题。

货物运输管理进一步落实。认真贯彻交通运输部《道路货物运输及站场管理规定》，开展货运站场调查，规范站场管理。对危货企业进行摸底，完成质量信誉考核工作。晋中市、长治市推行危险品运输分类管理。

维修管理不断强化。按照省交通厅、省经委等部门联合下发的文件要求，配合省治超办开展打击非法改装道路运输车辆专项行动，严防非法改装车辆上路行驶。组织维修企业总质检员、二级维护技术人员和综检站相关人员培训。开展对二级维护企业的专项整顿。完成维修企业和综合性能检测站的质量信誉考核工作。太原市实现二级维护视频监视联网，遏制只收费不检测和出具虚假检测报告行为。高平市二级维护企业联合经营，解决长期竞相压价、恶意竞争行为，提高了服务质量。

驾培管理逐步规范。一是强化驾校教练车管理。出台《山西省机动车驾驶员培训机构教练车管理办法》，控制全省驾校教练车新增数量，并与省公安厅交管局联合行文，统一全省228所驾校6198辆教练车标识。二是严格驾校资格管理。按照国家标准重新核定驾校级别与资格，规范驾校经营许可。三是严格驾校质量信誉考核。对质量信誉考核不合格的32所驾校进行整改，依法取缔1所不合格驾校，并在《山西日报》、《山西晚报》等媒体进行公告。四是加强教练员管理。全省共轮训教练员6267人，新培训教练员743人，均参加国家级资格考试。五是推行道路运输驾驶员信息化管理。启用交通运输部唯一在全省进行试点的道路运输驾驶员信息化管理系统，换发新版道路运输驾驶员从业资格证34.5万本，新培训各类道路运输驾驶员8.6万人并领取从业资格证。

道路运输信息化水平再上新台阶。一是在完善和提升省、市两级监控平台功能基础上，在吕梁市召开现场交流会，以点带面，全面推进企业监管平台建设。二是开展《山西运政管理系统》升级改造和运政数据库的清理完善工作，推广应用了山西运政稽查智能识别系统。三是继续深入开展信息化标准示范所创建活动，全省已有104个运管所进入示范所行列。四是完成《山西省道路运输行业评价指标体系》、《山西省机动车综合性能检测站发展规划》和《道路运输管理人员教育培训体系》等科技项目，研究成果均达到国内领先水平。

节能减排成效初显。根据交通运输部安排，在侯马、晋城、长治分别开展卫星定位应用系统及行车记录仪、煤层气在道路运输行业的开发利用和甲醇燃料汽车节能示范项目，达到预期效果，并通过交通运输部验收。与省委政研室、长安大学一起组织开展节能减排规划和管理对策研究。完成联合国基金项目——氟利昂回收企业的筛选和推荐工作，确定35户维修企业。奥运前夕，对全省80辆进京客运车进行尾气排放治理或更新，已全部达到国Ⅲ标准。各市积极探索和推进节能减排。晋中市推广使用超声波清洗机、专用清洗剂清洗配件，加强废油品回收，减少能源浪费和环境污染；长治市在12条市县公交线路上，投入80辆甲醇客车、22辆双燃料客车；运城市鼓励发展节能减排的大中型高档客车和轻型多功能货车。

依法监管，道路运输市场秩序明显改善

坚持依法治运。认真贯彻实施《道路运输条例》、交通运输部配套规章及省政府规章。起草《山西省机动车维修管理办法》，上报省政府拟以政府规章出台。开展全省道路运输条例的立法修订工作，已列入省人大2009年立法预备计划。组织执法培训和行政执法案卷评查工作，太原市运管局被交通运输部评为“交通行政执法责任制示范单位”。

加强市场监管。加大对道路运输市场的专项稽查力度，有力维护道路运输市场秩序。太原市运管局与吕梁、大同市运管处联合开展打击黑车专项行动，收到明显效果。2008年，全省共查处非法营运车辆1万余辆，查处违章1.1万起。

强化安全监管。一是严格履行“三关一监督”职责，加强对旅客运输及危险化学品运输等重点车辆、节假日等重点时段、汽车站等重点场所的安全监管。奥运期间，加大对全省汽车站、客运班车、旅游客车、危险品运输车辆的监督检查力度，实行发往北京车辆实名登记制，并与公安部门配合，重点对发往奥运比赛城市的旅客和车辆进行检查。二是认真吸取“6·3”、“7·17”和“8·18”事故教训，省运管局和省公安厅交管局两次联合行文，共同召开会议，联手打击客车超载超速等违法行为。三是开展安全生产专项检查。组织开展“安全隐患治理年”和“安全生产百日督察专项行动”，对查出的安全隐患及时督促整改。修订安全生产管理制度，规范安全例会制度，确定每月第一个周五为全系统安全生产日。四是强化承运人责任险制度，为交通安全事故处理提供资金保障。

规范管理，精神文明和队伍建设不断加强

“两费”征收工作圆满落下帷幕。2008年，各级运管机构严格执行财务预算，加强审计监督，狠抓“两费”征收，确保征收任务超额完成。全省征收运输管理费6.47亿元、客运附加费1.9亿元，同比增长43.6%和24.3%，再次创下历史最好成绩。特别是忻州市、吕梁市运输管理费绝对额和增幅最大。随着成品油税费政策实施，“两费”征收画上圆满句号，完成历史使命，但为运管事业发展奠定坚实基础。

基础管理取得明显成效。一是认真组织实施《山西省运管系统基础管理年活动实施方案》和《山西省运管系统档案管理办法》，推进基础管理工作的标准化、规范化、制度化和程序化。晋中市运管局在全市统一档案范

本，建立档案管理信息系统，并与山西运政系统有效衔接，提升行业管理的统一性和实效性；市运管局和5个县运管所档案工作达到AAA级标准。临汾市尧都区运管所加大对档案规范化管理工作投入，一年迈出三大步，达到AAA级标准，《中国档案报》专题进行报道。全省共有5个市运管局（处）和8个县（市、区）运管所的档案工作达到AAA级标准，65个县（市、区）运管所的档案工作达到AA级标准，11个县运管所的档案工作达到A级标准。省局机关各处室的运管日志记载规范。二是开展公路运输量专项调查工作，完成公路运输能源消耗统计报送和定期统计报表及抽样调查工作，认真做好"两费"及各类票证的领发、使用工作。

运管队伍建设不断推进。努力加强运管队伍建设，积极协调省编办等部门，批准省运管局增设正处级建制的治超办公室；批准吕梁、阳泉市运管处为副处级建制；完成事业单位机构编制的清理规范工作。强化职工队伍教育培训，全省共组织各类培训42期，培训5800余人，临汾、运城两市完成岗位培训任务，有效提高职工队伍素质。

党风廉政建设、精神文明建设得到加强。深入开展学习实践科学发展观活动，认真抓好廉政教育学习工作，增强廉洁执法意识。加大监督和预防力度，提高职工在重点环节和薄弱环节的防腐能力。发扬"一方有难、八方支援"精神，组织干部职工开展向汶川地震灾区捐款和踊跃交纳"特殊党费"活动。同时，深入开展运管行业文化建设工作，开展全省运管系统首届职工乒乓球、羽毛球比赛，丰富运管职工的文化生活。大力推进文明创建，下发《全省道路运输行业文明创建评比表彰办法》。省运管局、晋中市运管局被评为省级文明和谐单位，省运管局政务大厅被交通运输部授予"文明示范窗口"称号，稽查总队内勤支队被授予"省直青年文明号"，长治等7个市运管局（处）和祁县等29个运管所被评为市级文明单位。

机关正规化建设再创佳绩。在全省运管系统开展作风纪律整顿月活动，强化机关正规化建设。继续实行局（处）长接待日制度。2008年，全省运管系统共接待258人次，解决226个问题。推行首办负责制、限时办结制、服务承诺制和超时默认制，简化办事手续，提高办事效率。"96566"运政热线服务社会的作用逐步加强。2008年，全省受理投诉和咨询10 417件，同比上升5.84%。其中，受理投诉1501件，同比下降5.26%；接受咨询7832件，同比上升3.09%；受理救援、表扬等其他1084件。利用省内外主流媒体和交通系统报刊，大张旗鼓地宣传国家有关道路运输发展的方针政策、法律法规、改革开放30年全省运管发展成就以及在源头治超、安全监管、抗震救灾、奥运保障等方面所做出的成绩，为全省道路运输业发展营造良好的舆论氛围。

（责编　师国梁）

山西省高速公路管理局

□董新品

2008年，是全省高速公路管理系统全面贯彻落实党的十七大精神迈出坚实步伐的一年，是深入学习实践科学发展观取得显著成效的一年。在省交通厅正确领导下，全局上下紧紧围绕“三个服务”，坚持以人为本、以车为本，大力构建全方位、无缝隙公共服务网络，深入开展“五比五看、服务创优”立功竞赛活动，积极推动大运千里文明高速路创建再上新台阶，万众一心，攻坚克难，圆满完成全年各项目标任务，为全省经济社会的又好又快发展作出积极贡献。

解决道路拥堵作为第一要务 通行保障能力取得新突破

从关系民生利益和山西对外开放形象的高度出发，想方设法破解道路站点拥堵难题。

*充分拓展路网资源。*坚持科学分类、重点突破、因地制宜的原则，分期分批对拥堵严重瓶颈路段和站点进行拓宽改造。先后投资6.74亿元，抢先完成太旧路5.7公里爬坡车道加宽工程，集中改造长邯路、祁临路、汾离路等重点产煤县市的道路连接线，先后实施27个超负荷运行收费站和社会反响强烈的39个治超点的改扩建，全省高速公路设施功能有了明显改善，车辆拥堵得到有效缓解。

*以智能化提升车辆放行速度。*认真落实省交通厅向社会承诺的八件实事，全省高速公路联网收费的130个收费站、588条车道（除晋焦路）于2008年7月1日全部实现刷卡收费，货运车辆通行时间较现金交易时间缩短了50%；成功研发高速公路治超不停车快速检测系统，先期对堵车严重的57个治超检测点进行推广运行，车辆检测速度提高了5~25倍，使得老百姓快捷通行、方便消费真正成为现实。

*全面提高路网安全系数。*投入1.15亿元，完成18座三类桥的加固维修，增设完善太旧、夏汾、大新、原太、太原环城、祁临、运三等路段标志标线，集中处治部分路段连续纵坡和省政府重点督办的汾离高速公路行车隐患，确保全省高速公路的安全高效运行。

共同谱写奥运新篇章 山西高速展现新风貌

2008年1月至8月，面对通行流量持续大幅增长、进京货运车辆绕行分流和道路施工工期紧迫等多重压力，动员全系统广大干部职工围绕大局，迎难而上，勇于拼搏，始终坚持以建立高速公路奥运无障碍快速通道和安全保障服务体系为核心，制定全省高速公路“迎奥运、保畅通”5个专项应急预案，确立“三大任务、四项重点、五个确保”工作目标，认真实施路容路貌、站容站貌美化亮化，组织进行出省路段服务区停车场路面翻修改造和所有公益服务设施全面修缮装饰，圆满完成奥运圣火传递转场接待和奥运期间通行保障任务，受到省委、省政府领导高度赞扬。以“赛在北京，游在山西”为契机，广泛开展奥运知识与文明礼仪竞赛活动，倾力推出双语特色服务，建立完善绕行路线诱导服务体系，印制发放省内旅游景点路线图，以优美环境、优质服务充分展现山西高速崭新形象。

更加注重统筹兼顾
公共服务能力得到新提高

全面发展“五大工程”建设，并在新的发展时期赋予新内涵，充分发挥比较优势，大力提升整体管理服务水平。

*着力提升行车安全舒适愉悦度。*紧紧抓住路况检测、分析评价、养护决策、工程实施四个环节，严格落实五级挂牌制度，积极构建周期性养护、及时性养护、预防性养护、恢复性养护运行机制。投入资金4.023亿元，不断加大预防性养护和路面病害处治力度，全省高速公路技术状况指数MQI平均值达95.8，优良路率达到99.4%。继续推进太原环城高速提档增绿工程，投入资金2848万元，重点对13个景点实施精品绿化，省城道路通行环境又呈现出新的靓丽风景线。

*着力打造窗口服务品牌形象。*全面开展“服务竞赛年”活动，严格收费员上岗考核和挂牌服务管理，编制《文明服务标准手册》，收费人员文明用语使用率、微笑服务率、礼仪手势率均达到100%；深入开展收费站“星级信誉”互查考核挂牌公示活动，85%收费站达到A级以上标准；坚持以社会公众需求为导向，投资236万元，在全省主要收费站设立便民服务候车亭23个、临时停车区44个；不断加强收费稽查工作，追缴通行费50.6万元；认真执行绿色通道政策，共减免鲜活农产品和抗震救灾物资车辆通行费近2.4亿元，充分体现高速公路公益服务的根本属性。

*着力加强路政管理能力建设。*以提高路政人员综合素质和执法水平为中心，建立健全业务培训和考核长效机制；大力推进阳光执法，18个路政大队均实现路政案件公开查询，95%路政大队巡逻车安装车载移动监控；投资2610万元购置16台大中型清障车，合理布局，路政紧急救援能力和整体调控能力得到明显提升；集中对省城及各市周边非法构筑物、摆摊设点和非高速公路标志牌进行专项整治，共拆除非法构筑物20余处，清理非法摊点10多处，有力地保护了路产，维护路权。

*着力营造温馨休闲环境。*积极开展“餐饮质量提高年”活动，餐饮特色化与品牌化经营取得初步成效。全面提升服务区星级考核评定，100%服务区达到新的星级标准，三星级以上占到90%。不断加大服务区绿化美化，进一步完善顾客休闲设施，公益服务设施完好率达到98%以上。大力推进服务区信息化建设，投资1728万元，24个服务区分别安装电子监控和可变情报板，80%服务区实现刷卡消费，为过往司乘人员提供良好消费环境。

*着力完善全方位教育培训机制。*统筹“三支队伍”建设和教育培训体系建设有机结合，初步建立以省局为主体、各公司为支撑的多层次教育培训体系。统筹教育培训和技能比武的有机结合，大力开展多种形式的职业技能竞赛。全系统共组织40多次技能比武，参加人员近万人次，形成相互学习、促进提高的教育培训新格局。

*着力为公众提供及时准确信息服务。*积极推动“1166”交通信息化工程建设，完成高速公路至市交通局通信管道委托建设和管理置换，建立与周边省份信息互通机制，实现路况信息共享、突发事件协作应对。全年共受理服务咨询电话136万人次，实施紧急救援1100多次，发布路况信息1.98万条，信息化服务已成为社会公众出行参考的主渠道。

牢牢抓住发展机遇
综合经济效益又创新辉煌

2008年初，紧紧抓住重型货车快速增长新趋势，加大宣传力度，大力吸引车流上路；8月份以来，针对美国次贷金融危机影响，认真分析特殊时期山西运输经济新特点，及时调整营销策略,主动出击,理性应对,确保通行费的稳步增长。全年累计收取通行费87.16亿元,同比增长14.79%。坚持以市场为导向,大力提高辅业资产经营开发效益,全省高速公路服务区共完成营业额17.12亿元,较上年增长62%;开发公司、信通公司等实现产值1.7亿元,同比增长10.39%,经济效益保持了良好的发展态势。

大力倡导精细化管理 科学发展取得新佳绩

坚持"做精做细、追求卓越"理念,大力提升高速公路管理能力建设,努力实现各项运营工作科学发展,建立完善具有全省高速公路运营特色的"六大"管理体系。

*突发事件应急管理体系初步建立。*组织完成全省高速公路总预案、专项预案和部门预案三个层面编制工作,形成了相互衔接、完整配套的应急预案体系。以信息化带动提升应急处置能力,积极筹备5支应急救援队伍建设,建立多部门跨区域应急处置协作联动机制。全年共有效处置重大突发事件67起,处置危险化学品运输车辆泄漏11起。

*国有资产监管体系逐步健全。*制定省高管局资产管理办法实施细则和实物资产管理责任追究制度,进一步规范运营管理单位资产购置、调拨、租赁、报废、处置程序,建立完善了国有资产对外投资、担保、抵押、转让的管理规范。

*规范化管理体系不断完善。*针对高速公路运营管理工作新时期的特点和规律,以提升运行效能为突破口,相继出台刷卡收费暂行管理规定、服务区餐饮业经营规范实施细则等,配合省厅完成高速公路管养费用定额标准、养护专项工程立项标准、机械设备配置标准的拟定工作。

*科学绩效考核体系持续改进。*坚持定量定性相结合,将管理效能和运营成本实行挂钩,达到对具体考核的软指标硬化、硬指标量化;重点加大对业务指标和满意度评价指数分值比重,以数据化检验管理有效性。

*顾客满意度测评体系更为科学。*坚持把社会公众感受作为所有管理服务工作评判标准,与社情民意调查中心对问卷设计、指标权重、数据采集进行了更为深入研究,坚持公正、公平、公开,建立对测评数据抽检和全过程验证的工作机制,达到满意度测评结果的科学合理、客观真实。

*新型薪酬激励体系基本形成。*积极推进岗位工资制度改革,已在3个运营单位试行,2009年全部实施。初步建立起了效率优先、兼顾公平、按劳取酬的工资分配激励机制。

紧紧依靠科技创新 节约集约水平实现新提高

坚持以科技创新带动和提升整体运营管理服务水平,全年共组织开展高速公路水泥混凝土路面预防性养护技术研究和管理信息省域联网规范研究等7项关键技术攻关,其中2项通过省科技厅鉴定,达到国内领先水平。重点加大对"四新"成果推广转化,微表处优化配合比、一岗双亭复式收费等28项新技术得到广泛应用。大力开展节能降耗,全局油、电、水消耗较上年降低6.5%,尤其是隧道照明节电达20%以上。深入推进"蓝天碧水"工程,累计投入资金3600万元,改造锅炉75台,改造污水处理设施41套,全面完成大运高速公路沿线站区生活设施改造,节约能源、保护环境已成为山西高速的新风尚。

充分发挥主力军作用 治理"双超"取得新成果

认真贯彻落实省政府223号令和224号令,层层签订工作目标责任书,建立综合治理、联防联治的治超长效机制,形成各路段、地方政府、高速交警共同治超新格局。努力推动治超管理工作智能化,充分利用收费网络数据,实现出口收费站数据对入口检测记录的核对倒查。切实加强入口车辆检测,完成7个入省口治超检测点建设,有效杜绝外省55吨以上非法超限超载车辆驶入。自开展新一轮“无缝隙、拉网式”治超攻坚战以来,全省高速公路共设立159个治超检测点,检测货运车辆3746.5万辆次,连续半年未发现55吨以上非法超限超载车辆,治超工作取得新成果。

坚持突出实践特色
党的建设得到新加强

以改革创新精神,全面推进党的建设。省高管局党委紧紧围绕全局运营管理中心工作,在全系统大力开展“讲政治、出经验、出成果”活动,明确“建强局、美环境、活机制、用人才、谋发展”奋斗目标,形成相互学习、共同提高、协调发展的良好局面。进一步完善“三有一好”评价考核体系,规范“三有一好”争创活动,积极构建先进性教育活动长效机制;大力号召全系统广大共产党员以实际行动为党分忧、为国解难、为民奉献,共交纳特殊党费85万元,干部职工共为汶川地震灾区捐款104.9万元、捐衣被5443件,党组织的向心力和凝聚力得到充分体现。严格执行领导干部廉洁自律各项规定,向社会公开工程建设“十项内容”,初步建立了符合全省高速公路管理发展的教育、制度、监督并重的惩治预防腐败体系。

扎实开展学习实践科学发展观活动。确立大力推进高速公路新型产业率先向现代服务业转变、着力提高“四个能力”的实践主题。局领导班子先后深入19个基层单位调研40余次,召开各级各类座谈会50多次,发放征求意见表53份,整理归纳影响制约科学、群众反映强烈的问题共5类21个,制订整改落实措施26项,确定整改责任领导,严格整改责任部门和时间。进一步深化对实现高速公路科学发展的根本认识,明确今后努力方向。

深入实施品牌战略
行业文明创建取得新成效

坚持以行业文化体系建设推动文明创建的发展,编撰《山西高速公路行业文化建设精神汇编》和《山西高速公路行业文化建设实施方案》等指导性意见。以满足职工精神需求、提升工作生活环境质量为着力点,投入资金6366万元,实施166项专项工程,对基层站区队办公和生活设施进行了改扩建,完成首批173人的人事关系理顺工作,一次性补缴全系统5297人养老保险金计4008万元,真正使交通改革发展的成果惠及于广大职工。大力开展“迎奥运、讲文明、树新风”活动,积极与周边地区共建共享,广泛与司乘人员互动创建,不断引深“五比五看,服务创优”立功竞赛活动,推动大运千里文明路创建再上新台阶。省高管局荣获“全国五一劳动奖状”、“全国模范职工之家”、“全国交通行业抗灾保通先进集体”、“山西省创建文明和谐行业活动先进行业”等称号。

(责编　师国梁)

山西省地方海事局

□牛世骏

2008年,是全省海事工作安全和谐发展的一年。在省交通厅、部海事局的正确领导和悉心关怀下,全省海事系统广大干部职工认真贯彻落实党的十七大精神,深入学习实践科学发展观,以高度政治责任感和使命感,紧紧围绕水上交通安全监管这个中心,求真务实,锐意进取,迎奥运保安全,抗震救灾献爱心,狠抓安全促发展,文明服务促和谐,不断强化基础管理,深入开展队伍建设、装备建设、正规化建设和法制建设,圆满完成省交通厅下达的各项海事工作任务,保持了连续4年全省水上交通安全无事故的好成绩,为交通率先发展作出积极贡献。一年来,省地方海事局被省政府评为"安全生产先进单位";被省劳动竞赛委员会评为先进单位并荣记集体一等功,被省交通厅分别评为"完成工作目标优秀单位"和"安全生产先进单位",被中国水上搜救中心评为"水上搜救先进单位"和"先进集体"。

以学习实践科学发展观为契机 全力加强行业文明和党风廉政建设

按照省交通厅的统一部署,从2008年10月中旬开始到2009年2月中旬,省局认真开展深入学习实践科学发展观活动,把学习实践活动作为推进海事事业安全发展、长远发展和加强自身建设、提升工作能力的难得机遇,紧紧围绕"坚持安全发展,全面提升全省海事管理水平"主题,采取集中辅导、深入调研、解放思想大讨论和召开专题民主生活会等多种形式,推进学习实践活动健康有序开展。局领导班子在认真学习、广泛征求意见和建议基础上,重点研究和解决不符合、不适应的突出问题,着重解决专业人才短缺、执法装备滞后、水上交通存在安全隐患等8个方面突出问题,并制定完善9项安全监管长效制度和6项机关工作制度,学习实践活动取得实效。

与此同时,在全系统开展争创文明船舶、文明船员、文明渡口、文明执法个人和文明示范窗口等活动,迈出可喜一步;不断加强机关作风建设。从完善制度入手,从细微处抓起,从根本上杜绝门难进、脸难看、事难办的衙门作风,创造依法办事、和谐文明工作环境;开展廉政教育和治理商业贿赂活动。通过学习培训,完善制度,使广大干部职工从思想上筑起坚实的反腐防线,有效预防腐败现象发生,全省海事机构全年未发生一起因腐败而受到处理的案件,树立良好形象。

狠抓安全监管责任制落实 确保水上交通安全形势稳定

一年来,全省海事系统紧紧围绕水上交通安全监管这个中心,落实安全责任,完善长效机制,取得明显成效。一是安全监管责任进一步落实。明确各市(县)海事局(处)长为所辖水域安全监管第一责任人、负总责,分管领导具体抓,各部门齐抓共管的安全监管机制,层层签订安全监管工作目标责任书和"迎奥运、保安全"目标责任书,形成省、市、县3级安全监管责任体系,有力保证全省安全监管工作到位。二是加强重点时段安全监管。狠抓北京奥运会、国庆黄金周、民间集(庙)会等重大节日、重大活动期间的安全大检查,严格实行"严防死守"和24小时现场监管制度,有效预防群死群伤等重特大责任事故发生。三是认真开展联合执法行动。吕梁市、运城市、忻州市、临汾市等海事机构,加强与蒙、陕、豫三省(区)安全监管协调互动机制,召开联席会议,加强界河联合执法,统一执法标准,明确监管责任,签订监管协议,有力保证界河水上安全形势平稳;运城市海事机构加强与县、乡政府及公安、安监、农业、水利、河务、旅游等部门联合执法,全年共取缔非法采砂船17艘,水上交通秩序得到有效保证。四是加强源头管理。各市海事机构严把市场准入关,加大对水运企业审核力度,严格船员管理、船舶检验和审批手续,有效杜绝不适任船员、不适航船舶、不符合条件企业进入水运市场。五是建立完善安全监管长效机制。根据工作实际,专门研究制定挂牌督察、安全问责、整改销号等9项安全长效制度,努力做到当前监管与长效监管有机结合。各市海事机构相应制定有关制度,有效增强全省海事机构的忧患意识和责任意识,保证安全监管工作有效开展。

认真搞好正规化建设
全面提升海事管理水平

针对全省海事管理基础薄弱、执法装备落后、执法程序不规范和水上运输迅猛发展对安全监管提出的新挑战,从2008年1月开始,在全省开展海事管理正规化建设活动。从机构设置、办公场所标识、队伍建设、文明执法等7个方面明确建设标准、具体要求和实施步骤。活动开展以来,得到各级交通主管部门大力支持。各级海事机构严格按照省局部署和要求,抓基础,抓重点,抓落实,做了大量艰苦细致工作,涌现出一批环境优美、行为规范、文明执法的先进典型。晋城市地方海事局从加强内部基础建设入手,制定一图一表、两个规则、12个台账、75种档案、60项工作制度、一本法规文件汇编和电子档案,规范工作程序。长治市地方海事局明确要求,对海事管理正规化建设达标的基层单位奖励两万元,有效调动基层海事机构工作积极性。临猗县交通局提出"举全局之力,促海事管理上档升级"的目标。永济市地方海事处积极探索水上安全监管新路子,在沿黄河水域配备23名协管员进行日常监管,并投资20余万元完善办公设备,健全各项管理制度,一跃跨入先进行列。为了推进正规化建设全面深入开展,11月6日,召开全省海事管理正规化建设晋城现场会,总结交流晋城市、长治市、泽州县、临猗县、河曲县五个市、县海事管理正规化建设的先进经验,起到以点带面作用。省交通厅副厅长王志民在讲话中充分肯定海事管理正规化建设所取得的成绩,要求各级交通主管部门要发挥两个积极性,加大对海事工作的支持力度,从解决经费、装备、办公设备等方面入手,全面推动海事管理正规化建设开展。12月下旬,省局结合年度工作目标考核,对全省海事管理正规化建设工作进行检查验收。从检查情况看,各级海事机构对海事管理正规化建设高度重视,措施得力,效果明显,办公环境改善,执法行为规范,监管能力增强,工作质量提高,全省海事管理工作走上科学发展轨道。

深入开展安全隐患排查治理和
渡口码头整治,取得明显成效

针对全省乃至全国安全事故频发,全省水上交通存在安全隐患等问题,本着对人民群众生命财产高度负责精神,从2008年年初开始,省局制定《山西省水上交通安全隐患排查治理工作实施方案》,在全省开展安全隐患排查治理活动。为了做到万无一失,2008年10月至11月,省局再次下发通知,

安排为期1个月的安全隐患排查治理。全省累计落实专项资金35万元,共排查出安全隐患81项。其中,一般隐患76项,已经整改45项,限期整改31项;重大隐患5项,已整改4项,列入治理计划1项,并对已经排查出的事故隐患记录在案,跟踪监管,责任到人,确保整改到位。同时,还完成全省31个水路运输企业(船舶)的年度核查工作,保证水运市场秩序良好。与此同时,在交通运输部、省交通厅大力支持下,全省第一、二批40个渡口码头建设改造工作已经基本完成,第三批40个渡口码头建设已经完成前期测量任务。小浪底航运建设工程进入勘察设计招标阶段。省局严格按照《全国公路水路运输量专项调查方案》要求,制定《山西省水路运输量专项调查方案》,对全省7个市、43个县营运性船舶和沿黄河所有渡口开展调查工作,历经6个月,圆满完成所有数据采集、初审、修改、审核、汇总工作,并形成全省专项调查工作总结和审核评估报告,得到各级领导一致好评。

加强队伍和执法装备建设
不断提升全省监管水平

一是加强培训,提升素质。一年来,采取多种形式培训海事人员,第二次选派海事执法人员赴"结对子"单位—浙江海事局进行业务培训,重点学习沿海发达地区先进的海事管理经验、管理理念和业务知识,不断提升全省海事管理水平;芮城县海事机构专门组织大禹渡新增气垫船船员,赴江苏无锡交通高等职业技术学院进行特殊培训;5月,省局举办由各市地方海事局长、具体承办人和机关有关人员参加的"全省水路运输量专项调查技术培训班";9月,省局船检处组织全省48名海事人员参加验船师资格考试;11月,由局领导带队,赴山东、广西学习参观内河水上搜救综合演习和精细化管理办法经验,收到良好效果。通过一系列学习培训和考核,使全省海事人员工作能力明显改善,业务素质明显提高。

在省交通厅和部海事局大力支持下,全省海事装备建设得到进一步加强。在2006年为基层海事机构配发7辆执法车基础上,2008年又投入162万元,为7个市19个县配发海事执法车20部,监督艇8艘,对讲机45部,救生衣和救生圈460套。这是自省局组建以来,资金投入最多、装备数量最大、涉及范围最广的一次装备配发。10月1日,段建国厅长又一次作出批示,再增加199万元,加强全省水上安全监管装备建设。到2009年5月,装备建设资金已经全部到位,将在适当时间配发。这样,有水运业务的42个县(市、区)将全部配齐海事执法车辆;2008年5月,部海事局捐赠两艘价值30余万元的摩托艇,已配发到运城市平陆县地方海事处,填补山西黄河水域交通安全监管长期没有巡航搜救艇空白。10月,部海事局又一次支持10艘冲锋舟、3艘巡逻艇、5部执法车,有效增强全省海事安全监管水平。

(责编 师国梁)

山西省交通规划勘察设计院

□聂承凯

2008年，在厅党组正确领导下，在厅机关各处室和交通系统各兄弟单位大力支持下，省交通设计院领导班子带领全体干部职工以邓小平理论和“三个代表”重要思想为指导，贯彻党的十七大、十七届三中全会和全省交通工作会议精神，深入学习实践科学发展观，抓大事，促全面，保质量，抢抓机遇，创新进取，全力推进厅党组2008年内开工1000公里高速公路项目前期工作，为掀起全省公路建设新高潮作出应有贡献。

设计先行
确保项目前期工作到位

2008年，省交通厅开展前期项目较多，省交通设计院承担任务繁重，前所未有。全院上下以敏锐的政治责任感贯彻执行厅党组指示精神，服从大局，服务业主，全力推动以高速公路为重点的交通建设项目前期工作。为了全力配合好厅领导分片包干高速公路开工和建设实际，实行院行政“一把手”负总责，班子成员中的技术干部担任高速公路重大项目总负责人，在原分工不变前提下，对项目前期进行外围协调，加强项目指导管理力量，拾遗补缺，相互补位。五位有专业技术职务的院领导对应厅领导进行分片项目包干，对承担的20个前期项目进行分解，充分发挥每个班子成员的潜力，强化对重大项目勘察设计工作的督察、指导、管理，对勘察设计项目的生产、技术等进行总协调。全年完成勘察设计规模折合里程945公里。其中高速公路预可185公里、工可132公里、初步设计236公里、施工图设计391公里。完成钻探实进尺11.5万米，高速公路和汽车厂站建设共计面积25万平方米。所完项目都是全省交通2008年开工和“十一五”规划先期实施的重点项目，为省交通厅推进高速公路建设提供前期保证。

质量第一
着力提高勘察设计水平

秉承“质量是工程的灵魂，质量高于一切”宗旨，为保证足够的工作深度和质量，采取一系列措施，收效良好。一是在设计部门进场前组织有关领导和相关专业副总先进行踏勘，做好方案优化并进行院内会审，对设计统一进行事先指导，减少反复，既加快进度，又极大地提高设计质量。在全年20个项目实施过程中，相关院领导和专业负责人等去工地踏勘累计200余人次。二是坚持节约、集约，有效利用资源。不惜方案反复和成本投入，所有项目用地指标均严格控制在新的控制指标范围内，使土地预审工作得以顺利通过。三是突破传统思维，灵活选用技术标准，注重总体设计、动态设计，优化细微设计，增强创作意识。积极抓好典型示范工程设计，注重保护环境、保护文物、保护生态、保证安全，体现以人为本、和谐发展。四是严格执行现行定额和编制办法的法规性要求，加强基础资料的调查收集，严格执行地勘内部监理，在确保质量和项目功能前提下，统筹考虑技术、经济、安全等各个方面，合理控制工程造价。五是注重安全设计，对运行速度进行安全性检验，对重点构造物进行安全性评价，确保结构安全、行车安全。吸取已建项目的经验，对运营中易出现病害的结构进行优化设计，并积极开发新结构取代与现行荷载及交通量不相适应易出现病害的结构。六是严格执行《院技术质量管理办法》和《设计变更管理办法》，对在建项目设计变更的细部名称、变化原因和造价增减等情况建立项目台账，做好过程控制。2008 年通车和在建项目设计变更量均低于不超过总投资 5% 的控制要求。所有项目在省厅组织的验收和评审中均一次通过，得到专家和领导好评。

强化管理
推动各项工作顺利开展

一是调整完善目标责任考核办法。对生产部门增加超产考核、质量考核、降低成本、信用评价四部分组成的目标考核附加分，极大地调动生产部门职工责任心和积极性。二是及时解决生产所需。为保障省厅 2008 年开工项目勘察设计需要，先后投入钻机 200 余台，各类技术骨干人员 400 余人、技工 800 余人；投入测绘、地勘等各类费用 4000 余万元，新购生产急需的各种设备 431 万元；购买各类软件、桥梁标准图，投入经费 200 万元。三是加强人才培养。组织参加各类技术交流、讲座和培训 15 期 135 人次。推荐、评选中高级专业技术职称、各类执业注册师、各学科专家 130 人次。四是内部挖潜，全力完成省厅目标。针对各个项目不同时段各专业的难点和重点，互调院里各个生产单位及管理部门技术人员搞突击，先后互调人员 110 余人次。五是大力推进科技创新。结合项目特点，进行科研攻关，开展课题研究，完成省厅科研课题 7 项。中标并主编交通部《公路采空区设计指南》，完成交通部规范《公路工程勘察规范》、《隧道设计细则》参编任务。全年有 3 个项目获省科技进步二等奖，1 个项目获中国公路学会科技进步奖，同时获得全国优秀工程咨询成果奖 2 项，省优秀工程咨询成果奖 5 项，省第四届太行杯土木工程大奖 1 项。全面推进信息化建设，开通院门户网站，在院局域网内建立生产进度查询督办、电子书刊、桥梁设计资料查询等 6 个子系统。六是安全生产管理常抓不懈。建立健全安全生产责任制，机构、人员、经费得到充分落实，修订安全管理制度 8 项，组织拟定《安全生产会议制度》等 6 项，组织安全检查 10 余次，全年没有发生重大事故。七是加强节能降耗管理。制定并实施院全年油、电、水等消耗降低目标要求，实现亿元产值耗油降低 11%，耗水电降低 6.3%。八是加强财务管理和预算管理。加强日常监督，完善内控机制，降低管理成本，全年开支控制在预算之内，降低单位成本。财务管理受到省交通厅及有关审计部门好评。九是加大对实体支持力度。继续对实体进行政策上把关、管理上指导、经营上协助、生产任务上扶持，多种经营实体继续保持良好发展态势。十是把贯标工作和纳入年度工作目标责任制。通过组织内审、培训，及时修改完善体系文件、整个体系运行有效，顺利通过年审，促进全院内部规范管理。十一是深入谋划院未来发展战略。针对全省加快高速公路建设和目前高速公路勘察设计市场形势，积极谋划未来转型发展，并做好前期准备工作，及时调整经营策略和重点，全力保障省内高速公路建设。同时，推进新疆办事处工作，为下一步走出去夯实基础。

加强党的建设、
党风廉政和精神文明建设

严格按照厅党组部署，认真组织开展深入学习实践科学发展观活动，成立领导机构，制订实施方案，按照“党员干部受教育、科学发展上水平、人民群众得实惠”总体要求，通过学习，进行深入调研和认真分析检查，圆满

完成第一、第二阶段的工作，顺利转入第三阶段。坚持"教育、制度、监督"并重，严格落实《党风廉政建设目标责任制》，不断加强党风廉政建设。深入开展治理商业贿赂工作，全年没有发生党员干部违法违纪问题。

扎实推进精神文明建设，组织开展"讲文明、树新风、促和谐"和文明示范窗口创建活动，院综治委被省交通厅评为"平安创建先进单位"和"综合治理先进单位"。加强企业文化建设，组织开展企业文化格言警句征集活动，努力营造创新的文化环境。认真落实职工代表大会制度，保证职工合法民主权益。发扬"一方有难，八方支援"精神，在2008年向南方冰冻灾区、汶川地震灾区和其他社会捐助活动中，全院干部职工积极响应，特别是"5·12"汶川地震捐助中，全院党员交纳特殊党费8万余元，有的同志还一次性把当月工资全部捐出，彰显高尚情操。全年共计捐赠衣被600余件，捐款38万余元，受到上级有关部门表扬。

以人为本
多为职工办实事、办好事

按照党中央深入学习实践科学发展观活动和"三个代表"重要思想要求，坚持执行每月"院领导接待日制度"，及时解决职工群众生产、生活中存在的问题。一是积极争取理顺体制，解决影响职工切身利益的根本问题。二是尽力提高职工待遇，大幅提升在职职工收入。在确保离退休职工两个待遇不变基础上，为退休职工增加大病医疗统筹保险，参照相关政策，补发生活补贴，增发抚恤金及退休职工独生子女奖励金。同时，完善实体到龄退休人员安置，解决后顾之忧。三是积极努力为职工办实事。为职工完善工伤、生育保险，并为全院职工进行健康体检。投入21万元补贴食堂，改善职工伙食，扎实落实职工团购房事宜，改善院办公区、职工居住环境。四是积极推进院关工委工作，营造良好育人环境，坚持连续多年奖励考入大学和重点中学的职工子弟。

（责编　师国梁）

山西省交通科学研究院

□赵队家

2008年，省交通科研院坚持以科学发展观为指导，全力以赴积极参与省内外重点公路工程建设和养护工作，为全省交通事业科学和可持续发展作出重大贡献，已经成为全省乃至全国交通系统重要的科技开发、勘察设计、成果推广和产业化基地。全年研发和产业完成的总产值达到4.6亿元，是2007年度1.1倍；科研、勘察设计、试验检测和高技术含量产业产值超过60%，达到预期发展目标；利润较2007年又有明显增加；人均收入明显提高，超过6万元，是2007年1.6倍；新增固定资产1474万元，较2007增加75.7%，科技产业结构得到进一步优化；继续保持省直"文明单位标兵"和省交通厅"先进基层党组织"等称号。连续第9次荣获省交通厅完成工作目标责任制"优秀单位"称号。

改革创新取得辉煌成就

1. 科研成果获奖项目数最多的一年。"高性能沥青混凝土路面结构性能研究"、"PC矮塔斜拉桥设计、施工与监控关键技术研究"、"40t/h改性沥青成套设备研发"及"黄河特殊地质长大直径钻孔灌注桩施工技术及承载性能研究"4个项目获得省科技进步二等奖；"沥青混合料添加剂PR. PLAST. S性能研究"与"合成纤维高性能水泥混凝土的应用研究"两个项目获得省科技进步三等奖。

2. 新上高速公路可研和勘察设计项目中标和完成最多的一年。新承揽工可（包括高速公路出入口）4项，完成3项；勘察设计项目新承揽6项，已完成4项；产值超过1.2亿元。首次独立中标承担两项（其中1项为河北省）高速公路交通工程设计任务，首次在省外高速公路勘察设计中中标，并圆满完成任务。

3. 高速公路维修养护的前期工作取得重大进展。凭借多年技术优势积淀，成功地承揽并完成了两项高速公路改造工程的可研和两项高速公路改造设计任务。

4. 不动产投资方面实现零突破。购买榆次工业园区土地约40亩，厂房约1.3万平方米。结束省交科院无产业化基地历史，建立进一步发展的中试产业化平台。

5. 产品研发、生产工作迈上新台阶，有的进入国外市场。改性乳化沥青成套设备出口到北非高速公路建设工地；两项道路化工涂料系列产品和结构胶已经开始投入生产。

6. 高速公路环评和监测工作取得历史上最好成绩。取得环保部颁发的"建设项目环境影响评价资质证书（乙级报告表）"，独立承担并完成高速公路环评任务的能力大大加强。

7. 信息系统工程年施工产值首次达到亿元。这是省交科院多年坚持不懈开拓创新，增加新的经济增长点结出的又一丰硕成果。

8. 施工监理当年中标的监理合同达到历史最高水平。突破3000万元，在全国国有交通施工监理企业普遍低迷状况下，施工监理仍实现良好运营。同时取得国家独立隧道、独立大桥两个专项监理资质，这在全省是第一家。

9. 桥梁附件安装技术有了新提高。2008年在广州珠江黄埔大桥上成功安装国内特大型DS2000型伸缩缝，该桥是广东省技术含量最高、规模最大的桥梁。

10. 成功应用并创造国内多项桥梁维修加固领先技术，市场占有率稳步提高。首次在武宿立交枢纽加固工程中采用黏结预应力加固体系，首次在小店高架桥采用体外横向预应力加强空心板桥的横向联系技术，首创板锚结合加固桥台新的施工方法等。

不断夯实持续发展根基

由省交通厅发布了省交科院编制的《桥面防水黏结层施工技术指南》和《公路桥梁板式橡胶支座应用指南》。参加交通部《水泥混凝土路面设计规范》和《沥青路面设计规范》标准的验证与编写工作；参加交通部和省交通厅组织的《忻阜高速公路科技示范工程实施方案》编制和前期工作；参与两项交通部西部交通科技项目的课题研究工作，在标准化建设和成果展示以及技术积累道路上又迈出可喜一步。为了鼓励科技创新，下发《技术创新基金管理办法》，每年提取年产值1.5%费用设立"技术创新基金"，支持科研人员主动申报科研项目。

取得交通部颁发的"特殊独立隧道"、"特殊独立大桥"两个监理专项资质，国家工程勘察综合类甲级资质转正、公路行业（特大桥梁、特大隧道）甲级资质转正，取得国家环保总局"建设项目影响评价乙级资质"、"山西省清洁生产审核咨询服务机构登记证书"等资质，为全院长远发展奠定坚实基础。

购进大量国内外先进实验仪器设备，投资近500万元。积极申报《黄土地区公路建设与养护技术交通行业重点实验室》。

为全体员工发放临时补贴，月人均360元左右；发放精神文明奖以及各大节日的福利补贴。更换和新购各种电脑、打印机和复印机等57台，购买各种车辆11辆。全体员工进行一年一度体检，为全院员工办理养老、医疗、失业保险投入约360余万元。

全院有两名同志被评为成绩优异高级工程师，5名同志被评为高级工程师。1名同志获得第三届中国公路学会青年科技奖。完成10名中层干部任前考察、测评和公示工作。

聘请国内外学者举办各种大型学术交流和技术讲座活动5次，约242人次参加各类专业学习、专业培训及上岗培训，2008年各类学习培训费用已经突破120万元。

2008年共登记新购的固定资产260余份，近394台（套、辆），并做好了批准报废资产核销前期工作，全院各类固定资产增值超过2007年，达到1474万元。

公路工程实现新跨越

紧紧抓住交通建设的重大技术疑难问题进行研究和攻关，完成研究课题8项。即"沥青路面层间结合检测方法及指标研究"、"胶粉改性沥青推广应用"、"外掺纤维沥青混合料的应用技术研究"、"彩色改性乳化沥青微表处应用技术的研究"、"煤改公路沥青及煤沥青室内试验研究"、"沥青抗老化剂路用性能研究"、"沥青路面设计指标参数的验证研究"和"山西路面材料地理信息系统研究"；新上科研项目7项。

组建3个专家技术咨询组。即晋济高速公路专家技术咨询组；临汾干线公路路面改造工程专家技术咨询组；国道203乌兰浩特至零点一级公路建设专家技术咨询组。

2008年共有两个大的检测中心在工作。一是晋济高速公路中心试验室，主要进行路面标准试验；二是汾平高速公路中心试验室，其工作任务主要为路基（含软基处理）、桥涵、通道构造物、防排水工程、路面工程、交通安全设施等工程材料的试验检测及现场工程质量检测。

交通建设工程质量检测中心不仅完成阳

翼、汾平及闻垣高速公路等省重点公路工程的试验检测任务,同时还承担内蒙临河高速公路的试验检测任务。

承揽晋济高速公路和晋祠高架桥桥面防水施工约15.29万平方米。承揽晋济高速公路改性沥青加工项目,用全院自主研发的大型改性沥青设备完成3365吨改性沥青的加工生产。

桥隧工程完成多项突破

结合重大工程关键技术问题展开攻关。完成4项科研项目,即"大跨径预应力混凝土梁桥健康监测技术的研究"、"公路钢筋混凝土及预应力混凝土桥梁加固技术规程"的编制、"大跨度斜连续梁桥顶推技术与施工控制研究"和"公路桥梁板式橡胶支座施工应用指南";正在进行的科研项目有两项,即"山西省桥梁健康动态管理及诊断系统的研究"、"山西省重载交通下的汽车荷载标准的研究"。

完成晋济高速公路七甲坡1号桥等3座大桥监控工作,完成武宿立交枢纽加固工程施工监控工作、闻垣高速公路桥隧施工监控工作及阳泉市宏成河斜拉桥施工监控等6项工作。

完成侯禹高速公路龙门黄河大桥、武宿立交枢纽工程L5主桥维修加固后动静载、晋济高速公路3座特大桥、太原市南内环桥等20余项桥梁的动静载检测工作。

在桥梁加固维护工程施工方面,产值达到3500余万元,共完成24项桥梁维护加固工程。每一项加固维护都针对不同病害,采用国内最先进的施工技术,并将施工技术进行大胆集成创新。

勘察设计起到领头作用

2008年是全院可研和勘察设计工作全面进击市场,并取得历史上最好成绩的一年。通过国内公开招标,相继在大同至呼和浩特高速公路、太原至佳县高速公路、临汾至大宁一级公路、运城至灵宝高速公路解州至陌南段、榆社大型枢纽互通、长治至安阳高速公路、晋阳高速公路改造工程、夏汾高速公路改造工程、山阴至平鲁段高速公路第一合同段等勘察设计中中标。

为了按期、优质、高效地完成勘察设计任务,全体员工在外业勘察期间,冬天冒严寒,战斗在冰天雪地里,夏季顶烈日,废寝忘食地在野外踏勘一整天,晚上回到驻地还要做内业到深夜。在内业期间,几乎没有休息过节假日,每晚加班到深夜十一二点。一年来,完成忻州至保德高速公路勘察设计、灵丘至山阴高速公路勘察设计、闻垣高速公路勘察设计、平遥至榆社高速公路PZ2合同段勘察设计、大呼高速公路勘察设计、太原至佳县西段高速公路和大同电煤通道三、四项目勘察设计任务;开展长治至临汾高速公路勘察设计、榆社枢纽互通两阶段勘察设计、运城至灵宝高速公路解州至陌南段、长治至安阳高速公路、山阴至平鲁段高速公路第一合同段等勘察设计任务。工程前期咨询工作也取得历史上最好成绩,2008年完成运城市解州至陌南公路预工可、大运高速公路大同市出口改造工程工可、国道208线大同市区过境段改线工程工可等7个项目;开展霍州至永和关高速公路工可和大同至浑源高速公路工可等6个项目。设计后续服务工作,主要开展闻垣高速公路、榆次潇河桥和清石黄河大桥等项目的施工后续服务。

2008年首次在河北省张石公路三号地(冀蒙界)至张北段高速公路勘察设计中KC-01-A合同段中标,总里程57.786公里,并圆满完成勘察设计任务。

党建、精神文明建设成果丰硕

一年来,以实现全院安全发展、科学发展、和谐发展为目标,始终坚持党建、精神文明建设工作为全局工作服务,机关为基层服务,把学习实践科学发展观活动与科研生产经营具体实践相结合,使全院党建、精神文明建设和群团工作在实现交通跨越式发展中得到进一步提高。

在组织建设中,注重党支部的充实和党员队伍建设,极大地激发每一名党员工作责任心和积极进取精神,促进各项工作顺利开展。在作风建设中,从建设政治素质好、经营业绩好、团结协作好、作风形象好的“四好”班子入手,开展一系列工作。做到党政分工不分家,形成真抓实干、务求实效的工作作风。一年来,对党风廉政建设工作做到党政齐抓共管,纪委组织协调,分工明确,全院从领导干部到广大职工,没有发现任何违法违纪行为,举报率和案件率均为零,没有群众来信来访,有力地保证各项工作健康发展。

开展深入学习实践科学发展观活动。在厅第四检查指导组的有力指导下,坚持解放思想,转变观念,以求实创新来推动交通科研新一轮大发展为目标,使全院学习实践活动起步扎实,效果明显,在满意度测评中,满意率超过90%。连续获得省直“文明和谐单位标兵”称号,公路所被评为“文明示范窗口”单位,汽检所继续保持省级“青年文明号”称号。全院为冰雪灾区和四川地震灾区捐款32万多元,其中缴纳特殊党费8万余元。

(责编　师国梁)

山西省交通基本建设工程质量监督站

□常二栋

2008年,全省交通工程质量与安全监督系统认真贯彻落实全省交通工作会议部署,不断加大质量与安全监督力度,努力提升建设市场监管水平,较好地完成了全年各项工作任务,为开创全省交通科学发展新局面作出积极贡献。

深入学习实践发展观 明确科学发展新思路

按照厅党组统一部署,在全站党员干部中开展深入学习实践科学发展观活动。在站党支部高度重视和精心组织下,整个活动按照预定方案,结合工作实际,有条不紊地进行。围绕公路工程质量安全监督工作科学发展主题,采取学习调研、征求意见、系统梳理、检查分析、专题民主生活会、制定整改措施、撰写分析报告、进行群众满意度测评等形式,以解放思想为先导,以解决问题为关键,用更宽视野审视自身,从更深层次分析问题,在更高平台上谋划发展,进一步明确了质量安全监督工作科学发展新思路、新举措,基本实现"干部受教育、发展上水平、群众得实惠"的预期目标,群众对省站学习实践活动情况的满意率为74.2%,比较满意率为25.8%,没有不满意的。学习实践活动取得阶段性成果,广大党员干部在加深理解科学发展观上有新提高,部门在服务大交通和解决突出问题上有新成效,单位在创新体制机制上有新突破,班子建设取得新进展。

工程建设质量良好 监督绩效逐步凸显

2008年,省站负责监督的建设项目共8个,其中高速公路5个,干线公路3个,建设里程400多公里。一年来,始终坚持以项目法人为监督重点,以建立健全质量管理体系为监督核心,加大对关系到结构安全和使用寿命的重点部位、关键环节、关键工序的抽查。坚持过程监督与结果鉴定并重,工程实体与内业资料并重,防治质量通病与打击试验数据造假并重,检查通报与跟踪落实情况并重,采取综合检查、专项检查、巡视检查等多种形式,认真履行政府监督职能。先后组织各类质量检查21次,取得中间质量检查数据4723点(组),质量鉴定检测数据282 627点(组)。通过检查,掌握工程质量情况,发现存在问题,并及时进行处理,使工程质量处于受控之中。此外,还配合省厅组织了交通部对全省公路建设安全质量督察的接待、巡检工作,配合省重点办、省厅组织了重点公路建设项目质量安全检查。

为从源头上控制质量,加大在建项目原材料抽检工作,在全省范围内进行水泥、沥青、钢材等主要原材料抽检,共抽检48个品牌和型号的原材料,并将抽检结果和处理意见及时反馈建设管理单位。各市站也较好地利用现有试验检测设备,对建设项目的质量管理行为、施工工艺、工程实体质量进行认真细致检查，突出对重点项目、重要工序、关键指标和薄弱环节进行抽查，并且针对不同建设阶段及各项目质量状况，实行差别化动态监督，合理调配监督资源。各市站还积极开展原材料专项抽查、桥梁工程隐患排查工作，及时进行受监项目交、竣工验收质量鉴定工作。鉴定结论做到客观公正，得到项目主管部门及参建各方肯定。阳泉、吕梁站通过建立工程项目质量监督台账，建立监督日志。忻州站将监督工作前移，积极开展设计质量监督，对全市所有项目均进行设计评审，进一步打牢建设项目工程质量和安全基础。一年来，全省公路建设质量保持较高水平，总体处于受控状态。

交通部从2008起在全国开展为期三年的农村公路质量年活动。根据省厅要求，省站制定了《山西省农村公路建设质量年监督工作活动方案》，对各市站提出具体要求。市级质监站高度重视农村公路质量监督工作，积极开展农村公路质量年活动，加强对农村公路建设质量的定期或不定期监督抽检及技术指导。一些有条件的市县建立或指定了具有相应资格的工程试验室。针对乡道分布广，工程量小，工期短等特点，强调发挥当地群众的积极性，推行社会监督，充分肯定当地村代表在农村公路建设中的监督作用，取得明显的工程效益及社会效果。为保证活动收到实效，省站加强了对市站的业务指导和检查工作，并配合省厅对全省农村公路建设进行两次质量检查，协助省厅召开农村公路建设工作会议和建设质量现场会。

交通安全态势平稳
监督工作逐步推进

一是加强安全监督工作制度建设，规范安全监督工作。制定下发《山西省公路水运工程施工现场安全监督检查指导意见》、《关于进一步加强公路工程施工现场安全生产管理工作的通知》，规范质量安全监督申请书及通知书内容。通过上述措施，明确各级质监机构职责，完善监管手段，规范管理行为，使安全生产监督工作逐步走上规范化轨道。

二是抓好政策法规宣传和人员培训。举办《公路水运工程安全生产监督管理办法》宣传贯彻会，多次组织安全生产法规学习培训和施工安全技术规范培训。对省内一、二级施工企业的“三类”人员，分别按交通部和建设部要求，进行继续教育和考核培训，还对新开项目的建设管理人员进行培训。全省共有1200余人参加以上培训，组织172人进行以安全、环保为主要内容的监理工程师继续教育。

三是将日常安全生产监督检查与交通部安全生产隐患排查、安全生产百日督察、落实省政府安全生产紧急会议精神、开展施工安全专项整治活动相结合。一年来，先后组织20次安全检查。重点对各施工单位的安全生产条件、安全生产责任制和管理制度建立及落实情况，安全保证体系运转情况，三类人员及特种作业人员的持证情况，安全生产现场管理情况，长大隧道、高墩大跨桥梁、高边坡等危险性较大工程的专项施工方案进行重点监督检查。建立施工安全生产台账，对全省高速公路和含有隧道、独立特大桥国省干线公路建设项目的高危工程、高危部位、高危工序进行重点关注，重点检查。通过这些努力，有效地提高了从业单位的安全意识和安全管理水平，实现全年未发生一起交通建设工程重特大安全生产事故的好成绩，省站和晋中市、忻州市质监站被省厅授予安全生产管理工作先进单位称号，省站4名同志和各市站站长被评为安全生产管理先进个人。2008年6月15日至19日，交通部质监总站副站长成平带队对全省晋城至济源、阳城至翼城高速公路及曲沃县农村公路进行质量和安全综合督察，对全省公路工程施工现场安全监督情况给予肯定。

市场监督管理不断规范
诚信体系建设稳步推进

积极培育和扶持市场主体，加强对交通

建设市场监管。在监理市场监管方面，组织5次监理单位资质申报、资质复查工作。截至2008年底，全省共有36家监理单位。其中，公路工程甲级12家，公路机电工程专项资质甲级1家，公路工程乙级2家，公路工程丙级21家。完成2008年全省在建高速公路、国省道干线、重要农村公路建设项目监理单位信用评价工作，充实监理企业、监理人员信用档案数据。组织开展15次施工现场监理工作专项检查。

举办两期监理工程师安全与环保专项培训，培训人员167名。在试验检测市场管理方面，通过加强工地试验室动态管理，组织水泥、沥青等原材料比对试验，对全省等级试验室进行专项检查，不断规范公路建设试验检测市场，打击数据造假、编制假资料、出具不实报告等违规行为，确实发挥试验检测在提高公路建设管理水平、保证工程质量方面的重要作用。

（责编　师国梁）

山西交通职业技术学院

□孟　科

2008年，学院被省交通厅评为完成工作目标责任制先进单位，获得省交通厅党组党风廉政建设先进单位表彰，继续保持省直系统和谐文明单位标兵、省级德育示范学校、省级综合治理先进单位、省级创建平安校园先进单位等称号。

教学质量和教学水平

教学改革。理实一体化、模块教学、工学交替等教学模式继续推向深入。校企合作通过外承项目，为师生实训提供方便条件。完成省直初、中、高级工驾驶员1500人培训、考核任务，完成307国道汾阳段监理工作。

专业建设。新增公路工程检测技术、汽车整形技术两个新专业，高职招生专业达到17个。公路实验室成为全省高职示范性实训基地。

教师队伍建设。加强对青年教师教学能力培养，举办了教学能手比赛。推出5名院级优秀教师，涌现出一批骨干教师。继续开展名师建设工程。截至年底，有双师型名师1名、双师型优秀教师6名，专业教师双师型比例达到82%。有26名教师攻读硕士学位，硕士学位或研究生学历的人数比上年增长45%；对新进教师进行岗前培训，有28名年轻教师取得高校教师资格；教师职称结构进一步优化，教授职数由2个增加到9个。

精品课程建设。《汽车发动机燃油喷射技术》被评为省级精品课程，《网页设计》、《VB程序设计》被列为校级精品课程。

教学管理。教学质量采用发展性评价体系，教学检查实行全体教师参与制，增加公开、公正、透明性，促进相互学习和共同提高；学生评教和教师评教密切结合，在内容、范围、层次、手段上有新突破，提高了评教效果。

科研工作。6项课题通过省交通厅验收，两项课题通过省教育厅验收，4项省教育厅立项课题进展顺利；在省级以上刊物发表论文18篇，3篇论文在全国性专业技术年会上获奖；多名教师参加全国高职类专业教材编写。

技能培养。双证制教学得到落实，技能训练成效明显。学生技能考核1780人次，一次性通过率高达89.1%。在全省计算机应用能力考试、全国英语等级考试、全省数学建模大赛、教育部职教司委托举办的“金蝶杯”全国高校企业经营实战模拟精英赛、山西省首届一汽丰田(合力会杯)服务技能大赛等活动中都取得优异成绩。尤其是“金蝶杯”大赛，经过省内、华北和全国三轮决赛，获得全国高校总决赛一等奖。

学生教育和招生就业

思想品德建设。充分发挥党团组织、班主任、辅导员队伍和“两课”教师在德育工作中的主力军作用，进一步加强社会、学校、家庭三结合的德育网络建设，涌现出一大批三好标兵、优秀学生干部，以及优秀学生会、先

进班级等。多个集体、多名师生受到上级部门表彰。68名学生光荣加入党组织，73名学生加入团组织。全年德育班级考核及格率为100%。

班主任、辅导员队伍建设和管理。重申班主任任职与职称评聘、研究生培养、干部选拔结合的激励政策；完善班主任值班、跟班和量化考核制度，提高班主任津贴；健全公寓管理、服务队伍；持续开展校风校纪整顿工作，取得明显效果。

家庭经济困难学生帮扶资助。有5名学生获得每人8000元国家奖学金，93名学生获得每人5000元国家励志奖学金，685名学生获得每人1000元、总额119万元国家助学金。509名中专生获得每人每月150元国家助学金。有16名家庭贫困学生通过绿色通道顺利入学，21名学生申请助学贷款并获得每人715元“以奖代补”专项资金。全年拿出70余万元用于贫困学生的补助和学费减免，有3073名学生享受伙食补贴，685名学生享受临时补助，39名来自汶川地震灾区学生享受共计16 200元生活补贴。对家庭贫困的16名学生办理缓交费用手续，为家庭特别困难的93名学生安排固定勤工助学岗位。

校园文化和社团活动。结合改革开放30年、迎奥运、50周年校庆等主题，开展暑假三下乡社会实践、校庆征文比赛、师生书画展等活动；开展各种文体活动和社团活动，在第二届全国大学生艺术节展演中，学院获教育部颁发的全国优秀组织奖，11名师生获全国、省级作品、节目和论文奖；在全省大学生体育武术比赛中，选送的武术项目获得多个名次奖和优秀组织奖。

招生就业。全年招生1642人，60%以上新生达到三本分数线，生源质量明显高于全省同等院校水平；对口升学率大幅提升。重视学生就业，加强就业形势教育和就业能力教育，院系两级发挥联动工作机制，为学生就业提供服务。2008届1204名毕业生当年就业率超过90%。提前为2009届1034名高职毕业生组织招聘会，联系就业单位，已提供就业岗位1270个。筑机、路桥、监理、物流（施工物资采购与供应方向）等专业毕业生出现紧张或供不应求现象。

行政管理和后勤服务

人事工作。完成职称评聘、在编职工正常晋级、职工养老保险数据采集和在编人员临时补贴兑现工作，保证编内外人员工资按时发放；加强离退休人员服务工作，落实离退休职工政策待遇；认真贯彻《劳动合同法》，对于符合条件的临时工，依法办理劳动用工手续。

财务工作。2008年度财政预算收入为4612万元，预算执行略有节余。严格执行“收支两条线”政策，严格履行依法理财承诺，配合省审计厅完成对离任院长任期内的经济责任审计。完成当年报废的337万元固定资产上缴财政任务，在省物价、审计等专项检查中均获好评。

平安校园、和谐校园创建工作。落实消防安全责任制，强化学院应急保障机制建设。在省级平安校园验收检查中，被授予山西省创建平安校园先进单位称号。

后勤服务保障。努力建设清洁型、节约型校园，全院水、电、煤、气和办公经费在上年基础上同口径降低近10%。全年水、暖、电设备完好率达到95%以上，美化绿化亮化工作扎实有效，校园环境卫生面貌明显改善。车辆保障安全正点，降低了运行成本。

餐饮工作。加大对食堂卫生、饭菜价格、花色品种的监管力度，克服涨价压力，稳定饭菜价格，保证服务质量。生活餐饮服务部获省交通厅、省教育厅、省卫生厅多项表彰。学院保持“园林化标兵单位”称号。传染病防治、日常就诊治疗、药品采购管理等工作不断规范。

征地扩建工作。完成库房新建和加层，新增扩建面积909平方米。

党建、文明和谐创建工作

领导班子建设。学院两级领导班子学习贯彻十七大精神，结合实际，狠抓思想、组织和作风建设，抓统一思想、提高认识，抓班子治校能力、发展能力，抓思想作风、工作作风，集中精力抓大事，全心全意谋实事，有力保障学院各项工作任务的落实。

保持共产党员先进性长效机制建设。大力开展党员先进性教育，在抗震救灾、迎奥运、保平安以及50周年校庆等活动中，广大党员和干部以实际行动体现共产党员的模范性和先进性。

党员队伍建设。全年发展学生党员68人，教工党员9人。积极开展创先争优活动，受省交通厅表彰的先进基层党组织1个，优秀共产党员8人，优秀党务工作者2人。

精神文明建设。以普遍提高师生员工思想文化道德素质为目标，开展诚信做人主题教育、社会主义荣辱观教育等多项文明创建活动。组织“众志成城抗震救灾”捐款活动，师生累计捐款24.8525万元，党员缴纳特殊党费7.5万元；3000多名师生为“5·12”汶川地震中遇难同胞举行赈灾烛光祈愿活动，许多师生还以各种形式参加社会救灾献血、捐款等活动。

党风廉政建设。一是落实党风廉政建设工作目标责任制；二是继续深入开展行风评议和治理商业贿赂专项工作，对总价值259万元的七项招标项目进行全程监督和公示；三是全面加强领导干部作风建设；四是开展廉政文化进校园活动，营造廉政文化氛围；五是坚持院务公开，在干部任用、招生录取、工程招投标等环节和人员招聘、学生收费过程中，坚持公开、公正、“阳光作业”。

校庆工作。集中大量人力物力，开展各项准备工作，成功举办建校50周年庆典活动。

（责编　师国梁）

山西交通技师学院

□ 张文才　孟仁贵

2008年,学院抓紧实施"十一五"教育发展规划,以推动内涵发展、创新发展、和谐发展为目标,大胆改革,规范管理,务实创新,狠抓教改,学生实训课时数占到总学时数57.8%;毕业生就业率达97.9%;就业实习一次性安置率达95.1%;招收新生1042人,在校生规模达3200人;短期培训完成5848人:教职工年平均收入稳中有升;学院连续第五年被评为"省厅完成工作目标责任优秀单位"、第六年被评为"省直文明和谐单位标兵";更为可喜的是被交通部授予"全国交通行业文明单位"称号。

加强基础建设
增强发展能力

一是公路系13个班进驻北校区,有效缓解校本部资源紧张状况。二是实施汽修厂搬迁改造工程,增设钣金、喷漆等教学实训项目,实现修理厂升级转型。三是2800平方米实训楼被列入国家拉动内需项目,获得中央专项资金补助300万元、省煤炭可持续发展基金补助100万元。该项目计划2009年9月投入使用。四是投资近500万元,购置公路、汽车、机电、多媒体等教学设备,极大改善教学实训条件。五是投入200余万元对校园和设施进行维修改造,投入30万元进行绿化美化,校容校貌焕然一新。

实施院系改革
提升管理水平

一是稳步推进院系改革,成立5个专业教学系。对ISO9001质量管理体系文件进行修订换版,并顺利通过认证复评。二是完成两年一次的第三轮全员岗位聘用工作,按照劳动合同法相关规定与外聘职工签订协议。三是采取激励措施动员全体教师争当班主任,好中选优,班主任队伍趋于稳定;在发挥各系学生工作室和学生自主管理基础上,深化全封闭半军事化管理,建立学管部门领导值班检查和生活老师、学生军事教员巡查制度,有效加大学生行为规范检查督导力度,保证校园安全稳定。四是严格遵照国家助学金发放政策,加强领导,责任到人,确保按时足额发放。五是为33个理论教室安装多媒体教学设备,信息化带动教育现代化成效初显。六是对门户网站进行改版,出台网站信息发布管理办法,网站内容日新月异。七是开发新闻发布系统和招生就业管理系统,进一步完善校园网办公系统,无纸化办公得到有效推进。

加强师资培养
建"双师型"队伍

一是接收8名大学毕业生,其中两名硕士研究生,增强育人力量,改善师资结构。二是重视对年轻教师培养,出台《中青年教师赴企业一线实践锻炼管理办法》；利用暑假期间，安排教龄在20年以下的27名青年教师分专业赴企业一线实践锻炼并严格考核实习效果。三是重视“双师型”教师队伍建设，组织60名中高级职称的汽车、公路、机电专业教师参加技师和高级技师职业资格评审鉴定。四是鼓励教师利用教研活动和业余时间深入实训室锻炼技能，各系开展师生技能比武，并选拔组队参加全国性比赛。在第三届全国交通类技工院校公路专业技能竞赛决赛中，教师组和学生组均获试验工团体二等奖、测量工团体三等奖。在第三届全国交通类技工院校汽车专业学生技能竞赛决赛中，学生喜获团体三等奖。

启动课程开发
深化教学改革

一是在专家指导下，启动全院课程改革工作，各专业教学指导委员会主任亲自抓，全体专兼职教师包括外聘教师，人人头上有任务，积极构建任务引导课程体系，形成15个专业教学标准、29门课程标准和196份教学方案。第一批评审通过的成果已在2008级新生中运用。二是规范教学日常管理。出台《教学常规》、《教案新格式》等文件，指导教学实践。尤其是针对学风不浓现象，教务、学生部门联手，加强教育，严考风、正考纪，有效扭转学风考风。三是成立教学督导组，开展卓有成效工作。四是对拟建的53个实训室进行规划，部分实训室完成建设，其中机动车检测维修人员实践考点顺利通过交通部验收，成为省内唯一一家考点。五是组织完成905人职业技能鉴定工作，600余人次函授面授工作。六是以科研带教研，努力在“实效”上下工夫，在“研究”上求发展，重点研讨课改难题，学习新知识、新技术，提高教师专业化素质。新立校级课题3个，厅级课题2个。《中等职业学校学生品德教育体系及应用研究》经省科技厅成果鉴定，获得国内软课题研究最高评价“国内领先水平”；由省厅立项，学院承担的《山西省交通行业技能型人才需求分析研究》，被评审鉴定为“国内先进水平”。厅级课题《交通行业公路路基路面工、测量工及汽车维修检验师国家职业标准编制研究》通过省交通厅专家组验收，其成果三个职业标准被收录在《交通行业特有职业(工种)国家职业标准汇编》中，在全国交通系统试行。

坚持开门办学
促进招生就业

一是在巩固现有合作基础上，积极寻求新的就业合作伙伴，年内与北京路政局技校、运城市职业技能学校签订合作办学协议；与省内香山汽贸集团有限公司等5家企业签订校企合作办学协议。二是对在校生开设《就业指导》课程，帮助学生树立正确择业观、就业观；收集优秀毕业生资料作为案例教育，为在校生树立起实实在在的榜样和标杆；一如既往地履行了合格毕业生就业跟踪服务三年的承诺。三是把就业安置工作放在突出位置，巩固旧的就业实习单位35个，开辟新的就业单位13个，组织招聘会25场。就业实习一次性安置率达95.1%，毕业生就业率达97.9%。四是招收新生1042人，其中技工841人，中专201人，在学生规模稳定在3200人以上。

稳定培训市场
提高服务能力

一是被晋中市劳动和社会保障局认定为“晋中市公共职业技能培训定点机构”，较好地发挥社会培训职能。完成与省市两级工考办合作的工人技术等级培训考核项目，共计1748人。完成全省汽车驾驶教练员培训两期1260人，完成两期全省交通局长培训207人。二是初步建立培训激励机制，使培训工作逐步下移至各专业教学系，调动各系利用资源和师资优势承揽各类短期培训业务积极性。三是驾校实施目标责任风险经营模式，全年共培训驾驶员10期1040人,从业资格证11期1593人,继续保持全省交通系统“文明和谐示范窗口”荣誉,实现经济效益和社会效益双丰收。

健全服务体系 提高应急能力

一是认真实施《节约型学院建设方案》,改进控水系统,更换节能灯泡,加强对节约工作宣传,加大对浪费现象检查和处罚力度。与2007年相比,节水10.42%,节电13.5%,油耗下降7.3%。二是努力优化就餐环境,不断增强服务意识,提高餐饮质量,认真经营第二食堂,有效监管第一食堂,并想方设法把职工食堂办好,为全校三千余名师生和五千余名社会培训人员提供满意膳食服务。三是高度重视安全工作。将安全工作纳入学院重点工作考虑范畴,出台《安全责任分解及考核办法》,深入开展平安校园创建活动,投资53万元,建成校园安防视频监控系统,加强检查巡逻,确保师生食品卫生和生命财产安全。四是出台《突发事件应急处置办法》,健全组织机构,明确责任,落实到人,提升防范能力。五是发布戒烟令,校园公共场所吸烟和学生吸烟现象明显改观。

扩大文明成果 提升社会形象

一是扎实开展深入学习实践科学发展观活动,编发学习实践活动专题简报31期。二是积极开展文明创建活动。组织开展“首届校园体育节”、“文化技能节”,做到月月有活动。在职工中开展广播体操推广月等健康向上的文体活动,增强团队凝聚力。在四川汶川大地震期间,组织捐款63 920元、捐物368件,广大党员领导干部自觉缴纳特殊党费,以实际行动支援灾区建设。三是加强校园文化建设。突出职业教育特色,建成学院特有的校园文化,办公室、教室、实训室、寝室文化,并对班级文化建设进行评比奖励。四是充分发挥教职工思想政治工作指导委员会和学生思想道德建设指导委员会的作用,加强职业道德、学生思想道德教育研究和指导,有效提高育人质量。五是注重形象宣传工作。制作宣传展板60余块,编发简报76期,在《山西交通》发表文章12篇;积极向《交通政务信息》投稿,被省厅评为“交通政务信息工作先进集体”;《山西交通网》厅直单位子站中发布信息名列前茅,有效提升学院在全省交通系统和全国交通职业教育领域形象。

坚持兴办实事 促进校园和谐

一是投资40万元对老年活动中心进行扩建,新增活动面积225平方米,增设10余种室内设施与活动项目,形成功能相对齐全的老年活动场所。二是重视教职工课余生活,改建近800平方米职工文体活动中心,为教职工提供良好的文体活动场所。三是对家属区实施取暖管网改造工程,保证职工温暖过冬。四是关闭职工食堂面向学生的做法,全心全意为全体教职工提供饮食服务,并发放伙食补贴。五是坚持为全校教职工生日赠送蛋糕。六是坚持每年一次的职工体检和每年两次的女职工体检工作。

(责编　师国梁)

山西省交通干部学校

□ 肖毓恺　曹有生　赵卫中

一年来，在省交通厅党组正确领导下，学校始终坚持以“三个代表”重要思想为指导，深入贯彻落实党的十七大和十七届三中全会精神，以科学发展观为统领，认真贯彻党的教育方针，坚持“立足交通、服务交通、拓展社会”办学宗旨，全校教职工团结一致，辛勤工作，圆满完成以干部培训、成人学历教育为中心的各项工作任务，取得良好社会效益和经济效益。

强化基地建设
扩大办学规模

一年来，学校充分发挥交通系统培训基地作用。一是紧密围绕交通发展实际，在继续抓好交通行政执法人员岗位培训同时，多方联系，积极开展各种适应性和资质性培训。在教学工作中，严格组织实施，突出培训重点，注重培训质量，严格执行“抓规划、抓重点、抓调研、抓制度”工作思路，为交通系统干部队伍整体素质提高起到了积极促进作用。全年举办各类培训班 43 期，培训各类干部 4500 多人次。二是成人高等学历教育稳步扎实推进。继续加大招生宣传力度，新招远程和函授教育大专及以上学生 378 人；严格教学管理，培养合格大专及以上毕业生 425 人。三是加强基础设施建设，改善教书育人环境。学校在抓好教学中心工作同时，积极想办法，不断投入经费改善校园环境。其中，投入 110 万元，更新消防安全设施，完成校园监控“天眼”工程，增强技防、物防能力。投入 50 多万元，安装办公楼自动门，更换自来水管道，粉刷办公楼墙壁、围墙，使校园环境进一步得到美化。

深化学校改革
提高教学质量

一年来，认真贯彻落实省交通厅《关于加强作风建设狠抓工作落实的意见》，开展“讲、树、促、创”竞赛活动，严格执行《考勤管理办法》和《请销假制度》，并继续加大实施目标管理，将省交通厅下达的工作目标层层分解到科室，将指标完成情况作为科室评比的主要内容进行考核。继续深化后勤管理体制改革，学生公寓楼实行风险抵押、目标管理，运转良好，促进培训工作进一步发展，有力保障各项工作正常有序、健康、稳定地进行。学校高度重视教师业务水平提高。在坚持教研组内相互交流经验基础上，坚持选派部分教师参加有针对性的知识更新培训和生产实践锻炼。聘请专家组织进行四次科技讲座和形势报告。积极创造条件开展校园科技活动，教师在各类期刊上发表论文 20 篇。

高度重视党建工作
抓好精神文明建设

一是坚持把党建、精神文明建设作为学校全局工作重要组成部分，把保持党的先进性与学校改革发展具体实践相结合，把党建工作和学校中心工作任务一起纳入工作目标责任制，围绕中心抓党建，抓好党建促发展。制定党建工作计划，做到任务、目标、责任三明确，把落实党的工作责任制情况作为领导干部年终述职及民主生活会中的重要内容。二是落实精神文明建设“十一五”规划和年度工作计划，将精神文明建设列入科室主要目标进行考核。坚持周一政治理论学习制度，认真学习党的十七大精神和十七届三中全会精神以及党的路线、方针、政策，提高职工政治理论素质，深入开展以学习贯彻“公民道德建设实施纲要”为主要内容的思想道德教育，以社会公德、职业道德、家庭美德为着力点，以创建文明和谐学校为主题开展专题讨论。在“七一”期间，组织全体教职工进行革命传统教育活动，开展“一先两优”表彰活动，发展新党员，强化党性教育。组织开展“献爱心”活动，其中为南方雨雪冰冻灾害捐款4000元，为汶川地震灾区捐款5690元，缴纳特殊党费28 500元。根据学校中心工作，积极开展健康有益活动，有力促进学校精神文明建设，顺利通过省直机关工委的文明和谐标兵单位验收。三是认真贯彻落实厅党组《关于在全省交通系统构建教育、制度、监督并重的惩治和预防腐败体系的实施意见》，将党风廉政建设和反腐败工作作为学校保证健康、稳定、持续发展的重要工作来抓，认真开展廉政警示教育，坚持推行校务公开，接受职工群众监督；坚持学校中心组学习制度和民主生活会制度，提高班子成员政治理论素质，及时解决工作、生活中的问题，使班子团结、和谐，开拓进取。注重发挥中层干部作用，帮助他们解决工作中存在的困难和问题，使其成为学校工作骨干力量。

加强综合治理
创建“平安校园”

按照省厅“平安校园”创建工作的要求，卓有成效地开展以“平安校园”为载体的创建活动。一是综治知识进课堂。为了充分发挥学校作为全省交通系统干部培训重要基地作用，针对学员来源广、流动快、素质高的特点，把综治基础理论知识列入培训交通系统干部职工必修课，达到广泛宣传综治知识目的，收到良好效果，接受省综治委领导和成员单位100多名代表来校观摩学习。二是建立综治文化长廊。把综治基础理论知识制作成宣传展板，悬挂于每层教学楼的楼梯口。三是不断加强综合治理全员目标管理，突出安全生产管理，健全安全生产责任制和校园节假日值班制。学校一年来未发生任何刑事治安事件，被省交通厅评为“平安校园”创建工作先进单位，被太原市小店区评为综合治理标兵单位。

扎实开展学习
实践科学发展观活动

按照厅党组的统一安排部署，学校把学习实践活动当作首要政治任务来抓，精心组织，周密部署，紧紧围绕“党员干部受教育、科学发展上水平、人民群众得实惠”总体要求，开展题为“坚持科学快速协调发展，提升职工教育培训能力”为主题的学习实践活动，并完成题为“适应新形势，提升办学能力，实现学校科学快速协调发展”的调研分析报告。召开领导班子专题民主生活会，把解放思想、科学发展贯穿始终，把解决问题、创新机制贯穿始终，做到深化学习，广泛调研，找准问题，推动学校科学发展。

（责编　师国梁）

山西省交通建设开发投资总公司

□ 魏庆飞　李　平

2008年,在省交通厅的正确领导和大力支持下,总公司以深入开展学习实践科学发展观活动为契机和动力,以服务山西交通建设、加快企业转型发展为根本和目的,按照确定的年度工作思路和经营方针,紧紧围绕“三大目标”抓落实,实施“五大突破”促发展,创新管理机制,顺应市场形势,努力提高效益,不断提升形象,推动企业又好又快发展。

一年来的工作,集中体现为“三大目标”获成效,“五大突破”有进展。

圆满完成经营目标。全年营业收入达到22.65亿元,较计划增长6.83%,较上年增长13.02%。其中,高速公路通行费收入19.32亿元,较计划增长14.32%,较上年增长17.45%;普通公路通行费收入1.41亿元,较计划增长30%,较上年增长3.2%;多种经营业务完成产值3.8亿元,实现收入1.92亿元。

全面落实管理目标。总公司及各实体单位顺利通过质量、环境、职业健康安全三标一体化管理体系认证,基础管理进一步夯实;企业文化建设方兴未艾,核心价值理念初步凝练,企业形象大幅提升;公路管养安全畅通,应急救援能力有了质的提高,实施推广不停车治超检测,治理超限超载成效明显;高速公路实行合作管理,运营有序,效益良好;太长高速公路环评、档案验收、决算审计均已完成,即将组织竣工验收;高陵高速按照省厅要求,已于2007年底举行开工仪式;以整合财务管理为龙头的内部机制改革正在抓紧进行,新型酬薪体系逐步健全,职工教育培训体系不断完善;综合治理扎实有效,行风评议措施有力,治理“三乱”成果得到巩固,全年实现安全生产经营。

扎实推进发展目标。以深入开展学习实践科学发展观活动为契机,进一步明确企业发展定位和发展战略,创新投融资机制、方式取得实质性突破;多种经营业务在转型发展中明确方向;凤凰山植物园、龙湖生态园规划开发思路更加清晰;全面启动信息化建设,推动企业向现代化、科技化迈进;以创建“太晋文明长廊”为主要内容的精神文明建设不断深入,企业在快速发展、协调发展、和谐发展中迈出了新步。

公路经营管理取得突破性进展
树立经营性公路良好形象

作为企业的支柱性产业,公路经营单位坚持以行业化、人本化管理为基础,以企业化、规范化运营为导向,按照“三个服务”的要求,着力提高安全保畅、便民惠民、公共服务和创新发展能力。特别是高速公路公司,与平安信托公司合作经营后,引进理念,整合资源,兼容并蓄,相互适应,严格按照现代企业管理制度和法人治理结构,根据职责明确、运转协调、有效制衡原则,确立以公司股东会、董事会、监事会及总经理为构架的运作模式,建立决策与经营相分离的运行机制和管理体系,保持平稳、健康、协调发展态势,取得良好社会效益和经济效益。

一是以“迎奥运,保畅通”为契机,加强应急体系建设,提升安全保畅能力。建立健全突发公共事件、保畅通、安全管理、防汛抢险、防灾防震、信息监控等应急预案,积极构建交警、医疗、消防、清障救援等协调联动机制和应急体系,提高突发事件应急处置能力;加强道路养护,以预防性养护为重点,全面落实“畅、安、舒、美、绿”的管理理念,完善道路标志标牌,集中整治道路病害,极大地改善行车条件,减少安全隐患,切实将“迎奥运、保畅通”及“赛在北京、游在山西”要求落到实处。各公路经营单位坚持一切为奥运服务、一心为灾区着想,开通开足绿色通道,免收公路通行费4095万元。

二是全力推进“无缝隙、拉网式”治超专项行动,严格按照省政府令,加大治理超限超载力度。继续推进公司领导包点责任制、责任倒查追究制、路警联合执法制和有偿奖励举报制,坚持超限检测点固定检查、路上流动检查、服务区重点监控相结合和明察与暗访、定期与不定期相结合,保持打击超限超载违法行为的高压态势;大力推广不停车治超检测,努力提高检测放行速度,使治超工作逐步走上站(点)标准化、营运制度化、管理规范化、装备精良化的发展轨道。

三是加强以“三基工作、五大工程”建设为重点,强化内部管理,提高创新发展能力。不断完善质量、环境、职业健康安全管理三标一体化体系,坚持精细化管理和持续改进原则,狠抓制度建设,强化监督考核,细化“星级信誉考核制度”及“星级考核办法”,建立“岗薪挂钩、岗变薪变、突出业绩、绩效考评、按岗取酬、充分激励”的分配机制,效能建设得到有效提高;大力加强基础设施建设,美化站容站貌,改善服务功能,延伸服务内容,落实“三个服务”的能力进一步提高。认真贯彻落实《劳动合同法》,深化用工制度改革,规范用工行为,维护企业和职工合法权益,确保全员签订劳动合同和参加社会保险,和谐程度明显提高,各公路经营单位在自身建设和创新发展中取得质的跨越。太长公司QC小组活动全面展开,科技创新成果明显;长晋公司创建特色收费站初见成效,基本实现站站有亮点的建设目标;晋焦公司在构建和谐劳动关系中受到省劳动和社会保障厅、省总工会的表彰,为全省交通系统唯一获此殊荣的单位。

四是引深“航空式服务、酒店化管理”服务标准,创建太晋文明长廊,增强公共服务能力。引深“学千里大运文明高速路,创建太晋文明长廊”活动,全力打造以“争创山西高速微笑之路”为内容的服务品牌。深化开展“五比五看”社会主义劳动竞赛和“十佳收费员、路政员、养护工、服务员”选树活动,组织进行军事会操、技能比武、收费业务知识、文明礼仪竞赛等一系列活动,有效推行“酒店化管理”、“航空式服务”,也就是人盯人、环扣环管理和高品位、针对性服务,以新理念、新形象展示三晋文明和交通先行服务,不断提升经济效益和社会效益,树立经营性公路新形象。

投融资工作取得突破性进展
搭建引资融资的重要平台

加大投融资力度,创新投融资机制、方式,是企业落实科学发展观,服务全省交通建设,进一步做大做强的现实需要和必然选择。2008年,公司在投融资方面重点取得三大突破:一是全面完成太焦高速公路股权转让工作。按照股权转让协议相关规定,2008年3月全部完成二期股权转让价款的四个先决条件,实现融资22.75亿元,至此,太焦公司进入实质性合作阶段。同时,也表明企业在拓宽引资融资渠道方面进行了成功实践;二是按照《经营性公路招标投标管理办法》规定,经过认真、充分准备和积极参与竞争,中标投资建设高陵高速公路项目,标志着企业通过资本运营和企业化运作，凭借自身实力，在公路建设市场闯出新路。高陵高速公路按照省交通厅要求，于2007年底举行开工仪式，控制性工程业已展开；三是融资观念、方式、手段上有了根本性转变，兼顾眼前和长远。在省交通厅支持下，公司开阔视野，拓宽渠道，大胆探索融资方法，积极引进融资产品，利用现有资产，因地制宜，系统梳理，按市场化运作采取"五管齐下"方式融资，以确保建设需要，实现投融资再突破、再创新。

一是发行企业债券。根据国家发改委《关于推进企业债券市场发展、简化发行核准程序有关事项的通知》，以高陵高速公路建设项目为依托，启动企业债券发行工作。至2008年底，企业债券发行工作涉及的发债券商已经确定，三年业绩审计即将结束，工程初设业经批复，土地预审已经确定，三年业绩审计即将结束，工程初设业经批复，土地预审已报经省国土厅批准，信用等级评估正在进行，担保单位正在选定，同时派人与国家发改委财经司、交运司取得联系，对接沟通有关发债工作，所有前期工作均已或行将完成，年后即可履行上报材料。

二是中期票据发行。中期票据是由非金融企业在银行间市场发行的一种债务融资工具，具有审批程序单一、募集资金用途广泛、票面利率较低、发行方式灵活等特点和优势，其发行资料与企业债券要求基本相同。在全力以赴做好企业债券发行工作的同时，公司与中信等银行积极沟通探讨，同步进行中期票据的拟发行工作，发行额度大体在10亿元左右。

三是规划整体融资方案。为进一步明晰投融资工作的目标、方式、渠道及整体规划，公司与澳盛集团有限公司积极合作，全力推进企业股份制改造工作，以此为平台和契机，吸收优质资产，吸纳国际化财团，募集规模资金，增强融资能力，拓宽融资渠道；从长远着想，利用股市低迷期，做好前期和基础工作，最终为企业上市开创路子。

四是盘活存量资产。目前公司拥有太焦高速公路公司股权59%，初始投资成本23亿，评估价值约为30多亿元。以此为基础，公司一直在考虑充分盘活存量资产，与有关方面研究探讨建立新的融资平台，拓宽合作方式，包括进一步利用太焦高速公路公司股权，以扩大融资规模。

五是挖掘内部潜力。目前，公司资产状况已达一定规模，收益稳定，效益良好，在做好企业债券、中期票据发行工作的情况下，充分挖掘内部潜力，认真测算公司特别是通行费预期收益，积极与金融信托部门联系，开辟信托融资，为资本金缺口进行搭桥，招募规模资金，实现融资规模的最大化、最优化。同时，在省交通厅的支持安排下，总公司与省资本办积极沟通，探讨利用社会资金，特别是民间资本、保险资金及现有各类股权债权投资基金等，设立全省交通能源基金，成立基金投资管理公司，用于全省公路建设。

发展多种经营取得突破性进展 拓宽企业可持续发展路子

多种经营业务是企业实现产业互补、可持续发展的基础和保证，是构建"一体两翼"发展战略的关键。面对当前国际金融危机带来的严重影响，以及自身发展存在的规模不大、动力不足、防范风险能力不强的实际，公司领导果断决策，下决心走资本型、资源型、资产型、科技型产业经营道路。各实体单位以此为发展方向，加大改革力度，加快转型步伐。虽受到金融危机一定影响，但各项多种经营产业仍取得了较好成绩。

诺信工程公司面对市场变化，及时调整经营策略，有效实施企业转型。2008年收购通建房地产公司股权，又投资公路桥梁检测设备，同时，有选择地参与公路建设市场竞争，完成长晋二级路大修改造年度计划任务，实现产值5000余万元，在转型发展中实现新的起步。

诺盛国际贸易公司充分利用全省能源优

势，不断拓宽业务范围，逐步进入煤焦市场。2008年共发运焦炭5万多吨，完成贸易额3亿多元，实现利润369万元。同时，作为总公司与国际接轨的平台，对于进一步了解国际市场，把握各种信息，广交合作伙伴，发挥积极作用。

通建房地产开发公司按照现代企业制度进行彻底改造，进一步理顺开发、经营、管理体制，健全、完善企业内部管理制度，不断加强市场调研，积极争取建设项目，加大已建项目资金回笼力度，并完成王村南街项目拆迁工作，正在积极报批立项审批手续。同时，面对当前房地产市场低迷，一些企业不景气，甚至破产境况，组织力量进行社会调查、收购土地或兼并企业工作。

诺通公路养护公司不断提高公路养护质量和效率，确保所养护路面安全畅通、快速通行，被省交通厅授予2008年全省道路水路春节运输先进单位。同时，充分利用现有机械化养护设施设备，积极参与周边公路养护市场和大修改造工程项目竞争，实现产值5000万元，营业收入和利润创历史最高，公司在发展中不断壮大，养护市场占有率和养护质量显著提高。

交通大酒店大力加强内部管理和特色化经营，注重市场需求和营销策略，不断更新改造设施设备，吸引巩固新老客户，开足马力运转，超负荷经营，开源节流，降本增效，全年共接待宾客17万余人次，客房起租率达101%，餐饮上座率达108%，实现收入1206万元，再创历年新高。

龙湖生态园和凤凰山植物园从整体开发规划和土地变性入手，积极争取地方政府和有关部门支持，在整体规划和土地开发利用上基本形成共识。龙湖生态园进一步加强基础设施建设，为招商引资、合作开发创造条件；凤凰山植物园绿化改造效果明显，发展循环经济、建设低能耗无污染园区和全国农业旅游示范点取得进展，利用园区资源新上项目、试产干红葡萄酒初获成功。“南龙北凤”两个园区发展生态旅游、休闲度假项目的条件日渐成熟。

实业发展分公司全力完成新建办公楼装修，为总公司彻底结束无办公场所历史、顺利搬迁作出贡献。同时认真加强物业管理等后勤服务保障工作，既有效改善员工办公环境，又使企业形象得到大大提升。

改革内部机制取得突破性进展
大力增添企业发展新活力

围绕企业重新定位、转型，以及更进一步地做好资本运营，对企业的财务、人事、工资、基础管理等进行改革。以建立三标一体化管理体系为内容的认证工作基本结束，所有符合外审条件的单位均通过评审获得证书，企业的基础管理逐步建立、健全。财务改革聘请国内资深咨询机构亚商公司，着手制订方案，对公司现有的财务管理模式进行调整、改革，进一步整合资源，理顺公司投资关系，也为企业改制、上市进行基础建设。根据企业发展战略、经营管理、文化建设和人才规划等状况，聘请专家入企调研，认真进行企业工资制度改革，着手建立以岗位工资、绩效工资为主体结构的工资体系，把工作效率和经济效益有机结合起来。同时，健全考核奖惩机制，不断完善符合企业发展需要的薪酬制度，以更好地发挥工资分配的激励、促进作用，充分调动广大员工的积极性、创造性。加强企业效能建设，根据需要成立“物产管理部”，以强化对资产的监管；制定出台了《太焦高速公路项目管理评审工作办法》、《公务用车管理办法》等，更加注重本能化、简单化管理，不断增强节能减排意识和措施；牢固树立“公路运营安全、工程建设安全、资金运作安全、干部廉政安全”的大安全思想和理念，坚持“思想重视，组织保证；制度健全，措施有效；预防为主，防抢结合；注重教育，加大投入；检查监督，落实责任；奖惩并举，万无一失”的安全生产工作方针，认真开展“安全隐患治理年”活动和创建“平安交通”活动，重点对公路安全畅通、事故多发路段、危桥险路及高边坡进行治理和改造，做到防范在先。以构建和谐企业为重要内容，着力化解各种矛盾、纠纷，促进维护内部稳定，切实把安全工作和综合治理始终贯穿于企业发展全过程，为企业快速、协调发展创造了和谐稳定的环境。

党建和文明建设取得突破性进展 有效增强企业凝聚力和战斗力

以深入开展学习实践科学发展观活动为契机，按照"党员干部受教育、科学发展上水平、人民群众得实惠"的要求和目的，围绕"提高安全快速协调发展水平，努力构建和谐文明新型企业"的主题和载体，严格程序步骤，突出效果特色，特别是认真组织开展了多次解放思想大讨论活动，深化对科学发展观思想内涵、精神实质的全面认识和准确领会，形成贯彻落实科学发展观、促进企业又好又快发展共识，分析检查存在问题、产生原因，理清发展思路，制定改进措施。不断加强党风廉政建设，坚持"标本兼治、综合治理、惩防并举、注重预防"方针，严格落实"三重一大"制度要求，强化对重点部位、重点环节、重点岗位监督检查，抓住工程招投标、路政执法、大宗物品采购和经营开发四个重点，努力形成拒腐防变长效机制、反腐倡廉制度体系和权力运行监控机制，有效防止腐败现象发生，保障企业健康发展。大力开展全方位、立体化、多层次的文明创建活动，以"窗口行业挂牌服务"、"党员先锋岗"为榜样，引深"文明和谐单位、文明和谐示范窗口、青年文明号"创建。广泛开展献爱心送温暖活动，全体干部职工踊跃为南方冰雪灾区、四川地震灾区捐款45.26万元，捐物1155件，体现一方有难、八方支援的手足之情。2008年，总公司连续七年保持省级"文明和谐单位"称号，长晋公司跨入省级文明和谐单位行列，太长公司被授予省直"文明和谐单位"称号，晋焦公司丹河收费站被授予"国家级青年文明号"，全公司新增文明示范窗口1个、青年文明号6个，企业在发展中进一步增强凝聚力和战斗力。

（责编 师国梁）

山西省交通建设工程监理总公司

□张跃峰

2008 年,在省交通厅的正确领导和大力支持下,公司全体干部职工按照"全面贯彻党的十七大精神,坚持科学发展观,继续弘扬'团结、务实、创新、奋进'的企业精神,深化企业改革,抓管理、促稳定,抓省内、选市场,理思路、拓领域,在前进和发展中解决存在的困难和问题,把握机遇,提升优势,创新管理,凝聚人心,储备人才,继续实行一业为主、多元发展的经营战略,以项目管理为主线,实现管理上档次、效益创新高,使企业摆脱困境,逐步走上良性发展的轨道"的工作总体思路,经过共同努力,完成省交通厅下达的 21 项工作任务,被评为"完成目标责任制先进单位",全年共获各种荣誉奖励 27 次。

生产经营有条不紊

一年来,公司继续调整经营思路,在开源上下工夫,立足本省市场,继续拓展省外良性市场,利用一切机会和关系,积极跟踪项目,加大投标前的合同评审力度,做好前期策划和成本核算工作,在项目选择上重效益占市场,使生产经营形势有了明显改善。在省交通厅的大力支持下,省内忻保、太佳高速等 6 个重点项目陆续中标;通过竞争性谈判,承揽了孝义市 2008 年近 600 万元监理费的全部建设项目监理业务;抓住奥运契机,凭借近年来在北京监理市场的良好信誉,2008 年又有 9 个监理项目相继中标,合同额达 800 余万元,生产经营形势明显好转。

在咨询、房建等其他项目领域的拓展上,也实现新突破。以合作方式承担晋中、忻州、阳泉、朔州公路运输枢纽规划的编制工作,在咨询业务领域迈出可喜一步;通过多方努力,与中工国际工程股份有限公司签订《委内瑞拉瓜里科河灌溉系统农业综合发展项目》咨询合同,公司"逐步走向世界"的第三步战略终于成为现实;承揽古交市交警指挥中心和太原市西线精典 I 期工程的施工监理任务,房建监理项目实现零突破;取得特殊独立隧道专项监理资质,为在有特殊要求的长大隧道等开展监理业务创造条件。

财务状况有所改善

加强项目监管力度,努力堵塞财务漏洞。对在建项目进行清理整顿,对运转正常项目加强核算严格管理;对已经亏损项目,分析具体原因后采取相应措施,把亏损降至最低;由于延期等原因导致亏损,积极与业主沟通协调签订补充合同,争取持平或者扭亏为盈。

完善项目管理制度,变事后"算账"为事前管理。制定出台《项目成本核算管理办法》,核算责任主体向公司交纳一定风险抵押金或负担 50% 履约保证金,且项目开办费由项目部自行解决,大大缓解公司资金紧张压力。同时,对项目执行过程中的核算后节余,实行项目占大头 60%,公司占小头 40%,提高项目部精打细算、节约支出积极性。

加大资产管理力度,降低成本,减少浪

费。对现有车辆、试验设备仪器等进行彻底盘点清查。对老项目租用车辆严格核算管理,降低经营成本,减少浪费;对已提足折旧且使用价值不大的部分车辆,走正规程序,经资产评估部门评估后拍卖。

强化资金使用过程监管力度。公司统一安排项目资金,根据批准的资金使用计划下拨费用,提高了资金的使用效率。2008 年管理成本比 2007 年降低 15%,公司审计监察科对已完成的监理项目进行内部审计,审计覆盖面达到 100%。

监理工作有序开展

2008 年,公司继续以监理工作为中心,以山西阳翼高速公路为龙头,进一步加大监理力度,保证工程质量。全年在监工程共 46 个,分布在山西、新疆、陕西、甘肃、山东、宁夏、青海、辽宁、北京、河南、湖北、四川、安徽等 13 个省区,监理业务量(产值)5560.34 万元,共投入监理人员 1100 余人,所监各项工程均达业主满意。公司先后被中国建设监理协会评为"中国建设监理创新发展 20 年工程监理先进企业",被山西省建设监理协会授予"三晋工程监理企业二十强"称号,并连续第十次被评为"先进建设监理单位",共获得 27 项荣誉和奖励,公司监理的山西祁临高速公路荣获第七届"中国土木工程詹天佑奖"。

2008 年 6 月至 10 月,公司对"执行监理规范、监理履约、监理人员工作能力、监理人员工作作风、监理人员廉洁自律、服务承诺、双方合作关系"等方面进行顾客满意度测评,(业主)满意度指数为 91。

基础管理不断加强

三标一体持续有效。2008 年,公司从三合一管理体系着手,进一步加强综合检查工作,成立以张跃峰总经理为组长、何晓明总工、曹世军副经理为副组长,部分监理一线骨干人员为成员的综合检查组,分 5 次不同时段,行程 14 000 公里,历时 40 余天,对在监的 21 个监理项目部进行检查。通过检查,公司全体员工的质量意识、安全意识和环境意识不断增强,贯标工作进一步程序化、规范化。

安全管理警钟长鸣。在严格落实安全生产责任制的同时,积极抓好监理现场管理以及生产、生活、交通隐患排查与治理等工作,确保安全经营无事故,实现公司"强化安全教育,做好安全检查,杜绝死亡事故,实现安全监理"的职业健康安全目标,全面完成省厅《安全生产责任书》下达的各项安全指标,并再次荣获全省交通系统"安全生产管理工作先进单位"称号。教育培训突出重点。按照公司拟定的《2008 年~2010 年人力资源发展规划》,加大教育培训和人才开发力度,继续举办春节综合知识培训班,11 月再次成功举办"交通部监理工程师安全环保知识培训班",全年共送出和自办各类业务培训 50 次,培训职工 6320 人次,培训费用的智力投资达 31.1 万元。

综合治理又上台阶。2008 年 8 月,公司将行政保卫科原有的安全保卫、保洁、维修、物业管理等职能以及人员、费用从公司机关分离,成立独立核算的后勤服务中心,通过竞争上岗方式选聘中心主任,实行有偿服务、岗位与绩效挂钩的模式,后勤运行效率、服务质量和保障能力有了明显提高。奥运期间,公司领导班子多次召开紧急会议和专题会议,安排部署和强化安保工作,挤出资金改造完善电子监控系统,联合属地派出所和街道办对所属 126 户住户逐个上门摸底排查,公司领导轮流值班,24 小时坚守工作岗位巡视检查,做到严密组织,责任到人,全员重视,措施到位,在省交通厅创建"平安小区"、"平安校园"竞赛活动中被授予"先进单位"。

后勤保障以人为本。在资金周转极度困难情况下,想方设法开源节流,积极筹措,将以前年度欠缴的养老、医疗、失业等各类保险和职工住房公积金进行足额补缴,继续为职工办理工地意外伤害保险和女职工特病保险,维修公司院内3幢宿舍楼的屋顶,更换办公和宿舍区的视频监控系统,大修采暖锅炉,解除一线职工后顾之忧。提高监理一线职工的工资待遇,增加伙食补助。进一步加强对待岗分流人员的管理,在法律顾问指导下,制定出台《长期在职不在岗职工处理意见》。

党建与文明建设硕果累累

全面实施“创先争优”工程,党组织和党员队伍建设取得新成果。及时召开第二届党员大会,选举产生新一届党委班子和纪委班子;认真落实《厅直机关党的工作责任制考核办法》,按照公司《2008年度党委工作要点》,做到任务、目标、责任三明确。认真组织开展深入学习实践科学发展观活动,加强舆论宣传,注重统筹兼顾,扎扎实实完成规定动作,在调动广大党员干部群众聚能鼓劲、保持稳定等方面发挥不可替代作用。公司北京、汉蔡项目部党支部被厅党组评为“2008年度先进基层党组织”。

大力发扬求真务实精神,廉政建设和作风建设取得新收获。对新开工项目主要负责人,在质量、安全和廉政建设等方面进行集体谈话,把强化教育作为关键性工作来抓。出台了鼓励举报制度办法,对于积极举报且经查证落实的举报人员进行保护并给予1000元现金奖励,充分调动员工参与公司监督管理积极性。全年公司无一例违纪事件,无一例上访事件发生,所辖范围内未出现严重行业不正之风问题,为奥运顺利举办和“两会”胜利召开创造良好环境。

加大精神文明建设力度,在提高创建能力、水平、实效上有新进展。充分发挥工会、共青团、妇联组织的作用,以“讲文明,树新风,促和谐,创省级文明和谐行业”竞赛活动为载体,开展树立社会主义荣辱观道德实践活动和创建学习型企业等活动,积极适应监理中心工作需要,找准“结合点”,使文明单位创建与公司工作整体配合,形成综合效应。2008年两次被省直文明委授予“文明和谐单位标兵”称号。

企业文化凝心聚力

2008年,公司坚持正确导向,努力完善公司网站、简报等企业文化传播载体,建立正常沟通渠道,加大舆论宣传力度;倡导以人为本、爱岗敬业风尚,大力开展“艰苦奋斗、勤俭节约、无私奉献”活动,营造积极向上、奋发有为、崇尚先进、和谐和睦的良好氛围,着力培育优秀的企业文化,使其成为企业扭转困境和持续发展的内在动力。汶川地震发生后,公司领导带头在第一时间开展向灾区爱心募捐活动,先后捐款38 971元,特别是在缴纳特殊党费过程中,两日内全国各地项目部的136名党员共上交特殊党费63 250元,体现公司强大的组织力、号召力和凝聚力。

(责编　师国梁)

山西省交通厅资料信息中心

□ 师国梁　梁锦华

2008年，在厅党组的正确领导下，在上级业务主管部门的指导下，在各有关单位大力支持与配合下，全省交通史志年鉴工作者以"三个代表"重要思想和科学发展观为指导，认真贯彻落实党的十七大精神和全省交通工作会议精神，自加压力，争创一流，较好地完成了厅党组部署的各项任务，为全面贯彻落实科学发展观，宣传交通，服务交通"三个文明"建设做了大量工作，得到各级领导充分肯定。

不断提高认识，精心组织部署 史志年鉴编辑出版成绩显著

（一）切实加强对全省交通史志年鉴工作的领导

史志年鉴工程是一项功在当今，有益后人的事业，为了将这项工作抓紧抓好抓出成效，2008年中心主要采取了三项措施。

首先是会议部署。3月19日，由各市交通局、厅直各单位、厅机关各处室分管领导和具体承办人参加的全省交通史志年鉴工作会议在太原召开。厅党组副书记、副厅长张润参加会议并作了题为《紧紧围绕交通率先科学发展要求，全方位加强交通史志年鉴工作》的讲话，中心主任师国梁作了题为《记载发展历程传承先进文化，扎实推进交通史志年鉴工作》的工作报告。

厅党组副书记、副厅长张润在讲话中高度评价全省交通史志年鉴工作。2007年全省交通史志年鉴工作者深入贯彻落实科学发展观，围绕交通"三个服务"、"又好又快"、"三个并重"方针，与时俱进，牢记使命，尽职尽责，求实进取，编辑出版了178万字的2007年版《山西交通年鉴》，242.6万字的《科学发展铸辉煌》，同时扎实推进，全面开始《山西交通志》的编撰工作，为推进全省交通系统三个文明建设作出积极贡献。要求从3个方面抓好2008年工作。一要提高认识，进一步增强做好史志年鉴工作的自觉性；二要狠抓落实，推进史志年鉴工作再上新水平；三要认清形势，真抓实干，切实加强组织领导。要按照《地方志工作条例》和省政府有关要求，把"一纳入"、"五到位"落到实处，真正把史志年鉴工作纳入到单位发展总体规划和工作任务之中，切实做到领导到位、机构到位、经费到位、队伍到位、条件到位。努力履行史志年鉴工作传承文化、资政育人、服务社会的原则，更好地为全省交通率先科学发展服务。会议还对2007年度《山西交通年鉴》编撰工作中成绩突出的20个先进单位、24名先进个人进行了表彰。

其次是文件安排。一是以省厅晋交办字〔2008〕74号文印发《关于认真做好2008年〈山西交通年鉴〉资料报送、发行及先进典型宣传工作的通知》，将年鉴编撰任务层层分解，以文件形式下发，保证任务落实到位。二是以省厅晋交办字〔2008〕145号文印发《关于认真做好〈大路人生—山西交通改革发展

30年〉一书编辑出版工作的通知》,安排部署了《大路人生》一书的稿件征集报送工作,为下一步编撰工作奠定基础。

再次是多种形式督促。一是通过电话对那些没有按时交稿、工作拖延的单位进行督促;二是召开座谈会。主要是对在编撰《山西交通志》过程中体例把握不清楚,内容不知道该如何表述的情况进行讨论,解决在编撰过程中遇到的各种问题;三是发催稿函。有的单位对省厅安排部署的工作任务不落实,不完成,而通过电话及其他方式又无法引起重视,拖了全省修志工作的后腿。在经过和分管领导沟通后,以省厅便函形式发催稿函,提请相关单位领导重视,保证任务完成;四是下基层调研。全年分别到省公路局、晋中市交通局、太原市交通局、省海事局等单位调研,解决在修志中遇到的具体问题,保证了年鉴及修志任务的顺利完成。

(二)圆满完成2008年版《山西交通年鉴》编撰任务

2008年版《山西交通年鉴》是交通年鉴系列丛书第15本。记事时限为2007年1月1日至12月31日,记载内容包括全省交通系统各单位、各部门工作。在编撰中突出抓好三点。一是载录单位求"全"。"省交通厅公路交通工程定额站"成立已有十几年,由于以前一直是由省交通设计院代管,没有单独设篇,造成资料缺陷。2008年年鉴中专门补录,而且把机构成立以来的工作情况也补全。二是重点文章求"新"。2008年是厅党组实现新旧交替时期,在全省交通工作会议上,王晓林厅长作报告;4月段建国厅长到任后,于7月25日召开交通工作推进会,并在会上作 工作报告。如果按照往常做法,2008年下半年的文章应该收入2009年年鉴中。但是考虑到基层单位实际工作需要,两位新老厅长工作报告一并载录,保证了讲话时效性。"5·12"汶川大地震后,省交通厅党组果断决策,在最短的时间内派遣以厅副巡视员郭贵平为总队长的公路抢通保通突击队,开赴灾区,帮助灾区人民重建家园。在编撰中选取有代表性的照片并配以文字说明,将这一具有时效性和年度特色的事件,及时在图片资料宣传栏目中刊出,具有强烈的时代性和震撼力。三是先进典型宣传求"质"。在选取典型单位时,严格按照标准挑选,既从不同部门和行业考察,又有先进性和教育意义。力求做到重点突出,图文并茂,充分反映了交通建设辉煌成就。全书164万字,图片194幅,全书164万字,图片194幅,全面、系统地反映了全省交通系统各部门、各单位2007年度工作业绩。

(三)圆满完成《山西交通志》编撰任务

自2007年2月28日省厅印发晋交办字〔2007〕66号文《关于认真做好〈山西交通志〉(1978~2006)一书编辑出版工作的通知》以来,各有关单位高度重视,成立专门机构,明确专人负责,积极搜集资料,反复修改完善。负责编修的同志不厌其烦,不怕辛苦,加班加点,查找30年的全部资料,有的甚至深入走访退下来的老同志,生怕资料不完整,有漏项,表现出了高度负责和严谨求实的精神与作风。特别是阳泉市、吕梁市、运城市交通局严格把关,材料完整,数字准确。运城市交通局鲁晓岩从事史志年鉴工作不久,却善于学习,勤于钻研,在工作过程中爱岗敬业,值得表扬。省公路局、省高管局、省运管局、省征稽局、省地方海事局聘请专业人员反复修改,补充完善,书稿较全面、系统地反映了1978年以来30年改革发展变化和辉煌建设成就。王国忠、张慧萍、范彦军、杨志强等同志在单位承担着繁重的行政工作,但对史志年鉴工作照样倾注大量心血,及时圆满完成任务。厅机关各处室高度重视,多方搜集、补充资料。尽管大家尽心竭力,但是由于撰稿人员水平不一,尤其是对志稿体例无从把握,致使报送的稿件内容参差不齐,详略不当,错别字也很多。甚至还出现许多常识性、技术性错误。为了保持初稿内容水平和质量,中心从总编、副总编到编辑,对每一份稿件都认真审阅，包括每一句话、每一个标点符号都不放过，按照省厅印发的编撰篇目进行取舍，提出修改意见后，及时通知有关单位修改和补充。有的单位一次没有补全，就不厌其烦地说明情况，再次提出要求。大家心里只有一个目标，就是不管费多大辛苦，受多少劳累，都要保证志书稿件质量。在近一年时间里，充分利用节假日和休息时间，反复推敲，一丝不苟，力求能编成一部精品志书。截至年底，修改各单位报送的志书初稿约1200万字，删改成562.88万字。全书分为公路交通、水路交通、行业文明建设、廉政建设、管理机构、汽车运输集团、人物、大事记8编35章，完整记述了1978年以来全省交通系统各部门、各单位建设改革发展的辉煌成就，全面展示改革开放给山西交通行业带来的巨大变化，集中反映全省12万交通职工自力更生、艰苦奋斗、不屈不挠、勇于奉献的不朽业绩，认真总结公路水路交通30年发展规律和经验教训，是一部可资借鉴的宝贵交通史料。

(四)努力做好《大路人生》征文活动

为了更好地传承历史，总结经验，充分展示交通改革辉煌成就，充分说明"只有社会主义才能救中国，只有改革开放才能发展中国、发展社会主义、发展马克思主义"的深刻道理，用数据和事实说明改革开放是交通振兴之基，发展之本，激励和鼓舞全系统广大干部职工牢记宗旨，坚定信心，高举旗帜，在十七大精神指引下，再创新业绩，再作新贡献。根据中共中央办公厅、省委办公厅通知精神和省史志研究院具体要求，省厅以晋交办字〔2008〕145号文印发《关于认真做好〈大路人生—山西交通改革发展30年〉一书编辑出版工作的通知》。为了加强领导，高水平、高质量完成资料征集及编撰任务，省厅成立编审委员会。由厅党组书记、厅长段建国担任编审委员会主任，厅党组副书记、副厅长张润任常务副主任，副主任由厅领导担任，委员由厅直单位，各市交通局及厅机关各处室有关领导组成。编委会下设编辑部。编辑部设在厅资料信息中心，具体负责书稿征集、修改、审定及编辑出版事宜。此次稿件征集范围为厅机关和厅直单位副处级以上干部；厅属县处级以上单位、山西汽车运输集团各分公司党政主要负责人；各市交通局副局级以上领导干部；厅机关、厅直各单位及各市交通局、山西汽车运输集团1978年以后离退休老干部(副处级以上职务或副高级以上职称)。文件下发后，各有关单位积极行动，省公路局办公室副主任徐媛丽积极和局领导沟通，为激发大家踊跃撰写稿件的积极性，以征文形式开展活动，收回稿件120多篇；省征稽局、山西交通技师学院、山西汽车运输集团认真组织，分别报送稿件48篇、36篇和63篇；省交通科研院赵队家院长、刘耀龙书记亲自审读本单位收回的征文稿件，同时认真写稿，起了很好的带头作用；省交通质监站五名领导干部全部按照要求交回了稿件。省交通设计院、阳泉市交通局、省运管局、厅规划中心等单位也精心组织，及时上报资料，保证了稿件征集工作顺利进行。截至年底统计，共报回稿件320篇。

(五)精心撰写纪念党的十一届三中全会召开30周年文稿

1978年召开的十一届三中全会，开启了改革开放历史新时期。从那时以来，中国共产党人和中国人民以一往无前的进取精神和波澜壮阔的创新实践，谱写了中华民族自强不息、顽强奋进新的宏伟史诗，交通事业发生了翻天覆地的大变化。为了充分反映全省交通事业改革发展成就，中心积极搜集有关资料，撰写有关纪念文章。一是为省委宣传部提供《走出改革开放新路子》公路交通部分书稿。张润副厅长非常重视，主持召开厅直机关党委、厅办公室和厅资料信息中心负责人参加的协调会，要求高标准完成。中心有关人员从《山西交通年鉴》、《山西通志·交通志》、《山西经济》、《山西公路交通史》等书籍中摘录有关资料，又到厅综合规划处、厅档案室抄录有关统计数字，按要求整理出反映交通发展历程及成就的文稿1.6万字；二是为全省纪念十一届三中全会研讨会提供论文。3月，收到省史志院文件，拟在下半年召开研讨会。按照论文题目要求，整理了“山西交通发展的突出成效和前景展望”一文（2.6万字），从12个方面总结辉煌成就，然后总结出五条经验，从10个方面展望“十一五”前景。三是为《山西改革发展30年》综合卷提供书稿（1.8万字）。按照省委办公厅4月21日召开协调会要求，在向张润副厅长汇报后，召集省公路局、省运管局、省征稽局、省高管局、省地方海事局、省交通设计院、省交通科研院、省交通开发总公司办公室主任开会，提出具体要求，按照“五五”、“六五”、“七五”、“八五”、“九五”、“十五”、“十一五”划分阶段提供相关资料。在综合各方面资料基础上，仔细整理“党的十一届三中全会以来山西交通建设”书稿，并提供相关图片80余幅。上述三篇文稿呈报后，受到有关部门赞扬。认为重点突出，内容全面，层次清楚，数字翔实，语言准确。

（六）及时准确向交通部及省直有关部门提供资料

根据交通部要求及厅领导批示，一年来，中心向有关部门提供大量反映全省交通系统各部门、各单位改革建设发展辉煌业绩的文字资料和图片资料。一是向《中国交通年鉴》提供文字资料5万字，图片18幅；二是向《山西年鉴》提供文字资料10万字，图片16张；三是向《山西经济年鉴》提供文字资料6万字，图片16幅；四是向《中共山西年鉴》提供文字资料5万字，图片10幅；五是向省政协文史资料委员会提供文字资料34万字；六是向外省市交通部门和省直各委办厅局提供文字资料330万字，图片260幅。

严格按照标准，扎扎实实推进学习实践科学发展观活动

从2008年9月开始至2009年2月，按照省厅统一部署，厅资料信息中心参加了第一批深入学习实践科学发展观活动。学习实践活动开展以来，在厅党组的正确领导和第三指导检查组的强有力指导下，中心按照厅里的统一部署和要求，紧紧围绕“党员干部受教育、科学发展上水平、人民群众得实惠”的总体要求，牢牢把握“坚持科学快速安全协调发展，全力提高交通史志年鉴工作水平”这个主题和载体，始终贯彻“坚持解放思想，突出实践特色，贯彻群众路线，正面教育为主，注重改革创新”的指导思想，紧密联系实际，规定动作不走样，自选动作重创新，经学习提高、调查研究，分析检查、找准问题，解决问题、完善机制三个阶段17个环节的扎实推进，圆满完成了学习实践集中活动期间的各项任务，较好地实现了“提高思想认识、增强发展能力、解决突出问题、创新机制体制、推动科学发展”的目标要求，学习实践活动取得了明显成效。

（一）高度重视，精心组织，各项任务圆满完成

学习实践活动开展以来，中心严格按照厅学习实践科学发展领导小组的要求和安排部署，精心组织，扎实推进，主要抓了七个方面工作。

一是强化理论武装。中心全体党员集中时间深入学习党的十七大和十七届三中全会精神，认真学习《毛泽东邓小平江泽民论科学发展》、《科学发展观重要论述摘编》和《深入学习实践科学发展观活动领导干部学习文件选编》、《科学发展观学习读本》、《国内外经济社会发展实例选编》等学习读本，深刻领会中央和省委领导同志重要讲话及党中央、国务院、省委、省政府重要会议和文件精神，系统把握科学发展观的深刻内涵。有两名处级领导和1名党员参加了厅里举办的集中学习培训，中心又通过领导授课、专题辅导等形式开展学习研讨。组织全体党员干部原原本本学习了胡锦涛总书记在纪念中国共产党十一届三中全会召开30周年大会上的重要讲话，从历史与现实、理论与实践的结合上

进一步加深了对科学发展观的认识。

二是积极开展解放思想大讨论。在学习实践活动期间,中心按照要求组织开展了解放思想大讨论。围绕更新观念、理清思路、科学发展等不同阶段要求,中心领导班子成员结合思想工作实际,深刻分析了思想观念、执政能力、工作作风、工作方法等方面存在的差距和原因,形成了解放思想大讨论的具体成果。

三是广泛征求意见,认真查找突出问题。通过召开座谈会、信函调查方式,征求对交通史志年鉴科学发展的意见和建议,较好地找准了影响和制约交通史志年鉴科学发展的突出问题。

四是认真召开领导班子专题民主生活会。在征求意见基础上,中心领导班子成员对照科学发展观要求,深入查找领导班子和个人在思想观念、工作能力和工作作风等方面的不足,并结合各方面意见,认真撰写专题民主生活会发言提纲,认真开展批评和自我批评,提出改进的基本思路和措施。专题民主生活会直奔主题,提问题,找原因,谈整改,形成民主团结、敢讲真话、务实创新的良好氛围。

五是形成领导班子分析检查报告。在专题民主生活会的基础上,撰写了学习实践科学发展观活动的分析检查报告。系统总结了党的十六大以来交通史志年鉴工作贯彻落实科学发展观取得的成效以及形成的共识,认真查找了贯彻落实科学发展观方面存在的问题和主客观原因,提出了推动交通史志年鉴科学发展和加强领导班子建设的思路和举措。领导班子分析检查报告形成后,专门召开大会进行认真评议,广泛听取意见,使分析检查报告成为推动交通史志年鉴工作科学发展的指导性文件。

六是解决突出问题,完善体制机制。针对意见和建议,对梳理出的影响和制约交通史志年鉴科学发展的突出问题进行分析和归类。制定了《厅资料信息中心学习实践科学发展观活动整改落实方案》,提出了整改落实的指导思想、目标任务,明确了整改落实项目、整改落实目标和时限要求,明确了整改落实措施和整改责任,切实做到"四明确一承诺"。

七是认真组织群众满意度测评。按照学习实践活动领导小组统一部署,组织开展了群众满意度测评,中心开展深入学习实践科学发展观活动情况满意度达到100%。

(二)强化领导,统筹安排,保证活动扎实开展

中心始终把集中开展深入学习实践科学发展观活动作为一项重大政治任务,摆到首要位置来抓,注重"四个坚持",保证了学习实践活动全面扎实深入开展。

一是坚持强化领导,注重分类指导。在厅学习实践活动动员大会召开后,中心及时召开会议,研究确定了"坚持科学快速安全协调发展,提升交通史志年鉴工作水平"这一活动主题和载体,制定了《厅资料信息中心深入学习实践科学发展观活动的实施方案》;成立了由中心主任、党支部书记师国梁同志任组长、副主任郭富平同志任副组长的学习实践活动领导组,并成立领导组办公室,明确了工作职责,对活动开展范围、阶段步骤、时间等作了具体安排。活动开展以来,中心始终把学习实践活动作为头等大事来抓,主要负责同志肩负起第一责任人的职责。坚持强化领导,注重分类指导,使广大党员干部充分认识了开展学习实践集中活动的重要性和紧迫性,充分调动了党员干部参加活动的积极性。

二是坚持全员参与,保证活动效果。首先是周密部署,严格要求。及时制订规划,分解活动步骤,细化实施方案,精心组织安排,广泛宣传发动,确保全体党员参加活动,保证了学习实践活动覆盖面。其次是集中人员、集中时间强化培训,确保每个党员都能按要求参加学习实践活动,全员参与,保证了实践活动的覆盖面,真正实现党员干部受教育的目的。

三是坚持领导带头，发挥表率作用。学习实践活动开展以来，中心领导干部充分发挥模范带头作用，带头学，带头讲，带头深入到党员群众中去，带头征求意见，带头查找问题，带头开展解放思想讨论，带头撰写调研报告和专题民主生活会发言提纲，带头开展批评与自我批评，带头整改，发挥了很好的表率作用。

四是坚持群众路线，勇于开门纳谏。为把影响和制约交通史志年鉴科学发展的问题找准摸透，在学习调研阶段，中心向有关部门发放征求意见函，设置意见箱，公布征求意见电子信箱和电话号码，广泛征求社会各界的意见和建议，为找准与科学发展观不适应、不符合的突出问题、开好专题民主生活会、撰写领导班子分析检查报告、制定整改落实方案奠定坚实基础。在分析检查阶段，着重从领导班子对科学发展观的认识深不深、查找的问题准不准、原因分析得透不透、发展思路清不清、工作措施可行不可行等方面对各级领导班子的分析检查报告进行了群众评议，吸收群众意见，并修改完善。在组织群众满意度测评过程中，再次深入征求意见和建议。归纳梳理为7个主要问题。

（三）围绕主题，服务大局，学习实践活动取得显著成效

经过近半年的扎实工作，中心学习实践科学发展观活动取得阶段性成果，主要成效体现在以下六个方面。

在加深理解科学发展观上实现新提高。通过学习实践活动，广大党员干部进一步准确把握科学发展观的深刻内涵、精神实质和根本要求，着力转变不适应、不符合科学发展观要求的思想观念，在破除思维定式、陈旧观念、克服自满心理、畏难情绪，增强大局意识、责任意识等方面取得了明显进步。

在查找影响和制约交通史志年鉴科学发展的突出问题上实现了新突破。学习实践活动开展以来，中心紧扣活动主题和载体，紧密联系改革发展稳定和单位工作、思想和作风实际，深入查找影响和制约交通史志年鉴科学快速安全协调发展的突出问题和党性党风党纪方面群众反映强烈的突出问题。充分吸收和运用学习培训、专题调研、开展解放思想讨论成果，广泛征求意见和建议，认真查找影响和制约交通史志年鉴科学发展的突出问题，为全面分析存在问题的主客观原因，制定推动交通史志年鉴又好又快发展的思路和举措奠定良好的基础。

在推动交通史志年鉴科学发展上明确了新思路。通过学习实践活动，广大党员干部普遍受到一次深刻的理论和实践教育，自觉运用科学发展观分析解决问题的意识明显增强。中心自觉把科学发展观的要求转化为谋划交通史志年鉴发展的正确思路、促进交通史志年鉴发展的政策措施，领导班子成员和党员干部应对复杂局面的能力、学习创新的能力、统筹协调和解决实际问题的能力得到明显提高。

在解决突出问题、创新体制机制上取得了新成果。学习实践科学发展观活动开展以来，中心坚持突出实践特色，坚持边学边改。着力在解决影响和制约交通史志年鉴科学发展的突出问题上下工夫，在解决群众反映强烈的突出问题上下工夫。针对群众提出意见和建议，对能改的问题立即进行了整改或做了安排部署，修改完善《中心考勤制度》、《交通史志年鉴编辑校改责任制》两项制度，集中解决了影响和制约中心科学发展的5个突出问题；切实让干部群众感受到学习实践活动带来的新变化，真正做到取信于民。

领导班子和干部队伍建设得到了新加强。一是坚定了理论信念，增强了贯彻落实科学发展观的自觉性和坚定性。能够自觉运用科学发展观指导实践、推动工作，及时把学习实践活动成果转化为保障和促进交通史志年鉴科学发展的工作思路和政策措施。二是进一步加强了战略思维，提高了决策的科学化、民主化水平。三是自觉维护团结，领导班子的战斗力得到进一步提高。坚持党内组织

生活制度，认真开展了批评与自我批评，自身政治素质和道德修养不断提高，牢固树立正确的权力观、利益观和政绩观，带头讲党性、重品行、作表率。班子成员之间互相关心，互相支持，形成团结共事、齐心协力、具有战斗力的领导集体。四是进一步加强了反腐倡廉工作。积极推进制度创新，严格用制度管权，用制度管人，用制度管事，加强对权力运行的制约和监督。建立健全了惩治和预防腐败体系，形成了拒腐防变教育长效机制、反腐倡廉制度体系、权力运行监控机制，从源头上更有效地防治腐败。

在推动全省交通史志年鉴科学发展上开创了新局面。学习实践活动的成效，最终要用发展的成果来检验。中心坚持把学习实践活动的成果转化为推进交通史志年鉴工作的强大动力，在圆满完成学习实践活动任务的同时，交通史志年鉴工作取得了显著成绩。一是出版《山西交通年鉴》（2008 年版）；二是出版《山西交通志》（三卷）；三是完成《大路人生》编撰工作；四是编辑完成《山西路谱》书稿。

坚持理论学习，提高职工素质 党风廉政和文明建设上台阶

一年来，中心党政一班人认真学习和贯彻党的十七大精神，按照“三个代表”重要思想，紧紧围绕厅党组的中心工作，不断加强党的思想、组织、作风建设，不断探索建立健全保持共产党员先进性的长效机制，党支部的战斗堡垒作用和党员的先锋模范作用得到了较好发挥。

一是坚持每周二、五的政治理论学习制度，深入学习邓小平理论和“三个代表”重要思想；深刻领会党的十七大精神；认真学习科学发展观新理论等。广大共产党员以实际行动为党分忧、为国解难、为民奉献，共交纳特殊党费 2500 元，干部职工共为汶川地震灾区捐款 2100 元、捐衣被 20 余件，党组织的向心力和凝聚力得到了充分体现。

二是以廉政教育为手段，不断增强干部职工的廉洁自律意识。继续落实党风廉政建设责任制，领导干部对党风廉政建设责任制负总责，层层分解目标责任，做到一级抓一级，一级对一级负责，形成了较为完善的责任体系。严格执行领导干部廉洁自律各项规定，自觉接受社会和群众的监督，维护了党的良好形象，单位和个人均无违纪违法问题发生。

三是始终坚持“两手抓、两手硬”的工作方针和“以实载虚、以虚强实”的工作思路，不断丰富和发展文明创建的内容、形式和载体，努力提高职工队伍素质和单位文明程度，广泛开展“迎奥运、讲文明、树新风”活动。大力加强特色文化建设，职工群众昂扬向上的精神风貌得到充分体现。

（责编　魏建国）

山西省交通厅新闻宣传中心

□ 杨原平

2008年是深入贯彻落实科学发展观、全面实现交通“十一五”规划的关键之年。一年来,中心深入贯彻落实党的十七大精神,扎实开展深入学习实践科学发展观活动,紧紧围绕全省交通中心工作,坚持正确舆论导向,奋力拼搏,不断创新,圆满完成各项工作任务,取得较为显著成绩。

深入宣传贯彻十七大精神
牢牢把握正确舆论导向

一年来,中心认真学习宣传贯彻落实党的十七大精神和十七届三中全会精神,用科学发展观武装头脑,指导实践,推进各项工作。充分利用报纸、影视、图片等宣传形式,在全系统广泛深入开展宣传活动。特别是开展深入学习实践科学发展观活劝,中心除扎实开展好自身的学习实践活动之外,充分做好全系统各单位学习实践活动的宣传推进工作。在及时利用社会媒体做好全系统学习实践活动及党的十七大精神宣传的同时,在《山西交通》一版开辟“科学发展观学习实践”专栏,及时刊发全系统学习实践活动的动态消息,配合好厅领导下基层调研等活动,特约刊登厅领导、厅机关各处(室)负责人、公路、征费、高管、运管及海事五大局领导,各公路分局、征费分局、高速公路运营公司、在建公司领导及各市交通局领导学习实践心得体会文章。在四版开辟专栏,摘登有关观点解读、专家点评等。此外,还及时为山西交通网提供有关新闻稿件和图片,制作宣传图版并及时在厅机关进行展示。与此同时,把树立和落实科学发展观作为理论武装的重要内容,坚持学习理论和指导实践相结合,改造客观世界和改造主观世界相结合,运用理论和发展理论相结合,始终在武装头脑、指导实践和推动工作上下工夫,始终坚持正确的舆论导向,努力在全系统培养一支政治素质高、业务技能精的交通新闻宣传骨干队伍。

唱响主旋律,打好主动仗
营造良好交通发展舆论氛围

2008年,中心坚持服从服务于全省交通行业改革发展大局,坚持“团结、稳定、鼓劲、正面宣传为主”的方针,紧紧围绕厅党组中心工作,按照全省交通工作推进会议要求,为落实“三个服务”,坚持“三网并重”,加强交通基础设施建设,加快发展综合运输体系,加快建设创新型交通行业,加快发展现代交通业,提升交通服务能力水平,推进交通率先科学发展,全面完成为民办好八件实事,努力做好新闻宣传舆论工作。同时,还组织策划了“众志成城、抗震救灾”、“迎奥运保安全”、“治理超限超载”、“全省普通公路计重收费”等重大活动以及省部领导视察交通建设、省厅领导现场办公、交通战备工作及五保、太古、太佳高速公路等重点工程开工建设、晋济高速公路竣工通车、省厅与五大银行战略合作贷款等重大交通新闻宣传活动,全过程参与,多形

式推进，认真做到精心组织，周密策划，起到了“交通新跨越，舆论是先导”的作用。

下发年度新闻宣传工作要点，加强对全省交通新闻宣传工作的指导。为全面加强和改进全系统新闻宣传工作，以适应交通率先协调发展和全面构建社会主义和谐社会要求，宏观指导全系统新闻宣传工作，2008年初，以省厅名义印发年度新闻宣传工作要点，就新闻宣传工作的指导思想、总体思路及主要工作进行安排部署，用以指导全系统新闻宣传工作。

紧紧围绕厅党组各阶段工作重点，组织策划多种新闻宣传活动，全力助推全省交通各项事业又好又快科学发展。一是紧紧围绕厅党组各阶段工作重点，加大对交通时政新闻以及有关重大活动的新闻宣传，及时向社会和全系统发布交通改革、发展、建设信息，充分发挥《山西交通》、《中国交通报》山西记者站、山西电视台驻厅记者站、山西人民广播电台记者站等宣传资源，充分发挥行业内部优势，不断提高宣传质量和宣传水平，积极拓展宣传领域，并与《山西日报》、《山西经济日报》分别合办好两个《交通周刊》。二是有效架构新闻宣传工作体系，密切与新闻宣传部门和新闻单位的沟通协调，大力加强新闻宣传工作站建设，不断扩大社会影响力。1月组织举办中央驻晋新闻单位及省城主流新闻媒体迎春座谈会，主动向新闻媒体通报全年交通工作热点和重点；2月召开全省农村公路建设新闻发布会；4月集中组织开展治超工作宣传活动；特别是5月四川汶川发生特大地震灾害后，中心迅速开辟《心系同胞，情满川蜀，众志成城，抗震救灾》等专栏，及时宣传全省交通系统情系灾区，踊跃捐款捐物的动人事迹。省厅派出抢通保通突击队后，中心派出4名中心领导和1名骨干记者，先后三次入川奔赴抗震救灾一线及时采写来自四川德阳茂县工地一线的报道，并采写了《悠悠岷江情》等一批大型通讯报道，还制作“战地黄花分外香”抗震救灾主题宣传展板，大力宣传抢通保通突击队员先进事迹等。同时，还紧紧围绕“喜迎奥运盛会，再树行业新风”、“迎奥运、保畅通”、“纪念改革开放30周年”等重大主题，开展形式多样的宣传活动。特别是省厅抗震救灾抢通保通、高速公路建设推进新闻发布会等大型新闻宣传活动，受到有关各方好评。一年来，中心组织中央和省城新闻媒体记者及摄影艺术家赴晋济、阳侯等重点工程建设工地集体采访、采风共5次，特别是对11月1日启动的全省普通公路计重收费活动进行集中宣传报道，取得良好效果。在《中国交通报》、《山西日报·交通周刊》、《山西经济日报·交通周刊》、《山西交通》刊发各类专版专刊100余期，拍摄系列片、专题片3部。

认真做好各项政务活动和有关会议新闻报道工作。及时保障省部领导、厅领导政务活动、调研活动和厅有关会议的新闻宣传报道，全年共派出记者244余次532余人次，其中省部领导活动13次，厅领导活动、会议138余次，部队领导活动10余次，厅直有关单位活动67余次，大型活动20余次。另外，对厅机关、厅直单位有关公告、公示都及时予以公布。

精心办好《山西交通》。《山西交通》是交通新闻宣传的重要平面媒体。一年来，中心坚持政治性、时效性、艺术性三统一原则，进一步强化采编工作，不断提高办报质量，全年出版100期。一版围绕厅党组“一条主线、七大工程、六化目标”的发展思路和奋斗目标，围绕厅党组年度中心工作，共发稿近900篇，突出报道了非法超限超载治理，高速公路、干线公路、农村公路建设改造，信息化建设，交通运输安全保障，规费征收及党建和精神文明建设等。年初南方发生冰冻灾害，5月汶川大地震后及时开设“保安全，保畅通”、“省厅抢险突击队抗震救灾”、“来自四川德阳一线报道”等栏目；奥运会期间和深入学习实践科学发展观活动过程中也开设了相应的专栏。二版面向基层，长设“公路建养”、“运管之窗”、“征稽之窗”、“费收之窗”、“双超治理”、“安全生产”、“文明创建”、“党建之窗”、“廉政之窗”等栏目，比较全面地反映了全省交通系统改革发展稳定各项工作，展现了全省交通系统物质文明和精神文明建设风貌。三版以工作研究、理论探索、信息服务为主，为广大交通干部职工提供学习交流沟通平台。同时，开设“政策看台”、“域外传真”等栏目及时传递党和政府的声音，进一步开阔视野。四版以丰富交通职工精神文化生活为主，“文艺副刊”、“文摘副刊”越办越好，受到行业内外一致好评。一年中，还刊发“特别报道”10多次，以图片形式反映一些行业重点工作，对一版要闻进行必要补充。

及时将《山西交通》赠发到各单位。一年来，中心认真抓好《山西交通》赠阅工作。每期都按时邮发到各市党政主要领导、分管领导和全省交通系统所、站、段、道班等基层单位，及时赠送到省领导、驻省全国人大代表、政协委员、省直有关厅局、厅领导、厅机关、厅直等单位，并报送交通部，与多个兄弟省及时进行交流，涉及单位和个人达1700多个，全年赠出《山西交通》约70余万份。

办好《山西日报·交通周刊》和《山西经济日报·交通周刊》，交通新闻宣传领域进一步拓展。一年来，与《山西日报》工交部合办“交通周刊”，全省出版52期。及时将《山西交通》每期的头版和二版全部内客提供给周刊选用；与《山西经济日报》协办《山西经济日报·交通周刊》，无偿提供交通信息，全部出版50期。两大主流报纸的宣传，大大提升山西交通的影响力。

《中国交通报》宣传扎实有效，保持多年先进。山西记者站连续22年分别被中国交通报社授予“先进记者站”、“优秀记者站”称号。2008年中国交通报采用全省交通系统新闻稿件210余篇，其中采用驻地记者稿件达190余篇，名列全国46个记者站之首。4月11日刊发的《山西对治超不力县市实行交通项目限批》和10月30日刊发的《山西“源头治超”步入长效治理》两篇稿件被中央电视台媒体广场摘播，有17篇稿件被中国交通报社评为好稿。其中杨原平采写的《山西：公路集雨灌农田》稿件获中国交通报好新闻二等奖；石中生采写的《山西平顺：农村物流中心对农民心思》分别获第十七届山西新闻奖三等奖、中国交通报好新闻三等奖，为推动全省交通发展营造良好的舆论氛围。

电视宣传及时有效，影响力扩大。山西电视台驻厅记者站克服人员少、经费紧张等困难，紧紧围绕厅党组中心工作，及时抓好重大交通消息在电视上的宣传报道，连续12年被省广电总局评为全省电视新闻宣传先进集体和先进个人，2008年在中央电视台新闻联播播出反映全省农村公路建设工作新闻1条，全年在山西卫视频道共播发新闻67条，还拍摄《数字看山西》、《太旧丰碑》、《立德树人铸品牌》等系列报道，引起较大反响。

为山西交通网及时提供足够信息支撑。山西交通网近年来点击率较高，其中大量信息是由中心提供的。中心将每期《山西交通》的头版要闻及二版新闻及时提供，全年提供文字、图片信息2600余条。

抓好建立交通新闻宣传网络工作。4月，中心组织全省交通系统基层单位10多名特约记者、骨干通讯员参加中国交通报社主办的新闻采编培训；10月到11月，对全省34个交通新闻宣传工作站全面检查验收。建立新闻工作站及通讯员激励与约束两个机制，分季度定期公布通讯员上稿情况，4月，还参加交通部在深圳召开的全国交通新闻宣传工作会议，并在会上作了题为《围绕“三个服务”，强化宣传策划，开创交通新闻宣传工作新局面》的经验介绍，得到与会代表的一致好评。

全年分别在中央电视台、《中国交通报》、中央人民广播电台、《山西日报》、《山西经济日报》、山西电视台等省级以上媒体刊播新闻稿件420余篇（条）。

不断加强党建、党风廉政建设 严格规章制度，做好各项工作

一是切实加强干部职工的思想作风建设。9月初、12月中旬分别召开2008年度学习实践科学发展观专题党员领导干部民主生活会，进一步转变作风，规范管理，提高效率。全年发展新党员1人，“七一”有3名党员受到省厅表彰，1名援川记者在抗震救灾一线入党。二是以机关效能建设为重点，深入开展创建文明和谐单位活动，在中心内部全面开展创建文明部室、先进个人活动，认真组织“优秀共产党员”、“优秀新闻工作者”的创评活动；三是充分发挥工会、共青团、妇女组织的作用，在“三八”、“五一”、“五四”、“七一”等来临之际，组织党员干部和职工进行革命传统与爱国主义教育，组织党建知识问答等，开展形式多样、内容丰富的文体活动，活跃职工文化生活，不断增强职工的凝聚力和向心力；四是发动全体干部为四川地震灾区捐款。中心36人共计捐款人民币24 780元。全体党员积极缴纳“特殊党费”，有6名党员拿到由中组部颁发的缴纳“特殊党费”收据。

此外，还不断强化硬件建设，改善工作和生活环境。绿化、净化、亮化环境，积极参加省厅组织的各项义务活动。9月对中心办公场所进行装饰，进一步美化工作和生活环境。同时，加大文体娱乐和图书阅览设施建设力度，努力实现办公无纸化、信息化、网络化、现代化。

（责编　师国梁）

山西省交通厅后勤服务中心

□张补才

2008年，中心有正式职工72人，设有办公室、计财部等5个职能部室和交通物业管理有限公司、物资供应站、通畅公路工程有限公司3个经营实体。近年来，在厅党组正确领导下，中心坚持以邓小平理论和"三个代表"重要思想为指导，深入贯彻落实科学发展观，紧紧围绕不断提高后勤保障能力这一核心，以"改革、服务、管理、经营"为目标，抓住机遇，深化改革，强化管理，完善服务，努力实现后勤服务事业的科学发展、安全发展、和谐发展，圆满完成厅党组交给的各项任务，为省厅改革发展提供强有力的后勤保障。

后勤服务在巩固中取得新进展

服务是后勤工作的根本，后勤服务的优劣直接关系到厅机关的工作秩序。后勤工作点多、面广、线长，中心始终坚持以人为本、优质服务理念，站在"讲政治、讲大局"高度狠抓服务工作，坚持"随叫随到，优质服务，保质保量"宗旨，积极倡导"后勤服务无小事"意识，努力为厅机关广大干部职工及家属营造和谐平安、文明整洁的工作生活环境。

物业维修工作从厅机关建设和广大干部职工、离退休老同志需求出发，虚心接受各方面意见和建议，积极开展电话服务、上门服务，努力实现零距离服务。进一步加强机关大院和宿舍院绿化卫生管理，确保水、电、气、暖正常供应。在坚持做好日常维修同时，圆满完成对厅机关办公楼18个卫生间的管道优化和更新改造，安装12台热水器，解决冬季洗用热水的现实问题；完成对部分办公室线路、窗帘、地板的更换翻新任务；完成厅机关宿舍院惠民北巷热力站基础设施维修和电控系统优化工作；完成省交战办办公楼、中心办公楼、职工澡堂、宿舍院配电室、机关警卫室、一号楼屋顶等累计1800平方米的防水维修处理工作，保证厅机关及宿舍区正常办公和生活，得到机关广大干部职工和老干部认可。

职工福利工作本着"实用、实惠"原则，调动各方面力量，采用外供和自购两种办法，千方百计满足职工需求。全年共发放鸡蛋、大米、白面、油、水果等价值80余万元福利用品。此外，广大职工也开始享受到渴望已久的年休假待遇。

食堂管理坚持热情周到，让机关干部职工吃得好、吃得满意的服务宗旨，每周都精心编制"一周菜谱"，不断调整花色品种，改进服务质量，确保"三好一保"，即质量要好、服务要好、环境要好、饭菜价格保平不升。同时加大督察考核力度，建立和完善各项规章制度，不断强化员工服务意识，努力为厅机关干部职工及家属提供优质的就餐服务和环境。

综合治理工作坚持"群防群治、预防为主"方针，继续强化厅机关宿舍区环境治理、和谐创建和安全保卫工作，完善突发事件预防协调机制，认真落实好安全责任制。在厅领导及有关处室大力支持下，对机关、宿舍院进一步绿化、硬化、美化，巩固和发展厅机关综治工作良好局面。

后勤管理在创新中取得新发展

中心领导班子从实际情况出发，围绕中心发展目标要求，积极采取措施，激活管理机制，完善管理细则，力促各项工作又好又快发展。

积极营造团结向上、锐意进取的工作环境。党员领导干部以身作则，率先垂范，做到真诚待人不虚伪，脚踏实地办实事，真抓实干搞服务，一心一意谋发展，弘扬正气，打击邪气，充分调动中心广大干部职工积极性和主动性，为中心改革发展献计献策，形成同心协力、锐意进取的良好工作氛围。

坚持把管理作为推动后勤服务工作的重要抓手。向管理要活力、要效益，不断创新管理理念，拓展管理内容，夯实管理基础，从实际出发，推行精细化管理，完善各类工作制度，不断加强对各项基础工作的管理。对中心现有的规章制度、管理办法、实施细则进行修订和完善，制定出台《请示报告工作制度》、《印鉴使用管理制度》、《主任办公会议制度》等规章制度，重新修订完善《中心财务管理制度》，加大财务监督管理力度，加强成本核算，实行量化考核，定额消耗，最大限度地降低后勤管理成本；用完善的制度规范人和事，为中心各项工作开展提供制度保障。

激活用工机制，提高工作效率。对临时用工实行定编定岗，绩效考核，通过考核与分配直接挂钩，将过去相对固定工资变为基本工资加绩效考核奖励工资，改变过去“干多干少一个样，干好干坏一个样”的分配方法。同时，成立绩效考核组，每月第一周星期二下午定期组织检查，检查结果与工资直接挂钩，从楼内楼外、机关大院卫生绿化到卫生间、宿舍区、食堂环境卫生都有明显改善，卫生死角得到根治，一线职工工作积极性、主动性明显增强，服务意识、服务态度、服务质量都有明显提高。

经营创收在探索中取得新成效

坚持创收是硬道理的经营理念，做大做强中心实体。积极抓住国家提出“保增长、扩内需、调结构、促转型”，大力投资交通等基础设施建设的大好时机，不断强化经营创收工作。

一是把握全省交通发展形势，充分发挥行业优势和信息资源优势，扎实开展经营创收，为中心自主经营拓宽道路。实体通畅公路有限公司通过积极调研论证，按照“优势互补、互利互惠、合作共赢、共同发展”原则，与河南周口华运交通工程有限公司达成合作意向，每年上缴中心管理费 15 万元。同时，通过争取，多方参与交通工程招投标工作，积极承揽公路建设项目，全年实现利润 30 余万元。

二是集思广益，广开门路，积极开展物资供应业务。中心接管物资供应站后，积极寻求公路建设中的短、平、快物资供应项目。面向市场抓机遇，在发挥现有项目潜力基础上，努力创造条件，开发新的经济增长点，与全省各高速公路公司建立良好合作关系，2008 年融雪剂供应量占到省内高速公路总需求一半，实现创收 30 余万元。

三是立足保障，规范运营，创新交通物业管理模式。对交通小区物业管理处实行“费用包干、自主控制、单独核算、自负盈亏”管理模式。严格实行“收支两条线”管理，加强财务监管力度，使小区工作步入制度化、规范化轨道；在费用收缴上，针对小区住户成分复杂、历年费用尤其是取暖费收取困难等突出问题，在厅领导支持下，在厅直单位协调配合下，落实专人分管、分工协作，采取上门收费、下发缴费通知书、电话联系住户等方式，全年收缴物业管理、水、电、暖、电梯使用等费用 396 万多元，收缴率达到 77%，有效保障物业管理正常运转；在日常工作上，坚持零星维修与集中改造相结合，保证基础设施完好，最大限度地保障小区和谐、平安、有序局面。

党风廉政和行业文明建设取得新成果

中心党总支始终高度重视党风廉政建设和反腐败工作,并从制度、措施、机构、人员等方面予以保障。坚持以科学发展观为统领,巩固和深化开展学习实践科学发展观活动成果,标本兼治,综合治理,强化责任,抓好落实,极大地推进中心党风廉政建设和反腐败工作的深入开展。

一是认真开展学习实践科学发展观活动,继续贯彻落实党风廉政建设责任制,坚持把党风廉政建设和反腐败工作作为重中之重,与中心工作同部署、同检查、同落实,一起纳入目标责任制考核范围。二是认真制定2008年党风廉政建设和反腐败工作具体方案,狠抓落实不放松。三是健全机构,加强领导,严格执行“第一责任人”、“一岗双责”等工作机制;认真开好组织生活会、民主生活会,经常听取汇报,督促检查。四是严格执行中央和省委、省政府、厅党组对廉洁自律的各项规定,做到依法行政,廉洁从政,全年没有发生一起党员违纪问题。五是积极开展以“爱岗敬业文明树新风”主题教育活动为载体的精神文明建设,把开展群众性文明创建活动与中心各个阶段任务结合起来,与推进政务公开、民主管理结合起来,为中心的改革发展提供强大精神动力。

(责编　师国梁)

山西省交通厅规划发展中心

□安小平

2008年是中心全面落实科学发展观，进一步解放思想、开拓奋进的一年。一年来，中心认真贯彻党的十七大精神，努力实践“三个代表”重要思想，坚持以科学发展观统领交通规划工作全局，不断创新工作思路和方法，着眼于“十一五”交通规划的顺利实施，围绕省交通厅决策部署，服务全省交通建设大局，积极开展交通规划基础研究，各项工作取得较好成绩。

深化研究加强管理
各项目标圆满完成

为了更好地围绕做好“三个服务”，推进交通率先发展，一年来，中心进一步转变观念，深化认识，从全省经济社会发展全局和战略高度出发，扎扎实实对山西交通发展重大问题进行研究。一是为推进旅游公路建设，支撑旅游业发展，在《山西省“十一五”旅游产业发展总体规划》基础上，完成《山西省2008年至2012年旅游公路建设规划》，从发展旅游的角度全面审视交通发展，提出了建立“5个循环，26个小循环”的布局思路，对全省五年旅游公路建设做了总体安排，为制定今后建设计划打下基础。二是抓住国家拉动内需，加快交通基础设施建设，再掀公路建设新高潮的战略机遇，在厅党组安排下，中心及时着手对全省高速公路和干线公路发展规划进行调整，重点调整高速公路和干线公路布局，明确发展目标和建设重点，为科学指导全省高速公路和干线公路发展提供基础支撑。2008年12月，《山西省高速公路网调整规划》经省政府批准实施。三是为更好地发挥“十一五”公路、水路交通发展规划对全省交通发展的指导作用，总结规划执行两年多来的成功经验，找出存在问题，更好地指导今后几年交通发展，中心开展了《山西省公路水路交通“十一五”发展规划中期评估》，对两年多来规划执行情况进行评价，并根据形势变化对规划内容进行调整、补充和完善，提出了对“十二五”交通发展规划基础研究的建议。四是开展了《山西省农村公路建设绩效评价》，全面回顾全省农村公路建设所取得的成就，采用实证分析与规范研究相结合的方法，建立农村公路里程和投资与国民生产总值的相关性模型，从经济、社会等角度全面评价农村公路建设效果，在评价基础上提出未来农村公路发展思路和进一步提高投资绩效的对策建议。五是指导各市开展公路运输枢纽总体规划。截至2008年底，各市规划已基本完成初稿。规划实施后，将科学系统地指导各市客货运枢纽场站建设，加快全省道路运输发展，提升交通整体服务水平。

一年来，中心内部管理扎实有效推进，各项日常管理工作得到规范和加强。与此同时，结合中心实际，针对工作中的薄弱环节，对安全保密等规章制度进行修订完善，加强对保密工作管理，为保障中心业务工作的开展创造良好条件。

抓好队伍提高素质 提升规划整体水平

一年来,中心高度重视对交通规划人才队伍的培养,为工作人员多方创造机会,努力加强规划业务培训,组织规划人员参加路网规划、运输枢纽规划等业务培训,大力推进学习型单位建设。中心定期组织全体职工学习交通规划专业知识及国家和省有关经济政策、发展战略,并形成学习制度。按照省厅学习实践科学发展观活动总体部署,及时组织学习,通过自学和集中学习相结合,认真领会深入贯彻落实科学发展观的重要意义,把科学发展观理念融入实际工作中。一年来,职工综合素质和工作能力有所提高,有效促进规划研究质量提升。

抓党建促发展,党风廉政和精神文明建设收到新成效

一年来,中心认真落实厅直单位党的工作责任制和党风廉政建设工作制度,加强基层组织建设和制度建设。在开展党建、精神文明创建和工会工作中,结合实际,制定详细工作、学习计划和活动安排,并进行扎实有效地落实。中心月月有活动,周周有学习,采取职工轮流主持学习、讨论交流等多种形式的精神文明活动,促进沟通,加深了解,提升素质,使中心内部形成一种相互学习、相互关心的局面,推进和谐型单位建设。中心始终保持团结向上、积极进取、努力工作的良好局面,有力地促进了交通规划工作的顺利开展。

(责编　师国梁)

山西交通安居置业管理中心

□ 郭永刚　王津林

2008 年，中心全体干部职工讲实效，办实事，加快安居工程事业发展，取得可喜成绩。

太原交通安居小区全面竣工

太原地区交通小区一期、二期工程全面交工，1000 户交通职工喜迁新居，小区硬化、绿化工程全面完成。由于小区规划科学、布局合理、绿化面积大，目前已基本建成自成规模、自成体系、自主配套、自主管理、自我保障、自我完善的一流安居小区，在同类小区中堪称优秀小区，得到交通职工的普遍认可。截至 2008 年底，困扰小区的配套问题全部得到解决。国际大都会地区居民生活配套水、电、暖、气一直采用自备临时设施，不仅价格高、质量不过关，而且供应量无法满足居民生活需求。中心从职工切身利益出发，花大力气自我完善生活设施。在 2004 年接入城市管道煤气、自建锅炉房基础上，2008 年又与东泰公司联合新建电力开闭所并投入使用，使整个小区全部接入居民用电，结束小区高价电的历史；同时，力排重重困难，跨越北张排洪渠接入黄河水，使小区居民全部喝上城市管网供水，不用再喝井水。这是迄今为止该地区唯一采用城市管网供水、供电、供气的小区，小区住户得到真正实惠。

合理整合土地资源初见成效

2005 年以来，交通小区工程渐近尾声，中心将工作重心转移至有效合理整合交通系统现有存量土地。根据厅党组要求，中心先后对省高管局高速公路开发公司物资大院及高速公路太原公司长风东大街住宅小区的兴建、征地规划等前期手续进行完善。一年来，中心经过与太原市有关建设部门协调，做了大量艰苦工作，对整个工程的前期筹备作了详细规划。长风东大街住宅小区土地手续已基本落实，很快会进入实施阶段。

深入学习实践科学发展观成效显著

中心作为第一批参加单位，结合安居工程建设实际，把学习实践活动作为推动中心科学发展的内在需要和难得机遇，组织中心全体党员采用多种形式学习中央、省委、厅党组一系列文件及领导讲话，以党的十七大精神为指导，紧紧围绕全面贯彻科学发展观，以解放思想为先导，以改革创新为动力，突出“优质高效建设安居工程，实现‘以人为本’人居理念”主题，确定“创新思路，谋划安居工程，力求全方位解决交通职工住房问题”和“解放思想，求真务实，多渠道开展安居工程事业”两个讨论主题，认真查找和解决在思想观念、思维方式、发展观念和精神状态等方面存在的差距及主要问题，进一步消除陈旧观念，打破思维定式，更新发展观念，转变发展思路，破解发展难题，形成新的共识，为中心改革和发展营造积极向上氛围，创造更加辉煌业绩。

（责编　师国梁）

山西省物流中心

□ 郭树中　田向东　王振宇

2008年，在省委、省政府高度重视关心下，在省交通厅正确领导下，在省市相关主管部门配合下，在中心领导班子和全体职工共同努力下，特别是通过参加第一批学习实践科学发展观活动，深入开展分析检查和认真制定整改落实措施方案，使太原公路主枢纽武宿货运中心项目更加符合科学规划建设要求。2008年4月，太原公路主枢纽武宿货运中心项目再次被省重点办列为全省2008年度重点建设工程项目。4月28日，中心主任郭树中与副省长张建民签订了“省重点建设项目目标责任书”，要求“完成年度投资计划15 000万元，主路基成形。

虽然该项目规划征地等前期行政审批事宜已基本完成，已具备开工建设条件，但因黄陵村失地农民200亩安置土地未获太原市政府批准，而黄陵村又坚持安置土地什么时候征下来，什么时候才允许项目开工建设。为此，该项目开工建设再度被搁浅，仅完成征地补偿款拨付手续和省交通厅责任目标。

根据中央和省委的统一部署，2008年10月，中心参加了第一批学习实践科学发展观活动。10月23日，中心成立领导组；结合单位实际，制定《实施方案》，活动开展得扎实有效。

确定主攻方向和采取有力措施

在活动中，中心紧紧围绕“把握机遇、创新思路、协调发展，全面推进太原公路主枢纽武宿货运中心建设”主题，通过各种方式的学习和培训，组织中心广大党员干部深入开展分析检查活动，认清项目当前存在的主要矛盾和突出问题，即黄陵村失地农民所需200亩就业安置用地使用权。所以，中心科学发展的主攻方向主要集中在两个方面。一是进一步完善项目征地报批手续。同时积极敦促小店区、黄陵街道事处协调协助黄陵村农民补偿款尽快分到失地农民手中，重点要积极协调政府协助黄陵村200亩就业安置土地审批尽快落实，促使项目早日开工建设。二是项目开工后，要加快建设进度和确保工程质量，积极着手招商引资工作、项目竣工投产后枢纽运营管理模式的研讨和确定。

在促进项目尽早开工建设方面，采取4条措施。一是按市国土资源局规划，尽快将已调整为规划建设用地的385亩项目用地后续手续补办完毕，尽快落实2009年度土地利用计划指标。二是积极协调市国土资源局在2009年初新一轮规划调整中，将剩余的近100亩建设用地由一般农田调整为规划建设用地，争取完成后续征地补办手续。三是积极协调市国土局办理完毕每亩18万元农民补偿费补偿拨款手续，以及其他政府征收税费的上缴手续。四是积极协调小店区政府、黄陵街道办事处协助黄陵村落实200亩农民安置土地的行政审批事宜，并在完成征地补偿登记和补偿听证会基础上，尽快将农民补偿费落实到户到人。

在加快建设进度和确保工程质量方面，采取5条措施。一是积极做好开工准备，确保完成进度工程款项和农民工工资足额到位。二是积极筹备新一轮招商引资工作，落实愿意向投资和进驻单位情况，落实大招商、大引资相关事宜。三是积极进行公路港站枢纽运营管理模式课题研究，完成与北京交通大学合作课题的科研成果报告。四是积极与省口岸办、太原海关、省商检局进一步探讨落实内陆口岸无水港后续监管机制。五是进一步探讨落实枢纽公共信息平台运营机制。

落实科学发展观取得实效

一是从维护农民权益出发，积极调整征地农民补偿费用。从每亩5万元调整到8万元，又根据龙城大街征地补偿标准调整到15万元，2008年又按照省国土厅最新征地补偿标准调整到18万元。

二是针对项目建设最突出的征地矛盾和问题，积极做好与黄陵街道办事处、村委、村民的沟通协调。2008年底，与黄陵村村委会签定《征地补偿协议》，并及时拨付征地补偿款项，使项目开工建设取得阶段性成果。

三是做好项目建成后运营管理研讨工作。中心与北京交通大学现代物流研究所合作，专门成立课题组，共同探讨太原公路主枢纽武宿货运中心项目运营与管理模式，为建成后项目的经营和管理奠定基础。

不断加强领导班子自身建设

一是加强领导班子理论学习和思想建设，进一步提高实践科学发展观的理论与实际相结合的能力和水平。主要是要以马克思辩证唯物主义和历史唯物主义的认识论和方法论，真正理解科学发展观的科学内涵、精神实质和根本要求，在加快全省公路港站枢纽建设的决策能力提高上下工夫，在落实太原项目开工建设的公关协调能力提高上下工夫，在实现太原项目建成运营的五个统筹协调发展能力提高上下工夫。

二是加强领导班子组织建设和作风建设，进一步形成一班人和全体职工的团队精神、创新精神和战胜一切困难的精神。主要是在领导班子中积极倡导和践行五个方面的良好作风，即实事求是的思想作风，理论联系实际的学习作风，认真负责和一丝不苟的工作作风，身先士卒和以身作则的领导作风，正派廉洁的生活作风，真正体现党支部的战斗堡垒作用和党员干部的表率垂范作用，在尽早实现太原项目开工建设上，率领全体职工打出敢于亮剑，克服困难的过硬作风。

三是加强领导班子的廉洁自律建设，进一步提高党风廉政建设水平和维护党的形象的自觉性。将党风廉政建设和反腐倡廉工作落实到各部门、各环节和各责任人，特别是在项目招投标、大宗材料设备采购、工程质量监督验收、工程款项结算等方面，严格遵守法律法规，按照程序和章程制度办事。

四是加强领导班子以人为本和全面协调可持续发展的理念，进一步提高执政为民和科学发展、快速发展、安全发展、协调发展能力。重点要解决好制约太原项目开工建设的突出矛盾和问题，特别是要协助黄陵村解决好失地农民就业安置问题；解决好职工群众反映强烈的困难和问题，特别要解决好职工的畏难疲沓情绪，让大家放下顾虑和包袱，增强信心和决心，发挥聪明才智，开创工作新局面；解决好2009年工作统筹兼顾和全面进展问题，把公关突破、开工建设、招商引资、运营管理等工作有机结合起来，真正实现中心工作全面协调可持续发展。

（责编 师国梁）

山西省交通厅
会计核算(审计)中心

□郭贵堂

2008 年,在厅党组的正确领导下,中心以党的十七大和十七届三中全会精神为指导,深入学习实践科学发展观,紧紧围绕交通部做好“三个服务”和实现全省交通事业又好又快发展这个中心,解放思想,深入调研,团结协作,扎实工作,全面完成年度任务。

紧抓发展要务,践行科学发展观
全面实施计重收费

2008 年,省交通厅及中心将全省普通公路实施载重货车计重收费作为践行科学发展观的头等大事来抓。在厅计重收费工作领导组组长、厅党组副书记、副厅长张润直接领导下,中心作为厅计重收费工作领导组办公室,统筹兼顾,积极协调,科学组织,合理安排,确保全省普通公路载重货车计重收费按期顺利实施。

首先,依法审批,确保费率标准科学合理。本着“不增加社会负担”原则,在组织考察调研、专家反复论证基础上,议定《山西省普通公路货车计重收费标准方案》,并在山西价格网和山西交通网刊登,广泛征求社会各界意见,经省政府批准后由省物价局、省财政厅、省交通厅联合下发《关于全省普通公路货车计重收费标准及有关问题的通知》,明确基本原则和步骤、收费标准、超限车辆判别标准等事项。10 月 28 日,省政府发布《关于普通公路实施货车计重收费的通告》,主要包括治理超限超载、计重收费费率、超限装载车辆的判别、治安管理、收费场所管理等内容,为全省普通公路计重收费实施奠定坚实基础。

其次,精心组织,确保计重收费顺利实施。为了确保 11 月 1 日按时实施,中心统筹兼顾,科学组织,下发《山西省普通公路计重收费启动方案》,全力推进计重收费工作平稳过渡。通过开展模拟运行、新闻发布会、领导组成员单位会、启动仪式等一系列活动,确保这项工作顺利启动。11 月 1 日,全省普通公路计重收费顺利实施,标志着全省收费公路计重收费全面展开,也标志着全省治超工作进入建立长效机制新阶段,为新基地、新山西建设创造良好交通运输环境。

解决突出问题,坚持以人为本
规范收费公路管理

近年来,收费公路存在规模较大、结构不合理、部分地区站点过多、贷款债务较大等问题,已成为影响和制约全省收费公路科学发展难题和人民群众关注的热点问题。

首先,深入调查研究,查找突出问题。随着社会发展,收费公路相关政策调整,全省收费公路也逐渐暴露出一些不适应、不符合科学发展的问题。主要集中体现在:区域收费公路密集,部分收费站间距不足;二级收费公路规模偏大,人员较多;普通公路债务较大,个别收费站还贷能力差。中心本着围绕“发展”第一要义,做到以人为本,统筹兼顾,实现全面协调可持续的原则,认真分析问题,寻

找解决方案，撰写了《关于收费公路有关情况汇报》的调研报告，并向省政府报送专题报告，就全省收费公路基本情况、管理中存在的主要问题、清理整顿情况、规范管理面临的主要困难、下一步采取的措施等进行汇报。

其次，坚持以人为本，促进和谐稳定。中心将实现好、维护好、发展好广大人民的根本利益作为工作的出发点和落脚点，针对乡宁县朝龙商品路开发公司高玉龙的信访材料，根据厅党组副书记、副厅长张润批示，进行专项调查，了解真实情况，本着以人为本，着力解决群众反映强烈的突出问题原则，起草了《关于乡宁县朝龙公路有关情况的报告》并上报省政府。经省政府同意后由乡宁县政府接管朝龙公路，纳入农村公路管理系统。信访事件的顺利解决是中心为人民群众办得看得见、摸得着、促进科学发展的一件实事。

第三，积极采取措施，保障资金安全。针对全省政府还贷收费公路在实现通行费“统一上解”后存在的上解不及时、上解率偏低等问题，中心采取每月通报方式，取得实效。经过连续几个月通报，省高管局、省征费局通行费基本实现100%上解，省公路局上解率也达到80%以上。通行费收入的及时、足额上解，减少资金在中间环节滞留，保障资金安全，提高使用效率。

创新工作理念，提升服务水平
突出交通审计重点

2008年，按照“围绕一个中心、突出两个重点、着眼三个安全、实施四项任务”的工作思路，实现监督、服务与保障并举，树立科学交通审计理念。把厅党组关注、群众关心、社会反映强烈的突出问题及管理薄弱、容易滋生腐败的重要环节作为审计重点，制定符合实际、操作性强、重点突出的审计实施方案，继续把建设项目建设资金审计、经济责任审计、财务收支审计、专项审计作为审计工作的重中之重，积极探索审计结果评审制度，深化审计保障交通事业健康运行的“免疫系统”功能，强化资金安全和资金使用效益监管，搞好干部监督与管理，加强财务会计工作，提高效率与效益，促进反腐倡廉工作，推进审计创新，提升成果质量，增强服务意识，实现“提升审计理念，拓宽审计领域，创新审计方式，扩大审计成果”目标，在整个交通系统逐步营造“理解审计、重视审计、关心审计、支持审计”的良好氛围，在各级领导中逐渐形成“审计出效益、审计防风险、审计强管理、审计促发展”的共识。

在审计中发现的主要问题有：在经济责任审计中，“责任、效益、依法管理”意识还有待加强，责任追究制度和问责制度还有待建立；在财务收支审计中，“损失浪费、国有资产保值增值”意识还有待增强，预算管理体制机制还有待完善；在建设项目审计中，“造价控制、质量安全”意识还有待强化，定额应用制度和施工监理、质量监督制度还有待建立和完善。针对上述问题，中心将具有代表性、典型性的问题形成专题报告上报厅党组，建议就严重问题在全系统予以通报批评，以达到教育惩处并行，引以为戒的目的。

适应发展形势，加大资金监管
规范会计核算工作

为了积极响应国家“调结构、扩内需、保增长、保发展”政策，全省公路建设投资规模迅速增长，资金筹集、使用、管理成为一个新课题。为加大资金监管力度，适应加强资金科学管理迫切需要，中心升级贷款软件，增加多项功能，补充贷款信息，归类贷款合同，完善资料备案，真正发挥银行贷款软件的科学管理作用。同时，研究集中支付条件下的资金核算办法，清理省厅与各建设单位的基本建设拨款往来，完善拨款程序，保证建设资金账目清晰，建设投资准确无误。

（责编　师国梁）

山西省交通环境保护中心站

□王东伟

2008年,在省交通厅正确领导下,在省交通科学研究院大力支持下,中心站以科学发展观为指导,围绕发展做文章,抓住自身建设不放松,不断提高技术咨询水平,全年完成高速公路环评等业务工作近40项,产值达560万元,比2007年增长43.59%,新增固定资产60余万元。同时,成功取得国家乙级建设项目环境影响评价资质、交通运输行业环境监测中心站资质和清洁生产咨询资质,在从业资格、技术水平方面实现独立开展环评等技术咨询工作的突破,开创发展新局面。

圆满完成工作目标
咨询迈出新步伐

环境影响评价和竣工环保验收。2008年是中心站独立开展环评、竣工环保验收工作取得成果的第一年。全年共承担环评项目12项,其中报告书项目8项,报告表项目3项。太原至佳县高速公路两段、大同至右卫高速公路3个环评报告书通过省环保局审批;临汾至吉县高速公路环评是国家项目,报告书经过交通部预审后,已通过环保部审批;榆次龙白至祁县城赵高速公路、长治至平顺高速公路等环评报告书正在编制过程中。此外,完成清徐马峪乡生态旅游路、康西公路连接线和太行山大峡谷循环旅游公路3个环评报告表项目。2008年开展汾离、太长、侯禹、翼侯和大同环城西段等5条高速公路竣工环保验收工作,其中4个项目已通过环保部门的验收评审。

环境监测。主要开展高速公路环评环境现状质量监测和交通行业外的环境监测,全年签订环境监测项目合同20个,涉及交通、化工、煤矿、电厂、工业区等多个行业,实现产值96.2万元。

科研项目。中心站把科研课题作为指导实际生产的主要工作来抓。2008年开展的课题是《高速公路施工期和运营期环境监测指标及方法的研究》,以关门至侯马高速公路、大同绕城公路西段和湖北省孝感至襄樊高速公路实体工程为依托,研究符合全省高速公路特点和环境特征的监测指标体系及方法,形成《山西省高速公路施工期和运营期环境监测技术指南》。该课题后期与湖北省公路管理局科研所合作进行,研究成果达到国内领先水平。

环保设计。全年累计完成大同至右卫高速公路的环保初步设计和施工图设计、榆社枢纽互通的环保初步设计、灵丘至山阴高速公路的环保施工图设计、太原至佳县高速公路两段的环保施工图设计等6个项目。

继续加强能力建设
努力开创发展新局面

资质申请取得成果,实现技术咨询突破。2008年6月,获得环保部批准的乙级建设项目环境影响评价资质,评价范围为一般项目环境报告表,具备建设项目环境影响评价从业资格。该资质的获得是中心站坚持人才队伍建设、管理制度建设和基础硬件建设的必然结果，对提升业务水平和单位整体实力有着重要的意义。2008 年 2 月，通过计量认证资质复审，获得新的计量认证证书，同时通过扩项工作，监测项目由过去 38 项增至 59 项，监测类别包含水和废气、气和废气、振动和噪声等；11 月，完成交通运输行业监测资格证书换证工作，成为全国交通运输行业环境监测中心站。2008 年 9 月，获得"山西省清洁生产审核咨询服务机构登记证书"，主要咨询服务行业包括化工焦化、采矿及矿产品洗选、食品及餐饮服务、建材、机械等。

加强人才队伍建设，提高全站技术力量。2008 年，继续以"走出去"和"请进来"相结合的方式加强人员培训。"走出去"包括 6 次组织员工到北京、南京等参加各类技术培训等；"请进来"包括：3 月邀请交通部环境保护中心蔡志洲总工程师进行环评技术培训；6 月邀请交通部公路科学研究院孟强总工程师进行"公路景观设计"专题培训；7 月邀请武汉理工大学王慧觉教授进行科研课题专题指导等。

集思广益，创新思维，提高水平。一是集中解决重点、难点问题，提高工作效率。例如把 10 条高速公路的污染总量整体打包向省环保局申请，高效解决污染总量申请难题。二是加强与业主、工可单位沟通协作，广泛宣传环保法规。建立定期联络机制，并编制《交通环境保护主要法律汇编》分发给工可编制单位，以便设计人员选线时避让环境敏感区域。

文明建设常抓不懈
健全完善管理制度

一是加强党风廉政建设，加强政治理论学习。站领导贯彻落实党风廉政建设责任制，正确处理业务工作和党风廉政关系，提高工作质量和服务水平；党员同志积极主动参加学习实践科学发展观活动，学习领会党的十七大精神、"三个代表"重要思想、温家宝总理 2008 年《政府工作报告》等。二是心系国家命运，增强责任感和使命感。"5·12"汶川大地震以后，全体员工通过网络等媒介高度关注抗震救灾情况，同时分两次共向灾区捐款 5390 元。6 月奥运前夕，发起"迎奥运、讲文明、树新风"倡议书。三是管理制度更加完善。进一步完善环评管理制度和监测质量保证体系，制定环评项目管理办法、项目管理流程和报告内审程序等规章制度，修改完善质量手册和程序文件。四是财务管理更加规范。为了减少浪费，实现成本控制目标，重点加强财务管理，包括规范报销手续和程序、实行项目费用预算制度，明确项目费用和利润等措施。

（责编　师国梁）

山西省交通厅
公路交通工程定额站

□ 雷英夏

2008 年，在省交通厅党组的正确领导下，全站干部职工以“三个代表”重要思想为指导，认真贯彻落实科学发展观，围绕公路交通建设这个中心，真抓实干，奋力拼搏，取得显著工作成绩。主要有 8 项：

1. 审查招标限价共 9 个项目，总投资 200.4 亿元，路线长 553.3 公里，核减 4.3 亿元；审查工程预算 1 项，投资 5.2 亿元，路线长 71.3 公里，核减 0.4 亿元。

2. 为适应交通部新颁发的公路工程新定额及新编办法，结合全省实际情况，组织起草了《山西省公路工程基本建设项目概算预算编制办法补充规定》（送审稿），并经过省厅评审后正式出台，有力地指导了全省公路工程概预算编制工作，为合理确定和有效控制工程造价作出了贡献。

3. 为应对 2008 年市场物价波动对全省公路工程建设的影响，最大限度减小材料价格变化引起的负面效应，经过深入调研，多方征求建设各方的意见和建议，负责起草了《山西省交通建设项目主要材料价差调整指导性意见》（送审稿），为全省公路建设工作有序开展和建设投资的有效利用奠定基础。

4. 积极开展《山西省农村公路日常养护定额》编制工作。先后与省厅农村公路处联合对全省农村公路日常小修保养情况进行调查，对 24 个县、100 余条农村公路的日常保养情况进行摸底，并派人员深入一线，走访 15 个县，具体调查日常养护的工作内容、工料机消耗情况等，收集整理了具有代表性的农村公路养护基本数据，掌握了第一手翔实资料，为编制该规定奠定坚实基础。

5. 主持开展了《山西省公路造价管理信息系统》课题的研发工作。该系统利用已建和在建项目造价资料，通过数据的横向和纵向分析对比，掌握各阶段造价的变化规律和特点，反映不同时期公路建设的技术、经济、管理、施工水平，为新建项目及主管部门领导决策提供较为科学、合理的判断依据和理论分析依据。同时为编制估算指标、概算定额和各种费用定额及工期定额提供重要参考资料。

6. 为加强公路工程材料设备价格信息管理，2008 年出版《山西省公路工程造价管理信息》共 4 期。内容包括：领导讲话、文件选登、综合信息、工作研究、海外之窗、市场动态及价格信息等。为规范行业行为，推动全省公路工程造价管理工作，发挥了积极作用，读者覆盖了行业建设、管理、设计、施工、监理等交通建设从业单位，并赠阅全国 29 个省市公路工程造价管理站，受到业内人士的欢迎和关注。

7. 积极组织省内造价从业人员进行业务培训。先后举办“山西省公路工程概预算编制办法及定额宣贯培训班”及“山西省概预算编制补充规定培训班”各 1 期，邀请定额及编办的主要参编人员进行详细讲解，并结合具体工程实例对定额和编办的使用进行说明,257 人参加。通过培训,使学员深刻领会了新定额和编制办法出台的背景与实质,全面掌握了有关具体内容和使用方法,为新定额和编制办法在全省顺利贯彻实施起到良好的作用。

8.组织山西省概预算编制补充规定培训。为了更好地宣传贯彻《山西省概预算编制补充规定》,举办“山西省概预算编制补充规定培训班”1 期。由“补充规定”主要编写人员进行讲解,对各项内容详细阐述,结合工程实例着重强调了有关内容的使用条件及使用方法,78 人参加,收到良好效果。

一年来,定额站先后获得省厅“完成工作目标责任制先进单位”荣誉称号,并连续两年保持了“省级青年文明号”荣誉称号,有力地提高了全站职工的凝聚力和向心力,培养了干部职工无私奉献意识、顾全大局意识、团结合作意识。

(责编　师国梁)

公路系统单位工作业绩

山西省公路局太原分局

□ 李润平　赵湧文

2008年，在省交通厅、省公路局和太原市委、市政府的正确领导和大力支持下，分局广大干部职工团结一心，拼搏进取，沿着“建强局、富职工、美环境”的“十一五”规划目标，围绕“三个服务”，立足“又好又快”，圆满完成省局年初下达的各项目标任务，各项工作呈现出繁荣活跃、蓬勃发展态势。

提高认识，更新观念
养护质量和服务水平明显提高

继续强化养护工作的基础地位，始终坚持“建设是发展，养护是可持续发展”的理念，突出抓好预防性养护、薄弱路段治理和危桥改造，取得明显效果。加强以预防性养护为重点的养护管理，制定出台《公路小修保养管理办法》和《干线公路养护检查考核实施办法》，召开预防性养护现场观摩会，引入和推广了一批先进适用的养护技术，在208国道、太克线、阳双线、古离线、307国道和榆古线应用新技术处理路面裂缝12万米，组建专业施工队伍，配备清扫车、铲雪机等养护机械，养护理念、养护方式和养护手段逐步向科学化、规范化迈进。加大桥梁养护管理和危桥改造力度，把桥梁的日常养护纳入季度考核范围，对307国道、太小线等路段桥梁重新进行技术状况调查和数据采集，进一步完善了桥梁档案。加大对四、五类桥的监管力度，投资1857万元完成危桥改造22座，及时消除安全隐患，确保了道路桥梁的安全畅通。大力开展绿色通道建设和文明路创建，在208国道、307国道、太小线和岚马线实施绿化里程81.636公里，并在208国道交界和太小线交会处新建两处绿化美化景点，使文明路创建和绿色通道建设相得益彰。年末干线公路好路率达85.33%，养护质量综合值为80.06，年末好路率创“十五”以来最高水平。

科学规划，精心实施
加快干线公路建设步伐

2008年，分局以建设经得起检验的工程为目标，周密部署、精心组织、克服困难、狠抓落实，完成总里程170公里，投资5.43亿元的工程建设任务，完成路面改造和新改建工程129.892公里，大中修工程40.2公里。针对工程建设时间紧、任务重、原材料涨价等困难，着力加强工程项目管理，实行分局领导项目负责制，由纪委、监察、工程和技术等有关科室组成项目督导组，强化工程质量、进度的宏观控制。以208国道改建工程为龙头，加强工程监管与考核力度，全力打造优质精品工程，制定合理的施工组织计划，严把工程质量关，积极推广科技创新，采用沥青冷再生工艺，既降低成本，又避免了废弃的旧沥青面层污染环境。加大资金调控与监管力度，严格执行工程财务管理制度、工程计量支付程序和工程成本核算办法，对设计、材料采购、资金支付、转包分包等关键环节加强监管，保证了资金的安全和效能的发挥。建立健全安全

生产机构和安全检查制度，全年未发生一例安全责任事故。年底新增养护里程31公里，达到533公里，二级以上公路占养护总里程的86%，创分局历史最高水平。

完善制度，强化管理 通行费收入创历史新高

路源公司和太古公司及早采取措施，进一步细化征收工作，加大车辆源头管理，规范岗上征收行为，提高文明服务水平，全年路源公司收取通行费5963万元，太古公司4761万元，分别超额完成年计划任务的34%和43%，收费额创分局建成收费公路以来的最高纪录。路源公司在2008年省局13家政府还贷性收费公路中通行费收入完成额排名第二。此外，分局收费站文明窗口创建硕果累累，西铭收费站荣获市级"文明和谐单位"荣誉称号，张花和仁义收费站荣获省局授予的"文明和谐示范窗口"荣誉称号，仁义收费站还通过了市级"青年文明号"审核工作。

依法治路，严格治超 不断提高公路管理水平

继续加大干线公路综合治理力度，对所辖范围内国省道干线公路路产情况进行详细排查，通过路政巡查和举报线索，现行案件及时办结，遗留案件跟踪查处。加强与公安、交警等部门的密切配合，多部门联合执法，累计拆除违章建筑2590平方米/23处，治理过村(镇)路段1375延米/88处，确保了干线公路的安全畅通。全面启动了"无缝隙、拉网式"治超行动，重点抓好日常监测和专项治理，对治超执法队伍中暴露出的问题，及时进行了整改，将北郊司徒洼、清徐油房堡和南郊小店超限点收回路政支队统一管理，对分管领导和执法队伍进行了调整，分局费收、执法窗口面貌焕然一新，涌现出了"治超勇士"乔建宁等一批优秀的路政执法人员，重塑了分局路政执法队伍新形象。全年累计查处路政案件560起，案件发现率、结案率均为100%，检测车辆121万余辆，查处超限车辆364起，收回路产赔(补)费78万余元，超限率控制在0.03%以下，有效地维护了路产路权。

转变思路，开拓市场 经营工作取得新进展

三产单位积极开拓市场、寻找出路，整体实力明显提高，走上了可持续发展之路。路源公司积极拓宽经营思路，多渠道、多领域开展业务，承建并圆满完成杨家峪桥等3项工程任务，公司影响力和竞争力得到不断提升；印刷厂积极主动开辟新市场、新业务，厂内业务完成70余万元，资产保值增值率174.5%，利润得到较大提升；富路公司转变经营模式，抢抓公路建设机遇，承建了208国道等3项工程项目，实现了扭亏为盈目标。勘测设计所依托较强的技术优势，完成分局交付的各项勘测设计任务，同时还努力开拓市场，承揽社会业务2项，不断提高单位的知名度和信誉度，整体实力和职工收入都有了较大幅度增长。太原路桥自2008年5月12日整体划归交通厅监管以来，分局积极履行监管责任，根据省政府、省交通厅党组对路桥企业的管理意见和省公路局对路桥企业监管办法，完成了清产核资，帮助路桥公司争取政策扶持和资金支持，尽可能帮助企业减轻负担。同时，在监管过程中关注公司职工情绪波动，努力实现平稳过渡。

服务养建，务实创新 提高党建和精神文明创建水平

围绕公路养建中心工作，以学习贯彻党的十七大精神和学习实践科学发展观为主线，重点抓好党组织建设、干部队伍建设和公路文化建设。深入开展"创先争优"和"讲党性、重品行、作表率，树组工干部新形象"活动，召开分局第三次党代会，完成了党委换届工作。以迎奥运、纪念改革开放30周年和公路文化建设年为契机，广泛开展了各类主题

实践活动。大力弘扬“一方有难、八方支援”的抗震救灾精神，全局上下以各种形式累计向灾区捐款25万余元，勘测设计所测量队赴四川茂县开展交通援建工作，受到省委、省厅、茂县政府和人民一致好评。坚持不懈抓好党风廉政建设，开展了廉政宣传警示教育等一系列活动，逐步完善教育与监督并重的惩治和预防腐败体系，坚持工程建设十公开制度，反腐倡廉工作取得新成效，纠风治乱工作进一步加强。认真落实老干部两个待遇，确保了两费不拖欠。分局共建成省级“文明和谐单位”2个，市级“文明和谐单位标兵”6个，国家级“青年文明号”2个，连续10年保持省级“文明和谐单位”称号。

（责编　梁锦华）

山西省公路局大同分局

□刘　美

2008年是实施“十一五”规划的第三年，也是分局进一步夯实基础、谋求更大发展的关键之年。一年里，分局上下全面贯彻党的十七大精神和落实科学发展观，立足优化路网结构，立足加快公路养护转型，立足繁荣公路文化，进一步增强了公路创新发展能力，进一步提升了公路公共服务能力，进一步推进了公路管理规范化和法制化建设，圆满完成了全年各项工作任务，为提前完成”十一五”规划目标奠定了良好基础。

公路养护

近几年的县际路改造、路网建设和路面大修工程使分局管养干线公路路况质量有了很大程度提高，日常养护工作逐步向预防性养护转变，在预防性养护上加大力度。一是建立预防为主、常备不懈、防治结合的应急机制，成立组织机构，明确职责，认真落实检查制度，组织技术人员定期对沿线进行检查，发现问题及时上报，及时采取有效措施确保道路安全畅通。二是积极推行季节性养护，根据季节特点采取不同的养护方法，有效延长路面使用寿命。针对雪灾造成的线路大面积坑槽、沉陷等病害，采取沥青冷补新技术、新工艺，及时填补，对危及道路安全畅通的路基边坡坍塌、桥涵、警示标志破损进行维修、加固。由于措施得力，物资、机械、人员准备工作落实到位，确保了大同地区国省干线公路的安全通行。三是设立了养护管理创新奖和风险补偿资金，推动公路养护管理工作可持续发展。养护管理创新奖按分局日常养护费的1.5%提取，风险补偿资金从年初计划的预留资金以及各段的自有资金中按比例提取。四是加大路基养护力度，大规模整修边坡，清理疏通排水设施，修复完善安全设施。五是及时处置路面病害，对路面出现的坑槽、翻浆、车辙等病害，严格按照公路养护技术规范的要求及时进行处理。六是认真实施安全保障工程，加强险要路段的治理改造。全年完成安保工程有大灵线、孙大线护墩4900米护柱6502根，防撞护栏2700米，交通标志88套，完成投资151.88万元。208线完成护墩1520米，护柱380根，标志5套，完成投资25万元。大灵线安装软索护栏4230米，投资110万元。另完成5座立交桥防护网，完成投资55.5万元。安保工程合计完成投资342.38万元。

2008年，分局共完成治理翻浆177 059平方米，补坑槽21 236平方米，疏通边沟565 320米，修整路肩381 940平方米，清除垃圾13 230立方米，粉刷路缘砖87公里，清理塌方34 394立方米，疏通涵洞171道，处理沉陷2070平方米，路面灌缝187 996米，修理边沟砌石3030立方米，补警示柱1020根，处理推移127平方米，完成水毁路基土方28 987立方米，修复路面728平方米，防护及排水砌石845立方米，修复涵洞2道。

公路建设

2008 年，分局完成包括国道 208 线路面改造工程和大灵线旅游路路面大修工程共计 57.4 公里，完成大修双罩 47 公里。

2008 年是奥运年，山西省政府在年初提出了“赛在北京、游在山西”的口号，分局积极响应，对重点旅游通道大灵线进行了全面大修。大灵线路面大修工程时间紧、任务重，各级领导高度重视。分局接到任务后，积极组织施工力量，多方筹措资金，6 月 25 日全线开工，7 月 20 日通车，历时 25 天，创造了工程质量、进度的历史奇迹。施工过程中，分局积极协调处理资金紧张和技术难题，全力确保施工质量和进度；各施工单位加班加点，昼夜奋战、争创优质工程。同时，大胆采用改性乳化沥青和改性剂等新材料，运用新技术取得非常好的效果。此项工程受到大同市委、市政府好评，8 月 9 日举行了通车剪彩仪式。

国道 208 线路面改造工程 17.1 公里，按照原有线形、路基宽度基本不变的原则，主要对原路面进行改造，并完善排水设施，路面结构按段落划分而不同。该项工程开工较晚，材料价格飞涨，时间相当紧迫，又正逢奥运会期间，208 线作为车辆分流的干线难以阻断交通，分局上下齐心协力，在保障车辆通行的情况下，采取半幅施工，结合抽时段间歇阻断交通的施工办法，昼夜奋战，于 2008 年 9 月 30 日全线竣工。

通行费征收

公路收费管理是提高公路运营质量和服务水平的重要手段。分局本着“内强素质、外树形象、文明执法、服务社会”的原则，从制度建设入手，推行收费站规范建设，全面落实各级各类人员管理办法，坚持“用制度管人，用程序管事”，年初及时召开收费管理工作会，分析任务完成情况，层层签订目标责任书，明确目标、责任，查逃堵漏，严格考核，确保通行费足额征收。通过召开收费工作总结表彰会等多种形式，对各收费站进行综合评比排名，鼓励先进、奖罚分明。同时，统一安排，深入开展清理整顿特权车、人情车活动，确保正常收费秩序和收费公路安全畅通。

2008 年 11 月 1 日，山西省正式实施计重收费。为了使计重收费能够顺利开展，分局领导高度重视，及时安排部署了相关工作。一是成立计重收费领导组，制定计重收费实施方案。二是对所有上岗收费员进行业务培训，确保所有收费人员都能熟练掌握操作流程。三是收费站组织模拟运行，对每个收费站的每一车道进行逐一检测。四是大力做好宣传工作，共制作宣传单 42 000 份，大幅宣传标语 26 条，收费标准彩图 20 块。确保计重收费工作运行正常、有序。

“双超”治理

加强路政管理和超限运输治理是对社会公共服务的客观要求。2008 年，分局紧紧围绕干线公路综合治理、超限运输管理，依法行使路政管理职能，维护路产路权，保护和巩固路网建设成果。

分局认真落实全省干线公路综合治理工作要求，召开专门会议，成立领导组，制定切实可行的计划和措施，在所辖公路范围内开展了大规模的集中整治行动，拆除了公路沿线大批违章建筑和非公路标志及广告牌，有效整治了公路沿线脏、乱、差现象，保护了公路建设养护成果。全年共发生路政案件 132 起，查处 132 起，发现率、查处率、赔偿率和结案率均为 100%，收取路产赔（补）偿费 1 013 829元，且按规定全部上解。全年干线综合治理完成率达到 95%，保持率达到 97%。

在超限超载治理工作中，继续加大加强执法力度，严格管理。在重要交通路口、危桥路段指定专人值守，确保对超限超载车辆的高压态势，在固定检测点实行 24 小时检测不间断，配合当地公安交警打击车辆非法改装、拼装行为,依法对超限超载车辆严厉处罚,紧密依靠当地的公安机关,严厉打击治超工作中出现的恶意堵车、野蛮冲闯关卡和暴力抗法行为,确保不放过一辆超限超载车辆,特别是车货总量超过 55 吨的货运车辆。全年共检测货运车辆 46.8 万辆,卸载货物 1052.14 吨,发放宣传资料十万份。

精神文明建设和党风廉政建设

在省交通厅党组、省公路局党委的安排部署下,分局自觉实践科学发展观,让公路文化贯穿全年各项工作,党建和精神文明建设工作在新的领域又有了创新和发展。一是成立了“领导班子研究学习组”和“基层班子思想方法学习小组”,通过科学化的培训,指导干部进行战略性和前瞻性的研究,推进全局向更高、更强方向发展;二是在 7 月开展学习节,要求各级党员干部一律参加学习竞赛,作为对党的生日的特殊献礼;三是设计了“三个板块”的干部职工教学模式,主要就企业文化建设方面观摩学习、取长补短,感知文化对一个单位发展的重要性。

分局将落实党风廉政建设责任制作为深入开展反腐倡廉工作的龙头来抓,制定了《2008 年党风廉政建设和反腐败工作任务责任分解意见》,并进行了责任分工,分局领导率先垂范,认真履行“一岗双责”,加强对自己职责范围内反腐倡廉工作的督促和指导,抓好分管专项工作的落实,各职能部门认真履行职责,自觉把反腐倡廉工作与经济工作、业务工作及党建工作有效结合起来,一起研究、部署和落实。同时,认真贯彻落实《2008 年党风廉政建设宣传教育工作要点》,开展自查自纠和治理商业贿赂专项工作,重点从项目建设招投标、质量监督、竣工验收等方面加强监管。将治理商业贿赂与学习贯彻党章活动结合,与政风行风结合、与充分发动广大干部职工监督结合、与党风廉政建设和反腐败工作结合、与行政机关效能建设结合、与促进各项工作结合、与纪检监察部门联手预防增强反腐倡廉的综合效能。

公路文化建设

围绕“文明、和谐、发展”这一主题,分局以建设文明和谐单位、文明路为重点,全面提高行业文明程度,打造高品位的公路文化。一是制定了《大同公路分局文化年建设实施方案》,从所建设管理的干线公路的现状出发,选择了大灵线、积大线两条线路作为文化公路建设,努力形成文化内涵看积大线,旅游环境看大灵线的建设布局。构成以段、站、班为建设主体,以两条文化路为两翼的“一体两翼”创建框架。坚持以“文明和谐单位”和“文明和谐示范窗口”创建为载体,紧紧抓住把“公路作美、站班作大、服务搞活”三个环节,推进了文化公路与沿线段站班创建的配套衔接,实现了段、站、班建设又一次上规模、上档次、上水平,行业形象得到了更进一步的改善。二是在汶川发生特大地震灾害后,分局采取流动现场捐款,缴纳“特殊党费”等多种形式的筹集方式,共计捐款 45 万余元;三是举办了“先进模范事迹报告暨扬荣弃耻、共建和谐”演讲大赛,生动地诠释了什么是荣,什么是辱。四是为了纪念改革开放 30 周年,开展了征文、书法、绘画、剪彩、刺绣、手工艺品制作等才艺展示活动,极大地丰富了职工的文化生活。五是成功承办了省局第六届老年运动会,并获得了乒乓球、台球、象棋三项第 2 名的好成绩。

(责编　梁锦华)

山西省公路局朔州分局

□李　开　康义仁

2008年，分局在省交通厅、省公路局的正确领导和朔州市委、市政府的大力支持下，锐意进取，开拓创新，使所辖道路交通条件明显改善，通行保障能力显著提高，服务水平大幅提升，综合实力进一步增强，党建和精神文明建设跨上新台阶，各项任务圆满完成。全年完成双层罩面24公里，路面灌缝6.8万延米，翻浆治理5.25万平方米，修补坑槽2.25万平方米，危桥改造18座，补植7条干线公路的行道树33.6万株。共查处路政案件91起，发现率、查处率、结案率、路产恢复率均达100%。检测超限超载车辆60.1万辆，查处超限车辆14辆，卸货131.6吨，车辆超限超载率由治超前的5.9%下降到0.002%。收取车辆通行费4560.4万元。分局继续保持"省级文明和谐单位"，被省局授予"安全生产管理工作先进单位"，被朔州市授予"平安单位"、"双通工作先进单位"等。分局党委被朔州市委授予"先进基层党组织"。

各项工程积极储备

按照省局要求完成前期工作的工程有3项23公里，估算总投资8904万元，其中平万线7公里、估算投资2804万元，宁应线左云界至陈家堡段11公里、估算投资2800万元，大石线应县一级路5公里、估算投资3300万元。正在进行前期工作的工程有3条路线5个项目，分别为国道208线大同至山阴安荣二级路改建工程（全长67公里，估算投资1.96亿元）、虎山线董半川至山阴县城一级路改建工程（全长50公里）、大忻线大同西花园至宁武前石湖一级路改建工程（全长157公里）。

认真处理路面病害

年初要求各段调查分析路面病害，制定修补方案，进行了及时修补。按照先保通后恢复的原则，抓紧治理翻浆路段，确保了春融期道路安全畅通。全面推行预防性养护，积极推广路面灌缝等防水技术措施，做到病早防、小病早治、防微杜渐。继续使用灌缝机对路面龟网裂轻微路段进行灌缝，对特别严重路段进行罩面，延长了路面使用年限，保证了平整度。在雨季到来之前，对重点桥梁及干线公路沿线各类排水设施进行一次全面检查，及时排除隐患，并在危险路段设立了醒目的警示标志。汛期实行昼夜值班制度，定人定岗，严密监控，做到有备无患。

加强危桥改造

根据省公路局批复的工可及时安排下达了危桥改造项目。面对时间紧、任务重、难度大的现状，分局早动手，早安排，通过优化设计，合理组织，工程建设顺利展开。在施工中，针对病害的动态发展，及时调整方案，加强质量和安全管理，不定期进行质量检查，严格执行工程进度周报制度，使所有改造的危桥均按期优质完成。分局重点推广应用沥青路面冬季补坑槽等4项新技术，推广面达100%，有力提高了养护质量。为了迎接奥运，加大对路容路貌的整理和路边环境的整治，因地制宜地在公路两侧废弃地、主要干线出省口、旅游路路边建设创新型公路行业项目公路沿线景点8处。这些景点与沿线风光完美结合，浸透着浓郁的公路文化，成为国省道上的亮丽风景。通过实施绿化、美化、洁化，充分展示了分局公路养护业绩和朔州对外开放崭新形象。继续推行出行信息服务。奥运会、节假日和重大活动期间，坚持信息日报制，确保干线公路路况信息的及时准确。完善了公路交通突发公共事件应急体系，进一步完善了5个应急预案，并结合日常养护生产，开展公路工程保障队伍的演练。

加大安检力度

为了把"安全隐患治理年"工作落到实处，分局成立了局长任组长的安全生产领导组，与局属各单位签订《安全生产目标责任书》，实行安全生产一票否决制。朔州"6·3"重大交通事故发生后，深刻吸取教训，在全面调查的基础上，重点统计管养路线内短缺和设置不规范的标志标线，上报省局，并安排所属各段及时更正。安排各段排查治理急弯、煤矿采空区等安全隐患路段，设置醒目的警告、警示标志。对纵坡、超高等道路技术指标不达标准和规范要求的路段详细调查，将存在安全隐患的不达标路段汇总统计。深刻汲取9·8襄汾尾矿库重特大溃坝事故教训，果断对下属各单位及监管路桥企业进行安全生产检查，巩固了百日督查专项行动成果，做到了防患于未然。此外，安全检查常年不断线，有效地预防了各类事故发生。

路政执法日益规范

本着"就少不就多"的原则，按章办事，主要加强对施工占地以及广告位占地的现场勘查和审批程序。对审批条件合格的业户，主动安排审批办理时间，提供便捷服务。对违章占地以及损害公路桥梁行为，按章处罚，加强辖区内标志标线等控制。通过严格执法，制止违章建筑61起，拆除违章建筑摊棚等29处共314平方米，清除公路路障77处共2524平方米。治理过村(镇)路段15处共227平方米。从"无缝隙、拉网式"治超大行动开展以来，分局领导高度重视，加大宣传力度、提高人员素质和强化监督等各项治超工作扎实有效开展，公路无"三乱"成果得到巩固，车辆超限超载率由治超前的5.9%下降到0.002%。此外，分局丁堡、杀虎口两个超限检测点已按照上级规定实施规范化建设，为探索治理超限超载的长效机制奠定了坚实基础。

与此同时，分局在机关、计划、财务、审计、机务和人事劳资等基础管理工作方面也做了大量工作，取得可喜成绩。尤其是机关管理、人事劳资和监管路桥方面，印发《建设节约型机关实施方案》，转发《公共机构节能条例》，开展"建设节约型机关从我做起"和"我为节能减排作贡献"活动，充分激发职工的责任感、使命感，营造了"节约资源光荣、浪费资源可耻"的良好氛围。人事劳资部门严格贯彻劳动合同法，保护了非编制人员正当权益。主动与劳动保障部门沟通接触，做好养老保险缴纳的调查摸底工作，争取解决他们的后顾之忧，保持了和谐稳定局面，没有出现一起赴省进京越级上访事件，续写了近几年来分局零上访纪录。监管朔州路桥后，开展了清产核资工作，制定了公司三年发展规划和工作方案，检查了公司6个在建项目，进行了工作调研，拿出了路桥分家后至监管前2个已完成项目进行剖析等。通过半年多的努力，摸清了公司家底，协助制定了鼓舞人心的工作措施，明确了到2011年底消除内外债务的奋斗目标。

加强党建和反腐倡廉建设

深入学习贯彻党的十七大精神、科学发展观、抗震救灾精神、右玉精神和省委《关于加强作风建设、狠抓工作落实的决定》，先进性教育活动成果得以进一步巩固和扩大；大力开展以“八荣八耻”为主要内容的社会主义荣辱观教育实践活动、“公路文化建设年”活动和“迎奥运、讲文明、树新风”等活动，党建和精神文明建设工作不断加强，有力地促进了各项任务顺利完成和公路事业又好又快发展。按照中纪委二次全会精神，落实党风廉政建设责任制，反腐倡廉工作取得新成效，公路无“三乱”建设成果继续巩固。工会、共青团和老干部工作紧抓在手，工会桥梁纽带作用，团员青年主动进取作用和老干部积极作用彰显，四个文明建设同步推进。此外，各类“献爱心”活动不断开展，尤其是汶川特大地震后，广大干部职工踊跃捐款，党员纷纷缴纳“特殊党费”，两项共计12.7万元。

（责编　梁锦华）

山西省公路局忻州分局

□ 张利民　杨中平

2008年，分局立足“三个服务”，全面落实科学发展观，按照省交通厅、省公路局工作会议精神，继续实施“建养并重、精细管理、多元经营、综合发展”战略目标，突出抓好路网建设、路政管理、科学养护、通行费征收、综合管理和精神文明建设6项工作，着力壮大分局经济实力，提高公路综合服务水平，各项工作推进有序，确保了干线公路安全畅通。

公路工程

2008年实施以沿黄干线公路为重点的工程建设项目7项：沿黄干线公路（忻州段）主体工程竣工并全线通车；台忻线北同蒲公铁立交桥工程、定襄绕城改线工程、108线代县绕城改线工程、209线与神华铁路平交改立交工程全线建成并竣工通车；完成保德桥头支线工程；国道209线、省道崞五线五寨过境公路跨年完工。全年完成工程建设投资8.17亿元，建设里程达156公里，改造二级路53公里。

工程建设中，分局坚持以资金管理为核心，以质量管理为根本，紧紧抓住前期、进度、质量、安全、廉政5个环节，努力建设资源节约型、环境友好型和谐公路，努力实现建设成本最低化、资源消耗最小化、工程质量最优化、项目效能最大化的建设目标。一是深化项目建设管理体制，严格执行工程项目基本建设程序。进一步健全山西省忻州公路建设开发公司责任体系，充分发挥分局工程管理部门的统筹管理职能，规范工程管理，严格合同管理，减少工程建设的随意性。二是牢固树立全寿命设计理念和“安全、舒适、环保、和谐”建设理念，高起点规划，高标准建设。认真总结近年来路网建设经验，着力提升工程设计质量和水平，着力解决工程结构耐久性、安全性、防灾减灾的有效性及与环境的协调性，做到设计合理、结构优化、施工规范，努力争创精品工程。三是强化质量和安全意识。严格落实“四级质量”保证体系和工程项目质量终身负责制，严格执行质量、安全、廉政“三个一票否决”，努力将工程质量置于良好受控状态。四是认真开展项目执法监察和项目效能监察。加强对项目法人的监管，继续推行执法总监派驻制和财务负责人委派制，执行“五个阶段”项目执法监察程序，保障工程建设良性运行。五是深入开展劳动竞赛，按期推进建设进度。开展比质量、比进度、比安全、比廉政、比科技创新劳动竞赛活动，形成了“比、学、赶、帮、超”相互激励的良好建设局面。

公路养护

坚持把养护管理作为公路工作的基础，在落实全面养护同时，突出“预防性”养护，大力加强季节性、日常性养护，加快公路应急能力建设和文明路建设，不断提升养护质量和水平。2008年，分局管养里程1745公里，年末好路率87.16%，综合值77.09，超额完成省局计划。

一是坚持以路面养护为中心，落实全面养护，提升公路通行能力。加强养护工作的计划预控，及时采取预防性保养措施，将病害消灭在萌芽状态。认真开展日常养护，加强季节性养护，强化养护管理力度，不断提升养护质量和水平。严格劳动考勤、生产检查，严格养护标准和考核办法。坚持道班每天上路巡查，公路段每三日一巡查、每月一考核，分局每月一巡查、每季一考核，确保了养护工作真正取得实效。二是加强公路应急能力建设，提高公路通行保障能力。加大危桥改造力度，强化桥梁日常养护。严格桥梁养护管理制度和桥梁安全责任制，对三类以上桥梁实行专人24小时监控，及时掌握病害动态，确保了行车安全。加强安保工程建设，努力消除安全隐患，公路安全性得到有效提升。不断强化公路抗灾能力建设，进一步建立和完善应急预案，严格巡路和隐患排查制度，认真落实专人24小时昼夜值班制度。三是管养并举，加强文明路建设，进一步提升公路服务水平。继续加大文明路创建力度，以“树立公路行业形象，优化公路发展环境”为主题，在“畅、新、洁、绿、美”上做文章，进一步提高文明路的比重与质量。在完成省局安排的96公里绿化任务同时，又自行安排了长原线、宁白线等14条干线89.6公里的绿化任务，道路环境得到明显改善。四是以迎奥运、五台山“双申遗”为工作重点，迅速实施远端分流和道路保畅任务。强化责任，狠抓落实，确保了重点路段的新改建项目及路面大修工程在7月20日前按期全面竣工，保障了道路通行能力。围绕路面病害处治、薄弱路段改善、危桥加固改建、沿线设施恢复、路容路貌治理、公路绿化美化、文化景点和服务设施建设等内容，规范管理，完善设施，为奥运会、五台山“双申遗”创建和谐、优美、舒适的通行环境。

路政管理和通行费征收

分局以法律、法规为依据，按照“抓综治、保畅通、为人民”的总体要求，以整治超限运输、治理过村镇路段、拆除违章建筑为重点，不断推进依法治路进程，公路通行环境得以进一步改善。按照全省路域环境综合治理三年实施方案，对违章建筑、标志标牌、过村镇路段和平交道口设置等重点问题继续开展专项整治，干线公路沿线环境脏乱差、行车秩序不良等现象得到明显改善。按照全市集中治超整体框架，分局主动工作，以超限检测站为依托，会同各县区政府组建了15个流动稽查大队和1个督查快办小分队，为集中治超取得切实效果做出了贡献。全年共检测车辆88.8万辆，检测超限超载车辆190辆，超限率创历史最低，仅为0.02%。全年路政案件发现率达96%，查处率、结案率、赔偿率达98%，均超额完成省局下达指标。4个超限检测站的站点建设扩容基本完成，为正规化建设创造了条件。

2008年分局抓住集中治超带来车辆增多的机遇，坚持管理与稽查并重，创新激励机制。在强化内部控制的同时，加大稽查频率，通过有效监管手段，促进了各项制度落实，进一步规范费收行为、提高了服务质量。深入开展治理违规减免特权车、人情车工作，严格规范免费、包缴车辆的审批管理，有效减少了本地减免车辆，应征不漏得到有效落实。与此同时，严格落实两项奖励措施、巩固两项考核制度，充分激发和调动费收员工工作积极性。通行费征收任务取得历史新突破，全年收取车辆通行费2.333亿元，超省计划4140万元，较2007年增长8160万元。

综合管理

一是围绕“人才强局”发展战略，严格落实人事管理制度，强化干部队伍管理。积极推进公路养护临时用工管理，坚持依法用工。加强“三险一金”监管力度，按时足额完成

“三险一金”缴交工作。二是坚持技术管理和经济管理相结合，开展以红旗设备、“双优”竞赛为主的各项竞赛活动，加快发展机械化养护进程，努力提高机械设备的技术状况。全年新增机械设备600多万元，机械设备保值增值率达107%。三是以规范基础工作为立足点，一手抓筹融资，一手抓财务管理。继续坚持《行政领导与财务人员双向制约制度》，深化会计委派责任制。完善公用经费联签审批制度，严格计划控制，严控非生产性支出和计划外经费支出，严格各单位债权清欠责任制和责任追究制，资金回收率和利用率明显提高。立足跟踪审计，加强审计工作，全年完成审计14项。四是安全管理坚持“依法治安”。强化日常监管，深化专项整治，以“全国安全生产月”为契机，进一步加强安全生产管理，加大对“六个安全重点”的整治力度，严格落实安全生产“一票否决”制，保持了安全生产的稳定态势，确保了重大节假日公路安全畅通和安全生产无事故。五是深入开展政风行风建设和效能监察。进一步完善了公开承诺，公开接受社会各界的监督，以政风行风建设强管理、促服务、见实效。以开展“公路文化建设年”为契机，加强效能建设与效能监察，将效能建设和效能监察贯穿于生产管理的各个重要环节，改进了工作作风，提高了工作效率。六是继续加强老干部和共青团工作。认真落实老干部“两个待遇”，充分发挥共青团作用。

党建和精神文明建设

分局立足抓班子、带队伍、创文明、保畅通、促发展，坚持以科学发展观为统领，认真贯彻党的十七大、十七届三中全会精神，坚持党要管党、从严治党的方针，不断创新工作理念，改进工作方法，不断加强党委对全分局思想上、政治上的领导，在具体工作中搞好服务，解决实际困难和问题。全面推进党的思想建设、组织建设、作风建设、制度建设。进一步加强领导班子和干部队伍建设，坚持调查研究工作制度，大兴改革创新之风，大兴狠抓落实之风。以思想建设为重点，强化理论学习，干部职工的理论水平和思想认识得到明显提升；以党的执政能力建设和先进性建设为重点，基层党组织建设得到进一步加强；以建设文明和谐行业为重心，积极推进文明示范窗口建设，以加快惩治和预防腐败体系建设为抓手，以“学先进、树新风、创一流”为载体，不断深化商业贿赂专项治理，加大政风行风建设；以公路文化建设年为契机，积极开展公路文化建设，实施开展了宣传公路文化建设等12项具体活动，创建活动取了新成果。积极开展“扶贫济困”和“送温暖、献爱心”活动，为四川地震灾区捐款81 833元，缴纳特殊党费37.9万元。

分局党委连续20年被忻州市委、市直工委评为“红旗基层党组织”，2008年被全国公路系统基层党建研究会评为“先进基层党组织”，全分局创建并保持“省级文明和谐单位”7个，分局在2007年获得“省级文明和谐单位标兵”基础上，2008年荣获“全国精神文明建设工作先进单位”。分局党建、精神文明建设在全省公路系统综合考评中名列前茅。

（责编　梁锦华）

山西省公路局吕梁分局

□王　敏　王福贵

2008年，是分局历史上投入最大、任务最重、困难前所未有的一年。一年来，在省交通厅、省公路局的正确领导和吕梁市委、市政府的大力支持下，分局努力践行科学发展观，以加快公路发展为主题，坚持建养管协调发展，紧紧抓住工程建设有新突破、公路养护上新台阶和全面管理上新水平三条主线，积极协调内外关系，扎实工作、艰苦拼搏，很好地完成了年度目标任务，各项工作实现了新的突破。全年完成建养投资高达15亿元以上，创历史新高。完成新改建工程、路面改造400公里，沿黄干线和省道孝石线兑镇至交口段、桃临线桃红坡至木瓜沟段及国道307线汾阳至离石段等重点工程项目相继建成通车，省道340汾阳至柳林段一级公路改建工程正式开工建设，对汾介线、孝石线、古离线、307线进行了路面改造，全市1478公里的干线公路中已有1150公里先后得到改造，全市干线公路有了质的改观；各养护单位更加重视养护工作，公路整体服务水平明显提升，全市干线公路年平均好路率达到82.8%。收费工作再创新高，收取车辆通行费2.4亿元，名列全省公路系统第二名。行业文明建设得到了进一步加强，各单位在保持已获荣誉的基础上，深化创建内容，加强形象建设，扩大了行业影响力。

创新公路建设管理　全力推进重点工程

在资金紧张、工期迫切、动迁缓慢的情况下，将“生态环保、节能降耗”、“科学组织、精细管理”的理念贯穿公路建设始终，创新管理手段，确保各建设项目如期完工。一是加大资金筹措力度，从市信用社贷款5000万元，由市政府贴息，解决了工程建设的燃眉之急，项目单位、施工单位不等不靠，千方百计加快施工进度，保证了制约性工程的顺利实施，确保了工程建设总体目标的实现。二是认真落实工程建设四项制度，通过优化工程设计、强化现场保护、规范施工现场管理，严把施工技术关、材料质量关、资金拨付关和检查督办关等“四道关口”，工程建设质量全面加强。分局在沿黄干线公路和横泉水库改建段召开了工程质量管理现场会，就工程质量、施工现场管理、安全施工等进行了现场观摩和经验交流，取得良好的效果。已竣工的路段，工程质量明显提高，施工工艺上了新台阶，特别是路面平整度、路容、路貌的美感和公路的人性化程度都有了较大提升。四是狠抓工程进度。307国道汾阳至离石段改建工程，于7月底前竣工通车，比预定工期提前了两个月；沿黄干线碛口至三交段于奥运召开前顺利完工，保证了奥运期间旅游公路的畅通。

扎实开展养护工作　全面提高综合服务能力

围绕“日常养护和预防性养护”这条主线，狠抓路面大修改造、安全保障、危桥加固改造、灾害防治、综合整治、公路绿化等工程，有力提高整体路况水平。一是加强日常养护,狠抓季节性养护,积极推行预防性养护。集中力量开展了春季翻浆治理和汛期水毁恢复工作,对祁方线、古离线、岢大线等翻浆较为严重的路段进行了彻底整治。购置了沥青碎石同步封层车和预防性养护灌缝专用机械,将临县段作为试点,经过半年的实践,取得不错的效果。二是积极实施安全保障工程,全力创建安全公路。加强了安保工程损坏设施的维修管理工作,对公路标志进行了全面的普查与补设。进一步完善和更新了桥梁健康技术档案,加强了危桥的动态监控,确保安全运行。各养护单位安全意识明显增强,孝义段自筹资金对孝石线的多处地段增加了安保设施;文水段主动完善了祁方线所有涵洞帽石加高工程;兴县段对省道忻黑线的山体易滑坡段进行了开炸。三是围绕"迎奥运、保畅通",做好行业服务工作。对重要旅游干线进行了大力整治,对事故多发地段和危桥险路除增设明显的安全标志、标识外,采取有力措施对路段进行优化。加强了省道340线、古离线、祁方线、太克线的养护工作,对薄弱路段进行了路面改造。强化施工路段的交通秩序管理,设置施工标志,制定了非正常堵车应急预案,确保了施工路段的畅通。四是加大公路综合整治力度。对岢大线郝峪塔、汾屯线康宁堡等过村路段实行了"路店隔离",脏乱差现象得到彻底整治,受到当地居民好评。

外抓创收内强管理 经济实力大大增强

几年来,全局上下牢固树立科学发展的理念,坚持社会效益和经济效益一起抓,整体实力得到明显增强。

一是自由资金大幅上升。2008年底,分局自有资金达6000万元,名列全省各分局第一。与2003年底分局自有资金1000万元相比,年递增1000万元。

二是机械设备发展迅猛。2008年底,分局共有机械设备1543台件,其中沥青混凝土拌和设备2000型4套、1000型4套、1000型以下10套;稳定土场拌和设备300型以上12套。与2003年底相比,机械设备原值增加3700万元。

三是除了原来亏损较大的方山段外,各单位都相继扭亏为盈,特别是离石段依靠系统内部和外揽工程,一年盈利1000万元,打了管理和效益的翻身仗。

坚持依法管理 提高执法水平

加大公路法律法规宣传力度,营造舆论氛围。积极开展"公路法制宣传月"和"山西省治理超限超载两个办法宣传"活动。严格落实路政巡逻制,切实维护路产路权。集中力量对重点、难点路段进行专项整治。积极开展治超保畅活动。分局基层各路政大队靠着作风扎实、管理过硬,成为治超保畅的主力军。柳林段负责的雅沟治超点被省治超办评为先进站点;汾阳段的汾介检测点被授予"青年文明号"称号;离石段负责的离石东口治超站多次得到省治超办的表扬。成立了收费管理中心,加大稽查力度,全年对50多名收费人员进行了处罚,及时纠正了各种违规违纪行为,堵塞了管理漏洞。全年收费达2.4亿元,名列全省第二。

积极开展维稳工作 创造和谐稳定发展环境

由于路桥公司分家之后效益不佳、管理失控、人心涣散,部分职工反映问题失去理智,干扰分局办公达半年之久,并对分局所属的单位进行了冲击,严重影响了分局的办公生产秩序。"5.12"后,分局认真贯彻省厅《关于山西路桥集团及所属单位划归省交通系统监管的工作方案》的精神,积极稳妥地开展路桥公司的监管和改革工作。一是认真开展摸底调查和清产核资工作。成立了专门的工作小组,就人事、财务、资产、工程等方面做了详细的安排，全面掌握路桥基本情况。二是以负责任的态度做好过渡期的监管工作。印制了《吕梁公路分局监控吕梁路桥用印登记表》，实行启用公章登记制。建立《吕梁路桥公司划归吕梁公路分局监管工作日志》，对过渡期的工作情况和存在问题进行记录。三是着力解决历史遗留问题。路桥公司长期拖欠职工工资和“三险一金”问题得到较为妥善的解决。四是编制了吕梁路桥公司未来三年发展规划。用足用好路桥公司保护期政策，组织精干的队伍积极参与忻保高速公路的施工任务，为下一步路桥公司工作的开展奠定了基础。

针对安全生产压力巨大的情况，及时调整完善了安委会成员及职责分工，进一步健全了安全管理制度，在全局范围内开展了安全隐患大排查和安全专项整治，累计查出安全隐患40项，对存在安全隐患及安全管理制度不完善、措施不力、月报表不按时上报的单位，进行了通报批评。对十六项挂牌安全隐患，进行了大力整改。

积极开展信访工作，完善了信访基础管理制度，畅通了信访渠道。特别是在原养路协议工的问题上，多次到上级部门和当地有关单位进行磋商，取得了突破性进展。孝义段原养路协议工的社会保险已纳入了当地社保统筹，其他几个单位也已与劳动部门磋商妥当，正在进行办理。信访规模、数量明显下降，奥运和省“两会”期间，未发生上访事件。

全面加强党建工作
创建文明和谐分局

积极开展了深入学习实践科学发展观活动，并纳入年度责任制考核范围，同步进行部署、检查、验收。加强了党风廉政建设工作，建立和完善了局、段两级班子“三重一大”议事制度，对涉及干部任免、重大项目和大额资金使用严格执行集体决策制度。工程建设领域的反腐倡廉工作取得了明显成效，公路治理“三乱”工作得到了进一步加强。以创建“公路文化”和“学先进、树新风、创一流、迎奥运”为载体，以人为本，务实创新，广泛深入地开展了文明路、文明单位、文明示范窗口和“青年文明号”的创建活动。全分局为四川灾区共捐款48万元，其中“特殊党费”18万元，其他各项捐款30万元。老干部各项待遇得到全面落实。民主法制建设得到有力推进。加大了离任经济责任审计工作。

（责编　梁锦华）

山西省公路局晋中分局

□ 王四小　胡钢成

2008 年是深入贯彻落实十七大精神的第一年，是改革开放 30 周年和举办北京奥运会之年，也是推进分局养、建、管、征、营及行业文明建设全面发展的关键一年。一年来，在省交通厅、省公路局和晋中市委、市政府的正确领导下，全分局上下认真贯彻落实科学发展观，围绕“三个服务”，以实施“三个六”工程为核心，全面推动整体管理上水平；以开展公路“三化”建设为龙头，全面创优发展环境；以重点工程建设为突破，全面改善路网结构；以治理超限超载为重点，全面构建路地共管新格局；以班组建设为载体，全面提升收费管理水平；以先进的公路文化建设为引领，全面推进党建、行业文明建设。分局整体管理水平、综合经济实力、公共服务能力、文明和谐程度都有了明显提高。连续 7 年被省局授予“标兵单位”，顺利通过“全国精神文明建设先进单位”检查验收，被中华全国总工会、山西省总工会分别授予“工人先锋号”，被山西省精神文明建设指导委员会授予“文明和谐单位标兵”，被晋中市直工委授予“红旗基层党组织”。

公路养护全面加强

养护质量指标方面，分局管辖的干线公路养护里程为 1331.549 公里，实际评检里程 1256.294 公里。好路率达到 84.82%，比省局计划提高 1.39 个百分点。养护质量综合值达到 80.23，比省局计划提高 5.67。年平均好路率达到 82.2%，年平均养护质量综合值达到 79.27，全部达到或超过省局计划。

日常养护及预防性养护方面，完成填补坑槽 96 208 平方米，处理翻浆 66 510 平方米，清理水沟 98 560 立方米/865 公里，填筑路基 78 460 立方米，清理塌方 187 532 立方米，整修路沿 53 820 米，恢复水沟 10 694 立方米/48 360 米，填筑路肩边坡缺口 13 462 立方米，处理沉陷 65 342 平方米，处理推移 271 813 平方米，桥涵清淤 96 280 立方米，清理垃圾 78 350 立方米，增设、恢复标志 500 余块，恢复防护工程 12 610 立方米。沥青路面刷油、灌缝、局部罩面等完成 562 公里，砌筑标准化边沟 67 091 米，标线划设 1009.168 公里。

公路“三化”建设方面，重点完成了“两纵一循环”中的 108 线、207 线、太长线、南太线、九榆线的环境综合整治及公路“三化”建设任务，累计出动人员 3680 人、机械 400 余台件，清理干线公路沿线生产、生活白色垃圾 3835 立方米/2739 处，绿化带、中央分隔带、侧石、路边缘两米范围内杂物、煤尘 1078 立方米，保持了干线公路的整洁、新颖、美观、舒适。

对坡度不达 1：1.5 和绿化平台缺土路段全部进行了填筑整修，共填筑土方11.3233 万立方米，出动人员 6768 余人，机械 892 台班，确保了管养干线公路边缘顺畅、坡面平整坚实，所辖干线公路基本实现了标准化。

2008 年，省局下达计划 206 公里/6 项。

分局于春季完成108线130公里、207线124公里、307线13公里、盂榆线45公里、东夏线77公里、汾张线30公里、榆古线7公里、九榆线昔阳城至榆次135公里、董榆线84公里、南太线121公里共计766公里的公路绿化任务,新植、补植阔叶树1 020 725株,针叶树360 820株,花灌木193万株,栽植各种花卉750公里,新建景点16处,完成投资8872.6万元。

养路工程方面,路面改造工程共82.921公里/7项,省局批准预算投资2.73亿元。共完成74.921公里/7项,完成投资2.51亿元。省局下达中修工程计划73公里,投资584万元。完成双层罩面786 000平方米/74公里,完成投资664万元。

2008年省局核定危桥3507.12米/47座(未含介霍路同步建设15座及省局未鉴定为危桥的潇河桥1座),工可批复3348.12米/46座,估算投资7992万元,计划下达4133万元。已开工建设3166.22米/42座,其中:加固改造完成27座,在建15座,完成投资3784万元。东夏线灵石境内峪口河桥、玉成桥,南太线太谷境内庞庄水库桥,董榆线冯家庄桥,汾屯线高林桥,计划2009年开工建设。

2008年省局下达安保工程计划6项,投资761.14万元,全部完成。

晋中战备钢桥库房工程建筑面积2164平方米,附属用房建筑面积158.7平方米,批准预算投资571万元,已全部完工,完成投资425万元;旧库加固维修工程全部完成,完成投资70万元。

2008年新建韩村大型服务区1处,利用道班改造索马小型服务区1处,完善配套了东夏线柳树坪服务区1处。三年来共新建大型服务区2处,利用道班改造小型服务区9处。占地面积共105亩,建筑面积4900平方米,安置职工290余人。

工程建设任务全面完成

新改建工程共3项69.813公里,概算投资10.95亿元。其中:大运线介休义棠至霍州一级公路改建工程全长64.339公里,批准概算投资10.33亿元,于2008年1月20日开工建设。路基成型64.339公里,完成路面26公里,完成投资8.5亿元,占工程总投资53.5%,完成目标任务的100%。

307线寿阳过境段改建工程全长5.205公里,批准预算投资2997万元,于2007年3月20日开工建设,工程全部完工。

太长线潇河大桥改建工程[illegible]桥长269.4米,批准预算投资3180万元,于[illegible]007年6月20日开工建设。工程全部完工[illegible]

路政管理再上台[illegible]

全年,共发现路政损坏[illegible]件3285起,[illegible]处3285起,结案3285起,发[illegible]率、查处[illegible]、结案率均为100%,收取赔([illegible])偿[illegible]84.4万元,张贴布告宣传画1773[illegible]播宣传132/3分钟/次,电视宣传732/[illegible]分钟/次,出动宣传车800/15公里/[illegible]拆除违章建筑689/41平方米/处,[illegible]村([illegible])路段39 313.5/97[illegible],拆除非公路[illegible]标志牌465块,检测[illegible]237.3万辆,查处[illegible]限车辆816辆,卸货[illegible]8.14块,检测车[illegible]237.3万辆,查处超限[illegible]9869亿元,完成省局计划的101%。11月1日,普通公路计重收费工作全面启动。全力做好奥运期间干线公路的保安全、保畅通、保整洁工作,以优良的道路秩序,优美的公路环境,优质的服务水平,确保了奥运期间未发生任何安全责任事故、信访案件,营造了和谐稳定的发展环境。

全力做好四川地震灾区援建工作,通过技术、资金、人才三支持,高质量、高标准、高效率地完成了对口援建茂县受损最严重的渭门至永和12公里的勘测设计任务,向茂县交通局捐赠了一套价值20余万元的公路试验设备。

全力做好纪念改革开放30周年活动。编纂《晋中公路分局改革开放30年》,完成了《晋中改革开放30年》专题材料,参加了晋中市组织的纪念改革开放30周年大型理论征文等活动。

在保持省级文明和谐单位标兵的基础上，分局机关，昔阳公路管理段顺利通过“全国精神文明建设先进单位”检查验收。共创建省级文明和谐单位标兵2个、省级文明和谐单位3个、市级文明和谐单位17个、厅级文明和谐示范窗口5个、省局级文明和谐示范窗口7个、国家级青年文明号2个、省级青年文明号8个，营造了和谐发展环境。

金潞苑商品房住宅小区建设工程全面启动。

（责编　梁锦华）

山西省公路局阳泉分局

□ 禹彦荣　卫　生

2008年是贯彻十七大精神的重要一年，是奥运会在我国召开的举世瞩目的一年，也是落实“十一五”规划的重要一年。一年来，分局按照省交通厅、省公路局的工作部署，紧紧围绕“三个服务”理念，科学制定工作目标，大力开展管理创新，采取各项有效措施，努力克服各种困难，全力推动工作进展，全面完成了省局和分局年度工作目标，各项工作有了新的突破和发展。

迎奥保畅任务圆满完成

作为山西东大门，广大养护管理人员认真履行职责，加强了干线公路的日常养护，对奥运绕行路线进行了重点保障，严格坚持值班制度，加强了对桥梁隧道等重点部位的监控和看护，为省政府“赛在北京，游在山西”战略的实施，为北京“护城河”作用的发挥作出了自己的贡献，圆满完成了迎奥保畅任务。

通行费征收取得新突破

2008年，分局坚持了每月一次的收费工作例会，及时针对车流变化情况和收费工作中发现的问题研究对策加以解决；进一步加强了车辆通行费包缴管理，对包缴车辆进行了严格审核；加强了收费作业现场监控和对收费工作的稽查力度，对违纪人员进行了严肃处理；继续加大对“人情车”、“特权车”的治理力度，减少逃漏费现象；加强收费现场管理，提高了优质服务水平。通过这些措施，通行费征收额首次突破一个亿，达到1.07亿元，实现了历史性突破。

计重收费工作按时启动

按照省局要求，对计重收费工作进行了全面部署和稳步推进，相继完成了5个收费站的计重收费改造、设备安装、调试和模拟运行，并于11月1日起正式全面启动了计重收费工作，实现了统一启动，规范管理，平稳运行。超限规范化建设高标准实现。按照上级要求对4个超限检测点的规范化建设进行了统一规划、设计和建设，于8月底完成全部土建工程，9月初相继投入使用。在实现了超限检测设施硬件规范化的同时，进一步加强了在治超管理上的规范化，对人员素质、检测程序、治超纪律等方面进一步加强了培训和监管，使超限规范化建设真正得到了质的提高，为建设一流规范化站点打下了基础。

超限治理工作取得新成效

对超限运输治理工作保持了高压态势，同上级治超部门和地方治超机构密切配合，认真实行了网络化、无缝隙治超管理，落实了治超责任倒查追究制，超限治理工作保持了依法、平稳、规范、有序，全年超限率始终控制在0.02%以内，无公路“三乱”现象发生，西郊超限检测点被省治超办评为先进治超点，治超工作取得了阶段性成果。

公路文化建设取得新成果

出台了《公路文化建设规划纲要》，召开了公路文化建设动员会和座谈会，发放了公路文化建设调查问卷，编印了《公路文化宣传口袋书》，开展了“迎奥运、促和谐、求规范”知识竞赛；收费系统演讲比赛和文艺会演；路政、收费部门的业务培训；“行风政风大家谈”征文等活动。这些活动的开展，在分局形成了浓厚的公路文化建设氛围，促进了公路文化建设。

基础管理工作得到加强

开展了“规范化建设年”、“公路文化建设年”、“安全隐患治理年”以及“打造精品工程，建设一流单位”四个活动，继续引深精细化管理和市场化运作，为实现又好又快发展提供了新的动力和载体，推动了分局各项工作的开展和分局整体管理水平进一步提高。特别是通过“规范化建设年”活动，分局各项管理工作逐步实现了依法依章、程序化运作，规范化运行，每项具体工作基本做到了责任到人、目标明确，落实有力。

“两建”工作取得新进展

高度重视“两建”工作，下发了“两建”活动方案，努力创建创新型行业、节约型单位。在管理创新上，结合单位实际积极开展了“四项”活动，进一步提升了管理水平；在科技创新上，加大了科技投入力度，应用和推广了新材料、新工艺项目4项。同时重点加强了信息化建设，通过公开招标，多方案比选，进行了协同办公OA系统的开发应用，建设开通了分局网站，开发了路况管理系统，在信息化建设上迈出了新步伐。在节支降耗方面，针对分局养建管征营各项工作提出具体要求，从日常工作每一个环节入手，努力减少非生产性支出，杜绝浪费，降低成本，在努力打造节约型单位方面取得了新成果。

干线公路综合治理有了新举措

结合阳泉市城乡环境整治要求和园林化城市建设安排，分局积极与地方政府沟通协调，建立起了路地共管机制，同时提高标准，增加投入，进一步加强了干线公路综合治理力度，重点加强了过村镇路段治理，全年完成干线公路综合治理里程53公里，投入资金118万元，干线公路实现了美化、净化、路域隔离化，环境优良化。

路桥监管工作平稳有序推进

分局对阳泉路桥公司实行监管后，积极按照省交通厅、省公路局的要求成立了工作组进驻路桥公司，认真进行资产清查和人员情况调查，下发了对路桥公司的监管办法，认真做好对干部职工的思想稳定工作，补发了工资和“三险一金”，积极协助路桥承揽工程，保证了公司稳定运行。

党建和精神文明建设取得新成绩

班子建设得到新加强，党员干部素质得到进一步提升，广大职工爱岗奉献、争创一流的精神得到进一步发扬。继续开展了各种形式的文明创建活动，单位文明和谐水平不断增强。积极开展抗震救灾工作，广大职工纷纷捐款捐物，党员缴纳了“特别党费”，为抗震救灾作出了贡献。

此外，安全管理工作得到加强，经营管理水平不断提升，公路应急保障能力进一步增强，各项工作全面推进。2008年，分局荣记省劳动竞赛委员会“全面建设小康社会”集体一等功，荣获全省公路系统“优秀单位”以及山西省交通厅和阳泉市政府“安全生产先进单位”称号。

（责编　梁锦华）

山西省公路局临汾分局

□ 姚来义　李　红

2008 年是分局公路建设取得重大突破，全面工作稳步推进、成效卓著的一年。一年来，在省交通厅、省公路局和临汾市委、市政府的正确领导下，分局紧紧围绕省、市经济社会发展大局和公路工作的目标任务，以服务当地经济社会发展为已任，以项目建设为龙头，以公路养护为根本，以强化管理为手段，以文明创建为保证，各项工作都取得了可喜成绩，开创了事业发展、政通人和的新局面。为此，分局荣立山西省社会主义劳动竞赛“集体二等功”，受到了省、市各级领导和社会各界的广泛赞誉。

牢固树立“大建设、大发展”理念
全力打造干线公路建设品牌

2008 年，分局工程建设规模之大、完成投资之多、推进速度之快、工程质量之好，达历史最高水平。全年完成沿黄干线临汾段 149 公里、309 线临汾刘村至吉县窑渠段92.3 公里、省道临夏线等路面改造工程 61.4 公里，累计完成公路工程 303 公里，完成投资额 11.6 亿元。一是公路建设理念不断创新。在工程建设中，既注重主体工程，又注重附属工程。在推进主体工程的同时，同步实施公路标准化建设，坚持做到“内实外美”，实现了工程内在质量和外观品位的和谐统一。二是继续实行项目法人公司与前线指挥部相结合的管理模式，聘用专家组，择优录用施工队伍，充分发挥监理职能，为工程建设提供了强有力的组织保障。三是征地拆迁工作由行业行为转变为政府行为，实现了“快速拆迁”、“经济拆迁”、“和谐拆迁”，为工程建设营造了良好的外部环境。四是狠抓施工现场管理和过程控制，大力推进“无缝隙”、“精细化”、“集约化”管理，建立健全施工质量保证体系。五是大力推广新技术、新材料、新工艺。继续采用以 3000 型沥青拌合站和 525 摊铺机为主体的先进技术设备，特殊路段使用改性沥青铺装，有效地保证了工程质量。六是加大检查频次和奖罚力度，积极开展劳动竞赛。先后组织了三次阶段性检查评比，累计奖励 84 万元，处罚 373 万元，保证了工程进度、质量始终处于良好的受控状态。

始终坚持公路养护中心地位
为社会提供良好道路条件

2008 年，分局出台了《干线公路养护绩效考核办法》，以道路良好、路容整洁为目标，突出预防性养护、文明路建设、标准化建设、危桥改造、灾害防治、绿化美化六大工程，采取月巡查、季考核、年奖惩的方式，根据完成的养护工程量和质量标准，拨付养护经费，评比排队、奖惩兑现，较好地解决了“只投资不养护，只养人不养路”的问题，为推动养护工作日常化、规范化、科学化，巩固建设成果和改善公路路况，提供了良好的制度保证。在养护工作中，牢固树立“大养护”的理念，改变传统的人工作业方式，以 3000 型沥青拌

合设备为依托,推行"智能型管理"、"机械化铺装",对路面病害实施整段落处治,做到了处治一处优良一处,以处处优良保证了全线优良。全年完成危桥加固改造12座,完成养护标准化建设120公里,建设和保持文明路828公里,处治公路翻浆12万平方米,完成绿化新(补)植268公里,全年完成养护投资额3200万元,公路好路率达88.98%。同时,还延伸服务领域,完善公路应急、抢险、救援各项应急预案,修建绿化、美化景点,提供各具特色的便民服务,树立了公路部门的新形象。

大力加强路政和超限超载治理 提高管控能力和执法水平

在路政管理上,分局严格执行《路政管理实施办法》,对路政人员实行定人员、定路段、定职责的"三定"责任制;分局采用日常巡查和季度考核相结合的办法,每季度都组织专门力量对各路政大队业务工作进行综合考核、评比排队、奖优罚劣。各路政大队以维护路产路权和控制建筑红线为重点,加大办案力度,坚决打击各种侵犯路产路权的不法行为,集中整治违章建筑、非交通标志、过村镇路段和平交道口违规设施。安泽路政大队积极推行"政府协调、公路主导、部门参与"的联动机制,为分局路政管理工作创出了一条新路子。在治超方面,积极依靠当地政府,紧密协调配合,严格实行责任追究制,对非法超限超载车辆进行"无缝隙、拉网式"集中整治,坚持做到卸货到位、处罚到位、赔偿到位,不使一辆非法超限超载车辆出站。经省局考核,分局治超工作已位居全省领先水平。在费收工作上,加强收费监管,加大督查力度,在各收费站深入开展了"收费秩序大整顿",取得了明显成效。2008年,共清理路障、拆除违章建筑4697处,拆除非公路标志牌666块,路政案件发现率、查处率、结案率、赔偿率达98%以上;检测车辆54万辆,查处非法超限超载车辆657辆,收取路产赔(补)偿费和罚款887.5万元;征收车辆通行费1787万元。

创新体制机制,推进科学管理 全面提高竞争能力和综合实力

2008年,分局各项建养投资、经费拨付、资金使用,都纳入了统一的计划管理,执行计划的严肃性得到加强;会计基础工作更加严密、规范,资金调配使用更加合理、有序,财经纪律得到较好落实;固定资产的监管力度不断加大,随意购置、变卖、顶账国有资产、公车私挂、私车公挂等不规范行为得到根本扭转;安全生产工作宣传培训到位、监督检查有力,实现了全年安全生产无事故,分局被省交通厅授予"安全生产先进单位";在劳动人事管理上,对公路段的劳动用工进行了分类规范,根据实际需要和人员状况,依法签订了劳动用工合同,履行了养老保险和经济补偿手续。本着公开、公平、公正的原则,在分局职工直系子女、省交通职业技术学院和长安大学通过考试择优招聘了72名大中专毕业生,充实到一线养护单位,增强了干部职工队伍的后劲和活力;分局系统全部执行了档案工资,职工福利待遇较往年有了明显提高;分局机关开展了"四比四看"业务竞赛活动和重点工程蹲点包线活动,机关人员的工作效率和服务质量进一步提高;分局系统各单位普遍加强了经营管理,以开源节流为核心,积极开展创建"节约型、创新型单位"活动,都实现了年度结余(利润)目标和累计"扭亏为盈"目标。到2008年底,分局固定资产总值达2.3亿元,自有资金达7678万元。

全面加强党建和行业文明建设 创建具有鲜明特色公路文化

分局各级领导班子认真执行《分局领导干部合作共事十项原则》和《干部职工廉洁自律"八不准"》,狠抓了班子的思想、组织和作风建设,凝聚力、创新力和战斗力显著增强;党风廉政建设责任制得到全面落实,分局

在工程建设领域推行了“三公开、一促进”活动，大力开展行风评议和治理公路“三乱”工作，积极参加市广播电台“行风热线”节目，分局系统全年无重大违规违纪行为发生；同时，大力开展了“公路文化建设年”活动和文明和谐行业创建升级活动，广泛开展了向“十佳领导干部”、“十佳经营管理者”、“十佳养路工”等身边典型学习活动，使文明建设涵盖分局上上下下、方方面面。为此，分局2个基层单位被省交通厅命名为“文明和谐示范单位”，5个基层单位被省公路局命名为“文明和谐示范窗口单位”，15个基层单位保持省级和市级“青年文明号”称号、3个基层单位获得市直“文明和谐单位”称号。

（责编　梁锦华）

山西省公路局运城分局

□ 丁惠民　权可进

2008年，既是分局的丰收之年、喜悦之年，也是全分局干部职工乘势而上、排难而进，奋发有为的一年。在省交通厅、省公路局的正确领导下，在运城市委、市政府的关心支持下，分局以科学发展观为统领，以改革创新为动力，围绕“紧扣年度目标，瞄准行业一流，突出质量效益，完成‘九大’目标”的战略定位，广大干部职工团结协作，顽强拼搏，攻坚克难，基本实现了“路网结构有新改善，服务水平有新提高，体制改革有新突破，公路文化建设有新局面，职工收入有新增长，群众得到更多实惠，全局综合实力进一步提高、社会知名度进一步扩大”的既定目标。

沿黄公路建设取得重大胜利

沿黄干线改建工程运城段是分局2008年职代会提出的重点项目之一，也是市政府向全市人民承诺必办的“十件实事之一”。3月底开工后，为了把这一“民心工程”办好办实，分局上下同舟共济，不仅克服了工期短、征地拆迁难度大等困难；同时成功破解了建设资金和高填方技术两大难题，圆满地处理了程序问题、科学施工和质量问题、相关部门的协调问题和与老百姓的关系问题，完成投资6.78亿元，高质量完成了146公里工程。

一级路改造实现重大突破

2008年，分局结合运城市干线公路路网实际，转变发展模式，追求社会效益，积极与地方政府、省厅、省局沟通协调，变沁东线二级路维修为一级路改造，加上新绛108线5公里，总共投资1.3亿元，完成一级路改造25公里，其中新增一级公路20公里，占全年路网改造的80%。在最后一年的路面大修中，虽然同往年相比，任务较小，仅有38公里，但分局“争一流，创优良”的信念不变。通过全局上下共同努力，共投资7691.7万元，完成沁东线21公里，108线河津10.265公里，新绛7公里，总计38.27公里路面大修任务。12月省市相关部门在对分局2007年路面大修工程竣工验收中，100公里路面大修工程全部被评为“优良工程”。

养护工作又好又快发展

2008年，分局坚持“以人民利益为最高利益，以道路安全畅通为最高准则”，把养护工作作为“民心工程”、“政治工程”和“生命工程”来抓，作为全年养护工作的“生命线”一贯到底。一是投资4755万元，加大水毁抢修力度，全面完成18.79公里水毁恢复；二是投资2793万元，高质量完成14座危桥改造；三是以沁东线、临夏线、209线等为重点，辐射全市，加快安保工程建设步伐，确保群众生命财产安全；四是加大养护运行机制改革，以省局预防性养护现场会在分局召开为契机，通过“四大工程”的强力推进，促进养护质量好路率一路攀升，各项指标超计划完成，10月底养护质量好路率达85.96%，综合值达

81.88，基本实现了主循环一直保持着"文明、安全、通畅、舒适"的服务环境。

超限超载实现"大治理"

2008年，省政府向全省发出了"拉网式无缝隙"的"治超令"，分局以此为契机，科学周密部署，加强力量整合，全市共出动稽查车辆3000余台次，抽调路政执法人员12 000余次，确保各检测站点"24小时换班制"，推行"阳光执法"，形成强大的治超力量，超限车辆控制率在0.058%以下。按照全市路域环境综合治理三年实施方案，对违章建筑、标志标牌、过村镇路段和平交道口高置等重点问题继续展开专项整治，2006年至今累计完成1209公里，全市干线公路沿线环境脏乱差、行车秩序不良的现象得到大大改善。

公路发展资金有了"大保障"

通过想方设法筹措资金、安全有效用好资金、难中求进强化征收"三步曲"，确保了建养资金不断链。为筹措养建资金，上到局主管领导、分管领导，下至财务工作人员，多次往返省厅、省局，反复做工作，争取到了2007年特大水毁、路面大修工程、沿黄公路及地方政府配套资金共计7.5亿元，有效缓解了生产资金所需，保证了全年建养生产正常进行。公路费收难中求进，全年共完成公路通行费征收3200万元，上解率达到100%。

科技创新蓬勃开展

一年来，分局以"自主创新、重点跨越、支撑发展，引领未来"为指导方针，以沿黄公路建设、路面大修工程建设、危桥改造项目等为载体，大力实施"科技强局"战略。特别是在路面改造工程中，完成"重锤强夯在高填方路基压实施工中的应用"等5项科研与新技术推广，成为分局走科学发展之路的支撑保障。

监管路桥卓有成效

从"讲政治、求发展、保稳定、促和谐"的高度出发，积极稳妥有序的做好了运城路桥企业接收和改革工作。以"稳定路桥职工情绪；实施清产核资，明确路桥家底；为职工补发拖欠工资"等"三大暖冰"之举，使广大职工找到了"归宿感"，助推运城路桥公司步入了安定有序，和谐发展的新局面。

解决职工难点和热点问题

运城路桥企业以及运城市汽修一厂长期拖欠干部职工工资及"三险一金"问题得到较好解决，各项待遇基本落实，困难企业职工基本生活得到保障。全分局实现了人均增收2000元目标的同时，合同制工人养老保险问题得到全面解决，并筹措资金1300余万元，解决了7个公路段协议工的养老保险，剩余6个公路段协议工的养老保险正在积极筹办中。以万荣段等一批办公楼的投入使用为标志，各基层养护段的基础设施明显改善。以芮城、闻喜等一批经济强段的产生为标志，各公路段的经济实力不断壮大。以扭亏为盈，逐步走强的永济段为标志，全分局面向职工，和谐共建，成果共享的崭新局面全面形成。

党建和行业文明建设扎实有效

2008年是分局党建和文明建设务实创新的一年，突破性进展的一年，也是卓有成效的一年。一是干部队伍建设得到了新加强。局属各单位领导班子基本上达到了年龄上梯次配备，知识上相互补充，专业上类型齐全，气质上刚柔相济。二是公路文化建设得到了新提升。以"和谐、务实、创新、卓越"为核心的分局文化进一步凝练和弘扬，"想事、干事、谋事；求和谐、促发展、讲团结"的核心价值理念在全局上下正逐步形成。三是党员模范带头作用得到了新发挥。一年来，各级党员干部不仅在建养管征各项工作中吃苦在前，享受在后；而且在南方雪灾、汶川地震以后,全局党员干部更是积极带头,踊跃捐款,累计26万元。四是全局精神文明建设有了新进展。分局荣获省“五一劳动奖状”,继续保持了“省级文明和谐单位”6连冠,并再一次荣获运城市“文明和谐标兵单位”称号。13个基层单位100%保持市级文明和谐单位称号;2个单位保持省级文明和谐单位称号,3个单位保持“省交通厅文明和谐示范窗口单位“光荣称号,4个单位保持省公路局“文明和谐示范窗口单位”光荣称号,4个单位保持省市级青年文明号称号。

(责编 梁锦华)

山西省公路局长治分局

□ 苗宏宇　郭新德

2008 年，在省交通厅、省公路局和长治市委、市政府的正确领导下，分局以科学发展观统揽全局，立足“三个服务”，坚持以人为本，着力加快路网改造步伐，加快养护转型，推进依法管理，狠抓通行费征收，强化公共服务，加强自身建设，繁荣公路文化，圆满完成了各项工作任务。

全面加强公路养护

为尽快实现养护工作转型的要求，2008 年，分局提出了“构建五个循环圈、改善五条旅游线、打造十段口子路”养护工作思路，全方位加强了公路养护工作。

五个循环圈是指：长治 208 线 屯留 309 线、汾屯线 沁源 汾屯线 交口 南沁线 沁县 南沁线 武乡 太长线 襄垣 太长线 长治；长治 207 线 潞城 309 线 黎城 207 线、南沁线 武乡 太长线 襄垣 太长线 长治；长治 207 线 长治县 长晋线、屯龙线 长子 屯龙线 屯留 309 线、208 线 长治；长治 长平线 壶关 长平线、荫林线、长陵线 长治县 长陵线 长治；长治 207 线 潞城 河潞线、李东线 平顺 李东线、长平线 长治。

五条旅游线是指：川荫线（太行大峡谷）、河潞线（太行水乡）、207 线（黄崖洞）、南沁线（王家峪、砖壁、太行溶洞）、沁洪线（灵空山）。

十段口子路是指：汾屯线沁源平遥交界段、沁洪线沁源古县交界段、309 线屯留安泽交界段、长安线长子安泽交界段、长晋线长子高平交界段、长平线壶关陵川交界段、长陵线壶关陵川交界段、207 线黎城左权交界段、南沁线武乡左权交界段、太长线武乡榆社交界段。

围绕这一思路，在日常工作中，分局主要从以下几方面狠下工夫：一是加强日常养护。出台了分局日常养护考核细则，对管养的干线公路按照路基、路面、沿线设施、文明作业四大块进行考核评比，进一步规范了公路养护作业。重新启动道班达标升级竞赛活动，一批道班得到改善升级。二是加强季节性养护。春、夏两季重点在搞好路面病害处治和翻浆治理上下工夫；汛期及时成立防汛工作领导组和抢险突击队，发现水毁及时处治，及时恢复交通；秋季在全面养护上统筹考虑，提高了路况综合服务水平。三是突出预防性养护。加强预防性养护知识的培训和普及，并采取资金和政策方面的措施积极推行预防性养护。四是提升特色化养护水平。结合省局开展公路文化建设年的要求，积极同地方政府联手，共创精品路、特色路，从效果来看，各单位在特色化养护方面亮点纷呈，干线公路的文化品位得到进一步提升。五是抓好危桥改造工作。全面实行社会监理制和合同管理，对每座危桥改造工程都确定了具体的施工日期，向社会公示，接受社会监督，确保按期完成。六是开展了“赛在北京，游在山西”活动，积极做好奥运保畅分流路线的养护工作，确保了北京奥运会召开期间分局所辖路段无堵车现象发生。

全年共填补油路坑槽500 524平方米，刷油罩面540 348平方米，处治路面翻浆159 084平方米，修标准化边沟46.5公里。改造危桥55座，完成投资4696万元。中修罩面66.6公里，完成投资484.3万元。干线公路综合治理364.7公里，完成投资899.7万元。公路绿化完成新植和补植行道树394.8公里，新建绿化景点和绿化平台7055平方米，投资1683.6万元，文明样板路保持里程519公里。全年平均好路率83.60%，综合值77.31，分别比省局计划提高2.75个百分点和6.31；年末好路率84.60%，综合值77.44，分别比省局计划提高2.18个百分点和1.38。

不断加快路网改造进程

2008年，分局的公路建设里程总共161.6公里，完成投资超过6亿元。总的特点是工期短、任务重、资金紧。面对困难，分局不等不靠，全力以赴，提出了“六个一流”的工程总体建设目标，狠抓工程质量、进度、安全、廉政管理，又好又快地完成了各项工程建设任务。

一是精心组织，科学管理。先后两次召开208国道路面改造工程动员大会，明确提出工程建设总体目标，要求所有参建单位都要把精兵强将迅速抽调到工程一线。将全线分为北段、中段、南段进行分段管理，积极争取市政府及沿线县区的支持，提出把208国道建设成黄金走廊、文明通道的号召。南沁、汾屯线改建工程项目部，按照“加班加点出效益、多点作业出成果”的工作方针，指导施工单位加大投入，提出“短战线、快施工、干一段、成一段”的汛期路基施工组织计划和“保重点抓路面、攻难点出路基”工作思路，各项施工作业有序推进。309国道潞城市区改线工程项目部在施工中采取项目部检查、施工单位自检、监理单位共检相结合的做法，对工程建设情况进行综合评定，用于指导工作，推进了工程建设进程。

二是严格控制、保证质量。在工程建设中，分局始终把工程质量放在第一位。在质量与进度关系处理上，优先保证工程质量；在工程变更处理上，首先考虑工程质量；在工程计量方面，不合格工程不予计量；日常检测质量不合格，返工没商量。在此基础上，重点从原材料进场、施工工序工艺、试验检测三方面严格把关。分局专门邀请有关专家就改性沥青的性能和使用做了详细讲解，并且在工程建设中应用了这一技术，提高了路面承载能力。208国道长治市西过境段改建工程注重在工程建设各个环节的质量控制，以“严”求“质”，确保工程建设质量。同时，分局还对新改建工程进行定期检查和定期通报，规范了施工工艺，强化了工程质量。

三是统筹协调，加快进度。建立健全进度计划审核和进度计划跟踪分析制度，形成一个由“进度计划—实施计划—调整计划—进度计划”的动态良性循环进度控制体系。与各施工、监理单位签定目标考核责任书，要求施工单位必须根据总体建设目标，详细制订月计划和周计划，把目标计划落实到每个工作面，落实到个人，做到人人有压力、人人有动力，确保了各项工程总体目标的顺利实现。特别是208国道路面改造工程项目部还于7月和8月底组织了两次阶段性评比，奖优罚劣，确保了工程质量，推动了工程建设进度。

四是保障安全，强化监督。各项目部都成立了安全生产、防汛抢险领导组，结合迎奥运、保稳定、保安全，制定实施了加强油料管理、禁止爆破作业等相应措施，防患未然，确保安全生产。加强工程建设领域的廉政建设，对水泥、沥青等大宗材料统一实行招标采购，做到“建好几条路，不倒一个人”的廉政目标。全年完成路面改造工程约127公里，完成投资约4.3亿元。分别是208国道长治段路面改造工程，全长119.935公里，总投资3.94亿元，2008年7月开工建设，10月底竣工通车；国道309线黎城县城至赵店桥，全长6.9公里，投资1980万元；省道川荫线十八盘隧道工程，2孔210米，投资1263万元。

完成新改建工程2项，在建工程1项。其中，208国道长治西过境段改建工程，长6.266公里，采用二级公路技术标准，2007年5月9日开工建设，2008年8月8日竣工通车，总投资5000万元，2008年完成路面部分投资1200万元。309国道潞城市区过境段改线工程，长8.646公里，主线长7.716公里，采用一级公路技术标准，支线长0.93公里，采用二级公路技术标准，2008年4月30日开工建设，总投资8858万元，12月竣工通车。省道南沁线、汾屯线改建工程，长79.3公里，南沁线改建段33.85公里，汾屯线改建段45.45公里，均采用二级公路技术标准。至年底，完成20公里，完成投资6939万元。

切实提升路政和收费工作水平

随着路况水平的逐步改善，加强路政管理、维护路产路权，加强收费管理、坚持文明收费就成为全局工作中更加重要的两项工作。

路政管理。提出要实现“阳光、高效、文明”新水平的目标，对全局路政执法人员和新到任的检测点主任、路政大队长进行业务知识培训，举办“路政、治超”杯业务知识竞赛。同各公路段签订路政管理百分考核目标责任书，为各路政大队配备专用车辆。积极参与全省“拉网式、无缝隙”集中治超行动，对所辖干线公路上55吨以上大吨位车辆进行集中治理，有效遏制了超限超载现象，其中停河铺检测点被省治超领导组评为全省公路系统唯一的“优秀治超站点”。加强检测点站点建设，东井岭检测点和办公楼、309国道陡沟收费站和办公楼、停河铺检测点和办公楼相继建成。

治超工作。严格按照省、市治超办和省厅、省局的统一安排，对所辖干线公路上55吨以上的大吨位车辆进行了集中治理。加大流动稽查和路面巡查力度，制定了严格的责任追究制度，在各重点路段悬挂醒目的护路爱路警示标语。

通行费征收。提出了“完成任务一流，文明服务一流，科学管理一流，队伍建设一流，站场建设一流，科技创新一流”收费工作目标，下发了《分局收费系统管理体系制度汇编》，编印了分局《收费人员应知应会手册》，从法制建设、文明收费、规范操作三个方面对收费站和收费员作了进一步规范。开展专项治理特权车、人情车行动，加大收费稽查力度，进一步规范收费行为，杜绝“三乱”现象发生。积极实施计重收费工作，对计重收费运行进行了多次模拟操作，确保了分局具备条件的收费站11月1日顺利实现“计重收费”。

有效增强整体服务能力

2008年，分局继续在规范管理上下大力气，召开多项业务工作会议，研究部署加强各项工作的管理问题。重新修订了分局各项管理制度，进一步明确了科室职责、岗位职责，并将职责上墙公示。规范资产购置程序，对闲置资产进行摸底。对全局的人事工作和编制外用工养老保险缴纳、劳动合同签订等进行安排布置。制定了《分局劳动用工管理暂行办法》，使全局的劳动用工管理工作步入规范化轨道，各基层公路段、收费站和检测点都与编制外用工签订了劳动合同，合同签订率在全省公路系统处于领先行列。采取不同的方法，彻底解决了编制外用工及原养护协议工、农合工养老保险等遗留问题。加强安全生产管理，严格落实安全事故责任追究制和安全生产一票否决制，确保了全年安全生产无事故。高度重视离退休老同志工作，真正让老干部和老职工老有所养、老有所乐、老有所为。创新型、节约型单位创建工作成效良好。积极做好信访工作，确保全局和谐稳定。

抓好党风廉政和行业文明建设

一是强基固本，全面推进党的建设。坚持党委中心组学习制度，组织党委中心组进行了2次集体学习，组织机关干部职工积极开展政治理论学习。组织干部职工收看了全省深入学习实践科学发展观活动动员大会实况转播。出台了《党支部工作百分考核方案》，按时召开民主生活会，召开了纪念建党87周年暨“创先争优”总结表彰会。分局党委先后组织全局干部职工向灾区捐款和交纳特殊党费42.87万元。

二是认真抓好党风廉政建设。与市检察院建立惩治和预防渎职等职务犯罪联席会议制度。分局纪委监察室先后参与并监督了分局路政车采购，站房、办公楼建设、原材料采购等招投标活动。召开了政风行风评议工作动员大会，狠抓工程廉政建设，坚持执行工程项目纪检监察人员派驻制，还建立了纪委监察室明察暗访、收费科稽查、各站稽查组成的三级稽查网络，启动了自查、互查、监控、审带、信访、投诉及监督机制，实行凡查出问题的人和本单位领导、上级业务主管部门连带问责制，形成了规范收费、杜绝公路“三乱”行为的有效监管机制。

三是不断引深行业文明创建活动。全局共创建文明路519公里，省级文明和谐单位3个，市级文明和谐单位8个，省厅、省局文明示范窗口5个，省、市级青年文明号7个。成立了长治公路文化协会。积极参与长治市“全国文明城市”创建活动。分局的两个家属院被全国文明办抽中做入户调查，由于准备充分，效果良好，受到了上级的肯定与好评。开展“学、树、创”活动，组织干部职工认真学习优秀党员王海潮同志的先进事迹。

四是积极开展公路文化建设年活动。召开了公路文化建设动员大会，开展公路核心价值理念、行业精神和宣传口号有奖征集活动，评选出优秀作品。成立长治公路文化协会，并在民政部门进行注册登记，成为长治地区第一家专门从事公路文化研究的社会团体，出版《长治公路文化系列丛书之一——路的铭记》。举办和开展了公路文化建设书画摄影展和公路文化建设征文活动。制定文化公路建设实施方案，基层单位纷纷开展职工文化艺术节，营造了浓厚的文化氛围。

五是积极做好工会工作。开展了道班升级达标竞赛活动和多项劳动竞赛活动。参加长治市“安康杯”竞赛。分局获得长治市政务公开民主管理工作“先进单位”称号。工会获省厅工会和长治市总工会“模范职工之家”和“模范工会”称号，开展金秋助学活动，资助困难职工子女13人。组织392名基层职工参加市总工会的大病医疗互助活动。开展形式多样的文体活动，活跃了职工文化生活。

扎实做好路桥企业监管

成立稳控工作组，进驻太行路桥公司，传达上级精神，了解掌握太行路桥干部职工思想动态，研究太行路桥公司存在问题。认真监督和核实用于支付太行路桥职工工资的财政专项资金分配情况。专门从208国道路面改造工程中拿出一个标段来，支持路桥公司。成立清产核资工作组，对太行路桥及其下属单位的资产负债状况进行了清查。为太行路桥职工补发了工资，补缴了三险一金，发放了生活费。稳定了太行路桥公司职工人心。成立山西长兴路桥工程有限公司。

全面完成年初向职工的承诺

着力解决职工关心的住房问题，完成了“康庄住宅小区”和“海德艺墅住宅小区”团购工作；为200余户家属区职工办理了全产权房产证；解决了部分符合条件的职工子弟就业问题；积极做好办公区和家属区的绿化、美化工作；为在职职工和离退休职工进行身体检查，特别是为在基层一线工作的广大职工办理了养老保险，解除了后顾之忧。全局干部职工人均收入普遍提高。

（责编　梁锦华）

山西省公路局晋城分局

□ 郭长庆　张根法

2008年,在省交通厅、省公路局和晋城市委、市政府的坚强领导和大力支持下,全局上下齐心协力、顽强拼搏、励精图治、开拓进取、真抓实干,积极应对挑战和考验,全年目标任务圆满完成。被中央文明委授予"全国文明单位",被交通运输部授予"全国交通行政执法责任制示范单位",在省局年终劳动竞赛评比中,取得优秀单位、综合第二名、经济效益第一名的好成绩。

公路养护管理再上新水平

随着干线公路交通流量快速增长,公路养护面临的任务越来越大、压力越来越重。分局适时转变观念、调整模式,把预防性养护放在更加突出的位置。通过采集路基、路面、桥涵数据,分段评定道路状况,科学合理安排养护工程。大力实施公路畅通、安全保障、危桥危隧改造、文明样板路、科学养护创新五大养护工程,把提高道路通行能力、营造安全文明路与改善公路生态环境有机结合起来,努力构建更加安全、更加畅通、更加舒适、更加优美的道路交通环境。7月3日,全省干线公路预防性养护现场会在晋城召开,分局预防性养护的做法和经验,得到省局和与会人员的一致认可。

分局始终把为社会和行人提供安全畅通的道路环境作为各项工作的出发点和落脚点。突出抓道路安全畅通工作中的薄弱环节,进一步完善交通安全设施和各种标志(牌)、标线,全年保持完整醒目,特别是在通往王莽岭、皇城相府等4A景区路段,增设143套中英文双语标志,力争从根本上解决"走错路"的问题;完成干线公路安保工程67.6公里,更新更换各种标志432套,修建防撞墙1800余米、防护墩2200米、波形护栏2500米;加强桥隧监管,健全桥梁管理制度,落实桥梁动态监管措施,完成危桥改造11座;对6处省市道路交通事故预防领导组重点督办路段和部分急弯陡坡、涉校路段和易发生交通事故路段进行彻底处治,对所有傍山路段的落石定期及时清理;完成水毁恢复工程59处;对国道207线、碗周线和陵沁一级公路连接线部分路段进行综合治理;完成160公里补植绿化任务,新建绿化景点10处,在所辖公路全线营造出畅、洁、绿、美、安的道路交通环境。以"五大养护工程"为载体,初步实现由传统养护向现代化养护的全新跨越。至12月底,好路率达92.18%,综合值90.13;年平均好路率89.46%,综合值84.55。新建高标准文明样板路87公里。超额完成省局下达的养护生产任务。

路网工程建设进度快、质量好

分局紧紧抓住省交通厅推进干线公路升级改造机遇,全力推进晋城干线公路"三条路、两个出口"项目前期工作,拟新改建陵沁线晋城至阳城、长晋线高平至晋城一级公路,陵沁线后川至西河底段(半幅)一级公路,国道207线天水岭至省界段复线工程等项目工可已上报省局待批。

投资4500万元，对国道207线新房洼至省界段27公里进行路面综合改造，并得到了省公路局、晋城市政府的大力支持。工程建设领导组和施工项目部紧紧围绕“质量、安全、进度、成本、廉政、环保”，抓管理、抓落实，把工程建设与安保工程、综合治理工程、文明路创建、沿线政府配套工程相结合，同步安排，同步施工，实现了一次建设，即时安全通行，缩短了建设周期，节约了建设成本，建成了一条高标准的文明样板路。同时编写完成了《国省道干线公路综合改造工程施工作业手册》，有效解决了干线公路综合改造工程“如何干”、“指标如何控制”、“质量如何评定”等问题，为今后的工程建设奠定了理论基础。

路政和收费管理再创佳绩

全省集中治超工作开展以来，分局充分发挥干线公路治超主力军作用，协同有关部门，加大工作力度，集中开展治超专项行动，并取得重大突破和阶段性成果。工作中，多次召开专题会议再安排再部署治超工作，并结合实际制定出台具体责任追究办法，与路政支队、各公路段、商品公路管理处签订《治超工作目标责任书》，严格标准、严格检测、严格卸载、严格稽查，坚决制止车货总重超过55吨的超限车辆上路行驶，全局未发生一起责任倒查的人和事。全年共检测货运车辆187万辆，查处非法超限超载车辆1326辆，卸货2266吨。超限超载率由6%下降到0.08%以下，55吨以上超限超载率不到千分之0.03，交通事故和伤亡人数同比下降，道路交通堵塞状况明显缓解。在开展治超专项行动中，还主动为车户排忧解难，经过多方协调沟通，省交通厅路政服务大厅晋城办证服务点于5月1日正式运行，受到车户好评。

强化路政日常管理，依法维护路产路权。通过开展《公路法》等相关法规宣传、加强路政巡查，做到路政侵权案件早发现、早制止、早查处。对一些执行难度较大、久拖未决的案件，会同公安、法院、国土、工商等部门进行联合查处，震慑了公路沿线违法侵占公路用地的建房者，有效地促进了路政管理工作开展。全年共查处各类案件126起，挽回公路路产损失59.15万元，路政案件发现率100%，查处率100%，路产恢复率98%，建筑红线控制率严管路段100%，其他路段达95%。

重视和加强依法治路、依法行政工作，遵循“依法决策三步走”原则，以落实行政执法责任制为核心，以依法解决各种热点、难点、焦点问题为突破口，初步形成以普法教育为先导，以依法治路为重点，以依法决策为保障的公路交通行政执法新格局。被交通运输部授予“全国交通行政执法责任制示范单位”。

进一步加强通行费征收管理，查逃堵漏，强化稽查，开展清理整顿特权车、人情车活动，确保通行费足额征收，全年累计征收通行费1.415亿元。11月1日，全省干线公路全面实施计重收费。分局精心组织，及早动手，计重收费工程建设、设备安装与调试、人员培训与模拟操作提前到位；加强与地方政府、公安交警部门的沟通协调，有效防止和杜绝突发事件发生。计重收费开征以来，所有设备、系统运行正常，各收费站运营顺畅。

科技创新彰显发展后劲

分局大力实施科技创新战略，逐年加大科技投入，在工程建设、公路养护、道路安全保障等方面广泛开展攻关研发，增强公路的可持续发展能力。在项目前期设计期间，设计部门按照“尊重自然、保护环境、节约资源、减少拆迁”的原则，综合考虑地域因素和影响行车安全的技术指标，优化设计结构，提高公路设施安全系数，并将“建筑设计效果图”和“三维仿真公路实景”运用在工程设计中，提升了前期工作的科技含量。在国道207线路面综合改造中，工程建设领导组和项目施工单位注重新技术、新材料的推广运用,采用大粒径密级配沥青砼、改性沥青微表处、抗裂贴、改性沥青砼上面层、多锤头碎石化砼板等多项新工艺,提高了工程质量,减少了施工弃方,保护了沿线环境。由路政支队与科研部门共同研发的集轮胎识别、电子信息板为一体的电子静态检测仪,替代了固定检测点以往长期使用的误差较大、容易产生纠纷的"动态磅",实现了治超科学化、规范化。

成立交通智能信息中心,对原有的远程监控系统进行改造升级。实现对全局收费站、超限检测点工作的全方位监控,对国道207、省道331的急弯陡坡路段进行交通流量和交通运行的监控,有效保障了公路安全畅通。完善局域网络平台,开通了"晋城公路分局"网站,实现了信息共享、网上报表等功效。

以创建节约型单位为切入点,广泛开展我为节约型机关建设献计献策活动,在此基础上制定出台了《关于建设节约型机关实施方案》,建立健全组织机构,明确创建目标、节能标准及措施,广大干部职工身体力行,积极参与,厉行节约、杜绝浪费蔚然成风。

提升公路服务品牌

在各收费站全面开展"温馨服务伴您行"活动,在超限检测点开展"文明执法向我看"活动,在养路工当中开展"文明作业、服务行车"活动,让温馨服务的阳光洒满干线公路。同时,开发和利用公路沿线基础设施,延伸公路服务内涵,提升公路服务能力和水平,改扩建6个机械化养护道班和6个干线公路服务区建设,利用公路沿线废弃土地,建成绿化美化景点10处,建成高标准文明样板路87公里,为广大游客和司乘人员营造出更加方便舒适的行车环境。加强基础设施建设,加大投入,倾斜基层,投资2500余万元,完成了杨寨河、天水岭收费站和冶底超限检测点的规范化建设,完成了申匠机械化养护中心、沥青库综合办公楼建设,使基层单位的养建生产条件、职工工作和生活条件以及路域环境有了明显改善。

高度重视安全稳定工作。切实加强对安全生产工作的组织领导,定期召开安全生产例会,严格执行24小时值班制度、领导带班制和重要信息零报告、日报告制度,认真落实安全生产责任制;进一步完善工作措施,建立健全工作制度,夯实管理基础。高度重视春运、汛期、冬季冰雪天气、旅游黄金周等特殊时段的安全管理工作。以工程建设安全专项整治和安全生产隐患百日督查专项行动为契机,进一步加大安全隐患排查和整改力度。全年组织开展安全生产大检查11次,先后下达安全隐患整改通知书15份,针对存在的问题、事故隐患提出具体的整改措施和工作要求,并跟踪督查落实。全年未发生一起大的事故,全局保持了良好的安全生产态势。新的《劳动合同法》实施,与编制外用工人员签订劳动合同,理顺编制外用工关系,规范编制外用工管理。积极主动与社会劳动保障部门沟通协调,原农合工的养老保险正在办理,其他历史遗留问题也在积极协调落实。

全力支持路桥企业健康发展

分局高度重视路桥监管工作,认真贯彻落实省政府、省交通厅、省公路局接管路桥会议精神,识大体、顾大局,主动为晋城路桥排忧解难,稳步推进监管工作,确保晋城路桥健康有序发展。分局先后成立了稳控工作组、清产核资领导组、监管领导组,与市审计局、监察局配合对晋城路桥进行清产核资,针对出现的新情况、新问题,积极研究解决办法。特别是省局8月27日会议之后,分局根据全省路桥企业清产核资过程中普遍存在的问题,结合实际情况,完成了对晋城路桥的初步清产核资工作,制定出台了《晋城路桥公司工程项目监管细则》,强化在建工程的监管。全力支持、帮助晋城路桥参与忻保高速公路建设,力争不折不扣完成省厅、省局交给的任务。

精神文明建设再谱新篇

紧紧围绕公路养建中心工作加强党建、党风廉政建设和精神文明建设，主动为公路事业发展扫清障碍、保驾护航，营造出“心齐、气顺、风正、劲足”的良好局面。高度重视老干老龄工作，认真落实“两个待遇”，改善分局、基层两级老干活动室设施，努力为老同志创造良好的学习、娱乐、休闲环境，让离退休老同志充分感受党和国家的关怀，真正体会单位对离退休老同志的待遇从优。高度重视行业文明建设，以创建“全国文明单位”为总抓手，加强公路文化建设，进一步引深群众性文明和谐创建活动，巩固文明创建成果，提升行业文明程度。2009 年 1 月 20 日，在全国精神文明建设工作表彰大会上，分局被授予“全国文明单位”称号，是全省交通系统唯一获此殊荣的单位。

加强党风廉政建设，全面落实责任制，建立健全惩防体系，加强对工程项目和执法执收工作的检查、督查，与市检察院联合出台了《关于共同开展预防职务犯罪的意见》，分局制定出台《领导干部廉政谈话暂行规定》，将廉政谈话分为岗前谈话、提醒谈话、诫勉谈话三种类型，对每一种形式的谈话内容、对象、方式都作出具体的规定。10 月 27 日，市委副书记、纪委书记石正民带领市纪委机关干部深入分局调研基层党风廉政建设，并亲手将“大路飞扬、清风护航”的匾牌授予分局。

积极履行社会责任，大力支持公益事业。近年来，分局积极响应市政府号召，开展了“爱心助学”行动，连续 8 年被晋城市政府授予“爱心助学”先进单位；坚持开展“访贫问寒送温暖”、“博爱一日捐”、为困难职工献爱心等活动，把党组织和单位的温暖送到困难职工、离退休人员及其遗属的家中，让他们充分感受到单位和集体大家庭的温暖。特别是“5·12”四川汶川发生特大地震灾害后，分局全力保障公路安全畅通，在各收费站、检测点开辟绿色通道，保证救灾物资运输车辆免费快速通行。广大干部职工积极响应，发扬“一方有难，八方支援”的精神，纷纷为灾区捐款，全局共捐款 211 870 元。

（责编　梁锦华）

山西省公路局生活服务中心

□ 徐碧河　李跃强

2008 年，中心全体职工认真围绕省公路局下达的《工作目标责任书》和局劳动竞赛活动制定的工作目标，坚持科学发展、安全发展、和谐发展，不断强化后勤管理服务功能，提升服务保障水平，提高职工综合素质，圆满完成全年各项后勤工作任务，为局机关和局机关宿舍区提供了有力的后勤保障。

纵向到底，横向到边
提高安全防范标准和水平

认真落实安全生产责任制，切实加强安全生产工作，突出“五抓”，不断加强安全工作力度，确保安全生产形势稳定。一是抓安全教育。为落实好省公路局 2008 年两次安全会议精神，进一步增强中心上下对安全生产工作重要性和必要性认识，实现人人重安全，个个为安全，齐心协力保安全的目标，领导班子专门召开安全工作专题会议，研究安全工作；中层干部会议上经常强调安全工作；针对办公及住宅区职工和居民缺乏消防知识，中心在小区和办公区悬挂两套消防宣传画图，普及消防安全知识；汽车队利用板报张贴宣传画等形式，对所有驾驶员开展了“保护生命、平安出行”为主题的行车安全教育，制定了车辆安全管理和驾驶员安全教育实施方案。二是抓安全责任落实。为保证维修工程安全，中心分别与住宅楼内外墙粉刷和楼顶防水施工单位签订了安全合同，明确了甲乙双方安全责任；物业公司为实现锅炉供暖期间安全生产无事故目标，与全体锅炉管理人员、司炉工签订了岗位安全责任书；锅炉房、配电室、医务室安全制度、操作流程悬挂于墙，便于工作人员安全操作。三是抓安全制度建设。为更好地做好安全生产工作，确保办公和住宅区业主有一个安全、稳定的工作生活环境，根据省局有关要求和中心实际情况，制订了办公和住宅区安全生产应急预案，明确了处理安全生产突发事故时的组织机构、应急处理方式及处理程序，以便在紧急情况下迅速、快捷、有序的处置安全突发事故，把安全事故的影响和损失减少和控制到最低。为提高安全防范水平，增强安全责任意识，群策群力，奖惩并举。制订了安全工作奖惩制度，明确了认真落实安全责任、积极推行安全隐患有奖举报、建立安全隐患挂牌督办的具体要求，以便最大限度地消灭安全隐患，杜绝安全责任事故发生。同时，为实现安全工作广泛参与，在办公楼内和物业公司办公院分设了安全隐患举报箱，方便业主对安全隐患进行举报。四是抓安全防范。雨季来临前，向公路局教场巷小区危房住户发放 52 份危房通知书，提醒住户加强防范，避免房屋倒塌人身伤亡事故发生；在住宅小区各住宅楼单元门粘贴 80 份有关安全方面的“友情提示”，提高住户防盗、防匪、防火等公共安全意识。根据路泽苑小区车辆停放较乱的情况，对小区车辆车位进行重新画线，使之更加合理规范，共喷划车位 200 余个，在停车场增

设出入指示牌2块，为加强车辆管理，印制禁止乱停车辆通知单100余张；为消除小区车辆出行盲区，在道路死角处增设车辆反光镜3块。为保证办公、住宅区发生火灾时及时灭火，在办公、住宅区6个点新增6组共12个灭火器；为保证路泽苑小区南北消防通道畅通，增设禁止车辆停放栏杆3个。对锅炉本体、安全附件、辅助设备按规定进行定期维护保养和检修。对供暖系统中使用年代长久、容易发生跑冒水情况的管道，重点进行检查。供暖前更新了两台锅炉与除尘器间的烟道28米，更新了锅炉除渣机输送链条两套。更换了配电室因老化接触不良的高压跌落开关3套。对配电室周边造成高压输电线路安全隐患的树木进行了砍伐。更新了局机关会议室因雷击损毁的配电柜两台，电缆180米。协同供电部门完成了两个配电室3台变压器及配电柜、避雷器的试压检测工作，保证了配送电设施、设备的安全运行。为保证住宅楼单元门保持良好状态，同厂家签订了维修服务协议，保证门坏随叫随到，全年共维修防盗门32余次，累计投入资金1.2万元。

整治环境改善面貌
创造舒适生活条件

为给省公路局广大职工提供舒适安逸的生活环境，使他们安居乐业，全身心投入公路事业，针对局机关路泽苑小区住宅楼和老干办公楼建设年代参差不齐、外墙材料良莠不均、楼内墙面脏乱比较严重和北区老楼防水老化情况，实施了住宅楼内外墙粉刷和楼顶防水改造工程，此项工程是中心近几年实施的最大规模的维修工程。为把有限的资金保质保量用在小区建设上，组织施工队伍进行了合理竞价招标。通过一个半月的努力，共组织完成建筑物外墙涂料粉刷面积约30 000平方米，住宅楼楼梯间内墙涂料粉刷22 000平方米，4号、5号、6号、7号、8号、13号6栋住宅楼屋面防水层翻修共约5200平方米。工程完工后，小区建筑物外墙颜色统一、鲜艳、靓丽，住宅楼楼梯间洁白明亮，小区面貌焕然一新，大大提升了小区整体形象，改善了小区居民居住条件，受到了局机关职工及小区居民好评。

加强基础管理工作
不断提高办事效率

2008年，在基础管理工作方面突出了“三个加强”。一是加强岗位管理。为规范岗位管理工作，明确各工作岗位责任、义务，避免交叉管理，相互推诿，进一步提高各方面管理水平，中心于年初制订、下发了关于规范岗位管理工作的通知，明确了各科室及物业公司设置岗位的名称、数量，明晰了岗位管理责任。二是加强临时用工合同管理。认真执行国家新出台的劳动合同法，依法认真做好中心所用临时工的合同签订和管理工作。依法规范地与聘用的全部全日制和非全日制劳动者签订了劳动合同26份，签订率达100%。同时对劳动用工信息及时备案，工资及有关福利及时发放和予以保证，通过依法管理，用好临时工。三是加强职工请假休假管理。为严肃工作纪律、维护正常工作秩序，根据国家有关规定、上级文件精神，参考其他单位管理制度，结合中心实际情况，于年初研究、制订并由职代会讨论通过了《山西省公路局生活服务中心职工考勤休假管理办法》。办法坚持公平、公正的原则，努力实现干多干少不一样，尽可能体现多劳多得，更好地调动职工工作积极性，做到用制度管人。为理顺人事关系、加强待岗人员管理工作、建立良好工作秩序，同时出台了《山西省公路局生活服务中心待岗人员管理办法》。办法的制定，进一步丰富完善了中心的规章制度。

明确目标强化监督
认真抓好物业管理

为提高服务质量、服务水平，为办公、住宅区提供清洁优雅工作生活环境，为创建节约型机关。做好节能工作，抓好物业管理，

2008年在这方面工作主要概括为“三个积极”。一是积极做好服务工作量化管理工作。为加强公共服务岗位管理,使服务岗位工作有任务、有标准、有时间,实现量化管理,更好地做好机关、住宅小区卫生、文印、绿化、车棚、公厕服务工作,于年初下发了关于做好公共服务岗位考核工作的通知,制发了机关保洁等6个岗位工作考核表,明确了考核项目、等次,工作标准等;明确周考核由科室完成,月考核由中心服务工作考核领导组负责,考核结果与临时工浮动工资挂钩。为做好服务工作量化管理,检查督办工作,中心服务工作考核领导组按月对服务区域的保洁绿化质量进行检查,检查结果及时向有关科室并物业公司进行反馈,尽快纠正存在问题,并严格执行了服务奖惩规定。二是积极做好维修改造工作。物业公司全体维修人员无论工作日或节假日都能坚守工作岗位,尽心尽责地为局机关职工服务。全年为职工办公、住宅水、电、暖及门窗等设施入户维修340余次,疏通下水管道60余次;完成了“元宵”节局机关办公院悬挂灯笼及彩灯任务;悬挂灯笼140盏、彩灯130盏,景观灯12盏,架设电线400米;完成了小北门宿舍院锅炉房设备的清点移交工作,及时办理了小北门宿舍院供水、供电费用清欠及用户注销手续。机关事务科针对局机关通讯线路老化问题对局办公楼内的电话网络系统进行了改造,保证了机关通讯线路畅通。三是积极开展节能工作。为贯彻落实中央节约能源精神,切实推进局机关建设节约型机关工作,中心积极协助省局办公室制订了《山西省公路局机关建设节约型机关实施方案》,明确了局机关节能工作的指导思想,主要目标,组织领导,节能目标、标准、措施及责任部门、有关要求;印制了向局机关各处室发放的“节能提示卡片”;将中心及局机关各办公室照明灯管更换为节能灯管,共400根,全年办公节能降耗6%。

丰富职工文化生活
加强团队建设工作

根据省局公路文化建设活动安排,中心结合工作实际,明确了服务工作宗旨是“全心全意为业主服务”;服务工作理念是“服务决定生存,服务决定发展”;服务工作思想是“服务工作只有起点,没有终点”。用思想和理念丰富后勤服务工作的内涵和外延。

针对中心部门工作相对独立,科室之间、科室人员之间工作缺乏联系、缺乏了解的状况,为不断增进互相了解、互相理解、互相促进、增进团结合作,做好团队建设工作,全年开展了两个活动,一是于元宵节成立了职工宣传队,组织职工敲起来、跳起来;走出去演出,回报省局和兄弟单位历年来对中心的关怀和支持、回报小区居民多年来对后勤工作的理解和配合。二是于年中组织职工赴芦芽山进行了野外活动,使职工在大自然中放松心情,陶冶情操,锻炼身体。从开展活动情况来看,职工热情很高,达到了预期效果和目的,即团结合作、互帮互助、互谅互敬;单位和谐气氛日渐浓烈,凝聚力和战斗力得到加强,对外形象得到提高。

(责编 梁锦华)

山西省公路工程质量检测中心

□王进满　米春玲

中心（山西省公路工程监理技术咨询公司）是在公路局试验室基础上组建的，隶属于山西省公路局，是山西省首批经建设部、交通部批准注册的公路工程监理双甲级单位。所属试验室是交通部批准的乙级试验室，是山西省公路工程仲裁试验室。中心（公司）现任山西省监理协会理事单位、交通部交通监理协会理事单位、山西省混凝土协会理事单位、太原市监理协会副会长单位。

质检中心下设综合办公室、经营管理部、资产财务部、人力资源部、车辆设备部及试验检测室等部门。有从业人员 292 人，其中高级职称 62 人，中级职称 158 人；具有研究生学历 5 人，大学本科学历 115 人，大专学历 147 人；135 人次已取得建设部及交通部监理工程师、造价师、建造师、咨询师等职业资格。现有固定资产 1365 万元，流动资产 563 万元，中心试验室设备齐全，拥有 SYD－0615 石油沥青蜡含量试验器、SYD－0620A 沥青动力黏度试验器（真空减压毛细管法）、微机液压万能试验机、微机控制拉伸应力机驰试验机等各类试验检测仪器，已成为集监理、检测、试验和咨询综合一体的国内同行业一流企业。主要承担公路、桥梁、隧道、交通场站、交通工程、市政工程、工业与民用建筑的工程监理质量检测和技术咨询，同时承担山西省公路工程试验人员培训，公路工程纠纷仲裁、交通出版社出版物省内批发等业务。近几年先后承担了太旧、原太、太原南过境、长邯、大运、太祁、祁临、侯运、新原、太长、长晋、得大、太原绕城西北环、霍侯、祁介、晋济等高速公路工程以及南过境特大桥、风陵渡黄河大桥、襄汾高架桥、吴家嘴大桥、黄河最大的斜拉桥禹门口大桥等桥梁工程和太古、恒山隧道工程的监理任务，全部达到优良工程，其中太旧、太原南过境高速公路荣获鲁班奖。

多年来在全体职工的共同努力下，中心（公司）获得多项荣誉称号：获得省劳动竞赛委员会一等功三次、二等功九次、三等功五次；省劳动竞赛委员会社会主义现代化建设集体一等功；省直机关精神文明建设委员会文明和谐单位荣誉称号；省交通厅党组先进基层党组织荣誉称号；公路运输工作委员会全省公路系统先进职工之家荣誉称号等。

2008 年，中心在省交通厅、省公路局正确领导与亲切关怀下，认真贯彻落实党的方针政策，扎实推进学习实践科学发展观活动，不断完善企业发展机制、各项工作取得新突破。中心领导班子精诚团结、通力合作、科学决策，带领全体职工上下齐心，不断创新、团结奋进、奋力拼搏，圆满完成全年确立的各项目标任务。

努力完成检测任务

中心在建项目有：闻垣高速公路、阳翼高速公路、沿黄公路忻州段、忻保高速公路、忻阜高速公路、邯涉高速公路、金潞苑商品房住宅项目，共计承揽监理任务 3900 万元。其中闻垣项目、阳翼项目管理有序,屡获业主好评;忻保、忻阜两个项目中标后,中心领导班子与项目负责人经认真分析、科学决策、抽调配备工作能力强、业务素质高、能独当一面的同志组成项目部,在业主要求下,积极顺利组织人员、设备进场,积极开展开工准备阶段的工作。按照严格监理,科学规范的工作要求,在各方面取得新突破,创造新业绩。这些任务的取得,与各级领导的亲切关怀密不可分,更是中心领导班子与全体职工集体努力的结果,为中心在新时期、新机遇下阔步发展提供了有力保障。

业务工作再上台阶

2008 年,中心领导班子面对现实、沉着冷静、坚定信心、因势利导、积极应对,牢牢抓住发展经济的主动权,同步抓好文明和谐建设,使各部门工作卓有成效,硕果累累。仅 2008 年一年中,中心就获得多项荣誉和嘉奖:荣立省劳动竞赛委员会集体二等功;获省文明委文明和谐单位光荣称号;保持了团省委"青年文明号"荣誉;闻垣高速公路受业主表彰 3 次获奖金 26 万元;阳翼高速公路受业主表彰 2 次获奖金 22 万元;河北张石高速公路受业主表彰 1 次获奖金 10 万元;另外晋济高速公路项目、沿黄公路项目、介霍项目等均不同程度受到业主表扬和肯定。中心试验室在多次省质监站组织的比对试验与仲裁试验中受到好评和肯定,并占领太原市政试验检测市场。中心专业技术人员也不断立功受奖,张胜芳同志荣立省劳动竞赛委员会一等功,全年共有 14 人受到省、市、厅、局等上级表彰。通过全体职工勤奋努力,中心(公司)的声誉良好,为今后的投标承揽业务奠定了良好的基础。

工地各项目部在中心班子正确领导下,团结一线职工、通力合作、因地制宜、攻坚克难,在创建优秀项目部及扎实有效地开展工作方面有了极大的提高。奋战在一线工地的全体监理检测人员齐心协力、精诚团结,为中心各项业务工作屡获嘉奖提供了坚实的基础。

中心全体职工弘扬"自力更生、艰苦奋斗、不屈不挠、勇于奉献"的"太旧精神",发扬"不贪金钱,不图享受,勤奋工作,善于学习"的"张胜芳精神",创育具有质检中心特色的文化精神。运城项目部的宋青会带领一线职工迅速适应业主管理模式,从细节抓起,辛劳工作、废寝忘食,延续了运城地区良好的监理工作口碑;阳翼项目部在张胜芳总监带领下狠抓队伍建设,鼓励年轻人员写作技术论文,积极组织人员充实业务知识,提升业务水平,克服开工迟、地方问题复杂、施工队伍较弱等不利条件,全年未出现任何质量、安全问题,受到业主的肯定;晋济项目部早动手,严格管理,顺利进行交工验收,真正做到工程完、资料完;新开工的忻保、忻阜高速公路项目,按业主要求积极主动组织开工准备工作,圆满达成了业主的各项要求。机关各部室及试验检测室根据部门职能积极开展工作,为一线项目部起到良好的保障支持作用。

在人力资源管理方面,通过鼓励学习,吸引人才等形式,一定程度上缓解了中心人才短缺和中心资质申报困难的问题。

这些成绩的取得,与全体职工数年来的积极努力是分不开的,与领导班子抓管理、强业务、抓效益、促和谐的科学决策是分不开的。

深入开展学习活动

中心党总支积极响应中央号召,按上级安排部署,积极认真地开展深入学习实践科学发展观活动。中心的学习实践科学发展观活动受到了上级督导组的肯定。通过学习,中心领导班子和全体党员干部深刻认识到中心今后要以转型发展、安全发展、和谐发展的新思路进行决策管理;通过学习,中心领导班子科学决策、科学执政能力明显提高,全体党员干部思想统一、认识一致、精诚团结,为建设和谐文明单位奠定了坚实的思想理论基础。

不断加强安全生产

中心始终坚持"安全第一、预防为主"的

方针,全面提高安全发展水平,建立科学的安全生产体制、安全措施落实机制和无缝隙安全责任链条,把隐患发现在前面、把问题解决在前面、把责任落实在前面。年初,中心负责人就与各项目、各部门负责人签订安全目标责任书,对办公区、财务部、试验室及车辆设备等采取有效安全防范预控措施,全年未出现任何安全事故。无论是"两会"召开,还是奥运期间的安保工作,均未出现任何安全隐患。博采众家之长,广泛征询各方意见和建议,务实地形成了《安全生产管理制度汇编》,使得安全生产工作有章可循。中心安全生产分管领导与办事人员对工地进行详细检查,不定期深入各个项目部一线,查资料、走现场,将安全理念带到、将安全制度做到、将安全管理落实到。

党群工作常抓不懈

中心党总支不断加强党建工作,扎实开展以治理商业贿赂为重点的党风廉政建设工作,使党的战斗堡垒作用得以充分发挥。通过学习实践科学发展观活动,使党员干部思想政治素养得到长足提高,增强了工作活力。"七一"期间党总支组织党员赴革命老区进行爱国主义教育,并通过形式多样的活动,掀起党员干部爱国爱单位的高涨氛围。团组织积极主动地开展各项工作,采取了各种丰富的形式,如组织"迎奥运,庆五四"知识竞赛活动增强团员的凝聚力。9 月份通过了团省委、局团委对省级"青年文明号"的验收检查,保持了"青年文明号"荣誉。

工会组织充分发挥职能作用,从职工群众利益出发,积极落实职代会通过的决策议案,维护职工的合法权益,并利用年终职工较为集中的时间组织形式多样、丰富多彩的文体活动,增强了职工凝聚力。同时,积极参加社会捐款活动,扶贫救困,全年共捐赠各类救助款 4 万余元。"5·12"汶川大地震发生后,全体职工捐款 20 642 元,党员自发交纳特殊党费 25 990 元,总计 46 632 元用于灾区重建工作,体现了血浓于水的骨肉亲情。

厉行节约从小事做起

中心倡导节约、厉行节约,要求各部门、各项目部因地制宜开展创建节约型单位活动,严格控制招待费开支,不必要的招待就不开销,能在食堂安排的就不去饭店;节约购置开支,减少办公开支。从节约一度电、一滴水、一张纸做起,提倡节约,反对浪费,避免虚报冒领,杜绝不必要的开支。

中心(公司)始终把创建一流企业作为发展目标,以制度化、规范化、科学化为管理目标,建立和完善了各项管理制度和质保体系、健全的岗位责任制和严格的奖惩制度,在多年的施工监理工作中取得了良好的业绩和社会信誉。今后将继续秉承"严格监理、公正准确、与时俱进、顾客满意"的质量方针和"科学严谨抓质量,确保工程创优质"的质量目标,立足山西,面向全国,抓住机遇,为社会奉献更多的精品工程。

(责编 梁锦华)

山西省公路构件厂

□ 李敬中　陈德镛

在省交通厅、省公路局的领导和关怀下，省公路构件厂紧紧围绕稳定是基础，安全是保证，效益是目标，发展是硬道理的经营理念，以党的十七大精神为指针，深入贯彻落实科学发展观，全厂职工迎难而上，积极应对，改革创新，拼搏奋进，保持了良好的发展势头，取得明显成绩。

2008年，完成工业总产值4930万元，同比增长8%；生产水泥24.9万吨，同比增长5%；实现销售收入5642万余元，同比增长6%；上交税金520万元；新增固定资产120万元；职工人均收入16 371.02元，完成了省公路局下达的年度工作目标。

招聘纳贤改革体制
资金实现良性循环

年初，因销售回款不畅，构件厂出现连续四个月拖欠职工工资，税收电费难以上交的局面，为此，领导班子从内部环节入手，改进营销体制。一是重新聘用经销处长。经过多次召开会议，集思广益，按照"经销处长指标考核协议书"的办法，完全打破地域、身份、薪金等传统用人限制，变内部任用为公开聘用。5月17日，符合条件的个体业主孟志维任经销处长。他上任不到两个星期，回款达到300余万元，不仅解决了企业流动资金困难，还按时发放职工当月工资奖金。二是进一步加强营销管理。针对顶账水泥影响回款的客观情况，采取交款水泥与顶账水泥1:1的比例分配办法，但要优先满足交款水泥的需求量。随行就市，及时调整水泥单价，吨水泥价格突破300元与同类企业持平，使价格控制在与市场接轨的最佳点。坚持定期召开经销例会，及时解决实际问题，同时加快老账的责任追踪，新账催减回款期限。进一步完善多销多挣的提成制度，体现责权利。改革使营销工作焕发出新的生机，保证了每月税收、电费的缴纳，补发了职工工资奖金，并分三次返还全厂职工400余万元集资款。按计划完成全年销售任务。

循环利用改造配套
不断降低生产成本

发展循环经济，实现可持续发展是国家倡导的方针目标。多年来，构件厂一直以炼钢厂矿渣作为水泥生产的主要添加物，每吨购价40元，再经烘干加工后为60元。厂领导和技术人员经过外出调研，请教专家学者，同时经过反复试验，成功开发出适合本厂掺入量的粉煤灰配方，粉煤灰是发电厂生产过程中产生的工业废料，利用于水泥生产是国家实行节能减排，鼓励和推广的技术项目，粉煤灰资源旺盛，活性高，易磨性好，不仅能提高水泥产量，而且每吨购价25元，不经烘干可直接入磨，增加部分粉煤灰替代矿渣每吨可节约35元。构件厂投资60余万元对粉煤灰添加系统配套改造，新增两座储存库，6台套计量设备，5台提升输送设备。投入运行后，全年节约资金达到210余万元。粉煤灰循环利用既变废为宝，又降低水泥成本，具有很大的经济效益和社会效益。

外揽工程精心组织
大大提高经济收益

以水泥生产为主，承揽公路工程，拓宽增效渠道为辅是构件厂的一贯思想。七月至九月水泥最旺销的季节，为了确保奥运会期间北京的用电及空气质量，太原市政府采取限电限产的应急措施，致使企业生产无法开足马力，经济效益受到影响。8月，构件厂经过参与招投标，承揽到500万元公路标志牌制作项目，领导班子倍加重视，精心组织，科学规划，全力以赴。厂长亲自带队考察调研，成立了项目领导组，扩建398平米两处施工大棚，机修车间负责下料及焊接安装。从机关和各车间共抽出26名女工负责贴膜，并提前一星期派她们前往标志牌制作专业厂家，进行学习培训，腾出了条件最好的职工活动中心供贴膜作业。9月2日开始，10月18日标志牌制作完工，11月21日路面安装工程全部结束，前后近三个月时间，全体参战员工发扬特别能吃苦、特别能战斗、特别能奉献的精神，短时间内实现了从慢到快，由业余到专业的转变，工程质量得到了监理人员的充分肯定。共完成标志牌689套，其中铝板加工总面积1410平方米，贴发光膜成品面积约1405平方米，单立柱和单悬臂立柱的加工总重量为124.5吨，加工成品钢材总重142吨，实现利润150余万元。展现了企业员工的凝聚力和创造力。

发展企业文化
更新价值观念

企业文化建设改变单一的办板报、搞歌舞、抓健身等一般性文化娱乐活动，将其延伸到生产经营的各个环节。一是以产品质量为中心的经营道德文化。重新修订印发了全厂19个部门职业道德规范，从遵章守纪、文明服务、工作质量等方面约束员工的言行。以质量责任重于泰山为主题，开展查认识、查作风、查漏洞、保质量的"三查一保"活动；开展如果我是消费者的换位思考大讨论，不断增强员工的思想意识，用人品保产品、保信誉，让放心产品出厂。在营销大厅开展文明窗口活动，自觉使用礼貌用语；购置热水器，让用户解渴消暑；设立意见箱，接受监督，改进作风，把满意留给用户，保证"道桥"牌水泥出厂合格率和袋重合格率始终保持双百。二是以厂容厂貌为重点的环境文化。投入巨资对生产系统12处扬尘点进行治理，全部配备安装高效收尘器，环保治理成效显著。生产车间开展红旗设备竞赛，推行清楚、清理、清扫、清洁、清爽、清高，"六清"的现场管理。同时，狠抓厂区卫生治理，清除生产区房上房下多年积灰，硬化路面，划分卫生责任区，坚持班前半小时打扫卫生制度，全厂职工齐动手大搞绿化，种树种草，干净整洁，草绿叶茂。优美的环境让职工舒心、安心、聚心，为企业营造了良好的可持续发展氛围。

切实加强党的建设
继续加强精神文明

厂党委坚持以"三个代表"重要思想为指导，贯彻中国特色社会主义理论体系，落实省局党的工作责任制，紧紧围绕企业确定的工作目标，以改革创新精神不断加强党的先进性建设。坚持领导班子中心组学习，不断提高思想水平和工作能力，以领导班子的学习带动全厂干部职工的学习。继续实行理论学习责任制，并列入年度述职述廉考核。坚持把基层党支部工作抓好抓实，结合实际，改进工作方式，创新活动内容，充分发挥作用。一是彰显党员在工作中的先进性。围绕生产经营开展了第五次"夺取开门红，党员做表率"和"第十五次党员先锋岗"主题实践活动，使党员立足岗位，争创一流。二是展示党员形象。继续开展党员形象工程活动，全年在《党建信息》上报道了5名党员的典型事迹，进一步增强党员的党性观念,提高党的凝聚力、向心力。三是继续开展“创先争优”活动,七月一日,对3个支部,11名党员,3名支部书记进行表彰,增强基层党组织建设,激励党员奋发进取,建功立业。四是开展向汶川地震灾区缴纳特殊党费活动。在岗在册56名党员,主动缴纳20 300元,为党旗增光添彩,为灾区传递一份关怀,奉献一份爱心。五是继续实行党支部目标管理与经济责任制同步考核,强化服务功能,增强了基层支部战斗堡垒作用。构件厂参加了第一批深入学习实践科学发展观活动,从2008年9月开始到年底,进入第二阶段,始终以高度的责任感和使命感,加强组织领导,统一思想,严格步骤,结合实际,合理安排,扎实推进,顺利完成了各环节的任务。全厂党员特别是党员领导干部从中受到思想教育和认识升华,科学发展观的理念不断深入。编写制定了厂精神文明建设规划,做到有计划,有安排。组织职工参加纪念“七一”暨迎奥运讲文明树新风知识竞赛。继续实行机关《各处室精神文明月考核》,每月通报,转变作风,提高办事效率。环保和环境卫生常抓不懈,厂领导及有关部门高度重视环保工作,经常性的强调并进行检查,确保除尘设备的正常运行,各车间大力治理跑、冒、滴、漏现象,做到安全文明生产。

采取措施应对危机
二次创业科学发展

2008年下半年,构件厂遇到来自政府政策性因素的制约,企业陷入生存危机。先是太原市实施西山综合治理工程,要求搬迁。后是由襄汾尾矿库溃坝和太钢尖山矿排土场垮塌两起责任事故引发的,要求矿山包括非煤矿山停采,搬迁资金巨大难以承受,停采就使生产陷入瘫痪。困境面前,领导班子没有等、靠,坐以待毙,无所作为,而是带着无奈和理解,以政府工作大局为重,沉着应对。重大危机总是催生新的变革,因为是国有企业,一方面报上级解决问题,另一方面主动自救寻找出路。创新经营方式,实行内部资产租赁承包。做到了既维持生产,又保证国有资产不流失,监督制约机制健全,企业职工全员接收不下岗,职工利益不受损,是一项利国利企利民,救急的暂时可行的办法。2008年11月11日新机制开始运行,效果良好。同时,领导班子解放思想,集思广益,探索出五套发展出路方案报上级决策。勇于负重,敢于争先的构件人将以崭新的姿态,走上一条更符合科学发展的新路。

(责编　梁锦华)

征稽系统单位工作业绩

山西省交通征费稽查局太原分局

□ 王志国 刘宝东

2008年，分局坚持以党的十七大精神为指导，深入贯彻科学发展观，认真落实省交通厅党组和省征稽局党委工作部署，按照紧紧抓住"保持费收稳定增长、增强内部机制活力、加强反腐倡廉机制"三个关键，积极探索"创新用人机制、优化人力资源、奖惩绩效挂钩和强化素质培训"四条路子，努力实现"标准化建设达标、信息化建设优化、文明和谐创建规格"三个升级的工作总体思路，抢抓规费征收新一轮增长周期的历史机遇，服务"迎奥运、保稳定、促和谐"大局，在确保安全稳定前提下，圆满完成全年各项工作任务，为最后一年的规费征稽使命画上圆满句号。

规费征收实现历史性突破

2008年，分局费收迎来了跨越式、高增长的发展，突破7亿元大关。一年来，全分局抢抓新一轮费收增长有利时机，提早筹划、强化措施、依法征管、深化服务，在电台、电视台、报刊等媒体上大规模集中宣传，分阶段、分步骤组织稽查、清欠、停驶车辆跟踪管理，力求使征费工作每个环节衔接更加紧密、组织更加科学，规费征收稳定较快增长，提前5个月完成全年"两费"任务，实现两位数的高增长，创下了单位成立以来最好费收业绩。全年共征收"两费"75 431万元，完成年计划的115.87%，同比增长19.49%，同比增收12 305万元。各基层单位费收发展较为均衡，99%以上的单位提前超额完成全年任务。全年共征收车辆通行费894.52万元，完成年计划的56.51%。

依法征管取得明显成效

分局借开征之机，大力宣传贯彻《山西省公路养路费征收管理条例》和《山西省公路养路费征收管理规定》，及时引导广大车主依法缴费。积极贯彻全省依法治理"五五"普法宣传教育工作会议精神，认真对选拔录用的稽查辅助人员，集中进行全封闭式执法理论培训和军事训练，先后建立了投拆举报制度、行政执法检查制度、错案追究制度和追偿制度等，进一步规范了稽查人员的执法执纪行为。

依法开展征管工作，加大了对偷逃漏费违法行为的打击力度，全年累计查扣各类逃漏费车辆13 067台/36 338.5吨，补征规费2223万元。深入开展车辆外挂专项治理活动，全年累计治理外挂车辆196台/2792.5吨，补征规费434万元。同太原市公安局特警队建立了联合执法机制，高频次地开展联合稽查行动，追缴回规费32.36万元。采取邮寄特快专递、依法诉讼、下户催缴、违法告知等方式清理欠费，清理欠费车辆22 172台/29 858吨，收入3881.39万元。制定出台《停驶车辆跟踪管理办法》，跟踪管理停驶车73万台次。集中开展清理违规减免"特权车"、"人情车"车辆通行费活动，严格实施计重收费，强化对费收政策的宣传，使过往车主明明白白缴费。

征管服务体系进一步完善

全分局紧紧围绕做好“三个服务”，积极构建便民利民服务体系。一是征费大厅服务进一步改进。各征稽单位充分发挥大厅值班所长、党员先锋岗、行政效能岗的作用，规范窗口标准化管理，推动岗位达标评比活动。在征费大厅设立咨询台、便民椅、饮水机等设施，积极为车主提供服务。二是缴费渠道进一步拓宽。养路费征收点由成立初的十几个拓展到180余个。在开征高峰期，车主只需携带行车证，便可到就近的征稽所缴费，也可以到就近的工行养路费代征网点进行缴费。同时还启用流动征费车，有效缓解了城区所站在大规模城市道路改造期间带来的困难和不便，受到基层所站和广大车主特别是偏远山区车主的欢迎。三是增加了征管服务项目。推出承诺服务、限时服务、预约服务、送票服务、提示服务、跟踪服务等服务内容，广大车主充分享受到了征稽部门优质服务带来的方便和快捷。四是注重政风行风建设。认真落实以“优化政务、抓好业务、办好事务、搞好服务、强化监督”为主要内容的政风行风承诺，着力深化行政效能和作风建设，杜绝门难进、脸难看、事难办和吃拿卡要行为，聘请社会监督员，设立举报电话和信箱等，强化对人员的监督。同时还召开政风行风听证会、参加电台“行风热线”栏目，对车主提出的热点难点问题给予及时答复，有效密切了征缴关系，促进了征缴和谐。

精神文明创建累结硕果

全分局深入开展以“争做文明征稽人”、“行业树新风”等为主题的文明和谐创建活动，唱响了科学发展、共创和谐的主旋律。通过创建验收，全分局创建省级文明和谐单位4个、市级文明和谐标兵单位9个、市级文明和谐单位12个、文明和谐示范窗口4个。分局机关连续16年保持省级文明单位创建荣誉，是全省最早一批进入省级文明单位行列且保持荣誉时间最长的一个单位。深入开展青年文明号活动，创建全国青年文明号1个、省级青年文明号6个、市级青年文明号3个。北城所在2007年底被评为“全国交通建设系统工人先锋号”，驻公安车管所被授予“2007年度全国交通行业巾帼文明岗”，南城所团支部被省直机关团工委授予“五四红旗团支部”，小店所被太原市政府授予“百强帮百村建设新农村先进集体”等荣誉。深入开展争创“十佳百优”征稽先锋奖活动，一批先进所站和模范典型受到全省交通征稽系统的表彰和奖励，进一步凝聚了精神力量，振奋了行业精神。

文化生活和队伍建设全面加强

2008年，分局先后组织了迎奥运职工运动会和庆“七一”职工文艺汇演，为广大干部职工搭建了展示自我的平台，极大地激发了广大干部职工的参与积极性，认真组织职工参加省交通厅和省征稽局举办的各项文体活动，活跃了干部职工文化生活。汶川大地震发生后，多次组织干部职工捐款，捐款范围、规模是前所未有的。认真落实“两个待遇”，做好老干部工作，尽力为老干部创造安乐祥和的生活环境。

分局把提高职工收入作为全盘工作的一个重点。通过抢抓超收机遇，职工收入实现了大幅增长目标。2008年对古交、阳曲、小店等所站建设进行了投入，重点对古交所、镇城底站改造重建项目进行了实地查看，同当地政府签订拆迁协议，古交所拆除后将纳入古交市沉陷区治理整体规划，重建后将回迁原址；镇城底站重建，经请示省局同意后，在原址进行了改造扩建，进一步扩大办公区域及新增附属设施，彻底改善简陋的办公条件，至此全分局基层所站全部完成基建改造。小店站11月1日举行了全省普通公路计重收费启动仪式。

党建和党风廉政建设扎实推进

分局党委身体力行胡锦涛总书记倡导的“八个方面”良好风气，召开专题民主生活会，深入查找和揭摆作风建设方面存在的问题和不足，制定了加强和改进作风建设的意见和措施。认真贯彻落实省厅党组《关于深入学习实践科学发展观活动》精神，分阶段、分步骤认真加以落实。活动开展以来，各支部和广大共产党员，特别是党员领导干部，紧紧围绕“党员干部受教育，科学发展上水平，人民群众得实惠”的总体要求，以饱满的政治热情，“七个到位”抓落实，“三个重点”求实效，“五点共识”谋发展，即组织领导到位、思想发动到位、安排部署到位、指导检查到位、汇报沟通到位、示范引领到位、舆论引导到位；在学习培训上求实效、在专题调研上求实效、在解放思想大讨论上求实效；在发展方向、发展目标、发展方法、发展措施、发展保证上基本形成了共识，学习实践活动起步扎实，开局良好，推进有序，取得了明显成效。

坚持惩防并举、更加注重预防的方针，深入推进党风廉政建设和反腐败斗争。加强以坚定理想信念、树立正确权力观和遵纪守法为主要内容的反腐倡廉教育，广泛开展党风廉政“八个主题教育月”和警示教育活动，发扬党的光荣传统和优良作风。树立社会主义荣辱观，加强廉政文化建设。严格执行“四大纪律八项要求”，认真解决领导干部廉洁自律方面存在的突出问题。加大商业贿赂案件的查处和打击力度。建立和完善保持公路无“三乱”成果的长效机制。加强内部审计监督，认真开展常规审计、离任审计和各项专项审计，审计覆盖面达到了100%。

（责编　梁锦华）

山西省交通征费稽查局大同分局

□梁文亮

2008年,分局认真贯彻、落实省交通厅、省征费局工作部署,全面执行工作目标责任制,坚持以科学发展观统领交通征稽工作,广大干部职工在十七大精神的指引下,面对市场经济和交通征稽的新形势、新任务,积极进取,奋力拼搏,圆满完成年度任务,胜利实现了超收目标,各项工作整体推进,稳步发展,为全省公路建设事业作出了应有贡献。

费收任务实现新跨越

分局公路养路费、货运附加费征收完成48 220万元,占年计划119.07%。费收总量、超收幅度均创近年来最好水平。通行费完成1182.59万元,占年计划的90.97%。

分局乘势而上,紧紧抓住有利时机,全力克服不利因素,围绕费收中心,狠抓费源管理;开展稽查攻坚,切实堵漏增收;转变工作方式,提高服务水平,费收工作的管理手段不断增强,效益水平明显提升,胜利完成了超收目标,为实现又好又快发展奠定了扎实基础。

费源管理收到新成效

分局坚持费源的主导地位,强化费源的科学把控,以费源为核心,宣传为先导,政策为准绳,稽查为保障,提高服务意识和服务水平,注重管理挖潜和管理增效,"五率"综合指标实现良好运行,费源管理收到新成效。

一是明确工作目标,及时安排部署。首先及时召开业务工作会议,对2008年开征工作及全年业务工作进行详细的安排部署。1月28日,根据省局下达的"两费"征收计划,根据实际情况进行认真测算,下达给各所站。春节刚过,就连续召开稽查工作专题会议,对稽查工作进行针对性部署。3月9日,召开年度工作会议,层层签定目标责任书。其次,完善了跟踪监管、清欠、稽查等业务制度。7月8日,召开建党87周年暨费收工作动员会,明确超收的具体目标和下半年的主要措施。7月28日,召开上半年工作通报分析会,进一步强化工作措施,细化目标责任,坚定了大幅度超收的信心。全分局以科学发展观为统领,广大干部职工团结一心,顽强拼搏,以超常的工作力度,奋力争先的精神状态,确保了费收工作的顺利开展。

二是灵活执行政策,深化费源管理。首先保持主要、主导费源稳定。准确把握区域运输市场动向,继续抓好大型企业、纳费大户,加大政策扶持、服务支持力度,保持良好信息沟通,努力把政策发挥到最大限度。对运输企业、租赁公司车辆情况、缴费情况实行动态管理,并不定期与租赁公司领导召开座谈会,听取他们的合理化建议,尽量在政策允许的范围内最大化地满足他们的要求,使其成为规费征收的主要来源和稳定保障。其次尽最大努力减少机外车辆,统一核定吨位,严格标准征收,设立手工台账,杜绝人为漏洞,做到有序管理,根清目明。第三积极主动地开展跟踪监管和依法清欠工作。加强对报停、封存车辆的跟踪管理。加强与法院的配合,启动司法程序,依法清缴欠费。

三是强化宣传攻势,营造良好氛围。“两费”开征前,成立专门宣传领导组,及早利用报刊、电台、手机短信、发放宣传单等方式广泛宣传规费征收政策,《山西省养路费征收管理规定》颁布后,通过《大同日报》、《大同晚报》刊载《规定》的重要内容,并在大同电视台以字幕形式进行宣传。先后在各县区出动宣传车10余次、发放宣传单5000余份,从分局到所站都悬挂了宣传标语,提高车户主动缴费意识,有效地遏制晋车外挂,营造良好征稽环境。

四是加强学习培训,提高业务素质。全体职工认真学习领会《山西省养路费征收管理规定》。养征科、稽查科负责人分别对新《规定》中征费、稽查方面的条款对职工逐一进行辅导。机关和所站岗位人员积极参加上级组织的各类培训,提高了按章收费的能力。

五是学习先进经验,夯实管理基础。3月10日至11日,组织机关科室负责人及所站长、业务骨干赴晋中分局进行了为期两天的观摩学习。回来以后,利用两天时间,召开座谈会,谈体会找差距,为下一步推进标准化建设奠定基础。9月28日,全体中层干部观摩了广灵所标准化建设整体情况,召开标准化建设推进会。通过学习引导、交流观摩、检查督导,各单位的标准化建设水平取得了突破,工作效率和费收效益得到了提高。

六是整合稽查力量,提高效益水平。2008年,对市区范围内稽查力量和稽查格局进行调整改制,代征站、新御河桥站不再担任具体的征费任务。市区其他各单位不再担任专业的稽查任务,把工作重心放在跟踪管理、清理欠费和标准化建设上来。神泉堡站恢复建站、启动稽查,专业稽查队伍增加到6个。各稽查站队注重制度建设,严明工作纪律,规范行为标准,落实目标责任,真正做到了规范运作,有序管理。分局党委开展了以“干干净净执法、勤勤恳恳干事、老老实实做人”为主题的“三项活动”。从严打击护车行为。各稽查站队把打击护车团伙、治理晋车外挂、假军车、三无车作为主要工作任务,把逃车漏费率作为主要工作目标,真正提高了稽查工作的效率水平。截至12月,全年累计查扣车辆1289台,11 957.5吨,补征“两费”325万元,罚款88.93万元。

全年实现实征率79.98%,同比增加0.19%;免征率0.31%,同比降低0.08%;停驶率13.35%、同比降低0.79%;逃漏费率4.30%、同比降低0.78%;入库率100%。

在费收工作上,分局继续坚持未雨绸缪,早抓抓早;领导带头、率先垂范;打击护车,密切配合等基本经验,不断强化服务大户、跟踪监管、高效稽查、依法清欠等工作措施,把握了费收工作主动权,开创了规费征收新局面。

征稽管理迈上新台阶

管理年活动成效显著。全年工作以规费征收为中心,严格执行政策,提高服务水平,深入开展费源管理年活动,重要经济指标运行良好;以业务管理为基础,强化跟踪监管和依法清欠,深入开展跟踪监管年活动,费收工作效益水平明显提升;以队伍建设为根本,加强岗位培训、提高人员素质,扎实开展文化学习年活动,团结向上、宽松和谐的工作环境逐步形成;以目标责任管理为手段,组织开展督导、检查、总结、评比活动,基层单位的工作得到有力推动。

标准化建设取得突破。通过明确任务、选树典型、加快进度、规范标准等手段和方式,各单位的标准化意识和质量都有所提高,工作的紧迫感有所增强;资料的收集整理成效明显;规章制度不断健全;各单位加强了相互间的学习、交流,薄弱环节有所起色;个别所站通过基建工程的维修、改造,所容、所貌变化较大,硬件设施得到改观,涌现出左云所、天镇所、广灵所、落里湾站、浑源所等典型所站。市区大所也有不同方面的建设亮点,不同程度的进步提高。

所站工作活力明显增强。分局把全年工作的根本定位在所站，把全年工作的关键定位在所站长。对所站工作进行了全面、有效的督导、检查和考核。引入务实灵活的用人机制，对部分所站长、书记岗位进行适当调整和补充。通过制度保障、纪律约束、任务考核、教育引导，所站第一责任人的表率作用充分发挥，干部职工的精神状态、各个岗位的工作能力都有所改进，得到提高。所站工作活力充分涌现。

征稽基础管理扎实推进。一是抓制度建设，规范行为标准。建立和完善了《首办负责制》、《服务承诺制》、《限时办结制》、《行政首长问责制》、《行政过错责任追究制》、《督导汇报工作制度》等一系列规章制度。加大落实、监督和处罚力度，征稽行为标准逐步规范。二是抓岗位培训，提高职工素质。深入开展岗位练兵和技能培训工作。积极鼓励和倡导职工进行在职学习培训，职工业务素质和工作能力不断提高，重点岗位和薄弱环节的工作起色较大。三是抓后勤保障，夯实管理基础。深入开展行政机关效能建设活动，提高办公、办费工作效率；深入开展平安征稽创建活动，奥运安保、综合治理、安全生产工作扎实有效；深入开展节约能源活动，逐步形成良好的办公习惯；继续加大基本建设投入和基础设施改造，征稽装备得到更新换代，基层单位的办公、办费条件进一步改善。

认真落实“收支两条线”有关规定，加强财务检查和审计监督，坚持财务公开、公示制度。资金管理、票据管理、资产管理等方面得到进一步强化，有力地保障了以费收为中心的各项工作顺利开展。

党风廉政和文明创建稳步推进

一是党员干部政治理论素质明显提高。坚持正面教育、自我教育为主，增强党员学习、整改、提高的动力，广大党员干部思想政治素质得到了较大提高。二是组织建设得到加强。分局党委坚持“抓基层、打基础”方针，加强党的基层组织建设，到目前全分局共有党员人数150名，占全分局职工的73%。基层党支部24个，党务干部共17名，组织建设更加坚强有力。三是创先争优活动成绩斐然。各级党组织带领全体党员干部在费收攻坚中，当先锋，做模范，勇于奉献，创先争优。开展了“从我做超、打击护车、净化环境”联合签名活动。从严强化思想教育、从严治理征费秩序、从严打击护车行为，取得了明显成效。四是干部管理日趋规范。加强对党员、干部的动态管理和考核，健全干部选拔任用和管理监督机制，严格遵守干部选拔任用的规定和程序，对基层班子进行了适当调整和交流，班子结构趋于合理，凝聚力和战斗力不断增强。五是和谐征稽建设继续推进。紧紧抓住公开、公平、公正这一关键，强化领导班子建设，坚持民主决策机制，不断改进工作方法和工作作风，正确化解各类利益性矛盾，积极处置各类苗头性问题。努力提高征稽与车户、征稽部门与社会、征稽内部的和谐程度，团结向上、协作配合、尊重理解、文明友好成为和谐征稽建设的主流。

进一步推动党风廉政建设和反腐败工作，继续加强对党员领导干部的廉洁自律教育，不断增强领导干部的拒腐防变能力。立足防范在先，关口前移，狠抓源头治理。深入开展党风廉政建设“八个主题”教育月活动。抓教育提高素质，抓制度严堵漏洞，抓惩处警示他人，把各种不良苗头遏制在萌芽状态。深入开展警示教育活动，认真做好治理商业贿赂工作，建立健全以民主决策、干部考核、政务公开、执法规范为内容的规章规定和责任制度，强化监督、查处力度，保证了征稽队伍的纯洁和稳定。立足行业特点，纠建并举，狠抓基础性工作。大力实施交通征稽执法效率、执法素质和执法形象“三项工程”；深入开展组织、作风、执法、队伍“四项整顿”；强化行政执法培训、监督和考核；做好行风政风评议工作，积极开展软环境治理和建设；推行公开承诺，通过聘请行风监督员、法律顾问和廉政监督员，召开行风对话会，接受社会的监督和评议，同车户联手共建廉洁、高效的征稽环境。党风、政风、行风建设水平得到整体提高，保证了各项工作健康发展。

坚持不懈地把创建文明行业工作引向深入。建精品、出亮点、越档次、上水平。创建成效明显。落里湾收费站被评为国家级青年文明号；先后有五个基层单位被省交通厅、省征稽局评为文明示范单位和标兵所站，分局被大同市政府评为“行风工作先进单位”。精神文明创建工作普遍得到了充实、提高，为加快征稽发展，构建和谐征稽注入了新的活力和动力。

（责编　梁锦华）

山西省交通征费稽查局朔州分局

□ 何斌祚　曲恒卯

2008年，在省交通厅、省征稽局的亲切关怀和正确领导下，分局认真贯彻落实党的十七大和十七届三中全会精神，以科学发展观统领全局，紧紧围绕规费征收这一中心工作，求实创新，励精图治，聚精会神，奋力拼搏，较好地完成了各项工作目标和任务，创下了分局建局以来规费征收的新纪录，开创了“三个文明”建设新局面。

坚定信念百折不挠
费收收入增长最快

一年来，分局按照省局既定的各项工作任务，认真贯彻落实规费征管政策，创新工作理念，优化服务意识，沉着应对各种实际困难，面对“奥运”进京车辆的限制，煤炭资源市场整合，煤矿关停，停驶车辆增多，两费征管困难重重，费收收入严重下滑的不利局面，分局综合各方面反馈的信息，统一思想，提高认识，加强学习，依法行政，强化稽查，依法清欠，深入开展停驶车辆跟踪管理工作，正确处理征稽管理与车户日益增长的服务需求之间的矛盾，积极带领广大干部职工全力以赴，奋力拼搏，狠抓落实，确保各项任务指标的完成。2008年，分局共征收“两费”13 749万元，占年度计划13 650万元的101%，与上年同期相比，增收490万元，递增4.5%，创下了分局建局以来规费征收的新纪录。

求真求实努力创新
管理进入最好时期

多年来，分局根据新形势下费收呈现的新特点、新问题，真正按照省局“造池、蓄水、养鱼”三步走的工作思路，坚持把完善管理、强化管理、细化管理放在首位，提高服务理念，增强服务意识，以科学发展观统领全局。管理水平不断提高，有力地促进了各项工作任务的顺利完成。针对征稽管理中存在的班子建设、征稽管理发展、队伍建设力度、标准化建设发展不平衡的问题；针对不严格执行预算管理规定、劳动用工名称和用工合同不规范、执法文书不规范、外籍车辆调驻随意性大，一些征稽人员养车护车等问题，分析原因，制定措施，分解责任，专项落实。从7月10日开始至9月30日，分学习教育、自查自纠、检查落实三个阶段在全分局进行整顿。增强了工作积极性、能动性，树立了大局意识、责任意识，“有为有位”的工作热情明显提高，切实把精力用在了提高自身素质、完成岗位职责上，把心思用在了单位事业发展上，把工夫下在了工作目标的落实上。

为了加大稽查力度，一是严格控制路面，加强对各所、站稽查工作的绩效考核；二是严格按规定、按程序对暂扣车辆录入微机，并对暂扣的逃、漏费车辆及时进行稽查锁定，纳入稽查软件进行处理；三是加强整顿，提高素质，严格遵守交通征稽人员“八条禁令”，高度重视治理公路“三乱”工作,不断引深“执法形象、执法素质、执法效率”三项工程,严格政策规定,严格执法程序,规范执法行为。组织所站对重点片区、重点车辆进行专项稽查,主要对“晋车外挂”吨位不足的补费车辆、停驶车辆、欠费车辆和“三无”车辆进行治理。

全分局累计查扣违章车辆 182 台,1047 吨,稽查总收入 523 986 元。

在欠费清理工作中,电视、电台、报纸等平台进行欠费播报,提醒广大车户主动自觉缴费,认真做好缴费、报停环节的审查把关,对每台欠费车除下达催缴通知书外,还要与车户主动联系,掌握车主详细地址、经济状况、车辆状况,建立清欠的完整台账。全年共催缴各类欠费车辆 2960 台,5051.5 吨,5 286 680元。其中:清回当年欠费 2744 台,4846 吨,4 656 878 元;清回历年欠费 216 台,205.5 吨,629 802 元。全分局当年欠费清回率 64.7%,历年欠费清回率 5.35%。

保持稳定倡正局风
职工收入明显增加

分局坚持以人为本,科学发展,积极引领广大干部职工爱国奉献、健康向上,大力弘扬爱国主义、集体主义、八荣八耻和征稽文化精神,逐步建设了一个团结奉献、勇于拼搏的职工群体。尤其是近几年来,省局的悉心关怀和帮助,给分局注入了新的活力,提供了坚强的保证。职工总数增加到 89 人,连续两年增加 9 人,战斗力显著增强,文化水平显著提高,大专以上的职工人数上升到 70 人,占职工总数 79%。职工收入增长最快,2007 年较 2006 年增长 20%,2008 年较 2007 年增长 52%,机关首次突破 5 万元,达到了 50 332 元。2008 年,分局把加强局风建设作为分局政风行风建设、职工思想作风建设的头等任务来抓,提出了“照章办事,从严治局”的工作要求,在思想上,坚持“解放思想,实事求是,与时俱进”;在作风上,坚持“严肃政治纪律,严格工作规范,遵守组织纪律,履行廉政要求”;在工作上,坚持“以真心换真意,以实干求实效,以创新促创业,以公正赢公认,以一贯彻之创一流”。全体征稽人员的精神面貌和工作作风有了明显变化,服务意识有了明显增强,工作效率有了明显进步,社会各界对征稽工作的满意度有了明显提高。在全市政风行风评议考核中获得了满分的好成绩。

分局积极投身新农村建设,在右玉县的扶贫点先后投入资金 4.6 万元,帮助村民改善通讯、生活、农资工具、建设塑料大棚等,被朔州市委、市政府授予“扶贫工作先进集体”称号。在四川汶川发生大地震后,广大干部职工更是心系灾区,踊跃捐款,累计为灾区捐款 5.8 万元。

精心部署狠抓落实
机关效能不断提高

从 4 月 15 日至 7 月 16 日,分局开展为期三个月的进一步加强行政效能建设活动。成立了行政效能建设、政风行风评议、费收攻坚、纪律作风建设四个工作领导组。主要以山阴县超限超载问题而引发的行政不作为和造成的广泛社会影响为重点,认真对照,深刻反思。以这次活动为契机,在本单位、本部门进一步加强制度建设、作风建设和思想建设,全面提高广大干部职工的责任意识、大局意识,真正建设一支敢于负责、勇于奉献,忠于职守、奋发有为的干部职工队伍。

由于分局上下高度重视,精心组织,狠抓落实,站在优化征稽环境,构建和谐征稽,促进征稽事业可持续发展的高度,从交通征稽工作本职出发,强化责任意识和大局意识,尽心尽力,尽职尽责,努力确保了朔州交通征稽又好又快发展。

把握导向加强监督
抓好党风廉政建设

多年来,分局坚持把党建工作放在核心位置,围绕发展抓党建、抓好党建促发展,不断加强党的思想建设、组织建设和作风建设，凝聚基层党组织的核心堡垒作用，发挥广大党员干部的先锋模范作用。

在党风廉政建设上，坚持把立足教育、着眼防范、健全制度、加强监督作为廉政建设的立足点和着眼点，在推行两务公开、重大事项集体决策、三项治理和治理公路“三乱”上下工夫，在落实党风廉政责任制、规范行政执法行为上做文章，初步建立了教育、制度、监督并重的反腐倡廉新机制，党风廉政建设和反腐败工作的成果得到进一步巩固。一是继续推行两务公开，加强常规审计的监督；二是严格落实党风廉政建设责任制，认真开展了纪律作风专项整顿，收到了良好效果，未发生一例违法违纪和损害交通征稽形象的行为。

虚功实做重点突出
文明建设成果丰硕

分局从1996年至今连续被朔州市委、市政府评为“市级文明单位”，2002年被省交通厅命名为“行业文明集体”，连续6年被省局授予完成工作目标责任制先进单位，2004年分局被省委、省政府授予“山西省模范集体”。2005年被省文明委授予省级文明单位，同年被市委市政府授予市级标兵单位。8个所站中，有1个单位进入“省级文明和谐单位”行列，2个被评为“市级文明和谐标兵单位”，3个被评为“市级文明和谐单位”，1个进入“省级青年文明号”，3个进入“市级青年文明号”，3个单位被省厅授予“文明示范窗口”。2006年至2007年分局机关被省文明委命名为“省级文明和谐标兵”单位，2007年被省纠风办评为“治理公路三乱先进集体”。在政风行风评议中，分局多次受到朔州行评办表扬。《山西日报》、《山西交通报》、《山西工人报》、《朔州日报》、朔州电视台等新闻媒体也曾多次对分局的先进事迹予以报道。

合理规划严格把关
环境面貌变化喜人

最近三年，是朔州分局环境面貌变化最大的三年。三年来，在省局的支持下，先后新建了右玉所、陈家堡站、开发区所；并对应县所、山阴所、怀仁所进行了维修；在开发区和朔城区征稽所旧家属院开发职工住宅楼3栋，彻底解决了分局所有干部职工的住房问题；城区所、平鲁所的新办公场所正在筹建中。2008年，分局机关办公楼以及附属设施进行了彻底的维修。给广大干部职工提供了一个温馨、美观、整洁、舒适的办公环境。

（责编　梁锦华）

山西省交通征费稽查局忻州分局

□ 段志伟　薛存银

2008年是全党全国人民认真学习贯彻党的十七大精神的第一年，也是分局承上启下，继往开来，不断解放思想，提高应对能力，克服各种困难，正确应对改革稳定发展，各项工作整体推进，全面进步，取得新突破、再创新业绩的一年。一年中，分局以高度的责任心和使命感，围绕安全稳定和谐这个主线，紧紧扭住费收持续增长这个中心，团结一致，顽强拼搏，推动交通征稽工作稳定快速发展，体现出思路清晰、措施有力、科学应对、落实到位、效果明显的特点。

思路清晰，目标明确
打下坚实发展基础

2008年，分局根据省交通厅、省征稽局工作部署，结合分局近年发展情况，以科学发展观为统领，提出了实施“166工程”的指导思想和目标任务。即“高举中国特色社会主义伟大旗帜，认真学习贯彻党的十七大精神，以科学发展观统领全局，以建设和谐征稽为目标完善举措，以致力求真务实精神狠抓落实，扭住费收中心工作，在创新管理模式，转变增长方式，强化费源管理，扩大费收总量，在提高队伍整体素质、推进规范执法、文明管理、创优环境方面取得突破，实现各项工作不断进步，全面创新，为构建充满活力，安全稳定和谐和工作局面，作出更新更大的贡献。”的思想指导下，年内实现6个奋斗目标：一是确保完成费收任务，力争“两费”超收2000万元，通行费完成年度计划，费收突破3.5亿元。二是转变稽查观念和方法，完成稽查收入3000万元，清理历年欠费20%以上。清理当年欠费290万元。三是以百车漏费率和通行费实征率管理为重点，全面推进停征车辆追踪监管和基础管理工作。百车漏费率控制在3%以下，通行费实征率达到70%以上。四是确保不发生违法违纪案件和有社会影响的公路“三乱”事件，严格防止各类通报、曝光事件发生，杜绝一切外界干扰，实现全年无安全生产责任事件和社会治安综合治理事件。五是以治理区域费收环境为重点，严格执行政策，严格收费标准，严肃查处违法违规车辆，全面推行“三无”车辆建档和台账式管理。六是继续引深党风廉政建设和标准化建设及文化建设。行政效能明显提高，政风行风评议全面进步，标准化所站建设达到省局验收标准。同时，全年重点抓好6方面的工作。一是坚持科学发展观，把握发展形势和大局，在抢抓机遇促发展上实现新突破。二是坚持费收中心思想，转变征管方式，在扩大费收总量上实现新突破。三是坚持改革创新，加大科技投入和机制建设，在发展理念和工作实践上实现新突破。四是坚持人才强征战略，加大职工队伍管理教育培训力度，在提升干部职工综合素质上实现新突破。五是坚持围绕中心，突出抓住领导班子和执政能力建设两个重点，在全面加强党务工作和党风廉政建设上实现新突破。六是坚持求真务实精神，在转变作风狠抓落实上实现新突破。一年来分局科学安

排,合理布局,狠抓落实,各项工作目标得到了全面落实。

两费征收总体向好 经济效益再创新高

2008年,分局全年征收“两费”39 844.08万元,完成了年度计划的120.19%,增长23.36%。征收通行费1412.5万元,完成了年度计划的100.89%。2008年费收发展具有强势开局、快速推进、拐点明显、困难加大四个阶段性特点。1至2月份全分局征收“两费”10 630.44万元,完成了年度计划的32.07%,为全年费收快速发展奠定了基础,实现了强势开局;至6月份,分局抢抓机遇,在转变发展模式,改进征管方法方面狠抓落实,推出一系列措施,推动费收快速增长,全分局平均实征率达到80%,增长速度达到30%以上,表现出以费收为中心的各项工作快速推进。7月份以后受奥运效应和世界金融危机现象影响,停驶车辆集中增多,单月收入明显减少,增长速度出现跳水,第三季度征收“两费”8857.6万元,是一、二季度收入的37.79%,出现了明显的拐点。面对费收发展增速放慢,分局采取了多种措施,防止发展过程中大起大落,一定程度上起到了积极的作用,9月27日,全分局完成了年度费收计划。但是由于受世界金融风暴影响和燃油税改革逐渐浮出水面,费收征管受到进一步冲击。10月份以后,“两费”增长速度回落近10个百分点。综观全年情况,全分局总体上实现了年度的奋斗目标,并有所创新突破。

费收发展环境改善 各项征管措施到位

分局把整治费收环境,优化征管秩序作为重点,围绕又好又快,突出好字优先,不断强化组织领导,多层面、全方位推进工作措施落实。一是立足于早抓、抓早,在2007年底就给各所站拨付专项经费,大力开展费收政策宣传,通过印发传单和依靠电视、电台、报纸、网络等各种媒体宣传,形成了宣传动员强势。据不完全统计,全分局印发传单近10万份,电视、电台等各种媒体宣传逾3000期次,召开各种政策咨询座谈会20次。许多所站配合宣传工作,有针对性地开展上门入户动员和短信友情提示、依法催交。同时,对全年工作早计划、早部署,1月27日召开了工作会议,各项工作步入了有序发展轨道。二是加强组织领导和督导检查,全力推进各项工作落实。分局领导把主要精力放在督导所站工作落实上,对18个所站进行全面督查,以改进稽查工作为重点强化各项工作力度。以深入基层,与车户和一线工作零距离结合,现场发现问题,现场通报解决为工作方法,提高领导干部的责任心和使命感;以全面开展依法行政、治理公路“三乱”、安全生产、标准化建设、队伍建设、党建和党风廉政建设等方面检查督导为工作措施,全年工作实现了有计划、有布置、有检查、有落实、有考核。

不断转变管理模式 增长质量明显提高

分局抢抓机遇,提出了转变发展理念和征管模式,在创优费收征管环境、吸纳引进费源上下工夫。一是把吸纳费源、加强调驻车辆管理作为开辟新费源的途径。二是切实抓好新增车辆费源管理,把严格管理和优质服务结合起来,强化新增车辆登记征管,有效推进费收稳健发展。三是建立起与车购税等部门互相协调的工作关系,制定了一系列配套管理办法,促进费收秩序明显好转。四是以治理区域费收环境、优化征缴秩序为目标,开展以稽查清欠为重点的活动,把规范执法、文明执法、严格费收标准、严禁随意降低征费标准和抢拉费源贯穿始终,促进费收环境明显好转。通过强化管理和优质服务,取得良好效果。据统计,全分局调驻车辆4356台次,46 075吨,征收908万元。新增车辆基本上实现了本籍挂牌登记,新增车辆征收“两费”11 811.9万元。稽查清欠收入3099万元,全分局“两费”平均实征率达到74.02%，欠费率降在3.72%以下，在费收形势十分复杂的形势下，停驶率控制在21.86%以下；通行费实征率达到了73.6%。

坚持“以人为本”的理念
抓好领导班子和队伍建设

2008年是分局新领导班子完整工作的一年，一班人把思想统一到不辱使命，不负众望上来，抓住领导班子建设这个关键，队伍管理这个根本，大胆工作，全力推进。一是建立健全了集体领导、个人负责、团结协作、分工配合的工作制度和第一责任人负责制；二是进一步明确了总体目标和工作任务，集中精力解决影响费收增长最现实的问题。三是开展调查研究，加强基层所站领导班子建设和干部职工追踪教育管理。重点抓住基层领导班子功能作用发挥，全面推行领导干部实绩考核制度和干部职工岗位目标化管理。四是强化对中层干部和干部职工的培训教育，加大投入，组织各类业务技能培训，一线工作人员的综合素质和业务能力进一步提高，基础管理水平明显改善，差错率得到有效控制。五是进一步完善了临时用工劳务手续，全面推行临时用工岗位考绩和岗位练兵，临时用工日臻规范化、制度化。六是强化依法治理和法制教育，加大查处“三黑”和治理公路“三乱”力度，征稽队伍形象和社会形象得到明显提升。

注重发展效果和质量
党建和文明建设扎实推进

分局在文明创建和行风政风建设方面取得了良好的成绩，全分局实现了市级以上文明和谐单位满堂红，省级文明和谐单位达到37%，省市级青年文明号达到68%，文明窗口单位达到84%，党员人数占到75%，被省委省政府评为“劳动模范单位”、“依法治理示范单位”。在全面推进政风行风和精神文明建设的同时，拓宽层面，提炼亮点，着力抓住标准化所站建设和征稽文化建设，延伸内涵，提升质量，把党建和文明单位创建融会到其中，覆盖到基础设施建设、队伍建设、基础管理、行政执法等各个方面，受到社会各界的好评。全分局保持工作稳定、费收稳定、队伍稳定，没有发生违法违纪、安全生产和有社会影响的公路“三乱”事件。

顾全大局，爱岗敬业
确保安全稳定和谐发展

2008年是交通征稽发展历史性的一年，酝酿十多年的费税改革在这一年全面推出。在改革发展的关键时刻，分局突出地抓住安全稳定这一主线，确保队伍稳定、思想稳定、工作稳定。着力抓了六点。一是提高应对能力，以积极的态度为改革稳定发展提供支持保障。二是增强适应能力，以踏实的工作作风做好当前的工作。继续保持交通征稽的优良作风，立足于本职工作和当前工作，树立踏实肯干、克勤克俭、一以贯之的思想，围绕工作目标责任制把各项工作做好、做实。三是进一步树立敬业爱岗的思想和大局观念，以对改革稳定发展负责任的态度和对单位、对个人负责任的态度，思想上要时刻保持警醒，工作上始终敬业，行动上更加振奋，遵守纪律、坚守岗位、不传谣、不信谣、不传播小道消息、不消沉怠慢，不被外部因素影响。四是认真盘点工作情况，落实各项责任，完善工作任务，保持队伍、思想和工作稳定，避免工作中出现失误和差错，禁止突击性花钱和资产流失，防止安全生产责任事件和群体性事件发生。五是要把安全稳定发展放在突出位置来落实，强化落实领导干部带班制度和值班制度，建立健全请示报告和重大事件报告制度。确保各项工作安全稳定和谐发展。2008年12月份，分局征收两费2200万元、通行费80余万元，妥善处理公路养路费征管中的遗留问题，实现了公路养路费向燃油税改革的平稳过渡，在交通征稽二十二年发展史上实现了突破4亿元大关的奋斗目标，向省厅、省局交上了一份满意的答卷。

（责编　梁锦华）

山西省交通征费稽查局吕梁分局

□贾志刚

2008年，在省交通厅党组、省征稽局党委的正确领导及有关部门的大力支持下，分局干部职工高举中国特色社会主义伟大旗帜，全面贯彻党的十七大精神，深入落实科学发展观，紧紧围绕费收中心，切实加大条例的贯彻和执行力度，努力改善依法稽查和依法清欠环境，着力调整费源结构和费收增长方式，积极探索管理理念和管理方式的自主创新，全面推进了基层队伍、基础设施、基本素质“三基”工程建设，坚持好字优先、好中求快、又好又快的方针，确保了各项交通规费在费税改革特殊时期持续快速增长，推动了吕梁交通征稽各项事业又好又快发展。

费收业绩再创历史新高

紧紧围绕费收中心不动摇，2008年年初，分局将2008年确立为全分局发展历史上又一个重要战略机遇期，号召全分局干部职工解放思想、振奋精神；坚定信心，抓住机遇；乘势而上、乘胜前进；牺牲节假、公休日，全员上路、高效稽查、依法清欠、跟踪管理，“争一保二不要三”，高起点加快发展，大跨越率先发展，费收任务完成始终保持在全省最前列。至2008年12月底，累计征收养路费、货运附加费32 841万元，完成省局下达任务25 200万元的130.32%，同比增收8505万元，增长比例35%，再创历史新高，任务完成率比全省“两费”完成率115%高15个百分点，名列全省征稽系统第一名。征收通行费5679万元，完成省局下达任务5500万元的103%，同比增收402万元，增长比例7.6%。全分局全年累计查扣各类偷、逃、欠费车辆9688台，直接补征养路费、货附费3912万元，占到年费收总额的12%，全年累计吸纳外挂车辆调驻缴费2847台次，征收养路费、货附费1069万元，占到年征收总额的3.3%。以全省普通公路实施货车计重收费为契机，积极争取地方政府和公安等部门支持配合，破解站驻地附近车辆长期不缴费难题，通行费征管取得实质性进展。

精神文明建设再上新台阶

2008年，分局继续坚持“以实载虚，以虚强实”的文明创建思路，不断加大精神文明创建力度，在全分局市级以上文明和谐单位“满堂红”和全市文明行业的基础上，6个单位通过省文明委验收授予“省级文明和谐单位”，1个单位被授予“省级文明和谐单位标兵”，9个国家级、省级和市级青年文明号也顺利通过了各级团组织的复验。

党的建设进一步加强

永葆共产党员先进性教育长效机制逐步完善，各级领导班子执政能力和执政水平不断提高，党员先锋模范和战斗堡垒作用得到进一步发挥，党的十七大精神的学习活动和科学发展观学习活动扎实推进。在全分局党员和党组织中开展的“讲党性、做表率、促发展”活动取得初步成效，向四川灾区捐资捐物折合人民币 19 550 元，缴纳特殊党费 68 100元。关心下一代工作各项活动有声有色，一个单位和一名个人受到省厅表彰。在基层党组织开展的以“建设一个好班子，培养一支好队伍，健全一套好制度，形成一种好作风，创建一流好业绩”为主要内容的“五好党支部”创建活动成效显著，13 个基层党支部被吕梁市委授予“五好党支部”，占全分局党支部总数的 72.2%。

行风政风建设扎实推进

一年来，分局注重行风建设，深入开展了文明服务、优质服务、方便车户和实施执法效率、素质、形象三项工程，建起了审批窗口、优质服务投诉中心，推行了一站式服务，减免费审批业务参加了市政府政务大厅集中办公统一管理。各项评议工作得到参评群众和地方政府部门充分肯定。

“三基”工程全面推进

2008 年，从加强基层队伍建设抓起，人力、财力、物力向基层第一线倾斜，建起了全分局“小机关，大基层”和基层征管单位“小征费，大稽查”格局。除正常经费足额下拨外，分局从机关经费中挤出 40 余万元用于基层稽查一线考核兑现奖励。孝义、中阳所新建办公楼竣工并投入使用，柳林所办公楼新建工程主体工程完成，方山、汾阳所基建前期工程已基本就绪。柳沟、高阳、夏家营三个收费站计重收费设备安装和调试工程完工并投入使用。44 名科级干部参加了省局组织的干部轮训，65 名业务骨干参加了分局组织的征费业务、办公自动化和执法培训。在全分局范围组织开展“厉行节约，杜绝浪费”活动，把有限的资金运用到了发展公共福利事业和提高职工收入水平上来。初步建起了职工收入正常增长机制，2008 年职工年收入增幅与当年费收增长比例基本匹配，实现了同步增长。

面对改革转岗的新时期，新挑战充满新机遇，孕育新希望。分局将在厅党组、省局党委的坚强领导下，紧紧依靠全分局交通征稽干部职工，团结协作、振奋精神、同心同德、迎接考验，不辜负上级组织的殷切期望，肩负起新的历史使命，在新的征程中，绘就更加绚丽的蓝图，谱写更加辉煌的篇章！

（责编　梁锦华）

山西省交通征费稽查局晋中分局

□ 宋亚平　张志坚

2008年是全面贯彻落实十七大精神的第一年,也是"十一五"承上启下的关键之年。一年来,在省交通厅党组、省征稽局党委和晋中市委、市政府的正确领导下,在市有关部门的大力支持下,分局全体干部职工认真贯彻省厅、省局工作会议精神,紧紧围绕"4466"工作思路,求真务实,开拓创新,各项工作呈现出良好的发展势头。

交通规费征收稳步增长

全年累计征收"三费"43 053.41万元,完成年度征收计划36 700万元的117.31%,同比净增7425.49万元,递增了20.84%。其中,"两费"完成42 865.86万元,占年度征收计划35 700万元的120.07%,同比净增8270.57万元,递增了23.91%;通行费完成187.55万元,完成年度征收计划1000万元的18.76%,同比减少845.45万元,递减了81.84%。与上年同期相比,"两费"费源管理质量指标"两升两降一保持",即:实征率下降4.5个百分点,免征率下降0.15个百分点,逃漏费率上升1.08个百分点,停征率上升3.57个百分点,上解率保持了百分之百及时足额上解。

依法治征手段得到加强

一年来,分局围绕进一步提高依法行政能力,重点抓了三项工作:一是涵养费源,增强了规费征收的自主增长能力。首先,深入开展《山西省公路养路费征收管理规定》的学习和宣传,强化交通征稽人员依法行政的能力和水平,增进地方政府和缴费义务人的理解、支持。同时,印发宣传资料5万余份,组织专人上街、上门、上户宣传养路费征收政策,利用广播、电台等新闻媒体进行声势浩大的宣传,为规费征收的自主增长创造有利的社会氛围。其次,认真贯彻"造池、蓄水、养鱼"工作思路,通过观念、管理、形式、手段"四个创新",为规费征收的自主增长奠定了坚实的基础。深化停征车辆跟踪监管工作,进一步提高在籍车辆的实征率;累计跟踪停征车辆104 075台、690 044.5吨,查处偷驶车辆14 699台、133 204吨,补征交通规费60.02万元。按照"政府搭台、行业支持、公司运作"+"疏堵结合"的治理思路,吸引外挂车辆回迁和调驻;累计有2462余台车辆办理了调驻或回迁,增收规费501.32万元。积极扶持大型运输企业、租赁公司向规模化、集群化发展。中国吉运公司寿阳、和顺、祁县、介休四个子公司已开始运行,现拥有车辆1367台、13 697.5吨;古城、汇鑫、冀东等租赁公司也相继注册,现拥有车辆1101台、12 364.5吨,晋中分局大型纳费骨干网络初步形成。第三,打破传统管理模式,试点推行"综合柜员制"服务,在一个窗口办结包括查询、打票、异动等所有业务,征稽服务层次得到进一步提高。继续实行承诺服务制、限时办结制、首办首问负责制、延时服务制等多项便民为民措施,进一步提高业务工作效率,为规费征收的自主增长创优了环境。二是高效稽查,遏制了不法车户的违法运营。为确保规费征收工作的应征不漏、应免不征,结合征管业务的需要,抽调全市稽查人员,在国省道、停车场和车辆集结地,重点开展了稽查活动,有力促进了规费征收。全分局共查扣无费车辆 2943 台、21 374.5 吨,补征规费 638.59万元;下发催缴通知书 3136 份,清理历年欠费 102.03 万元,清理当年欠费 1634.55万元。三是完善机制,健全了征稽管理考核机制。实行了以外挂车治理、停征车辆跟踪管理、清理当年欠费、清理历年欠费、当月无欠费、按规定处理查扣车辆为主要内容的《交通规费征收考核奖惩管理办法》和《交通征稽人员考勤考绩管理制度》,促进了质量管理指标的提高。

科技兴征步伐逐渐加快

为进一步提高征稽管理数字化程度,一是在巩固办公自动化、财务电算化成果的基础上,积极参加了地方政府的电子政务建设,逐步推进了网上交互式办公;二是扎实推行不停车稽查系统;三是不断拓展信息化工作的领域,聘请专业公司,对建设晋中交通征稽门户网站、开发党建办公系统、停征车辆 GPS 全球定位跟踪系统、征收大厅监控指挥系统进行了初步设计,并召开座谈会开展讨论,目前各项研发方案已基本完成;四是完成了永安收费站计重收费改造工程。

文明和谐创建硕果累累

按照胡锦涛总书记提出的“在共建中共享、在共享中共建”的理念统领工作,深入推进文明和谐建设。一是加快文明创建进程。分局被省劳动竞赛委员会授予“山西省五一劳动奖状”、被省精神文明建设指导委员会授予“省级文明和谐单位”、被省纠风办评为“山西省治理公路三乱先进集体”,分局党委被晋中市直工委评为“红旗党组织”,分局工会被山西省公路运输工会评为“模范职工之家”,分局团委被晋中市直团工委评为“五四红旗团组织”。另外,新增省级文明示范窗口 1 个;市级青年文明号标兵集体 1 个,市级青年文明号集体 2 个;有 1 名同志获晋中市五一劳动奖章,1 名同志被市劳动竞赛委员会荣记个人二等功,有 1 名同志被市直团工委授予“十佳青年管理者”。二是深入开展征稽先锋奖和“十佳”评选活动。三是积极开展扶贫捐助活动。在 1 月份的抗击雪灾和 5 月份的抗震救灾中,分局干部职工发扬“一方有难、八方支援”的中华民族传统美德和人道主义精神,伸出援手,捐款捐物,以实际行动支援灾区群众,帮助灾区群众渡过难关,重建家园。全分局累计捐款近 8 万元。同时,根据省交通厅和晋中市政府的统一安排,在中阳县罗村镇贺家沟村、温家沟村、圪连村、东石羊村、李家沟村、前圪垛村、吴家山村、马家庄村及和顺县横岭镇上白舍村开展了扎实有力的扶贫工作,进一步推进了驻点村社会主义新农村建设,得到当地政府及村民好评。

党的各项建设全面加强

分局党委带领基层党支部和广大党员,认真学习党的十七大精神,深入贯彻省厅党组、省局党委和地方党委的安排,进一步增强了党支部的战斗堡垒作用和党员的先锋模范作用。以“融入费收抓党建、强化党建促发展”为指导,以规范基本队伍、基本阵地、基本活动、基本制度、基本保障五项建设为主要内容,以祁县所党支部、灵石所党支部为试点,进一步推进了党支部规范化建设。按程序新培训入党积极分子 12 名,发展预备党员 6 名。培训党务干部 43 人。坚持标本兼治、综合治理、惩防并举、注重预防的方针,针对公路“三乱”、养车护车和私设“小金库”三个领域,突出稽查处理、财务审批两大环节,努力拓展从源头上防治腐败的工作领域,扎实推进了建立健全惩治和预防腐败体系实施纲要的落实。为增强单位职工的凝聚力，充分调动各方面的积极性，工会坚持开展了“送温暖、献爱心”活动，为困难职工家庭发放救济金，为在职职工和离退休人员进行常规体检，为女职工办理特病保险，为考入大学的职工子女发放奖励金，六一节为职工子女购买读书卡，重阳节为离退休职工祝贺节日，组织老干部外出疗养。

（责编　梁锦华）

山西省交通征费稽查局阳泉分局

□ 耿春光　赵有恭

分局由山西省交通厅领导，隶属山西省交通征费稽查局管理，是山西省交通征费稽查局设在阳泉市的分支机构，为全额预算正处级建制的行政性事业单位。依照“应征不漏、应免不征”原则，依法对阳泉市辖区机动车辆的公路养路费、货运附加费实施征收管理。同时，受省政府委托，代征机动车辆铁路道口安全管理费；受市政府委托，代征 315 省道通行费。分局下设 9 个基层单位，其中养路费征管单位 8 个（城区所、矿区所、郊区所、开发区所、平定所、盂县所、娘子关站、驻公安车管所联合办公室）和娘子关通行费征费所，机关内设办公室、党工部等 12 个科室。

费收任务再创新高

本着早动手、早安排、早部署的工作思路，分局紧紧抓住全省治超、车辆转型的历史机遇，认真把握新一轮费收增长的良好形势，费收任务实现双超。一是超额完成省局下达的 22 800 万元的年度计划，二是超额完成自定的 3550 万元的超收目标。2008 年累计征收公路养路费、货运附加费 26 745.06 万元，完成年度计划 22 800 万元的 117.30%，超出超收目标 395 万元，同比增收 4660.3 万元，递增 21.10%，费收收入实现历史最高水平，在全省排名第 7 位。

同时，受公路运输市场和税费改革的影响，上解率 100%，同比持平；吨位实征率为 71.38%，同比下降 10.20%；停驶率 26.10%，同比提高 10.16%，逃漏费率 1.31%，同比提高 30.26%；免征率 1.2%，同比下降 0.14%。通行费征收方面，娘子关收费站征收车辆通行费 3009 万元，完成年度计划 3000 万元的 100.32%，同比增收 1399 万元，递增 78%，有力地保障和促进了阳泉市农村公路建养事业的发展。

征管措施推陈出新

在业务管理工作中，在 2007 年出台“四个通知一个规范一个办法”的基础上，分局紧密结合阳泉工作实际，在完善和引深上下工夫，着力解决征稽工作中的新情况、新问题。制定出台了《2008 年度两费征管考核奖惩兑现办法》，使两费征管引入竞争，充分调动了各单位与职工挖潜增收的主观能动性和工作积极性。制定出台了《专业运输（租赁）公司缴费管理办法（试行）》，以全面落实省局“造池、蓄水、养鱼”的费源涵养政策，促进全市专业运输（租赁）公司健康有序发展，有效遏止晋车外挂。下发了《交通征稽行政执法百分考核办法》和《关于在征收大厅试行“一站式”服务的通知》，在文明服务，严格执法等方面尝试量化考核、公开奖惩的管理机制，有效激发了征管工作活力，促进了行业管理水平进一步提高。为增进社会理解与支持，促进养路费征收，分局多次主动向市政府及分管领导汇报，争取支持，市政府于 2008 年 4 月 22 日下发了《阳泉市人民政府关于加强交通征费稽查工作的通告》(阳政通字〔2008〕2号),为养路费的征收管理营造了良好的社会氛围。

基础征管扎实有效

一年来,分局在基础业务管理工作中不断加强源头管理,充分发挥联办和公安交警车管所联合办公的作用,将养路费查验手续贯穿于车管业务的各个环节,严格把关、堵塞漏洞;抓好费源管理,稳住机内的,管好机外的,加大了对晋车外挂、工程车、"三无"车辆的治理力度,4至11月,分局吨位实征率长期保持在80%以上,名列全省第三;加大政策宣传,在阳泉日报、阳泉电台、阳泉电视台等主流媒体播放开征通告,采用宣传车、宣传单进行入户宣传、流动宣传,通过悬挂条幅、张贴通告、设立咨询台等多种途径,多形式、多角度、多方位地宣传缴费政策,使《山西省公路养路费征收管理条例》、《山西省公路养路费征收管理规定》、国务院办公厅103号文件、交通部111号文件等政策法规更加深入人心;加大稽查、清欠工作力度,充分发挥其有效促征手段,营造良好工作氛围;大力推进停征车辆跟踪监管工作,严格执行省局《停征车辆跟踪监督管理规定》,对停征车辆实行包片负责,不定期跟踪的办法,使车辆停驶率不断下降,有效涵养了费源。在通行费征收工作中,严格依法收费,坚持"应征不漏,应免不征",为全市公路建养资金提供保证,同时加大对通行费征收管理,认真研究通行费包缴政策,积极争取市财政局批准了《关于娘子关收费站附近单位和乡村的车辆包缴公路车辆通行费的管理办法(暂行)》(阳财建〔2008〕382号),较好地解决了长期遗留的历史问题,并建成了分局对娘子关收费站的二级电子监控设施,开通电煤专用、救灾物资、鲜活农产品等车辆绿色通道,保证道路畅通,树立了阳泉东大门的良好形象。

日常管理科学规范

2008年,分局建立健全了日常工作制度、行为规范,做到每项工作有章可循,有据可依,用科学的制度来规范具体工作;加强节能管理,树立全民节能意识,制定下发了《阳泉交通征稽分局全民节能活动实施方案》,动员全分局干部职工积极行动起来,从我做起、从现在做起、从身边小事做起、从点滴做起,努力创建"节约型机关";聘请了法律顾问、财务审计顾问、工程顾问等对日常工作进行指导,严格日常审计,有效预防了各类问题的发生;切实加强财务管理,做好审计监督,保证所站经费按时足额下拨;加强固定资产管理,资产购置及工程施工实行政府采购,公开招投标,基建程序进一步完善,同时圆满完成了小桥铺所资产交接工作和郊区所新建业务大楼立项前期工作。

队伍建设不断加强

分局将职工教育列入全年工作重点,除认真组织参加省局举办的各类培训外,于9月份自行举办了文秘、财务、档案、征费业务、法律等培训班。另外,从省内知名院校聘请专家、学者对党内知识、廉政建设进行专题讲座,借预防职务犯罪联络处的平台,不定期邀请检察机关的人员讲解法律知识,提高广大党员素质及党员领导干部廉洁从政,拒腐防变的能力。同时,通过集中学习,开讨论会、宣读讲解等方式,认真抓好每周二、五的早学习时间,做好对上级有关文件及法律、法规的传达、理解、落实工作,及时掌握时事动态,了解国内外重大新闻,丰富广大干部职工的社会知识,培养业务素质高、社会能力强的交通征稽执法队伍,为实现省局"人才强征"战略目标,提供高素质的人才队伍。在国家成品油价格和费税改革实施前夕,服从大局,恪尽职守,"在岗一分钟,奉献六十秒",表现出了良好的精神风貌和职业操守。

作风建设成效显著

以民主评议政风行风活动为抓手,大力加强作风建设,认真组织召开了民主评议政风行风动员会,通过聘请行风监督员,召开听证对话会等形式,开门纳谏,广听评议;通过参加市行评办、市纠风办、市广播电台联合举办的民主评议政风行风面对面活动,现场接听群众来电,倾听百姓呼声,为广大车户现场解难答疑;重点部门、重点岗位积极参与"百岗评议"活动,进一步听取群众意见,强化监督制约,改进工作作风,提高工作效率,使《阳泉交通征稽分局便民服务措施32条》、延时服务制、首问责任制、限时办结制、过错追究制等一系列服务承诺得到进一步落实。

安全生产常抓不懈

2008年,全国重特大安全事故频发,安全生产形势凸显严峻。分局从工作实际出发,与基层各单位签订了《安全生产工作目标责任书》,对责任人、责任事项提出了具体要求,进一步明确责任;制定下发了《阳泉交通征稽分局安全生产专项检查实施方案》,对安全工作开展了认真的自查自纠,彻底加大安全隐患治理;针对抗震救灾、防洪抗汛、奥运安保等成立了专项领导组,组织专项值班,保证了信息传达畅通无阻。在内部安全方面,严格执行重点部位"三铁一器"规定,投资加入了全市综合治理"天网"工程,在办公楼内、楼外安装了摄像监控系统,杜绝了各类安全事故的发生。在车辆管理方面,严格执行机关车辆管理规定,定期举办驾驶员教育培训工作,提高驾驶人员安全意识,确保车辆出行安全。分局机关、城区所、联办等均被驻地单位评为"社会综合治理先进单位"。

党的建设取得新成效

以贯彻中央四个长效机制建设文件为主要内容,党的先进性长效机制建设有效推进;学习、宣传、贯彻、落实党的十七大精神活动深入扎实,学习实践科学发展观活动准备充分,党员学习教育实现经常化、系统化;坚持民主集中制原则,积极发展党内民主,保证了分局重大决策的正确性和科学性;干部选拔、任用、监督管理、考核,更加规范、公开、透明;支部换届选举工作顺利完成,机关党支部重新设置,增强了党员管理、教育的针对性和实效性;文明创建工作内涵更加厚实,外延进一步拓展,在确保市级"文明和谐单位"满堂红的基础上,分局机关和平定所同时进入省级"文明和谐单位"行列,分局被市委、市政府授予"文明行业"称号。

(责编　梁锦华)

山西省交通征费稽查局临汾分局

□ 杨国泉　李建勋

2008年是实施“十一五”规划承上启下的一年,也是全省征稽系统确定的“任务赶超年”。回首过去的一年,分局在省交通厅、省征稽局的正确领导和临汾市委、市政府的大力支持下,坚持科学发展观,按照既定的“3231”年度奋斗目标,紧紧抓住“管理、创新、发展”主题,全体干部职工以高度负责的工作态度和苦干实干的敬业精神,强化管理水平,提高征管效益,优化窗口服务,树立全新形象,加快了征稽与社会、征稽与群众互促互利共赢的和谐发展进程,为全省公路交通建设提供了坚强资金保障。

科学规划统筹发展 规费征管全面加强

2008年,分局按照早开局、细部署、严管理、快节奏、重实效的方针开展工作。一年来,针对运输市场波动、新增车辆锐减、停驶车辆剧增、燃油价格持续上涨、稽查难度日益加大、费收连年高位运行的征收新矛盾和新问题,在费收额连续下滑的形势下,依据运输市场各阶段的特征,理性决策、科学施措,扭转了不利局面,推进了费收额稳步增长。一季度征收“两费”24 194万元,完成计划49.47%,递增率达4.06%;二季度完成33 376万元,同比多征931万元;三季度面对“9·8”襄汾尾矿溃坝事故发生后,全市所有非煤矿山大整顿,对临汾运输市场形成强大冲击,货运车辆停驶直接导致的费收负增长,仍完成任务40 245万元,同比少征704万元;截至12月20日,征收“两费”44 638万元,占省局下达计划的91.28%。

工作中,注重费源管理,按照“四保持、一调整、一加强”的思路,卓有成效地开展征收工作。一是保持稽查强势。依据《山西省公路养路费征收管理条例》和《山西省公路养路费征收管理规定》,结合辖区实际,以稽查为突破口,始终保持“高压、强势、高效”的有力格局。3月份,组织了为期30天的统一稽查大行动,集中整治逃漏欠小型车辆和未挂牌照车辆。分局稽查科对车辆运行状况定时分析,逐月制定稽查方案,并带领机关科室人员与所站联合稽查督导数十次,形成分局与所站、科室与所站、科室与科室之间的良性互动。全分局全年共查扣各类无费车辆5255台,191 435吨,补征规费1940万元。二是保持依法清欠强势。继续加强与各级法院、公安交警、交通局的配合,共清理漏欠费车辆16 568台,18 927.5吨,2607万元。三是保持跟踪监管强势。各所站落实每月三次上户抽查制度,分解责任,现场取证,通知车户,次月补征,始终将停驶车辆纳入监管视线,同时分局借助局域网对各征收单位进行实时监管,全分局的实征率达83.64%,停驶车辆跟踪监管率达100%,收到了堵漏增效的目的。四是保持横向联合强势。与公安、法院干警、纠风部门、新闻部门、兄弟单位联系,形成合力,共同执法,充分体现了征稽法律法规的强制力和征稽执法的公信力。五是及时调整征收政策。由于全年整体运输市场形势不景气,很多车辆因无货源,运营活动无法正常,分局通过调研之后,及时调整政策,降低缴费门槛,在充分保障有序管理的同时,鼓励籍外车辆按月主动缴费,既激发了车主自觉缴费的热情,又保障了费源的稳定性,据初步统计,仅此一项全分局就多征300多万元。六是加强对费收政策的考核。严肃费收纪律,对籍外车辆严格区分,分别对待,每月通过微机实时监管,及时对擅自在临时模块中征收挂有本省牌照的所站领导进行诫勉谈话,严肃了征管秩序,确保了费收的足额规范征缴。

突出重点强化管理 各项工作扎实推进

按照2008年"强化'三基'建设,推进两项工程,完善三项机制,确保一个目标"的中心任务,分局抢抓发展机遇,扭住管理龙头,实现了临汾征稽科学、和谐发展。

一是强化"五率"管理。通过百车漏费率、欠费率、实征率的日常抽查考核讲评促提高,通过跟踪监管降低停征率。分局结合临汾运输市场运营实际,积极采取应对举措,完善有效的费收保障体系建设,增强了分局费收抵御各种局势变幻和工作风险的能力。从6月份起先后组织3次专项检查,督促所站的费收进度,提高所站自觉落实分局决策的积极性和能动性。全分局在规费征收工作中,严格制度落实,严明各项纪律,确保了规费征管工作的严肃性。在完善联办内部机构设置的同时,针对各类无费车辆进行了有力的治理,遏制了无费行车的不良风气,促进了费收工作高效开展。

二是强化费收预警管理。在常规费收统计基础上,将停驶车辆对比分析、稽查收入统计分析、无籍无费车辆明细分析、临时号牌车辆征收分析和漏欠费清理进度分析,与征收结果、五率对比一同纳入费收分析体系,科学判断征收工作走势,深入研究费收高低原因,并在全分局范围内每旬一统计、每月一研究、每月一通报,为征收决策提供最客观、最准确、最全面的预警参数和决策依据,使各项征收决策能因时制宜、因需而定、制而有效、定而有果,牢牢掌握了工作主动权。

三是强化标准化所站建设。分局提高思想认识,突出建设质量,强化落实力度,狠抓整体推进,不断加快标准化所站建设进程。投入专项资金130万元用于标准化所站软件建设、职工培训和工作效率改进上。分局利用两个月时间对18个所站的征稽管理工作进行深入细致的督导检查,从预算执行和财务管理、征稽形象建设、编制外劳动用工、稽导检查,从预算执行和财务管理、征稽形象建设、编制外劳动用工、稽查执法、信息化建设等5方面36项管理标准入手,纵向对照、分析差距、横向评比、全面完善,使征稽制度建设、行为规范、文化培育、日常操作等工作得到极大改进和提高,18个所站全部达到标准化建设基本要求。

四是强化基础设施建设。把基础设施建设、改善外部环境、创优服务质量列为征管工作重点,协助所站推进绿化、美化、香化、亮化、硬化、净化"六化"工程,切实保证了征稽业务工作的顺利开展。

强化考核侧重实绩 干部素质明显提升

分局非常重视干部职工队伍整体素质的提高,全年组织正科级干部参加省局举办的轮训班,5月,组织了业务技能、政策法规、实际操作能力培训,培训力度大、覆盖面广,授课、参训率达到100%。加强对编制外辅助用工从岗能力的培训和提高,各所站紧密结合人员实际情况,有针对性地开展岗位练兵、技能比武。

在干部管理上,注重悉心培养,严格管理,始终以实绩论能力,以实绩论成绩,通过组织程序,提拔副科级干部3人。11月,对连续两年未完成费收任务的6个所站行政负责人进行调整。积极想方设法改善和提高职工队伍工资待遇，努力解决职工遇到的工作和生活困难，建立了职工生日问候制度，对13名干部职工子女考入大学发放助学金45 000元；为分局41名生活困难职工发放救助金49 000元；6月，组织了干部职工体检；每逢重大节日，组织慰问离退休老干部，认真落实老干部政策。

突出“公开、公平、公正”原则，通过报名、考试、培训、录用、上岗，完善了高效透明、合法规范的编制外用工新秩序。并与劳务派遣公司实施科学管理，注重全面发展，提高协岗、协查人员的整体素质，建立了一支精干高效、一岗多能的征管队伍。自5月份起，为编制外用工人员每月增加工资150元。

明确目标落实责任
政风行风水平提高

民主评议政风行风关乎着分局声誉和整体风貌。按照“谁主管谁负责”的原则，把民主评议政风行风列入重要议事日程，与业务工作一起部署、一起检查、一起落实。改进机关作风，优化政务环境，明确责任、加强督查和建立健全奖惩办法，严肃责任追究制度，形成一级抓一级，层层抓落实，上下齐心、左右协调、内外互动的良好工作局面。

继5月15日省厅、省局电视电话会议后，分局上下认真查找政风行风建设不足，总结吸取经验教训，深刻认识开展民主评议政风行风工作的重要意义，把强化执法队伍建设、防止公路“三乱”、推进依法行政、提高行政效能建设、改进服务水平与政风行风建设紧密有机地结合在一起，进一步巩固和提升征稽行业形象。5月22日在平阳广场举行了政风行风面对面现场咨询活动，发放宣传资料2000份，四次参加“9·30”政风行风热线，耐心为群众答疑解惑。引入行政首长负责制、工作落实责任追究制，提出了政风行风建设领导认识到位、责任分工到位、监督管理到位、督导检查到位、协调协作到位的“五到位”要求。定期对民主评议政风行风、行政效能建设工作进行绩效考评。针对查找出来的问题和薄弱环节，建立完善各项管理制度和工作制度，改进优化工作流程和运作方式，切实提高行政效能。

各所站能严格按照分局的既定部署，从组织领导、转变作风、提高效率等方面强化落实工作，按时开展了政风行风专项宣传、征求意见座谈会、听证会、测评会，全分局的政风行风评议工作在12月4日考核中，受到检查组高度评价。

争先创优科学发展
文明建设再结硕果

将征稽文化建设列为文明创建的一项重要内容，深入开展文明和谐单位、青年文明号、文明示范窗口和“十佳百优”创建活动，重点开展深入学习和实践科学发展观活动。认真落实基层党组织工作条例和党建工作责任制，强化班子建设，落实民主生活会制度，完善千万元以上所站专职书记的配置，健全议事规则和决策程序，营造了讲团结、干事业、谋发展的生动局面。10月份，组织参加了市直工委“改革开放30年知识竞赛”获“二等奖”；吸纳9名同志加入了党组织；在抗震救灾活动中，捐款85 830元(其中特殊党费4.7万元)，捐赠100床棉被。出资6000元，为定点扶贫的隰县黄土村中、小学教室屋顶漏水进行了修缮处理。全分局现有省级文明和谐单位3个，省级军民共建先进单位1个，省、地级青年文明号7个，全省交通系统文明示范窗口3个。分局党委被临汾市直工委授予“二十佳基层党组织”、“党风廉政建设先进集体”、被省局授予“精神文明先进单位”。

完善制度注重预防
党风廉政日益加强

以标本兼治、注重预防为指导思想，积极

探索从源头防止腐败的治本之策。一是坚持教育先行,着眼于在思想上筑起反腐防线,使广大干部从主观上消除腐败的念头;二是端正用人导向,着眼于在干部队伍中形成崇尚为民、务实、廉洁的风尚,营造吏治清明、风清气正的政治环境;三是健全约束机制,着眼于腐败案件易发多发的领域和环节的体制创新,建立有效遏制腐败的制度体系;四是完善监控体系,着眼于对权利行使的监督,规范权力运行,减少权力腐败,规范工作行为、严格自律,规范稽查执法、服务人性化;五是牢固树立廉洁从政思想,倡导勤俭节约作风。坚守党性原则,在工作、生活中从一滴水、一度电、一升油、一张纸等小节上注重节约,推行了定额包干加油制度,低值易耗品购买、发放、审核制度,一年中节省经费20多万元,最关键的是营造了勤俭自律、风清气正的良好环境;六是加强突发事件防控工作,切实排查安全隐患。做好交通突发公共事件风险隐患的排查和控制工作,形成有力的应急保障体系;七是全面推进廉政建设工作向纵深迈进。明确责任、强化监督、严明纪律,让工作在阳光下运行,杜绝违纪违规行为的发生。在防止公路"三乱"、查处征稽人员参与入股煤矿等方面,从上到下,逐人逐项调查摸底,狠抓"三项治理",强化反腐倡廉三项工作格局。根据省局工作安排,认真开展了"反腐倡廉八个教育主题月"活动。购买了廉政教育光碟,在各级党员领导干部中深入开展警示教育活动。在执法执纪、违章车辆处理、资金经费运作、内业审批操作、经济责任审计等方面,坚持源头上严防、过程中严管、纠正中严查,为促进全分局交通征稽事业健康发展提供坚强的政治保障。全分局无任何违法违纪现象的发生。

强化安全保障稳定
确保和谐有序发展

分局坚持"安全第一,预防为主"的方针,始终坚持不懈把安全生产贯穿到每次的会议安排和工作督导中,细部署、严要求,勤检查,重实效,严格落实安全生产第一责任人制度。从7月中旬迎奥运活动开展到年底,深入开展以"防群体性事件、重大事故、安全生产责任事故"为重点的安全专项整治,建立和完善安全管理的各项规章制度,实行了所站领导24小时带班值班制度,突出抓好了稽查安全和车辆安全,加强现场监控,采取有力措施,全年无任何安全生产责任事故,确保了平稳有序的办公秩序。

在面临费税改革中,分局及时调整工作重点,12月11日专门组织召开了维护稳定,确保安全工作会议,牢固树立群众观念,做好群众的安抚工作,以对事业、对单位、对个人高度负责精神,自觉地抓好每阶段、每步骤的安全工作。分局全年未发生政治、刑事案件,无集体上访、闹事事件,为征稽工作的持续发展创造了良好的前提条件。

(责编　梁锦华)

山西省交通征费稽查局运城分局

□ 贾振卜　杨海滨

2008年,分局全体员工在省交通厅、省征稽局的正确领导下,认真落实上级工作要求,围绕年初确定的工作思路和目标,解放思想,创新举措,狠抓落实,科学发展,用真抓实干的精神和绝好的工作佳绩,为运城交通征稽使命的完成划上圆满句号。

全年全分局共征收养路费、货附费47 686万元,同比增收12 156万元,增幅高达34.2%,占省局计划36 600万元的130.29%,超收11 086万元,"两费"征收的绝对数、完成进度、增长幅度,均创历史之最。在全省排名中取得了"123"的好成绩,即:费收同比增长全省排名第一,费收进度全省排名第二,费收总额全省排名第三。

规费征收实现历史性突破

2008年年初,分局在省局下达的规费征收任务基础上,大胆提出了"实现一个目标",就是要在2007年费收突破3亿元大关的基础上,2008年突破4亿元大关,实现规费征收的两级连跳。正是在这一宏伟目标的激励下,分局全体员工咬紧目标不放松,积极采取措施确保落实,通过全分局上下齐心努力,以较好的成绩超额完成了年初既定目标。

一是自我加压,完善措施确保费收。省局年度费收任务下达后,分局大胆提出"冲刺4亿费收,实现规费征收两级连跳"目标,并以此目标与各所站签订费收目标责任书。重申"完不成任务全员下浮一级工资,连续两年完不成任务,所站长调离工作岗位"的制度,坚持每月费收分析通报制度不动摇,每月对全分局费收形势进行分析通报,鼓励先进,督促后进。

二是加强宣传,营造规费征收好氛围。为确保规费征收顺利进行,全分局上下开展了大规模的宣传工作,利用各种媒体开展宣传,制作了宣传彩车,深入车辆集中地,散发传单、现场讲解政策等,并在年初缴费时与车户签订《缴费责任书》,形成良好的舆论氛围,做到了家喻户晓。

三是加大稽查监管力度,维护费收良好秩序。把过去认为稽查仅指单一的对车辆进行路面控制,扩展到对辖区车辆进行路面稽查、跟踪监管、依法清欠、有奖举报监督、现代技术监督等综合手段进行稽查监管的认识上来,在年初的稽查工作安排上,做到各项工作同安排同部署。年内,共组织开展联片联合大稽查活动三次,以及数次重点稽查。先后针对性地开展了外挂车、混合使用甲醇车、水泥搅拌车、汽校教练车等专项治理活动。开展了依法清欠工作。各所站在年初将欠费车辆澄清底数,造册分配任务,责任到人,每月进行一次考核,奖惩兑现,极大地提高了员工的工作积极性。全年全分局共查扣违法车辆4101台、26 000吨,补征规费1055.5万元;行政处罚违法车辆1617台、收缴罚款48.93万元。依法清理机内欠费12 566台、清回欠费1832.96万元,稽查清欠综合收入2888.46万元。

四是开展治理外挂专项活动，维护正常征缴秩序。在外挂车辆治理方面，分局坚持以杜绝外挂，促使回迁为目的，采取“抓源头、下单子、把口子”的治理策略。“抓源头”就是要求各所站对辖区内外挂车辆摸清底数，上门宣传，逐户催缴；“下单子”就是对辖区内外挂车辆调查取证，对证据充分的外挂车辆下达限期转籍（调驻）通知书；“把口子”就是每月由分局稽查大队牵头，在出省口开展一次集中时间、集中人力的稽查大行动，查处外挂行为。通过努力，促使外挂车辆转回200余台，一举扭转了车辆外挂的不良局面，维护了正常的征缴秩序。

五是开展停征车辆跟踪监管，从源头上堵塞费收流失。分局根据工作实践，先后三次完善出台了《停驶车辆跟踪监督实施细则》，扎实有效地开展了停征车辆跟踪监管工作。全年全分局共上门上户监管车辆3540台次，送达《行政处理决定书》159份，申请法院强制执行33台，直接经济效益为116 590元，通过降低报停率间接效益可达3700余万元。

夯实规费征管基础

2008年，分局在严格管理的基础上，拓宽规费征管基础，由重视内部管理向加强对费收源头管理扩展。

一是把住车辆入户关，澄清新增车辆底数。在车辆购置附加税大厅设置了联办岗位，所有车辆在办理完上户手续，领取车辆附加税证时，由联办人员开具《车辆缴费通知单》，登记车主具体信息、联系电话，统一核定车辆吨位，指定所站进行缴费，实行跟踪管理。全年全分局新增车辆34 733台，109 021吨，同比增加7500台，34 468.5吨，新增车辆欠费率为1.38%。

二是提高对跟踪监管的认识，增强监管工作的自觉性。为确保跟踪监管工作的顺利、有效开展，分局在工作实践中积极探索，认真总结，多次修改完善跟踪监管管理办法，召开了全分局停征车辆跟踪监管工作经验交流会，分析了跟踪监管带来的实际经济效益和社会效应，统一了大家的认识，明确提出跟踪监管是一项法定职责，是一项系统工程，是稽查工作内涵和外延的扩展，是源头管理的深化，是征管模式的发展变化，是提升管理水平的有效手段，提高了大家开展跟踪监管工作的自觉性。

夯实行政管理基础

一是加快办公自动化进程。主要解决设备良好，运用不足的问题。重新制定了办公自动化操作规范和制度，加大培训力度，对所站长和文秘人员进行了办公自动化培训，出台了办公自动化考核办法，力求全员思想上重视，能力上提高，习惯上养成。二是建设节约型机关。制定出台了《运城征稽分局建设节约型机关实施方案》，对全分局的用电、用水、用油、办公耗材等，都进行了详细规定，要求所属单位拿出具体落实方案，切实解决经费不足，办公效率低下等问题。三是规范固定资产管理。对全分局的固定资产进行了重新核实，所有固定资产全部运用微机软件进行管理，出台了《固定资产管理办法》，从固定资产的购买、使用、管理、报废等方面，严格督促落实，使全分局的固定资产管理走上了规范化管理的道路。四是改革审计办法。拓宽审计对象，在对所站长进行离任审计的基础上，先后对9位任职较长的所站长进行了任中审计，将监督关口前移。五是开展安全生产。严格落实安全生产责任制和追究办法，认真实施执法“效率、形象、素质”三项工程，制定了安全生产工作方案和突发事件应急预案，开展了“百日安全生产”、“安全生产月”等活动，对全员进行了安全生产培训，实行安全生产报告制，排查安全隐患，全方位确保了工作的安全。

夯实法治征稽基础

分局在执法中始终秉持“依法行政大如

天，征稽形象重似命”的理念，要求执法人员在刚性执法的同时，给车户以人性化的关怀，始终坚持“依法征费、公正执法、忠于职守、执法为民”的原则，从规范员工思想、能力、行动、行为等方面，进行了法治征稽建设。

一是加大培训力度。为了使执法培训达到切实提升执法人员水平和能力的目的，改变以往集中培训的方式，由分管领导亲自带队，抽调科室骨干，抽出各单位执法人员轮流上门“面对面交流，现场指导学习”，并及时对学习成果进行考试检测。

二是规范执法行为。组织人员对全分局征费档案进行了全面检查，在日常上路执法过程中，要求各单位领导亲自带队，边稽查边示范，及时纠正执法过程中出现的细节不足问题，规范执法语言、动作等，提高了全员依法行政意识和能力。年度被评为“省依法治理先进单位”，被运城市纠风办评为“行政执法工作先进单位”。

深化党的建设

继续发扬“围绕费收抓党建，抓好党建促费收”的优良传统，选择载体，围绕费收中心，抓好党建工作。年初，认真开展了“读两本好书，写两万字笔记”活动，要求每位员工结合本职工作写出两篇心得体会，并在“七一”期间进行了展评。借纪念建党87周年的东风，开展了“六个一”系列主题活动，即：召开一次表彰大会，上一次廉政专题党课；重温一次入党誓词；召开一次“征稽与文化同行”座谈会；开展一次演讲比赛；举办一次书画、摄影作品展。开展了“五四三”活动，即：创建“学习型、先进型、服务型、廉洁型、创新型”的“五型党组织”；创建“班子作风好，队伍素质好，高效服务好，团结和谐好”的“四好机关单位”；实现“分局满意，基层满意，群众满意”的“三满意”目标。通过系列活动的开展，为促进运城征稽事业的发展提供了坚强的政治保证。

深化廉政建设

一是先后开展了反腐倡廉教育、警示教育、“八个主题教育月”等活动，使全员从思想上引起警觉，自觉遵守和执行有关规定。二是坚持开展“勤政廉政日”活动，完善了活动制度，将原来每月召开一次改为每季度召开一次，强调活动的实际效果，鼓励员工积极参与单位政务活动，发挥主人翁作用，全员平等恳谈，共同促进事业发展。三是积极开展政风行风评议活动，采取内部监督与外部监督相结合，分局组织人员多次深入基层进行明察暗访，纠正工作中的不当行为。全分局从社会各界聘请行风监督员89名，在全分局范围内开展一次问卷调查活动，发放调查问卷1000份，为确保收集到真实的信息，继续坚持买好信封，贴好邮票的做法，保证了问卷的真实度和回收率，从收回的问卷中，没有发现突出问题。

深化征稽文化建设

为使征稽文化真正落地，做到六个坚持：一是坚持每年开展一次“文化思考月”活动，旨在“弘扬文化、明确目标、坚定信念、鼓舞士气”。2008年，开展了以“责任、荣誉、奉献”为主题的“文化思考月”活动，从责任、荣誉、奉献出发，带领大家重温征稽文化内容，牢记本职责任，珍惜已有荣誉，鼓舞员工士气，为全年工作的开展奠定了坚实的思想基础和人文基础。二是坚持为员工进行生日祝贺，送去了集体的关怀；三是坚持每年编印一期科级干部《调查报告·论文集》和副科级干部《心得体会集》，营造了良好的学习氛围；四是坚持每年编印《群英谱》，树立了团队内部的英模形象；五是坚持每年举办一次员工运动会；六是坚持每年举行一次业务观摩评比会。同时，以运城分局为主要力量的全国交通征稽文化课题研究也取得了圆满成功，11月份，《交通征稽文化》研究专著和《交通征稽文化手册》已由交通出版社出版，并登上各大书店书架，在全国范围内发行。

深化标准化建设

标准化建设是省局2008年的一项重点工作，分局以此为契机，在巩固原有成果的基础上，再次掀起标准化建设高潮。一是重新设置岗位。按照省局的要求，结合自身实际，对各所站岗位进行了重新设置，在全员中开展了竞争上岗，定岗定责。二是规范用工管理。严格执行省局编制外用工管理办法，通过劳务派遣的形式，规范了全分局所有的编制外用工。三是统一标识标志。对全分局的标识标志进行了统一，对办公环境进行了一次整治，确保做到干净、整洁、美观、便民，并配合省局制定了全省交通征稽《视觉形象识别系统》。

深化文明创建工作

结合省局"十佳百优"评选活动，在全分局开展了"十佳征稽员"评选活动，从各个岗位选树十名成绩突出的员工，大力进行表彰奖励，并推荐参加省局"十佳"评选。年初，各单位按照省局、分局的安排部署，制定出了文明创建计划，积极开展创建活动，取得了较好的成绩。在保持省级文明单位4个，市级文明单位"满堂红"的基础上，2008年，分局被运城市劳动竞赛委员会荣记集体一等功一次；稷山所被交通运输部授予"全国交通行业文明示范窗口"、被省总工会命名为"工人先锋号"；城区征稽站被省总工会授予"五一巾帼奖"。"5·12"汶川地震灾害发生后，全员积极行动，向受灾群众捐款15万余元，缴纳特殊党费9万余元，分局对口向绵阳征稽局捐款1万元，党员李致峰同志还代表分局亲赴灾区参加抗震救灾活动，被评为抗震救灾优秀志愿者，展示了交通征稽人的良好风貌。

今后，无论交通征稽走向何方，运城分局将一如既往地服从省厅、省局的领导，继续发扬"忠于责任、勇于开拓、甘于奉献"的征稽精神，保持昂扬奋发的精神面貌，团结一心，努力工作，为全省公路建设和社会经济又好又快发展作出应有的贡献。

（责编　梁锦华）

山西省交通征费稽查局长治分局

□ 秦国增　乔明珍

2008 年，分局坚持以科学发展观为指导，紧紧围绕规费征收中心，不断完善透明、高效、公正、廉洁的征管机制和快捷、便民、利民、为民的文明服务体系，深入开展学习实践科学发展观活动，努力提高征稽队伍的依法行政能力和文明服务水平，圆满完成了以费收为中心的各项工作任务。全年累计征收公路养路费、货运附加费、车辆通行费 4.46 亿元，占年计划的 107.4%，超计划 3000 万元，顺利实现预期目标。至此，长治征稽组建 22 年，已累计征收各项交通规费 54.84 亿元，并先后荣获全国交通系统先进集体、省级文明和谐单位标兵、国家级青年文明号、省级文明单位、省级青年文明号、省厅文明和谐示范单位等荣誉称号，为全省交通建设事业和交通征稽事业发展，作出了积极贡献。

规费征收规范运行
保持稳步推进态势

强化宣传努力营造舆论氛围，深入调研正确把握费收发展规律。为确保全年规费征收工作顺利进行，分局和各所（站）把宣传规费征收政策贯穿征管工作全过程，通过电视、电台、报纸等新闻媒体对规费征收政策，特别是新颁布的《山西省公路养路费征收管理规定》进行广泛深入宣传。同时，分局领导班子按照包片分工，定期深入基层所（站）现场办公，着力解决各单位在规费征收、跟踪管理、稽查清欠、标准化建设、班子建设和辅助用工管理等方面存在的突出问题，详细了解各单位费收进展情况，正确把握费收发展规律，及时采取应对措施，使全分局的规费征收保持了稳步增长的态势。

摸清底数抓管理，涵养费源促费收。一是继续量化费收目标，坚持跟踪考核，紧紧抓住任务分解、季度分析定标、及时总结考核等办法，层层推进指标完成。同时根据费收形势变化情况，狠抓费收征管质量的提高，把新“五率”尤其是逃漏费率作为目标考核的重要内容和奖惩兑现的主要依据，逃漏费率由 1 月份的 3.17% 降为 1.22%；二是继续推进标准化所（站）建设，进一步强化基础业务管理，办事效率明显提高，征管效益显著增强。三是继续完善各项管理制度，继续推行公开服务承诺和“七项便民服务措施”，努力营造规范有序，便捷高效的规费征收环境；四是完善奖惩激励机制，出台《分局领导、机关科室和包片所站经济挂钩奖惩办法》，形成“三位一体”的考核奖惩主体，有效地调动了全分局干部职工的工作积极性。通过采取以上措施，费收征管质量明显好转。全年，全分局在籍车辆实征率为 77.32%，与上年同期相比提高 3.03%；免征率为 0.71%，与上年同期持平；封存率为 8.46%，与上年同期相比减少 3.05%；报停率为 12.29%，与上年同期持平；上解率为 100%。

立足规范强化稽查，多措并举依法清欠。2008 年的稽查工作动手早、行动快、注重规范、效果明显。全分局通过稽查累计追缴“两费”2000余万元。为了搞好全年稽查工作，在全分局实施了“百日攻坚”稽查行动，制定了稽查补助经费兑现办法。要求各所(站)在确保完成稽查任务的同时，还要保证执法行为规范，对于争抢费源、乱处乱罚、程序违法、粗暴执法等“不作为”和“乱作为”行为，除严肃查处外，还要扣除单位奖金。稽查行动开展以来，各所(站)迅速行动，突破“8小时工作时间”的稽查常规，实行夜间稽查、常规稽查和三班轮换24小时不间断稽查相结合的办法，在分局统一组织下开展交叉稽查、连片稽查、封闭稽查，全分局形成“位不分高低、人不分男女、时不分昼夜、地不分南北”全员参与的稽查工作态势。同时，积极开展欠费清理，对欠缴“两费”的车辆采取上门催缴、电话催缴、邮寄催缴、公示催缴等方式，催缴面达到了100%，共计清理欠费800余万元。

加强党风廉政建设
深化民主评议工作

2008年，按照“廉评并举”的方针和省厅、省局及长治市政风行风评议办公室的统一要求和部署，加强领导，周密部署，精心组织，顺利完成了各阶段的工作任务。

统一思想，提高认识，周密布署。各所(站)紧紧围绕“树立行业新风、优化发展环境”主题，切实加强政风、行风建设，努力做到“五个结合”：一是民主评议政风行风工作与深入学习科学发展观活动相结合，着力解决职工群众关注的“热点”、“难点”问题和影响征稽事业发展的突出问题；二是民主评议政风行风与规范征稽执法行为相结合；三是民主评议政风行风与加强领导班子和干部队伍建设相结合，不断提高执政能力，树立廉洁勤政形象；四是民主评议政风行风与精神文明创建工作相结合，努力提高征稽部门服务车户、服务社会、服务国民经济发展的水平；五是民主评议政风行风与贯彻落实《教育、制度、监督并重的预防和惩治腐败体系实施纲要》相结合，不断加大反腐倡廉工作力度，杜绝损害群众利益和征稽形象的事件发生。

强化监督，以评促建，评建并举。继续定期参加长治市纪检委、纠风办和广电总台联办的“交通热线”节目，与群众进行热线交流，并就群众提出的征稽工作中存在的各种问题进行现场解答。组织召开征求基层所(站)、服务对象和离退休老干部意见座谈会，进一步查找在党风廉政建设和政风行风建设方面存在的突出问题，明确整改目标。

深入调查，找准问题，促进整改。积极开展明查暗访，不打招呼、不定时间、不定路线的方法，深入一线，走访群众，对各所站双评工作的开展情况、领导重视程度、组织机构、制度建设、资料收集、便民利民措施、行风承诺兑现情况、精神面貌、所容所貌、干部在位情况、规范执法情况、公开公示等方面进行全面深入的检查，针对检查中发现的问题，检查组动真碰硬，写出书面指导性意见，并将检查结果在全分局范围内予以通报，真正使双评工作落到了实处。

强化措施，以廉促评，扎实推进反腐倡廉工作。以贯彻落实《建立健全教育、制度、监督并重的惩治和腐败体系实施纲要》为重点，进一步增强大家的廉洁勤政意识；在治理公路“三乱”方面，组织稽查人员进行执法规范化业务培训，加大执法督查制度，杜绝稽查工作中随意拦车、双向查车、强化追车现象，查扣车辆处理严格按照执法程序，稽查档案纳入规范管理。

深入学习实践科学发展观
党的建设进一步加强

分局作为长治市深入学习实践科学发展观活动首批试点单位，认真组织开展了学习实践活动。

一是通过开展学习实践科学发展观活动，党员素质明显提高。分局党委把开好动员会，制定好学习计划、学习制度做为重点，层层宣传发动，领导带头学习，分局机关和直属支部党员撰写笔记均达到了1万字以上，心得体会5篇以上。深入开展“继续解放思想”大讨论，大家对开展学习实践科学发展观活动的重要性，从思想深处有了清醒的认识，党员的素质有了明显提高。工作中，任劳任怨，事事冲锋在前，充分发挥先锋模范作用，展示了新时期共产党员的良好风貌。

二是通过开展学习实践科学发展观活动，领导班子建设得到加强。分局班子率先垂范，带领机关相关职能科(室)负责人深入到基层所站调查研究、现场办公解决存在问题。先后组织征求基层所站、离退休干部、服务对象座谈会，深刻查找班子和班子成员在贯彻落实科学发展观方面存在的突出问题，对征求到的意见和建议进行认识疏理，做到查找问题不留死角。分局班子在召开专题民主生活会环节，严格程序，严格把关，严格要求。会上班子成员带头发扬民主，率先进行批评与自我批评，广大党员和群众代表敞开心扉，对领导班子及其成员提出意见建议，班子成员无论是在参加领导班子专题民主生活会，还是联系点党支部的专题组织生活会上，都做到了“五个带头”，以实际行动为全体党员做出了表率，促进了科学发展观活动的扎实开展。

三是通过开展学习实践科学发展观活动，有力地促进了各项工作的协调发展。分局党委严格按照长治市委的要求，认真制定整改方案，深入征求意见进行完善，严把方案质量关。通过采取建立整改责任制、分类整改和层层监督整改的办法，解决了影响和制约发展的问题。学习实践科学发展观活动的扎实开展，有力地促进了各项工作。党委的核心领导作用和支部的战斗堡垒作用得到充分发挥，无论是在规费征收、规范执法、文明服务，还是在党风廉政建设、班子建设、队伍管理、文明创建等各个方面，都提供了强有力的政治纪律保障。

精神文明创建再上新台阶，分局机关继续保持“省级文明和谐单位标兵”的荣誉，常村站和沁县所继续保持国家级青年文明号和省级文明单位称号，屯留所顺利跨入省级青年文明号行列；在奥运安保工作中，党委高度重视，健全机构，完善措施，落实责任，强化督查，及时化解各类矛盾，避免了上访事件、刑事治安案件和安全责任事故的发生；同时，征稽队伍始终保持稳定有序和拼搏向上的精神风貌，面对国家实施的税费改革，广大干部职工服从大局，坚持做到“在岗一分钟，奉献六十秒”，保持了正常的工作秩序，以积极的态度迎接和支持改革，充分展示了长治征稽队伍“大局为重，勇于奉献”的良好职业素养和政治责任感。

（责编　梁锦华）

山西省交通征费稽查局晋城分局

□ 张联信　张慧锋

2008 年，分局按照省交通厅、省征稽局的总体部署，紧紧围绕费收中心工作，进一步深化征管服务，逐步引深文明和谐创建，持续注重队伍建设，并根据形势发展需要和工作中不断出现的新情况、新难点，有针对性的制定新的工作措施与方案，严格按照年初制定的各项工作目标，认真落实完成，收到显著成效。

费收工作乘势而上

年初，分局党委班子实事求是，立足大局，借全省范围内“拉网式无缝隙”治理超载超限，促使大批车辆更新换代的大好形势，重点抓好新增车辆的征稽管理与服务工作，保持了费收工作的强劲势头。分局全年共征收两费 29 192.4 万元，完成年度任务的 124.49%。

*一是稽查工作稳扎稳打。*一年来，分局早安排，早行动，除常规稽查外，还开展了多次统一稽查行动。先后部署了“大干一百天，力争一亿八”征稽大行动。确定了对施工驻地无费车、调驻车、“大吨小标”车辆的重点整治，开展交警部门联合追缴逃漏费集中行动、费收攻坚党员“亮剑”行动、跨区联手开展打黑堵漏行动等多个专项行动。并于 6 月 19 日同河南省焦作市交通规费征稽处共同启动了跨省联合稽查行动，加大对在边界公路上偷逃欠漏交通规费车辆的打击力度，一系列行动的开展都对进一步优化征缴工作环境和促进费收增长起到了积极作用。针对运输化工、绿色食品等特种违章车辆，采取先放行、后处理的“缓冲执法”方式，有效避免了征缴矛盾，充分体现征稽部门的人性化执法。全年共查扣违章车辆 6471 台/37 386吨，补征费款 1722 万元。

*二是追缴逃漏费工作再上台阶。*分局在工作中统一思路、统一步调，继续按照电话催缴、邮寄送达、上门催缴，最后积极配合申请法院强制执行的统一流程，分批分层次推进，保证工作力度和成效。并加大同法院的协调配合力度，积极申请法院强制执行，对长期恶意欠缴规费的不法车主执行行政拘留，为清欠工作的顺利开展，强化舆论造势，进一步净化规费征缴环境起到有力的推动作用。各所站追缴逃漏费工作在原有规范化、程序化的基础上有条不紊开展。全年共追缴逃漏费车辆 5782 台/4382 吨，追缴规费 807 万元。

*三是费源管理扎实创新。*分局将征管服务理念进一步引深，积极寻求提供高效征管服务与促进费收持续增长的最佳结合点，针对存在问题不断创新破解难题，并逐步将工作经验提炼升华，收到了很好效果。主动同外地调驻车辆单位沟通，通过优质的服务积极吸引调驻车辆和外挂车到分局缴费。对于工作中挖掘的严把报停审核关、加强合作拓宽管理范围、良好互动群众举报、调查取证全程监督等一系列跟踪监管的有效手段在全分局大力推广，使跟踪监管工作在不断完善创

新中同稽查、清欠协调配合全面推进。全分局跟踪管理工作取得了很大突破,全年共有效跟踪车辆3312台,跟踪补费753万元。

四是借助有利形势,强化征企协作。分局从开征宣传到征管服务,重点抓大型运输企业的征稽管理工作,最终使企业效益和费收得到同步增长,实现了两者的双赢。在开征前夕,就在大型运输企业相对集中的南关所召集省运、神通、汇发等几大运输公司代表进行了座谈交流,广泛征求运输企业对费收工作的意见和建议,征企双方达成了责任共担、资源共享的一致共识。进入三月份,分局领导又带领机关职能科室负责人和有关所站到各租赁公司开展深入调研,掌握新增车辆发展情况,对他们提出的困难和建议进行了认真汇总,帮助他们解决实际困难;多次与河南各级征管部门联系,上门沟通两省之间征管工作中存在的问题,积极为车户营造良好的运营氛围。还多次与市政府、交警支队、交通局等联系,为北京第四方物流公司落户晋城提供便利服务和优惠条件,成为分局新的费收增长点,把造池、蓄水、养鱼的观念落实到实际工作中。在日常管理工作中,运输企业义务举报偷驶车辆、协助所、站做好跟踪管理工作,配合宣传征费政策,并积极协助分局做好晋车外挂的回迁等工作,为费收工作的稳步推进提供了有力保障。

党建和党风廉政建设稳步推进

党建方面,分局党委按照工作实绩检验干部这一标准,特别抓好党员干部的选拔培养和创新利用工作。年初,分局党委针对各基层单位的具体情况和实际需求,对基层领导班子进行了合理调整,进一步优化了人员,配置配齐了支部书记,使基层单位开展工作更加得心应手。严格遵循"突出定量、突出实绩、突出协调能力"三个"突出"的原则,着重从工作态度、履职能力、工作政绩、廉洁从政四大方面对党员干部进行深入细致的定量考核,积极促进了征稽干部队伍成长,全面提高征稽干部队伍的综合素质、执法水平和服务意识,着力打造一支敢打硬仗、能打胜仗的高素质征稽队伍。

党风廉政建设方面,将党风廉政建设与征稽职能作用发挥紧密结合,严格做到尽职尽责、工作落实,坚决杜绝行政不作为、乱作为等不良现象发生。分局多次集中学习贯彻中纪委下发的《关于严格禁止利用职务上的便利谋取不正当利益的若干规定》,结合自身工作实际,采取多种形式扎实开展工作。并同加强作风建设、狠抓工作落实紧密结合,不断健全完善惩治和预防腐败工作体系,积极构建预防职务犯罪的新构架、新模式,使全分局的党风廉政建设和反腐败工作得到有力助推。

政风行风工作引向深入

政风行风方面主要以"转变工作作风,狠抓工作落实"、"以作风落实促费收"为主线,贯穿工作始终。分局认真贯彻落实省委、市委《关于加强作风建设狠抓工作落实的决定》和省厅、省局的相关工作部署,紧紧围绕征稽工作实际,在全分局范围内掀起活动热潮。5月16日,邀请部分车户及相关部门代表召开了纪律作风整顿征求意见座谈会,就纪律作风、征稽服务、行政执法等方面存在的问题向广大服务对象征求意见,诚恳接受监督,以此积极推动纪律作风整顿工作不断引向深入。各基层所站也纷纷推出了以工作落实促费收的新举措和新方法,都收到了显著效果。另外,分局多次委派稽查科、养征科负责人参加由晋城人民广播电台举办的《百姓热线纠风台》栏目,直接面对广大听众,现场为听众解决新车缴费、农用车变更缴费、吨位标准等涉及众多车户的普遍性问题以及个别车户提出的疑点难点问题。通过不懈努力,在10月底市行评办组织70余家单位开展政风行风工作测评中,分局的政风行风工作受到了参评单位和社会各界的一致好评。

宣传工作自觉服务大局

年初开征之际,分局就确定了与车户利益联系紧密的政策宣传重点,调配电视、广播、网络、报纸等各种媒体资源,尽全力使费收最新政策做到人人知晓。各所站因地制宜、大张旗鼓开展各项宣传活动助推费收。征稽人员多次在夜间深入施工现场,对无籍车辆宣传政策,达成征缴协议;加强对外挂车辆的宣传,主动为其办理调驻,以优质服务吸引车户缴费;将电视台播放通告、手机短信、电话上门催缴等有机结合,提高宣传效果。还充分利用分局《晋城征稽信息》这个平台向外界进行宣传报道,多条信息被《中国交通报》、《山西日报》等刊发。同时,结合交通征稽行业特点,向外界及时宣传晋城征稽最新动态,让社会公众知晓和了解费收政策及工作进展,为推动2008年以费收为中心各项工作的顺利开展和树立晋城征稽良好形象做出积极努力。

冲刺更高文明创建目标

二月份,分局再次被省文明委授予“省级文明和谐单位标兵”光荣称号后,就将争创“全国精神文明建设工作先进单位”作为下一个攻坚目标。召开专题会议,集中动员,全面部署创建活动。工作中,将环境整治、队伍建设、文体活动、安全管理、窗口服务等多项工作牢牢抓好,并从严格执行“不着装不上岗、不敬礼不说话、不亮证不执法”到坚持征稽服务文明用语、简化办事程序,优化服务措施全程做起,树文明新风,创和谐征稽。5月12日,四川汶川发生地震灾情后,全分局干部职工携起手来,多次捐款捐物,向灾区人民奉献自己的一片爱心。6月1日,陵川征稽所征稽人员救人危难不留姓名的事迹更是充分展现了交通征稽人心系社会、共创和谐的心愿。当前,全分局上下正以主人翁的姿态大力弘扬“崇实守信,开放包容、争先创新”的晋城精神,全面掀起了晋城征稽人“全员参与,共建共享”,力争实现更高创建目标的热潮。与此同时,分局的文明和谐创建工作也再上新的台阶。2009年1月,分局被中央文明委授予“全国精神文明建设工作先进单位”光荣称号,这在全省征稽系统尚属首家。

围绕目标谋求科学发展

为将贯彻十七届三中全会精神和深入学习实践科学发展观活动落到实处,分局结合征稽工作实际,通过实地走访运输企业、了解车户需求,认真查摆不适应科学发展的问题和矛盾,为实现征稽事业的科学发展提供有力依据。调研中,与企业车户共同商讨、研究可行方案,合力帮企业渡过难关。并结合开展的“执政为民,服务发展”学习整改活动,进一步做好服务和协调工作,贴近基层、贴近车主、贴近企业,着力为企业解决一些发展中面临的困难和问题,最终实现征稽部门与企业车户的双赢。

(责编　梁锦华)

高管系统单位工作业绩

山西太旧高速公路管理有限责任公司

□ 李新喜　郭迎平

2008年，在省交通厅、省高管局的正确领导和大力支持下，太旧公司认真贯彻落实党的十七大精神，深入学习实践科学发展观，紧紧围绕“三个服务”，扎实推进“五大工程”，不断引深“五比五看、服务创优”立功竞赛活动，坚持“科学发展是第一要务，综合效益是第一追求”经营理念，突出“和谐、节约、精细、创新”管理主题，全力打造“道路优良、服务优质、环境优美、员工优秀”的太旧品牌，脚踏实地，团结进取，较好地完成了全年各项目标任务。

安畅工程建设扎实推进

按照“保局部、争全线”原则，想方设法对客观条件允许的“瓶颈”路段和车流高度密集的“堵点”进行因地制宜的扩容改造。完成了旧关收费站第三次扩容改造，车道由建设初期的3入7出扩容为9进16出25条车道；完成了太石方向阳胜河以东、峪头至晋中服务区两处三段5.7公里爬坡车道的扩容改造；完成了K381+040等10处1.52万平方米的岩石上边坡主动柔性防护；加固维护了武宿立交枢纽特大桥箱梁、L5联主梁和B、J匝道桥。全年共处治车辙8.42万平方米、严重龟网裂6.05万平方米、轻度龟网裂微表处23.58万平方米、路面沉陷4696.2平方米，太旧路路况质量持续保持在优良水平，有力地提升了路网的安全保障功能。10月，省政协就“统筹解决太旧路车辆拥堵问题”重点提案办理情况进行现场调研，对太旧路全线车辆通行安全有序、畅通无阻状况给予充分肯定和高度评价。

综合服务能力明显增强

以迎接2008年北京奥运会为契机，大力构建“无障碍”快速通道和“温情化”服务体系。扎实推进收费站刷卡收费和治超不停车快速检测系统建设，切实加快了车辆放行速度。充分利用可变情报板全天候发布所辖路段及相邻路段实时路况信息，满足了社会公众的出行需求。坚持“尊重自然、贴近自然、融入自然”原则，完成了武宿立交枢纽机场段、旧关收费站、太旧路路铭碑等平台景点绿化，为过往司乘人员提供了优美的行车环境。积极开展“迎奥运，讲文明，树新风”活动，全力为“赛在北京，游在山西”提供畅通安全、文明有序的通行环境，公司被省交通厅授予“全省交通系统北京奥运志愿者运输保障先进单位”荣誉称号。

收费管理文明规范

以“精细化、塑品牌、高效益”为目标，深入推进“形象工程”建设。大力开展“服务竞赛年”和收费站“星级”信誉评比活动，切实加强收费人员业务知识、文明礼仪等全方位的教育培训，收费人员整体素质得到提升。不断优化整合联网收费系统功能，努力提升设备运行效率和质量，太旧路组合式联网收费系统以93.55分的综合评分顺利通过了省厅组织的竣工验收。深入开展收费秩序专项整顿，以旧关收费站为试点，与驻地公安部门建立了协调联动机制，有力地净化了收费现场秩序。不断加大向内堵漏和向外挖潜力度，严厉打击偷逃漏费行为，全年追缴通行费42.95万元，有效保证了通行费足额征收。2008年，太旧路在禁五轴货运车辆行驶和国际金融危机的制约和影响下，累计征收通行费10.34亿元，通行车辆964万辆(次)。

道路质量稳中有升

坚持以“全寿命周期成本最小化理念”为主导，深入推进“畅通工程”建设。不断加大及时性、预防性和恢复性养护，严格落实“五项承诺”，医治小病，预防大病，确保了路况质量持续稳定。建立了专职桥梁养护工程师和桥梁责任倒查制度，健全了中桥以上(含中桥)桥梁“健康”档案，形成了桥梁检查、评定和养护管理的“一体化”考评体系。切实加大机械化养护投入，引进了具有国内领先水平的美国凯捷HPT1860桥梁检测车，为桥梁安全运营提供了强有力保障。不断强化对专项工程的监管，各项工程建设均做到了低成本、高质量，太旧路路面大修工程圆满通过验收，并被评为“优良”工程。2008年末太旧路养护质量指数MQI值达95.1，优等路率达98.6%以上，桥梁技术状况评定等级Ⅱ类桥以上达100%。

路政执法严格有序

坚持以“保护路产、维护路权、维持秩序、保障权益”为主线，深入推进“阳光工程”建设。进一步理顺规范路产管理程序，制定下发《太旧高速公路路产设施损坏恢复办法》，有效保证了路产损失及时赔偿，道路设施及时恢复。建立健全路产、路权维护过程中路政、养护、收费、维修等部门联防联动机制，较好实现了护产维权“无缺位”管理。积极推进“数字化”路政建设进程，全面推广应用巡逻车车载移动监控系统，提高了现场办公和事故救援的整体调控能力。大力开展对违章建筑、摆摊设点、违规广告牌等影响交通秩序的专项整顿，有力净化了道路行车秩序。全年全路段路产案件共发生3025起，发现率、结案率分别为99.17%和99.67%，建筑红线控制率达100%。

经营开发态势良好

坚持服务优先与效益并重的原则，实现了经济效益和社会效益的双赢。服务区坚持以“服务规范、设施先进、环境优美、顾客满意”为要求，本着“合法合理，平等协商，互惠互利”的原则，以加油站实施营销联盟经营为试点，大胆尝试经营管理新模式，较好提升了经营效益。博特、凯斯达等经营实体坚持以品牌占领市场，做精做好优势产业项目，想方设法储备发展项目，自身综合实力和抗风险能力进一步增强；广告部多方位拓展业务范围，注册成立分公司，实现了自身资源的优化整合，初步构建了市场经济条件下高速公路经营管理新格局。2008年公司各类经营实现收入2.23亿元，经营实体实现利润782.1万元。

机电系统运行稳定

坚持以“信息化带动管理现代化”为切入点，全力确保系统运行稳定、信息传输及时准确。在信息管理方面，建立点、线、面有序衔接的信息指挥协调体系，提升了信息传递的有效性和及时性；扎实推进道路视频监控及信息诱导发布体系建设，完成了太旧路道路监控和通信系统改造工程的前期准备工作。在机电方面，以确保设施设备完好率为重心，不断强化备品备件的分级储备和管理，建立了设备设施备品备件库房；切实加大“四大系统”设施设备的升级换代和结构优化，定期对计重设备进行实时跟踪校准和精度标定，有效保证了收费系统的稳定运行。太旧路通信骨干网、计算机网络及接入网、收费系统(含计重收费系统)、监控系统和视频传输网络完好率均达99%以上。

"双超"治理成效显著

严格按照"抓综治、保畅通、保安全、为人民"的要求,继续保持对超限超载车辆的高压态势。多次聘请省局及社会专业人员对治超人员进行法律知识和军事素质培训,有效提升了治超人员的综合素质。严格执行过错倒查和责任连带追究,建立了出口收费站数据与入口检测记录核对倒查制度,严厉查处徇私舞弊、里通外联等违法违纪行为。扎实推进检测点监控网络建设,在沿线各检测点加装了语音提示与录像监控系统,极大地提高了执法效能。大力推行治超不停车快速检测系统,旧关、平定、坡头等所有入口治超点不停车检测系统已全部投入使用。2008年共检测车辆245.1万辆(次),劝返3317辆(次),太旧路治超工作取得了显著成效。

安全生产持续平稳

始终把"以人为本"和"安全发展"的理念贯穿渗透到运营管理的全过程。全面实施"安保工程",在做好各类路面病害处治的同时,重点加大对危险桥梁和路段的集中整治维修,有效保证了道路行车的安全畅通。深入开展"隐患治理年"活动,通过"安全生产百日督查专项行动"和"安全生产月"活动,较好地营造了关注安全、关爱生命的安全生产氛围。着力强化奥运期间桥梁隧道、危险路段的安全防控,在坚持日常巡查管护的基础上,加大夜间不定时巡查的频次,尤其对大桥和特大桥实行24小时专人蹲点值守,确保万无一失。扎实推进职业健康安全管理体系贯标工作,防患于未然,为太旧路安全有序运营提供了强有力保障。2008年太旧公司被省局评为安全生产工作"先进单位"。

党建工作有效加强

以"打造'道路优良、服务优质、环境优美、员工优秀'的四优品牌"为主题和载体,深入开展学习实践科学发展观活动,公司领导班子成员先后深入17个基层单位调研30余次,撰写调研报告8份,深刻剖析制约和影响公司科学发展的主要问题和突出矛盾,制订整改落实措施47项,初步明确了太旧公司科学发展的主要方向。切实加强积极分子的培养和考察,推荐参加入党积极分子培训13名,预备党员转正28名,党员队伍得到了进一步壮大。扎实推进党风廉政建设,坚持用制度管权,用制度管事,用制度管人、初步建立了具有太旧特色的教育、制度、监督并重的惩治和预防腐败的工作体系。

文明创建硕果累累

坚持以"爱我太旧,争创一流"活动为载体,努力将"五比五看、服务创优"立功竞赛活动坚持不懈地贯穿于运营管理、政治思想和精神文明建设全过程,不断巩固和提高企业文明成果。2008年,旧关收费站被省总工会授予"工人先锋号";寿阳收费站、坡头收费站被省精神文明建设指导委员会授予"文明和谐单位标兵"和"文明和谐单位";晋中养护处被省公路运输工会授予"模范职工小家";太旧公司被省直精神文明建设指导委员会授予"省直文明和谐单位",被省局评为2008年度完成工作目标责任制"优秀单位"荣誉称号等。

(责编　梁锦华)

山西省大同高速公路有限责任公司

□ 尉继廷　董化金

2008年,在省交通厅、省高管局的正确领导和大力支持下,公司围绕“三个服务”,深入学习实践科学发展观,进一步加大管理力度,进一步提高服务质量,运营管理再上新台阶,各项工作取得明显新进展。

精心尽职群策群力 片区管理成效凸现

养护管理运行良好。努力提高养护管理质量,得大路段质量指数为98.1,高于全省96.3的平均水平。外业日常养护病害及时处理,路基无冲刷,完成水毁专项工程41万元。标志标线齐全、完善,路容路貌整洁、美观,构造物完好。重新喷漆了得大路标线,油漆和粉刷了防撞墙、轮廓线。建立健全了《日常养护管理方法》、《设施修复管理办法》、《路况巡检和检评方法》、《病害限时修复制度》、《机务管理办法》和桥梁突发事件应急预案、防汛抢险应急预案、冬季除雪防滑应急预案等日常养护管理制度和各类应急预案,没有因养护作业引发交通事故或交通阻塞。6月26日至27日,圆满完成奥运火炬传递车队迎送任务。

收费管理主要考核指标明显提高。加强业务技能培训、岗位练兵,在省局举办的岗位技能大赛中,获得文明礼仪、个人全能等6项奖。全年完成通行费征收9542万元,完成年任务的166%,机电完好率达到97.3%,第三方顾客满意度调查结果均在90%以上。稽查审核发现率达到100%,没有收费技术舞弊和串通联合舞弊事件,稽查工作人员无违纪现象发生。

路政管理规范有序。强化责任、硬化指标、加大投入,保护路产,维护路权。路政案件发现率、查处率、结案率和路产恢复率均达到100%,进一步完善了路政管理程序,重新整理了内业资料,工作效率明显提高。规范治超站点管理,美化站点,标志醒目,进一步强化治超领导、增加治超人员、增强治超责任,坚决杜绝作弊和“三乱”现象,严格治超人员培训,路政大队领导分片直接负责站点管理,治超制度、纪律落实到每个站点和每个治超人员,保证不出问题,工作面貌焕然一新。

服务区特色经营迈出新步。官堡服务区翻修了停车场路面、补植更换了绿地、制作了广告灯箱;官堡服务区和古店服务区还改造了蓝天碧水工程锅炉燃煤换型煤,清洗消毒饮用水水池,检测了水质,改造了公厕,维修了管道、扩建了餐厅和超市、新建了修理厂。两个服务区餐厅都采取自助餐的形式,每位顾客花20几元就能吃到服务区精心烹制的凉菜、热菜20多个品种和十几种主食,还配有免费酒水饮料,经营收入日益增加,服务功能明显提高,全年官堡服务区加油站、餐厅的超市营业额达6541.7万元,同比增加75%,古店服务区第一年全年启动营业,完成营业额4865万元。

规范化管理得到进一步强化。不断完善现有各项规章制度和工作流程，顺利通过北京世标认证中心9000质量体系和职业健康安全“两标一体”认证工作。一是改进工作方法，各部室深入基层，深入实际调查研究，不断提高服务水平。二是转变工作作风，切实做到热情服务、微笑服务、主动服务、耐心服务、文明服务，推行首问负责制，按照制度规定的程序，对来访者接待态度和蔼、热情周到，杜绝了门难进、脸难看、话难听、事难办的不良作风。三是推行限时办结制度，全程跟踪督办，做到按时按量、优质高效地完成。公司完善和出台了《计划管理办法》、《固定资产管理办法》、《办公经费管理办法》、《招待费管理办法》等一整套财务管理办法，按计划严格控制、精打细算，报销坚持会计一票否决制。四是按照《劳动法》，公司与全员签订了劳动合同，进一步理顺和增加了全员工资，按规定足额缴纳养老保险、医疗保险、工伤保险和失业保险，办理了公积金，实行了带薪年休假制度，极大地调动了全员用心细心精心尽责的积极性和爱岗敬业、无私奉献热情。

党建和精神文明建设硕果累累。首先，公司强化党的建设，健全基层党支部，对所属的11个支部进行了充实和调整，对所有党员进行了归口管理。其次，加强完善制度建设，从党委中心组学习至支部“一课三会”制度都得到了较好的落实，组织党员干部和全体员工认真学习十七大精神及十七大三中全会精神，增强了全员凝聚力。第三，为确保巩固大运千里文明路共建共享成果，精神文明建设再出新成效、新亮点，公司将文明大运路共建共享工程纳入党政工作目标考核内容中，促进文明创建工作有了新突破，被省直工委授予“山西省文明和谐单位标兵”荣誉称号。第四，领导带头讲廉洁、慎言行，不符合制度的事坚决不办，不利于和谐的话坚决不说，不利于发展的决策坚决不作，处处做出表率。第五，适应新形势和行业管理的新要求，一手抓管理，一手抓文化，用制度管事、以文化管人，营造和谐班子、和谐队伍、和谐企业。

5月12日，四川发生特大地震后，两次为灾区捐款43 560元，75名党员为灾区捐特殊党费35 000元，共计捐款78 560元。收费系统无论哪个站口遇到支援灾区出站的人和物都快速放行、热心相送。抗震救灾期间，共为421辆救灾车免收通行费121 830元。

高度重视紧扣实际
扎实开展学习活动

按照中央、省委、省厅和局党委的统一部署，公司党委紧紧围绕“党员干部受教育、科学发展上水平、人民群众得实惠”的总体要求和省交通厅“坚持快速协调发展，提升公共服务能力”的总体安排和省局“大力推进高速公路新型产业率先向现代服务业转变，着力提高高速公路安全保畅能力、突发事件处置能力、公共服务能力和行业创新能力”主题，高度重视，强化领导，紧扣实际，认真学习，广泛发动，主要领导干部包片包点，包动员、包宣讲、包指导、包检查，通过以点带面，发挥了示范作用，通过召开座谈会、发放征求意见卡、与员工进行面对面的谈心和在职工中开展思想解放大讨论、召开专题民主生活会等形式，深刻查找制约大同高速公路管理事业又好又快发展和涉及职工切身利益的主要矛盾和突出问题，分析制约瓶颈，寻求发展对策，期间共收集各类意见和建议12条，形成了领导班子分析检查报告，并在一定范围内进行了通报，认真组织群众评议，制定了《学习实践科学发展观活动整改落实方案》，限时整改，分工明确，责任到人，做到了“规定动作不走样、自选动作有创新”，学习实践科学发展观活动取得了阶段性成效。

关口前移标本兼治
加强党风廉政建设

公司广大干部把自己置身于党内外干部职工群众的监督之下，进一步强化廉洁自律意识和遵纪守法意识，以实际行动遵守和贯彻执行党风廉政建设各项规定，按照讲党性、重品行、作表率的要求，认真履行“一岗双责”，深入学习《建立健全惩治和预防腐败体系2008至2010年工作规划》、十七届中纪委三次会议精神以及反腐倡廉典型案例，从思想上筑牢“反腐拒腐”的道德防线，做到了学思并重，力求真学、深思、活用，在学习实践中，坚持实事求是、与时俱进的思想路线，注重理论联系实际，结合新形势、新任务、新特点，集中大家的智慧和力量，各基层单位设置专职纪检员，因地制宜地开展工作，全公司党员领导干部中，没有一起违反廉政规定的行为发生。

（责编 梁锦华）

山西省朔州高速公路有限责任公司

□ 刘根生

2008年，朔州公司以科学发展观为统领，紧紧围绕“三个服务”，夯实“三基”工作，推行精细化管理，提升四种能力，构建和谐高速，深化“五比五看”活动，有力地推进朔州公司整体工作持续健康发展，各项工作目标全面完成。全年共征收通行费3.623亿元，超额完成省局下达年度计划的44.9%；全年平均养护质量指数达98.2，全线75座大、中、小桥梁技术状况评定标准均在二类以上，整体路况水平连续6年保持优等路标准，全线好路率达100%；路政管理各项指标全部实现；经营服务功能和管理水平不断增强，被省高管局评为完成工作目标责任制优秀单位。

提高安全保畅能力
打造便捷行车环境

2008年，养护工作以全面提升路况质量，大力改善路容路貌为主线，抓住三个养护重点，有效地促进了公路保畅能力的上档升级。

专项工程抓精细。坚持“集中处置、综合治理”方针，对问题路段、隐患部位实施专项治理。在专项工程实施过程中，采用专业攻坚，应用科学，加强监督，保证质量的办法，有效地提高工程质量和进度。

日常养护抓经常。在维修保养方面，坚持路况早调查、病害早处治原则，按照“治早、治小、治本”的工作标准，认真搞好公路维修保养，养护管理突出“早、细、实”；保畅作业立足“安、快、优”；构造物维修坚持“管、防、治”，全线路段实现路面平整无病害、无跳车，公路标志设施无残缺、无破损。公路技术状况稳中有升。

公路绿化抓特色。坚持“因路制宜、体现特色”的绿化原则，坚持点、线、面结合，绿、景、美衔接，精心实施公路绿化工程，全面展示了朔州高速绿树林立，色彩缤纷的景观特色，大力构建壮观、和谐的大运文化长廊。

提高公共服务能力
促进经济社会效益提升

坚持以大力提升公共服务能力为根本，追求“三无”目标，即：收费管理无盲点、安全管理无隐患、收费服务无投诉。向管理要效益，以服务树品牌。

一是夯实基础工作，实现精细化管理。不断完善和创新内部管理机制和体制，细化、量化绩效考核目标，用创新的理念研究解决深化内部改革中发现的新问题、新矛盾，使收费工作步入精细化管理的轨道。

二是把大力改善站容站貌、改进服务设施作为迎奥运、树品牌的硬件来抓。有计划、有部署地对各收费站进行扩建整容，北京奥运期间，收费岗亭悬挂“点燃激情，传递梦想”等迎奥运标语条幅，大力渲染奥运气氛，上岗收费员佩带文明绶带，开展“八颗牙”微笑服务，以一个亮丽整洁、文明优雅的收费行业形象，展现给驶入朔州高速的国内外嘉宾朋友。

三是创新收费稽查机制，严厉惩处违规违纪行为。公司稽查人员依法行政，科学应对，周密部署，严厉打击偷逃通行费行为，在专项稽查活动中，打击假鲜活农产品车辆、假军车活动，处理故意闯关车辆，稽查内部收费违纪行为，从而为稳定收费秩序，提升收费效益发挥了积极的作用。

提高应急处置能力
有效维护路产路权

科技创新为路政管理注入新的活力。路政工作依托管理系统和监控设施的不断完善，依靠现代科技对各治超检测点适时进行现场监控与合理调度，并通过管理系统对路政巡查及现场办案过程进行图像信息记录，使路政管理基本实现现代化、文书制作规范化、案件处理影像化，管理系统平台作用日益明显。

坚决贯彻治超政府令，加大从源头上治理车辆超限超载力度。7 月 1 日，山西省人民政府颁布《山西省道路货物运输源头治理超限超载暂行办法》以来，路政人员加大对政府令的宣传，各治超点安装监控系统，加强对治理双超工作的全过程、全方位、全天候的监控，有效避免了违规违纪行为的发生。朔州高速路段无一超限超载车辆上路，治超工作取得良好效果。

完善"5·30"紧急救援机制，确保紧急救援能力可靠有效。路政坚持 24 小时值班制和全天 4 次以上的道路巡查制，为实施紧急救援提供及时有效的第一信息，制定《保畅通应急预案》，与高速交警联合进行实战演练，验证紧急救援机制体制的有效性和应急预案的科学合理性，确保所辖路段的安全畅通。

大力改善服务设施
实现"四星级"服务区目标

公司在加强对承包商监管的同时，投入大量的资金，完善服务功能，优化经营环境，加强治安保卫，提供优质服务，以创建"五星级"服务区为目标，扎实抓好经营管理各项工作。

创新管理体制，实现经营服务监管高起点、纵深化。一是规范监管程序，在严格落实监管目标责任制上下工夫。按照日巡查、月考核、季评比、年总结的监管程序，定期对服务区各经营部门进行综合检查，对发现的问题要求相关部门制定整改措施，及时予以纠正，收到较好的监管效果。二是严格物品价格监管，薄利多销，迎八方宾客。大力开展"餐饮质量提高年"活动，提高餐饮质量，引进"塞外食府"大同刀削面，很受顾客青睐。承包商对餐厅、超市、客房进行了设施完善和美化。装修、服务水平大大提升，经营效益同步增长。

加强基础管理工作，提高文明礼仪水平。服务区在管理上全力推行"八个上星级"，即：服务设施上星级、监管工作上星级、服务质量上星级、环境卫生上星级、经营理念上星级、安全保障上星级、文明礼仪上星级、服务用语上星级。要求服务区员工做到八个有微笑：迎来顾客有微笑、问候顾客有微笑、经营（售货）服务有微笑、回答询问有微笑、致谢顾客有微笑、顾客赞扬有微笑、受点委屈有微笑、礼貌送客有微笑。营造充满微笑的温暖空间，让广大顾客在购物休闲之际有回家的感受。

优化环境卫生，树立良好的服务窗口形象。环境卫生管理实行定点、定人、定时、定责的"四定"管理方式，从营业厅、餐厅厨房到餐具卫生管理，从外部广场到公厕卫生，分别做到全天（24 小时）有人在岗、有卫生标准，一旦发现问题，由监管组下达整改通知书，落实整改情况，使服务区的环境卫生实现制度化、经常化、整洁化。

认真学习十七大精神
党建和行业文明再上水平

继续深入开展素质工程建设，加强党员队伍的培养，使党员和预备党员人数从 2006

年的39人，发展到72人，全体党员成为推动公司发展和行业文明创建的中坚力量。在四川抗震救灾中，全体党员带头响应上级号召，积极交纳特殊党费4.7万元，表达了对灾区人民的一份爱心。二是深入开展有理想、有能力、有责任、形象好的“三有一好”争创活动，完善保持共产党员先进性长效机制和“三有一好”考核评比机制，党员民主考评合格率达100%。三是加强党风廉政建设，为公司的发展提供政治保障。落实“三重一大”管理制度，大力倡导“八个方面”的良好风气，积极推选政务公开、财务公开，执法办案公开，强调廉洁收费、廉洁办案、廉洁奉公，重视治理公路“三乱”，从全方位树立了党员干部和全体管理人员的廉洁从政新形象。

（责编　梁锦华）

山西省忻州高速公路有限责任公司

□ 王志义　张　显

2008年，在省交通厅、省高管局的正确领导下，忻州公司围绕年初确定的工作任务，认真落实"三个服务"要求，全面发展"五大工程"建设，积极开展深入学习实践科学发展观活动和"五比五看，服务创优"立功竞赛活动，圆满完成了各项工作任务。

以谋划公司未来为重点 可持续发展能力得到提升

一是抓科学规划，为公司健康发展指明方向。站在对企业负责、对员工负责的高度，编制了《忻州高速三年战略发展纲要》，确立了"一年强化管理、两年提升质量、三年实现跨越发展"的发展步骤，进一步明确了公司2008年至2010年发展战略的选择与定位、战略目标及主要任务等，科学绘制未来三年的发展蓝图。二是加强企业文化建设，为公司发展提供文化支撑。公司在吸收原太、新原原有优秀企业文化基础上，建立符合企业实际、具有自身特色的企业文化体系，提炼出独具特色的企业使命、企业愿景、企业精神、核心价值观和运营管理理念。编制《员工行为规范手册》，为公司内强素质、外树形象，增强凝聚力、提高竞争力，提供强有力的文化支撑。三是加强基础管理，为公司发展提供制度保障。在新原两标认证、原太三标认证基础上，针对整合之后管理体制的变化，重新进行了质量、环境和职业健康安全管理体系贯标认证，并顺利通过外部审核，获得认证资格。

以提高公共服务能力为重点 "五大工程"建设全面发展

积极开展"养护管理比技能、看保畅能力"活动，全面发展"畅通工程"建设。一是进一步推进养护方法由被动型养护向预防性养护转变。针对公众日益增长的出行需求，抓住路况检测、分析评价、养护决策、工程实施四个环节，认真落实"坑槽修补不过夜、设施恢复不过天、路面无裂缝、排水设施无渗漏、桥梁无缺陷"5项承诺和5级挂牌公示制度，大力加强及时性、预防性、周期性、恢复性、高效性养护；二是突出桥梁养护管理。建立完善桥隧户籍式管理系统，加大对桥隧设施的动态监控，强化临近铁路、交叉立交等桥梁的安全防护，确保重点桥隧运营安全；三是狠抓绿化美化工作。建立《忻州高速公路绿化管护技术档案》，做到"三勤五及时"。在K639至K720段中央分隔带栽植百日红680株，全线中央分隔带花池、花盆栽植矮牵牛花30 090株。以边坡轮廓线、浮雕、文化长廊、桥梁等为重点，对全线护面墙轮廓线、浮雕、文化长廊等进行涂刷；四是加强专项工程管理。严格执行省局养护专项、大修工程管理办法，省局、省厅批复的专项工程已有24项通过交工验收；五是充分做好防汛和除雪防滑工作。完善预案，组建抢险突击队，加强路路联防、路地联防、路军联防，贮备物资，确保了防汛、除雪工作的有效实施。全年公路技术状况指数92.96,桥梁技术状况评定等级2类以上100%,其中1类桥78.5%,绿化保存率98%、成活率98.2%,机械设备完好率98.68%。

积极开展"收费管理比放行、看窗口建设"活动,全面发展"形象工程"建设。一是扎实开展文明礼仪服务活动。编制《服务礼仪标准手册》,制作《礼仪技能训练规范化音乐光盘》,开展"文明礼仪服务培训学习活动",举办"服务标兵收费站"、"微笑服务标兵收费员"评选活动;二是努力提高文明服务水平。开展"收费业务一口清"、"青年岗位能手"、"收费百万元无差错"等岗位练兵和技术比武活动。增设《旅游景点示意图》、《交通导向图》发放等便民服务项目,为过往的司乘人员提供最直接、最实惠的服务;三是加大对免费车的监管。实行分管领导会签审批制度,有效控制了内部施工车辆的数量。深入开展治逃堵漏活动,对"绿色通道"规定的免费车辆和抗震救灾车辆,实行双重监督管理机制,有效避免了通行费的流失;四是加强站容站貌建设。对收费站区、广场环境进行集中整治,配齐保洁工,做到站区、广场环境整洁美观,亭内物品井然有序。全年,通行费收入突破7亿元大关,达到7.8678亿元。

积极开展"路政管理比规范、看执法效能"活动,全面发展"阳光工程"建设。一是积极探索与高速交警"一个窗口办案、一流形象执法、一套制度管理"的执法管理模式,不断提高依法维护路产路权的能力;二是加大道路巡查力度,坚持路上路下"双巡查",做到巡查时间、巡查范围、巡查次数"三到位"。积极开展宣传活动,设立宣传咨询点,组建宣传队,深入沿线村庄、学校散发宣传资料3万份;三是重视科技应用。依托公司局域网,制作路政管理模块,全面推广应用《路政管理系统》,对车载视频系统进行升级,实现传输无纸化、管理程序化、信息网络化和监控实时化;四是坚持公开公正执法。继续推行"三个分离",杜绝暗箱操作,无公路"三乱"和徇私舞弊行为发生。五是提高救援能力。配齐电锯、倒链、撬棍、切割机等救援工具。与高速交巡警、地方公安、医院、消防等单位签订协议书,建立了协调联动机制。严格实行24小时值班制和备勤制,认真履行"5·30"服务承诺,最大限度地提高路网的安全通行能力;六是继续推进治超管理,共检测车辆242.47万辆,劝返5348辆,治理超限超载双超率控制在6%以内。全年案件发现率、建筑红外线控制率、损坏路产恢复率均达100%,结案率98.5%。

积极开展"服务区管理比温馨、看服务质量"活动,全力发展"温馨工程"建设。一是加大环境整治力度。对公共场所卫生进行集中整治,全面开展灭"四害"行动。加大公厕、广场等区域的保洁工作力度,做到环境整洁,不留死角。加强服务秩序管理,对乱停、乱放等现象进行彻底整治。二是完善服务功能。在3个服务区户外休闲区增设座椅60套,对广场地面进行硬化,增设照明设施,更换了标牌标识,合理规划停车标线。在原平、大盂服务区安装了车棚和健身器材,全面提升综合服务水平;三是突出规范经营。狠抓经营管理薄弱环节,着力解决服务态度、饮食安全、商品质量等问题;四是加大监管力度。健全和完善巡查(检查)制度、员工百分考核标准和违规处罚办法等。进一步完善服务区监管考核机制约束机制,明确服务区监管人员的责任、权利、义务,增强了监管工作的服务性和实效性。全年,3个服务区共完成营业额3.18亿元。

积极开展"综合管理比素质、看工作绩效"活动,全面发展"素质工程"建设。一是认真制定并落实员工年度教育培训计划,积极开展各类教育培训活动,举办了精细化管理、企业文化知识专题讲座、"三标一体"贯标知识和内审技巧培训、"五五普法"培训、事故现场急救知识培训等。先后派出20余名业务骨干参加了有关部门组织的各类培训活动;二是继续推行岗位职业资格评聘制度和技能定级制度，建立了符合公司实际的职称评定机制。三是积极实施《员工奖惩管理暂行办法》，对表现优秀的员工进行奖励，对违纪人员予以惩处，达到了奖优罚劣、促进工作的目的；四是开展“先进工作者”、“五十佳收费员”、“十佳养护员”、“十佳服务员”、“十佳管理工作者”等典型选树活动，掀起“比、学、赶、帮、超”的劳动竞赛热潮。

以强化创新为重点 管理水平得到不断提升

强化管理创新。一是建立运转协调、高效有序、标准规范的运行机制。严格执行批复预算计划和遵守收支两条线规定，对省局下达的年度经费计划进行层层分解，包干使用，超支的取消评比先进资格，节余给予适当奖励。强化财务管理。出台《财务管理办法》、《运营资金内部管理办法》、《财务审批规定》，实行统一财务核算制度、财务报账制度。强化稽查管理。稽查部门在对收费、路政、治超业务工作稽查的基础上，增加了对养护、经营开发、机关建设等工作的稽查，实现全面、全方位的稽查；二是建立定性与定量评价、横向与纵向比较、符合性与成熟度评价、持续改进与提高相结合的考核机制。制订和实施新型工作目标责任制绩效考核办法。以省高管局“绩效考核评分标准”为框架，增加了“考核依据”和“定性与定量评价”两项内容。制定“三标一体”管理体系内部审核百分考核办法，考核结果与工作目标责任制绩效考核挂勾，实现了一个时段、两个流程同时进行；三是建立第三方调查、公众评判、科学规范、真实准确的满意度测评体系。引进中介组织参与管理，借助社会力量对自身进行客观评价，测评得分 86.26 分；四是建立竞争上岗、择优录用、人尽其才、才尽其用的选人用人机制。在中层干部选拔任用方面，严格执行“群众民主推荐、考核考察公示、任前谈话诫勉、党政会议研究”四道程序，确保了各项工作的公开、公平、公正、透明。引入中层干部竞争上岗，公开选拔团委副书记 1 人。

推进科技创新。一是针对雁门关隧道节电方面展开研究，使用高频电磁灯等新型光源对现照明系统进行改造，达到降低能耗、降低成本、改善照明条件，改善工作环境目的；二是全面推广使用沥青路面冷再生、热再生利用技术和微表处技术等，对忻州高速公路共计 21.5 公里有轻微车辙无龟裂或出现贫油、剥落的路段路面进行微表处 333 778 平方米，降低了增量资源的使用和全寿命成本。总结、推广了机械化路面保洁新技术。三是重点加强了对易塌方和水土流失严重路段的边坡防治技术和地质灾害预防项目研究，不断提高护坡、挡面墙、路基防洪抗灾能力；四是在路面预防性养护微表处施工中采用抗裂贴新材料处治前期路面病害反射裂缝等方面加强研究。对 K583 + 310 至 K583 + 350 段路基沉降采用干拌水稳碎石填缝路面粘贴新型养护材料抗裂贴，并对路基护坡进行勾缝处理，自修复后基本没有脱落和开裂现象，起到了防渗功能，有效预防了路面前期破坏的发生、发展，对延长路面使用寿命效果显著；五是对 5 座空心板桥采用贴碳纤维补强进行加固处理，确保了桥梁运行安全；六是邀请专家多次论证，对雁门关隧道渗水进行了科学处治等。

以迎奥运火炬传递为重点 安全管理得到全面加强

一年来，公司以高度的政治责任感，全力以赴做好“迎奥运、保畅通”工作。成立迎奥运工作组织领导机构，制定《“大干 100 天全面迎奥运”活动实施方案》，通过召开动员会、悬挂迎奥运宣传标语、举办奥运知识答题等活动，使迎奥运的重要意义深入人心。以加强区容区貌建设、完善公共服务设施、提高服务水平为重点，对服务区进行绿化、美化，全面提升综合服务水平。积极开展奥运火炬传递服务演练活动，圆满完成了奥运圣火传递接待任务。为保证奥运火炬的安全传递，加大安全保障力度，在全线大、中桥和雁门关隧道安排专人24小时值守，与地方公安、高速交警、救援中心等部门开展安全保障演练。同时，加大道路巡查力度，及时发现和处理各种问题和隐患，并严厉打击破坏高速公路护网、治理行人上路、客车随意停车拉人等行为，取得良好效果。坚持“高速公路无小事”的安全理念，进一步加大安全生产管理力度。通过安全例会、专业培训等形式向员工宣传《安全生产法》、安全生产操作规程等，增强了大家的安全意识。二是健全安全生产工作责任制。成立领导组，设立内保办，层层签订《安全生产目标责任书》，全面推行安全生产事故隐患责任追究制度，形成“时时讲安全，人人抓安全，事事保安全”的良好局面。三是开展多种活动。开展“安全生产活动月”、“治理隐患、防范事故”、“隐患治理年”、“安全生产百日督察专项行动”等活动。四是完善安全生产监管体系。针对部分收费站地处偏远且现金流量大的特点，在收费岗亭增设安防报警系统，并积极与高速交警、当地公安机关开展共建平安站区活动，签订共建协议，建立联防联控综合治理机制。五是大力实施安保工程。对1200处边坡急流槽入水口进行改造，对新庄右线大桥、涧河大桥损害、变形的桥梁伸缩逢进行维修等。

以深入学习实践活动为重点
党建群团工作稳步推进

党的建设进一步加强。完善干部选任程序，建立领导干部推荐、考察、决策连带责任制。合理调整支部设置，进一步规范党建工作。认真落实党员“三有一好”标准与考核评价机制，积极开展“一先两优”评选表彰活动。加大发展党员工作力度，把青年骨干列为重点，坚持发展重心下移。加强宣传工作，建立宣传报道奖励机制，超额完成宣传任务。

学习实践科学发展观活动成效明显。根据省委、省厅、省局开展深入学习实践科学发展观活动安排部署，公司高度重视，精心组织，制定并下发《深入开展学习实践科学发展观活动实施方案》，提出围绕“更畅通、更安全、更温馨、更优美”的发展目标，以提升“驾驭全局、科学管理、安全保畅、应急处置、服务创新”五种能力为学习实践活动的主题和载体，在按规定程序、规定步骤做好规定动作的同时，结合自身实际，积极开展了“五个三”、“四结合五提高”等活动，圆满完成了3个阶段、17个环节的工作，受到省委、省厅学习实践活动检查组高度赞扬。

文明创建水平不断提高。围绕省局提出的“建强局、富职工、活机制、用人才、美环境”的理念，不断丰富创建内容，突出特色、突出亮点，积极申报了2008年度省直“文明和谐单位”标兵。下发《党群活动预案》，开展微笑服务、文明礼仪劳动竞赛活动、军事训练月活动，举办“传承文明、放飞青春”诗歌朗诵暨座谈会，“党在我心中”歌咏比赛，送温暖捐助活动等群众性创建活动。公司顺利通过省直“文明单位标兵”复查验收。

职工合法权益得到切实维护。工会紧紧围绕“组织起来，切实维权”这一工作重点，深入基层服务群众，加强基层工会组织建设，召开第一次会员代表大会，签订《集体合同》和《女工特殊权益保护专项集体合同》，为全体干部职工进行了健康体检，加强对计划生育工作的管理，无违法违纪现象发生。

党风廉政建设及反腐败工作不断加强。以廉政教育为手段，不断增强干部职工的廉洁自律意识。继续落实党风廉政建设责任制，大力推行企务公开，全面接受职工和社会监督；坚持廉政合同制，对重点投资项目、大额资金的使用及工程项目、大宗物品采购的招投标等进行全程监督；继续做好治理公路“三乱”工作，加大明察暗访力度，突出对重点部位的督查，无“三乱”现象发生。坚持纠、建、评相结合，扎实开展民主评议政风行风和治理商业贿赂工作，无行业不正之风和商业贿赂事件发生。

（责编　梁锦华）

山西省太原高速公路有限责任公司

□ 刘玉柱

规费征收

提前两个月超额完成全年收费任务。太原公司划拨后共征收车辆通行费9.84亿元，提前两个月完成9.1亿元全年任务，全年划拨后通行费征收达10.3亿元，全年超收1.2亿元。收费站全年出口车流量达1800万余车次。收费站入口平均发卡速度≤12秒，出口客车平均收费速度≤20秒/辆，出口货车平均收费速度≤35秒/辆。完成了长风收费站车道扩容改造工程建设，将车道由原来的7进7出增加到10进10出，完成了清徐收费站改建工程和向阳收费站外广场扩建工程。进一步强化了收费稽查力度，开展了对人情车、特权车的整顿，加大了对假军车、假鲜活农产品车辆、闯卡逃费车的打击，全年追缴通行费3万余元。

养护管理

各项指标均达优良。全线道路养护质量综合指标MQI达98.6以上，优等路率达100%，双向次差路率为0%，各养护单元合格率达100%，专项工程开、竣工率100%，资料齐全。全年完成路面裂缝处理39 897米、坑槽修补1413平方米，更换护栏板3387块、立柱1460根，安装防眩板674块，进一步完善了防汛应急预案，做到了路面无积水、水毁重复发生率为0。公司在奥运前对全线道路硬件设施进行了彻底亮化升级，补栽苗木52 459株，先后完成路面微表处293 421平方米、病害处治138 820平方米、修补坑槽1413平方米。提前一个月完成了晋祠高架桥路面改造工程。2008年公司被省厅评为“全省农村公路通达情况专项调查先进单位”。

机械设备

完好率达99%。对机械设备进行全面摸底调查和登记，出台《机械设备管理办法》和《目标考核细则》。加强了对设备资产的报废管理，通过积极与省局和财政厅实物库联系，对报废资产进行了统一堆放、清点，按程序要求合理移交，顺利完成了首批价值710余万元固定资产报废任务。

路政管理

紧急救援能力明显增强。全年路政案件共发现2383起，发现率达99%，结案率达99%，红线控制率100%，路产恢复率100%，超载率控制在0.1%以内，无公路“三乱”。做到接警后4分钟内出警、20分钟内赶到现场、重大事故2.5小时通车、普通事故45分钟通车，均比省局规定时间大大缩短，案件处理由原来的3天变为现在即来即办、24小时服务。在奥运火炬传递期间，抽调了76名人员，出动车辆60余台次，确保了传递工作顺利进行。治超站点全年共检测车辆640余万台次，劝返5429台次。特别是在全国率先研发成功高速公路治理超载超限不停车快速检测系统,每辆车检测速度由以前的最快1分钟缩短为最短4秒,不仅大大加快了超载车检测速度,减少了收费站堵车现象,而且杜绝了徇私舞弊,得到高度评价,该项技术已取得国家专利,被媒体广泛报道,并在全省推广,公司治超点被省治超领导组评为“优秀治超点”。

经营开发

营业收入同比增长50%。服务区营业额达1.72亿元。消费车次68余万车次,消费人次66余万人次,设施完好率100%,组织开展了对服务区员工安全、服务、礼仪、规范等方面的培训,普通员工培训率达95%,管理人员培训率达100%,无有理投诉。

机电管理

设备完好,运转正常。通信、收费系统网络及设备完好率达99%,故障修复12小时完成。视频监控系统、图像上传网络完好率达98%,故障修复3天内完成。收费数据传输准确率达98%。机电管理制度健全,资料齐全规范。机电工程严格执行审批程序,开竣工率均为100%,质量优良,不突概算。

安全生产

全年无责任事故。多次召开运营安全管理动员大会,要求各单位实行“一把手负责制”,24小时值班,公司与基层单位签订了《安全生产合同书》,明确了工作目标,严格落实了安全生产责任制,按18001职业健康安全文件要求,进一步健全了安全管理制度和各类应急预案,认真组织开展了“安全生产月”活动。

信息化建设与管理

制度健全,网络畅通。全年共发送提示信息375条,全年通过短信平台发送短信2836条、刷新省局网站路况信息54次,在省局网站发布信息68条。信息管理计划详细、制度健全、管理规范、畅通及时、档案齐全。

科技管理及工程前期工作

完成了“地下掘进顶管技术(非开挖技术)在太祁高速公路事故多发段路面排水改造工程中的应用”新课题研究,对小店桥部分路段进行了桥梁横向体外预应力张拉试验,研发成功了高速公路不停车治超快速检测系统,完成了车载式多功能沥青熟料快速加热修路机的改造,完成了HXC-550B型防撞栏清洗车改造。所有工程项目均按程序上报,资料齐全。

服务投诉

无有理投诉。太原公司向社会公开服务承诺,共发放服务调查问卷上万份,服务投诉工作制度健全,及时处理投诉事件,处置率达100%,有投诉分析报告,顾客满意率达97%,无有理投诉。

财务管理

层层包干不超概算。在财务管理中,一是严格执行批复预算计划,对省局下达的年度经费计划根据不同部门和单位实际进行了层层分解,实行包干使用,责任到人,并签订了《责任书》,保证了各项费用使用合理,不超预算;二是分两批对25名财会人员进行了业务培训,提高了人员素质;三是严格遵守收支两条线规定,按时、足额上缴通行费及其他预算资金;四是通过与银行联手,进一步加强了收费站通行费结款安全管理;五是公司内部成立了审计办公室,重点对各基层单位运营经费的使用、经营单位的收入支出和专项工程资金管理进行定期监管审计。

人事管理

公开透明强化培训。已办理养老保险915人、医疗保险1072人、失业保险796人、工伤保险617人、生育保险1062人,正在办理养老保险386人。公司内部培训人数达

1800余人次，培训率达98%以上。

机关建设

规范有序标准提高。一是对上级领导决策、批示等重大事项积极办理，督办率达100%，同时为领导科学决策定期写出调研报告；二是积极推进电子政务，公文处理、流转程序和档案管理规范有序，无文件丢失、泄密现象；三是向省局共上报信息100余条；四是按照9000质量体系要求，推动管理工作逐步制度化、标准化、规范化；五是加强了对后勤工作的管理力度，并在古城营站专门召开了后勤食堂管理现场会；六是积极开展“节约型社会”的建设，对公司所属单位用电安全、用水等进行全面检查，对所有空调、电暖气统一进行维修保养，并制定了严格管理办法；七是对所有驾驶员进行安全培训，并签订《驾驶员安全责任书》。

信访工作

处理及时无上访。公司认真执行《山西省交通厅信访工作制度》，严格落实信访责任追究制和重点信访案件包办制，积极转办各类信访件，全年无群体性上访事件。

法制建设

无重大违法乱纪行为。一是认真开展了“五五普法工作”，做到规划、机构、经费、考核四到位，重点宣传和贯彻了《山西省高速公路管理条例》；二是坚持依法行政，全年无重大执法过失和违法乱纪行为。

综合治理

秩序稳定，治安良好。全年共查处各类案件3起，拘捕5人。2008年全年未发生重大政治、刑事案件和其他治安灾害事故，公司内部无参与“法轮功”人员，道路安全畅通，站点秩序良好。

党建与精神文明建设

公司党委全年共组织开展思想政治工作学习12次，培训党员干部职工1440人次，新成立党总支3个、党支部19个，还完成了对14名入党积极分子的培训。全年共获得十佳收费站1个、五十佳收费员4名、十佳养护员1名、十佳路政员1名、十佳服务员1名、十佳管理者1名。公司荣获交通运输部“全国交通行业文明单位”荣誉称号，荣获太原市和山西省直“文明和谐单位标兵”称号。此外还组织参加了交通运输部“迎讲树”知识竞赛，荣获优秀组织奖。在南方雪灾和汶川大地震时，积极组织广大干部员工捐款达10余万元，组织党员交纳特殊党费95 300元，捐御寒衣物1129件。

廉政建设

惩防并重无违纪。公司健全了教育、制度、监督并重的惩治和预防腐败体系，积极推进党风廉政建设长效机制的建设，签订了《党风廉政责任书》。2008年全年共编发政风行风简报24期，共稽查各站点538次，设立了24小时举报电话和18个举报箱，确保了全年无一起党员干部违法乱纪行为。

工会工作

维护权益凝聚人心。修改完善了《集体合同》，明确了员工年带薪休假制度。召开了首届五次职工代表大会，对涉及广大员工切身利益的员工住宅楼建设用地出让问题进行研究表决。同时还投入13 820元为691名女职工购买了《团体女性特病保险》，组织先进女职工外出学习等。代表山西交通系统赴京参加交通运输部“迎讲树”活动汇报，受到交通运输部领导的高度评价。全年慰问困难职工26人次，开展“职工书屋”建设，建成了太原公司职工电子图书馆，组织公司文艺小分队深入基层单位举办了多场“消夏晚会”，在奥运会期间，还组织开展了全民健身活动等。

科学发展观活动

先后印制12期《学习实践活动简报》，制做了60余块宣传展版，向省局报送活动信息50余条。进行了12期45学时的集中培训，确定了8个调研课题，深入32个基层单位累计调研24次，召开各级各类座谈会12次，参会人员达245人次，发放征求意见表620份，收回611份，征集意见建议806条。经分析整理共查找出3大类8项44条意见建议。圆满完成学习实践科学发展观活动。

应急处置

强化应急体系建设管理，提升突发事件处置能力。建立了以总经理为首的处置突发公共事件领导组，制定了道路堵车、紧急救援等各类应急预案，组建了快速应急小分队，24小时待命，在道路全线安装了监控设备，对路政、养护车辆安装了GPS定位系统，做到信息内部通报不超3分钟，向省局报送不超10分钟，并要求各单位负责人手机24小时开机。购置了100吨吊车1台、大型清障车1台、小型一拖二清障车3台、现场救援器械3套和起重机1台等机械设备，为快速处置突发事件提供了必要的设备保障。

素质训练

举办多次大型的知识竞赛，对新招聘的收费人员分4批进行了军事培训，93名收费站站长、副站长和相关业务部门管理人员分2期进行了集中培训，对67名路政治超人员、56名养护人员和全部后勤管理人员进行了全封闭的军事业务强化培训。同时，基层单位也开展了多种形式的大练兵活动。

（责编　梁锦华）

山西省祁临高速公路有限责任公司

□ 姚惠发　李志刚

2008年，在省交通厅、省高管局的正确领导下，祁临公司坚持以科学发展观统领运营全局，按照“三个服务”总体要求，紧紧围绕“迎奥运、保畅通、保安全”主题，全面实施“五大工程”，深入开展“迎奥运、讲文明、树新风”和“五比五看、服务创优”等文明创建活动，圆满完成了奥运火炬传递转场接待和交通保障任务，顺利完成了省高管局下达的各项目标指标，公司被省高管局评为“2008年度完成目标责任制先进单位”。

以高度责任感和使命感圆满完成交通保障任务

南方雨雪冰冻、汶川特大地震等自然灾害发生后，公司全民动员，紧急行动，收费站开辟救灾物资运输“绿色通道”10条，保证赈灾车辆优先、快速通行；路政、养护人员加大巡查力度，服务区备足油品，为赈灾人员和车辆免费提供就餐、加油等服务；公司广大干部职工发扬“一方有难、八方支援”精神，向地震灾区捐款20余万元，交纳特殊党费8万余元。

把做好奥运交通安全保障作为提升公共服务能力、树立高速形象的动力和契机，健全了领导组织机构，细化了迎奥运工作方案，实施了收费站扩容改造和美化亮化、道路病害处治和标志标线完善、交通设施完善和绿化清洁、服务区场地硬化和设施改善、安全保畅和文明窗口建设等6项工程，圆满完成了奥运火炬转场接待和交通保障任务，被省奥组委评为“迎接奥运组织工作优秀单位”。

以车为先、以路为本公共服务能力实现新提高

公司坚持更好地为公众服务的核心价值理念，变被动服务为主动满足，不断完善整体服务功能，积极打造无障碍快速通道，全面提高道路通行保畅能力。一是着力提高道路通行能力。对平遥等三个收费站内外广场和连接线进行了拓宽改造，强化日常养护和预防性养护，及时开展水毁处治等恢复性养护，大力实施“安保工程”，全面提高道路安全系数和通行效率。二是着力提高快速放行能力。对平遥、灵石两站进行了车道扩容改造，大幅提高了两站通行能力。强化一线收费人员业务技能培训，全面完善1分钟快速反馈机制和各类突发事件应急预案，并根据不同时段的断面车流量，采取全部开启车道、客货车分道管制、客车便携机收费等疏堵保畅措施，避免了收费站口车辆滞留。全面推行治超不停车快速检测系统，平均检测速度由40秒/辆缩短至8秒/辆。三是着力提高应急处置能力。加强应急管理组织机构、应急队伍和应急预案建设，将所有的清障车和巡逻车合理配置，全线布控，实现了路段内应急反应的循环联动，与地方政府、公安、武警、消防、医疗机构以及高速交警联合建设“生命绿色通道、消防安全通道、清障救援通道”，并不定

期进行突发事件实战模拟演练，突发事件应急处置能力和人命救助能力得到全面提升。四是着力提高信息化服务水平。建立健全了由网络、电台、短信、客服热线、可变情报板等媒介组成的综合信息服务系统，加强与相邻路段信息的互报互播，多渠道、全方位地为社会公众提供路况查询、紧急救助等服务，最大限度地满足了社会公众的出行需求。

强化“三基”，规范管理 运营整体水平得到新提升

公司着力强化基础管理、基层组织、基本技能“三基”建设，大力实施精细化管理，坚持收费、养护、路政、服务区“四大主业”四轮驱动、协调发展，不断提升运营管理和服务水平。

抓养护，全面推进“畅通工程”建设。强化养护组织建设，严格落实五级挂牌制度，认真履行五项承诺，不断加大及时性、预防性和恢复性养护力度，持续保持稳定的路况技术等级。认真落实桥梁养护工程师制度，对桥隧设施进行动态监控，健全完善桥隧“健康”档案，及时开展维修、加固等修复工作，确保了桥隧安全、稳定运行。采取抗滑桩、混凝土挡土墙式护面墙、卸载相结合的综合防护办法，对高边坡进行了集中整治，有效根治了坡面失稳问题，增强了防汛抗灾能力。全面实施道路绿化美化工程，为广大司乘人员营造了畅通、舒适的行车环境。2008 年，祁临高速公路技术状况指数达 95 以上，优良路率达 100%，桥梁技术状况评定等级 2 类以上达 100%，其中 1 类桥达 75%。

抓收费，全面推进“形象工程”建设。深入开展“服务竞赛年”和“星级”考评活动，收费人员文明用语使用率、微笑服务率、礼仪手势率均达到了 100%。坚持外挖潜力和内堵漏洞相结合，积极开展“全方位、多角度”的营销宣传和综合稽查，强化免费车管理，严厉打击偷逃费违规违纪车辆，认真执行鲜活农产品运输车辆“绿色通道”政策，全年共征收通行费 8.98 亿元，共减免车辆通行费 945 万元，做到了应征不漏、应免不征。强化机电设备管理，对部分损坏严重的机电设备进行了改造，建立健全了日常巡检、快速抢修等机电设备管理维护机制，提高了站级维护效率，设备完好率大幅提高。加强站容站貌建设，集中开展环境卫生整治，努力塑造良好收费窗口形象。

抓路政，全面推进“阳光工程”建设。建立健全路政业务培训和考核的长效机制，强化执法人员法律知识、军事素质和执法形象培训，不断提升路政人员的整体素质和执法水平。严格执行“双巡查”制度，与高速交警、驻地公安集中开展了违章建筑、摆摊设点和非高速公路标志等影响交通秩序的专项整顿，严厉打击客车随意停车载人和沿线人畜穿越主线等行为。积极推行“阳光执法”，严格执行“四公开两监督”、路政案件集体会审、路产赔偿费银行代收等各项规章制度，提高了路政执法公开性和透明度。2008 年，共查处各类路政案件 1920 起，收回路产赔偿费 646.78 万元，案件发现率、查处率和路产恢复率均达 100%，结案率达 99%，建筑红线控制率达 99%。

抓经营，全面推进“温馨工程”建设。加大对服务区规范化建设和经营工作的监管力度，严格落实星级服务区自检和内评制度，所属 4 个服务区全部被评为四星级服务区。加强员工的教育培训，对餐厅厨师和服务人员分别进行业务技能和礼仪双语培训，全面提升员工整体素质和服务水平。深入开展“餐饮质量提高年”活动，增加了地方风味小吃，充实了特产专柜，满足了不同层次消费顾客的需求。积极推进服务区信息化建设，完成了服务场所电子监控、电子收款和星级服务跟踪管理系统的建设，并实现了银联卡刷卡消费，为司乘人员营造了温馨的消费和休闲环境。2008 年，公司所属服务区共完成营业额 3.24 亿元，共为 139.4 万车次、319.5 万人次提供服务。

严防死守，高压管控
治超攻坚战取得新成效

按照"抓综治、保畅通、保安全、为人民"的要求加强治超队伍建设，严格执行过错倒查和责任连带追究，建立了出口收费站数据与入口检测记录核对倒查制度，严厉查处徇私舞弊、里通外联等违法违纪行为。全面推广应用不停车治超检测系统，加强治超检测设施设备管理，建立健全了治超检测设备维修保养制度和应急处置机制，确保检测工作正常开展。不断强化与交警、地方政府的配合，建立了超限车辆信息互报互通制度，形成了各司其职、综合治超的长效机制。2008年，共检测车辆260万辆，杜绝了55吨以上非法超限超载车辆驶入祁临高速公路。

未雨绸缪，防患未然
稳定发展环境得到新巩固

把"以人为本"和"安全发展"的理念贯穿渗透到运营管理的全过程，认真落实安全生产责任制，层层签订《安全生产目标责任书》，把安全生产与运营管理同部署、同落实、同考核，建立了安全管理长效机制。严格运行OHSAS18001职业健康安全管理体系，深入开展以桥梁为重点的安全隐患排查、安全生产百日督查、"安全生产月"等专项行动，及时消除各种事故隐患，并与驻地公安、交警部门建立了联动报警机制，有效确保了国家财产安全和职工人身安全。全面落实综合治理责任制，强化矛盾纠纷排查化解，建立了人防、物防、技防有机结合的立体防范网络，构建了"一级抓一级、层层抓落实"的综合治理管理体系，全年未发生一起社会治安事件和安全责任事故。

以人为本，关心民生
和谐共赢取得新发展

按照"效率优先、按劳取酬"的原则，改进了薪酬分配机制，提高了员工的工作积极性和主动性。依法规范用人关系，按时、足额为员工缴纳"五险一金"，并为路政、养护等涉路人员增加了人身意外保险，保障了员工切身利益，解除了员工的后顾之忧。扎实推进"素质工程"建设，构建内培外训、覆盖全员的教育培训机制，加大了对员工的思想政治、法律法规和业务技能的教育培训力度，鼓励员工自学成才、支持员工接受继续教育，实现了员工成长与企业发展的和谐统一。

深入开展学习实践活动
党建和精神文明建设焕发新活力

围绕"党员干部受教育、科学发展上水平、人民群众得实惠"的总要求，深入开展学习实践科学发展观活动。公司领导班子成员带头学习实践科学发展观，带头领题调研、分析检查，深刻剖析制约和影响公司科学发展的主要问题和群众关注的突出问题，并形成了高质量调研报告和分析检查报告，群众满意度达到100%。紧紧抓住党的执政能力建设和先进性建设这一主线，不断加强党的思想、组织和作风建设，深入开展"三有一好"争创活动，巩固和扩大了党的先进性教育成果。严格落实党风廉政建设责任制和党政领导"一岗双责"，积极构建具有祁临特色的惩治和预防腐败体系。巩固大运千里文明高速路创建成果，大力开展"迎奥运、讲文明、树新风"活动、"青年文明号"、"工人先锋号"等文明创建活动，为公司和谐发展提供了强有力的精神支撑。在全线文明窗口覆盖率达100%的基础上，2008年，公司被省直工委评为"文明和谐单位标兵"、被省妇联授予"巾帼建功活动先进单位"称号，明姜收费站被省总工会授予"工人先锋号"称号，路政大队被晋中市评为"文明和谐单位"。

（责编　梁锦华）

山西省临汾高速公路有限责任公司

□ 衡小平　樊肖林　刘晋峡

2008年，临汾公司按照实施“11411”工程的工作思路，提升了临汾高速公路核心竞争力、综合管理能力、宏观调控能力和优质服务品牌，为促进区域经济发展和产业结构调整作出了积极贡献。

综合经济指标增长明显

全年共征收通行费2.79亿元，超额完成全年通行费征收任务，9月中旬提前三个半月完成全年通行费征收任务2.3亿元，完成年计划的121%，平均年·公里征收通行费581万元。襄汾服务区全年营业额为3553.8万元，比上年同期增长8.44%；消费车次累计22.8万车次，累计消费人员35.3万人次。全年共处理各类路政案件1243起，收取路赔款141万元，清障302次，收取清障费4.3万元。

快速通行能力得到提升

本着“服务人民、奉献社会”的宗旨，以“快、准、优、畅、全”为目标，积极开展“星级信誉”考核活动和“服务竞赛年”活动，严格按照“安全畅通、依法收费、文明服务、应收不漏”的16字方针要求，狠抓队伍建设、思想建设、作风建设，收费人员的收费业务能力、车辆快速放行能力、文明服务水平得到提升。根据省局开展的“服务竞赛年”活动安排，一是规范收费人员纪律行为，多次聘请部队教官对全体收费人员进行封闭式军事训练，提高全体收费人员自觉行为；二是打造“八颗牙式”高速微笑精品品牌，多次聘请临汾市旅游外事学校礼仪老师对收费人员进行培训，在岗员工文明用语、礼仪手势和微笑使用率达到了100%。收费站星级信誉考核中，襄汾、北柴收费站均获3A级收费站。

安全保畅能力得到提升

坚持以道路使用寿命周期理论为指导，以畅通、安全、舒适、快捷、美观的行车环境为目标，将养护管理目标与司乘人员的实际需求紧密结合，着力在预防性养护、养护资金使用改革、建立快速反应预案、养护标准路段、探索养护新模式等方面下工夫。健全完善以路段管理为单元的养护运行机制、养护决策和评价机制、维修保养、专项大修的规范工作机制和防汛、除雪、防灾及战备应急机制。全年养护质量指数平均值达98.3%，优等路率达100%，养护工程质量优良率达到100%。投资、工期、质量、廉政四项目标均控制在省局规定的范围内。预防性养护机制不断完善，严格推行日常巡查制度，养护管理人员将巡查情况进行详细记录，及时发现各种病害隐患，做到早发现、早预防，严防病害发生和扩大；防灾抗灾能力、畅通保障能力显著提高，建立了与信息、路政、高速交警等部门的联动机制，不断完善防汛、除雪、防灾及战备预案，及时掌握准确的气象信息，提前准备各种材料物资和机械设备，从各方面保障应急事件快速及时处理。做到设施恢复不过天，坑槽修补不过夜,保证雪后6小时具备开通条件,保障突发性事故和特殊气候条件下车辆安全、快速通行。

依法行政能力得到提升

以加强军事化管理为突破口在大力推行人性化执法、规范档案管理基础上,突出加强路政行风、快速反应、综合治理、严防“三乱”等方面的工作力度。一是在工作中继续推行“首问负责制”、“一次告知制”,在受理路政案件时,对当事人实行一站式服务,派专人协助当事人准备齐相关资料,真正做到内转不外转,提高办事效率,方便当事人;二是设立了集路政值班、指挥协调为一体的路政指挥中心,实现了路政信息、指令的接收和发出的统一管理,并积极组织开展交通事故紧急救援大演练,提高路政人员的快速反应能力、组织协调能力、互相配合能力;三是加大执法力度,加强守法宣传,严格防范公路“三乱”,规范治超行为。按照各级治理公路“三乱”要求,坚持做到“三统一”(统一着装、统一持证上岗、统一文明用语)、“四规范”(职业道德规范、仪表举止规范、文明用语规范、执法行为规范)、“五公开”(法律法规公开、、办案程序公开、收费标准公开、服务承诺公开、投诉电话公开),治超工作成效显著。2008年临汾路政大队被中共临汾市委、临汾市政府授予“治理公路‘三乱’先进集体”荣誉称号。

经营管理能力得到提升

一是深入开展“餐饮质量提高年”活动。推出“汾湘食坊”餐饮新品牌,受到司乘人员欢迎;二是调整了快餐经营思路,在速度、花样、质量上做文章,加大对餐厅的投入,扩大快餐品种,饭菜的品种有10个热菜、10个凉菜,还有以山西面食为主的5种主食,让顾客吃的舒心、吃的放心;三是认真执行《山西省高速公路服务区餐饮经营规范细则》,加强食品安全管理、卫生管理,做到每星期检查不少于三次。要求服务区严禁出售过期食品,杜绝食物中毒的发生,严把质量关。并在各营业区醒目位置设立了监督台,让顾客放心、明白地消费;四是为了全力做好奥运安保工作,在襄汾服务区安装了监控装置,对公共区域、经营区域、文明服务过程进行全方位监控管理,提高了文明服务水平和安全保障能力。

公共服务能力得到提升

一是加强信息值班制度。建立24小时值班制度和快速反应、快速处理的服务投诉机制,24小时为顾客排忧解难。二是通过与气象局建立沟通机制,及时了解天气情况,通过可变情报板发布即时路况信息,为广大人民群众提供出行参考服务。一年来,发布路况信息、养护施工信息、交通事故、高速公路计重收费常识及雨天行车注意事项等各类信息共计2125条,极大方便了司乘人员出行;三是为认真贯彻落实《山西省高速公路“迎奥运、保畅通”应急预案》、《山西省高速公路突发公共事件应急预案》,进一步加强应急突发公共事件管理,信息监控、路政、养护、收费站、高速交警、驻地医院、消防、汽修等部门建立了联动机制,组织了联合桌面演练、实战演练,提高了处理突发公共事件的能力和公共服务能力。

综合管理能力得到提升

一是完善了《临汾公司目标责任制考核管理办法》,公文流转顺畅,催办、督办率达100%;档案管理严谨规范并有效利用,无失、泄密事件;重大政务信息上报及时,新闻宣传到位,编发《临汾高速》简报20期。九千质量管理体系运行良好,各项工作处于高效有序的运行状态;二是完成了局域网工程(除新建办公楼外)、网站工程建设,建立了网络安全体系,做到了专人管理;三是完善了服务投诉工作机制。2008年,共发生服务投诉事件25起,均为无理投诉,未发生重复投诉事件和省级以上媒体曝光事件;四是继续完善了劳动用工、薪酬分配、教育培训制度的改革。积极为员工办理“五险一金”；五是建立了安全生产管理长效机制，年内无发生安全责任事故。完善了各类应急预案，强化特殊工种人员管理。着力规范细节，不忽视任何一个微小的环节，保障了公司的正常运行；六是建立了职工之家，坚持了“五必访”制度，积极开展支援南方灾区、抗击冰雪灾害募捐活动，共捐款1.81万元，开展了“众志成城，抗震救灾”活动，共缴纳特殊党费2.49万元，为公司创造了和谐的发展环境。

党建能力得到提升

认真开展了学习实践科学发展观教育活动，深入开展了“一个巩固、四个着力”的调研、研讨活动，有针对性的撰写调研材料，积极开展整改落实阶段的各项工作，确保学习实践活动扎实有效。推进中心组政治理论学习制度化，建立了“三有一好”标准及考核评价体系，公司所属5个党支部，全部配齐了党务干部。制订并实施了精神文明建设“十一五”规划和年度计划，“文明（先进）单位”覆盖率达100%。建立了教育、制度、监督并重的惩罚和预防腐败体系。《党风廉政建设责任制》、《山西省交通厅廉政建设监督管理十项制度》、“三重一大”制度执行到位，商业贿赂治理措施得力，效能监察和政风行风建设扎实深入，杜绝了“三乱”现象，员工廉洁从政意识不断提高，未出现违纪违规事件。

（责编　梁锦华）

山西省运城高速公路有限责任公司

□ 贾建民　昝生晋

2008年，公司坚持以科学发展观统领全局，紧紧围绕各个阶段的中心工作，团结拼搏，攻坚克难，支援抗震救灾、服务奥运交通保障，基本完成了全年各项目标任务。

经济效益稳步增长

2008年，全年征收通行费6.51亿元，侯运、运三、运风、侯禹高速公路年通行费收入分别为26 404万元、11 922万元、9266万元、17 535万元；四条路的通行费收入，较2007年62 370万元增长4.12%；年公里通行费收入217万元，较2007年增长4.42%。四个服务区全年营业额1.05亿元。养护分公司完成产值2612.4万元。

通行保障能力有效加强

公司始终把保畅通作为运营管理的主要目标，深入挖掘路网资源潜力，重点突破瓶颈路段，拓宽改造关键站点，通行保障能力进一步加强。加固维修了吴家嘴、龙头堡、王顺坡3座大桥，扩建了风陵渡、侯马、河津东、河津西4个收费站广场，改造了运城收费站治超检测车道。扩容了风陵渡收费站，增加收费车道2个；增开收费车道9个，开通了河津西收费站。为平陆、风陵渡等车流量较大的收费站配备便携式收费机4台，实现了刷卡收费，提高了收费站放行能力；为9个收费站安装了治超不停车快速检测系统，提高了检测速度。运三连续下坡路段和运风混合路段增加了标志标线和振动标线，安全隐患得到治理。

公共服务能力明显提升

围绕做好“三个服务”，全面发展“五大工程”建设，积极推进高速公路新兴产业率先向现代服务业的转变，公共服务能力明显提高。2008年，公司客户满意度88.30，在全省17个高速公路管理单位中位居第一。

养护管理。积极构建周期性养护、及时性养护、预防性养护、恢复性养护的运行机制。以路面养护为中心，以桥梁养护为重点，完成了侯运路段右幅85公里和运三路段右幅18公里的预防性养护，完成了运三路段10公里的车辙处置。重点加强了桥梁预防性养护，解决了全部大中桥梁渗水产生的病害问题，完成了杨家庄、涑水河两座桥梁的预防性养护。完成了侯禹高速声屏障安装和运城、东镇互通等专项工程。以运风品牌路建设为龙头，完善了运风中央分隔带、碎落台和永济、永济西、金井、卿头、新绛互通的绿化美化和隔离栅修复。2008年，公司养护服务满意度90.16，在全省17个高速公路管理单位中位居第一。

收费管理。按照以点带面、整体推进收费站窗口服务管理水平的工作思路，以机场收费站为试点，深入开展文明服务示范站建设，组织30名收费管理人员赴广西学习文明服务经验，编制了《收费文明礼仪服务标准》。开展收费站“星级信誉”评选，8个收费站达到3A级以上标准。在收费站建设便民服务厅10个。加强收费稽查,追缴通行费25.6万余元。认真执行“绿色通道”政策,减免鲜活农产品、化肥、抗震救灾等车辆通行费2639万元。参加全省业务技能比武暨文明礼仪风采大赛,获得集体奖4个、单项奖8个。成功举办了全省高速公路学习实践科学发展观、全力提升收费服务能力现场会暨专题研讨会。收费礼仪方队先后参加了交通运输部、省交通厅“迎奥运、讲文明、树新风”活动启动仪式。公司收费站服务满意度89.73,在全省17个高速公路管理单位中位居第一。

路政管理。大力加强路政执法队伍建设,按照“夯实基础、以点带面、逐步推广、优势互补”的思路,将特色路政中队建设作为路政管理工作的突破口,打造“联护工程”、“严管工程”、“畅安工程”、“维权工程”、“形象工程”、“塑形工程”。探索出符合工作实际的“四位一体”巡查机制,提高了道路巡查效率。开展混合路段治理活动,拆除违章建筑15处,有力地保护了路产,维护了路权。增加7台清障救援设备,合理布局,路政紧急救援能力得到提升。实行公路赔(补)偿款和清障服务费收缴分离,杜绝乱收费、乱罚款。在全省率先向高速交警送达《治安安全隐患告知书》。路政大队被交通运输部评为“全国交通依法行政示范单位”。2008年,路政服务满意度83.27,在全省17个高速公路管理单位中位居第二。

服务区管理。加强基础设施建设,投资1076万余元,增设健身器材,完善无障碍设施,完成了公厕、路面、围墙、取暖、电路等维修改造工程和绿化美化工程,解决了服务区设施落后和消费场所、停车场环境卫生存在的突出问题。在服务区星级考核评定中,4个服务区全部升级,运城、河津、平陆服务区升为4星级,闻喜服务区升为3星级。2008年,公司服务区服务满意度90.02,在全省13个高速公路管理单位中位居第二。

超限超载治理。坚持“抓综治、保畅通、保安全、为人民”的宗旨,层层签订目标责任书,逐步完善了综合治理、联防联治的长效机制,不断推动治超管理工作智能化,充分利用收费网络数据,实现了出口收费站数据对入口检测记录的核对倒查。收费站入口检测点共检测货运车辆246.4122万辆,劝返2.18万辆,超限率控制在1%以下。风陵渡黄河大桥检测点共检测9.98万辆,卸货2783.88吨,收取路赔款24 790元。向高速交警移交严重超限超载车辆28辆,查扣伪造超限运输证件17个,治超工作取得了新成果。

信息化建设。逐步建立与周边地区信息互通机制,实现了路况信息共享、突发事件协作应对。全年在省局网站二级栏目发布出行参考517篇,发布情报板信息1820条,为450余辆故障及事故车提供了救援信息服务。在平陆、机场收费站外广场安装网络广播系统,实行信息广播联网,实时播报路况、航班等信息。在服务区安装了POS机和可变情报板,安装了信息监控系统及服务区管理系统,安装启用了星级服务区跟踪管理软件PDA巡检系统,提高了稽查的智能化水平。

应急管理与安保工作。认真落实以人为本、安全发展、和谐发展要求,初步建立起应急管理体系。加强安全保卫工作,在风陵渡和龙门黄河大桥安装监控设备,24小时不间断对桥梁进行监控巡查,对桥面、滩地、水面进行实时监控巡查,及时排查可疑物,和地方反恐办共同制定对策,共同加强桥梁的安全保卫工作。公司被省交通厅评为“安全生产先进单位”。

项目建设取得新突破

整合以来,公司一直重视项目储备与建设,始终坚持一手抓运营管理,一手抓项目储备与建设。运城绕城公路西南段主体工程已经完工;闻喜东镇至垣曲蒲掌高速公路完成路基桥涵工程30%;运城绕城公路西南段连接线施工图设计正在进行;运三高速公路三门峡黄河大桥、运城至灵宝高速公路《工程可行性研究报告》已经批复，进入设计阶段；河津至金井高速公路、东镇至合阳高速公路正在做《工程预可行性研究报告》；华峰至渑池高速正在积极筹备之中。

创新激发新活力

2008 年，全公司受到表彰的管理与技术创新项目 15 个。管理创新方面，制定出台《收费人员专业技术定级管理办法》，实行收费员专业技术定级与收入分配相挂钩。服务区按照“物业管理、经营监管、公共服务”的思路，创新服务区经营管理机制。机场收费站文明服务管理机制创新，形成“两个示范岗”带动、“每天三小时”指挥规范手势、四个“十步曲”引导、五个“百分百”要求的现场管理体系。闻喜管理处结合海尔学习体会和工作实际，进行了工作目标“日清日结”考核办法创新。养护分公司研究的路面养护作业规范化流程，得到肯定。技术创新方面，通道绿化病虫害（光肩星天牛）防治技术、财务计划编制系统研发、桥梁伸缩缝新型灌浆材料应用、计重磅清淤器研发应用、可变情报板联网系统研发应用、局域网网络安全管理软件应用、超限车辆快速自动检测系统应用等，对提高运营管理水平和能力起到了积极作用。

队伍建设进一步加强

加强各类教育和培训，大专以上学历员工占员工总数的 72.7%，本科以上学历员工占 15.3%，67 人具有中、高级职称，员工队伍的知识和专业结构不断优化。邀请北京百朗教育公司、中共中央办公厅电子科技学院等全国知名专家教授现场授课，组织管理人员赴海尔学习，选送中层管理人员赴北京大学经济管理学院脱产进修，员工综合素质快速提升。以收费站长选拔为试点，改革选拔办法。符合基本条件的人员撰写任职《岗位计划书》，采取集体评审、现场答辩、综合考察等环节，选拔任用了 20 名收费站站长和服务站站长。继续关心关爱员工，为全员缴纳了“五险”，为风险性较高的特殊岗位办理了团体意外伤害保险，对住在小区的员工进行岗位调整，为 10 名困难员工发放“爱心基金”，给全体员工每人每月增加 50 元生活补助等。

党建和文明创建取得新发展

认真贯彻落实党的十七大和十七届三中全会精神，坚持以科学发展观武装党员队伍，发展新党员 29 名，完善了“三有一好”评价考核体系，延伸“三有一好”争创活动，开展“两当三做”活动，基层党建工作明显加强，党员干部的模范带头作用进一步发挥。心系灾区，支援灾区，先后捐款 19 万元（其中特殊党费 7 万元）。18 名党员被厅党组、局党委授予“优秀共产党员”、“优秀党务工作者”荣誉称号。

按照厅党组和局党委统一部署，圆满完成深入学习实践科学发展观活动全部工作任务，重点查找了影响和制约科学发展以及群众反映强烈的 18 项突出问题，并制定《整改落实方案》，确定了整改责任领导，严格整改定期交流。落实问责制，严肃组织纪律，保证了政令畅通。

巩固和发展千里大运文明高速路创建成果，认真开展“迎奥运、讲文明、树新风”等系列活动，公司被评为省直“文明和谐单位标兵”、“山西省巾帼建功活动先进集体”，风陵渡收费站荣获“全国青年文明号”称号，侯马收费站荣获“全国交通行业文明示范窗口”称号，50 多人次受到各级各类表彰。

（责编　梁锦华）

山西吕梁高速公路有限责任公司

□ 张启星　高存厚

2008年,公司在省交通厅、省高管局的正确领导下,在全公司广大员工的大力支持下,以党的十七大和十七届三中全会精神为指导,认真贯彻落实科学发展观,立足搞好"三个服务",努力提高高速公路管理的"四种能力",狠抓通行能力建设、安全保畅建设、基础设施建设、队伍建设、双超车辆治理工作和文明行业创建工作,为促进吕梁高速公路的科学发展奠定了坚实的基础。

通行费收入再创新高 经济效益稳步增长

一年来,由于经济形势的复杂多变,国际金融危机的不利影响,公司立足吕梁实际,及时解决高速公路运行管理中的突出问题,取得了良好的社会效益和经济效益。通行费收入保持了良好的增长势头,夏汾、离军2个路段共完成通行费收入7亿元,其中夏汾段完成5.2亿元,离军段完成1.8亿元,分别完成省局年度计划的130%和177%。

通行能力建设成效显著 站口拥堵问题得到解决

全面审视吕梁高速公路的交通形势,大力实施收费站站口拓宽改造工程,继2007年完成文水、交城2个收费站车道拓宽工程后,2008年又完成了1个收费站的站口拓宽工程,共增加车道2条;加强对收费机电设备的维修和改造,充分发挥了机电设备的性能,提高了收费机电设备的利用率;实施了所有治超点的地磅更新,完成了治超点不停车检测系统建设。

通行保畅力度不断加大 道路行车质量有效提升

高度重视道路通行保畅工作,完成了路面维修、桥头跳车和路面沉陷处理、脱空板注浆、煤沥青灌注路面板裂缝、脱空板煤沥青注浆、桥面裂缝处治、车辙处理、坑槽修补、水毁恢复、大桥特大桥的加固维修等项工程,公路技术状况指数明显上升,夏汾高速由上半年的86.9上升为年底的87.6,养护质量评定等级为良等路。

健全制度巩固成果 治理"双超"取得新胜利

认真贯彻落实上级关于治超工作的各项政策规定,不断强化站点规范化管理,加强制度建设,进一步健全和完善了《稽查检查制度》、《流动稽查制度》、《治超责任追究制度》、《治超人员行为规范》等规章制度和管理办法,使治超管理更加制度化、规范化和程序化。坚持抓队伍的思想建设和作风建设不放松,积极组织治超人员反复学习治超政策、学习廉政规定,坚持班前例会制、列队上岗制、岗前宣誓制和工作例会制,治超人员的思想作风和组织纪律进一步加强,做到了文明检测、规范执法、廉洁治超。努力推进治超管理工作的智能化,充分利用收费网络数据,实现了出口收费站数据对入口检测记录的核对倒查。严格落实治超工作责任制,加大治超稽查检查力度,促进了治超工作的顺利进行。全线 9 个治超检测点共检测车辆 287.2 万辆,劝返 6.69 万辆,超限超载车辆得到控制,治超工作取得了阶段性胜利。

依法治路水平提高 有效保护路产路权

不断提升路政管理水平,有效打击各种侵犯路权、损坏路产的不法行为,对文水至开栅建筑红线内违法挖砂行为进行了打击,责令违法挖砂当事人填坑恢复原状达 20 000 多立方米,拆除挖砂构造物近 1000 平方米。全年共查处各类路政案件 572 件,查处率达 99%,收取路产索赔款 342.09 万元。

服务区设施不断完善 服务品位持续提升

新建杏花服务区南北两区面积各 900 平方米的遮阳棚 2 处,完成深井、管道、围墙及站外排水、广场地面排水工程和北区大型超市装修工程及超市内 326 平方米的大型公厕工程。完成绿化面积近 10 000 平方米。安装了南北区监控系统,经营场所和停车场实现了监控管理。由于服务功能不断完善,服务品位有效提升,杏花服务区恢复了三星级服务区得到了社会各界的好评。

党的建设得到加强 行业文明建设取得成效

认真学习贯彻党的十七大和十七届三中全会精神,积极开展"学习型党支部"和"三有一好"创建活动,构建共产党员先进性教育长效机制,全公司党员以实际行动为党分忧、为国解难、为民奉献,共交纳特殊党费 3.21万元,干部职工为汶川地震灾区捐款 8.07万元、捐衣捐物 620 件,党组织的向心力和凝聚力得到充分体现。扎实开展学习实践科学发展观活动,高质量地完成了 3 个阶段 17 个环节的活动任务,整理归纳影响制约科学发展、群众反映强烈的问题 22 个,制定整改落实措施 22 个,确定整改责任领导,明确整改责任部门,明确整改时间,目前已有 4 个问题得到整改和落实。

坚持不懈地抓党风廉政建设和反腐败工作,建立了符合吕梁高速公路管理发展的教育、制度、监督并重的惩治预防腐败体系。全面落实党风廉政建设责任制,层层分解目标责任,做到一级抓一级,一级对一级负责,形成较为完善的责任体系。严格执行领导干部廉洁自律各项规定,自觉接受社会和群众的监督,维护了党的良好形象。

坚持"两手抓、两手都要硬"的方针,不断深化千里大运文明路创建工作,广泛开展"迎奥运、讲文明、树新风"活动。大力加强企业文化建设,职工群众昂扬向上的精神风貌得到充分的体现。各单位继续保持了各级各类文明称号,6 个单位申报了"吕梁市级青年文明号",公司机关连续四年保持了"山西省直机关文明和谐单位"称号。

(责编　梁锦华)

山西吕梁汾离高速公路建设有限公司

□张启星

2008年是吕梁汾离高速公司管理转型之年。一年来,在省高管局的正确领导下,公司以科学发展观为指导,扎实推进行业管理和服务能力建设,大力改善道路环境,努力提升行业服务能力,细化各项突发事件应急预案,逐步建立起快速通行和运输保障服务体系,圆满完成了全年各项工作目标任务,为吕梁市的经济发展和社会进步提供了良好的交通运输保障。

公司全年共完成通行费征收5.99亿元,完成省局任务的149.75%。高速养护质量指数为97.8;路面养护质量指数为96.05;路基养护状况指数为99.8;桥涵构造物养护状况指数为99.8;沿线设施养护状况指数为100。机械设备完好率≥96.5%。全年共查处各类损坏路产案件861起,案件发现率98%,查处率100%,赔偿率99%,路产恢复率100%,收取路产损坏赔(补)偿款760.79万元。汾离公司离石东、离石西治超点于1月份正式移交吕梁市政府,11月20日,离石东、离石西治超点重新移交公司管理,在移交市政府期间,治超点负责抽检车辆和检查空车以及蔬菜运输车辆。汾离高速各治超点共检测车辆1 154 498辆,劝返率为0.3%以下。

紧抓关键工作任务
全力提升运营管理水平

深入学习科学发展观活动开展有序。公司深入学习实践科学发展观活动开展以来,严格按照省局的部署要求,切实加强对学习实践活动的领导和指导,思想上高度重视、工作上落实责任、组织上提供保障,确保学习实践科学发展观活动深入、有序、顺利开展。呈现出五个特点,一是工作和学习相结合,树立“两手抓、两不误”的思想,利用双休日对领导干部进行集中培训;二是专题辅导和集中讨论相结合,邀请市委党校讲师进行专题讲座,进行解放思想大讨论;三是集中学习和自学相结合,制定了学习时间安排表,除每周二、五学习之外,还必须每天抽出一小时进行自学,不定时抽查学习情况;四是学习和调研相结合,结合运营管理实际,拟定了多个调研课题,公司班子领导各自领题,有的放矢进行调研,五是实践和宣传相结合,采用简报、板报、墙报、宣传标语、电视媒体等形式进行宣传,大力提高党员干部学习的浓厚氛围,强化学习效果。悬挂固定宣传标语28幅,设立学习专栏20期,学习体会文章展示79人,进行爱国主义教育影片播放五次。

奥运交通保障有力。按照省政府提出的“赛在北京、游在山西、奥运北京、大运山西”要求,投入大量人力、物力、财力建设奥运期间无障碍快速通道和交通运输保障体系,其中养护工作重点从路容路貌整治、环境绿化等工作着手,抓好日常修补和路面清扫、路障清除工作;收费管理从保障快速通行和提高收费站综合环境质量、美化站区面貌入手,各收费站全天24小时所有通道开放，收费站、内外广场整洁美观，收费公示栏、各类标志规范齐全；路政管理主抓了提高道路通行能力、深化治理超限超载工作，认真落实“5.30”承诺，加快清障和救援力度，保障道路畅通；服务区加强了对车辆停放的管理和餐饮多样化经营，做到了车辆统一管理、分类停放、有序规范，餐饮品种齐全，营养全面。圆满完成了迎奥运交通保畅工作。

疏堵保畅成效明显。2007年至2008年10月，随着吕梁经济的快速发展以及吕梁境内主要干线、一般公路的维修改造，汾离高速公路车流量尤其是大型货车激增，也带来了各类交通事故频发、大型超载货车严重损坏公路路面、各收费站口车辆拥堵现象，汾离公司迅速启动各类应急预案疏导交通，认真落实《山西省高速公路“保畅通”工程公路管理应急预案》等文件精神，成立了保畅通工作领导组，制定了各类疏堵保畅工作预案，积极配合吕梁市各级政府做好治理超限超载工作，取得明显效果。一是认真落实各类保畅通应急预案，加快车辆通行速度，现各收费站人均出口客车放行速度为≤14秒，货车放行速度为≤33秒，入口放行速度为≤11秒，均低于省局规定放行速度；二是加快收费车道的改造，针对各站出入口车辆拥堵、开启全部车道仍不能满足车辆通行的现状，公司特事特办，急事急办，做好扩建和基础设施修建工程，确保提高收费站快速通行能力。离石东收费车道在2007年扩建为9车道（4进5出）的基础上又增加了三条复式车道，成为全省第二家开通复式收费的公司，离石西收费车道改造10车道（4进6出）工程、汾阳西收费站10车道（4进6出）扩建工程均已完工并投入使用。

努力落实“五大工程”
管理步入精细化轨道

落实“五大工程”，大力强化整体设施服务功能，积极构建运转协调的管理机制，各项运营管理工作均取得了明显成绩。

收费管理。深入推进“形象工程”建设，强化“快、准、优、畅、全”理念，以通行费征收和推广“八颗牙”服务为主线，建立全方位的服务标准规范，不断夯实管理基础。一是统一文明服务标准，大力推广“八颗牙”微笑服务，从细节入手，规范文明用语，仪容仪表、礼仪手势，确保各站文明用语使用率达100%，微笑服务率达100%，礼仪手势率达100%；二是加大稽查力度，规范征收行为，围绕“文明收费，礼貌服务、票款相符”的原则，执行日常检查百分考核制度，全年共稽查74次，处罚违纪人员81人次，开除处分1人，降职降级48人次，年内专项稽查8次，对稽查发现问题的处理率达100%；三是突出服务特色，全面提升服务质量，积极开展“五心”服务风尚（即微笑服务要真心、文明服务要用心、解释说明要耐心、判断车型要细心、便民服务要热心），尊重每一位司乘人员，热心为司乘人员排忧解难，使提升服务质量工作体现在收费第一线。

养护管理。深入推进“畅通工程”建设。坚持“畅、安、舒、快、美”理念，确保“绿色6小时交通”畅通条件的实现。一是突出日常性养护和规范化管理，制定阶段目标计划，做到及早动手、及时处理、提早预防。二是坚决落实“绿色六小时交通”畅通要求，制定详细的灾害性天气应急预案，全年累计完成除雪6次，防滑处理8次，撒布融雪剂500余吨。三是做好沿线路产的及时维护和修补，做到随坏随修、保持完好，四是做好路基防护检查、排水设施清淤、水毁工程及路面坑槽修补、裂缝处理的修复。五是专项工程方面共计增设反光道钉9360块、增设防眩板3990块、车辙处治2521.25平方米、路面下沉处治1984.25平方米、更换10座桥梁伸缩缝。

路政管理。深入推进“阳光工程”建设，大力推进依法行政，全面整治路边非法加水点，努力实现路政精细化管理，确保汾离高速安全、畅通。一是治理沿线违法加水点，多次会同高速交警、高速治安支队对沿线的违法加水点进行集中治理,对公路控制区内违法设立的加水设施进行强行拆除,对过往车辆加水进行正确引导,对确需加水的车辆在服务区设立专门加水站点,解决司乘人员加水需求,现沿线加水点已全部取缔。二是加快救援力度,实现"5·30"承诺。严格执行大队长事故现场指挥管理规定,在接到事故报警后,认真执行"5·30"承诺,同时要求对载有车载GPS全球定位系统巡查车把图像监视系统全部开启,实现公司信息共享,确保事故现场的及时调度。在治超工作方面加强领导、健全机构,成立以副总经理为治超办公室主任、各治超点负责人为具体承办人的治超领导小组,加强队伍建设,严把用人关,对治超人员的使用严格依照标准选拔,强化岗前培训和设备标准认定,严格执行相关法律法规及交通部"五不准",突出重点,积极配合执行源头治理,各检测站点公开超限超载认定标准、投诉电话,接受社会和群众的咨询、监督,积极配合吕梁市政府做好源头治理工作和责任倒查工作,对劝返超载车辆登记详细,归类整理,定期报送吕梁市政府。

服务区管理。深入推进"温馨工程"建设,按照"依法经营,照章纳税,精心管理,稳步提高"原则,最大限度地满足顾客需要。一是把工作重点放在加强设施环境改善以及日常管理维护上。完成新硬化停车场8000多平方米。修建六车道加水站,扩建餐厅,新建冷库、冷藏室、库房、配菜间等460余平方米,完成服务区5000余平方米的绿化工程,新栽植树苗5000余株以及800多米路沿石的改造;二是加强员工队伍建设,强化对服务人员的培训,严格执行服务标准和行为规范,通过开展标准化服务、微笑服务、文明用语服务、延伸服务等活动,全面提升服务质量。

认真落实反恐和安全防范工作
努力构建畅通和谐高速

公司始终坚持"安全第一、预防为主"的方针,强化安全管理领导负责制和责任追究制,将安全生产和OHSAS18001职业健康安全管理认证工作同步安排、同步落实,一是强化指标考核,与基层单位分别签订了《安全生产目标责任书》,明确安全生产责任人;二是深入开展"隐患治理年"专项行动,进行15场安全专项培训,培训包括行车安全、施工安全、隧道安全及收费站安全等四大方面的内容,合格率达98%;三是积极开展安全生产月活动。围绕"治理隐患,防范事故"主题,开展了"安全生产月"系列活动。四是认真落实交通安全隐患整改工作,汾离高速因弯急坡陡,车流量大,导致事故频发,被列为山西省人民政府45项挂牌督办的安全生产重大隐患之一。公司领导对此高度重视,积极采取有效措施,最大力度进行安全隐患整治,通过召开交通安全设施论证会,制定隐患整改实施方案,在易发路段设置安全设施,积极落实隐患整改专项资金,制定各类突发事件应急预案等措施消除安全隐患,陆续完成了各类道路救援设施的建设,公司在易发生交通事故的K645、K652、K656处分别新建临时停车场、降温池和避险车道,已全部完工,投入使用三个月来,已有11辆故障车辆驶入避险车道,减少了各类交通事故,11月份省政府效能办现场督查整改情况时认可公司整改措施。

制定各类突发事件应急预案8个,12月3日进行了一次桌面演练。扎扎实实开展了突发事件应急处理培训工作,坚持"三个到位",即学习到位、组织到位、演练到位,突出实战性,强化一线员工操作意识和认知意识,促进其正确掌握各类突发事件的预防和处置的基本常识和原则方法,提高应急突发事件处置能力。在"11.27"K691+500处油罐车轮胎着火应急处置中,公司应急领导组组长现场指挥,路政、养护人员严格依照应急实施方案要求,科学救护,通知消防及交警部门封闭交通,配合交警、消防等单位,迅速将火源熄灭,路政维护现场秩序,工区工作人员清理现场,为防止路面结冰撒布融雪剂,在3个小时内顺利完成了此次应急处理,消除了交通安全隐患。

党风廉政建设成效显著
精神文明创建成绩喜人

认真执行党风廉政建设责任制,积极开展反腐倡廉各项工作。一是党委统一领导,党政齐抓共管,反腐倡廉工作机制基本形成,公司党委与各基层单位签订了《党风廉政建设和反腐败工作目标责任书》,做到目标到位,责任到位;二是大力整顿路政、治超管理秩序,公司坚持依法治超、规范治超,成立治理超限超载稽查大队,采用夜查、跟查、倒查等措施,严肃查处违纪违规行为,共查处违纪人员11人,解除劳动合同8人,停岗3人,有力地制止了公路"三乱"现象的发生;三是始终坚持"一课三会"和党委中心组学习制度。党工部有计划、有组织地开展了集中培训、专家讲座、经验交流、座谈研讨、征文活动、知识竞赛、演讲会等学习形式,不断掀起学习高潮。在精神文明创建工作方面。按照"以人为本,讲求实效,突出特色,追求卓越"的原则,从行业文化、制度文化和精神文化多方面整体推进、系统运作,打造以"学习、创新、务实、廉洁、高效"为核心的企业文化。全面开展了"争先创优"和"学创建"等群众性文明创建活动。

(责编　梁锦华)

山西省长治高速公路有限责任公司

□杨　勇

2008年是公司提升综合管理、推进跨越发展的一年。在省交通厅、省高管局的坚强领导下,公司坚持以科学发展观为统领,立足“三个服务”,弘扬“三实作风”,继续解放思想,大胆开拓进取,各项工作取得长足进展。

四大业务再创佳绩

养护管理方面。秉承“安全保畅、养护先行”的理念,积极兑现“六项承诺”,全面加强日常性养护和预防性养护,取得可喜成绩和宝贵经验。为消除安全隐患,在易落石路段推广应用柔性挂网防护技术;以安阳互通区为重点,开展了覆盖全线的扫除绿化“盲点”工作;特别是在“抗震救灾、迎奥保畅”中,保畅能力和应急能力进一步提升。公路技术状况指数达96.5,优等路率100%。

收费管理方面。坚持以“快速放行、微笑服务”为重点,积极推进“形象工程”建设,“硬件”管理实施机电工程10余项,“软件”管理通过启用站级监控、简化操作流程、推行刷卡收费,放行速度明显提高,收费、监控、票证、稽查等各项工作形成有序闭合。全年,全线征收通行费25 375万元,超省局计划1375万元。

路政管理方面。坚持“以人为本、阳光执法”,有力维护了路产,保护了路权。路产赔偿开始实行刷卡交费;各治超点全部实行不停车检测,率先在全省实现全程电脑监控;紧急救援目标由“5.30”缩短为“4.25”。全年共查处各类路政案件1350起,追回路产赔偿费228万元;累计检测车辆285万辆,查处超限车辆7413辆,卸载各种货物1147吨,双超率控制在0.26%。

服务经营方面。坚持“双赢”理念,保证了社会效益和经济效益“双丰收”。增设了特色餐厅、监控设施、高音质户外播音柱和LED显示屏,升级了加油机,安装了光电两用太阳能热水器,修建了绿色走廊,服务区改扩建项目得到批复。全年营业额达8365万元,同比增长146%;消费车辆达23.5万车次,同比增长73%。

升级改造成效初现

2008年,公司站在落实科学发展观的高度,按照“总体规划、分步实施、先易后难、整体推进”的思路,拉开了长邯升级改造的序幕,圆满完成了潞城互通A、B匝道和煤检站爬坡路段拓宽改造,探索出一条不占地拓宽的新路子;开工了长邯高速与207国道和309国道连接线工程,其中,207国道连接线工程11月竣工通车。

安全生产态势平稳

编制完善了突发事件应急预案,进行了实战演练和桌面推演,妥善处置两起危险化学品泄漏事件;先后进行了消防、食品卫生、配电安全、危险化学品等专项检查;开展了“安全生产月”、“迎奥运,保畅通”、“安全生产百日督查”活动，做到了隐患早发现、早报告、早研究、早整改；修订了职业健康安全体系文件，进一步增强了全员安全防范意识。

人力资源持续优化

进一步完善了员工素质教育培训体系，年内共举办各类业务培训8次，参培人员达480余人次，培训率达100%，员工的业务技能和整体素质得到明显提高；注重专业人才的引进与使用，把从长安大学招聘的本科生和研究生推上了管理岗位；注重人才资源共享，在长临、长安高速公路建设前期工作中，聘请有关专家“号脉把关”，大大提高了工作效率。完成了公司员工的人事档案代理工作，引入了人力资源管理软件，完善了人力资源管理制度，特别是通过调整与优化管理队伍，将一线的骨干力量推上了管理岗位。

管理创新持续推进

在制度建设方面，修订“一体化”体系文件，坚持基层单位“一把手”离任审计制度，风险防范能力进一步增强；在规范化管理方面，坚持“月例会”和“周例会”制度，开创凡事“有计划、有布置、有监督、有检查、有考核、有评价”的“六有”格局；在精细化管理方面，对公务用车、会务接待、节能降耗等制度进行了修订完善；在监督检查方面，完善“干部绩效考核”和“合理化建议奖”、“突出贡献奖”等制度；在科技管理方面，应用收费现金管道传输、护栏清洗防腐、不停车检测等8项新技术，采用钢纤维砼加钢筋网片，以及钢筋吊拉、支架辅助等新工艺，达到桥梁加固不中断交通的目的。特别是在高速公路建设方面，按照省厅“超常规、超常态”的发展思路，提前介入，通过对长临、长安高速公路提前进行路线航测，使设计工作提前两个多月。

民生工程彰显和谐

一年来，公司党政始终注重人本管理，处处彰显人文关怀，想方设法为员工办实事、办好事，办他们想办而办不到的事。2008年，为全体员工落实“五险一金”，为350多名一线员工增加了薪资，人均月增资达123元、增幅达15%，为全体员工进行健康体检，为员工子女举办夏令营活动，对考上大学的员工子女进行助学奖励，开工职工住宅楼建设，全部兑现职代会承诺的“六件实事”。

长临、长安建设进展顺利

为推进公司跨越式发展，公司紧紧抓住全省区域交通一体化、网络化建设的新机遇，于2008年组建了长临、长安高速公路建设管理处，并通过全力协调各方关系，努力争取各方支持，为促进长临、长安早日开工建设扫除了障碍，铺平了道路。长临的初步设计、地质灾害评估、压覆矿产资源评估报告评审、水保环保评估等工作于2008年底完成，土地预审完成了六县一区的听证工作；长安的设计招标于2008年10月完成，工可报告于同年11月份得到省发改委批复，初步设计、环保、水保、土地预审、压覆矿产资源、地质灾害评估等工作进展顺利。

党建和行业文明硕果累累

继续深化“五大工程”建设和“五比五看”活动，进一步加强了党风、政风、行风建设，利用公司党校这一平台，成功举办各类专题讲座，结合工作实际开展“迎奥运、保畅通”主题演讲等活动。2008年公司为地震灾区捐款2万余元，交纳特殊党费3万余元。扎实开展深入学习实践科学发展观活动。公司领导带头领题调研，带头分析检查，开展了“面对面、心连心”系列访谈活动，形成6个专题调研报告，整理归纳影响制约科学发展、群众反映强烈的问题18个，并制定了整改落实措施，确定了整改责任领导、责任部门和时间。进一步深化了对实现高速公路科学发展的根本认识，“三个服务”的能力和水平得到了明显提高。公司连续5年被省局评为完成目标责任制“优秀单位”，公司党委分别被省局党委和长治市委评为“先进基层党组织”，养护中心党支部被省厅评为“先进基层党组织”，养护管理中心、经营开发中心继续保持了全省“五佳”荣誉称号，东阳关收费站被省总工会授予“工人先锋号”，潞城收费站荣获国家级“巾帼文明岗”称号。

（责编　梁锦华）

中交翼侯高速公路有限公司

□ 王为善　姜中石

2008 年,公司在董事会正确领导下,在省高管局有力指导下,团结带领全体员工按照“三年三大步,头年上路子”的既定目标,求真务实,攻坚克难,稳步推进,跨越一个个盲区和难点,成功融入山西高速运营管理系统之中,达到“上路子”基本要求,为“上台阶”、“创品牌”奠定基础。

基础工作扎实有效

一年来,公司陆续制定下发 50 多种规章制度,涵盖高速公路收费、路政、养护、财务资金成本控制、人事劳资、合同管理、招投标管理、后勤管理等各个方面,使公司的每个管理环节有据可依,有章可循。

按《劳动合同法》要求,公司与所有员工(包括临时用工)签订劳动合同,为员工办理各项社会保险和住房公积金,理顺劳资关系。

组织绩效考核,形成激励机制。绩效考核分两个层级,即公司对各单位的绩效考核和各单位对所属员工的绩效考核,拓宽选人用人渠道,有效调动广大员工的工作积极性和上进心。

开展“管理年”活动,促进增收节支。公司提出“向管理要效益,用管理树形象”口号,将“理顺关系”、“增收节支”列为“管理年”活动两大重点。各单位都制定活动计划,层层分解费用指标,明确职责分工与各项指标,有效调动广大员工特别是管理人员当家理财积极性。

主营业务管理有序

主营业务是指运营管理收费、养护、路政、服务区四个板块。经过一年的努力与磨合,除尚未开业的服务区外,其余三个板块在硬件配制和管理上都已步入正轨,基本形成较为完备的工作体系。

收费管理按照省高管局“规范化管理”要求,从抓好“三基”工作(即加强基层管理、规范基础工作、提升基本技能)入手,开展形象工程和素质工程建设活动,文明服务水平不断提高,员工整体素质逐渐提升。为了增加收费额,公司和各站点均建立大客户(如曲沃中宇公司和翼城酒钢集团)走访机制,并及时分析大客户货流对通行费的影响,努力做好延伸服务。

养护管理坚持“管养结合”方针,针对施工缺陷责任期内遗留问题多而杂的特点,养护工程部和养护工区加强道路巡查与监测,发现病害,责令并督促建设施工责任单位整改修复。日常养护按照省高管局提出的“坑槽修补不过夜,设施恢复不隔天”的要求开展养护管理工作。

路政管理,在省高管局及路政总队大力支持下,初步形成路政总队派出路政大队实施路政管理的新格局,保证路政执法独立性,同时做好与运营公司各职能部门之间的协调配合。在此基础上,有效扼制超限超载行为,保护路产,维护路权。

科技创新技术频出佳绩

主要是通过新技术、新设备的应用，解决工作中存在的问题或满足实际工作需要。

自主开发监控—矩阵—主监联动软件。当收费车道有特殊事件发生时，系统自动将该车道图像切换到主监视器上，方便监控人员对车道特殊事件监控力度，缩短对特殊事件处理的时间，加快车辆放行速度。

开发《特殊事件分析审核》软件。原《值班全表》中特殊事件分析需要手工摘录近半个小时，使用该软件后，非正常情况的分析登记由微机统计打印，不仅缩短交班时间，提高工作效率，也使报表更加整齐美观。

利用治超不停车检测系统提高收费管理水平。由公司率先提出，利用治超设备检测出的信息，将车辆车牌、轴型、整车重量等写入IC卡特定字段。车辆到达出口车道刷卡后，收费软件将计重设备采集的重量与IC卡中存储的入口超限称重设备采集的重量进行比对。比对结果在允许误差范围内，则按正常车辆收费放行；若比对结果超出误差范围，则作为特殊事件处理。这个软件开发成功，不仅解决了治超不停车检测，使货车放行速度大大提高，还最大限度地避免货运车辆中途换卡作弊行为的发生。

为了避免货车司机利用计重设备之间存有误差的缺陷规避偷逃通行费，在全省首次采用分轴型校正办法减少计重设备差异。经对有关OD调查数据分析，冀侯路段出口车道计重收费设备称量的货车重量与入口超限设备检测的重量仅存在-2.86%（入口重量高、出口重量低）的平均误差，特别是其中占通行费收入60%的159和1129轴型的车辆误差为0.15%，而其他路段的平均误差则高达-7.25%。

实现了路政档案信息化管理。开发地理信息系统软件，在计算机硬、软件环境支持下，对道路相关数据进行采集、管理、操作、分析、模拟、显示。该系统的研发使用，为高速公路管理的宏观预测、决策提供依据。

采用“秸秆育苗钵”新技术，提高绿化成活率。针对本路段挖方段边坡土质坚硬并干旱缺水、绿化成活率极低的特点，通过对桥上互通深挖方段落的绿化试验，栽植的柠条根系发达，目前成活率很好，起到固定边坡作用，达到水土保持的目的。

应用世界最先进的蓝光热辐射沥青路面修补设备——美国ARS热再生修补机和辅助多功能路面综合养护车进行坑槽修补。这些设备的应用，解决了传统坑槽修补方法产生的弱接缝问题，既操作简单、节约材料、修补质量有保障，又不受季节和温度影响，还可减少沥青废料对环境的污染。

实现OA信息无纸化办公。年底，公文流转、请示报告、发布信息公告、后勤派车等已基本实现无纸化办公。

队伍组织建设稳步推进

公司党委制订学习计划，中心组成员按照内容和进度要求，自学党的十七大报告并做读书笔记。与此同时，党委先后多次组织集体学习，交流心得体会。公司作为学习实践科学发展观第一批参加单位，重点学习以科学发展观为主要内容的中国特色社会主义理论。根据省高管局学习实践科学发展观活动指导组统一安排，公司班子成员根据职责分工，进行专题调研，对影响公司科学发展的若干问题认真梳理。共形成党建工作、增收节支、绩效考核、收费、养护、工会工作六个方面的调研报告。

根据上级党委安排意见，公司党委精心组织两次领导班子民主生活会。省高管局、中交投资公司党委等领导分别亲自到会给予指导。民主生活会上，公司领导结合工作实际，从思想作风、学风、工作作风、领导作风、生活作风等方面进行批评与自我批评，大家开诚布公，畅所欲言。同时对如何加强基础建设、改进工作作风、推进民主管理，实现运营公司可持续发展建言献策。这两次民主生活会的召开，对于加强一班人团结，发挥领导班子整体效能，推动各项工作健康发展，起到重要促进作用。

保障防范措施安全可靠

运营工作开展以来，为保证各项工作安全运行，公司提出“管好队伍不出事，带好队伍干正事”口号，不断强化广大员工特别是各级管理人员的“大安全”意识。

在生产施工中，始终贯彻“安全第一”、“预防为主”方针。年初，总经理与各部门、各单位负责人签订安全生产责任书，明确考核指标，实行安全生产一票否决制。运营一年多未发生过任何安全事故。

为加强治安保卫工作，公司各站点都分别与地方派出所建立联防机制，广泛开展路地共建精神文明活动。每天安排协警员专车护送，保障收费员人身安全和现金安全。

廉政建设按照“管好一条路，不倒一个人”要求，在建立党风廉政建设组织机构、落实廉政责任，组织文件学习、进行反腐败案例警示教育同时，把注意力和工作重点放在对经济活动一些重点环节的监督和把关上，特别对运营期间新增建设项目、大宗物品采购、工程服务等实施过程，都由公司及上级单位纪委参与监督并按规范程序进行。

普及法律知识，防范经营风险。一年来开展一系列法律服务活动，包括提出规避经营风险工作方案，举办法律知识讲座，对中层以上管理人员进行法律培训，并接受各职能部门的法规咨询及解惑答疑。在此基础上，进一步加强合同管理，严格内部审批程序，各分管领导分头把关负责，严格按照规章制度办事，“三重一大”均在班子会上研究决定，避免一人说了算的现象发生。

经过一年努力，公司各项管理工作走上正轨，获得省劳动竞赛委员会授予的“山西省五一劳动奖状”、省妇联授予的“巾帼建功活动先进集体”、省交通厅“2008 年安全生产管理工作先进单位”、省高管局“2008 年完成工作目标责任制先进单位”等荣誉称号。

（责编　师国梁）

山西省高速公路管理局晋城管理处

□陆晨旭

2008年,晋城管理处在省交通厅、省高管局的正确领导和亲切关怀下,深入学习实践科学发展观,深化落实"六高"目标,全面建设"五大工程",以人为本,以路为基,结合特点,把握难点,突出重点,创新发展模式,优化发展环境,激发发展活力,破解发展难题,提高发展质量,圆满完成了省局下达的目标任务。

基础设施得到全面改善

加大对收费站区和办公设施的改扩建,努力为职工提供功能齐全、设施完善、温馨舒适的办公生活环境。成功实施机关办公楼防水处治、阳城站站区改造及办公楼加固、周村站完善设施、润城站拓宽车道、北留站维修挡墙等工程,并集中力量对4个治超检测点进行了美化、亮化,站区面貌焕然一新,整体服务功能和对外窗口形象得到全面提升。

以迎奥运保畅通为契机,加强道路专项处治,投资约1000万元,完成路面踏铺处治、石质易碎落上边坡防护、北留桥桥面维修和甲村桥加固维修等工程,路面病害基本得到稳控,道路通行环境、通行能力得到极大改观。晋阳路大修改造工程施工设计和招标工作取得阶段性进展。

基础工作得到巩固加强

*加强基础管理。*以制度建设和体系贯标为重点,细化工作流程,规范作业程序,严格落实整改,实现持续改进,推进了管理工作规范化、科学化、程序化、精细化。

*加强养护管理。*以改善路况、确保畅通为重点,加强日常养护和专项处治,养护质量指数MQI达89.9,工程开竣工率100%,工程质量合格率100%。大力实施迎奥运、保畅通工程,共处治路面病害360平方米,稀浆封层94 000平方米,北留立交桥桥面凿除及浇注400余方,桥面铺装钢筋90余吨,甲村桥灌注裂缝185米,粘贴钢板85平方米,锚喷抗拉砂浆200余平方米,桥台注浆230余方,道路通行状况得到明显改善。

*加强收费管理。*以快速放行、优质服务为重点,加强营销策划,稳定增长费源,提前18天完成省局下达的全年费收任务,全年完成通行费征收任务8645.4万元,与上年同期相比增长7.1%。深入推进星级信誉考核公示活动,积极探索建立考核评比长效机制,有效提升了收费站的社会公信力。加强人员素质培训,大力开展知识竞赛和业务比武活动,收费人员业务技能和服务水平得到全面提升。

*加强路政治超管理。*以依法行政、执法为民为重点,加大案件查处力度,深化治理超限超载工作,全面维护路产路权,案件发现率、查处率为99%,案件赔偿率、路产恢复率为100%,全年收取路产赔偿费41.24万元,收取清障费10.89万元,检测车辆449 249辆,超限车851辆,全部劝返。全面推广应用

车载移动办公系统,认真开展事故取证、实时监控和远程指挥工作,大大提高了现场办公、事故救援的整体调控能力。加强与兄弟单位、相邻省市路政大队的协作交流,积极发起并组织召开"三省四市迎奥运、保畅通、促和谐高速公路路政业务交流会",互通情况,达成共识,形成合力。认真组织开展执法业务培训和军事训练,深入贯彻学习省政府的两个《办法》,全面提升执法人员整体素质和执法水平。

加强应急管理。以响应及时、保障有力为重点,加强应急队伍建设,健全完善应急预案,扎实开展应急预案桌面演练和实战演习,切实提高各部门协同作战能力、应急处置能力和公共服务能力,确保了特殊时期的有效沟通和紧急救援。

加强信息管理。以机电设备维护和技术应用为重点,着力提高信息化服务水平。加大网络和设备日常巡检力度,及时排除机电及系统故障,定期升级杀毒软件,切实提高了设备运行及安全防护能力。大力配合省计量检定部门,对13条计重收费车道进行标定,均达到标准要求。加快实施天坛山、官道岭隧道监控系统的升级改造,严把工作细节,确保工程质量。

加强安全管理。加强组织领导,严格落实安全生产管理责任制、桥梁养护管理责任制和治超责任制。认真吸取"9.8"山西襄汾县尾矿库特大溃坝事故教训,扎实开展安全隐患排查和专项处治行动,确保不留空白、不留死角,发现各类隐患41项,分轻重缓急逐一进行了落实整改。加强对重点区域、关键环节和岗位的监管力度,切实担负起社会责任,确保安全生产。以开展安全生产月和安全生产宣传咨询日活动为契机,加大安全宣传教育培训力度,强化安全生产意识,营造安全氛围。

职工切身利益得到根本解决

管理处始终把实现好、维护好、发展好职工的根本利益作为工作的出发点和落脚点,着力解决好职工最关心、最直接、最现实的利益问题。2008年6月份为包括一线职工在内的240多名职工补交了十年的养老保险,缴纳金额340余万元,彻底解除了职工的后顾之忧。

倍加关心一线职工尤其是困难职工的生产生活,处领导多次深入基层看望慰问,想方设法增加职工收入,结合相关政策和管理处实际进行工资体制改革,职工收入实现了持续增长,达到历年最高水平,尤其一线人员的工资收入实现了跨越式增长。

高度重视长期以来职工人事手续问题,通过多种渠道,采取多种形式,多次向省厅、省局领导反映沟通,协调解决,得到了上级部门的高度关注和重视,理顺人事关系取得新进展。

机制创新注入发展活力

人事方面。一是深化劳动用工形式,对新招聘人员全部实行劳务派遣,有效降低用工风险,节约管理成本。二是健全绩效考核体系。在原有收费、养护、路政、驾驶及司炊人员星级达标考核基础上,每月对管理人员进行德、能、勤、绩综合考核评价,极大地调动了职工的积极性和主动性。三是加强领导干部监督考核,制定考核方案,严格组织程序,对试用期满干部进行期满考核,形成了科学、规范、高效的选人用人制度。

财务方面。全面实施"预算管理,分口包干,计量支付,分块核算"的财务管理模式。深化财务预算管理,严格控制执行比例,强化过程监督考核,有效节约了经费开支。年初对各部门资金使用情况进行了充分调研、综合分析、平衡调控,将各项经费按既定标准分批分段下发,由分管领导对其分管范围内的部门经费进行审批控制,确保了资金按计划支出和良性运转。

后勤方面。最大限度满足职工物质生活需求,增加就餐补助,提高就餐标准,改善伙

食水平，尤其为一线收费人员免费提供夜餐，大大激发了大家的工作热情和积极性。组织各单位开展厨艺竞赛和伙食评比活动，强化人员素质教育和技能培训，司炊人员的操作技能、服务质量和水平得到有效提升。

节约型机关建设方面。深入创建节约型机关，处领导自觉从节约一滴水、一张纸、一度电做起，引导干部职工树立节俭意识，形成自觉行动。坚持有利公务，简化礼仪，务实节俭，杜绝浪费的原则，切实做好后勤保障和公务接待工作。严格实行目标责任制，把节能减排纳入各部门目标责任考核体系。加强车辆和物品采购管理，确保每一分钱花到明处，用到实处。

内外环境得到巩固优化

在单位内部大力开展争创和谐单位、和谐部门活动，做到班子之间充分信任，广泛民主；职工之间互帮互助，团结友善，形成和谐融洽的内部发展环境。加强与省厅、省局联系，在完善基础设施、解决长期积累的矛盾和问题、开展学习实践科学发展观活动等方面得到上级部门的大力支持。加强与交通驻地单位的交流合作，积极应对复杂形势，形成发展合力。主动与当地政府、大型企业、沿线单位及相关部门沟通，在市政府的统一指挥下，大力配合相关部门综合运用行政、法律、经济等手段严厉打击以车货总重超过 55 吨为重点的非法超限超载车辆，取得明显成效。

党建和文明建设全面推进

认真贯彻落实党的十七大精神，坚持用科学发展观武装党员队伍、指导工作实践、提高执政能力。按照局党委的部署，认真组织开展了深入学习实践科学发展观活动，处领导班子成员带头学习科学发展观、带头实践科学发展观、带头分析检查，形成了既联系实际又推动科学发展的专题调研报告。大力加强党的思想、作风和制度建设，巩固深化“六抓”格局，深入开展“三有一好”争创活动，激发了基层党组织的战斗力和凝聚力。深入开展献爱心活动，“5·12”汶川特大地震灾害发生后，全处干部职工积极行动、慷慨解囊，全体党员踊跃缴纳特殊党费，累计为灾区捐款达 52 860 元，捐赠衣物 164 件。继续巩固千里大运文明路创建成果，广泛开展了文明创建活动，管理处被晋城市委、市政府授予“纠风工作先进单位”、“和谐企业”等称号，周村收费站被团市委授予“青年文明号”称号，晋阳路政大队被省局评为“五佳路政大队”。

（责编　梁锦华）

山西省交通信息通信公司

□ 赵文华　温廷全

2008 年，公司全体干部职工全力实施“1243”战略发展规划，凝聚力量、创新发展，取得了市场开拓、企业效益、经营管理等各方面的显著进步，超额完成了省局下达的 2008 年目标责任制，连续 6 年保持省直“文明和谐单位”称号，取得了经济效益和精神文明建设双丰收。

不断加大开拓力度

一是根据实际工作需要，优化内部结构。为了进一步提高公司整体竞争实力，对公司内部结构进行了优化重组，合理划分了各部门职责，经过短期磨合后，极大地提高了公司整体工作效率，使部门间职责更加明确，配合更加默契，衔接更加紧密，工作效率和市场行为更加高效有序。

二是进一步拓展业务渠道，扩大生存空间。多方寻求合作，积极与交通部交通工程通信质量监督站取得联系，加紧机电工程检测实验室的筹备工作，并完成了山西省高速公路联网收费系统检测工作。同时，积极申报信息产业部计算机信息系统总集成监理甲级资质，为公司寻求更为广阔的市场空间。

三是不断加强资质管理。完成了信息产业部计算机信息系统总集成三级资质的年检，信通公司和兴路监理公司营业执照、公司组织机构年检，安全生产许可证的延期审核等多项资质管理工作，为公司展示实力、拓展业务提供了更为广阔的平台；同时加强公司人员证件的注册管理工作，全力做好公司证件管理和专业技术人员培训工作。通过努力，公司新增注册一级建造师 2 人，二级建造师 3 人。

四是不断加大项目信息的收集跟进及投标工作，安排专人负责在山西交通网、政府采购网、中国招投标网等网站进行信息收集，专人负责收集省内高速公路的建设信息和动态，全年共编辑招标快讯 40 期。为公司决策及市场开拓提供了有力的保障。

三大主营业务稳步推进

在高速公路机电系统维护方面，承担与优质完成了省中心与 11 条高速公路的机电系统维护任务。相继与省高速公路信息监控中心、悦达京大、太祁、祁临、夏汾、临汾等公司续签了机电系统维护合同和协议；继续参与了侯运、运三、运风、侯禹高速公路机电系统维护；新增得大、晋阳高速公路机电维护，维护工作总量占到全省高速公路机电系统维护量的 85% 以上，所维护路段机电系统正常运行率达 99% 以上，设备完好率达 99% 以上，全力保障了各高速公路公司机电设备正常运行。此外，相继承担了 19 项高速公路机电系统改造工程。

在高速公路机电系统施工方面，新开工建设陕西蓝田至商州高速公路机电工程；临汾公路分局远程监控项目、吕梁高速公路超限检测点快速检测系统设备安装及运城高速公路服务区信息监控工程等,已全部完成进入试运行。认真负责、精益求精地对2007年已完成项目进行维护,对未完项目继续跟进;宁夏同沿、盐中高速公路通信管道工程进入竣工资料整理、等待验收阶段;进行了三门峡黄河大桥监控、运风机电改造等项目的缺陷责任期维护及档案资料整理工作;完成了侯禹一年的缺陷责任工作,于2008年8月完成验收工作。

在高速公路机电建设监理方面,晋济高速公路机电监理项目经过10个月紧张实施,于年底顺利通车,被业主单位评为优秀项目部;顺利完成省高管局"1166"通信管道工程监理项目,完成了省高管局非现金结算改造监理项目、山西运城绕城高速西南段机电监理项目、晋济绿化监理项目、阳泉二级路307国道旧关隧道机电监理项目等。

西班牙贷款项目进展顺利

2008年,西班牙贷款项目主要完成了省中心SUN小型机及磁盘阵列、磁带库、数据库的安装工作,上述设备已经投入使用;太长、大同、离军、晋济四条高速公路设备已全部安装完毕,尚未安装的部分设备将按省交通厅安排在省高管局调配下陆续安装使用;经省厅安排拟提前偿还贷款本息,待还贷资金全部到位后,将向中国进出口银行完成提前偿还贷款工作。

课题研发与软件开发双项并重

公司进行了《高速公路数字化视频网络发展》的研究及验收工作;签订了《超限治理联网管理系统开发》课题合同,并进行了调研开题工作。进行了《山西省高速公路超限检测软件》的开发与试点应用工作、完成了《山西省高速公路工资管理系统》的开发、试运行,已开始逐步在全省安装推广应用;同进正在进行全省高速公路超限检测系统技术规范的制订与研发工作。

全面加强内部管理

全面加强人员培训工作。全年,共组织外部培训37人次,内部培训6期93人次,完成了公司内部机电基础知识的培训与考核工作,逐步建立公司岗前培训与继续教育制度。

严格执行公司《合同管理办法》。一是规范了合同的借阅手续,建立了有序的签字和审核过程;二是建立了公司合同的动态数据库,方便、快捷的查询功能,提高了工作效率。半年来,签订、审核、整理合同141份,所有合同全部分类、编号、存档,并留存了复印件;三是专人移交财务部门合同复印件,及时反馈合同财务信息,很好的配合财务部门对合同项目的收支管理。加强了公司合同管理,理顺了合同管理程序,维护了公司的合法经济效益。

加大项目管理力度。要求公司各项目部严格执行按月上报项目进行情况的规定,包括工程量完成情况,合同执行情况等数据,为公司项目精细化管理提供了详细准确的依据。努力加大项目回款力度,积极寻找项目回款难的原因,有针对性地开展项目回款工作,有力地保证了公司的良性发展循环。

打造企业新形象。一是进一步充实和完善了机电设备备品备件库,确保设备更新调用及时有序;二是组建了机电设备检测实验室,制定了完善的备检测实验室管理制度;三是统一制作了企业标语;四是彻底完成了公司办公场所内办公设备的更新补充工作。

稳步提高职工收入。2008年11月为职工统一上调岗位工资基数10.8%,年终奖金统一上调10.8%,增强了职工的向心力和归属感,为公司形成团结奋进,努力拼搏的团队精神提供了有力的保障。

党工团工作再上新台阶

组织公司全体党员干部职工认真学习党的十七大会议精神,积极建立健全党员长期受教育的学习培训、监督管理、调查研究等机制，使公司全体党员保持先进性的自觉性不断增强。特别是在汶川“5·12”大地震中，公司全体党员干部职工积极响应省局号召，向灾区踊跃捐款。公司全体党员交纳特殊党费15 700元，公司职工先后捐款6000余元，体现了一方有难，八方支援的精神。加强党风廉政教育，通过反腐倡廉教育和法治宣传教育，每位党员特别是领导干部牢固树立了“立党为公、执政为民”理念。公司在企业经营中继续严格执行“双合同”制，各工程项目部负责人在签订《工程合同》的同时签订《廉政合同》，形成了互相监督、互相制约、互相促进的工作机制，廉政建设取得了良好效果。

（责编　梁锦华）

山西省高速公路开发有限公司

□ 王联明　高耀华

2008年，在省高管局的正确领导和大力支持下，公司上下认真落实科学发展观，以“靠服务占市场，向管理要效益，以改革求发展，用创新争一流”为理念，坚持“服从、服务于高速公路管理工作”的发展方针，克服了原材料涨价、施工时间紧、任务大等不利因素影响，圆满完成了省高管局下达的各项任务，为“迎奥保畅”等重点工作作出了积极贡献，同时，公司也取得了良好的经济效益和社会效益，连续第四年产值保持在亿元以上。

整体实力进一步增强

经过前几年的培育和发展，公司路面维修、桥梁伸缩缝制作与维修、桥隧加固与维修、路面与桥隧检测、预防性养护施工等主要业务的技术水平和施工力量都日趋成熟，得到了业主单位的一致认可。在此基础上，2008年，公司重点在市场的占有、质量的提高、业务的扩张和施工的快速等方面下工夫，顺应了高速公路管理工作新形势、新任务要求。本年度实现产值约1.2亿元。

高速公路路面维修业务。针对2008年路面维修任务量大，施工时间紧的情况，年初，公司就制定了早准备、早部署、早备战的原则，主动与业主单位联系，分赴太旧、太长、原太等地实地调研，协助业主进行路况普查，并从施工组织设计、技术力量、机械装备、质量保证、安全保证等方面入手，做好进场准备工作。施工项目开始后，又优化施工组织方案，按照省高管局提出的迎奥运、建绿色高速要求，在确保安全及质量前提下，和车流高峰打时差战，实行昼夜分班制，高峰放行、低峰快干原则，保证奥运期间的畅通和火炬传递的顺利进行。同时，采用作业洒水车定时定点喷洒清水方式，进一步降低污染系数。由于动手早、准备充分、措施得力，2008年7月中旬，圆满完成了太原、临侯、太旧、原太、新原等多条高速公路的养护施工任务，不仅在总产值方面有了新的突破，而且养护中心的施工辐射范围进一步扩大。

微表处业务。2008年重点抓了乳化沥青生产技术、施工工艺、技术力量的培养和市场的拓展四个方面的工作。一是以提高产能为核心，在乳化沥青的配方方面，在生产系统的各环节匹配方面下工夫，提高乳化沥青的自主生产能力；二是以改善级配、增加碾压、变对接为搭接的主要手段，改进了工艺水平，提高了施工质量；三是实行岗位轮换制，使每位技术人员对整体流程的每个工作岗位都能熟练操作，实现了一岗多能，弥补了人员缺岗给工作流程带来的影响，培养出一支专业化队伍；四是不断拓展市场，从2007年几条高速公路做微表处到2008年几乎所有的高速公路都做微表处，市场份额成倍增长，产值也由2007年的1800万元跃升到2008年的4000多万元。

桥梁伸缩缝制作与维修业务。主要在降低成本、提高伸缩缝制作工艺、创新混凝土快凝技术上下工夫，提高施工的快捷性，缩短施工后交通的开放时间。同时，以大盂桥梁伸缩缝加工总装车间为发展平台，配置了较为完善的加工设备，提高生产的自主化程度，进一步降低生产成本。全年共承揽了晋济、运城环城、新原、太旧等高速公路的伸缩缝安装及维修任务，完成产值1000多万元。

桥隧维修与加固业务。为了满足市场需求，年初，公司合理配置人、财、物资源，在原材料的采购、加固部件的加工制作、现场安装调试及加固维修各个环节都严格把关、精益求精，先后承揽了原太、运城、太旧、长邯等多条高速公路的桥梁加固维修及支座更换项目，在激烈竞争的市场中站稳了脚跟。同时，在施工过程中注重成本控制，并实行项目经理负责制和“三合同制”，确保了工程在质量、安全、效益和工期上都达到要求。特别是在晋祠高架桥桥面铺装工程中，提前一个月完工，顺利恢复通车，极大地缓解了大运高速公路压力，受到了业主单位好评。

检测服务业务。继续在完善服务功能、健全服务体系上下工夫。通过采取更新设备、完善全省高速公路桥梁查询系统功能、加强内部培训、外聘技术人才等措施，进一步提高技术队伍素质，增强服务保障能力。全年共完成太原、晋城、悦达京大等多条高速公路的桥梁检测任务和太长、翼侯等高速公路路面MQI及平整检测任务。

基础管理再上新台阶

2008年，各项管理工作以“规范化、程序化、科学化”为主题，以九千质量体系为载体，以安全生产、综合治理、信访工作为保障，不断提高工作效能，改进工作质量，各项管理工作水平得到进一步提高。

安全管理方面。继续坚持“安全第一、预防为主”的工作方针，以“迎奥运、保安全、促和谐”为理念，严格执行《安全生产法》和公司各项安全制度规定。一是进一步加强安全基础管理工作。在完善各项安全管理制度、细化安全生产预案、加强安全生产培训和检查力度的基础上，加大了对安全设施的投入，全年投入近百万元的水码墩、三角安全锥、安全帽、安全网等各类安全设施，并为各类施工人员办理了意外伤害、意外医疗等保险。二是深入开展安全生产教育活动。充分利用报纸杂志，网络媒体，讲座简报等多种形式宣传安全生产法律法规和安全生产事故的危害，营造人人重视安全、人人参与安全的氛围。三是加大了安全生产监督检查力度。对各施工项目实行了分阶段、不定期安全检查，发现隐患及时整改。通过这些措施，有效遏制了安全事故的发生，确保了各项工作目标的顺利完成。

资产管理方面。严格执行省局固定资产管理办法，定期对公司范围内各类固定资产进行清查，健全了固定资产档案，确保了国有资产的保值增值，有效提高了资产使用率和资产对企业的贡献率。同时，还按“一机一档”的原则建立了10万元以上大型设备技术档案，全面掌握了设备维修、保养、运行记录等基础性管理资料。全年机械设备完好率达96%以上，新购设备的采购合格率达到了100%。

应急保障体系方面。为了全面落实省局“迎奥运，保畅通”工作部署，加大综合治理工作力度，公司相继制定了《奥运安全稳定应急预案》、《消防安全应急预案》和《信访工作应急预案》，为全年各项工作顺利开展提供了有力保障。

人力资源管理方面。严格按照《劳动合同法》要求，规范了劳动用工，100%签订了劳动用工合同，并为职工办理了“三险一金”。同时，积极开展员工的培训工作，努力提高现有人力资源利用的有效性。先后组织有关人员参加了安全生产培训、公路养护知识培训、桥梁加固培训、会计人员培训等多期培训班。

机关建设方面。按照“以人为本，统筹兼顾，构建文明和谐单位”的宗旨，进一步推行岗位责任制、限时办结制,建立健全效能建设长效机制,促进了机关工作作风的转变,提高了工作效率和工作质量,为公司各项工作的顺利开展创造了良好环境。同时,还积极响应省局“节能降耗”活动号召,结合自身实际,从点滴做起,切实将节水、节电、减少公务用车、推行无纸化办公措施落到实处。

精神文明建设取得新进展

2008年,公司以邓小平理论和“三个代表”重要思想为指导,深入学习实践科学发展观,认真贯彻十七大精神,全面推进党的思想、组织、作风、制度建设,着力加强工会建设和精神文明建设。一是加强理论学习,全面提高了机关党员干部的综合素质。二是加强思想教育,不断提高党员干部的思想政治觉悟。三是加强廉政建设,着力提高了广大党员干部反腐倡廉的自觉性。四是加强工会建设,充分调动了工会会员的工作积极性、主动性和创造性,推动工会工作的创新发展。公司顺利通过省直“文明和谐单位”验收,精神文明建设又上一个新台阶。

(责编 梁锦华)

山西省高速公路收费管理结算中心

□范双成

2008年，中心认真贯彻落实全省交通工作会议精神，牢固树立科学发展观，紧紧围绕通行费管理工作，各项管理能力得到显著提高。

以促进又好又快发展为己任

2008年，全省高速公路累计收取通行费87.16亿元，同比增长14.79%。一是大力开展宣传促销活动，与当地运输业（户）建立定期联席会议制度，主动了解需求，积极宣传高速公路“安全、便捷、省时、节约”的特点和优势，努力吸引车辆上高速。二是针对性开展营销工作，认真分析研究不同车流、不同车型的通行规律，对行程比较稳定的车队，运输相对固定物资的车主，建立信息档案、采取特殊服务、解决实际困难、稳定运力资源。三是进一步加强收费队伍建设，创新服务手段，提高服务质量，通过落实收费人员以收发卡业务量为主的绩效工资制和“五险一金”制度，建立优胜劣汰机制，加大考核工作力度，真正把收费站文明服务、便民服务、延伸服务落到实处。四是在消除收费站拥堵，提高放行能力上上水平争一流。为车辆通行拥堵较为严重的17个收费站新增22入、31出，共53条收费车道，在5个收费站建设17条一岛双亭收费车道；整合和优化了49台收费便携机的管理和应急使用，建立了收费系统快速反应应急管理机制。收费站拥堵问题初步得到缓解，司乘人员满意度调查得到认同和好评。

建立通行费、量变化分析机制

建立和完善了通行费、量分析预测机制，每旬针对变化情况及时分析原因，2008年高速公路通行费收入呈现出先高后低的特殊情况。1月至6月完成49.01亿元，较上年同期增长48.33%。受金融危机影响，7月份开始，货运车辆通行量明显下降。到12月，4轴及以上货车通行量下降了51%，月通行费减收3.27亿元。此期间，在深入调查研究，及时分析变化情况的同时，积极采取了三项应对措施。一是在全系统推广长治公司宣传促销经验，建立了与当地运输大户定期联席会议制度，主动掌握客户需求，积极探索稳定和吸引大批量定点定时通行车辆的措施和优惠政策：二是进一步加大收费稽查力度，建立了省局、管理公司、收费站三级联动稽查机制，抽调长晋公司等专业稽查人员联合重点排查；三是针对“绿色通道”管理出现的新情况和新问题，及时采取完善措施，严查“假证、假货、一证多用、混装运输“等行为，并及时向中国道路运输协会提出《关于进一步改进绿色通道管理的意见和建议》。

重塑高速公路收费窗口新形象

广泛深入地开展好收费站“星级信誉”互查考核挂牌公示活动。把社会公众对高速公路收费服务工作关注的焦点、热点问题主动作为评价自身工作的重点，引进了第三方满意度调查机制,委托省统计局社情民意调查中心进行客观评价。在关注内部管理的同时,更重要的要看投诉情况、媒体曝光、应急反应、便民服务、延伸服务、快速放行等社会关注的焦点、难点问题。共评选出3A级收费站47个、2A级收费站47个、1A级收费站19个及B级收费站3个并正式挂牌接受社会监督。

扎实深入地开展收费员岗位练兵,成功举办了以计重收费、业务技能、工作纪律、应急处置和管理创新为重点的"迎奥运、讲文明、树新风、山西省高速公路第三届收费业务技术比武暨收费业务知识竞赛活动"。17个管理公司,130个收费站,3339名一线收费员参加了比赛,参赛率达到96.29%。438名收费人员参加了复赛,5个竞赛项目全部打破上届记录,客车放行速度达到8″75/辆,货车放行速度8″73/辆,点钞速度26″90/200张,点卡速度20″44/200张,便携机速度8″52/辆。达到了"竞赛与普及相结合、竞赛与促进相结合、竞赛与提高相结合"的目的。在全局开展的"双百千亿"无差错竞赛活动中,一年多时间内创造出近7000多万元收费结算快速放行无差错记录。编制了山西省高速公路《文明服务标准手册》。《手册》规定了收费站站容站貌标准、便民服务标准;收费员"八颗牙"微笑服务标准、着装标准、发型头饰标准、标志标识佩戴标准、工作手势、礼仪手势标准、队列礼仪标准、文明用语使用标准,使收费系统文明形象有了较大提升,为高质量完成奥运会、煤博会服务与保障工作奠定了良好基础,赢得社会各界广泛认可。

全面保障刷卡收费正常运营

刷卡收费是2008年高速公路系统全面推进智能交通建设,努力提高收费站放行速度的一项重大工程,是高速公路收费服务方式的一次重大改革。制定出台《山西省高速公路刷卡收费暂行管理规定》、《山西省高速公路缴费专用无线POS管理暂行办法》、《山西省高速公路收费系统密钥及密码管理办法》、《山西省高速公路电子收费二级密钥管理办法》、《非现金收费机房管理制度》、《山西省高速公路刷卡收费操作流程》等规章制度;精心组织、合理安排,推动刷卡收费软件系统持续改进,确保了2008年7月1日全省高速公路130个收费站实行刷卡收费。全力配合省工行牡丹卡支行做好"牡丹晋通卡"发行工作,截至年底,牡丹晋通卡发行量超过2万张,日均通行费非现金交易额达到1万多元,588条出口车道全部配备了POS机,为离线交易应急处置提供了条件。

严厉打击各种违法行为

全年现场稽查累计达63天,稽查行车里程累计超过4万公里,对收费站发出《不规范服务通知单》28份,对42人按照相关规定分别进行了星级降级、书面检查、严重警告、通报批评、停岗留用等处理,有效地维护收费工作纪律和收费秩序稳定。针对全省春运期间车道全部开启、应急预案执行、文明用语及礼仪手势使用、便民服务进行了春运专项稽查;针对计重设备冬季运行情况,邀请省计量监督检定测试所有关专家分两组对太原、忻州、太旧、吕梁公司进行了专项稽查;针对收费现场管理、绿色通道免费放行车辆情况,联合路段公司稽查人员开展了现场蹲点专项稽查;针对非现金结算功能的增加,开展了刷卡收费使用情况专项稽查等。及时总结经验,加强稽查培训。进一步强化稽查队伍素质,提高稽查工作质量,丰富稽查手段,对收费作弊形式和手段进行分析,并根据实际运营状况,结合稽查队伍状况,专项稽查业务培训累计达130人次。

开展形式多样便民服务

收费站便民服务活动经常化,节假日便民服务特色化,坚持为顾客提供力所能及的服务,以提供冷热水、医药救护、手机充电、汽车补胎、维修工具等为内容,想顾客之所想,帮顾客之所难,增设了高速公路便民服务亭和停车区,完善了便民服务台,设置了“×××收费站周边交通示意牌”,共投入资金38.47万元,在收费岛上安装了清洁用水管等。

多方关心员工切身利益

着力提高收费人员工资待遇、生活福利。一年来为改善职工生活环境共投入资金18.82万元,增加职工食堂投入资金46.99万元,完善了职工社会保险制度,由“三险”“一金”增为“五险一金”,大大增加了高速公路员工的向心力和凝聚力。

(责编 梁锦华)

山西省高速公路信息监控中心

□倪 津 曹世勋

2008年,中心在省交通厅、省高管局的正确领导下,深入贯彻落实科学发展观,以加强机电系统精细化管理为重点,以提升信息服务水平为目标,以推进高速公路信息化建设为载体,一手抓内部管理,一手抓对外服务,圆满完成了年度各项工作任务。

以稳定运行为重点
机电管理取得新成效

2008年,全省高速公路机电管理工作继续以提高机电设备完好率为目标,进一步加强行业管理力度,扎实稳步开展了机电系统巡检、排查工作,统筹掌握了各路段机电系统设备配置情况、运维状况;进一步加强维护工作考核力度,量化了考核指标,强化了安全管理监督;进一步加强科技创新和交流培训力度,有力提高了机电系统运行的安全性、稳定性、可靠性。

*加强高速公路机电系统日常管理。*中心积极推行精细化管理,严格执行定期巡检,将定期巡检与日常维护相结合,全面掌握机电系统整体运行情况,对全省机电系统设备配置情况和维护执行情况进行了梳理总结,形成了《机电系统维护分析报告》。各公司采取各种有效措施建立了比较完善的机电设备维护体制、备品备件库和系统故障突发预警预案,大大缩短机电故障排查和恢复响应时间,全年全省通信系统完好率达到99.62%,监控网络完好率达到99%。

*加大信息监控系统绩效考核力度。*以年度目标考核指标为依据,细化考核内容,控制考核环节,严格考核程序,全面形成"以制度管人,用事实说话"的考核氛围,通信系统完好率同比增长0.07%,监控网络完好率同比增长1%,全省机电日巡检上报率达到99.61%,同比增长26.02%,全省机电日报反馈率达到98.4%,同比增长20.19%。

*加强网络安全技术保障。*重点建立防病毒、入侵检测、安全认证、数据加密、容灾备份等系统,建立应急预案机制,确保各系统安全可靠运行。配合中国软件评测中心(CSTC),从安全技术和安全管理两个方面对"山西省高速公路信息监控中心信息系统"进行了安全风险测评;与北京启明星辰公司共同出台了《山西省高速公路收费专网网络安全设计方案》和《山西省高速公路管理局办公网安全建议方案》,对省局管理信息网与收费专网进行了网络安全综合体系规划建设。

*提高科技应用水平。*紧密结合技术创新和管理革新的客观需求,中心先后组织完成了山西省高速公路网H.264视频标准评测、《山西省高速公路收费网络监管及安全技术策略研究》、《高速公路远程监控系统联网管理平台技术研究》、《山西省高速公路管理信息网省域联网规范化研究》等课题研发工作,为高速公路H.264视频联网、网路安全及监控智能化管理提供了规范化指导依据,其中2项经省科技厅鉴定达到国内领先水

平。同时，通过组织业务培训、技术交流、专题会议等方式提高了全省机电系统维护工作的整体实力，实现了资源共享和优势互补，为机电系统的完好运行提供了强有力的技术支持。

以提供优质服务为目标 信息服务水平得到新提高

2008年，全省高速公路信息服务工作在提升服务水平、拓宽服务渠道上下工夫，通过可变情报板、手机短信平台、网站、省市交通台等媒介，3分钟内刷新路网信息，全方位、多途径、全天候地为社会提供准确、方便、快捷、高效的信息服务，建立了与周边省份信息互通机制，实现了路况信息共享、突发事件协作应对。

完善热线服务系统功能。完成了客服电话96565向12122的平稳过渡，通过信息媒体宣传、双号并轨运行、应急预案保障等工作，确保了热线服务的无缝隙有效衔接。全年共受理服务咨询电话136万人次，实施紧急救援1100多次，发布路况信息1.98万条，热线电话服务已成为社会公众出行参考的主渠道。

加强电子政务建设，积极推行网上办公。已建成覆盖全机关的计算机局域网络，全网拥有计算机及相关外设300余台、业务服务器10余台，初步实现了办公自动化；各基层单位中，建有办公局域网的有15个，建有OA系统的有11个，为全省管理信息系统省域联网和OA办公系统整合奠定了坚实的基础。

建立无障碍信息通道和安全保障服务体系。根据山西省政府关于应急平台建设指导意见，按照交通厅图像上传路由节点规划，完成了省中心视频图像经由厅机关上传至省应急办相关设备安装调试的工作。制定了汶川地震紧急救援物资运送和“迎奥运，保畅通”专项应急预案，圆满完成了灾区物资运送、奥运火炬传递和奥运期间信息保障任务。

以管促建，建管结合 信息化建设开创新局面

坚持以交通信息化建设“1166工程”为导向，以资源整合、信息共享为主线，在管理中探索建设思路，在建设中落实管理理念，实现了建设与管理的互相促进与良性循环。

顺利完成非现金结算系统项目建设任务。围绕省厅“在高速公路推行收费站刷卡交费”的便民承诺，进行了全省高速公路非现金结算系统项目建设，具体包括总体方案制定、工可设计文件的编制申报等项目管理、非现金传输专网规划与建设，以及非现金结算中心硬件系统建设，搭建了专用传输通道，优化了收费网络质量，提升了网络安全等级，加强了系统供电保障，扩大了核心设备容量，保证了工程质量进度，紧锣密鼓，日夜奋战，历时3个月，如期完成项目任务，实现了通行费电子支付目标。

积极推进交通信息化“1166”工程建设。发挥优势，加强协作，积极配合省厅，完成了交通信息化建设“1166”通信管道工程。受省厅委托，全面承担通信专网管道工程建设管理工作，完成了11个地市高速公路出口至当地交通局的新建管道设计及连接地市交通局至当地公路局、征费局、交战办和运管局的通信网络的设计、施工管理。新建通信管道路由长度为76.477公里，置换网通公司通信管道路由长度约为87.79公里。

保证省中心二期工程顺利实施。以构建收费数据公网备份，实现监控系统业务整合，推进环城信息诱导建设，建立事件检测系统为基础，进行了省中心二期工程前期需求分析、工可、初设编制及评审工作，并开展了项目招标与实施工作。

做好离军机电项目建设后期管理。完成了施工、监理文档资料的整理、系统缺陷责任期维护、工程变更资料审核及运营回访工作，保证了系统运营的正常稳定，为交竣工验收奠定了基础。

进行机电信息化管理平台建设。以规范全省信息机电系统管理为基础，强化机电运行维护考核管理为目标，严格专项工程审核管理为手段，进行了机电信息化管理平台建设项目。目前正在稳步实施，预计2009年上半年完成。

大力推进服务区信息化建设。统筹规划了建设标准体系，提供了建设的技术指导支持，在24个服务区分别安装了电子监控和可变情报板，80%的服务区实现了刷卡消费，为过往司乘人员提供了良好的消费环境。

以党建工作促创建 营造和谐工作氛围

全面加强党的思想、组织、作风和制度建设，重视党建工作的宣传，组织开展了文体友谊比赛等文明创建活动，增加了中心的活跃气氛和凝聚力，积极改善办公条件，营造了和谐工作氛围。以党建促创建，精心打造学习型、创新型和服务型团队，提高全体党员的素质，真正使党员理想信念更加坚定、发挥党员先锋模范作用更加充分、党群关系更加密切、党组织的战斗力更加坚强，为实现信息监控事业跨越式发展提供坚强的政治保证。

（责编　梁锦华）

山西省高速公路路政总队

□ 魏和平　孙吉亮　于金柱

路政总队于2007年5月正式组建，是全省高速公路的路政管理机构。2008年，在省高管局的正确领导和大力支持下，在各高速公路运营单位、各路政大队的鼎力配合下，总队以科学发展观为指导，继续贯彻落实“六高”目标，较为圆满地完成了各项工作任务。

加强理论学习
提高认识水平

开展学习实践科学发展观活动以来，总队对科学发展的内涵，精神实质和根本要求进行了认真学习、深刻把握，通过学习实践，领导班子感触很深，收获也很大，对于在工作上明确发展思路、制定发展措施、破解发展难题都起到了极大的促进作用。按照省局统一安排部署，总队班子成员结合自己的工作实际，通过与相关部门同志多次由面到点、由点到面的反复调研，对涉及全省高速公路路政、治超管理的深层次问题，进行了深入的探索和思考，撰写了题为《以规范高速公路治超工作为突破口，全面推进路政管理工作再上新台阶》、《理顺体制、创新机制、推进高速治超工作健康发展》的调研报告，确保深入学习实践科学发展观活动取得实效。

加强建章立制
规范内部管理

各部门结合工作实际，制定了严格的工作制度和管理制度，逐步形成了以制度管理人，以制度约束人管理机制。经过深入调研，根据全省高速公路路政管理的实际，并借鉴其他省份的路政管理经验，提出了切实可行的路政管理体制改革方案，为全面理顺高速公路路政管理体制做了大量基础性工作。

创新治超工作
有效巩固成果

总队紧紧围绕“抓综治、保畅通、保安全、为人民”宗旨，精心组织，周密部署，扎扎实实地开展治超各项工作。一是以制度建设为保障，形成了一套完整、闭合的责任追究体系。先后制定了治超稽查制度、倒查制度和责任追究办法，制度严格规范，责任追究完整闭合。切实加强了对治超工作的监督，有力打击了治超工作中的违法违纪行为，有效杜绝了治超中的腐败和三乱现象的发生。二是开辟了一条快速反应的应急处置通道。总队、各高速公司治超办、各治超检测点三级管理，实行24小时值班制度，及时处置若干突发事件，将许多问题成功的解决在萌芽状态。三是以高速公路入口治超检测点为依托，分兵把口，严防死守。坚决把近2000公里的高速公路构筑成铜墙铁壁，绝不允许一辆非法超限超载车辆进入高速公路。一方面加强了治超站点规范化和科技化建设，切实提高了入口的检测放行能力，确保了高速公路的快捷、畅通。加快高速公路入口不停车检测系统的安装工作，全省159个治超点，已有

80%实行了不停车检测。另一方面加强治超点的信息监控建设，实现远程监控，信息共享。四是针对入省口超限车辆的控制难题，在9个入省口根据不同的地理环境，采取拓宽车道、新建停车场等不同的方式进行治理。并且，为了保护黄河大桥，与陕西省多次协商，在陕西界内设立治超办事处，对货运车辆进行检查，有效地解决了入省口的治超难题。治超工作体现出的总体效果为：通行量稳步增长，交通事故显著下降，货运价格明显上涨，运输市场秩序逐步规范。全省高速超55吨以上的非法超限超载货运车辆已经杜绝。

强化培训工作
全面提高素质

总队编写了《治超人员培训手册》，从治超的理论、政策、法律依据到治超实务操作流程以及纪律、作风要求都进行一一讲解，并对高速公路治超全部人员进行一次大规模的培训教育。总队组织各单位认真学习和宣传《山西省治理车辆非法超限超载工作责任追究办法》和《山西省道路货物运输源头治理超限超载暂行办法》，让全体治超人员真正吃透法律、法规、治超政策，从而真正理解好、执行好、落实好各项治超工作，树立高速公路执法部门的良好形象。

提高执法效率
维护路产路权

总队从规范执法行为入手，要求路政人员执法要严格按照《交通行政执法程序规范》规定的法律程序进行，确保执法的公正、公开、透明，杜绝腐败和“三乱”现象发生。从提高执法效率出发，加大路政索赔的力度和行政强制执行的力度。对于重大路赔案件和一些违法建筑、非公路标志，充分运用法律赋予路政部门的权力，积极通过行政手段、法律手段双管齐下，切实提高了执法效率，有力的保护了路产、维护了路权。

坚持标本兼治
强化党风廉政

总队严格按照中央和省关于廉政建设的各项规定，狠抓廉政教育，标本兼治，惩防并举，综合治理。领导班子成员坚持科学的发展观和正确的政绩观，自觉加强自身建设，严格遵守党的组织原则和政治纪律，在思想上、政治上、行动上同党中央保持高度一致，廉洁自律，坚决同腐败现象作斗争；坚持大事民主协商制，认真开展批评与自我批评，把加强党风廉政建设贯穿于各项工作的始终，从教育、监督、防范入手，从源头上预防了不正之风和不廉政问题的发生。全年在用车、住房和吃请招待方面均没有出现违纪违法问题，总队的党风廉政建设工作取得了较好效果，确保了总队工作的健康发展。

（责编　梁锦华）

重点公路工程建设单位工作业绩

山西省重点公路工程建设领导组办公室

□刘清平

2008年，在省委、省政府和省交通厅党组的正确领导下，厅重点办深入贯彻落实科学发展观，紧紧围绕“十一五”末全省高速公路达到3000公里目标要求，全面推进理念、科技、机制、融资、管理五项创新，抓前期，抓改革，抓管理，进一步加强质量、安全监管，深化党的建设、制度建设和廉政建设，夯实基础，促进发展，圆满完成重点公路建设各项任务，为抢抓国家保民生、保稳定、保增长、扩内需机遇，再掀全省重点公路建设新高潮奠定坚实基础。截至2008年底，全省重点公路建设完成投资40.3亿元，晋城至济源、运城环城两条高速公路按期建成通车，全省高速公路通车里程达到1965公里，出省口达到10个。阳城至翼城等12个高速公路项目开工建设，省政府提出的年内开工1000公里高速公路任务基本完成。其他拟开工项目及预备项目在厅领导的高度重视和厅机关有关处室大力支持下，前期工作取得突破性进展。

努力加快前期工作
全力保证项目开工

2008年，厅重点办认真贯彻落实厅党组关于高速公路建设前期工作的安排部署，全力以赴推进各项工作。在厅领导对高速公路建设项目分片包干、各把一关的基础上，多次召开专题会议，研究前期工作。先后组织协调召开9次高速公路建设管理座谈会、前期工作推进会、省市领导联席会，认真总结经验，解决存在难题，推动基础工作，使高速公路前期工作滞后的问题取得重大突破，未来两年拟开工的2300公里高速公路项目前期工作全部启动；同时，阳城至翼城、汾阳至平遥、闻喜至垣曲、阳泉至盂县、五台山至忻州、忻州至保德、太原至佳县东段、太原至佳县西段、太原至古交、晋城环城、陵川至高平、大同至右玉共计979公里的12个高速公路项目开工建设。

从严入手加强管理
各项工作步入正轨

一是加强制度建设。一年来，厅重点办先后制定下发《山西省公路建设市场信用评价试行管理办法》、《山西省高速公路建设征地拆迁暂行管理办法》、《山西省重点公路建设项目从业单位履约考核办法》等一系列制度，进一步规范全省重点公路建设市场信用、征地拆迁、从业单位履约考核等项工作。同时坚持重点公路工程建设项目工程设计变更月报制度，认真开展相关管理及考核检查工作，进一步解决工程建设管理工作中存在的突出问题与矛盾，有效提升全省重点公路工程建设管理水平。坚持可持续发展原则，按照科学发展观要求，对已出台的制度重新进行梳理、规范、修订，对缺失的制度进行修改、补充和完善。制定《高速公路工程设计变更管理办法》、《高速公路工程建设管理绩效考核办法》和质量安全等方面的规章制度及宣传画册,使重点公路工程建设系统形成靠制度管人、按制度办事的管理机制,各项工作逐步走上了规范化、制度化、正规化的良性轨道。

二是加强工程质量管理。一年来,厅重点办强化质量监管,认真落实质量责任制,建立完善了质量档案和建设市场信用评价体系,认真开展履约管理考核工作,从业单位履约意识得到进一步增强。同时大力开展"百日质量督察"系列活动,推动质量工作规范化。通过质量监管,质量意识在全省重点工程建设系统深入人心,质量保证体系进一步完善。2008 年下半年,交通运输部公路工程质量和安全督察组、省重点办和省交通质监站联合检查组分别对在建的高速公路项目进行了以质量为中心的督察和综合检查。结果显示:工程质量合格率在 92% 以上,工程质量始终处于良好控制之中。

三是夯实安全生产基础。一年来,厅重点办坚持"以人为本、安全发展"理念,加强安全生产管理和安全生产宣传教育,严格落实安全生产责任制和安全生产制度,加强安全生产监督,尤其加强对大跨桥梁、长大隧道工程和高填深挖路段等重要部位、关键工序、隐蔽工程、薄弱环节的监督。同时定期、不定期地进行安全生产检查,排查事故隐患,把事故处理在萌芽状态,确保全年无重大安全生产事故发生。2008 年下半年,厅重点办、省重点办联合对已建、在建高速公路项目进行质量、安全综合检查,没有发现重大安全隐患。

不断引深党建工作
提供有力组织保证

一年来,厅重点办党委认真贯彻落实党的十七大和十七届三中全会精神,认真抓好党建和精神文明建设。一是以科学发展观为统领,推动各项工作。按照"党要管党、从严治党"和"为民、务实、清廉"要求,以党的执政能力建设和先进性建设为主线,大力加强党的建设。坚持党课学习制度和"一课三会"制度,培养和建设一支团结协作、民主集中、拼搏实干、务实奉献的领导班子队伍,努力创建学习型、工作型、团结型、创新型党组织。二是积极组织开展献爱心活动。四川汶川大地震发生后,全省重点公路工程建设系统捐款 2.9 万元,缴纳"特殊党费"10.85 万元。三是深入实践科学发展观,加强基层党组织建设。根据中央、省委和厅党组的统一部署,全省重点公路建设系统认真组织 17 个临时党支部、500 多名党员开展深入学习实践科学发展观活动,12 个未成立党委的建设管理处成立临时党支部,215 名党员的临时组织关系转入相应单位,健全了基层组织。通过学习实践科学发展观活动,全省重点公路建设系统广大党员干部思想认识有了进一步提高,工作作风有了明显转变,切实做到学习实践活动与工程建设"两不误、两促进、两提高",为建设优质安全廉洁工程提供坚强的政治保证、组织保证和精神动力。

抓住三个关键环节
反腐倡廉取得新成果

一年来,厅重点办坚持"标本兼治、综合治理、惩防并举、注重预防"的方针,认真做好四项工作。一是紧紧抓住教育、制度、监督三个关键环节,积极探索从源头上预防和治理重点公路工程建设领域腐败现象的新途径、新举措。认真贯彻落实中央及厅建立惩防体系工作五年规划,并结合全省重点公路工程建设实际制定了《实施意见》,按照"一岗双责"要求,层层分解细化廉政责任,层层抓好落实。二是不断加大源头防腐力度,将反腐倡廉工作贯穿于推进重点公路工程建设各项政策措施之中。坚持和落实廉政责任制、廉政合同制、纪委书记派驻制、总会计师委派制,建立"十公开"、"八严格"廉政工作机制,有力推动反腐倡廉工作深入开展。三是进一步加强对工程建设招投标工作监督。与省人大财经委、省高检等六部门共同下发《高速公路建设招标投标联合监督办法》,每个高速公路建设项目招投标都邀请六部门全程监督,有效地预防了工程建设中的腐败现象。四是加强反腐倡廉教育。组织全省重点公路建设系统主要领导、纪检干部、工程部长等相关人员开展了以“强化工程管理,预防职务犯罪”为主题的警示教育活动,观看警示教育片《王月喜、苗元礼、大典公司及宋建平违纪案件》,大大增强全省重点公路建设系统领导干部及关键岗位相关人员廉政意识和拒腐防变能力,为保证工程建设顺利进行,实现“修好一条路,不倒一个人”的廉政建设目标奠定了坚实基础。

(责编　师国梁)

山西省县际及农村公路改造工程领导组办公室

□李俊生

2008年是全面实施"十一五"规划承前启后的关键之年,事关各项规划目标能否如期实现,意义重大。一年来,在厅党组的正确领导下,全面贯彻党的"十七大"会议精神,深入学习落实科学发展观,按照"全国农村公路电视电话工作会议"和省厅安排部署,围绕"三个服务",以质量建设活动年为契机,突出两个"重点",大力实施六大"工程",努力实现六项"目标",取得显著成绩。2008年,全省县乡公路完成4678公里;全省村通水泥(油)路计划建设10 000公里,完成18 291.36公里,完成投资31.5亿元,全省建制村通水泥(油)路率达到87.84%;沿黄扶贫旅游公路作为全省农村公路建设的一项重要任务,全长1214公里,途经4市19县,除吕梁石楼段101公里外基本贯通,完成投资12亿元。2008年累计完成投资88.4亿元,工程建设质量合格率100%,优良率达到80%以上,无重大安全事故发生,无重大违规违纪现象;养护管理工作进一步提高,县公路年均好路率、年末好路率分别达到75%和80%以上,乡、村公路路面完好率达80%以上,养护管理体制改革进展顺利,机制日趋完善,全面完成2008年任务目标。

创新建设管理理念
全面提高农村公路质量

根据全国农村公路工作电视电话会议精神,牢固树立"好字当头,质量为先"的思想意识,突出抓好"五个方面"(抓好市场、抓好源头、抓好制度、抓好监管、抓好督察),努力做到"六个到位"(施工队伍和技术力量到位、施工机械设备到位、材料质量把关到位、施工工艺到位、监督指导到位、检查验收到位),为进一步推动全省农村公路建设质量不断提高奠定良好基础。根据年初省厅工作安排,组织有关单位先后两次对全省在建工程项目进行全面检查。通过听取汇报、现场巡查、实体检测、资料审查和座谈交流等形式,全面、深入地了解和分析农村公路建设质量情况,对发现的问题及时制止、解决,并对整改落实情况进行追踪监督,在工程建设的方向性上起到很好的指导和引导作用。另外,于9月3日在吕梁市组织召开全省农村公路建设现场会,实地参观柳林、临县和兴县的沿黄扶贫旅游公路建设情况,各单位介绍交流好的经验和做法,为推动农村公路建设健康发展奠定良好基础。

2008年是交通运输部确定的为期三年的农村公路建设质量年活动的第一年。一是按照部统一部署,下发《关于开展农村公路建设质量年宣传月活动的通知》,对各项宣传活动积极进行安排部署,并现场进行详细指导和督促。各市县交通局积极按照要求,成立建设质量年活动领导小组,制订活动方案。二是建立健全质量保证体系,规范工程建设程序,加大检查监管力度,确保工程建设质量处于整体受控状态。于6月和9月先后组织专项检查活动，对全省在建工程质量情况及质量年活动进行检查督促，要求全省县乡公路改造路面工程全部进行场拌，大部分路面铺油采用摊铺机，保证工程建设质量。此外，在监理上全部实行捆绑招标，并对监理队伍进行严格管理；各县也成立质监站，对农村公路建设进行监督。大同市早动手，早准备，在建设、设计、施工、监理单位和质量监督机构以中组织开展质量管理劳动竞赛，制定具体活动细则。吕梁市先后下拨资金180余万元，为全市13个县（区）交通质监机构配备交通工具和质量检测设备，保证农村公路质量监督工作有效开展。三是各市在质量宣传月活动中，充分利用网络、电视、报纸、新闻等媒体形式进行宣传。通过全系统的共同努力，全省农村公路建设质量年活动收到明显成效，在全省营造了比较浓厚的质量年活动氛围，实现了交通运输部提出的“五个明显提高”，使农村公路建设“好字当头，质量为先”的理念更加深入人心，为全面完成“十一五”建、管、养各项目标任务打下坚实基础。

加快养护管理体制改革
实现综合服务能力新提高

一年来，严格按照“建设是发展，养护也是发展，而且是可持续发展”的养护管理工作理念，认真履行行业管理职责，积极推进农村公路养护管理体制和运行机制改革，有效解决农村公路管养缺失、机制不灵等问题，努力实现“两个转变”，使全省农村公路养护质量稳步提升，路网结构明显优化，机制体制日趋完善，服务内涵充分拓展。一是贯彻落实省政府办公厅《关于农村公路管理养护体制改革的实施意见》（晋政办发〔2007〕5号）文件精神，进一步明确省、市、县、乡政府及村委会五级在农村公路管理养护工作中的职责，明确县级人民政府是农村公路养护管理的责任主体，各级地方政府必须将农村公路养护管理工作列入年度工作考核目标。结合实际，出台了《山西省农村公路管理养护指导意见》，各市县也积极响应，以政府令的形式配套制定了相应的实施意见，使全省农村公路养护管理走上法制化、制度化、规范化轨道。在这一体制框架下，各县区交通局普遍成立了“农村公路管理所”，负责农村公路养护管理工作；各乡镇成立了“农村公路管理站”，由一名副乡长兼任站长，负责辖区内乡村公路的养护管理；各建制村设立交通管理员，一般由村委会主任兼任，在乡管理站领导下负责本村公路的管理。全省基本上建立起了“县局有所、乡镇有站、村委有队员”的三级养管机构，为履行农村公路管养职责建立了实实在在的支撑，形成了一个政府主导、交通主抓，部门结合、分级负责，全民参与、管理有序的新体制。二是加大资金投入，确保农村公路养护需要。养护工作能否搞好，资金是重要保障。为此，省厅把资金的筹措和落实作为养护管理工作的重中之重来抓，在公路建设投资十分紧张的情况下，全年共安排3.17亿元用于农村公路养护，为筹措农村公路管养资金奠定基础。三是实行管养分离，全面推进农村公路养护市场化。管养分离，实行公路养护市场化，是农村公路管理养护改革的方向。全省县级交通主管部门中，绝大多数将直接从事大中修等养护工程的人员和相关资产进行重组，成立具备公路养护资质的养护工程公司、养护站或养护中心，承担农村公路的养护工程作业。右玉县推行的农村公路日常养护包养到户，初步实现管养分离、养护生产社会化的改革目标。清徐县交通局每年年初根据农村公路路况普查情况，预算确定养护资金总额，提出每条道路的养护目标，由县交通局与县乡公路养护站签订养护工作目标责任书及合同，养护站按自主经营、自负盈亏的原则进行养护，年终县交通局对照年初确定的每条道路的养护质量目标进行考核，达标的拨付养护费用，不达标的相应扣减养护费用，盈亏由养护站自负。这些改革举措，使农村公路管理机构从繁杂的具体生产事务中解脱出来，集中精力抓好行业管理工作，有效降低养护成本，提高投资效益，使公路养护管理得到加强，农村公路的出行保障能力和公共服务水平显著提升。

围绕“统筹协调、和谐共进”目标 建立农村公路行业管理机制

一是建立行业管理制度保障机制。结合省情，加强标准规范体系建设，制定并完善农村公路日常养护定额、养护工程技术标准，逐步建立科学合理的公路养护质量和服务水平考核评价标准体系，使农村公路养护有规可依，有章可循。同时，加强资金管理，在资金使用管理上，设立专户存储，严格实行计量支付。各市交通局按维修计划和实际完成工程量上报，经审批后，方可下达，确保资金使用的合理型和高效性。另外，各级有关部门积极想办法，多方开辟筹资渠道，采取“上头拨一点，财政挤一点，社会各界捐一点，受益群众出一点”的办法，充分调动地方、农民群众、受益企业的积极性，多方筹集建设和养护资金，确保养护和建设需要。吕梁市采取以工代赈、受益单位赞助等方式积极筹措养护资金，一年来共筹措社会养护资金6000余万元，有效解决养护资金不足的问题。此外，进一步完善计划、市场监管机制。协助各市建立并完善公路建设、养护计划跟踪、督办、检查通报制度，对执行不力的工程项目及时建议调整计划；把好农村公路建设监督管理关，培育发展规范、有序、健康的养护市场。

三是创新行业活动推进机制。近年来，省厅先后编制印发了《农村公路养护管理内业规范化指导手册》等规范性指导意见，规范指导全省农村公路养护管理。《山西省农村公路日常养护作业指导意见》和《山西省农村公路养护招投标指导意见》正在完善中，《山西省农村公路日常养护小修保养定额》正在测设中。另外，结合质量年活动，开展了“十佳”项目评选活动，按照要求进行评比打分，并将评选结果进行公布。建立符合实际、能够体现公平性的奖惩激励机制，努力营造争先创优的行业氛围。积极组织开展专项工作经验现场会、观摩会等活动，树立推广典型，为各单位提供学习、交流的平台，进一步提高农村公路管养水平。

不断加大宣传力度 形成农村公路发展合力

2008年以来，在继续坚持“四轮驱动”的基础上，不断加大农村公路宣传力度，除了重新开始定期编发《农村公路建设快报》外，还在交通部网页“山西农村公路频道”上及时发布农村公路信息，为全省农村公路在全国范围内建立了一个宣传展示窗口。同时，还进一步加强和《人民日报》、《山西日报》、《中国交通报》、《山西青年报》、山西电视台、黄河电视台等新闻媒体的广泛合作，使全省农村公路建设中的先进经验、先进人物、先进事迹屡见报端，对全省农村公路建设势头的持续高涨起到很好的推进作用。

（责编　师国梁）

山西省阳翼高速公路建设管理处

□张　华

2008年是全面贯彻落实党的十七大精神的第一年，也是阳翼高速公路全面开工建设的开局之年。一年来，在省交通厅党组、重点办党委的正确领导下，建管处团结带领广大筑路工人，认真学习实践科学发展观，以又好又快建设阳翼高速公路的实际行动，克服了物价上涨过快、国际金融危机影响、工程施工地质条件复杂、地方协调难度较大等诸多不利因素，扎实工作，稳步推进，较好地实现了目标责任制所确定的全年工程建设目标，为后续工程建设打下了良好基础。

截至2008年底，完成投资104 570万元，累计完成投资194 580万元，为路基、桥隧投资计划79%，总概算46.7%。其中，路基、桥隧工程累计完成投资120 863万元，完成总量49.1%；采空区治理工程累计完成投资12 415万元，完成总量84.4%；累计完成其他投资60 471万元。

采取有力措施
确保工程进度

根据工程计划安排，阳翼高速公路路基工程2008年要完成80%以上，难度很大。首先，建管处将任务进行分解，倒排工期，制订了阶段目标任务，在各施工、监理企业开展了轰轰烈烈的劳动竞赛，要求各单位以阶段目标确保全年目标，做到以个人保班组、班组保项目、项目保全线，充分调动了广大工程建设人员的积极性，全线始终保持了一种高昂向上的工作状态。其次，积极创造条件，为大规模施工争取时间。施工单位进场之际，已是2007年底，又遭遇了几十年不遇的冰雪天气。为早日完成采空区治理工程、施工便道，施工单位春节不放假，战风雪，斗严寒，不间断施工；各单位抓紧时间进行备料，为后续工程开展赢得时间。再次，合理调度施工资源，科学安排人工、机械、材料到场，开足马力安排生产。第四，主动靠前，外抓协调，积极创造良好的社会环境。在征地拆迁手续尚未完善的情况下，争取地方政府支持，办理了控制性工程提前用地申请，地面附着物拆迁陆续展开，保证工程顺利进行。第五，做好技术服务工作。工程技术人员服务到一线，现场解决技术难题，组织技术攻关，为工程建设提供良好保障。

严格质量管理
争创一流工程

百年大计，质量第一。建管处坚持做到对工程质量严格管理，毫不松懈，使工程质量始终处于严格的受控状态，合格率达100%。2008年以来，交通运输部、省重点办、省交通厅、厅重点办、省交通质监站有关专家分别对阳翼高速公路工程质量安全进行督察，对所取得的成绩给予充分肯定。省交通质监站对工程实体质量抽检合格率为93.1%（居全省最好水平）。

在实施质量监控中，建管处抓好6项工作。一是严格要求施工企业按技术规范施工,层层做好技术交底工作,建立健全质量保证体系,力争单位工程合格率100%,质量等级合格。二是完善质量监控手续,由山西省交通质监站实施质量和安全全程监督。工地试验室均通过验收,做到用严格的试验数据指导生产,用真实的实验数据控制质量。三是实行质量一票否决制。在履约考核、劳动竞赛中,凡质量考核不达标者,否决参评资格,并给予重罚。四是严格履约考核,实行规范化管理。每月对从业单位进行履约考核,认真兑现。五是抓好典型,以点带面。针对L14合同段路基压实度不符合质量要求的实际,除全线通报批评外,专门召开现场会,进行警示教育,在各施工单位引起强烈反响。六是实施精细化管理,严格过程控制,提升监管水平。在质量管理中,严格要求,从细节抓起,从点滴做起,提高全员质量意识,真正实现全面质量管理。

贯彻以人为本 安全文明生产

以人为本是科学发展观的核心。一年来,建管处始终把安全文明生产摆在突出位置抓紧抓好,实现全年安全事故率为零的目标,保证工程建设的顺利进行。一是安全措施到位,层层落实安全工作责任制。在和施工单位签订《安全合同》基础上,又逐级签订《安全生产责任书》,明确企业安全责任主体职责,加强对重点岗位、重点人员、要害部位的安全监管。不断加强监理安全职责的落实,使监理安全管理作用得到较好发挥。二是管理到位,建立健全安全管理制度。在原有安全管理制度的基础上,又修订20多项安全制度,做到事事有规范,岗位有标准,人人有要求。要求各级有关单位都要实行面对面、岗对岗的安全交底,严格实行持证上岗操作。凡安全考核不合格的人员,一律不准上岗。制订危险源排查明细表,组织专人拉网式地对事故隐患进行排查,做到安全工作心中有数。三是宣传教育到位。建管处对施工企业行政一把手、负责安全工作的领导及专职安全员进行培训,各单位也多次对施工人员进行对口培训,使大家的安全意识明显提高。积极开展"安全生产百日督察专项行动"、"安全生产月"、"安全隐患治理年"等活动,造成较强的舆论声势。四是硬件投入到位。在没有明文规定的情况下,经过和各施工企业协商,安全经费提取得到较好落实。瓦斯监控仪、雷达测试仪、探头监控等先进设施的使用,一定程度上加大了安全保障。各单位为施工人员购买了意外伤害保险,建管处还聘请当地煤矿的瓦斯监控专家和水利专家,针对隧道瓦斯防控和杏河特大桥防洪进行论证,制订了安全预案。五是考核到位,加大安全监管力度。先后成立防洪、防火、"反恐"、奥运安保专项工作领导组,对存在的安全隐患进行拉网式排查,有针对性地制订应急预案并进行演练。加强各施工企业安全考核考评,实行安全一票否决制,并在劳动竞赛和计量支付时挂钩奖罚兑现。企业安全文明施工蔚然成风,受到各界好评。

多方努力做好工作 征地拆迁实现突破

征地拆迁是制约整个工程能否顺利进行的重要因素,经过建管处不懈努力,征地拆迁工作实现较大突破。徘徊已久的征地已进入报批程序。虽然从建管处组建伊始就开始着手调查摸底,汇总资料,但因省监狱局所属沁城煤矿拒绝在高速公路压覆煤矿资源同意书上签字,致使报批工作受阻。2008年以来,经过多方努力,这一难题终于破解。目前,所有征地资料已全部上报至晋城市国土局,上报省国土资源厅及国土资源部工作正在抓紧进行。

电力、电信、广电、长线、移动、网通、铁路等八个涉电部门,共涉及286处139条线路的线位拆除和移位工作全部结束。

全线需拆迁各类房屋建筑面积17 220平方米,涉及119户,树木30万株,地下管道12 000米。房屋拆迁是最棘手的工作,也成为制约不少合同段正常施工的主要障碍。因此,一方面加大地方协调工作力度,一方面紧紧依靠地方政府,努力做好拆迁户的思想工作,并在资金补偿、房基地补划、生活保障等方面给予关照,终于打开缺口。目前,已全部签订拆迁协议,已拆迁面积达到95%。

征地拆迁补偿资金落实到位,严格按照《补偿金管理发放办法》兑现到户。由于补偿工作做得较细,并张榜公布,接受群众监督,没有发生意外事故及群众上访现象。

深入开展学习实践科学发展观活动

根据厅党组统一安排,建管处被列为第一批参加学习实践科学发展观活动单位。建管处党委对此十分重视,严格按照上级安排,在党员、干部中进行广泛发动。在第一阶段的学习调研活动中,处领导轮流担任教员,对全体党员进行学习辅导,同时还邀请《太行日报》社社长冯胜同志进行专题讲座,使大家对科学发展观的科学内涵精神实质加深了理解。此外,还组织党员干部学习了所有指定理论文章,进行认真讨论,写出学习心得。特别是副处级以上领导干部,都能够带头学习,带头讨论,带头调研,理论联系实际,把学习成果运用于指导工程建设实践之中。在活动中,做到学习工作两不误,两促进。在第二阶段的活动中,处领导对第一阶段的专题调研做了修订,通过解放思想大讨论,召开专题民主生活会,形成领导班子分析检查报告。建管处按照"党员干部受教育,科学发展上水平,人民群众得实惠"要求,使学习实践科学发展观活动取得明显成效。

抓好党建和党风廉政建设充分发挥战斗堡垒作用

在工程建设中,建管处充分发挥党组织的战斗堡垒作用,开展了"一个支部一堡垒,一个党员一面旗"活动,广大党员积极带领广大群众为又好又快建设阳翼高速公路奋战在工程建设第一线,为全年目标任务完成作出了很大的贡献。党委重视对各参建单位党的活动进行指导。特别是在学习宣传贯彻党的十七大精神、安全文明生产、做好稳定工作、支援四川抗震救灾、关心农民工生活等方面发挥了重要作用。党的自身建设得到加强,党委领导班子经上级党组织批准,也已组建完毕。按照党章规定,党委按时召开了党员领导干部民主生活会,各支部严格执行"一课三会"制度,党内生活比较活跃,党员的组织观念、党性修养得到进一步提高。特别是通过开展学习实践科学发展观活动,党员普遍受到了一次马列主义教育,党员素质明显提高。

2008年以来,建管处首先建立健全党风廉政建设有关规章制度,实行党风廉政责任制,明确了副处级以上领导干部对分管业务中的党风廉政建设负直接责任,增强责任心。其次是廉政教育常抓不懈,廉政建设警钟长鸣。制定下发了《工程建设八不准》、《关于工程建设阳光操作的实施办法》、《关于加强廉政载体建设的若干规定》,建设工地都设置了"阳光牌",通过各种会议反复进行廉政教育,收到较好成效。第三是和沁水县检察院联手开展预防职务犯罪活动,对违法乱纪行为起到震慑作用。第四是严格抓好招投标、计量支付、工程变更、材料采购等关键环节的廉政建设,严格按规定程序办事,实行多堂会审,互相监督,互相制约,严格防范商业贿赂现象的发生。第五是开展政府监督、社会监督、舆论监督、群众监督活动。如在招标中请人大、检察院、发改委、重点办等部门全程监督。在计量支付、兑现征地拆迁补偿金中全部实行公开、公示,将活动置于群众监督之下。第六是加强廉政长效机制建设。结合贯彻落实《建立健全惩治和预防腐败体系2008年至2012年工作规划》的实施,制定《实施方案》,从制度上确保工程建设的健康进行。总之,自开工建设以来,廉政氛围较浓,风清气正,没有发生一起违法违纪案件,廉政建设有了一个良好的开端。

(责编　师国梁)

山西省大同高速公路建设管理处

□李应怀

2008年，在省交通厅和厅重点办正确领导下，建管处以科学发展观统领全局，按照全省交通发展"一条主线、七大工程、六化目标"新思路新要求，坚定好字当头、快字用心、好中求快建设理念，坚持科学发展、优质高效、安全廉洁、文明和谐建设方针，圆满完成灵丘至山阴高速公路前期各项工作。

不断加强自身建设

明确建管处领导及各部室人员和参建单位职责，高标准，严要求，新起点，从强化基础管理入手，努力提高业主对项目管理的胜任力、执行力。

一是建设一支能征善战肯奉献的创业队伍。规范建管处机构设置、人员选用及工作程序，慎重选择优秀人才充实各个工作岗位。人员都是经过多项重点公路工程建设摔打的精兵强将和骨干，既有实践经验，又能身兼数职。对全体人员进行集中学习培训，重温相关建设管理法律法规和新技术规范标准，合理分工，相互协作，拧成一股劲，全力攻坚。坚持旬、月定期例会和定期汇报、定期催问制度，及时有效地解决实际问题，工作效能明显提高。

二是创新建设管理制度，建立完善管理机制。按照省交通厅、厅重点办有关文件精神，针对本项目战线长、管理分散特点，制定完善了《招投标管理办法》、《征地拆迁与地方协调管理办法》、《工程管理办法》、《工程质量管理办法》、《监理管理办法》、《技术管理办法》、《工程设计变更管理办法》、《安全生产管理办法》、《施工安全管理办法》、《试验检测管理规定》、《合同管理办法》、《计量支付管理办法》、《财务管理办法》、《管理费使用管理办法》、《档案管理办法》、《交(竣)工验收管理办法》等长效管理办法及《标准化工地建设和文明施工标准》、《劳动竞赛方案》和农民工权益保护及党建、党风廉政建设与精神文明建设、行政后勤等方面的长效管理标准制度。从建管处到设计单位、监理单位、施工单位、试验室等都分别明确第一责任人、直接责任人和具体的岗位职责及问责制度，形成人人有责、事事尽责、相互负责、有责必问、一责到底的责任链，突出靠制度和责任管事、管人的项目管理新思路。增强管理就是服务的意识，树立服务型建设管理形象。处领导与各部门、部门与部门之间做到相互热情周到服务，全体建管处成员将管理职能渗透于扎扎实实的服务中。

三是规范财务管理，加紧筹集落实资金。为确保建设计划按期推进，主动积极筹集资金，在省厅与开行贷款合同签订前，已落实前期设计预付款及建管处开办所需资金。大力加强财务管理，健全一整套财务管理制度，坚持财务报销会计一票否决制，精打细算，该花的钱及时到位，不该花的钱不乱花一分。

四是党务工作与建设管理并重。在党委书记没有到位之前，班子成员坚持一岗双责，党政齐抓共管，在搞好建设管理的同时，抓实抓好党建与精神文明建设，做好形式多样的全员思想政治工作，不断增强建管处的凝聚力、战斗力和创新力。

共同优化初步设计

项目位于本省北部崇山峻岭间，沿线经济、文化、政治环境独特，文物、自然资源保护方面要求高，桥隧工程占全线总长度24%，任务艰巨。

一是以功能为主线，以安全为核心，优中选优，确定最终设计方案。在全面认真细致地了解线路所在地各种情况基础上，打破常规，在线路选形、路面工程、人文景观设计及投入运营后的管理模式设计等方面，提出既切合实际又有益于长远的战略思路、创新理念，与设计单位交流和沟通，融入设计方案之中。先后5次深入工地，对照图纸和实地现场，优化设计。与陕京天然气管理部门3次协商，使3座特大桥优化为中桥。始终注重整体设计、动态设计、细部设计，反复比选整体及局部设计方案，最大限度地满足国道主干线的功能和服务对象要求，满足质量、安全、舒适、美观要求，千方百计地降低资源环境代价和工程造价。

二是建立健全工程建设前期设计保证体系。成立两个工作小组，对前期设计全过程参与。一个组与设计单位跟班作业，协助配合设计工作；另一个组及时协调解决与设计有关的问题。对线形、构造物逐一核对，力求准确无误，考虑周全，尽量减少和避免施工中的设计变更。

三是积极开展技术创新与交流活动。针对驿马岭、抢风岭特长隧道特点，集中精力科技攻关。推广超前地质预报，开展行车道与超车道同时补强、山岭区路段提升通行能力方面的研究和重载交通下路面抗车辙结构计算研究等。

全面推进征地拆迁

征地拆迁是前期中最重要的一项工作，也是工程能不能按计划顺利推进的关键所在。工程共需征用土地13 973亩，拆迁房屋17 626.71平方米，改迁各类电力、电讯设施324处，迁坟3303座，还与陕西至北京天然气管道相交14处。

一是依法办事，统筹兼顾，牢记沿线人民利益一根准绳。为有力有效推进征地拆迁工作。班子成员和负责地方协调工作的同志们一起认真学习《土地法》、《森林法》、《公路法》等30多个法律法规，熟练掌握依据，指导帮助地方协调部为经办部门及时提供准确资料，不走弯路，前期申报资料全部顺利通过评估。

二是加强协调与沟通，紧紧依靠当地各级政府，政策引导，舆论推动，组织实施。对政府依靠不是依赖，主动积极、诚心实意地与当地市、县、乡镇等各级政府及土地、林业、水利、城建、电力等有关部门联系，协调解决征地拆迁工作中遇到的实际问题。大力宣传修路意义，与被征地农民和涉拆户耐心交流沟通，对立和谐关系，赢得各政府和沿线人民最大支持。灵丘、浑源、应县政府专门召开征地拆迁协调动员会，成立领导组办公室做好有关工作。

三是突出"责任"，认真做好各项工作。从处领导到工作人员明确分工，责任到人，一环扣一环。从2008年11月23日开始，将线路分成两大段，分别由处领导带队进入实地，各项工作分片分项包干，展开艰苦细致的调查确认。隆冬季节，同志们冒着严寒，自愿放弃节假日，每天在现场工作10多个小时，准确无误地登记、确认每一块地、每一处拆迁物，反复核实，不出差错，不留疑问。遇到有争议的问题或难题，不厌其烦地解释协调。深入一线的同志们连续作战，在现场一呆就是数十天，有的同志40多天不回家。同时，在浑源县完成建管处驻地建设，为做好各项管理工作打下良好基础。

（责编　师国梁）

山西省太佳高速公路(吕梁段)建设管理处

□ 刘子兴　刘迎全

2008年是太佳高速公路(吕梁段)工程建设的起步之年。建管处成立以来,在省交通厅、厅重点办正确领导下,在沿线各级党委、政府和广大人民群众大力支持下,全体干部职工以党的十七大精神为指针,全面践行科学发展观,团结协作,迎难而上,真抓实干,全力以赴推进项目前期工作,为确保工程顺利开工建设奠定坚实基础。

项目是全省高速公路网"三纵十一横十一环"主骨架的重要一横,也是山西中北部地区西通陕、甘、宁,东达京、津、冀的重要战略通道。2007年11月7日由省发改委以晋发改交通发〔2007〕998号文批准立项。设计招标工作由北京中交建设工程投标有限公司负责代理;并于2008年1月12日刊登勘察设计招标公告,4月15日签订勘察设计合同,包括主体两个合同段,机电、交通安全设施、房建等各1个合同段。7月16日,省厅通过初测外业验收。9月17日,省厅组织初步设计评审。9月19日,省国土资源厅对地质灾害危险性评估报告进行备案。10月8日,省厅以晋交公字〔2008〕442号文批复初步设计。10月27日,省国土资源厅以晋国土资源函〔2008〕375号文批复土地预审。11月17日,省环保局以晋环函〔2008〕895号文批复环境影响报告。11月26日,省水利厅以晋水保函〔2008〕194号文批复水土保持方案。

项目路线起点位于岚县郭家庄村东约1.6公里处,与太原至佳县高速公路太原段相接,终点位于临县克虎镇高家湾村东南、晋陕两省交界黄河大桥山西岸,途经岚县、方山、临县3县11个乡镇52个村,全长119.55公里。全线设计为双向四车道全封闭全立交高速公路,路基宽度24.5米,路面结构为沥青混凝土,汽车荷载等级－Ⅰ级,设计时速80公里,最大纵坡5%,全线占地10 000余亩。主要工程量有:路基计价土石方3096万立方米,防护排水83万立方米,特大桥2座2504.8延米,大桥76座17 163.9延米,中桥14座1134延米,小桥3座70.56延米,涵洞189道,互通5处,分离式立交3处,通道62道,天桥5座,隧道18座单洞45 133米;全线设服务区3个,收费站5个;批复概算89.09亿元,资金来源由省公路建设资金和银行贷款两部分组成;建设工期2年,2010年底全线建成通车。

项目路基、桥梁、涵洞、隧道施工、监理的招标由中化建国际招标有限责任公司负责代理。资格预审于2008年10月9日在国家正式报刊及政府网上发布公告并开始发售,共有208家施工投标人交回资格预审申请文件304份;共有21家监理投标人交回资格预审申请文件进行评审,共有200家单位301份通过资格预审,其中施工182家266份,监理18家35份,11月5日,向通过资格预审的申请人发出投标邀请书,并出售《招标文件》,组织现场考察,下发补遗书。12月3日14

点30分举行开标仪式,共收到密封完好的施工及监理的《投标文件》268份,其中施工235份,监理33份。12月7日,从交通运输部专家库随机抽取的5名专家与两名招标人代表共同组成评标委员会进行评标。并对各标段前三名中标候选人在山西交通网作了为时一周的公示。其中施工单位75家,监理单位21家。最后确定江西省公路机械工程局等25家单位为路基、桥隧工程中标施工单位,河北华达公路工程咨询监理有限公司等7家单位为中标监理单位。项目招标整个环节做到全程依法监督,依法公证。

深化认识,创新思路
不断增强必胜信心

项目前期工作是工程开工建设至关重要的基础。对此,建管处统一思想,深谋远虑,创新思路,不断增强信心,寻求推进项目前期工作的有效途径。首先,分头出击,广泛拜访。先后到勘测、设计、咨询、中介、代理等单位和部门了解情况,掌握有关前期工作进度、工作难点、需要与要求,诚心诚意恳请有关单位和部门密切配合,携手共进,加快前期工作进程。其次,强化人员力量,确保管理人员及时到位。本着精干、务实、有为、高效的原则,通过考查,从太原、吕梁等高速公路公司抽调工程技术和管理骨干15人,迅速投入前期工作。第三,强化思想动员,坚定搞好前期工作信心。通过多种形式、渠道,动员全体人员自觉地把思想统一到省委、省政府和厅党组的重大决策上,增强工作紧迫感、责任感和使命感。第四,科学分工,全面推进。处长全面负责前期工作,主抓工程设计配合、招投标和资金筹集;副处长主抓项目土地、水保、环评、地质灾害及压履矿产等分项审批以及地方协调工作。其余人员均是内外结合,一岗两责,满负荷工作。第五,组织现场勘察。带领工程技术人员全面勘察两次,做到心中有数,为工程建设积累翔实资料。

2008年7月,全省交通建设工作推进会议后,建管处全体人员认真贯彻会议精神,认真学习领会段建国厅长讲话精神,结合实际,及时调整思路,提出"四从"工作指导思想。即:认真践行科学发展观,从实决策,确保前期工作质量;从细考虑,全力服务施工设计;从难着想,加强项目各环节审批,确保年内开工;从严要求,确保全年任务目标完成。实践证明,坚持"四从"工作思路,不仅坚定全体人员信心,而且促进项目前期工作能够快速有效地健康发展。

外抓协调,内抓管理
全力推进前期工作

2008年,建管处坚持外抓协调,内抓管理,强化配合意识和主动服务意识,主动靠前,积极工作,全力推进项目前期工作。首先,强化服务理念。确立"业主贵在服务"理念,为勘察、设计、咨询、中介、代理单位创造良好工作环境。勘察需要临时占地和搬运设备、仪器,与吕梁市太佳地方协调组人员深入沿线,事先做好宣传工作,与沿线沟通、座谈,为勘测单位提供方便。中介、代理单位负责分项审批日常工作,责成专人为其提供翔实的人文、地理、资源资料,并主动靠前,跟踪服务,加快工作进程。其次,强化沟通协调。积极主动向主管部门和市县领导汇报,研究解决具体问题,尤其是恳请土地、环保、水利、林业、文物、电力、电讯等部门提前介入,指导工作。在勘测设计中,本着"体现人文,关注民生,注重细节,讲求科学,确保工期,优化设计"原则,密切配合勘察设计单位正确处理设计工期与质量的关系,通过召开全线、分片、个别乡村等不同规模座谈会,广泛征求群众意见,考虑群众建议,确保勘察设计工作顺利进行。在土地预审工作中,同代理单位与相关县4次专题座谈,实事求是落实各项指数,加快预审工作进程。第三,强化前期各项管理。11月12日,吕梁市太佳高速公路建设推进会后,建管处为确保工程于12月正式开工,健全推进和加快项目前期促进机制,建

立目标责任制，明确责任部门、责任人，设立5个组抓好各项工作。一是党务、政务理事组。负责科学发展观活动日常工作、党务、廉政、文明建设、综合协调、机关工作、后勤保障等。二是工程技术管理联络组。负责联系勘察、设计、咨询、招标代理单位，为后期优化设计提供服务，同时参与工程招投标协调。三是地方工作推进组。负责土地、征地拆迁、水保、环评、地质灾害、压覆矿产等工作协调。下面又设项目后期审批推进小组和六个征地拆迁组。四是资金筹集组。主要负责配合主管单位建设资金筹集、银行贷款、前期经费拨付等工作。五是项目进展督导组。主要督察各小组工作进展情况，奖优罚劣，责任追究。为了确保各小组工作有力、有序、有效进行，建管处加大督察力度，做到一天一通气，两天一碰头，三天一小结，确保项目年内开工建设。特别是征地拆迁调查摸底工作开展以来，地方协调工作者与驻地工程技术人员克服严寒早降困难，不辞辛苦，连续奋战，超常规超负荷工作，取得阶段性胜利。通过努力，地面附着物、"三电"拆迁、林地、土地勘界、被征地农民保险等调查均进入资料汇总阶段。

统筹兼顾，合理安排
深入学习实践科学发展观

按照厅重点办党委安排，建管处认真开展深入学习实践科学发展观活动，主要有四个特点。一是突出实践特色，确定"一个推动（推动地方协调工作）、三个确保（确保设计科学合理，确保前期工作质量，确保各项任务完成），建设五大工程（建设优质、高效、安全、廉政、和谐工程）"的主题和载体。在学习调研阶段，紧紧联系工作实践，提出两个重点课题，即如何运用科学发展观做好工程建设前期工作；如何运用科学发展观指导地方协调工作。二是突出重点环节。突出抓好"解放思想大讨论"，引导党员干部通过讨论，加深对科学发展观理解，加深对新一轮解放思想认识，把党员干部思想统一到中央决策精神上来。三是领导重视，率先垂范。按照党员领导干部"五带头"要求，处领导以身作则，带头参加学习讨论，带头开展调研。四是合理安排，统筹兼顾。为了做到学习工作"两不误、两促进"，处临时党支部提出围绕工作中心抓好学习活动，确保重大任务完成。首先，把学习实践活动同项目前期工作结合起来，将学习活动作为推进前期工作的重大机遇和动力，以活动促前期，以前期工作效益显示学习活动成果。其次，把学习实践活动同党风廉政建设工作结合起来。抓住建管处党风廉政建设责任制落实、勘设、中介、代理、咨询等单位廉政合同落实，健全制度、强化廉洁自律教育和实施阳光工作等三项重点，全面加强思想建设和作风建设，使党风廉政建设按照科学发展观要求稳步推进。第三，把学习实践活动同安全管理工作相结合。确立符合科学发展观的安全管理、安全生产新理念，注重日常教育和狠抓落实，实现项目前期安全工作健康发展。通过开展深入学习实践科学发展观活动，全处干部职工认识大提高，思想大解放，思路大拓展，观念大转变，工作大踏步，有力地促进了项目前期工作快速高效发展。

（责编　师国梁）

交通开发单位工作业绩

山西太长高速公路有限责任公司

□ 赵善义　王玉亮

2008年,是太长公司全面实现运营之初制定的"一年打基础,二年上台阶,三年创一流"目标的重要之年,一年来,在省交通厅等上级部门的正确领导下,公司上下深入学习实践科学发展观,努力完成了年初制定的"1999~2008"目标任务。

"一"种意识大见成效——2008年,太长公司紧紧围绕"三个服务",牢固树立大服务意识,取得了实实在在的成效。据省社情民意调查中心和省统计信息咨询中心联合对全省运营的高速公路调查显示,2008年太长公司客户总满意度为87.25,比2007年85.44有了大幅提升,名列全省17家运营公司第四。

"九"千认证顺利通过——ISO9001和OHSAS18001认证自2007年7月启动以来,公司上下高度重视,全员参与,2008年8月顺利通过认证。

"九亿九"任务超额完成——完成费收10.97亿元,完成年度计划的110.8%,年公里收入550万元。

"二"项重点工作进展顺利——2008年,公司枕戈待旦、临深履薄,确保了"迎奥保畅"工作万无一失,完美收笔;"迎检保验"工作也取得了突破性进展。

两个"零"纪录始终保持——通过努力确保了窗口服务有理投诉和安全生产重大责任事故两项"零"纪录。

"八"项具体工作有声有色:

应急、保畅能力取得新突破

消除安全隐患,确保道路安全畅通。2008年投资200多万元,在坡陡弯急等事故多发路段,增设4个避险车道,使该路段事故发生率大幅下降;投资150多万元,在全线事故多发路段划震荡标线5343平方米、增设大提示牌、导向标志、红蓝警示灯等;投资80多万元,对隧道内灯光实施改造,并在隧道内装置广播系统及时进行相关路况和疲劳提示;投资350多万元,在全线增设道路监控系统,对该路段实行全天候、全方位的监控。

加快扩容改造提高放行能力。投资480万元,对部分收费站和收费广场进行扩容改造。其中,榆次站进行了加宽车道;太谷、襄垣、屯留站各增加了一进一出车道;榆社北、王村、长治西站分别拓宽了外广场,彻底扭转了车流高峰期收费站堵车的被动局面,提升了放行能力。

加强快速反应和清障,提高应急保障能力。扎实有效地落实5.30目标,在原有5台大型清障车、3台小型清障车的基础上,投资270多万元,新配备2台55吨吊车、1部大型平板车,不断提高清障能力;建立交警、路政现场办公的应急机制,形成快速处置合力。

推广不停车治超检测系统,提高检测放行速度。投资近450余万元,为全线10个治超点安装了不停车治超检测系统,自10月底设施投入使用以来,其放行速度由原来的70

秒/辆缩短为9秒/辆。

公共服务能力得到新提高

打造安全愉悦畅通工程。全年完成了227公里(含匝道)路面的日常保洁任务,疏通边沟、排水沟32.6万延米,修补坑槽197.7平方米,完成路面处治9.5万平方米,补栽绿化苗木6万余株等;完成专项工程投资约3300余万元,专项工程开、竣工率达到100%。同时,严格五级挂牌制度;有效实施除雪、防汛应急预案;加强对高填深挖、采空区等重点部位观测;从强化路况巡查和检查入手,加强日常养护管理,确保路况水平始终处于良好状态;定期对大中桥梁、隧道、涵洞进行全面排查,全面加强应急管理工作。2008年末公路养护质量指数达97.6,优良路率达100%;养护服务社会满意度较上一年又有提高,名列全省高速第四。

争创山西高速微笑之路。全力打造以"争创山西高速微笑之路"为主要内容的服务品牌;细化收费站"星级信誉考核制度"及"收费员星级考核办法";制定了仪容仪表管理规定,强化文明用语使用率及微笑服务的严格考核;对站区环境进行了彻底的整治;制作安装了收费站广场候车棚;对各收费站广场两侧及站区进行绿化美化,巩固了社会满意度名列全省高管系统前三名的地位。

树立公正严明队伍形象。路政大队精心打造太长路政的"阳光品牌"。一年来,查处路政案件1474起,共收取路赔费880万元。实施清障、救援、服务出车2879台次;路政服务社会满意度较上一年相比又有大幅度提高。

营造温馨优美环境。服务区方面深入落实大服务观,制定和实施了星级服务区自检、公司抽检和按季度内评的考核制度;经营的商品和服务项目做到合理定价、明码标价,物价管理部门查处率为零;建立健全服务区各项考核奖惩激励制度和人员的考核办法;制订各类公共安全和饮食卫生等突发事件应急预案。年营业收入1.3亿元,社会满意度全省高管系统排名第三。

体制机制创新取得新进展

2008年,公司内部机构进行了规范化、合理化、科学化的设置,实施下发了《山西太长高速公路有限责任公司内部机构设置及定编定员实施方案》、《职工带薪年休假实施办法》、《安全生产管理制度》等;根据上级有关要求,结合公司实际情况,制定了《山西太长高速公路有限责任公司工资分配实施方案(试行)》;结合新《劳动合同法》的实施,为保障员工的根本利益,与全体员工签订了《劳动合同书》,并参加了社会保险,使100%职工享受了五险一金。

科技创新取得新成果

下发了《太长公司大力开展QC小组活动的指导意见》,在全公司范围内大力开展QC攻关活动,取得了显著成效。目前,全公司已先后成立了十余个QC课题小组开展攻关活动,已有2个课题取得具体成果,其余大部分项目即将进入成果发表阶段。

企业文化建设得到新加强

通过办好《太长风采》、《太长简报》《科学发展观简报》等,统一思想、凝聚人心;积极为南方冰雪灾害和5.12汶川灾区人民捐款捐物,共为灾区捐款6.2万余元,同时还捐赠新棉被100条;广泛开展了形式新颖的"七一"表彰、军事会操比赛、礼仪表演知识竞赛、公司三周年庆典等活动及《历程回顾展望》征文等,在公司形成了风清气正、和谐向上的良好氛围。

治超工作取得新成效

严格按照"抓综治、保畅通、保安全、为人民"的总体要求,继续集中精力抓好治理车辆超限超载工作。通过大力提升执法队伍素质,加快建立治超长效机制,严格实行责任倒查和责任追究,进一步充实治超队伍力量等措施,

2008年治超工作取得新成效，超载率由安装前的0.3%降为0.1‰，杜绝了地方势力对治超执法人员的压力，降低了高速公路事故发生率，从而使太长高速治超工作全面稳步推进，逐步走上站（点）标准化、营运制度化、管理规范化、装备精良化的发展轨道。

安全生产再上新水平

认真贯彻落实上级有关安全生产的各项部署，将安全生产指标层层分解，把安全生产任务落实到基层；结合九千认证，重点开展了危险源辨识和评估工作，建立了危险源管理档案；制定了公司《安全生产管理制度》和《百日督查专项行动实施方案》，成立了安全督查专项行动组，定期进行安全大检查；及时召开安全生产工作座谈会，实现了安全生产重大责任事故为“零”的纪录。

党建和文明创建取得新业绩

学习实践活动中，公司党委组织全体员工积极开展解放思想大讨论，共征求到各类意见13条，建议15条，经整理汇总，归纳为六个方面的主要问题，逐步进行解决。为进一步引深活动，公司领导将一线单位作为联系点，选定调研课题，深入一线专题调研，通过电子邮件、电话等形式征求意见，形成科学深刻的调研报告。召开了专题民主生活会，组织群众评议，取得了良好效果。

党建方面。一是在建立健全基层党支部的基础上，逐步理顺了党员管理关系；二是坚持“三会”一课制度，充分发挥党员先锋模范作用和党支部的战斗堡垒作用；三是中心组学习起到“龙”头作用。特别是学习实践科学发展观的活动中，达到了事半功倍的效果；四是重视新党员发展，多渠道、多种方式组织入党积极分子进行培训；五是积极开展“五比五看”活动，在公司上下掀起了“争先创优”的热潮。

党风廉政建设方面。坚持“标本兼治、综合治理、惩防并举、注重预防”的方针，一是廉政学习教育常抓不懈；二是惩防体系建设注重长效；三是重点环节加强监督检查；四是政风行风评议突出重点，成效显著；五是纪检队伍建设务实创新，推进了公司廉政建设，发挥了积极作用。

行业文明创建方面。从运营开始截至目前，共有榆次站、襄垣工区、路政队等11个基层单位分别被省直团工委、长治、晋中团市委命名为“青年文明号”；榆次、太谷两站获“晋中市直文明和谐单位”称号；武乡服务区获省厅“文明和谐示范窗口”称号；榆次收费站被省直工委命名为公民道德建设“十佳文明窗口”。特别是公司被省直工委命名为“文明和谐单位”。

（责编　梁锦华）

山西长晋高速公路有限责任公司

□刘玉怀

2008年,长晋公司以科学发展观为统领,围绕"三个服务"和"六高"目标,狠抓基础制度、基础管理和基础设施建设,着力提升安全保畅能力、管理服务能力和自我发展能力,积极构建和谐高速,努力向社会提供更畅通、更高效、更便捷、更安全、更和谐的道路通行服务,圆满完成本年度各项工作任务。

强化制度建设
严格监督考核

2008年,公司按照"制度立企"方针,在运营管理制度上,查找管理缺陷和不合理因素,优化工作流程,构建了覆盖各岗位、各流程的制度体系,实现了日常管理规范化、制度化;在完善制度基础上,将工作目标数字化、具体化,通过季度考核,保证工作流程。始终坚持"PDCA"原则,对考核发现的问题进行分析,提出整改,对结果进行跟踪验证,促进管理工作在持续改进中得到不断提高。

完善基础设施
强化优质服务

经过近4年的营运,长晋高速公路基础设的不足和老化现象逐渐显现,公司努力克服资金不足困难,多方努力,先后筹资220余万元对收费站顶棚进行改造、收费站墙体进行粉刷和维修、为收费广场接入冲洗水管、对收费站卫生间、暖气管道进行改造,有效提升了硬件服务设施。在提升服务能力方面,及时了解社会反映和顾客需求,不断健全服务内容,除保证原来的提供开水、药品和维修工具等项目外,还增加复印、代发传真、信息查询等个性化服务,在收费员中全面推广使用服务用语,手式统一化、标准化,树立了良好的窗口服务新形象。

加强道路管理
精心养护施工

公司通过全面加强公路养护管理和养护公司作业规范性考核,保证养护质量,努力为社会提供安全舒适、方便快捷、景观优美、和谐文明的通行环境。通过完善道路标志、标牌,加强对养护公司的监管力度,严格落实"五项承诺",规范养护作业行为;加强日常巡查频次,重点部位重点防范,同时,还加强对边坡养护、道路清扫和通道绿化的监督和管理,确保了道路通行环境的整洁、干净和美观。

加强素质建设
维护职工权益

人事培训方面,公司重点加强团队精神培养,注重学习型、协作型、创新型、竞争型、互补型团队建设;加强对各单位的学习培训检查指导,培训工作纳入了目标考核;开展职业道德教育、警示教育、法制教育、作风纪律整顿活动,真正让职工在培训和学习中得到提高,为各个岗位提供高素质的人才。同时,在用人机制上,坚持"赛马机制"与"凡进必考、有岗必争”的选人用人原则，严把关口确保公平、公正，确保职工队伍素质优良。在职工福利待遇方面，实现了工资收入与劳动强度、工作岗位、工作实绩挂钩，适当拉大收入差距，促进内部良性竞争。

规范执法程序 建立长效机制

在路政执法管理上，公司从严格案件查处程序、强化财务管理、履行岗位职责、规范执法行为等入手，进一步明确和细化工作职责，完善了案件查处、事故现场处理、路产恢复、路政许可办理等多项工作程序，堵塞漏洞，建立巡查车流动服务窗口，实行案件随时办结，切实转变工作作风，增强拒腐防变能力。在超限治理方面，将治超工作上升为公司的重点工作，立足于“站站参与、人人有责”，形成了上下一心、全员参与的工作局面。

强化安全生产 加强综合治理

根据省交通厅统一安排部署，公司组织开展“迎奥运、保畅通”工作和“安全生产百日督查”专项行动，继续紧抓安全生产管理不放松，将安全生产与公司总体工作同安排、同考核、同奖惩；坚持“人防”与“技防”相结合，抓主要矛盾，抓突出问题，抓薄弱环节，加大投入，消除缺陷，整治隐患，实现全年安全生产无事故。

围绕科学发展 抓好文明建设

在党建和精神文明创建工作中，公司坚持以改革创新精神推进党组织建设、领导班子和党员队伍建设，加强基层组织、基础管理、基本素质“三基”工作，扎实开展学习实践科学发展观活动，巩固和夯实“六抓”工作格局。一是坚持党建工作常态化、组织生活制度化、检查考核规范化，不断提高党员干部综合素质，以务实的态度、创新的思维、进取的意识，继续抓好保持共产党员先进性4个长效机制文件精神的落实，不断开创党建工作新局面。二是认真开展学习实践科学发展观活动。在认真学习领会中央、省委、省厅、省局精神基础上，围绕“提高思想认识、增强发展能力、解决突出问题、创新体制机制、促进科学发展”的目标，对收集到的意见认真梳理，明确了学习实践活动要解决的主要问题和目标要求。确定了具有长晋公司特色的实践载体，确定了切合实际的目标要求和切实可行的方法步骤，研究制定了切实可行的实施方案。三是引深“五比五看、服务创优”立功竞赛活动，抓好文明和谐创建工作。四是认真抓好党风廉政、行风建设和治理商业贿赂工作。严格落实“三重一大”制度要求，努力形成拒腐防变长效机制、反腐倡廉制度体系和权力运行监控机制。五是加强群团组织建设。开展了以“迎奥运、讲文明、树新风”为主要内容的文明和谐高速路创建和职工文化建设活动。

（责编　梁锦华）

山西晋焦高速公路有限公司

□白正义

2008年，晋焦公司在省交通厅、省高管局、省交通开发总公司的坚强领导、亲切关怀和大力支持下，全面贯彻党的十七大精神，深入落实科学发展观，紧紧围绕“三个服务”和“六高”目标总体要求，不断夯实“三基”工作，全面建设“五大工程”，着力提高高速公路的安全保畅能力、便民惠民能力、公共服务能力和企业创新能力，各项管理工作再次迈上了一个新的台阶，进一步实现了企业又好又快发展。

通行费收入取得新突破

全年共完成通行费征收31 744.3149万元，为计划2.5亿元的127%，增收6700万元，通行费收入再一次实现新的突破。

严格管理、挖潜堵漏。一是不断完善“多轴车”的收费操作流程，规范收费行为，减少操作漏洞；二是严厉打击违规偷逃通行费行为，采取“五必查”（车身、轴轮、货物、证件、记录）的工作方法，坚持对绿色通道伪装车、计重收费作弊车、假抢险救灾车和假军警车的查处力度，共查处假冒“抗冰抢险通行证”车辆61辆，假冒绿色通道车辆3辆，收缴假证件32张，补缴费收1万多元。

深化服务、提升形象。一是深入开展征费百千万元无差错、收费操作技术应知应会等“五项竞赛”活动，切实提高收费人员的车辆放行速度和突发事件应急处置能力，确保车辆的快速放行；二是以创建国家级“青年文明号”和“迎奥运、保畅通”活动为契机，大力推广“8颗牙”微笑服务和“文明礼仪手势操”，广泛使用普通话、英语等，树立崭新的文明行业新风；三是全力做好抢险救灾车辆的快速通行，共免费放行抢险救灾车辆2676辆，减免通行费224 605元。一年来，公司通行费征收始终处于强劲的发展态势，单日收费屡创新高，最高达到137万元，提前90天完成全年任务。

路政管理工作得到新加强

以“公正执法、文明执法、廉洁执法”为根本要求，大力实施“阳光工程”，积极履行“保护路产、维护路权、维持秩序、保护权益”的职能，路政管理工作得到新加强。一是定期组织政治理论学习、业务学习和开展军事训练，打造一支政治坚定、作风严谨、行为规范、纪律严明、廉洁高效的执法队伍；二是强化“阳光执法”，严格执行“六条禁令”、“五不准”，做到路赔标准、清障收费标准、办案程序、审批程序及监督举报电话“五公开”，有效杜绝了公路“三乱”等违法违纪现象的发生；三是积极实行案件处理回访制度，定期对当事人进行回访，倾听意见，促进工作良性发展；四是严厉打击公路侵权行为，对收费广场违章建筑和小商小贩进行治理，共拆除2处，取缔8家；五是强化施工安全管理，建立健全施工档案，签订施工安全协议，切实加强安全责任追究，保证道路安全畅通。

治理非法超限超载取得新成效

保持打击超限超载违法行为的高压态势,积极应对工作中出现的诸多问题,建立治超长效机制,使治超工作逐步走向了标准化、制度化、规范化的发展轨道。一是认真学习贯彻省政府223号令、224号令,严格治超工作"五不准"和治超执法"十条禁令";二是不断加强治超、路政、交警、收费、煤检等单位以及地方政府相关部门的协调配合,巩固推进"五个联动"联合执法的工作运行机制,形成群策群力、共同治超的合力;三是全面推行计算机信息化管理,自主研发违法车辆查询系统,实行黑名单制度,有效提高工作效率;四是协助省厅成立"山西省交通厅路政审批大厅晋城办证点",并按照省厅授权要求,认真办理《超限运输车辆通行证》工作。全年共检测车辆2 337 697台,查处超限车辆31 298台次,办理超限运输通行证8526个。在2008年6月17日召开的全省治理非法超限超载车辆工作会议上,丹河超限运输检测点被省治超工作领导组授予"山西省治超先进站点"荣誉称号。

养护管理迈上新台阶

按照"及时预防、及时养护、立足小养、避免大养"的指导方针,以迎接"奥运会"和"2010年全国养护大检查"为契机,增投资、抓管理、夯基础,全力提高高速公路的通行保畅能力和公共服务能力,切实为公众提供一个更畅通、更安全、更经济的大通道。

*大力开展"迎奥运、保畅通"活动。*积极响应省政府"赛在北京、游在山西"号召,开展"大干60天,确保100天,迎奥运、保畅通"活动。一是认真落实"坑槽修补不过夜、设施维护不隔天、排水设施无渗漏、路面无裂缝、桥梁无缺陷"的服务承诺,进一步优化道路通行环境。共投资300余万元处治沥青路面病害15 077平方米,更新和维护隧道照明灯具4000余套,同时,亮化各隧道入口,营造了高速公路独具魅力的道路景观;二是投入资金50多万元,消除道路安全隐患,共治理上边坡2700平方米,改造防雷设施2500米,并在事故易发路段,增设1686平方米的减速震动标线和3处红蓝警示灯;三是不断增加道路巡查频次,重点对易发生拥堵路段和施工现场的监管,研究制定合理的施工方案,有效解决施工路段堵车问题,从根本上提高道路的运行质量。

*高度重视防汛工作。*认真贯彻"全面防范、突出重点、以防为主、常备不懈、落实责任、万无一失"的工作方针,结合道路实际,不断完善防汛抢险应急预案,坚持汛期值班制度、记录制度和汛情上报制度,及时掌握天气变化和汛情动态,并备齐、备足抢险机具和防汛物资,最大限度的预防雨季天气对道路交通造成的损失和影响。

*切实做好除雪防滑工作。*针对春节前后连续降雪,及时启动《山西晋焦高速公路冬季除雪防滑应急预案》,采取相应措施安排除雪工作,保证了春运期间道路的安全畅通。

创建平安交通取得新进展

坚持"安全第一、预防为主、综合治理"的指导方针,紧紧围绕应急管理工作,按照省局《山西省高速公路突发公共事件专项和部门应急预案》的要求,不断加强重要环节和重大隐患的管理。一是加强应急管理工作。按照省局《山西省高速公路突发公共事件专项和部门应急预案》的要求,结合公司实际,编制和完善《晋焦高速公路突发公共事件应急预案》,《隧道火灾应急预案》等体系,同时广泛开展宣传,加强预案演练,努力提高各类突发事件的应急处置能力。全年公司共扑灭7次车辆着火事件。6月8日晚上,牛郎河隧道内一车辆着火,公司及时启动突发事件应急预案,解救了100多名被困的人员,有力保护了人民群众的生命和财产安全,赢得了社会各界的一致好评;二是加强奥运会安保工作。成立专项工作组织机构,将责任分解至部门，落实到个人，重点对道路设施、桥梁隧道以及闲散人员和滞留车辆加强管理，并严格“三品”检查，严防可能影响奥运安全的各类，危险品利用物流配送等形式流入奥运比赛项目城市。

党建与精神文明建设开创新局面

一年来，公司党总支认真开展学习实践科学发展观活动，加强基层党组织建设，强化职工形势教育，大力开展文明创建活动，为企业的改革、发展、稳定提供了坚强保证。

*深入开展学习实践科学发展观活动。*10月份开始，公司组织全体党员和干部系统地开展了学习实践科学发展观活动，按照“党员干部受教育、科学发展上水平、人民群众得实惠”的要求和目的，围绕“以学习实践科学发展观为统领，构建安全、畅通、和谐、效益新晋焦”的主题和载体，安排了一系列丰富多彩的实践活动，全公司学习实践科学发展观活动取得了阶段性成果，使广大党员干部在加深理解和自觉贯彻落实科学发展观上实现了新提高，在事关公司发展的重大问题上达成了共识，有力地推进了企业的又好又快发展。

*不断引深行业文明创建活动。*继续在全公司范围内深入开展“学、树、创”活动，扎实开展“国家级青年文明号”和“文明单位、文明科室、文明示范窗口”等文明创建活动，大力弘扬“岗位标兵”、“十佳明星”等劳动模范精神，公司行业文明创建活动开展得如火如荼，共组织军事化训练12次，组织“学科学、专技术、精业务、做精英”、“夯基础、强素质、提服务”等培训6次，开展“迎奥运、讲文明、树新风”、“迎奥运、我参与、我奉献”活动2次，形成了颇具特色的行业文化体系。

*扎实开展政风行风工作。*站在“服务人民，奉献社会”的高度，认真开展行风评议活动，通过公开服务承诺、设立宣传咨询台、开展问卷调查以及顾客满意度测评，广泛征求群众的意见和建议。丹河收费站共发出问卷600份，对过往司机进行了服务质量调查；路政大队则每月定期发放《社会调查问卷》60份，通过了解司乘人员思想动态，找出差距，并积极进行改进。10月14日，公司组织召开了2008年政风行风听证对话会，邀请行风监督员为企业发展建言献策，虚心接受社会各界的意见和建议，有效提高企业的运营管理水平。

*积极开展扶贫济困和社会公益活动。*为大力弘扬“一方有难、八方支援”的传统美德，公司不断鼓励和号召广大党员、干部和群众参与捐助活动，先后开展了“情暖三晋、爱心助残”、“送温暖、献爱心”和向南方灾区、地震灾区募捐活动5次，累计捐款57 565元，特别是在向四川汶川地震灾区捐款中，公司党员和广大干部职工心系灾区群众，连续二次向灾区捐款，用实际行动为灾区人民送去温暖；春节期间，由于连续降雪，道路实施封闭，造成大批车辆滞留在高速公路上，公司时刻牵挂着被堵的司乘人员，组织人员免费为上百位司机提供就餐和送去3000余元的食品和饮用水；另外，公司确定阳城县风城镇宋庄村为扶贫对象，投资10万元帮助该村修建公路和学校，得到了社会各界的广泛好评。

*大力加强企业文化建设。*围绕《晋焦公司企业文化建设纲要》，通过“以人为本”的良性管理，营造了良好的企业文化氛围，为企业的健康快速发展注入了无限生机活力。2月18日省局举办“大运情”文艺晚会，公司组织职工自编自演《五比五看在晋焦》文艺节目，在晚会上得到成功演出；5月14日，公司组织召开“迎奥运、强体质”暨第二届职工运动会，设“登高长跑、拔河、乒乓球、篮球”四个比赛项目，参加人数达到近500人次，属历届之最，有效展示了职工队伍积极向上的精神风貌；9月23日，公司举办第二届职工卡拉OK大赛，并选送获奖选手参加省局比赛，获得了二等奖的优异成绩。公司被省劳动和社会保障厅、省总工会等单位评为“山西省模范劳动关系和谐企业”荣誉称号，在

全省 103 家受表彰的企业中，晋焦公司是山西交通系统唯一一家获此殊荣的单位。目前，企业文化作为一种管理文化，已经融入了企业的方方面面，在增强职工干劲的同时，转变成了巨大的经济效益。

一年来，公司先后被省总工会、省高管局、晋城市委、市政府授予“山西省模范劳动关系和谐企业”、“完成工作目标责任制先进单位”、“纠风工作先进单位”、“文明和谐单位”、“文明和谐企业”、“人防工作先进单位”等荣誉；所属丹河收费站、超限运输检测点也分别被团中央、省纠风办、省治超领导组授予国家级“青年文明号”、“治理公路三乱工作先进单位”、“先进治超站点”等多项荣誉。

（责编　梁锦华）

山西汽车运输集团工作业绩

山西汽车运输集团有限公司

□ 胡鲜朝　郭鹏飞　王永茂

2008 年，我们在省国资委的正确领导和省交通厅的大力支持下，紧紧围绕集团总体发展规划，扩大经营规模，提高运输效率，强化安全生产，提升服务水平，各项工作取得了可喜的成绩：

营收平稳快速增长。全年营收计划27.8亿元，实际完成 40 亿元，为年计划的 143.88%；

经营效益稳步提升。全年利润计划 300 万元，实际完成 1600 万元（报表为 480 万元），为年计划的 533.33%；净资产收益率计划 0.1，实际完成 0.2；

运输能力明显增强。全年换算周转量计划 46.5 亿吨公里，实际完成 56.93 亿吨公里；

安全生产较为平稳。营运车辆责任事故死亡率 7.3 人/万车，安全指标为 19 人/万车；

职工收入逐年提高。与 2007 年同比增长 13%。

2008 年，我们围绕建设布局合理，安全高效，服务优质，诚信守法，管理规范的现代道路运输服务企业，以“三个根本性提高”为目标，全面实施“七项重点工作”战略决策，狠抓班子建设，加快结构调整，推进企业改革，各项工作取得重大进展，企业实力、影响力、控制力、导向力进一步增强，集团首次进入省国资委系统“经营业绩考核评定 A 级企业”，连续 4 年位列全国服务业 500 强，继续列入全国道路运输 50 强、交通企业 100 强行列，名列中国道路运输百强诚信企业第 5 位，成为交通部重点联系企业之一。

圆满完成两级领导班子换届
为集团改革发展提供组织保证

按照省国资委关于实施领导班子换届的指示精神和建立现代企业制度的相关要求，从 4 月到 5 月，我们完成了集团和各公司两级班子的换届工作。省国资委对集团总经理及 3 名副职进行了调整，调整后的集团领导班子平均年龄由 55.9 岁降为 50.5 岁。其中本科以上学历 5 人，高级专业技术职称 7 人。同时又圆满完成了集团对所属各公司领导班子的换届工作。所属公司新提拔任用正副职干部 25 名，有 9 名机关与基层干部进行了相互交流。此次调整时间短、涉及面比较广，我们严格遵守任用条件，严格任免程序，充分发扬民主，既征求机关干部意见，又听取基层群众意见，保证了两级班子调整得以顺利完成，通过此次调整，两级领导班子的年龄层次得到进一步优化，梯队建设得到进一步加强，决策能力得到进一步提高。

集团及所属各公司新一届班子成立后，严格按照董事会、党委、经理层各自职责规范运作，按照“明确的工作执行好、交叉的工作协调好、相关的工作兼顾好、复杂的工作沟通好”的原则，积极展开工作，圆满顺利地完成了年度各项工作目标。特别是集团新的经理层组建以来，围绕“团结协作、高效务实、创造业绩、不辱使命”的工作要求和“有效服务，有效管理，有效监督”的工作思路，深入调研，整顿机关工作秩序，加强政策研究，组织落实“七项重点工作”，展现了与时俱进、务实进取的朝气和活力。

企业改制取得实质性进展 为壮大发展奠定坚实基础

一年来，我们继续深化企业改革，按照所属各公司经营实际，制定不同的改革模式，实现做大做强做优的发展目标。一方面指导实力比较强的公司通过资源整合，实现企业规模扩张。客运上，从南到北实施了企业间的兼并与收购战略，运城公司对新万通运业实行了托管，雁北公司组建了大同客运集团，晋龙捷泰公司对太原地区宝通达公司、金领运业及其驾校进行了兼并重组，并与全球五百强企业之一的韩国锦湖公司签订了合作意向。通过兼并重组，集团在全省客运市场的主导地位得到了切实加强。另一方面，我们积极贯彻落实省政府和国资委国企改革有关部署，推进汾阳公司以及忻州、阳方口所属6个子公司破产工作。至年底，7个公司破产方案已由省属企业改革领组批准，6个公司破产方案已经在职工代表大会通过，为履行破产奠定了基础。阳方口公司搬迁至朔州，实现了由边远小镇向中心城市的战略转移，为企业二次创业打下了坚实的基础。交通大厦、迎泽物流由原来自然人租赁经营转变为责任制经营，理顺了权责关系，适应了新形势下的管理要求。在纪念改革开放30周年之际，雁北、运城等公司举办盛大的改制和厂庆庆典仪式，展示了省运系统发展历程中尤其是改革开放30以来所取得的丰硕成果。

不断拓宽融资渠道 提高财务管理水平

集团全系统的财务管理重点从构建财务管理模式，发挥财务管理职能，建立现金管理平台，造就诚信高效的财会队伍等方面强化财务管理工作。一是资金融通取得了重大突破。集团通过法律论证，采用线路经营权益质押，与农业银行共同实施“统一授信，统贷统还，建立现金管理平台”的全面合作战略，争取首期贷款1亿元，为落实“七项重点工作”提供了一定的资金支持。二是针对财务管理的薄弱环节和省国资委监事会审计提出的问题，制定了《资金结算管理办法》等7个财务制度，实行了会计标准、资产入账方式、收入确认原则、折旧标准、核算标准的“五个统一”，进一步规范了核算办法。三是财务检查促进了规范运行。企业的财务监控由会计核算的事后控制转为及时有效的事前控制和事中控制。特别是在今年组织的财务检查工作中，我们通过自查、整改、总结、检查、通报、再整改等几个阶段进行了认真、细致、全面的检查，总结并提炼了一些好的做法与经验。如晋龙捷泰、宇星公司集中式财务管理的实施。晋城公司构建会计内部控制体系，规范了业务流程，提高了其受控程度。针对检查出来的虚增收入、资产处置不规范等问题，各公司加大整改力度，达到了以检查促进财务规范、以规范运作提升财务管理水平的目的。

“七项重点工作”取得较大进展 企业核心竞争力切实加强

深入贯彻落实“七项重点工作”，是集团全年工作的重中之重。围绕上述工作，我们按照现代服务业发展要求，狠抓经营结构调整，加快发展方式转变，重点开展了客运公司化经营试点、货源基地建设和清理单车欠费以及促进经营结构优化升级等方面工作，集团实力得到了进一步增强，经营结构进一步优化，盈利水平进一步提高，企业转型发展取得了较大成绩。

以公司化经营为重点，全面提高客运服务能力、盈利能力和可持续发展能力。面对客运产权结构不合理、盈利能力低的状况，我们通过正确处理挂靠、承包和公司化经营的关系，开展公车公营、线路公司、股份制等公司化经营，提高客运服务质量、经营效益和市场竞争力，初步形成车辆产权清晰、管理规范高效、盈利明显提升的客运发展新格局。晋城公司积极稳妥地推进客运股份制改革，适时调整客运参股比例，单车收益率由参股前的21%提高到38%，客运盈利水平得到了全面提高；雁北公司在组建客运公司的基础上，通过融资、增资扩股等方式加强对外合作，鼓励职工投资入股，真正达到了"一股连心、十股连筋"的效果，客运公司化经营迈出了可喜的一步。

加强货源基地建设，增强企业发展后劲。一年来，集团面对燃油价格上涨、小煤矿关停整顿、车辆消贷困难、货运发展形势严峻等状况，明确提出"车辆发展和加强组货并重"和"打好清欠攻坚战"的工作思路，各公司采取有效措施，较好地实现了车辆增加、结构优化和盈利水平提高的目标。运城公司针对当地农产品丰富的特点，积极拓展非煤货源，提高了货运收益，全年实现货运收入2.82亿元；迎泽物流公司相继与中兴通讯、爱立信等厂家进行仓储配送业务合作，并成为皇明太阳能和亿家能以及北京"和黄机电"在山西范围仓储服务方；晋城公司在完善各县市及乡镇配送网络的同时，开辟了郑州、临汾、侯马、运城等多条物流专线，与南方物流强企合作，物流辐射范围扩展到了南方沿海城市。

针对个别公司单车欠费居高不下的严峻形势，集团提出了要尽最大努力实现年底单车欠费降低70%以上的目标，各公司采取行之有效措施，有效地推进了单车清欠目标的实现。长治公司不仅将以往形成的800多万元单车欠费全部清回，而且一直保持着货运车辆"零欠费"的良好局面；侯马公司针对单车欠费数额大、难度大等情况，从7月开始，开展了一场声势浩大的清欠攻坚战。至年底，已清回欠款1200余万元。

强化站场经营管理，服务水平和盈利能力稳步提高。一年来，我们在站场经营管理与建设等方面，一是以贯彻落实《汽车站质量信誉考核体系》和《汽车客运站安全生产规范》为重点，努力提高"三个服务"的能力和水平，强化站务管理，严格安全生产，开展文明优质服务，站场服务质量得到了有效提高，满足了广大旅客的出行需求。特别是保证了奥运期间和节假日期间旅客的出行需求，得到了社会各界的认可。太原汽车站和大同汽车站进入全国道路运输百强诚信客运站行列，在全省起到了示范作用。二是通过充分挖掘场站功能，发展小件快运业务，汽车站效益得到稳步提升。晋龙捷泰公司提高小件快运信息化水平，建立适应快运业务特点的业务流程和内部管理制度体系，至年底完成营收1500多万元，实现利润167万元，较好地提高了小件快运业务的规模化程度。三是围绕"布局合理、功能完善、服务优质"的站场建设目标，以资本运作为主要方式，拓宽投融资渠道，提高站场经营规模和档次，积极参与县市级汽车站建设。至2008年底已有5个汽车站建成投产；即将投产的有3个；正在建设的有4个；已经立项或即将立项建设的有9个。集团站场网络布局进一步完善，主导地位进一步加强。

完善基础管理体制，现代物流发展取得了初步成效。2008年，我省相继出台了发展现代物流业以及将物流园区建设列为城市基础设施建设重点的一系列指导意见。针对物流发展趋势，集团及时召开全系统物流工作会议，明确提出了构建集团物流网络，建设货源基地和物流园区，促进传统货运向现代物流转型的战略部署。一方面我们按照发展现代物流业的要求，提升和改造站场功能，加快物流园区的建设步伐。另一方面，我们通过强化基础管理，加快物流信息网络建设，提高了物流业发展的信息化水平。迎泽物流公司重视现代信息技术的开发利用，实现了公司内部与全国各地办事处业务联系，并且通过专业物流软件应用带动了相关业务拓展；晋龙捷泰公司投资200万，建立起了全省最先进的现代车辆信息监控中心，积极参与运输企业经营管理系统和道路客运小件快运电子信息系统研发,为物流业发展提供了强有力的信息支撑。

坚持品牌化、集约化经营,集团维修产业取得较大成绩。集团年度车辆技术工作会议提出了“建设以‘4S’店为中心的维修基地”的发展要求。各公司在维修业发展过程中,坚持扩展规模、强化管理、优质服务、创新体制的经营方针,采取股份合作、连锁经营、专修服务等措施,坚持诚信服务、用户至上的经营理念,积极推进维修基地和网络建设,拓展维修市场,塑造维修品牌,提升了企业核心竞争力。各公司积极参与区域性汽车维修救援体系,打造快捷优质服务品牌,目前共有19个维修厂站加入全省维修救援网络,建立服务网点29个,基本形成了覆盖全省的维修救援网络。在车辆维护和运行检验工作中,各维修场站和技术检验部门建立和完善车辆维护和检验各项制度,严格标准,认真落实,集团全年车辆检验合格率达到98.3%,二级维护进维率达98.8%,确保了运营车辆的技术状况良好。

创新驾校管理体制,综合培训基地取得较大进展。驾校发展是企业延伸产业链、实现可持续发展的重要部分。各公司驾校在提升质量、扩展规模、综合培训、创建品牌过程中,坚持走体制创新、管理创新和服务创新的发展道路,加大教学设施设备投入,提升教学服务质量,在抓好驾驶员培训的基础上,充分发挥场地、人才资源优势,逐步由单一的驾驶员培训向综合培训基地转变并取得了明显成效。

进一步规范土地运作方式,资本增值明显提高。搞好土地资本运作,是盘活存量资产、实现资本增值的有效途径。2008年,我们坚持“土地总量不能减,站场功能不能变,经济效益要增加,服务质量要提高”的土地资本运作原则,一是在站场建设上,发挥土地授权经营优势,通过资本运作方式,以旧站置换新站,增加了站场布点。阳泉公司用旧站置换了一个占地30亩、设施现代、功能齐全的新左权汽车站,起到了典型示范作用;忻州公司通过资本运作,解决了忻州客运中心站、代县站、静乐站、岚县站2700余万元前期筹备费用,使工程得以顺利进行。二是在集团《土地开发》指导意见下,同兴房地产开发公司积极与兄弟公司协商合作,与阳泉公司合作开发寿阳汽车站,与侯马公司合作开发停车场,不仅盘活集团存量资产,而且为企业实现又好又快发展奠定了基础。截至2008年底,集团通过资本运作,净增土地面积745.99亩,对比2004年,年均增速4.445%,较好地实现了企业收益增加、资产增值的目标。

扎实部署,深挖隐患
确保安全生产稳步发展

2008年是全国安全生产“隐患治理年”,也是做好北京奥运期间安全稳定工作的保障年。一年来,集团各公司坚持“安全发展”理念,以安全生产“隐患治理年”为主线,以加强“双基”工作和“源头”管理为重点,狠抓了春运、救灾、奥运会、黄金周等特殊时段的安全生产工作以及安全管理百分检查考核评比。针对“6·3”事故,集团在全系统部署开展了“反三违、迎奥运、查隐患、保安全”百日安全生产专项整顿,坚持召开季度安全生产工作会议,分步骤、有侧重地部署安排工作重点。此外,加大车辆投保力度,提高承运人责任险保额,逐步理顺了货运“团意险”,增强了企业抵御风险能力。为提高安管队伍素质,集团组织各公司安管干部分两批参加省运管局、省道协举办的安全培训班。各公司组织以学习贯彻安全生产法律、法规等为主要内容的培训教育,开展安全技能比武、知识竞赛等活动,对提升企业整体安全生产管理工作起到了积极的推动作用。

与此同时,各公司认真贯彻落实省政府安全生产部署要求,以“认识务必清醒清醒再清醒,工作务必过细过细再过细,作风务必扎实扎实再扎实,措施务必落实落实再落实”的过硬的工作作风和工作措施,强化安全管理,狠抓制度落实,完善长效机制,有力

地促进了生产经营活动的顺利进行。

一年来,我们把做好机务工作和节能减排工作放在了突出位置。一是组织召开全系统机务工作会议,强调了“机务先行促管理,机务先行促品牌,机务先行促效益,机务先行保安全”等方面的内容。各公司贯彻落实会议精神,提高了对机务工作的重视程度,基本实现了机务部门从安全部门独立出来的目标,促进了车辆统一标识管理和严格车辆合格供方工作。二是加强组织领导,推广先进经验,节能减排工作取得了新的进展。集团进一步提高节能减排工作的思想认识,加强组织领导,出台指导意见,组织开展节能项目研究和推广应用。侯马公司开发应用的 GPS 系统节能项目被交通部确定为全国交通行业首批 20 个节能示范单位之一,并在全国交通运输行业推广应用,晋城、长治等公司积极开展“油改气”技术改造和双燃料车辆投入运营,先后已在 40 多部教练车、城乡专线车、农村客运车辆上进行了改造安装,取得了较好的节能效果。此外,集团各公司积极筹备加气站建设。

坚持“品牌塑企、品牌强企”战略 企业知名度和影响力大幅提升

发挥集团优势,打造集团优秀品牌形象,是实施大集团、大企业发展战略的重要工作。2008 年,我们以充实和完善车辆准入制度和相关程序为突破口,统一车辆标识管理,严格车辆合格供方,审核车辆选配程序,以“中国红”为代表的客运品牌形象得到了社会各界的认可,大集团品牌战略得到了初步实施。围绕“迎奥运盛会,讲文明礼仪,树行业新风,展企业风采”活动,我们通过开展文明礼仪培训,推动文明班线、文明窗口、文明场站创建活动,积极打造站场新形象,企业知名度和影响力大幅提升。晋龙捷泰公司不仅圆满完成了奥运火炬山西传递任务,而且组织 24 辆豪华大巴赴京,为奥运期间的运输保障工作做出了积极贡献,得到了北京奥组委及山西奥组委的高度评价;所属太原汽车站借助北京奥运会的举办和市委、市政府深入开展“创建全国卫生城市”和“城乡清洁工程”活动的契机,打造服务品牌,开展人性化、便捷化服务,塑造了良好的品牌形象。晋城公司丰富和延伸“微笑服务、情满旅途”服务品牌文化内涵,文明创建迈上了一个新的台阶,在年度质量信誉等级评定考核中,不仅荣登“AAA”等级榜,而且取得了全省总分第一的可喜成绩。宇星公司强化自主创新,积极参与国家行业标准制定,提高了公司在同行业的影响力和竞争力,增强了企业发展后劲。

创新管理体制与机制 企业管理水平全面提高

管理是企业永恒的主题。一年来,我们按照现代企业管理要求,大胆创新管理体制机制,促进了企业的制度化、规范化建设。

创新用人机制,建设高素质的职工队伍。一是制定和完善规章制度,规范了人力资源管理工作。二是积极开展管理人员培训工作,通过专题讲座、职业经理人培训、外出学习等形式,全年共培训 1.4 万余人次,使管理人员的经营管理能力得到有效提高。三是积极招聘大中专毕业生,培养后备人才,引进专业技术人才,较好地解决了企业人才匮乏、人员老化等问题。全年集团共招聘引进各类人才 466 名。四是认真贯彻落实《劳动合同法》,全员签订劳动合同,并规范了不在岗人员的劳动关系。

创新业绩考核工作,建立有效的激励约束机制。以经营业绩考核为手段,层层落实保值增值责任;以激励与约束机制为重点,强化集团监管力度,业绩考核工作水平不断提高。今年集团重新修订了《考核办法》,充分考虑企业的综合实力与贡献程度,根据指标级次确定考核系数,更具科学性、合理性。考核内容更加注重资产运营质量,更加注重职工权益保障,更加注重对不良资产的控制,更加注重企业“短板”考核,更加注重企业可持

续发展能力,促进企业均衡发展,提升了综合经营绩效管理水平。

创新基础管理工作机制,促进企业良性运转。一是加强经济责任审计,充分发挥审计的监督和服务职能,为企业制定宏观决策,提供了真实可靠的依据;二是加强专项审计调查,重点对各公司的单车欠款和职工借款进行了调查摸底,规避了经营风险,提高了企业规范化管理水平;三是加强统计整理工作,确保了数据收集的真实性和准确性;四是加强法律事务管理,初步构建了集团法律风险防范体系;五是加强信息网络建设,集团信息化水平得到了有效提升。

积极履行社会责任
企业社会形象不断提升

集团公司是山西省道路运输的主导企业,理应积极履行社会各项职责。在2008年年初抗击冰雪灾害过程中,集团作为重灾企业,许多车辆被困南方。但我们依然组织车辆疏散灾区旅客,组织运力为周边省市电力企业抢运电煤,累计投入车辆3000多车次;在汶川抗震救灾工作中,集团各公司积极行动,调集运输车辆800多辆,保障人员1500人,经费400多万元,运送灾区返乡人员及援建人员7000多人次,活动板房12 500多套,捐款92万多元,交纳特殊党费共计85万元。入冬前,集团及各公司组织捐款捐物活动,帮助灾区和我省困难群众顺利过冬。各公司在关键时刻,出色地完成了各项任务,彰显了顾全大局、勇于奉献的国企本色,展现了“来之能战、战之能胜”的交通战备应急保障能力,得到了各级政府的充分肯定。

(责编　张岐山)

山西运城汽车运输集团有限公司

□ 孙振清　张欢照　乔耀旭

2008年，公司在集团的正确领导和大力支持下，紧紧依靠和带领全体干部职工，深入学习贯彻落实党的十七大精神，坚持以科学发展观为统领，围绕年初提出的"168"工作目标，努力克服燃油价格猛涨、货运市场波动、客运发展困难、全球金融危机冲击等不利因素，上下一心，齐心协力，迎难而上，扎实工作，狠抓质量，突出效益，全面推进两个转变，企业呈现出货运效益较快增长，客运改革稳步推进，管理水平全面提升，职工生活有效改善，党建工作和企业文化建设协调发展的良好态势，圆满地完成了全年的各项工作和任务。

企业效益持续快速增长。全年完成客货换算周转量6.2亿吨公里，占计划的103.3%，比上年增长24%；实现营业收入3.37亿元，占计划的112%，增长23%；实现利润105万元，占计划的117%，增长38%；净资产收益率达12.4%，增长77%；上缴集团管理费100万元；足额缴纳职工"三险一金"；安全形势稳定，各项指标均控制在考核范围之内，且在集团系统位居前列。

货运发展再次迎来高峰。全年新发展货车1294辆（含挂车，下同），同时转出777辆，净增517辆（其中：主车400辆，挂车117辆），货车总数达3340辆，共计20 429个吨位。

职工得到更多实惠。职工收入大幅提高、福利待遇有效改善。月平均收入由2007年末的1100元增加到1360元，提高了24%；公司在司庆60周年前后，落实了年初承诺的事关职工切身利益的十件实事。

做实货运，发展物流
货运发展势头良好

认真总结货运工作经验，保持正确发展方向。近年来，货运发展面临燃油价格一再上涨、煤矿多次关停整顿、货运市场异常波动、社会货运企业增多、银行消贷业务停滞、发展车辆遇到资金困难等诸多不利因素，公司不断与兄弟公司相互交流学习，取长补短，利用客观条件，抢抓机遇，抢占市场。公司有效利用国有专业运输企业在品牌、信誉、服务等方面的优势，紧紧抓住社会投资疲软机会，采取合理融资手段，筹集大量发展资金，克服消贷停滞造成资金困难，为货运发展提供了坚实的保障；增车不增任务，极大地调动车队发展积极性，实现快速发展；创造适应客户需求、互利共赢的合作模式，广泛吸纳车辆经营户，保障了货运规模发展的持续性。2008年，又一次迎来发展高峰。全年，物流公司发展货车613辆，车辆规模达1567辆。

提升质量，突出效益，初步实现外延粗放型向质量效益型转变。为防止货运大起大落，确保稳步持续发展，公司适时确立由传统粗放型向质量效益型转变的发展思路，并采取了三项措施。一是规范统一严格管理，力求效益最大化。统一使用修订后的《分期付

款购车合同》规范文本，有效规避了经营风险；自主开发了车辆管理系统软件（网络版）。大大地提高工作效率，同时减少了内部不正当竞争；率先根据融资额度确定服务费收取标准，合理收费，促进发展。进入四季度，金融危机冲击逐渐显现，加之燃油税改革迫在眉睫，职工思想波动，经营户观望等待，货运发展受创。对此，公司及时召开货运工作会议，统一思想，坚定信心，并修订出台《货车发展与管理暂行办法》，从车辆发展、税金及服务费的收取标准和方法、单车基数拖欠清理与考核、车辆管理、服务等方面进行了规范统一，确保发展质量、效益。二是着力清欠，规避经营风险。在严把车辆和经营户准入关，做好事前预防，减少拖欠的同时，学习兄弟公司清欠经验，特别是集团长治物流工作会议之后，认真学习长治经验，并根据集团精神，及时调整工作思路，把清欠作为下半年货运工作的首要任务，力争欠款总额考核指标再下降25%。货运各车队采取多种行之有效的方法，全力清欠，使欠款额大幅度下降。新绛分公司全年立案起诉8起，并已结案，清回旧欠26.3万元。在依法清欠方面积累了丰富经验、取得了较好成效，公司虽然在四季度受金融危机和费改税影响，但货运职工的清欠决心和信心没有动摇，更加坚定，欠款工作始终处于回升状态。三是规模凸显效益，带动相关产业。货运规模发展不仅产生了良好的经济效益，同时也带动了销车、维修、加油、餐饮等相关产业的效益提升及公司的开票收入、保险代理费的增加，特别是公司全年车辆保费突破3000万元，保险公司对企业提取的代理费比例也相应提高。与此同时，货运效益的大幅提升，也为职工增资、福利改善提供了坚实的保障。

拓展物流基地和网络，全力推进传统货运向现代物流的转型。本着建设基地，构筑网络，完善布局，深入发展现代物流的工作思路，公司在做好大院物流的基础上，积极筹建在运城高速公路姚孟收费站南侧新的大型现代化物流园区。一年来，经过与高速公路及姚孟村民的多轮谈判交涉，商定框架协议，达成补偿标准，省发改委物流项目补助资金到位200万元，办理城建规划手续，各项工作正在筹备之中。下半年，公司还争取到物流及信息化建设两个资金补助项目，并已通过省发改委评审。

改革体制，拓展站场
客运经营体制改革有序推进

改革客运经营体制，提升客运发展质量。2007年，公司通过试点，制订了《客运线路及车辆经营管理办法》（以下简称《办法》），确立了线路经营权归企业所有和公车公营、公车责任制经营、股份制线路公司经营、股份制单车责任制经营四种经营模式，逐步建立以股份制经营、公司化经营为主的客运公司与高客公司。并规定所有客车本轮经营期满后执行新《办法》。为稳步有序推进此项工作，2008年，公司所属客运公司做了大量的准备工作，向经营户深入宣贯《办法》，重新修订《客车承包经营合同》，重点明确剩余经营期限及期满后执行新《办法》等主要事项，并逐车重新签订了合同。同时充分考虑改革中可能出现的矛盾和问题，制订了《招投标管理办法》等实施细则，确保改革顺利推进。经过努力，各项准备工作基本就绪，经营户心态平稳，普遍接受了新《办法》。公司新开辟的运城至沈阳线路，已按新《办法》规范运作，公司入股20%，固定分红；夏县公司将夏县至水头、王村的车辆进行有效整合，实行股份制经营。

加快开辟新线路，突破客运发展瓶颈。近年来，受行管部门管理体制制约等不利因素影响，客运线路开发一直不能实现突破。2008年，客运公司面对困难，不等不靠，多方考察调研论证，加强与各方的沟通协调，终于突破发展瓶颈。沈阳线已购车准备上线运营；重庆、大连线已完成招投标，大同线也已进入招投标阶段；成都、汉中、济南、青岛、焦

作、南阳、济源线已向对方运管部门发函；富平、白水、河阳线因临猗黄河渡桥手续正在积极协商；盐湖一运完成至包头线审批手续，并更新乡镇客车10辆；垣曲公司整合个体客车15辆，车辆增加到40余辆；绛县公司新增绛县至新绛、续鲁至侯马、绛县至郑州3条线路，并更新客车10辆；宏运公司新增芮城至岭底沿山客车2辆；芮城公司芮城至运城沿山线路已申报待批。客运线路的拓展和车辆数量的增加，为企业的客运增添了新的发展源泉。

创建文明班线，打造客运品牌。品牌是企业的生命，优质服务是铸造品牌的根本。公司所属高客公司着力创建运城至太原高速直达文明班线，配备了文化素质高、业务能力强、作风形象好的司乘队伍，统一服装，公开承诺，从服务、价格、安全等方面全面提高了工作能力和服务水平；永济县公司开展模范车、优质驾驶员、文明售票员评比活动，树榜样，促服务。文明班线的创建，服务水平的提高，得到社会的好评，树立了客运品牌，提高了实载率，增加了经济效益。

加大投资力度，拓展站场网络。针对原万荣汽车站地理位置较偏、短时间内难以产生效益的实际，7月，公司积极与县政府协商，由政府在城西地区无偿提供土地7.5亩，自筹资金150万元，新建万荣汽车西站（年底已竣工）。构筑了西站带动东站、两站协同发展的新格局。拟投资850万元（其中省交通厅站场补助资金450万元）的夏县汽车站，已完成土地征用、城市规划、招投标等前期工作，并于11月初开工建设。一期投资100万元的绛县客货站场已完工，绛县分公司已实施了整体搬迁。12月，公司又与永济市签署了合作建设永济客运中心站的协议。站场建设标志着公司在落实省交通厅实施“站运分离”政策后，通过合作建设、自主经营等新模式已取得占领客运站场阵地的阶段性胜利。

感恩前辈，关爱职工
60周年厂庆凝聚人心

9月28日是公司60华诞。为庆祝这一盛大节日，公司以弘扬企业文化，展示发展成果为重点，以“欢乐祥和、隆重热烈、节俭实惠”为原则，以“感恩前辈、关爱职工、促进发展”主题，举办了丰富多彩的厂庆活动，充分展示了运汽发展成果和运汽人的精神风貌。厂庆庆典大会邀请了在公司工作过的历届老领导、离退休干部、工人代表出席，向他们汇报了企业发展成果；安排组织老领导、老同志西安旅游，感谢他们创下的宏伟基业；“运汽放歌”文艺晚会有声有色，职工自编自演、自娱自乐，尽情演绎心中喜悦；职工踊跃参与“我与运汽”有奖征文活动，共收到征文66篇；为在职、离退休职工发放厂庆纪念品。厂庆系列活动定位准确、切合实际，内容丰富多彩，起到了激励全体职工爱岗敬业、开拓进取，努力奉献自己的智慧和力量的积极作用。

借助厂庆这一平台，公司在厂庆前后完成了年初承诺职工的十件实事。在岗职工每人增资200至400元，职工月平均收入达1360元；提高职工“三险一金”待遇，平均每人每月增加企业部分56元；提高离退休老干部、老工人的企业津贴和遗孀补助，每月增支3万元；职工取暖费由180元提高到700元；独生子女奖励费由每人每月10元调高到50元；对全体职工进行了健康体检，并为女工进行了特殊检查；住宅区安装了电子监控系统，实施24小时监控；营造和美化了生活环境；28号楼如期完工，交付使用，职工人均住房面积突破50平方米；扶贫济困送温暖，对18户特困职工发放近万元的取暖费等特殊补贴；为在职职工购买了人身意外伤害保险。这一系列惠泽职工的实事好事，让职工充分分享到企业改革发展的成果，改善了职工生活，有效地凝聚了人心。

治理隐患，节能减排
安全生产形势稳定

一年来，公司认真落实“隐患治理年”相关活动，以“人、车”两个源头管理和“双基”工作为重点，通过开展综合性隐患排查治理大检查活动，层层签订责任书等形式，排查隐患，狠抓薄弱环节整改，将隐患消除在萌芽状态。3月，重新对客车驾驶员进行上岗资格认证，核发了《客车驾驶员上岗资格证》，确保了上岗驾驶员的技术素质。针对“6.3”事故，公司及时对安管人员和驾驶员进行了安全培训，以血的教训教育驾驶员树立安全意识，遵章守纪，时刻保持安全警钟长鸣。同时经过充分论证，规定以后更新客车原则上不再选购依维柯车型，并对现有营运的依维柯车辆进行了一次全面排查整顿。10月，印发了《解放思想，实事求是，研究新情况，探索新办法》的安全管理意见，群策群力，创新理念，研究安全管理的新思路、新方法，创建了安全发展环境。在年度安全考核评比中，客运永济公司、客运二公司、高客公司、汽车十队、汽车十一队被公司评为“安全基础管理优秀单位”。

积极开展节能减排活动，广泛宣传，加大投入。机务处在选购节能环保车辆的同时，经过考察论证，在客车上推广应用了机油添加剂，使车辆的油耗明显下降。油料供销公司在不断拓展油品销售市场的同时，抓住西气东输天然气进入运城的机遇，在推广车用天然气方面，做了大量的调研、论证工作，已着手向商务局申报了晋运加油站改造为加油加气站项目。

整合提炼，宣传学习
企业文化形成体系

为充分发挥企业文化凝聚人心，提高核心竞争力作用，公司提出“用文化管理企业，以文化兴盛企业”的思路，并将2008年定为“企业文化建设年”。自4月开始，分3批组织职工进行企业文化知识培训学习。7月，在全公司开展了企业文化建塑活动，，号召广大干部职工积极参与，并抽调精干人员组成企业文化编制小组，深入基层调研，征求意见，经自下而上，自上而下，反复酝酿、整合、提炼、创新，至9月全面完成了《企业文化手册》、《企业规章制度汇编》、《员工岗位职责汇编》的编制工作，形成了以精神文化、制度文化、行为文化、物质文化为架构的企业文化体系，整合提炼出“驾世纪长风，与时代同驶”的企业精神，“专业高效、务实创新、诚实守信、合作共赢”的经营理念，“牵手运汽，感受亲情”的安全观、人才观、经营观等系统理念，使企业文化建设迈入了一个崭新的时期。为使企业文化深入人心，以强大的文化软实力推进企业跨越式发展，采取了举办培训班等各种形式，加强对企业文化知识的学习、宣传、贯彻。召开了企业文化宣贯会，领导亲自作学习动员；下发了《企业文化手册》，保证人手一册；在公司网站、宣传栏等媒体宣贯企业文化。通过大量的宣贯工作，在全公司范围内营造了浓厚的企业文化氛围，使企业文化深入人心，扎地生根。

完善手段，强化监督
基础管理服务水平显著提升

现代信息技术在管理中发挥重要作用。购置了金和协同办公软件，建立了网络办公平台，实行网上办公。企业文件信息、规章制度，以前需要人工送达或通过邮局邮寄，时间长，工作不能及时得到落实，现在只要通过办公平台，轻点鼠标，瞬间传递到各单位，提高行政效率。利用办公平台给驾驶员、经营户群发短信进行安全嘱咐，既提高了工作效率，又节约了办公成本。建立企业门户网站，搭建企业和社会快速交流窗口。网站以文字、图片、动画等综合手段，推介企业，宣传企业，与客户进行更广泛的合作与交流，提高企业知名度，树立良好形象。

财务管理水平有效提升。2008年，公司

重点加强资金管理，加大集资款管理力度，有效发挥了内部银行作用。对实体单位存折进行备案，严控实体保留超过规定的现金，增加资金调配力度，使资金得到有效利用，进一步规避了资金风险。

审计统计功能有效发挥。公司在常规审计中，针对发现的多起问题，及时提出整改意见，规范统计工作，促进坏账准备金的足额计提及实体单位的记账，使财务管理步入正轨，为企业经营决策提供了重要的依据。

机关行政效能显著提高。公司机关及有关职能部门着眼大局，转变观念，争取优惠政策，服务基层，为基层排忧解难，分担压力，创造环境，行政效能进一步提高。财务处加强与税务部门的沟通联系，争取到清产核资损失税前抵扣，减免了土地税、房产税，同时保持和规范了自开票业务，为公司创造了可观的经济效益。人事劳资处用活、用足政策，在争取下岗人员培训费返还、医疗保险补偿金、落实军转干部政府补助待遇、办理职工退休等方面，为企业作出较大贡献。物业、环卫、公安、后勤突出重点工作，物业公司在不断拓展服务项目和提高服务能力的同时，协助完成近百个天然气用户的管道安装工程，并顺利通气使用；环卫公司重点加强了环境净化、美化；公安科强化治安、消防工作，并积极做好信访稳定工作，后勤、基建处加强监督管理，28 号住宅楼、万荣站工程如期完工，质量一流，为基层单位和职工住户创造了优美、和谐、安定的生产、生活环境。

三产单位勇渡难关。金融危机不但冲击公司客货主业，公司驾校、修理、加油、服务站、招待所以及出租公司、运通公司等三产单位也受到严重影响，业务锐减，利润下降。面对新形势、新困难，各三产单位不畏艰难，直面挑战，坚持思想不动摇，发展不停滞，效益不滑坡，外拓市场，内部挖潜，与企业风雨同舟，共渡难关，较好地实现了稳步发展。

心系灾区，捐款捐物
赤诚奉献片片爱心

5 月 12 日，汶川地震后，公司在第一时间组织动员，开展募捐活动，为灾区捐款捐物，共捐款 82 856 元。随后根据中组部及上级党委安排，开展了“心系抗震救灾，交纳特殊党费”活动，收到 315 名党员 88 148 元特殊党费，创公司历次募捐之最，充分展示了运汽人的爱心和独特风采。为更好地支援灾区，公司发挥专业运输企业优势，及时调整客运班次，增加发往四川方向的客运车辆，帮助运城地区的四川民工及时返乡。同时根据运城市政府的安排，物流公司战备车队先后提供 20 余辆装备先进、技术性能好的车辆，并挑选 30 余名技术过硬、责任心强的驾驶员，为灾区承运 1000 余套活动板房等救灾物资，履行了企业的社会责任和义务，受到省交通厅的表彰，被授予“抗震救灾先进单位”荣誉称号。

不断创新党建工作
文明建设再上台阶

加强政治理论学习。深入学习十七大精神、政府工作报告和科学发展观，引导党员领导干部树立正确的人生观、价值观、政绩观，增强机遇意识、大局意识、责任意识和忧患意识，党员干部综合素质明显提高。有效提高了运用科学发展观，深化企业改革的决策能力和适应市场的竞争能力。

创新党建工作。大力开展了特色党支部创建活动和讲党性、重品行、做表率，树立运汽党员新形象活动，各支部紧密结合自身实际，抓住学习、创新、提高和“文明、服务、和谐”的发展主题，制订规划、措施，扎实推进各项实践活动，有效发挥了党支部战斗堡垒作用和党员的先锋模范作用。有效增强了广大党员的党性意识、服务意识和模范意识，促进党员干部政治上更加坚定，思想道德更加纯洁，先锋模范作用在推进企业改革发展中

更加突出。

党风廉政建设迈出新步伐。按照“七个不准”要求，结合企业实际，主抓了“用权、用钱、用人”单位和部门，深入开展自查自纠工作，针对廉政建设的热点、焦点问题，从生活、工作等方面对照检查，自我剖析，开展批评和自我批评；开展廉政警示教育、任前廉政谈话、廉政短信征集等活动，丰富廉政建设形式，坚定廉洁信念，从思想根源和自身建设上，推进廉政建设工作向纵深发展，不断提高反腐倡廉的能力和水平。

强化职工教育培训。坚持“月月有主题”培训思路，采取外训和内培相结合的方法，全年举办各种培训班9期，培训内容涉及安全、机务、财务、统计、乘务、消防、油料、物业和企业文化等诸多方面，600余人次参加培训。

职工文体活动丰富多彩。在厂庆60周年期间，“运汽放歌”厂庆文艺晚会20多个节目，均为职工自编、自导、自演，既生动形象，又富有艺术感染力，再显职工精神风貌。公司社区组织20余人的秧歌队，苦练一个月，在盐湖区举办的纪念改革开放30周年“韩韩集团杯”首届广场秧歌大赛中喜获一等奖。工会还组织了职工运动会、健身操比赛等文体活动，极大地丰富了职工文化生活。

退休同志心系企业，建言献策。离退办加强自身建设，提高服务质量，经常组织老同志座谈、学习，掌握国家政策。老同志心系企业，积极参政议政，发挥余热，为企业的发展献计献策，提出了很多合理化建议和意见。经常开展适合老年人的文体活动，组织外出参观，认真落实有关工作、生活待遇，使离退休人员老有所为、老有所养、老有所乐。

（责编　张岐山）

山西三皇侯马运业集团股份有限公司

□ 崔德民　鹿向东　陈来旺

2008 年是公司实施“十一五”规划和“3151”工程并取得阶段性成果的一年，更是公司渡过重重难关、保持生产经营持续稳健发展的一年。一年来，公司在集团的正确领导和各级交通行管部门的大力支持下，始终以“三个代表”重要思想为指导，认真贯彻落实党的十七大精神，紧紧围绕“三个根本性提高”，坚持“稳定、改革、发展”方针，落实集团“七项重点工作”要求，较好地完成了集团下达的各项工作任务。

运输能力明显增强。全年完成货运量 368.64 万吨，完成客运量 984.48 万人次，分别为年计划的 113.1% 和 114.2%；完成货物周转量 10.9 亿吨公里，完成旅客周转量 6.4 亿人公里，分别为年计划的 109.7% 和 113.6%。

营收保持平稳快速增长。完成营业收入 12.3 亿元（含工业、修理、商贸销售收入），为年计划的 247%。

经营效益稳步提升。实现利润 131.7 万元，为年计划的 109%。

社会贡献力逐步提高。缴纳国家税收 4591.4 万元，上缴国家各种费用（包括养路费、运管费、客票附加费）6224.9 万元；上交汽运集团管理费 110 万元；公司新增更新客货车辆（不含挂车）751 辆，吨位 11 900 个，分别为年计划的 174.6% 及 192.1%。

安全生产形势良好。安全生产较为平稳，责任事故死亡率、责任事故伤人率、事故频率均在控制指标内。

公司先后被国家工商管理局授予“守合同、重信用”企业，被省交通厅评为“先进集体”，被集团授予“安全生产工作优秀企业”，被省企业调查总队评为“统计基层工作先进单位”，被侯马市委市政府评为“环保先进企业、绿色企业、绿色机关、环境保护先进单位”等称号。

贯彻落实科学发展观
提高公司核心竞争力

一年来，公司认真贯彻落实科学发展观，围绕“七项重点工作”安排部署，强化服务，规范管理，坚持统筹兼顾，政策鼓励、机制激励，充分调动保护基层单位的积极性，在激烈的市场竞争中求得了生存，确保了企业又好又快的发展。

注重货运发展质量，提高适应货运市场变化能力。公司积极顺应货物运输市场发展变化，坚持货运发展不动徭，注重发展质量，严把车辆发展准入门槛，责权利相结合，避免盲目发展。为了充分获得驻外分公司所在地交通部门支持，公司将当地发展的车辆挂当地车辆牌证，积极地融入当年发展中，与当地和谐相处，取得助推力。

2008 年，公司进一步拓宽汽车消贷融资渠道，最大限度地撬动社会资金，牢牢抓住车辆发展不动摇，资金流向实行市场化管理运作，通过内部管理协调、经济杠杆和市场杠杆促进车辆结构调整。为了拓宽货运经营面，公司取得了危货经营资质，扩大了货运发展空间。汽车九队坚持以服务促发展，为车主提供周到细致服务，全年发展车辆140部，新增吨位1753个。汽车三队认真把握市场，深入研究，措施得力，新增车辆75部，吨位1168个。汽车十队坚持上门服务，多方了解经营户实际，发展车辆72部，吨位1105个。

为顺应侯马市成为全省“四大物流中心”之一的有利形势，增强企业货运发展后劲，为公司货运管理顺利转型做好准备，公司依托侯马市物流方略，成立的侯马开发区保税物流车队，发展车辆50辆，并已有多人取得国际物流师认证资格，为做好第三方物流打下了良好的基础。公司依托物流方略建立大货源基地的规划已具雏形。

贯彻长治会议精神，加大货运清欠力度。“6·26”集团长治物流工作会议之后，公司从7月开展了一场声势浩大的清欠攻坚战。一是成立了董事长为组长的清欠领导组，调整领导班子分工，确定清欠指标，责任到人、到岗。明确各单位一把手为第一责任人。二是多次召开货运系统、驻外分公司清欠专题会议，具体协调清欠进度，连续下发4期《经理办公会议纪要》，布置清欠工作。三是明确处理好六个关系，即：清欠与发展、服务、法律、调整车辆、整顿干部队伍和理顺体制机制的关系，利用各自优势，积极采取措施，全员、全方位动员，认清形势，对经营户开展全面摸底排查，针对各自的情况制定不同的清欠方案，有效地推动全员清欠工作的顺利展开。四是公司在绛县分公司召开清欠工作现场会，推广绛县、翼城、闻喜三分公司的清欠工作经验。截至年底，全公司共清回欠款1200余万元。

创新客运经营思路，增强客运竞争实力。公司紧紧抓住场站经营制高点，充分利用附近县市客运场站建设契机，通过进行科学的市场效益分析，以控股、参股、合作或租赁等形式，挖掘客运场站经营潜力，盘活客运经营无形资产，灵活进行客运场站建设，以最小的投资、最大限度地提高了公司客运的整体控制能力。9月下旬，侯马汽车西站划归公司租赁经营；四季度，翼城、稷山两个站迁址建站手续开始办理，同时，公司积极与当地建成的垣曲、曲沃站抓紧签订合作使用协议等有关事宜。

公司以侯马汽车西站开业为契机，着力调整客运运行布局，优化客运管理渠道，完善站场安检功能，统一车辆安全例检。公司先后完善6个驻外分公司的客运资质，进一步拓宽了客运发展空间。客运公司重视线路开发工作，突出抓两头，长线与短线相结合，灵活地寻找客运出路，不断优化线路结构，树立市场导向意识，强化效益观念，完善新增线路20余条，巩固了客运市场占有率。

侯马汽车东西两站利用“北京奥运会”和“残奥会”召开良机，完善各岗位职责、工作流程及考核管理制度，落实质量信誉考核，加强站务人员优质服务力度，确保旅客运输和谐、安全、优势、文明、有序进行。侯马汽车东站荣获全省交通行业“文明和谐示范窗口”光荣称号。汽车一、二队加强人、车基础管理。从源头上注重安全管理，努力提高为旅客服务档次，打造侯马至临汾、运城客运文明精品班线，树立了企业品牌的新形象。公司在侯马至晋城线，投资购置4部宇通客车，并以控股形式进行经营，为今后的客运公司公车公营冲出了新路。公司配合侯马市区域性中心城市建设步伐，以侯马、曲沃、新绛县市经营线路公交化为契机，积极以参股形式参与侯马至新绛、曲沃客运线路公交化的经营。

与此同时，公司还依托侯马市外来人员流动优势和东西两站客流资源，延伸和扩展旅客特色服务，理顺小件快运公司运行机制，全年开辟快件线路7条，年实现货运量12万余件，实现收入21万余元。借省政府重点发展旅游资源之东风，继续发挥三皇旅行社品牌优势，努力挖掘特色旅游优势，累计组团

3200人次，实现旅游收入335万余元。全年完成客票营收4574.14万元，完成计划99.5%；上缴利润及线路费366万元，完成计划的101.1%。

*发挥工业维修品牌优势，提高市场生存能力。*在维修业方面，公司各维修厂努力发挥品牌、服务优势，逆境中艰难求生存，积极利用公司车辆发展政策和自身有利条件，抓住一汽、二汽消贷政策市场机遇，年销售车辆200余部。以车辆销售带动维修，相互联动发展，利用驻外8个分公司地域优势，建立维修网络，以网络化服务促发展。夯实基础维修管理，坚持24小时有人值守，维修厂严格质量目标考核，二级维护一次交车合格率必须大于95%，用户满意率大于98%，返修率小于2%，采取主动上门服务和跟踪服务，对配件经营较大的用户坚持按计划送货上门，对在公司维修过和走保的车辆，建立车辆档案，进行电话跟踪服务，上门走访和现场排除故障等形式，建立了维修应急方案，初步形成以侯马为中心，以驻外分公司为节点的辐射周边的维修网络。客车维修中心努力开拓维修市场，立足侯马，眼光对外，与宇通、少林、金龙等7家客车厂协调建立了维修服务，在单位搬迁的情况下，仍然全面完成了公司下达的各项生产指标。

经过深入细致的维修市场调查分析，结合侯马市城市总体规划，公司计划在西侯马高速连接线平阳立交桥新建汽车装饰、修理、销售、零配件、售后服务和信息反馈等综合城，打造侯马"4S"精品维修店，该项目已获得侯马市市长城市规划专题办公会议通过，相关手续正在办理中。

在工业建设方面，新型墙体材料公司以销售为龙头，狠抓产品质量，努力降耗节能，在资源严重匮乏、电力供应紧张、市场竞争激烈的情况下，进一步扩大开拓周边市场，进军大市场，抓大项目，拉大用户，开发新产品，千方百计开源节流，全年完成标砖1825万块（标砖），销售1750块，实现销售收入301万元。汽车配件厂自2006年12月实行租赁承包经营以来完成上交公司租赁费18万元，按时发放职工工资和缴纳了社保金，保持了正常运作。

*盘活商贸资产，提高市场招商能力。*一年来，商贸公司坚持"客户是上帝，服务是根本，管理是关键，效益是目的"的原则，实行承诺服务，提高服务质量，千方百计扩大招商。面对市场的竞争和冲击，深入细致地做工作，制定了对市场发展有利的优惠办法，使市场在严峻的形式下保持了稳定。因侯马市城市规划拆迁减少租金41万元，商贸公司抓住侯马市进行"五化一透"工程，临街门店缺少的有利时机，及时调整房租金，弥补了损失，超额完成了全年营收指标。

*拓展优化培训项目，提高驾培竞争水平。*公司积极学习和借鉴兄弟驾校的好经验和好作法，在内部管理和教学质量下工夫，进一步完善了教学质量保证体系。驾校面对日趋激烈的竞争市场，采取多种措施，加大宣传力度，增加招生网，积极寻找市场，拓宽培训生源。针对侯马生源不断萎缩情况，公司在保证曲沃等原有培训招生点基础上，又发展了乡宁、吉县、汾西招生点，有效地巩固了驾校的生源。进一步拓展培训项目，逐步扩大侯马及周边县市营运车驾驶员从业资格证培训项目，与侯马市劳动局签订协议联合开展了维修工和特殊工种等项目的培训。驾校全年招收学员2000余人，办理从业资格证1990人，实现收入289余万元，上缴利润40余万元，提前完成了公司下达的目标计划。

落实安全规章制度
不断创新安全管理

公司紧紧围绕集团"总结规律，强化责任，创新管理，狠抓落实，促进安全发展"这一主题开展工作，坚持"安全第一，预防为主，综合治理"的方针，进一步强化安全管理工作，落实企业安全生产责任。层层签订目标责任书，把安全生产目标和责任落实到实处，落实到基层，落实到人头。狠抓“人、车”源头管理，严把驾驶员聘用关、考核关、培训关以及车辆检验关。加大宣传力度，营造安全氛围，促进各项制度的落实。完善和落实公司安全目标管理百分制考核办法，以及对车队、分公司安全指标月考核规定，严格执行安全事故“四不放过”的原则，认真开展安全生产隐患排查和整治工作，公司成立了以董事长为组长的隐患排查治理专项活动领导组，出台了百日大整顿活动方案，重新修订了公司《安全生产隐患排查治理规定》，重点检查了特种设备、设施、客运汽车站、修理厂房、商贸市场等。为进一步增强安管人员的工作责任心，提高安管人员的综合素质，公司还先后组织了两期安管人员和违法肇事驾驶员的培训，并邀请交警部门和保险公司专业人员进行授课和事故案例分析。

针对公司货车数量多，分布地点散等特点，安全处与货运汽车队采取多种形式，到运输生产现场进行安全培训宣传。7 月下旬，公司在经营户和驾驶员比较集中的沁水县，与当地交警大队配合，联合举办了一期“侯运公司赴沁水安全培训班”，收到了良好的效果。为进一步提高公司应对突发事件的应急救援能力，根据集团公司要求，公司结合实际，重新修订了各类应急救援预案，并针对性地开展了预案的演练。10 月，公司和侯马市安监局共同组织，举办了临汾市安监局、运管处、侯马市交通局、交警大队、消防大队、卫生局等单位参加的首次道路交通事故应急救援联合演练，极大地提高了公司应对和快速处理突发交通事故的能力。在基层安全管理上，汽车三队认真做好驾驶员安全教育，开展形式多样的安全嘱咐制度，安全工作扎实有效；汽车十一队强化车辆管理，严格安全责任制，把安全隐患消灭在萌芽状态。一年来，由于各项措施扎实有效，重特大事故得以有效遏制，事故频率、伤亡人数等控制指标大幅下降。安全基础工作在集团年度安全检查中得到了肯定和好评。

努力强化机务服务
提高信息化管理水平

为确保公司车辆快速发展，最大限度地为各车队、分公司和广大经营户提供快捷、方便、高效的服务，技术设备处和车辆发展中心进一步规范业务办理程序，严守服务承诺，提高工作效率，缩短业务周期，收到了较好的效果。2008 年，共办理新增车辆 752 部，办理报废、报停、转出车辆业务 1200 余部，补牌补证 158 部次。

为保证每月“两费”按时领取和发放。公司想方设法，积极联系，协调各行业主管部门关系，克服资金紧张的困难，先后组织了交警部门的车辆年度检验、客车春运、奥运会和黄金周检验，运管部门的客、货车综合检测、技术等级评定以及道路运输证审验等工作。几经协商，促成交警支队流动检测车上门服务，在公司浍南生产区对所有车辆进行检测，现场签章。在车辆较多的翼城、绛县分公司实行上门检测，极大地方便了车队和经营户。按照集团安排，公司开展了营运车辆技术状况排查整顿和车容车貌大检查工作，从车辆技术档案、标志标识、GPS 安装、检验、维护情况等 8 个方面入手，对检查人员明确分工，责任到人。根据车辆分布情况，在侯马、翼城、绛县设立 5 个营运客、货车二级维护专业维修厂，使公司车辆维护定点维修厂分布更趋合理，营运客、货车检验率、进维率和维护质量得到明显提高。

为提升企业科技管理和信息服务水平，公司利用已有的 GPS 监控系统局域网平台，进一步拓展和开发监控服务功能，完善三级服务网络，增加服务项目，有效地促进和提高广大经营户安装使用的积极性。至年底，共安装 GPS 车辆 508 部。此外，公司还成立了《GPS 全球定位系统节能研究》课题组，积极开展 GPS 系统节能研究，经过为期半年的试验和总结，已经取得了明显的节能效果。3 月，该项目通过交通部专家组考核验收，4

月，省交通厅将该项目正式立项，并拨付20万元试验经费。6月，被交通运输部列为全国交通行业首批节能示范项目。

理顺财务运行机制 健全管理保证体系

加强财务管理，理顺财务体制，强化会计监督，建立健全财务管理保证体系。公司根据国家新颁布的《企业会计制度》、《会计基础工作规范》等，制定了各项财务管理制度和内部控制制度，完善了资金管理制度、会计电算化管理制度、固定资产财务管理制度、会计人员岗位考评办法。通过资金管理系统的管理与控制，加强对财务资金的集中统一管理，实行资金调控有序，合理控制总体资金规模，提高资金使用的效益。加强财务监督、检查力度，落实计划完成情况，制订各项财务成本计划，严格控制成本费用，实行成本费用控制管理。此外，还公司根据货运欠款情况，安排财务部门积极跟进，设立专项月报表，实时监控清欠进度，至年底已累计回笼流资1200余万元。

规范公司运作程序 强化基层组织建设

进一步规范现代企业制度运作程序，严格实行董事会决策、党委监督、经理层执行，各司其职、各尽其能，做到明确的工作执行好，交叉的工作协调好，相关的工作兼顾好，复杂的工作沟通好，公司各项管理运行顺畅、有效、规范。公司坚持以稳定保发展，以改革促发展，进一步理顺了部分机构设置，将修建处撤销，职能分解到房产处、物业公司，为企业的辅业改革改制铺平了道路。重视基层领导班子建设，不断创新人力资源管理模式，公司大力优化人才结构，严格任免程序，规范考察流程，充分发挥民主，多方征求职工意见，坚持选拔公开制度。适应市场变化需要，大胆培养提拔敢想敢干、敢作敢为的年轻干部担任基层经理，让他们在市场经济的大风大浪中经受考验，进一步增强了基层单位的工作生机与活力。

坚持以人为本理念 努力构建和谐企业

坚持以人为本，全心全意为职工着想，认真化解矛盾，倾听职工呼声，维护职工切身利益，维护企业经营环境的稳定。

公司一是通过狠抓侯运社区和居委会工作，积极营造便民利民、和谐平安的人居环境。二是重点做好低收入居民服务工作，将困难群体逐步纳入特殊服务范围，通过模底排查先后为29户居民申请了城市最低生活保障。三是根据侯马市“五化一透”工程规划，出资近300万元实现了公司周围人居环境的改善。四是在资金极度困难情况下，投入80余万元，对供电设施进行增容改造。五是为改善大气环境，让居民方便使用天然气，公司在家属区实施安装天然气工程，各楼各排已预留天然气通口，至年底，已有60余户居民首批使用清洁环保的天然气能源。六是为更好地改善居民供暖条件，筹集200余万元对供暖系统进行改造，协调侯马市亿众供热公司在家属一区再建一座加压站。七是工会用5万余元为公司在职职工加入了临汾市总工会大病医疗互助系统，“人有病时我帮人、我有病时人帮我”。公司5名职工已获赔2万余元。八是重视职工切身利益，全年上交医疗保险250万元，失业保险30万元，工伤保险27万元。九是为提高在岗职工待遇，7月公司出资10万余元为在岗低收入职工发放岗位补贴，人均150元，较好地解决了职工工资偏低的问题。十是为公司1162人离退休人员统筹支付离退休人员养老金1432万元。年出资160余万元，给退休职工月增资100元，使离休及建国前老工人生活标准月均提高为每人1500余元。十一是为解决“4050”问题，公司实行内退政策人员生活费、取暖费近570万元。十二是在搞好离退休人员的管理工作方面，公司认真落实老干部“两个待遇”，使他们老有所养、老有所依。适时召开座谈会，广泛征求他们的意见和建议，鼓励他们为企业发展建言献策，满足他们的政治需求，使他们老有所为，老有所能。在资金紧张的情况下，为离退休干部报销药费计50余万元，并拨出5000元组织老干部进行体检。十三是春节前，给公司职工发放面油25万余元，拨出专款3.8万元，先后对200余名特困职工、死亡职工遗孀等进行了救助，为19个考上大学的职工子女发放奖学金2.8万元。送温暖工程充分体现了党和企业对职工的关心。一年来，公司累计给公司职工（包括离退休职工）直接或间接支付资金超5000万元。

加强企业党建工作
促进精神文明建设

一年来，公司党委不断强化政治核心和保障监督作用，大力加强和创新党的建设，重视社会治安综合治理工作，充分发挥工会桥梁职能，倾心搞好老干部工作，紧紧围绕公司生产经营工作，注重党员先锋作用的体现，以党建促企业文化建设，以企业文化促和谐侯运构建，着力营造聚精会神搞建设，一心一意谋发展的良好氛围，精神文明建设取得丰硕成果。

10月，公司召开了第三届党员代表大会，大会通过了党委、纪委工作报告，选举出了新一届党委、纪委委员。党代会的召开，凝聚了人心，焕发了斗志，使广大党员干部更加信心满怀地投入到企业的改革大潮中。

5月12日，汶川大地震发生之后，公司共动用战备保障车队190余车次，6批次近400人次，运送救灾物资2500吨，展现了公司货运战备保障车队的风采风貌；广大党员和干部职工响应党中央号召，积极向灾区捐款捐物，先后捐款93 370.6元，上交“特殊党费”89 657元。公司被省交通厅授予“全省交通系统援川抗震救灾运输保障工作先进单位”荣誉称号。

在精神文明建设中，公司以努力构建和谐企业为目标，以树立典型、弘扬正气为切入点，扎实抓好文明车队、文明职工、文明家庭创建活动。公司在全体职工中大张旗鼓地开展了社会主义劳动竞赛活动，在广大党员中广泛开展“模范党员”、“优秀党员”、“标兵”等系列创评活动，为大家树立了生动的学习榜样，极大地调动了职工的积极性和创造性。侯运社区文明创建活动与生活小区环境的改善相结合，重点抓好生活小区的卫生、安全，为小区居民提供了良好的居住环境。开展丰富多彩的教育活动，不断提高居民整体素质和社区文明程度，连续数年被评为省级“文明社区”称号。

开展丰富多彩的娱乐文化活动是文明单位创建的一项重要内容。公司广泛开展健康向上、各具特色的群众性文体活动，举办了“三八妇女节”跳绳、拔河比赛，“五一”象棋、扑克、乒乓球比赛，“老年人运动会“多项活动，活跃了职工文化生活，营造了积极向上的企业氛围。10月23日，公司在建司60周年之际，举办了声势浩大的职工歌咏比赛，唱出了对祖国的热爱，对企业的自豪，激发了全体员工的荣誉感、自豪感，进一步增强了公司的凝聚力、向心力。公司连续3年荣获省级“文明单位标兵”称号，被省委宣传部、省工会授予“山西省企业文化建设优秀企业”称号。

狠抓党风廉政建设
弘扬正气树立新风

2008年，公司坚持惩防并举、注重预防，着眼于建立健全符合企业实际的教育、制度、监督并重的惩治和预防腐败体系，深入开展反腐倡廉工作，切实加强对党员和党员领导干部的教育、制约和监督。从学习贯彻“四大纪律八项要求”入手，完善各项廉政制度。以学习文件，贯彻条例，建章立制，转变作风，提高效率为重点，求真务实，扎实工作，努力做到勤政为民，廉政兴企。在抓好党员干部自身建设的基础上，公司认真开展党风廉政主题教育活动。分层次组织领导干部学习中纪委三次全会精神和有关反腐倡廉的党纪、政纪和条规。进一步引导党员干部自觉增强反腐倡廉意识。

以落实党风廉政责任制为重点,推进党风廉政建设。公司党委与各单位都签订了《党风廉政建设责任书》,明确了两级班子和各级领导干部对党风廉政建设的责任和义务,按照"谁主管、谁负责"的原则,重点抓好责任落实、责任监督、责任追究,开展好党员领导干部廉洁自律、党纪政纪条规教育和正反典型教育工作。以《中国共产党党内监督条例》和《中国共产党纪律处分条例》为准绳,发挥党员和职工大会民主监督作用,加强制度建设,强化法规监督、舆论监督,完善厂务公开、民主评议等有效形式,进一步强化了党内监督约束机制和党员的自律意识。

(责编 张岐山)

山西汽运集团临汾汽车运输有限公司

□ 常民锋　孟德生　高增运

2008年,公司在集团的正确领导和大力支持下,认真落实集团"七项重点工作"指导意见,遵循科学发展和市场经济规律,制定"33862"发展方略,改革创新,锐意进取,变压力为动力,化挑战为机遇,狠抓产业合作、体制改革、经营管理、资产开发、股权收购、品牌建设和基础设施建设等工作,转变发展方式,提高发展质量,实现产业结构明显优化,客运发展持续强劲,货运发展趋于稳固,基础设施建设扎实起步,安全生产持续平稳,服务质量明显提升,经济总量明显增加,经济效益明显提高,发展态势良好。

2008年,公司营收计划2亿元,实际完成2.55万元,为计划的127%;利润计划80万元,实际完成80万元,为计划的100%;净资产收益率计划1.5%,实际完成3.61%,为计划的240%;换算周转量计划5亿吨公里,实际完成5.5亿吨公里,为计划的110%;实现安全运行,未发生重特大责任事故和危货车辆环境污染事故。职工年人均收入2.11万元。

开展教育培训
增强综合素质

一年中,公司非常注重干部职工队伍的培训教育和素质建设。一是鼓励组织全体干部开展"每人一个笔记本,每季一篇学习心得"活动。要求大家记录对自己有帮助、对岗位工作有指导的相关理论知识,特别是围绕科学发展观这个第一要务,加强全体干部职工的学习建设,提高全员落实科学发展观的能力和素质。多次组织两级班子赴大同城乡物流配送公司,调研学习城乡物流工作先进经验。二是以两级班子为培训对象,聘请专家讲解国际金融危机和国内人民币升值对临汾经济的影响,预测临汾经济转型的方向和临运公司发展面临的挑战和机遇,分析临汾安全生产形势,进一步增强了大家的危机感、责任感和使命感。同时,公司又紧急召开经济形势分析会,全员团结一心,积极抢抓机遇,应对挑战,制定对策,为抵御各种风险、渡过难关做好了准备。三是各基层单位把职工的教育培训作为一项重要工作常抓不懈。货运公司专门出台了《服务管理规定》,共组织了10场346人次的服务培训;重汽组织全站员工进行服务工作流程培训;临汾汽车站邀请陕西师范大学、临汾特殊教育学校的多位专家,分期分批组织全站职工学习英语、哑语等,对"温馨岛"服务人员进行专业化的礼仪培训,极大地提高了职工服务旅客的语言沟通能力。四是组织开展以"工资是旅客给的,我为旅客回报什么?"开展良心、爱心、责任心为题的演讲赛,增强了各汽车站职工的责任心和岗位意识、服务意识和危机意识。五是完善驾校教练员培训制度,利用训练的空闲时间,组织技能培训,提高教学质量,术科考试合格率达到了98%以上。六是于7月期间,组织各基层单位先后到运城、晋城、侯马、长治等兄弟单位调研学习客运安全、机务管理、货运清欠、风险防范管理、客运站调度管理、驾校成本管理方面的经验,转变观念,开阔思路,取长补短,优势互补,为企业科学决策打下坚实的基础。

实施战略合作
激发企业活力

公司紧紧围绕集团“三个根本性提高”和“七项重点工作”指导意见,深刻领会科学发展观内涵,反复权衡企业所处的竞争环境、政策优势、有利机遇和不利因素,科学分析,制定公司“33862”阶段性发展方略,将安全管理、规模发展和合作共赢作为统领企业发展全局的主线和纲领,贯穿于企业生产经营的始终。制定了两个切实可行的客货运产业规模发展目标。即:“客运三年内车辆发展到300辆”、“货运三年内车辆净增800辆”。统一全员认识、加强团队建设,提出了“增强六种意识”即学习意识、服务意识、人才意识、节约意识、机遇意识、团队意识。全力建设“一级客运中心站”和国家级公路货运枢纽“临汾物流中心”,推进企业向集约化、规模化发展,实现企业发展的重大突破,为企业今后一个时期的发展和改革指明了前进的方向。

公司在关联密切的产业之间推行资源整合、战略联盟的举措,使企业由管理粗放、各自为战向管理集约、联合作战转变,实现了多赢、双赢和共赢的预期目的。针对一汽、二汽车辆对外销售,货运无车可挂,公司事故车在外修理、重型车辆无车可修等现状,实施产业的关联、合作和资源利用,从内从外双向出击,先后下了三步棋。一是5月14日,组织一汽、二汽、货运、重汽、客运、驾校等多个单位召开“献计献策、合作共赢”座谈会,取得了积极的效果。二是5月31日,与临汾市人保财险公司举行“鱼水之情、合作共赢”座谈会,利用人保财险公司客户资源向重汽服务站输送事故车,扩大事故车修理份额。三是争得市交警支队的支持,帮助一汽、二汽解决了212辆国2型货车上户销售问题,既帮助一汽、二汽化解了车辆滞销的燃眉之急,又促成这212辆车全部上户到公司货运。特别是重汽服务站的事故车修理业务的增加,为减小亏损打下了坚实的基础。

客运发展坚持一个核心,就是保证主业优势的持续发挥。公司本着“理顺客运体制,提高客运效益,增强发展活力,拓展发展空间”的目的,发扬敢闯敢干的改革创新精神,创造出有利于企业科学发展的体制机制,将原客运分公司“一分为六”,旅游分公司、临汾站独立经营,按跨省、跨区、区内线路车辆经营划分,成立客运一、二、三分公司,五个单位直接对口公司管理,剩余的线路审批、稽查、站务等职能处室合并为“客运中心”。

客运体制改革激发了各单位生产经营的自主性、积极性和创造性,促进了各项制度、管理、安全、服务新的完善和规范,经济效益和社会效益明显提升。一是客运系统每月增收20余万元;二是临汾汽车站营运收入屡创新高;三是旅游分公司扭亏效果明显;四是新的客运体制进一步规范了外站的经营管理,大宁、隰县、古县、安泽、蒲县汽车站所欠交的费用全部收回;五是小件快运的经营不断规范。体制改革使客运的综合实力进入了一个全新的稳定上升期,再次充分地发挥出了支柱产业的能量和作用,全年客运新增(更新)客车21辆,增加管理费150余万元。

公司按照集团“旗帜不倒,组织不散,改革改制,壮大发展”的总体思路,着力在资本调整、扩大规模方面做文章,形成合力,促进经济效益的提高。公司作为参股公司在一汽、二汽、神龙、运鑫占有股资943.26万元,但不参与经营管理,投资收益率很低。因此,把收购股份获得控股权作为提高产业盈利能力的重要途径,持续推进。年内,先后完成了客运汽贸49%的股权收购,实现客贸公司的全资控股,投资收益率上升到20%,2008年全年,客贸共销售客车24辆,营业收入434万元。完成了二汽部分股份收购,企业股金增加到510万元,所占股权比例提升到

51%，获得二汽控股权，营运收入每年可增加1亿元。同时，还收购了南汽服务站，公司以全额收购或控股收购的形式获得3个公司的控股权，为下一步增资扩股，实现全资或控股经营打下了基础。3个4S店和两个服务站全年共销售车辆1489台，占据临汾同类车辆销售市场的主导地位。

增车、清欠是货运工作的重中之重。公司按照集团物流工作会议精神，下大决心，奋力攻坚。研究制定了货运增车和清欠方案，并于7月2日全面实施。在具体工作中，一方面内外联动合作抓增车，最大限度引进车辆，得到了用户的广泛认可；另一方面强化治理抓清欠，确立"清欠就是工资"的理念，实行清欠责任制，月考核、季兑现，末位淘汰制，促进清欠工作顺利开展。到10月，单车欠费已下降38%。

在货源基地建设上，公司以"线路专营，区域垄断，服务多元，效益稳定"为发展思路，横向联合广驰配载站，纵向与厂家直接洽谈，在选择线路时优先长途专线，同时，利用闲置场地和库房开展配货租赁业务，创造条件搭建货物交易平台，形成临汾市当前较大的配货交易市场，实现货源基地和交易平台初具规模，为物流中心的建成运营奠定了良好的基础。

公司驾校克服困境，采取多种灵活有效的经营方式增加生源，创造效益。继续在临汾电台做广告宣传，持续增强社会影响力。在招生工作上，除在周边县市设立"招生点"，实施网络宣传和招生外，在山区县市开展摩托车培训，在没有大货培训许可的驾校增设报考培训点，推行异地培训等。通过驾校全体人员的努力，全年招收各类学员4500名，实现营业收入360万元，上交税金12万元。

优化产业结构
推进转型发展

加强资产盘活增值，推进资本金有序流动，保障企业良性运转。多年来，公司一方面一直闲置土地21.98亩，资源白白浪费，一方面企业资金流又严重短缺。公司认真落实集团"七项重点工作"指导意见，通过集体决策整体转让乡宁汽车站，盘活存量资产，与此同时，公司还积极向集团申请贷款500万元，确保了资金流的良性循环。

产业项目选择上，努力寻找适合于企业科学发展、长远发展、顺应市场经济规律，有较强发展后劲和活力的项目。一个是作为新型产业，价格低廉，污染少，节能环保，市场前景广阔的煤层气加气站项目，投资250万元，投资回报率可达20%。至年底，加气站工程已经全部竣工，其他各项手续正在加紧办理之中。一个是市场不尽完善，但需求日趋旺盛的城乡物流项目，公司经营定位是专业经营许可，规范标准服务，打造临运城乡物流配送靓丽品牌。至年底，已正式投入运营。

加快基础设施建设
搭建规模发展平台

2008年，公司深入落实科学发展观，发挥专业化、规模化优势，在确定"33862"发展方略的框架内，作出了"打基础、建平台，推进企业跨越式发展"的战略部署。一是一汽、二汽、重汽、货运公司所处汾河地带即将建设市政府办公中心、教育中心和医疗中心，需要搬迁重建；二是临汾长途汽车站所处位置被规划用作城市公交中心，也需要搬迁重建；三是驾校办公区与培训区分散，基础设施功能陈旧落后，需要进行一体化的规划重建。面对上述重建工作任务，公司从建设"临汾物流中心"开始寻找突破，带动各维修站搬迁重建，已征得市交通局、尧都区土地局、建设局、省发改委同意，年内已进入选址、立项、征地工作等程序。此外，站场网络建设也取得明显进展，临汾一级中心站的建设正在积极协调磋商，蒲县汽车站主体工程已竣工。

狠抓安全隐患治理 实现持续平稳发展

2008年公司认真贯彻执行国家安全生产各项方针政策和上级有关安全生产的会议文件精神，牢固树立“以人为本、安全发展”的理念，狠抓规章制度建设、安全隐患排查治理、人车站源头监管、从业人员素质教育、特殊时期(如奥运期间)安全生产防范、资金技术设备的投入配置等方面的工作，不仅抓思想、抓制度、抓体制，而且抓落实、抓监督、抓防范，确保全年安全生产形势持续平稳的良好局面。

实行全方位的安全体系覆盖。公司按照《山西省安全生产条例》调整安委会成员，由董事长担任安委会主任，增加党、工口负责人、参股公司负责人进入安委会，确保安全体系覆盖的全方位和多层次。

不断实践安全管理理论。公司“33862”发展方略中，首项首条就是“要转变作风，大抓安全管理的思路”。公司要求全体干部职工要把安全工作作为压倒一切的政治工作来抓，高度认识到没有安全就谈不上发展，谈不上服务，谈不上效益，员工不讲安全就不是合格的员工，管理者不抓安全就不是称职的管理者，企业不抓安全，生存空间就会越来越小，安全高于一切，责任重于泰山。

组织多种形式宣传教育。年内，公司以会议、外聘专家、培训等不同的形式，共组织春运、客运站安全生产规范、法律、投保理赔、事故隐患排查、奥运保安全、灭火演练等各类培训达20余场，参加培训达1268人次，合格率达100%。利用各种媒介和手段宣传安全，以春运、客运站安全生产规范、事故反思、奥运安全、安全生产月、季节安全等为主题，大力宣传，大造声势。全年共印发文件、简报50余份，发放“祝你一路平安”安全联系卡237张，发送各类安全短信12 800余条，悬挂横幅、宣传标语100条、制作宣传版面86块，印发宣传材料56 000余份，通过开展安全宣传工作，达到了普及安全知识，增强安全意识，提高安全素质，营造安全氛围的目的。

深入开展安全生产隐患治理。紧紧围绕“安全隐患年”，深入开展隐患大排查大整顿。奥运前期开展了声势浩大的客运站、客运车辆的安全生产大检查，严管重处，针对存在的隐患限期彻底整改。同时，长期开展所有安委会成员和安管干部每人每季度抓一起安全违章和隐患整改的工作，全年共排除隐患128起，取得了实实在在的效果。

做好特殊时期安保工作。在奥运、节假日期间，公司坚持“严加防范、高压管制”的原则，狠抓安全、保卫、治安、反恐、信访等工作，特别要求公安科、信访办分别对治安反恐和上访工作高度关注，实施零报告制度，对各种不稳定的苗头和隐患及时制止，实现了全年“零上访”。在临汾汽车站，严格实行“三不进站五不出站”制度，加大“三品”检测、站内秩序维护、辖区治安、进京车辆安全等的管理力度，实现了特殊时期安全工作的安全稳定。

加大科技设备的投入和运用。加大科学技术在安全管理上的投入和运用，加快对传统管理的改造升级，实现高效率、高质量的安全管理，从而推进安全科技管理跨越式发展。2008年，公司投资11万元组建了GPS监控中心、信息中心，加快安装车载GPS设备，运行200公里以上客车和高速公路客车现已全部安装GPS监控仪，客车安装129台，货车安装87台，科技功能不断完备，不仅在超速、超载监督、信息发送等方面大大发挥了作用，而且通过设置行车最佳时速，达到了节能减排的初步成效。据统计，全年共监控违章车辆110余辆，处罚金额8500元。

创新服务方式 推动品牌建设

打造个性化、差异化服务产品，建设内涵深厚、风格独特的服务品牌，是不断提高企业核心竞争力的重要途径。一年来，公司把品牌建设放在非常突出的位置，高度重视，在

"33862"发展方略中明确要求要进一步了解旅客和客户需求,不断改善服务程序和服务功能,开展"我为服务写承诺",为"满意在临运"的服务品牌增添新内容等活动。各基层单位按照公司"33862"发展方略中关于品牌建设的工作要求认真实施,通过创新服务载体,提高服务效率和服务质量,维护和创新"满意在临运"服务品牌,品牌的影响力和知名度进一步扩大。

实施预算监督制度 不断规范财务管理

加大各项费用控制力度,全员开展节约行动。6月起,公司机关及各实体单位每月节约经费20%,下半年共节约经费62.5万元。进入11月,受金融危机及临汾地区安全生产形势的严峻影响,公司紧急采取措施,改为每月经费下降30%,压缩一切可压缩的经费。组织继续教育培训、客运体制改革财务培训、货运财力人员培训等提高财会人员业务素质和技能,储备人才,推动财会工作更加规范化、科学化、现代化。严格预算管理制度,不超支、不乱支,按照财务预算程序规范执行。针对财务管理的薄弱环节,加强监管和审计,规范各基层单位的财务运行,对财务管理不规范的行为进行严肃查处,及时杜绝违纪行为发生,维护了财经纪律,确保企业健康发展。

狠抓思想作风建设 纠正违规违纪行为

思想作风建设工作以中层干部为重点,召开一系列会议加强思想作风教育,深入分析经营发展形势,使全体干部充分认清企业经营家底,正确面对严峻形势,逐步形成企业科学发展的观念。对部分管理者盲目乐观、麻木不仁、自以为是、自我满足进行了深刻教育,充分认清企业存在的问题,激发大家迎难而上、改变现状的动力,树立起企业科学发展的信心和决心,实现思想观念的明显转变。

针对有章不循,有纪不遵,阳奉阴违等问题,公司纪委专门出台六条禁令。7月,经联合调查组调查,就隰县站站长在站内违章建筑商用房屋和旅游公司财务管理存在漏洞等问题,按照有关规定进行严肃处理,无条件拆除价值18万元的房屋,并追回了旅游分公司未上账收入5万元。狠刹歪风,严纠违规,规范全体干部职工行为,促进了内部管理的规范有序。

科学配置人力资源 实现企业和谐稳定

针对不同的劳动用工情况,公司分期分批、分步规范了用工行为,理顺了劳动关系,完成了733名工作人员的劳动合同、协议的签定工作。同时完成续签《集体合同》、《女职工特殊权益保护专项集体合同》。确定、起草、签订了与经营户、驾乘人员、维修人员的经营合同、雇用协议。按时按期完成和做好各项事关职工切身利益的社会保障工作,社会统筹管理、退休人员的手续办理等工作。关心女职工身体健康,组织体检,消除疾病隐患。按照集团有关离休人员发放津贴补贴的有关规定,公司从2007年7月到2008年9月增发28名老同志补贴津贴391 730元。元旦、春节关心慰问贫困职工3户,退休职工280人,工会会员700余人,支出金额达7万元,慰问救济生病、住院、去世职工家属等30人,送去了企业的温暖和关心。发扬民主,及时开展法律咨询服务,解答职工权益、职工工伤、劳动关系、政策待遇等有关问题,化解矛盾,保障职工队伍的稳定,保证了生产经营工作有序健康推进。依靠职工群众办企业,6月上旬在全公司范围内开展了"保安全、增效益、促发展"合理化建议活动,共有245名职工参加,收到315条建议。此项活动使全体职工增强了责任感和使命感,形成了共谋临运发展的思想共同体、利益共同体、命运共同体。

合理配置人力资源,注重筛选开拓创新、敬业实干的干部,为企业改革调整工作提供队伍建设保障，先后调整任命货运、重汽、神龙、汽贸、客运一、二、三分公司、旅游分公司等单位的领导班子，调整任命了20余名中层管理干部，为有志向、有目标、有能力的骨干创造了机会和平台，使他们在生产经营中充分发挥中坚力量，以此提高企业经营管理水平和发展能力。

情系灾区奉献爱心
积极参加抗震救灾

四川汶川特大地震发生后，公司党、政、工组织带领全体干部员工积极为灾区奉献爱心，为灾区人民捐款捐物，共有849名干部员工为灾区捐款80 410元，189名党员为灾区人民交纳特殊党费36 390元。按照临汾市人民政府的要求，多次参加抗震救灾物资运输，输送医护人员到太原机场乘坐飞机赴川救灾。特别是在援川物资运输工作中，公司专门制定了工作措施和应急预案，精心策划，统筹安排，共组织投入217辆次货运战备车辆，全面完成了1678套援川物资的运输任务，在党和人民最需要的时刻，克服重重困难，经受住了“平时运营，急时应急，战时应战”的考验，为支援灾区人民重建家园作出了积极的贡献。

（责编　张岐山）

山西省晋城汽车运输有限责任公司

□ 秦建军　王和平　田　峰

2008 年,公司在集团的正确领导和大力支持下,以科学发展观统领企业改革发展全局,始终秉持“转型发展、安全发展、和谐发展”宗旨,持续深入地推动文化强企和品牌塑企,积极应对复杂多变市场形势,有效破解发展难题,创新发展模式,提高发展质量,切实推动客货运输、站场经营、汽车维修三大主业,壮大规模,提升效益,使公司在激烈的市场竞争中保持了和谐、稳定的发展态势。

结构调整初显成效

近年来,公司始终坚持科学发展理念,高度重视并全力推进产业结构调整,通过认真贯彻集团七项重点工作,一举扭转了主业结构比例上“一强多弱”的不利格局。2002 年以来,客运所占比例由 11% 提高至 18%,货运由 65% 下降至 31%。汽修由不足 1% 提高至 9%,货源经营由 7% 提高至 11%,站场及驾校等由 16% 提高至 31% 左右,产业布局更趋合理,服务链条更加完善,综合竞争实力明显增强。2008 年,公司营业收入达到 8.9 亿元,实现利润 1500 余万元,净资产收益率达到 42.2%,取得了历年来的最佳经济效益。

管理质量明显提高

近年来,公司以打造“安全优先、和谐发展、充满活力”的现代企业为目标,进一步创新管理机制,提高管理水平。

安全管理上,始终坚持“安全发展”理念,贯彻落实“以人为本,安全第一,预防为主”的方针,健全安全管理制度,落实安全生产责任,增强全员安全生产意识,强化“源头”、“双基”管理,狠抓隐患排查和限期整改的落实,严格事前问责制度,始终保持严惩重罚的高压态势,着力构建本质型安全企业,使公司“四项安全指标”连续 5 年均低于集团控制指标,生产经营保持了安全稳定的良好态势。

按照集团公司“调整股比结构,增强企业发展活力”的要求,为切实解决资本结构、股比结构与企业发展规模、经济总量不相适应的紧迫问题。在 2008 年利润大幅提高的前提下,按照股比不变的原则,用近年来未分配的利润盈余转增实收资本,使公司的实收资本增长了 215%,资信水平和融资能力得到了提高,资本运作的灵活性得到了增强,为进一步提高企业抗风险能力和盈利能力打下了坚实基础。

通过健全管理制度,完善监督机制,规范流转程序,完善资金占用管理办法,切实保证资金安全高效运行。特别是集团长治物流工作会议后,进一步加大应收账款管理力度,健全风险预警机制,落实责任追究制度,有效杜绝不良债务,规避经营风险;清欠工作取得阶段性成效,完成了集团下达的年度清欠任务指标;注重统计、审计工作的及时性、准确性和全面性,使其在经营监管、经营决策上发挥应有的基础性作用，全面提高了财务管理水平。

通过公开招聘、强化培训、加快人员结构调整，中青年员工所占比例由三年前的不足40%，提高到2008年的53%，干部队伍的梯次结构基本趋于平衡，专业技术干部达到188人，占到职工总数的17%，知识化、专业化、年轻化建设初显成效。按照“体现公平、注重绩效、约束和激励并重”的原则，进一步完善岗位工资制度、业绩考核办法，构建全员绩效管理体系，使干部职工的能动性得到了有效调动和发挥。

职工生活日益改善

提高职工收入是集团公司“三个根本性提高”的工作重点，也是企业管理工作的出发点和落脚点。7月，公司在经济效益持续增长的情况下，进行了连续5年的第五次增资调整，人均增资达33.4%，职工年平均收入达21 645元。与2002年相比，增幅为291.7%，增长了将近三倍。为切实提高职工生活保障，公司持续加大“五险一金”缴费比例，企业年人均成本达6159.6元，5项保险与2002年相比，增长幅度达187.6%，职工住房公积金缴费总额由2002年的7.3万元提高到2008年的150万元，离退休人员和老干部的各项待遇得到了落实。此外，2008年公司人均福利支出达4000多元；为提高职工生活质量，公司从财力、物力上对小区建设予以大力支持，相继完成了煤气入户供气、线网地下铺设、下水管道改造、治安监控设施等施工项目，使小区环境日益改善，广大职工充分享受到了企业改革发展的成果。

和谐共进彰显活力

2008年，按照集团党委的安排部署，公司以十七大精神为指针，紧紧围绕企业经济建设中心，注重发挥纪委、工会、共青团的作用，切实抓好企业党建工作，最大限度地调动广大党员干部职工的积极性，为企业改革发展提供坚强的政治思想和组织保证，着力维护企业团结、稳定、和谐的良好局面。从企业的长远发展出发，着力推动“四好”班子建设和企业经营管理队伍的专业化、年轻化；大力倡导开诚布公、精诚团结的风气，坚持民主集中制原则，坚持集体决策，营造同心同德，协调一致，团结进取的良好氛围。2008年公司被全国交通企业管理协会授予“全国交通企业文化建设优秀单位”荣誉称号，被省委组织部、国资委授予“全省国有企业创建四好班子先进集体”荣誉称号。

生产经营全面推进

客运。围绕集团提出的“建立控股经营、公司化经营为主的客运公司”工作重点，积极推行客运班线股份制经营，全面提高客运盈利能力和可持续发展能力。摸索出一套科学合理的企业、经营者、驾驶员共同参股的经营管理模式，完成了20部客车的参股经营，使客运公司化改革迈出了实质性的步伐。为持续壮大客运规模，公司紧紧抓住“班线资源”这一关键，积极整合社会班线资源，大力开辟新班线，加快车辆更新步伐，择机启用旅游汽车分公司机制，加快旅游客运发展。全年共新增客车25部，更新客车30部，客车总数达到499部。

货运。通过抢抓治超带来的车辆更新机遇，全年发展货车488部，货车总数达到2698部。其中，危货车124部，有效促进了货运规模的壮大，车型结构也得到进一步优化。年初冰雪灾害爆发之后，千方百计组织货源。春节前后的一个多月中，为安化集团抢运煤炭3万余吨；“5·12”大地震发生后，积极组织，周密部署，克服燃油供应和垫付资金等诸多困难，圆满完成了市政府下达的赴川应急运输保障任务。一年来，公司公路处、铁路处两个处室的所有业务人员全部深入市场，狠抓煤炭货源，拓展非煤货源，有效应对了市场变化，全年完成组货量33.6万吨。

站场建设和经营。今年以来，公司持续

加大外县站场投入，选派年富力强的经营管理人员，充实调整分公司班子，使外县站场环境、管理质量得到了全面改善。在此基础上，公司重点在营造良好的外部经营环境上下工夫，加强与当地交通运管、城建公交等部门的联系沟通，积极寻求与各县运输经营者的合作，密切关注农村客运、城乡公交的改革动向，择机推进客货运输、汽修、旅游等业务的拓展，不断提高外县站场综合经济效益。公司所属站场全年完成营业收入12563万元。

物流基地建设。晋运物流园区作为公司退市进郊、产业布局调整的关键工程，公司董事会高度重视，抓住国家加大对服务业投资、刺激拉动内需的良好机遇，积极申请省、市政府的优惠扶持政策。为切实抓好物流园区建设，公司成立了物流园区建设项目领导组，通盘考虑现代物流站场应具备的综合功能，调整完善设计方案，力争把物流园区建成功能完善、布局合理的现代物流基地。为确保物流建设工程质量，加快工程进度，聘请热心关注公司长远发展、甘愿发挥余热的老领导负责施工监督，使地基注浆工程克服了重重困难，主体建设工程如期开工。

汽修产业发展。公司认真贯彻集团"建立4S店为中心的维修基地"的指导方针，继续坚持"外联内延"双向互动的发展策略，坚持特约化、专业化发展方向，加强与知名汽车厂家合作，以整车销售为龙头，带动维修、配件销售全面发展。上半年，抓住了治超带来的短暂商机。下半年，瞄准节能减排新导向，率先尝试新型燃气车辆的市场推广。全年整车销售共完成1241台，其中重型大卡1100台，微型车141台，新型燃气货车10台，整个汽修产业共完成营业收入22 927万元。

驾校发展。一年来，认真贯彻集团关于构建综合培训基地的要求，顺应国家鼓励发展职业技能培训的新形势，确立"巩固驾培主业，拓展新业务，多元化发展"的发展思路，在规范内部管理，提高师资素质，提升品牌形象的同时，大力拓展汽车维修培训和从业资格证培训业务。全年共培训结业学员1289名，从业资格证培训、换证业务10 452名，维修班新招收学生60名，下岗职工和农村剩余劳动力再就业培训300名，不仅取得了较好的经济效益，而且发展潜力明显增强。

土地资本运作。近年来，按照集团公司"土地保值增值"和"土地总量不减"的总体要求，始终秉持"主业发展，站场先行"的指导方针，积极实施土地资本运作，多方筹措建设资金，加快推进站场建设。与晋城市最大的煤层气供应商晋煤集团铭石新能源公司达成协议，联合组建"铭安"公司，筹建煤层气压缩母站和加气站，双方总投资5000万元，公司以26亩土地参股，不仅确保了土地价值最大化，而且有效缓解了投资压力，为抢抓煤层气市场先机，推进节能减排创造了有利条件。与阳城县政府达成了置换35亩土地用于新站建设的协议，并争取到了县政府的资金扶持和一系列优惠政策，使阳城分公司的可持续发展得到了保障。

辅业发展。天泽旅行社面对激烈的市场竞争，坚持诚信经营、优质服务，采取多种方式挖掘客源，圆满完成公司下达的各项任务指标。物供处积极应对燃料供应不稳定、价格波动大的困难，强化危机意识和责任意识，规范采、供、销管理，在抢运电煤、抗震救灾中，发挥了应有的供应保障作用。广告部作为公司新拓展的经营项目，不等不靠，积极深入市场联系业务，当年就取得了较好的经济效益。宾馆主动适应市场变化，以服务谋发展，狠抓节支增效，保持了稳定的发展态势。卫生院以便民、惠民为宗旨，服务水平明显提高。

（责编　张岐山）

山西省长治汽车运输有限责任公司

□ 马瑞峰　刘海存　李晋生

2008 年，在集团的正确领导与大力支持下，公司领导班子认真学习实践科学发展观，紧紧团结带领全体干部职工，内强素质、外树形象，抓住机遇，乘势而上，秉承“传承、发展、创新、跨越”工作理念，围绕集团“七项重点工作”总体要求，以“三个根本性提高”为总目标，按照唯精、唯新、唯诚、唯实、唯能、唯绩的工作方针，坚持鼓实劲，办实事，求实效的“三实”原则，紧盯全年目标任务，聚精会神抓经营，一心一意谋发展，开拓进取，扎实工作，经营机制有了新变化，经营业绩有了新提高，经营规模有了新拓展，经营环境有了新改善，整体工作有了新进步。

全年完成营运收入 39 972 万元，为计划 133.24%；利税 1412.75 万元，较 2007 年增长 10.48%；利润 101.32 万元，为计划 112.58%；换算周转量 66 202 万吨公里，为计划 110.34%；新增车辆 258 部，净增车辆 157 部；职工收入平均增长 10% 以上；安全管理达到指标要求。公司被集团评为“先进单位”和“安全生产优秀单位”，被全国道协评为全国交通百强企业第 67 位，被省国资委授予“省属企业文明单位”荣誉称号。

新旧班子顺利交接
企业工作稳步推进

5 月，根据集团统一安排和工作需要，公司按照德才兼备，注重实绩，结构合理，新老结合的原则，对领导班子进行了换届。此次换届，调整幅度较大，涉及面较广，公司董事会、党委会、经理层、纪委、工会主要领导都做了相应调整。同时有三位新同志进入领导班子，为企业注入了新鲜血液。新班子组成后，跑步上岗、边交接边上岗、边学习边上岗、边协调边上岗，实现了纵向无缝连接，横向步调一致；实现了新旧班子顺利交接、和谐交接、转型交接、科学交接，保证了公司各项工作持续稳步推进。新班子继续发扬上届班子“精诚团结，猛抓落实，处事低调，干事创业”的好传统、好作风，继续遵循“六唯”工作方针，按照“三步走”发展战略要求，相互支持，相互尊重，各负其责，加强沟通，共促发展。

*明确发展方向。*经过深入细致反复的调查研究，结合实际，公司董事会出台了《企业工作思路和要求》，并作为当前和今后一段时期的钢领性文件，全面阐述了公司的发展战略、经营理念、工作思路和价值取向，对全体员工特别是对各级管理人员就职业道德、职能、职责、作风建设、自身修养等各个方面提出新的更高的要求，成为公司各项工作的行动指南。

*明确工作重点。*按照“突出重点、兼顾一般，特事特办，急事先办”的原则，确立了对事关企业发展战略，事关企业重大利益，事关群众切身利益，事关社会安全稳定的五项重点工作。即：全面完成 2008 年目标责任，物流汽贸工业园区建设，长子壶关武乡汽车站建设，集中供热工程，安全稳定工作，进行

重点安排、跟踪检查、责任到人、确保落实。

找准工作方法。2008年,公司的主要工作方法是始终坚持全年目标任务不变,这是"铁";始终坚持经营业绩考核、兑现和财务审计监督两种管理手段并用;始终坚持相信群众、发动群众、依靠群众,并最大限度地调动职工群众的积极性信念不动摇;始终坚持分工明确、责任到人,"放心、放手、放胆"的工作原则不放松,这是"钢";并在年终的关键时刻,组织了一场"决战六十天,确保任务完"的生产经营大会战。在各级领导的大力支持下,各单位各部门同力协作,上下一心,力克困难,顽强拼搏,按期按时,保质保量地圆满完成了全年的目标任务。

客运经营日趋完善
品牌效益逐渐凸现

客运公司是公司最大的经济实体。从上个世纪90年代中后期开始,一直在公司占据主导地位,上缴资金占用费稳居第一,在公司的生产经营格局中始终占有举足轻重的地位。长期以来,客运公司主要以扩张规模,开辟新线,收取费用等粗放型经营为主。随着制度完善,竞争加剧,市场饱和,客运公司的外延式发展之路愈走愈难、愈走愈窄,发展空间愈来愈小。为此,客运公司解放思想、转变观念,对外联合,对内挖潜,积极探索内涵式发展、公司化经营和股份制改造,各项工作在艰难中不断推进。2008年新开线路上车的有:长治至大连2台、长治至呼市1台、长治至日照1台;更新长治至林州6台、长治至德州1台、襄垣至林州1台。审批中的线路有:长治至杭州、长治至兰州、长治至蟠龙、长治至平头、长治至南通、长治至银川、侯堡至林州。审批完毕的有:长治至榆林。收购了屯留至长治公交线路,成功地迈开了公司化经营的新步伐,为以后大力推进客车股份制改造,实行公司化经营开辟了一条新路。汶川地震之后,客运分公司承担了该县映秀镇漩口中学师生来我市"长安慈善学校"异地复学的接送任务。共投入客车22部,圆满完成了此次接送任务,在赢得社会广泛赞誉的同时,充分体现了国有企业能集中力量办大事,关键时刻显身手,体现了其它运输组织不可比拟的战斗力、突击力和保障力,树立了企业形象,强化了品牌认可度。2008年,客运公司全年上缴公司资金占用费400万元,占到公司总额32.92%。

汽贸园区整体竣工
形象基地已经形成

南垂物流汽贸园区前身为公司货运停车场,占地近100亩,场地资源丰富,交通十分便捷,曾为公司的发展做出过巨大的贡献。随着时间的推移,体制的变迁,货运场逐渐变得土地闲置,厂房破旧,效益低下,资源浪费。从2006年起,公司董事会决定盘活闲置资源,加快企业发展,扩大经营规模,拓宽经营领域,充分利用货运场的现有条件和优势,进行整体改造,建设物流汽贸工业园区。经过近3年的开发建设,投资2000多万元,一个集物流配送、驾校培训、整车销售、配件维修于一体的多功能现代化物流汽贸工业园区初现端倪,初具雏形,初见成效。2008年,园区共驻有物流公司、驾校、思驰公司、乾顺公司4个经济实体,年上缴公司资占费357万元,占到公司总额的29.38%,分别较2006年和2007年增长了123%和37.3%,成为公司的靓点工程、形象工程、效益工程、发展工程。

物流公司在发展货源基地、物流升级上大作文章,积极融资发展车辆,充分利用陕汽长治地区代理商经营资质,开拓市场,引进物流新理念,拓展发展新渠道,加快企业由传统货运向现代物流业转型。经过艰苦努力,于年内跻身为长治市物流园区筹建领导组副组长单位,并实质性地开始参与规划研究建设工作。之后,圆满地承接了海尔等企业在晋东南地区的物流配送工作,并先后启动了公司的小件快运和铁发公司的正常运作。

一汽服务站转变发展方式,瞄准市场创

新发展。年初,公司董事会经过分析和调研后,与深圳比亚迪股份公司友好协商,建立了长运乾顺比亚迪4S店,成为该公司在山西长治市一级代理,并经过近两个月的紧张筹备建设,投资827万元兴建了一个规模较大、规格较高、环境优美、功能齐全、设施完善的现代化综合性4S店,并于8月20日隆重开业,标志着长运公司单纯经营大型车辆的历史画上句号,开创了轿车销售、维修的先河,成为公司的又一个新的经济增长点。至年底,比亚迪轿车销售顺利突破"百台"大关。

重汽服务站以新建4S展厅为基地,成功取得"4S"代理商经营资质,强化了整车销售、配件销售、维修及售后服务"四位一体"连锁经营,建立营销服务网络,提升品牌经营理念,开辟了以销促修、以修带销的维修业发展新领域。

驾驶学校坚持科学训练,狠抓教学质量,严格校风校纪,在全市驾校质量信誉考核中排名第二,被评为全省百家诚信企业。全年实现招生2100人,取得了良好的经济效益和社会效益。

站场建设如火如荼 区域经济逐年攀升

加快站场建设,促进区域经济发展是公司的重大战略部署。2008年,公司积极抓开发促主业,站场建设如火如荼,为区域经济发展奠定了坚实的基础。公司董事会提出长子、壶关、武乡三个汽车站要实现当年开工、当年投入使用。为此,分管领导多次现场办公,责任到人,明确工期,确保质量,采用倒计时方式,每周上报工程进度等措施,确保了三站建设的顺利进行。

一手抓开发建设,一手抓生产经营,两手都要硬,两手都不放松,使站场的新建又为区域经济的发展增加了新的亮点。年底,外县分公司共有客车181辆,货车345辆,占公司车辆总数的50.9%。当年上缴公司资占费332万元,占到公司总额的27.33%,较2007年增长10%。经营规模不断拓展,经济效益逐年攀升。沁县公司各项工作继续走在外县分公司发展前列,稳居区域经济龙头老大地位。除沁源公司外、其余各公司均全面完成目标任务;各公司在继续巩固、发展跨县、市线路外,积极发展县域客运、农村客运,逐步形成长短途客运、农村客运网络化经营格局;积极组织货源,增加货运收入,沁县分公司与留神煤业公司、山西通州煤焦有限公司,潞城分公司与长宁钢铁有限公司都相继建立了稳定的业务关系;公司充分利用站场建设有利平台,先后发展了维修业、小件快运等相关产业和第三产业。

集中供热如期实现 职工家属温暖过冬

多年来,公司供热设备严重老化,能源消耗居高不下。2007年采暖成本高达215.8万余元,企业补贴达百万元以上。2008年,公司针对采暖效果逐年下降,室内温度普遍偏低,影响住户取暖,职工家属反响较大等问题,确定"集中供热"方案,并列入公司年度"五件大事"之一。3月,采暖期结束时,公司立即与市城建局集中供热公司联系,申请集中供热,签订了《集中供热系统安装协议》、《集中供热协议》,并迅速进入施工阶段。之后,由于受市文明城市检查验收的影响,虽然工程延期近两个月,直至10月才开始复工。为弥补拖延的工程任务,确保工程进度,施工人员团结协作,昼夜奋战,不到一个月时间就完成了主管网的安装、试压、启动,确保了职工及家属生活区温暖过冬。

组织安排生产决战 确保全年任务完成

2008年是公司充满激情、充满希望、充满挑战的一年,也是充满坎坷、充满艰辛的一年。年初,由于受南方冰冻雨雪灾害、奥运期间煤矿等资源性企业关停限产,客运线路停止审批,燃油费忽高忽低,运价变化难以预测和掌控等各种因素，公司的客票收入，运费收入、销售维修收入和车辆管理费收入都受到严重影响。到第三季度，公司22个经营实体中，就有11个单位不同程度地存在着亏损现象。面对困难，公司不消极观望，不怨天忧人，而是自找理由，自我减负，明确提出了“目标不变，任务不减，决战六十天、确保任务完”的响亮口号。10月29日，公司专门召开动员大会。会上，从上交指标、考核兑现、干部使用、单车欠费、安全工作、适应市场、生产要上来干部要下去、勤俭节约、转变机关作风等9个方面进行了安排和部署，要求大家要树立“长运是我家，发展靠大家”的理念。至此，公司从机关到基层、从领导到员工，迅速掀起了集中精力打好歼灭战，打好攻坚战的热潮。经过两个月的艰辛努力，不仅达到了预期效果，保证了全年目标任务的圆满完成，而且统一了思想，锻炼了队伍，增强了信心，鼓舞了斗志，为2009年工作奠定了良好的基础。

安全生产常抓不懈 确保企业平稳发展

公司坚持“安全第一，预防为主，综合治理”工作方针，用科学发展观统领安全生产工作，积极探索安全管理工作的新思路、新方法，周密部署，严格检查，确保了“春运”、“五一”、“十一”等客运高峰期的安全生产工作正常运转。为了杜绝道路运输群死、群伤等重特大事故，提出了“货车见了客车让，客车见了货车躲”的安全工作理念，加强宣传，责任到人，落实到位。特别是朔州公司“6·3”事故发生后，公司一方面立即召开专题会议通报事故情况，并迅速传达贯彻落实领导讲话精神，将安全工作作为首要工作和行善积德的事情去抓，牢固树立“安全是企业生命线”和“安全为天”的思想，牢记教训，开展了一系列行之有效的工作，防患未然，防微杜渐，保障安全。

奥运期间，公司组织安全、机务管理人员培训班，共有120余人进行了为期两天的脱岗学习和结业考试；机务部门设计印发了375份“旅客安全温馨提示卡”；公司还按照集团统一安排，全面开展了“反三违、迎奥运、查隐患、保安全”百日安全生产大整顿活动，汲取事故教训，确保安全生产；公司车辆中心充分利用信息网络，进一步加大了GPS车辆监控工作管理力度，有力地确保了“奥运”等特殊时期安全工作的安全、顺畅、有序进行。

基础管理与时俱进 各项工作和谐发展

基础管理是企业综合能力的具体体现。为更好地贯彻目标责任要求，公司印发了《长治公司二〇〇八年目标责任制度汇编》，为掌握各实体单位经营目标，进行预测、管理、考核、监督等提供了科学的依据。修订完善了《经营业绩考核暂行办法》、《机关处室工作绩效考核暂行办法》、《机关处室量化考核评分标准》、《机关处室量化考核评分表》，严格执行“月考核、季兑现”制度，奖优惩劣，极大地促进了各项工作和生产经营的按时、保质、保量完成。在财务管理方面，公司制订并转换新会计科目，制定了《内部财务管理制度》、《内部控制制度》，全面提升了财务管理水平。审计处按照公司月考核、季兑现的要求，深入基层，严格审计，上为公司把关，下为基层服务，敢于发现问题，善于提出建议，对提高会计基础工作质量，提高会计人员业务素质起到了积极的推动作用。法律顾问处及时处理法律诉讼案件，对外“取经”，对内培训，讲解道路交通事故适用法律、法规、司法程序，开展庭前调解，起到了为企业依法经营，当好顾问，当好参谋的积极作用。

公司以文明班线创建活动为契机，将行风评议、旅客意见、投诉监督和对服务质量的综合考核评分情况结合起来，提炼企业文化，创新服务理念，将服务型满意型工作标准要求融入到实际工作的方方面面，提高了企业信誉度和美誉度，打造了企业品牌和外在形象。为保证各项工作按时、有序、有效开展，公司还于10月成立了督查办公室，设立董事长信箱，对各项工作的执行和完成情况进行严格的监控和督促，全面行使了特有的管理和监督效能。

党建工作有声有色 企业文化可圈可点

公司始终坚持“两手抓、两手都要硬”的工作方针，抓经营促党建，抓党建促发展。一是于10月21日，公司根据集团公司安排，成功召开第二次党代会，选出了公司新一届党委委员、纪委委员，确立了党委、纪委今后一个时期的工作任务、方法步骤和具体要求，企业上下形成了风正气顺，心齐劲足的良好局面。二是党委制定了《关于创建学习型机关的决定》，规定每周一为学习日，学习内容、形式自定。同时，组织广大党员、职工进行理论学习，努力做到理论与实际、学习与运用、学习与行动相统一。继续巩固和完善周四中心组学习制度，学政治、学业务，坚持“人人当老师，人人当学生”的学习方法，丰富内容，不拘形式，注重效果。三是把反腐倡廉教育纳入干部教育培训规划，同领导干部培养、选拔、管理、使用等结合起来，加强对党员干部特别是领导干部的理想信念、党风党纪、廉洁从政和艰苦奋斗教育。严格执行《国有企业领导人员廉洁从业若干规定（试行）》，做到“七个不准”，增强广大干部拒腐防变自觉性。四是全力支持和推进企业文化和精神文明建设。为丰富职工业余文化生活，公司举办了“庆三八联欢晚会”。为350多名女职工进行了专项体检，为女工办理了特病保险。举办了“庆五一”职工羽毛球比赛，组织公司威风锣鼓队参加了长治市总工会组织的“五一”职工游园活动，并在长治市第二届职工趣味体育运动会上荣获优秀组织奖。举办了“庆奥运、迎国庆”职工乒乓球比赛，展示了职工风貌，增强了企业凝聚力。五是重视老干部工作，关心离退休职工生活。通过定期走访、电话问候、生病探视、重大会议参与来体现关心、支持。重阳节期间，组织老干部、老同志实地参观公司物流工贸园区、外县场站建设以及比亚迪4S店开业仪式等，组织到平遥、乔家大院进行旅游，还对离休干部和建国前参加工作人员按政策分步落实增资待遇，使他们充分了解企业发展，充分感受到长运的巨大变化。

（责编　张岐山）

山西省阳泉汽车运输有限责任公司

□ 牛天长　王立魁　张世明

2008年是公司各项工作有序推进，实现又好又快发展的一年。一年来，公司在集团的正确领导和大力支持下，以实现“三个根本性提高”为总目标，全面落实集团公司“七项重点工作”总体规划，紧紧围绕公司年初制定的各项任务指标，狠抓“客运、货运、站场、物流、维修、商贸”六大经营板块，积极引深产业结构转型，大力开展“三增三创”活动（即：增加主业经营收入、创质量效益型企业；增加职工收入，创和谐稳定企业；增加企业知名度，创企业服务品牌），各项工作稳步推进，企业效益明显提高，“三年三大步”目标顺利实现。

公司全年完成营业收入8064万元，为计划的100.8%；换算周转量2.5亿吨公里，为计划的100.03%；利润52.3万元，为计划的104.7%；安全工作平稳推进，未发生重特大责任事故和环境破坏事故；在岗职工工资增幅12%以上；党建工作、企业文化、精神文明建设、工会、妇女、共青团、企务公开、计划生育、综合治理、低保等工作卓有成效，公司被阳泉市市委、市政府授予“文明单位”荣誉称号。

认真学习实践科学发展观
全力推进“四好”班子建设

一年来，公司以创建“四好”班子为契机，在思想建设、能力建设、作风建设、制度建设上定措施、抓落实，并取得了显著成绩。一是把锤炼政治素质作为思想建设的核心。始终坚持中心组学习制度，举办多起领导干部专题研讨班，特别是把学习党的十七大精神和贯彻科学发展观作为学习的中心内容，公司领导通过参加上级举办的学习班和邀请专家讲课等多种形式，全面系统地学习掌握十七大报告精神。在学习的同时，通过相互交流，写出学习心得，用所学的知识武装领导班子成员的头脑，极大地提高领导的思想政治水平。二是把提升经营业绩作为能力建设的重点。公司领导班子成员自主创新和勇于实践的责任感、使命感不断增强，班子成员以干好本职工作为中心，不断充实相关知识，积极在企业主业的发展上想办法、谋思路。富百家购物广场的顺利开业、左权汽车站的有效运作都是领导班子创新工作的重大举措，在资本的成功运作方面得到了集团领导的肯定。三是把塑造良好形象作为作风建设的重要内容。公司领导班子坚持“以人为本”、“关注民生”为根本宗旨，全心全意依靠职工群众办企业。在企业相对困难的情况下，竭尽所能，逐步解决了历史遗留问题，完善了职工养老保险、基本医疗保险和大病统筹机制，以及优先保障老干部和老职工待遇制度。10月，公司为在岗职工增长工资，机关人员平均增长14.4%。这些举措，充分体现了公司领导班子是一个务实的班子。四是把促进团结协作作为制度建设的根本，公司始终坚持董事会决策原则，注重发挥集体的智慧，努力促进决策的民主化、科学化，有效地杜绝了决策的盲目性和随意性，使班子成员以及广大干部群众的意愿主张都能得到充分表达，积极性和创造性都能得到充分发挥。做到了相互提醒、相互支持、相互沟通，做到了大事讲原则、小事讲理解，促使领导班子真正成为推动公司发展的坚强核心。

提升客运经营管理水平 客运赢利能力明显提高

客运经营是公司的核心产业。2008 年，随着运输市场的不断规范和日趋成熟，竞争手段和竞争方式越来越科学化和多样化，公司按照年初制定的客运发展思路，紧紧围绕客运经营"站、车、线"三个要素，进一步规范和提升客运经营管理水平，推动公司客运经营较快增长。

客运收入明显增长。面对外部激烈的客运市场和公司的客运现状，公司领导深入实体，现场调研，继续加大各所属车站开展集中售票的力度，全面推动了各车站以主业发展带动多种延伸产业的整体赢利水平的提高。左权汽车站克服了建站和经营相冲突的难题，在集中售票、规范经营、强化站务管理方面创新思路，有效地避免了因冲突带来的不利局面，客运收入再创历史新高。盂县汽车站在场站设施不完善的条件下，克服困难积极在客运车辆的发展上寻求突破，成为公司内部唯一拥有上百部车辆的经济实体。其它各站也通过规范开展集中售票工作在客运收入上有了不同程度的提高，确保了公司全年客运任务指标的完成。公司全年完成客运收入 3220 万元，为年计划的 116.4%，与去年相比提高了 32.1%。

客运车辆的档次和技术等级大幅提高。针对阳泉地区客运车辆趋于饱和的实际，公司利用集团的客运资质和自身的客运网络优势，确立了"抓两头、带中间"的发展思路。在长运距、高档车的发展上及时完成了北京线路车辆的更新工作，在阳泉地区走在了前面，从而使公司的车辆技术等级和档次有了明显的改观。目前，公司已有大型高一级和中型高一级客车 76 部，较往年有了长足的发展。与此同时，公司在农村客运的发展上也有了新的突破。继集团昔阳农村客运工作现场会后，昔阳汽车站的农村客运工作发生了新的变化，通过实施局部站运分离试点改造，进一步调动了分公司吸纳和发展车辆的积极性。2008 年，昔阳分公司率先完成了对长鹿客运中心的整合，吸纳客车 9 部，不仅为公司向外扩张积累了宝贵的经验。也为公司开辟了向外扩张的先河。

站场服务功能明显提升，企业知名度进一步提高。根据集团"关于开展'迎奥运盛会、讲文明礼仪、树行业新风、展企业风采'活动"和"关于迅速开展'反三违、迎奥运、查隐患、保安全'百日安全生产大整顿的紧急通知"，公司总经理带领职能部门负责人多次深入各汽车站现场办公，按照集团和公司要求对站务进一步规范，对安全隐患进一步排查，各汽车站的硬件设施和站务人员的工作水平均有了显著提高，企业形象进一步得到提升，社会效益与经济效益取得了可喜的成绩。一是通过土地资本运作的方式，解决站场建设与改造资金，盘活了站场资源。左权汽车站经过资本的成功运作建起了一个多功能、高档次的客运汽车站，并在年底投入运营。在全省文明线路创建活动中，公司将阳泉至太原和盂县至阳泉作为文明线路，推动了公司文明线路创建活动的开展。公司客运系统在"春节"、"五一"、"十一"黄金周以及奥运会召开期间，司乘人员以规范、文明、优质的服务赢得了社会的广泛好评。出租分公司利用品牌优势组建了"雷锋车队"，坚持每年"高考"期间免费接送考生活动，受到新闻媒体和社会各界的广泛关注，极大地提升了公司的客运服务品牌。

积极探索货运发展新方式 努力实现货运经营大转型

面对燃油税费改革给企业造成的严重影

响，公司领导不畏艰难，迎难而上，积极采取一系列应对措施，较好地破解了经营中存在的问题。结合集团6月26日至28日在长治公司召开的集团系统物流工作会议精神，公司于7月1日召开了物流工作会议，重点提出了“下大力搞好传统货运向现代物流业转型”的思路和“加快落实以货促运、以运促车、以车促效的实施步伐”的举措。从而拉开了实现货运经营大转型的序幕。9月18日，公司启动汽车消费贷款业务，为发展货运车辆搭建了又一平台。10月，公司与榆社华能电厂签定的日运输1500吨煤炭货源业务，为货运发展方式的转型开辟了新的途径，使公司货运经营由过去的挂靠经营发展方式迈向以货源代理为核心的经营发展方式。虽然公司货运经营收益不大，但发展方式的转变为今后公司货运经营实现战略性转型奠定了坚实的基础。

面对现实拓展业务
保持维修业稳步发展

近年来，公司维修业的发展受设备陈旧、人才短缺等影响，直接导致业务量减少和难以维持生存。面对现状，分公司领导和干部职工不气馁、不放弃，而是选择走艰难发展之路，努力寻求突破，积极拓展业务，以诚恳的工作态度和热忱的服务赢得客户信任，先后与河坡电厂、上社煤矿等单位车队联系并签订维修业务合同，维修业务相对稳定，职工工资得到保障，确保了全年任务指标的完成。

日益强化安全管理
确保安全工作稳步推进

公司始终把安全管理工作放在重要位置，着力构建“领导重视、机构健全、职责明晰、保障得力、监督到位”的安全管理长效机制。奥运会期间，公司成立安全工作领导组，实行了领导带班制度，派专人到北京驻站，出台了一系列的保障措施，圆满地完成了奥运安保工作，得到了有关部门的肯定。公司还结合省内群死群伤事故，多次召开安委扩大会，汲取教训，举一反三，细化安全措施，部署安全工作，深入一线逐一排查安全隐患，做到了不放过任何一个可疑的环节。不断完善和健全各项安全组织机构和安全管理制度，层层签订安全生产责任书，狠抓“双基”管理和“两个”源头，严格对驾驶员的培训考核和审验工作，按照统一管理、统一险种、统一险额的原则，完善了车辆的保险管理制度，对国家与政府部门要求的强制性险种做到了不漏保一人一车。继续加大安全统筹金和互助金的收取力度，努力降低了企业经营风险和排除风险的能力。推广运用GPS和行车记录仪，切实强化了车辆运行的监管，从而推动了公司安全管理工作逐步迈上正规化、规范化、制度化管理轨道。

不断完善内部管理
为企业发展提供保证

一是公司坚持把财务管理工作作为企业管理的中心工作来抓，继续全面推行会计委派制，推动各级财务管理的规范化、制度化，极大地发挥了财务部门的参谋作用和服务职能。二是坚持每月一次的经营指标兑现制度，极大了调动了各经营实体的完成上缴指标的积极性，较好解决了过去考核兑现不及时带来的弊端。三是从抓劳动纪律入手，改善机关工作人员的工作作风。7月4日，公司召开了整顿工作纪律大会，提出了五个方面的要求，而且制定了相应惩罚措施，保证了机关工作人员的正常工作秩序。四是加强了对各经营实体业务招待费、办公费、业务费、其它费等费用的效能监察，使公司各级管理费用有所下降，效果令人满意。

积极推进党建工作
促进企业和谐发展

10月16日，公司在集团的指导和支持下，胜利召开第四次党代会。会议回顾总结了6年来的党建工作，选举产生了新一届党的委员和纪委委员，大会的召开对推动公司今后党建工作的顺利开展起到了重要作用。一是通过组织党员干部特别是领导干部认真学习党的十七大精神，积极开展学习实践科学发展观活动。使广大党员干部进一步明确了党建工作的指导思想、工作目标和主要任务，增强了做好党建工作的责任感、紧迫感和使命感。二是不断加强党员队伍建设和新党员的培养和吸纳工作。公司党委坚持开展了一年一度的党员民主评议活动和各项支部建设工作要求，不断加强党员队伍建设，注重培养和发展新党员。四川汶川发生特大地震后，公司广大党员干部踊跃捐款和交纳特殊党费共计32 030元，彰显了广大党员干部的精神风貌。三是进一步加强党风廉政建设和反腐败斗争工作。公司党委坚持“以严治党、从严治企”的方针，标本兼治，综合治理，从制度上堵塞漏洞，从源头上杜绝腐败，紧紧围绕企业发展和生产经营，以落实党风廉政建设为基础，以效能监察为重点开展工作。通过签定《党风廉政建设目标责任书》，和编发每月一期的《警示教育》，以及利用信息网络大平台为党员干部发送“廉政短信”，进一步增强了党员干部的党纪、廉洁意识，营造了共同反腐倡廉的良好氛围。四是切实做好信访稳定工作和奥运会、残奥会的安保工作。针对职工群众反映的热点难点问题，按照“谁主管，谁负责”的原则，及时妥善处理和解决，积极化解矛盾，制定了各种预案措施，确保了企业的稳定与和谐发展。

（责编　张岐山）

山西省汾阳汽车运输有限责任公司

□ 武建军　王小明

2008年,是公司积极推进企业改革,加快扭亏解困的一年。公司在集团的正确领导和大力支持下,紧紧围绕集团总体改革发展思路,结合企业实际,认真贯彻落实科学发展观,坚持以建设吕梁具有竞争力的道路运输企业为发展战略,一手抓企业改革,一手抓生产经营,各项工作取得了新的进展,为推进公司关闭破产和资产重组创造了较为宽松的环境。

企业改革取得实质性进展

2008年,公司董事会确定了“一手抓企业改革,一手抓生产经营”的工作思路,继续贯彻落实省政府国企改革33号文件精神,按照集团《全面推进企业改革实施方案》,依据相关政策和操作程序,结合公司列入全省国企破产重组企业的实际,在做到确保国有资产不流失,职工合法权益不受侵害的前提下,积极推进公司关闭破产和重组工作。在公司《关闭破产预案》于2007年9月14日报请省国企改革领导组办公室批复立项的基础上,坚持以人为本,从职工最关心、最直接、最现实的利益出发,用足省国企改革相关政策,多次编制、修订公司《职工安置方案》,报请集团、省国资委、省劳动和社会保障厅论证审核,最大限度地争取政策支持,维护职工的合法权益。公司采取多种宣传方式,将《职工安置方案》下发到基层各单位进行讨论。广泛征求职工的建议和意见,使各项安置办法和安置费用让每个职工明白、理解、弄通弄懂。下半年,公司根据职工反映的建议和意见,再次对职工安置费用进行重新测算,使方案更趋合理、更趋完善。同时,公司为积极筹备召开职代会,为职代会进行审议做了大量的工作。虽然职代会未审议通过《职工安置方案》,但是,企业破产重组工作仍在有条不紊地进行运作。

在推进公司关闭破产的同时,公司还根据集团重组思路,着力构建吕梁区域性道路运输、站场经营网络。力争通过破产重组,解决好企业历史遗留问题和职工安置补偿及分流安置问题,努力安置大多数员工再就业,让新企业轻装上阵,再创新业。

全力完成汶川抗震救灾运输任务

5月12日,四川汶川8.0级特大地震灾害发生后,公司立即启动应急预案。13日至15日,紧急调集公司内部和社会客车196车次,疏运川籍返乡民工近万人。5月28日,接到吕梁市政府、市交通局紧急抢运吕梁对口都江堰蒲阳镇互助村援建过渡性安置房突击运输任务的指令后,紧急启动应急预案,调集公司战略物资运输保障车队20部车辆,组成首批抢运突击队,参加了首批援川建房物资运输任务。在抢运援川建房物资时间紧,任务重的情况下,公司抓时间,抢速度,紧急动员,从各货车队调集适用车型参加突击抢运工作。在抢运最紧张时期,一天就安排3个批次车辆装车赶赴灾区。各货车队和机关处室人员主动请求参加运送援川建房物资运输。参运人员克服天气炎热，山高路险，余震不断等困难，渴了喝口矿泉水，饿了吃包方便面，人歇车不停，昼夜行车，谨慎驾驶，安全行车，以最短的时间将援川建房物资及时运送到了灾区人民群众手中。从5月28日开始至7月10日，历时43天，先后调集车辆135辆，31批次，420辆次，共抢运吕梁市对口援川活动板房及其它物资3300套，未发生任何损坏、丢失以及不安全事故，为吕梁市提前完成对口援川建房任务做出了突出的贡献。公司被吕梁市推荐为"省交通厅抗震救灾物资运输先进集体"，公司副总经理白碧峰荣获"吕梁市援川建房先进工作者"称号。

以发展为主线稳定生产经营秩序

围绕集团"七项重点工作"发展目标，公司针对实施破产重组、经营规模小、市场占有力低、主业竞争力弱等实际，重点对主业发展布局和结构进行调整，着力提高了公司客货运输主业的竞争能力。

站场经营网络实力稳步提高。公司发挥吕梁区域客运站场经营网络优势，结合集团提出的"迎奥运盛会，讲文明礼仪，树行业新风，展企业风采"活动，针对省、市运管部门检查中对我公司所属部分汽车站经营管理中存在的问题和整改要求，扎实深入地开展了各汽车站整改活动。一是公司以强化各汽车站站场服务功能，提升文明优质服务水平，树立各汽车站城市"窗口"形象为目标，制订下发了整改实施方案。二是同各分公司、汽车站行政一把手签订了整改落实工作责任书。整改中公司领导组成员深入各汽车站进行了督促检查，并于9月25日在离石汽车站召开了整改工作现场会，推动了整改工作各项措施落实到位。离石汽车站按照部颁一级客运站标准进行对照整改，投资100多万元对站场基础设施进行了改造，取缔候车厅内台球厅，配备了新的服务设施，安装了监控设备，改造了厕所、司乘休息室、餐厅和医务室等设施，全面提升了汽车站整体功能，基本达到一级客运站三星级汽车站标准。汾阳、孝义、介休、石楼汽车站均按照运管部门提出的整改要求，投入财力物力进行整改并全部落实到位。通过整改，各汽车站功能得到优化，站容站貌得到改观，文明优质服务水平不断提高，有效保证了奥运期间和国庆黄金周期间安全运行，为构建吕梁区域客运站场经营网络打下了基础。各汽车站进站车辆和票款营收水平稳步提高，月均收入达到700多万元。

优化客运结构，新增客运班线取得突破性进展。公司充分发挥经营管理和站场资源优势，紧紧抓住吕梁地区外来务工人员增多，拉动当地长途客运发展的机遇，把新增和更新长途客运班线列入优先发展项目。公司生产经营处、各客车队、汽车站密切配合，在运管部门严格控制审批新增客运班线的情况下，加大力度报批客运长途班线，先后申报新增客运班线55条，新增更新营运客车5部，公司经营班线已达到96条，营运客车达到168部，占到吕梁市长途客运班线数的27%，提高了公司在吕梁客运市场的占有率。此外，公司创新服务内容，打造服务品牌、文明班线创建工作初见成效，离石至太原、孝义至晋中、孝义至长治班线被市运管处验收为"文明客运班线"。

巩固货运经营规模，促进货运转型发展。公司受小煤矿关闭、治超限载、煤焦市场起伏等因素影响，致使大量货车报停、封存。为此，公司经理层深入各货车队调研，指导各车队转变经营方式，狠抓车源、货源，规范经营管理，挖潜堵漏增效，较好地稳定了货运经营形势。危货中心发挥特种运输经营管理优势，把车源基地延伸到公司所在地和周边市、县、拓宽车辆发展区域，大力发展危货运输专业车辆，车辆达到近100辆。汽车八队主动适应市场变化，建立货运物流信息网点，强化货源组织，解决车主有车无货等难题，形成了以货源带动运力、以运力促进货源的转型经营发展局面，经营车辆达到80多辆。

此外,公司驾校不断提高教学质量,筹资增加更新教练车辆,提升驾校管理等级。投资200多万元改扩建石化分公司加油站,年内已正式投入运营。

创建安全和谐企业

公司继续贯彻“安全第一,预防为主,综合治理”的方针,全面落实安全质量标准化管理,建立安全管理长效机制。一是落实周五安全例会制度,落实各级安全生产责任制和问责追究制度。二是狠抓基层、基础“双基”工作,严把车辆关、人头关、技术关和运营关,加强安全生产过程监控管理。三是结合集团开展的“反三违、查隐患、迎奥运、保安全”百日安全活动,扎实细致地开展了安全隐患排查整改工作。四是针对省、市运管部门检查中提出的个别汽车站未能严格执行“三不进站、五不出站”,“三品”检查不规范等问题,按照部颁《汽车客运站安全生产管理规范》的要求进行了整改。在整改中,公司领导和相关处室人组成安全整改检查组,对各单位安全整改和隐患排查进度进行检查,对自查自纠整改不到位的问题,提出整改意见书,签订整改责任书,限期进行整改,有效地提升了各单位安全质量标准化管理水平。离石分公司汇编了《离石分公司规章制度》,对站前广场、站内发车场秩序进行了大整顿,对站内实行了封闭式管理。采取微机管理手段,规范经营车辆安检管理,从源头上排除了各种隐患。汾阳、介休汽车站在运管部门的支持下,配备安装安检仪,规范了“三品,,检查管理。各汽车站严格控制不售超员票,联合当地公安交警、运管部门设立出站检查室,确保超载车辆不出站。危货中心建立规范的危货运输安全管理制度,落实到每部单车和每个驾驶人员。结合安全隐患排查和整改工作,公司进一步加强安全管理培训和安全文化创建工作,对70名安管人员和车辆安检人员进行了培训,促进了公司安全管理的制度化和规范化建设,确保了全年尤其是奥运会期间、国庆黄金周等重要日期的安全运行。公司全年未发生责任行车事故及危险化学品运输车辆发生环境严重污染的道路运输事故。

公司加强机务技术管理和节能减排工作,规范了新增车辆审批制度,加大了对停驶、封存车辆的管理,严格维修检验和各汽车站例检制度,在营运客车和危货车辆上推广应用GPS定位系统和行车记录仪。年内,还在运管部门的大力支持下,建立了企业三级GPS监控中心,充分发挥了科技在企业安全管理中的作用。

挖潜堵漏规范经营管理

为确保国有资产不流失,规范各单位财务管理,公司把年度经营业绩责任制和规范财务管理作为重点进行落实,当作扭亏减亏的基础工程来抓。为确保公司年度经营业绩指标的全面完成和为企业改革创造较为宽松的经营环境,公司专门成立了考核领导组,层层按月落实并进行考核兑现,保证了各单位上交指标按进度上交。同时,建立了总经理每周办公例会制度,通报上周经营管理运行情况,安排本周重点工作,并明确责任人进行落实。上述经营机制的建立,确保了生产经营秩序的稳定。

在强化财务管理上,对各单位全面实行预算管理制度,严格执行公司财务开支分级审批和联签管理制度和工资发放审批制度,严格控制非生产性开支,确保各单位上交指标足额上交,维护了公司基本稳定。以内部审计、专项审计为主体,对各单位上年度经营业绩责任书指标完成情况进行了审计,对生产经营单位行政负责人进行离任专项审计。通过审计监督管理,维护了财经纪律和公司财务管理规定,及时发现问题,堵塞漏洞。特别对基层单位存在的突出问题,提出了审计整改建议,督促各单位整改完善,确保了企业财务管理规范化运作。

在人力资源管理上,结合企业关闭破产

工作以及《职工安置方案》中涉及到的各类人员经济补偿、安置分流等问题,公司人劳部门在基础资料薄弱、政策性极强的情况下;一方面多次咨询上级部门,争取政策支持,一方面加班加点,逐人逐项进行测算,完善各类基础资料,努力在政策规定范围内,最大限度地维护职工合法权益,解决企业关闭破产中涉及职工的切身利益保障问题。至年底,《职工安置方案》编制测算工作已基本完成,为推进公司改革改制工作奠定了基础。

(责编　张岐山)

山西汽运集团忻州汽车运输有限公司

□常 彪 王 涛 张四满

2008年是公司深入实践科学发展观，不断深化改革，贯彻落实集团“七项重点工作”，走好三条路子、实现四个跨越的一年。公司在集团的正确领导和大力支持下，年度各项工作按既定目标推进，任务指标基本完成，企业继续朝着良性发展的轨道迈进。

公司全年营业收入计划8000万元，实际完成11 787万元，为计划的147%，为去年同期的249.67%；各单位上缴管理费指标520.1万元，实际完成547.6万元，为计划的105%；缴纳养老保险指标297.8万元，实际完成294.6万元，为计划的99%；利润指标50万元，实际实现53万元，为计划的106%，上交集团公司管理费30万元，为计划的100%；周转量指标30 000万吨公里，实际完成36 930万吨公里，为计划的123.1%，净资产收益率达到3.09，成本费用总额占收入比重的97.64，较上年下降1%；新增客车40辆，新增货车40部，新增固定资产51.5万元。

积极创建“四好班子”
着力培育企业品牌效应

4月中旬，公司在集团的统一领导下，完成了领导班子换届工作，建立健全了新的领导工作体系。新的领导集体在保持工作连续性的基础上，平稳过渡，促进了企业各项工作的进展。新班子成立以来，有针对性地开展“四好班子”创建活动，将其作为企业发展的先决条件加以落实。

一是，继续发扬民主决策的作风。为避免决策失误，降低经营风险，公司把开发项目、基建合同等重大事项上报董事会讨论后，提交党政联席会议审议，增加决策的透明度。严格办事程序，董事会、党委会、经理层各司其职，团结协作，大事讲原则，小事讲团结，公司的各项决议都经过充分讨论成熟后付诸实施，促进了各项工作进度。

二是，新班子更加致力于对班子成员工作作风、创新能力的培养，推行了重大事项和重点单位分管领导全面负责、个别单位实行兼职的办法。通过压担子，促使班子成员沉下去，要求领导成员每月不少于1/3的时间深入基层调研和帮助解决具体问题，增强了班子成员密切联系基层，提高解决问题的能力和技巧。

三是，继续深化和完善考评制度和责任追究制，谁分管谁负责，以目标责任书完成进度作为评价标准，督促班子成员以身作则。公司实行了督办制度。由办公室牵头，财务、审计每月对上月任务完成情况进行督办，并以工作简报形式在全公司进行通报，增加了班子成员责任意识，促进了各项工作的开展。

四是，党办牵头制定了公司全年培训计划，由涉及处室负责组织，先后开展安全生产、财务管理、公文写作、业务技能、职业操守、政治思想等方面的系统培训，进一步提高管理干部的素质。由公司职业技能培训学校和相关处室对基层管理人员、司乘人员开展了各类培训，全面提高公司从业人员的综合能力和个人素质，扩大公司社会知名度。特别是站务公司的培训，有特点、有效果，备受欢迎。

五是，树立服务至上、以人为本的经营理念，积极开展文明车、文明站、文明单位创建活动，并与奥运年相关活动结合起来，着力培育两条文明线路。由经营处与有关处室牵头制定公司各级管理人员优质服务考评体系，为经营业主和旅客提供和谐、温馨、高效的服务，树立企业品牌形象。忻州站列为百强文明车站，受到了省道协的表彰。为五台、原平、五台山、繁峙等汽车站配备了安检仪，全面提升了各站安检水平和品牌形象。

六是，加强后备人才的培养和储备。招聘了8名大学生，并从基层抽调年富力强，具有管理能力的青年人才充实到汽贸销售、财务管理、技术安全等关键岗位，为公司的经营发展注入了新鲜血液。

七是，增强企业社会责任感，积极开展社会公益活动，回报社会，提升企业形象。汶川大地震期间，公司党委、工会组织倡议捐助活动，全体干部职工积极响应，捐款达6.2万元，公司保修厂厂长王志峰亲自带队参加了向四川灾区运送活动板房的任务，受到了市运管处的表彰和奖励。

切实加强基础管理
进一步提高管理能力

*推进机关改革、创新考核体制。*公司进一步健全和完善了公司领导、机关处室、基层单位三位一体绩效考评体系。机关处室进行了调整或合并，实行了经济指标、重大事项与抵押金挂钩考核，定员定编、定指标、自愿认标、重奖重罚等办法。信息处、人力处、产权处等有条件的处室分别创办实体单位，其他处室也都制定了申请专项补助的指标。处室领导抵押金分别为5万、3万、2万。此举调动了处室工作积极性，转变了工作作风，进一步提高了办事效率和业务能力。机关处室全年完成经济指标130万元。安全管理处、经营管理处均实现独立运营，健康运作，多元化增效有了良好的开端。

*完善企业制度建设，强化增收节支措施。*公司针对安全生产工作中出现的新情况、新问题，补充、修订、完善各项规章制度，出台了《营运车辆路检路查管理办法》、《非营运车辆管理办法》、《轮胎管理规定》、《GPS管理办法》等规章制度。完善了车队、车站现场管理、基础管理百分考核办法；结合财务审计和整顿工作，建立了科学的财务管理和监督程序，严格执行了《统计办法》；积极推行了总会计师、总法律顾问负责制；严格控制经费审批，全面推行了购置财产设备申报备案、预算管理办法和一支笔审批招待费用等制度；改革公务接待、公务车、办公用品管理办法，小额开支由有关处室进行市场询价，大额开支一律公开竞标，经理层、董事会逐级审批，公司办公经费大幅下降，有效降低了各项开支，仅冬季用煤和锅炉维修就节约资金20万元。

围绕七项重点工作
全面推进各项业务

*以一级站为龙头的汽车站建设工作全面展开，场站经营的网络化格局进一步推进。*公司作为忻州汽车客运中心站建设项目法人，总投资追加到9572万元，并争取到省交通厅补助意向5000万元。忻州市委书记张建欣、市长李平社分别召开专题会议听取了公司关于一级站建设的汇报。市政府同意以划拨用地方式，办理用地手续，市财政分两年补助3000万元，土地手续由忻府区牵头，并已立项。岚县汽车站完成了初步设计评审，发改委批复正式立项，争取到交通厅拨款200万元，主体已全部完工，商业开发项目全面向社会开展预售工作，全部工程已于年底前竣工，预计收益达1000万元；代县汽车站主体工程已封顶，争取到交通厅拨款220万元。10月1日已正式投入使用；静乐汽车站

争取到交通厅拨款200万元，以土地划拨方式上报征地并完成了候车大楼及附属工程招投标及施工建设工作，10月1日已建成使用，预计收益达600万元左右。争取到豆村和桥头乡镇汽车站经营权，已投入使用。定襄汽车站建设项目县政府已出文，开始进行可行性论证，正在争取省交通厅立项。繁峙汽车站实行租赁经营后，一方面积极与繁峙县政府协商以旧站开发补偿置换新站产权，另一方面不断提升站场经营管理水平，已由三级站正式评定为二级站。新建原平汽车站已与原平市政府达成意向，并根据市政府协调会议精神，已完成供水、供电等工程前期办理手续，年内已立项并开工建设。与此同时，公司还筹集资金715万元，使争取到的县级汽车站陆续开工建设，预计可新增固定资产1.5亿元。

积极构建区域物流中心，加强发展现代物流产业。根据集团工作安排，结合忻州市实际情况，公司依托大运路新生产区，积极筹备建设占地100亩的忻州物流园区，一期占地50亩，并经市发改委、交通局立项批复，上报省发改委、省交通厅。首期13亩建设项目已经全面开工，院内综合配套工程、信息业务大厅、硬化工程已全部结束，物流业务信息大厅、维修车间、4S店等配套工程等均已投入使用；完成维修厂站外迁，一期37亩土地已与当地乡镇达成用地意向；原平、岚县物流园区以及豆村、东冶、石咀农村物流网点建设项目已纳入规划，并进行了前期选址和可行性分析，正在办理申报立项工作。此外，公司撤销原货运分公司建制，重新注册组建了物流分公司，实现了物流园区建设、货源基地发展与传统货运产业的有机结合。在定襄蒋村设立法兰和煤焦配送站；积极筹建各市县配送站，并与盟佳物流有限公司签订加盟合作协议，培训阶段结束后即可全面开展运营。

建立和整合汽贸销售体系和维修服务基地，消费信贷业务全面铺开。积极开展汽车消费信贷业务。以集团500万元省农行信贷资金为启动资金，实行专款专用，对原汽贸分公司、晋北新华夏、泰昌汽贸进行资源整合重组，并加盟了两家长期售车合作商。制定了销售办法、奖惩措施、业务流程、工作标准及资金保障措施。将售车指标分解到公司领导、机关处室和基层实体，并与工资、任职抵押金和年终奖挂钩考核，每月审计完成情况，纳入工资审批范围，促进了增车。到年底，销售货车27台，使货车销售业务迈出了艰难的第一步。为彻底扭转维修业务低迷的局面，公司在大运路物流园区规划建设了“4S”店和维修车间，年底前已完工。实现了保修厂从公司院内外迁，全面恢复和扩大了公司维修业务。

建设以驾培为中心的综合培训基地，积极培育公司新的经济增长点。公司驾校不断投资改善教学环境，下半年实现了理论考试和桩考全部在学校内部完成，不仅方便了学员考试，也为公司带来了可观的经济效益，进一步提升了企业的社会知名度，并获得市驾管处批准，所有忻州市管辖各县区办理客运从业资格证统一到我校进行培训、考试、换证。仅此一项全年即可增加收入30余万元。积极开展多种培训业务。注册成立了创业职业技能培训学校、馨声广告公司，先后争取到市农业局农村劳动力转移、阳光工程培训业务和市劳动局农村劳动力技能就业培训、市直总工会下岗职工再就业培训业务，累计培训结业1500多人，收入13万元左右，形成了支撑公司发展的又一经济增长点。

优化经营结构，提升客运发展质量。公司在客运结构优化上，通过投资、参股、联营等方式扩大客运市场占有率，以提升高速客运、干线客运为主，优化区域客运、普通客运，拓展旅游客运、农村客运，形成多层次的经营格局。一是根据自身实际情况和区域客运市场发展特点，制定了“抓两头、带中间”的发展思路，即在现有已趋饱和的干线市场基础上，抓跨省长途班线发展和农村班线发展；二是深入调研，组织各驻外公司对当地市场需求进行认真调查分析，积极拓展农村公交化客运班线业务，构建区域内的城乡公交化管理体系；三是在具体发展上各有侧重，重点是“转战吕梁，拓展陕、甘、蒙”，寻求新的发展空间，确保客运稳定发展；四是新增原平至济南等中长途班线5条，乡镇班线27条，经过省运管局考核，公司的旅游客运和班线客运质量考核均达到AA级；五是对现有的班线车辆，继续探索股份制经营改造，利用费改税的机遇，逐渐进行管理费标准改革，并在确保稳定的基础上，有效地提高了单车收益；六是与经营区域内其他客运企业加强联系，协调客运班线的申报，开展联合、联营。七是继续加强文明班线创建工作，深化文明站场创建活动。先后开展了忻州至太原、原平至太原、忻州至原平、代县、繁峙等文明班线创建活动；八是忻州、原平、五台、繁峙等汽车站积极开展文明车站创建活动，从人员、服务、安全、基础管理等方面着手实施标准化管理，提升服务质量，创建企业品牌形象，并以此为基础，积极向省局、市处各地行管部门申报，争取优惠政策和资金补助，将创建活动与行管部门的发展要求有机结合起来，得到了各级行管部门的鼎力支持。2008年，已争取有关资金补助达100多万元，进一步改善了汽车站的硬件设施设备。

*转变开发方式，盘活存量资产，以资本运作解决发展资金的不足。*公司资本运作能力逐步提高，依靠自身能力有效地解决了忻州客运中心、代县站、静乐站、岚县站、大运路物流园区、4S店、保修厂所需的1500余万元前期筹备费用，使工程得以顺利进行，并且取得了土地增值收益和开发利润。上述工程收益除偿还垫资款外，已为企业增加固定资产1.5亿元。同时，还可形成每年租赁费收入达300多万元的三产项目。此外，公司积极在内部推行职工筹资开展汽车消费信贷业务，至年底已筹资200多万元，极大地缓解了资金短缺的被动局面，公司发展瓶颈问题得到基本破解。

认真抓好责任制落实
集中精力搞好安全生产

公司认真落实集团安全工作有关精神，将狠抓“隐患治理年”、“安全生产月”、“迎奥运、治隐患、保安全”等作为安全生产工作重点，围绕安全、秩序、质量、效益，实行动态管理，重点开展了以下三方面的工作。

*强化责任，落实措施，增强全员安全生产意识。*公司在总结近年事故原因的基础上，一是从抓安全生产责任制入手，狠抓制度落实，建立了自上而下的安全生产体系。二是严格按照《安全生产法》有关规定，将集团公司安全生产目标责任书层层分解落实。从董事长到总经理、总经理对分管领导、分管领导对基层以及基层对具体责任人逐级签订安全生产目标责任书。三是根据工作中发现的问题，公司安委会制定了《车辆中途路检路查规定》、《车辆轮胎管理办法》、《GPS管理办法》、《公司非营运车辆安全管理规定》、《客车超员超速违法行为处罚奖励办法》等制度，进一步消除了安全管理漏洞。四是为全面增强安管人员和司乘人员安全生产意识，公司组织全体安管干部、经营户、驾驶员进行了安全法规、职业技能、操作规程、职工道德培训，印制《忻州驾驶员培训资料》，组织培训就业考试，合格率达到98%以上，不合格人员暂停上岗。

*积极落实安全生产百日督察专项行动，加大隐患排查治理力度。*根据国务院、省市各级政府和集团公司关于深入开展安全生产百日督察专项行动的通知精神，结合公司安全生产工作的实际情况，公司成立了董事长挂帅的领导组，制定了切合实际的实施方案、措施和标准，明确责任人，分段排查。由公司领导包片，分别带队深入基层对站场管理、驾驶员资质、车辆资质、车辆技术状况、车辆保险、安全生产、GPS管理维护、报停封存车辆及油库、锅炉压力容器、机具设备、维修设施等进行拉网式排查，不留死角，不放过一车一

人。结合全国安全生产月活动，组织了"五一、五四"安全生产演讲、图板巡展、安全生产咨询等一系列活动，发放宣传资料 15 000 余份，现场解答安全问题，受到了社会各界和广大旅客的一致好评。

深入开展"迎奥运，排隐患，保安全"工作。为确保奥运会期间各项安保工作的顺利进行，公司及早动手，周密部署，严格检查，狠抓落实，全力围绕奥运安全做了大量的工作。一是与各单位签订奥运期间安全目标责任书，明确要求和责任人；二是要求各汽车站"三品"检验员、专职安全员、客车乘务员配带统一袖章标志，明确身份与职责，严把"三品"检验关；三是在五台山、五台、原平、繁峙等汽车站申请安装了电子安检仪；四是所有进京车辆实行旅客身份信息登记备案制度；五是与行管部门共同开展联合打击站外揽客、揽货行为，六是公司机关和基层领导坚持每天上路检查，并将检查结果于下班前汇报；七是公司 GPS 平台加强监控，发现超速违规现象，立即责令减速，并通知车属单位对涉及单位进行处罚，处罚结果报公司技安处；八是加强动态管理的监控和检查，对路检路查违章情况每周进行通报。奥运期间，共上路检查车辆 3600 台次，查获违章 25 台次，全部按照公司《安全生产管理实施细则》予以了处罚。

改制工作稳步推进 难点逐步妥善解决

2008 年，公司按照省政府国企改革 33 号文件精神，集团"两确保"要求和"旗帜不倒，组织不散，改革改制，壮大发展"总体思路，继续深化企业改革改制工作。在 2007 年省属国有企业改制领导组批准同意五台、静乐、定襄三个子公司破产预案后，公司把三个子公司破产工作列为公司改制工作重点，认真组织落实。根据新的改制要求，对三个破产子公司拖欠工资、基本生活费和"五险一金"情况进行了专项审计，先后 6 次对改制方案进行了调整和修改。至年底，3 个子公司破产方案已经职工大会审议通过，并呈报省劳动厅，待批复后按法定程序进入破产程序。

此外，公司不等不靠，妥善解决了大量的遗留问题，扫清了前进道路上的障碍。一是经过多年努力，几经周折，宏泰大厦诉讼案终于一审判决公司胜诉，全力维护了公司的权益。二是云母材料厂兼并问题经省国资委 10 月召开有关各方参加的协调会，进一步明确了由忻州市国资委组织我公司积极配合解决兼并有关遗留问题的原则，此项工作正在协调推进之中。三是公司在资金极度紧张的状况下，努力筹措近百万元对汽车站区域实施了集中供热改造，对长征街家属区锅炉进行了维修，保持了正常运营，确保了职工冬季采暖。

（责编　张岐山）

山西省阳方口汽车运输有限责任公司

□ 李九龙　宫承亮　周银柱

2008 年公司在集团的正确领导和大力支持下，坚持党的十七大精神和“三个代表”重要思想，全面落实科学发展观，围绕集团“七项重点工作”和公司发展目标，继续实行并完善目标经营责任制，全方位地开展各项工作，超额完成了集团下达的各项主要经济指标。

2008 年，公司完成换算周转量 26 956 万吨公里，为年计划的 107%；实现营业收入 9038 万元，为年计划的 113%；完成利润 73 万元，为年计划的 122%；净资产收益率达到 4.86%，成本费用总额占主营收入比重达新增车辆 12 辆（其中：客车 5 辆，货车 4 辆，挂车 3 辆），更新客车 26 辆，车数总数达到 722 辆。其中：客车 460 辆（包括：出租车 98 辆），货车 172 辆（包括：危货车 42 辆，挂车 90 辆）；质量体系管理运作正常，场站建设成效显著。全年涌现出先进单位 2 个，先进汽车站 5 个，先进处室 4 个，先进班组 15 个；劳动模范 2 名，安全标兵 4 名，服务标兵 4 名，优秀管理干部 10 名，先进生产（工作）者 66 名；公司下属单位及个人荣获集团授予先进集体 1 个、安全生产先进集体 1 个，先进班组 2 个，安全生产先进生产（工作）者 3 名，先进生产（工作）者 5 名。安全生产工作未达到集团规定的控制指标。

狠抓三个文明建设
努力构建和谐发展环境

2008 年，公司制定了详细“创建学习型企业”活动实施方案，并责成工会、政治处、人劳处主抓此项活动，要求全体职工结合企业面临的任务和发展实际，加强学习理论、改变工作思路、适应新的形势，努力提高自身素质。一是认真学习贯彻党的十七大和十七届三中全会精神，使干部职工对中国特色社会主义道路、“三个代表”重要思想、科学发展观等理论有了更进一步的认识和理解。二是围绕创建学习型企业活动，将职工继续教育列入企业发展规划的议事日程，在全公司范围内举办政治、经济、法律、安全、人事劳资、财务等各类学习培训班 6 期，参训人员达到 420 人次。三是在生产单位开展以“争一流、保任务、创效益”为内容的社会主义劳动竞赛，通过开展创建学习型企业活动，职工思想政治理论、业务素质有所提高，领导层的学习积极性有所增强，对企业的决策和管理起到了积极的作用。四是注重利用公司简报、党建工作简报，积极宣传党的方针政策、宣传企业改革，对促进公司的生产经营和稳定局面起到了积极的作用。

贯彻三个工作条例
规范现代企业制度建设

2008 年，公司严格依照《公司法》和公司董事会、监事会和经理层三个工作条例，开展企业的决策、经营、管理和监督，企业法人治理结构、经营运作程序更加完善，预算管理和工程建设管理、集体审批制度更加健全，现代企业管理制度在企业更加规范。年初，公司领导和相关部门人员深入基层，现场办公，重点就贯彻落实集团“七项重点工作”、挖掘生产潜能、提高管理水平、提高盈利能力、提高职工收入、深化企业改革等问题进行了调查研究，制定出了以确保企业和谐、稳定、可持续发展为宗旨，以贯彻目标经营责任制为主的8项主要生产经营措施和12项具体工作安排，并层层分解落实到各分管领导及所属各单位和各经济实体。2008年经营目标责任书在总结2007年工作的基础上，对指标、管理和考核办法更加完善，体系更全，力度更大，进一步完善和加强了亏损由单位第一目标负责人终身偿还制度和保证金收缴及考核兑现力度。经年终考核，20个单位全面完成公司下达的主要经济指标，2个单位未完成，第一目标负责人均受到经济处罚。

认真抓好三大主业
实现又好又快发展

年初，公司遵照集团提出的“七项重点工作”安排和要求，结合自身实际，专题研究，全面部署，初步开展和完成了以下工作：

客运经营。大力发展长途客车、长途客运线路，组建了朔州六区、县协作车队，正在探索在黄金线路区域采取融资、企业品牌无形资产投资，公司直接注入资金等多渠道投资办法，建立以公司参股的客运公司。客运公司和运输经营处面对竞争激烈、线路审批难度大的情况，通过多方努力，先后开辟了跨省线路4条，新增省际班线3条，更新跨市班线3条，办理延续经营客运班线5条。客运公司在费收、经营合同的落实和回收拖欠票款上下功夫，采取灵活多样办法，单车经营合同全面落实，按时回收了各单车费用。与兄弟公司的票款结算，除收回当年发生的客票款差额外，还收回临河公司拖欠的27万元客票款。朔州子公司主业发展意识强，以朔运品牌拓展市场。2008年完成怀仁至大同班线的统一更新，完成客运班线延续经营5条，延续经营客车28辆，新增线路1条，新增客车1辆，为朔运出租公司新增24部出租车，继续成为全省质量信誉3A企业，并完善了朔州至太原的文明班线规范化，标准化管理，使其“手握手的承诺，心贴心的服务”品牌更加深入人心。

货运经营。公司货运受市场影响，发展较为缓慢，仅在市场调查、恢复重建货源基地等方面有所进展。朔州物流中心所属中心楼、配楼、库区三项基础工程均相继动工。新建的物流中心，将以所属各汽车站为网络，按照当地矿产资源和农副产品的不同特色，建立集配送、仓储、运输等为一体的物流基地。目前，公司各汽车站主要以小件快运起步开展此项工作，搞得比较好的有朔州客运南站和北站。客运北站于9月中旬开业，至年底，已发出小件货物1200余件，营业收入达到3万余元。

场站、维修建设。完成了朔州客运北站工程，并投入运营；神池站工程主体基本竣工；岢岚站、偏关站建设与当地政府达成协议，河曲站工程征地规划正在进行中；朔州北站南面的配套建筑已列入规划。公司朔州二维基地、汽车维修服务站、神池配件销售正在筹划运作中。

三产发展稳中有升
以副保主作用明显

公司在抓好主业经营的同时，坚持“一业为主、多种经营”方针，大力发展第三产业，公司的加油站、宾馆、餐饮、商盟铺以各汽车站的三产项目都取得了较好的经济效益，成为公司维持生存和促进经济发展的重要支柱。物供公司加油站抓住购油质量关、多形式促销、消防安全、提高服务水平四个环节，千方百计增收，年营业收入达到1890万元，上交公司24.64多万元。各汽车站适时调整临街商铺租金，交通大厦改变经营形式，确保了责任指标的顺利完成；河曲商贸城已竣工，并已开始出售商铺；朔州公司办公楼门面房、北站司乘公寓出租、住宅小区门面房和小车库转让工作均已开始。拟建的朔运加气站已列入朔州市规划,并报省发改委。

努力提高服务质量 塑造文明窗口形象

站场是企业的形象和窗口,也是企业生存和发展的主要阵地。公司在总结近年来站场治理整顿经验的基础上,一是进一步落实"三优"、"三化"标准,本着"旧站完善,新站配备,因地制宜,实用美观"的原则,严格按照汽车客运站级别设施、设备配置要求,不断规范,不断完善,为旅客营造了舒适的候车环境。朔州汽车南站为创建"青年文明号"和"三星级客运站"节减其它费用,挤出投资改变站容站貌。站前台阶改造投资3万余元,大厅内外粉刷投资1万余元,大厅内增加设施和服务指南版面投资4万余元,三项投资共计8万多元;朔州北站以一流的设施,优质的服务,展示于公众面前,赢得了旅客好评。二是符合窗口售票条件的汽车站实行窗口售票,改变了落后的售票办法。三是积极开展文明站场创建活动,努力提高站务系统服务质量,顺利通过了行管部门质量信誉年度考评。朔州南站开展"八统一,六必须,六到位"和创建"青年文明号"活动成效显著,先后被山西省质量管理活动小组评为"优秀企业",获得了三星级客运站称号,通过了团省委"青年文明号"验收;朔州客运北站狠抓服务质量管理,塑造文明窗口形象,运营起步良好。9月22日开业运营至年底,营收实现697万元。保德站整治改善车站环境,不断提高服务质量,效益良好,全年上缴公司50多万元;宁武站强化"三不进站,五不出站"等制度,实现了安全生产和经济效益双丰收。各汽车站想旅客所想,急旅客所急,最大限度地满足了旅客的出行需求。四是严格管理,全力做好迎奥运各项工作,切实落实奥运安全措施。北京奥运会前及奥运会期间,所属各站按照上级安排,全力做好奥运会的安全工作,根据防恐、反恐要求,采取措施,严格落实《安全生产规范》和《"三不进站"、"五不出站"的要求,严格车站及驾乘人员周五例会和安全嘱咐工作,保德站配备"三品"监控仪,各站都配备了金属探查仪,为确保奥运会的安全做出了贡献。五是大力开展以"塑造企业品牌,提高职工素质"为目的站务培训活动,使职工的业务素质和服务水平普遍得到提高;六是强化检查力度和制度落实,确保了各项工作规范进行;七是对不适应站务工作的老站务员进行了调整,偏关招聘中专学生4名充实了站务岗位。朔州北站招聘大学生40名,满足了北站运营的人才所需。

不断强化安全管理 构建安全长效机制

2008年,公司始终把安全工作摆到企业发展和生存的高度来抓,在完善安全管理制度、强制车辆足额入保、清理整顿不合格车辆以及驾乘人员培训、审核把关、节假日运输、治安消防等方面做了大量工作。1至5月实现了安全生产无事故。6月3日,公司所属朔州子公司联营车晋F08004依维柯客车在平鲁区发生了重大道路交通事故,造成22人死亡、2人受伤,并负次要责任。"6·3"事故发生后,公司迅速启动应急预案,公司领导并及时赶赴事故现场,协助地方政府和交警部门处理事故。在省政府有关厅局、朔州市、平鲁区政府及有关部门和集团公司的组织领导与协调下,较快地妥善处置了死者善后赔偿等有关事宜。之后,公司依据省有关厅局的批示意见,对所属朔州子公司负有相关领导责任的有关领导予以了严厉的处分。事故发生后,公司多次召开安委会、安全紧急会议,剖析原因,吸取教训,部署安全整改工作,并派出三个检查组到各单位、各站及上路检查。朔州子公司还专门成立安全稽查队在运营区域内巡回检查。"6·3"事故发生以来,公司还从技术安全和运输经营管理等方面进行了全方位的整改,一是结合开展"反恐怖、迎奥运”和“百日安全整治”等活动,举办安全培训班两期,参训安管干部60多人。二是落实驾驶员风险保证金。三是各汽车站加强安全嘱咐、周五例会和家访工作。四是严格营运客车管理,严查超员、超速,清理不服从管理车辆20多辆。一系列整改举措不仅在营运车主中引起了极大的震动,而且受到了行管部门的好评,再次重塑了企业的外在形象。

多办好事注重效益 切实关注职工利益

2008年,公司注重企业发展与职工的利益相结合,一是按照公司调资方案,从11月起为职工上调了工资,较2007年同期平均增资12.3%;二是为在公司本部职工食堂就餐的单身职工发放了伙食补贴,为朔州公司职工食堂配备了现代化的厨房设备;三是积极落实公司办公楼冬季取暖资金,确保了职工正常取暖,为五寨子公司拨付冬季取暖补助金4万元,确保了该子公司冬季的正常办公;四是为朔运子公司办公楼配备了全新的办公桌椅、文件柜;五是工会积极联系当地民政部门,为24户困难职工家庭办理了低保,为130名职工发放了困难救济补助。此外,公司积极参加为南方冰冻雨雪灾区和四川汶川等地震灾区捐款活动,共捐资人民币3.9万元,交纳特殊党费3万元,弘扬了团结互助、扶危济困的中华民族传统美德。

公司所属五寨、货运、偏关三个子公司的破产工作是企业的一件大事,也是为职工办的一件好事、实事。2008年,公司企业改革领导组围绕三个子公司破产申报工作,多次到省有关厅局和集团公司咨询并征求对破产预案和安置职工方案的意见,并将省政府下发的省属国有企业改革的13个配套文件编印成宣传资料,下发职工人手一册,做到了宣传到位,政策到位,反复征求职工意见,征求意见率达到95%以上。经过宣传和学习,职工理解政策,主动积极支持公司改革,12月中旬,三个子公司的破产预案和职工安置方案经本单位职代会、全体职工大会通过(95%以上的职工和职工代表投票同意),并按期上报省有关厅局和集团公司。由于公司上下高度重视和政策宣传到位,所属三个子公司破产工作进展顺利,不仅未出现不稳定现象,而且走在了兄弟公司的前面,得到了国资委和集团公司的认可和肯定。

此外,公司还完成了新旧领导班子的换届工作,实现了领导班子的平稳过渡。本着节俭、高效、有序、隆重的原则,于9月27日举办了山西汽运集团朔州运输有限公司成立和朔州客运北站开业庆典活动,弘扬了企业精神、丰富了企业文化理念,扩大了企业知名度,为公司进一步开拓朔州6区县及周边省市的客货运市场开了个好头。

(责编　张岐山)

山西雁北运业有限责任公司

□ 邵龙晓　张俊贵　王均国

2008年是公司全面贯彻落实党的十七大精神和科学发展观的一年，也是总结十年改制经验、奋勇开拓、不断开创企业新局面的一年。一年来，公司面对复杂多变的外部环境，立足实际，深挖潜力，加快发展，企业经济总量明显提高；产业布局更加合理，组织、经营、运力三大结构调整工作有序推进；内部基础管理规范严谨；企业文化建设逐步引向深入，全体职工精神饱满士气高昂，较圆满地完成公司各项经营指标和工作任务。

全年公司实现营业收入1.45亿元，为计划的145.21%；完成换算周转里3.61亿吨公里，为计划120.2%；实现利税154万元，其中实现利润91万元，为计划的130%，全面超额完成集团下达的年度工作计划。

稳步推进结构调整
客运主业快速健康发展

2008年，公司坚持稳中求进，推进企业科学发展；坚持好字优先，促进企业发展方式转变和结构调整；坚持创新驱动，建设创新型企业；坚持以人为本，努力提高服务质量和管理水平，推进传统运输业向现代运输服务业的转变。一是继续巩固和扩大客运市场份额，运输主业地位得以进一步确立，运输市场的骨干作用得以进一步体现。一年中，公司着力构建高速客运、快速客运、干线客运的运输服务体系。全年共新增、更新车辆41部，为年度计划的103%。其中，省际班车占到56%。二是体制性改变带来新生机，创造新活力，促进了整体效益的提高。5月底，为实现管理有序衔接、顺畅协调，充分发挥人力、运力、管理资源的优势，使好的管理办法、管理经验在全公司客运系统得以借鉴推广，公司审时度势，组建了客运公司模拟法人机构，先后对有关班子成员进行合理调整，极大地激发了生产一线的工作热情。全年上缴管理费774万元，较上年同期增长250万元。三是公司化、集约化经营稳步发展，19部集约化经营车辆圆满完成了上交任务236万元。特别是大同北京高速客运班线在全公司独树一帜，5部车年上交公司120万元，车队各项预提累计结余167.2万元，全年实现利润26.9万元。四是各汽车站进一步规范和加大管理力度，强化各稽补票点的作用，使车站营收屡创新高，包括各县级汽车站在内，全年共实现营收11 942万元，同比净增长额为3786万元。五是继续深入开展站场秩序整顿。6月，由客运公司牵头，联合公安交警、交通执法等有关部门在各分公司、汽车站之间开展了大范围的“规范社会车辆进站，提升票款营收，整顿站场秩序”的专项治理活动，重点打击非法运营黑车，清理马路站点，对规范客运市场、实行公平竞争、稳定票价起到了决定性的作用。

站场网络不断巩固
产业链条有效延伸

在场站建设上，公司以一种“不在于投

入多少，而在于拥有资产使用权”的全新理念，巩固企业前沿阵地，不断增强企业的核心竞争力。在成功拥有了应县、右玉、浑源、灵丘4个站的经营权后，12月中旬，新建广灵汽车站正式投入运营，矿务局棚户区汽车站主楼工程也建设完工；左云站的接管工作也在紧张有序运行之中；大同客运东站按照御东新城的统一规划，调增建设用地100亩，总体占地规模达到191亩。至此，以大同为中心的站场网络格局进一步巩固和扩大，为运输主业的长足发展奠定了坚实的基础。

在车站的经营管理上，尤其是承受着各县级汽车站新站的投入运营，硬件设施不断改善提高，不仅实现了从“自养”到“上交”的质的飞跃，而且超额完成公司上交管理费指标，彻底改变了靠补贴救济、亏损经营的局面，掀开了增收创效、规范管理、优质服务、再塑形象的新篇章。

在产业结构优化调整上，基本形成了以道路客运业为主，驾驶员培训、保险代理服务、长途旅游出租、汽车经销、汽车修理、小件快递、广告传媒、房屋租赁“八业并举”的经营新格局，“八业”创造的经营效益占到了全公司的25%。驾驶员培训业走出一条“以训为主，多元发展”的新路子，在激烈的市场竞争面前站稳了脚跟，全年招生1625人，办理从业资格证等5000余人。在全省驾校质量信誉考核和从业资格证的受理服务评比中，双双列为大同市第一名，同时被省运管局授予“山西省先进驾校”称号，并实现2009年质量信誉考核免检一年的资格；汽车营销业实现了898.1万元的销售业绩；保险代理业实现各类保费收入520万元；汽车维修业实现了向客车专修的转变。与此同时，小件快递业、广告传媒业也齐头并进，呈现出了良好的发展态势。

创新安全管理手段
增强防范风险能力

遵循省委、省政府“发展是第一要务，稳定是第一要求，安全是第一责任”的精神，结合企业生产实际，公司及时组织召开安全生产再动员大会，进一步强调安全问题至关重要、事关大局。在安全生产过程中，牢固树立“经济发展是政绩，安全稳定更是政绩”的全面政绩观，做到思想不松懈、管理不松劲、行动不脱节、工作不缺位，着力构建“三大体系”，落实“四大机制”，坚持“六抓六到位”，实行安全管理与工资直接挂钩考核，逐级签定安全目标责任书，制定《安全管理规定和考核评价准则》，出台《安全生产责任追究制度》、《驾驶员违法违纪和肇事处罚的规定》；狠抓隐患排查和治理，确立“科技兴企”的思想，建立GPS一、二级监控平台；深入贯彻“普教、严管、重处”的安管方针，对有关失职人员进行了严肃处理；狠抓汽车站安全管理工作，深入落实交通部《汽车客运站安全生产规范》有关规定，严格执行“三不进站，五不出站”，创建企业安全文化，形成了人人讲安全，人人抓安全的良好氛围。

公司始终坚持以人为本，注重人的潜能发挥。根据企业生产经营需要，特别是随着公司各县级汽车站的投入使用，为彻底解决人员结构老化等问题，坚持内部培养和外部吸收的人才战略，优化劳动组织结构，对生产一线的领导班子进行了合理充实，打破了干部和工人的身份界限，使各级班子焕发出了新的生机和活力；积极推进收入分配制度改革，合理利用经济杠杆调节作用，充分调动了广大干部职工的工作积极性，按照“效率优先、兼顾公平、改革成果共享”的原则，职工工资每年按10%递增；建立健全了激励约束机制，创新对公司分管领导和实体单位领导班子绩效年薪考核，制定了分级考核的《绩效年薪考核规定》，在各级管理干部和职工当中实行工效挂钩考核，做到了绩效考核进班组、到人头，有力地推动了企业经营管理再上新台阶。

精心打造企业品牌
努力塑造崭新形象

塑造企业新形象是企业增强市场竞争力的重要手段。公司始终坚持企业文化与精神文明建设同部署、同安排，以创建“文明车站、文明班线、文明班组、文明处室、文明校园”为目标，大力开展“学、树、创”文明创建活动，全面推行“三听、四动、五心、五勤、六看”工作法，引深文明创建活动，以“三优三化”和规范管理、诚信经营构建文明车站，软、硬件设施建设得到进一步改善。四川汶川特大地震发生后，公司全体员工和广大共产党员发扬“一方有难、八方支援”的优良传统，踊跃捐款53 690元，缴纳特殊党费54 020元；在塑造企业形象的过程中，公司坚持以企业文化统领职工思想理念，以企业文化推进又好又快发展。继续丰富和拓展了企业文化内涵，在全公司开展了学习《道路安全法》及“关爱生命、安全出行”的作品征集活动，成功举办了“迎新年企业管理、安全、法律、党建知识竞赛”活动，并重点在客运系统开展了以车厢为载体的“车厢文化”建设活动，通过这些活动的开展，塑造了企业良好品牌形象。大同汽车站荣获“全国百强诚信单位”，高客车队荣获大同市授予的“工人先锋号”荣誉称号，修配厂荣获山西省运管局授予的“三星级企业”称号。企业成功举办的改制十周年大型庆典活动，促进了团结，增强了凝聚，激发了斗志，有力地推动了三个文明建设协调健康发展。

（责编　张岐山）

山西汽运集团晋龙捷泰运输贸易有限公司

□ 曹星义　赵建成　李保全

2008 年是公司成立的第 7 个年头。一年来,公司在集团的正确领导和行业部门的大力支持下,团结一心,顽强拼搏,紧紧围绕“三个根本性提高”总体思路,按照集团提出的“七项重点工作”战略部署,以市场为导向,以效益为根本,内抓管理、外树形象,各项工作稳步推进,整体实力明显增强,职工收入稳步提升,“晋龙捷泰”品牌影响力进一步扩大,公司迈入了一个全新的发展阶段。

全年,公司计划营业收入 7.64 亿元,实际完成 7.86 亿元,为计划的 103%,较 2007 年增长 15.8%;净收入完成 1.25 亿元,较 2007 年增长 11.6%;完成货运量 96.76 万吨;货运周转量 39 041 万吨公里;客运量 1001.59 万人次;旅客周转量 156 527 万人公里;换算周转量计划完成 50 000 万吨公里,实际完成 54 693.8 万吨公里,为计划的 109.4%,较 2007 年增长 58%;实现利润 380 万元,为计划的 292%,较 2007 年增长 192%;交纳税金及各项规费 3939.06 万元,较 2007 年增长了42.64%;净资产收益率达到 6.05%;职工年人均收入达到 26 001 元,较 2007 年增长19.8%,其中:年人均工资 17 574元、养老保险 3668 元、医疗保险 1192 元、工伤保险 220 元、失业保险 367 元、大病保险 60 元、公积金 1348 元、年终奖 763 元;为不在岗职工垫交社会保险 248 万元;支付离退休人员补贴 388 万元(医保费 53 万元,统筹外补贴 335 万元);新增和更新车辆 595 部,新增公营车 17 部;为社会提供就业岗位 180 个,其中:安排不在岗职工 43 人,职工子女 15 人。

2008 年,公司在基础建设方面取得了突破性的进展,共计完成投资近 1.3 亿元。一是收购了太原市金领运业有限公司及其金领驾校,使公司在太原市客运市场占有率提高到 80% 以上;二是新建了 2894 平方米标准化客车维修中心及晋源区维修基地;三是新建了太谷汽车站,完善了北客站,巩固发展了站场基地;四是新购了 18 辆尼奥普兰及 12 辆金龙豪华大巴,全资公营车总量进一步增大;五是建设了 GPS 综合监控管理平台,为下一步实现远程监管奠定了坚实的基础;六是新建 15 000 平方米的现代化综合办公楼并投入使用,有效地改善了办公环境;七是 18 层职工住宅楼竣工,极大地改善了职工的居住环境;八是建成了海南培训基地。这些项目的投资、建设,极大地提升了公司的整体实力,有力地推动了公司健康、有序、快速的发展。

锐意改革大胆创新
企业稳步快速发展

2008 年,市场经济风云变幻,特别是道路运输业面临着一场前所未有的变革,公司董事会作为核心领导层,坚持以科学发展观为指导,审时度势,锐意进取,科学决策,使各项决策适应了企业内外部环境发生的深到变化，适应了国家宏观调控的措施和产业政策的限制，适应了瞬时变化的市场竞争，一步一个脚印，实现了充满生机和活力的跨越式发展。

党委、纪委和工会紧密配合，为企业发展提供思想保障。一是胜利召开第一届党员代表大会，进一步解放思想，开拓创新，提出了新形势下加强和改进党建工作的新举措，为企业的改革、发展探索出了新形势下党建工作的新方法、新模式。二是纪委组织党员干部学习《廉政警示教育》，举办廉政警示教育培训班，对中层以上党员干部进行警示培训，极大地提高了党员干部防腐剧变的能力。三是为促进企业文化建设，调动职工工作积极性。公司工会组织部分职工利用休假，分批次赴云南、桂林、港澳等地区参观游览，极大地增强了公司的凝聚力和向心力。

经理层团结奋进，真抓实干，生产经营再上台阶。善于经营是经理层必备的“本领”。经理层在以公司董事会为核心的坚强领导下，发挥团结拼搏、无私奉献的精神，勤勉履职，忠于职守，克服重重困难和挑战，紧紧抓住运输业发展机遇，加大资源整合力度，拓展公司客运市场，优化了管理体制和经营结构，强化成本、安全与质量管理，加强科技创新，规范公司运作，全面提升企业发展质量和盈利水平，乘势推进了企业发展再上新台阶。

品牌建设成效显著
社会影响力逐步提升

为了进一步提升公司品牌，公司在开展品牌宣传工作的同时，积极参加社会的大型公益活动，扩大了企业知名度、信誉度，提升了品牌效益和外在形象。5·12汶川地震发生后，公司不计得失，调用大巴27辆运送1000余名灾区民工返乡，组织300余辆大型货车，历时25天，驰援千里转运6500套建房物资援建灾区。与此同时，广大干部职工开展为地震灾区献爱心捐款活动，踊跃捐款152 256元。活动的开展，受到了上级和行业管理部门的高度赞扬，得到了社会各界的一致肯定和广泛好评，公司的社会影响力得到了显著提升。奥运会期间，公司承担了山西境内火炬传递的交通运输任务及北京奥运会交通保障服务，派遣了24辆豪华大巴及驾驶人员赴北京服务奥运，并圆满完成了任务，得到了北京奥组委及山西奥组委的高度评价。特别是省交通厅王志明副厅长对我公司的工作给予了充分的肯定。与此同时，围绕“晋龙捷泰”品牌建设，公司在日常管理、服务、宣传等方面做了不懈的努力，改善和提高服务质量，从而使以“捷泰快客”为核心的晋龙捷泰品牌逐步得到了社会各界的认可，企业的知名度和影响力大幅提升，品牌建设成效显著。

狠抓责任制落实
安全生产形势稳定

公司紧紧围绕“安全隐患治理年”工作主线，开展了隐患排查工作。一是根据集团文件精神，狠抓安全隐患排查治理工作，对原有安全机构及人员重新进行了调整，每月定期召开安委会研究部署安全隐患排查工作。加强舆论宣传，开展了安全反恐教育活动，举办“安全反恐培训班”两期，对客运，货运、汽车站进行了三次安全防范检查，并对查出的35起一般性事故隐患进行了认真整改；二是紧紧围绕集团“综合治理、保障平安”活动主题，开展了以人为本，关注生命的“安全宣传月”活动。成立客运稽查处，在太原市周边服务区设立了安全检查站，对营运客车进行安全检查，持之以恒的用短信提醒安全，有效地控制了各类责任事故的发生，为建设“平安和谐企业”奠定了扎实的基础。三是为进一步推进“双基”和“源头”管理工作，开展了以事故为反面教材的安全教育培训。组织1066名驾驶员认真学习《道路交通安全法》等法规，极大地提高了司乘人员及管理人员的安全意识。公司全年安全整体形势良好，仅发生一起无责任事故，为生产经营工作的正常进行奠定了坚实的基础。

夯实基础提升管理 整体工作较大改观

加强机务管理，积极开展节能降耗工作。年初，油价大幅提升，致使企业经营成本大幅增加。为降低运营成本，公司积极推广应用新技术、新产品，创建节约型企业。针对公营车辆建立了节能统计报表，适时监控油耗和轮胎，积极推广轮胎翻新工作，调整了各种车型的机油维护里程，开展了燃油添加剂试验研究，为企业降低了生产经营成本。

强化财务管理。公司针对财务组织结构、全面预算的硬约束机制大胆进行改革尝试，率先在全系统首家成立了财务公司。开通网上银行，建立现金管理平台，极大地提高了工作效率。

完善信息统计工作。公司建立和健全统计指标体系，建立统计报表制度，健全管理制度，指标体系和制度的健全，为公司适应道路运输市场的变化和科学决策提供了重要依据。

积极推进信息化建设。公司新办公楼建成后，完善网络办公系统，建立GPS监控平台，自行开发研制了《公路运输业车辆经营管理系统》、《小件快运管理系统》等，极大地提高了公司的信息化管理水平。

强化员工培训机制。全年举办“迎奥运标准化”、“汽车客运站安全生产”、“计算机基础知识培训”等各类培训班35期，参培职工3613人次，有力地提升了员工素质和企业形象。

推行领导轮值检查制及员工星级化管理。加强各项工作的检查与落实，规范了星级员管理及评选工作，以管理制度、量化考核来规范员工的服务行为，将考核结果与绩效工资全面挂钩，调动员工积极性，增强员工综合素质，服务管理水平迈上了一个新台阶。

做好离退人员工作，保持企业稳定。结合企业发展实际，为离退休职工办好事、办实事。为2004年底前退休的562名退休职工增发了生活费；与社会保险中心联系，为729名离退休职工及55名遗属办理了增资手续，确保了企业的稳定。

六大产业稳步推进 企业竞争力显著增强

2008年，公司各生产经营单位保持平稳较快发展，企业综合实力明显增强，为公司的改革发展奠定了坚实的步伐。

客运巩固发展，实现规模效益。客运全年营业收入计划16 386万元，实际完成15 241万元，为计划的93%；应上交计划为2706万元，实际完成2203万元，为计划的81.4%。因年初受南方冰雪灾害的影响，客运分公司在一、二月未能完成计划任务。加之新增线路处于养线阶段，部分线路运力大于运量，导致未能全面完成年初预定任务。二季度开始，客运分公司紧紧围绕“集约化、规模化、公司化、品牌化”的发展思路，展开工作，连续5个月全面完成生产任务，为公司全资公营车快速发展壮大奠定了坚实的基础。下半年，公司还投入巨额资金兼并金领运业有限公司及金领驾校，进一步整合太原市客运市场，扩大公司客运规模，市场占有率提升到80%以上，为公司客运规模化发展奠定了坚实的基础。与此同时，在行业管理部门对新增线路实行服务质量指标制度后，公司顺利通过了客运企业质量信誉考核，新增线路12条，延续经营线路33条，新增客车11辆，更新客车74辆，服务质量明显提升，经营行为得到规范，在社会上引起了较大的反响，得到了省市行业管理部门的认同。

强化站场管理，提升服务，经营业绩稳步攀升。站务全年营业收入计划30 700万元，实际完成34 469万元，为计划的112.3%，上交计划为2621万元，实际上交2775万，为计划的105.9%。太原汽车站和迎宾汽车站加强车站的管理，联合行管部门和城管分局加大了车站周边环境整治力度，对站外发车、喊客、拉客等不正当竞争行为进行针对性的整顿和取缔，有效遏制了站外喊客、拉客现象，使车站新增进站车辆95辆；汽车客运站作为公共服务窗口单位，紧紧围绕落实《汽车客运站安全生产规范》，完善安全管理制度及操作规程，严格落实“三不进站、五不出站”制度，为营造文明、有序客运站，全力做好服务旅客，服务水平逐步提升，取得了良好的经济效益和社会效益。

物流适应形势，应对挑战，实现了稳步发展。物流分公司全年营业收入计划9240万元，实际完成9240万元，为计划的100%，应上交计划为716万元，实际上交337万元，为计划的47.1%。2008年物流业发展举步维艰，受南方冰雪灾害、省内煤焦厂矿企业关停整顿、全球金融危机等因素的影响，货源紧缺，对公司物流业的发展造成了重大影响。为实现稳步发展，加强费用控制，公司建立完善了财务规章制度，在内部“财务公司”的统一管理下，及时有效地控制了物流费用；捷泰快运分公司提出了“一个机构，两个网络，三项措施”的发展构想，完善快运网络及信息网络，加强广告宣传、网络推广及城市配送业务，基本形成了通达省内，辐射全国的快运网络。联营(货运)分公司加强车辆动态监管，主动上门服务，以电话、短信的方式开展安全嘱咐工作，及时催缴规费，开发潜在市场，保证了各项费用按时收缴，未发生各类欠款；专特分公司在已有广州专线的基础上，新购置5辆大型货车，开辟了太原至上海、太原至西安的物流专线。

汽贸拓展空间，延伸服务，工作再上新台阶。汽贸分公司全年营业收入计划6700万元，实际完成6824万元，为计划的101.8%，应上交计划为453万元，实际上交480万元，为计划的105.8%。2008年，汽贸分公司积极调整经营思路，理顺管理体制，建立了集车辆销售、维修、配件和油料供应的综合服务体系，各项工作稳步推进，实现了较快发展。晋源维修基地投入运营，在基础设施不完善的情况下，通过加强对外宣传，完善内部管理，逐步打开维修市场，提高了社会知名度；客车维修车间建成并投入使用，成立了客车一、二维修中心，在满足内部维修后，大力开展外部维修，提升了经济效益；创新用人机制，针对维修人员流动性较强等特点，与26名维修技术骨干签订了劳动合同，从工资、福利、保险等方面给予保障，建立了一支相对稳定的维修队伍。

实业转变思路，提升服务，大力发展第三产业。实业分公司全年营业收入计划1096万元，实际完成1140万元，为计划的104%，应上交计划为345万，实际上交351万元，为计划的102%。捷泰实业根据全年的整体工作安排，在巩固老租户、发展新租户的基础上寻求新的项目，依托公司主业，寻求新的经济增长点，在公司院内建立了洗车台、广场汽车站大厅成立公营快餐部等；超市一、二部成立了质检小组，定期对工作人员服务态度、仪容仪表、劳动纪律、环境卫生、商品质量等方面进行检查，同时严把进货渠道，公开向社会招标送货单位，既降低了成本，又保证了商品质量，所有商品明码标价，提升了企业的信用。

物业创新服务，保障有力。物业分公司围绕“控成本，强管理，创新服务，保障有力”的宗旨，积极开展工作，在水电费回收方面，实行分区域专人专管，推行目标责任制，回收率达到了98.94%。注重日常检修、维护工作，实行巡查制，及时发现问题及时解决，有效地控制了跑、冒、滴、漏等现象，全年实际成本控制为466.32万元，节约费用1.46%。实行24小时宿舍区管理巡查制，为职工及家属生活提供了安全稳定的居住环境。

(责编　张岐山)

山西宇星客车有限公司

□ 张晋华　崔俊文

2008 年是公司克服原材料价格大幅上扬、流动资金严重不足等重重困难，坚持实施“产业转型、人才发展、品牌营销”三大发展战略，经营业绩再创佳绩的一年。一年来，在集团公司的正确领导和大力支持下，公司领导与全体职工共同努力，狠抓产业转型和优化结构，经济效益再攀新高峰，塑胶销售再创新佳绩，交通工程再塑新形象，企业呈现出安全发展、和谐发展、稳步发展的良好态势。

公司年内实现营业收入 5992 万元，为年计划的 119.8%；完成产值 6080 万元，为年计划的 121.6%；净资产收益率为 0.74%，实现利润 35 万元，未发生重大责任事故，超额完成了集团公司年初下达的各项主要经济技术指标。

坚定不移乘势而上
产业转型再见成效

塑胶公司 2005 年以前的年平均销售额为 350 万元；2006 年公司实施“三大发展”战略后，经过连续投入和市场拓展，当年销售额达到 660 万元，2007 年达到 1179 万元。在成绩面前，公司不骄不躁，坚定信心，乘势而上，根据年初工作会议精神，结合企业实际和生产需要，本着“产能与销售协调发展”的原则，在适度紧缩的前提下，继续完善了对塑胶生产的固定资产投资，投资 170 万元购置注塑机两台，销售用车 2 台，烘干机 3 台，上料机 3 台，250 吨冷却塔、变频器、万能检测台、粉碎机、落锤试验机各 1 台，使公司的生产能力、产品质量、检测水平进一步得到了提升，2008 年销售收入一举突破 1436 万元。

4 月 5 日，由公司主编的《聚丙烯静音排水管材管件城镇建设行业标准》一书，经国家住房和城乡建设部批准颁布后，公司副总经理兼塑胶公司经理亲自率领相关人员，数次往返于北京，第一时间拿到了噪音测试国家最权威机构——国家建筑材料工业塑料管材产品质量监督检验测试中心出具的国内首份测试报告，为推广静音管系列产品奠定了扎实的基础。面对新情况，公司拓展部及早动手，加强调研，择优选择新合作伙伴，共同开发出满足公司需要的产品，既降低了采购成本，又保证了原材料供应链条的延续。为使产品质量继续稳步提高，塑胶公司还对质量管理体系进行了跟踪改进，由原先的车间自检变为公司直接全过程检测控制，改变了过去质量监督既是裁判员又是运动员的局面。为维护企业声誉，打击假冒伪劣，公司还从 9 月开始在管件上实行永久性标识。为充分发挥公司水电暖安装资质的作用，乾通水电安装工程有限公司投入运营，收到了一定的经济效益，初步呈现出了安装带动销售的态势。

工程部在公司领导的带领下，正确分析市场形势，全力捕捉行业信息，灵活确定经营策略，抓大不放小，内外兼顾，先后投标得中运城绕城高速 24 公里，合同金额 2163.8 万元；呼和浩特市绕城高速20.77公里，合同金额2410.7万元；山西省铁路护网工程，合同金额69万元；晋中至霍州一级公路改造项目交通工程84万元。结合企业实际，广开门路创收，实现零星销售180.2万元。供应处针对国内钢材价格大幅上扬、工期十分紧张的实际，经过认真调研，反复比较，采取了小批量适时采购的方式，每吨最多时可节约1100余元。交通分公司在没有生产任务的情况下，不失时机重新制作模具，粘贴玻璃钢，维修酸洗池，更换锌锅，为下年度生产奠定了良好的工作基础。施工分公司面对呼和浩特市绕城高速和晋中至霍州一级公路改造项目开工晚、工期短、要求高、任务重、麻烦多的实际情况，分别组成两个项目部，认真组织，科学施工，克服重重困难，圆满完成既定目标，受到业主的好评，为企业争得了荣誉，赢得了效益。不锈钢分公司团结一致，齐心协力，全年共制作候车亭5米版807座，6米版300座，站点牌30个，并首次销往内蒙、陕西25套，完成产值1400万元。财务处开辟融资渠道，多方筹措资金，为原材料的及时采购和生产经营的良性运转提供了坚强后盾。公司在集团组织的财务检查中，会计基础管理工作被评为全系统第二名，在年终会计信息工作评比中被评为第一名。

壮大营销拓展网络
不断提高销售业绩

年内，公司通过抢抓时机，扩大销售，择优选择壮大队伍，大力拓展销售网络，营销业绩再次刷新历史纪录。

塑胶销售总公司紧紧抓住静音管系列产品黄金成长期的销售时机，结合《行业标准》的颁布实施，牢牢把握市场脉搏，大刀阔斧地开展营销工作。一是根据企业发展和健全网络的需要，经过市场调研，适时成立了西南大区，聘任销售精英担任大区经理，使销售大区增加为五个，销售触角得以更广泛延伸；二是坚持走经销商为主、直销为辅的路子，慎重择优选择经销商，以产品吸引经销商、以服务吸引经销商，使各地经销商增加14个，签约经销商达到21个，极大地拓展了网络；三是制订和完善了《营销计划书》和《营销管理制度》，分解销售指标，明确奖惩办法，充分调动各大区销售人员的积极性，有力地推动了全年营销目标的实现。四是为扩大市场影响力，提升品牌知名度，公司参加了山西省第二届绿色科技产品展览会和山西省给排水协会年会，在行业内影响最大的《管道商情》杂志上连续发布12期彩色宣传广告，并配发了宣传文章；12月5日，公司还参与和协办国家建筑标准设计研究院召开的“静音排水管运用技术推广会”，并在会上做了重点发言；为扩大宣传，提高企业知名度，公司还精心制作了第五版宣传手册以及资料汇编，收到了乾通产品被社会、市场、客户深度认知、耳熟能详的效果。五是为努力降低存货占用，公司在合理保持库存保有量的基础上，实现了订单生产。山西大区继厦门之后，相继开发了上海、浙江等南方市场，顺利完成了两个项目的批次供货，取得了全年销售790万元，名列各大区第一的优异成绩。华中大区面对激烈竞争和强势对手，迎难而上，在河南电力龙源世纪家园排水产品项目中，以高于标底50万元的成绩中标，其中一个项目合同金额就达到300余万元。尽管受奥运会、残奥会和四川地震影响，但塑胶公司仍然完成销售收入1857万元，为去年同期的157.59%。

盘活资产增加收入
有效遏制效益滑坡

2008年，公司部分经营实体出现了阶段性职工放假、无工可做的局面。面对现实和困难，两个分公司积极转变思路，解放思想，主动出击，勇闯市场，在盘活存量资产上动脑筋，想办法，做足文章，最大限度地遏制了效益下滑。

交通分公司、机修分公司充分利用闲置设备、厂房、人员，先后承接了运城绕城隔离栅立柱、住宅楼抗震垫预埋连接板制作任务，合同金额54余万元；在和太原煤机厂有过良好合作的基础上，年内又承揽了10台矿井升降专用车的制作任务，为企业赢得了一定收入；为充分发挥闲置人力、设备的作用，交通、机修分公司还为不锈钢候车亭制作预埋件等配套产品，创收40余万元；生产高峰，交通分公司先后派出10名工人充实到塑胶公司、不锈钢分公司生产一线，促进了各公司顺利完成任务，盘活了人力资源。太原市散装物料运输车密闭改造项目启动后，公司经过认真研究、市场考察、组织论证、积极投标，最终于4月11日中标，经过交通、机修分公司技术人员的努力，两缸、四缸改装车先后在太原市交警支队车管所通过专家审查，具备了批量改装的资质和条件。公司总经理崔俊文、副总经理杨太忠及任振欧、高振峰、李永胜等同志废寝忘食、加班加点，破解了技术难题，推动了此项任务的顺利完成。塑胶公司在努力完成各类产品生产任务的同时，积极开展对外合作，已经与航天凯撒、富士康形成稳定的合作关系，外加工业务达到393万元。新世纪公司争取到了长治市卫生局献血车改装维修业务，创收17.6万余元，还承揽到省运管局、海事局百余辆执法车喷漆业务，较好地补充了维修业务严重不足的缺口，并对发展汽车快修业务进行了有益的探索。

自主创新解决难题 有效提升竞争能力

2008年，公司坚持自主创新，向制约生产、影响效益的难题开刀，相继独创了双扩口、双向承插地漏、顺水三通等管件，逐渐在同类产品中凸显出优势，深受用户好评。

针对管件搁置太久容易出现褪色的问题，经过分析对比，我们在生产原料中添加了抗氧化、抗紫外线成份，取得了明显的效果；根据兰州市场反馈情况，我们大胆地将斜三通注射孔径扩大，减少了单位注射时间，增强了原料粘合度，提高了产品强度；设计制作了小型换芯台式专用机，解决了管件永久性标识问题；行业标准颁布后，为使产品更加符合标准，经得起客户的苛刻检验，我们通过组织论证、模具修改，把直角四通改成顺水四通，进一步降低了管件噪音；出于生产成本的考虑，对旧冷却塔进行了大修和升级改造，增设了新式冷却塔，停用66千瓦冷却机两台，降低了生产噪音，节约了生产成本；随着市场占有率的提高，原生产冷却水循环系统水压不足，已无法保证生产所需，在技术人员的努力下，仅花费500元改装费用，就使整个系统运转通畅，水压稳定；公司技术处牵头的《聚丙烯静音管材》QC小组自主创新，顽强攻关，成绩显著，荣获“2008年山西省优秀质量管理小组称号”。物业公司立足企业实际，坚持不降标准，全体职工动员，苦干实干巧干，圆满完成了企业环境评价工作，使我公司成为太原市北城区仅有的4家达标企业之一，既为当地环保工作做出了贡献，也为企业长远经营创造了条件。不锈钢分公司今年主动承担了全省候车亭维修任务，成功改装了具备维修车间功能的专用车，经过前期的仔细摸底和紧张准备后，维修小组克服重重困难，比省运管局规定的工期提前35天完成任务，为公司增加收入80余万元。正是基于持之以恒地自主创新，才使企业的知名度不断提升，竞争力不断提高。

居安思危戒骄戒躁 实现十年安全生产

2008年，公司以落实集团安全生产“总结规律、强化责任、创新管理、狠抓落实、促进安全发展年”的要求为重点，居安思危，深入强化全员安全意识；戒骄戒躁，安全隐患勤查善改，安全管理工作再上一个新台阶。

年初，公司及时组织各单位负责人更新、签订了年度《安全目标责任书》，建立了逐级负责、层层把关、人人落实的安全责任机制，提高了员工人人讲安全、人人要安全的安全生产意识。公司领导分管工作变动后，安委会、保卫处、物业公司及时对安委会、综治委等机构进行了调整，明确了目标，重申了责任。在安全活动月中，公司安委会有力地开展了以"治理隐患，防范事故"为主题的安全整顿活动，使职工心中时刻绷紧了安全生产这根弦。此外，今年还突出抓了特殊工种和危险岗位劳动保护工作，收到了预期效果。安委会组织节假日定时安全检查，平时不定时安全抽查已成为常规性举措，为保护公司、职工财产生命安全提供了有力保障。保卫处、物业公司深入开展了治安隐患排查活动，对查出的隐患限期整改，保卫处长赵奎旺、副处长田文龙分别被评为太原市和杏花岭区的综合治理先进工作者；交安委组织了对公司所有车辆的安全自检，坚决杜绝病车上路，确保了行车安全；平鲁特大交通事故发生后，及时邀请交警支队领导对全体驾驶员进行了安全培训，从源头堵塞了漏洞，消除了麻痹思想；办公室针对车辆运行状况，加强了公务用车的日常维护，停驶了安全性能较差的面包车，消除了事故隐患。经过全员努力，顺利实现了第十个安全生产年。

有力夯实党建基础
增强党的凝聚和号召力

根据集团安排，公司胜利召开了第三次党代会，选举产生了第三届党委会和纪律检查委员会，实事求是地总结了过去5年的工作，结合实际安排了今后的重要任务，为全体党员、职工指明了方向，坚定了信心。为切实提高领导班子引领企业科学发展的能力，公司在新任领导班子中扎实开展"四好班子"建设活动，总结经验，继续推进"六好支部"创建活动，加强了党的基层组织指导经济工作、服务经济工作的能力；坚持与时俱进的原则，确定和充实了领导干部自警自律"五坚持、五必须、五不准"行为规范，使干部队伍言有约束，行有准则；为加强中层干部队伍建设，制定下发了《中层干部选拔任免管理规定》；组织职工、党员为地震灾区献爱心，两次捐款3万余元，缴纳特殊党费4.9万余元；在集团公司"迎奥运盛会，讲文明礼仪、树行业新风、展企业风采"活动中，公司成立了领导小组，实施改变工作作风和提高销售业绩方案，着实提高了干部职工的执行能力。党委办公室兢兢业业，脚踏实地完成了各项任务；纪委、监察室认真完成了对各实体定期、常规审计和提高领导班子拒腐防变能力工作；办公室、工会突出抓好信访工作，有效地预防了群体上访事件的发生。党建工作目的更加明确，组织更加有力，推进更加顺畅，收效更加明显，进一步提高了党员队伍的先进性和全体职工对实施公司"三大发展"战略、企业必将冲出低谷的信心和决心。

关注民生关爱职工
确保实现稳定发展

为切实提高机关工作水平，公司筹措资金为办公室、党委办公室、业绩考核处、生产处等科室配备了电脑、打印机，使公司在用电脑达到49台，基本实现了办公自动化；党委和工会为特困党员、特困职工发放慰问金、慰问品合计19 400元；公司在煤价同比上涨93%、取暖费倒挂120万元的困难情况下，千方百计保障了职工冬季取暖。女工委在"三八"妇女节期间，组织已婚女职工进行身体检查，保障了女工身体健康；人劳处按相关政策落实职工带薪休假，为中级以上专业技术人员增发职称补贴。体现和维护了企业重视专业技术人才的一贯方针和职工的合法权益；物业公司粉刷办公楼和塑胶公司外墙，改善工作环境，提升了对外形象；离退处多次组织离退休职工座谈、学习，举办重阳节文体活动，实实在在为离退休职工提供了服务；重大节假日期间，公司领导、工会分赴各个施工工地和困难职工家中进行慰问、送去了企业的关怀和温暖；新世纪公司为解决早年退休但未纳入养老保险统筹范围老职工的退休金问题想办法，尽全力，使职工利益得到了保障。基建处及时完成了138号院锅炉改造工程，极大地改善了职工生活条件；住宅楼建设动工后，基建处、物业公司克服困难、心系大局，规避资金风险，保证了工程的如期推进。年底，1#多层住宅楼竣工并交付使用。此外，公司还按照协议，为广大搬迁户增发了逾期安置费，兑现了承诺，稳定了人心。

（责编　张岐山）

山西迎泽物流有限公司

□ 赵泽华　郭思通

2008年,公司认真践行“三个代表”重要思想,紧紧抓住我省发展现代物流契机,围绕建设集仓储、配送、零担专线、园区建设为一体的现代综合物流企业,解放思想,创新拼搏,内强管理,外拓市场,提升仓储管理水平,拓展第三方物流业务,全力推进企业“管理水平、盈利能力和职工收入”三个根本性提高,基本实现了“管理年、安全年、效益年”的奋斗目标,继续保持了良好发展态势。

2008年,公司足额上交集团公司管理费(承包费)200万元;营业收入继续稳步增长。全年营收计划583万元,实际完成营业收入623万元,为年计划的107%;业务拓展明显增强。第三方物流、零担专线的业务能力得到明显提升。安全生产较为平稳,公司全年未发生火灾和交通事故。

转变经营机制
奠定组织基础

2006年3月,公司起步之初,为确保投资者的收益。针对当时的经营实际,股东会决定实行承包经营,经过两年的艰辛运作,公司经营初见成效,市场规模不断扩大,品牌知名度、市场信誉度得到很大提高。公司作为我省物流行业的重要窗口单位,受体制机制的约束,企业发展一直存在着诸多制约因素。2008年7月,经集团公司研究,做出了《关于同意终止迎泽物流公司承包经营合同的批复》,为此,公司由经营承包制转为目标责任制,完成了经营体制的转变,为公司进一步的改革发展奠定了坚实的组织基础。

狠抓基础管理工作
培育企业核心竞争力

按照实现“安全年、管理年、效益年”的总体目标,公司坚持以人为本,深化改革,创新机制,更新理念,强化内部管理,推进文化建设,不断培育核心竞争能力,努力打造品牌服务团队。

*规范制度建设,提高管理水平。*公司作为集团跻身物流行业的先行者,在竞争中起步、在发展中立足、在困难中奋进,企业的制度建设、文化建设也在摸索中不断前进,特别是随着管理流程的不断拓宽、细化,文件制度、档案管理规范化建设需求迫在眉睫。2008年,公司一方面克服人员、资金、设施设备等条件的制约,改善自动化办公条件,一方面建立健全档案管理制度,规范人事档案和文件档案,从而使公司网上办公、信息传递、公文处理和档案管理能力有了显著提高。

*加强财务管理,降低财务风险。*抓好内部制度建设,确保财务风险预警和监控制度健全有效,始终是公司工作的重点。一是加强应收账款管理,对票据进行规范管理,缩短资金周转天数,严格控制成本;二是不断加强财务专业知识和技能的学习与培训,引进专业财会人员,提高财务管理能力;三是优化财务管理流程,改进二级报账管理制度,财务

预、结算机制不断成熟；四是应用专业财务软件，推进会计电算化；五是加大对现金使用的控制力度；六是积极开展全面预算管理，提高统筹监管能力。

坚持预防为主，强化安全管理。安全工作是影响企业生存发展的头等大事。按照年初提出的“安全年、管理年、效益年”的指导思想，公司从健全组织机构、改善基础设施、加强教育培训、抓好队伍建设、严格责任落实、消除安全隐患、遏制事故发生，完善奖惩措施等方面改进安全管理，保持了较好的安全生产态势。一是健全组织机构，将安全职责细分为市场综治和运输安全两大部分，主管经理挂帅，分片管理，实现了安全关口前移，重心下移，确保遏制无事故发生；二是加强安全教育，做到警钟长鸣。通过宣传培训教育、典型案件剖析、重大事件处理和消防演练等活动，强化对员工和经营户安全意识培训，共有80余人取得了消防培训合格证书；三是大力实施消防安全设施建设工程和电子监控系统安装工程，从根本上改善园区的安全设施条件，为园区的消防和治安工程提供了基础性保障；同时结合“迎奥运、保安全”活动的开展，利用广播、条幅、宣传栏、发放通知等多种形式进行宣传动员，共出专栏6期、条幅20余次、印发宣传品600余份，引导各货运企业站在讲政治、讲稳定、讲团结、保奥运、保平安的高度，认真抓好人头、车头和货物的安全落实工作；四是通过与民营区保安公司合作，积极抓好内部治安保卫队伍建设，使园区的安全生产秩序得到极大改变；五是严格责任落实。公司与分管领导、分管领导与部门负责人、部门与基层负责人、物流商户层层签订安全生产目标责任书200余份，明确责任、狠抓落实、严格考核、整顿提高，基本建立健全了公司的安全生产责任体系；六是严格隐患排查，通过昼夜巡查、周五定期检查以及专项安全治理活动，园区储运危险品、违禁品的现象得以遏制。七是建立奖惩机制，对出现安全问题的部门、员工以及经营户严肃处理。开除问题员工2人、清除不合格经营户1家。

完善劳动合同，提升团队凝聚力。2008年，公司从规范人力资源管理入手，一是实施人才强企战略，强化校企合作机制。通过与山西交通学院、山西物流技术学院、山西旅游学院等省内有关院校开展校企合作。公司领导成为院校的客座教授，公司成为学校的实习基地，学生成为公司的后备员工，初步实现了人才资源的共享，也为人力资源储备奠定了基础；二是建立健全人才的招聘、培训和激励奖惩机制，强化对中层和业务骨干进行职业技能培训，精心培育一支素质高、业务精的员工团队；三是完善劳动合同，完善社会保险机制，增强了团队的凝聚力、向心力，使每个员工均成为迎泽物流的一面旗帜和形象代言人，展示了员工因企业而自豪、企业因员工而发展的精神风貌。

挖掘潜力提升服务 打造新型物流园区

公司始终重视物流园区的建设和改造，从改善硬件设施入手，提高服务水平，竭力打造现代新型综合物流园区。

落实“城乡清洁工程”，实施园区场地硬化改造工程。自太原市启动“城乡清洁工程”以后，由于园区地面下沉未能及时硬化，形成晴天扬灰路、雨天水泥路，院内清洁工作一直是老大难问题，脏、乱、差现象严重影响园区的外部形象，也给广大客户带来诸多不便，同时也受到了民营区政府的严重警告。为此，集团公司给予高度重视，并于5月29日专程来公司实地考察，之后，当即召开现场会议，迅速做出尽快实施园区地面硬化工程的决定。会后，公司边招标边施工，投资160余万，仅用不到两个月的时间，就完成了4000余平方米的园区地面硬化工作，进一步改善了园区的环境面貌和外在形象。

争取集团大力支持，完善园区消防设施。物流园区属于消防安全的重点监管单位，但是由于园区在一期工程建设过程中，没有考虑建设消防等安全设施，留下了严重的消防安全隐患，导致消防安全验收工作无法进行。为此，公司报请集团审核同意，并争取大力支持，委托专业设计、施工及监理队伍，投资近60万元，至年底已全面完成了园区消防工程。

*改变采暖方式，建设环保园区。*为彻底有效解决园区冬季采暖问题，公司认真分析研究，并征得园区管委会成员和大部分经营户的同意，决定公司及园区经营户办公全部采用电暖气、电热风、空调等用电采暖措施。4月，公司结合全市开展城乡清洁卫生工程活动，在对原有设施进行拆除的同时，一是筹资40余万元实施变压器扩容和用电线路改造工程；二是多方联系空调厂家，实施集中采购，降低采购成本；三是建设园区茶炉房，为经营户用水提供便利，上述措施的采取，有效地保障了冬季采暖工程的顺利进行。

*提高土地利用水平，新增仓储库房面积。*随着园区知名度的不断提高，合作入驻的物流商户越来越多。为适应公司自身拓展第三方物流的要求，如何挖掘和充分利用园区的土地资源，增加仓储面积，成为拓展业务、扩大经营空间的重要课题，经过认真考察分析，公司决定开发利用垃圾堆放地，筹资新建一个占地300余平方米的库房，为公司开展仓储业务提供了有效支撑。

*加强保安、清洁队伍建设，提升园区综合服务水平。*为构建整洁、繁荣、和谐、有序的物流市场，公司物业保卫部积极努力，结合园区实际情况，制定各种切实可行的园区综合服务水平提升方案。上半年，与民营经济开发区保安公司合作，聘请专业保安队员8人，用以加强园区安全保卫工作，使得园区的安全和秩序得到极大改变。同时按照集团公司领导调研指示精神以及“城乡清洁工程”的要求，与锦瑞达物业公司合作，对公司现有保洁队伍进行全部更换，使得院面整体面貌有了质的提升。

积极拓展业务市场
提高自主盈利能力

公司在抓好园区建设的同时，积极开拓第三方物流市场，与德克士快餐合作，先后在省内及山东、北京、陕西、甘肃等地建立办事处，积极向第三方物流发展。但是影响业务拓展的不利因素众多，一是受年初雨雪冰冻灾害的影响，导致交通中断，货物流通不畅，严重制约了我们的经营收益；二是开展治理超限载以后，行管部门实施源头治理工作，运输环节受到很大制约；三是奥运期间，强化安全治理工作，进出北京等奥运赛区的车流、货流受到极大限制；四是受国际油价上涨的影响，燃油成本大幅增加；五是受国际金融市场动荡的影响，以出口为导向的企业普遍减产、部分企业甚至破产，山西的煤炭、钢铁生产大幅减少，物流业务也受到极大冲击，这些不利因素造成公司货源减少、成本上升、效益锐减，业务拓展困难重重。面对现状，公司认真分析形势，以科学发展观应对市场机遇，大力实施转型战略，不断拓展第三方物流业务。

*迎接挑战，高起点提升服务。*与海尔物流开展合作是公司2008年度的重大战略决策，也是迈出与国内乃至国际知名企业合作的关键一步，更是对公司管理水平和服务能力的重大考验。3月，公司开始实施海尔物流山西仓储工程。公司主要领导深入一线指导作业，一是从稳定装卸队伍入手，规范装卸作业流程，提高装卸作业效率，并严格作业考核，装卸作业逐渐步入正规化、专业化，实现了对装卸队伍的有效管理，度过了海尔物流对管理方的考验期；二是凝聚仓管人员向心力，提高仓储管理能力。仓管队伍是仓库管理和服务的主要践行者，加强仓管队伍建设，提升仓管队伍的服务质量和效率，是公司成为海尔合格仓储管理方的立足之本。公司从培育企业文化入手，加强对仓管人员的培养和教育，严格奖惩考核，经过半年来的淘汰和筛选，基本完成了新老仓管的更替，建立了一

支年轻化、专业化、高素质化的仓库服务队伍，不仅直接服务于海尔山西仓储中心，也成为公司的仓储骨干培训中心。经过半年多的工作，终于建立了一套完整的操作规程和仓库管理制度以及一支具有企业核心价值仓管队伍和一支应对复杂情况的装卸队伍，从接手到转为正式仓储管理方，再到转型为仓储管理与产品配送相结合的直接服务商，初步实现了与国际知名企业的跨越式合作。

发挥区域优势，加大省内设网布点力度。公司在服务大企业的同时，充分挖掘自身拥有的资源优势，并在稳定服务团队和合作伙伴的同时，利用掌控的货源和信息，积极探索发展模式，延伸供应链，加大省内网点的布控，积极组建配送车队，探索出一条“以车队养库房，以库房服务车队”发展模式，充分利用公司的品牌优势和团队服务优势，积极开发物流延伸服务，不仅实现库房与车队的互相给养，也为公司发展省内物流业务网络奠定了良好基础。

发挥品牌优势，积极开拓第三方物流市场。在成功接管海尔物流太原区仓储中心的基础上，公司不断挖掘品牌和资源优势，积极发展仓储服务和配送业务。继 2007 年开办德克士配送业务之后，年内又相继与中兴通讯、爱立信等厂家进行了仓储配送业务合作，与深圳恒路物流公司合作开辟了广东专线，并成为皇明太阳能和亿家能以及北京和黄机电在山西范围仓储管理的服务方。

多方设法，继续推进迎泽快递建设。在开拓市场的同时，公司通过多种形式规范进入园区的配送车辆，积极组建市内配送车队，开展市内配送业务，拓展以家电、通信设备为主的终端服务业务，为公司率先实现向第三方物流企业转型奠定了基础。

不断加强信息化建设
提高管理和运作水平

公司始终重视现代信息技术的开发和利用。一是建设局域网办公平台，提高办公系统的自动化处理水平，加强信息的共享和利用，基本实现了公司内部及与全国各地办事处的办公自动化，为企业管理和决策的快速化、科学化提供了便利；二是围绕服务集团公司和建设全省物流信息网络的需要，在总结分析物流业信息网络建设的基础上，撰写了《构建集团统一的物流网络》和《构建集团统一的物流信息平台》，对全省物流网络化、信息化的整合与发展提出了意见和建议；三是以专业物流软件应用带动业务拓展。随着公司业务的不断拓展，跨区域的异地运作越来越多，保持业务信息的及时畅通，对提高服务水平、加快资金周转、防范经营风险具有极为重要的作用，为此，公司在各办事处、吕梁的 10 余个货运站应用了飞扬软件，极大地提高了管理和运作水平。

（责编　张岐山）

山西汽运集团
同兴开发有限公司

□李　俊　杨　海

2008年是公司实施“一年打基础，两年搞起步，三年求发展”三步走战略的开局之年，也是勇于改革，大胆创新，开拓进取的关键之年，更是公司成立6年来收获最大的一年。一年来，在集团公司的正确领导和大力支持下，在兄弟公司的积极配合和鼎力协助下，公司领导班子团结协作，群策群力，带领全体职工坚持以“三个根本性提高”为总体目标，紧紧围绕“七项重点工作”，克服基础管理薄弱、人员结构老化、职工观念落后、资金来源紧张、工作环境恶劣等重重困难，狠抓基础管理，努力培育支柱型项目，顺利完成了年度经营业绩责任指标，首次实现扭亏为盈，摆脱了依靠集团拨款“过日子”的局面，并为公司的发展打下了基础。

公司年内完成收入136万元；实现利润6.6万元；职工“五险一金”按时缴交，工资平均上调13.8%。

不断强化基础管理
努力创建良好平台

狠抓班子建设，提高执政能力。领导班子建设是企业发展的根本动力。一年来，公司高度重视班子建设和素质教育工作，并将其作为一项根本性和长期性的工作来抓，一是按照提高执政能力的要求，加强学习，不断强化大局意识、责任意识、发展意识、创新意识，进一步强化民主集中制建设，促进科学决策，提高工作效率。二是以“四好班子”建设为重点，努力打造政治素质好、经营业绩好、团结协作好、作风形象好的“四好”领导集体，注重自身经营管理能力、判断决策能力、领导执行能力的提高，注重加强班子成员的内部管理、协调与沟通；三是充分发挥班子整体功能，在日常工作中，按照集体领导、民主集中、个别酝酿和会议决定的原则，加强完善党政联席会议、党委会议、行政办公会议等决策议事程序，切实促进“四好”班子建设的制度化和规范化，努力为公司造就一个能干大事，干成大事，谋求发展的强有力的领导班子。

狠抓作风整顿，振奋职工士气。近年来，由于公司资金紧张，致使诸多项目迟迟不能启动。加之专业人才匮乏，职工思想滞后，管理基础薄弱，逐渐形成了状态低迷，得过且过，经济效益不景气的局面。面对现实和困难，公司首先进行作风大整顿，从调整职工工作状态入手，连续召开各类会议，组织专题学习，有重点地进行思想教育；其次进行劳动纪律整顿，班子领导带头，严格遵守上下班制度，工作期间坚决杜绝娱乐、闲聊等与工作无关的事。通过整顿，达到了“两个转变”，一是职工思想有了转变，进一步认清了面临的严峻形势，增强了忧患意识，思想认识能够统一到公司的要求上来；二是工作作风有了质的转变，杜绝了自由散懒等不良风气。特别是在公司整体搬迁新址时，全体干部职工自己动手清理卫生，搬运物品，节省了费用，磨练了意志，实实在在地体现了公司的生机和活力。

加强基础管理，提升管理水平。一是科学设置组织机构。年初，集团对公司进行了法人治理结构调整，公司体制得以重新定位，公司由原集团下属分公司确定为专业的房地产开发公司。随着工作职能转变以及市场运作的需要，公司认真研究并确定机构建制，完成了《山西同兴房地产开发有限公司机构设置及岗位职责》的编制工作。二是整章建制，实施规范化管理。根据工作要求，公司编制了《山西同兴房地产开发有限公司管理制度汇编》，制定和形成了从机构到职责，再到管理制度和规定的一整套完整的管理流程，使公司从启动开始就有了一个较高的起点。三是加强职工队伍建设，着力提升职工整体素质。公司积极鼓励专业人才回流复岗，同时面向社会招聘专业人才，逐步使人员结构更加合理。与此同时，公司针对职工知识结构现状与工作需要等问题，注重加强在岗职工专来知识技能如学习培训，职工素质明显得到提高。

自觉转换经营思路
全面提高盈利能力

盘活存量资产，利润率不断提高。为了盘活资产，寻找利润源，解决资金困难问题，公司从 3 月起，根据政策变化，坚持“不留后遗症”的原则，经过多次艰苦的谈判和协商，一是陆续对综合楼已签订的联营合同进行租赁合同的调整变更，经过与施工方协商缓解工程款矛盾后，三层以上开始转入正常的经营和使用，并从 5 月开始对三至六层进行装修，8 月起正式投入经营使用。二是本着解决工程款拖欠问题以及将节余款用于生产经营的目的，经集团批准后解除了原地下室、一层、二层租赁协议，整体对外进行了出售。三是经过积极广泛的市场调研，与省农业银行签订了购房意向，此项工作进展顺利。

挖掘经营潜力，寻找经济增长点。公司在继续抓好东岗路临街门面房租赁管理、搞好服务的同时，注重挖掘潜力，实现经济效益最大化。对新管理的租赁场所做好承租方的转移衔接工作，减少空置期。对所有到期租赁户实行了租赁费上调，对原东岗路集贸市场进行了重新定位，排除压力，清退了原租赁户，短时间内做到了重新启用。对大营盘原临建办公场地也做到了综合利用。针对采暖锅炉运行费用大幅上涨的情况，公司又多方了解洽谈，重新选择了一家承包方，节省费用 20 多万元。此外，公司还将 3 至 6 层约 3000 平方米房屋出租给汉庭快捷酒店，年租金 160 万元。通过以上运作，最大限度地提升了经营效益，增强了公司的整体实力。

紧紧围绕“资本运作”
项目开发初见成效

为给公司项目开发创建良好的外部环境，公司一方面加强与省国资委、市规划局、城建委、集团所属各公司之间的沟通联系，为项目建设营造了良好外部环境，另一方面，牢牢抓住集团资本运作的政策机遇，加强与兄弟公司的合作往来，通过实地考察、现场论证，争取合作开发项目，经过协商，至年底已与侯马、吕梁、阳泉公司签订了三个开发项目，并按计划逐步实施，与宇星、朔州公司初步达成了合作意向。同时，在太原市范围内也考察了十几个项目，与同行业有了较多的合作往来。公司在努力寻求新项目的同时，不仅学到了兄弟单位以及同行单位的好的管理经验，也为未来的交流与合作奠定了坚实的基础。

公司面对原房地产开发资质证照作废等实际情况，责成专人，在审批从严，手续审查困难重重的情况下，重新办理了新的开发资质证照。从盘活综合楼资产和解决开发资金的目的出发，公司还针对由于综合楼压红线、多次变更等问题，多方交涉，积极组织专人负责办理该楼的产权证手续，并已上报有关部门审批。

努力抓好三项工程 物业管理更趋规范

公司除积极搞好和完成正常的物业管理工作之外,年内还重点进行了集团公司北宿舍楼的管道更换、外墙装饰、蓄水池改造等三项工程,在实施操作中,妥善处理了施工对居民生活造成的不便、住户搭车改造、南宿舍楼也要求改造等问题,保证了工作平稳有序进行,未给集团和居民造成较大的影响。三项改造工程不仅实现了保工期、保质量、保预算费用不突破的目标,而且极大地改善了宿舍区的环境,提升了物业管理的档次和水平。

日益强化安全意识 安全管理稳步提高

安全管理是企业生存与发展的命脉。在安全管理上,公司一是进一步健全和完善了组织机构与安全管理制度,根据工作需要,调整了安全管理人员,增补了《电梯安全运行守则》、《锅炉房工作标准》、《建筑工地安全管理制度》等10个方面的安全管理制度,基本涵盖了公司工作和经营涉及到的安全问题。二是加强了对经营户的安全管理,与所有经营户签订了《安全管理责任书》,重新配备了消防灭火器具,统一制作了《安全管理规定》牌匾。并且对重点防范部位用水、用电、用火等情况,进行了节假日前定期及日常不定期的组织检查,发现隐患及时整改,防患于未然,起到了督促和监督作用,做到重管理、重落实。通过对安全管理机构的调整和充实、相关规章制度的制定和完善以及各种安全设施的配备和检查,形成了上下齐抓共管安全的局面,确保公司全年未发生任何失盗、失火等安全责任事故。

重在坚持以人为本 维护职工合法权益

企业发展依靠职工,发展成果也应由职工共享。公司坚持把提高职工收入作为“三个根本性提高”的目标之一,做到职工收入与企业发展同步增长。9月,对职工岗位工资进行普调,包括不在岗职工的档案工资,平均增幅达到13.8%,是全系统增幅最高的公司。此外,按时足额缴纳了职工的各项社会统筹保险,切实维护了涉及职工利益的各类问题。

发挥政治核心作用 文明建设取得新成效

公司党总支围绕企业发展目标,充分发挥宣传到位,组织有力,政治保障作用,认真贯彻党的十七大精神,以科学发展观为指导,以搞好企业物质、精神、政治“三个文明建设”为目标,不断拓宽发展思路,开阔发展视野,充分调动一切积极因素,有效地保证了经营目标的实现。一年来,党总支一是完成了换届选举工作。二是加强党员干部教育,深入理论学习,形成了良好的学习氛围。三是组织参观老区,进行了革命传统教育。四是开展了为灾区献爱心、捐款捐物活动。五是坚持党风廉政建设和反腐倡廉工作与企业改革、经济建设同步推进。随着各项目的陆续启动,加大了对物资采购、工程建设、资金运行、财务管理等重大事项的监督力度,并逐步建立健全了各项行之有效,便于操作的廉政制度和监督制约规定,为企业健康和谐稳定发展提供了有力保障。

(责编　张岐山)

山西汽运集团交通大厦

□林 原 蔺 莲

2008 年是交通大厦商务酒店经营非常艰难的一年。上半年,大厦受市场经济影响和内部管理滞后等影响,经营情况出现严重滑坡,为此,大厦及时调整部门领导,外聘专业管理人员,多次召开销售专题会议,针对销售上不去、入住率下降等问题,出台一系列的整改措施,团结带领全体员工开拓创新,不懈努力,各项考核指标基本达标,从而使大厦在后半年经营中出现了好转的势头。

年内,大厦营收总额 12 114 603 元;纳税 696 385 元;餐饮收入 3 166 800 元;团队收入 283 467 元;会务收入 138 378 元;协议收入 874 842 元;网订收入 1 747 784 元;散客收入 3 788 758 元;平均房价 26 990 元。成本总额 1 578 802 元。上缴集团 360 万元,设备完好率 90% 以上。与 2007 年同期相比,房务收入年增长 -12.13%,会场收入年增长 31.31%,食品收入年增长 11.23%,海鲜收入年增长14.04%,酒水收入年增长 0.17%,茶饮收入年增长 0.03%,香烟收入年增长 -7.65%。饮料收入年增长 13.47%。

2008 年费用总额 9 831 050 元。其中:财务费用总额 6630 元。营业费用总额 5 944 420元。管理费用总额 8 880 000 元。

全年实现利润 8366 元。全年接待各类会议 256 次,其中:省、市级会议 38 次,商务会议 65 次,国内外大、中、小旅游团队 53 个。客房入住率年均达到 42.36%。

提高酒店知名度
扩大社会影响力

交通大厦自装修改造 4 年来,大厦领导及全体员工经过不懈努力,将一个原招待所形式的大厦转型为三星级的涉外酒店不断补充硬件设施,努力提升软件服务,使酒店的行为规范、服务理念的认识和理解都有了质的飞跃,不仅拓宽了经营渠道,而且极大地提高了知名度和信誉度。3 月 24 日至 30 日,大厦接待了太原市第十二届一次人大会议全体新闻工作人员;9 月 16 日至 9 日,接待了第二届国际煤炭博览会与会代表及工作人员。为做好会议接待前期工作。大厦按照组委会的安排布置,提前动员全体员工,本着"谁主管,谁负责"的原则,制定了一整套详细的接待方案和应急预案。接待中,充分体现了"热情、细致、特色、安全"的服务要求,高标准、高效率、高质量地完成了组委会交给的各项工作任务,先后受到上级领导及与会代表和工作人员的表扬,"两会"期间,共收到表扬信 19 封,感谢信 8 封。

培训工作制度化
提升员工竞争力

针对酒店员工流动性较为频繁的社会现象以及使每个进入员工能够尽快适应酒店的管理,大厦不仅注重在职员工入职培训、岗位培训、服务要素培训等方面下工夫,而且要求各部门制定相应的培训方案科目及实际操作培训，有力地推动了员工整体素质的全面提高。与此同时，大厦还将每周五下午4至6时，定为各部门主管以上的培训学习时间，具体由人力资源部统一安排。讲课人员主要是来自部门经理及大厦领导，讲课形式灵活多样，有效地提高了酒店管理人员的整体水平。

强化安全工作 坚持常抓不懈

大厦领导高度重视安全管理，狠抓安全落实。一是消防安全；二是人身意外伤害；三是食物中毒；四是治安防盗管理。酒店每月组织一次安全、消防大检查。主楼层及办公区分设32个巡逻点，每日由安保部员工进行定时巡查18次，全年巡查约5760次。专职消防员，每天坚持二次检查消防系统，全年检查达400次以上，并做到有检查、有记录，发现问题，及时整改。此外，大厦还经常对员工进行安全知识方面的培训教育。尤其是新入职员工的培训，必须牢记“隐患险于明火，防范胜于救灾，责任重于泰山”的消防警示，熟知“四懂四会”内容，熟练掌握报警、灭火器、消防用品使用方法，明确酒店着火后带领旅客逃生路线等；为防止意外伤害，大厦还要求员工必须持证上岗，严格按照操作规程办事，杜绝违规操作，对客房设施做到常检查，发现问题及时维修，并加强电梯、旋转门、消防通道等管理，防止意外事故的发生；加大车场安全管理，全年安全停车19 800余次；大厦严格执行《食品卫生法》条例，严把食品进货关，对所购食品要索证，要有QS标志。生熟存放隔离、餐具每餐消毒；为防止旅客物品丢失，大厦加大客房房卡管理力度，领用房卡必须有登记；对财务现金管理，要求一日一清算，及时解送银行；强调前台收银不准与旅客兑换大额零钱；安保部安装监控摄像头47个，密切观察闲杂人员出入酒店，确保了旅客入住和酒店的安全。

加大设备维修 合理降低能耗

大厦狠抓内部管理，强化制度落实，做到事事有人做，件件有着落。全年日常维修达到6000余。一年来，大厦先后进行了多次较大的改造工程，一是改造锅炉循环系统，两台锅炉实现并网运行；二是改造中央空调冷却塔隔音设备，达到了环保要求，解决了周边居民的投诉问题；三是大修改造高低配电及变压器系统；四是注重节能降耗，寻找节能途径，一是把节能减排贯穿于全年的管理之中；二是在日常工作中，杜绝跑冒滴漏现象；三是在中央空调主机上配置节能控制柜；四是坚持每月对大厦水、电、气进行能耗分析，掌握能耗情况，科学合理节约能源。

加强党建工作 促进文明创建

大厦党总支结合酒店工作实际，在班子建设方面，做到了“四个坚持（即：坚持每月一次中心组的学习制度；坚持一年一度领导干部民主生活会制度；坚持民主评议中层以上干部制度；坚持以职工大会为基本形式的职工参政议政制度），形成了以经理负责生产经营；党总支监督保证；职工民主管理的团结战斗的领导集体，成为企业“三个文明建设”的坚强领导核心。

在精神文明建设方面，大厦以提高员工创新意识为前提，不断营造爱岗、敬业、服务、奉献舆论氛围，使员工明确推动精神文明建设是树立文明形象、改善服务、加快发展的必然要求。在建党87周年前夕，党总支组织全体党员赴武乡“八路军太行纪念馆”参观学习，学习太行精神，缅怀英雄业绩，受到了生动的教育和洗礼。年初，南方发生雪灾。大厦党总支组织全体员工积极开展“送温暖、献爱心”捐助活动，捐款924元；汶川大地震发生后，大厦员工再次捐款7325元，缴纳特殊党费2070元。

（责编　张岐山）

部领导调研摘记

部领导调研摘记

翁孟勇副部长深入省交通厅援川抢通保通突击队施工现场慰问

6月4日，交通运输部副部长翁孟勇在公路司司长戴东昌、四川省交通厅党组书记、厅长高烽等陪同下，冒着高温酷暑和余震不断、山体滑坡、塌方随时可能发生的危险，莅临山西省交通厅支援四川公路抢通保通前线指挥部和汉（旺）天（池）清（平）公路抢通保通现场指导抢险工作，并带着120件T恤等慰问品对突击队员表示亲切慰问。

听取郭贵平副巡视员汇报后，翁孟勇副部长在讲话中充分肯定所取得的成绩，高度评价突击队工作。他说，山西省交通厅突击队是一支纪律严明、不怕牺牲、不畏艰险，特别有战斗力的队伍。希望所有参战队员要继续发扬不怕疲劳、连续作战的精神，克服困难，顽强拼搏，再接再厉，不辜负交通运输部重托，为支援灾区抗震救灾工作作出新的更大贡献。

之后，翁孟勇又视察前线指挥部食堂、居住帐篷等营房驻地；同时指示厅副巡视员、前线指挥部指挥郭贵平：一定要关心队员生活，注意生活和环境卫生，严防疫情发生；注重调整队员公路抢险和休息节奏，确保身体健康。要发挥晋军优势，在确保人身安全情况下，尽最大可能，千方百计采取各种办法清除滑坡体，尽快打通灾区人民的“生命通道”。

（石中生）

杨利民组长莅临突击队已抢通公路水毁现场视察慰问

6月14日，交通运输部党组成员、纪检组长杨利民在四川省交通厅、德阳市和绵竹市政府及交通部门一行20余人陪同下，冒雨莅临汉旺至天池至清平公路现场、汉旺镇万灯村旧营地，实地查看公路损毁及突击队被洪水冲毁受灾情况，并慰问参战人员。

前线指挥部汇报公路抢通保通完成阶段性任务情况，并表示一定要按照部里要求，坚决完成好公路抢通保通攻坚任务。杨利民组长高度赞扬突击队取得的公路抢通保通阶段性成果，特别是在危急时刻，生命财产即将遭受重大损失之时，不畏艰险，舍生忘死，不怕牺牲，奋力抢救国家财产的大无畏献身精神。称赞是一支过得硬、信得过、能打胜仗、特别有战斗力的队伍。他希望所有参战队员要继续发扬不怕疲劳、连续作战、勇于奉献的精神，克服困难，顽强拼搏，再接再厉，完成部里交给的公路抢通保通任务，为支援灾区抗震救灾工作再作新的更大贡献。

（董忻文）

周海涛总工程师考察晋济高速公路

9月4日，交通运输部总工程周海涛、中交公路规划设计院副院长逯一新等一行4人，在厅领导段建国、张志川、郜玉兰及厅办公室、厅重点办、省交通设计院等有关部门和单位负责人陪同下，考察晋济高速公路。

当天下午，周海涛深入晋城服务区、高速路收费站、仙神河大桥等施工工地，实地察看并认真了解工程建设进展情况，听取晋济高速公路建设和晋城环城高速公路西北段前期准备工作情况汇报。晋城市长王茂设，市委常委、副市长赵学梅陪同考察并座谈。

晋济高速公路自2005年4月开工建设以来，工程进展顺利，质量控制良好，安全生产无事故，累计完成投资21.08亿元。目前，全线除仙神河大桥和省界大桥外，路基桥隧工程完工；房建完成主体工程，正在进行装修；路面工程完成水稳底基层和柔性基层施工，沥青铺装正在进行中；绿化工程完成80%，机电、交通工程施工全面展开。晋城环城高速公路西北段前期工作正在加紧进行。

汇报会上，王茂设市长代表晋城市委、市政府对交通运输部和省交通厅多年来对晋城公路建设工作给予大力支持表示感谢。希望交通部和省交通厅一如既往地支持晋城市的交通事业发展，力促环城和高新高速公路早日开工建设，为晋城经济社会发展和对外开放营造更加优良的交通环境。

段建国厅长在讲话中对晋济高速公路设计者、施工者、组织者、建设者的辛勤工作给予充分肯定，并对地方政府、沿线群众以及所有参建人员表示感谢。他说，晋济高速公路是连接全省东南部和中原地区的重要运输通道，对晋东南经济带与中原经济圈的融合有着重要意义。目前，工程已进入最后冲刺阶段，各施工单位一定要咬紧牙关，把后劲鼓足，振奋精神，在确保安全、确保工程质量前提下，加强管理，科学安排，圆满完成工程建设任务。要继续加快晋城环城高速公路前期工作，在保证设计质量前提下，争取2008年控制性工程开工，阳翼高速公路和高新高速公路建设也要积极推进。

周海涛总工程师在讲话中对晋济高速公路广大筑路员工表示慰问和感谢。他说，工程开工以来，广大筑路员工和建设管理处干部职工迎难而上，战天斗地，保质量，保工期，克服重重困难，使工程顺利推进。目前工程已进入关键的收尾阶段，各施工单位一定要继续发扬连续作战、不怕苦、不怕累的精神，精心组织，科学施工，完善细节，将晋济高速公路打造成太行山上的一条科技路、人文路、绿色路、旅游路。要以世界眼光，战略思维，审视已完成的交通基础设施建设，审视未来交通发展。他表示，交通运输部将继续关注支持山西1000公里高速公路建设和晋城市的高速公路建设，为晋城乃至全省经济社会发展作出应有的贡献和支持。

9月5日中午，周海涛在张志川、郜玉兰等陪同下，莅临晋焦高速公路丹河超限运输检测点检查工作。现场查看治超检测点工作程序，详细了解超限车辆因办理《超限运输通行证》进入山西滞留丹河收费站广场的情况。

（董忻文）

交通运输部在安县召开援川公路抢通保通对口单位座谈会

6月17日，交通运输部在安县山东省交通厅公路抢通保通前线指挥部召开对口支援四川公路抢通保通单位座谈会，山西、山东、云南、河南、湖北五省交通对口支援单位领导和四川省交通厅、公路局领导参加，部党组成员、纪检组长杨利民出席并讲话，部总工程师周海涛主持。

山东、云南、河南、湖北、山西五省分别就前段时间对口支援公路抢通保通的工作进展情况、存在的问题及今后需要采取的措施和对策等进行汇报。

厅副巡视员、厅援川公路抢通保通前线指挥部指挥郭贵平、副指挥周文全分别就有关情况和建设作汇报。

郭贵平指挥说，山西省交通厅党组在接到部党组明传电报后，第一时间召开厅党组会议，成立山西抗震救灾抢险突击队；第一时间抢险突击队先遣队赶到灾区德阳市，第一时间赶赴德阳市抗震救灾指挥部领取抢险任务，第一时间奔赴灾区查看道路险情。厅党组书记、厅长段建国对抗震抢险工作十分重视，每天听取前方指挥部的工作汇报和存在的困难，要求突击队要坚决按照部党组和当地政府及交通部门抗震救灾指挥部的部署，圆满完成抢通保通任务。特别是6月10日至22日，冒险来汉旺镇抢险突击队驻地，慰问抗震抢险一线职工，亲自带领新老党员在党旗下领读入党宣誓，极大地鼓舞了一线抢险突击队员士气。要求突击队要克服一切困难和危险，抢通保通德茂公路汉旺至清平段，坚决完成部党组和当地政府及交通部门抗震救灾指挥部的任务。周文全副指挥在汇报中说，德茂公路汉旺至清平段已抢通保通5.9公里，但由于6月12日该路段上游小岗剑堰塞湖爆破处理不当造成溃堤，使原已抢通的路段被水冲毁，而且十分严重。更可怕的是，由于堰塞湖爆破缺乏预警和协调机制，溃堤的大水冲向突击队营地，险些造成人员和机械的重大损失。建议建立各部门、各单位及部队统一协调配合机制，防止此类事件发生。

听取汇报后，杨利民组长作了重要讲话。他说，各对口支援交通部门出色地完成了公路抢通保通任务，体现了全国交通一家亲的深厚感情。他特别对山西省交通厅抢险突击队所做的工作和取得的成绩给予充分肯定。

（董忻文）

中央新闻媒体采访省交通厅援川公路抢通保通突击队

6月29日，新华社、人民日报、中央电视台、光明日报、经济日报、中央人民广播电台、农民日报、法制日报、科技日报、工人日报、中国青年报、中国妇女报等12家新闻媒体同赴德茂线汉旺至清平段山西省交通厅援川抢通保通突击队抢险一线进行集体采访。这是中央媒体采访团第一站的采访目的地，前线指挥部指挥郭贵平接受记者采访。

6月21日，中共中央宣传部新闻局要求，中央媒体要加强宣传报道全国交通系统抗震救灾抢通保通公路、确保救灾物资运输畅通的先进事迹。根据这一精神，交通运输部体法司积极组织，四川省交通厅积极配合，中央媒体采访团于28日赶赴四川灾区。

郭贵平指挥在接受采访时说，5月21日突击队112名突击队员在第一时间携带最好的设备赶赴灾区。在灾区40天的抢险日子里，队员们冒着生命危险，和余震比勇气，和环境拼毅力，和塌方抢速度，保障了绵竹“生命线”的畅通。累计抢通保通46.9公里，清理塌方、泥石流49.5万立方米，累计排除险情172处，圆满完成阶段性任务，受到交通运输部、地方各级政府和交通部门领导的高度赞扬。天灾面前，队员们奋勇争先，在苦、累、险环境中，没有一个人畏惧和松劲，用双手与臂膀、热血与忠诚，托起了抗震救灾的条条生命线。郭贵平表示，突击队员们将用汗水、用科学安全方法，用不怕疲劳、连续作战的大无畏精神，让公路成为震不垮、砸不断的“生命线”！记者们还纷纷围住突击队员进行采访。队员们不怕牺牲、不畏艰险、奋勇拼搏的抢险事迹成了采访焦点。看到队员在如此恶劣的环境下仍然奋战不止，无不为之动容。

突击队自入川以来，一直受到新闻媒体的高度关注，不少记者经常冒着生命危险深入抢险一线进行采访报道，将突击队的抢险历程进行不间断宣传。截至6月28日，各级媒体共报道突击队抢险交通40余次。媒体的每一次宣传报道，都极大地鼓舞和激励着突击队员尽快打通“生命线”。（董忻文）

全国交通运输行业弘扬抗震救灾精神报告会召开

7月15日上午，交通运输部召开全国交通运输行业弘扬抗震救灾精神报告会，省交通厅在厅五楼视频会议室组织厅机关各处室负责人及厅直各单位党政主要领导收听收看。厅领导段建国、郜玉兰、张德仪、赵振田以及戴飞、张晋鹏、董新品、李万定、李华中、孟科等也一同收看。

报告会由交通运输部副部长高宏峰主持，副部长冯正霖宣读了《关于表彰交通运输行业抗震救灾先进集体和先进个人的决定》。甘肃省公路局局长赵彦龙、四川省阿坝州公路管理局汶川分局装载机驾驶员邱正等5位代表分别作了《誓死捍卫生命线》、《在绝境中抢通生命线》等报告，向大家讲述了在"5·12"汶川大地震中公路交通人奋力抢险保路的先进事迹。翁孟勇副部长在讲话中指出，当前，抗震救灾工作进入了安抚受灾群众和灾后重建阶段，交通系统保通保运的任务依然十分艰巨，全行业要学习抗震救灾中涌现出的先进集体和先进个人，弘扬抗震救灾精神，保证灾后重建抢路保通工作顺利进行，推进交通运输改革又好又快发展。

全国交通系统有81个单位、199名职工分别被授予"先进集体"和"先进个人"称号。截至7月14日，全国交通运输系统共投入905.8万人次、29.3亿元资金参与到抗震救灾中。

（董忻文）

交通运输部部长政策咨询小组赴晋调研农村公路

6月14日至18日，交通运输部部长政策咨询小组一行9人对全省农村公路建设、养护情况进行调研。厅党组副书记、副厅长张润陪同调研并出席座谈会。

"十五"以来，特别是"十五"后3年，全省交通系统以"服务社会主义新农村建设，全面建设小康社会"为己任，全面实施县乡公路建设、村通水泥（油）路、村通公路"三大工程"，6年新建农村公路15.2万公里，新建通村公路4514公里，通村水泥油路12.8万公里，全省所有具备条件的建制村全部通水泥（油）路。广大农村交通基础设施条件得到明显改善，农村交通面貌发生深刻变化，广大人民群众行路难问题基本解决。

咨询小组一行就太原、晋中、阳泉、忻州四市的农村公路建养管情况进行实地调研和认真总结，给予高度评价。认为全省农村公路建设思路清，体制好，资金落实到位，充分调动了广大人民群众积极性。咨询组组长周秋田在座谈会上总结说，山西农村公路建养体制和经验值得学习、借鉴和推广，特别是治超成效显著，从源头治超就是最好的农村公路养护管理措施。

咨询小组建议尽快争取人大立法，建立农村公路建养长效机制，变行业行为为政府行为、社会行为，形成全民修路、全民养路、全民护路的良好格局。

（董忻文）

交通运输部安全生产综合督察组赴晋督察

7月9日至11日，由公路司副司长戴贵率领的交通运输部安全生产综合督察组一行，在王志民副厅长及省公路局、省高管局、省运管局、省地方海事局、省交通质监站以及厅运管处主要负责同志陪同下，对太原、晋中两地部分客运站场、客运企业、水库、公路施工、桥梁等进行督察。

这次督察的主要内容是全省各级交通主管部门及公路、高管、运管、海事、质监等机构和道路运输企业、水路运输企业、公路施工企业、汽车客运站场开展安全生产百日督察专项行动以及安全生产隐患排查整治情况，交通运输部《关于印发交通运输行业安全生产百日督察专项行动方案的通知》、《关于交通行业开展2008年安全生产隐患治理工作的实施意见》、《关于印发汽车客运站安全生产规范的通知》贯彻落实情况等。

督察组先后实地检查太原汽车客运总站、太原汽车东客站、晋龙捷泰汽运公司、汾河二库水上交通安全、祁介一级公路施工路段、潇河大桥改建工程。每到一处，都详细听取各有关单位安全生产制度、措施落实情况介绍，并检查重点环节和部位。

10日下午，现场检查结束后，督察组在太原听取全省交通运输行业安全生产工作汇报，并对督察情况进行通报和反馈。督察组认为，省交通厅对安全生产工作不仅仅停留在简单的部署上，而且有实实在在措施，真正做到认识、组织机构、措施、预案到位。对公路施工过程中标志标识不醒目、从业人员加强培训、应急预案演练等方面存在的问题，督察组提出意见和建议。对奥运特殊时期的交通运输安保工作，戴贵副司长提出3点要求。一要进一步认识安全生产、反恐工作的长期性、复杂性，努力构建长效机制；二要强化奥运期间的安保工作，确保交通运输安全稳定；三要抓好重点部位和薄弱环节的安全工作。

王志民副厅长向督察组介绍全省交通运输行业安全生产工作总体概况，对督察组提出的问题，要求有关单位尽快纠正和解决；对提出的意见和要求，各单位在具体工作中要抓好落实，重点防范薄弱环节，决不能有丝毫管理漏洞；要从建立长效机制入手，真正把安全生产要求、措施落到实处。监管单位一定要监督到位，不留死角，通过突查和随机抽查等方式，落实好监管责任。 （董忻文）

《国家高速公路网交通量调查观测站点布局规划》审定会在晋召开

8月14日至16日，《国家高速公路网交通量调查观测站点布局规划》审定会在太原召开。厅党组书记、厅长段建国致欢迎词，交通运输部综合规划司副司长于胜英讲话，省高管局局长董新品、厅规划处有关负责人及各省市代表60余人参加。

国家高速公路交通量调查与信息服务体系的总框架为金字塔状四层结构，自上而下分别为一类及二类调查站、各级高速公路监控中心、省级公路交通情况调查数据中心、部级公路交通情况调查数据中心。规划目标是：到2010年，初步建成国家高速公路交通量调查与信息服务体系，覆盖所有已建成通车路段，初步具备监测路网运行质量、为社会提供出行服务的能力；到2020年，全面建成国家高速公路交通量调查与信息服务体系，覆盖全部路网里程，具备全面、准确地为行业、为社会提供信息服务的能力。

段建国厅长在致词中介绍全省基本概况及公路建设情况。他说，交通流量调查工作是高速公路管理的一项基础性工作，对于研究高速公路管理、建设等有很大促进作用。山西省在高速公路交通流量调查方面虽然做了一些工作，但与交通运输部要求和山西实际需求还有很大差距。下一步，省交通厅将按照交通运输部要求，进一步抓好高速公路交通流量调查工作，有效整合利用交通量调查基础数据，促进全省高速公路网管理和养护事业的科学可持续性发展。

于胜英副司长在讲话中对全省治超工作和高速公路管理模式给予高度评价，并对各省市高速公路交通量观测站点规划和数据中心建设等提出5点要求。

会上，与会人员对《国家高速公路网交通量调查观测站点布局规划》方案进行认真细致研讨，并提出修改意见。与会人员还观看全省高速公路交通量调查数据中心演示，并参观高速公路信息监控中心。山西省高速公路交通调查数据中心于2005年实施，在全国第一家率先完成。 （董忻文）

省领导调研摘记

省领导调研摘记

张宝顺书记亲切慰问省交通厅援川公路抢通保通突击队队员

省委书记、省人大常委会主任张宝顺在四川茂县考察期间，亲切慰问交通援建全体队员。

8月19日早晨，茂县下过一场小雨，天气晴朗，空气清新。上午10时，张宝顺书记在副省长张建民、四川省副省长张作哈等陪同下，从松潘乘车到达茂县后，首先来到路桥一公司驻地，看望、慰问交通援建人员。在离茂县城13公里的213国道旁路桥一公司驻地，“山西交通援建”的彩旗迎风飘扬，路桥一公司从绵竹市汉旺镇转运的筑路设备整齐地排成一行，省厅援建办工作人员、路桥一公司全体队员、太原公路分局和晋中公路分局测设队员身着迷彩服，列队欢迎张宝顺书记一行。

张宝顺书记一下车，就在厅党组书记、厅长段建国，党组副书记、副厅长张润陪同下走进路桥一公司驻地。在大门口，张宝顺握住太原公路分局测设所所长宋平兴的手问：“来茂县多长时间了?”宋平兴回答说：“40多天了”。张宝顺书记仔细询问来茂县期间的情况后说，你们在绵竹抢通保通很出色，谢谢你们！随后，张宝顺书记进入突击队员住的帐篷内，摸摸被子、翻翻褥子说，你们铺的太薄了。绰号“毛猴”的突击队员张江志回答说，这里条件比在绵竹汉旺镇好多了。张宝顺说，茂县海拔较高，你们一定要注意，不要着凉了，并且要把生活搞好。张宝顺书记还亲自将慰问品发放到援建队员手中，并发表热情洋溢讲话。他说，同志们前期到茂县为援建项目工程进行对接，为公路恢复重建勘察设计做准备，大家非常辛苦，尤其是还有从绵竹抢通保通战场转战茂县的同志们，我代表省委、省政府向大家表示亲切的慰问。交通战线在这次抗震救灾中表现了顾大局，特别能打硬仗、打胜仗的作风，为四川地震灾区抢通保通作出了贡献，为山西人民争了光。你们是山西3400万人民的代表，把爱心奉献给灾区人民，奉献给羌族兄弟。希望大家在非常困难的条件下，注意安全，平安健康地完成任务，回到家乡。全体援建队员对宝顺书记的嘱托热烈鼓掌。8月12日就到达茂县部署交通援建工作的厅党组副书记、副厅长张润向张宝顺书记介绍了交通援建工作进展情况和援建人员生活情况。

中午1时50分，张宝顺书记还集体会见了全省援建茂县的交通、公安、卫生等战线代表，发表热情洋溢讲话，并与大家合影留念。

省直有关厅(局)主要负责同志、四川阿坝州以及茂县主要负责同志陪同慰问。

(魏建国)

王君代省长充分肯定省交通厅工作

12月26日,省政府召开第26次常务会。在听取有关厅(局)以及段建国厅长工作汇报后,王君代省长动情地说,明后两年工作任务十分繁重,省委出思路,政府抓落实。最近,省交通厅工作抓得非常实,段建国厅长有思路,又有办法,太古和太佳两条高速公路召开推进会,又要同省五大银行签署战略合作以及首批贷款协议,工作抓得非常紧、非常扎实。政府部门抓落实,如果都像交通厅段建国厅长这样抓,我们就轻松了。

段建国在省政府常务会议上表示:省交通厅将按照省委、省政府要求,克服各种困难,全力推进当前工作。省交通厅自行落实高速公路建设全部资金。对于“五个覆盖”中的农村公路建设全覆盖,请省政府在资金等方面予以支持。 (魏建国)

金道铭书记深入省交通厅属单位检查指导工作

2月5日上午,农历春节前夕,省委常委、省纪委书记金道铭在厅党组书记、厅长王晓林,厅党组副书记、副厅长张润等厅领导及其他有关部门领导陪同下,冒着严寒,在太原高速公路柴村收费站、太原客运总站等检查指导工作,慰问坚守岗位的一线职工。

在太原高速公路柴村收费站、治超检测点及太原北储煤场等地,金道铭认真察看储煤情况,询问过往司机,检查治超检测点,听取有关领导汇报,慰问一线职工。他说,近一段时期以来,我国南方部分地区遭受雪灾、雨灾、冰灾,党中央、国务院和全国人民十分关心,胡锦涛总书记亲自来山西考察煤炭生产和电煤供应并发表重要讲话,中央政治局常务委员会会议强调千方百计保交通、保供电、保民生。全国一盘棋,山西作为国家重要的能源基地,有义不容辞的责任和义务,我们要在关键时刻发挥重要作用。近年来,山西交通大发展,取得很大成就,2008年要开工1000公里高速公路,农村公路建设也一直在全国前列,大家要继续发扬成绩,精心组织好交通保障和电煤运输,在抗灾救灾中作出新的更大贡献。在柴村收费站治超检测点,金道铭仔细询问近期超限超载治理情况,要求治超工作要坚持不懈,要用科学方法,解决好治超和道路运输方面矛盾。在太原客运总站,金道铭视察候车大厅、母婴候车室、发车场等,亲自登上长途客车,询问旅客情况,嘱咐司乘人员一定要注意安全。他对车站工作人员说,你们过年回不了家,把温暖送给广大旅客,非常感谢你们。对随行的交通部门负责同志他一再嘱咐说,公路客运是关系到保民生的大事,一定要让广大人民群众走得早,走得好。

最后,金道铭代表省委、省政府,向节日期间坚守岗位的一线职工并通过他们向全省交通系统职工表示亲切的问候,祝愿大家过一个幸福祥和的春节。 (魏建国)

金道铭书记深入省公路局调研

8月26日,省委常委、省纪委书记金道铭深入省公路局调研。听取戴飞局长工作汇报后,金道铭书记对近年来全省公路系统广大干部职工的工作和奉献给予充分肯定。他指出,山西位于全国中部地区,既是资源大省、欠发达省份,又是全国重要的经济和运输通道,这种特殊省情,决定了山西对全国经济的影响很大。特别是山西公路,既服务于全省,更服务于全国,省公路局围绕这一大局,克服了种种困难和不利因素的影响,取得公路事业长足发展。但同时要清醒地认识到下一步发展任务仍然很重,既面临山西经济社会发展和全国经济发展对山西提出的更高要求,面临群众日益增长的道路出行需求,还面临一些体制机制性障碍和制约。在这种情况下，要不断创新思路，转换观念，切实探索和找到一条适合山西公路又好又快发展的道路；要充分发挥优势，增强解决问题的信心和能力，一切向前看，把立足点放在推进工作、创造条件上，用良好的精神状态和面貌，开拓性地开展工作。

金道铭书记强调，党风廉政建设始终不能放松。要按照中央和省委要求，严格执行党风廉政建设规定，严管队伍，特别是要严格要求各级领导班子和党员领导干部。要不断总结党风廉政建设和反腐败工作的新经验，建立新机制，制定新制度，密切联系公路行业实际，创造性地开展工作。（魏建国）

金道铭书记深入忻州公路分局南湾收费站视察

11月26日上午，省委常委、纪委书记金道铭在忻州市委书记张建欣等领导陪同下，深入忻州公路分局南湾收费站视察。金道铭仔细询问收费站负责人计重收费以来车流量的变化及遇到的新问题，并勉励全体职工要以站为家，一如既往地做好通行费征收工作。

（魏建国）

杜玉林书记深入祁临高速公路临汾服务区视察

6月6日上午，省委常委、政法委书记、公安厅厅长杜玉林一行在厅党组书记、厅长段建国，省高管局局长董新品、副局长周存信陪同下，深入祁临高速公路临汾服务区视察迎奥运准备工作。要求祁临高速公路公司从讲政治、讲大局高度，精心组织，全力以赴，切实做好迎奥运各项准备工作，圆满完成奥运火炬团接待任务，为奥运火炬的顺利传递、奥运会成功举办作出积极贡献。

按照北京奥运会火炬传递路线，7月上旬，奥运火炬将沿大运高速公路进行传递，临汾服务区承担着为奥运火炬团600余人提供就餐、休息等服务的任务。2008年以来，省交通厅、省高管局领导多次深入临汾服务区，现场指导、检查迎奥运准备工作。公司上下深感责任重大，围绕“迎奥运、促畅通”这一主题，积极筹备，快速行动，认真开展收费站扩容改造和优化亮化工程、道路病害处治和美化绿化工程、服务区场地硬化和设施完善工程，全面加强员工业务培训、文明礼仪服务、应急机制建设等工作，不断提高公共服务能力、通行保畅能力和应急处置能力，全力以赴做好迎奥运各项准备工作。

在临汾服务区，杜玉林一行认真听取有关情况汇报，实地查看餐厅、卫生间、停车场等公共服务场所和施工现场，对奥运餐厅等工程建设进度、监控设备等安保措施以及其他准备工作给予高度评价和充分肯定。

听取省高管局局长董新品汇报后，杜玉林在讲话中指出，省交通厅、省高管局和祁临高速公路公司对迎奥运工作认识到位，高度重视，各项工作措施得力，成效显著。对下一步工作，他提出3点要求。一要加强桥梁、涵洞等重点部位的安全管理，制定预案，责任到位，强化控制，保证传递路线绝对安全。二要在临汾市奥组委统一领导下，全力抓好服务区食品卫生安全、内部保卫等工作，全力配合有关部门做好安检、外围治安保卫等工作，确保服务区绝对安全。三要进一步完善服务设施，优化服务品质，为奥运火炬团营造优美、温馨、舒适的环境，提供热情、周到、快捷的服务，圆满完成奥运火炬团接待任务。

段建国厅长在讲话中，对临汾服务区迎奥运各项准备工作给予充分肯定，要求祁临高速公路公司以高度的责任感和使命感，把握大局，统筹兼顾，把迎奥运各项准备工作做精、做细、做实；进一步加强服务区公共场所的消毒工作，对场地进行彻底清洗，采取有效措施，营造洁净、卫生的服务环境；严格值班制度，加大巡查力度，加强流动人员、重点部位的安全管理,及时修复周边护栏、护网,确保服务区运营安全,保证圆满完成奥运火炬团接待任务,在服务奥运、奉献奥运中展现山西交通文明、和谐的良好的形象。

（魏建国）

靳善忠副主任深入省交通厅调研

7月9日上午,省人大常委会副主任靳善忠带领省人大财经委相关人员,就2007年全省交通财政预算和部门决算管理工作在省交通厅调研。厅领导段建国、张志川、张德仪、赵振田及厅机关相关处室负责同志参加并汇报。

2007年以来,在省委、省政府正确领导和省人大的监督支持下,全省交通工作深入贯彻落实科学发展观,立足"又好又快",全面坚持高速公路、干线公路和农村公路三网并重,公路建设、养护和管理并重,公路建设与运输发展并重的"三个并重"原则,交通发展进入一个新的历史时期,新增公路通车里程6939公里,达到12万公里,公路密度达到76公里/百平方公里,完成县乡公路改造5800公里,通村公路2779公里,通村水泥路20 693公里,完成公路安保工程1189公里,干线综合治理5300公里。2007年,省厅各级预算部门和单位坚持科学理财、民主理财、依法理财,严格预算管理,强化资金监督,全年累计完成各项预算收入89.53亿元,总预算执行率达98%,同比增长6%,预算执行能力得到明显提高。

靳善忠副主任详细询问全省公路养护管理、公路通行费收费还贷等问题,听取段建国厅长关于全省交通工作汇报、张德仪总会计师关于2007年省交通厅部门决算情况汇报后指出,全省交通工作近年来取得突出成就,为带动山西经济社会发展作出突出贡献。今后,全省交通系统要坚持公路建设与养护管理并重,不能重建轻养,治超就是最好的养护管理措施。要从民生角度进一步重视高速公路、干线公路和农村公路建设与管理工作,创新机制,想方设法加快全省高速公路建设步伐,用实际行动向全省人民交一份满意的答卷。（魏建国）

牛仁亮副省长致信祝贺全省运管系统治超推进会召开

1月6日,牛仁亮副省长致信李华中局长并全体与会同志,预祝全省运管系统治理非法超限超载车辆搞好货运源头管理推进会圆满成功。内容全文如下:

今天,省运输管理局召开全省运管系统治理非法超限超载车辆搞好货运源头管理推进会议,体现了省运管局认真贯彻省政府治理非法超限超载车辆工作部署、雷厉风行落实本部门治超职责的积极进取精神,我代表省政府预祝会议圆满成功。

为实现"抓综治、保畅通、保安全、为人民"的目标,省政府在全省范围内全面开展治理非法超限超载车辆工作,取得了初步成就,受到了社会各界和广大群众的支持和拥护。省运管局作为全省运输行业主管部门,按照省政府部署,周密细致地开展相关工作,着力在源头治理、标本兼治、构建长效机制上下工夫,进驻货源大户,开展全面巡查,开展基本无"双超"市县创建活动,成为全省治超工作的一支重要力量。希望你们继续按照省政府的部署,恪尽职守,细化措施,认真实施,始终保持对"双超"严打的高压态势,切实加强对道路运输企业、从业人员和道路货运源头单位的监督管理,搞好基本无"双超"市县创建活动试点,树立"文明运管、威武运管、和谐运管"的良好社会形象。

借此机会,向与会同志并通过你们向工作在治超第一线的全省运管系统干部职工致以亲切的慰问!并祝运管系统全体干部职工在新的一年里工作顺利,万事如意!（魏建国）

牛仁亮副省长深入太原检查春运和治超工作

2月3日上午,副省长牛仁亮、省政府副秘书长李顺通等有关领导在厅长王晓林、副厅长王志民、张志川,厅运管处、厅公安路政处、省运管局、山西汽运集团、省公路局、太原市交通局、运管局、公路分局等领导陪同下,深入太原东客站和分局司徒洼治超检测点,检查春运期间道路运输和治超工作,并提出明确要求。

近期,雨雪天气对道路及旅客运输造成一定影响。一进售票厅,牛仁亮就向汽车站负责人了解近日旅客运输情况,边走边看边听,当他得知近日旅客运输情况正常后才放下心来。在“三品”检测仪前,牛仁亮强调一定要严加把守,谨防易燃易爆危险品上车,确保旅客生命财产安全。进入候车广场后,牛仁亮来到车号为晋H21326发往五台的客车前,同售票员、司机进行交谈。在询问售票员有关情况后,牛仁亮特意检查司机的有关证件,当看到驾驶证、道路运输从业人员资格证等“四证一牌”齐全时,表示满意,特别叮嘱司机吴小龙要做到安全第一,不疲劳驾驶;同时还向司机了解全省拉网式治超开展以来道路运输的畅通情况。在“有困难我来帮”便民服务点前,牛仁亮同服务员进行交谈,肯定省运管局为因冰雪滞留旅客提供面包、方便面等免费食品的专项服务做法,是把便民、利民、惠民、为民的措施落到实处。

随行的王晓林厅长也一再叮嘱省运管局有关领导,在今年特殊天气情况下,一定要完成好温家宝总理提出的三大任务。一是保障旅客安全;二是保障电煤运输;三是保障粮食和鲜活农产品运输。特别是大同、朔州、阳泉,要确保运煤通道的畅通。

在太原公路分局司徒洼治超检测点,牛仁亮代表省委、省政府向全体治超人员表示诚挚问候,送上节日祝福,祝福大家身体好、工作好、过年好,对治超人员辛勤劳动表示衷心感谢,并送上米、面、油等节日慰问品。他特别向有关工作人员了解2007年12月19日无缝隙、拉网式全省治超工作开展以来的道路运输情况,对近期治超工作表示满意。希望治超人员要处理好治超与运煤关系,对电煤运输车辆做到“三快一优先”,即快速检测,快速处理,快速放行,优先通过;治超工作要常抓不懈,一抓到底。

(魏建国)

牛仁亮副省长看望治超执勤员乔建宁

3月2日上午,副省长牛仁亮到太原市中心医院慰问看望被非法超载车辆司机恶意冲撞导致双腿截肢的路政治超值勤员乔建宁,给他送去鲜花和慰问金。牛仁亮高度赞扬乔建宁爱岗敬业、勇于奉献、不怕牺牲的精神,鼓励他安心养伤,争取早日康复。省政府副秘书长李顺通、孙跃进,省纪委常委、省纠风办主任黄福莲,省公安厅常务副厅长李连琪,省交管局局长宋建华,太原市委常委、副市长李俊明以及厅党组副书记、副厅长张润,副厅长张志川,省公路局局长戴飞一同慰问。

在病房里,牛仁亮详细询问乔建宁伤情和医治情况。他说,“小乔,让你受委屈了。你是非常优秀的,是全省治超人员的榜样。我们一定会将此事一查到底,查个清楚,对肇事者进行严肃处理。你要好好养伤,争取早日康复”。接着,他对陪护的小乔父母说,非法超限超载车辆治理是省政府作出的一项重要决策,自2007年12月19日启动以来,取得明显成效。超限超载车辆比例大幅下降,运货价格大幅回升,道路交通事故明显下降,交通事故死亡率下降12%,意味着集中治超两个半月来,全省道路交通事故死亡人数减少100人。你们是好样的,培养了这么一个好儿子,为全省超限超载治理作出重大贡献和牺牲。组织已决定聘用小乔为正式职工,并会妥善安排好一切。牛仁亮还当场拜托医护人员，全力做好乔建宁的康复治疗。

小乔父母对牛仁亮一行的慰问看望表示感谢，并当场表示，大儿子为治超倒下了，他们决定把小儿子再送到治超一线。

从病房出来后，牛仁亮又听取了医院对乔建宁伤情和医治情况汇报，再一次要求太原市中心医院进一步完善后续治疗方案，以最好的技术、药品和护理精心治疗，尽最大努力医治乔建宁身体损伤。

3月1日上午，厅党组书记、厅长王晓林，厅党组副书记、副厅长张润，厅党组成员、副厅长张志川，厅党组成员、省公路局党委书记赵振田，省公路局局长戴飞分别代表厅党组和省公路局党委慰问看望乔建宁。

（魏建国）

牛仁亮副省长深入晋北检查指导治超工作

3月6日至7日，副省长牛仁亮赴忻州、朔州、大同调研和检查指导治超工作，并在大同召开座谈会，听取3个市近期治超工作汇报，与各级治超工作相关负责人广泛交流和座谈。厅党组成员、副厅长、省治超办副主任张志川，省运管局局长李华中以及省经委、省工商局、省交管局、省纠风办负责人陪同。

牛仁亮一行首先检查忻州焦化公司源头超限超载治理情况，详细了解给全省造成恶劣影响的“2·29闯卡事件”、忻州运政管理人员驻焦化公司对焦炭等货运源头的监管措施，并嘱咐随行的省运管局局长李华中说，一定要总结源头治理经验，坚持下去，抓出成效。在大同市圣水沟检测点，牛仁亮详细询问超载车卸载货物处置和车流量、运费等情况，与治超工作人员亲切交谈，并共同对过往车辆进行超限超载检查。要求对闯卡违法司机一定要从严从重处理。

座谈会上，牛仁亮首先肯定12月19日全省开展拉网式、无缝隙治超集中行动以来所取得的成绩。他说，春节以来特别是保电煤运输以来，全省超限超载现象有一些反弹，运价下降5%，干线公路治超点卸载量和劝返率有所上升，特别是个别政府领导对治超工作认识存在一些偏差。牛仁亮指出，治理超限超载是省委、省政府的头等大事，孟学农省长十分关心，多次批示，多次要求，在两会期间多次打电话询问治超工作进展情况，大家决不能掉以轻心，虚晃一枪，敷衍了事。近期全省个别地方出现超限超载反弹现象，表面上是运输电煤，实际上是市、县主要领导认识不到位。牛仁亮强调，全省治超工作要狠抓路面、源头、倒查机制和典型案件“四个重点”，确保责任、机制、经费、队伍管理“四个到位”，逐步探索建立治超工作长效机制，再掀全省治超工作新高潮。（魏建国）

牛仁亮副省长致信祝贺全省道路运输工作会议召开

3月13日，牛仁亮副省长致信省运管局，热烈祝贺全省道路运输工作会议召开。内容如下：

近年来，全省道路运输事业取得长足进步，城际客运、旅游客运服务质量明显提高，现代物流发展势头强劲，农村交通面貌发生了深刻变化，道路运输在综合运输体系中的地位和作用明增强，为促进经济社会发展、方便人民群众出行和建设社会主义新农村作出积极贡献。值此全省道路运输工作会议召开之际，谨向全省道路运输战线上的广大干部职工表示亲切的慰问！

山西是全国能源原材料基地，道路运输在经济社会发展中具有重要的地位。希望全省道路运输系统深入贯彻落实科学发展观，坚持改革创新，转变发展方式，加强道路运输基础设施建设，加快发展公共交通服务体系和现代物流产业，努力提升农村道路运输服务能力，为建设新基地新山西作出新的贡献。

预祝会议圆满成功！（魏建国）

牛仁亮副省长深入省交通厅调研

5月14日下午，副省长牛仁亮率省政府办公厅有关人员在省交通厅召开座谈会，就全省交通工作进行调研。省政府副秘书长李建功主持。厅党组书记、厅长段建国汇报工作，厅领导张润、王志民、张志川、张德仪、郭贵平，厅机关各处室负责同志、厅直属单位党政一把手、山西路桥集团负责人参加。

会上，段建国厅长从高速公路建设、国省干线公路建设、农村公路建设、公路养护管理、超限超载治理、交通规费与车辆通行费征收与管理、运输管理、国防交通战备建设、路桥集团稳控监管工作等方面进行汇报，并就高速公路、太原公路主枢纽武宿物流园区建设用地指标，公路建设资本金筹措，高平至陵川高速公路建设，高速公路污染物排放总量控制审批等交通发展关键时期面临的困难和问题，恳请省政府给予大力支持并协调解决。张润、王志民、张德仪等就有关问题进行阐释和说明。

在听取汇报后，牛仁亮对段建国厅长上任以来新班子的工作给予充分肯定，认为工作卓有成效。一是对高速公路、干线公路、农村公路有一整套考虑和部署；二是治超力度很大，效果很好；三是班子成员团结一致，工作上互相支持。

就公路建设，牛仁亮要求抓好四个领域。高速公路要加大前期准备工作，加大与省、部沟通、协调力度；干线公路要提升等级，能改扩建成一级公路的不改扩建二级公路，要整合收费站点；县乡公路要加快改造；村村通要争取国家政策支持，继续扩大建设成果，继续为农民朋友做实事办好事，并希望省交通厅从高速公路通行费超收部分中拿出一定比例加强养管。其中，他特别强调改革与创新问题。他说，交通系统方方面面工作都需要改革与创新，比如高速公路在资本金筹措方面，可考虑采取股权转让、采取BOT、和大型金融机构合作、上市等方式。

谈到治超问题，牛仁亮说，在治超方面，李盛林部长寄予厚望，山西立了功，是全国的先进典型。省交通厅要继续全面推广计重收费，加强源头治理，严格责任倒查与追究，严惩治超中的违规违纪行为。

就路桥集团的改革与发展问题，牛仁亮指出，山西路桥集团划归省交通厅监管是省政府常务会议作出的决定，省交通厅要从讲政治高度坚决贯彻执行，要在省政府工作组的统一领导下，做好企业稳控工作；要认真开展清产核资，彻底澄清企业家底，摸清企业存在的问题与亏损原因，分清责任；要积极争取相关部门支持，落实省政府对路桥集团的扶持政策，帮助企业渡过难关，发展壮大；要继续深化改革，制定企业改制方案，通过破产重组、联合兼并等方式，建立现代企业制度和现代产权制度。

抗震救灾目前是全国人民的一件大事。牛仁亮希望省交通厅除了捐款活动外，立足自身特点和优势，在全系统开展“四川大地震、我们能做什么”活动，制定预案，时刻准备为灾区尽交通人一份应尽的职责。同时要对全省道路桥涵，特别是危桥险桥、特殊路段等进行一次更加全面排查。

牛仁亮还对新一届领导班子提出讲创新、讲规矩、讲团结、讲结果要求。就省交通厅提出的相关问题，牛仁亮现场责成有关人员进行协调和落实。

最后，段建国厅长代表省交通厅党组作了表态发言。决心认真贯彻落实牛仁亮副省长提出的各项要求，团结一致，改革创新，带领全系统13万职工真抓实干，奋力拼搏，再创新业绩，再铸新辉煌。

（魏建国）

牛仁亮副省长充分肯定公路建设阳光操作的做法

5 月 16 日,副省长牛仁亮在《舆情摘要》第 84 期上刊载的《山西省交通系统积极推行公路建设阳光操作》信息作出重要批示:"阳光运作、制度入手是反腐倡廉、保护干部的根本之策,希望省交通厅将此项工作一抓到底。"

接到批示后,厅领导十分重视,及时组织传阅和传达学习,厅党组书记、厅长段建国,厅党组副书记、副厅长张润等领导指示相关处室和单位,认真贯彻牛仁亮副省长批示精神,继续抓紧全系统推行公路建设阳光操作活动的扎实落实。全省涉及公路工程建设的主管单位和部门,都结合各自的工作实际,制定落实《意见》的实施方案,明确各自职责范围内公路工程建设阳光操作中的具体任务、分工和措施。厅工程廉政领导组办公室先后收到全省重点公路、干线公路、农村公路等建设单位的实施方案 20 多份,包括项目建设计划、项目审批结果、招标过程、征地拆迁管理、建设资金使用情况、施工过程管理、工程设计变更、质量检查结果、履约管理考核情况、交工竣工验收结果等 10 多个公开操作内容。各单位还明确公路工程建设阳光操作所涉及的报刊、网站、专栏名称,规定公开方式、实施范围、完成时限、监督渠道,为全省公路工程建设阳光公开操作达到规范、有效目标提供保证。

厅纪检组、监察室结合下半年公路工程建设项目巡回检查,对全系统实施公路建设公开阳光操作进行检查指导,及时了解、掌握落实情况和薄弱环节,不断完善交通建设领域规章制度,督促各级各部门和有关单位建立长效运行机制,努力达到权力运行的公开、透明、规范,从源头上预防腐败现象发生。

(魏建国)

牛仁亮副省长深入太原检查指导公路交通设施和汽车客运安全工作

9 月 22 日上午,副省长牛仁亮在厅长段建国、副厅长王志民陪同下,先后深入太原高速公路、208 国道和太原汽车客运总站,对全省公路交通设施安全和汽车客运安全工作进行检查。陪同检查的还有省高管局局长董新品、省运管局局长李华中及厅机关有关处室负责同志。

在太原东山过境高速公路杨家峪大桥、208 国道长治境内司庄大桥维修改造工地,牛仁亮认真听取相关负责同志汇报,详细了解高速公路桥梁护栏设施安全、违章建筑、危桥改造、超限超载以及源头企业管理和安全防范措施。要求全省交通系统各级领导干部要认真吸取"9·8"襄汾溃坝事件教训,对全省公路桥涵隧道、防护栏等交通设施和各种施工现场进行一次全面细致排查,该加固的加固,该维修的维修,加大公路基础设施安全维护力度,确保桥梁安全与人民生命财产安全,并一定要建立健全安全制度,责任落实到每个人。

在太原汽车客运总站候车厅,牛仁亮要求省运管部门在"十一"黄金周到来之前,对全省客运车辆进行排查摸底,完善安全运输制度,并责任到企业、到场站、到人,杜绝隐患,确保安全营运。省运管局要切实抓好从业人员资格认证关,对安全责任意识强、安全措施到位的客运企业通报表扬,并在政策上给予倾斜,加大奖励力度;对安全措施落实不力的企业要限期整改,必要时取消其营运资质,在源头上加大安全治理监管力度,确保道路运输和旅客出行安全畅通。

(魏建国)

牛仁亮副省长深入108国道介休至霍州一级公路建设工地检查指导工作

10月9日上午，在省政府副秘书长李建功，厅长段建国、副厅长张润，省公路局局长戴飞以及晋中市领导张璞、马彦平等陪同下，副省长牛仁亮深入正在紧张建设的108国道介休至霍州一级公路拓宽改造工程工地考察。要求广大建设者坚持质量至上、安全第一的原则，把介霍路打造成一条经得起历史考验、人民群众满意的优质工程，为全省国省干线公路改造树好样板，当好典型。

项目全长64.399公里，其中介休境内9.5公里，灵石境内44.95公里，霍州境内9.889公里，投资概算10.33亿元。一大早，牛仁亮一行首先深入一标段施工现场，认真听取全线总体情况介绍后，详细了解基层和面层间采用橡胶改性沥青技术增设应力吸收层、下面层采取GTM沥青混合料级配施工等新技术应用情况。牛仁亮对这些技术创新非常赞赏，要求一定要保证工程质量和安全，工期一定要服从质量。要不断提高标准。他建议省交通厅、省公路局组织技术人员和专家好好调查研究，制定一个与道路运输量不断增长相匹配的建设改造标准。决不能因为资金暂时紧张而降低公路建设标准，导致前修后坏。当听说设计变更较多，有的地方设计非常不合理，有的地方地质情况与设计提供情况严重不符时，牛仁亮详细询问有关情况，要求不仅扣投计单位设计费，并建议列入全省公路建设“黑”名单。在灵石隧道，牛仁亮向中铁十三局项目负责人询问地质构造、采取的技术措施、每日掘进深度等情况，要求组织专家进行技术攻关。牛仁亮还对晋中市超限超载治理情况进行了解。当得知晋中境内380多座桥梁，2007年双超治理前共塌了90多座，每年需投入管护资金2.5亿至3亿元，而2008年仅塌了20世纪50年代建的1座时，非常高兴。他说，这个数字很有说服力，双超治理必须坚持不懈地抓下去。

牛仁亮一行还察看108国道平遥境内路面大修改造情况。

（魏建国）

牛仁亮副省长深入晋中市检查省道危桥改造工程

10月23日上午，副省长牛仁亮在省政府副秘书长崔国红，厅长段建国、副厅长张润、省公路局局长戴飞及厅办公室、综合规划处、公路处等有关领导陪同下，检查省道东夏线昌源河危桥改造工程。听取晋中公路分局施工情况汇报后，他走到刚预制的钢筋混凝土T型桥梁前，详细询问钢筋标号、拉力，混凝土标号密度是否符合有关技术指标规定，原材料来源等。当得知原材料都是正规厂家生产时，牛仁亮点头表示满意。在刚预制好的柱式墩台旁，他还进一步了解桥墩钻孔灌柱桩基有多深、新桥承载标准是多少、该河雨季最大时每秒水流量是多少、能否影响新桥的使用等有关情况。

牛仁亮副省长在讲话中要求坚持百年大计、质量第一原则，从工程招投标就要科学规范，严把材料质量关，这样才能有合格的工程。近年来大型超载超限车辆行驶，不仅毁坏公路，同时也造成很多危桥，直接影响着广大人民群众生命财产安全。省公路局要尽快改造完成全省公路中剩余危桥的加固任务，创造安全舒畅的出行环境；要加强公路管养举措，继续加大治超力度，为加快新基地新山西建设作出贡献。

晋中市市长张璞陪同检查。

（魏建国）

牛仁亮副省长再次深入省交通厅调研

11月6日，副省长牛仁亮在省政府副秘书长崔国红陪同下，再次深入省交通厅调研，重点就今明两年及未来3至5年内全省公路建设与厅领导进行座谈。他强调指出，一定要抓住当前国家加强交通等基础设施建设大好机遇，以超常规思维，确定大思路，制定大规划，实施大动作，全力以赴，大干快上，为全省经济结构调整和稳定增长，为全省人民安全便捷出行作出新贡献。厅领导段建国、张润、韩日裕、张志川、郜玉兰、张德仪、赵振田、郭贵平参加座谈。

座谈会上，牛仁亮认真听取段建国厅长关于2008年全省交通工作及2009年设想情况汇报，对1月至10月全省交通工作给予充分肯定。认为全省交通工作卓有成效，高速公路建设及准备工作、路桥企业改革发展、交通规费征收、国省干线公路改造、非法超限超载车辆治理等各方面工作都取得显著成绩，并非常赞同省交通厅关于本年后两个月各项工作的安排部署。

牛仁亮指出，2008年以来，发生于美国的金融危机蔓延全球，日趋严峻，并开始影响实体经济，全球经济下滑已成定局，而2009年经济形势将更加复杂。为抵御国际环境对全国不利影响，保障经济平稳健康发展，中国政府把扩大内需作为当务之急。交通运输部正在筹划5万亿交通建设规划。这是一个前所未有的难得机遇，全省交通战线一定要统一思想，高度重视，以超常规思维对待公路建设，确定大思路，制定大规划，实施大动作，今明两年及未来3至5年内的高速公路建设、国省干线改造、农村公路建设要一揽子布局到位，抓紧启动，尽快实施。这不仅是自身的发展问题，还有利于全省国民经济增长和经济结构调整，有利于拉动当前经济增长和增强发展后劲。高速公路要在原有规划的基础上大胆突破，在实施过程中采取“两争取，两倾斜”四个原则：尽可能争取挂国网接部网，尽可能向西部项目倾斜，向提高运能项目倾斜。国省干线改造要加大力度，重点突出二级路向一级路的改造升级。县级公路等级的提升要根据车流量慎重把握，但不能缩小规模。“村村通”直接涉及“三农”问题，与农民兄弟切身利益密切相关，要同步规划，有关政策及做法要继续执行和实施。他强调，在实施过程中要科学规划，特别是高速公路和国省干线的建设改造，要坚持便民原则，多绕县城，尽可能离近一点或靠近一点，以带动区域经济的发展。建设造价一定要严密论证，科学合理，节约每一分钱。对投资过高、社会上反响强烈的项目今后要抽样调查，进行复审，一旦发现问题要严肃处理。服务设施标准要尽可能地坚持便民、服务的原则，决不能因为细节上的疏忽影响交通形象、影响山西形象。他举例说，比如指示牌标志，虽然公路质量好、标准高，但因个别地方没有充分考虑不同地域、不同层次旅客的需求，或多或少地使他们的形象受到影响，这叫头都磕了却不肯作揖。关于当前制约公路建设快速发展的土地指标严重不足、建设资本金缺口太大等问题，牛仁亮要求省交通厅尽快拿出操作性强的可行性方案上报省政府，争取省里支持。

牛仁亮特别要求抓好路桥企业的改革发展和队伍稳定工作。他说，山西路桥集团及其原属企业5月12日改由省交通厅监管后，省交通厅、省公路局为支持企业改革发展、保持稳定做了大量工作。今后要继续高度重视，不能掉以轻心，做到防微杜渐、见事要早，责任到人、依法办事；要研究路桥企业的整体发展规划，像对待兄弟一样对待路桥企业员工，真正做到以人为本。

（魏建国）

吕日周副主席深入吕梁市调研治超工作

1月11日，省治超领导组顾问兼总监督员、省政协副主席吕日周深入吕梁市调研“双超”治理工作。高度评价吕梁市“双超”治理工作做法、取得的成绩，并强调指出，一定要再接再厉，继续保持治超保畅的高压态势，采取更加有力的方法和措施，巩固成绩，防止反弹，坚决打赢“双超”治理攻坚战略。厅党组副书记、副厅长张润陪同调研。

认真听取市长董洪运、副市长成锡锋情况汇报后，吕日周对吕梁市“真治、长治、治出成效”的决心和信心，“三个追究责任”、“只卸不罚，只记不罚”等政策和措施以及取得的效果给予充分肯定，特别赞赏该市投资2000多万元加强场地建设，将治超与保畅相结合，防止交通堵塞，解决“治了超保不了畅”的做法，认为值得在全省推广。

吕日周强调，目前只是初战告捷，取得的仅仅是阶段性成果，治超力量与非法超限超载力量还处于“你进我退、你退我进”的相持阶段，远远没有到欢呼胜利的时候，万万不敢因松懈和麻痹大意而导致反弹。他说，全省新一轮治超行动从2007年12月19日开始至今即将一个月了，吕梁“百日大会战”至今已经超过两个月。连续的高压态势、24小时的全天候治理，使广大指战员精神状态一直处于高度紧张状态，身心疲惫不堪；全省“两会”即将召开，各级领导精力必然会分散。在这种形势下，防止反弹有很大的压力，但一定要顶住，否则就会前功尽弃。因为躲在角落里的反治超力量始终在虎视眈眈，需时准备反扑。不仅要继续保持高压态势，原来的办法、力量、措施还得跟上，而且还要加大力度，研究防止反弹的一些新办法或长效机制。责任倒查法和排队亮相法就是两个比较好，并且已经被实践证明是行之有效的办法。所谓责任倒查法，就是发现问题或不正常现象，要逐个环节检查，追到根上。不仅追究司机、货主、企业、执法人员的责任，重要的是追究辖区党政领导的责任。当地能解决的当地解决，当地解决不了的要报告省治超办。排队亮相法就是市里要对各县市的治理情况打分排队，一月一次。对治理好的要发红旗，大张旗鼓地表扬；对治理不好的要发黄旗，毫不留情地批评。他说，一排队就会形成争先恐后的局面，你好我好大家都好永远解决不了问题。他建议，刚开始时可以内部通报，逐渐要发展到上报纸、上电视。否则得不到根本上的解决，达不到“标本兼治”的效果，也实现不了“保畅通、保安全、为人民”的目标。

厅党组副书记、副厅长张润对吕梁市“双超”治理给予好评，表示会建议省治超办在吕梁市召开现场会，在全省推广吕梁市治超经验，并希望吕梁市高度重视农村公路治超工作，进一步注重源头治理，在建立长效机制方面走出新路子，创出新经验。他还对吕梁市2008年公路建设提出明确要求。

吕日周一行还深入离石高速公路东西口检测站慰问一线员工，现场检查治理情况。

（魏建国）

吕日周顾问深入晋中市、长治市检查指导治超工作

3月5日，原省政协副主席、省治超办顾问兼总督察员吕日周分别深入平遥县、沁源县、屯留县、长治市，就治理车辆超限超载工作检查调研。

在平遥县道壁超载检测点，吕日周向正在值班的治超人员详细询问春节以来治超情况，并仔细察看超限超载检测车辆登记表。当他看到登记的超载车超载20吨情况时，当即指出这是恶意超载，一定要倒查责任，查源头，查装载负责人、过秤责任人，查出来以后一定要严办，并且要通报批评失职人员，严厉查处追究各级分管领导责任；要采取“三丢”

措施,即“丢官、丢人、丢钱”的办法,让失职责任人直接受到经济损失和严重处分,对超限超载的车主、司机要进行彻底打击,让超限超载车辆无处可逃。

在沁源县王和镇超限超载临时检测点,吕日周认真检查近日超限超载登记情况,并听取沁源县委书记王玉圣治超工作汇报。当他得知这里没有一辆车超载时,表示非常满意,表扬沁源县综合治理工作,并反复强调,一经发现超载车辆,一定要倒查责任,绝不能放过一辆超载车。

在屯留县高店治超检查点,当了解到这里每天过往车辆500多辆,但是没有一辆超载车时,吕日周做了详细了解。据介绍,屯留县治超站点都安装监控设备,配备4辆流动监控车,安装6个探头进行全程监控;路口设置检测点,实行24小时值班制;源头治理实行“单票限开”、“单车限装”制度,分别对当地14个重点企业派驻由煤运、焦炭、运管组成的驻源头负责人,签订责任书,有效制止货源地的非法超限超载车辆上路。吕日周对他们的治超工作给予肯定。

随后,吕日周又来到长治市治超办,听取副市长尚宪芳汇报后说,长治的经验非常好,指导思想明确、效果好、方法多,措施具有独创性,为全省治超工作起到带头作用,经验值得在全省推广宣传。他希望长治市鼓足干劲,再接再厉,把省治超办的文件精神贯彻落实好,打好治超攻坚战。

吕日周还与当地负责人、管理人员就当前治超工作中出现的难点问题以及如何建立长效机制进行座谈。他说,治超工作责任重大,关系到人民群众生命财产安全。只有严格治超,才能多产煤多用煤,才能推动煤炭业发展。他强调,抓源头,治超是关键;抓倒查,干部有责任。特别是对在治理超限超载过程中发现的内部腐败分子,要予以坚决打击,对违法司机、车主、车辆、装卸源头要追究法律责任。

(魏建国)

吕日周顾问深入临汾市调研治超工作

3月20日至22日,省治超办顾问、总督察员吕日周在省交通厅治超办有关领导陪同下,深入临汾调研。先后赴霍侯一级路、临汾尧都勾上卸载点、襄汾京安检测点、乡宁县部分治超站点,详细了解各站点治超情况。

在临汾市治超工作汇报会上,吕日周在讲话中对临汾治超工作取得的成效给予充分肯定。他说,经过两天检查,发现临汾治超工作形势是好的,势头是大的,这说明领导认识到位、措施到位、工作到位、监督到位、突查到位、责任到位,特别是乡宁县治超工作成绩突出,应予推广。但目前还存在很大的反弹隐患,务必要提高警惕。吕日周强调,治超工作是对每个干部的考验,也是对政府执政能力的考验。因此,要根据当地实际,了解还有多少大型货车隐藏停驶等待时机,还有多少煤矿在关闭等待复产,还有多少治超问题未能落实等待解决,这些都是关键问题,更关键的是部分治超干部因利益问题与货主、司机等相互勾结,为治超顺利进行埋下隐患。要加大突击检查力度、倒查力度,要对市县治超工作排队亮相,真正落实“三丢”,即丢官、丢人、丢钱;要加大对县乡领导、货源地负责人、装卸工、货主、司机、派驻人员、路面巡查人员的监管,并依法责任倒查。只有保持高压态势,治超工作才能稳步推进。

吕日周还对治超工作中推进标准煤票和对超载司机加大培训等提出要求。

吕日周在乡宁县还就煤矿安全生产、旅游资源开发、城市建设和新农村建设进行调研。

(魏建国)

李潭生副主席深入太旧高速公路调研

10 月 29 日，省政协副主席李潭生带领部分政协委员会和提案人深入太旧高速公路调研，了解省政协第 226 号提案“关于统筹解决太旧高速公路频繁严重拥堵问题的建议”和第 422 号提案“关于对太旧高速公路进行改扩建的提案”办理情况。通过实地察看和座谈了解，李潭生一行对提案办理情况十分满意，认为在全年 700 多个提案里办理情况“空前理想”。副厅长张志川、省高管局局长董新品等陪同调研。

太旧高速公路自 1996 年 6 月 25 日全线通车运管以来，随着国民经济和交通运输业迅猛发展，车流增长过快，通行量大大超出设计能力，加上自然条件先天不足，路网资源短缺；大型货运车辆增多，占用有限道路资源等众多原因，造成部分路段和收费站车辆拥堵现象频频发生，引起社会各界普遍关注。接到省政府第 226 号和第 422 号提案后，省交通厅站在关系民生利益和山西对外形象高度，将堵车严重的路段及站点作为首要解决的重点问题。按照“因地制宜、复式出入”改造方案，把旧关收费站原来 6 进 12 出 18 条车道扩容为 9 进 16 出 25 条车道，收费广场在原来基础上扩增 1.7 万余平方米，通行能力提高 1.5 倍。太石方向峪头至晋中服务区、阳胜河以东两处三段 15.4 公里爬坡车道实施“二改三”扩容改造工程。新建省界旧关出口匝道连接线 1 条 209 米；增设紧急停车场 3 处 4474 平方米；加宽紧急停车带 19 处 10 612 平方米；拓宽改造爬坡车道 1 处 505 米。全线所有收费站 47 条出口车道刷卡收费工程业已完成，并投入作用；平定南、坡头、峪头 3 个治超检测点不停车检测系统已投入使用，其余站点正在进行改造安装，年内即可完成。新配置大吨位吊车 1 辆、大型清障车 2 辆、小型清障车 2 辆，更换路政巡逻车 6 辆。同时，全方位为社会提供信息服务，加大治超力度，确保太旧路安全畅通。

当日上午，李潭生一行认真察看 K500 + 100 米处加宽车道、扩容改造后的旧关收费站及 K404 +400 米处桥梁加宽现场。无论提案人还是其他委员，看到目前太旧路全线车辆运行安全有序、畅通无阻景象，无比欣慰。对所采取的一系列措施给予充分肯定。不少委员们惊叹道：与以前相比真是难以想象。在下午举行的座谈会上，委员们详细听取张志川副厅长关于省交通厅解决太旧高速公路拥堵工作情况汇报，提案人和其他委员一致认为省交通厅、省高管局、太旧高速公路公司高度重视提案落实办理工作，措施得力，效果明显。省政协常委、提案委专职副主任焦惠生认为，这个重点提案的办理卓有成效，在全年 700 多个提案里办理效果空前理想。他表示，要在省政协提案报告中浓墨重彩、大书特书。

李潭生在讲话中，充分肯定近年来全省交通事业飞速发展所取得的成绩和保障山西经济社会发展所发挥的促进作用，认为全系统干部职工精神面貌良好，一定能为全省转型发展和新基地新山西建设作出新的更大贡献。对于提案办理情况，他表示十分满意。认为各级领导重视，办理认真、管理三管齐下，把解决当前问题和从根本上解决结合起来的做法，非常值得赞赏。

张志川还详细汇报当前全省交通发展中所面临的问题和制约因素，委员们表示会予以高度关注并通过人民政协这个渠道推动解决，为全省交通事业科学快速安全协调发展助一臂之力。

（魏建国）

省政府慰问团看望省交通厅援川公路抢通保通突击队

6月20日，省政府副秘书长孙跃进，厅党组副书记、副厅长张润等慰问团一行3人，莅临绵竹汉旺至天池至清平再抢通公路现场指导工作并慰问一线抢险突击队员。前线指挥部指挥郭贵平、德阳市人大常委会副主任王远辉、副指挥周文全等陪同视察。

郭贵平指挥向省政府慰问团汇报省交通厅支援四川开展公路抢通保通以来的基本情况、取得的阶段性成果及今后再抢通汉旺至天池至清平公路安全施工方案。

孙跃进副秘书长认真听取汇报后说，受省委薛延忠副书记委托，代表省委、省政府向日夜奋战在公路抢通保通一线的抢险突击队员表示诚挚慰问并致以崇高敬意！对队员们在恶劣的环境中、在较短的时间内打通4条公路所取得的成绩给予充分肯定，高度赞扬突击队是一支行动迅速、不怕牺牲、不畏艰难的队伍，是省委、省政府信得过的队伍，是一支能打胜仗的队伍。一个月来，克服环境恶劣、条件艰苦等困难，冒着余震不断和山体滑坡、泥石流、塌方飞石等次生灾害随时发生的巨大危险及恶劣的施工条件，争分夺秒抢通保通4条公路，全力保障公路交通和救灾物资运输畅通，为四川抗震救灾工作作出突出贡献，受到灾区广大干部群众高度赞扬。大家以实际行动充分彰显了山西人不怕牺牲、不畏艰险的精神风貌，生动抒写了山西交通人"一方有难、八方支援"的高尚情怀。

孙跃进强调，再战汉旺至天池至清平公路，再次深入险地恢复抢通这段无路之路，施工环境十分恶劣，任务相当艰巨。在保证完成好公路抢通保通任务中要十分注意安全，注意环境防疫、疾病防治和防控安全，注意饮食卫生。要加强沟通协调，加强与当地政府联系，密切配合，互通情况，确保信息畅通。要服从地方政府抗震救灾指挥部的领导，全力以赴完成好公路抢通保通任务。

厅党组副书记、副厅长张润在施工现场、营房驻地慰问一线参战人员时，仔细询问每一位队员的工作、生活情况，问吃得好不好、生活适应不适应，要求指挥部全体人员一定要关心职工生活，注意生活、环境卫生，确保参战队员身体健康，并代表厅党组、代表全系统13万职工向日夜奋战在抗震救灾一线的全体参战人员表示亲切慰问，向当地政府支持配合公路抢通保通工作表示感谢，向默默无闻支持参战队员入川的职工家属表示衷心感谢，希望一线干部职工再接再厉，为四川灾区人民作出新的更大贡献。

王远辉副主任代表德阳市委、市政府、市人大和380万人民，对山西省交通厅支援四川灾区公路抢通保通抢险工作表示衷心感谢，并表示全力支持山西交通抢险工作，做好后勤服务和协调工作，为尽快打通这条生命路、经济路创造一切条件。

郭贵平指挥代表全体抢险突击队员表示：一定要按照省委、省政府和厅党组要求，继续发扬不怕疲劳、连续作战精神，坚决打好打胜这场攻坚战。

（董忻文）

厅领导调研摘记

厅领导调研摘记

王晓林厅长总结8年交通工作

1月15日上午，在省交通厅召开的全省交通系统各单位党政主要领导干部会议上，厅党组书记、厅长王晓林传达了全国交通工作会议精神和交通部部长李盛霖在全国交通工作会议上的讲话精神，并就推进交通产业转型和率先发展及2008年交通工作作了重要讲话。他在讲话中结合全省实际，回顾总结自2000年以来的交通成就，对照交通部总体部署，明确2008年交通工作总体要求和具体任务。

省交通厅本届领导班子从2000年上任至今已有8个年头。这8年，是全省交通发展最好最快的时期，也是全省人民享受交通发展成果最多的时期。8年间，全省交通完成固定资产投资1200亿元，公路通车里程由52 807公里增长到119 869公里，增长1.3倍；高速公路由403公里增长到1893公里，增长3.7倍；新改建农村公路12万公里，是建国50年的6倍还多；规费收入由不足26亿元增长到近140亿元，增长4.4倍；民用汽车拥有量由49.3万辆增长到150万辆，增长2倍；道路运输完成的客运量、旅客周转量、货运量、货物周转量由2.6亿人、127亿人公里、5.4亿吨、248.1亿吨公里增长到3.94亿人、197.8亿人公里、8亿吨、410亿吨公里，分别增长51.5%、55.1%、48.1%、65.3%；培育和树立了大运精神、大运文化、大运千里文明高速路等一批在行业内外有重大影响的先进典型，山西交通行业率先进入全国交通文明行业行列。　　（孙乾灏）

王晓林厅长提出全省交通发展新目标

1月15日，省交通厅党组书记、厅长王晓林在讲话中提出全省交通发展新目标。根据党的十七大提出的全面建设小康社会的新要求，到2020年全省交通发展的目标初步确定为：交通发展的质量和效率显著，运输服务和管理显著改善，行业创新实力显著提升，资源节约、环境保护显著增强，基本建成更安全、更通畅、更便捷、更经济、更可靠、更和谐的交通运输服务体系，交通发展成果惠及城乡，人民共享，适应全面建成小康社会的需要，为本世纪中叶实现交通现代化打下坚实基础。

“十一五”后三年要确保公路水路交通“十一五”规划目标任务的完成，为“十二五”交通发展创造良好条件。到2010年，基础设施网络化程度、信息化水平和运营管理水平得到提升；运输组织进一步优化，服务质量得到提高，公众交通服务领域得到拓展；资源利用水平明显提高，单位运输能耗和污染物排放量明显下降；安全监管和应急保障能力显著提高；行业创新能力不断增强；基本建立符合社会主义市场经济体制要求的交通管理体制机制，形成比较完善的政策法规体系。

（孙乾灏）

王晓林厅长概括5条工作经验

1月15日,省交通厅党组书记、厅长王晓林在讲话中回顾8年来工作,总结5条经验。一是靠正确的工作思路。以科学发展观统领交通工作全局,坚持“三个并重”,做好“三个服务”,使产业的基础性、行业的服务性得到明显加强。二是靠改革创新。改革创新是当今中国的时代精神,也是推动交通发展的不竭动力。过去8年全省交通发展的过程,说到底就是一个不断推进交通改革开放和创新的过程。改革化解发展中遇到的困难,创新拓展发展空间,开放增强发展动力。三是靠地方政府和人民群众。坚持不懈跳出行业看行业,跳出行业抓发展,把交通置于政府工作的全局之中,注重发挥地方政府和人民群众的积极性,使交通建设和管理由行业行为转变为政府行为,由政府行为转变为社会行为,形成促进交通又好又快发展的合力和联动机制。四是靠有效的行业管理。适应市场经济和交通发展要求,建立健全交通法规体系和政策措施,不断加强和创新行业管理,转变政府职能,改进工作作风,完善监管手段,保证行业健康发展。五是靠党的建设、廉政建设、队伍建设和精神文明建设。不断加强领导班子建设和队伍建设,加强行业文明建设,保持干部队伍昂杨向上、风清气正的精神风貌,建立健全具有交通特色的惩治和预防腐败体系,为交通发展提供政治保证和精神动力。 (孙乾灏)

王晓林厅长要求“十一五”后3年继续加强“四个环节”,抓好“八方面”工作

1月15日,省交通厅党组书记、厅长王晓林在讲话中要求“十一五”后三年继续加强“四个环节”,抓好“八方面”工作。

“四个环节”是:调整交通结构,促进结构的优化升级,增强交通运输服务保障能力;转变发展方式,建设资源节约、环境友好型交通,增强交通可持续发展能力;推进自主创新,建设创新型行业,增强交通发展内在动力;完善行业管理,建设服务型政府交通部门,增强交通公共服务能力。

“八个方面”是:第一,在基础设施结构调整方面。中央和省投资继续向“两区”倾斜,向公益性强的项目倾斜,突出国家规划的公路水路重点工程、农村交通、科技创新和安保工程建设;加强高速公路网和农村公路建设,加大国省干线改造力度;加强运输枢纽站场建设,促进各种运输方式有效衔接。

第二,在运输结构调整方面。优化运输组织结构,发展规模化、集约化、网络化运输,逐步实现货运无缝衔接和客运零换乘;优化运力结构,引导营运车船向标准化、专业化、清洁化方向发展;发展公共客运,构建由快速客运、干线客运、农村客运、旅游客运组成的多层次客运网络服务体系,推进城乡交通一体化和区域交通一体化。

第三,在自主创新方面。加快交通行业科技创新体系建设,加强重点实验室建设,加大促进交通先进生产力发展的重大关键技术攻关力度;加强智能交通、现代物流、现代管理等高新技术在交通领域的研发和应用;推进高速公路联网不停车收费与服务系统建设。

第四,在节约能源资源和保护生态环境方面。把落实节约资源和环境保护贯穿于交通规划、设计、施工、运营的全过程,节约集约利用土地资源和岸线资源,积极推广应用交通节能新技术、新设备、新产品、新工艺,完善运输装备的市场准入和退出机制,严格执行车船排放标准,控制和减少车船污染排放。

第五,在拓展交通服务领域方面。积极发展交通工程总承包、交通设计咨询、交通运输代理、交通商务服务等新兴交通服务业务;扩展科技咨询、技术交易、成果推广、信息服

务、检验检测、知识产权等交通科技服务；进一步发挥公路水路技术经济优势，推动现代物流信息公共平台建设和物流技术开发应用，促进现代物流业发展；建立和平共处完善交通行业服务标准体系。

第六，在行业管理方面。培育和建设统一开放、竞争有序的交通市场体系，强化交通建设和运营精细化管理，加强和规范收费公路管理，加强超限超载治理，加强交通安全监管能力建设，完善交通突发公共事件应急预案和应急体系。

第七，在体制机制改革方面。进一步完善交通法规体系；推进和完善高速公路管理体制、干线公路养护体制、农村公路管理体制等改革。

第八，在建设服务型政府交通部门方面。积极推进交通部门转变政府职能、转变工作作风、转变工作方法，强化公共服务职能，完善交通公共服务体系；减少和规范行政审批，依法行政；厉行节约，反对浪费，建设节约型机关；深化行业文明建设和廉政建设。

（孙乾灏）

王晓林厅长要求从5个方面抓好全省春运工作

1月18日，省交通厅召开2008年全省道路水路春节运输工作电视电话会议。厅党组书记、厅长王晓林在讲话中，要求全省交通系统要以创建“安全、畅通、文明、和谐”的春运工作目标为主题，着力从五个方面做好春运工作。一要提高认识，高度重视，切实加强对全省道路春运工作的组织领导。全省交通系统各单位要根据省交通厅出台的春运工作长效工作方案中确定的有关职责，制定相应的实施方案和应急预案，对本单位、本系统春运工作进行全面安排部署，及时发现和解决运输生产中存在的困难和问题，确保道路水路春运工作顺利进行。二要及早安排部署，认真组织实施，切实做好道路水路春运各项准备工作。省运管局、各市交通局要切实构建和完善道路旅客运输应急保障体系，认真做好疏运预案，储备应急运力，及时应对各种突发情况的发生。省公路局、省高管局和各级交通主管部门要加强对所管辖道路的养护与管理，及时处置路面病害，确保春运期间全省高速公路、国省干线公路和县乡道路的畅通。三要强化安全管理，落实各项措施，确保全省道路水路春运工作安全稳定。各级交通主管部门、各有关单位和运输企业要牢固树立“以人为本”、“安全发展”和“安全生产责任重于泰山”的理念，坚持“安全第一、预防为主、综合治理”的方针，切实做好事故预防工作，保障广大人民群众生命财产安全。四要坚持以人为本，围绕“三个服务”，努力提高道路水路春运服务质量和水平。要以“三个服务”的总体要求指导春运工作，努力把便民、利民、惠民、为民的各项措施落到实处，努力提高交通运输服务质量和服务水平，努力发挥公路运输的比较优势。五要严格春运检查，认真监督管理，规范全省道路水路春运市场秩序。各级交通主管部门及运管、海事机构要加强对运输市场的监督，提高执法人员素质和执法水平，严厉打击无证经营和甩客、倒客、宰客、兜揽旅客等各种违法违规行为，保护广大旅客和合法经营者的正当权益。

（魏建国）

王晓林厅长要求认真学习贯彻温家宝总理、李盛霖部长重要指示精神

1月25日晚10时许，交通部电视电话会议结束后，厅党组书记、厅长王晓林亲自主持召开会议，迅速学习贯彻温家宝总理和李盛霖部长的重要讲话，安排部署春运工作任务。要求全省交通系统要认真学习讲话，领会精神实质，把握工作重点，激发干劲，制定工作措施。他说，温家宝总理对当前交通运输工作提出旅客运输安全、电煤运输、粮食及鲜活农产品运输等“三大任务”，李盛霖部长又提出力保干线公路畅通、力保重要物资运输、力保“绿色通道”畅通、力保安全运输、力保运价稳定等“五个力保”，全省交通系统的核心任务是落实，就是要在落实上下工夫，做到落实、落实、再落实，用“四个落实”确保“三大任务”完成和“五个力保”目标实现。一是落实责任。公路部门、高管部门要落实保障公路安全畅通责任，运管部门要落实运输安全和运力组织的责任。二是落实政策。主要是落实春运期间客运不涨价政策和鲜活农产品运输车辆免收公路通行费并确保“绿色通道”畅通政策。三是落实措施。公路、高管及市、县交通主管部门落实打冰清雪、撒防滑料保畅措施，交通运管机构落实“五关一监督”等保障旅客走得了、走得好、走得安全、走得有序措施。四是落实到人。要分解任务，细化责任，把春运工作各项任务落实到车头、人头、企业头，落实到每一名驾驶员、乘务员、站务员、收费员、养路工以及公路养管人员、道路运管人员、运输从业人员，实行春运工作落实责任制，用落实责任制保障春运各项任务的圆满完成。山西汽运集团要带头贯彻落实温家宝总理和李盛霖部长讲话，围绕旅客运输安全、电煤运输、粮食及鲜活农产品运输“三大任务”，瞄准干线公路畅通、重点物资运输、绿色通道畅通、运输安全、运价稳定“五个力保”，在落实责任、落实政策、落实措施、落实到人“四个落实”上下工夫，为人民群众安全便捷出行和欢度春节，提供强有力运输保障和运输服务。

（董忻文）

王晓林厅长对全省交通征稽工作提出新要求

1月26日，在全省交通征稽工作暨党风廉政建设会议上，厅党组书记、厅长王晓林在讲话中指出，2007年规费征收工作在形势困难情况下，仍然超额完成任务，为全省交通事业发展作出积极贡献。省交通厅本届领导班子从2000年上任，至今已有8个年头。这8年，是全省交通发展最好最快的时期。回顾8年来工作，山西交通之所以能够持续快速健康发展，全省征稽系统发挥了交通“粮草官”的重要作用。他代表厅党组向全省交通征稽战线的干部职工表示感谢，并希望在新的一年里，围绕“三个服务”，咬定目标，振奋精神，奋力超收，不但要完成还要超额完成省交通厅下达的目标任务。要进一步吸取教训，规范执法，在强化“两费”征收方面走出一条新路子，实现交通征稽跨越发展，为“十一五”全省交通工作又好又快发展，继续发挥好支撑保障作用。　（沈建明）

王晓林厅长对山西汽运集团工作提出3点意见

1月26日，在山西汽车运输集团2008年工作会议上，厅党组书记、厅长王晓林在讲话中充分肯定山西汽运集团坚持科学发展观，坚持以“三个根本性提高”为目标，在安全生产、经济总量、持续发展、创建大企业战略等方面取得显著成绩，提出3点意见。一是转变观念，围绕“三个服务”，提升服务能力和水平。要争取政策支持，特别要加强企

业内部改革和创新。要大力在规模化、集约化、网络化上下工夫,进一步优化运力结构调整,把交通运输公益性和企业效益性结合起来,大力发展旅游客运专线等。二是强化安全管理,强化各级管理部门责任,要依靠科技手段研究解决企业安全问题。三是做好企业节能减排工作,减少消耗和污染,提高效率和质量。 (董忻文)

王晓林厅长对省交通开发总公司工作提出新要求

1月30日,在省交通开发总公司2008年工作会议上,厅党组书记、厅长王晓林在讲话中指出,开发公司作为省交通厅加速建设的投融资平台,起到应有作用,特别是在太长、长晋、晋焦高速公路的建设运营中发挥了不可磨灭的作用。在新的一年里,公司一班人一定要再接再厉,团结奋进,认真贯彻党的十七大精神和科学发展观,围绕交通发展大局,按照"三个服务"和"又好又快"总体要求,继续贯彻"以人为本"服务理念,增强企业核心竞争力,把企业做大做强。

(董忻文)

王晓林厅长对厅重点办工作提出4点要求

1月31日,在厅重点办搬迁新址挂牌仪式上,厅党组书记、厅长王晓林在讲话中要求以更加饱满工作热情,更加扎实工作作风,投身于重点公路工程建设事业。一要强化服务意识,转变工作作风,全力以赴为重点工程做好各项工作。二要加强协调能力,协调解决好制约工程建设的各种困难,真正发挥好服务协调作用。三要提高管理水平。要制定加强工程管理的有效措施,切实抓好工程质量、安全管理工作,强化监管,科学管理。四要加大监督力度。进一步强化职能,加强廉政建设,对重点环节、重点岗位工作人员要严格管理,从源头上把好关口,严格用人程序,严格执行省交通厅下发的《关于进一步加强重点公路工程建设系统人员管理的通知》意见。要加强党建工作,理顺各建设单位党组织关系,强化领导班子建设,特别是要强化基层组织、基础管理、基本素质"三基"工作。各级纪检监察部门要充分发挥监督协调作用,加强培训教育,加强监督检查,从源头上预防和治理腐败现象发生,建立健全各项规章制度,形成按制度办事、靠制度管人的良好机制,使全省重点公路工程建设系统全面走上规范化、制度化、正规化轨道。 (董忻文)

王晓林厅长对全省重点公路工程建设提出新要求

2月1日,在全省重点公路工程建设座谈会上,厅党组书记、厅长王晓林在讲话中要求统一思想,坚定信心,深入贯彻落实科学发展观,重点围绕"三个服务",立足"又好又快",全面落实"三个并重";要切实抓好项目建设,确保晋城至济源、运城南环两个项目在年内竣工通车。要突出抓好新建项目的开工,牢牢抓住全年开工1000公里和"十一五"末通车3000公里目标,克服一切阻力,全力以赴加快前期技术储备和项目审批,力争使项目早开工,多开工,确保"十一五"重点公路工程建设任务顺利完成。 (魏建国)

王晓林厅长对全省海事工作提出新要求

2月2日,在全省地方海事工作会议上,厅党组书记、厅长王晓林在讲话中提出两点要求。一是吸取教训,加强监管。虽然山西属于典型的非水网地区,但决不能忽视海事工作在保障水上交通安全、促进社会和谐的重要作用。海事机构要牢固树立以人为本、科学发展、安全发展理念,牢记2004年发生在本省的"9·23"农用船沉船事故教训;要警钟长鸣，切实把水上交通安全监管放在第一位，明确安全责任，提高监管能力，改进监管措施，防患于未然。二是抓住机遇，加快发展。日前，孟学农省长提出要让“汾河流水哗啦啦”再现山西。汾河治理，必将给全省海事发展带来前所未有的机遇与挑战，监管范围增大，给海事发展提供了又一个广阔平台。海事机构要抓住这次机遇，加快发展速度，把全省海事事业做大做强。

（孙乾灏）

王晓林厅长、张德仪总会计师深入太原征稽分局慰问一线干部职工

2月4日，在中华民族传统节日春节来临之际，厅党组书记、厅长王晓林，厅党组成员、总会计师张德仪在厅机关有关处室负责人及省征稽局党委书记、局长张晋鹏陪同下，带着新春祝福，深入太原征稽分局看望慰问征稽一线干部职工，向大家表示新春问候。

春节前的分局机关大院灯笼通红，旺火高耸，粉刷一新的机关办公楼同新建的富有山西民居特色的长廊有机连接起来，一派节日喜庆气氛。王晓林一行一下车，便同干部职工一一握手，致以新春慰问。听取刘宝东局长工作情况汇报后，王晓林厅长在讲话中希望分局继往开来，团结进取，一年更比一年好。同时，向全省征稽系统一线干部职工拜早年，祝福广大干部职工新春愉快。

（孙乾灏）

王晓林厅长深入吕梁高速公路公司检查指导工作

2月5日下午，厅党组书记、厅长王晓林在省高管局局长董新品及厅办公室、厅公安路政处主要负责人陪同下，深入吕梁高速公路公司检查指导工作，慰问一线职工。

在吕梁高速公路杏花服务区，王晓林一行为节日坚守岗位的职工送上慰问品，并来到服务区快餐厅，亲切地询问正在用餐的过路司乘人员饭菜热不热，价格高不高，服务好不好；向他们了解跑长途运输什么，运费是否上涨了，是不是有超载现象。当听到他们说现在没有超载现象时，王晓林高兴地笑了，并嘱咐大家一定要注意安全。随后，王晓林一行检查路政业务大厅，听取公司有关领导汇报。王晓林厅长在讲话中指出，吕梁高速公路是吕梁老区的唯一交通大通道，交通量大，任务重。近期以来，公司紧紧依靠地方政府，在治超保畅方面取得显著成绩，一定要再接再厉，深入贯彻落实胡锦涛总书记关于“保交通、保供电、促民生”的重要指示精神，把各项工作落到实处。同时，一定要把治超和运电煤有机地统一起来，确保治超工作坚持不懈，确保道路畅通。

最后，王晓林代表金道铭书记再一次向大家表示节日问候，并要求公司领导一定要安排好职工节日期间的工作生活。

（魏建国）

王晓林厅长对省高管局工作提出4点要求

2月18日，在2008年全省高速公路管理工作会议暨“双十佳”表彰大会上，厅党组书记、厅长王晓林在讲话中提出4点要求。一是抓住机遇，解放思想，加快发展。从最近南方雪灾可以看出，全国的基础设施建设还比较薄弱，今后国家将继续加强这方面的建设，高速公路系统要抓住这一发展机遇，自加压力，解放思想，力争使通行费收入达到100亿元。二是创新思路。领导班子必须创新思路和管理水平，加快高速公路由路到网转变，在全省率先实现高速公路由新型产业向现代服务业转变。三是提升理念，优质服务。交通是国民经济的基础性产业和服务性行业，一定要围绕“三个服务”，为人民群众创建安

全便捷舒适的出行条件。四是强化管理。要完善全省高速公路监控、收费、通信联网系统；加大服务区的监管工作，促进高速公路服务水平和服务质量全面提升。 （魏建国）

王晓林厅长对省交通设计院工作提出3点要求

2月19日，在省交通设计院2008年工作会议暨七届一次职代会上，厅党组书记、厅长王晓林在讲话中提出3点要求。一是发展问题。要抓住机遇，迎接挑战，树立忧患意识，提高核心竞争力，按照“六个坚持、六个树立”的设计新理念，进一步重视区域城乡一体化和城乡交通一体化问题，加快科学发展步伐；二是创新问题。要树立创新的理念和思路，依靠科技进步和技术创新，实现勘测手段和设计方法创新；三是人才问题。要把加强人力资源的开发利用作为核心任务之一，既要引进和吸纳优秀人才，又要重视对现有职工队伍的继续教育和培养，要关心一线职工的工作和生活，充分调动他们的积极性和创造性，多出成果，多出精品。希望省交通设计院在“十一五”乃至今后的工作中，能够继续保持朝气蓬勃、勇于奉献的精神，围绕做好“三个服务”，按照“三个转变”要求，在基层组织、基本管理和基本素质建设上下工夫，争创一流管理、一流服务、一流品牌，为全省交通发展作出更大贡献。

（董忻文）

王晓林厅长对省交通科研院工作提出新要求

2月20日，在省交通科研院2008年工作会议暨五届六次职代会上，厅党组书记、厅长王晓林在讲话中要求适应新形势，抓住新机遇，迎接新挑战，实现新跨越。他说，通过最近南方雪灾可以看出全国的基础设施建设还比较薄弱，这就需要去研究如何从科学技术方面提高基础设施的技术含量，要抓住机遇，面对挑战，发展自己；要围绕“三个服务”，狠抓“三基”工作，用新材料、新设备、新工艺、新技术，加强科研工作力度；要坚持“好”字优先，加快科研结构调整，继续做大做强；坚持创新思路，围绕节能减排，创建新型科研企业；坚持深化改革，激发科研人员的最大潜能；坚持以人为本，构建和谐交通。要在抓好班子、队伍建设上下工夫，使有理想、有朝气、有科技、有干劲的年轻人在山西交通事业中异军突起，成为现代交通发展的带头人。 （董忻文）

王晓林厅长要求从3个方面贯彻落实全国农村公路电视电话会议精神

2月20日下午，在省交通厅召开的贯彻全国农村公路工作电视电话会议精神会议上，厅党组书记、厅长王晓林在讲话中提出3点要求。一是统一思想，坚定信心。会议之后，各市交通局要迅速向各市政府汇报交通部、省政府具体部署，汇报农村公路建设新变化、新要求，进一步争取政府支持，落实政策措施，并协助政府领导做好组织发动工作，迅速铺开全年的农村公路建设。二是摸清底数，搞好对接。各市交通局要抓紧组织对本地区农村公路通达通畅、县乡公路路况及在建项目进展等方面情况进行全面调查，明确全年建设目标任务，并与省交通厅搞好项目、计划对接；同时要积极筹措配套资金，做到项目、计划、资金“三落实”，切实把农村公路建设基础工作做实做到位，资金不落实的项目不得开工。三是围绕农村公路建设质量年活动，抓好宣传发动工作。制定详细计划，提出具体要求，加强监管，确保工程质量和施工安全。各级交通部门要切实肩负起行业监管职责，加强现场指导与监管，督促项目建设单位建立和完善质量、安全监督保证体系和责任体系，把质量、安全监管、廉政建设等工作落到实处，严防质量、安全、廉政事故的发生。王晓林厅长特别强调，2008 年是北京奥运会举办之年，各单位要按照国家和省委、省政府要求，结合农村公路建设，大力整治交通环境，科学组织工程施工，重要旅游线路上的工程必须在 7 月底前完成，奥运活动期间即 8 月至 9 月份不得在旅游线路上组织施工，保证交通畅通，以良好形象迎接奥运健儿来晋观光旅游。同时，要确保鲜活农产品“绿色通道”畅通。

（沈建明）

王晓林厅长对全省公路工作提出新要求

2 月 26 日，在全省公路工作会议暨党风廉政建设、安全生产工作会议上，厅党组书记、厅长王晓林在讲话中要求面对新形势，抓住新机遇，迎接新挑战。围绕“三个服务”，抓好“三基”工作，尤其要抓好基础管理，公路段的管理要规范化。同时，要强化危桥和公路的整治，落实责任；强化养护和服务管理，提高服务意识；强化路政管理和应急管理，加强工作力度。以全新的工作面貌，谱写全省公路事业发展新篇章。（沈建明）

王晓林厅长检查晋济、阳翼高速公路工程进展情况

2 月 26 日，厅党组书记、厅长王晓林深入晋城，检查晋济、阳翼高速公路工程进展情况。他强调指出，一定要在保证安全和质量的前提下，加快工程施工进度，确保当年晋济高速公路通车，阳翼高速公路路基完工。

2 月 26 日下午，王晓林厅长直奔晋济高速公路第 5 合同段，现场察看南河特大桥，认真听取晋济高速公路情况介绍，仔细询问施工中存在的问题和难度。他说，仙神河大桥是整个工程的制约性因素，大家必须克服困难，鼓足干劲，全力贯通，确保晋济高速年底建成通车。

随后，王晓林厅长与晋城市代市长王茂设进行座谈。详细了解高平至新乡高速公路晋城段和晋城环城高速公路西北段规划设计情况。他说，近年来，晋城市公路交通事业取得巨大成绩，特别是晋焦、长晋高速公路开通，有力促进当地经济社会发展。阳翼高速公路建设要进一步优化设计方案，强化施工监管，确保工程质量和进度。对新上公路项目要科学规划，精心设计，拓宽融资渠道，力争早日开工。晋城市每个乡镇都应建立交通管理站，集养护、客运、货运、物流于一体，进一步促进农村公路建设和养护工作，推动农村物流、客运和货运事业发展，实现城乡交通一体化，推进地方经济社会又好又快发展。王茂设希望省交通厅今后一如既往地关心和支持晋城交通公路事业的发展，推进高平至新乡高速公路晋城段和晋城环城高速公路西北段早日开工建设。

2 月 27 日上午，王晓林厅长先后实地查看阳翼高速公路 L1、L7、L9、L12A 合同段，特别表扬运城路桥承建的阳翼高速公路 L9 合同段现场管理，希望作为典型在全省推广。在阳翼高速公路建设管理处，王晓林厅长听取张华处长情况汇报后指出，在晋城市委、市政府支持下，阳翼高速公路工程起步良好，取得突破性进展，为所有在建高速公路起到模范带头作用。今后要严格按照“小业主、大监理”管理理念，全面实施好“抓监理、监理抓”模式，充分发挥监理的作用，继续抓廉政、抓安全、抓质量，争取把阳翼高速公路建成全省“建设一流、管理一流”的高速公路。

（魏建国）

王晓林厅长充分肯定晋城公路分局工作

2 月 27 日上午，晋城公路分局举行养护生产、路政执法车辆配发仪式，厅党组书记、

厅长王晓林在讲话中对分局多年来取得的良好成绩给予充分肯定。他说,近年来,分局无论是公路建设还是养护和管理,都走在全省前列,特别是在晋城市委、市政府支持下,抓好超限超载治理和路容路貌整治工作。希望分局强化公路养护管理,强化危桥公路整治,强化路政治超管理,加快国省干线公路改造和农村公路建设,为晋城市经济腾飞起到交通应有的支撑保障服务作用。

(魏建国)

王晓林厅长、赵振田书记深入运城绕城高速公路西南段建设工地调研

2月29日,厅党组书记、厅长王晓林,厅党组成员、省公路局党委书记赵振田深入运城绕城高速公路西南段建设工地调研。在现场查看工程进展情况并听取汇报后,王晓林厅长在讲话中充分肯定建设成果。要求施工单位一定要牢牢把握"质量第一"工程理念,尤其要以规范施工工艺和流程为重点,加强对工程实体形成过程的控制,使工程质量始终处于受控状态。同时,要千方百计加快建设速度,确保早日投入使用。(魏建国)

王晓林厅长对山西交通技师学院工作提出新要求

3月6日,在山西交通技师学院2008年工作会议上,厅党组书记、厅长王晓林在讲话中要求准确定位,让学生学好技能就好业,培养出高素质、高技能人才;要抓住国家高度重视职业教育的机遇,抓住全省交通事业、特别是农村公路建设又快又好发展机遇,开拓市场,服务顾客,搞好教学教改;抓住学生特点,挖掘发展潜力,使学生真正成为品行好、基础实、技能强、体魄壮的社会主义劳动者。

(孙乾灏)

王晓林厅长代表厅党组述职述廉

3月11日,省交通厅召开2007年度厅领导述职述廉大会。厅党组书记、厅长王晓林代表厅党组作述职述廉报告。省考核组组长、省纪委副厅级检查员王晓慧及考核组其他成员,厅机关副处级以上干部、厅直单位党政负责人出席。

王晓林厅长在述职述廉报告中指出,2007年,厅党组以迎接党的十七大胜利召开为动力,围绕省委提出的"走出四条路子、实现三个跨越",按照全面推进、重点突破的思路,着力在抓发展、抓管理、抓落实上下工夫,圆满完成本届政府既定的各项交通工作任务,并为实现"十一五"规划目标打下坚实基础。一是坚决贯彻落实省委、省政府的各项重大部署,服务经济社会发展大局;二是坚持"三个并重"的方针,推动交通全面协调可持续发展;三是以提高执政能力为核心,切实加强党的先进性建设;四是坚持从严治党、从严治政,深入开展党风廉政建设和治理商业贿赂工作。他特别指出,厅党组始终把推进党风廉政建设和反腐败工作摆在十分重要的位置,认真贯彻落实中共中央《建立健全教育制度监督并重的惩治和预防腐败体系实施纲要》,切实加强对党风廉政建设和反腐败工作的领导,严格落实党风廉政建设责任制,认真开展治理商业贿赂工作,大力加强政风行风建设,以改革的精神推进源头治腐工作,保证了改革开放和交通建设顺利进行。

王晓林厅长还就个人一年来工作以及廉洁自律情况作了述职述廉报告。

会上,厅领导张润、王志民、张志川、郜玉兰、张德仪分别就分管工作完成情况以及廉洁自律情况进行述职述廉。

考评组对厅领导班子及厅领导进行了民主测评。

(孙乾灏)

王晓林厅长对山西交通学院工作提出4点要求

3月11日下午，在山西交通学院2008年工作会议上，厅党组书记、厅长王晓林在讲话中提出4点要求。一要认清新形势，推动科学发展。要贯彻落实科学发展观，抓住交通率先发展大好形势和产业结构调整时机，优化专业结构调整，满足市场需求，培养行业所需人才，实现又好又快发展。二要抓住新机遇，增强学院实力。近年来，学院一直是硬件投入不足，软件抓得不实，实力不强，这就需要学院认真研究，加强硬件和软件投入。图书楼、信息资料楼、综合教学楼的建设，省交通厅将继续支持，确保硬件投入到位。三要谋划新发展，强化教学质量。教学质量关键在教师，教师要不断提高素质，使学生德智体美全面发展；同时，要充分发挥思想政治教育工作与基层党组织作用，增强教师责任心，培养德才兼备好学生。四要实现新跨越，办出特色。要紧密结合交通行业特点，抓品牌专业，适应市场新需求。学院领导和广大教职员工要齐心协力，认清新形势，抓住新机遇，谋求新发展，实现新跨越，将学院办成山西交通行业人才基地，为全省交通事业发展培养更多更好的优秀专业技术人才。

（孙乾灏）

王晓林厅长、张德仪总会计师深入阳泉市调研

3月12日，厅党组书记、厅长王晓林，厅党组成员、总会计师张德仪带领厅机关有关处室同志，在阳泉市委书记谢海、市政府常务副市长王旭明、市人大常委会副主任张清、市政协副主席王振国等陪同下，视察307国道复线坡头至水峪一级公路，并与阳泉市四大班子领导进行座谈。

路线全长28.8公里，概算投资7.8亿元，是晋煤外运重要通道，也是阳泉绕城公路重要组成部分。建成通车后，对于缓解307国道交通压力，促进阳泉扩容提质和环境改善具有重要意义。在工程建设中，研究开发煤矸石综合利用、采空区处治等技术，对全省公路建设具有重要借鉴作用。

王晓林厅长在讲话中充分肯定工程建设成就，提出4点要求。一是抓好扫尾工程，统筹推进滑坡治理、护坡处理和绿化工程，提升公路综合服务能力和安全保障能力。二要加强采空区路段和桥梁、隧道动态监控，发现问题，及时处治，为全省公路建设提供新的经验。三要加强公路养护管理，加大综合运用行政、法律、经济手段和技术措施治理车辆超限超载力度，严格责任追究，坚决遏制反弹，保护公路设施，保证公路安全畅通。四要强化运营管理，降低运营成本，提高还贷效益。“十一五”期间，要统筹考虑高速公路、干线公路与农村公路建设，积极推进阳盂高速公路建设，力争打通307复线二期工程，构建阳泉晋煤外运的快速通道，逐步完善区域公路网，充分发挥道路运输比较优势，服务城市转型和经济社会全面协调可持续发展。

王晓林一行还在阳盂高速公路建设管理处详细了解前期工程进展和资金落实情况。

（孙乾灏）

王晓林厅长对全省道路运输工作提出新要求

3月13日，在全省道路运输工作会议上，厅党组书记、厅长王晓林在讲话中要求各级交通主管部门、运管机构要组织人员认真学习，领会精神，适应道路运输开展新形势需要，努力践行“三个服务”，提高“五个能力”，转变观念，将思想认识统一到党的十七大精神上来，统一到发展大交通上来，促进全省道路运输业又好又快发展。一要紧紧围绕“三个服务”、“三个转变”，推动道路运输率先科学发展。树立优先发展、协调发展理念，树立

创新意识、法制意识。二要紧紧围绕“三个服务”,提升道路运输服务能力水平,推进结构调整。完善旅客运输、战略物资运输和汽车维修救援保障体系,加强运输站场建设,加强安全监管,大力发展现代物流。三要继续抓好村村通客车工程。要按照省委、省政府提出的“赛在北京、游在山西”要求,全力做好北京奥运会交通保障工作。(孙乾灏)

王晓林厅长要求进一步搞好全省交通战备工作

3月18日,全省交通战备工作暨“军交—2007B”活动山西分现场总结表彰大会在忻州顿村召开。厅党组书记、厅长、省交战办第一主任王晓林在讲话中,要求各级领导和从事交通战备工作的同志,要进一步提高认识,统一思想,增强使命感、紧迫感和责任感,从加强国防建设、军队建设和保卫国家安全的战略高度,充分认识加强新时期交通战备工作的重大意义,树立建设为准备、准备为实战思想,进一步加强各级交战办服务、组织、协调、监督和指导的职能作用,理顺工作机制,形成国动委统一领导,交战办组织协调,成员单位各负其责,各单位、各部门齐抓共管,全社会积极参与的交通战备工作格局。要继续坚持交通战备工作目标责任制,继续坚持交通战备工作领导负责制和重大工作失误责任追究制。有计划、有重点地开展提高交通保障动员水平等专题研究,认真总结交通战备建设经验,科学分析新时期交通战备工作面临的新情况,正确把握新形势下交通战备建设工作的基本规律,加强工作薄弱环节,制定并采取改进工作的思路和措施,不断提高交通战备工作水平。

(董忻文)

王晓林厅长要求发挥好国防交通协会作用

3月18日,在山西省国防交通协会成立大会上,厅党组书记、厅长王晓林当选为会长。他在讲话中提出今后一个时期协会总的指导思想是:贯彻新时期军事战略方针,依靠上级主管部门和全体会员,团结全体理事和国防交通战线上的广大群众,紧紧围绕国防交通中心任务和工作重点,发挥咨询和参谋作用,为促进国防交通事业和经济发展服务。重点有六个方面任务:一要加强战场交通建设;二要抓好交通保障队伍建设;三要完善各类应急预案、方案;四要加快国防交通法规制度建设;五要进一步加强正规化建设;六要推进国防交通信息化建设。协会要在重大问题研究上下工夫,在国防交通法规制度建设上下工夫,在协作效能上下工夫。

协会成员要明确工作目的,牢固树立服务思想,为国防交通平时服务、急时应急、战时应战建言献策;通过本身的桥梁与纽带作用,努力为国防建设服务,为经济建设服务,为会员单位服务;要加强学习,丰富知识,开阔视野,提高能力,注重在实践中摸索规律,同时要搞好团结协作,争取各方面广泛支持,不断开创协会工作新局面。

(孙乾灏)

王晓林厅长传达全国“两会”精神

3月24日上午,在厅党组召开的扩大会议上,厅党组书记、厅长王晓林传达“两会”精神。他说,闭幕不久的全国“两会”,是在全国深入学习贯彻党的十七大精神,加快推进社会主义现代化建设的新形势下,召开的一次承前启后、继往开来的大会。会议审议批准政府工作报告和其他重要报告,审议批准国务院机构改革方案,选举和决定新一届国家机构领导成员,选举产生新一届全国政协领导成员,成果丰富,意义重大。要认真学习“两支”精神,把思想和行动统一到大会决策部署上来,提高学习贯彻落实的自觉性和主动性；要深刻认识全国过去5年取得的巨大成就，增强贯彻落实中央决策部署的坚定性；要深刻认识全国过去5年创造的宝贵经验，自觉在实践中坚持和运用。

他特别强调，学习贯彻全国"两会"精神，要紧密结合全省交通实际抓好贯彻落实，推进全省交通事业又好又快发展。

（沈建明）

王晓林同志担任省人大常委会城乡建设环境保护工作委员会主任

4月7日下午，厅机关举行座谈欢送会，欢送王晓林同志赴省人大履新，厅领导、厅机关各处室主要负责同志参加座谈。座谈会由厅党组书记、厅长段建国主持。

厅党组副书记、副厅长张润代表厅党组在座谈会上首先发言。他说，王晓林厅长在省交通厅的8年，是全省交通发展史上最好最快的时期，也是全省人民享受交通发展成果最多的时期。8年间，全省交通建设累计完成投资1132亿元，公路通车里程由52 807公里提高到12万公里，公路密度由百平方34公里提高到76公里，增长1.3倍；高速公路由403公里提高到1893公里，增长3.7倍；二级以上高等级公路由9818公里提高到15 786公里，增长77%；新改建农村公路12万公里，是建国50年6倍还多；全省乡镇通油路率由85.7%提高到100%，建制村通水泥（油）路率由42.6%提高到84.6%，通公路率由93.5%提高到近100%，通客车率由67%提高到91%；交通规费年收入由25.8亿元提高到138.7%亿元，增长4.4倍；8年间，道路运输保障能力进一步增强，全省民用汽车拥有量由49.3万辆提高到150多万辆，增长2倍；道路运输完成客运量、旅客周转量、货运量、货物周转量都有很大提高。8年间，行业创新能力不断增强，集中攻克一批具有国际国内领先水平关键技术，形成一套具有山西特色的交通建设技术体系，走出一条经济欠发达地区公路建设市场化的新路子。8年间，交通安全生产形势稳定，连续8年被省政府评为全省"安全生产先进单位"。8年间，交通法制建设明显加强，以《高速公路管理条例》、《养路费征管条例》、《水上交通安全管理办法》、《公路车辆通行费收取办法》等的出台为标志，适应市场经济的地方交通法规体系基本建立；8年间，交通战备综合保障能力不断提升，"国防大运"成为交通基础设施贯彻国防要求的样板，省交战办被树为全国交通战备的一面旗帜；8年间，党的先进性建设不断加强，精神文明建设硕果累累，全行业做到"修好多条路、不倒一个人"，并创育大运精神、大运文化、征稽文化、大运千里文明高速路等一批在行业内外有重大影响的先进典型，山西交通行业率先跨入全国交通文明行业行列。

张润指出，王晓林厅长不仅带领全省交通职工创造了山西交通发展的辉煌成就，也给我们留下宝贵经验。这就是：推进交通又好又快发展，一是必须依靠正确的工作思路。深入贯彻落实科学发展观，围绕"三个服务"，坚持"三个并重"，不断提高行业服务能力和水平，不断满足经济社会发展和人民群众日益增长的交通运输需求。二是必须依靠解放思想和改革创新。从不合时宜的传统观念、思维定式中解放出来，运用市场经济思路和改革创新办法，化解发展中遇到的困难，拓展发展空间，增强发展动力。三是必须依靠地方政府和人民群众。勇于跳出行业，注重发挥地方政府和人民群众积极性，使交通建设和管理由行业行为转变为政府行为，由政府行为转变为社会行为，形成促进交通发展合力和联动机制。四是必须依靠有效行业管理。主动适应市场经济发展要求，建立健全交通法规体系和政策措施，不断加强和创新基础管理，转变政府职能，改进工作作风，完善监管手段，保证行业健康发展。五是必须依靠党的建设。牢牢抓住班子建设这个关键，扎扎实实地推进党的思想、组织、作风、制度建设，建立健全具有交通特色的惩治和预防腐败体系，不断提高拒腐防变能力，为交通发展提供政治保证。六是必须依靠行业文明和谐建设。坚持以人为本、关注民生，坚持改善民生、和谐发展，坚持典型带动、全面推进，把广大职工群众的创造热情、行业文化建设的目标任务与交通发展的具体实践有机结合起来，和谐行业程度，不断提升职工素质，为交通科学发展提供精神动力。

8年的交通工作实践雄辩地证明，王晓林厅长具有驾驭全局、科学决策、应对复杂局面的高超能力，堪称领导干部楷模。他勤奋好学，勤于思考，始终把“人生在于求知、生命在于奉献”作为自己的座右铭，在科学高峰上勇于攀登，在知识海洋中孜孜以求，他对交通工作的思路、改革创新的举措、科学正确的决策，都来源于知识积累与实践思考。他尊重人、关心人、理解人，始终把“政治上关心、生活上照顾、关键时刻保护”作为对待同志的根本原则，充分发挥班子成员的积极性和创造性，充分发挥广大干部职工的聪明才智与主观能动性，努力创造“事业大发展、个人能进步、群众得实惠”的环境。

8年来，全厅先后有一大批干部得到提拔重用，其中包括两大集团和会考出去的共30名干部被提拔为正副厅级干部，有1000多名职工受到交通部和省劳竞委记功表彰。他思路敏捷、办事干练，善于审时度势、因势利导，善于把握时机、抓住机遇，凡事只要认准了，就果断决策、果断行动。山西路桥建设、汽车运输等国有企业改革，大运、太长高速公路等重大工程开工建设，村村通水泥(油)路以奖代补政策实施和建设高潮掀起，等等，之所以能够成功运作，关键是时机把握得好，抓住国家政策机遇，适应交通大发展形势。他作风务实，注重调查研究，8年来节假日很少休息，足迹遍布全省山山水水、乡乡村村，掌握大量第一手资料，也帮助基层和广大农民解决许多关系民生实际问题。他廉洁自律，不贪不占，不仅严于律己、以身作则，而且严格要求身边工作人员和家属、子女，严格执行党和国家的法律法规，并结合交通实际不断完善廉政教育机制、制度防腐机制、权力监管机制，探索出了一条交通系统反腐倡廉新路子，维护全省交通行业的和谐稳定与健康发展。今天我们召开这个座谈会欢送王晓林厅长，就是要学习他对党、对人民、对交通事业高度负责的高尚品质，学习他勤奋敬业、勇于创新的革命精神，学习他求真务实、清正廉洁的优良作风，把王晓林厅长谋划开创的交通科学发展事业继续推向前进。

张润强调指出，当前，全省进入转型、跨越、崛起的新阶段，交通建设的任务十分繁重，交通发展的约束性矛盾和体制性障碍也日益加剧，我们要在省委、省政府的领导下，在以段建国同志为班长的新一届厅党组带领下，高举中国特色社会主义伟大旗帜，全面贯彻党的十七大精神，以邓小平理论和“三个代表”重要思想为指导，深入贯彻落实科学发展观，按照“走出四条路子、实现三个跨越”要求，继续发扬改革创新精神，继续总结发扬好经验、好做法，进一步创新发展理念，转变发展方式，破解发展难题，推进交通发展由主要依靠基础设施投资建设拉动向建设、养护、管理和运输服务协调拉动转变；由主要依靠增加物质资源消耗向科技进步、行业创新、从业人员素质提高和资源节约、环境友好转变；由主要依靠单一运输方式发展向综合运输体系发展转变，着力提高交通服务新基地新山西建设、服务社会主义新农村建设、服务人民群众安全便捷出行的能力，全面实现“十一五”规划目标，向省委、省政府、向全省人民、向我们的老厅长交一份满意的答卷。我们相信，有省委、省政府的正确领导，有王晓林厅长等老领导的大力支持，新一届厅党组一定能够带领全省12万交通职工，在过去工作的基础上，续写山西交通发展的绚丽篇章。

厅领导王志民、部玉兰、张德仪也先后发言，结合自己分管工作和工作经历，表达8年相处的深厚情意。参加座谈会的同志们一致祝愿王晓林同志在新的工作岗位上，为全省经济社会发展作出新的更大贡献。

王晓林同志在发言中表达难舍之情，并语重心长地希望新班子围绕“三个服务”，坚持“三网并重”，抓住安全质量廉政三个重点，打牢“三基”（基层组织、基础管理、基本素质），开创山西交通工作新局面。

（董忻文）

段建国同志任省交通厅厅长

4 月 7 日上午，省交通厅召开干部大会，宣布省交通厅主要领导任免决定：段建国同志任山西省交通厅党组书记、厅长，王晓林同志任山西省人大常委会城乡建设环境保护工作委员会主任。副省长牛仁亮出席会议并讲话。省委组织部常务副部长刘维佳宣布任免决定。大会由王晓林同志主持。厅领导、厅直各单位党政主要领导、厅机关全体公务员参加。

新任厅党组书记、厅长段建国在大会上讲话。他说，在全省交通建设的关键时期，能融入交通行业做一名交通人，非常光荣，同时也感到非常大的压力。他坚信，有省委、省人大、省政府、省政协四大班子的关心和支持，有王晓林和历任老厅长艰苦奋斗打下的基础，有一支特别能吃苦、特别能战斗、特别能奉献的交通职工队伍，有全省人民对交通建设的支持，靠改革创新推进交通建设，靠班子团结凝聚力量，靠健全完善廉洁机制带好队伍，一定能和大家一道共同开创全省交通工作新局面。

刚刚卸任即将履新的王晓林同志在讲话中充满深情地回顾了在交通厅工作的 8 个春秋，对 8 年来支持他工作的省委、省人大、省政府领导，共事的班子全体成员，交通系统的广大职工表示衷心感谢。他将永远心系交通、情系交通，一如既望往地关心支持交通工作。他坚信，以段建国同志为班长的交通厅新一届党组，一定会按照省委、省政府决定，贯彻落实科学发展观，使全省交通事业又好又快发展。

副省长牛仁亮代表省委、省政府在会上作重要讲话。他充分肯定省交通厅工作，并对新一届领导班子提出新要求。首先，要深入学习党的十七大精神，用十七大精神武装头脑。学习贯彻十七大精神，是当前和今后一个时期全党同志的首要政治任务，希望省交通厅党组按照中央和省委部署，在前一段学习的基础上进一步学习，使广大党员干部真正学有所获，并转化为自觉的观念和行动，争做共产主义远大理想和中国特色社会主义共同理想的坚定信仰者、科学发展观的忠实执行者、社会主义荣辱观的自觉实践者和社会和谐的积极促进者。其次，要以提高领导水平和执政能力为核心内容，进一步加强领导班子的建设。一要按照科学发展观和构建社会主义和谐社会的要求，全面提高领导水平和执政能力。要以贯彻科学发展观为核心，进一步加强领导班子建设，不断提高领导水平和执政能力。要以主要领导调整为新的起点，进一步加强思想建设、组织建设、作风建设、制度建设和反腐倡廉建设，带出一支素质过硬、作风优良、工作出色的队伍，为全省经济和社会发展作出新的贡献。二要自觉坚持民主集中制原则，加强党的集体领导，提高决策的科学化民主化水平。民主集中制是我们党的根本组织制度和领导制度，要把自觉坚持民主集中制原则作为党内生活必须遵循的基本准则来贯彻执行。凡属方针政策性的大事，凡属全局性的问题，凡属重要干部的推荐、任免、奖惩，都要按照集体领导、民主集中、个别酝酿、会议决定这一党内议事决策的基本制度来决定。必须正确处理集体领导与个人分工负责的关系，既要依靠领导集体的智慧，做出正确的决策，发挥整体效能；又要明确每个班子成员的具体职责，充分调动和发挥每一个班子成员的主动性、积极性和创造性。三要坚持团结协作，合作共事，努力把班子建设成为团结战斗的集体。领导班子和干部队伍的团结是我们各项事业取得胜利的保证,领导干部作为领导集体中的一员,要摆正自己的位置,既要处理好班子成员之间、上下级之间关系,又要处理好与组织之间、群众之间的关系。遇事多听其他同志的意见,包括群众的意见,包括不同意见,要集思广益,择善而从;遇事要多商量、多沟通、多通气。坚持团结协作,要敢于正视矛盾并主动化解矛盾,有了矛盾不能回避,不能带着框框偏袒一方,也不能当和事佬、和稀泥。要采取积极的态度,正视矛盾,按照团结——批评——团结的方法,站在有利于团结、有利于工作的立场上公道解决。坚持团结协作还要多看他人的长处和成绩,多检查自己的不足和问题,多做补台和化解矛盾的工作。四要坚持求真务实,真抓实干,进一步改进工作作风。求真务实是党的优良传统和一贯要求,我们要身体力行求真务实之风,坚持重实际、讲实话、办实事、求实效,对事关全局的重大问题,主要领导必须亲力亲为,分管领导要全力以赴,精心组织实施,要下大力气研究解决制约发展的主要矛盾,要认真研究推进工作的具体对策措施,有效推进各项工作的开展,对作出的决策和部署的工作要加强督促检查,确保收到实效。（董忻文）

段建国厅长、张志川副厅长深入太原高速公路柴村收费站调研

4月15日上午,全省高速公路不停车治超检测系统在太原高速公路柴村收费站治超检测点试运行。厅党组书记、厅长段建国,厅党组成员、副厅长张志川深入现场调研。

段建国厅长在调研中指出,治理超限超载是高速公路管理工作的重要内容,必须创新管理,用现代化手段解决治超中的问题。不停车检测系统的使用作为建立治超长效机制的重要组成部分,首先要在太原环城高速堵车最严重、具备条件的几个站点进行试点应用,运行一段时间后进行认真总结,不断改进完善,并在全省高速公路具备条件的站点尽快推广。同时,段建国与有关人员还针对高速公路超限超载车辆劝返调头的收费站广场拥堵和卸载问题进行研究。

（董忻文）

段建国厅长充分肯定交通征稽文化研究的重大意义

4月20日,在全国交通征稽文化建设暨规范化管理座谈会上,厅党组书记、厅长段建国介绍全省交通发展及交通行业文明建设等方面的基本情况,并对交通征稽文化研究提出自己思路和想法。他说,全国交通征稽系统的同志们相聚汾水之滨,交流沟通征稽文化建设和规范化管理经验,共话交通征稽未来发展的美好前景,不仅对于推动交通征稽事业科学发展具有重大而深远的意义,也为山西向全国学习搭建一个很好平台。全国征稽系统在多年的交通管理实践中,积累了许多好经验、好做法,通过这次沟通和交流一定会迸发出更多睿智火花,达成更为广泛的思想共识,对行业交通征稽核心价值理念认识将进一步升华。研究探讨征稽文化建设,一定要着眼于社会背景和时代要求,以崇高的社会责任感和使命感,充分认识对行业发展和社会主义文化繁荣发展的重要意义,特别是要突出以人为本理念,突出实践性,突出创新主题,真正使征稽文化成为交通征稽科学发展、实现行业历史使命的不竭动力。

（董忻文）

段建国厅长对交通专业保障队伍参加演练活动提出4点要求

4月22日,省交战办组织召开"联动—2008"任务部署会。厅党组书记、厅长段建国在讲话中提出4点要求。一是各单位领导要高度重视,把这次演练活动作为大事、特

事、急事来抓，在人力、物力和财力等方面给予有力保障。二是各相关部门、参演单位要从国家安全长远利益出发，处理好生产和演练的关系，做到生产和演练两不误。三是要明确职责，落实到人。各级、各部门要明确任务要求，明确时间节点，保证在每一环节、每一个节点上不出现差错。四是演练是军地共同的事，军地双方要形成合力，共同解决出现的问题和困难，确保演练活动顺利开展。各单位要继续发扬全省国防交通专业保障队伍“高度负责的意识、奋勇争先的斗志、吃苦耐劳的精神、连续作战的作风”，团结拼搏，克服困难，圆满完成此次光荣任务，为维护国家安全发展、促进社会稳定作出更大贡献。

（沈建明）

段建国厅长出席“迎奥运、健步走”活动启动仪式

4月23日上午，厅离退休干部处组织“迎奥运、健步走”活动。在简短启动仪式上，段建国厅长亲切地与老同志们一一握手致意。他说，任职半个月来，不是在省内调查研究，就是上北京和有关部委沟通，一直忙于几条高速公路开工的千头万绪和其他事务之中。因此，为还没有来得及登门拜访各位老领导深表歉意，恳请老同志们原谅。他希望老同志们积极为全省交通事业的又好又快发展建言献策，并给予他个人工作上的支持和帮助。

段建国说，北京奥运举世瞩目，中华民族各族儿女热情期盼，对提升中国的国际形象，激发民族自豪感，凝聚人心，推动经济和社会发展，具有巨大的促进作用。希望通过这次活动，进一步营造交通行业迎接奥运的良好氛围，提高交通人人为奥运争作贡献积极性，进一步丰富老同志们的晚年生活。最后，他再次祝福老同志们身体健康，家庭幸福，生活美满！ （沈建明）

段建国厅长要求全省交通系统掀起学习劳模和先进工作者高潮

4月28日下午，全省交通系统劳模座谈会召开。厅党组书记、厅长段建国在讲话中首先代表厅党组，向出席座谈会的各位劳模代表和为全省交通事业发展作出突出贡献的先进工作者致以节日问候，向奋战在全省交通战线的广大交通职工表示由衷敬意。他说，工作阶级为全省交通改革开放和建设发展作出突出贡献，是交通改革开放和建设发展的主力军。劳动模范和先进工作者作为工人阶级的杰出代表，不论是爱岗敬业的一线职工，还是永攀高峰的科技工作者、优秀管理者，都以强烈的主人翁意识立足岗位，开拓进取，集中展现当代交通人的精神风貌，不愧是交通系统的栋梁和学习楷模。近年来，全省交通事业成就显著，特别是公路建设取得令人瞩目辉煌业绩，高速公路、国省干线、农村公路通车里程以及全省路网密度，都跃居全国先进行列。这是全系统广大干部职工共同奋斗的结果，更倾注了各位劳模和先进工作者的汗水及智慧。当前，公路建设任务十分繁重，比任何时候都更需要发挥广大职工的积极性、主动性和创造性，比任何时候都需要充分弘扬劳模精神，发挥劳模作用。全系统要掀起学习劳模和先进工作者的高潮，学习他们立足岗位、恪尽职守的奉献精神，改革创新、争创一流的创新精神，锲而不舍、永攀高峰的拼搏精神，雄怀全局、勇挑重担的大局意识。

段建国厅长在讲话中提出4点要求。即解放思想，争当与时俱进、改革创新的先锋；求真务实，争当科学发展、加快发展的榜样；顾全大局，争当和谐稳定的标兵；提高素质，争当精神文明建设的表率。他特别强调，各单位党政工团都要关心爱护，切实做好劳模的帮扶工作，努力为劳模办实事，办好事。

（沈建明）

段建国厅长要求充分认识搞好政风行风评议及纠风工作重要性

5月7日，在全省交通系统纠风暨政风行风评议工作部署会议上，厅党组书记、厅长段建国在讲话中要求各级、各部门一定要充分认识搞好交通系统政风行风评议及纠风工作的必要性和重要性，增强责任感和使命感，努力把这项工作提升到一个新的层次和水平。要强化对治理非法超限超载的监督管理，坚持不懈地抓好治理公路“三乱”，认真解决损害群众利益的突出问题，进一步加强交通行政执法队伍建设，扎实推进全系统政风行风建设并取得新的成效。他特别强调，2008年全省交通系统纠风工作和政风行风评议任务十分繁重，各级、各部门要切实加强组织领导，落实工作责任，加强监督检查，建立健全行风教育制度，着力构建与完善预防、发现和解决问题的机制及监督制约机制，努力解决不想为、不敢为、不能为的问题，进一步落实好政务公开和民主评议制度，确保全年纠风工作和政风行风评议取得实效，全面提升全省交通系统政风行风建设水平，加快实现人民群众满意的行业和部门，努力为促进全省交通事业又好又快健康发展作出新的更大贡献。

（沈建明）

段建国厅长要求认真抓好安全生产工作

5月8日上午，在全省交通系统安全生产百日督察专项行动工作会议上，厅党组书记、厅长段建国在讲话中，要求认真抓好安全生产工作。他说，近年来，厅党组认真贯彻党中央、国务院和省委、省政府有关安全生产工作的指示及要求，安全生产工作取得长足发展和显著成绩。要珍惜来之不易的成绩，并认真总结经验，寻找差距，创新发展。他说，“交通安全大于天”，安全工作事关人民群众生命财产安全和交通又好又快发展，任务繁重，责任重大。全省交通系统各单位各部门要深入学习贯彻上级指示精神，各级领导要提高认识，高度重视交通安全生产工作，切实加强对安全生产工作的组织领导；各单位“一把手”要亲自抓，亲自挂帅，亲自安排部署，并制定安全生产责任制和操作性强的应急预案，管细、管严，加大安全隐患排查力度，加大明察暗访力度。要突出重点，加大重点单位、重点路段的安全排查整治力度，通过多种形式进行安全生产宣传教育，提高安全意识，强化全民安保意识，并建立健全责任追究制。全省交通系统广大干部职工要深入贯彻落实科学发展观，坚持“安全第一、预防为主、综合治理”的方针，扎实开展安全“隐患治理年”活动和安全生产百日督查活动，最大限度地排查整治事故隐患，努力营造稳定的安全生产环境，为北京奥运会成功举办和全省交通运输又好又快发展提供有力的安全生产保障。

（董忻文）

段建国厅长要求全力以赴迎奥运讲文明

5月9日上午，省交通厅隆重举行“迎奥运、讲文明、树新风”暨“全国交通文明行业”挂牌仪式。厅党组书记、厅长段建国，省直工委常务副书记、省直文明委常务副主任阎登山，省文明办创建处处长李永和出席并讲话。厅党组成员、副厅长王志民主持，厅党组成员、副厅长张志川宣传交通部表彰决定，厅党组成员、总会计师张德仪，厅副巡视员郭贵平等出席。

段建国厅长在讲话中指出，2008年北京奥运会，是中华民族的百年梦想，是令人为之振奋、倍感骄傲、充满期待的百年盛事。迎接奥运，服务奥运，办好奥运，是全国人民的共同责任，交通运输行业更有责任为举办有特色、高水平的奥运会作贡献。成功举办奥运会，承载着海内外所有中华儿女的殷切希望。我们要在省委、省政府的正确领导下，积极行动起来，全力以赴迎奥运，同心同德添光彩。从我做起，从现在做起，以文明礼仪促和谐，优质服务促发展，振兴交通，振兴山西，振兴中华。段建国厅长强调指出，在构建社会主义和谐社会的今天，省交通厅以及公路、征费、高管三大系统成为全国交通文明行业，全省交通系统近100个单位被评为省、部级文明和谐单位，200多个单位、500多名职工受到省部级以上表彰，文明和谐单位覆盖率达82%。省交通厅率先跨入全国交通文明行业之列，是全省12万交通职工共同努力的结果，也为山西再次增添光彩。获得的荣誉，首先是对我们工作的肯定，同时更增加肩上责任，全行业上下一定要再接再厉，坚持“三个服务”，争创“五个文明”，取得更大的成绩。

挂牌仪式结束后，山西交通职业技术学院、运城高速公路公司、太原高速公路公司、省公路运输工会表演精彩文艺节目，以饱满热情迎接北京奥运会。（董忻文）

段建国厅长要求坚定地肩负起加快干线公路发展的历史责任

5月21日，全省干线公路建设质量现场会在临汾市乡宁县召开。厅党组书记、厅长段建国在讲话中充分肯定沿黄干线和其他干线公路建设取得的成绩，要求各级各部门要提高认识，高度重视现在所面临的新一轮交通瓶颈形势，坚定地肩负起加快干线公路发展的历史责任，坚决完成今后3年的各项任务。要继续加大干线公路改造建设力度，提升路网整体服务水平；要加强公路养护管理，把实施公路安全保障、危桥改造、公铁立交桥安全整治、灾害防治和大中修工程，实施通道绿化、文明路创建和沿线环境综合整治工程，完善标志标线标识、增设小型服务区、建立公路信息服务系统作为重点，拓展干线公路服务功能；要坚持全面协调可持续发展，走资源节约型、环境友好型发展之路。要准确把握干线公路又好又快发展的本质要求，提高公路建设标准，切实把工程质量各项要求落到实处。要在全行业牢固树立质量就是生命、质量就是责任、质量就是财富的观念，加强全员质量教育，完善质量管理约束机制；加强基础科研和理论研究；建立健全有效的质量保证体系和质量监控体系，严格落实工程质量责任制；注重工程细节，强化精细管理；切实加强安全管理和廉政建设。

（孙乾灏）

段建国厅长要求抓好沿黄公路建设

5月31日，在省交通厅召开的沿黄公路建设推进会上，厅党组书记、厅长段建国在讲话中指出，沿黄公路是全省的重点工程，对拉动全省“两区”经济发展起着非常重要的作用。希望沿线各市县把沿黄公路建设摆在重要位置，认真做好征地拆迁工作，在资金上给予倾斜。在沿黄扶贫旅游公路建设标准上，要实事求是，因地制宜。厅机关处室要加快审批，合力推进沿黄公路建设。要顾全大局，确保2008年沿黄干线公路全面建成、沿黄扶贫旅游公路基本通车，圆满完成省政府交给的任务。（孙乾灏）

段建国厅长要求全面提升高速公路服务保障活动

6月3日，全省高速公路养护现场观摩暨经验交流会在运城召开。厅党组书记、厅长段建国在讲话中指出，建设是积极发展，养护是永续发展，加强养护管理是推动高速公路科学发展的重中之重和紧迫任务，这是实现高速公路又好又快发展的根本要求，保持高速公路可持续发展的重要途径，也是高速公路节约友好型发展的必然选择和发展现代交通运输的重要抓手。他说，近几年来，特别是“十五”以来，全省公路建设取得巨大成就，但由于经济社会持续快速发展，交通运输量日益加大，全省正面临着新一轮交通“瓶颈”，无论高速公路、国省干线还是县级公路，交通压力很大，高速公路建设和养护管理任务十分艰巨。而随着经济的持续快速发展，今后的交通压力会更大，面临的挑战将更加严峻。主要表现为经济高速增长带来的运输需求迅速膨胀，人民生活水平提高带来的出行需求多样化及建设资源节约型和环境友好型社会带来的三方面挑战。全省高管系统必须进一步理清发展思路，全面提升全省高速公路服务保障能力。省高管局作为全省高速公路行业主管部门，要着力加强公共服务能力建设，着力加强行业监管，着力推动高速公路建设。当前，要切实加强治理超限超载车辆工作和奥运交通保障工作。

（董忻文）

段建国厅长深入中条山隧道工地调研

6月4日，在全省高速公路养护现场观摩暨经验交流会后，厅长段建国带领有关人员在运城市长王安庞和交通相关部门负责人陪同下，深入解陌公路中条山隧道工程建设工地调研。

隧道全长7.4公里，年初从芮城陌南石坡村北和运城解州出入口同时开钻。截至6月13日，石坡村北洞口已凿进150余米。在听取武警交通部队负责人汇报后，段建国详细询问工程施工具体方案和地质探测情况，并亲切慰问武警部队官兵。要求注意施工安全，在确保工程质量情况下加快施工进度。他表示，省交通厅将尽可能地提供一切必要条件，全力支持中条山隧道工程建设。

（孙乾灏）

段建国厅长、赵振田书记带领慰问团赴四川慰问并指导工作

6月11日，由厅党组书记、厅长段建国，厅党组成员、省公路局党委书记赵振田及省高管局、厅直机关党委、省公路运输工会、山西路桥集团主要负责人组成的厅慰问团一行8人，莅临四川绵竹抢通保通公路现场指导工作并慰问一线抢险突击队员。在前线指挥部驻地绵竹市汉旺镇举行全国总工会授予的“山西省交通厅抗震救灾重建家园工人先锋号”授旗暨新党员入党宣誓、老党员重温入党誓词仪式。前线指挥部指挥郭贵平陪同慰问并主持授旗、宣誓仪式。

段建国厅长在讲话中，代表厅党组和慰问团向突击队表示诚挚慰问并致以崇高敬意。他说，大家在灾区一线日夜奋战，我们在后方时刻关注你们、惦记你们、支持你们。希望参战队员继续在交通运输部、当地政府及抗震救灾指挥部的统一部署和前线指挥部临时党委的领导下，继续发扬不怕疲劳、连续作战的精神，克服困难，顽强拼搏，再接再厉，为支持灾区抗震救灾工作作出新的更大贡献。

四川省交通厅副巡视员胡大昌、绵竹市委书记蒋国华在讲话中分别代表四川省交通厅、绵竹市委市政府，对抢险突击队做出的成绩给予充分肯定，对山西省交通厅支援四川灾区公路抢通保通抢险工作表示衷心感谢。

6月12日，省交通厅在德阳市召开支援四川灾区公路抢通保通座谈汇报会。厅党组书记、厅长段建国与省厅慰问团领导出席并讲话。厅副巡视员、前线指挥部指挥郭贵平主持。省公路局总工程师、前线指挥部副指挥周文全做工作汇报。

段建国听取情况汇报后，充分肯定全体抢险队员取得的成绩。他深情地说，受到交通运输部及四川各级地方政府的充分肯定，主要体现在八个方面：一是服从命令行动快；二是组织严密，动员有力；三是团结一致，众

志成城；四是机制健全，制度完善；五是靠前指挥，现场组织有力；六是与当地政府、人民群众关系非常融洽；七是路桥一公司是一支敢打硬拼的队伍；八是圆满完成省委、省政府、交通运输部和厅党组交给的抢通保通任务，给山西交通增了光添了彩。

鉴于目前德茂公路汉旺至清平段因武警水电部队正在排除堰塞湖险情，突击队承担的公路抢通任务推进受阻，具备抢通条件的公路抢通保通任务已全部完成。为此，段建国厅长对下一步工作提出6点要求。一是留一个突击小分队，保管好抢险机械设备，待汉旺至清平公路上游堰塞湖泄洪后，按照当地政府安排，继续完成公路抢通保通任务。二是按照国务院对口援建要求，山西对口援建茂县，国省干线公路的恢复重建与抢通保通性质不同，工程地质更为复杂，工程量更大，要做好充分准备。厅规划处、公路处、省公路局、省交通设计院、省交通科研院要做好深入一线援建恢复勘察工作准备。三是对抢险突击队员中有子女高考、中考的人员，厅工会要积极与教育部门联系，以省交通厅名义争取政策优惠，解除队员后顾之忧。四是要加强宣传工作。厅新闻宣传中心要与全国、全省各大媒体联系进行专题报道，编写制作好音像资料，大力宣传公路抢通保通涌现出的先进集体、先进个人事迹，对抢险突击队员和优秀党员，要上报有关部门进行记功和表彰。五是要注意饮食卫生，提高抢险突击队员的生活水平。六是在抗震救灾期间，要对抢通保通一线人员采取特殊办法，提高待遇，增加补助，给予适当奖励。

郭贵平指挥代表全体队员感谢厅党组的亲切关怀，并表示一定要按段建国厅长提出的6条要求，圆满完成厅党组交给的任务。

（石中生）

段建国厅长要求从3个方面做好交通战备演练工作

6月13日下午，在省交战办召开的实战演习分练讲评会议上，厅党组书记、厅长、省交战办主任段建国在讲话中提出3点要求。一要站在讲政治的高度，充分认识演练重要性。紧贴创建和谐社会、奥运安保和抢险救灾的现实需要，充分认清当前诸多挑战的严峻形势，研究要深，科目要精。时时要有紧迫感和危机感。二要加强领导，精心组织，充分发挥参演人员在活动中的积极性、主动性和创造性。三要加强管理，提高保障能力，加强应急管理工作，抓好安全工作。

（董忻文）

段建国厅长深入长治市调研

6月19日，厅党组书记、厅长段建国带领厅机关有关处室负责人，深入长子、襄垣、壶关就太长高速公路长子连接线、襄垣立交、大峡谷旅游路等工程建设和筹备情况进行调研。并到长治市汽车客运东站建设工地和市交通局、长治公路分局、长治征稽分局、长治高速公路公司进行调研。

（孙乾灏）

段建国厅长要求全面提升交通行政执法队伍的整体素质

6月26日，在全省交通行政执法高级培训班开班典礼上，厅党组书记、厅长段建国在动员报告中指出，交通行政执法要从实现全省交通“十一五”发展目标的高度，以保护国家财产，维护国家费收，提供良好的通行环境和建立公平的市场秩序为出发点，坚持以人为本，服务群众，加大执法力度，及时制止、纠正、惩处各种违法行为，坚持有法必依，执法必严，违法必究，做到文明执法，不失职不越权。各级交通主管部门和各执法机构要通过实施执法责任制，实现行政执法的规范化、程序化和法制化；要突出抓好交通行政执法人员的法制培训，强化执法队伍建设，努力打造一支政治合格、纪律严明、执法规范、热情服务、形象良好的执法队伍；要强化行政执法监督，在接受权力机关、司法机关、人民群众和舆论监督等外部监督的同时，加强交通内部上下级的层级监督。为此，全省交通系统要以培训为契机，广泛深入开展《山西省道路货物运输源头治理超限超载暂行办法》、《山西省治理非法超限超载工作责任追究办法》和相关法律法规学习，通过举办讲座、办培训班等多种形式，全面提升全系统交通行政执法队伍的整体素质。今后，凡新的综合性行政法律法规、交通法律法规都必须举行培训。他特别强调，作为全省交通执法队伍负责人和业务骨干，尤其要增强学习责任感和紧迫感。大家回到工作岗位后，要积极发扬带头示范作用，将所学知识应用到交通行政执法实践中，理论指导实践，通过实践推进理论建设，从而促进全省交通行政执法队伍能力的整体提升，为交通事业快速发展作出新的贡献。

（沈建明）

段建国厅长慰问“联动—2008B”演练人员

6月30日下午，厅党组书记、厅长、省交战办主任段建国一行慰问“联动—2008B”全体交通战略运输物资保障演练人员，省军区后勤部副部长林保江大校，省交战办、省公路局、省运管局、省公路运输工会负责同志一同参加慰问。

此次演练任务是山西省为适应目前国际、国内新形势需求，切实保障人民生命财产安全和交通战略物资运输安全采取的一项党、政、军联合行动。来自太原公路分局和长治运输公司的100余名演练队员，顶风雨，冒酷暑，进行50余天强化训练，取得阶段性成绩。

段建国厅长在讲话中要求全体演练人员提高认识，增强责任，坚定务求必胜的信心和决心；要刻苦训练，精益求精，按照演习要求，准确把握技术要点；服从指挥，沉着应战，力争取得优异的演练成绩。并要求注意安全，搞好后勤保障工作，圆满完成演练任务。

（沈建明）

段建国厅长要求从6个方面抓好全省道路水路运输安全工作

7月22日上午，全省道路水路运输安全紧急电视电话会议召开，厅党组书记、厅长段建国在讲话中提出6点要求。一要强化政治意识、责任意识、防范意识“三个意识”，增强做好奥运会安全生产、安全保卫工作的自觉性和责任感。全省交通系统广大干部群众特别是各级领导干部必须把道路水路运输安全生产和安全保卫作为当前的重要政治任务，时刻绷紧安全生产和安全保卫这两根弦，真正做到警钟长鸣，提高警惕，加强防范，消除隐患，防患于未然。二要做到坚持专项整治和长效机制建设相结合，近期治表与长期治本相结合，运输管理与公路管理相结合“三个结合”，标本兼治，综合治理，提升交通运输行业安全生产、安全保卫能力和水平。当前，最要紧的是加强驾驶员的教育管理，加强车辆维护以及加强公路标志标线建设等，特别是加强长途客车、旅游客车、危险化学品运输车辆以及汽车客运站、特大桥梁隧道的安全管理，完善事故多发路段以及水库、水源地重点路段安保设施建设。三要突出旅客运输安全、危险化学品运输安全、汽车客运站场安全、重点公路施工安全、特大桥梁隧道安全“五个重点”，采取切实有效措施，保障安全生产，搞好安全保卫。对进站上车的旅客行包要严格“三品”检查，严禁“三品”进站上车；对进京旅客要按照实名制要求凭身份证购票并认真登记；对客运车辆、危险化学品运输车辆驾驶员要严格管理，不得随意变更驾驶员，不得随意交给他人驾驶车辆；对汽车站、停车场、特大桥梁隧道等重点区域要加强值勤和巡查，严防恐怖破坏活动。四要落实营运驾驶员监管、营运客车安全例检、汽车客运站“三品”检查、特大桥梁隧道安保、公路施工易爆物品管理、汽车站及车辆停放区安全保卫、收费站及治超点安全防范、交通院校及宾馆安全管理等“八项工作”，建立安全生产和安全保卫责任制。要紧紧围绕八项工作，做到领导落实、部门落实、人员落实、责任落实、措施落实“五落实”，形成有效的防范安全生产事故及恐怖破坏活动的机制和网络。五要加大明察暗访力度，暗察突查相结合，真正发现和解决一些工作中存在的突出问题，及时通报，及时整改，务求实效。六是各级主管部门要紧急行动起来，警觉警惕起来，以高度政治责任感和旺盛工作精力，投身于迎奥运安保的具体工作之中，努力营造全省安全稳定平安有序的交通运输环境。

（沈建明）

段建国厅长、郜玉兰总工程师深入省交通设计院、省交通科研院调研

8月13日，厅党组书记、厅长段建国，厅党组成员、总工程师郜玉兰带领厅机关有关处室负责同志深入省交通设计院和省交通科研院调研，分别听取两单位领导工作汇报，详细了解目前发展情况。

上午，在听取省交通设计院院长聂承凯汇报后，段建国厅长在讲话中对设计院在山西交通建设发展中作出的突出贡献表示感谢，特别是对设计院在高速公路建设中所做的前期工作给予充分肯定。他指出，设计院已打下非常好的基础，发展前景好，专业人员多，技术水平高，社会效益和经济效益都取得了非常好的成绩，创出了品牌。他强调，在取得好的成绩的同时，一定要清醒地认识到目前所面临的压力和形势，抓住时机，精心组织，积极做好工程前期设计工作，确保全年1000公里高速公路开工建设。同时，面对激烈的竞争市场，要有危机感，做好长远规划，拓展省外市场，敢于在竞争激烈的市场中拼搏，打出品牌工程，与先进的设计理念接轨，具备超前意识。项目设计要紧密结合当地经济社会发展，尊重当地政府意见，设计出合理的工程项目，为交通建设和社会发展作出更大贡献。

下午，在听取省交通科研院院长赵队家汇报后，段建国厅长在讲话中对科研院具有一支高素质队伍、一批先进装备、一批功能齐全专业化公司和一套先进管理理念给予肯定，对取得的经济效益和社会效益给予赞誉。他说，目前全省进入新一轮交通“瓶颈”，经济发展和社会发展对交通发展都提出更大需求，科研院一定要抓住当前机遇，结合全年工作目标和任务，采取有力措施，不断提高发展能力，加快发展，继续做大做强。同时，决不能满足于现状，要把自己当作市场竞争主体，面对未来可能存在的危机，搞好创新，创新思路，创新设计理念、管理理念，研究解决面对的一个个科技难题。要发挥人才优势，积极参与市场竞争，抢占市场，尤其是省外市场，真正打出自己的品牌。

段建国还分别对设计院提出的设计周期调整、企业改制和科研院提出的新技术推广、实验经费、投标担保、环保中心站等有关问题一一给予答复。郜玉兰总工程在讲话中希望两单位面对新形势、新挑战，迎难而上，增强竞争能力，为交通工程建设做好设计和科研，为全省经济和社会发展承担重任，不断创造更好的经济效益和社会效益，为全省交通发展作出更大贡献。

厅有关处室负责同志也分别对两单位提出意见和建议。

（董忻文）

段建国厅长、王志民副厅长深入省运管局调研

8 月 21 日下午，厅党组书记、厅长段建国，厅党组成员、副厅长王志民率厅办公室、运输管理处等厅机关相关处室负责同志深入省运管局调研，并为省运管局获得“省级文明和谐单位”和省运管局政务大厅获“全国交通行业文明示范窗口”揭牌。

段建国厅长认真听取李华中局长汇报后，充分肯定近年来所取得的工作成绩。他说，近几年来，在省运管局正确领导下，全省运管工作取得很大成绩，尤其是农村客运工作、现代物流和应急保障体系建设方面，特别是四川大地震后，及时运送农民工返川事件上，反应快，决策准，效果好。这些成绩的取得，与省运管局领导班子的正确领导和全省运管职工队伍的努力工作是分不开的。目前，运输管理形势严峻，任务繁多。货运源头治超工作任重而道远，县乡道路超载现象还时有发生，运管部门应加大力度狠抓源头治超工作，严打短途超载。“6·3”、“7·17”、“8·18”重大交通事故，给了我们很好的警示作用。因此，加大监管和整改客运企业是今后工作的重中之重，要本着为人民生命安全负责的态度去做好工作。一要加强客货车辆监管，减少事故发生率；二要认真思考，重新定位运管工作发展；三要着力抓好源头治超工作，并通过治超改善形象；四要加强道路运输驾驶员培训，特别是高速公路上的货车司机，要进一步提高驾驶技术，提高自身素质与技能；五要加强安全监管；六要加大运管费和客运附加费征收；七要加强全省运管部门信息化基础设施建设，保证运管工作又好又快发展。

王志民副厅长在讲话中要求省运管局以这次揭牌为契机，认真履行法律赋予的监管职能，认清形势，把握机遇，紧扣工作重点，着眼长远发展。始终坚持运输管理工作与创建工作相结合的方针，不断加大文明创建工作力度，努力加快文明创建工作步伐，为全省道路运输行业文明和谐创建工作再上新台阶再创新辉煌。

（董忻文）

段建国厅长看望省交通厅援建茂县工作人员

8 月 19 日，专程陪同张宝顺书记到茂县视察的厅党组书记、厅长段建国利用午饭时间，深入省交通厅援建茂县工作组驻地和茂县交通局临时办公点，看望援建人员和茂县交通局全体干部职工。

茂县交通局用“披红”的羌族最高礼仪欢迎段厅长。在刚刚搭好的平板房内，由晋中公路分局捐赠的公路试验设备摆放有序。厅党组副书记、副厅长张润介绍捐赠情况，并表示要派出专业技术人员来茂县，帮助茂县交通局将设备尽快安装调试好，投入使用。茂县副县长巴黎、交通局长余树荣对省交通厅援建工作一再表示感谢，对前期来茂县的援建人员一再予以称赞。段建国厅长在讲话中指出，援建茂县是山西省委、省政府的决定，也是山西交通人义不容辞的责任，茂县交通工作是山西交通工作的一部分，我们一定会举全厅之力完成好援建任务。

段建国厅长还深入茂县交通局办公室、晋中公路分局测设队员住的活动板房，了解渭永通乡公路测设情况，询问大家生活情况，问大家住的如何、吃的怎样、有没有电视看、了解不了解奥运会情况等。随后，段建国厅长还同茂县交通局全体干部职工、省厅援建人员合影留念。

（董忻文）

段建国厅长、郜玉兰总工程师深入山西交通学院调研

8月22日上午，厅党组书记、厅长段建国，厅党组成员、总工程师郜玉兰一行深入山西交通职业技术学院调研。先后考察学院部分实训基地和教育教学设施，听取党委书记孟科情况汇报，并就如何适应形势发展需要，大力发展交通职业技术教育，为全省交通事业又好又快发展培养高素质技能人才进行座谈。特别就解决制约学院可持续发展的基础设施建设严重滞后这一“瓶颈”问题进行商讨。

段建国厅长在讲话中指出，建校50年来，学院为交通行业培养了25 000多名高中级专业人才，为山西交通乃至全国交通事业发展作出贡献，无愧山西交通的“黄埔军校”这一美誉。近年来，国家高度重视高级职业技术教育，把大力发展职业技术教育作为建设人力资源强国重要途径和实现社会就业更加充分的重要措施，把发展职业教育摆在教育事业发展的重要位置，全国高职教育发展轰轰烈烈，方兴未艾。省交通厅作为行业主管部门，一定会高度重视学院的发展和壮大，并将作为“科技兴交”重点工作来抓。段建国还旁征博引，以香港职业教育为例，希望学院加强教师队伍建设，吸引一批优秀、高水平教育人才，为我所有或为我所用；同时，要大力促进校企合作和工学结合改革实践，全面深化内涵发展，积极推行订单培养等新的人才培养模式，着力提升学生动手能力和解决问题能力，办出特色，办出水平，为全省交通事业又好又快发展提供人才保障。学院与一汽丰田合作的T—TEP培训班就是一个成功的典型范例。

针对学院提出的基础设施建设滞后，影响学院近期评估、长远发展这一问题，段建国强调，目前国家严格土地调控和监管，大规模征地建设新校区不太现实，建议以旧校区为主进行扩建。他要求学院审慎定位办学理念和发展方向，把握扩大办学规模节奏。在这一前提下，做好旧校区扩建整体规划，实实在在地解决这一多年来悬而未决的“瓶颈”制约。并当场责成厅科技处牵头、规划处配合，和学院一道实施解决。

段建国还就学院提出的其他问题予以一一答复。 （董忻文）

段建国厅长深入省交通建设开发投资总公司调研

8月28日下午，厅党组书记、厅长段建国在厅领导郜玉兰、张德仪陪同下，带领厅办公室、财务处、公路处、重点办、计划处等处室负责同志，深入省交通建设开发投资总公司调研。段建国强调，作为全省公路建设投资融资的重要平台，公司要在巩固现有投融资渠道的同时，积极探索资本运营新的突破口，多方式多渠道筹措资金，为全省再掀新一轮公路建设高潮作出新贡献。

认真听取总经理魏庆飞关于公司经营发展及全年工作情况汇报后，段建国厅长在讲话中对公司多年来为山西交通事业发展所作的重大贡献给予肯定。他说，1993年组建至今15年来，公司发展迅猛，由组建时的注册资金900万元发展到目前的净资产44.8亿元，经营领域也不断扩大，实现多元化经营。这充分说明公司有一个强有力的领导班子，一批务实求真的干部队伍，一个勇于奉献的职工群体。同时十几年来也创造了不少经验。即以市场为根，真正把自己置身于市场经济之中；善抓机遇，借山西交通大发展契机发展壮大自己；改革创新，不断适应市场经济需要。这一切都给人以启发，耐人寻味。

他指出，当前全省新一轮交通“瓶颈”制约已经显现，高速公路网络程度不高，通车里程不足规划里程一半，拥堵现象时有发生；部分国省干线路况严重下降，通行能力严重不足，公路建设、改造、提高的任务繁重。特别

是高速公路建设，省九次党代会已向全省人民承诺，到“十一五”末全省要建成高速公路3000公里。这就是说，全年必须新开工建设1000公里，资金需求巨大，仅资本金就得二三百亿元，资金压力很大。公司作为全省交通建设投融资重要平台，一定要充分发挥引资融资的主渠道作用，为全省再掀新一轮公路建设高潮作出新的贡献。要在巩固现有资金筹措渠道的同时，积极探索资本运营新的突破口。除了银行信贷、盘活路产路权外，还可以考虑发行企业债券、企业上市等融资方式，为全省公路建设筹措更多资金。

段建国在讲话中要求公司进一步探索现代企业管理方式，真正建立“归属清晰、权责明确、流转顺畅”的现代产权制度，把企业做大做强。在实现产业多元化的同时，一定要突出引资融资、公路建设管理这一主业。效益一般、竞争激烈的辅业可以考虑退出。

段建国还就太长高速公路竣工验收、长晋二级路大修改造等具体工作提出明确要求。并特别提出，公司要加强与香港路劲公司沟通，争取尽早撤除许西收费站，给政府、给社会一个满意的答复。

（魏建国）

段建国厅长希望记者们多宣传交通战备建设的重要意义

9月2日，全省交通战备30周年建设成果采访活动启动仪式举行。厅党组书记、厅长段建国在讲话中，希望记者们能深入下去，用手中的笔和镜头，在宣传30年来全省交通战备发展历程和所取得的成果的同时，多宣传交通战备建设的重要意义，进一步明确交通战备工作的指导思想、基本原则和重点任务，让更多的人认识到作为国防建设重要组成部分的交通战备建设的重要性，进一步完善“平时服务、急时应急、战时应战”交通保障体系，为国防交通战备事业作出自己应有的贡献。

（沈建明）

段建国厅长对全省重点公路工程建设工作提出新要求

9月8日下午，全省重点公路工程建设工作汇报会召开。听取汇报后，厅党组书记、厅长段建国在讲话中对各拟开工项目进展情况表示肯定，对下一步工作提出新要求。他说，目前高速公路前期工作受土地、环保、审批等的制约依然突出；建设项目地质地形复杂，桥梁隧道等控制性工程增多，使工程建设和管理面临许多新的挑战。尽管时间紧、任务重、困难多、压力大，但在全年新开工建设1000公里这一问题上，没有半点余地，没有任何退路，来不得半点犹豫和含糊，要看到有利条件和大好机遇，增强做好工作的信心，咬紧牙关，狠下决心，坚决完成任务。一要进一步统一思想，提高认识，加大力度，加快进展。各拟开工重点公路工程建设管理处处长、建设公司、服务监管处要头脑清醒，解放思想，敢于负责，勇于创新，不辜负厅党组的信任；要超常规、超常态地工作，坚持体制创新、机制创新，把更多的资金、资本、资源投入到交通发展上来，不能按部就班，因循守旧。二要集中智慧和力量，外抓协调，内抓落实，调动各方面积极因素，确保全年开工1000公里高速公路。要积极协调国家和省发改委、国土、环保、水利、林业等部门加快项目审批，加强沟通和协调，哪个项目前期工作具备条件就先开哪个项目；对桥梁、隧道等不占用耕地的过程，要争取省发改委单独立项，先行开工建设。三是各建设项目要责成专人，配合厅机关和厅重点办对项目文件跟踪审批，跟踪服务，一跟到底。对内，要有效利用每一分钟，一切工作往前赶，能平行交叉的就同时进行；要注重前期工作质量，提高前期工作深度。四要充分发挥地方积极性。继续加强与地方政府的协调、沟通，分步分项目落实用地指标，优化建设环境。哪个地方的政府积极性高就先开哪个地方的项目，哪个地方的政府积极性高就支持哪个地方的公路建设。五要注意保护老百姓利益，该补偿的要补偿到位，坚决不留后遗症。

（董忻文）

段建国厅长、郜玉兰总工程师深入山西交通技师学院调研

9月9日，第24个教师节来临之际，厅党组书记、厅长段建国，厅党组成员、总工程师郜玉兰率厅有关处室负责同志，赴山西交通技师学院调研，并参加第24个教师节庆祝活动。

段建国一行在学院领导陪同下，首先考察驾驶培训中心、汽车实训中心、各类实验场所和北校区，然后就学院工作进行调研。

听取学院工作汇报后，段建国厅长提出4点要求。一是学院作为唯一地处太原以外的厅直单位，工作很有成绩；二要继续努力，为山西交通、经济社会发展培养更多的实用型人才；三要在激烈的市场经济中，勇于竞争；四要继续加大校园环境建设。段建国表示，省交通厅将对学院发展给予大力技持同时，考虑在适当时候，通过适当方式，解决学院老师在太原的住房问题，以帮助学院吸引人才，留住人才。

郜玉兰总工程师在讲话中提出5点要求。一要在提升办学理念上有新思路；二要在围绕服务交通、面向社会、建设实用型人才方面有新突破；三要在班子建设、干部廉洁上有新举措；四要在交通建设、社会经济发展方面有新贡献；五要在激烈市场竞争中有新进展，为交通事业发展提供大量的人才支撑和保障。

调研工作结束后，段建国一行参加学院第24个教师节庆祝大会，向辛勤工作在交通职业教育战线的全院教师及教育工作者致以节日祝贺和崇高敬意，并向受到表彰的十佳教师表示热烈祝贺。

段建国说，第一次来到学院，一进门就感受到奋发向上、朝气蓬勃的盎然生机。通过参观两个校区，听取基本情况介绍，感到有4个特点。一是治校有思路，办学有特色；二是教师队伍整体素质高；三是坚持创新求发展、开放办教育，形成一系列具有行业职业教育特点的先进文化，推动办学水平不断迈上新台阶；四是干事创业氛围浓。正是因为有一个好的领导班子，有一支优秀的教师队伍，有一个正确的办学思路，有一种坚韧不拔的创新毅力，学院才能在全省众多职业技术院校中脱颖而出，走在前列。对今后发展，段建国厅长提出3点希望。第一，紧紧把握交通发展方向，加强交通高技能紧缺人才的培养；第二，坚持以就业为导向，着力提高办学质量；第三，加强师资队伍建设，精心打造教学品牌。

（董忻文）

段建国厅长要求顺利完成事业单位人事制度改革试点各项任务

9月10日上午，省交通厅召开事业单位机构编制清理规范工作会议。厅党组书记、厅长段建国在讲话中，要求一定要充分认识推进改革的重大意义，充分认识试点单位的重大责任，充分认识其艰巨性、复杂性，坚持求真务实，大胆探索实践，勇于进取创新，积极主动做好工作，确保完成改革任务，努力为全省积累经验。为了顺利完成事业单位人事制度改革试点的各项任务，各单位要加强领导、增强工作合力，突出改革重点、抓好当前工作，积极稳妥推进、保持社会稳定，搞好教育发动、营造良好氛围。在具体操作中，要认真摸清情况，划准职能，应当转为企业的单位要制定好职工接受的配套政策，保障职工权益。第一步都要做好做细，透明公开。在清理规范过程中，必须严肃组织人事纪律、财经纪律和机构编制纪律，防止借改革之机违规转移资金、私分钱物，防止擅自增设机构、增加人员编制和领导职数，防止突击提拔干部。

（孙乾灏）

段建国厅长深入大运高速公路雁门关隧道检查指导工作

9月22日下午，厅党组书记、厅长段建国冒雨检查大运高速公路雁门关隧道消防、排水、通信、通风等设施的安全工作。省高管局局长董新品和厅机关相关处室负责同志陪同检查。

雁门关隧道是大运高速公路控制性工程之一，具有举足轻重的战略作用和经济地位。运营5年来，日平均车流量在3万辆以上，其机电、排水、排风、照明等设施均已超期服役，故障和维修频率逐年递增，给隧道安全行车造成极大隐患。段建国一行徒步检查雁门关隧道的排水、通风等设施，并对通信及消防工作应急实战演练进行现场检阅，对隧道消防人员及时有效出警表示满意。

随后，段建国同忻州高速公路公司各级领导干部进行座谈。在听取董事长王志义情况汇报后，对今后工作提出新要求。他说，高速公路无小事，安全工作是大事，一定要把安全工作当作头等大事来抓，安全警钟要长鸣。公司全体干部职工要提高认识，统一思想，站在一定高度检查安全，对雁门关隧道和桥梁进行重点排查监控。要在隧道中增设自救器、应急灯和求救电话号码等安全设施，并加大机构改革力度，加强一线管理，提高工作效率，进一步增加公司经济效益和社会效益。

段建国厅长一行还就省高速公路开发公司、省交通物资公司共同研发的煤沥青实验铺筑路段项目，深入大运高速公路顿村施工现场进行观摩指导。

（董忻文）

段建国厅长要求修改完善《山西省高速公路网调整规划》方案

9月25日，省交通厅在太原召开《山西省高速公路网调整规划》评审会。厅党组书记、厅长段建国在讲话中指出，厅党组非常重视《山西省高速公路网调整规划》工作，中部崛起需进一步加大全省高速公路建设力度，开工不足已成为新一轮交通建设新的"瓶颈"。调整后的《规划》网络功能得到完善，机动性、可靠性、服务性进一步加强。编制单位要尽快根据专家意见修改完善，构建适合山西省情、满足社会发展需要，布局合理、主次分明、功能完善、机动高效的高速公路网，提升城市品位和交通服务水平，为全省经济又好又快发展营造良好环境。

（沈建明）

段建国厅长要求高度重视安全工作

9月26日，在省交通厅召开的安全生产工作会议上，厅党组书记、厅长段建国在讲话中要求全省交通系统职工高度重视安全工作，吸取"9·8"事件惨痛教训，突出重点，加大客运企业和客运车辆监督力度，坚决杜绝群死群伤重特大恶性事件发生，完善各道路标识标志交通设施，加大施工路段监督管理，并加大宣传力度。各单位对排查出的安全隐患要限期整改，责任到人，必要时可根据情况实行约谈问责制；要层层建立安全工作长效机制。特别是在国庆黄金周期间，要实行24小时值班和领导带班制度，确保节日期间道路交通安全。

（沈建明）

段建国厅长希望各部门加强合作提高道路运输安全水平

9月27日，经段建国厅长提议，省交通厅邀请省安监局、省质监局、省交管局负责人召开道路运输安全工作协调会议。厅党组书记、厅长段建国在讲话中，要求互通情况，资源共享，协调配合，各负其责，根据实际情况，创新管理方式，确保道路运输安全工作有序开展。各部门要加强合作，提高道路运输安全水平，为全省交通又好又快发展作贡献。

（沈建明）

段建国厅长向离退休全体干部祝贺“九·九”老年节

10月7日上午，厅机关举行离退休老同志庆祝“九·九”老年节联欢会。厅党组书记、厅长段建国在讲话中，首先代表厅党组向老领导、老同志表示节日祝贺，祝福大家身体健康，家庭和谐，晚年幸福，并向长期以来辛勤付出的广大老干部工作者表示问候。他说，尊老敬老是中华民族的传统美德。老同志们为新中国建设流血流汗，没有老同志们的贡献就没有我们今天的辉煌成就。在座的老同志在不同时期为山西交通事业发展作出重大贡献。所取得的成绩、无私奉献的精神值得我们永远牢记。段建国向老领导、老同志简要介绍全省交通建设情况，以及下一阶段工作任务。希望老同志们在今后一如既往地关心和支持山西交通建设和发展，多提宝贵意见，为交通事业发展继续贡献力量。

（孙乾灏）

段建国厅长深入省道太长线潇河大桥检查指导工作

10月14日下午，厅党组书记、厅长段建国，省公路局局长戴飞带领省交通厅、省公路局机关有关处室负责同志，对改建工程已近尾声的省道太长线潇河大桥进行检查指导，并与晋中市长张璞，副市长马彦平、李年善等就晋中市公路建设进行座谈。段建国表示，省交通厅将一如既往地支持晋中市公路建设，希望晋中市也能在高速公路、国省干线建设改造上予以支持配合，创优建设环境，共同促进全省交通事业又好又快发展。

大桥全长269.4米，预算投资3180万元。2007年6月开工建设，预计于11月20日竣工通车。施工现场，段建国一行认真听取情况介绍，仔细察看工程质量，对质量和进度均表示满意，特别要求抓好工程收尾阶段施工安全。段建国还和施工单位晋中路桥集团公司负责人亲切交谈，详尽了解企业职工队伍、生产能力和业绩等有关情况，要求带好队伍，干出精品，尽快争取隧道施工一级资质，像铁三局、铁十二局、铁十七局一样，在全省新一轮高速公路建设热潮中大显身手，真正成为山西路桥建设无往不胜的一支铁军。

在随后召开的座谈会上，省交通厅、省公路局与晋中市政府就潇河大桥建设因建筑材料价格暴涨导致概算突破、榆次城区两公里多长的旧太长线改造、管理体制进行商讨，并达成共识。段建国对晋中市近年来公路建设取得的成就和经验给予充分肯定，认为路网结构、路容路貌和养管水平都上了台阶，走在全省前列。这是晋中市委、市政府大力支持的结果，也是晋中市交通系统广大干部职工辛勤努力的结果，希望再接再厉，在新的起点上争取更大成绩。他说，公路建设又好又快发展是省市共同的一致的目标，地方公路发展了，也是省交通厅的成绩，省交通厅会一如既往地支持晋中市交通建设。关于晋中市区道路与周边路网衔接问题，段建国表示，根据全省建设太原经济圈规划，省交通厅已启动太原经济圈交通发展规划编制，晋中市区道路与太原及周边路网衔接都会在这个大框架内解决。作为太原经济圈内的主要城市之一，希望晋中市安排专人参与规划编制，确保规划科学合理。

段建国强调，目前全省面临新的交通瓶颈，加快公路尤其是高速公路建设已迫在眉睫。但由于前期工作、土地指标等因素制约，实现当年新开工1000公里高速公路目标压力很大。他希望晋中市尽快推进龙（白）城（赵）高速公路前期工作，争取早日开工；同时，为汾（阳）平（遥）高速公路建设在用地指标、创优建设环境方面提供尽可能支持。与省交通厅一道,促进全省交通建设又好又快发展,为实现转型发展、安全发展、和谐发展,加快新基地新山西进程作出应有贡献。他郑重表示,哪个市县支持高速公路建设,省交通厅将支持哪个市县交通事业的全面发展。

(沈建明)

段建国厅长对山西交通学院工作提出新要求

10月18日,山西交通职业技术学院举行建校50周年庆典活动。厅党组书记、厅长段建国在讲话中,首先代表省交通厅向全体师生员工及历届校友致以亲切问候和热烈祝贺!向长期关心和支持学院发展的各位领导和同仁表示感谢!他指出,学院是全省交通系统唯一一所高等职业院校。50年来,历届学院领导和广大教职员工自强不息,励精图治,艰苦创业,锐意进取,在教学、科研和社会服务等方面取得长足进步,为全省交通行业培养出了一大批经营管理精英和专业技术人才,成为交通建设、发展的骨干力量和主力军。他希望学院紧紧把握交通发展方向,牢固树立"把学生培养成为社会需要的人才就是最大成功"的理念,充分发挥高等职业教育优势,扎扎实实培养行业急需的紧缺人才、实用型人才,努力把交通高等职业教育办出特色,办出水平,办出效益。希望学院根据交通发展、交通技术进步和劳动力市场变化,及时调整优化专业,把教学活动与交通生产实践、社会服务、技术推广与技术开发紧密结合起来,大力推广"订单式"培养,提升特色,完善特色,壮大特色,提高竞争能力和办学优势。希望学院加强师资队伍建设,精心打造教学品牌。老师们要加强师德修养,淡泊名利,甘为人梯,切实肩负起传道授业光荣职责,注重把教师与育人有机结合起来,不断更新教学理念,丰富教学内涵,改进教学方法,提高教学质量,努力为行业,为社会培养更多的有用人才。 (孙乾灏)

段建国厅长要求构建科学的高速公路管理体制

11月20日下午,在深入省高管局调研时,厅党组书记、厅长段建国在讲话中,要求以开阔视野和国际眼光,广泛收集了解国外高速公路先进的管理模式和制度,从科学发展、政企分开、转变职能角度,设计出一套运行顺畅、职能科学、保障公益的高速公路管理体制,有效解决和避免管理中出现的各种问题,适应全省高速公路建设和管理的发展需求。

(董忻文)

段建国厅长介绍省交通厅综合治理和平安建设经验

11月25日,全省综治委成员单位联络员工作会议在省交通厅召开。厅党组书记、厅长段建国在会上介绍近年来省交通厅综合治理和平安建设经验,受到与会人员一致好评。省交通厅社会治安综合治理工作大体上可分为两个阶段,以1998年6月24日省综治委在省交通厅召开的省直机关社会治安综合治理工作现场会为转折点。此前,重点是树形象,做表率,狠抓厅机关综治工作;会后,综治工作重点向下延伸,向纵深发展,使综治工作进校园,进工地,进家庭,进入交通系统的每一个角落。利用行业管理优势,充分发挥条管作用,调动"条块"两个方面积极性,并创造性地提出了以"平安单位、平安小区、平安校园、平安工地、平安大道"为主要内容的"平安交通"创建活动,为交通事业健康发展营造了一个安全稳定的内部环境。从太旧路建设时期的"前方打胜仗,后方保平安"到大运路建设时期的"公路修到哪里,综治工作就要做到哪里",再到今天的"构建和谐山西，创建平安交通”等，综治工作理念不断创新，不仅高度概括省交通厅综治工作的发展历程，同时充分体现了历届厅党组高度重视、坚决贯彻党中央、省委关于综治工作正确决策的坚定信心。10年来，省交通厅综治工作经验是：抓领导，在提高思想认识上下工夫；抓基层，在发挥基层基础组织作用上下工夫；抓制度，在建立长效机制上下工夫；抓重点，在解决突出问题上下工夫；抓宣传，在提高预防能力上下工夫。综治工作取得突出成效：1997年至2004年连续被省综治委评为全省社会治安综合治理工作先进单位，1998年至2006年连续8年被省综治委评为省直机关综合治理工作先进单位。（沈建明）

段建国厅长要求省征稽局转变职能稳定队伍

11月28日，厅党组书记、厅长段建国就“构建科学的交通运输管理体制，为交通运输又好又快发展提供体制保障”调研课题召开座谈会，听取省征稽局、省公路局、省高管局、省运管局、省地方海事局、厅重点办6个单位的意见和建议。

段建国厅长在讲话中要求对交通运输管理体制方面存在的问题，要进行梳理分类，明确职责，逐步加以解决。他特别指出，当前面临燃油税改革，交通征稽是公路建设养护的“粮草官”，全省交通建设的快速发展，征稽系统功不可没。特别是最近面对税费改革影响，省征稽局以大局为重，做了大量摸底、调研等工作，并保持征稽队伍稳定和工作正常进行，值得肯定。面对新形势、新挑战，省征稽局要及早制定预案，做好职能转变应对和队伍稳定工作。各单位各部门要从有利于构建科学的交通运输管理体制、有利于交通运输又好又快发展、有利于队伍稳定的大局出发，支持征稽系统改革。（沈建明）

段建国厅长深入省交通开发总公司、省地方海事局调研

12月9日下午、10日上午，厅党组书记、厅长段建国带领厅机关有关处室负责同志分赴省交通建设开发投资总公司、省地方海事局调研，并指导深入学习实践科学发展观活动。

省交通建设开发投资总公司是段建国厅长学习实践科学发展观活动的联系点。认真听取工作汇报后，他详细了解公司全年各项工作进展情况。对学习实践活动取得的阶段性成果表示满意，对“跟着走、务实干、科学谋、创新路”的12字工作思路给予充分肯定，高度评价公司创新筹融资渠道“五管齐下”做法。他说，明后两年，全省公路建设总里程达47 000多公里，其中高速公路达3000公里，估算投资2400亿元，仅资本金一项就得700亿元，资金压力很大。公司作为全省公路建设的筹融资平台，担负着非常重要的责任和义务。要进一步加快发行债券、中期票据、转让股权、企业上市及与省资本办积极探讨交通能源基金设立各项工作进展，并及时向省交通厅汇报有关情况，尽可能为全省公路建设筹集更多资金。要顾全大局，肩负起国有企业应该承担的责任和义务，努力维护企业稳定。

在省地方海事局，段建国听取情况汇报后，认为工作扎实，思路清晰，措施得力。不论装备建设、基础建设、法制建设，还是党建和精神文明建设，各项工作都卓有成效。他说，水上交通安全是地方海事工作的重中之重，一切工作都要围绕安全，为了安全，服务安全。在强化安全意识、明确安全责任的同时，要紧紧抓住沿黄渡口、大型水库、10人以上船舶等水上安全监管重点，做好安全隐患排查；并通过实战演练等方式，不断提高队伍业务素质、应急能力和水平，确保全省水上交通安全。水上交通安全了，地方海事就为全省交通事业又好又快发展作出重大贡献。

段建国指出，由于受美国次贷危机影响，

金融危机蔓延全球,严重冲击实体经济。为了应对给全国经济带来的不利影响,党中央国务院决定实施积极的财政政策和适度宽松的货币政策,出台多项有力促进经济发展的政策措施。对交通部门来说,这是千载难逢的历史机遇,一定要把思想认识统一到党中央的判断和决策上来,认真贯彻落实中央和省委的决策部署,坚定信心,趋利避害,主动谋划对策,积极应对挑战,以良好的精神状态,扎扎实实做好本职工作,努力保持全省交通事业又好又快发展,维护全省交通改革发展稳定大局。

关于深入学习实践科学发展观第二阶段活动,段建国提出,分析检查阶段是学习实践活动承上启下的重要阶段,开好专题民主生活会、撰写高质量的分析检查报告是确保第二阶段质量和效果的关键与重点。开好民主生活会要把握好5个方面:会前要认真梳理征求到的意见,并原汁原味反馈;要围绕活动主题和载体,确定鲜明突出的生活会主题;会前班子成员之间要开诚布公地开展谈心活动;生活会氛围要团结民主,批评与自我批评要深刻有效;班子成员要认真撰写发言提纲。内容要围绕班子和个人在贯彻落实科学发展观,党性党风党纪等方面存在的突出问题。方式上要重在分析问题、重在查找原因、重在吸取经验、重在明确改进方向。方法上要做到两不纠缠,即不纠缠历史旧账,不纠缠个人责任。高质量的班子分析检查报告,是做好下一阶段工作的依据和方向,主要领导要组织起草,抓在手上,心中有数;要紧紧围绕活动主题载体和工作实际;要充分吸收解放思想大讨论活动成果;要在找准问题的基础上深刻剖析原因,明确发展方向;报告要有可操作性、实践性和前瞻性。他特别强调,一定要把握好进度和质量的关系,不能拖了厅里的后腿,更要确保质量。

（董忻文）

段建国厅长对各市交通局工作提出7点要求

12月16日,全省11市交通局长座谈会召开。厅党组书记、厅长段建国在讲话中提出7点要求。一是解决好土地征用事宜,做到提前争取,对县乡土地合理规划,完善前期工作,加快征地拆迁步伐;二是广开资金筹措渠道;三是对已经规划好的建设项目,一定要严格按照规划要求进行施工,在施工过程中严把质量关,高度重视施工安全;四是加大对工程质量和进度监控,对施工过程进行全程跟踪检查,发现问题,及时上报;五是做好指标的分解落实工作,层层分解,层层落实;六是对已建好的公路做到建养管并重;七是保护治超成果,进一步加大治超力度,维护路产路权,为“十一五”规划目标顺利完成打牢基础,为实现全省经济又好又快发展发挥交通应有的作用。　（沈建明）

张润副厅长对全省交通局长第一期培训班学员提出殷切希望

1月3日,在全省交通局长第一期培训班开班仪式上,厅党组副书记、副厅长张润在讲话中指出,如何实现农村公路可持续发展,建设好、管理好、养护好农村公路,使农村公路发挥最大的经济效益和社会效益,更好地方便老百姓出行,进一步服务社会主义新农村建设,是厅党组十分关心、关注的一件事。希望全体学员珍惜这次学习机会和时间,融会贯通,认真学习农村公路政策、知识;要注重思考,理论联系实际,结合全省农村公路管理与养护、规划与建设以及治理超限超载等问题,进一步推动全省农村公路工作再上新台阶。

（魏建国）

张润副厅长对交通定点扶贫工作提出4点要求

1月7日,省交通厅机关定点扶贫迎老送新工作座谈会在省公路局召开。厅党组副书记、副厅长张润在讲话中要求认真贯彻落实党的十七大精神,从落实科学发展观和建设社会主义和谐社会的高度,深刻认识扶贫开发工作的长期性、艰巨性和复杂性,高度重视机关定点扶贫工作,努力把扶贫工作推向新的发展阶段。一是强化领导。各单位一把手要把帮扶工作抓到手上,要明确自己是帮扶新农村建设定点扶贫的第一责任人,每年都要抽出一定的时间到扶贫点上现场办公,进行调查研究,并把这项工作列入年度目标责任书考核内容。二是选好项目。首先要走群众路线,广泛听取群众意见,充分发挥广大人民群众建设新农村的主体作用,按照当地所需、群众所盼、我们所能的原则进行项目确定。其次要紧紧围绕新农村建设规划去进行项目建设,把扶贫项目与新农村建设有机地结合起来,要干一件,成一件,群众受益一件;第三是千万不要搞成形象工程,政绩工程,或者花架子工程。三是重点突出。无论干什么项目都要充分考虑所扶村庄的基础条件和发展潜力,都要立足当前,着眼长远,统筹兼顾,有的放矢,在有发展规划前提下,区分轻重缓急,抓住急需的、迫切性的事情去干,一抓到底,抓住不放,直到抓出成效为止。四是用好资金。如何用好扶贫资金,提高资金使用效果,是扶贫工作中的一个重要任务。在具体工作的运行中,要充分调动当地干部群众积极性,充分发挥当地干部群众的智慧和优势,在群众充分参与的基础上,将有限资金用好、用足、用到位,切记不要撒了"胡椒面",更不能发生其他问题。

(董忻文)

张润副厅长要求交通部门当好治超主力军

1月16日,在省交通厅召开的治超工作专题会议上,厅党组副书记、副厅长张润在讲话中,首先对当前治理成效和全系统广大领导干部和执法人员在治超中所做的努力给予肯定,对目前治超工作力度大、体制顺、有创新、守纪律、效果好给予赞誉。要求正确认识和判断当前的治超形势,要认识到依然存在反弹危机,坚决不能放松。要认真贯彻落实全省治超工作会议精神,当好主力军,打好主动仗;要提高认识,抓住机遇,迎难而上,强化责任意识,落实责任到位;要克服困难,关心基层,重点保障经费,不能影响治超工作顺利进行。在总结经验的基础上,要不断创新,为省政府建立长效机制当好参谋。厅治超办与厅法规处要尽快启动立法工作;省公路局要加快干线公路计重收费工作的推行和实施,规范站点建设;省高管局要进一步研究如何发挥经济手段治超;省运管局要在源头治理进驻场站的基础上严把准运证,关注和推广临汾厢式运输试点工作。张润还就治超队伍建设、宣传报道、文明执法等方面提出要求。

(董忻文)

张润副厅长总结全省交通征稽工作实现6项突破

1月26日,在全省交通征稽工作暨党风廉政建设会议上,厅党组副书记、副厅长张润在讲话中指出:"十五"以来,省征稽局党委充分发挥坚强有力的政治核心作用,团结带领全体党员干部职工,坚持以邓小平理论和"三个代表"重要思想为指导,坚持以科学发展观统领全局,认真贯彻执行厅党组各项方针政策,聚精会神抓费收,一心一意谋发展,为交通率先和谐发展作出积极贡献,取得6个方面新突破。一是交通费税征收取得新突破;二是依法征稽取得新突破;三是行业文明建设取得新突破;四是科技兴征取得新突破;

五是党的建设和党风廉政建设取得新突破；六是“三基”建设取得新突破。

（魏建国）

张润副厅长希望继续得到新闻界朋友鼎力支持

1月30日，全省交通新闻宣传迎春座谈会召开。厅党组书记、副厅长张润在讲话中，代表省交通厅党组，代表王晓林厅长，代表全省交通系统干部职工，对参会的新闻界的各位老总和朋友们表示热烈的欢迎，对他们在山西交通长期的建设、改革、发展中，呕心沥血，殚精竭虑，紧紧围绕发展大局，全方位、多角度、宽领域宣传交通、讴歌交通、监督交通，在弘扬行业正气、鼓舞人心士气、营造舆论氛围、促进环境改善、推动改革发展等方面发挥的不可替代作用表示衷心感谢，并致以节日问候和新春祝福。希望各位老总、记者朋友们一如既往地关心交通、支持交通、理解交通，与交通人继续交朋友、结友谊、联感情，抓住重点，关注重点，追踪热点，跟踪难点，宣传发展成果，讴歌时代先锋，批评落后对象，为交通率先发展鼓与呼。

（魏建国）

张润副厅长对厅重点办工作提出3点要求

1月31日，在厅重点办搬迁新址挂牌仪式上，厅党组副书记、副厅长张润在讲话中提出3点要求。即继续坚持科学发展观，围绕“三个服务”，立足“又好又 快”，全面落实“三个并重”，确保省第九次党代会提出的“十一五”末高速公路通车里程达到3000公里目标的实现；加强廉政建设，不断完善教育制度监督并重的惩治和预防腐败体系，实现厅党组提出的“修好多条路，不倒一个人”的廉政目标；进一步强化工程质量、安全工作，建立严密的工程质量、安全责任体系，确保工程质量、安全万无一失。　（魏建国）

张润副厅长深入大同市、朔州市慰问交通系统干部职工

2月2日至3日，厅党组副书记、副厅长张润深入大同市、朔州市慰问交通、公路、征费、高速系统老干部、特困职工、收费站一线职工和治超人员。

张润一行先后走访两市15户困难职工、老干部和老劳模，为他们送上白面、大米、油、慰问信及慰问金。特别嘱咐交通系统有关部门负责同志，要切实关心困难群众生活，千方百计为他们办实事，解难事。在朔州，张润一行驱车近20公里深入朔城区大夫庄乡红火头村，慰问被省交通厅树为精神文明标兵、被省公路局评为劳动模范的朔城区公路段大夫庄道班班长谢金武。在谢金武家中，张润握着他粗糙的大手，嘘寒问暖，肯定他30多年来无怨无悔的奉献精神，并希望他继续以路为业，为公路养护事业作出自己应有贡献。

慰问期间，张润一行还检查朔州神头、大同神泉堡超限运输检测点和大同高速收费站点，向奋战在收费和治超一线的全体员工致以诚挚节日问候。　（石中生）

张润副厅长提出农村公路发展新目标

2月20日，在全省农村公路新闻发布会上，厅党组副书记、副厅长张润提出农村公路发展新目标。“十一五”期间，全省将新建和改造农村公路5万公里以上，到2010年，全省要实现90%建制村通水泥(油)路，95%建制村通公交班车。从2008年起，省交通厅将按照有路必养原则，加大农村公路养护投入，年度养护补助资金将达到3.17亿元。今后3年，要继续坚持以科学发展观统领全局，围绕“加快构建全省建设全国新型能源和工业

基地的交通运输支撑保障服务体系”的目标,继续加快农村公路建设;要坚持建养管并重、公路建设与运输发展并重的发展方针,不断巩固和扩大已经取得的成果,让更多的农民群众更直接地享受现代交通带来的现代文明。 (魏建国)

张润副厅长对全省交通征稽工作提出3点希望

2月26日上午,在2008年太原交通征稽工作会议上,厅党组副书记、副厅长张润在讲话中提出3点要求。一是加大规费征收力度,为全省交通事业的发展作出新贡献。要统一思想,提高认识,认清形势,明确目标,再鼓干劲,再加压力,按照孟学农省长关于征稽工作的要求,不多收,不少收,不漏收,圆满完成全年费收任务。二是以“畅通迎奥运,平安游山西”为主题,继续深入开展文明和谐行业创建活动。要联系实际,从现在抓起,从基层抓起,深入开展讲文明、树新风、促和谐活动,体现征稽系统良好的精神风貌。三是切实抓好党风廉政建设,确保各项工作持续健康发展。 (魏建国)

张润副厅长对全省公路工作提出5点要求

2月26日,在全省公路工作会议暨党风廉政建设、安全生产工作会议上,厅党组副书记、副厅长张润在讲话中提出5点要求。一要认识到2008是不平凡的一年,是奥运之年,是改革开放30周年,更是“十一五”规划承上启下的关键之年。要结合实际,规划好、谋划好全年的公路工作任务。二要按照“畅通迎奥运,平安游山西”目标,加大公路养护管理力度,以良好公路状况服务迎接八方来客,特别是重点景区道路养护更要加强。同时,还要加强信息化工程建设,做到路况信息提前预报。三要高度重视公路工程质量安全廉政工作,严把工程质量关。要从已发生的质量问题案件中吸取教训,警钟长鸣,常抓不懈,教育职工居安思危,时刻保持清醒头脑,保证工程优质、干部优良。四要坚持治超工作力度,防止 反弹,建立长效机制,继续当好主力军,发挥主动性,加强治理力度。要严格执法,规范执法,对违纪违法人员严肃查处。五要以创建文明和谐行业为载体,创建和谐交通,打造精品工程,树立公路人的良好形象。 (沈建明)

张润副厅长对全省交通新闻宣传工作提出5点要求

2月27日,在厅新闻宣传中心2007年工作会议上,厅党组副书记、副厅长张润在讲话中提出5点要求。一要切实抓好当前政策理论学习工作。要认真学习领会贯彻宣传好全国和全省宣传思想工作会议精神,用理论武装头脑;二要围绕大局,把握方向,突出重点,全面推进,精心制定2008年交通新闻宣传工作要点;三要为全省交通加快科学发展鼓与呼。要贯彻落实全国和全省交通工作会议精神,围绕“三个服务”、“三个并重”进行宣传,创造良好的舆论氛围,激发全系统广大干部职工的工作热情;四要着力抓好治理车辆超限超载工作宣传。要加强领导,深入宣传报道,鼓舞治超人员士气;五要高度重视外宣工作。继续加强队伍建设,要贴近群众,贴近基层,贴近生活,深入基层,挖掘新闻,进行深度报道。

(沈建明)

张润副厅长深入吕梁沿黄扶贫旅游公路调研

3月5日,厅党组副书记、副厅长张润深入吕梁市沿黄扶贫旅游公路施工现场调研。他指出,经济要发展,公路建设必先行。只有将公路修通、修好了,才能将老百姓的农副产品、沿黄红枣安全运输出去，保证农副产品在市场上有一个合理价位，提高农村发展活力，增加农民收入，为沿黄地区经济发展和农民致富增收创造有利条件。

在调研中，张润认真听取各县工程建设详细汇报，实地查看一期工程和兴县段至保德界建设情况，详细询问二期工程准备、实施情况。他在讲话中肯定吕梁沿黄扶贫旅游公路建设取得的成绩，要求加大道路两旁绿化带、排水安全标志建设。

在临县碛口段，张润指出，沿黄公路能促进旅游业发展，在施工中要注意保护这些旅游景点。如碛口古镇，在道路通过时不能破坏原有的街道面貌，如有破坏，应考虑改线和替代方案。在沿黄临县段，张润要求在保证工程质量的同时，提前备料，提前开工，力争在雨季来临前完成工程建设任务。并表示，省交通厅将考虑对沿黄扶贫旅游公路建设再加大扶持力度。

张润指出，沿黄扶贫旅游路投资巨大，在加快工程进度同时，一定要严把质量关，加大对各大环节监管力度，确保工程建设经得起历史考验。公路建设是重要基础，管理、养护是路面安全运行保证，使用是目标。吕梁市交通局要运用新思维、新办法，积极探索新的路面养护办法和机制，尽快出台相关文件。同时承诺省交通厅路面养护资金将尽快到位。

途中，张润一行还查看沿黄干线岢大线改造工程。　（沈建明）

张润副厅长对太原公路分局工作提出新要求

3月14日，在太原公路分局2008年工作会议暨第七届第一次职代会上，厅党组副书记、副厅长张润在讲话中要求继续保持朝气蓬勃、勇于奉献精神，围绕做好“三个服务”，按照“三个转变”要求，在基层组织、基本管理和基本素质建设上下工夫，争创一流管理、一流服务、一流品牌，为太原市乃至全省公路事业改革发展作出更大贡献。　（董忻文）

张润副厅长对全省交通史志年鉴工作提出3点要求

3月19日，在全省交通史志年鉴工作会议上，厅党组副书记、副厅长张润在讲话中要求牢记使命，强化责任，下大力气把史志年鉴工作搞上去。一要提高认识，进一步增强做好史志年鉴工作的重要性；二要狠抓落实，推进史志年鉴工作再上新水平；三要认清形势，真抓实干，切实加强组织领导。要按照《地方志工作条例》和省政府有关要求，把“一纳入”、“五到位”落到实处，真正把史志年鉴工作纳入到单位发展总体规划和工作任务之中，切实做到领导到位、机构到位、经费到位、队伍到位、条件到位；努力履行史志年鉴工作传承文化、资政育人、服务社会的原则，更好地为全省交通率先科学发展服务。

（董忻文）

张润副厅长对晋中市交通工作提出5点要求

3月28日，在晋中市交通工作会议上，厅党组副书记、副厅长张润在讲话中提出5点要求。一要围绕“畅通迎奥运，安全游山西”目标，精心安排好全年工作，特别要突出旅游公路、客运站场建设，并做好相关准备工作；二要围绕晋中作为农村公路全国试点市要求，突出抓好公路建设质量年活动和农村公路管养体制改革工作，在全省再创新亮点；特别是对农村公路养护工作要做到：明确一个目标，确保农村公路养护正常化，真正做到“有路必养、有桥必管”；建立一支队伍，每个县（区、市）要成立养护管理站，配置必要的管理人员和技术人员；建立一套制度，包括养护标准、管理办法和考核办法；编制一个计划,要建立公路、桥梁档案,按照公路受损程度安排日常养护;建立一个基地,搞集中的公路大中小修,根据各县情况,日常养护靠老百姓,每年4月、9月进行集中养护。三要围绕省委、省政府"抓综治、保畅通、保安全、为人民"要求,研究长效机制,坚决治理超限超载,为全省再提供新经验;四要围绕"大通道、大路网、大物流"发展目标,集中精力抓好大通道建设。特别要重视龙城高速公路建设和祁介一级公路建设,克服土地征用、资金筹措等困难,大干快上,以实际行动,缓解榆次城区交通和大运高速公路太祁段的压力;五要围绕全省经济工作"四大攻坚、四大支撑"目标,加快物流业发展,提升交通服务水平。要重视规划,重视政策,重视科技,加大投入,厅党组将一如既往地给予支持。他特别强调,要高度重视农村客运安全,坚决杜绝群死群伤事故。（董忻文）

张润副厅长对太原市交通工作提出新要求

4月8日,在太原市交通工作会议上,厅党组副书记、副厅长张润在讲话中总结2007年工作有五大亮点:一是农村公路管养工作有了新突破;二是公路"双超"治理成效明显,太原市境内55吨以上的超限超载车辆基本得到控制;三是城乡客运一体化取得突破;四是公路工程质量管理工作有了新成效,尤其是县乡公路改造工程的质量水平上了一个新台阶;五是交通行业文明和谐建设取得新进步。在新的一年里,全市交通系统干部职工要真正确立"三个服务"理念,认真贯彻省交通厅提出的"三个并重"方针,狠抓质量、安全、廉政"三个重点",构建大通道、大路网、大物流"三大工程",加快发展现代交通业,为太原市经济发展和社会进步作出应有的贡献。（董忻文）

张润副厅长充分肯定交通征稽文化研究的作用

4月20日,在全国交通征稽文化建设暨规划管理座谈会上,厅党组副书记、副厅长张润在讲话中指出,开展交通征稽文化研究不仅可以促进行业管理,提升最高层次的精神追求和行为准则,而且为整体推进征稽工作、规范执法行为、理顺管理体制、统一形象标识、深化服务内涵、加强队伍建设、增强行业凝聚力构建了意识平台,进一步提升交通征稽文化软实力,必定能为交通征稽又好又快发展提供精神动力、制度保障和物质基础。他希望各位代表都能够参与到文化研究中,继续关注和支持交通征稽文化建设,对交通征稽文化专著等课题研究多提宝贵意见和建议,通过大家群策群力,集中全国智慧,打造出精品文化。

（魏建国）

张润副厅长对厅关工委工作提出新要求

4月22日,重新调整后的厅关工委召开全委会议。厅党组副书记、副厅长张润在讲话中代表厅党组对厅关工委近12年来工作给予充分肯定和高度评价,对以任先泉老厅长为代表的老领导、老同志全力以赴投身关心下一代工作表示衷心感谢。提出提高认识、把握重点、不断创新、依靠基层、狠抓落实5点希望。要求全系统各级党组织、各单位党政领导、各处室和有关部门,都必须高度重视,全力支持关心下一代工作,为全行业和谐稳定发展、为青少年健康成长作出新贡献。

（魏建国）

张润副厅长对朔州市交通工作提出新要求

4月23日上午,朔州市2008年度交通工作会议召开。厅党组副书记、副厅长张润在讲话中要求朔州市广大交通干部职工要继续确立“三个服务”理念和坚持“三网并重”方针，加快公路交通运输事业科学发展，为北京奥运盛会营造良好交通环境；继续推进农村公路体制改革，创优发展环境，推动境内高速公路建设步伐，进一步加大治超力度，并一抓到底，切实保障人民群众生命财产安全，强抓管理，带好队伍，确保廉洁，促进交通事业持续健康发展。

会后，张润在朔州市代市长冯改朵陪同下，还察看正在建设的环城公路、世纪大道、神电运煤通道上团堡大桥工地。要求在保证工程质量前提下，加快工程进度；要转变观念，创新融资体制，吸引社会资本，切实保障全市公路交通基础设施建设资金。

（董忻文）

张润副厅长要求认真抓好民主评议政风行风工作

5月7日，在全省交通系统纠风暨政风行风评议工作部署会议上，厅党组副书记、副厅长张润在讲话中指出，民主评议政风行风是落实党的十七大精神，实现维护和发展好人民群众利益的重要体现；是扩大基层民主、强化群众监督，构建和谐社会的重要途径；是促进政府部门为基层和社会服务，提高政府公信力，优化发展环境，确保“十一五”规划实施的重要举措。各参评单位要提高认识，切实加强组织领导；注重实效，切实解决群众反映的突出问题；明确责任，推动政风行风评议工作全面落实；强化监督，切实注重源头的综合治理；严明纪律，杜绝违纪违规行为的发生，全面推进交通行业政风行风建设工作向纵深迈进，为广大人民群众提供一个安全、舒适、便捷的交通环境，为实施交通事业又好又快健康发展提供强有力的政风行风保证。

（魏建国）

张润副厅长对厅直系统宣传思想工作提出新要求

5月16日，在省交通厅召开的厅直系统宣传思想工作座谈会上，厅党组副书记、副厅长张润在讲话中充分肯定全系统宣传思想工作所取得的成绩。他说，近年来，全省交通宣传思想工作紧紧围绕交通中心工作和改革发展稳定大局，贴近实际、贴近生活、贴近群众，主题宣传各具特色，在全省交通持续、协调、快速发展的进程中，发挥了统一思想、凝聚人心、鼓舞士气、树立形象的积极作用。对下一步工作，提出4点要求。一要深刻把握新形势新任务，更好地肩负起宣传思想战线的神圣使命。要把握大局，更加自觉地为全省交通中心工作服务；明确定位，不断深化对宣传思想工作重要性的认识；正视挑战，牢牢把握新形势下宣传思想工作的领导权和主动权。二要创新思路，突出重点，推动宣传思想工作迈上新台阶。特别是要抓好理论武装工程，进一步增强干部职工高举旗帜、科学发展的自觉性和坚定性；抓好社会主义核心价值体系建设，切实增强全省交通系统团结和谐、奋发向上的精神力量；抓好行业文明和谐创建活动，显著提升职工思想道德素质和行业文明和谐程度。三要把握正确舆论导向，切实加强和改进交通新闻宣传工作。特别是要抓好纪念改革开放30年的伟大成就，大力宣传改革开放30年的发展经验，广泛宣传改革开放30年优秀交通人；奥运宣传要围绕“奥运快速通道”、“迎奥运、讲文明、树新风”总体要求，广泛开展“我为奥运作贡献”主题宣传活动；要抓好交通重大题材和重大典型的策划和挖掘；抓好新闻发言人制度的贯彻实施和新闻宣传的机制建设。四要加强组织领导，确保宣传思想工作各项任务落到实处，要牢牢把握政治方向，切实加强班子和队伍建设，努力提高领导能力。

（孙乾灏）

张润副厅长要求深刻认识加快沿黄公路建设紧迫性

5月31日，在省交通厅召开的沿黄公路建设推进会上，厅党组副书记、副厅长张润在讲话中要求有关市县、有关部门和单位，要从落实科学发展观、构建和谐社会、促进全省经济社会可持续发展的高度，深刻认识加快沿黄公路建设的紧迫性，进一步增强加快建设的责任感；要坚持各项工作立足于一个“好”字，处理好速度与质量、安全、效益的关系，既要以只争朝夕、分秒必争的精神加快建设进度，又要高标准严要求，保质量保安全保廉洁；要以改革创新精神，认真研究解决好资金、用地、技术和管理等问题，化解矛盾，克服困难，不断促进全省国省干线和农村公路持续、快速、健康发展。（董忻文）

张润副厅长要求从5个方面抓好治安综合治理工作

6月4日，在省交通厅2008年治安综合治理工作会议上，厅党组副书记、副厅长张润在讲话中，要求全系统要按照落实科学发展观和构建社会主义和谐社会的总体要求，继续坚持“打防结合，预防为主；专群结合，依靠群众”的工作方针，以深入开展“平安交通”创建活动为中心，以落实领导责任制为龙头，以加强基层基础建设为根本，以构建“打防控一体化”的治安防范体系为重点，勇于创新，扎实工作，为实现交通率先发展创造稳定和谐的内部环境。一要认清形势，提高认识，增强责任感和紧迫感。要时刻提高警惕，保持清醒头脑，居安思危，知难而进，扎实工作，努力维护单位内部的安全稳定，确保一方平安。二要统一思想，提高认识，认真做好奥运安保工作。各单位各部门要用扎实有效工作，确保安全稳定，为北京奥运会成功举办和“赛在北京，游在山西”目标实现提供安全稳定的交通保障。三要继续加强矛盾纠纷排查调解工作。要把解决涉及困难职工生活和下岗职工工作的实际问题作为排查调处矛盾纠纷的中心任务，认真研究，妥善解决。要进一步健全工作制度，坚持定期排查和经常性排查相结合工作方针，加强信息交流，深入调查研究，清楚掌握本单位职工的内部思想动态，在抓早抓小抓苗头上下工夫，力争把矛盾解决在萌芽状态，防止矛盾激化，防止“民转刑”案件发生。四要继续深入开展“平安交通”创建活动。要结合单位工作性质和特点，开展多种形式的“平安创建”活动；要以实现“六好”（即组织领导好，严打整治好，防控措施好，矛盾调处好，队伍稳定好，单位秩序好）、“六无”（即无严重危害国家安全和政治稳定的重大事件，无大规模集体上访，无影响本单位社会稳定的重大群体性事件，无重特大刑事案件，无影响重大的群死群伤治安事故和重特大安全事故，无影响恶劣的干部违纪违法案件）作为“平安交通”的创建标准，进一步深化、细化、具体化，力争把开展“平安交通”创建活动提高到一个新高度。五要加大宣传力度。要采取多种形式，做好宣传工作，不断提高广大干部职工认识，增强主动参与自觉性，实现全社会关心支持、各部门齐抓共管社会治安综合治理的目的。

（沈建明）

张润副厅长对太原高速公路公司工作提出新要求

7月16日，在太原高速公路公司荣获全国交通行业“文明单位”挂牌仪式上，厅党组副书记、副厅长张润在讲话中提出4点要求。首先要认真学习贯彻党的十七大精神，切实加强党的领导，坚定正确的政治方向，为树立全省交通系统形象带好头，示好范，做表率；其次要以路为本，以车为本，以人为本，积极研究与探索高速公路保畅、保通的新思路、新办法,尽快研究解决高速公路在快速发展中遇到的新情况、新问题;第三要以高度的政治责任感,认真做好迎奥运会的各项准备工作和奥运会期间"赛在北京、游在山西"的保通、保畅、保安全工作;第四要加强为职工排忧解难,办实事,办好事,使公司职工以饱满热情积极投身到各项工作之中,为山西交通事业的快速发展和全省经济腾飞作出新的更大贡献。

(沈建明)

张润副厅长要求从6个方面抓好全省农村公路养护工作

7月17日,全省农村公路养护检查观摩总结会在大同召开。厅党组副书记、副厅长张润在讲话中提出6点要求。一要进一步提高认识。把农村公路养护看做民生责任。讲大局,讲奉献,讲责任,带着感情搞好;要宣传好"建设是发展,养护也是发展,是持续的发展"、"建设是政绩,养护也是政绩,是公认的政绩"、"建设是惠民,养护也是惠民,是长效的惠民"这三句话。二要体制创新,不搞一刀切。各县市要根据自己实际情况,因地制宜,改革创新;要降低成本,整合资源,保证质量。三要资金长效,这是农村公路管理养护体制改革的关键所在。各市、县要加大力度,积极落实本级财政负责筹集的养护费用。在保障投入的同时,要进一步加强资金的使用、管理和监督,确保资金的使用效益和安全。四要治超安保。将桥梁养护管理作为农村公路养护管理工作的重要内容来抓,不断加大危桥改造力度;治超工作千万不能松劲。五要标准规范。狠抓农村公路日常养护,依靠科技进步实现农村公路养护现代化,逐步解决县乡公路安全防护设施不足、危病桥数量多、抗灾能力弱的突出问题。六要监督落实。要加强行业指导,对农村公路建设质量、资金使用、养管质量等进行监督。厅农村路网处、省公路局要抓好农村公路养护定额编制、管养体制指导意见、日常养护及养护工程招投标办法出台、养护技术标准及验收检查办法制定、县道省补政策落实等工作,研究好养护机械化、管理人员定编、危桥改造和安保工程实施意见等工作,筹备好全省农村公路管养大会。张润特别强调,当前要突出抓好奥运安保畅通、县乡公路改造工程建设质量、沿黄扶贫旅游路基本贯通、治超及危桥监管等4项工作。

(董忻文)

张润副厅长要求全力以赴完成国省干线公路改造任务

7月25日下午,在省公路局召开的干线公路建设推进会上,厅党组副书记、副厅长张润在讲话中指出,根据省政府办公厅会议纪要精神,2008年已确定改造方案的1400公里,要保证投入,确保年底竣工,其他路段要排出工程类型、规模等级、投资数额、资金来源和开竣工时间表,并要落实责任人。他说,这次国省干线建设改造既是责任,又是机遇,各有关部门和单位一定要站在执政为民和构建和谐社会的高度,提高认识,高度重视,千万不能掉以轻心,就是脱皮掉肉也要保质保量完成1400公里改造任务。省公路局要长计划短安排,3000公里建设改造任务都要签订目标责任书,并制定严格的质量、安全、成本、廉政措施;厅有关处室要以改革创新精神,尽快筹措建设资金。他特别强调,建设改造过程中一定要坚持基本建设程序,严格管理,阳光操作,从而保证工程质量,保证资金安全。

(沈建明)

张润副厅长要求齐抓共管确保行业安全稳定

8月5日下午，省交通厅召开厅直系统维护稳定工作会议。厅党组副书记、副厅长张润在讲话中，要求党政工团齐抓共管，确保行业安全稳定，为北京奥运会创造优良的交通环境。首先，要充分认识当前做好维护稳定和交通安保工作的重大意义，牢固树立全国全省一盘棋的思想，将确保社会稳定、确保奥运会圆满成功、确保交通安全作为全年压倒一切的一号工程，把思想和行动统一到中央和省委的总体部署上来，统一到厅党组的要求上来，切实增强做好维护交通安全稳定的责任感和使命感。其次，要进一步转变工作作风，优化服务环境，改善服务条件。对群众关心和反映强烈的问题，凡是有能力做到的，要落实责任，限期解决；暂时办不到的，也要创造条件尽快解决。要层层建立工作责任制和责任追究制，并在奥运期间对各单位维护稳定的落实情况进行全面检查，对工作不落实或发生影响奥运活动事件的单位，要从严追究责任；要充分发挥交通广播、交通网站、《山西交通》等载体的宣传引导作用，以及全省交通情报板的有效平台作用，扩大舆论宣传，营造良好的奥运氛围。各级党员领导干部要加强领导，靠前指挥，严格督促检查，使保障奥运、维护稳定的各项工作正常有序开展，确保交通维护稳定工作落到实处。第三，要按照省委提出的“七个坚决防止”的总要求，坚定不移地不断提高通行保障能力，坚持不懈地建设平安交通，锲而不舍地做好信访工作，始终不渝地开展文明和谐创建活动，认真扎实抓好值班工作，扎实做好交通安全稳定的各项工作，以交通的平安促进山西的平安，以山西的平安促进北京的平安，以山西的稳定维护全国大局的稳定。（董忻文）

张润副厅长对全省农村公路建设提出新要求

9月3日至4日，全省农村公路建设现场会在吕梁市召开。厅党组副书记、副厅长张润在讲话中要求，沿线县市和交通部门要进一步强化组织领导，积极筹措资金，加强施工管理，保证年底实现基本通车目标。关于村村通和县乡公路建设，要加强质量管理、环境保护、安全生产等方面工作。要扎实推进农村公路质量年活动，把好招投标、公示、过程监督、验收检查、奖惩5个关口，确保建设质量再上新台阶；要坚持以人为本，高度重视施工安全和人民群众出行安全；要注重节约环保，全力打造和谐公路。他特别强调，要坚持建养并重，协调发展，巩固农村公路建设成果。要牢固树立“建设是发展，养护管理也是发展，而且是可持续发展”观念，坚持一手抓建设，一手抓养护，防止出现“一头重一头轻”，切实抓好农村公路养护管理。

（董忻文）

张润副厅长要求文明和谐创建工作“走在前，做表率”

9月4日，省直文明委检查验收省交通厅文明和谐创建工作。厅党组副书记、副厅长张润汇报时总结概括为“五抓”特色。即：抓典型带窗口，抓廉政保文明，抓创新富内涵，抓共建促和谐，抓党建强基础。他代表省交通厅表示，将以此次检查验收为契机，继续发扬“走在前，做表率”光荣传统，坚持以科学发展观为统领，完善机制，丰富内涵，提高品位，勇于创新，推进创建工作全面协调发展，在铸魂、树形、凝心、聚力上发挥新效力。

（魏建国）

张润副厅长要求学习“右玉精神”

9月10日至11日，厅直单位党务和纪检干部赴右玉县参观考察，厅党组副书记、副厅长张润在讲话中要求学习右玉艰苦奋斗、无私奉献、顽强拼搏、百折不挠、负重奋进、勇于争先的精神，学习十七任县委县政府领导班子团结带领干部群众勤政为民的思想、科学发展的理念、艰苦奋斗的作风。要通过学习，进一步加强交通系统干部作风建设和廉政建设，用右玉精神引导和教育各级干部，转变作风，勤政为民，廉洁奉公，做好“三个服务”，真正贯彻到实际行动中，推动全省交通事业实现新的更大发展。　（孙乾灏）

张润副厅长深入晋中市国省干线公路调研

9月25日，厅党组副书记、副厅长张润在厅机关、省公路局有关处室和晋中公路分局、晋中市交通局领导陪同下，对正在改建的大运公路介霍段和太长线潇河大桥工程建设进行检查指导。他指出，安全和质量是工程建设中最重要的两个方面，必须警钟长鸣、常抓不懈，千方百计加强管理教育，加强责任落实，加强隐患排查和整改，坚决防范安全和质量责任事故，确保安全生产和工程质量万无一失。晋中市副市长李年善陪同调研。

冒着绵绵秋雨，踏着泥泞便道，一大早，张润一行首先来到介霍段改建施工一线。在一标段，看到已经成型的路基，对工程质量非常满意，特别对基层和面层间采用橡胶改性沥青技术增设应力吸收层表现出浓厚兴趣。当听说由长安大学教授指导，在全省属首次运用，具有减少反射裂缝、增加上下连接性、封水性能好等多个优点并且降低工程造价后，张润十分高兴，表示工程建设就应该这样不断推广新材料、新技术的应用。在第二标段，张润认真察看下面层工程质量和所取的钻芯样本，对采取的GTM沥青混合料级配施工技术和工艺给予高度评价，称可延长工程使用寿命，避免路面早期破损，提高工程质量。要求把大运一级路打造成高标准、高技术含量的全省样板工程。在正在紧张施工的灵石隧道里，张润详细了解地质构造和围岩类型，对设计变更较多提出严厉批评，并一再告诫铁十三局项目负责人，一定要加强安全生产，不仅要做到零亡，还要做到零伤。当日下午，张润一行不顾疲劳赴省道太长线潇河大桥建设现场检查指导，当听说这是目前国内第二座钢筋混凝土拱板式结构时，张润表示桥型特殊，施工工艺复杂，一定要保证安全，保障质量，把大桥建成全省优质工程、晋中市景观工程。

在座谈会上，张润副厅长在讲话中代表厅党组对付出辛勤汗水的广大建设者表示慰问，对提供良好施工环境的晋中市政府和有关县市表示感谢。希望广大建设者再接再厉，在晋中市政府和沿线县市的密切配合下，按既定目标，争取10月10日前完成介霍段介休至灵石南关26公里路面工程，11月20日前建成潇河大桥，确保11月底完成介霍段全部剩余路基土石方工程，2009年8月30日前全线竣工通车。

张润特别强调，安全和质量是工程建设的重中之重，质量责任重如泰山，安全责任比泰山还重。广大建设者一定要时刻保持清醒的头脑，从讲政治的高度认识安全生产和质量管理工作。尤其是安全生产，一定要从襄汾尾矿库溃坝这一特大安全责任事故中吸取教训，警钟长鸣，常抓不懈，加强安全教育，加强责任落实，以桥梁和隧道为重点，对工程建设进行一次全面的安全隐患排查，决不能仅仅停留在开会发文件上。管理人员要深入一线，关键环节、关键部位要设安全员。同时，要加强对农民工、临时用工的安全教育，加强对安全生产设备的监管。排查出的问题要坚决整改，不能留一丝一毫隐患，确保做到万无一失。只有在安全生产、质量管理工作充分到位和保证的前提下，才能讲进度和工期。否则，进度再快也只能是零。

张润还对两个建设项目部和晋中市提出的资金超概算问题、太榆路改建问题予以明确答复。 （董忻文）

张润副厅长对纪检工作提出新要求

9月26日，在省交通厅召开的纪检工作座谈会上，厅党组副书记、副厅长张润在讲话中，要求保持清醒头脑，面对交通行业人员多、任务重、投资大等特点，充分认识到做好纪检监察工作任重而道远；要把握重点，特别是工程建设领域的反腐倡廉更是重中之重。要做好与人民群众利益相关的热点工作范围的纪检工作。各单位要结合实际建立惩防体系，通过改革创新、手段创新做好各项纪检工作，加强纪检队伍建设，扎实推进全省交通系统反腐倡廉建设，为交通事业又好又快发展提供坚强有力的政治保证。 （沈建明）

张润副厅长深入大同市、朔州市国家高速公路过境段调研

9月26日至28日，厅党组副书记、副厅长张润带领厅公路处、厅重点办、省交通设计院、省交通科研院有关人员，踏勘国家高速公路网荣成至乌海公路山西境内灵丘至山阴段。路线起点晋冀界驿马岭，经灵丘、浑源、应县、山阴四县，终点山阴县北官庄，与大运高速公路交叉相接，全长154.08公里。

张润一行跋山涉水，对全线情况进行深入了解，重点对主要控制点大运立交枢纽、应县互通、浑源枢纽互通、平型关互通、灵丘互通，恒山隧道、抢峰岭隧道、云彩岭隧道、驿马岭隧道以及沿线政府的要求和意见进行调查研究，并认真听取前期工作进展等有关情况汇报。

张润副厅长在讲话中认为灵丘至山阴段前期工作取得重大突破，为年内开工目标实现奠定基础。他要求两个建管处和相关单位及部门加强协调沟通，明确职责任务，九牛爬坡，个个出力，围绕难题，共同攻关，千方百计加快土地、工可、初设等前期工作国家层面的报批和跟踪，确保年内开工，并采取实事求是态度，科学合理划分标段，争取2010年建成山阴至浑源60公里。省交通设计院、省交通科研院一定要“把国家网设计成国家级水平”，千万不能留下遗憾。要组织技术人员对方案进行回头看，精益求精，在认真优化方案的同时，把握重点，尤其是长大隧道安全运营问题。比如恒山隧道长达5公里多，隧道内最大纵坡达2.22%，监控、通风、消防等要予以充分考虑。两个建管处要提前着手施工准备工作，比如及早制定和做好控制性工程的施工方案、技术准备、主要材料的准备等等。

张润一行还踏勘大同至呼和浩特高速公路大同至右卫段。

（董忻文）

张润副厅长要求确保全省普通公路计重收费工作顺利实施

10月26日上午，省交通厅召开全省普通公路计重收费动员视频会议。厅党组副书记、副厅长张润在讲话中要求精心组织，落实责任，确保全省普通公路计重收费工作顺利实施。首先，要统一思想，提高认识，站在贯彻落实科学发展观的高度，认真组织实施好全省普通公路计重收费启动工作。其次，要精心组织，狠抓落实，以高度的责任感和使命感，切实做好全省普通公路计重收费启动前的各项准备工作。各单位要按照省交通厅安排部署，明确目标，统筹规划，精心组织，狠抓落实，确实做到“把握一个精神、提供一个保障、确保两个到位、着力解决好四个问题”，全力以赴做好计重收费启动前的各项准备工

作。"把握一个精神",即把握《山西省人民政府关于普通公路实施计重收费的通告》的精神;"提供一个保障",即提供坚强的组织保障;"确保两个到位",一是确保计重收费设备到位,二是确保操作人员和专业技术人员到位;"着力解决好四个问题",一是着力解决好在模拟运行中出现的各种问题,二是着力解决好计重收费与治超工作的协调问题,三是着力解决好收费广场秩序问题,四是着力解决好可能发生的突发问题。再次,要广泛宣传,积极引导,站在构建和谐社会的高度,为全省普通公路计重收费顺利实施营造良好社会环境。

(沈建明)

张润副厅长要求从3个方面学习贯彻中国工会十五大精神

11月4日,省交通厅召开交通系统学习贯彻中国工会十五大精神会议。厅党组副书记、副厅长张润在讲话中,要求从3个方面学习贯彻工会十五大精神。一要把学习宣传中国工会十五大精神作为当前乃至今后一个时期的一项政治任务,作为理论武装工程的重中之重。要制定详细学习计划,认真组织实施,领导干部要带头学习;要采取有力措施,扩大宣传造势;要在抓好自身学习的基础上,深入基层和职工,认真做好宣讲和辅导,有针对性地开展宣传教育活动。二要结合交通实际,把中国工会十五大精神切实落实到工会工作的各个方面。各级工会要围绕厅党组提出的"一条主线、七大工程、六大目标"的发展思路和奋斗目标,结合今后5年工会工作的目标任务,全面布局,突出重点,着力推动科学发展,促进社会和谐,发展共建共享,加强民主管理和基层建设,激发组织活力。要把贯彻工会十五大与当前正在进行的深入学习实践科学发展观结合起来,准确定位交通系统的工会工作。张润特别强调,科学、快速、安全、协调四个发展中与工会联系紧密的是安全发展和协调发 展。维护职工的生命权、健康权是工会维权的主要内容,要大力推动实施安康工程,提高职工参与安全监督的责任感,增强职工的安全生产意识,全力维护职工的生命安全生产意识,全力维护职工的生命安全和身体安全。实现交通的协调发展,一个重要的方面就是要切实解决交通系统职工的实际困难和问题,让职工更多地享有改革发展的成果。三要高度重视工会工作,全力支持工会依法依章开展工作。各级党委、行政要认真学习、深刻领会胡锦涛同志、习近平同志讲话精神,切实提高认识,把工会工作摆到更加重要的地位。工会组织和工会干部要自觉地接受党的领导,主动地争取行政的支持,进一步增强做好工会工作的光荣感、责任感和使命感,团结动员广大交通职工,为夺取全省交通事业又好又快发展的新胜利而努力奋斗。

(孙乾灏)

张润副厅长深入晋中公路分局调研

11月4日,厅党组副书记、副厅长张润赴晋中公路分局就深入学习实践科学发展观活动进行调研。太原、晋中、吕梁、忻州4个公路分局有关领导参加。

张润副厅长在讲话中提出5点要求。一要以深入学习为基础,以解放思想为先导,以解决问题为关键,进一步加深对科学发展观科学内涵、精神实质和根本要求的理解,增强贯彻落实科学发展观的自觉性和坚定性,自觉坚持用科学发展观统领公路各项工作。二要立足公路工作实际,进一步理清思路,转变发展方式和理念,提高管理能力和服务水平,有效发挥路网整体功能。三要进一步建立健全落实科学发展观的决策、执行、监督机制和符合科学发展观要求的公路发展综合评价机制,力争在建立完善竞争有序、充满活力的公路养护运行机制和精简高效、运转协调的公路管理体制等方面取得实际效果,为全面贯彻落实科学发展观提供更加有效的体制机制保证。四要坚持把务求实效作为开展学习实践活动的出发点和落脚点，努力在继续解放思想上迈出新步伐，在坚持深化公路改革上实现新突破，在推动公路科学发展上取得新成效，在构建和谐公路行业上见到新成效。五要树立建设是发展、养护是可持续发展的理念，全省治超工作要不惜代价治下去，计重收费是治理超限超载的长效机制之一。

会上，太原、晋中、吕梁、忻州四个公路分局就如何提高国省干线公路路网标准、如何依靠科技进步提高建养水平及采取计重收费后存在的问题进行探讨。

（孙乾灏）

张润副厅长、郜玉兰总工程师深入省交通设计院调研

11月13日，厅党组副书记、副厅长张润，厅党组成员、厅总工程师郜玉兰赴省交通设计院就深入学习实践科学发展观活动进行调研。

自10月17日省交通厅召开动员会以来，省交通设计院紧紧围绕党员干部受教育，科学发展上水平，人民群众得实惠这一总要求，突出“进一步提升设计理念，优化内部管理，提高工作效率，为交通建设又好又快发展提供安全、环保、节约、公众满意的勘察设计产品和服务”这一主题和载体，统筹安排学习实践活动，在促进科学发展上有了新进步。

张润副厅长在讲话中提出，设计院多年来为全省交通建设快速健康发展作出重大贡献，太旧、大运等高速公路项目都是精心设计，功不可没，这次学习实践活动领导重视，认识到位，发动到位，主题到位，精心安排学习实践和生产任务两不误，取得明显成效。为此，他提出3点要求。一要继续加强学习实践科学发展观活动组织调研，为第二阶段工作扎实开展创造条件。二要联系实践实际，找出不符合科学发展的问题，特别是在改革、创新、质量、服务四方面存在的问题。三要推进应对危机能力，牢牢把握新一轮交通大发展的机遇，把它当做当前最大的政治任务来抓。这是学习实践科学发展观最实的载体、最好的实践，要在新一轮公路建设高潮中再立新功。

郜玉兰总工程师在调研中，围绕专题调研课题《走资源节约、环境友好之路，推动山西交通又好又快发展》与参会人员进行广泛深入交流。要求通过学习实践科学发展观活动，找出制约交通设计科学发展的问题，找准与科学发展互相违背的问题，狠抓影响设计中的质量和安全的因素，为山西交通多设计出精品工程。

厅领导对省交通设计院学习实践科学发展观活动给予充分肯定，并就存在的体制、可持续发展及经费问题进行研究。

（沈建明）

张润副厅长深入省公路局调研

11月16，厅党组副书记、副厅长张润带领厅机关有关处室负责同志深入省公路局，就国省干线公路提升改造工程规划工作进行专题调研。厅党组成员、省公路局党委书记赵振田一同调研。

在听取省公路局规划情况汇报后，张润副厅长在讲话中要求，当前一定要抓住国家扩大内需、加大基础设施建设的大好时机，进一步解放思想，认真贯彻落实科学发展观，实事求是，科学规划，乘势而上，加大全省干线公路提升改造力度，先安排好明后两年规划，力争使全省干线公路建设上一个新档次。他说，省政府对交通建设工作非常重视，牛仁亮副省长11月6日深入省交通厅调研时，提出“一超三大”交通发展思路，王君代省长近日也要到省交通厅调研。我们一定要把干线公路提升改造工程建设规划好，二级路改一级路规划，要以经济路（车流量大、效益好）、运煤

通道、旅游路和出省路为重点，纵贯全省的人字骨架二级路全部一级化，并与储备项目相结合，尽快完善规划，争取早日开工建设。张润与大家在干线公路提升改造规划图上反复推敲研究，并要求规划要有前瞩性、可操作性。

省公路局有关负责同志，太原、晋中、忻州分局主要负责同志也参加调研会。

（孙乾灏）

张润副厅长要求从3个方面做好全省交通基础设施建设安全工作

12月2日，全省交通基础设施建设安全生产工作会议召开。厅党组副书记、副厅长、厅安委会常务副主任张润在讲话中提出3点要求。一是进一步认清当前严峻的安全形势。2008年，全省多个行业和领域发生安全生产事故，特别是发生“6·3”、“7·17”、“8·18”三起重大道路运输事故和“8·1”、“9·8”、“6·13”等重大事故，造成大量人员伤亡和财产损失。每一起事故都暴露出安全生产管理不严格、安全措施不落实等问题。各级交通主管部门、公路建设部门、质量监督部门要充分认识当前严峻形势，进一步强化交通建设安全生产意识，增强紧迫感，真正把交通建设安全管理工作记在心上，抓在手上，落实到行动上。二是进一步加强交通基础设施建设施工安全监管。要切实加强对在建工程项目的安全监管；切实落实企业安全生产主体责任；落实监理单位现场安全监理职责；深化交通基础设施建设安全隐患排查治理工作。三是进一步构建交通基础设施建设施工安全长效机制。要严格施工单位安全资质审查；严格按照设计、施工技术规范及安全技术规程组织施工；坚持合理工期；认真做好公路建设工程防灾减灾工作；完善公路施工现场安全生产管理体系。交通基础设施建设任重道远，安全生产责任重大。各级各部门各单位要提高思想认识，牢固树立以人为本、安全发展理念，始终坚持“安全第一、预防为主、综合治理”工作方针，高度重视，加强领导，强化监管，狠抓落实，采取切实有效措施，确保交通基础设施建设施工安全，为交通大建设、大发展营造稳定的安全生产环境，促进交通事业又好又快发展。

（孙乾灏）

张润副厅长深入四川茂县黑虎羌寨旅游公路建设工地视察

12月19日至21日，厅党组副书记、副厅长张润专程赴茂县察看黑虎羌寨旅游公路工程进展情况，提出“零伤亡、零缺陷”工作目标，并看望山西路桥一公司施工人员，送去慰问品。

路线总长8.532公里，设计时速20公里，双向两车道，路基宽6.5米，沥青混凝土路面，工期为2008年10月22日至2009年12月30日。开工两个月来，在省援建办、阿坝州领导、茂县县委、县政府以及茂县交通局领导和沿线人民群众大力支持下，一公司项目部克服各种困难，顽强拼搏，目前，共完成挖方7万余方，填方2万余方，砌体3000余方，墙背回填部分结束，河道清理及改移工程全部完工，路基土石方工程基本完成，完成产值300余万元，占总投资造价19.8%。

张润一行认真察看整个施工现场，对建设初步成果以及施工现场管理十分满意。要求施工单位充分认识这条路的政治意义，要通过这项工程，让灾区人民尽快从地震阴影中走出来，让茂县人民笑起来。他希望路桥一公司继续发扬在四川绵竹汉旺抢通保通时的战斗作风，精心组织施工，在塌方不断又不中断交通的情况下，确保“零伤亡”安全无事故，在注重生态环境、体现旅游公路特色时，确保工程质量“零缺陷”，把这条路建成精品工程、样板工程。张润还对冬季暂停施工以及工期提出要求，力争2010年7月底，确保

8月底建设通车。公司董事长杨海龙表示，决不辜负全省人民重托，按照厅党组要求，坚决把这条工程量不大、意义重大的旅游公路按时保质保量拿下来。 （杨原平）

王志民副厅长深入太原市检查指导绿色通道运行情况

1月17日上午，厅党组成员、副厅长王志民带领省公路局、省征稽局、省高管局、省运管局、省交通开发总公司有关领导和厅运管处、公安路政处主要负责人，对太原地区部分鲜活农产品运输绿色通道运行情况进行检查。要求认真贯彻落实省政府关于保障鲜活农产品运输便利通行的有关精神，进一步加强全省鲜活农产品运输绿色通道的监管和考核，完善标志标识，规范运行程序，提高通行效率，保障快速通行。

一大早，冒着三九严寒，踏着夜里新雪，王志民一行在许西收费站、太原高速小店收费站、207国道小店收费站进行检查。每到一处，都要认真查看绿色通道标志标识，与收费员亲切交谈，详细了解车流量、鲜活农产品种类、重量及通行费减免情况。王志民指出，绿色通道建设是服务“三农”，促进农业增效、农民增收、农村发展的重要举措，凡在本省境内普通公路上整车运输鲜活农产品的车辆，只要有动物、植物检疫机构签发的有效动物、植物检疫证以及运管机构核发的道路运输证等有效证件，且货证相符，免收通行费；通过高速公路出省口收费站也严格执行这一优惠政策。他表示，交通行业的属性就是服务，尤其是收费站，只要符合条件，不仅免收通行费，还要保证快速放行。在完善绿色通道建设、保障快速通行的同时，希望各收费站做好品种、重量、车次、减免额等统计工作。

从2004年起建设鲜活农产品运输绿色通道3年来，全省减免公路通行费1.3亿元，其中2007年减免5056万元。

（沈建明）

王志民副厅长要求从5个方面抓好全省春运工作

1月18日，在省交通厅召开的2008年全省道路水路春节运输工作电视电话会议上，厅党组成员、副厅长王志民在讲话中提出5点要求。一要狠抓落实，在细节上做文章。各级各部门要着力在落实各项措施上下工夫，真正做到真抓实干，务求实效。二要狠抓安全，在源头上做文章。要落实“三关一监督”安全管理的各项措施，关口前移，特别要突出加强车船和驾驶人员的安全管理，督促监督每一个驾驶员牢记安全生产规章，规范安全生产行为，防范安全生产事故，把车头、船头、人头的安全生产措施落到实处。三要狠抓畅通，在防堵上做文章。各级公路部门、高管部门要高度重视公路保畅通工作，完善应急预案，提升清障能力，做好打冰清雪及布撒防滑料工作，并协同公安交警部门及时清理事故车辆、抛锚车辆，有效防止和及时消除公路拥堵现象。四要狠抓基层，在站所队做文章。各级各部门在组织春运工作中，要重心下移，把春运工作的各项要求传达贯彻到站所队段等基层单位，调动基层单位做好春运工作的积极性，形成工作合力。五要狠抓督察，在整改上做文章。要实行春运督察责任制，推广领导分工、包片蹲点、明察暗访的做法，提高督察工作的有效性和针对性，提升道路水路运输管理能力、服务能力和保障能力。

（沈建明）

王志民副厅长对太原市道路运输工作提出4点要求

1月19日，太原市道路运输工作会议召开。厅党组成员、副厅长王志民在讲话中提出4点要求。一要理清思路，明确任务，落实措施。特别要着力围绕现代服务业、节能减排、新农村和现代农业建设、治理公路超限超载等全局性工作，完善2008年工作思路、工作重点、工作目标、工作措施，努力提高“三个服务”能力和水平。二要以转变发展方式为牵引，找准道路运输工作科学发展、安全发展、协调发展切入点。三要以安全发展为重点，落实道路运输特别是目前春运安全生产各项措施。按照春运电视电话会议安排部署，真正把各项措施落实到基层，落实到每个岗位，落实到“车头”、“人头”和“企业”。四要以“三个服务”为目标，当好同级党委和政府的参谋助手。把党委、政府的中心工作与交通运管重点工作有机结合起来、统一起来。2008年全省各级党委、政府将着力推进现代服务业发展，并重点发展文化旅游和现代物流。交通运管机构各级领导要有政治敏锐性，要有大局意识，要围绕文化旅游和现代物流做好发展道路运输业这篇大文章。

（孙乾灏）

王志民副厅长要求采取6项措施保障公路安全畅通

1月21日下午，在全省交通、公安联席会议上，厅党组成员、副厅长王志民在讲话中要求着力做好6项工作。一是以主要运输动脉打冰清雪保畅为重点，公路部门和高管部门认真组织，加强领导，集中人力、物力、财力打好清雪保障主动仗，确保省到市公路运输通道安全畅通。二是运管机构要科学安排班次，组织运输企业选派最好的驾驶员和最好的客车，集中利用高速公路每日开通的有效时间，抢运旅客，缓解铁路运输压力，安全有序地做好民工返乡、学生放假、职工探亲、旅游疏运工作。三是要保障交通、公安各部门信息互通、畅通、共享机制的有效运行，加强信息通报和工作协调，及时发布路况信息，特别是运管机构要及时将从公安交警部门获得的路况信息向运输企业和客运站场发布。四是汽车客运站和高速公路服务区要加强内部管理，提供便民服务，做好送开水、送温暖工作，以人为本，关心旅客，解忧排难。五是交通部门要主动想办法，建立长效应急机制，高速公路、干线公路以及农村公路都要加大投入，加快清雪装备和应急队伍建设。六是要优先保障客车、小车和鲜活农产品运输车辆通行，确保鲜活农产品运输“绿色通道”畅通。全省14支道路运输应急保障车队要处于应急状态，运管机构和运输企业要主动与当地政府及电厂等企业联系，及时组织运力，保障电煤等重要物资和城乡居民生活用品的运输。

（孙乾灏）

王志民副厅长深入太原市检查指导春运工作

1月23日，春运第一天。一大早，厅党组成员、副厅长王志民冒着严寒，先后深入太原长途汽车站、东客站、西客站、太原高速迎西收费站，对春运工作进行明察暗访。省运管局局长李华中，厅运管处处长杨吉平及相关单位负责人陪同。

王志民首先来到太原长途汽车站，嘘寒问暖，与旅客进行交谈。告诉他们交通部门和公安部门已经出台新举措，上高速公路客车安装防滑链，下雪天也能正常通行，以后不会再出现雪天封路的情况了。现在，高速公路已经全部开通，大家可以放心出行。在汽车站母婴室，他要求汽车站负责人一定要保证母婴室的温度，必要时安装一些取暖设备；要为旅客提供人性化服务，提供热水、一次性水杯、方便面等；要派专人佩戴明显服务标志为旅客提供热情周到服务，让旅客真正感到有一种宾至如归感觉。

随后，他深入东客站、西客站、迎西收费站，了解春运工作预案情况，特别是应急运力储备情况、客运车辆技术维修和安全例检情况。他还亲自登上待发车，反复嘱咐司乘人员一定要注意安全，严禁超员、超速、疲劳驾驶；告诉旅客一定要乘坐安全车辆，没有春运证的车辆要及时举报。他一再要求各汽车站要尽快增加售票窗口，安排充足运力，加大班次密度，增开包车或班车，认真做好疏运预案，确保旅客走得好、走得了。要及时向旅客通报国省干线路况信息，利用广播、电视和媒体让出行旅客随时了解相关情况。

（孙乾灏）

王志民副厅长要求从5个方面贯彻落实温家宝总理、李盛霖部长重要指示精神

1月25日晚10时许，交通部紧急电视电话会议结束后，在厅党组扩大会议上，厅党组成员、副厅长王志民在讲话中指出，交通部紧急电视电话会议十分重要，要深刻理解，全面贯彻，重点落实。特别是要把做好春运工作作为一项政治任务来对待，增强大局意识和社会责任意识；把做好春运工作，作为体现特殊时期公路交通部门执政能力水平的试金石，充分发挥公路交通比较优势，结合实际，着力做好5项工作。一是打冰清雪保公路畅通。公路、高管及各市县交通部门要组织人员和机械，布撒融雪剂和防滑料，在下雪气象条件下，上午11时至下午5时保证客车、小汽车及鲜活农产品运输车辆行驶高速公路、农村公路畅通，特别是市到县干线公路畅通。二是科学组织保旅客运输。运管机构要高度重视春节旅客运输，加强客车及驾驶员调度管理，组织运力，并有效利用高速公路开通时段，抢运旅客，缓解铁路运输压力，保障旅客安全便捷出行。三是严格监管保运输安全。客运车辆要严格执行雪地行车安装防滑链规定，运输企业及汽车站要坚持驾驶员安全嘱咐，防止超速超员和疲劳驾驶。启动应急预案，防止大雪后的公共突发事件，落实防灾抗灾应对措施。四是落实政策保物资运输。要规范"绿色通道"管理，实行省内外鲜活农产品运输车辆无差别免收公路通行费优惠政策。全省14支战略物资道路运输保障车队要全部处于应急状态，并主动向当地政府汇报，主动与电厂等大型企业联系，主动承揽电煤等重点物资抢运任务。五是加强宣传保信息畅通。要切实加强春运信息工作和春运宣传工作。省公路局、省高管局、省运管局及各市交通局要建立信息快报机制和春运宣传机制，确定人员，落实责任，特别是春运重大动态及好人好事要及时上报，及时宣传，为上级领导提供决策支持和服务，让广大人民群众及时了解春运工作情况，争取理解和支持，营造有利于春运工作的社会环境。

（沈建明）

王志民副厅长对山西汽运集团工作提出新希望

1月26日，在山西汽运集团2008年工作会议上，厅党组成员、副厅长王志民在讲话中，希望山西汽运集团树形象、创品牌取得新进展，充分发挥公路运输主导作用，在"三个服务"上做文章；在安全管理上，要着重落实好工作责任制和各项措施，认真研究总结安全生产规律和经验，力争走在全省前列；在规模化、集约化经营方面，要创新思路，大胆实践，科学发展；在节能减排的探索中取得新突破，提高实载率，开展技术创新，确保节能增效；在春运工作中，重在落实各项有效措施，保证安全畅通圆满完成春运任务。

（沈建明）

王志民副厅长对全省海事工作提出新要求

2月2日，在全省地方海事工作会议上，厅党组成员、副厅长王志民在讲话中提出两

点要求。一是着力解决好机构、人员、装备、经费问题。加大支持力度,保证装备、经费落实,为海事监管提供便利条件。严格海事执法人员上岗条件,控制编制,巩固已取得的成果,大同、朔州、阳泉、晋中4市交通局,要尽快完成海事机构组建任务,把辖区水域水上交通安全纳入海事监管范围,确保安全。二是扎实做好2008年海事工作,确保取得明显成效。加大宣传力度,通过多种形式进行宣传,提高广大人民群众安全意识,扩大海事社会影响力和知名度;加强船舶管理,对所有监管船舶要实行档案管理,加强船舶检查和对低质量船舶治理工作;加强船员管理和培训,严格适任条件,提高船员素质;加强水运企业监管,从源头抓好安全工作,督促各项安全工作落实;创新监管方式,改善监管条件。充分利用渡口码头建设改造的有利时机,在重点水域现场修建监管场所,安排专门的监管人员,落实责任,有力地保证水上交通安全。

(孙乾灏)

王志民副厅长对厅后勤服务中心工作提出新要求

2月19日,在厅后勤服务中心2008年工作会议上,厅党组成员、副厅长王志民在讲话中对2007年工作给予高度评价,并代表厅党组和王晓林厅长表示感谢。他说,中心2007年各项工作有声有色,不论是机关、宿舍区的保洁工作、物业管理工作、千头万绪的各项服务工作,还是厅机关办公楼改造工作,都做到"随叫随到、优质服务、保质保量",机关干部是满意的,老干部是满意的,基层单位是认可的,厅党组也是满意的。他希望在新的一年里,要认真贯彻落实科学发展观,善于把后勤工作置于服务全省交通事业改革发展的大局中认识,维护机关正常秩序,维护机关和谐稳定环境;善于从服务对象的评价中找差距,改进工作;善于从小事和点点滴滴做起,把后勤服务保障工作做精、做实、做细。他表示,厅党组将坚定不移地支持中心的改革和发展。

(董忻文)

王志民副厅长总结2008年春运工作4条经验

3月6日上午,在省交通厅召开的2008年全省道路水路春运工作总结表彰视频会议上,厅党组成员、副厅长王志民在讲话中总结春运4条经验。一是各级领导高度重视,精心组织,狠抓落实,是搞好春运工作的关键所在;二是各有关部门相互配合,相互支持,协同作战,是搞好春运工作的有效措施;三是完善提升服务设施、服务装备、服务功能,是搞好春运工作的重要条件;四是交通干部职工坚守岗位,加班加点,勇于奉献,是搞好春运工作的根本保证。全省交通系统一定要认真总结和推广春运工作先进经验,学习先进典型,按照做好"三个服务"要求,查找工作中的薄弱环节,进一步理清交通科学发展思路。要认真研究不均衡运输条件下,交通基础设施及交通生产装备的能力建设和保障问题;认真研究春运等特殊时段条件下,交通公共服务的社会评价问题;认真研究社会突发公共事件条件下,公路水路交通应急保障问题;认真研究不同条件下,部门协作联动互动长效机制建设问题;继续围绕"安全、畅通、文明、和谐"的总体要求,用春运精神、春运作风、春运干劲和春运文化推进交通各项工作,促进交通事业又好又快发展。

(沈建明)

王志民副厅长对全省道路运输工作提出新要求

3月13日,在全省道路运输工作会议上,厅党组成员、副厅长王志民在工作报告中要求着力提高"五个能力",提高道路运输在综合运输体系中的地位作用和比较优势。一要进一步加快道路运输协调发展，提高道路运输供给能力。要加快客货运站场等道路运输基础设施建设，完善客货运输应急保障体系，加快城乡交通协调发展。二要进一步完善长效机制，提高道路运输安全监管能力。要坚持业务管理与安全监管相结合；坚持静态安全监管与动态安全监管相结合；坚持安全生产监管与安全生产隐患排查整治相结合；坚持完善安全事故应急预案和开展应急救援演练相结合。三要进一步加强组织领导，提高农村道路运输发展能力。要加强领导，政策支持，加大投入，以城带乡，发挥优势。四要进一步推进道路运输结构调整和优化升级，提高道路运输可持续发展能力。要大力推进道路运输组织结构调整，推进机动车维修业优化升级，推进驾驶员培训业优化升级，推进节能减排工作，推进道路运输信息化建设，推进超限超载车辆源头监管工作。五要进一步抓好运管队伍建设，提高道路运输市场监管能力。要加强培训，理顺机构；完善法规，依法行政；加强管理，规范行为；转变作风，狠抓落实；加强配合，增强协调。

（沈建明）

王志民副厅长要求从3个方面做好老干部工作

3月21日，省交通厅召开老干部工作会议。厅党组成员、副厅长王志民在讲话中提出3点要求。一要认真学习贯彻“十七”大精神和全省老干部工作会议精神，准确把握党的“十七”大新要求，切实增强做好新时期离退休干部工作责任感和使命感。要讲究工作方法和工作策略，充分发挥有资历、有权威、有影响的老干部在全面建设小康社会中的积极作用。二要加强基础设施建设，加强经费投入力度，充分调动各方面积极性，多渠道、多形式筹集资金，改善基础条件，做到场所宽裕、设施完善，每个老干部人均活动面积不得低于两平方米。要围绕迎奥运、纪念改革开放30周年等主题，开展内容丰富、形式多样、不同层次的文体活动。三要探索规律，掌握规律，把握规律，积极主动做好老干部工作，关心老干部政治生活。

（沈建明）

王志民副厅长要求从3个方面抓好交通安全生产

5月8日上午，在全省交通系统安全生产百日督察专项行动工作会议上，厅党组成员、副厅长王志民在讲话中提出3点要求。一要充分认识交通行业安全生产面临的形势和任务，进一步增强紧迫感和责任感；二要加强领导，精心组织，扎实开展安全生产百日督察专项行动，加强督察，不走过场，务求实效；三要突出重点，狠抓落实，精心做好服务北京奥运会各项工作，履行职责，多作贡献。

（董忻文）

王志民副厅长再次对全省海事工作提出新要求

5月28日上午，在全省水上安全监管及搜救装备发放仪式上，厅党组成员、副厅长王志民在讲话中要求全省地方海事机构进一步加强水上交通基础设施建设、海事队伍建设，认真做好水上搜救应急训练和搜救演练，有效发挥装备功能，不断提高地方海事机构的海上监管能力、应急搜救能力，适应新时期水上交通发展的新要求。同时要进一步扩大监管范围，完善监管网络，努力做好重点时段，水域、船舶的安全监管工作，确保全省水上交通安全，为实现省委、省政府提出的北京奥运会“赛在北京、游在山西”目标，为全省水上交通运输快速发展保驾护航，营造良好的水上交通安全环境，为建设新基地、新山西作出新的更大贡献。

（孙乾灏）

王志民副厅长检查奥运火炬传递道路交通保障准备情况

6月16日至18日，厅党组成员、副厅长王志民带领省公路局、省高管局及厅机关有关处室人员，沿大运高速公路进行逐点、逐段演练式检查。

按照火炬传递组委会安排，奥运火炬将沿大运高速公路在运城、平遥、太原、大同4个城市进行传递，进出运城东、平遥、晋祠、古城营、滨河、柴村、西河河7个收费站出入口，并在临汾、大营两个服务区进行餐饮和休息，省交通厅主要负责大运高速公路的清障和畅通保障、火炬运行团队在服务区的餐饮服务和休息保障、大运高速公路线内奥运火炬传递的宣传3项工作。

王志民在听取各有关单位汇报后，对检查中发现的问题和需要改进的工作作了进一步细化安排，要求全线道路交通保障的所有整治工作在6月20日前结束，6月23日前各项准备工作全部到位，同时要搞好3个衔接，即交通部门与当地有关部门衔接、上一站点与下一站点衔接、高速公路与普通干线公路衔接。

王志民指出，奥运火炬传递是展示全省形象的大事，更是对全省道路交通保障工作的一次大检验。因此，一定要按照组委会要求，竭尽全力做好交通服务保障的各项准备工作。（魏建国）

王志民副厅长对交通信访工作提出新要求

7月21日下午，在全省交通信访工作会议上，厅党组成员、副厅长王志民在讲话中要求全省交通系统各级领导干部一定要从讲政治高度，从改革发展稳定大局出发，充分认识做好敏感时期信访稳定工作的重要性，把信访工作纳入重要议事日程，切实抓紧抓好。要进一步完善信访工作领导责任制，加强各级领导干部联系群众制度，并严格实行责任追究制度。二要进一步完善信访工作网络，形成反应敏捷、传递迅速、信息准确的信访预警系统，强化教育稳定控制，规范信访秩序，切实抓好敏感时期，特别是奥运期间赴省进京非正常信访的处置工作。要深刻认识当前信访稳定工作面临的严峻形势，严格按照省委、省政府和交通运输部的安排部署，以高度的政治责任感，把信访工作摆在更加突出的位置，以更加有力的措施和务实的工作作风，标本兼治，源头防范，切实维护好交通行业稳定大局，为促进社会和谐稳定作出新贡献。

（孙乾灏）

王志民副厅长要求把预防各类事故和事件作为一项重要政治任务

7月22日上午，全省道路水路运输安全紧急电视电话会议召开。厅党组成员、副厅长王志民在讲话中，要求把预防各类事故和事件作为当前一项重要的政治任务，切实做好当前一段时间的交通运输安全生产工作和安全保卫工作。要深刻吸取"6·3"、"7·17"重大道路事故深刻沉痛教训，进一步提高思想认识，增强做好交通运输安全工作的责任感和使命感；要认真落实上级工作部署和要求，进一步统一思想认识，突出加强交通运输安全生产和安全保卫工作；要继续引深安全保卫的各项具体措施，努力营造稳定的安全生产和安全保卫形势。要切实加强领导，落实责任；要关口前移，重心下移；要加强车辆及驾驶员安全管理；要做好汽车站安全管理工作；要加强公路的养护管理；要加大明察暗访力度。各单位、各部门、各企业都要深入贯彻上级有关安全生产、安全保卫的工作部署和要求，采取切实有效措施，夯实基础，消除隐患，确保奥运会期间全省交通行业不发生群死群伤责任事故和事件，以实际行动为北京奥运会成功举办营造稳定的安全生产和安全保卫环境。

（魏建国）

王志民副厅长要求从3个方面抓好交通安全生产工作

9月16日，在厅安全生产委员会召开的全体成员会议上，厅党组成员、副厅长王志民在讲话中指出，交通安全生产工作与广大人民群众生命财产安全密切相关，各单位一定要吸取教训，不论道路水上交通运输、公路建设还是其他交通领域，都要安全警钟长鸣，安全之弦紧绷，在每个细节上都不能有丝毫放松和疏忽，坚决遏制重特大安全生产责任事故。一要继续深入排查安全隐患，真正做到不留死角，没有漏洞，全面覆盖。厅直单位一年至少全面排查一次，所管各基层单位至少半年排查一次。检查必须有记录和责任人签字；检查方式可由领导分片包责、明察暗访；检查内容要囊括制度建设、责任落实、资金投入等方方面面。二要继续加大安全隐患整改力度。查出的隐患要发书面整改通知书挂号整改，能限期整改的要限期整改，不能限期整改的要制定过渡期的安全保障措施；本单位本部门解决不了的要向上级部门报告并提出建议；要按职责主动进行防范，主动完善方案，主动采取措施，必要时可以“先斩后奏”；要严把营运车辆驾驶员、船员资格关，对货运要像客运、危险品运输一样重视，并充分发挥GPS定位系统等高科技的作用；要建立隐患排查责任追究制度。三要继续加强安全生产教育。定期不定期通过各种有效方式对相关岗位人员、安全管理人员进行培训教育，使每个人都牢固树立安全生产、安全第一的理念，真正做到以人为本。四要继续完善应急机制。发生安全生产事故后要有预案及时应对，善后人员要及时到位，决不能因应急不及时而导致次生事故，造成新的人员伤亡。

（沈建明）

王志民副厅长要求发挥专家咨询委员会作用

10月10日，全省交通运输管理第二届专家咨询委员会第一次会议召开。厅党组成员、副厅长王志民在讲话中从学习实践科学发展观的高度肯定专家咨询委员会近几年所做的工作，要求从完善规划和发展思路、转变发展理念和发展方式上，在具体工作和专项工作中，利用好专家咨询委员会的研究成果，采取多种方式，发挥作用。希望各位专家对山西道路运输乃至交通行业多研究，不拘形式地提出好的意见和建议。（孙乾灏）

王志民副厅长充分肯定农村公路通达情况专项调查意义

10月21日，省交通厅召开全省农村公路专项调查表彰会。厅党组成员、副厅长王志民在讲话中指出，加强和改进交通统计工作是科学、民主决策的前提条件，是建设服务型政府、转变政府职能的关键环节。当前。要切实加快公路信息管理系统建设，建立数据更新维护长效机制，要稳定机构，注重培训，加强统计队伍建设，深入研究交通统计工作落实科学发展观的思路和方法，努力提高统计的科学性、准确性和权威性，充分发挥统计信息对规划、管理、决策等工作的支撑作用，为全省交通事业科学快速协调发展作出新贡献。

（董忻文）

王志民副厅长要求不断推动海事正规化建设

11月6日，全省海事管理正规化建设现场会在晋城召开。厅党组成员、副厅长王志民在讲话中，对省地方海事局开展此次活动表示肯定，认为思路正确，活动开展卓有成效,一些典型经验值得推广。他要求各级海事机构在全党开展深入学习实践科学发展观之际,以此次活动为契机,结合实际,带着思考学,带着问题学,着力解决制约海事发展的不利因素。要把学习实践科学发展观同解决工作中的矛盾和问题结合起来,解放思想,着力转变不适应海事科学发展的观念。抓重点,抓难点,不断推动海事事业走上正规化、科学化轨道。同时还要继续抓好水上安全监管工作,高度重视安全隐患的排查和整改,对不能限期整改的隐患要及时上报上级部门,并讲明原因,确保把每个安全隐患都消灭在萌芽状态。

(魏建国)

王志民副厅长深入阳翼高速公路建设工地调研

11 月 7 日,厅党组成员、副厅长王志民深入阳翼高速公路建设工地调研。他认真察看全线施工现场,详细询问、了解阳翼高速公路建设管理处在工程建设实施过程中的质量、安全、进度、文明施工等方面管理情况。对虽已进入冬季但仍在大干快上场面和井然有序的建设工地表示满意,认为综合管理情况较好,质量、进度、安全等各方面工作都做得较扎实,为下一步建设任务完成奠定很好基础。(沈建明)

王志民副厅长深入省运管局调研

11 月 18 日,厅党组成员、副厅长王志民带领厅直机关党委、厅运管处有关负责同志到省运管局,就深入学习实践科学发展观进行调研。认真听取汇报后,王志民副厅长在讲话中要求省运管局要认真回顾审视全省运管工作,找出道路运输管理中存在的突出问题、热点问题;要按照科学发展观要求,完善发展思路,破解发展难题,促进道路运输又好又快发展;要不断研究新情况、新问题、新挑战,并有效应对解决。要联系实际,查摆问题,认真把道路运输管理过程中出现的市场主体企业化、规模化、组织化水平低,对市场安全监管缺乏有力的手段,对企业监管没有比较适用的法律法规依据,队伍建设需进一步加强等问题准确系统地梳理出来。针对存在问题,局领导干部要开阔思路,集体研究探索解决问题途径,领导要带着问题包干解决,要挖掘群众智慧,充分征集合理化建议,对整体不能解决的难题,先试点突破。要积极转变职能,提前在构建道路运输综合服务体系、公交车和出租车接管等方面做一些基础性工作,并认真总结全年工作,及早谋划 2009 年工作。

(魏建国)

王志民副厅长要求继续推进全省道路运输卫星定位应用系统建设

11 月 27 日,全省道路运输行业卫星定位应用系统企业监管平台建设与管理吕梁现场会召开。厅党组成员、副厅长王志民在讲话中,对全省卫星定位应用系统建设工作给予充分肯定。要求各级交通主管部门、运管机构、运输企业要认真学习吕梁运管处和企业的先进经验,把这次会议开成一个再动员、再部署、再加油、再鼓劲的会议。要继续推进全省道路运输卫星定位应用系统建设,继续完善系统软件,大力推广使用,严格考核运行情况,创新建设与管理模式,表彰奖励先进单位和先进个人。(孙乾灏)

王志民副厅长要求从 4 个方面做好全省运管工作

12 月 1 日至 2 日,全省运管局(处)长和部分县运管所长座谈会在并召开。厅党组成员、副厅长王志民在讲话中充分肯定全省运管工作成绩，提出4点要求。一要以学习实践科学发展观活动为契机，进一步理清和完善思想认识；二要做好“费改税”各项准备工作。认清费税改革的客观必然性，顺应形势，主动改革，是当前各级运管机构的迫切任务；三要做好队伍稳定工作。针对费税改革对运管队伍可能带来的负面影响，加大宣传教育力度，使运管人员对运输行业管理工作重要性有进一步认识；四要建立起完善的应急预案，确保群体性突发事件能够及时、妥当处置，为费税改革工作顺利开展营造良好的环境。

（董忻文）

王志民副厅长对办公室工作提出新要求

12月12日，全省交通系统办公室主任会议召开。厅党组成员、副厅长王志民在讲话中，要求一定要做好政务公开、应急管理、政务值班、对重大事项和决策的检查督察及信访工作。他说，政务公开是办公室的重要工作，各市交通局有行政许可任务和社会许可任务的都要重视这项工作，能让群众知道的一定要做到场务公开、政务公开；交通运输、公路、水上都是为社会提供服务的，一旦出现突发事件，应急保障一定要及时出动，信息报告反馈速度一定要准确及时，保证信息通讯、指挥系统畅通；要维护正常值班秩序，特殊时期24小时值班是非常重要的，一定要安排值班人员在职在岗，要吸取教训，保证报送信息的时效性、敏感性；办公室对重大事项要督办督察，对重大事项工作批转要有办结制度；要保持和有关方面的密切联系，主要与当地信访部门和公安部门保持联系，加强沟通，一旦出现事故，主要负责人一定要及时到位。他希望大家在新的一年里继续动力，把办公室工作做好，促进交通事业又好又快发展。（董忻文）

韩日裕组长要求高度认识纪检监察工作重要性

9月26日，省交通厅召开纪检工作座谈会。新任厅党组成员、省纪委驻厅纪检组长韩日裕在讲话中，首先向参会人员做了自我介绍，并表示通过交流与座谈，熟悉了环境，熟悉了工作，并对省交通厅近3年来纪检工作成绩给予肯定，对在张润副厅长带领下厅直各单位在纪检工作中所做出的努力表示感谢。要求高度认识纪检监察工作的重要性，要把监督检查落实到重要领域和重点部门，尤其是落实到工程建设、行政审批、收费站和路政执法的各个环节，深入了解存在的问题。同时，要共同研究如何做好纪检工作，如何更好地发挥纪检部门职能，提高纪检干部自身素质，以新眼光、新视角去审视、判断与分析惩治和预防腐败体系建设面临的新情况、新问题，为全省交通建设健康发展作出更大贡献。

（沈建明）

韩日裕组长要求坚定不移地推进反腐倡廉建设

10月21日，全省重点公路工程建设系统纪委书记座谈会召开。厅党组成员、纪检组长韩日裕在讲话中要求纪检干部保持清醒头脑，以实践科学发展观为契机，加强理论学习，武装自己，充分利用党和人民赋予的权力，坚决查处一批违法乱纪的人、损害群众利益的人，特别是违法违纪有影响有重点的领导干部。纪委书记要监督好领导班子主要领导及其成员的反腐倡廉工作，监管好本单位所有人的财、物、业务等工作情况，并有越级上报的权力。纪委书记、纪检干部要结合中央精神把握大局，加强学习，不仅要有丰富的纪检知识，还要率先垂范管好自己，为全省“十一五”交通事业各项工作健康发展作出贡献。

（沈建明）

韩日裕组长要求认真做好被征地农民社保工作

11月21日下午，在厅重点办召开的座谈会上，厅党组成员、纪检组长韩日裕在讲话中指出，被征地农民社保工作是重点公路工程建设前期工作中的最重要环节之一，像用地指标等其他重要节点一样无法逾越，并且制约着一系列后续工作。同时，也是所有前期工作中的一项新内容。不仅公路建设部门，就是社会保障部门也没有现成的做法，更没有可供借鉴的成熟经验。在省委、省政府及有关部门大力支持和交通部门自身不懈努力下，先前严重制约重点公路工程建设开工的一个重要因素土地指标问题目前已经基本明朗，但由于与被征地农民社保工作捆绑在一起，被征地农民工作完不成，即便有土地指标也拿不上土地证，所以各建设管理单位必须引起高度重视。他说，美国次贷危机导致全球金融危机，并严重影响实体经济，全球经济运行进入下行通道。为此，党中央、国务院作出加大基础设施建设扩大内需的决策。对交通建设部门而言，这是一个千载难逢的机遇，各建设管理单位必须振奋精神，扑下身子，加大力度，忍辱负重，把进展不平衡的各项前期工作尽可能地往前赶，力争完成全省当年新开工建设1000公里高速公路目标。各项前期工作特别是被征地农民社保工作必须紧紧围绕目标，责任到人，讲究方法。否则，不仅仅是一个项目开不了工的问题，严重的是要影响全省重点公路工程建设的全局和大局。要把廉政建设渗透到工程建设的各个领域和环节，渗透到工程建设全过程，时时刻刻做好被查准备，做到警钟长鸣，万无一失。

（沈建明）

张志川副厅长深入忻州市检查指导工作

1月6日下午，厅党组成员、副厅长张志川在省运管局局长李华中等陪同下，深入忻州市忻府区二十里铺卸载点、忻州华远汽车服务有限公司、忻府区道路运输管理所源头治超办公室督导治超工作。

在治超现场，张志川详细了解治超情况，认真察看治超纪录，听取有关人员汇报，对当前治超工作表示非常满意。在充分肯定忻州治超工作取得成绩的同时，要求忻州市要严格依法治超，并着眼于建立长效机制，从源头上杜绝各类非法改装车辆公路运输。同时要明确责任，重点打击对公路桥梁危害极大的车货总重超过55吨的非法超限超载车辆，以确保公路完好畅通和群众生命安全为出发点，认真做好治理非法超限超载工作。

（魏建国）

张志川副厅长深入长治市、晋城市检查指导工作

1月29日至30日，厅党组成员、副厅长张志川带领省公路运输工会、厅离退休干部处、公安路政处负责同志深入长治市和晋城市交通局、公路分局检查治超工作并慰问老干部。

1月29日，张志川一行5人带着慰问品、带着厅党组亲切关怀，深入长治高速公路慰问奋战在运营一线的广大员工。

在收费岗亭、治超检测点和养护作业区，张志川与一线员工进行亲切交谈，并代表厅党组对大家一年来的辛勤劳动及所取得的成绩表示感谢。

慰问途中，张志川在超限检测点就治超人员编制、体制，计重收费和双超治理的政策措施、技术措施、经济措施、政府支持、出台条例及治超检测点实行全省联网、实现信息共享、建立长效机制等工作提出指导性意见。

1月30日，张志川看望慰问晋城征稽分

局离退休干部，送去厅党组亲切关怀。

在座谈会上，张志川代表王晓林厅长转达厅党组对老干部们的节日祝福和新春问候，送上大米、白面等慰问品和慰问金，详细询问老干部在生活中的困难和需要解决的问题。他说，老干部为山西交通事业作出积极贡献，是党和国家的宝贵财富。希望在今后的工作中能充分运用自己的经验和智慧，多多建言，多出良策，为山西交通事业作出新贡献；并一再嘱托各有关单位和部门要站在维护改革发展稳定大局高度，为老同志多做实事、好事，切实解决好老干部们的后顾之忧，千方百计服务好老干部，让他们安享晚年。

（魏建国）

张志川副厅长深入省运管局调研

2月17日，厅党组成员、副厅长、省治超办副主任张志川，省政府发展研究中心副主任、省治超办副主任张复明带领由省政府发展研究中心、省政府办公厅、省交通厅、省治超办、太原师范学院、中北大学等专家学者组成的调研组一行9人深入省运管局专题调研治超工作，并与与会人员进行座谈。

在认真听取对治超工作建议和意见后，张志川副厅长充分肯定运管部门在治超工作中所起到的决定性作用，并对全省运管系统在源头监管中取得的经验和成绩表示感谢。要求省运管局用10天时间研究源头治理非法超限超载长效机制的意见和建议，上报省治超办。

（孙乾灏）

张志川副厅长要求认真落实“1166”工程

4月11日，省交通厅召开交通信息化通信专网管道工程建设协调会。厅党组成员、副厅长张志川在讲话中指出，“1166”工程是对《“十一五”山西省交通信息化建设发展规划》的具体落实，是提升全省交通行业管理与服务水平的一项重要任务，对实现山西省“十一五”交通发展目标起着重要的支撑、保障作用。省高管局要认真履行业主职责，按照设计理念在4个月的建设工期之内完成；各市交通局要创造条件，组织力量，全面落实这项工作，做到保工期、保质量、保安全。

（孙乾灏）

张志川副厅长深入晋中市指导治超工作

5月21日，厅党组成员、副厅长张志川一行莅临晋中市交通局，协调指导通讯线路施工问题，并听取晋中市近期治超工作情况汇报。

张志川副厅长在讲话中对晋中市治超工作给予充分肯定，认为工作力度大，工作扎实，成效显著，为全省治超树立典型，起到带头作用。对下一步工作，提出4点要求。一要进一步加强组织领导，确实抓紧、抓好、抓出成效。二要注重规范执法，加强人员管理和培训，努力提高执法队伍的业务素质和执法水平，坚决清除害群之马，确保自身不出问题。三要配备和完善检测仪器、监控设备、稽查车辆等基本设施，做好后勤保障。四要严格执行治超工作纪律规定，确保国家治超政策落到实处，严禁公路“三乱”事件发生。

（孙乾灏）

张志川副厅长要求从4个方面确保道路畅通

6月4日，在省交通厅2008年治安综合治理工作会议上，厅党组成员、副厅长张志川在讲话中要求从4个方面确保道路畅通。一要强化对危险化学品和易燃易爆物品的管理；二要增添安全设施，确保安全；三要加强内部安全保卫和节日值班，做好应急预控，确保各类设施安全；四是对负责信息报送的安保人员手机要确保24小时开机，一旦遇到可疑情况立即向厅里汇报，消除治安隐患。

（董忻文）

张志川副厅长对路政大厅工作人员提出3点要求

7月20日，在厅路政超限运输管理工作座谈会上，厅党组成员、副厅长张志川在讲话中提出3点要求。一要发挥服务功能，促进社会发展。要及时、高效、方便、周到、文明。二要发挥法律作用，规范山西运输市场。要许可、检查、处罚、调控、创新。三要发挥社会监督参与作用，规范文明执法。要互通、参与、监督、诚信、和谐。

（董忻文）

张志川副厅长要求《中国水运报》山西记者站作出更大贡献

9月8日至11日，中国水运报全国记者站（通联）工作会议在太原召开。厅党组成员、副厅长张志川在致词中指出，这次会议的召开，为全国水运新闻宣传工作提供一个很好的交流平台，对于弘扬行业文化、促进山西水运新闻宣传工作科学发展，具有十分重要的意义。山西虽然属非水网地区，但安全监管责任重大，监管范围点多、线长、面广。近年来，山西海事系统紧紧围绕“三个服务”，立足“又好又快”，全面推进海事事业发展，积累很多先进经验，有着很多工作亮点，为新闻宣传工作提供大量优秀素材。中国水运报驻山西记者站要以此次会议为契机，向全国先进记者站学习，努力提高工作能力和水平，为宣传山西交通海事工作作出更大贡献。

（魏建国）

张志川副厅长要求认真抓好全省公路交通信息资源整合与服务工程

11月11日，在全省公路交通信息资源整合与服务工程启动仪式上，厅党组成员，副厅长张志川在讲话中指出，当前，信息化浪潮席卷全球，推动社会进步和发展的作用越来越明显。厅党组高度重视交通信息化工作，在全省交通“一条主线、七大工程、六化目标”发展战略布局中，把交通信息化工程和行业管理智能化分别列入“七大工程”和“六化目标”之一，并把信息化作为支撑交通发展的引擎和动力。对全省公路交通信息资源全面整合、提升能力，是省交通厅主动迎接全球信息化浪潮的一个重大举措。实施好这项工程，对加快建设“1166”工程，提升行业信息化水平，全方位提升行业管理和服务水平，具有十分重要的意义。在建设整合过程中，各单位一定要把标准统一到省交通厅“1166”工程框架内，下决心解决信息孤岛问题，确保共建共享。要坚持注重实用、适度超前原则，积极主动配合省交通厅和承建单位做好前期需求调研，所提供的需求要科学、合理，所提供的数据资料要准确完整，真实可靠。对工程所涉及项目及内容给予人员、经费等支持。各单位最好能派项目技术人员和承建单位一块工作，加强对系统的熟悉程度，提高信息应用处理水平。

（孙乾灏）

张志川副厅长要求从4个方面做好厅属院校安全工作

11月20日，在厅属院校安全工作部署会议上，厅党组成员、副厅长张志川在讲话中提出4点要求。一要从讲政治的高度，充分认识学校安全工作重要性，把安全工作放在学校当前工作的突出位置来抓。二要实行安全生产行政责任制，强化“一把手”负总责、分管领导具体抓工作机制。三要立即行动起来，严格要求，进一步加大安全隐患排查工作力度,不能走过场,切实排查出问题,设法解决,从根本上消除学校安全隐患,确保校园安全、师生安全。没有发现问题、发现问题未及时解决、发现解决不了的问题未及时报告所产生的后果由学校负责,问题上报省交通厅后,相关职能处室延误解决的由相关处室负责。四要尽快建立学校安全工作长效机制,加强制度建设、日常监管和安全宣传教育工作,尽快充实完善学校安全工作长效工作制度,并报厅科教处备案。（魏建国）

郜玉兰总工程师要求认真做好公路工程概预算编制办法和定额宣传贯彻培训工作

1月21日,全省公路工程概预算编制办法和定额宣传贯彻培训班开班。厅党组成员、总工程师郜玉兰在讲话中指出,工程造价工作涉及建设项目全过程,专业性、技术性、经济性、政策性很强,举办新定额的宣传贯彻培训,就是要让编制造价的技术人员深刻领会新编制办法、定额出台的背景与精神实质,全面掌握具体内容和使用方法,更好地指导合理确定建设资金,有效控制宏观投资,有力地推动全省公路建设事业蓬勃发展。

（孙乾灏）

郜玉兰总工程师对省交通开发总公司工作提出4点要求

1月30日,在省交通开发总公司2008年工作会议上,厅党组成员、厅总工程师郜玉兰在讲话中提出4点要求。一要提高保畅通能力。特别是提高对桥梁、隧道等重大构造物的安全隐患排查工作,做到心中有数。二要增强社会责任意识。公司所辖道路主要为干线路和出口路,要以社会和顾客为关注焦点,彻底转变"就管理而管理"陈旧意识,树立"管理就是服务"新管理观,从"以自我为中心"转变为"以社会和顾客为中心"。三要大力发展多种经营,做大做强现有产业,不仅要在公路建设、经营管理方面提高自身能力,还要多种经营业务方面提高自主经营能力。走出去,请进来,吸收先进理念,调整、引进新的产业项目。四要努力开拓新产业,为企业发展提供不竭的动力和后劲。要按照科学发展观内在要求,大力发展最具潜力产业,以长远的眼光观察,以长远的观念思考,以长远目标投入,延伸和拓展新产业,使公司始终立于不败之地,并能够持续发展壮大。（孙乾灏）

郜玉兰总工程师深入忻州市检查指导工作

1月30日,厅党组成员、厅总工程师郜玉兰带领省公路运输工会、厅重点办、科技处、老干部处负责同志深入忻州市检查治超工作,并代表厅党组走访慰问交通系统离退老干部和困难职工。

郜玉兰一行先后深入忻州市交通局、公路分局、征稽分局、高速公路公司和忻府区二十里铺临时卸载点慰问,并和治超人员、离退休老干部进行座谈,为他们送上慰问信及慰问品,祝他们度过一个安全、祥和、愉快的春节。

在忻州公路分局离休干部陈少先病房中,郜玉兰亲手送上300元慰问金和厅党组对老干部的慰问信及慰问品,并同他促膝交谈,认真听取对交通工作的意见和建议,了解老干部们的身体生活状况和实际生活中的具体困难,她感谢老干部们长期以来为山西交通事业又好又快发展作出的贡献,希望他们保重身体,健康长寿,继续关注支持交通事业发展。

在忻府区二十里铺临时卸载点,郜玉兰详细了解治超人员和设备配置、治超经费来源和近期超限超载车辆的情况及春运期间的安保情况。要求真抓实干,下定决心,坚决打赢治超攻坚战。治超工作要与调整运输车辆结构相结合，提高守法运输者效益，加大违法者成本，防止反弹，下决心，动真格，抓出实效。在春节期间，要突出安全、和谐，以人为本，搞好服务，要保证国省干线及旅游公路安全畅通，以优质服务，让广大人民群众安全祥和欢度春节。同时，要做好后勤保障，解决治超人员衣、食、住、行，确保人身安全。

（孙乾灏）

郜玉兰总工程师对全省重点公路工程建设提出新要求

2月1日，在全省重点公路工程建设座谈会上，厅党组成员、厅总工程师郜玉兰在讲话中，要求仍然要把重点公路作为工作重点，统一合同管理，统一人员模式，统一工程管理。按照中央提出的更加注重治本、更加注重预防、更加注重制度建设的要求，抓住工程建设、行政审批（许可）、干部使用3个重点，以改革精神推进制度建设，以创新思路寻求治本办法。要把反腐倡廉建设贯穿于交通改革发展全过程，不断深化对交通行业反腐倡廉建设规律认识，努力形成拒腐防变教育长效机制、反腐倡廉制度体系、权力运行监控机制，打造廉政交通。

（孙乾灏）

郜玉兰总工程师慰问省交通设计院技术人员

2月3日下午，厅党组成员、厅总工程师郜玉兰到省交通设计院慰问院领导、专业副总等技术骨干，就技术质量问题进行座谈。她对2007年技术质量工作给予充分肯定和高度评价，对全院干部职工表示亲切慰问。希望省交通设计院在做好交通公路建设前期工作、当好交通建设先行的同时，发挥自身技术资源优势，加大科技创新和研究开发投入，尽快研究制定出高速公路穿越采空区处理技术的科学评价体系，并逐渐转化为自身的技术成果。

（魏建国）

郜玉兰总工程师对山西交通技师学院工作提出新要求

3月6日，在山西交通技师学院2008年工作会议上，厅党组成员、厅总工程师郜玉兰在讲话中希望学院继续保持领先地位，做全省交通职业教育表率。一要明确办学方向，找准市场定位；二要按教学规律治校，照市场规律办学；三要适应社会需求，保证培养质量。

（魏建国）

郜玉兰总工程师对山西交通职业学院工作提出3点要求

3月11日下午，在山西交通学院2008年工作会议上，厅党组成员、厅总工程师郜玉兰在讲话中提出3点要求。一要准确定位，明确发展目标。要认真思考专业设置、办学理念、教学模式等战略问题，多渠道、多途径解决校企联合办学，合理调整实训课与理论课比例以及教师职称结构等问题。二要确立模式，适应时代对高等职业教育新要求。要以市场发展为导向，在实践教学中加强产学结合，加强与企业的联系；在办学模式上要以职业为本位，办出行业特色；要注重双师型教师培养与学生双证书制度的推行；在专业设置、学生数量上要合理规划，满足高层的需要。三要积极努力，争取成为国家级高等职业教育示范院校。在评估取得优秀的基础上，不断深化教育教学改革，提高办学水平，提高人才培养质量，早日建成全国一流示范性高职院校，为交通行业人才培养作出更大贡献。

（董忻文）

郜玉兰总工程师对全省重点公路工程建设系统组织人事工作提出新要求

3月21日上午，全省重点公路工程建设系统组织人事工作座谈会在太原召开。厅党组成员、厅总工程师郜玉兰在讲话中要求进一步统一思想，把基层党组织建设成为重点公路工程建设的政治核心和战斗堡垒。凡是组建建设管理处且班子配齐的，要按组织程序完善报批手续，成立党委、纪委，并理顺党员组织关系。对中标进驻重点工程领域的承包商，在组建项目部同时，要相应成立党的基层组织，在各建管处党委统一指导下开展各项工作。各级党组织要按科学发展观要求，积极探索党建工作的特点和规律，走出一条具有重点工程建设特色的新路子。

在实际工作中，要切实加强人员管理，为重点公路工程建设提供强有力人才支撑。要严格按照省交通厅有关文件规定，履行机构、人员编制报批手续；严格把好选人用人关，特别是要把好工程技术、工程管理、财务、大宗材料设备采购等关键岗位关键人员选拔任用关，按标准选人，按程序办事，真正把优秀人才选进来；要加强人员管理，特别要注重工作人员培训、教育、考核、监督日常管理，真正实现人员管理制度化、规范化，严格按制度办事，减少管理过程中的人为主观因素；做好临时工勤人员管理，依法签订劳动合同和社会保险。要本着对组织负责、对工作负责、对当事人负责的原则，认真做好临时性工勤服务人员的稳定工作。厅人事处、厅直机关党委、厅重点办要进一步加大对各建设单位组织人事工作的检查和监督力度，建立并完善考核体系。

（董忻文）

郜玉兰总工程师对全省交通质监工作提出新要求

4月10日，在全省交通质监站长座谈会上，厅党组成员、厅总工程师郜玉兰在讲话中要求各质量监督机构认真吸取“8·13”湖南凤凰桥事故教训，创新理念，加大监督力度，提高监督工作实效性，做到“理念新、思路新、有举措、见实效”；规范行业行为，加强市场监管，研究解决制约和阻碍行业规范化发展的主要问题，提高企业诚信和从业人员素质；加强自身机构和人员队伍建设，杜绝腐败现象，带好质量监督队伍。要加强在岗培训，尽快解决目前存在的大规模建设与专业人员不匹配、工程建设任务重与人员素质不适应、公路建设与质量监督工作不协调的问题；上下联动，加强监管，实现安全监管法制化，积极参与安全技术标准制订工作，为推动全行业规范管理作贡献，树形象；畅通信息渠道，及时反映工程质量方面的问题，提高应对能力。

（董忻文）

郜玉兰总工程师要求抓好农村公路建设质量

5月12日，全省农村公路建设质量年宣传月活动在全省各地启动。郜玉兰总工程师在太原启动仪式上指出，质量工作是经济社会发展的永恒主题，是关系到千秋万代的民族事业。农村公路建设质量关系到建设社会主义新农村大局，关系到党和政府形象及广大人民群众的生命财产安全，不断提高农村公路建设质量意义重大。各级各部门、各参建单位和社会各界要紧紧围绕“好字当头、质量为先”指导思想，齐心协力，共同实现农村公路由速度规模型向质量效益型转变，确保农村公路建设质量，夯实农村公路发展基础，更好地服务于社会主义新农村建设。

（魏建国）

郜玉兰总工程师要求更加突出认识养护管理工作重要性

6月3日,全省高速公路养护现场观摩暨经验交流会在运城召开。厅党组成员、厅总工程师郜玉兰在讲话中充分肯定全省高速公路养护管理工作,认为起步高,成绩大,效果好,总体水平居全国前列。具体表现为养护理念转变较快,敏感性强,工作重点突出,把握了继承和发展的关系。但随着人们对交通运输本质属性认识的深化和交通方式的转变,对养护理念和方法提出重大挑战。所以,要更加突出认识养护管理工作的重要性,深入研究养护管理方式,并把养管近期目标和远期目标紧密结合起来。她还从微观方面如何把握好养护管理工作提出明确要求。

(董忻文)

郜玉兰总工程师要求认真整改存在的问题

6月19日,在交通运输部公路工程质量和安全督察组反馈意见座谈会上,厅党组成员、厅总工程师郜玉兰在讲话中要求各参建单位制定具体整改措施,举一反三,认真整改;整改后,业主要牵头组织回头看,坚决防止屡查屡犯问题发生,坚决纠正重大质量与安全管理中的盲点,确保工程质量安全。与会人员要认真学习部督察组在检查重点、方法、手段等方面的好做法、好经验,特别是拟开工的高速公路管理处负责同志要了解精细化管理的目标、要求、实现途径,为下一步开工打好基础。各参会单位要以这次督察为契机,以此为起点,认真做好下一步工作。

(孙乾灏)

郜玉兰总工程师要求从4个方面做好重点工程项目环保工作

8月6日,省交通厅召开了高速公路环保验收工作专题会议。厅党组成员、厅总工程师郜玉兰在讲话中,要求切实将环境保护工作纳入到交通基本建设中。通过政策引导、制度建设,进一步增强环保意识,树立交通建设环境保护全过程管理理念,使交通和谐发展更具实质内涵,真正执行环保设施与主体工程同时设计、同时施工、同时投产使用的“三同时”制度。重点工程建设项目具体要做好四个方面的工作:一是项目前期严格执行环境影响评价制度,设计阶段坚决落实,做到环保工程与主体工程同时设计;加强前期工作与设计的有效衔接,切实将专项评估内容落实到设计中,把相关费用纳入初步设计概算中,为实施全过程环境管理提供有力保障。二是施工阶段要制定环境监理实施方案。加强环境监理工作,开展施工期环境监测;加强生态保护与恢复,防治水土流失,坚持做到环保工程、水保工程与主体工程同时施工,同时完工。三是运营养护阶段要加强生态保护意识。进一步完善生态恢复和水土流失防治工作,尤其要做好沿线地质灾害预防工作;加强环保设施的运营管理和维护,做到污染防治设施正常运行;开展环境质量与污染源监测,确保污染物达标排放。四是要加强环境保护相关性法律法规的学习、贯彻和宣传,进一步提高行业环保意识;研究制定切合实际、利于操作的环境保护制度与办法。

(沈建明)

郜玉兰总工程师深入晋济、运城环城高速公路建设工地检查

8月25日至30日,厅党组成员、厅总工程师郜玉兰带领有关专家组成的检查组,对晋济、运城环城高速公路两个在建项目进行综合检查。

检查组分别对综合外观、路基路面工程、桥隧工程、交通房建设施和内业资料进行全

方位检查。通过实地察看、现场检测、工地试验、查看内业资料等方式,对项目质量控制、质量保证体系与制度、安全隐患排查治理情况、工程管理制度及办法、试验检测资料、履约管理与考核、农民工管理及工资支付等方面开展全面、细致、深入检查。结果表明:工程质量安全总体处于受控状态。

郜玉兰总工程师在讲话中要求项目建管处要高度重视,充分认识当前面临的工期紧张、任务艰巨实际情况,精心组织,严格管理,针对检查组提出的问题认真排查,逐项整改,并以此次检查为契机,切实抓好工程质量和安全生产,确保两个项目在年内通车目标实现。　(沈建明)

郜玉兰总工程师要求全省高速公路建设运营安全突出抓好6项工作

9月16日,在全省高速公路建设运营安全工作会议上,厅党组成员、厅总工程师郜玉兰在讲话中要求突出抓好6项工作。一要充分认识安全生产工作的重要性和紧迫性;二要认真落实安全生产领导责任制和责任倒查追究制;三要引深隐患排查整治,提升安全生产整体水平;四要完善安全事故应急预案,提升安全生产事故应急处置能力;五要强化施工现场管理,做好高速公路建设运营安全生产工作;六要深化安全生产宣传教育,增强从业人员安全防范意识。总之,各级各部门一定要保持清醒头脑,正视问题和不足,充分认识安全生产工作的长期性、艰巨性,进一步增强责任感和使命感,切实把安全生产工作纳入重要议事日程,下大力气抓细、抓实、抓好,确保全年安全无事故。　(沈建明)

郜玉兰总工程师要求实现高速公路建设可持续发展

11月11日下午,厅党组成员、厅总工程师郜玉兰围绕“走资源节约环境友好之路,实现高速公路建设可持续发展”召开专题调研座谈会。

郜玉兰在听取各单位发言后指出,全国交通运输业仍处于大建设、大发展时期。国家也正在制定有关措施,加大对基础设施建设投入,这对高速公路建设来说,是一个千载难逢的发展机遇。要深入查找工作中存在的与科学发展观不适应、不符合、相违背的问题,认真研究,制定切实可行的措施加以改正。通过建立健全有关制度,走出一条节约资源、环境友好的高速公路发展之路;要有职有责有效地开展工作。针对大家反映的市场、项目、监督、设计管理等多方面问题,她逐一对照寻找解决问题的办法,提出系统意见和建议。要求把以前有的、实践证明是成熟的、好的制度梳理出来,细化责任,制定配套的责任追究制度和科学评价制度,确保规章制度切实落到实处。要始终用心、用智、用力抓好协调建设中各方面工作,树立宗旨、大局、忧患和责任意识,进一步强化安全和质量意识,走出一条资源节约环境友好的路子,实现高速公路建设可持续发展。(魏建国)

郜玉兰总工程师深入省交通科研院调研

11月12日下午,厅党组成员、厅总工程师郜玉兰带领厅有关处室负责同志深入省交通科研院进行学习实践科学发展观专题调研。听取有关情况汇报后,做了具体指导。她在讲话中对该院学习实践科学发展观活动第一阶段的一系列工作表示满意,希望全体干部职工能继续紧紧围绕科技创新和经济发展这个中心任务,深入学习贯彻落实科学发展观,以全省交通建设新一轮大发展为契机,以创新精神、科学态度,脚踏实地工作,使全院各项工作迈上一个新台阶,为全省交通建设做好科研技术服务。一要认清形势,统一思想,认真贯彻落实科学发展观。今后几个月将是全省高速公路开工建设的一个密集时期，建设任务非常重，要认真思考如何抓住机遇，发挥科技优势，注重将科研成果应用到高速公路设计当中，以确保工程质量，同时实现科研与设计的互相促进，共同提高。二要以创新思想思考企业发展。要有效利用自身内外具有的各种比较优势资源，进一步增强原始创新、集成创新和消化吸收再创新能力。三要以创新举措谋划工作，加快自身发展。要研究新的市场变化，应对市场要求，提高科学研究管理能力。四要以创新精神推动科技进步，加大专业化课题研究，开拓新技术研究范围，创造更高的经济社会效益。（沈建明）

郜玉兰总工程师要求 认真做好全省重点公路工程质量安全工作

12月10日，全省重点公路工程建设系统质量安全工作会议召开。厅党组成员、厅总工程师郜玉兰在讲话中，要求充分认识安全生产重要性和紧迫性，按照交通运输部和省交通厅部署，进一步落实安全生产主体责任和安全监管主体责任，建立健全高速公路建设安全管理长效机制，全面排查治理事故隐患，并及时上报；各监理单位要加大现场监理力度，做好关键部位、工序、环节的施工监理工作，对重大隐患加强检查监督；各施工单位对已经出台的法律法规要进行定期梳理，结合执行过程中发现的问题，及时调整、完善和充实；施工人员特别是一线施工人员要加强培训，通过质量安全教育培训，提高安全意识和操作水平，从根本上实现工程质量安全目标；要完善安全事故应急预案，提升应急处置能力，有效防范和遏制高速公路建设安全事故发生，切实把质量安全工作抓紧、抓细、抓实、抓好，为营造良好建设环境，打造“平安交通”，促进全省经济全面协调可持续发展，构建和谐社会贡献力量。

（董忻文）

张德仪总会计师深入太原市、吕梁市检查指导工作

1月22日至23日，厅党组成员、厅总会计师张德仪带领厅机关有关处室负责人深入太原市、吕梁市检查治超工作，并代表厅党组走访慰问交通系统干部职工。张德仪一行先后到太原市和吕梁市交通局、征稽分局、公路分局、高速公路公司慰问，并和治超人员、退休老干部进行座谈，为他们送上慰问信及慰问品，祝福大家度过一个安全、祥和、愉快的春节。

在吕梁公路分局老干部王致生家中，张德仪亲手送上300元现金和厅党组对老干部的慰问信和及慰问品，并同他促膝交谈，认真听取对公路部门意见和建议，了解老干部们的身体生活状况和实际生活中的具体困难。

在太原、离石高速公路超限检测站，张德仪深入了解治超人员和设备配置、近期超限超载车辆情况及春运期间安保情况。要求在春运期间，要突出安全、和谐，以人为本，搞好服务，加强治超力度，以优质服务，让广大人民群众安全祥和欢度春节。（孙乾灏）

张德仪总会计师对全省交通征稽工作提出4点要求

1月26日，在全省交通征稽工作暨党风廉政建设会议上，厅党组成员、厅总会计师张德仪在讲话中充分肯定2007年征稽工作，认为规费征收连创佳绩，在费收形势严峻情况下，仍然保持稳步增长，并在提高费收征管效益同时实现便民利民。希望2008年认清形势，以求真务实作风完善征稽整体运行机制。一要加强费源管理，努力多收多超，实现42亿元目标。要利用好法制环境改善的有利时机，加强车辆源头管理和基础管理，切实提高

费收征管质量，提高实征率，降低欠费率。二是切实加强征稽管理。既要严格执法，规范执法，又要文明服务，高效便民。三要加强领导班子作风建设。要使领导班子成为政治素质好、团结协作好、作风形象好的一流班子，成为政治坚定、开拓创新、廉政勤政的坚强领导集体。四要抓好廉政建设。要将廉政建设作为促进发展、保持稳定、深化改革、提升形象的保障工程来抓，时时刻刻自重、自省、自警、自励，对事业发展负责，对自己形象负责。

（魏建国）

张德仪总会计师对交通财务审计工作提出3点要求

4月17日，省交通厅召开传达贯彻全年交通财务审计工作会议精神会议。厅党组成员、厅总会计师张德仪在讲话中，提出3点意见。一要客观分析和认真总结2007年工作成绩和不足；二要准确判断和正确把握当前面临的新形势；三要以全省交通发展为中心，坚持稳中求进，开拓创新，努力做好工作。要认真贯彻落实省交通厅《2008年交通财务工作计划》，加强制度建设，强化“两个监管”，即资金资产安全监管和使用效益监管；要继续坚持围绕中心、突出重点、服务大局，创新审计理念，发挥保障作用；要加强机构队伍建设，提升财务审计工作质量，开创交通财务审计工作新局面。（董忻文）

张德仪总会计师深入太旧高速公路公司调研

4月24日，厅党组成员、厅总会计师张德仪带领厅财务征费处、厅会计核算中心有关负责同志深入太旧高速公路公司就财务管理工作进行调研。

张德仪一行来到公司计划财务部，向财务工作人员详细了解岗位设置及人员分工情况。在随后召开的座谈会上，听取太旧、太原以及在建的阳盂、太佳、汾平高速公路公司财务部门负责同志汇报。

张德仪总会计师在讲话中对全省高管系统各运营公司财务管理工作给予高度评价。认为各公司财务工作规章制度健全，管理行之有效，对高管系统各项工作的全面健康发展起到积极推动作用。太旧高速公路公司在财务管理过程中，利用网银系统加强资金管理，减少现金结算，大大提高资金安全性，这些都是非常好的经验，值得推广。希望高管系统各公司取长补短，积极探索，强化财经纪律，加大资金管理力度，加强财务预算管理，努力使会计核算和财务管理工作更加规范、有效。

（魏建国）

张德仪总会计师要求省征稽系统肩负起资金保障神圣使命

7月28日，省征稽局召开全系统上半年工作通报分析视频会议。厅党组成员、厅总会计师张德仪在讲话中，要求在今后的工作中，交通征稽作为公路建设养护“粮草官”，要肩负起资金保障的神圣使命，以大局为重，认清形势，抓住机遇，挖潜堵漏，开源增效，科学管理，确保全年“三费”突破45亿元，为征稽事业发展、为公路交通建养作出应有贡献。他说，越是在形势好的时候越要保持清醒头脑，对工作中存在问题要高度重视，正确对待，认真解决；要进一步加强班子建设、廉政建设、作用建设和队伍建设，继续努力工作，开拓创新，为交通率先科学发展再立新功。

（董忻文）

张德仪总会计师要求确保全年“两费”超收6亿元

9月25日，在全省征稽系统机构编制清理规范会议上，厅党组成员、厅总会计师张德仪在讲话中指出，全省交通征稽系统积极贯彻厅党组各项决策，围绕做好“三个服务”，强化科学征管，注重行业创新，实现三个文明协调发展。今后，全系统要以大局为重，继续弘扬“忠于责任，勇于开拓，甘于奉献”的征稽精神，保持规费征收持续较快增长，挖潜堵漏，开源增效，科学管理，确保全年“两费”超收6亿元，为全省交通事业发展提供资金支撑。要切实做好机构编制清理规范工作，深入开展学习实践科学发展观活动，进一步加强班子建设、廉政建设、队伍建设，推进交通征稽持续发展，为全省公路建养和交通事业发展作出新的贡献。

（董忻文）

张德仪总会计师深入省征稽局、省高管局调研

11月3日至4日，厅党组成员、厅总会计师张德仪带领厅财务征费处、厅综合规划处、厅会计核算中心有关负责同志围绕“创新投融资体制，适应公路建设快速发展要求”的课题深入省征稽局、省高管局调研。省征稽局党委书记、局长张晋鹏，省高管局局长董新品、党委书记李万定参加调研汇报会。

11月3日，在省征稽局座谈会上，张晋鹏介绍了全省征稽系统学习实践科学发展观活动的开展情况及规费征收、上解、管理情况和工作中存在的问题和解决措施。

张德仪在讲话中指出，近年来，特别是“十五”以来，全省交通基础设施建设成效显著，交通规费增长快速，交通征稽为山西公路交通发展提供了强有力的资金保障。但按照“十一五”发展规划，全省交通规模总量仍显不足，公路建设任务很重。养路费作为公路建养的基本金，作为交通建养融资的重要来源，对于高速公路建设、干线公路养护、农村公路发展甚至交通行业的稳定都起着至关重要的作用。2008年下半年以来，受美国次贷危机和金融风暴影响，规费征收形势严峻。希望交通征稽系统能把握住深入开展学习实践科学发展观活动契机，根据省交通厅“科学发展、快速发展、安全发展、协调发展”要求，仔细研究经济社会环境，从容应对形势变化，结合自身实际，提出交通征稽发展的新思路；要认识到养路费增长虽然迅速，但养护任务越来越重这一矛盾，继续弘扬“忠于责任，勇于开拓，甘于奉献”的征稽精神，保持规费征收的持续较快增长。

11月4日，在省高管局，张德仪认真听取省高管局关于开展深入学习实践科学发展观活动的情况介绍，近期全省高速公路通行费、通行量变化情况和2008年通行费收入总体分析预测，并对全省高速公路筹集公路建设资本金方案给予充分肯定。

张德仪指出，“十一五”期间，全省高速公路通车里程实现新突破，通行费收入也越来越快增长，路网功能极大地完善，充分展示了新基地、新山西的良好形象。当前，全国各省筹集高速公路建设资金均出现不同程度困难。就本省目前情况来讲，公路建设主要融资渠道是高速公路通行费节余部分。从全省高速公路发展情况看，完全有实力、有能力承担起融资责任，协助省交通厅实现“三年百亿”融资目标。一要搞好运营管理。领导班子要同心协力，加强管理，大力提高通行费收入，努力降低运营管理成本，全面提高工作绩效，为全省高速公路建设提供强有力资金支持。二要将融资工作列入重要议事日程。“三年百亿”融资计划是交通实现科学、快速、安全、协调发展的重大战略。当前，金融危机波及全球，要紧紧抓住投资基础设施建设拉动经济发展的重大机遇，用科学发展观这个世界观和方法论，破解高速公路建设中遇到的难题，适应山西经济社会发展需求，开创山西高速公路建设管理事业的新局面。

（孙乾灏）

赵振田书记深入晋中市检查指导工作

1月16日，厅党组成员、省公路局党委书记赵振田带领厅机关有关处室负责同志深入晋中市检查治超工作，并代表厅党组走访慰问老干部。

赵振田一行先后慰问晋中征费分局、晋中市交通局、晋中公路分局祁县段和丰泽超限检测站，并和治超人员、退休老干部进行座谈。在丰泽超限检测站，赵振田着重了解治超人员和设备配置、近期超限超载车辆的情况及春运期间的安保情况。认为晋中公路分局治超工作做得很充分，措施很到位。他说，治超是构建和谐社会的重要因素之一，尤其在春节期间，要突出安全、和谐，以人为本，搞好服务。同时，要保证国省干线及旅游公路安全畅通，加强治超力度，以优质的服务，让广大人民群众安全祥和欢度春节。

随后，赵振田走访慰问老干部，详细询问他们的居住和生活情况。希望老干部们健康长寿，并为他们送上慰问信及慰问品。

（孙乾灏）

赵振田书记对忻州市交通工作提出6点要求

3月24日，在忻州市交通工作暨党风廉政建设会议上，厅党组成员、省公路局党委书记赵振田在讲话中提出6点要求。一要拓宽资金渠道，加大资金投入；二要继续实施通畅工程、沿黄扶贫旅游路和县乡公路改造三大工程，努力保持忻州农村公路发展的强劲势头；三要加快农村公路管理养护改革的进程，推进农村公路养护管理取得新突破；四要以质量和安全为核心，精心组织开展农村公路建设质量年活动；五要坚持建、管、养、运并重，完善农村公共交通网络；六要高度重视超载超限治理工作，坚决打胜治超攻坚战。

（董忻文）

赵振田书记提出交通防汛5项工作重点

6月20日，在省交通厅召开的全省交通防汛工作电视电话会议上，厅党组成员、省公路局党委书记赵振田在讲话中明确5项工作重点。一要抓好高速公路的防汛保畅通工作。对于已建成的1893公里高速公路，要全面彻底地排查排水系统、防护工程、大中桥构造物，及时发现隐患并进行应急处置；要加强桥梁、隧道的维护和管理，尤其是大型、特大型和技术复杂的桥梁及长大隧道，要定期检查；要加强危险路段及特殊地段的综合治理，尤其是对地质灾害多发易发路段，要落实应急措施，保证交通大动脉安全畅通。二要抓好国省干线和农村公路的防汛保通工作。要进一步加强公路日常养护，全力疏通各种排水防护设施；要对山区公路、沿河公路的高挡墙、高边坡以及高填深挖路段进行重点防范；要加强库区附近公路的防汛应急措施，与当地气象、水文等部门加强长期联系，及时掌握天气变化和水库水情；要抓紧危桥的治理加固，完善度汛应急工程，设立明显的限载和绕行标志；要积极抢修水毁工程，对难以立即修复的工程，要修通并维护好便道，制订应急预案，及时组织车辆绕行，确保交通不中断。三要抓好在建工程项目的防汛保安工作。对于在建项目要制定周密的人员、物资、设备转移预案，落实各项防洪保安措施，确保万无一失。四要抓好公路水路运输度汛安全工作。通过各种渠道向司乘人员宣传防汛工作的重要性，及时向司乘人员公布雨情、水情信息，加强客运车辆、渡轮、旅游船舶的管理，确保各渡运点、码头和在建渡口工程安全。五要抓好防汛检查和监督工作。各级交通公路主管部门要建立防汛检查监督体系，有针对性地定期开展防汛备汛检查工作；对发现的问题，要明确责任，限期整改，不留死角。厅新闻中心和厅网站要加强防汛宣传，及时通报各单位防汛抗灾的工作进展，充分发挥媒体的宣传监督作用。 （沈建明）

赵振田书记要求从3个方面完成好调研课题

11月4日下午，省公路局党委中心组召开“继续解放思想，推动科学发展”专题学习会。厅党组成员、省公路局党委书记赵振田在讲话中提出明确要求。一要把握契机，增强解决问题的信心和决心。每个班子成员要本着对全省公路事业发展负责的态度，本着致力解决问题的目的，克服畏难情绪，以极大的热 情投入调研，坚决反对为调研而调研、搞形式走过场的不负责任做法。二要注重方法，运用矛盾分析法开展调研。用矛盾分析法分析矛盾，解决矛盾，就是要坚持全面看问题的方法，要掌握在统一中把握对立，在对立中把握统一的方法，坚持具体问题具体分析的方法。最后形成的调研报告，在理论上要有说服力，在实际上要有可操作性。三要提高贯彻落实科学发展观的能力。要认真对照科学发展观要求剖析问题产生的原因，根据科学发展观要求寻找解决问题的措施，在调研中加深对科学发展观的理解和掌握，用丰富鲜活的公路建养管实践丰富科学发展观这一科学理论。

（董忻文）

曹燎原巡视员要求从5个方面抓好信访工作

10月8日，省交通厅召开厅直单位信访工作会议。厅巡视员曹燎原在讲话中要求认真贯彻落实省委、省政府、交通运输部及省交通厅对信访工作的要求和部署，认真开展信访工作，积极排查化解矛盾纠纷，为十七届三中全会成功召开和纪念改革开放30周年活动的成功举办，为促进社会和谐稳定作出新的更大贡献。一要进一步提高认识，强化政治责任感。要坚持“属地管理、分级负责、谁主管、谁负责”的原则，层层落实好信访责任，把问题解决在基层和萌芽状态。二要加强事前预防。变上访为下访，及时发现苗头性、倾向性问题，做到早发现，早介入，早解决。对越级重复上访，要制定针对性措施，跟踪解决，真正做到“人要回去，事要解决”。三要排查隐患，化解矛盾，特别是要加大重点信访问题的解决力度。严格“属地管理”和“事要解决”的要求，对重点信访问题逐一分类，逐级落实。对当年新发生的上访问题，要抓紧解决，不能形成新的积案。四要积极探索新形势下交通信访工作规律，努力形成信访工作长效机制。要重视总结积累经验和成果，不断强化做好新时期信访工作的新理念、新思路，提高信访工作围绕中心、服务大局的整体水平。同时，要加强部门协作配合，形成齐抓共管大格局。五要加强值班工作，及时妥善处置突发事件。加强值班制度，时时收集分析当日信访动态并汇总梳理上报，及时做好信息沟通，坚决防止瞒报、缓报、漏报和错报，对恶意瞒报、缓报造成工作被动和恶劣影响的，严肃追究相关人员责任。

（董忻文）

曹燎原巡视员深入吕梁市、阳泉市调研

11月18日至20日，厅巡视员曹燎原带领厅有关处室负责人、省公路局等有关领导赴吕梁市、阳泉市，分别就公路分局、征稽分局、交通局、高速公路公司等单位的信访、离退休人员管理等工作进行调研，提出“巩固、创新、提高、发展”要求。

在听到两市有关单位负责人情况汇报后，曹燎原给予充分肯定。要求各单位要结合落实科学发展观活动，理清工作思路，创新工作方法，提高管理水平，着力在安全发展、

和谐发展上下工夫，在更好地为当地乃至全省经济社会发展提供有效服务的同时，全面提升交通部门的社会形象。各级干部要提高责任意识，切实关心群众切身利益，把维护好、实现好群众利益作为工作的重要出发点，把应该解决而没有解决的问题解决好。要下大力气抓好干部作风建设，加强对各级干部的管理教育工作，不断提高干部修养和素质，为更好地履行交通部门服务、生产、经营等诸多职能提供坚实的组织保证。

在谈到如何做好信访工作时，曹燎原希望各单位要继续落实好奥运期间的好措施、好方法，畅通信访信息通道，加强与地方政府的沟通协调，在依靠地方政府力量解决好群众有关诉求和做好稳控工作上多下工夫。

曹燎原还查看吕梁公路分局老干部活动中心和吕梁交通征稽分局机关、吕梁高速公路公司、阳泉公路分局机关工作情况，以及吕梁沿黄干线公路建设情况。

（张俊生）

曹燎原巡视员深入厅后勤服务中心、省交通开发总公司调研

11 月 24 日至 25 日，厅巡视员曹燎原先后深入厅后勤服务中心、省交通建设开发投资总公司就学习实践科学发展观活动进行调研。

在厅后勤服务中心，听取中心关于学习实践科学发展观活动情况汇报后，曹燎原与班子成员和部分干部职工进行座谈，并对学习实践活动下一步工作提出 3 点要求。一要继续解放思想，以思想解放推动中心科学发展。在解放思想大讨论活动中，要紧密联系工作实际，以实事求是态度，务实进取工作作风，确定工作重点，把握进度，推进工作，做到目标更实一点，措施更多一点，办法更活一点，不断把解放思想引向深入。二是在学习实践活动中要充分发挥党组织作用。以学习实践活动为契机，促进党组织身身建设更加符合科学发展观新要求，把开展学习实践活动与做好党组织各项工作有机统一起来，做到两不误，两促进。三是以科学发展观为统领，推动后勤各项工作。当前一段时期，后勤各项工作相继进入最后完成阶段，中心广大干部职工要以科学发展观为指导，紧紧围绕各项目标任务，着力抓好作风、资金保障和各项制度的落实，以扎实的工作确保学习实践科学发展观活动取得实效。

在省交通建设开发投资总公司，听取公司总经理魏庆飞关于企业经营发展、老干部工作和信访工作以及 2008 年主要工作情况汇报后，曹燎原指出，公司坚持把发展作为兴企的第一要务，短短十几年时间，在省交通厅支持下，通过市场机制和资本运营，企业规模迅速壮大，产业涉及多个领域，特别是在引资融资和全省重点公路工程建设中成绩显著，各项工作走在交通系统前列，为今后进一步做大做强筑牢基础。作为全省交通的重要融资平台，公司要加大改革创新力度，拓宽融资渠道，创新融资方式。要把管理作为企业加快发展的根本，在管理创新、科技创新上下工夫，引进先进的科学技术，靠高素质的干部队伍和有效的制度改革，进一步强化企业管理。要坚持办事公开、透明，做到遵规遵纪守法，减少矛盾纠纷，避免在发展中遭受大的挫折。要坚持以人为本，关心职工生活，注重思想教育，充分调动全体职工的积极性和工作热情，培养一批思想作风、工作作风过硬的干部队伍和管理队伍，一心一意谋发展，在发展中取得最大效益，保持企业长久健康发展。要认真组织好学习实践活动，面对当前发生的金融危机，要认清形势，科学判断，紧紧抓住国家扩大内需和全省交通新一轮建设机遇，及早筹划，奋发有为，不断开创企业发展新局面。

（孙乾灏）

曹燎原巡视员深入忻州市、朔州市交通系统调研

11月26日至28日，曹燎原巡视员带领省交通厅和省公路局有关人员深入忻州市和朔州市调研，与公路分局、交通局、征费分局、高速公路公司、建管处等单位领导和职工进行座谈。

听取各有关单位情况汇报后，曹燎原巡视员在讲话中，充分肯定交通部门近年来取得的工作成绩。要求以科学发展观为统领，对照科学发展观要求，紧密联系本单位、本部门工作实际和发展需要，进一步增强科学发展观实践能力；要着眼于拉动内需，积极推进高速公路、国省干线公路及农村公路建设和改造，积极推进发展综合运输体系的建设，抢抓机遇，尽力扩大交通基础设施建设规模，逐步缓解交通新的"瓶颈"制约，为全省经济社会发展提供强有力的保证；要加强和维护交通系统的整体稳定工作，特别是当前费改税的敏感时期，征费队伍一定要保持人心不散、队伍不乱；要正确理解和支持改革，正确对待路桥回归后的管理工作，带着感情支持和扶持路桥队伍；要加强党风廉政建设，严格执行党风廉政建设有关规定，严格领导干部管理，严格队伍管理；不断总结党风廉政建设和反腐败工作的新经验，密切联系交通行业实际情况，创造性地开展工作。各级领导要提高认识，加强责任意识和大局意识，切实关心群众的切身利益，树立群众利益无小事的观念，尽最大力量解决群众目前面临的一些困难。要从源头上减少和化解各种矛盾纠纷，站在讲政治的高度，加强对信访工作的组织领导。对群众来信来访所反映的问题，要尽快落实，尽快办结；进一步加强信访联系渠道，保持信访渠道畅通，力争把矛盾解决在当地，解决在萌芽状态。（董忻文）

曹燎原巡视员要求加强新形势下离退休人员管理服务工作

12月18日，省交通厅召开厅直属单位老干部处（科）长座谈会。曹燎原巡视员在讲话中，要求加强新形势下离退休人员管理服务工作，继续完善落实好生活待遇的保障机制。在年底，特别要做好对有特殊困难离退休人员的帮扶工作，要继续加强离退休人员思想、政治建设，使他们及时了解党的路线方针政策，国际、国内形势，自觉与党中央保持一致；针对交通系统出现的新情况、新问题，要向老同志做好解释工作；继续发挥好离退休人员积极作用，发挥好他们在学习实践科学发展观，促进全省交通事业又好又快发展中的推动作用；继续做好管理和服务工作，针对离退休人员普遍进入"双高"期（高龄期、高发病期）的实际情况，创新和改进工作思路、方法；继续做好家属子女的配合工作，要多沟通；继续加强老干部工作部门建设，做到机构、人员、经费、制度四落实。

（董忻文）

郭贵平副巡视员对全省高速公路建设前期工作提出新要求

4月15日，全省重点公路工程建设系统征地拆迁管理工作座谈会召开。郭贵平副巡视员在讲话中，要求全省重点公路工程建设系统干部职工一定要把思想认识统一到厅党组战略部署上来，集中精力，扑下身子投入到加快推动征地拆迁等前期工作中去；扭住开工建设1000公里目标，打破常规，加大力度，注重协调，力争在国家、省、市三个层面上取得各方支持，全力以赴突破土地审批等制约，奋力在建设项目前期工作上取得重大突破；要注重落实责任，每一项工作、每一个程序、每一个环节，都要抓实、抓细、抓好，做到上下联动、环环相扣，人盯人"无缝衔接"，人跟人一跟到底，责任到人；严格执行各项规章制

度,坚持依法办事,全面夯实各项管理基础;畅通信息渠道,实行建设用地审批等前期工作周报制,及时反馈前期工作动态,为省交通厅决策提供准确的参考依据,为加快推进高速公路建设又快又好发展,圆满实现"十一五"3000公里规划目标奠定坚实基础。

(董忻文)

郭贵平副巡视员要求加快推进太佳、太古高速公路前期工作

8月4日下午,太原、吕梁片区高速公路工程建设项目前期工作座谈会召开。郭贵平副巡视员在讲话中要求各有关单位要从加快科学发展,加快交通发展的高度出发,一盘棋,一股劲,一条心,通力协作配合,加快工作进度,确保太原、吕梁承东启西大通道年内早日开工建设。广大党员干部要以身作则,全体工作人员要奋力争先,并扎实有效地做到"六讲"。一要讲大局。要认清形势,理清思路,统一思想,提高认识,围绕厅党组全年高速公路开工1000公里目标这个大局,始终与厅党组保持高度一致,增强加快推进前期工作的紧迫感和责任感。二要讲科学。规划计划要讲科学,管理更要讲科学。要在明确目标前提下,把前期工作目标具体化,逐项科学地进行排序,并要出台详细的管理办法和制度,明确责任,落实到人。三要讲程序。依照高速公路工程建设的法定程序,完善各项前期工作内容,依法办事,按规矩办事。四要讲效率。要加大工作力度,在效率上做文章,倒排工期,细化、量化各个审批内容和过程,提高每一环节效率。五要讲纪律。要严格遵守各项纪律,加强工程廉政建设,出台工程廉政建设工作手册,强化廉政纪律,建立责任追究制,对不负责任的行为不仅要严肃批评,而且要严肃处理,切实维护纪律的严肃性。六要讲奉献。高速公路建设时间紧,任务重,程序多,难度大。要发扬不怕吃苦、勇于奉献的精神,放弃节假休息日,加班加点地把各项基础工作做好做实,特别是领导干部、厅有关部门负责人要全力以赴做好服务工作,为前期工作创造良好的环境。(孙乾灏)

郭贵平副巡视员深入石楼县检查指导交通扶贫工作

9月10日,在中秋节到来之际,厅副巡视员郭贵平深入石楼县罗村镇检查指导扶贫工作,并到特困户梁四平、崔计功家中,送去月饼和慰问金。

郭贵平先后对征费组援建的文体活动中心,厅直组、省运管局为当地新建的文化活动广场,公路组新建的公路爱心小学寄宿制宿舍楼,省高管局为上田庄搞的引水项目进行检查指导。他说,扶贫就是要在当地政府的指导下,群众需要什么,我们就干什么,建设群众最需要、最迫切的项目。一定要注意工程质量,要把扶贫资金花好。扶贫队员要注意和群众的关系,要把党和政府的关心落到实际工作中。最后,他还叮嘱县、乡领导,要把扶贫项目维护好,发挥好应有的作用。

(孙乾灏)

郭贵平副巡视员要求进一步推动被征地农民社会保障工作进度

9月26日,省交通厅举办高速公路建设被征地农民社会保障工作培训班。郭贵副巡视员出席开班仪式并作动员讲话。要求学员们认清形势,明确要求,真正掌握最新政策法规、报批程序及相关内容,切实把学到的内容应用到实际工作中去,进一步推动工作进度,全面推进重点公路建设项目前期工作,确保实现全省全年开工1000公里高速公路目标。

(沈建明)

郭贵平副巡视员深入省高管局调研

11月19日至21日，厅副巡视员、厅第一指导检查组组长郭贵平带领一行4人分赴大同、朔州、悦达京大、忻州高速公路公司，对学习实践活动第一阶段工作进行指导检查。

指导检查组一行听取4个单位关于学习实践科学发展观活动开展情况的汇报，现场观看有关图板展，查看活动文件资料和学习笔记，与各公司活动领导组成员进行座谈。郭贵平副巡视员在讲话中对4个单位学习实践活动开展情况给予充分肯定。认为高管系统基层单位学习氛围比较浓，准备较充分，既轰轰烈烈，又扎扎实实。一是动手早，安排早。主体明确，突出“四个能力”提高，抓住主要问题；二是高度重视，组织机构健全。实践说明：领导重视是基础，机构健全是保障，思想解放是前提，创新机制是关键，解决问题是根本，群众满意是标准。并对朔州、大同、悦达京大高速公路公司三家共同举办学习讲座给予赞誉。就下一步的工作，提出3点要求。一要把主要精力放在解决基层的具体问题上；二要认真总结领导班子集体讨论成果，并及时上报材料；三要提前谋划下一阶段工作，为转段做好准备，方法要灵活，要想方设法达到学习实践科学发展观活动的预期效果。

（魏建国）

深入学习实践科学发展观活动专辑

深入学习实践科学发展观活动专辑

省交通厅党组传达全省深入学习实践科学发展观活动动员大会精神

10月13日，省交通厅党组召开会议，迅速传达10月7日至10日省委举行的全省深入学习实践科学发展观活动动员大会暨第一批学习实践活动单位主要领导干部专题研讨班精神，并围绕省委关于全省开展深入学习实践科学发展观活动等工作要求，结合交通工作实际，对全系统开展深入学习实践科学发展观活动进行研究部署。

会议指出，在全党开展深入学习实践科学发展观活动，是党的十七大做出的重大决策，是当前全党政治生活中的一件大事，也是提高党员素质和党的执政能力，加强党风、政风建设，促进交通科学发展，实现"十一五"交通发展目标的迫切需要。各级党组织要认真学习贯彻中央和省委主要领导同志的重要讲话精神，按照中央和省委的部署要求，切实把学习实践活动摆上重要位置，采取有力措施，确保学习实践活动取得实效。

会议强调，科学发展观是马克思主义中国化的最新理论成果，是指导中国发展的世界观和方法论的集中体现，也是指导交通科学发展的强大思想武器。新时期新阶段，落实科学发展观对交通运输提出了更安全、更畅通、更便捷、更经济、更可行、更和谐的新要求。各级领导班子和领导干部在学习实践活动中，要积极探索交通改革发展新体制、新途径、新方法，转变发展方式，优化结构布局，增强发展动力，加快交通由传统产业向现代服务业转型，努力为群众提供更加安全、便捷、舒适的交通运输服务，让人民群众切实感受到学习实践活动带来的实惠。同时要正确处理好学习实践活动与做好当前各项工作的关系，既不能脱离中心工作单纯搞学习实践活动，也不能片面强调工作而忽视学习实践活动，要保证有足够的时间和精力投入到学习实践活动中，把开展学习实践活动作为推动工作的动力和机遇，以各项工作的新成果衡量学习实践活动的新成效，真正做到学习实践活动与当前工作"两不误、两促进、两提高"。

会议研究确定了《省交通厅开展深入学习实践科学发展观活动实施方案》和省交通厅学习实践活动领导组及其工作机构和组成人员，并对活动开展的范围、阶段步骤、时间以及厅领导课题调研等作了具体安排。

（魏建国）

省交通厅开展深入学习实践科学发展观活动动员大会召开

10月17日下午，省交通厅召开开展深入学习实践科学发展观活动动员大会，启动并全面部署了交通系统开展深入学习实践科学发展观活动。厅深入学习实践科学发展观活动领导组组长、厅党组书记、厅长段建国作动员报告。他强调，要以"坚持科学快速安全协调发展，提升交通运输服务保障能力"为活动主题和载体，进一步解放思想，实事求是，改革创新，推动实践，努力在交通科学发展、加快发展、安全发展、协调发展上取得新突破，开创交通科学发展的新局面，为建设新基地、新山西作出新的更大贡献。省委学习实践活动指导检查第三组组长吕德功出席会议并讲话。厅深入学习实践科学发展观活动领导组副组长、厅党组副书记、副厅长张润主持会议。在家的厅领导，厅机关全体党员干部，厅直单位党政主要领导及党办主任参加会议。

根据省交通厅的统一部署，参加第一批集中学习实践活动共分为学习提高、调查研究，分析检查、找准问题，解决问题、完善制度三个阶段17个环节。具体到每个单位，集中活动时间不得少于3个月。为了确保学习实践活动有序开展并取得实效，开展活动的各单位要严格按照学习实践活动的指导思想、指导原则和方法步骤，扎实有序地做好各个阶段的工作。

会议指出，开展学习实践活动有三个重要意义。首先，开展学习实践活动是用中国特色社会主义理论体系武装全党的重大举措。在新的形势和任务面前，只有正确把握科学发展观的理论意义和实践要求，坚持把科学发展观转化为谋划交通发展的正确思路、促进交通发展的政策措施、领导交通发展的实践能力，才能在更高层次上开拓全省交通又好又快发展的新局面。其次，开展学习实践活动是推进交通又好又快发展的迫切要求。当前和今后一个时期，是全省交通改革发展的关键时期，也是一个重要的战略机遇期。既面临着加快发展的压力，又面临着科学发展的挑战。这就迫切要求深入开展学习实践科学发展观活动，进一步解放思想，深化改革，提升发展理念，创新发展手段，提高发展能力。再次，开展学习实践活动是实现交通又好又快发展的根本保证。在前不久召开的全省交通工作推进会上，厅党组在深入调查研究、集中全行业智慧的基础上，提出了"一条主线、七大工程、六化目标"的发展思路和奋斗目标，这是新的历史时期交通实现又好又快发展的根本举措，既体现了科学发展的要求，又体现了加快发展的需求，符合科学发展观对交通运输工作的新要求，符合交通发展的客观规律。实现上述任务目标，完成好全年的阶段任务，最根本的一条，就是要牢牢掌握和运用好科学发展观这一强大的思想武器。

会议要求，各级党组织要站在全局和战略的高度，把开展深入学习实践科学发展观活动作为当前的一项重大政治任务。精心安排，周密部署，确保实效，创出特色。一要加强组织领导，落实领导责任。厅直各级党组织要切实加强对学习实践活动的领导和指导，党委（总支、支部）的主要负责同志要把学习实践活动紧紧抓在手上，担负起第一责任人的责任。二要坚持群众路线，正面教育为主。虚心听取群众意见和建议，查找分析问题，认真开展批评和自我批评。三要积极宣传引导，加强指导检查。要充分发挥报刊、广播、电视和互联网等媒体的作用，大力宣传学习实践活动的先进典型，做好舆论引导工作。四要坚持领导带头，层层示范。各级党员领导干部要切实当好表率，做好示范，树好榜样。五要坚持统筹兼顾，突出特色，确保学习实践活动卓有成效。要统筹安排学习实践活动各个阶段和各个环节的工作，做到两手抓，两不误，两促进。

厅党组书记、厅长段建国在动员报告中，要求以"坚持科学快速安全协调发展，提升交通运输服务保障能力"为活动主题和载体，进一步解放思想、实事求是、改革创新、推动实践，努力在交通科学发展、加快发展、安全发展、协调发展上取得新突破，着力转变不适应不符合交通科学发展的思想观念，着力解决影响和制约交通运输科学发展的突出问题以及党员干部党性党风党纪方面群众反映强烈的突出问题，着力构建更有活力、更富效率、更加安全、更为协调、更有利于交通运输又好又快发展的体制机制，为人民群众安全便捷出行，为新基地新山西建设提供强有力的交通运输服务和保障。

省学习实践活动指导检查第三组组长吕德功出席动员大会并讲话。他指出，省交通厅高度重视开展深入学习实践科学发展观活动，前期工作扎实有效，动员部署体现了中央精神和省委要求，紧密结合工作实际，具有很强的指导性、针对性和可操作性。就如何搞好这次学习实践活动和指导检查工作，他提出三点要求。一是认真学习贯彻中央和省委精神，牢牢把握学习实践活动的正确方向。要正确理解学习实践活动的指导思想，始终把握坚持解放思想、突出实践特色、贯彻群众路线、正面教育为主、注重改革创新5条主要原则，努力达到提高思想认识、增强发展能力、解决突出问题、创新体制机制、促进科学发展的目标要求。二是充分认识搞好第一批学习实践活动的重大意义，切实增强责任感和使用感。作为第一批开展学习实践活动的单位，一定要自觉把思想和行动统一到中央要求上来，以认真态度、改革精神、求真务实作风，紧密结合实际，创造性地开展工作。要在深化理论武装上下工夫，在解决突出问题上下工夫，在完善体制机制上下工夫。三是加强组织领导，采取有力措施，确保实践活动取得实效。要落实领导责任，加强分类指导，积极探索创新，搞好舆论引导，注重统筹兼顾，确保学习实践活动各项要求落到实处。

省交通厅参加第一批集中学习实践活动的单位共24个，活动时间从2008年9月开始，2009年2月基本结束。

（沈建明）

省交通厅深入学习实践科学发展观活动指导检查组动员会召开

10月20日，省交通厅深入学习实践科学发展观活动指导检查组召开动员会。厅深入学习实践科学发展观活动指导检查组即日起将对各单位展开指导检查工作。厅深入学习实践科学发展观活动领导组副组长、厅党组副书记、副厅长张润出席并作动员。

在学习实践活动中，各指导检查组的主要任务是：重点看活动方案是否紧紧围绕“坚持科学快速安全协调发展，提升交通运输服务保障能力”这一主题，是否初步提出学习实践活动要解决的突出问题，明确符合本单位实际的具体活动目标，设计了有特色、能够吸引广大党员干部广泛参与的实践载体，确定切实可行的方法步骤；有没有把中央、省委和厅党组的精神向广大党员干部讲清楚，把本单位的目标任务和安排部署讲清楚，把干部群众最关心的问题讲清楚。指导联系单位紧紧围绕贯彻落实科学发展观，实事求是地查找存在的突出问题，深刻分析主客观原因，开展批评和自我批评，把民主生活会开成一个民主、团结、务实、创新的会议；指导联系单位按照厅党组要求撰写分析检查报告，加强对分析检查报告接受群众评议工作的督促检查；督促联系单位认真执行整改落实方案，着力解决突出问题，积极创新体制机制；指导联系单位科学设计测评方案，合理确定测评内容、参评人员范围。

张润副厅长在动员报告中指出，在全党开展深入学习实践科学发展观活动，是当前全党政治生活的一件大事，也是推动全省交通各项事业又好又快发展的一件大事。厅党组高度重视，17日召开动员大会，对此项工作进行部署，并抽调人员组成指导检查组。此次指导检查工作责任重大，一定要提高认识，切实增强做好指导检查组工作的责任感和使命感，肩负起指导检查的工作职责。指导检查组人员要先学一步，弄懂吃透中央、省委和厅党组的精神和政策，全面准确把握开展学习实践活动的总体要求和原则方法，切实提高指导检查工作的水平，牢牢把握做好指导检查工作的主动权，扎实有序推动学习实践活动迅速开展、掀起高潮、取得实效、形成特色。张润还对指导检查组作风建设和遵守有关规章制度提出要求。

（沈建明）

省交通厅举办深入学习实践科学发展观活动领导干部首期培训班

10月23日至25日，省交通厅深入学习实践科学发展观活动领导干部首期培训班在忻州顿村省交通职工培训中心举办，厅机关全体党员干部和厅直属单位副处级以上领导干部及党办主任130余人参加。

举办培训班，是按照省委和厅党组安排部署，为了扎实推进学习实践科学发展观活动更好地深入开展。首期培训班邀请省委党校理论教师作为主讲人，分别就准确把握科学发展观的重大意义、科学内涵、精神实质和根本要求，如何结合山西实践进一步深入学习、深刻领会和认真实践科学发展观进行了深入浅出的解读。省委驻厅指导检查组副组长、山西农业大学党委副书记崔富春到班作了题为《开展学习实践科学发展观活动，全面建设小康社会》的专题辅导。厅深入学习实践科学发展观活动领导组副组长、厅党组副书记、副厅长张润参加首期培训并对学习培训工作提出要求。

张润指出，开展深入学习实践科学发展观活动是当前全党政治生活中的一件大事，也是对各级领导班子和党员领导干部执政能力与领导水平的一次现实检验。学习实践活动覆盖面广，任务重，而且政策性强，要求高。要重点抓好5个方面工作。一要提高思想认识，不断增强自觉性。既要把中央、省委和厅党组的精神和政策弄懂吃透，又要结合交通实际牢牢把握学习实践活动的正确方向，取得工作主动权，确保学习实践活动健康推进，取得实效。二要积极投身学习实践活动之中，带头学习实践。各单位领导干部一定要以强烈政治责任感和历史使命感，积极投身到活动中，发挥好带头表率作用。要把深入学习、解放思想、解决问题、完善机制贯穿始终，夯实基础，达成共识，下工夫解决突出问题，为科学发展观的贯彻落实营造良好的政策制度环境。三要坚持解放思想，突出实践特色。要坚持以解放思想为先导、改革创新为动力，在解放思想中完善思路，推动实践，研究制定切合自身实际、具有自身特色、能够吸引广大党员干部广泛参与的具体活动载体，在深入学习中推动实践，把实践特色贯穿于活动的全过程，建设一个团结和谐、心情舒畅、积极向上的交通系统。四要注重开局起步，扎实抓好第一阶段工作。学习提高、调查研究阶段是整个活动的基础，各单位要坚持高起点、高标准、严要求，努力开好局，起好步，引深思想发动，组织好学习培训，开展好专题调研，充分进行解放思想大讨论，明确推出新目标、新思路、新举措。五要加强组织领导，确保活动实效。各级党组织要站在全局战略的高度，精心安排，周密部署，切实做到组织领导到位，安排部署到位，宣传发动到位，指导检查到位。要以保证质量，取得实效为前提，总结推广好的经验和做法，认真把握舆论导向，推动交通各项事业在新的起点上更好更快地发展，为建设新基地新山西提供强有力的交通运输服务保障。

厅领导张志川、张德仪、郭贵平也参加首期培训。

（沈建明）

省交通厅举办深入学习实践科学发展观活动领导干部第二期培训班

10月26至28日，省交通厅深入学习实践科学发展观活动领导干部第二期培训班在忻州顿村省交通职工培训中心举办。厅领导王志民、韩日裕、郜玉兰、赵振田、曹燎原等参加培训学习及各小组讨论，围绕交通科学发展、快速发展、安全发展、协调发展，围绕扎实开展好这次学习实践活动提出很好意见和建议。厅党组书记、厅长段建国站在讲政治和战略及全局高度，为培训班学员作了题为《深入学习实践科学发展观，着力提高领导交通运输科学发展能力》的报告，副厅长王志民做总结讲话并就做好学习提高调查研究阶段工作提出具体要求。

段建国厅长在报告中指出，在全党开展深入学习实践科学发展观活动，是“三个代表”重要思想学习教育活动和保持共产党员先进性教育活动的继续，是深入推进改革开放、推动经济社会又好又快发展、促进社会和谐稳定的迫切需要，是提高党的执政能力、保持和发展党的先进性的必然要求。扎扎实实地开展好这项活动，对推动全省交通各项事业又好又快发展，全面做好各项工作，有着十分重要的意义。开展学习实践活动，是用中国特色社会主义理论体系武装全党的重大举措，是推进交通又好又快发展的迫切要求，是实现交通又好又快发展的根本保证。

段建国厅长在报告中提出3点要求。首先，全系统各级党组织和广大党员干部一定要深刻认识开展学习实践活动的重大现实意义和紧迫性，把开展学习实践活动作为应对挑战、解决矛盾、统一思想的重大契机，积极投入到学习实践活动中来。通过开展学习实践活动，把党的政治优势和组织优势转化为推动交通又好又快发展的强大动力，真正实现党员干部受教育、科学发展上水平、人民群众得实惠。其次，结合实际，深刻理解科学发展观的科学内涵、精神实质和根本要求。学习实践活动，要突出“实践”二字，要把开展学习实践活动与解决制约交通科学发展的突出问题结合起来，与解决党员干部党性党风党纪方面群众反映强烈的突出问题结合起来，与落实推进交通科学发展的重大战略结合起来，与做好当前的各项工作结合起来，紧紧围绕全年全省交通工作推进会确定的长远目标和现阶段工作任务，紧密结合自身的具体实际，研究制定切合自身实际的活动载体，以学习实践活动为契机，在推进实践中深化学习，通过深入学习推动实践，特别是要针对制约交通又好又快发展的主要矛盾和突出问题，在“依法依规”与“超常超态”、“严格程序”与“好中求快”、“解放思想”与“脚踏实地”、“改革创新”与“尊重科学”、“敢闯敢冒”与“遵章守纪”等方面做好文章，进一步强化工作措施，推进任务落实，把实践特色贯穿于活动的全过程。再次，要牢牢把握深入学习实践科学发展观的根本要求。一是把握指导思想、目标要求、基本原则。要全面贯彻党的十七大精神，高举中国特色社会主义伟大旗帜，以邓小平理论和“三个代表”重要思想为指导，深入学习实践科学发展观，紧紧围绕“党员干部受教育、科学发展上水平、人民群众得实惠”的总要求，以“坚持科学快速安全协调发展，提升交通运输服务保障能力”为主题和载体，准确把握科学发展观的重大意义、科学内涵、精神实质和根本要求，进一步解放思想，实事求是，改革创新，推动实践。着力转变不适应不符合交通科学发展的思想观念；着力解决影响和制约交通运输科学发展的突出问题以及党员干部党性党风党纪方面群众反映强烈的突出问题；着力构建更有活力、更富效率、更加安全、更为协调、更有利于交通运输又好又快发展的体制机制。要提高思想认识，增强发展能力，解决突出问题，创新体制机制，推动科学发展；要坚持解放思想，突出实践特色，贯彻群众路线，正面教育为主，注重改革创新。二是抓住环节，突出重点，完成好学习实践活动的各项任务。要认真做好学习实践活动的各项准备工作，扎实抓好学习调研；要认真分析查找问题，开好领导班子民主生活会；要集中解决问题，完善体制机制。三是深入学习，积极实践，确保学习实践活动取得实效。厅直各级党组织要切实加强对学习实践活动的领导和指导，党委（总支、支部）的主要负责同志要把学习实践活动紧紧抓在手上，担负起第一责任人的责任。要在思想上高度重视，工作上落实责任、组织上提供保障，确保学习实践活动各项要求落到实处。要充分发扬民主，吸收群众全程参与，认真听取群众的意见和建议，充分调动广大党员和群众的积极性与创造性。各单位要认真做好规定动作，因地制宜地创新活动内容、活动方式和活动载体，努力创造出交通深入学习实践科学发展观活动的新亮点，统筹兼顾,做到两手抓、两不误、两促进。

王志民副厅长在总结讲话中提出4点要求。一是继续深入思想发动,进一步明确省委、省交通厅的部署和要求,明确本单位本部门的具体安排,明确努力方向和着力点,迅速进入状态,积极行动起来,全身心投入到学习实践活动中来。二是认真组织学习培训。各部门各单位要精心组织,认真制定周密的学习培训计划,对不同层次的党员采取灵活多样的形式,认真组织好集中学习。创新学习形式,增强学习的针对性和实效性。三是深入开展专题调研。要因地制宜,根据本部门本单位的具体实际,合理确定调研课题,做到数量精、题目实。调研活动要从实际出发,合理安排,有序进行,防止一窝蜂、走形式。四是充分开展解放思想讨论活动。各单位各部门要在学习和调研的基础上,紧紧围绕主题,深入开展解放思想讨论,形成解放思想的成果。把解放思想、改革创新贯穿于学习实践活动全过程,把学习实践活动的成效充分体现在促进整体工作、解决突出问题上,落实在完成全年各项工作任务、谋划2009年工作安排中,切实做到两手抓、两不误、两促进、两提高,推动全省交通各项事业在新的起点上更好更快地发展。

(沈建明)

省交通厅党组中心组集体学习科学发展观

11月5日上午,省交通厅党组中心组召开专题会议,集体学习科学发展观,总结全省交通系统第一阶段学习情况。中心组成员结合自己分管工作和调研课题,围绕"深入实践科学发展观,推动山西交通科学快速安全协调发展"分别进行讨论发言。厅党组副书记、副厅长张润主持,厅领导段建国、王志民、韩日裕、张志川、张德仪、曹燎原、郭贵平参加,省委第三学习实践活动指导检查组副组长、山西农业大学党委副书记崔富春出席并讲话。

按照中央、省委统一部署,全省交通系统有24个单位,包括两个副厅级领导班子,66个处级领导班子,420名处级领导干部,36个党委,22个党总支,325个党支部,共4156名党员参加第一批学习实践活动。学习实践活动开展以来,在省委第三指导组有力指导下,全省交通系统各级党组织和广大共产党员,特别是各级党员领导干部以饱满政治热情,克服工作学习矛盾,认真组织,精心安排,保证学习实践活动按时高效地开展。截至11月4日,厅直单位和所有二级单位动员会已全部召开,集中培训也陆续完成,全省交通系统正进入集中组织研讨和领导干部专题调研阶段。

厅直机关党委书记、厅学习实践科学发展观活动领导组办公室主任杨俊威向省委第三检查指导组总结汇报省交通厅第一阶段学习实践工作情况,厅领导张润、王志民、韩日裕、张志川、张德仪、曹燎原、郭贵平分别结合所分管工作和调研课题,紧紧围绕落实学习科学发展观,如何科学快速推动全省交通工作进行深入浅出发言和认真讨论分析。厅党组书记、厅长、厅学习实践领导组组长段建国在发言中指出,发展是第一要务,只有发展才能解决目前交通系统所面临的矛盾和问题,牢牢把握以人为本的核心理念,把安全发展放在突出位置抓实抓好,降低事故发生率,确保工程建设质量安全和廉政安全,进一步创新体制机制,推动全省交通工作又好又快发展。

崔富春对省交通厅学习实践活动给予较高评价。他说,全省交通系统对此次学习科学发展观活动认真负责,很有特色和代表性。希望全省交通系统广大党员干部针对存在的问题,紧密围绕交通行业实际情况,继续深入学习实践科学发展观,推动交通科学、快速、安全、协调发展。

(沈建明)

省交通厅党组召开“解放思想，推动交通科学发展”大讨论专题会议

11月10日下午，省交通厅党组召开“解放思想，推动交通科学发展”大讨论专题会议，进一步把科学发展观学习实践活动引向深入。厅领导段建国、张润、王志民、韩日裕、张志川、张德仪、赵振田、曹燎原、郭贵平出席，省公路局、省高管局、省征稽局、省运管局、省地方海事局主要领导与厅机关各处室负责同志列席，省委第三检查指导组组长、省人大常委会农村工作委员会主任吕德功莅临并讲话。

开展解放思想大讨论是按照省委关于深入学习实践科学发展观活动部署的一项重要内容。会议由厅党组副书记、副厅长张润主持。会议紧紧围绕“进一步解放思想，推动山西交通科学快速安全协调发展”主题，并结合11月9日国务院常务会议精神和11月6日牛仁亮副省长在省交通厅调研时的“一超三大”指示精神，进行全方位、深层次、针对性强的深入认真讨论。王志民、张志川、张德仪结合所分管的交通工作和调研课题，就构建综合运输体系、交通职能宣传、创新筹融资体制等进行精彩独到的专题发言。厅党组书记、厅长段建国在听取省公路局局长戴飞、省征稽局局长张晋鹏关于全省公路、征稽系统当年工作和开展学习实践科学发展观活动的总结汇报后，就全省交通系统学习实践科学发展观活动进行阶段总结和交流讨论。针对存在高速公路开工建设总量不足、重建轻养、体制机制不顺畅、工作作风不够扎实等问题进行深入分析研究，并就如何面对机遇，进一步解放思想进行安排部署。他说，深入学习实践科学发展观，必须进一步解放思想，特别是目前全省交通系统面临任务重、困难多的严峻形势下尤其重要。面对新形势，解决突出问题，必须靠解放思想。全省交通系统各级党员干部要用超前理念谋划交通发展，打破按部就班传统观念，紧密联系工作实际，创新工作机制，努力改进工作作风，畅通各种渠道，深入基层一线，广泛听取群众意见，换位思考，实事求是，转变观念，切实增强各级党员和领导干部的责任感、使命感，推动山西交通工作科学快速发展。

吕德功组长在讲话中，对省交通厅深入学习实践科学发展观活动的各项工作表示满意。他说，省交通厅学习活动扎实有效，深入认真，各项工作走在全省前面，并紧密结合交通工作实际，进行深入思考和积极有效探索。他希望全省交通系统各级党员干部抓住新一轮发展机遇率先实践，通过用科学发展观思想来破解交通工作中遇到的难题，在国家发展大交通的格局中抢位，在整合大运输体系的效能中跑项，用解放思想成果在创新经营体制和管理水平中激活，在服务最广大人民群众中尽职尽责，为人民大众提供更便捷的交通环境。

（沈建明）

省交通厅召开深入学习实践科学发展观活动第一阶段汇报会

11月14日，省交通厅召开深入学习实践科学发展观活动汇报会，总结前一阶段学习实践活动，对进一步引深第一阶段学习实践活动进行再部署。厅党组副书记、副厅长、厅学习实践活动领导组副组长张润出席并讲话。厅直机关党委书记、厅学习实践活动领导组办公室主任杨俊威传达省委学习实践领导小组《关于深入扎实做好学习提高调查研究阶段工作的通知》精神。厅学习实践活动指导检查组5位组长对前段指导检查工作进行汇报。

学习实践活动开展以来，在厅学习实践活动领导组的正确领导和省委第三指导检查组的有力指导下，厅直各级党组织高度重视，精心组织，齐抓并举，狠抓落实，深入扎实地推动学习实践活动各项工作任务开展，学习实践活动开局良好，推进有序，成效初显。呈现出3个特点：一是高度重视，学习实践活动

全面展开。厅直单位各级党组织以组织领导、思想发动、安排部署、指导检查、汇报沟通、示范引领、舆论引导“七个到位”，努力把工作抓紧、抓实，保证了各个环节的工作有条不紊，推进顺利。二是精心组织，学习调研工作成效明显。各级党组织突出抓住学习培训、深入调研、围绕科学发展开展解放思想讨论3个重点，创新方式，严格要求，健全制度，推动各项任务落实，增强活动效果。三是以学促用，交通科学发展达成共识。通过学习调研阶段集中学习、深入调研和广泛交流讨论，围绕推进交通科学发展，逐步形成5点共识：交通落实好科学发展观在发展方向上，首先必须突出发展这个第一要务，在加快发展中推动又好又快发展；在发展目标上，必须牢牢把握以人为本这个核心，在提升服务保障能力中落实科学发展；在发展方法上，必须把安全和协调放在更加突出位置，在统筹兼顾中推动科学发展；在发展措施上，必须更加注重改革创新，在完善体制机制中保证科学发展；在发展保证上，必须加强各级领导班子和党员干部队伍建设，在提高执行力中实现科学发展。

张润在讲话中指出，当前，厅直系统学习实践活动集中进入解放思想大讨论活动环节，要努力抓好5项工作。一要创新思路，打破陈规。广大党员干部要立足自身岗位，打破置身局外、坐而论道的消极观念，把解放思想和推动自身工作结合起来，认真查找和改进思想观念上存在的问题，努力适应工作需要。二要跳出圈子，审视不足。要善于换位思考，冷静审视自身不足，以广阔胸襟自觉听取不同意见，以包容心态对待不同思想碰撞，努力在实际工作中争当排头兵。三要学习经验，丰富自己。要下大决心改变过去故步自封做法，主动走出去，认真学习吸收好的做法和经验，抓住机会开阔眼界，坚持学中改，以改促用，不断加快发展。四要深入下去，夯实自己。要以解放思想为契机，广泛听取基层干部群众意见和建议，理顺与基层联系渠道，了解基层单位合理诉求，倾听基层群众呼声，以务实工作态度取得群众信任；五要改进作风，实事求是。面对交通发展的新形势、新机遇，要紧密联系工作实际，以实事求是态度，务实进取工作作风，确定规划，把握进度，推进工作，做到目标更实一点，措施更多一点，办法更活一点，不断把解放思想大讨论引向深入，以思想大解放推动交通大发展。

张润强调，在下一阶段学习实践活动中，要充分发挥各级党组织作用，切实抓好教育引导，着力组织和引导群众参与，扎实推动学习实践活动各项任务落实。要紧密结合当前经济形势、中央决策部署以及交通运输部贯彻落实中央决策部署加快交通基础设施建设电视电话会议精神，突出实践特色，积极创新自选动作，广泛开展“创建五型机关，促进四个发展”主题实践活动，真正把学习实践活动与落实先进性长效机制、推进党建工作创新、完成各项工作任务结合起来，统筹兼顾，合理安排，切实做到两不误、两促进。

厅指导检查组组长、厅直单位学习实践活动领导组组长及厅学习实践活动领导组办公室有关负责同志参加会议。

（沈建明）

省交通厅召开向党员老干部和党外人士征求意见座谈会

11月24日上午，省交通厅召开座谈会，邀请部分党员老干部和党外人士，结合正在开展的深入学习实践科学发展观活动，向他们征求意见。厅党组副书记、副厅长张润，厅深入学习实践科学发展观活动领导组办公室相关同志出席。

座谈会上，厅直机关党委书记、厅深入学习实践科学发展观活动领导组办公室主任杨俊威通报省交通厅开展深入学习实践科学发展观活动第一阶段的总体情况，以及下一阶段安排。参会的党员老干部和党外人士结合自己的学习和思想实际畅所欲言。大家一致认为，正在开展的学习实践活动扎扎实实，有声有色，充分体现了“党员干部受教育，科学发展上水平，人民群众得实惠”。厅党组找出的问题符合科学发展观要求，结合省厅实际，找得比较准和实。与此同时，大家还就加强高速公路规划、设计等前期工作，继续深入细致查找问题，推进节能减排等问题提出意见和建议。

认真听取大家发言后，张润在讲话中指出：明后两年，全省将投资 2100 亿元用于公路建设，交通的各项任务非常繁重。在这种形势下，如何用科学发展观统领全局，指导各项工作，非常关键。希望老干部继续发扬优良传统，关注全省交通发展，多提好的意见和建议，促进全省交通持续快速健康发展。

（沈建明）

省交通厅召开深入学习实践科学发展观活动第一阶段总结暨第二阶段动员大会

12 月 5 日，省交通厅召开深入学习实践科学发展观活动第一阶段总结暨第二阶段动员大会，回顾学习实践活动第一阶段工作，部署第二阶段工作任务。厅党组书记、厅长段建国作动员报告，省委第三指导检查组组长吕德功出席并作重要讲话。厅党组副书记、副厅长张润主持。在家厅领导、厅直各单位党政主要负责人和党办主任、厅机关处级以上干部和离退休干部代表、厅学习实践活动指导检查组全体同志参加。

活动开展以来，厅直各级党组织和广大共产党员，特别是党员领导干部，紧紧围绕“党员干部受教育，科学发展上水平，人民群众得实惠”总体要求，以饱满政治热情，“七个到位”抓落实，“三个重点”求实效，“五点共识”谋发展，即组织领导到位、思想发动到位、安排部署到位、指导检查到位、汇报沟通到位、示范引领到位、舆论引导到位；在学习培训上求实效，在专题调研上求实效，在解放思想大讨论上求实效；在发展方向、发展目标、发展方法、发展措施、发展保证上基本形成共识，学习实践活动起步扎实，开局良好，推进有序，取得明显成效。

段建国在会上就第一阶段学习情况进行总结，对第二阶段学习实践活动开展提出具体要求。他指出，要积极应对当前经济形势，维护全省交通改革发展稳定大局。以科学发展观为指导，科学地分析形势，把思想认识统一到中央的判断和决策上来，坚定信心，趋利避害，主动谋划对策，积极应对挑战。把动员广大党员干部特别是各级领导干部积极应对金融危机对全国经济的不利影响，在科学发展观指导下做好当前各项工作，作为学习实践活动的重要内容。根据经济社会发展情况的变化，精心做好保发展、保民生、保稳定、保中央方针政策贯彻落实工作；要充分认识分析检查阶段工作的重要性，切实增强做好这一阶段工作的责任感，扎实做好分析检查阶段四个环节的工作，认真组织专题民主生活会，认真撰写领导班子分析检查报告，及时通报分析检查情况，严格组织群众评议，确保分析检查质量。他强调，要继续强化组织领导，坚持边学边改，突出实践特色；坚持示范带头，发挥表率作用；切实加强领导，狠抓工作落实。

吕德功组长在讲话中指出，10 月 17 日召开动员会以来，省交通厅学习实践活动组织精心，程序严格，进展顺利，取得阶段性初步成效。主要表现在四个方面：厅党组重视，周密部署，加强领导，主要领导带头，发挥表率作用；学习实践活动主题鲜明，针对性强，学习比较认真，在深入理解中解放思想，在解放思想中统一思想，在统一思想中取得共识，在取得共识中推进发展；学习调研扎实深入，坚持群众路线，广泛听取各方面意见；学习实践活动与推进各项工作紧密结合，在抓抢新机遇、促进大发展格局中主动抢位，在整合运输大体系中科学定向，符合科学发展观要求，符合山西交通工作实际，符合党员干部和人民群众的愿望和期盼。他指出，分析检查阶段在学习实践活动中具有承前启后的重要作用,要广泛征求意见、找准问题、分析原因、理清思路、明确方向,扎实做好第二阶段各项工作。征求的意见要认真梳理,做到原汁原味反馈;民主生活会主题要鲜明突出,氛围与质量要民主团结,深刻有效;会前领导班子成员要主动开展谈心活动;领导班子成员要认真撰写发言提纲进行自我检查;要提前确定好参加民主生活会的人员范围。民主生活会要坚持正面教育为主原则,重在分析问题,重在总结经验,重在明确方向;开展批评与自我批评,既要坚持原则又要注意方式方法,不纠缠历史旧账,不纠缠个人责任。他特别强调,虽然由学习调研阶段转入分析检查阶段,但要把学习坚持不懈地贯彻始终,要把注重实践特色坚持不懈地贯彻始终。

省委第三指导检查组副组长赵林平在讲话中,对做好第二阶段各环节主要工作需要注意把握的要点提出要求。

（沈建明）

省交通厅党组召开学习实践科学发展观活动专题民主生活会

根据省委学习实践活动领导组的统一部署,12 月 12 日,厅党组召开学习实践活动专题民主生活会,对照科学发展观要求,认真分析检查工作中存在的问题,进一步理清科学发展思路,制定推动和保障交通新的科学发展的具体措施。

省委第三指导检查组组长吕德功,副组长崔富春、赵林平,省委组织部省直处郑秀春到会指导。省征稽局、省高管局、省运管局、省地方海事局党组织主要负责人,省交通厅指导检查组组长及厅学习实践活动领导组办公室有关负责同志列席。

为开好这次专题民主生活会,厅党组广泛征求各方面意见和建议,先后召开各类座谈会 21 次,发放征求意见表 70 多份,收集梳理肯定性意见 63 条,建议 93 条;厅领导围绕 11 个调研课题,分别带领有关部门和单位负责人深入联系点展开调研,累计深入 26 个基层单位调研 44 次,亲自主持撰写 11 个调研报告。各位班子成员根据这次民主生活会要求,对照征求到的意见和建议,结合各自分管工作,会前开展谈心活动,精心准备发言提纲。会上,大家联系思想和工作实际,交流学习实践科学发展观的体会,剖析交通改革发展中存在的突出问题,提出有针对性的整改意见和建议。

段建国在发言中指出,改革开放以来,特别是党的十六大以来,山西交通在贯彻落实科学发展观、实现又好又快发展上取得令人鼓舞成绩,但与科学发展观要求相比,与省委、省政府期望和人民群众期待相比,交通发展过程中还存在着不足地方。对照"第一要义是发展"的要求分析,交通发展最突出的问题是基础设施总量不足、质量不高、结构不合理、保障能力不强;对照"核心是以人为本"的要求分析,交通公共服务的安全性、便民性、公平性还有较大差距;对照"基本要求是全面协调可持续"和"根本方法是统筹兼顾"的要求分析,交通发展不平衡、不和谐、不稳定的问题还比较突出;对照解放思想、改革开放的要求分析,最突出的问题是创新意识不强,创新动力不足;对照"以改革创新的精神加强党的建设"的要求分析,必须进一步加强厅领导班子建设和干部队伍建设。

段建国认为,要切实改进上述五个方面的突出问题,必须以科学发展观为指导,认真总结改革开放 30 年交通发展经验,以思想大解放推动交通大发展。为了推动和保障交通新的科学发展,要努力做好 5 项工作。一要抓机遇再掀公路建设新高潮,努力使交通基础设施建设在质和量上实现双突破;二要解放思想,加大改革创新力度,全力化解制约交通发展的突出问题;三要统筹兼顾,落实"三个并重",促进交通事业全面协调可持续发展;四要以人为本,抓住突出问题,不断发展,实现和维护广大人民群众根本利益;五要大力加强干部队伍建设;六要切实加强厅党组自身建设。

段建国强调，通过前一段时间的学习实践，厅党组及各位成员对科学发展观的理解有了明显提高，对交通改革发展中存在的问题有了更清醒认识，对推进交通科学发展的信心更加坚定，方向更加明确，思路更加清晰，措施更加有力。下一阶段要更进一步加强理论学习，进一步增强把握机遇能力、科学决策能力、开拓创新能力、学习新知能力、驾驭全局能力、廉洁自律能力，努力实现领导干部受教育、科学发展上水平、人民群众得实惠的目标，奋力开创交通运输科学发展新局面。

吕德功指出，这次专题民主生活会有4个特点：一是准备充分。厅党组对这次专题民主生活会高度重视，精心准备，在认真学习调研、广泛征求意见的基础上，班子成员认真撰写了发言提纲。二是紧扣主题。班子成员紧紧围绕专题民主生活会主题，突出查找、解决影响和制约交通科学发展的矛盾和问题这个重点而展开。三是态度坦诚。认真开展批评与自我批评，着眼于工作的改进提高，着眼于交通新一轮发展，真正做到坦诚相见。四是注重对接。班子成员的发言特别注重与征求意见的对接，不回避矛盾。他要求，下一步要抓好第二阶段其他环节的工作，高质量完成分析检查报告，分析要深刻，检查要到位，主要领导和班子成员要全程把关分析检查报告。

吕德功强调指出，当前，交通发展的机遇比较好，但行业发展的任务大，行业改革的矛盾多，行业稳定的风险高，行业安全的责任重，大家必须同心同德，团结一致，在厅党组领导下，解放思想，共同破解制约交通新发展的突出问题；抢抓机遇，科学指导，全力推动交通大发展的启动步伐；营造氛围，完善与地方政府的共建机制，强化共建责任，最后形成共建合力。

（沈建明）

省交通厅学习实践科学发展观活动领导组办公室召开指导检查组组长会议

12月22日下午，省交通厅学习实践科学发展观活动领导组办公室召开指导检查组组长会议，传达学习习近平同志在深入学习实践科学发展观活动视频会议上的讲话精神、张宝顺同志在山西分会场的讲话精神及省委第三指导检查组会议精神，并对分析检查阶段工作进行部署。厅党组副书记、副厅长、厅学习实践活动领导组副组长张润出席并讲话。

会议指出，要认真学习贯彻中央、省委领导的讲话精神，把开展学习实践活动与学习贯彻胡锦涛总书记重要讲话相结合，与学习贯彻中央经济工作会议精神相结合，认真做好分析检查阶段各项工作。要在撰写分析检查报告、通报分析检查情况、组织群众评议3个环节上把好关；要统筹安排，掌握进度，精心组织，严格程序，确保分析检查阶段各项工作质量。

张润在讲话中指出，要认真学习贯彻胡锦涛总书记在纪念党的十一届三中全会召开30周年大会上的重要讲话精神和中央、省委经济工作会议精神，认真学习习近平和张宝顺同志讲话精神，按照深入贯彻落实科学发展观要求，切实做好学习实践活动分析检查阶段工作。下一步工作时间紧，要求高，任务重，大家一定要齐心协力，全力以赴，按要求完成好分析检查报告，把问题找准确，把根源弄明白，把思路理清楚，把对策定科学，做到解决问题有的放矢。在分析检查阶段要继续抓好学习，坚持把学习实践活动与完成全年各项目标任务有机结合起来，既要保证学习实践活动扎实有效，又要保证各项工作顺利推进，切实做到两手抓、两不误。

（沈建明）

省交通厅党组专题研究讨论领导班子分析检查报告

12月25日上午，省交通厅党组召开扩大会议，专题研究讨论领导班子分析检查报告。厅党组书记、厅长段建国主持会议。

在听取厅领导班子分析检查报告的通报后，与会人员进行认真讨论。大家一致认为，厅领导班子分析检查报告内容翔实，实事求是，总结贯彻落实科学发展观取得的成效客观实在，不夸大成绩，点到为止，查摆问题深入准确，不遮遮掩掩，分析原因深刻透彻，发展思路符合全省交通实际，整改措施切实可行，很有针对性，是一个令人鼓舞、质量很高的报告。会上，大家还结合工作实际，提出许多修改建议。

厅党组高度重视分析检查工作。厅党组书记段建国同志亲自指导，厅党组副书记张润同志全程主持分析检查报告的起草，并先后组织召开两次座谈会，广泛听取对分析检查报告的意见和建议。此次修改完善，为下一环节群众评议和整改落实打下坚实基础。

（沈建明）

省交通厅领导班子分析检查报告群众评议大会召开

12月29日下午，省交通厅领导班子分析检查报告群众评议大会召开。厅党组副书记、副厅长张润主持，厅领导段建国、王志民、张志川、郜玉兰、张德仪、赵振田、曹燎原、郭贵平，厅机关各处室，厅直各单位党政负责同志，民主党派、党外人士代表，离退休干部和交通行风监督员代表参加。厅党组书记、厅长段建国通报厅领导班子学习实践科学发展观活动分析检查报告，会议代表进行实事求是、客观公正评议。

深入学习实践科学发展观活动进入分析评议阶段以来，厅党组充分吸收和运用前一阶段学习成果，紧扣学习实践活动主题和载体，紧密联系交通改革发展稳定和厅党组中心工作，深入分析寻找影响制约交通科学发展、快速发展的突出问题和党性党风党纪方面群众反映的突出问题。厅党组召开民主生活会后，形成贯彻落实科学发展观的分析检查报告。

段建国从党的十六大以来厅领导班子贯彻落实科学发展观所取得的成效以及形成的共识、存在的问题和主观原因分析、推进全省交通运输科学发展思路和主要举措、按照科学发展观要求加强厅领导班子建设4个主要方面进行总结通报。

会议要求，全省交通系统各学习实践单位要继续加强组织领导，做好领导班子分析检查报告群众评议结果公布工作；厅指导检查组要加强督促检查，并充分接受群众监督；要突出实践特色，做好整改落实准备工作；要立足于早，立足于实，把解决问题贯穿于分析检查阶段全过程，并紧密结合国内外经济形势变化，着力解决经济运行、安全生产、基层群众生活、社会和谐稳定等方面存在的问题；要坚持统筹兼顾，扎实推进各项工作；各单位要进一步拓宽工作思路，以科学发展观指导交通工作实践，并把学习实践活动与中央、省委及省交通厅再掀公路建设新高潮有关精神结合起来，与总结当年工作，谋划明年各项工作结合起来，切实做到两手抓，两不误，两提高。

（沈建明）

省交通厅学习实践科学发展观活动转入整改落实阶段

1月9日，省交通厅召开学习实践科学发展观活动整改落实阶段动员会，总结分析检查阶段工作，安排整改落实阶段各项任务。厅党组书记、厅长段建国作动员报告，省委第三指导检查组组长吕德功出席并讲话。厅党组副书记、副厅长张润主持会议，厅领导韩日裕、张志川、张德仪，厅学习实践活动领导组成员，厅机关各党支部书记，厅各指导检查组组长、副组长参加。

省交通厅学习实践活动自2008年12月5日转入分析检查阶段以来，严格按照学习实践活动的指导思想、目标要求和分析检查阶段“四个环节”的方法步骤，紧紧围绕“坚持科学快速安全协调发展，提升交通运输服务保障能力”主题，突出处级以上领导干部和领导班子重点，高度重视，精心组织，加强领导，扎实推进，在省委第三检查指导组的有力指导下，圆满完成分析检查阶段各项任务，较好地实现了思想认识上有新提高、解决问题上有新举措、推动工作上有新成效。

段建国厅长指出，整改落实阶段是学习实践活动最出成果、最见实效的阶段，也是广大党员干部群众最为关注的阶段，必须下工夫抓好抓实。要把保持经济平稳较快发展作为当前学习实践科学发展观最具体的实践，紧紧围绕促进交通科学发展、快速发展、安全发展、协调发展，抓住制定整改落实方案、集中解决问题和创新体制3个环节，统筹做好当前各项工作，下工夫解决影响制约科学发展的突出问题、影响行业和谐的突出问题和党员干部党性党风党纪方面群众反映强烈的突出问题，办几件群众迫切希望办的好事实事，制定完善一批当前迫切需要的制度政策，体现学习实践活动成果，努力创建群众满意工程。

段建国厅长强调，要加强领导，统筹安排，确保学习实践活动取得实效。各部门各单位要继续深化学习，统筹推动各项工作，强化舆论宣传，及时总结好做法、好经验，把在学习实践活动中激发出来的精神力量转化为强大的物质力量，推动交通科学快速安全协调发展，确保群众生活安定，促进行业和谐稳定。各级领导班子和领导干部要充分发挥模范带头作用，按照厅党组提出的要求，尽职尽责，带头制定整改落实方案和措施，自觉接受群众监督，要求干部职工做到的，自己首先做好；要求下级机关做到的，上级机关首先做到。要通过领导干部和各活动单位带头整改、示范引导，推动学习实践活动及当前各项工作深入开展，确保各项任务按期圆满完成。

吕德功组长在讲话中，要求省交通厅在整改落实阶段要抓好制定整改落实方案、集中解决问题、创新体制机制3个环节工作。制订方案要做到“四明确一承诺”，即明确整改落实项目，明确整改落实目标和时限要求，明确整改落实措施，明确整改落实责任，对整改落实作出公开承诺。集中解决问题环节，要紧紧围绕省委提出的转型发展、安全发展、和谐发展和交通科学发展、快速发展、安全发展、协调发展这一主题，紧密联系影响群众生产生活和社会和谐稳定的突出问题，实事求是，避免短期行为。要按照科学发展观要求，更加注重推进体制机制创新工作，充分借鉴调研成果，充分运用领导班子分析检查报告，充分听取各方面意见和建议，做好“废、改、立”的工作。

（沈建明）

省交通厅召开学习实践科学发展观活动整改落实阶段推进会

2月13日，省交通厅召开学习实践科学发展观活动整改落实阶段推进会。会议由厅直机关党委书记杨俊威主持。通报前段工作情况，提出近期工作重点。厅学习实践活动领导组办公室副主任，厅指导检查组组长，厅直各单位负责人，厅机关党支部书记参加。

会议指出，按照省委统一安排，第一批学习实践活动整改落实阶段将于2月底基本告一段落。各单位下一步要继续做好两项工作：一是集中解决问题。按照《整改落实方案》要求，各单位要把明确解决的问题梳理出来，集中力量解决几个影响和制约交通科学发展的突出问题，办几件职工群众普遍期待的实事好事，使干部职工和人民群众真正感受到学习实践活动带来的新变化、新气象。二是抓好创新体制机制。要明确体制机制创新内容，从推动交通科学发展、快速发展、安全发展、协调发展需要出发，紧密结合交通实际，建立健全促进科学发展的体制机制，推动科学发展的政策法规和符合科学发展要求的规章制度。

会议要求，各单位、各部门要尽快安排整改落实阶段后两个环节工作，及早考虑满意度测评工作，科学确定测评内容，合理确定参加测评人员规模、范围和测评方式，让广大党员群众及早了解学习实践活动的目标要求，认真总结宣传学习实践活动尤其是整改落实阶段的好做法、好经验，以有效、深入的宣传，扩大学习实践活动影响，推进学习实践活动深入广泛开展。厅各指导检查组要再接再厉，进一步加大对各单位的督促检查力度。

会议还学习传达中央学习实践活动领导小组《关于印发〈习近平在中央深入学习实践科学发展观活动领导小组第四次会议上的讲话〉的通知》。

（沈建明）

省交通厅召开深入学习实践科学发展观活动总结大会

2月27日，省交通厅召开深入学习实践科学发展观活动总结大会。厅党组书记、厅长段建国作总结报告，省委第三指导检查组组长吕德功出席并讲话，厅党组副书记、副厅长张润主持。厅领导王志民、张志川、郜玉兰、赵振田、曹燎原、郭贵平出席。厅机关全体党员干部、厅直各单位党政主要负责人、厅指导检查组全体同志、党外人士、离退休老干部、行风监督员及群众代表130余人参加。

按照全省统一部署，省交通厅第一批深入学习实践科学发展观活动从2008年9月开始，共24个单位5060名党员参加。

活动开展以来，在省委的正确领导和省委第三指导检查组的强有力指导下，厅直系统各级党组织经过近半年努力，圆满完成学习实践活动3个阶段17个环节的工作任务，较好地实现了“提高思想认识、增强发展能力、解决突出问题、创新机制体制、推动科学发展”的要求，群众对省交通厅学习实践活动情况的满意度达99.2%。

段建国厅长在总结报告中，总结省交通厅学习实践活动的做法和特点主要体现在六个方面。一是坚持强化领导，注重分类指导。为加强对活动的组织领导，省交通厅成立厅学习实践活动领导组及办公室，并向参加第一批学习实践活动的24个单位派出5个指导检查组，同时还及时成立新建高速公路建设管理处党组织，加强对高速公路建设单位的领导。二是坚持全员参与，保证活动效果。针对行业特点，省交通厅采取深入一线、强化指导，结合实际、送学上门等措施，保证学习实践活动纵向到每个基层党支部，横向到每一名党员。省交通厅在学习实践活动中“不留一个死角，不落一名党员”的做法，受到省委指导检查组的充分肯定。三是坚持领导带头，发挥表率作用。学习实践活动开展以来，厅直各级党员领导干部充分发挥模范带头作用，带头学，带头讲，带头深入到党员群众中去，带头参加各个环节的活动。四是坚持群众路线，勇于开门纳谏。为把影响和制约交通科学发展的问题找准摸透，参加学习实践活动的各单位坚持走群众路线，吸收群众参与，广泛征求社会各界意见和建议。五是坚持舆论引导，把握正确方向。各单位高度重视宣传和舆论导向工作，并努力把这项工作贯穿于学习实践活动始终。六是坚持实践特色，推动科学发展。在厅机关率先组织开展“创建五型机关，促进四个发展”主题实践活动，并紧紧抓住国家实施积极财政政策、适度宽松货币政策和扩大内需、促进经济增长10项措施这一难得的发展机遇，突出实践特色，用足用好政策，加大投资力度，扩大建设规模，以思想大解放推动交通大发展。与此同时，各级党组织广泛开展“进万家门、解万家难、暖万人心”活动和向南方灾区“送温暖、献爱心”捐款捐物活动。

段建国厅长在报告中指出，经过近半年扎实工作，省交通厅学习实践科学发展观活动取得阶段性成果，成效明显。一是在加深理解和自觉贯彻落实科学发展观上实现新提高。通过学习实践活动,广大党员干部在破除思维定式、陈旧观念,克服自满心理、畏难情绪,增强大局意识、责任意识等方面取得明显进步。厅党组在认真总结经验、全面分析形势基础上,形成5点共识。二是在解决突出问题、创新体制机制上取得新成果。坚持突出实践特色,坚持边学边改,着力在解决影响和制约交通科学发展及群众反映强烈的突出问题上下工夫,对征集到的5个方面25个主要问题逐项进行整改或部署。三是在推动全省交通运输科学发展上开创新局面。坚持把学习实践活动成果转化为推进交通工作的强大动力,在圆满完成学习实践活动任务的同时,交通基础设施建设、交通运输生产、交通行业管理、机关作风建设以及行业文明创建各项工作,均取得重要进展。四是厅领导班子和干部队伍建设得到新加强。增强贯彻落实科学发展观的自觉性和坚定性,提高决策的科学化、民主化水平和领导干部的战斗力,加强反腐倡廉工作,进一步匡正用人风气,端正用人导向。

段建国厅长最后强调,学习实践科学发展观既是当前一项重大的政治任务,也是一项需要常抓不懈的重要工作。因此,要继续推进思想大解放,继续推进交通科学快速安全协调发展,继续抓好整改落实,继续建立完善长效机制,继续加强干部队伍建设,进一步巩固和扩大学习实践活动成果,进一步推进交通改革和发展。

吕德功组长在讲话中对省交通厅的学习实践活动给予充分肯定。他说,省交通厅党组严格按照省委部署,围绕"党员干部受教育、科学发展上水平、人民群众得实惠"总体要求,紧密联系交通实际,扎实开展深入学习实践科学发展观活动,圆满完成各项任务,并把学习成果快速转化为实践。活动中,省交通厅党组参与的广度、研讨的深度、实践的速度、整改的力度都很有特色,主要领导率先垂范,班子成员态度认真,分管领导和办公室同志尽心尽责,保证学习实践活动取得明显成效。他希望省交通厅各级领导干部在以后的工作实践中,始终不懈地深入学习科学发展观,继续深化对科学发展观的理解与认识,不断提高落实科学发展观水平,在践行科学发展观的道路上开辟新的通道。

（沈建明）

省公路局开展解放思想大讨论

11月27日下午,省公路局党委中心组以"落实科学发展观,促进思想大解放,推动公路事业又好又快发展"为主题,以"转变不适应、不符合科学发展观要求的思想观念"为途径,以"要不要科学发展、能不能科学发展、怎样实现科学发展"等重大问题上达成共识为目的,在前一阶段广泛征求意见、领导干部领题调研的基础上,针对如何实现公路创新、安全、和谐发展,开展解放思想大讨论。厅第二指导组组长、省交战办副主任史荣和到会指导。省公路局局长戴飞主持。

在大讨论中,大家通过认真查找实际工作中存在的问题,深刻剖析思想观念、思维方式、发展理念和精神状态等方面存在的问题,就转变发展思路、破解发展难题发表了有见地、有价值的意见和建议。针对如何抢抓新一轮发展机遇,认为要重点抓好连通各地级市的主要经济干线和重要旅游线路建设,力争建设1500公里一级路,大力增强有效供给能力,彻底打破新一轮"瓶颈"制约,实现干线公路的全新发展。针对路桥企业的稳定发展问题,提出了分类指导、分别对待、分步走的发展思路,即第一步解困(2008年10月至2009年6月),第二步扭亏(从2009年7月至2010年12月),第三步积累(从2011年至2013年),逐步步入良性发展轨道。针对原养路协议工问题,根据不同工作年限,分类提出解决办法。尝试以公路分局或公路段为主体,依靠地方政府,协调当地社会保障部门,为原协议工办理养老保险。在大讨论中,大家还就加强工程、养护、人才管理等问题充分发表意见。

大讨论产生积极成果,主要表现在处理以下几对关系上达成共识:一是主动发展与被动发展的关系。一致认为,要下工夫抓好“发展”这个第一要义,把握主动,抢先发展,努力走出被动应付的困境,实现从被动发展到主动发展的转变;二是公路行业与社会产业的关系。再一次明确“发展是为了什么”的问题,真正站到服务经济社会发展的全局谋划公路事业发展,履行好服务职责;三是发展规模与建设标准的关系。运用好“统筹兼顾”这个根本方法,对发展规模和建设标准进行系统全面地分析讨论,根据需要的轻重缓急,统一筹划,分步实施,努力寻找发展规模与建设标准之间最合理的结合点;四是普遍规律与自身特点的关系。在遵循普遍规律的同时,充分考虑山西特殊省情,形成既具有时代特点又有山西公路特征的建养管新模式。五是发展能力与现实需要的关系。一致认为,唯有强化责任意识,提高综合素质,增强发展本领,与时俱进,不断提高发展能力,才能驾驭发展局势,应对现实需要。

(沈建明)

省公路局学习实践科学发展观活动成效显著

2008 年 10 月以来,省公路局党委按照党中央和省委的安排部署,严格落实省交通厅要求,在省委、省厅指导检查组的指导帮助下,加强领导,周密部署,层层发动,扎实做好三个阶段各项工作,把解决好影响和制约公路事业科学发展的突出问题以及群众反映迫切需要解决的突出问题作为学习实践科学发展观的出发点和落脚点,广泛开展了“科学发展在身边”主题实践活动。坚持把深入学习,边学边改贯穿于活动始终,本着使整改落实工作有章可循、群众满意度测评有据可依的原则,制订了《山西省公路局学习实践科学发展观活动整改落实方案》及责任分解表。通过活动的深入开展,形成了公路事业实现科学发展的共同理念,全行业管理水平有了新的提升,发展思路进一步清晰,发展目标进一步明确,发展能力进一步提高,制约公路事业科学发展的突出问题逐步得到解决。

(武　洋)

援川抗震救灾

援川抗震救灾

省交通厅向四川省交通厅发出慰问信

5月13日，省交通厅就汶川发生强烈地震向四川省交通厅发出慰问信。内容如下：

北京时间5月12日14时28分，贵省汶川县发生7.8级地震灾害，波及四川省绝大多数地区，造成交通、电力、通讯等基础设施严重破坏，部分道路严重受损中断，给人民群众的生产、生活和生命安全带来了严重影响，给抢险救灾工作带来了极大困难。我厅深切关注灾区灾情、震情，并通过贵厅向灾区的广大人民群众表示问候，向奋战在抢险救灾一线的工作人员特别是交通系统干部职工致敬！

灾情发生后，党中央、国务院和贵省省委、省政府主要领导高度重视，亲临一线指挥抗震救灾工作。贵省各级交通部门和广大干部职工在省委、省政府的统一领导和部署下，与灾区广大人民群众一起，团结奋斗，众志成城，修复受损公路，积极抢运救灾人员和物资，为灾后重建创造良好公路交通环境。

一方有难、八方支援，是中华民族的传统美德。我们将继续关注灾区的灾情，并将最大限度地给予支援和帮助。我们相信，在党中央、国务院的正确领导和亲切关怀下，在全国人民的大力支持下，贵省省委、省政府一定能够带领全省人民夺得抗震救灾工作的全面胜利！

（董忻文）

全省交通系统职工捐款捐物献爱心

5月14日上午，省交通厅召开会议部署厅机关和厅直各单位向灾区捐款活动，厅党组副书记、副厅长张润通报汶川地震灾情，传达省委办公厅、省政府办公厅紧急通知精神，动员全系统干部职工发扬中华民族一方有难、八方支援的传统美德，立刻行动起来，积极为灾区人民渡过难关，重建家园奉献爱心。厅领导段建国、张润、王志民、张志川、郜玉兰、张德仪、赵振田、郭贵平带头捐款，厅机关、厅直各单位干部职工积极响应号召，不论是在职职工、离退休人员，还是临时聘用人员，自发踊跃捐款，掀起献爱心热潮。并纷纷表示，"灾区的困难就是我们的困难，我们已做好支援灾区的一切准备。只要抗震救灾需要，将随时向灾区提供全力支持和帮助。"截至15日下午4时，厅机关、厅直各单位已捐款1 186 037.01元，并上解有关部门。

（董忻文）

省交通厅援川公路抢通保通突击队第一梯队抵川

5月23日，省交通厅援川公路抢通保通突击队第一梯队在太原启程出发，已于24日16时安全抵达德阳绵竹市汉旺镇。

5月20日，交通运输部发出紧急通知，组织全国交通系统对口支援四川灾区开展公路抢通保通工作。按照省委、省政府和交通运输部统一部署，省交通厅组建由厅副巡视员郭贵平任总队长的山西省支援四川灾区公路抢通保通突击队,对口支援德阳市公路抢通保通工作。21日下午,郭贵平已带领先遣队赴四川德阳灾区实地察看公路损毁情况。5月23日上午9时,省交通厅在山西路桥集团一公司办公楼前专门举行出征仪式,为突击队开赴灾区前线送行。厅党组副书记、副厅长张润主持。厅党组成员、副厅长张志川宣读交通运输部紧急通知,厅党组书记、厅长段建国讲话并为突击队授旗。

厅领导部玉兰、张德仪、赵振田,厅机关有关处室负责人,省交战办、省公路局、省高管局、省运管局、山西路桥集团、路桥集团一公司主要负责同志,抢险突击队员及中央驻晋新闻单位、省新闻媒体记者参加。

由75名专业技术人员组成的突击队第一梯队携带公路抢通与养护保通机械设备30台,其中包括破碎机、装载机、挖掘机、推土机、油罐车、工程保障车、指挥车、发电机和空压机等。

仪式结束后,段建国、张润等登车看望即将出发的突击队员,并嘱咐他们要克服一切困难,全面完成抢通保通和各项任务,在抗震救灾中为山西人争光,为交通人争光。要密切关注灾情疫情,时刻保护好自己,特别要做好预防山体滑坡、泥石流等次生灾害和疫病发生的准备工作,确保施工安全、人身安全。特别嘱咐厅新闻宣传中心记者要把抗震救灾一线的先进事迹采写好、报道好。

（董忻文）

省交通厅援川公路抢通保通突击队首战告捷

山西省交通抢通保通突击队先遣队于5月21日深夜24时赶到灾区德阳市,迅速与德阳市政府、四川省交通厅抗震救灾指挥部联系,第一时间赶赴德阳市政府抗震救灾指挥部领取抢险任务,从对口人员接头到了解大概灾情,从抢险道路任务到两地人员任务协调,逐一进行研究,碰头会结束时已是22日凌晨3点。

先遣队于22日凌晨6时赶赴灾区绵竹市、什邡市,途经汉旺镇、遵道德、洛水镇、金华镇、红白镇、双盛镇、蓥华镇7个镇查看损毁道路200多公里。查看途中余震不断,山体滑坡、塌方随时可能发生,冒险边走边看,现场研究制定工程抢险方案。经研究明确突击队当前的主要任务是抢通绵竹市汉旺镇至天池镇通乡公路27公里损毁道路。该路段由于地震造成绵远河截断,形成四个堰塞湖,任务十分艰巨。

先遣队到川后余震不断,其中4至5级以上地震发生6次。

5月24日下午,突击队抵达德阳绵竹市汉旺镇。

5月25日上午9时,刚刚到达四川地震灾区安营扎寨的突击队员们来不及休息就接到指令,绵竹市至金花乡县级公路被滑落山石阻塞,请求火速支援。总队长、厅副巡视员郭贵平立即安排部署路桥一公司董事长杨海龙火速组织队伍,赶往现场。

路桥一公司速派有多年施工经验的庞爱忠、吴光华带领10名工程技术人员及1台450挖掘机和50装载机火速赶往现场。半个小时到达现场后,面对二三十吨的巨石,抢险保通人员全力组织,克服重重困难,经过10余小时奋战,三公里路段全部抢通,突击队首战告捷,受到当地群众的一致赞扬。

（石中生）

省交通厅援川抢通保通突击队抢通县乡公路21.9公里

截至5月28日下午18时,省交通厅支援四川抢通保通公路突击队已在绵竹市抢通保通县乡公路21.9公里。

5天里,突击队员们冒着余震不断和山体滑坡、泥石流、滚石塌方等灾害随时发生的危险,废寝忘食,昼夜奋战在抢通保通一线。截至5月28日下午18时,四川省交通厅下达的绵竹市洛水至金花至红白公路已抢通保通16公里，排除险情19处；绵竹市汉旺至天池至清平公路抢通保通5.9公里，排除重大险情15处。累计抢通保通21.9公里，排除险情34处，取得阶段性成果。

5月28日下午，四川省交通厅党组副书记、副厅长杨占昌一行在厅副巡视员、前线指挥部指挥郭贵平，省公路局总工程师、前线指挥部副指挥周文全，山西路桥集团公司副总经理、前线指挥部副指挥李晋宏陪同下，深入抢通现场实地检查。当得知5天时间已累计为绵竹抢通保通县乡公路21.9公里时，对前线指挥部领导说："太感谢你们了，山西交通突击队这种勇于吃苦、无私奉献、不怕牺牲的精神，真让我们非常感动。"

（石中生）

省交通厅援川公路抢通保通突击队荣获"抗震救灾重建家园工人先锋号"称号

6月11日，山西省交通厅赴四川灾区公路抢通保通突击队被全国总工会授予"抗震救灾重建家园工人先锋号"称号。

5月23日奉命火速入川后，全体队员克服气温高、湿度大、暴雨等困难，冒着余震不断、山体滑坡、泥石流、崩塌等次生灾害随时发生的危险及上游堰塞湖的严重威胁，安全快速地打通绵竹市广济至金花、金花至遵道、汉旺至马尾桥至红岩3条公路，德茂公路、汉旺至清平公路推进至"一把刀"堰塞湖坝底，累计抢通保通46.9公里，完成清理泥石流32.5万立方米，累计排除险情149处，圆满完成公路抢通保通阶段性任务。

（石中生）

汉旺至清平公路再抢通1.5公里

6月12日，汉旺至清平公路上游"小岗剑"下方堰塞湖，因爆破处理不当造成溃堤，致使已抢通5.9公里路段被大水冲毁成5段，其中有5处损毁严重，路基全部被水冲走，要想再打通这条经济线，施工难度非常大。对此，前线指挥部成员、工程技术人员会同四川省交通厅、公路局以及德阳市交通局等公路专家，先后3次冒险深入险地实地勘测水毁情况，制定了再抢通安全施工方案。郭贵平指挥及时向段建国厅长作了汇报，段厅长明确指示：一定要结合公路抢通抢险的实际情况，在确保施工安全万无一失前提下，可以开展公路抢通行动。郭贵平指挥根据段厅长的指示精神，再三召集工程技术人员对施工进行方案研究，在确定具备安全施工抢险条件基础上，从6月18日开始，带领全体队员深入施工现场，亲自指挥，现场督战。在3天施工抢险中，当地经历上百次地震，其中4至5级地震7次，最高达5.9级；再加上3天小到中雨天气，条件非常恶劣。队员们硬是车拉机推人扛，抢通1.5公里，动用土石方5000立方米，排除险情20余处。比原计划提前两天时间。

（董忻文）

突击小分队涉险再探"一把刀"

6月15日，为给四川省交通厅、公路局专家评估组提供德茂公路汉旺至清平段公路损毁准确数据，抢险突击小分队张文红、吴光华、李瑜理、张东海、王学平、秦定福、王文忠一行7人，在抢险突击队抢通保障组组长、共产党员张文红带领下，再次徒步涉险深入被洪水冲垮的"一把刀"堰塞湖处，实地勘察测量4段冲毁路基距离及每一个险情数据。

正当队员完成考察任务，快速返回行走于陡峭山坡途中，突然余震发生了，山坡上悬石、浮石受震动飞滚而下。当时，队员们所处位置在相对稳定的几个大石之间，站也站不住，坐也坐也不住，只能靠巨石躲闪飞石。值得庆幸的是他们没有被飞石击中，只有一名队员因站立不稳擦破了腿，受轻伤。余震过后，通讯联络突然中断，值此危难之时，郭贵平指挥迅速组织部分队员急速搜寻至汉旺镇万灯村上游，在通讯联络正常并得知队员总体安全无大碍时，所有搜救人员长长地出了一口气，并在约定位置耐心等待他们返回。小分队从出发至返回营地历时3个多小时。

对此，前线指挥部专门召开会议，郭贵平指挥传达段建国厅长指示。在上游堰塞湖未全部爆破、未完全排除险情、未完全泄洪、未制定万无一失的安全施工保障措施之前，一律不准强行施工作业，确保全体队员生命财产安全。他要求所有参战突击队员要坚决贯彻落实段厅长重要指示精神，并把安全施工作业作为一条铁的纪律确定下来，严格执行并真正落到实处。

（董忻文）

汉旺至清平公路又向前挺进1.2公里

6月22日，汉旺山区依然是乌云密布，小雨、中雨连绵不断，致使上游堰塞湖由4个增加为5个。这种汛情趋势，不仅增加爆破堰塞湖难度，而且对再抢通汉旺至清平公路形成巨大威胁，山体滑坡、泥石流、大面积塌方等险情随时发生，几分钟就发生一次余震，山上石头滚落的几率就像下雨一样，随时随地都有可能掉在施工抢险队员头上。

郭贵平指挥在当天的现场安全施工动员时，要求所有参战队员进入施工现场一定要高度警惕，第一排险分队先上山查看险情，有险情及时排险，无险情站好岗放好哨，每3分钟通报一次，在确保万无一失情况下，抢通分队方可进人施工现场；抢通分队不能完全依靠排险分队了解险情，各个现场施工人员自己也要做好安全防范工作，机械操作手每15分钟轮换一次，不同方位的安全哨岗每半个小时换一次岗，现场指挥员最长时间不能超过1个小时。

参战队员进入各自岗位后，按照郭贵平指挥谨慎排险施工的要求冒雨施工，经过全体参战抢险队员一天艰苦努力，抢通作业有条不紊地向前推进。从早上7时出发至晚上9时终于又抢通1.2公里，累计抢通2.7公里，排除险情25处。累计排除险情46处；清理土石方4500立方米，累计清除土石方9500立方米。

（董忻文）

遵道至金华公路再次被全部抢通

6月25日，由于暴雨和余震原因，突击队于6月9日已经全部抢通的绵竹市遵道至金华10公里路段再次中断。接到抢通命令后，突击队经过4天艰苦奋战，终于将这条“生命线”再次抢通。

6月24日至25日，绵竹市遭遇暴雨，加之25日凌晨余震，导致绵竹市遵道至金华的10公里路段出现大面积塌方和路基沉陷，两个乡镇再次被孤立起来。接到命令后，突击队立即组织抢险队员赶赴一线。经过现场查看，该路段共有塌方50余处，最长塌方达2公里，滑坡高度达200多米，泥石流3处。在查看过程中，山上的树林中还不时有滑石落下，上百吨的巨石挡道不下10处。抢通难度非常高，任务非常艰巨。在抢通工程中，队员们交叉作业，相互配合，将道路一米一米地向前推进。由于远离驻地，他们饿了吃点干粮，困了在机车上打个盹，白天与塌方、泥石流展开一场场拉锯式搏斗，晚上将车停在安全地段睡在车里。经过4天近50个小时奋战，数10次反复，终于打通10公里塌方路段。

（董忻文）

援川前线指挥部
安排部署汛期安全工作

6月28日，一条“从29日起，未来72小时内，绵竹市将遭遇新一轮强降雨或暴雨”的天气预报短消息让郭贵平指挥无法入睡。一直为安全问题担忧的他在当晚12时，紧急召开前线指挥部扩大会议，将安全问题提到重要议事日程。他说，近几天突击队任务非常艰险，大家早出晚归，非常辛苦。但是有一点不能忽视，那就是安全问题。一是汉旺至清平公路已经打到水毁的断头路，抢通速度之快令人惊叹，德阳市抗震救灾抢险指挥部对突击队的英勇表现也十分钦佩。但越往后抢险难度越大,道路只能从悬崖峭壁上穿过,因此安全问题就愈显突出,一定要带安全绳,同时要注意悬石,要有警戒,切不可麻痹大意。二是随着抢通工作推进,巨石密布河床的爆破量也在加大,危险也会随时出现,要切实计算好爆破所需的炸药量,前后要有警戒,绝不能出现人员伤亡。三是汛期已至,突击队的机械又在河床中作业,洪水和堰塞湖成为当前最大的危险。新一轮强降雨开始后,上游的洪水很可能会引起堰塞湖溃堤。因此,雨天绝不可进山,同时要密切关注天气情况。

郭贵平指挥要求用最科学、最安全的施工办法抢通这条经济线,一定要认真落实指挥部研究制定的安全施工方案,把“六个到位”落到实处,确保安全施工,确保安全推进,确保安全完成任务,真正做到安全施工万无一失。

(董忻文)

突击队再次打通德茂公路汉旺至“一把刀”堰塞湖段

7月5日至6日,绵竹市发生两次大的余震,致使已经抢通的德茂公路汉旺至“一把刀”堰塞湖段5.9公里路段,再次出现大面积滑坡。经过30多个小时的奋战,突击队将滑坡全部清理,使该路段再次畅通。

7月5日15时和7月6日凌晨2时50分,绵竹市发生4.5级和4级的余震,强烈的震感使已经抢通的德茂公路汉旺至“一把刀”堰塞湖段5.9公里路段再次出现两处大面积滑坡,在离“一把刀”堰塞湖500米的地方是塌方,抢通的道路已经被掩埋,“一把刀”堰塞湖排险工作受阻。

接到命令后,突击队员火速赶往塌方现场。现场指挥樊建国仔细查看工地后,立即制定抢通方案,并安排部署抢通工作。挖掘机第一批先上,将虚土进行清理,破碎锤跟进将大石头击碎,装载机最后跟进清理,安全警戒人员全部就位进行警戒。

滑坡在一层一层的下降,突然山顶的安全警戒员用对讲机传来再次滑坡的呼声。这时,只见山石像洪水一样冲向躲闪不及的挖掘机,差点被推到悬崖下的河里。机智的驾驶员一边用挖掘机的臂挡住山石,一边向后退,总算有惊无险。滑坡停止后,3台挖掘机再次开始奋战。整整一上午,原路总算快显露出来了,可是四、五块上千吨和上百吨的巨石出现在眼前。突击队对抢通方案及时进行调整,决定实行爆破。凿岩机、空压机随即到位,开始钻孔,实行人停机不停。5个多小时之后,炮眼全部打完并成功实行爆破。挖掘机、破碎锤、装载机再次跟进。经过30余小时奋战,汉旺至“一把刀”堰塞湖段5.9公里的路段再次被抢通。

(董忻文)

德阳市领导深入突击队抢险现场检查指导

7月6日上午,德阳市委书记、市人大常委会主任、市抗震救灾指挥部指挥长方小方深入省交通厅突击队绵竹汉旺至清平公路“一把刀”堰塞湖已经抢通的现场,检查并指导下一步的工作。

上午10时,方书记在德阳市人大常委会副主任王远辉、绵竹市委书记蒋国华和德阳、绵竹两级交通局领导陪同下,冒着随时有飞石的危险,深入到突击队抢通现场“一把刀”堰塞湖旁查看突击队抢通的道路(由于5日和6日的余震,该路段出现大面积滑坡)。在听取突击队副总队长周文全、抢通现场指挥樊建国汇报后,方小方高度评价突击队的抢通工作。他说,汉旺至清平段公路是德阳整个灾区目前唯一没有打通的公路,这条路是灾后重建的重要生命线,也是施工难度最大、危险系数最高的一条路。特别是德茂公路汉旺至“一把刀”堰塞湖段5.9公里的路段,两旁危崖高耸,山体滑坡严重,随时有飞石滚落的危险,数块上千吨巨石屹立河道中,抢通工作非常艰巨。突击队在6月18日市抗震救灾指挥部现场会议后，19日便向这条路发起再次抢通的攻坚战。你们不畏艰险，英勇拼搏，连续作战，一直冒着生命危险，在非常艰难的情况下加紧施工，抢修道路，在乱石堆中重新铺设一条新路，并且是先后两次将此路段全部抢通，使得"一把刀"堰塞湖排险得到有力推进，非常了不起，是公路抢通的楷模，德阳人民不会忘记你们，绵竹人民非常感谢你们。

方小方指出，在这次地震灾害中，德阳机械、食品、化工三大支柱产业中，受灾最严重的是化工产业。打通汉旺至清平公路，关系着堰塞湖排险顺利推进，关系着清平及天池数万受灾群众的返乡安置，也关系着德阳化工产业的恢复重建。贯通德茂公路，对绵竹乃至德阳经济发展都具有重要的战略意义，是德阳以及绵竹全体人民共同的迫切期盼。希望突击队继续发扬不畏艰险、不怕疲劳、连续作战的精神，在确保安全的前提下，精心组织，统筹协调，攻克艰险，全力推进公路抢通工作，为绵竹灾后重建和产业发展奠定良好基础。

（董忻文）

援川前线指挥部召开安全工作会议

7月8日凌晨6时，前线指挥部全体成员在郭贵平指挥的带领下，前往德茂公路汉旺至"一把刀"堰塞湖段已抢通5.9公里路段现场查看道路保通情况，分别对除险、拓宽、平整、加固路段，针对性地提出具体措施。

指挥部自5月21日入川以来，开展公路抢通保通抢险工作已由第一战役抢通保通、第二战役水毁保通转向第三战役排险、加固、平整，保安全、保畅通阶段。

返回营地后，前线指挥部召开安全保通收尾扩大会议，指挥郭贵平主持并讲话。他首先传达了交通运输部《关于做好四川汶川地震灾区公路抢通保通应急支援后续有关工作的紧急通知》精神，提出3点要求。一要继续加强安全保通工作，做到安全警钟长鸣；二要对抢通路段继续进行排险、平整、加固、拓宽，要根据现场查看情况，分别提前做好细之又细应对保通措施和方案，确保打通路段畅通无阻；三要高度重视汛期防洪安全保障措施，确保人员和机构设备完好无损。会后，全体队员按照指挥部分工，明确任务，分头行动，有条不紊开始各项工作。

（董忻文）

德茂公路汉旺至清平段再次畅通

7月9日，德茂公路汉旺至"一把刀"堰塞湖两次抢通5.9公里路段，因受不断余震和多次雷阵雨冲刷，造成部分地段塌方，峡谷山坡上再次出现悬石、浮石、飞石等险情。突击队经过3个多小时的艰苦排险和破碎清除，该路段再次畅通。

针对出现的塌方和路面大小石头等，副指挥周文全在现场分别提出爆破除险、清除平整两个抢险方案，队员们按要求兵分两路迅速展开行动。第一分队在爆破手王建平的带领下，组成爆破排险队，艰难地爬上陡峭山坡，用钢钎撬棍撬动浮石，推落飞石，或以打炮眼小型爆破方式排除悬石。待各种险情排除后，第二分队在张文红带领下，装载机、破碎机迅速跟进，对路面塌方及时进行清除，对大石头快速破碎，对部分路段路面进行平整，整个排险、破碎、平整路面共用3个多小时。

（董忻文）

省交通厅援川抢通保通突击队凯旋

7月17日中午，省交通厅支援四川灾区公路抢险突击队经过近50多天艰苦奋战，圆满完成交通运输部下达的支援四川灾区公路抢通保通任务，凯旋而归。厅长段建国、副厅长王志民、省公路局局长戴飞及山西路桥集团、厅机关有关处室主要负责同志一同迎接。

5月23日，省交通厅组织公路抢通保通117名突击队员携带33台（件）机械设备，赶赴四川灾区。突击队员在川期间，冒着余震、山体滑坡、泥石流、堰塞湖溃堤、疫情等次生自然灾害,积极开展公路抢通保通工作。经过近50多天的日夜奋战,累计抢通道路59.6公里,排险296处,清理土石方55.036万立方米;疏通铁路、公路道口两处,清理民房废墟12处,圆满完成广济至金华等4条公路抢通保通任务。突击队不辱使命,不负众望,顺利完成厅党组交给的任务。他们的工作,受到当地政府和人民群众的高度赞扬以及交通运输部领导充分肯定,充分展现了山西交通人的良好形象。他们用自己的行动证明:山西交通突击队是一支不怕吃苦、不怕牺牲、敢打硬仗、勇挑重担的铁军队伍。

(石中生)

省交通厅举行援川抢险救灾事迹报告会

7月23日上午,在厅五楼会议室,厅副巡视员、山西交通支援四川公路抢通保通前线指挥、突击队总队长郭贵平作"抢通生命线,情系重灾区"的事迹报告,讲述援川公路抢险突击队大爱无疆、不辱使命的感人事迹。厅直单位副处级以上老干部、厅机关全体离退休老同志及老干部工作者参加。

50多天里,全体突击队员发扬抗震救灾的伟大精神,冒着余震、山体滑坡等次生灾害频发和险情、疫情、堰塞湖等生命威胁,克服气候炎热、施工环境恶劣、抢险难度大、生活条件艰苦等重重困难,打通了广济至金华等4条公路的抢通保通任务。两次抢通汉旺至"一把刀"堰塞湖5.9公里,累计抢通保通里程59.6公里,圆满完成任务。在7月15日四川省交通厅、德阳市委市政府、绵竹市委市政府为突击队举行的盛大的送行仪式上,德阳市委书记方小方饱含深情地说,德阳人民、绵竹人民将永远不会忘记山西交通突击队为灾区作出的重要贡献,突击队的功绩将永载史册!

报告会上,郭贵平结合亲身经历和真实感受,用朴实无华的语言详细报告了入川抢险救灾任务之难之巨之险及抢险工作环境之苦;讲述了突击队连续作战,英勇顽强,众志成城,不畏艰难险阻,置生死于度外的可歌可泣的事迹。在座者犹如身临其境,对艰难任务和艰苦条件欷歔不已,对突击队员舍生忘死的大无畏精神感慨连连。周文全、杨海龙、樊建国、李晋宏、任耀生、张文红……一个名字就是一个感人的故事,深深映入人们脑中。大家一致认为,突击队员以大无畏的牺牲精神和一往无前的勇气,抢通保通抗震救灾"生命线",以心系灾区的大爱谱写了抗震救灾的嘹亮凯歌,以坚韧不拔的钢铁意志诠释了民族脊梁的时代内涵,在灾区人民面前树立了山西交通人的良好形象,为三晋人民争得了荣誉。他们表示,一定要向突击队员学习,尽最大能力为山西交通事业又好又快发展作出新的贡献。

(董忻文)

省交通厅举行援川抗震救灾抢通保通先进事迹报告会

8月5日上午,省交通厅在省征稽局七楼视频会议室举行援川抗震救灾抢通保通先进事迹报告会。厅党组书记、厅长段建国作重要讲话,要求全省交通系统认真学习弘扬伟大的抗震救灾精神,扎实推进全省交通事业又好又快发展。厅党组副书记、副厅长张润主持,厅领导张志川、郜玉兰、张德仪出席。5月21日,接到交通运输部明传电报后,厅党组立即召开紧急会议,成立由厅副巡视员郭贵平挂帅的支援四川灾区公路抢通保通突击队。50余天里,100多名突击队员克服气温高、湿度大、余震不断等重重困难,冒着滑坡、泥石流、飞石、堰塞湖决堤的严重威胁,争分夺秒抢通保通损毁公路。累计抢通公路51.6公里,排险296处,清理土石方55.036万立方米;疏通铁路、公路道口两处,清理民房废墟12处,圆满完成广济至金华等4条公路抢通保通任务,为抗震救灾作出突出贡献。

报告会上,郭贵平、杨海龙、任耀生、白爱梅先后作了《抢通保通抗震救灾的生命线》、

《千里驰援，共赴国难》、《用生命抢通》、《无畏先锋张江志》的报告。他们用朴实语言，从不同层次和角度，饱含深情地讲述了在抗震救灾斗争中的亲身经历和真切感受，再现突击队舍生忘我、战天斗地、迎难而上、不屈不挠的动人场面。报告感人肺腑，催人奋进，深深打动了在场的每一位听众，一次次被热烈的掌声打断。大家纷纷表示，受到了一次精神洗礼和灵魂涤荡。

段建国厅长在讲话中总结了省交通厅前一阶段支援四川灾区抢通保通工作，就全系统学习弘扬抗震救灾精神，做好当前重点工作提出明确要求。他指出，全省交通行业要大力学习弘扬在这次交通援建工作中体现出来的抗震救灾精神，即学习和弘扬共度时艰、和衷共济的精神，学习和弘扬临危不惧、不屈不挠的精神，学习和弘扬顾全大局、舍己为人的精神，学习和弘扬协调一致、科学抗灾的精神，在全系统形成人人学先进、个个争先进的良好氛围。他强调，与前一阶段抢通保通任务相比，下一阶段支援茂县灾后恢复重建工作更艰巨，持续时间更长，任务更加繁重。当前，要坚持全面部署，把握重点，科学决策，扎实推进；要切实加强支援灾区恢复重建工作。同时，要研究建立交通应急机制，不断提高交通应急反应和快速处置能力，不断推进交通改革发展，开创交通工作新局面，推进全省交通事业又好又快发展。

张润副厅长在总结讲话中部署了北京奥运会期间安保工作。各市有关人员在各地征稽分局分会场参加会议。

（董忻文）

省交通厅支援茂县灾后交通重建调研规划小组在茂县调研

6月25日至30日，由厅党组副书记、副厅长张润为组长、省公路局副局长惠高峰为副组长、厅直有关部门人员参加组成的山西省交通厅支援茂县灾后交通重建调研规划小组，不顾随时发生余震和山体滑坡、泥石流危险，6天行程两千余公里，对茂县茂绵高速公路的可行性走向和设计方案进行详细现场踏勘论证，并实地调查茂县境内213国道、302省道以及22个乡镇中17个乡镇的通乡通村公路受损情况。详细了解各乡镇客运站场受损情况以及当地建筑材料的主要分布和产量情况，在第一时间内掌握茂县交通地震中受损情况，形成茂县交通重建发展规划。

在临时搭建的帐篷会议室，张润听取茂县县委、县政府关于全县交通基本情况及抗震救灾工作汇报后表示，作为山西省援建茂县交通的代表，我们将认真贯彻科学发展观，按照“规划先行、有序推进、讲求实效”原则，努力做到“硬件”与“软件”相结合，“输血”与“造血”相结合，当前与长远相结合。一是尽快摸清受灾情况，理清重建思路、举措和需求。二是根据3年完成重建任务要求，尽快帮助茂县制订符合当地实际的交通重建规划，尽快报请山西省委、省政府审议通过以后开始实施。三是建立科学的援建工作机制。统筹各方力量，集约使用资源，提高资金使用效益，充分发挥当地干部群众的积极性和创造性，把建设援建项目与帮助当地群众解决就业、提高收入结合起来。四是继续发扬山西人民“艰苦奋斗、勇于奉献”的精神，以坚强决心、科学态度和踏实作风做好茂县灾后交通援建工作，帮助灾区人民建设美好家园，向茂县人民，向山西省委、省政府，向党中央、国务院交一份满意答卷。

（董忻文）

省交通厅茂县援建工作全面铺开

7月8日，来自太原和晋中公路分局的41名测设精兵经过3天长途跋涉到达茂县，开始测设工作。

6月25日以来，省交通厅茂县援建工作组不顾随时发生余震和山体滑坡、泥石流的危险，对茂县境内所有的国道干线公路和绝大部分农村公路的受损情况进行实地调查，详细掌握各乡镇客运站场受损情况以及当地建筑材料的主要分布和产量情况，并结合茂县灾后发展需要，对茂绵高等级公路和九顶山旅游公路的可行性走向、设计方案进行详细现场踏勘论证，及时帮助茂县有关部门制定了《茂县灾后交通重建规划指导意见》。

这次大规模支援茂县公路测设活动，是全省援建茂县交通重建活动的第二步，全部测设工作于8月底结束。

（董忻文）

省交通厅援建茂县首期两条通乡公路通过评审

8月15日，省交通厅援建四川茂县首期黑虎、渭永通乡公路项目测设评审会在茂县召开。四川省公路局、阿坝州茂县以及山西省公路专家参加，厅党组副书记、副厅长张润出席。

黑虎通乡公路起于国道213线飞虹乡，止于黑虎乡羌寨，全长8.5公里，震后损失严重；渭永通乡公路起于国道213线渭门乡，止于永和乡政府，全长11.79公里，原路线为无标准乡路，勉强可通过一辆车，地震后交通基本中断。评审会上，专家们对设计方案给予充分肯定，同时也结合当地公路建设实际情况提出修改意见。

茂县是5·12地震阿坝州损失较严重的三县之一（汶川、理县、茂县），公路损毁十分严重。6月23日，根据省委、省政府安排部署，厅党组召开专题会议，研究对口支援茂县交通重建工作。6月25日，厅党组副书记、副厅长张润带领先遣工作队赴茂县展开调研规划工作，实地查看茂县境内213国道、302国道和22个乡镇通乡通村公路以及乡镇客运场站受损情况，行程2000余公里，并编制《关于茂县灾后公路重建规划建设方案》。7月7日，根据茂县对口援建工作重点，受茂县政府委托，省交通厅立即介入黑虎路、渭永路两条通乡公路的重建工作，并紧急抽调太原、晋中公路分局测设所40余人携带测设器材赶赴茂县测设。全体队员克服重重困难，冒着余震随时发生和塌方飞石的危险，风餐露宿，经过1个多月的艰苦奋战，圆满完成任务。

测设工作牵动着厅领导的心。张润副厅长8月12日一到茂县就查看了黑虎路、渭永路的测设情况，在测设现场了解情况，并到队员驻地一线看望。太原公路分局测设所住在黑虎乡学校院内，由于场地限制，帐篷只能搭建在已确定为危楼的教学楼旁。所长宋平兴说，在黑虎乡很难找到一块平地，只能将帐篷搭建在学校内。张润反复叮咛大家一定要注意安全。张润还看望由绵竹抢通保通战场转战茂县待命的路桥一公司全体参战人员，要求他们继续发扬艰苦战斗作风，为茂县公路重建作出新贡献。

8月14日，张润一行还实地踏勘茂县九项山旅游公路，冒着小雨沿着羊肠小道到达海拔3000米白龙池，实地察看这条旅游公路的开发价值，并对前期工作做出安排。

（杨原平）

省交通厅认真学习贯彻张宝顺书记讲话精神

8月19日下午，省交通厅援建茂县工作组召开各援建单位负责人会议，认真传达学习张宝顺书记在茂县慰问援建人员时发表的重要讲话，就下一步交通援建工作进行安排部署。

厅党组副书记、副厅长张润在讲话中指出，张宝顺书记一行在四川茂县考察期间，到达茂县第一站就看望交通援建人员，并对交通系统在灾区抢通保通和援建茂县的工作予以充分肯定。张宝顺书记对援建人员提出3点希望：一要牢记责任，不辱使命；二要尊重科学，攻坚克难；三要求真务实，注重形象。这是对我们最大的鼓舞和鞭策，我们一定要在援建工作中认真贯彻执行。下一步交通援建工作一定要按张宝顺书记的指示，更加扎实有效有序地推进。

会议还对前期交通援建工作进行总结回

顾，并提出要对进行了一个多月勘察设计的黑虎、滑永通乡公路再次优化设计，并纳入茂县交通重建总体规划中。要求勘察设计人员再深入现场进行进一步勘察，对茂县政府提出的九顶山旅游公路也要做好勘察设计的前期准备工作。

张润副厅长在讲话中强调，交通援建前期做了大量实实在在的工作，茂县政府和人民十分满意。援建工作具有长期性，要发扬山西交通人特别能吃苦、特别能战斗的优良传统，克服困难，锐意进取，连续作战，不获全胜决不收兵。他还对援建人员生活和安全工作提出要求。

（杨原平）

晋中公路分局 向茂县捐赠公路试验设备

8月17日，晋中公路分局向茂县捐赠公路试验设备仪式举行。主要有压力机、电动击实仪、马歇尔稳定度测定仪、钻孔取芯机等设备，价值20余万元。面对一件件远道而来的崭新设备，茂县交通局局长余松荣激动地握着晋中公路分局局长王四小的手说："非常感谢山西交通对茂县交通的支援，这是我们交通局地震后收到的第一批公路设备，这些设备我们见都没见过，对我们恢复公路重建太有用了，真是及时雨啊！"

在捐赠仪式上，厅党组副书记、副厅长张润在讲话中指出，省交通厅将举全厅之力，从规划、技术、设备、资金、智力5个方面全力支援茂县交通重建。两条通乡公路已完成设计，公路测设人员首战告捷，交通援建工作将按计划步步深入。希望茂县交通局尽快将试验设备投入使用，在恢复重建中发挥作用。

省交通厅交通援建工作组副组长、省公路局副局长惠高峰、省厅交通援建办人员、晋中公路分局领导及测设人员以及茂县人民政府领导、茂县交通局全体职工参加捐赠仪式。

（杨原平）

阳泉市交通局 迅速完成抗震救灾抢运任务

"5·12"四川汶川发生大地震后，5月15日中午接到阳泉市委、市政府的命令，阳泉市交通局迅速启动交通战备应急保障车队，交通集团有限公司和汽车修造运输有限公司仅仅用了两个小时，20部大型货车车主和司机不顾自己的经济损失，毅然卸掉所有货物，从四面八方全部集结到位。他们冒着山体滑坡、余震不断（震级最高达六级）的危险，把440多吨价值339万元的药品、食品、抢险物资送到了德阳灾区最前线，安全圆满完成了全省第一家也是全市第一次抢运任务。

5月24日晚八时，市政府召开了援川建房领导组紧急会议，随后前方指挥部又做出决定，3000套活动安置房全部用汽车直接抢运到都江堰灾区工地。

3000套安置房分别由山东淄博、太原市和阳泉市三处运输房到都江堰市，单程运输距离最长为2400公里，最短为1600公里。为确保安全运输和安置房完好无损地送达目的地，阳泉市交通局主动从源头抓起，安排专人驻扎在生产厂家，监督指导安置房稳妥安全装车。局机关全体干部，各县区、各企业领导主动跟车服务。保证安全并解决运输中出现的问题，同时安排专人驻扎在都江堰市，与前方指挥部提前确定卸货地点，掌握行驶路线，接车、带车，安排司机加油、就餐、休息。"装"——"行"——"卸"三点成一线全程服务，受到了厂家、工地，驾驶员的热烈欢迎和赞扬。

这次抗震救灾建房物资运输，在阳泉市委、市政府的坚强领导和直接指挥下，不辱使命，昼夜奋战，阳泉市交通局共组织调运特大型车辆338辆次，运送活动板房3203套，单运门窗3106套。建造集中供水点、公共卫生间、垃圾收集点各60个；建造小学、医疗诊所、粮食与商品零售点各3个；中学2所。全市交通系统和社会单位参战人员累计达

2000余人次。各运输部门和单位累计投入保障服务费用50余万元。各单位、各车主、各司机除上级拨给的费用外,奉献600多万元。运输车辆累计行程120万车公里,相当于绕地球30圈。特别是市领导、省厅领导赴灾区看望,到家中慰问,给全体参战人员以莫大的鼓舞和支持,阳泉市交通局提前六天完成了运输安置房任务,并创造了“四个零”目标:

零待料——快速抢运,无因料误工;

零事故——安全为天,无重大事故;

零损毁——精心装运,无较大损坏;(损毁率规定5%,实际不到0.5%)

零倒装——修路垫道,无二次搬运。

由于此次抗震救灾物资运输工作突出,阳泉抗震救灾物资抢运大队荣获全国总工会抗震救灾重建家园“工人先锋号”称号。

(王九存　史晋阳)

山西汽运集团执行援灾物资运输保障有力

5月12日,四川汶川8.0级地震发生后,山西汽运集团充分发挥国有专业运输企业骨干作用,着眼应急,服从大局,率先行动,立即启动战备应急保障网络。集团所属13支应急保障队伍的330辆客车、550辆货车紧急动员,严以待命,全力以赴投入抗震救灾的应急保障工作,进一步彰显了国有企业的本色和风采。

灾情发生后,集团要求所属各公司在接到当地政府援灾物资运输保障任务通知后,高度重视,统一领导,周密安排,迅速启动应急预案;站在讲政治、讲大局的高度,本着对灾区人民负责的态度,从待命的战略物资保障队伍中抽调车辆技术等级良好的车辆,政治上合格、驾驶经验丰富的驾驶员组成应急车队,配备优秀后勤保障人员、车辆检修人员及先进的通讯工具。按照“不给灾区和政府增添负担”的保障救援原则,自备资金、食品、医药、饮水,发扬不畏困难、团结协作、连续作战的作风,情系灾区,迅速奔赴重灾一线,为灾区人民重建家园贡献力量。在此次抗震救灾工作中,集团所属晋龙捷泰公司投入240辆货车,连续往返灾区280趟次,运送活动板房2280套,出动客车35辆,运送灾区返乡人员及援建人员,投入保障人员600多人、投入使用经费330万元;侯马公司出动47辆货车,分两批运送活动板房80多套,投入保障人员130余人;运城公司出动35辆货车,运送活动板房及彩钢板260多套,投入保障人员100余人、经费33万元;晋城公司出动29辆货车运送活动板房、施工设备及2600套棉被等紧急物资,出动客车4辆运输药品及援建人员,共投入保障人员100余人、经费23万余元,并随车带去善款现金10万元;临汾公司投入7辆货车、5辆客车运送物资及援建人员;雁北公司组织5辆客车紧急运送四川灾区旅客248人次。

截至6月5日,山西汽运集团所属各公司总计投入客、货车辆407辆,保障人员1000多人,经费400多万元;运送灾区返乡人员及援建人员500多人,活动板房2400多套。山西汽运集团应急保障队伍高效务实、纪律严谨、保障有力的精神风貌和作风赢得了当地政府和灾区人民的高度赞扬和一致好评,充分体现了国有专业运输企业召之即来、来之能战、战之能胜的综合交通战略能力。

(陈富根)

山西交通学院掀起向抗震救灾英雄教师学习活动高潮

“5·12”汶川大地震发生后,抗震救灾英雄教师的光辉形象,深深地感染和激励着省交通职业技术学院广大教职员工。学院教职员工在踊跃捐款、献血,并为灾区人民祈福加油的同时,带着真挚的感情,联系实际,掀起向抗震救灾英雄教师学习活动的高潮。

学院党委连续召开动员会议,传达贯彻教育部党组《关于向抗震救灾英雄教师学习的决定》和山西省教育厅《通知》等文件精神,要求全体教职员工带着深厚的感情,联系教书育人,围绕师德建设,努力通过学习活动的扎实开展,使学院的校风、教风、学风建设迈向新水平,进一步提升教职员工思想道德素质和敬业精神,扎实推进大学生思想道德素质再上新台阶。

学院广泛利用电视、广播、校园网、板报等各种途径,大力宣传抗震救灾英雄教师的典型事迹。各系总支以及机关、后勤等部门通过座谈会、研讨会、演讲会、师德论坛、征文比赛,组织教师培训等不同形式,引深学习活动,把学习抗震救灾英雄教师可歌可泣、令人震撼、催人奋进的光辉事迹,与立足岗位尽职责、做奉献、献爱心的实际工作结合起来,围绕人才培养中心工作,纷纷谈体会、表决心、见行动。全体教师决心以英雄为榜样,树立良好的师德风范,上好每一堂课,教好每一个学生,把对学生的关爱之情落实在提高教学质量,关心学生身心健康,帮助学生成长成才上来,以自身的师德魅力和学识魅力,以点点滴滴的言传身教,在学生、家长、行业和社会等不同层面,树立和巩固新时期教师和教育工作者的形象。作为班主任、辅导员的老师们,更加感受到肩上责任的重大,他们从关心爱护全体学生的责任感出发,坚持晚间带班和值班,确保晚自习、两操的正常进行,杜绝了各种责任事故的发生。各系积极帮助即将毕业离校的学生们认真搞好毕业设计和答辩,有关部门积极主动为毕业生办理离校手续提供便利。院团委围绕迎奥运、促和谐,开展了奥运知识竞赛主题活动,开展了"中华魂"读书活动,以学习弘扬新时期民族精神为主题,安排暑期学生社会实践活动,推进校园文化向更高水平发展。后勤、保卫部门认真开展全校范围内的隐患排查,以对教育工作、对师生高度负责的精神,把好每一道关口,不放过任何一个环节,确保教学工作的正常进行。

广大学生在学习英雄教师的活动中,以抗震救灾中涌现出的诸多不畏艰险,舍己为人,团结友爱的学生为榜样,进一步加强了世界观、人生观、价值观的修养,把珍爱生命每一天与刻苦学习,报效祖国结合起来,自觉遵守校纪校规,全身投入学习。学生中钻研学习,酷爱学习的愈来愈多;迷恋上网,旷课违纪的现象愈来愈少。经过了震灾之后人间大爱的历练,学生们变得成熟起来,关心集体、关心他人的比以前多了;要求进步,向党组织递交入党申请书的多了。一个教风、校风、学风面貌一新的校园新景象展示在人们面前,交通学院正在以振奋的精神和昂扬的斗志迈向新的征程。

(张一兵)

省公路局踊跃奉献爱心 积极投入抗震救灾工作

2008年,我国先后遭遇了南方雪灾和四川汶川特大地震等自然灾害,省公路局广大干部职工纷纷踊跃捐款,奉献爱心。1月为南方雪灾地区捐款12 000元;3月在"情暖三晋、爱心助残"专项募捐中捐款4670元。5月四川汶川特大地震深深牵动着山西公路人的心。地震发生后,省公路局党委按照省委要求迅速作出部署,及时开展教育,引领思想,通过召开座谈会、广播宣传、征文、演讲、集中收看电视等各种形式,对全体人员进行了一次精神洗礼。路桥一公司、太原公路分局勘测设计院、晋中公路分局勘测设计院组成抗震抢险突击队奔赴灾区,抢通、保通生命线;在家的广大党员和普通群众踊跃为灾区捐款230 370元;机关一支部对来晋学习、治疗的地震孤儿进行了慰问;省公路局党委积极引导广大干部职工在实际工作中践行"万众一心、众志成城、不畏艰险、百折不挠、以人为本、尊重科学"的抗震救灾精神,把对灾区人民的爱转化为爱岗敬业的强大动力。

(武　洋)

治理超限超载

治理超限超载

全省运管系统治理非法超限超载搞好货运源头管理工作推进会召开

1月6日，全省运管系统治理非法超限超载搞好货运源头管理工作推进会在忻州顿村省交通职工培训中心召开。

牛仁亮副省长向大会致信祝贺。厅党组成员、副厅长张志川出席并讲话。省运管局局长李华中，忻州市政府副秘书长、市政府治超办主任曹剑文，各市运管局、各县运管所分管治超工作负责人200余人参加。朔州市运管处、长治县、大同县、平顺县、广灵县、清徐县运管所分别作经验介绍。

李华中局长在讲话中指出，自2007年12月19日全省新一轮治超工作启动以来，全省各级运管机构迅速行动，加大工作力度，狠抓贯彻落实，治超工作全面展开。截至1月5日，全省运管系统进驻485个货运站点，占到政府公布站点的46%，进驻、巡查运管人员达到2529人，严把治超源头关。特别是朔州市、大同县、广灵县、长治县、平顺县和清徐县已经开展创建活动并收到良好效果。近半个月来，交通堵塞、车辆抛洒现象明显减少，公路通行能力明显提高，运价得到回升，交通规费得到增长。全省征收运管费1.5亿元，同比增长42%。

李华中局长对下一阶段全省运管系统治理非法超限超载车辆搞好货运源头管理工作作了全面安排部署，并提出3点要求。一要提高认识，坚定信心，坚决打赢治超攻坚战。治超是运管部门的重要职责，治理非法"双超"是各项运管机构责无旁贷的法定责任。作为全省道路运输行业主管部门，参与治超是法规规章和省政府赋予运管部门的法定责任，不参与治超是工作失职。要急政府所急，想百姓所想，做一个负责任、有作为的部门，坚决打赢治超攻坚战。同时，治理非法"双超"是各级运管机构义不容辞的光荣任务，是对执政能力和管理水平的严峻考验。各级运管机构要借助治超这股东风，树立打赢治超工作的信心，乘势而起，把运营事业做大做强。要抓住机会，积极努力，落实责任，毫不松懈地打赢这次治超攻坚战。二要精心组织，狠抓落实，确保治超目标实现。要建立健全进驻、巡查机制，管住管好"三源头一路口"。各级运管机构要强化源头监管，按照"堵疏结合，标本兼治，短期治标，长期治本"的原则，在开展专项治超的同时，通过建章立制，逐步建立长效治理机制。要开展创建基本无"双超"市、县活动。各级运管机构要加强待业引导，以乡、村为单位，开展无超载乡、无超载村的创建活动，最终达到无超载县的目标。同时，提高运输组织化、集约化水平。在起始阶段，运管部门要给予资金等方面的支持，保证其正常启动、运转和壮大。三要加强领导，严格考核，确保治超达到预期效果。各级运管机构一把手要亲自抓治超工作，加强领导，明确目标，分解任务，落实责任；要主动深入治超一线，帮助解决实际困难，使他们全身心地投入到治超工作中。要加强对治超工作的监督考核,将治超工作纳入年度目标责任进行考核。

会议强调指出,要提前做好春运等各项准备工作。各级运管机构要对春运等各项工作做到早安排,早动手,早部署,提高道路运输保障能力和服务水平。要全力抓好"两费"征收工作。各级运管机构要借治超东风,狠抓规费征收工作,推进规费征收再上新台阶。

张志川副厅长在讲话中充分肯定全省运管系统在加强源头治理方面取得的明显工作成效,提出4点要求。一是统一思想,提高认识,进一步增强做好治超工作的责任感和紧迫感。开展治超,是规范运输市场秩序的重要举措,是保护交通设施的必要手段,是确保道路运输安全的重要前提,是构建和谐社会的重要组成部分。要做到六看:一看政府决心,二看运政参与,三是源头治理,四看路面执法,五看责任倒查,六看长效机制。二是掌握政策,突出重点,切实抓好货运源头监管工作。源头治理是重中之重,是治超工作的治本之策,要突出四个重点:一要加大对货运企业和货物集散地等装载环节的监管力度,要坚持运管人员进驻和巡查制度;二要持续不断地打击车辆非法改装行为,加大非法改装力度;三要完善治超工作黑名单制度。对屡次出现超载的运输企业,为"双超"车辆提供条件的非法改装汽车维修企业,超载车辆的驾驶员等要记入黑名单,并及时向治超有关单位通报;四要健全货运经营企业和营运驾驶员的信誉档案管理制度,完善道路运输市场诚信体系。对多次超限超载的货运企业和营运驾驶员,根据"双超"次数、程度给予相应的处罚,直至责令停业整顿和吊销从业资格证。三是加强领导,落实责任,确保治超工作有序进行。各级运管机构一定要坚定信心,创新思路,按照省政府治理非法超限超载车辆工作要求,明确责任,狠抓落实,切实把各项治理措施落实到位,确保全省治超工作取得实效。四是各级运管机构要按照"安全优质、平稳有序、客货兼顾"要求,高度重视,尽早安排,完善措施,抓好落实;要坚持安全第一,服务至上,保证广大旅客过一个祥和称心的春节;要继续抓好冬季道路运输安全监管工作,履行好"三关一监督"职责。

(魏建国)

全省新一轮治超取得显著成效

全省新一轮"无缝隙、拉网式"治超总行动自2007年12月19日启动半年来,取得重大突破和进展。一是超限超载率大幅下降。2007年全省超限超载率为8%至13%(高速公路8%,干线公路13%)。治超总行动以来,超限超载率逐步下降,截至2008年6月14日,全省公路超限超载率下降到0.2%。尤其是55吨以上车辆超限超载的势头得到遏制,超限超载率不到0.02%,全省高速公路杜绝55吨以上非法超限超载车辆的行驶。二是交通事故明显减少。从2007年12月21日至2008年6月14日,全省涉及货运车辆交通事故比上年同期下降18%;伤亡人数比上年同期下降6%;直接财产损失比上年同期下降22%。三是运输环境明显改善。全省货车日通行量由2007年12月19日的7.6万辆,增加到2008年6月14日的21.5万辆,增长1.8倍。道路客车正点率达到91%,交通堵塞状况明显缓解。公路、桥梁也得到有效保护,治超6个月与上年同期相比,全省干线公路危桥减少146座,下降70%;路面损毁减少214公里,下降52%;两项合计减少经济损失4亿元。四是货运价格合理回升。以2007年12月19日运价为基准,截至2008年6月14日,全省9类主要公路货运价格,短途运价为1.21元/吨公里,平均上涨32%;长途运价为0.68元/吨公里,平均上涨26%。其中,煤炭及制品短途运价上涨61%,长途运价上涨38%;金属矿石短途运价上涨35%,长途运价上涨26%;钢铁短途运价上涨56%,长途运价上涨11%。全省公路货运市场初步显现出有序、健康态势。

(魏建国)

全省治理非法超限超载车辆工作会议召开

6月17日下午，全省治理非法超限超载车辆工作会议在太原召开。总结成绩，分析问题，交流经验，表彰先进，并对下一阶段治超工作进行研究和部署。省治超领导组组长、副省长牛仁亮出席并讲话，省治超领导组副组长、厅长段建国代表全省交通系统在会上作表态发言。

半年来，通过建立政策法规体系，实行部门联动，加强源头治理，明确治超责任，发挥经济杠杆作用，实行考核奖惩等措施和手段，创造性地开展治超工作，全省车辆严重超限超载势头得到有效遏制，非法超限超载大幅下降，交通事故明显减少，运输环境明显改善。但非法超限超载的源头和基础没有根本消除，短途超限超载问题还没有得到根本解决。

会议要求进一步提高认识，宣传贯彻好省政府发布的《山西省道路货物源头治理超限超载暂行办法》和《山西省治理非法超限超载工作责任追究办法》，强化源头监管，加大稽查力度，优化站点布局。同时，要增加经费投入，加强执法培训，严格执法监督，继续加大宣传力度，始终保持对非法超限超载车辆运输的严格管理，真正实现保畅通、保安全、为人民的目标，为全省经济社会又好又快发展创造良好的道路交通运输秩序。

牛仁亮在讲话中首先转达省长孟学农对全省治超一线干部职工的亲切慰问，提出5点要求。一是进一步提高认识，统一思想。要充分认识治超工作的重要性和治理的长期性、艰巨性和复杂性，时刻保持清醒头脑，坚定治超信念。二是认真贯彻省政府发布的两个《办法》。要真正做到"无缝隙、拉网式"治理，重要的还是源头治理，这也是建立长效机制的重中之重，一定要把两个《办法》学深学透来指导治超工作实践。三是规范路面站点。路面治理仍然是治超的一个重要方面，要整合治超站点、储煤点和煤焦检查站点，收缩战线，抓住要害，集中治理。四是充分运用现代科技手段。要用现代科技手段支撑超限超载治理，如GPS定位系统、不停车测重系统、密闭式厢式运输等。五是建立激励机制。追究责任只是一个方面，同时要有激励机制，对成绩显著的市、县、单位及个人要给予物质和精神上的奖励，真正做到奖惩分明。

段建国代表全省交通系统在会上作表态发言。表示全省交通系统将重点抓好6个环节，即突出源头监管，强化路面执法，加大经济调节力度，加强治超站点建设，抓好保通保畅工作，大力推进运输结构调整，落实好加强组织领导、严格监督问责、始终把握正确的舆论导向三项措施，有决心、有信心打好治超攻坚战，夺取治超工作的全面胜利。

会上，对考核先进的市、县及治超点进行表彰奖励，名列前三名的离石市、宁武县、高平市由省交通厅按二级公路标准各奖励一条城区绕行公路路面和桥涵。

（魏建国）

全省交通系统再度部署非法超限超载车辆治理工作

6月25日，全省交通系统治理非法超限超载车辆工作会议在太原召开。会议回顾全系统半年来集中治超工作，部署下一阶段任务，号召全省交通系统继续发挥好主力军作用，把握重点，攻克难点，精诚团结，全力以赴，迅速掀起新一轮治超新高潮，夺取治超工作的全面胜利。厅党组书记、厅长段建国作《突出新重点，展开新攻势，在新一轮治超中继续当好主力军》的工作报告，厅党组成员、副厅长张志川传达全省治超工作会议精神，厅党组成员、厅总会计师张德仪主持。省治超领导组副组长、省治超办主任李顺通，省监察厅副厅长、省纠风办主任黄福莲出席并讲话。

会议指出，2007年12月19日全省启动"无缝隙、拉网式"治超总行动以来，全省交通系统在省委、省政府统一领导下，在各市县人民政府统一指挥下，站在治超第一线、主动配合相关部门抓综治、保安全、保畅通、为人民，综合运用行政、法律、经济手段和各种技术措施，“双超”治理取得明显成效；车辆超限超载率大幅下降，恶意超限超载行为得到有效遏制，货运通行量明显增加，公路桥梁得到有效保护，货运价格合理回升，货源企业得到有效监管，同时也得到社会各界好评。

会议强调，目前治理工作虽然取得明显成效，但这仅仅是阶段性胜利，不论从外部看，还是从行业内部看，面临的形势依然严峻，“超”与“治”的斗争依然十分尖锐，不仅是当前的紧迫任务，更是长期艰巨任务。从7月1日起全省将展开治超新攻势，由集中治理向长效治理为主转变，由以路面治理为主向以源头治理为主转变。全省交通系统要继续坚定地站在治超第一线，迅速展开新一轮治超新攻势，学习贯彻好省政府两个《办法》，抓好源头管理，强化路面执法，加大经济调节力度，加强治超站点能力建设，抓好保通保畅工作，大力推进运输结构调整，加强治超法规建设，全力推动治超工作实现“两个转变”。

段建国在报告中对全系统半年来的治超工作进行分析和回顾，对治超工作重要性、必要性、长期性和艰巨性进行详尽阐述，就如何做好全年治超工作提出明确要求。他要求全省交通系统要采取强有力措施，加强组织领导，严格监督问责，加强协调配合，加强队伍建设，建立奖惩激励机制，加大宣传力度，不达目标，决不收兵，为夺取治超工作全面胜利，营造全省和谐有序的道路运输市场秩序，实现“抓综合、保安全、保畅通、为人民”目标作出新的贡献。

黄福莲在讲话中就如何处理好双超治理与治理公路“三乱”的关系提出明确要求。

李顺通代表省治超领导组要求全省交通系统认清使命，准备打持久战；掌握“武器”，不折不扣贯彻省政府发布的两个《办法》；提高素质，锻造一支过硬的治超队伍。他强调，交通系统是治超工作的中坚力量，随着工作的深入开展，治超必将由部门集结治理向以交通系统为主力的综合治理转变，交通系统一定要站在新的起点，全方位推进治超工作，不辜负全省人民的厚望。

离石市、宁武县、高平市3个源头治超示范县（市）代表，省公路局局长戴飞，省高管局局长董新品，省运管局局长李华中在会上做表态发言。

（魏建国）

省交通厅对治超不力人员作出处理

《山西交通》7月4日报道：近日，省交通厅对4月30日和5月5日检查中发现的一些治超站点不作为、不认真履行治超工作职责的失职、渎职问题，高度重视，在积极进行整改的同时，按照有关规定对有关责任人进行责任追究。给予太原公路分局局长李润平行政记大过处分；免去分管治超工作的太原公路分局副局长吴胜斌职务；给予北郊公路段段长彭波、司徒洼治超检测点副主任刘伟、李铭祥3人撤职处分。给予清徐、南郊公路段段长及小店（西草寨）治超检测点主任行政记过或行政警告处分。另外，太原市对部分执法人员在执法工作中存在的不规范、不文明问题，在整改的同时，严肃追究有关责任人的责任。给予清徐县治超办主任、县交通局局长姚忠杰行政警告处分，给予县治超办副主任、县交通局副局长边建国行政记过处分，同时针对其违反廉洁自律规定的行为给予党内严重警告处分，并由清徐县委组织部提名免去其县交通局副局长职务。

运城市也对4月10日发现的永济市不落实治超工作、不认真履行职责以及源头监管失控等问题，高度重视，迅速整改，作出处理。给予永济市治超办主任魏晓峰行政降级处分，免去治超领导组副组长、治超办主任职务；给予交通局局长朱焕喜行政记过处分；给予交通局党总支书记李全忠行政警告处分；

给予交通综合执法大队长李富荣,副大队长、栲栳治超卸载点负责人樊建国行政撤职处分,并调离治超岗位。

太原市、运城市多名交警也受到处理。

(魏建国)

省政府治超两个《办法》正式实施

7月1日,《山西省道路货物运输源头治理超限越载暂行办法》和《山西省治理车辆非法超限超载工作责任追究办法》启动仪式在太原举行,省治超领导组组长、副省长牛仁亮宣布两个政府令正式实施。省治超领导组副组长、省治超办主任李顺通,厅长段建国,省监察厅副厅长、省纠风办主任黄福莲,省公安厅交管局副局长边智慧、省工商局副巡视员赵勇出席,交通、交警、工商、质检等执法单位代表和11个治超示范县交通局长参加。省政府副秘书长、省法制办主任崔国红主持。

依据两个《办法》,超载源头治理细分职责,运管部门承担起货运站、煤场等源头单位进驻、巡查责任,不使超限超载车驶出货源点。各级各部门守土有责,严防死守,决不允许一辆超限超载车辆驶出货源点。公路上一旦查住非法超载车辆,涉及的治超站点、流动稽查队、装载货物源头,甚至车辆维修场所都将进行过错倒查,不作为、乱作为的人员将被一查到底。

李顺通代表省治超领导组要求全省交通系统要充分认识两个《办法》的重要意义,坚定不移地贯彻实施,深入细致地做好思想教育工作。他说,源头治理和责任追究办法的实施,标志着全省治超工作由行政治理向法制治理转变,由常规治理向长效治理转变。交通系统要站在新起点,下大力气,全面推进两个《办法》的贯彻实施,为促进全省经济社会又好又快发展作出不懈努力。

段建国就如何全面落实省政府两个《办法》作表态发言。一要以学习宣传两个《办法》为重点,再掀全民治超新高潮。要组织全省交通系统学习两个《办法》,并纳入全年干部培训、执法培训和党员学习计划;通过举办法律讲座、领导干部辅导学习班等多种形式,分层次分批次抓好轮训,让每一位治超人员都了解并熟悉运用两个《办法》,自觉做到依法行政,依法治超。二是以实施两个《办法》为抓手,加快建立治超长效机制。要按照“抓两手、促全面、再深入”要求,一手抓源头治超工作长效化,继续组织运管人员通过进驻企业、现场巡查等方式,依法加强对货物装载源头监管,严格控制超限超载车辆出场上路;一手抓治超责任落实,抓住典型案件、典型事件和典型人员,从严追究本系统治超部门和治超人员失职、渎职和不作为、乱作为责任,维护法纪尊严,维护政府权威,促使治超人员始终做到依法治超,守土有责。三是以实施两个《办法》为契机,进一步加强治超队伍建设。各级交通执法人员要严格执法、规范执法、文明执法,自觉遵守法律法规和各项纪律,诚恳接受各方面监督。各级交通纪检监察部门要加强对治超工作的监督检查,对治超不作为的单位,要从严追究主要领导的责任。对充当车托保护伞及养黑车、收黑钱、放黑车的执法人员,一律清理出执法队伍。

段建国强调,全省交通系统要继续坚定地站在治超第一线,加快建立长效机制,在新一轮“拉网式、无缝隙”治超新战役中当好主力军,打好主动仗,再创新业绩,努力实现“抓综治、保畅通、保安全、为人民”的治超目标。

黄福莲、边智慧、赵勇分别代表省监察厅、省公安厅交管局、省工商局作表态发言。

启动仪式上,副省长牛仁亮等向运管源头执法人员发放巡查车钥匙,60辆治超专用稽查车也于当日发放给运管执法人员,执法人员代表进行宣誓。为加强源头治理力度,建立长效治超机制,此次共向11个地方运管源头单位发放300余辆巡查车。

启动仪式结束后,副省长牛仁亮在相关领导陪同下深入清徐县马峪乡碾沟煤矿、高速公路小店出入口处源头企业和治超点进行调研。牛仁亮副省长对太原高速研发成功的不停车治超快速检测系统给予高度评价，要求尽快召开现场会在全省予以推广。

（魏建国）

全省普通公路货车计重收费新闻发布会召开

10月31日上午，全省普通公路货车实施计重收费新闻发布会在省公路局召开。厅党组副书记、副厅长张润主持，厅党组成员、总会计师张德仪作主题发言，省计重收费领导组副组长李顺通出席并讲话。来自新华社、人民日报、经济日报、山西电视台、山西人民广播电台等28家媒体记者参加，省政府法制办、省公安厅、省质检局、省物价局、省煤运公司、省公路局、省高管局、省征稽局、省交通建设开发投资总公司主要领导以及厅机关有关处室负责同志参加并回答记者提问。

计重收费是以科学发展观为指导，按照建立和完善社会主义市场经济体制要求，通过经济手段，消除车辆超限超载运输的利益驱动，对适当降低合法运输业户的运输成本，规范货运市场经济秩序，保护公路桥梁，保障交通安全畅通，促进交通事业健康发展有着十分重要的意义。此次全省普通公路计重收费按照分步实施原则，先在本省国省道干线政府还贷性收费公路中的85条路段128个收费站进行。11月1日上午9时举行普通公路货车计重收费启动仪式。

李顺通指出，全省实施普通公路计重收费是学习和实践科学发展观的重要举措，能有效净化运输秩序和杜绝腐败现象。计重收费不等于可以允许超限超载，广大运输户要合理装载，守法运输；各新闻媒体要正确引导，营造良好的舆论氛围，进一步促进全省经济又好又快发展。

（魏建国）

全省普通公路货车计重收费正式启动

11月1日上午，全省普通公路货车计重收费正式启动仪式在太原征稽分局小店收费站举行。经省政府批准，从9时起，全省普通公路货车计重收费正式启动，涉及全省国省干线政府还贷性收费公路85条128个收费站。这是继2006年12月9日全省高速公路计重收费之后，本省公路收费制度的又一次重大改革，标志着全省治超工作进入建立长效机制新阶段。

省政府副秘书长崔国红、省纠风办主任潘少音、省物价局副局长张存登、省质量技术监督局总工程师张岐云、省公安厅副巡视员边智慧，厅领导段建国、张润、张德仪、赵振田和省公路局局长戴飞，省征费局局长张晋鹏，省高管局局长董新品及厅机关相关处室负责人出席。仪式由省人大常委会内务司法工作委员会主任委员、省计重收费领导组副组长李顺通主持。

段建国在启动仪式上介绍全省普通公路实行计重收费的有关情况。他指出，实行计重收费，是按照社会主义市场经济体制要求，对传统车辆通行费收取方式的调整和完善。与传统收费方式相比，计重收费具有3个鲜明特点：第一，从公路使用者承担的费赋来看，传统计费方式只与车型和核定吨位有关，计重收费则以车辆载重量为依据收取通行费，多用路者多交费，少用路者少交费，反映了车辆对公路的使用、损坏程度，体现市场经济的公平、合理原则。第二，实行计重收费不是为了多收费，而是要通过加大对严惩损环公路、桥梁、威胁人民群众生命安全的超限超载车辆的处罚和减轻合法装载车辆的费负，达到治理超限超载车辆、保护公路桥梁、减少交通事故的目的。第三，实行计重收费，也是政府调控运输市场的一种经济手段。这一改革，有利于加快道运输结构调整和行业科技进步，促进道路运输产业升级，逐步向现代服务业转型。他强调,实行计重收费,是省政府做出的重大决策。省公路局、省征稽局、省交通开发投资总公司要不折不扣落实好这一决策,特别是在刚刚开始运行阶段,各级领导干部要靠前指挥、现场指导,及时发现和解决运行中出现的新情况、新问题,确保计重收费顺利实施。各收费、经营、管理单位要加强现场管理,制定和完善各类应急预案,加快推进治超不停车检测系统的配套建设,积极配合公安机关和交警部门做好交通疏导、治安管理工作,努力维护正常的交通秩序和收费秩序。各级交通部门和公路管理机构还要以此为契机,进一步规范收费公路管理,加大治理超限超载力度,为全省经济社会发展创造安全、畅通的交通环境。

省政府副秘书长崔国红代表牛仁亮副省长在启动仪式上讲话。他说,山西是国家重要的能源原材料基地。长期以来,煤焦等资源产品运输车辆超限超载经营,不仅对公路和桥梁造成严重破坏,而且扭曲了统一开放、竞争有序的道路运输秩序,成为全省不平等竞争最主要的形式之一,直接影响市场经济的健康发展。为此,省政府决定在全省高速公路和普通公路全面实行计重收费。全省各级政府要认真按照科学发展观和市场经济要求,坚持"政府统一领导、部门分工负责、交通组织协调"的领导体制和工作机制,认真组织实施好普通公路计重收费工作。省交通厅要与省计重收费工作领导组成员单位密切配合,加强协作,正确分析普通公路实行计重收费后可能发生的新情况、新问题,进一步创新收费公路管理,加大治超力度,严厉打击各种恶意超载行为,建立和完善各类应急体系,确保计重收费平稳运行。各级公安机关和交通管理机构要采取有效措施,切实做好交通疏导和应急处置工作,严厉打击扰乱计重收费工作的各类违法犯罪行为,维护正常交通秩序和收费秩序。宣传部门要充分发动新闻媒体,全方位、多角度宣传计重收费政策,让每一个运输经营户都了解政策、理解政策、自觉遵守政策,为计重收费顺利实施营造良好的社会环境和舆论氛围。各级政府、各有关部门要各司其职,通力合作,共同打好治超与计重收费两大攻坚战,努力促进治超与计重收费协调发展,创造公平合理、安全畅通的交通运输新秩序,为全省新基地、新山西建设提供良好的交通保障与运输服务。

(魏建国)

省交通厅推出《超限运输车辆通行证》办理便民新举措

2008年年初,南方各省发生冰雪灾害,造成全省部分出入省口交通堵塞,车辆滞留严重,特别是河南境内通过晋焦高速进入的车辆因不能及时办理《超限运输车辆通行证》,在晋焦高速丹河收费站滞留,给交通和司乘人员带来诸多不便,影响了正常通行。

2月4日,省交通厅下发通知,本着方便群众又不违背有关法律法规的原则,就办理《超限运输车辆通行证》推出新举措:取消对散装货物超限运输车辆的审批,凡是经过国家公告的、外形几何尺寸与行驶证相符、重量不超过国家规定的超限超载标准的超限运输车辆,在运输散装货物时不需要办理《超限运输车辆通行证》即可通行。并授权晋焦高速公路路政大队办理《超限运输车辆通行证》。从2月5日开始至3月16日暂授权晋焦高速公路路政大队对经过丹河收费站的所有超限运输车辆予以受理,并负责审查有关资料,对符合条件的〔车货总重超过100吨(含100吨)的除外〕,现场办理《超限运输车辆通行证》,同时要求沿线各路政大队要加强路面巡查力度,若发现在所辖路段行驶的超限运输车辆未持有《超限运输车辆通行证》或虽有《超限运输车辆通行证》,但车、证不相符,以及持涂改、仿造、租借、转让等证件的超限运输车辆,一经发现一律依法扣留,责令其停放到指定位置,并根据《超限运输车辆行驶公路管理规定》实施行政处罚,同时责令其办理或重新办理《超限运输车辆通行证》,并按照有关规定,实行责任倒查,追究有关责任人的责任。

（李伟鹏）

全省高速公路不停车治超检测系统试运行

4月15日,全省高速公路不停车治超检测系统在太原高速公路柴村收费站治超检测点试运行。厅党组书记、厅长段建国现场调研。

研发使用该系统是全省高速公路进一步深化超限超载治理的一项重点工作,先期以太原高速公路柴村治超检测点为试点进行试运行。

该检测系统具有全自动、不停车快速检测、实时监控功能,红灯亮,电子屏显示超载重,超载车按照要求调头处理;绿灯亮,车辆直接通过收费站上高速。该系统的运用,取消了原治超人员开具磅单程序,可提高放行速度一倍以上,最大限度地减少由于治超引发高速公路收费站口拥堵现象,有效避免“三乱”行为的发生,同时有体积小、重量轻、安装方便、性能稳定、受外界与人为因素干扰少等特点。

段建国厅长在调研中指出,治理超限超载是高速公路管理工作的重要内容,必须创新管理,用现代化的手段解决治超中的问题,不停车检测系统的使用作为建立治超长效机制的重要组成部分,首先要在太原环城高速堵车最严重、具备条件的几个站点进行试点应用,运行一段时间后要对系统的运行情况进行认真总结,不断改进完善,并在全省高速公路具备条件的站点尽快推广。

（李伟鹏）

全省治超步入法制化轨道

7月1日,《山西省道路货物运输源头治理超限超载暂行办法》和《山西省治理车辆非法超限超载工作责任追究办法》启动仪式在太原举行,标志着全省治超工作由集中治理步入长效治理的法制化阶段,也标志着已由路面执法为主转入源头治理为主的新阶段。

省治超领导组组长、副省长牛仁亮宣布《山西省道路货物运输源头治理超限超载暂行办法》和《山西省治理车辆非法超限超载工作责任追究办法》两个政府令正式实施。

省治超领导组副组长,省治超办主任李顺通,省交通厅厅长段建国,省监察厅副厅长、省纠风办主任黄福莲、省公安厅交管局副局长边智慧,省工商局副巡视员赵勇出席启动仪式。交通、交警、工商、质检等执法代表和11个治超示范县交通局长参加了启动仪式。省政府副秘书长、省法制办主任崔国红主持启动仪式。

依据两个《办法》,超载源头治理细分了职责,运管部门承担起货运站、煤场等源头单位进驻、巡查的责任,不使超限超载车驶出货源点。各级各部门守土有责,严防死守,决不允许一辆超限超载车辆驶出货源点。公路上一旦查住非法超载车辆,涉及的治超站点、流动稽查队、装载货物源头,甚至车辆维修场所都将进行过错倒查,不作为、乱作为的人员将被一查到底。

李顺通代表省治超领导组要求全省交通系统要充分认识两个《办法》的重要意义,坚定不移地实施两个《办法》,深入细致地做好思想教育工作。他强调,源头治理和责任追究办法的实施,标志着全省治超工作由行政治理向法制治理转变、由常规治理向长效治理转变。交通系统要站在新的起点,下大力气,全面推进两个《办法》的贯彻实施,为促进全省经济社会的又好又快发展做出不懈的努力。

段建国就如何全面落实省政府两个《办法》作了表态发言。他表示,一要以学习宣传两个《办法》为重点,再掀全民治超新高潮。要组织全省交通系统学习两个《办法》并纳入干部培训、执法培训和党员学习计划,通过举办法律讲座、领导干部辅导学习班等多种形式，分层次分批次抓好两个《办法》的轮训，让每一位治超人员都了解并熟悉运用两个《办法》，自觉做到依法行政、依法治超。二是以实施两个《办法》为抓手，加快建立治超长效机制。要按照“抓两手、促全面、再深入”的要求，一手抓源头治超工作的长效化，继续组织运管人员通过进驻企业、现场巡查等方式，依法加强对货物装载源头的监管，严格控制超限超载车辆出场上路；一手抓治超责任的落实，抓住典型案件、典型事件和典型人员，从严追究本系统治超部门和治超人员失职、渎职和不作为、乱作为责任，维护法纪尊严，维护政府权威，促使治超人员始终做到依法治超、守土有责。三是以实施两个《办法》为契机，进一步加强治超队伍建设。各级交通执法人员要严格执法、规范执法、文明执法，自觉遵守法律法规和各项纪律，诚恳接受各方面的监督。各级交通纪检监察部门要加强对治超工作的监督检查，对治超不作为的单位，要从严追究主要领导的责任。对充当车托保护伞及养黑车、收黑钱、放黑车的执法人员，一律清理出执法队伍。

段建国强调，全省交通系统要继续坚定地站在治超第一线，加快建立长效机制，在新一轮“拉网式、无缝隙”治超新战役中当好主力军，打好主动仗，再创新业绩，努力实现“抓综治、保畅通、保安全、为人民”的治超目标。

启动仪式上，副省长牛仁亮等向运管源头执法人员发放了巡查车钥匙，60 辆治超专用稽查车也于当日发放给运管执法人员，执法人员代表做了宣誓。据了解，为加强源头治理力度，建立长效治超机制，此次共向 11 个地市的运管源头单位发放了 300 余辆巡查车。

（李伟鹏）

全省超限超载治理取得重大阶段性成果

2007 年 12 月 19 日，全省启动了新一轮“无缝隙、拉网式”治超总行动，在省委、省政府的坚强领导下，各市、县人民政府和有关部门采取“控”、“拆”、“罚”、“记”、“赔”、“拘”等综合措施，通过一年的艰苦努力，全省治超工作取得重大阶段性成果，严重超限超载的局面得到有效控制和扭转，赢得全省上下好评。

一是超限超载率大幅下降，大大低于国家要求。全省超限超载率由治超前的 8% ~ 11%，下降到 0.2%，杜绝了车货总重 55 吨以上的非法超限超载车辆在高速公路上行驶，长途运输中的非法超限超载车辆已基本消除。

二是交通事故数量大幅下降，伤亡人数明显减少。截至 11 月底，全省共发生道路交通事故 6758 起，与上年同期相比减少 1635 起，下降 19.48%；死亡人数减少 181 人，同比下降 6.5%；受伤人数减少 2032 人，同比下降 20.63%；事故直接经济损失减少 532 万元，同比下降 14.63%。

三是道路畅通率明显提高，方便百姓出行。客车正点率由治超前 60% 上升到 91%，车辆通行数量提高了 101%，长时间大面积堵车的现象基本消除。

四是公路、桥梁得到有效保护，好路率提升。全省公路国省干线平均好路率为 86.64%，与上年相比提高了 0.96%，没有新增危桥。

五是货运价格合理回升。以 2007 年 12 月 19 日治超前运价为基准，截至 10 月，煤炭及制品短途运输运价上涨 53.6%，长途运输运价上涨 44%；金属矿石短途运输运价上涨 51.4%，长途运输运价上涨 22.1%。公路货物运价合理回升。

六是煤炭外运增幅较大。1 至 4 月，全省公路出省销售煤炭 4274 万吨，同比增加 1337 万吨，增幅为 45.51%。这期间正是南方雨雪冰冻天气，治超既没有影响电煤的运输，又保证了公路的畅通。

七是营运车辆总数和公路日通行量、货

运周转量明显提高。截至12月18日，全省营运车辆数与上年相比净增加2.2万辆。货物周转量增长了7.9%。全省高速公路货车通行量由治超前的日均5.1万辆增长为8.6万辆，增长了40.7%；干线公路货车通行量由治超前的日均2.2万辆增长为2.96%万辆，增长了34.5%。

（李伟鹏）

省公路局编制计重收费突发事件应急预案

为提高快速处置实施计重收费后可能出现的各类突发事件的能力，形成快速反应机制，确保实施计重收费后收费现场保持安全、畅通、有序的通行环境，省公路局编制完成《计重收费突发性事件应急预案》。

该预案突出预防性、防治性、安全性和快捷性，适应于省公路局管辖范围内直接管理的所有收费站。主要针对计重收费实施过程中可能出现的车辆拥堵、收费广场或收费车道发生重大交通事故、收费现场发生暴力抗费及群体事件、车辆或人为损坏收费设施、收费系统出现故障或停电不能正常进行集中收费等突发事件。预案针对计重收费过程中出现的不同情况，明确了不同的应急处置程序和措施，缩短车辆在收费广场停留时间，避免堵车等现象造成不良社会影响，确保计重收费工作的顺利实施。

（李伟鹏）

省公路局治理超限超载成效显著

从2007年12月19日省政府开展无缝隙、拉网式治超行动开始，在2008年一年的时间里，省公路局认真贯彻落实交通部等国家九部委《关于印发全国车辆超限超载长效治理意见的通知》、华北五省（区、市）人民政府《关于治理非法超限超载车辆确保道路交通安全的通告》和《山西省人民政府关于治理非法超限超载车辆确保道路交通安全的意见》精神，加大了对非法超限超载车辆治理力度，加强了对超限运输检测点的建设和管理，进一步规范了治超人员执法行为，确保了国省道干线公路没有非法超限超载车辆行驶，保护了公路基础设施，实现了“抓综治、保畅通、保安全、为人民”的目标。

干线公路每天投入一线治超人员3147人。其中参加37个固定检测点治超1741人，参加当地政府流动稽查1406人。固定检测点实行昼夜24小时值班制度。流动稽查工作在政府的领导下加大了对通过重点路段和桥梁大吨位车辆的查处力度，真正使治超工作做到了高密度、无缝隙。

省政府第224号令《山西省治理车辆非法超限超载工作责任追究办法》自2008年7月1日开始实施以来，省局立即对治超领导组成员进行了调整，进一步强化了责任，加大了监督检查力度，同时制定了治理车辆非法超限超载工作责任分解意见，保证了责任倒查机制的完善，从而为将治超工作转入长效机制奠定了基础。

（韩　杰）

太原市交通局多种方法破解治超难题

自2007年12月19日起，太原市开展“无缝隙、拉网式”治理车辆超限超载行动以来，主管部门太原市交通局采取源头治理、站点检测、路政稽查、责任倒查等方法，取得了明显成效。截至7月底，全市交通系统共出动执法人员112 942人次，检查车辆473.582万辆次，查处非法超限超载车辆6180余辆，超限超载率为0.21%，卸载货物41 724.22吨，罚款285.7357万元。治超以来，超限超载率逐日下降，目前已从治超前8%～13%降低为0.21%；55吨以上车辆得到控制，往年出现的百吨甚至200吨以上车辆已经消除；货车通行量明显提高，日通行量增长了1.95倍；交通事故大幅减少，伤亡人数、直接经济损失迅速下降；货运价格回升，价格杠杆作用逐步明显；运输环境得到改善，客车正点率达到90%以上，长时间大面积堵车现象基本消除。

太原是国家重点建设的能源重化工基地，境内煤炭、化工、冶金、机械等企业众多。长期以来，出于对利益最大化的追求，大吨位运输车辆呈蔓延趋势，导致所辖道路严重受损，交通事故及大面积堵车现象经常发生。面对这一严峻形势，太原市交通局在省市主要领导的安排下，在公安、工商等有关部门的配合下，抽调专人组成治超办公室，指挥协调全市交通系统治理超限超载行动。运政人员进驻835家经政府部门公示的客货运站场、企业，对显而易见违法生产、改装、维修车辆的企业全部取缔，对非法超限超载的车辆依法实行“控、拆、卸、罚、记、赔、拘”等综合措施，实行源头治超，确保非法超限超载行为得到根本治理；遍布各主要道路的检测站点对所有货运车辆严格检查；路政人员在全市所属公路上共制作安装限高、限宽、限载标志500余块，并携带流动检测工具24小时在所属道路上进行稽查，只要在道路上发现有一辆超限超载车辆的，实行责任倒查制度，追究有关人员的责任。

（岳红旺）

阳泉道路运输管理处源头治超成效显著

自2007年12月19日全省无缝隙拉网式集中治超启动以来，阳泉市运管处认真分析治超工作“反复抓抓反复”的实际，积极探索加强源头管理，建立长效机制的有效途径，利用科技手段，创新实施道路货运源头管理，从源头上控制超限超载，在阳煤集团使用装载机称重仪加强源头治超，取得显著成效。

阳煤集团是全国最大的无烟煤生产企业之一，是国有特大型煤炭企业，在城矿区有6个主要煤炭装载储运场，年产煤炭三千余万吨，40%的产品通过公路运输。针对这些产品比重大、装载准确度低、车辆检测重复率高、不易装卸、极易造成超限超载的实际情况，为阳煤集团安装使用了装载机电子计量仪，使装载重量精度达到0.05吨/次的误差，极大提高了车辆装载准确率，避免了超限超载现象发生。在阳煤集团6个装载储运场近40台装载机安装后，每天使用计量仪为车辆装载数达2000辆左右，装载煤炭近6万吨，车辆复检率大幅降低，超重卸载基本消失，一次性装载合格率达到90%以上，工作效率显著提高，源头治超取得良好效果，企业也获得了较大经济效益。运用科技手段，强化道路货运源头管理是阳泉市运管处在治超工作中不断创新的治本经验，在市运管处的推动下，阳煤集团已计划将该称重仪安装到公司所有煤炭装载设备上，彻底杜绝源头超限超载，争创全省“无双超”货运源头企业，让厂矿企业运输业户切实体会到源头管理带来的高效便捷。

（王九存　史晋阳）

阳泉市郊区被省政府授予“治超工作优秀区”

2007年12月19日全省治超工作开展以来，阳泉市郊区治超工作在区委、区政府正确领导和省市治超办的大力支持下，本着“政府牵头、部门联动、社会参与、综合治理”原则，紧紧围绕治超工作科技化、标准化、长效化、氛围浓的“三化一浓”工作目标，成立郊区治超办，独立办公，全面开展“无缝隙、拉网式”集中治理工作。首先向全区266家货运源头企业派驻治超巡查人员；其次配备35名专职源头治超人员，全面负责全区8个乡镇源头治超工作；第三治超领导组专门组织了26人的流动稽查队，对全区国、省干道和县、乡、村公路进行路面稽查，做到全方位、全过程、全覆盖、全天候、全联动，形成流动稽查网络；第四创新宣传方式，制作郊区特色的“拒绝超载”温馨提示卡、“致学生家长的一封信”、印制了治超文件汇编等全部发放到乡（镇）、到村、到户，加深了广大群众和学生家长对治超工作的理解和支持。同时设置固定治超标语130余条，大型宣传版面300余块，在全区上下营造了良好氛围。全区18个成员单位、8个乡镇、184个行政村、266家源头企业2000余人直接参与治超工作，治理超载超限工作取得了7大明显效果。一是车辆超限超载率由治超前的93%降到了0.14%；二是因“双超”造成的交通事故发生率降为零；三是运输价格合理回升，实现了治超工作与运输业发展“双赢”；四是55吨以上车辆得到有效控制；五是短途非法超限超载运输得到有效遏制；六是好路率明显上升，国、省干道好路率与上年同期相比提高5个百分点，县、乡道路好路率比上年同期提高0.5个百分点；七是货运车辆运输成本大大降低。由于工作突出，阳泉市郊区人民政府被省政府授予“治超工作优秀区”，被山西省劳动竞赛委员会荣记集体一等功，同时获得省交通厅国省干线绕城公路路面和桥梁工程或辖区内国省干线改扩建工程项目奖励补助资金3000万元。

（王九存　史晋阳）

《阳泉市货运源头治超工作规范》出台

为了促进交通运输市场规范有序，促进道路交通运输安全畅通，使阳泉市的治超工作早日实现无“双超”目标，阳泉市运管处组织相关人员编写了《阳泉市货运源头治超工作规范》。

《阳泉市货运源头治超工作规范》分《法律、法规、规章》和《工作规范》两个章目。《法律、法规、规章》收录了《中华人民共和国道路运输条例》以及山西省政府两个《办法》等法规、规章；《工作规范》包括全市运管系统工作规范、乡镇政府工作规范、大型货运源头单位工作规范、其他货运源头单位工作规范、运输企业工作规范、危险运输企业工作规范、维修企业工作规范、综合性能检测线工作规范等8个部分。对在源头治超中的组织机构、工作职责、工作制度、工作流程、考核标准以及责任追究办法等都进行了具体规定，明确了治超的要求和标准，强化了各自的职责和义务，将对各货源单位今后的源头治超工作起到具体的指导作用，对今后的源头治超工作起到积极的规范作用。

（李伟鹏）

临汾市治理超限超载取得阶段性成果

在治理超限超载的高压态势下，临汾市治超工作取得明显成效，严重超限超载势头得到有效遏制，超限超载率下降至0.16%，长途恶意超载现象基本绝迹，道路交通事故明显下降，公路运输秩序明显好转，人民群众对交通状况满意率普遍提高。截至2008年5月底，临汾市日均投入执法人员2100余名，共检测货运车辆1 712 279辆次，查处非法超限超载车辆2722辆，卸载货物7889吨，罚款和收取补偿费242 655元；交警记分491人1474分；全市244处非法储煤场和27处非法车辆改装厂已于限定日期前全部取缔。

该市在治超伊始便明确了严格的规章制度。市治超办实行全天24小时工作制，开通公开举报电话；出台了规章制度，细化了工作职责，明确了岗位分工；在保障各项日常工作正常运转的情况下，成立5支流动稽查队和2个直查快办工作组不间断地进行路检路查；组建了由成员单位县级领导干部带队的10个督导检查组，采取包县蹲点、巡回检查、明察暗访等办法，先后对各县市治超工作开展了三轮督导检查。

首先是宣传发动。组织临汾日报、临汾电视台、临汾人民广播电台等媒体开辟治超工作专栏和专题，采取“声、频、报互动，新闻与栏目互动，公益广告与专题互动”的办法，全方位、多层次展开了强大的宣传攻势；制作了厢式运输宣传片，每天在电视上滚动播放18次；17个县（市、区）长、市领导组成员单位负责人逐个在电视台亮像表态。组织各县（市、区）治超办主任轮番在电视、报纸公开宣传本辖区治超效果、措施和下一步工作安排，并做客电台现场回答群众咨询;使治超工作入耳、入脑,深入人心,创造了良好的舆论氛围。

其次是突击检查。组织由纠风、交通、公安交警、工商、焦炭分公司等部门以及临汾日报、临汾电视台等新闻媒体组成的暗访组,对17个县(市、区)的治超工作进行暗访突查,对发现的问题现场下达督办令,责令限期改正,严格进行责任追究。

第三是排队亮相。委派督导组、稽查队联合对17个县(市、区)治超工作进行全面考核。考核前不打招呼、不提前通知,采取实地检查、随机抽查、适时突查、随时暗访等方式进行,并结合社会和媒体监督、群众举报、平时督查与专项检查情况,进行考核;考核内容包括组织领导、保障措施、源头管理、执法规范、站点管理、信息管理、治超效果、平时表现等8个大项、45个小项,公开打分,排队亮相,媒体曝光。

第四是有奖举报。发动广大群众和社会各界对非法超限超载行为进行举报,举报一经核查属实,对举报单位或个人给予500元至5000元人民币的奖励;对重大违法行为的举报,一经核查属实,给予5000元至10 000元人民币的奖励,动员社会力量参与到治超工作中来。

第五是加盖密闭。探索推行煤焦及流散物体厢式化运输方法,此项工作已受到国务院纠风办的充分肯定,省领导先后做出重要批示,要求研究临汾做法,时机成熟,在全省推广。

(李玉洲　庞燕东)

临汾市开展集中打击短途非法超限超载大行动

为进一步贯彻落实晋政发〔2007〕42号文件及省政府223、224号令,根据省治超办《关于在全省开展打击短途非法超限超载运输专项行动的通知》(晋治超办便字〔2008〕153号)及《临汾市开展打击短途非法超限超载运输专项行动实施方案》(临治超办字〔2008〕16号)的要求,临汾市于2008年10月16日在全市统一开展短途治超大行动。共出动治超稽查、督导人员30余人,分三个组对全市短途治超展开拉网式检查。

市治超稽查督导队采用交叉检查、明查暗访、反复排查、追查到底等多种形式,对全市范围内短途治超涉及的源头治理、路面管控、非法改装及“三无”车辆查处等内容进行全面督导检查。流动稽查督导人员严格遵守治超“五不准”和“十条禁令”,对问题不能姑息迁就,更不能包庇纵容。市治超办委派新闻记者随行报道,采取现场采访、追踪报道、深度报道、连续曝光等方式加大宣传力度。同时,各稽查督导队每日报表当天汇总,当天排队,当天公布,做到公开发布,信息透明。对检查出的问题,严格按省政府223号、224号令的要求进行责任追究,对相关责任人的处理结果在全市公开通报。

(李玉洲　庞燕东)

忻州高速公路公司六项措施巩固治超成果

为了巩固治超成果,防止反弹,努力建立治超工作长效机制,忻州高速公路公司提出六项措施:

一是继续坚持管理与监督“双管齐下”,严格把好“检测关、入口关、倒查关”三道关口,并严格执法监督和责任倒查、追究制度;二是大力提升队伍素质。进一步加强对华北五省(市)治超《通告》和省政府《意见》等文件精神的认真学习,熟练掌握各项政策规定,不断提高工作能力和水平。坚持“治超先治人,治超先治内”的指导思想,强化教育学习,在“严”字和“廉”字上下工夫。坚决把思想认识不到位、素质较低、工作不称职、徇私舞弊的人员清理出治超队伍;三是加强治超站点规范化、信息化建设,积极推进治超点与收费站网络数据联网共享,完善治超监控网络,积极探索长效机制;四是全面建立各单位、各部门的治超协作配合机制,严厉打击服务区倒货、倒卡等恶意超载的违法行为；五是针对治超工作中的问题，制定防范措施，尽快完善治超管理制度体系建设，完善治超与计重收费联动机制；六是加强与地方政府及部门的密切联系，建立高效运转的联动机制，完善突发事件应急预案，及时果断处置治超过程中出现的问题，确保治超员人身安全和治超工作的有序进行。

（李伟鹏）

太长高速公路公司治理超限超载实现自动化

太长高速路政大队自7月14日在太长高速公路榆次超限检测点安装使用动态公路车辆自动衡系统即不停车检测设备之后，全线10个治超点全部投入使用该系统，投入使用以来，在治理超限超载运输上实现了对车辆的实时动态管理，保证了治超和正常的道路通行秩序，为进一步提高太长高速公路管理水平提供了科学手段。

该系统由动态车辆称重检测系统、车号自动识别系统、智能控制分析系统等组成，可对车辆总质量检测并对轮轴类型进行自动判别分类，根据执法要求，当车辆经过时，传感器可以自动检测车轮对路面的冲击载荷等信息，经过信号采集和数据运算，得出荷载、轴数、车速、车辆类型等参数，根据设定的限制参数，迅速判断是否超载，出此车牌识别系统，实时抓取该车的车牌号码，通过传感器把检测结果自动传输到显示屏幕上。如果传感器检测到的车辆涉嫌超载，电子信息屏上就会提示该车超载，与此同时将检测数据传输给高速入口的收费站，杜绝超载车辆使入高速公路。以往检测超限超载运输车辆时，需多名治超人员一边要指挥超限超载运输车辆过磅和记录检测数据，一边还要派专人盯着车轮过磅以防偏离磅秤台，导致产生称重偏差。有些超限超载运输车辆驾驶员为逃避处罚故意在过磅时偏离秤台，经常发生扭磅、冲磅等现象，加之人为偏差等因素，称重不准确成为治超执法中的一个主要缺陷。

这套系统检测准确度高，自然气候适应能力强。通过快速检测，可以在不影响公路车辆正常通行秩序的前提下，实施对超限超载车辆的有效治理，维护了合法运输车辆的正当行驶权益，提高了太长高速公路的通行效率，缓解了治超对通行可能产生的干扰。同时，极大地缓解了检测的压力，提高了精确检测的效率。对于治超执法人员而言，降低了劳动强度和执法成本，有效地保护了人身安全，实现了文明执法。

（李伟鹏）

全省交通建设成就

公　路　设　计

省交通厅大力加强高速公路勘察设计管理

1月，省交通厅结合全省高速公路勘察设计项目多、地形地质条件复杂、工程量大、要求严等特点，发出《关于进一步加强高速公路勘察设计管理工作的通知》(下称《通知》)，旨在加大勘察设计管理力度，提高勘察设计质量，严格申报审批程序，确保勘察设计健康有序规范进行。

《通知》指出，勘察设计合同是保证勘察设计质量、工期，明确合同双方责任和义务的法律文本，各单位必须严格按照签订的合同履行职责。

《通知》明确，要加强勘察设计管理的全面性和连续性。省高管局已与勘察设计单位签订合同的项目，由省高管局负责、项目法人配合完成设计文件申报工作；已明确项目法人但尚未组织勘察设计招标的项目，统一由项目法人负责组织勘察设计管理工作；尚未明确项目法人的项目，由省高管局负责勘察设计管理工作。

《通知》强调，勘察设计单位要认真坚持科学发展观，提升设计理念，抓住"十一五"全省公路快速发展的机遇，加强勘察设计内部管理工作，建立健全设计质量保证体系，提高设计人员责任心和使命感，进一步加大地质勘探和设计方案比选的研究力度，最大限度地提高设计深度和精度。省高管局和项目法人要对勘察设计进行全过程的监督管理。对路线方案、互通立交等设置要与设计单位和当地政府协商；对地质勘探等工作特别要加强中间监督检查力度；对勘测成果要进行全面的验收和质量评定；施工图设计阶段要组织设计单位深入现场逐段逐项核实，确保设计精度。

为此，省厅将建立勘察设计信用档案，严格诚信考核，对勘察设计单位业绩、履约能力、市场信誉和后续服务水平定期公告，对出现重大勘察设计质量事故或严重违法违规行为的单位，将强制其退出市场。

(李伟鹏)

宝塔山特长隧道、惠济河特大桥技术设计方案论证咨询会召开

2月14日，平榆高速公路宝塔山特长隧道、惠济河特大桥技术设计方案论证咨询会在省交通设计院召开，国内6位知名隧道、地质、桥梁专家应邀出席。专家在听取初步设计汇报，查阅资料后，围绕宝塔山特长隧道和惠济河特大桥方案进行研究讨论，认为设计资料齐全，准确、可信，地质勘察、技术方案较充分，总体方案合理。平榆高速公路建设管理处、和榆平高速公路公司、机电设计单位、交通安全设计单位、房建设计单位负责人和相关设计人员参加会议。

(秦华国)

阳泉至盂县高速公路初测外业通过验收

2月28日至29日，省交通厅组织省内外专家召开阳泉至盂县高速公路初测外业验收会。厅党组成员、总工程师部玉兰出席，省高管局、厅公路处、计划处、重点办、定额站、中建集团、阳盂高速公路建设管理处有关负责同志和阳泉市沿线地方政府有关负责人参加会议。与会专家组经过现场踏勘，对省交通设计院提交的工程初测外业成果及有关资料进行了检查，对初测提出的路线走向、路线、桥梁、隧道、互通立交位置及方案等进行了审查讨论，一致认为初步设计满足要求，同意初测外业通过验收。

（秦华国）

灵丘至山阴高速公路初步设计通过预评审

7月23日，省交通厅组织灵丘至山阴段高速公路初步设计预评审会，厅党组书记、厅长段建国，厅党组副书记、副厅长张润，厅党组成员、总工程师部玉兰出席会议。厅相关部门、项目业主、设计单位、咨询单位负责人、有关人员和专家参加会议。

灵丘至山阴段高速公路是国家高速公路网荣城至乌海公路的组成部分，也是山西省高速公路网规划的重要组成部分。本项目地质条件复杂，不良地质多，湿陷性黄土分布广泛，与陕京天然气管线有多次交叉，高填深挖段落多，桥隧比例高，与灵丘宏伟矿业，京原铁路、陕京天然气管线管理处、驿马岭起点与河北接线协调难度大等特点。第SZ1合同段路线全长69.665公里，大中桥10 317米/58座，涵洞100道，互通式立体交叉三处，隧道6座，防护工程长7222米。

与会领导和专家在听取汇报后，对设计文件及资料进行了审阅，一致认为初步设计方案选择、技术指标合理，符合交通部现行技术标准有关设计规范的规定，同意通过评审。

（秦华国）

高平至陵川段高速公路初步设计通过评审

11月17日下午，省交通厅组织召开了高平至新乡高速公路高平至陵川段初步设计评审会，厅党组成员、副厅长张志川，厅党组成员、总工程师部玉兰出席评审会。沿线地方政府的领导、省直相关部门、项目业主、设计、咨询单位负责人和专家参加会议。

高平至新乡高速公路高平至陵川段位于晋城市所辖高平市及陵川县境内，与已建成的二连浩特至广州国家高速公路长治至晋城段相接，将完善区域高速公路网结构，形成晋东南乃至整个晋南地区通往豫北、山东、冀南等地的快速通道。对促进沿线经济发展、产业结构调整等产生深远的影响。会议首先听取了设计、咨询单位关于初步设计情况和咨询情况的汇报，与会的领导及专家对初步设计文件及有关资料进行了认真审阅，认为本项目初步设计文件内容完整，勘测深度符合交通部《公路工程基本建设项目设计文件编制办法》规定。路线走向、起讫点、主要控制点、各项技术标准和工程规模符合工可批复意见。同意通过评审。

（秦华国）

省交通设计院各项经济指标取得丰硕成果

2008年，省交通设计院完成勘察设计规模折合里程945公里。其中高速公路预可185公里、工可132公里、初步设计236公里、施工图设计391公里。完成钻探实进尺11.5万米，高速公路和汽车厂站房建设计面积25万平方米。全年签定合同3.15亿元，是目标值的1.75倍；完成产值2.9亿元，是目标值的1.81倍；经营产值1.35亿元，是目标值的1.35倍。创利税2800余万元，是目标值的1.75倍；新增固定资产800万元，实现了保值增值。多种经营实体完成产值6725万元,是目标值的1.20倍。

同时,省交通设计院连续第11年保持了"文明和谐单位"称号,连续第7年保持了"全国创建文明行业先进单位"称号,连续第9年被省厅评为"完成工作目标责任制优秀单位"和"安全生产管理工作先进单位",被省厅评为"政务信息工作先进集体"、"人事工作先进集体"、"财务决算先进单位"和"老干部工作先进单位"。院党委被厅党组评为"先进基层党组织"。

(秦华国)

公 路 建 设

全省交通工作推进会召开

7月25日，为落实全省上半年经济形势分析会精神，准确把握交通工作面临的形势和任务，确保全年交通各项工作和奥运交通保障，对口支援灾区交通恢复重建任务圆满完成，省交通厅在太原召开全省交通工作推进会。会议回顾总结上半年交通工作，部署今后一段时期交通发展战略和高速公路建设、人事人才工作，安排下半年任务。表彰2007年全省交通系统人事人才工作和高速公路建设先进集体和先进个人。

副省长牛仁亮出席会议并作重要讲话。厅党组书记、厅长段建国作《坚持科学发展，提升服务能力，为新基地新山西建设提供有力的交通运输保障》的工作报告。厅党组副书记、副厅长张润主持会议。厅党组成员、副厅长王志民宣读《关于表彰全省交通系统人事人才工作先进集体和先进个人的决定》，厅党组成员、副厅长张志川宣读《关于表彰2007年度完成重点公路工程建设工作目标责任制优秀单位的决定》。省政府副秘书长李建功、省人大财经委副主任委员印敬文，厅领导部玉兰、张德仪、赵振田、郭贵平出席会议。

2008年，全省交通系统转变发展方式，积极应对新一轮交通"瓶颈"制约，省政府提出的重点工程积极推进，省厅年初确定的各项工作和为民办的8件实事进展顺利。上半年，全省公路建设完成投资46亿元，同比增长9.3%，完成年计划21.9%。全省高速公路MQI值达到95.2；国省干线好路率82.18%，养护质量综合值77.75；县公路好路率82.03%，养护综合值77.72。全省征收交通规费38.6亿元，比上年同期增长23.7%；车辆通行费收入63.82亿元，比上年同期增长46.8%。全省公路运输完成客运量2.05亿人，旅客周转量103.9亿人公里，分别为上年同期100.7%、94.3%；完成货运量4.35亿吨、货物周转量226.8亿吨公里，分别为上年同期的111.6%、110%。

会议分析了全省交通发展面临的形势，提出今后一个时期全省交通发展的基本思路和主要任务。即"一条主线、七大工程、六化目标"。"一条主线"，就是转变发展方式、推动交通运输由传统产业向现代交通运输业转型。"七大工程"，就是高速公路加密开放工程、干线公路改造提升工程、农村公路网化完善工程、公路养管治超保养工程、枢纽站场布局配套工程、运输产业转型提质工程和交通信息化工程。"六化目标"，就是要努力实现基础设施网络化、城乡区域交通一体化、公路养管化效化、运输服务综合化、行业管理智能化、部门行为规范化，为新基地、新山西建设提供强有力的交通运输服务与保障。

段建国厅长在讲话中指出，全年开工1000公里高速公路，是省政府年初向全省人民的郑重承诺。各单位、各部门要围绕当年开工1000公里,全力加快前期工作;围绕又好又快发展,创新和加强工程管理;围绕加快建设,搞好服务监督;围绕经济社会发展需求,抓好高速公路网规划调整,再掀高速公路建设新高潮。要认真贯彻落实中央和省委、省政府提出的坚持经济建设与抗震救灾“两手抓”的方针,继续在抓重点,抓难点,抓落实上下工夫,力保省政府提出的重点任务圆满完成,力保省政府和省厅为民办的8件实事圆满兑现,力保奥运期间交通运输安全畅通、文明和谐,力保交通行业稳定,力保抗震救灾援建工作有序展开,力保交通规费和车辆通行费征收圆满完成任务。要大力加强领导班子和领导干部队伍执政能力建设,稳步推进事业单位人事制度改革,建设一支高素质的人才队伍,为交通运输又好又快发展提供组织保障和人才支持。

牛仁亮在讲话中指出,全省上半年规费征收、治超、抗震救灾等工作成绩突出,其他工作进展顺利,但也面临着新一轮交通“瓶颈”制约,一定要认清形势,明确任务,下半年要全力加快1000公里高速公路前期工作,抓好1400公里国省干线公路的改造提升,完成10 000公里农村公路建设,做好重点旅游景点到省辖市、最近机场或高速公路“一小时通达”工程的规划及前期工作,进一步强化源头治超工作。要创新思路,拓宽融资渠道,变公路建设主要由政府投资为投资主体多元化,进一步开放公路投资市场,加大招商引资力度,特别是要盯住省内煤焦企业资本,采取多种方式引进公路建设领域。与此同时,还要积极推进交通行业的体制机制创新、科技创新、管理创新,加快不停车收费技术的推广应用和干线公路计重收费的实施,重点做好交通运输安全、行业稳定和队伍建设工作。

会上,段建国代表省交通厅与各市交通局、厅直各单位签订2008年度工作目标责任书。

各市交通局局长、厅属各单位党政主要领导及人事、财务部门负责人、厅机关各处室主要负责同志参加会议。

(董忻文)

省交通厅与忻州市政府合力推进高速公路建设

4月17日下午,省交通厅与忻州市委、市政府在顿村召开高速公路协调座谈会,共同解决当前影响忻阜、忻保高速公路开工建设的征地审批、拆迁等主要问题,合力推进忻州境内忻阜、忻保、太佳高速公路建设,并达成共识:省交通厅与忻州市政府各负其责,通力配合,共同努力,争分夺秒,倒排工期,争取七月中旬忻阜、忻保高速公路同时开工建设。厅党组书记、厅长段建国,厅党组成员、总工程师部玉兰,厅副巡视员郭贵平率忻阜、忻保、太佳高速公路建设管理处、厅重点办及厅机关相关处室负责人参加座谈。

忻阜、忻保高速公路筹备近两年来,各有关部门做了大量前期准备工作。截至目前,忻阜高速公路环评、文保、土地预审、施工图设计等工作已批复完成,但面临工可立项、土地等问题。忻保高速公路前期准备工作和建设资金也基本就序,但面临征地等问题。针对目前制约开工建设存在的国家发改委立项审批、征用土地及拆迁等主要问题,省交通厅与忻州市委、市政府积极出主意、想办法,齐心协力推动高速公路开工建设。在座谈会上,忻州市委书记张建欣、市长李平社代表忻州市委、市政府表示将全力以赴,为忻州境内高速公路排除障碍,解决困难,并负责在7月10日前办妥土地征用手续,用早日开工建设来解决当前存在的个别矛盾和问题。

厅党组书记、厅长段建国上任以来就十分重视高速公路建设管理工作,他是16日专程赴国家发改委汇报协调忻阜高速公路建设项目后参加座谈会的。段建国说,忻阜、忻保高速公路前期手续已基本完善,条件基本成熟,但由于土地、审批的原因还不能马上开工建设,形势严峻,压力很大,忻州市态度明确,行动坚决,省交通厅要积极支持这两条高速公路的开工建设。同时,省交通厅对态度积极、提前开工建设并重视治超工作的高速公路所在市县,还将在县乡道路建设上给予政策倾斜和支持。段建国要求省厅各有关部门工作人员与地方各级政府多联系、多沟通、责任到人,提高认识,密切配合,创新工作思路,不能按部就班,要超常规工作,能提前的尽量往前赶,倒排工期,确保七月中旬忻阜、忻保高速公路同时开工建设,确保全年高速公路开工1000公里,以实际行动确保省委、省政府向全省人民承诺的"十一五"规划目标的顺利实现。

(董忻文)

省交通厅与晋中市政府召开推进高速公路建设座谈会

5月6日上午,省交通厅与晋中市政府在榆次召开推进高速公路建设座谈会,研究解决当前影响晋中境内高速公路开工建设的有关问题,推进汾阳至邢台高速公路汾(阳)平(遥)、和(顺)榆(社)平(遥)段及北京至昆明高速公路榆次龙白至祁县城赵段两路四个项目建设,双方达成共识:各负其责,密切配合,以积极稳妥态度,依法创新工作方法,全力推进两路四项目的建设。厅领导郭贵平,晋中市市长张璞、副市长马彦平出席,张润主持。

4项目共长280余公里,几乎占到1000公里1/3。两路在晋中市经济社会发展布局中占有重要地位,特别是汾邢高速,是全省东出太行的又一条重要通道,建成后可大大缓解太旧高速公路的压力,不仅对晋中而且对全省经济社会发展都具有举足轻重的作用。两路四项目既有政府投资项目,又有企业投资项目;既有本省企业投资,又有外省企业投资,对丰富完善创新全省高速公路建设模式同样具有重要意义。座谈会上,双方认真分析影响4个项目开工建设的种种因素,认为前期工作进展不平衡虽各有特点,但土地预审和用地指标是最大制约因素。为此,晋中市政府承诺:绝对保证控制性工程的建设用地,绝不影响工程顺利开工;对规划建设中占用的未利用地立即组织申报,不耽误工程建设;对于占用一般性耕地,要积极从本市当年用地指标内进行调剂,尽最大努力向高速公路倾斜优先,保证建设用地;借助土地利用总体规划二次修编契机,重新调整土地利用规划,为高速公路开工奠定基础。

双方认为,要突破当前制约瓶颈,必须精诚合作,紧密配合,态度要积极稳妥,手段要依法创新,突破常规思维,开展创造性工作,全力推进两路四项目的建设。最后,双方达成如下共识:两路4项目所需土地指标、申报手续由晋中市政府负责完成,省交通厅、各项目部积极配合;凡开工高速公路项目的征地拆迁工作由晋中市政府以总承包形式包干,双方签订承包合同,按国家和省有关补偿标准,足额把补偿费用给农民支付到位;汾平段5月份开工,当年完成路基建设,2009年竣工;和榆平一期加快前期进度,8月队伍进场,制约性工程开工;龙城段4车道改6车道,5月报送工可报告并跟踪落实审批,力争年内开工。双方在国省干线、县乡工程改造,超限超载治理等方面也达成了一致意见,并决定联合向国土部门申请追加用地指标。

段建国表示,当前全省高速公路建设面临的形势严峻,压力很大。希望双方各有关部门创新工作思路,超常规工作,在有限的时间内争取尽早开工建设,确保当年高速公路开工1000公里,共同为全省"十一五"高速公路建设规划目标的实现作出新的贡献。他承诺,哪个市县支持高速公路建设,省交通厅将毫不犹豫地支持哪个市县交通事业的全面发展。

(董忻文)

省交通厅与大同市政府领导达成共识

5月20日,大同市委副书记、代市长耿

彦波一行到省交通厅机关，与厅领导就全年大同公路建设有关事宜进行座谈。双方就加强合作，加快推进大同公路建设达成共识。厅党组书记、厅长段建国，厅党组副书记、副厅长张润，厅党组成员、总工程师部玉兰，省公路局、省高管局有关领导以及厅有关部门负责同志参加座谈。

耿彦波在座谈中对省交通厅长期以来对大同公路建设的支持表示衷心感谢。他说，公路建设对推动大同经济社会又好又快发展具有重要意义，是大同市委、市政府的一个工作重点，他表示，2008 年，大同市将把高速公路建设放在突出位置，全力配合，做好各项服务工作，确保工程建设无干扰。要在省有关部门大力支持下，全力抓好干线公路改线、农村公路建设及城市道路建设等工程，为全市经济社会又好又快发展奠定坚实基础。

段建国在座谈中首先感谢耿市长一行专程到省交通厅商谈大同交通工作，并对大同市近年来公路建设所取得的成绩给予充分肯定。他表示，省交通厅将打破常规，加大力度，一如既往地高度关注和全力支持大同公路建设。希望大同市在今后工作中，要认真做好规划工作，合理安排，分步实施；要广开渠道，多方引资，积极筹措建设资金；要认真细致地做好征地拆迁及各项服务工作，为公路建设提供良好的外部环境；要坚持不懈地抓好"治超"工作，确保道路安全畅通。

张润、部玉兰分别对大同市提出的公路建设有关事宜，提出很好的意见和建议。

（孙乾灏）

省交通厅与大同市、朔州市政府召开高速公路建设推进会

7 月 28 日下午，省交通厅与大同、朔州市政府在大同召开两市境内高速公路建设推进会，共同推进高速公路建设。省厅包片领导、厅党组副书记、副厅长张润与大同市副市长郝月生、朔州市副市长李发以及两市交通局、国土资源局和省厅公路处、规划处、重点办等相关部门负责同志参加。

目前，大同、朔州境内拟开工建设的高速公路项目共 4 个，分别是荣城至乌海公路山西境灵丘至山阴段，大同至呼和浩特公路山西境大同至右玉段，大同至浑源高速公路、山阴至平鲁高速公路、依次由大同市公路建管处、大呼高速公路建管处、大同市交通局和朔州高速公路建管处进行建设管理，总里程约 250 公里，占全年全省拟开工建设计划 25%。会议就制约开工建设的土地征用批复、资金筹措、设计、环评、水保等关键问题进行深入细致的研究和部署，并达成共识，高速公路项目要路地共建，各部门要密切配合，建设程序要同步进行，齐心协办确保 12 月各建设项目开工建设。

张润就大同、朔州境内影响高速公路开工建设的土地指标审批、资金筹措等问题进行了分析，并对下一步工作进行安排部署。要求各有关单位负责同志要统一思想，提高认识，把公路建设作为大同、朔州两市的重要基础设施建设项目来抓，路地共建，科学组织，平行推进各个高速公路建设项目程序，责任到人，倒排工期，齐心协力，全力攻关，力保年内大同、朔州境内高速公路建设项目早日开工。

（董忻文）

山西省重要政务信息新闻发布会召开

12 月 25 日，省委宣传部、省政府新闻办公室、省交通厅共同组织召开山西省重要政务信息新闻发布会。省政府常务会议已研究通过省交通厅提出的《山西省高速公路网调整规划》和今后两年全省公路建设计划，并纳入今后两年全省基础设施建设 6500 亿投资计划。规模调整后，全省高速公路网规模由 4050 公里调整到 6160 公里，增加 2000 余公里，路网布局相应调整为"人字骨架、两纵十一横十二环"。其中：国家高速公路网有一射、一纵、三横、一支线穿越全省，里程约 2000 公里，全省规划里程 4000 公里。今后

两年,全省公路建设规模4.8万公里,项目总投资2435亿元。预计两年可竣工4.57万公里,完成投资1485亿元。这一规模,无论从建设里程看,还是从投资额度看,都将是全省历史上最大的一次。

全省原来的高速公路网规划是2005年1月省政府常务会议批准的,规划布局方案为"人字骨架、九横九环",规划目标是连通2020年城镇人口在15万人以上的城市,90%的市县实现一小时上高速,规划总里程4050公里。到2008年底可建成1965公里,完成规划的48.5%。"人字骨架"全面建成,"九横九环"建成"一横三环",22个出省口打通10个,国家高速公路在山西路段建成70%。预计到2010年底可建成3000公里,完成规划的74%。

与原规划相比,调整的内容主要有:一是从支持晋西北、太行山革命老区加快发展,促进全省均衡发展角度出发,增加东纵(806公里)、西纵(747公里)2条纵向通道;二是对第五、八、十、十一横进行调整完善,十一条横线全部横贯东西,加强山西沟通东西部的能力;三是增加忻州、阳泉、吕梁3条城市环线,实现全省省辖市全部有绕城或区域高速公路环线,这些环线基本属于两条高速相交自然形成。适合做城市绕城的,增加连接线形成城市绕城环线;适合做区域经济圈的,连接为区域环线。

规划布局调整后,体现出4个特点。一是全省高速公路连通水平明显提升。省会到省辖市高速连通,可实现3小时通达;相邻省辖市之间高速直接连通,可实现两小时通达;全省距离高速公路在60公里以内的县(市、区)为119个,实现全省100%县(市、区)可一小时上高速;距离高速公路在40公里以内的县(市、区)为117个,实现全省98%县(市、区)可半小时上高速。二是省辖市过境交通明显改善。11个省辖市中,9个为城市环线,3个市为区域环线,城市过境交通将得到缓解,有助于改善环境,提升城市品位。三是提高了高速公路网的覆盖率,全省高速公路面积密度由2.6公里/百平方公里提高到3.95公里/百平方公里,在中部六省中排名第二,人口密度由1.07公里/万人提高到1.66公里/万人,在中部六省排名第一。四是加强了与周边省份衔接。在规划22个出口的基础上,增加7个出口,达到29个出口,与相邻四省区内蒙古、陕西、河南、河北分别有4条、8条、9条、8条高速通道相连,进一步强化山西与国内各大经济区和相邻省份之间的联系。

2009年至2010年公路建设总体计划是:①高速公路。在2008年已建成"人字骨架、一横三环"、总里程1965公里基础上,今后两年重点建设"两纵十横五环两个重要路段",分40个项目实施,里程3180公里,总投资1950亿元,这些项目由北向南、从东到西穿越山西腹地,出省后分别融入国家和邻省高速公路网,都是全省经济发展大动脉、对外开放大通道。其中:"东纵"起于晋蒙交界天镇马市口,穿越本省东部,终于晋豫交界泽州道宝河,今后两年重点建设天镇至大同至浑源、五台山至盂县至阳泉至和顺、左权至黎城3段,总里程433公里,总投资269亿元;"西纵"起于右玉杀虎口,穿越本省西部,终于芮城刘堡,今后两年重点建设平鲁至朔城区、岢岚至临县至离石至隰县至吉县、运城至芮城3段,总里程404公里,总投资243亿元;"十横"建设路段分别是:第一横:大同至右玉段,里程103公里,投资37亿元;第二横:山阴至灵丘至平鲁,里程259公里,投资131亿元;第三横:五台至忻州至保德,里程316公里,投资165亿元;第四横:平定至阳曲至佳县,里程328公里,投资295亿元;第五横:太原至交城段,里程40公里,投资16亿元;第六横:汾阳至平遥至榆社至和顺,里程211公里,投资124亿元;第七横:霍州至永和关、黎城至长治两段,里程215公里,投资116亿元;第八横:平顺至长治至临汾至吉县,里程366公里,投资247亿元;第九横:陵川至高平至沁水、阳城至翼城两段，里程202公里，投资124亿元；第十横：闻喜至垣曲段，里程82公里，投资44亿元。“五环”是：太原、晋城、临汾、吕梁、朔州5条绕城高速公路和区域环线，里程184公里，投资95亿元。两个重要路段是：太原至古交、三门峡黄河二桥，里程37公里，投资44亿元。两年高速公路建设完成投资1000亿元，建成1040公里，全省高速公路通车里程达到3000公里，所有项目在2013年全部建成，届时东、西两纵基本建成，“十一横十二环”建成“八横八环”，全省高速公路达到5000公里。②国省干线公路。两年建设规模2500公里，总投资320亿元。其中，一级公路1500公里，投资270亿元；二级公路1000公里（含国道二级化420公里），投资50亿元。两年内项目全部竣工，投资全部完成。届时，国省干线走到哪里都是好路。③农村公路。两年建设规模4.2万公里，总投资160亿元。其中，县乡公路改造工程1.2万公里，投资60亿元；通建制村水泥（油）路3万公里，投资90亿元；危桥改造工程10万延米，投资10亿元。两年内项目全部竣工，投资全部完成。届时，无论是通达深度还是通行能力都再上一个新台阶。④运输站场。两年安排建设项目177个。其中，公路主枢纽物流园区1个，一二级汽车客运站16个，乡镇汽车站160个。项目总投资5亿元。两年内项目全部竣工，投资全部完成。届时，全省实现市市有一级客运站，县县有二级客运站，50%以上乡镇有等级客运站。到2010年，预计全省公路通车里程达12.6万公里，公路密度提高到80.6公里/百平方公里，高速公路通车里程达3000公里，一级公路里程达到2780公里，二级公路里程达到14 000公里，全省实现具备条件的建制村通水泥（油）路全覆盖。

中央驻晋新闻媒体、省城新闻媒体及境外媒体近50家媒体记者出席新闻发布会。

（董忻文）

省交通厅与五大银行
举行战略合作暨首批贷款签约仪式

12月27日，省交通厅与国家开发银行山西省分行、中国工商银行山西省分行、中国农业银行山西省分行、中国银行山西省分行、交通银行山西省分行等五大银行举行战略合作暨首批贷款签约仪式。这次战略合作，是省交通厅与金融机构共同贯彻中央扩大内需政策、推动金融创新的成果，是再掀公路建设新高潮的根本保证，更是山西长远发展的有力支撑。省委副书记、代省长王君，副省长牛仁亮出席签约仪式。省政府秘书长王清宪主持。厅领导段建国、王志民、张德仪以及省直有关部门负责人，中央驻晋新闻单位及省媒体记者参加了签约仪式。

根据国家扩内需、保增长的宏观调控政策，省委、省政府作出再掀公路建设新高潮的战略决策，全面启动历史上最大规模的新一轮公路建设高潮，今后两年共安排公路建设4.8万公里，总投资2500亿元。再掀公路建设新高潮，对筹资工作提出严峻挑战，省交通厅通过争取国家支持、招商引资、资本运作等方式积极筹借资金，同时得到金融机构支持。这次框架协议总额为1750亿元，其中，国家开发银行500亿元，中国工商银行350亿元，中国农业银行300亿元，中国银行300亿元，交通银行300亿元，首批贷款合同136亿元，其中，国家开发银行110亿元，交通银行26亿元，这批贷款涉及高速公路和国省干线改造工程60多个项目。

段建国厅长在讲话中表示，省交通厅作为承贷主体，一定会严格执行合作协议和贷款合同，严格施工管理，仔仔细细花好每一分钱，最大限度地提高资金效益。

参加签约仪式的五大银行纷纷表示，要积极支持山西交通事业发展，为加快建设新基地、新山西作出应有的贡献。

牛仁亮副省长在会上作重要讲话。

厅党组成员、总会计师张德仪代表省交

通厅与国家开发银行山西省分行签署战略合作协议和忻州至阜平高速公路忻州至长城岭段项目人民币资金银团贷款合同，与中国工商银行山西省分行签署战略合作协议，与农业银行山西省分行签署金融合作意向书，与中国银行山西省分行签署战略合作意向书，与交通银行山西省分行签署长期战略合作意向书和闻喜至垣曲高速公路基本建设借款合同。

（董忻文）

晋中市新农村公路建设道路交通状况调查顺利结束

为了搞好交通扶持社会主义新农村建设，根据《晋中市推进社会主义新农村建设的实施意见》，晋中市交通局于1月4日至5日组织36名业务骨干，对全市社会主义新农村省级首批120个试点村、晋中市新农村建设35个示范村、晋中市2007年新农村建设234个重点推进村的道路交通状况进行了详细的调查摸底。在调查过程中，采取走访、座谈、实地考察等形式，多层次、多角度地了解农村发展对交通基础设施建设的要求。经过两天的紧张调查和汇总，对上述农村的人口、人均纯收入、道路总里程、街道硬化程度、户通率、客运通达状况以及客运基础设施现状以及“十一五”交通基础设施建设规划等情况，取得了较为详实可信的基础数据，为全市“十一五”期间交通服务于社会主义新农村建设提供了可靠的参照依据。

（王跃东）

阳泉至五台山高速公路阳泉至盂县段奠基仪式举行

1月11日，阳泉至五台山高速公路阳泉至盂县段奠基仪式在阳泉郊区杨家庄乡白家庄村隆重举行。省人大常委会党组副书记、副主任薛军，省政协副主席韩儒英，中国建筑工程总公司党组书记郭涛、副总经理刘锦章，厅党组成员、总工程师郜玉兰，阳泉市四大班子领导等出席。阳泉市市长白云主持。

项目是山西省东纵干线公路重要组成部分，符合全省高速公路“十一五”规划要求，全长182公里。采用BOT模式，由中国建筑工程总公司投资建设。阳泉至盂县段是阳五高速公路建设的一期工程。起于平定县西郊村，与太旧高速公路相接，止于盂县元吉村，与石太高速铁路阳泉北客运站连接线相接。主线长41.2公里，一级公路连接线7.088公里，双向四车道，设计时速80公里，路基宽24.5米，投资估算27.92亿元，建设工期3年。它的实施，将带动山西东纵主干线公路网起到积极促进作用，对全省经济发展具有十分重要意义。

中国建设工程总公司是国务院国资委管理的国有重要骨干企业，连续三年进入世界500强。目前已发展为中国建设企业的排头兵和最大的国际承包商。“中国建筑”已成为行业知名品牌，并荣获“全球最受赞赏公司”称号。近几年，他们把经营结构调整作为企业一项重要任务，加快进军基础设施建设市场，多渠道巩固扩大基础设施市场份额，推进企业又好又快发展。2007年底，经省政府第177次常务会议研究决定，授权中建总公司以BOT模式建设、经营阳盂高速公路。刘锦章副总经理表示，公司将秉承“诚信、共赢”价值观，与各级政府和部门精诚合作，集中建集团合力，调集全系统精兵强将，积极组织社会资源，确保优质、高速建成该工程，回报国家，回报社会，使中建在山西公路建设史上的第一个BOT项目取得圆满成功。

郜玉兰总工程师指出，阳盂高速公路采用BOT模式由中建公司投资建设，倍受省委、省政府领导关心，倍受全省人民关注。省交通厅将派驻人员精干的项目建设管理处，负责项目前期工作、规划设计、工程质量、建设监管、廉政建设和征地拆迁地方协调工作，优化建设环境，搞好优质服务，改善投资环境，推进项目早日开工、顺利建设。项目业主和广大建设者要坚持“百年大计、质量第一”

的方针,广泛吸收国内外高速公路建设管理的成功经验,建立健全工程质量保证体系和责任体系,合理安排工期,科学组织施工,严格质量管理,扎扎实实抓好全过程的质量控制,确保工程质量万无一失。要坚持可持续发展的方针,在工程建设中最小程度破坏生态、最强力度地恢复生态,努力把阳盂高速公路建设成为公路与自然和谐发展的“示范工程”,再创全省高速公路建设新水平。要坚持标本兼治、重在治本的方针,着力构建教育制度监督并重的惩治和预防腐败体系,坚决克服工程建设中的腐败现象,全力打造廉政工程。

阳泉市委书记谢海表示,要举全市之力,精心营造“重商、亲商、安商、富商”的良好投资建设氛围和环境,全力以赴支持和协调中建公司和有关兄弟市、有关部门做好阳五高速公路建设的各项保障工作,争取早日建成通车,为全市和全省交通事业的发展作出新的贡献。

薛军副主任在讲话中指出,阳盂高速公路奠基既是全省经济建设和社会发展中的一件大事,也是全省交通行业贯彻落实科学发展观的又一项重大举措,更是阳泉人民期盼的一件大喜事。阳盂高速公路是阳泉和忻州两个市加强合作、共同发展的智慧结晶,是全省努力营造“重商、亲商、安商、富商”发展环境的重要结果,是代表人民群众根本利益、共同意愿的实事、好事。阳盂高速公路的开工建设对于促进全省旅游业发展具有重要意义,它将把阳泉旅游景点、晋中大寨和忻州五台山等旅游资源进行有效整合,又将山西旅游资源与全国旅游资源进行连贯,形成大旅游格局。同时,对晋煤外运和东部地区社会经济发展具有重要的带动作用。该项目采用BOT方式进行建设,对于全省各市加快高速公路建设具有典范意义。希望阳泉市和忻州市要积极配合,大力协助,紧紧抓住机遇,加快经济建设步伐,加大城市转型力度,走出一条符合科学发展观的道路;省交通厅要一如既往当好建设新山西的“先行官”,克服重重困难,确保工程顺利实施;中建公司要严格管理、科学安排,加快进度,确保安全、确保质量,早日建成阳盂高速公路,为阳泉经济建设插上腾飞的翅膀,为带动东纵干线的快速发展发挥作用。

银行系统,省交通厅有关处室,忻州市政府及五台县,阳泉市市直单位及郊区、盂县、平定县的有关负责同志、新闻媒体出席奠基仪式。

(董忻文)

大运公路介休至霍州改建工程合同签订仪式暨开工动员会举行

1月13日,介休至霍州一级公路合同签订仪式暨开工动员大会在晋中市举行。

大运公路介休至霍州改建工程是经省发改委批复立项的重点工程,被交通部列为勘查设计示范工程,被省公路局列为文化工程。该工程全长64.339公里,估算投资10.33亿元,北起介休市义棠镇,与祁介一级公路相接,终点至霍州,与霍侯一级公路相连,承担着连通南北的作用。它的建成,不仅加快晋中市及山西省路网主骨架的建设,为城市间提供快速、直达、安全、经济的运输通道,而且对优化路网布局,改善行车条件,解决过境交通问题将起到积极作用。对加快沿线县、市区域间资源流通,扩大晋中市对外开放,改善投资环境,促进经济发展,充分发挥晋中、临汾中心城市的辐射作用,具有十分重要的战略意义。同时,为晋中市和临汾市之间形成一条交通快速通道,对发展晋中市特色产业和晋商文化旅游产业,培养新的经济增长点注入新的活力。

会上,晋中公路分局局长王四小与13个施工、监理单位的法人代表签订了施工、安全、廉政三项合同。

(李伟鹏)

汾阳至邢台高速公路和顺至榆社至平遥段开工奠基

1月28日,汾阳至邢台高速公路和顺至榆社至平遥段开工奠基。这是全省又一条以BOT模式建设的高速公路。省政府副秘书长李顺通、中国中铁股份有限公司副总裁白中仁、省交通厅厅长王晓林出席开工奠基仪式并讲话,厅党组成员、总工程师郜玉兰主持。省直有关部门、金融部门领导,晋中市四大班子领导、长治市领导及两市市直有关部门领导,沿线各县市党政主要领导和群众代表出席。

项目是全省高速公路网"人字骨架、九横九环"主骨架中第六横的主要部分。起于平遥县,接汾阳至平阳高速公路,由西向东穿越山西腹地太行侧,横跨晋中东部山岭重丘,途经介休、祁县、武乡、榆社、和顺7个市县,止于和顺县康家楼(省界),与河北省高速公路相连,全长约172公里。2007年9月由中铁三局集团有限公司中标,负责建设运营和移交。全线采用双向四车道,设计时速重丘区100公里,山岭区80公里,建设工期3年。项目的建设,对加快全省新型能源和工业基地建设,实施国家"中部崛起"战略,改善投资环境,扩大对外开放,建设文化强省,发展旅游产业,促进晋中、长治两市协调发展和晋商文化旅游深度发展,有着十分重要意义。对于进一步深化高速公路投资体制改革,拓宽融资渠道,加快全省高速公路网建设,同样具有十分重要意义。

王晓林厅长在讲话中要求各级交通部门要转变职能,转变作风,加快前期工作,协调路地关系,搞好征地拆迁,竭尽全力为投资者搞好服务。项目业主和广大建设者要坚持"百年大计、质量第一"方针,合理安排工期,科学组织施工,严格质量管理,扎扎实实抓好全过程质量控制。在工程建设中,要切实保护好生态,努力把和榆平高速公路建设成为公路与自然和谐发展的"示范工程"。要坚持标本兼治、重在治本方针,着力构建教育制度监督并重的惩治和预防腐败体系,坚决克服工程建设中的腐败现象,建廉政工程、精品工程。

李顺通副秘书长在讲话中要求沿线各级政府、省直有关部门,要积极配合交通部门和项目单位加快前期工作,加快征地拆迁,创优建设环境,为项目建设提供最优服务、最好环境。省交通厅要充分发挥好指导、监督、协调、服务职能,省直有关部门要密切配合,急事急办,特事特办,进一步完善审批手续,确保和榆平高速公路按期开工。各建设、施工、监理、设计单位要各负其责,严格基本建设程序,坚持质量第一、安全第一,切实抓好建设全过程安全、质量管理,早日建成和榆平高速公路,为山西转型跨越、为晋中平原率先崛起提供强有力交通支持。

中铁三局集团有限公司、长治市、晋中市有关领导作表态发言。

(沈建明)

运城至稷山一级公路全线通车

2月28日,运城至稷山一级公路全线通车。运稷一级公路起点位于运城市盐湖区北端,与大运二级公路相连,途经盐湖、万荣、稷山三县(区)11个乡镇54个行政村,终点位于稷山县贾峪村,与侯禹高速公路连接线相接。该路全长74.141公里,路基宽25.5米,双向四车道,主线设计行车速度100公里/小时。

运稷一级公路的建成通车,对于合理分配运城市不同等级公路之间的交通流量,提升路网等级标准和规模效益,直接拉动盐湖、万荣、稷山三县(区)经济发展,进一步推进运城市新型加工制造业基地、高效生态农业基地和黄河金三角地区工贸旅游中心城市建设都具有重要的意义。

(李伟鹏)

祁临高速公路荣获詹天佑大奖

3月18日，在北京召开的第七届中国土木工程詹天佑奖颁奖典礼上，全长176公里的山西省大运高速公路祁县至临汾高速公路，获得詹天佑大奖，是唯一一个工程全路段获奖项目。

在此次29项获奖工程中，山西省祁临高速公路等交通工程，凭借着积极贯彻落实科学发展观以及良好的自主创新能力，较高的节能环保水平斩获大奖。这次获得此项荣誉的参建单位有：晋中路桥建设集团有限公司、中国葛洲坝集团股份有限公司、中铁十五局集团第一工程有限公司、中铁十九局集团第二工程有限公司、中国建筑第七工程局。

（李伟鹏）

得胜口至大同高速公路通过竣工验收

4月25日，得胜口至大同高速公路通过省交通厅组织的竣工验收。厅党组副书记、副厅长、验收组组长张润，省重点办副主任刘继承出席竣工验收会议。

项目起于晋蒙交界得胜口，终于大同市蔡庄村，全长47.368公里，是一条全封闭四车道水泥混凝土路面高速公路。2003年10月1日开工建设，2005年10月18日建成通车，概算投资17.65亿元。从2005年11月投入试运营以来，全体干部职工认真贯彻“六高”目标，紧紧围绕”快严新律廉生威、关塞精品更优美”的质量方针，建立科学、合理、高效、有序的运营管理体制，收费、养护、路政、经营等方面均取得长足发展。

省厅抽调14位专家组成得大高速公路竣工验收委员会，验收组专家在仔细听取得大高速公路公司总经理李应怀的项目建设执行情况报告，以及设计、监理、质量监督工作汇报，并按照国家有关规定进行严格检查验收后，一致认为：得大高速公路工期短、投资省、质量优、管理好，综合管理评价91.4分，为优良工程。

张润在讲话中指出，竣工验收是一项很重要环节，得大高速公路工程建设比较圆满，各项成果来之不易，各位专家要按照建设程序，严格规范，实事求是组织验收。一要做好移交、接收工作的同时，要加强管养工作，保证正常运行；二要严格执法、文明执法、吸取经验教训，配合当地政府加大治超力度，保护来之不易的建设成果；三是各施工、监理、设计等部门要认真总结推广建设经验；四是加快工程结算工作，认真做好竣工验收后各项善后工作，为山西交通建设作出新的贡献。

（董忻文）

旧关收费站车道扩容工程顺利完工开通运行

6月25日，太旧高速公路旧关收费站车道扩容改造工程顺利完成并开通运行。

近年来，由于国民经济和交通运输业的迅猛发展，太旧路车流量快速增长与原设计标准低、线形差之间的矛盾日益凸显，特别是2007年旧关断面日交通量折合标准车型5.73万辆（次），是原设计通行能力的2.3倍。针对太旧路车流增长过快、路网结构先天不足导致的事故多、行驶慢、堵车频发的状况，为了更好地为社会公众提供安全畅通的出行环境，切实改善旧关收费站的车辆拥堵问题，打造高速、快捷的平安大道，全力提升运输服务质量，太旧公司及时提出“因地制宜、复式出入”改造方案，采用高速公路主线加宽的方式，对道路进行改造，同时新增收费广场并增加车辆收费雨棚。扩容后的9进16出25条车道，使收费站车辆通行能力大大提高，极大缓解了省界段车辆通行压力。

在旧关收费站扩容改造施工过程中，太旧公司始终以“太旧路的工程优良才是合格”为质量理念，紧紧抓住施工设计、材料质量、队伍素质“三个源头”，施工、监理“两个过程”和施工现场“一个管理”，科学组织施工计划，严格控制施工工艺，全力提升工程质量，努力克服冬季施工、车流量大等不利因素，于6月25日完成了扩容改造工程。

旧关收费站扩容改造完成后，车流高峰段出口每小时放行车辆可由原来的660辆提高到960辆以上，单日放行能力也可由原来的15 840辆提高到23 040辆，通行能力提升约50%，再加上收费广场扩容了1.7万余平方米，旧关收费站的拥堵现象得到切实改善。

（李伟鹏）

盂县运煤专线公路二期工程开工建设

6月30日，盂县运煤专线公路二期工程正式开工建设。

盂县运煤专线公路建设工程全长9.605公里，分二期建设。第一期工程全长6.108公里，总投资2823万元，于2006年开工建设，2007年10月竣工。第二期工程全长3.497公里，总投资2400万元，起点位于省道阳石线K126+700处，经盂县乌玉、胡家沟、东杜、西杜、闫家沟、上乌纱，终点与运煤专线一期工程连接，路线呈现东西走向，该公路采用二级公路标准设计，建设工期为4个月。

该线建成后将成为晋煤外运的重要通道之一，同时，对于构成该县县城绕城公路，推进县城扩容提质，改善县城环境质量，缓解县城周围车辆拥挤受阻，减轻省道双阳线、盂榆线、石阳线和县域路段压力，确保城乡居民出行安全，促进地方经济发展，都具有十分重要的意义。

（李伟鹏）

省道340一级公路改建工程正式启动

7月11日上午，途经吕梁市汾阳市、孝义市、中阳县、离石区和柳林县五个县（市、区）的省道340一级公路改建工程奠基仪式在中阳县举行。

省道340线起于汾阳河北村，止于柳林庙湾，与国道307相接，全长123公里，途经汾阳市、孝义市、中阳县、离石区和柳林县五个县（市、区），是山西省西部出省的主要通道之一。项目由吕梁星宇公路勘测设计院测设，吕梁公路分局负责建设，全线采用多种技术标准相结合，各路段间优质衔接。其中主要工程量包括路基土石方工程5704.29千立方米，排水与防护工程330.52千立方米，沥青混凝土路面2227.6千立方米，大中桥16座，小桥40座，涵洞304道，平面交叉107处，互通式立体交叉3处，天桥3座，拆迁房屋27 048.95平方米，完善交通设施111.9公里。工程总投资15.4亿元，预计两年建成。

（李伟鹏）

太佳高速公路东段和西段初测通过外业验收

7月16日，太原至佳县高速公路东段和西段初测外业验收会召开。在认真听取勘察设计单位和太佳建管处关于前期工作的汇报后，专家组经过分析研究，通过太佳高速公路初测外业验收，并明确取费标准、标准单价等问题。

各勘测设计单位、沿线各地方政府、厅机关有关处室和太佳建管处东、西段负责人参加会议。会议由厅党组成员、总工程师郜玉兰主持，厅党组书记、厅长段建国出席并讲话。

段建国厅长在讲话中要求各有关单位和部门要充分认识太佳高速公路建设的重要意义，站在政治、经济高度，认真调查研究，更新设计理念，使设计更具前瞻性和合理性，精心组织，努力工作，又好又快地完成勘察设计任务。

郜玉兰总工程师在讲话中对勘察设计提出具体要求。希望在下一步设计中，综合考虑各种因素。并针对路线起点、省际连接、口站设置等问题作出安排。

沿线各地方政府及厅公路处、规划处、科教处、重点办负责同志从不同角度，也提出意见和建议。

（董忻文）

太旧高速公路路面大修工程项目通过竣工验收

7 月 29 日，太旧高速公路路面大修工程顺利通过了由省高管局组织的专家竣工验收委员会的工程质量鉴定，以 90.89 的综合评分，被评为"优良"等级工程。

太旧高速公路是全省第一条全封闭、全立交的高速公路，作为晋煤外运的"黄金通道"和中西部地区与东南沿海之间的交通大动脉，自 1996 年 6 月 25 日通车运营以来，随着车流量的逐年递增，特别是"十五"期间车辆超限超载普遍，加之先期投入不足、建设标准低、道路长期超负荷运营，所承受的累计轴载提前达到了设计值，路面及附属设施出现了结构性破损，严重影响了这条大动脉的通行能力和路况质量。

为了进一步提升太旧路技术等级，为社会提供安全畅通、快捷高效的行车环境，在省交通厅和省高管局的大力支持下，太旧公路筹资近 6 亿元从 2004 年 5 月开始，历时两年多，于 2006 年 9 月完成了太旧路单幅 281 公里的路面大修，工程完工当年太旧路的国际平整度指数 IRI 平均值就达到了 1.04。

在路面大修过程中，太旧公司坚持以"一切服务于社会，一切方便于顾客"为宗旨，在重交通、大流量的情况下，采取单幅并道交通"不断交"的施工方式，合理避让车流高峰，既保证了施工路段的行车畅通，又加快了施工进度，整个维修工程未发生任何安全责任事故。为确保工程质量，他们始终将"太旧路的工程优良才是合格"的质量理念贯穿于各个环节，积极开发应用新材料、新技术、新工艺，推广引进的 PR 沥青改性剂，开创了全省高速公路路面维修新材料应用的先例；利用粘碳纤维、钢纤混凝土对桥面进行处治，在山区高速公路桥面病害处治上填补了省内空白；采用热喷 SBS 改性沥青同步碎石封层新技术，解决了高速公路桥面防水和应力吸收功能差的技术难题，这些新材料、新技术、新工艺的应用不仅提高了工程质量，节约了工程资金，同时，也为全省高速公路路面维修积累了宝贵经验。

整个路面大修工程共铺筑路基土石方 14.48 万立方米，整修排水防护砌体 3.55 万立方米，安装波型梁护拦单线 406.8 公里，改造中央绿化带 56 公里，改造沥青和水泥砼路面 272.3 万平方米，处治桥面 24.47 万平方米，大修后太旧路整体路况质量又回升到了优良水平，养护质量指数 MQI 值由 2004 年末的 91.6 提高到了 2007 年年末的 95.1。

竣工验收委员会成员一致认为，太旧路路面大修工程经过两年多的运营，路面总体密实、平整，级配均匀，厚度满足设计方案要求；拓宽路基整体稳定，防护工程结构尺寸及强度达设计规范标准；桥梁更换支座受力平衡稳固；沿线交通安全设施齐全、完善；护栏及隔离栅安装整体顺适、稳固；工程档案资料整齐、完整，符合竣工验收条件，同意通过竣工验收，并提请质量监督部门签发工程综合评价等级证书。

（李伟鹏）

108 线忻州段路面改造工程顺利完工

7 月底，108 线忻州段路面改造工程顺利通过验收。

为确保工程顺利进行，忻州公路管理段以讲政治、抓质量、控工期、塑精品的工作思路统揽全局，周密部署，狠抓落实。一是精心组织，开工前制定了详细的施工方案，在人员配置、质量要求、工期进度、机械投入等方面都进行了精心细致的安排，保证了工程如期开工；二是科学施工。从铲除破损路面、铺垫水稳砂砾底基层到油路罩面各个环节，都从节约出发，合理调配人工机械，科学施工，杜绝浪费；三是注重质量。严格按照设计《技术规范》施工的同时，在质检中心的指导下，加大底基层水泥剂量，从设计中的 4.0% 调高到 5.5% 以上，确保了工程质量；四是严格工期。为确保奥运期间正常通行，施工人员顶酷暑，冒高温，战风雨，吃住工地，加班加点，全力以赴赶工期；五是落实廉政措施，派驻监察员，严把材料关，杜绝了腐败现象的滋生；六是狠抓安全。全面落实《安全生产责任制》，施工前签订《安全合同》，施工过程中恪守“质量至上，安全第一”，严格按《安全规程》操作，保证了施工期间无任何事故发生。

（李伟鹏）

阳泉义白路桃河特大桥荣获“太行杯”奖

2008年7月，阳泉市义白路桃河特大桥荣获“太行杯”山西省土木工程最高奖。这是该工程在2007年4月被评为省优良工程后获得的又一殊荣。

阳泉市义白路（义井桥至白羊墅）一级公路，由阳泉市交通局下属的宏大公路经营有限公司于2003年开工建设，2004年10月剪彩通车，全长10公里。义白路特大桥为该路跨越桃河、石太双线电气化铁路、白荫支线铁路而设计建设。大桥主孔为65米钢混结合梁，大桥全长1067米，建筑面积11 737平方米，工程总概算4449万元，工程决算4224万元，节约投资224万元。山西省第三届“太行杯”土木工程大奖，是为奖励在工程建设中采用新技术、新材料和新工艺，依靠科技进步，坚持科技创新，在节能减排及建设资源节约和环境友好型社会中成绩突出者。

（王九存　史晋阳）

307国道汾阳至离石段改建工程通车仪式举行

8月6日上午，307国道汾阳至离石段改建工程通车仪式在汾阳市杏花镇举行。吕梁市委书记聂春玉、市长董洪运，厅党组副书记、副厅长张润，厅党组成员、省公路局党委书记赵振田及有关单位负责同志出席通车仪式。

项目起点位于汾阳市与文水县交界处的冀村镇北，沿307国道途经杏花村镇、汾阳市、离石城区等，终点止于离石市区南关村西，全长100.13公里，总投资3.39亿元。

张润副厅长在讲话中代表省交通厅向吕梁市各级党委、政府以及沿线人民群众表示衷心感谢，向作出突出贡献的设计、施工、监理、管理人员和专家、技术人员表示亲切慰问。他说，作为交通运输部重点补助工程，工程从设计开始就充分考虑了煤炭运输、重交通量特点和安全保障需要，提高设计标准，增加路面厚度，并因地制宜设置避险车道和防护栏工程，进一步提升吕梁市公路建设水平和运营服务能力。这条线的建成对于缓解吕梁境内交通压力，提高国道通行能力，改善吕梁城市环境，促进吕梁煤炭资源发展和区域经济发展，具有重要意义。

（董忻文）

208国道长治市西过境段改建工程通车

8月8日，长治市重点工程208国道长治市西过境段改建工程竣工通车。

208国道西过境段改建工程起点位于208国道郊区余庄，沿东南方向下穿长治市区与太长高速公路连接线，跨漳河接省道长安线，终点位于郊区崔漳村，改建里程全长6.04公里，全线采用二级公路技术标准建设，总投资5000万元。全线含406米长的大桥1座，23米长的小桥（通道）1座，涵洞11道，共有两个施工单位和1个监理单位参建。工程2007年5月9日奠基开工，2007年12月完成路基桥涵工程，2008年5月底完成大桥工程，2008年7月30日完成路面工程。

工程建设期间，省交通厅、省公路局和长治市委、市政府领导非常重视，多次深入工地检查指导工作，解决存在问题和困难。长治市（区）各相关职能部门大力支持，沿线乡（镇）村及群众密切配合，工程项目部一班人团结一致，靠前指挥，周密部署，狠抓管理。全体工程建设人员冒严寒、战酷暑，全力以赴抢进度,一丝不苟抓质量,确保了工程任务如期、优质完成。

(李伟鹏)

晋中市打通又一条出省通道

8月10日,左权县羊角乡高家井至黄泽关公路正式竣工通车,标志着晋中市又一条突破太行天险、直通华北平原的出口公路全线贯通。

高家井至黄泽关公路连接省道南太线与晋冀两省交界处,全长20.8公里,与河北武安市磁左线相对接。该线于2007年2月动工兴建,总投资8000万元,标准为山重二级。高黄线是晋中市"十一五"规划中的一条重点出口公路建设项目,该线采取的公司化经营、市场化运作的融资模式也是全市县乡公路改造的一次大胆尝试。在建设过程中,各施工单位克服了地质条件复杂、施工难度大的重重困难,终于如期竣工通车。

高黄线全线贯通从根本上结束了左权东部连接华北平原出口不畅的历史,标志着左权县基础设施建设又跃上了一个新的台阶。它的竣工通车,对于优化全市县乡公路网络布局,推动东部山区经济社会健康有序发展,促进晋煤外运,实现沿线农民增收具有极其深远的历史意义和现实意义。

(李伟鹏)

忻阜高速公路
科技示范工程全面启动

8月15日,省交通厅举行忻阜高速公路科技示范工程合同签订仪式。厅党组书记、厅长段建国,厅党组成员、总工程师郜玉兰,交通部公路科学研究院院长周伟、副院长张劲泉等出席。

项目于2007年3月被交通部确定为全国四项科技示范工程之一。依托忻阜高速公路为建设载体,依靠交通部公路科学研究院为技术支持,联合省交通设计院、省交通科研院和中咨泰克公司等予以落实,重点围绕路侧安全防护技术、废旧橡胶粉路用技术、道路景观融合设计技术、隧道建设关键技术等开展安全快捷类、资源节约类以及环境友好类科技成果应用和开发创新。该项目的实施对增强公路运营服务能力、减少占用土地、降低隧道照明能耗、延长重载路面使用寿命、提高桥隧建设质量和工程管理水平、保护生态环境和培养工程技术人才等具有重要意义。

郜玉兰总工程师在讲话中要求紧紧抓住这一机遇,着力打造一批综合利用各种交通创新成果,使之具有科技含量高、建设质量好、生态环境保护好、土地利用节约的典型示范工程。要充分发挥科技在交通建设中的引领和支撑作用,在创新理念指导下,综合吸纳各种科技创新成果,解决工程建设中的关键技术问题,力求在管、产、学、研有机结合的科技成果推广应用和开发模式上有所创新,有所突破,打造一条科技成果推广应用转化的示范路;要切实加强组织管理,严格落实合同约定,增强使命感和责任感,确保科技成果在项目建设中应用实施,把忻阜高速公路建设成为享誉全国的科技示范工程,为建设创新型交通行业作出积极贡献。

签字仪式结束后,有关专家对忻阜高速公路科技示范工程新技术推广项目技术指南进行评审。

(董忻文)

闻垣高速公路控制性工程开工

8月22日至23日,闻垣高速监理单位召开闻垣高速公路第一次工地会议,建设管理处给四个监理单位授权,对闻垣高速公路工程项目建设施工进行监理和管理,标志着闻垣高速公路项目建设控制性工程正式开工。

闻喜东镇至垣曲蒲掌高速公路是山西省高速公路网规划中的四条连接线之一,是晋南地区一个主要出省通道。路线全长82.811公里,总投资43.9304亿元。本项目起点位于闻喜县东镇东姚村(与大运高速公路相连),途经闻喜、绛县、垣曲3县12个乡镇67个行政村,终点在蒲掌乡王古垛村接河南省济(源)邵(源)高速公路。预计工程项目将于2010年底前竣工通车。

为了打造一流管理团队,创建一流高速公路,进一步完善运城区域高速公路网络,造福运城人民,闻垣建管处按照“公开、公平、公正、竞争”的原则,在全国范围内进行招投标,于6月20日公示完毕,确定中铁十一局、中交二局三公司、六公司、省公路一公司等22个施工单位、6个监理单位和1个监控单位中标。

闻垣高速公路建设管理的总体思路以“打造一流建设团队,创建一流高速工程”为目标,以充分发挥基层党组织的领导为核心,以合同管理为准绳,以监理标段划分管理片区强化监理的管理职能,通过成立工程管理协会和技术协会等措施来实现和谐共赢的目标,逐步形成具有闻垣高速特色的建设文化并引导工程项目建设顺利推进,为这个大建设团队的发展壮大、区域高速公路网络的完善乃至经济社会的发展作出应有的贡献。

为了加强工程管理,确保工程建设施工质量,闻垣建管处采用二级管理模式,以合同的形式约定监理单位的责任和义务,明确每个监理单位设置副总监理、总监办主任、安全与文明环保、合同管理、文秘、进度与协调六名监理管理工程师,以提高监理在工程管理中的积极作用。

(李伟鹏)

长治至长子一级公路奠基

9月5日,长治至长子一级公路正式开工。

长治至长子一级公路起点位于长治市西环路和针五路交汇北100米处,西跨浊漳河,下穿长晋高速公路,终点至长子县丹朱镇孟家庄村南,与长临公路相连。横跨长治市郊区、长治县、长子县“一区两县”,路经10余个行政村,总占地面积1100余亩,建设总长度达25.85公里,概算总投资为24 370万元,建设工期一年。

(李伟鹏)

大宁线甘棠至山庄公路全线通车

8月,大宁县甘棠至山庄公路全线通车。

甘棠至山庄公路是大宁县2008年实施的“村村通”水泥(油)路工程之一,起点位于曲峨镇甘棠村与大马公路相连,终点至曲峨镇山庄新村,全长8公里。按照村通水泥(油)路建设标准修建,路基宽4.5米,路面宽3.5米,全线设计为水泥混凝土路面,工程投资160万元。

工程于2007年9月进行了先期路基拓宽,2008年5月1日开始实施水泥路面硬化工程。经广大建设者3个多月的紧张施工,该公路主体工程已全部完工,共完成山庄村街道硬化2450平方米,路面硬化2.8万平方米,新建0.75米直径管涵5道30延米,砌筑挡土墙240立方米,硬化边沟3600平方米。该工程的完成彻底解决了山庄村及周边山村人民群众的“出行难”问题,打开了3000多山寨人民的致富大门。

(李伟鹏)

太原环城高速长风收费站扩建工程竣工通车

太原环城高速公路最大的收费站——长风收费站扩建工程经过三个月的紧张施工,于9月27日竣工通车,车道数量由原来的7进7出15条车道增加为10进10出20条车道,为国庆期间游客出行提供了良好的交通保障。

长风收费站位于太原东山过境高速公路长风东大街入口处,是省城太原的东大门。自通车运营以来,该站日平均交通流量从2006年的1万余车次猛增到2.5万余车次,最多时达4万余车次,出现交通拥堵现象,设计的车辆通行能力已远远不能适应形势的需求。

为了全面提高快速放行能力,缓解省城交通压力,太原高速公路有限公司于6月1日开始对长风收费站车道进行扩建,对原有路线进行拓宽,出入口各增加3个车道,车道数量增加为10进10出20条车道,超限检测采用全新的不停车快速检测系统。

(李伟鹏)

襄台公路部分大修工程完工

10月3日,临汾市襄台公路K0至K7+500路段油路大修工程完工并通过验收。

该工程8月开工,临汾市交通局克服汛期施工雨水多、工期要求紧、车辆干扰大等困难,抢时间、赶进度、保质量,自加压力,大干快上,经过两个多月的昼夜施工,完成油路修复13 500平方米,完成投资128万元。

近年来随着大吨位车辆的猛增,襄台公路K1至K7路段路基路面承载能力逐渐减弱,加之沿途穿越村庄厂矿企业多,路面损坏不断加剧,出现不同程度的推移、松散和翻浆,严重影响了过往行人行车的正常通行,也影响了全市的整体对外形象。临汾市交通局经过实地勘测后,采取了挖除40厘米路基路面,回填干压沙砾18厘米,铺筑水稳18厘米,路面铺装5.5厘米的修复方案,实施该段公路的大修改造。该工程的顺利完工,有力地改善了临汾市通往黄河壶口景区的通行状况,使全国各地游客可平安舒适地一览母亲河的风采。

(李玉洲　庞燕东)

台忻线公铁立交桥竣工通车

11月3日,台忻线北同蒲公铁立交桥正式竣工通车。

台忻线北同蒲公铁立交桥,上跨忻州城区云中北路和北同蒲铁路,桥梁全长155米,桥面净宽22.5米,引道长591米,为5孔30米预应力钢筋混凝土箱梁桥。是台忻公路横跨北同蒲铁路、连接五台山的交通枢纽工程,是忻州市真正意义上的第一座公铁立交桥。立交桥的建成通车,将彻底解决台忻线公路铁路平交道口对公路交通的瓶颈制约,对于缓解台忻线交通压力、提升通行能力,对于完善城市基础设施、拉大城市框架,对于加快五台山旅游发展、树立忻州对外形象,都具有十分重要的意义。

(李伟鹏)

太佳高速公路(吕梁段)建设推进会举行

11月12日上午,吕梁市政府举行太佳高速公路吕梁段建设推进会。敲定2008年12月正式开工建设,涉及征地拆迁任务春节前必须完成。

项目东起岚县郭家庄村,西至晋陕交界临佳黄河畔,途经岚县、方山、临县3县11乡镇52村,全长近120公里。采用四车道标准,路基宽24.5米,路面为沥青混凝土结构,时速80公里,投资概算近90亿元,建设用地1万余亩,建设工期2年,2010年12月建成通车。

吕梁市委常委、常务副市长、协调领导组组长丁雪峰要求,县、乡、村要尽快充实相互协调领导机构,加强领导;创优环境,实现零干扰,确保工作进展;要协作配合,共同完成任务;要处理好失地农民保险问题。并强调在征地拆迁操作过程中一定要做到"三平衡""四公""六方",认真接受群众监督。"三平衡"即在征地、拆迁、赔偿、安置问题上做到户与户平衡、村与村平衡、乡镇与乡镇平衡;"四公"即公开、公平、公正、公示;"六方"即市、县、乡(镇)、村、户、建设单位六方签字认定,不留隐患。太佳高速建设难度大、困难多、任务重、工期短、时间紧,要借鉴离军高速公路建设零干扰经验,确保各项工作如期顺利完成。

郭贵平副巡视员在讲话中指出,项目来之不易,要珍惜机遇,确保工程顺利进行;工程建设难度大、任务重、时间紧,要共同研讨,共同想办法、共同克服困难，解决问题，确保按期竣工；要路地结合，组织机构到位、工作人员到位、工作措施到位，要以人为本，以科学发展观态度完成任务。

（董忻文）

晋中市交通局组织重点工程观摩活动

11 月 11 日至 15 日，晋中市交通局组织全体党组成员会同 12 个县（区、市）交通局局长，对全市 2008 年交通重点工程建设情况进行了观摩，观摩内容包括农村公路二级化改造、通达通畅工程、示范路、农村客运站以及治超点等。

五天的观摩活动，行程达 2000 多公里，虽然时间安排较为紧凑，但是参加观摩的各位局长均表示通过观摩对照先进，学习经验，受益匪浅。榆次区、开发区、灵石、介休、祁县、太谷农村公路二级化改造投资大、标准高；平遥、和顺治超点的运营规范；左权、榆社、寿阳通达通畅工程工程量大、质量一流；昔阳农村公路养护机制健全、成效显著；和顺县示范路绿化、美化、亮化到位，标志标识清楚，安保设施完善；祁县、平遥、和顺乡镇客运站建设起点高、设施健全，这些都给观摩人员留下了深刻的印象。

11 月 15 日，活动圆满结束，在观摩总结座谈会上，李彦平局长指出：此次观摩活动准备工作较为充分，收到了良好的效果。

（王跃东）

离碛扶贫旅游公路改造工程竣工通车

11 月 14 日，离碛扶贫旅游公路改造工程竣工通车。

离石至碛口扶贫旅游公路改造工程作为吕梁市委、市政府确定的重点建设项目，是 209 国道、307 国道及孝柳铁路重要的运输集散线，也是连接离石、临县、柳林三县（区）的经济要道，吕梁市通往碛口古镇旅游观光的连接线。工程起点位于离石区前王家坡村 307 国道，途经离石区枣林乡，临县彩家庄、滴水局，终点位于临县南圪垛村，全长 37.22 公里。全线共动用路基土方 21.36 万立方米，建筑石砌矮挡墙 1.53 万立方米，石砌挡土墙 8399.71 立方米，全线有桥梁 7 座 394 米。工程总概算金额 7414 万元。工程严格按照建设程序，坚持高标准管理，高质量要求，按照设计方案，经过两年的艰苦建设按期圆满完成了建设任务。

离石至碛口扶贫旅游公路建成通车，将会进一步促进碛口旅游业的开发，对吕梁西部山区群众脱贫致富和农村经济社会发展都将起到积极的推动作用。

（李伟鹏）

朔州市“六项工程”竣工通车

11 月 15 日，备受朔州市人民关注的朔州市道路建设“六项工程”举行隆重的通车庆典仪式。

朔州市道路建设六项工程包括神电运煤通道、张辽路、顺义路、振武街、友谊街和鄯阳西街，全长 34 公里，总投资 11.66 亿元。其中由朔州市交通局负责承建的神电运煤通道工程，总长 16.3 公里，投资 1.8 亿元，是全省的第一批运煤通道建设重点项目。内含七座桥梁，其中七里河大桥为目前朔州市最大桥梁。六项道路工程的建成，使朔州城区面积由目前的 23 平方公里，向西拓展出 40 平方公里，对朔州市经济建设具有重大意义。

（李伟鹏）

省道南沁汾屯公路改建工程开工

11 月 17 日上午，省道南沁汾屯公路改建工程开工奠基。

省道南沁线东起黎城南岭，西止沁源交口；汾屯线北起吕梁市汾阳，南止屯留县张店。两路相交于沁源交口，是全省干线公路网的重要组成部分，也是晋煤外运的主要通道，更是长治地区经济主干线。

本次改建工程由南沁线沁县西渠上至沁源交口、汾屯线晋中界至沁源交口两段组成，涉及沁县、沁源两县，全长79.3公里。工程采用二级公路技术标准，路基全幅式宽12米，概算投资3.65亿元，11月开工，2009年9月底建成通车。这一工程的开工建设，对于进一步改善长治市道路交通环境，促进区域经济发展具有十分重要意义。

（曹宏昇）

208国道长治境内路面改造工程竣工通车

11月19日，208国道（晋中交界至长治常金段）120公里的路面改造工程暨夏店互通立交桥全线竣工通车。

208国道是纵贯长治市南北方向的政治、经济大动脉，1995年建成通车。由于交通流量增大，载重车辆增多，致使路面损坏严重，交通堵塞时有发生，2007年7月被迫全线中断交通。2008年6月，208国道长治段路面改造工程开工建设。工程北起晋中交界，南至长治常金，全长119.935公里，总投资5.3亿元。其中：全线路面改造部分投资3.94亿元；危桥改造35座，投资2303万元；新建襄垣夏店互通立交桥，襄垣县政府（含征地拆迁1000万元）投资4000万元；潞矿过境段10公里二级路拓宽工程，潞矿投资6600万元，襄垣县政府用于征地拆迁部分的投资1000万元。

四个多月来，承担重任的长治公路分局全体工程建设者按照"工程质量一流、安保设施一流、标志标线一流、服务设施一流、绿色环保一流、公路文化一流"的工程总体建设目标，精心组织，科学管理，克服了工期短、任务重、资金紧等困难，抓质量、抢进度、保工期，做了大量艰苦细致、卓有成效的工作，为工程的如期竣工付出了不懈的努力和辛勤的劳动。

208国道路面改造工程开工建设以来，始终得到长治市委、市政府主要领导的高度关注和重视，长治市政府就统筹208国道沿线公路建设、新农村建设、通道绿化建设等方面的工作，专门进行现场办公，提出了要将208国道建设成为文明通道、黄金走廊。208国道长治境内路面改建工程的如期竣工通车，标志着长治市基础设施建设又跃上一个新的台阶，必将对缓解长治市南北交通堵塞压力，疏通车流、物流和人流，方便人民群众的生产生活起到不可替代的作用，对完善长治市基础设施建设，强化道路交通运输功能、提高承载能力，促进经济和社会的协调发展，具有十分重要的现实意义和深远的历史意义。

（曹宏昇）

307国道平定城段改线工程平定西外环公路竣工通车

12月3日，307国道平定县城段改线工程的重要组成部分平定西外环公路竣工通车。

307国道平定城段改线工程是阳泉市新规划的大南外环路的重要组成部分。工程起点为南煤集团，途经南庄、胡家庄、南关、杨家沟、宋家庄、南坳、阳光发电公司，终点为庄窝村，并与307国道相连接，全长19.228公里，总投资概算3.33亿元。分三期建设。一期为平定西外环路工程，从庙沟至义平路段，长4.69公里，投资1.27亿元；二期为杨家沟至南煤集团段，长5.2公里，投资概算1亿元；三期分庙沟至庄窝村段、贵石沟至聂家庄段，长9.338公里，投资概算1.06亿元。

平定西外环路工程自2007年11月28日奠基开工以来，各参建单位励精图治、攻坚克难，将路基、桥涵、路面、绿化、照明等工程环节的施工质量放在首位，在短短12个月的时间内就完成了一期工程的全部建设任务。此次竣工通车的平定西外环路工程分南段、北段建设。南段从庙沟至西关，全长2.89公里，设计标准为城市主干道二级公路，路基宽47米；北段从西关至义平路，全长1.8公里，二级公路标准，路基宽12米。同时，连接南段、北段的连接公路长1.55公里，建设标准为城市次干道二级,路基宽24米。

平定西外环公路的竣工通车,标志着平定县在城市基础设施建设方面又跃上了一个新台阶,同时对缓解城市交通压力、推进城乡一体化建设进程、促进区域经济可持续发展具有重要意义。

(王九存　史晋阳)

309国道潞城市区过境段改线工程竣工通车

12月15日,309国道潞城市区过境段改线工程竣工通车。

309国道是横穿长治东西走向的经济大动脉,此次改线工程东起潞城市山底村,西止国道309线K953+850处,与潞城市中华大街西口连接,全长8.646公里,其中主线长7.716公里,支线长0.93公里,总投资8000余万元。该工程4月30日奠基开工。

工程建设期间,潞城市委、市政府及沿线乡、镇、村及人民群众积极支持配合工程建设,有力地加快了工程建设进度。长治公路分局工程项目部紧紧围绕工程质量和建设任务两个中心,以强化工程管理为主线,抓质量出精品,抓进度保工期,抓安全促效益,抓文明树形象,克服预算费用低、材料单价上涨快、工程任务重、工期紧等困难,严格按照工程质量一流、安保设施一流、标志标线一流、服务设施一流、绿化环保一流、公路文化一流"六个一流"的要求,精心组织,科学管理,确保了工程建设任务的顺利完成。

(曹宏昇)

太古、太佳(东段)高速公路建设推进会召开

12月26日,太原至古交、太原至佳县(东段)高速公路建设推进大会隆重召开。省委书记、省人大常委会主任张宝顺启动控制性工程开工按钮,省委副书记、代省长王君作重要讲话,省委常委、太原市委书记申维辰,省人大常委会常务副主任杨安和,副省长牛仁亮,省政协常务副主席郭良孝,原省人大常委会副主任杜五安,省政府秘书长王清宪,厅领导段建国、张润、韩日裕、张志川、郜玉兰、张德仪、赵振田以及太原市、忻州市领导出席。厅副巡视员郭贵平介绍工程概况。

太古、太佳(东段)两条高速公路工程是全省"人字骨架、两纵十一横十一环"高速公路网规划项目,也是本省中部地区西通陕、甘、宁,东达京、津、冀的战略通道。两个项目全长118.1公里,概算投资92.8亿元。其中,太古高速公路起于太原绕城高速公路东社枢纽,经万柏林区,终于古交市河口镇,全长23.5公里,双向四车道,路基宽24.5米,设计时速80公里,概算投资28.4亿元。太古高速公路也是目前全省工程最艰巨、造价最高的公路建设项目,桥隧里程占到71.1%。项目最大的制约工程西山隧道,全长13.63公里,是全国第二大公路隧道,仅次于陕西秦岭隧道。建设工期4年,2012年竣工通车。太佳高速东段起于太原西北环高速公路向阳店互通东,经尖草坪区、阳曲县、静乐县,终于娄烦县赤土华村,与太佳高速西段相接,全长94.6公里,双向四车道,路基宽24.5米,设计时速80公里。项目概算投资64.4亿元,建设工期3年。

王君代省长在讲话中指出,公路建设是基础设施建设的重要组成部分,对促进经济社会发展有着不可替代的作用。山西历来高度重视公路建设,特别是在当前经济发展面临严峻形势情况下,省委、省政府把公路包括高速公路等基础设施建设作为贯彻落实中央决策部署、应对国际金融危机、保持经济增长的一项重大举措,进一步加大工作力度,采取有力措施,扎实向前推进。各地、各有关部门要充分认识公路建设特别是高速公路建设的重要意义,高度重视,精心组织,密切配合,协同行动,积极做好项目建设中资金、土地、环保、拆迁等相关工作,为高速公路建设创造良好条件。全省交通部门和各参建单位要继续发扬特别能吃苦、特别能战斗的精神,精心设

计，科学施工，加强管理，保证质量，努力打造高速公路精品工程，为推动全省转型发展、安全发展、和谐发展，加快新基地新山西建设作出新的更大贡献。

段建国厅长在讲话中表示，再掀公路建设新高潮，是省委、省政府贯彻中央扩内需、保增长宏观调控政策的重大决策，也是全面落实科学发展观，推动全省转型发展、安全发展、和谐发展的战略举措。今后两年，全省将开工建设高速公路3000公里、国省干线公路2500公里、农村公路4万多公里，总投资250多亿元。太原至古交、太原至佳县东段两条高速公路控制性工程开工之后，近期还将陆续开工建设五台山至保德、大同至右玉等一批高速公路。如此大的建设规模，特别是以全国第二大公路隧道西山隧道为标志的控制性工程，不仅是对交通部门筹资能力的严峻挑战，而且是对交通部门施工组织与管理能力的重大考验，这对于全省交通系统来讲，既是难得的机遇，更是严峻考验。全体建设者要牢固树立“百年大计、质量第一”意识，广泛吸收和借鉴国内外公路建设管理的先进技术和成功经验，建立健全工程质量保证体系和责任体系，合理安排工期，科学组织施工，严格工程管理，扎扎实实抓好全过程质量控制和安全监管，确保工程质量，确保安全生产，确保各个项目如期建成通车。要牢固树立和谐发展理念，在公路建设中最小程度地破环生态，最大限度地保护生态，最强力度地恢复生态，建环保路，建生态路，建资源节约之路，争创一流工程、一流管理、一流效益。要高度重视和切实加强反腐倡廉建设，坚决克服公路建设中的腐败现象，“建好万条路、不倒一个人”，为山西改革开放和现代化建设作出新的历史性贡献，在山西转型、跨越、崛起中谱写交通科学发展的灿烂篇章。

太原市市长张兵生、忻州市市长李平社以及太古、太佳（东段）建设管理处负责人分别作表态发言。

（董忻文）

五台山至保德高速公路建设推进会隆重举行

12月29日，五台山至保德高速公路建设推进会在忻州市忻府区秦城乡秦城村隆重举行，原省人大常委会副主任杜五安出席并为控制性工程开工按下启动按钮，厅党组书记、厅长段建国作重要讲话。省人大城乡建设与环境保护工作委员会主任委员王晓林，省直有关部门、金融部门领导，忻州市四大班子领导出席。厅党组副书记、副厅长张润主持，厅党组成员、总工程师郜玉兰介绍工程情况，厅领导张志川、张德仪、赵振田、郭贵平以及厅机关有关处室、厅直有关单位领导参加。

五台山至保德高速公路是全省“三纵十一横十一环”高速公路网规划的第三横，西通陕、甘、宁，东达京、津、冀，横贯山西中部，是全省承东启西的战略通道，也是全省“十一五”重点工程，全长316公里，概算165亿元。该工程分忻州至五台山、忻州至保德两个项目实施。其中：忻州至五台山高速公路是国家发改委立项、交通运输部补助投资建设项目，被国家发改委确定为“重大建设项目动态监测与预警信息系统试点项目”，被交通运输部确定为“公路勘察设计典型示范工程”和“高速公路科技示范工程”。起于忻州市忻府区秦城乡部落村，以枢纽互通形式与大运高速公路相交，与忻州至保德高速公路相接，穿越忻府区、定襄县、五台县，终于晋冀交界五台山长城岭，出省后与在建的河北保定至阜平高速公路相接，全长124公里，双向四车道，概算投资60亿元。忻州至保德高速公路是交通运输部补助投资项目，与忻州至五台高速公路相接，穿越忻府、静乐、宁武、岢岚、保德五县区，终于保德县杨家湾乡会村，跨黄河出省后与陕西神府公路相接，概算投资105亿元。目前，两个项目前期工作基本完成，施工队伍已进场，“三通一平”工作进展顺利。计划2010年平微区路段170余公里建成通车，2011年全线建成通车。

段建国厅长在讲话中要求全体建设者牢固树立“百年大计、质量第一”意识，合理安排工期，科学组织施工，严格工程管理，确保工程质量，确保安全生产，高度重视和切实加强反腐倡廉建设，在全省新一轮公路建设高潮中作出应有贡献。

忻州市长李平社、忻阜、忻保建管处负责人分别作表态发言。

（董忻文）

临汾市开展农村公路质量年活动

为进一步增强临汾市农村公路建设和管理单位的质量意识，提高农村公路建设、管理和养护水平，从2008年5月底开始，临汾市交通局在全市范围内开展为期三年的农村公路质量年活动。

此次农村公路质量年活动主要内容包括：每年适时召开一次全市农村公路建设质量现场会，进一步引导农村公路质量年活动向纵深开展；在具备条件时，召开农村公路养护观摩现场会，以此推动全市农村公路建设管养全面发展；每年结合农村公路建设进展，至少组织两次全市范围的工程质量检查，及时指导农村公路建设；通过多种形式的宣传活动，营造农村公路建设质量年活动舆论氛围；每年评选“三佳项目建设管理单位”、“三佳养护质量管理单位”和“六佳工程建设项目”。同时，省交通厅每年组织两期交通局长培训会，市局每季度召开一次全市交通局长培训会，对有关建设管理和技术人员每年组织两次培训班，以进一步提高全市农村公路建、养、管人员的理论水平和专业知识技能，把农村公路建设好、管理好、养护好。为确保农村公路建设质量年活动实施效果，市交通局专门成立质量年活动领导小组，对全市农村公路建设的质量、进度和养护到位程度、质量进行抽验、核查，并做好活动期间相关情况的收集、整理和上报、通报工作，按照定性评价、定量评分相结合的原则对各县（市、区）交通局报评项目进行评比。

通过开展为期三年的农村公路质量年活动，最终将使临汾市公路建设项目总体质量合格率达到100%、优良率达80%以上、工程项目抽检合格率达到95%以上，资料真实完善，无重大安全事故发生。全市农村公路养护好路率达到80%，年平均达到79%，养护综合值年末达到73，平均达到72。乡、村公路路面完好率达80%以上，桥梁监管率达到100%。

（李玉洲　庞燕东）

临汾市交通局着力打造全市旅游公路网络

为了进一步加快全市旅游公路建设步伐，推动区域旅游业的发展，临汾市交通局将道路基础设施建设与旅游资源开发相结合，着力打造全市旅游公路网络。结合全市“十一五”期间的“一带、”“五区”、“十点”，“一带”，即打造大运高速公路、霍侯一级路沿线精品旅游带；“五区”，即洪洞大槐树旅游区、尧庙尧陵旅游区、襄汾丁村旅游区、霍州署衙旅游区、吉县壶口旅游区；“十点”，即生态旅游、文物旅游、红色旅游等十个景点，为重点的旅游项目开发。对全市旅游公路网络进行重点规划，形成旅游串点成线连片格局，切实为全市的旅游业构筑安全、快捷的交通网络。

市交通局要求全市各县（市、区）交通局紧密结合县域旅游特点，积极向县委、县政府建议，并与旅游部门沟通协调，加快各县（市、区）旅游网络规划，以省、市、县确定的重要旅游景点和旅游精品路为重点，统筹高速公路、干线公路、农村公路与旅游公路协调发展，有计划有重点地推进旅游公路建设。

（李玉洲　庞燕东）

阳泉至五台山高速公路征地拆迁安置方案（草案）出台

8月19日，阳泉市阳五高速公路建设协调领导组召开专题会议，研究讨论并出台

《阳泉至五台山高速公路阳泉至盂县段征地拆迁安置、建设环境保障实施方案(草案)》。

阳泉至五台山高速公路是山西省高速公路网的重要连接线,是山西省东纵干线公路的重要组成部分。工程起点接太旧高速公路平定枢纽,终点与忻阜高速公路石盆口枢纽并网,建设里程全长182公里。其中,阳泉至盂县高速公路是阳泉至五台山高速公路的一期工程,是省、市重点工程项目。

为全力做好阳泉至五台山高速公路阳泉至盂县段征地拆迁安置等前期工作,阳泉市起草了该《方案》。《方案》指出,工程的前期工作要围绕工程建设目标,坚持推动经济又好又快发展与切实维护群众利益相结合的原则,坚持实事求是和"公开、公平、公正"的原则,坚持统一领导、分级负责的原则,坚持包经费、包任务、包问题的原则,根据工程总体进展及国家有关审批要求,分阶段完成。其中,第一至第四标段(平定县至章召段)的征地拆迁要在9月30日前完成。同时,《方案》对机构设置、工作程序及征地拆迁补偿标准、责任主体及职责、征地拆迁范围及对象、具体工作要求、资金管理和奖惩做了详细规定。

会上,与会人员对《方案》进行了讨论,并提出了意见和建议。

(李伟鹏)

公 路 养 管

省人大通过《大同市农村公路养护管理条例》

4月2日，省第十一届人民代表大会常务委员会第一次会议正式批准通过《大同市农村公路养护管理条例》。

2006年1月7日，省政府办公厅正式下发执行《山西省农村公路管理养护体制改革实施意见》（以下简称《意见》）。该《意见》对农村公路养护管理的机构设置与职责、资金筹措、养护管理、路政管理等各方面作出了明确规定。大同、朔州、太原、晋中等市也随之出台了相应的《农村公路管理条例》和《管理办法》，其中《大同市农村公路养护管理条例》已经山西省第十一届人民代表大会常务委员会第一次会议于4月2日正式批准通过。该《条例》共有六章四十二条，于7月1日正式施行。

《大同市农村公路养护管理条例》的正式通过和即将全面实施，为大同市农村公路实现又好又快发展提供了坚强的政策依据和资金保障，对于大同市农村公路实现建管养综合协调发展具有深刻而又深远的影响和意义，对全省各市也同样有着很好的启示和示范作用。

（李伟鹏）

省公路局组织实施全省农村公路养护检查观摩活动

为总结近年来特别是2006年以来全省农村公路管理养护体制改革工作经验，进一步深化农村公路改革进程，提高农村公路养护质量和管理水平，7月2日至17日，省公路局组织实施了全省农村公路养护检查观摩活动。本次活动共有省公路局分管农村公路工作领导、地方公路处相关人员、各公路分局分管领导及公路处长等31人参加，检查和观摩了19个县（区、市），历时15天，行程近5000公里。检查内容包括市、县两级政府及交通主管部门贯彻落实省政府办公厅《农村公路管理养护体制改革实施意见》和省交通厅《山西省农村公路管理养护指导意见》（以下简称"两个文件"）精神情况及农村公路养护质量情况两大部分；同时还观摩了乡镇养护管理站、养护道班及养护场站等。在贯彻落实"两个文件"方面，全省有10个市政府、多数县级政府出台了农村公路管理养护体制改革实施意见，大多数市、县交通部门制订了相关的管理制度和办法。检查组共收集了11个公路分局整理的14册《全省农村公路管理养护体制改革文件汇编（地市卷）》，以及13个受检县区整理的13册《全省农村公路管理养护体制改革文件汇编（县区卷）》。在检查农村公路养护情况方面，共检查了县公路306公里，乡公路365公里，村公路347公里，分别占受检县区县乡村里程总数的11.8%、7.6%、5.1%。观摩了13个乡镇养护管理站、2个养护道班、3个养护场站、1个交通综合服务站。根据检查观摩打分表的汇总结果,并结合平时的抽检情况,评选出清徐、广灵等11个“农村公路养护管理先进县”,晋中、大同、长治3个“农村公路管理养护体制改革先进市”,阳曲、阳高等10个“全省农村公路管理养护体制改革先进县”。

检查观摩结果表明,市县两级政府和交通主管部门认真贯彻“两个文件”精神,遵循“建养并重,协调发展;深化改革,强化管理;有路必养,保障畅通”的工作方针,围绕“三个服务”,着眼服务民生,农村公路管理养护体制改革和养护管理工作取得了明显成效。全省基本建立或正在建立以县为责任主体的农村公路管养体制、以公共财政投入为主的管养资金渠道和以管养分离为手段、以养护市场化为取向的养护生产机制,全省农村公路路网结构不断优化,养护质量稳步提升,行车环境逐步改善,服务水平日渐提高。

(李顺平)

省公路局积极组织开展农村公路建设质量年活动

从2008年起,省交通厅按照交通运输部统一部署,在全省组织开展为期三年的“农村公路建设质量年”活动,力争实现农村公路质量意识明显增强、监管力度明显加大、质量水平明显提升、安全状况明显改善、群众满意度明显提高,质量保证体系基本健全并有效运行,重大安全事故基本杜绝,质量投诉举报大幅减少的目标。为此,省公路局在全省农村公路建设质量管理方面重点抓了四方面的工作:一是抓市场,指导和协助各市公路分局规范农村公路建设市场秩序,明确市场准入要求,严格合同管理,将从业单位的履约情况纳入建设市场诚信体系。二是抓源头,树立全寿命周期成本的理念,落实节约、环保、安全和耐久的要求,加强设计环节的管理,提高设计质量和水平。三是抓制度,建立和落实“政府监督、专业抽检、群众参与、施工自检”的质量保证体系,健全质量管理的规章制度。四是抓监管,指导和协调市县两级交通主管部门强化政府监管,加强质监机构能力建设,完善质量检测手段,建立工程质量抽检和结果公布制度,制定相应的奖惩措施。同时,要发挥交通主管部门的技术优势,加强对基层交通部门和乡村一级建设单位的技术培训和行业指导,确保农村公路建设的工程质量。

(李顺平)

省公路局全力办好《山西农村公路动态》

为了全面反映全省农村公路建管养动态,省公路局在总结经验基础上,继续编发《山西农村公路信息》,每月保证印发一期。主要内容为各市、县出台的有关农村公路的政策、法规、制度;召开的重要会议及组织的重要活动;农村公路建设规划、筹资方式、组织实施等方面的情况;农村公路工作主要做法和典型经验;农村公路建设开工情况、工程进度;农村公路管养体制改革进展、成功经验、存在问题、意见和建议等信息。2008年刊发6期,面向全省交通系统发送,达到了加强交流、互相学习、以点带面、整体推进的目的。

(李顺平)

省公路局认真做好《公路技术状况评定标准》宣传贯彻工作

交通部2007年第39号公告公布了《公路技术状况评定标准》(JTGH20—2007),并于2008年2月1日起实施。《标准》统一了高速公路和普通公路的技术状况评定等级,明确了公路技术状况评定数据的采集和计算方法,为客观评定公路技术状况提供了依据,对加快推进我国公路养护科学化、规范化进程具有重要意义。为做好《标准》的贯彻实施工作,省公路局组织分局分管养护副局长、养路科科长参加了《标准》主编单位组织的全国培训。同时,按照交通部《关于做好公路技术状况评定标准贯彻实施工作的通知》(交通部办公厅,厅公路字〔2008〕43号)要求,根据《标准》相关规定,对现行的公路养护质量检查、养护质量报表制度中的相关内容进行了调整和完善,建立和完善了公路技术状况评定结果报告制度,为全面实施《标准》提供了制度保障;之后,各分局自行组织本辖区公路段相关人员进行集中培训,在短时间内使有关人员尽快熟悉、掌握了新《标准》;并按省局要求,选择不同的路段先期试行新《标准》,为三季度全面实施新标准积累了经验。至年底,各分局已全面按照新《标准》规定完成了辖区内管养公路现有技术状况的评定工作,省局对各管养单位上报的评定结果进行了分析、复核,确保评定结果真实可信。

(赵 京)

省公路局积极完善
干线公路标志、标线

2008 年,省公路局重点对全省国省干线公路短缺(损)标志进行了全面调查,为了确保标志位置的准确性和标志设置的必要性,6 月份,从 11 个分局抽调熟悉标志设置工作、责任心强的技术人员对标志设置位置和数量进行了交叉核实。为了保证干线公路标志原材料及制作安装的质量,对标志材料、制作、安装实行了全过程监理。经公开招标,有 18 家交通工程公司中标,于 2008 年 7 月初就制作质量、工程完成时间及履约责任等签订了标志制作合同,合同总金额 3295.2821 万元,共制作安装干线公路短缺标志 6432 套。其中:旅游路标志 1280 套,警告标志 3663 套,禁令 1578 套,指示 7 套,方向地点距离标志 1022 套,导向标志 26 套,告示牌 31 套,旅游专用标志 85 套,奥运货车分流标志 20 套。在标志制作安装期间,省公路局养路处派专人依照合同和相关规范标准,进行了不定期质量抽检、验收。旅游公路专用标志和奥运货车分流标志在 8 月 5 日前即安装到位,其他公路标志在 11 月底也按合同要求完成了安装。

(赵 京)

晋中市为各县配备
农村公路养护综合专用车

晋中市想方设法筹措资金 330 余万元,继 2007 年为各县(区、市)配置质量监督专用车后,2008 年又配置 11 台农村公路养护专用车,并于 3 月 28 日下发给各县(区、市)交通局。

随着晋中市农村公路里程快速增长,广大人民群众的出行条件有了很大改善,全市农村公路通车里程达到 11 881 公里,其中县公路 2080 公里,乡公路 5600 公里,村公路 3800 公里。为使这些公路长久保持完好、畅通,更长久地为农民兄弟提供服务,养护好这些公路成为各级政府和交通部门的一项重要任务。但由于农村公路养护技术装备还很低,更没有先进的机械设备,使公路的一些初始性病害不能得到及时治理,远不能适应里程长、基础差、路面病害处理难的需要。按照晋中市政府安排,晋中市交通局自 2007 年以来,多次组织有关技术人员,考察适合农村公路养护实际的综合机械化养护设备。经过从养护生产能力、单位面积养护成本以及性能价格比等诸多方面结合农村公路养护需要考虑,最后确定了沈阳北方交通重工集团生产的国内自主知识产权的沥青路面综合养护车。

(李伟鹏)

晋中市榆次区全力整治
旅游公路和农村公路环境

4 月 15 日,晋中市榆次区交通局在区委、区政府的正确领导下,严格按照绿色旅游通道及主要干线公路整治目标要求,对全区范围内的所有农村公路,尤其是旅游路积极开展综合整治。

为保证路面畅通与行车安全,以路面治理为重点,动用装载机、挖掘机、压路机、公路养护车等多种大型机械 160 余台次,人工 1000 余人次,投资 60 万余元,重点解决坑槽、翻浆、沉陷等路面病害,同时完善公路设

施。常家庄园旅游路东清线填补坑槽计120平方米,全线完善标线7公里;后沟古村落旅游路东后线填补坑槽计300平方米;干线公路峪杨线全线17公里完善标线。通过一段时间的努力,几条旅游路的路容路貌发生较大改观,为车辆安全文明出行提供了有力的交通保障,进一步提升了全区旅游形象,为道路环境整治开了个好头。

同时,所有农村公路的日常养护工作也全面展开,清理路基、整修边坡、排水系统、铲除杂草,使路容整洁、排水畅通、不积水、不冲刷;整修改善路肩、边坡,使之平整、压实,真正达到路沿一条线,边坡稳定一个面,平交道口不啃边的水平。

(王跃东)

全省农村公路养护阳泉观摩会在平定县召开

7月10日下午,全省农村公路养护观摩团莅临平定县,对该县农村公路养护管理工作进行观摩指导。

2002年以来,平定县围绕全县工作重点,紧紧抓住国家、省、市农村公路政策机遇,农村公路建设取得了可喜的成绩,全县318个行政村有315个通了硬化路,通达率达到99.06%,全县农村客运线路达到66条,通客车163辆,乡镇通客车率达到100%,村通客车率达到96%。

观摩团对平定县公路建管养三位一体中坚持责任到位、资金到位、监管到位的作法给予充分肯定,一致认为该县在农村公路建管养工作中探索出了一条新路子,希望今后再接再厉,再上新台阶。

(王九存　史晋阳)

阳泉市农村公路养护卓有成效

随着对养护认识的提高和公路养护体制改革的不断深化,阳泉市三个县(区)创建了不同的农村公路养护模式。平定县以县交通局公路管理站为主体,成立了公路养护公司,养护公司按乡镇分片,下设8个养护道班,将公路养护任务层层分解,落实到人头,进行严格考核。郊区采取县公路由区交通局成立养护队直管,乡路和村路委托乡镇管理的方式。盂县交通局则成立了养护中心,负责县乡公路的养管任务,村公路委托村委会管理。全市农村公路养护工作基本走上规范化管理轨道。2008年,全市落实配套资金400万元,进一步明确责任主体。在继续完善和健全各项规章制度的基础上,组织实施了以创建示范样板路为中心的养护工程。为确保养护质量,市交通局于7月份组织工程技术管理人员及各县(区)交通局和市财政局有关领导和专家,共同参加了全市农村公路养护观摩检查专题会,从中总结经验,找出存在的差距和问题,提出下一步养护工作要求,会议予以肯定并推广了平定县养护示范路工作经验,而且还进一步统一思想、提高认识,深化建养并重、协调发展的理念,进而把全市农村公路养护工作推向高潮。会后,各县(区)局主要领导和分管领导积极部署安排,层层分解指标、认真组织实施,全市筹措养护工程资金1500余万元,以更高的标准、更大的投入建设农村公路养护示范样板路。截至2008年底,全市共建成10条养护样板示范路,共设置完成里程碑153块、百米桩336根,标志297个、标线376公里、防护栏墩702个,完成县乡公路行道树10 000余棵。

全市共投资500余万元,对境内县乡公路上大中桥梁中的3座危桥进行了改造加固,进一步明确了桥梁管理的行政责任人和技术责任人,设立了明显的限载标志,严格落实巡查制度,确保农村公路安全、畅通。

2008年,全市农村公路养护工作成效明显:一是由以往的单纯清扫路面、清理积水发展到完善附属设施、改善环境,提升服务水平上来,三个县(区)都建成了多处人文景观,特别是平定县栽植了100余公里的沿路花草,为车辆和行人创造了舒适、优美的交通道路环境,缩小了和干线公路养护的差距。二是机械化程度提高，筹措资金100余万元，配置农用养护专用车、补坑槽机、平路机、打标线机等，初步实现县乡公路养护机械化。三是公路养护部门真正发挥了职能作用，创新思路，开拓市场，责任明确，奖惩严格，实现了养护体制改革的新跃升。

2008年，全市农村公路养护取得了历史性突破，养护工程和日常养护总投入2000余万元。至年底，全市县乡公路年末好路率达到87.47%，年平均好路率达到82.91%，年末养护综合值达到78.37，年平均养护综合值达到76.82，创建文明示范路64.6公里。

（王九存　史晋阳）

盂县农村公路有专人管养

为使农村公路做到建养管一体化，盂县交通局按照“有钱建路、有人管路、有人养路”的原则，在全县14个乡镇政府内设置乡镇道路管理站，作为镇、村公路管理养护工作的养护机构，由分管交通的乡镇长或副乡镇长担任道路管理站站长，具体负责乡镇内农村公路管理养护的日常工作，协助县交通局组织日常农村公路管理养护检查、验收、评比等工作。在每个建制村内，由乡镇道路管理站负责，按每人养护2.5公里为标准招聘农民养路工。农民养路工的工资由基本工资和奖励工资两部分组成，基本工资每月300元至500元不等；奖励工资按其负责养护路段的养护质量情况和评比结果而定。农民养路工除做好通村公路的养护工作外，还要负责日常的管理工作，如禁止在公路乱搭、乱建、乱堆放等影响交通安全和乡村道路管理的违章行为。县交通主管部门每月定期对农村道路养护质量情况进行检查考核。

盂县农村公路专人管养体制的改革实施，为农村公路管理养护走上规范化、标准化奠定了基础。

（王九存　史晋阳）

临汾市交通局采取多项措施确保农村公路桥梁安全畅通

临汾市交通局在对全市农村公路桥梁进行分类建档，实行“一桥一档、一桥一策、一桥一人”的管理工作责任制的同时，还针对个别地方存在的桥梁疏于养护、管理，责任制落实不到位的问题，采取多项措施，加强公路桥梁管理，确保安全畅通。一是要求全市各公路桥梁养护管理单位要切实履行对辖区公路桥梁养护管理工作的职能，严格按照《公路桥涵养护规范》、《公路桥梁养护管理办法》的要求和规定，加强巡查和检查，及时、全面掌握桥梁技术状况，对病、危桥梁及时处治，限期完成。对五类危桥原则上必须封闭交通，采取绕行、便道通行等综合措施，确保通行安全；四类危桥采取限速、限宽、单车道通行、临时加固等综合措施进行交通管制，并落实专人现场管制；对三类桥梁，按设计荷载标准降一级限制通行，当原桥设计荷载为汽-10级时（人行天桥除外），进行交通管制，采取限速、单列通行等措施确保桥梁安全。二是对正在实施的危桥改造工程要加强工程管理，加快工程进度，加强施工便道、绕行线路的养护，确保通行安全；对未开工的危桥改造工程要按照有关危桥管理规定，加强交通管制，确保运营安全。三是严格按照责任目标要求，本着“谁管养，谁负责”的原则，将每一座桥梁的养护和监管责任落实到具体人员，做到制度严明，职责明确，确保桥梁养护安全责任落到实处。对无法及时改造、加固的危桥、险桥，要通过发布通告、设立限载、绕行标志等措施，提前向司乘人员发出警示。并要派专人昼夜看护，严防发生桥垮人亡的恶性事件。四是全市各级公路桥梁管理单位要建立健全公路巡查工作制度，尤其在汛期，要加大巡查频率，发现事故隐患，要立即采取有效措施予以处置。对可能因山洪暴发、坍方、泥石流等突发性自然灾害危及桥梁安全的，要制订和完善抢险应急方案，加强监管，防患于未然。

（李玉洲 庞燕东）

长治市出台农村公路管理养护体制改革实施意见

为了加强农村公路管理和养护工作，建立长效的农村公路管养体制和机制，保障农村公路安全畅通，促进农村经济和社会发展，2008年7月上旬，长治市政府出台了《关于农村公路管理养护体制改革的实施意见》（以下简称《意见》）。7月9日，全省农村公路养护检查组在长治市检查时，对该《意见》的出台给予高度评价。

近年来，长治市农村公路建设快速发展，到2007年底，全市共有农村公路8808公里，其中县公路1626公里、乡公路2652公里、村公路4530公里。农村公路的发展为促进农民增收，方便出行发挥了重要作用，但随着里程的不断增加，养管压力也越来越大，为了巩固农村公路建设成果，使其效益发挥到最大化，长治市政府高度重视，交通部门积极运作，在全省率先出台了该《意见》。

《意见》明确县级人民政府为农村公路管理养护的责任主体，交通主管部门进行管理、检查、考核。对于资金的筹措，除省政府按县道每年每公里7000元，乡道每年每公里3500元，村道每年每公里1000元进行补助外，《意见》又明确了市、县两级财政对乡、村公路养护的不足部分补助标准，即：市政府对乡公路每年每公里不少于5000元，县（市、区）政府对村公路每年每公里不少于3000元。按照省、市、县三级补助标准，今后长治市农村公路养护资金补助，县、乡、村公路将分别得到每年每公里7000元、8500元、4000元。以上资金全部纳入财政预算，按核定里程发放。《意见》还要求县、乡、村三级设立农村公路养护管理机构、配备相关人员，全力抓好农村公路养管工作。

责任主体明确、资金筹措明确，养护机构明确。《意见》的出台，使长治市农村公路走向了建、养、管并重的科学发展道路。

（韩金廷）

质　量　监　督

《高速公路建设招标投标联合监督办法》出台

2008年1月，省厅与省人大财经委、省检察院、省发改委、省监察厅、省审计厅、省重点办等六个部门共同制定出台了《高速公路建设招标投标联合监督办法》。该办法明确了联合监督的定义、范围、方式，规定了参与监督的人员身份和现场监督的要求，规范了联合监督程序。

《办法》的实施，将有力地促进全省高速公路建设持续健康稳定地发展，更进一步地确保高速公路建设招标投标的公平、公正、公开，强化参与招投标工作人员的廉洁自律，避免暗箱操作，同时进一步增强部门间的协作，预先防范，避免任何违法违纪行为，通过不断地改进，使公路建设程序越来越规范。同时，该办法的实施将进一步增强社会公众对高速公路建设规范性的信任度，对树立山西交通的良好形象具有重要意义。

（李伟鹏）

吕梁市政府出台《关于加强交通建设质量工作的决定》

2月1日，吕梁市政府《关于加强交通建设质量工作的决定》正式实施。

《决定》指出，建立工程质量行政领导人责任制，项目法人责任制，设计、施工、监理的法人责任制，并终身负责；市县两级政府每年要召开专题会议研究交通建设质量，每年进行一次检查评比，逐步建立和完善激励机制；严格基本建设程序，对于招投标，监理、合同、设计、试验、资金及交竣工、验收做出明确规定；依靠技术进步，提高工程质量；全市所有交通建设项目，不论资金来源，不论任务部门、单位和个人，都必须纳入交通质量监督机构的监督范围；质量监督的覆盖率要达100%，要求工程合格率达100%，优良品率达70%以上；要求各县市区政府尽快落实质监机构编制和经费。

（李伟鹏）

省交通科研院施工监理继续保持强劲发展势头

在全国交通建设工程施工监理企业普遍效益下滑、面临生存困难的大背景下，省交科院施工监理仍然保持着强劲的发展势头。2008年承担2007年接转的项目11个，新中标项目6个，监理的里程数为308公里，现场监理人员超过300人。这些项目包括晋济高速公路第三监理合同段、安徽岳潜高速公路第四监理合同段、河北张石高速公路涞曲段施工监理第三驻地办、陕西商漫高速公路第六驻地办、内蒙110扩建工程集宁至老爷庙总监办、内蒙大东高速公路第二驻地办、内蒙大东高速公路第三驻地办、沿黄干线公路施工监理、内蒙包头至树林召高速公路施工监理、广东江肇高速公路工程咨询服务项目以及广东江肇高速公路施工监理等。

承担的高速公路施工监理所在的路段，大多数地质条件恶劣，施工条件复杂，技术要求高，而且所监理的路段基本上都是所在高速公路施工难度最大、最关键的控制性标段。该院从监理人员的选派、项目内部管理、监理工作检查、阶段业绩考核等方面均加大了管理力度，因此先后获得"优秀监理单位"称号，多名同志先后被评为"优秀驻地监理工程师"。

2008 年，该院中标的施工监理合同额开创了历史新高，超过 3000 万元。

（张　宁）

山西交科公路工程咨询监理有限公司又获两项市场通行证

7 月 1 日，交通运输部对通过公路工程监理资质许可企业的名单予以公布。山西交科公路工程咨询监理有限公司在已具有交通部公路工程甲级监理资质的基础上，又获得了特殊独立大桥和特殊独立隧道两项监理专项资质，从而成为全省第一家也是唯一一家同时拥有三项监理资质的监理企业。

山西交科公路工程咨询监理有限公司隶属于山西省交通科学研究院，是一家在 1992 年就取得交通部监理资质的老牌监理企业。十几年来，伴随着全国公路建设的迅猛发展，该公司先后承担并完成国内近 50 条高等级公路共计 2600 余公里施工监理任务。公司拥有一支敢打硬仗、敢打大仗的监理队伍，在所承担的监理项目中，许多都是项目技术难度大、施工条件复杂的关键性、控制性工程，还有些项目是监理服务费达 3000 万元以上的特大型监理项目，该公司凭借严格的内部管理以及优良的人才和设备，圆满地完成了各项任务，多次受到业主肯定和好评。

（李伟鹏）

省交通监理总公司获"三晋工程监理企业 20 强"荣誉称号

在山西省建设监理协会组织召开的"纪念中国建设监理制度创新发展 20 周年"表彰大会上，省交通监理总公司被授予"三晋工程监理企业 20 强"荣誉称号，并连续第 10 次被授予"先进工程监理企业"。此次评选活动是在纪念全国建设工程监理制度创新发展 20 周年，省建设监理协会成立 12 年来首次组织开展的监理企业及人员评选活动，以宣传工程监理行业多年来在工程建设领域取得的辉煌成就，弘扬全省工程监理企业和监理从业人员的创业精神，鼓励企业和监理从业人员努力钻研工程监理业务，不断提高监理工作水平，增强监理人员的责任感与荣誉感，力争为社会提供更多的优质工程。当选"三晋工程监理企业 20 强"是对该公司多年来贯彻落实科学发展观，不断提高企业整体素质所取得成绩的肯定和激励。

（马昕宇）

省交通监理总公司咨询业务成功跨出国门

2008 年 4 月 1 日，经过不懈努力和艰苦谈判，省交通监理总公司与中工国际工程股份有限公司签订了委内瑞拉瓜里科河灌溉系统农业综合发展项目咨询合同，在实现"立足本省"和"面向全国"两步战略 13 年后，"逐步走向世界"的第三步战略终于成为现实。

在"以质量求生存，以品牌求发展"的经营思路下，省交通监理总公司先后在全国 23 个省区开辟了监理市场，实现了"立足本省，面向全国，逐步走向世界"的前两步发展战略。13 年里，先后与美国布朗斯丹蕾国际有限公司、英国百布泰公司、加拿大 Lea 国际运输和环境咨询公司等多个国际公司建立了联系并寻找机会进行合作，也签订了多个合作意向。2004 年 5 月，公司被美中经济合作交流促进会和国家商务部国际商报联合推选为"美中经济合作组织中国首席企业"。

2008 年 3 月底，凭借在北京市场多年打拼建立起来的良好声誉，公司领导通过多方努力，与中工国际工程股份有限公司就《委内瑞拉瓜里科河灌溉系统农业综合发展项目》开始进行磋商，并邀请该公司对公司进行实地考察，达成初步合作意向。中工国际工程股份有限公司是一家具有丰富的国际工程总承包管理经验的上市公司，业务范围和业务领域都十分广泛，对合作对象的要求和合同条款的制定严格而挑剔。公司领导几经周折，几番斡旋，合同谈判历时 2 个多月，最终达成一致意见，签订了合同。充分证明了公司实力，也体现了公司领导团队对机遇的创造与把握、驾驭风险和挑战的能力。这一项目的成功运作，为公司更加直接、全面地学习和引进成熟的工程咨询组织和服务的国际惯例，学习国际工程企业管理的先进理念，方法和手段，进一步提高管理水平、技术水平，开拓更大更好的市场奠定基础，同时也为公司每一位员工提供了更加宽阔和更加具有挑战的事业平台和职业平台。

（马昕宇）

水 上 安 全

省地方海事局大力开展海事管理正规化建设

为了不断提升海事管理水平，有力保障全省水上交通安全，省地方海事局在充分调研基础上，制定并下发了《山西省地方海事管理（机关管理部分）正规化建设标准》，从2008年1月1日开始，在全省范围内开展海事管理正规化建设。

一是严格按照“精简、统一、效能”原则，进一步强化机构职能，理顺工作关系；二是提升服务水平，规范执法行为。坚持文明执法、公正执法、廉洁执法，坚持违章查处与教育纠正相结合，提升海事执法的公信力和执行力；三是加大资金投入力度，不断推进海事办公自动化建设，提高工作效率；四是加强政务大厅建设，配备便于相对人查阅的海事政务公开指南、可供查询的法律法规和申请文书格式样本，免费提供各类空白申请文书；五是强化劳动纪律，节约办公资源，规范文明用语，热情接待来访人员，主动完成本职工作；六是提高行政能力，杜绝发生有海事监管责任的水上交通事故和水域污染事故，保障广大人民群众生命财产安全；七是加强海事队伍的专业培训和学历培训力度，不断提高海事队伍的综合素质和专业水平，为推动地方海事平安、协调、可持续发展奠定良好的基础。

（杨志强）

平陆县水上安全监管有了巡航搜救艇

交通运输部海事局向山西省地方海事局捐赠两艘摩托艇的交接仪式，于5月13日在平陆县举行。至此，填补省内黄河水域交通安全监管长期没有巡航搜救艇的空白。

黄河流经平陆县120公里，共有渡口10个，是水上交通安全监管的重点。省地方海事局决定，将这两辆总价值50余万元的摩托巡逻快艇交付平陆县地方海事处使用。

这两艘摩托艇的投入使用，有效解决了平陆县水上安全监管的难题，提高了基层海事的监管服务水平和突发事件的处置能力，有力促进水上安全监管工作步入现代化、正规化轨道。

（高　倩　牛奎元）

山西省水上安全监管与搜救装备发放仪式隆重举行

5月28日上午，山西省水上安全监管及搜救设施发放仪式在太原南宫广场举行。省交通厅党组书记、厅长段建国为7市19个县的基层海事机构发放执法车辆钥匙和对讲机、救生圈、救生衣等水上安全监管及搜救装备。

近年来，全省海事系统在省交通厅的正确领导和大力支持下，以水上交通安全监管为中心，求真务实、埋头苦干，扎实开展了专项整治活动;深入进行安全隐患的排查整改;出台《山西省水上交通安全管理办法》;认真开展海事管理正规化建设,在水上交通运输渡口、渡船建设上投入2700多万元,在水上交通安全监管及搜救设施装备上投入600多万元,有力的保证了全省水上交通安全形势稳定,取得显著成绩。

此次为7个市19个县配发海事执法车20部,监督艇8艘,对讲机45部,救生衣230套,救生圈230个,总价值达162万元。

(杨志强)

全省船舶检验机构资质通过部海事局年度审核

7月16日至7月18日,部海事局天津船舶检验管理处一行五人,对全省船舶检验机构资质进行年度审核。审核组充分肯定了全省船检机构所取得的成绩,顺利通过年度资质审核。

审核组在听取了省地方海事局关于全省船检工作的汇报后,分别对省地方海事局、太原市地方海事局的船舶检验档案、船检工作制度等内容进行了审查,并根据晋城市地方海事局准备成立船检分支机构的实际情况,进行了实地考查。审核组特别对省内新出现的500总吨以上船舶检验档案、船检程序进行了详细检查询问。

审核组指出,山西省的船舶检验机构,在省地方海事局领导的高度重视和正确指导下,管理制度健全,船检程序规范,船检档案合格,工作成绩显著。在专业人员严重不足的情况下,能够高标准、严要求的完成各项船舶检验工作,成绩来之不易,希望山西船舶检验机构要以此次资质年度审核为契机,更加努力工作,确保各项船检工作的顺利进行,积极发挥船检机构在构建和谐海事中的重要作用,为全省水上交通安全提供可靠保障。

(杨志强)

吕梁与榆林开展界河联检活动

9月20日至24日,吕梁市和陕西省榆林市交通局、榆林市地方海事局组成联合检查组,对两市沿黄河9个县的水上交通安全、渡口码头建设、水上旅游渡运、渡船改造等情况进行联合检查。本次检查由吕梁市地方海事局牵头。

联合检查组采取现场办公方式,深入渡口码头、水运企业进行检查,对存在的问题,当场提出改进意见和要求,极大消除了界河水上交通安全隐患。联检结束后,检查组召开了联检工作例会,就检查情况进行总结,对发现的问题进行研究,对先进经验进行推广。

(贺星星)

临汾市地方海事局采取多项举措确保奥运期间水上交通安全

为了确保奥运期间水上交通安全,杜绝各类水上交通事故发生,临汾市地方海事局采取多项举措,全面推动水上交通安全形势稳定,促进海事事业健康有序发展。

*制订安全监管措施预案。*下发《关于奥运期间加强全市水上交通安全监管工作的通知》,成立由海事人员、乡镇船舶管理人、企业负责人、企业安全管理员、船员组成的各级水上交通安全管理机构,实行一把手负责制,认真落实安全监管责任制,确保各项责任和监管措施落实到位。

*召开海事系统"迎奥运、保安全"责任书签订会。*与全市有水运业务的6个县(市、区)海事处签订安全目标责任书,并对奥运期间的水上安全工作提出指导性意见:一是全市海事人员要胸怀大局,认清形势,履行职责,全力做好日常海事工作,认真开展好水上基础设施建设,积极搞好正规化建设和文明创建活动,促进海事事业健康有序发展;二是防范于未然,全方位做好奥运期间全市水上交通安全保障工作。对辖区水域做到严防死守,消除各类事故隐患,确保水上交通安全无

事故。

强化现场监督。全市各级海事机构在奥运会召开之前，对全市水域进行了安全隐患大排查，并有计划、有重点地对重点水域加强现场监督，严厉打击了违反操作规程、超载、非客运船舶非法载客、非法营运等违法行为，杜绝易燃易爆和危险化学品带上船，并要求各水运企业、营运船舶安全员做到"三定"即：定岗、定位、定责。

保证政令信息畅通。奥运期间，严格执行领导同志带班制度和24小时值班制度，制定了值班表，公布了值班电话，认真做好值班记录，及时掌握水上交通安全动态，保证政令和信息畅通。

（李玉洲　庞燕东）

收 费 管 理

《山西省公路养路费征收管理规定》出台

《山西省公路养路费征收管理规定》于2008年1月8日经山西省人民政府第118次会议通过，自2008年1月9日起施行。《规定》的出台，大力促进全省公路养路费征收各项工作，有效提升征稽系统的依法行政理念，进一步维护广大车户的切身利益，推动全省交通事业率先科学发展。

（范彦军　李　丽）

全省交通征稽系统费收业绩创历年最佳

2008年，全省交通征稽系统认真学习实践科学发展观，坚持“创新驱动、文化带动、管理促动、党建保障”的工作方针，费收业绩创历年最佳。全年征收公路养路费、货运附加费和车辆通行费46.14亿元，完成省厅下达年计划的113.98%，增长16.52%，超收6个亿。其中，两费征收44.46亿元，完成年计划的115.24%，同比增长18.87%，提前100天完成全年两费征收任务，公路养路费费收总额位居全国第八、增长比例跃居全国第二，在公路建设投融资越来越困难的形势下，真正实现了为厅党组分忧、为交通发展全局服务。

（范彦军　李　丽）

省征稽局提前完成“两费”征收任务

截至9月23日，全省交通征稽系统征收公路养路费、货运附加费38.68亿元，完成年计划的100.25%，同比增长20%以上，提前100天完成全年计划，总量和增幅均创出了“十一五”以来最好成绩。

（范彦军　李　丽）

晋城、焦作两市交通征稽部门启动跨省联合稽查行动

由晋城征稽分局和河南省焦作市交通规费征稽处共同发起的跨省联合稽查行动启动仪式在河南、山西两省交界正式举行，两地征稽部门强化合作，实现资源共享、信息互通，联合打击偷逃欠漏公路养路费工作网络全面铺开。

建立健全两市间的车辆信息资源共享机制被列为此次联合稽查行动的一项重要内容。此次联合稽查行动从启动之日开始，双方联合集中稽查每月一次，两地稽查人员同时上路，一次不少于5天。行动目标就是要通过协调整合两地征稽部门稽查力量，依托双方信息资源共享的优势，利用两市逃漏费车辆信息交流，跨省联合作战，进一步加大对在边界公路上偷逃欠漏交通规费车辆的打击力度。

（范彦军　李　丽）

省征稽局开展稽查管理工作督导行动

为切实规范全省征稽系统管理工作，维护良好的费收工作秩序，根据省征稽局《关于“认真落实〈山西省公路养路费征收管理规定〉开展稽查清欠统一行动”的通知》要求，2月底至3月中旬，省征稽局稽查总队对大同、朔州、忻州、临汾、运城、晋城共6个分局第一季度的稽查管理工作进行督导。此次督导，稽查总队深入基层，采取听汇报、查档案、现场督导、随机抽查等方式，围绕稽查管理、清欠管理、跟踪管理、规范执法、内业管理等几个方面，对各分局稽查管理工作中好的经验办法进行采集，对遇到的困难和问题进行交流探讨。

稽查工作中，各分局领导高度重视，认真领会和落实《条例》和《规定》。截至目前，全省稽查收入3676万元，同比有所下降，但实征率上升为80.04%，同比增长5.68%，相应的费收同比增加了33 426.3万元，为全年费收任务的完成奠定了良好基础。大同分局长期利用防暴队协助执法，在辖区内形成长期的高压稽查态势，有效遏制了违规车辆的上路行驶。运城分局执法文书填写严格，各种档案齐全，会议记录工整翔实，内业管理扎实有效。晋城分局在清欠管理方面能够切实做到依法行政，在认真领会《条例》，《规定》和〔2006〕175号《关于印发山西省交通征稽系统稽查清欠工作程序规范的通知》基础上，通过申请人民法院强制执行，并且将结果公布于媒体，起到了以点盖面的震慑作用。但部分单位还存在一些引起共性的问题，如执法文书使用不规范，档案建立不完善，行政处罚力度不够，跟踪管理不到位，通行费收费站车辆识别系统不能正常工作等，需要进一步改善。

在督导检查后的总结会上，督导组分别就各自发现的问题和亮点进行交流。面对下一步的工作，省征稽局稽查总队要求各分局：一要对养车、护车的违法行为，严肃查处，重点治理黑车窝点；二要加强依法清欠和晋车外挂车辆管理，加强与人民法院的配合和外挂车辆的跟踪调研；三要加强跟踪管理，对跟踪管理档案要严格按照《山西省交通征费稽查局停征车辆跟踪管理规定》的要求制作；四要加强路面控制，降低百车漏费率，确保其他各项工作顺利进行；五要经常进行法律法规、安全教育培训，牢固树立良好的征稽形象，为本年度全系统费收任务的圆满完成提供有力保障。

（张　为）

全省高速公路刷卡收费正式启动

6月30日上午，省交通厅、省高管局与工商银行山西分行联合举行山西省高速公路刷卡收费启动暨工商银行“牡丹晋通卡”首发仪式。厅长段建国、工商银行山西分行副行长林明为“牡丹晋通卡”揭牌。这标志着山西省成为全国第六家实现高速公路刷卡收费的省份。

厅党组成员、总会计师张德仪主持启动仪式，厅党组成员、总工程师郜玉兰，工商银行山西分行副行长于晋萍分别介绍全省高速公路刷卡收费工程建设情况、牡丹晋通卡功能特点和服务优势，省高管局、工行山西分行有关人员回答记者提问，并向首批持卡申请人代表配发“牡丹晋通卡”。省高管局局长董新品、党委书记李万定出席启动仪式。

“牡丹晋通卡”为集磁条、接触式芯片、非接触式芯片为一体的三界面卡，既具备牡丹贷记卡金融功能，又具有在山西境内高速公路缴费的信用功能。卡片采用共同发行联名卡的方式，在IC卡的行业应用区采用双方商定的交通部密钥进行高速公路通行费缴费认证。通过高速公路收费站出口车道刷卡器读取卡号、计算费额，经专用网络与银行连接进行在线交易，当网络传输或银行系统有故障时，采用POS机刷卡缴费，在应用过程中无需手工输入密码，无需持卡人签字，并建立了自动对账差错纠正系统，极大地方便了广大司机和车主。据实地测试,一次性完成交易时间大约为2秒至3秒钟,车辆通行高速公路收费站的时间大约在10秒钟,比现行现金收费缩短近50%时间。

(魏建国)

全省高速公路“五比五看、服务创优”竞赛活动举行

7月30日,省高管局在太原小店收费站举行全省高速公路“迎奥运、保畅通、讲文明、树新风”收费业务技能大赛启动仪式,同时拉开省交通厅与省劳竞委共同开展的全省高速公路“五比五看、服务创优”竞赛的序幕。厅党组书记、厅长段建国出席启动仪式,并宣布大赛全面启动;厅党组成员、总工程师郜玉兰及厅有关处室负责同志出席。省高管局局长董新品安排部署;省高管局党委书记李万定主持。

本次竞赛是省高管局在全系统17个单位、132个收费站、5000多名收费员中开展的一次全员技能竞赛。参赛人员采取单位选拔优秀和省局随机抽取相结合的办法,突出全员练兵、全员参与、全员覆盖,所有参赛成绩将全部公开,张榜公布,留存档案,力争在提升广大收费人员业务技能的基础上选拔出一批岗位服务标兵和业务技术能手,实现全省高速公路各运营管理单位的同步发展。本次竞赛分初赛、复赛、决赛三个阶段进行,包括收费业务操作技能和文明礼仪两大部分,内容包括现金收费操作流程、刷卡收费操作流程、班报结算和知识竞赛、收费员军事会操、文明礼仪服务、突发事件应急处置等6个科目。8月1日至8月8日为全员岗位练兵,主要强化所有收费员的岗位操作技能,全面提升广大员工的业务素质;8月9日至8月19日为各站级技能比赛,以提高收费站放行速度和文明礼仪为重点;8月20日至8月30日为各公司选拔赛;9月8日为全系统总决赛。此外,本次竞赛活动还将与收费员“双百千亿”无差错优秀技术能手表彰和星级信誉考核“AAA”级收费站表彰结合起来,并为首批技术能手颁发优秀纪录保持者荣誉证书,为获得本届“AAA”级的收费站授予公示牌。

郜玉兰总工程师在讲话中要求高管系统各单位、各部门要把开展好此次收费业务技能大赛作为当前的一项重要工作,围绕“竞赛与普及相结合、竞赛与促进相结合、竞赛与提高相结合”主题,切实加强领导,把活动引向深入,以优良秩序、优美环境、优质服务迎接奥运会胜利召开。并祝活动圆满成功,参赛人员取得优异成绩。

启动仪式上,大家共同观看了收费双语、文明礼仪操表演和路政军事表演,并参观收费业务技能比赛现场。

(沈建明)

全省高速公路第三届收费业务技术比武结束

9月6日至9月9日,通过为期四天的激烈角逐,全省高速公路“迎奥运、保畅通、讲文明、树新风”第三届收费业务技术比武暨文明服务礼仪竞赛完成了总决赛阶段的各项活动,圆满结束。

来自全省高速公路17个单位的21个技能代表队和18个文明礼仪代表队参加了为期四天的省高管局总决赛,100多名选手各显其能,以娴熟的操作技能、文明的服务形象、良好的精神风貌、优秀的团队精神,展示了高速公路行业文明建设的成就和深入开展“五比五看、服务创优”劳动竞赛的成果,进一步推进了“巾帼建功”活动的创新发展。

此次竞赛活动内容包括收费业务操作技能和文明服务礼仪两大部分,从收费业务操作流程、便携机收费业务操作流程、班报结算、知识竞赛、收费员军事会操表演和文明服务礼仪竞赛多个方面进行全方位的竞技。

竞赛表彰总结会上,同时还对441名获得首批山西省高速公路收费业务“双百千亿”无差错技术能手颁发了优秀纪录保持者

荣誉证书,对47个被评为2007年度星级信誉考核“AAA”级收费站命名。山西省妇女联合会还对文明礼仪服务竞赛活动中表现突出的10个集体和50名个人进行了表彰。

(李伟鹏)

吕梁征稽分局提前半年完成全年费收任务

截至7月1日,吕梁征稽分局共征收公路养路费、货运附加费累计达25 202万元,提前180天完成全年费收任务,以实际行动向党的生日献上一份厚礼。

2008年,该分局紧紧围绕费收中心,坚持“好字优先、好中求快、又好又快”的方针,继续加大《条例》的贯彻和执行力度,积极探索管理理念和管理方式的自主创新,努力改善依法稽查和依法清欠环境,准确把握市场运输结构调整和当地经济产业发展方向,及时调整费源结构和费收增长方式,全面推进基层队伍、基础设施、基本素质“三基”工程建设。承借精神文明建设大上台阶的强劲势头,科学征管,强势稽查,跟踪管理,涵养费源,保持全分局征稽队伍的良好形象,规范执法,文明服务,高效便捷,创新驱动,文化带动,管理促动,党建保证,确保了各项交通规费持续健康快速增长,实现了时间过半、任务完成的喜人业绩。

(李伟鹏)

太旧高速旧关收费站吹响文明微笑服务“集结号”

在努力建设高标准“文明示范窗口”,打造“窗口”品牌活动中,太旧高速旧关收费站不等不靠,主动出击,及时提出了“以全新的服务机制全面刷新传统收费方式”的工作新思路。

一是公开透明地接受社会监督,向社会全方位公开收费时间、收费用途、收费批准文号、收费政策和监督电话。二是实行“七个不准”,即不准要钱财礼物,不准使用服务忌语,不准借故刁难司机,不准扣压司机证件及车辆,不准要蛮横态度,不准私心放人情车,不准随意降低或抬高收费标准。三是增加服务项目。常年设置开水器、车辆降温加水设施、修车工具箱、咨询台、便民服务台等服务项目。公开合理的价格,温馨优质的服务,更好地践行“应征不漏,应免不征,廉洁自律,文明服务”的岗前誓词,文明、微笑、优质服务的“集结号”的吹响,不仅进一步引深了活动效果,更在旧关收费站全体职工中掀起了文明收费、热情服务的新高潮。

(李伟鹏)

汾离高速公路公司提前完成通行费征收任务

截至7月20日,汾离高速公路公司通行费经拆分后达4.052亿元,完成省高管局制定年征收额4亿元的101.3%,同期增长118.86%,提前164天完成全年通行费征收任务。截至7月底出口通行量为284万辆/次,入口通行量为259万辆/次。

2008年以来,公司从硬件建设和软件管理两个方面着力提升管理水平,取得了通行费征收连续两年提前5个月完成的佳绩。硬件建设方面主要从各收费站扩建和机电设备更新着手,陆续完成了离石东收费站扩建工程、汾阳西收费站扩建工程,离石西收费站扩建工程也正在紧锣密鼓地进行之中;软件管理方面从强化服务意识、提高通行能力入手,加强收费人员业务培训工作,增强员工的服务意识。公司还制订了各类快速放行应急预案,确保快速通行。随着各收费站扩建工程的陆续投入使用以及服务质量的逐步改善,汾离公司有望再创公司运营以来通行费征收新高。

(李伟鹏)

运城高速公路公司强化收费员工服务意识

为提高收费人员的服务意识和文明素

养，让收费人员自觉践行文明礼仪，提高服务质量，提升服务水平，2008年，运城高速公路公司在所辖的23个收费站进行文明礼仪培训，用十条服务法强化员工服务意识，树立运城高速公路良好形象。

一是保持开朗、微笑服务。每天要保持开朗、明快的微笑，在服务台的舞台上，司乘是主角，客我之间的最短距离就是微笑；二是重视效率、满意服务。要以最高效的工作来让司乘感受到最满意的服务；三是个人修养、委屈服务。不可与乘客争论，而应该立即采取措施，调整自己使乘客满意；四是端正态度、主动服务。要端正工作态度、主动为司乘服务，养成良好的职业道德；五是了解沟通、延伸服务。应真诚地了解、记录司乘的需要，并提供相关的延伸服务；六是知错就改、预防服务。在接到司乘的投诉或提出问题时，要快速地纠正问题，处理彻底，决不推诿，不得过且过敷衍了事，并防止问题的再次发生；七是关注细节、细心服务。主动关注每一个服务细节，认真、礼貌地回答司乘提出的每一个问题；八是规范着装、标准服务。遵守所有的着装标准，使自己的仪容仪表做到标准规范，并保证标识齐全；九是快速反应、应急服务。熟练掌握各种应急预案和各种应急工具，明确自己在应急情况下反应程度和自己所应扮演的角色；十是履行责任、忠诚服务。职工将忠诚于公司，致力改善服务流程与标准，提出改善建议，并熟练掌握，应用到工作中。

（李伟鹏）

省高管局出台全国首家服务区餐饮企业经营规范细则

为了加强全省高速公路服务区行业管理，促进服务区餐饮企业健康发展，全面提高餐饮企业经营、服务与管理水平，使其在信誉、品牌、质量、服务等方面实现全方位的彻底转变，省高管局出台《山西省高速公路服务区餐饮企业经营规范实施细则（试行）》，2月1日在全省高速公路服务区试行。这是全国首家高速公路服务区餐饮企业经营规范。

1月24日，省高管局召开了全省高速公路服务区餐饮企业经营规范专项治理会议暨服务区协会年会。会议对即将于2月1日试行的《山西省高速公路服务区餐饮企业经营规范实施细则（试行）》进行了认真的讲解，通报了全省高速公路服务区协会特聘餐饮专业顾问于2007年11月29日至12月7日对全省各服务区餐厅运营现状进行的专业调查评价报告，并对全省服务区餐饮企业规范经营工作进行了具体部署。

省高管局就全省高速公路服务区餐饮企业规范经营要求：一是加大行业管理力度，将治理整顿服务区餐饮业作为2008年度的工作重点来抓，全方位改变服务区餐饮业的现状。二是奥运将至，社会对全省高速公路优质服务的期望与要求将会迅速提升，全省各服务区要以奥运会为契机，诚信经营，恪尽职守，关注民生；经营要自律、监管要到位，提高餐饮质量的同时提高服务质量和顾客满意度。三是要以依法管理为原则，发展大众化餐饮为基础，实施特色化和品牌化为目标，认真贯彻《山西省高速公路服务区餐饮企业经营规范（试行）》。四是全省服务区餐饮经营管理者要勇于面对现实，主动了解市场、分析市场，参考和引进专业餐饮的特点和优势，寻找属于自己市场的立足点，调整经营思路，营造消费环境和人气效果，实现社会效益与经济效益的共同提高。

（李伟鹏）

交　通　科　技

综　述

2008年,全省交通科技工作以邓小平理论和"三个代表"重要思想为指导,深入学习实践科学发展观,紧密围绕新一届党组确定的"一条主线、七大工程、六化目标"交通发展目标,坚定不移地推进"科教兴交"和"人才强交"战略,开拓进取,扎实工作,提高科技创新能力建设,积极推动科技成果产业化,为实现交通又好又快发展提供了有力的技术支撑和人才保障。

*科技攻关取得丰硕成果。*2008年鉴定验收科研项目49项,其中《高速公路高墩大跨度桥梁力学性态研究》和《废弃沥青路面材料回收利用成套技术及设备研究》等9项研究成果达到"国际先进"水平。有10项科研成果获得省、部科技进步奖。其中《粉煤灰在公路工程中的综合利用研究》、《黄土连拱隧道设计施工技术研究》等5个项目获得省、部科技进步二等奖,《山西省重载交通水泥混凝土合理路面结构》等5个项目获得山西省科技进步三等奖。全面完成了2008年度的科技工作任务。

*着力解决交通运输业关键技术,全面提升交通技术水平。*一是加强实体工程技术研究与应用,为交通建设与发展提供有力的技术保障。紧紧围绕交通基础设施建设、交通运输市场及交通信息化发展中的关键技术问题开展科技攻关。组织开展了"高等级路面大纵坡路段路面典型结构和材料研究"、"强风化花岗岩填筑路基施工标准及工艺研究"、"新型改性煤沥青在公路工程中的应用研究"等32项科研攻关项目。这些项目的研究开发与科研成果的应用,保障了全省交通运输业的快速发展。二是加强决策支持技术研究,提高科学决策的水平。围绕交通运输业的发展,找准影响交通发展的深层次、全局性、前瞻性、战略性重大问题,抓住制约交通改革发展的难点、热点问题,立项开展了"山西省交通科技发展战略研究"、"山西省道路交通转变发展方式研究"等有关管理体制、机制方面的研究,提高了全省交通管理部门决策的质量、效率和水平,使决策更加民主化、科学化。为深化交通基础设施建设、依法治交提供理论支持和科学依据。三是加快环境保护和资源节约技术研究与推广,提高交通可持续发展能力。旧沥青路面再生利用技术继续在全省公路建设中得到广泛的推广和应用,开展了"煤层气替代汽(柴)油在道路交通领域技术研究"、"山西省道路运输行业节能减排规划研究"等项目的研究。这些项目的研发,对保障全省交通运输业可持续发展、建设资源节约环境良好型交通具有重要的指导作用。

*加大行业技术指南的编制工作。*依托已取得的科研攻关成果,不断进行归纳、总结和提炼,加大地方性标准、行业技术指南等的编制、发布工作,用于指导交通基础设施建设。

编制了《桥面防水黏结层施工技术指南》、《公路桥梁板式橡胶支座快速处治技术指南》等行业技术指南，对全省公路建设具有积极的指导意义和作用。

积极推进自主研发科技成果的产业化进程。对全省交通行业自主研发、拥有自主知识产权和具有市场前景的科研成果，大力推进其产业化进程，培育了一批成熟、先进、效益显著的产品。一是成功研制了汽车自动变速器检测台，形成了具有自主核心技术的ATC－4、ATC－4－1两种基础产品，已初步规模化生产。产品已进入了国内外市场，在汽车维修检测、教学科研和生产制造等领域具有广阔的推广应用前景，经济和社会效益显著。二是研制的液体聚合物沥青改性剂，在稀浆封层、微表处、粘层油、桥面防水材料等方面得到了规模推广应用。经过不断充实完善，提出了该产品的技术指标要求，制定了NA－I液体SBS改性剂标准，提出了NA－I液体SBS改性剂工业化生产工艺，建成了年产2000吨规模的生产基地，实现了液体聚合物沥青改性剂的工业化生产。

不断加大科技成果的推广应用工作力度。加大关键技术科研攻关的同时，注重科研成果的推广应用工作，积极在交通基础设施规划、设计、施工及运营等各个环节上推广应用已取得的成果。一是柔性基层沥青路面结构技术、湿陷性黄土地基处理技术、软弱黄土路基关键技术、旧路面沥青再生利用技术、粉煤灰综合利用技术、山西省重轴载交通水泥混凝土路面修筑技术、长大公路隧道建设、运营和管理成套技术等具有山西特色的公路修筑技术已在全省得到广泛的推广和应用，产生了显著的经济和社会效益。二是紧密结合公路建设研制的高等级公路护栏清洗车、45T/h（LB700）型沥青混合料拌和设备、LLB－6T沥青路面常温修补综合养护车等工程机械也在全省公路工程建设与养护中得到推广和应用。三是积极推进软科学研究成果对决策的支持作用。围绕交通运输业发展规划和制约交通改革发展的难点、热点问题，开展的“山西省物流发展规划”、“山西省农村公路客运服务体系研究”、“构建我省新型能源和工业基地交通运输保障体系”、“国土资源合理利用及建设节约型交通的研究”等课题研究成果已在管理部门的决策中得到采用，大大提高了全省交通管理部门决策的质量、效率和水平，促进了决策的民主化、科学化。

加强科技交流与合作，促进技术水平的不断提高。开展多渠道、多形式的技术合作与交流，邀请工程院院士沙庆林、长安大学王秉纲教授、同济大学孙立军教授等国内知名学者专家开展技术讲座，邀请了在美国工作的李硕、王忠仁、朱清三位博士进行了技术交流，这些活动的开展使科技人员了解到国内外科技发展的新趋势，开阔了思路，学到了知识，提高了学术技术水平。

环保验收工作进展顺利。顺利组织了太原至长治、翼城至侯马、汾阳至离石、大同西北环四条高速公路的环保验收工作，为以上高速公路竣工验收奠定了基础。

科技创新体系进一步完善。十一五后两年，全省高速公路建设任务十分艰巨，工程建设难度越来越大，面临的技术难题不少，为提高高速公路建设的质量，培养一批技术人才，出台了《交通建设科技项目管理办法》。

（李贵顺　郜勇刚）

省交科院三项机电科研项目通过鉴定

1月22日，由省科技厅和省交通厅共同主持在太原市召开鉴定会，对省交通研究院承担提交的“废旧沥青混合料回收利用的成套设备及技术研究”、“多风道快速除雪设备”和“综合养护车推广”等三项目进行了鉴定。鉴定委员会认真审阅了课题组提交的技术文件，听取了课题组的工作汇报，观看了相应的工程考核录像。经过讨论，认为这些项目紧密联系公路养护工程实际，提交的技术鉴定资料齐全，样机性能符合设计要求，完成了省交通科技合同规定的任务。

"废旧沥青混合料回收利用的成套设备及技术研究"项目采用热风循环加热原理，有效地避免了传统加热方法对再生材料的直接加热引起的老化问题，并首次完成了以再生材料为主料制作常温拌和料用于道路的日常修补，进一步完善了沥青路面旧料再生技术。"多负道快速除雪设备"以液压滚刷耙雪辅以风压吹除方式完成公路除雪作业，该成果研发的独立多风道接力吹除技术为国内外首次应用。上述两项课题整体技术水平达到国际先进水平。"综合养护车推广"项目在原成果基础上增设了强制拌和功能，可现场制作高质量的沥青混凝土材料用于公路日常养护，同时以PLC为主机的控制系统使该车的操作更加集成和便捷，目前已在全省多条公路上推广应用，其推广水平达到国内领先。

上述项目是在运城高速公路有限公司、省高管局和省公路局忻州分局的协助下完成的。这些项目均具有显著的经济社会效益及环境保护意义，为全省公路养护工程所急需，顺利通过了技术鉴定。目前项目组针对鉴定意见，将对这些成果进一步改进完善并规模推广，以实际行动推动全省筑养路工程的技术进步。

（李伟鹏）

《汽车手动变速器试验台的开发研究》通过鉴定

2月份，省科技厅组织有关专家对省交通科学研究院完成的《汽车手动变速器试验台的开发研究》进行了科技成果鉴定。与会专家认真听取了项目组的汇报，审查了相关技术资料，经质询讨论，形成鉴定意见。认为该项目提交的技术资料齐全完整，完成了合同任务，符合鉴定要求。该项目从汽车手动变速器维修检测实际需要出发，开发研制了适用于微型车后驱手动变速器的检测设备。

该设备设计合理，思路新颖，性价比高，操作方便，适应了汽车维修业的发展和市场需求，具有较高的推广应用价值。研究成果在汽车维修检测行为同类产品中达到国际先进水平。

该项目研制的汽车手动变速器试验台已成功出口日本市场，取得了一定的经济效益。此外，专家建议项目组继续开发手动变速器试验台的系统产品，以扩大市场覆盖范围。

（李伟鹏）

《高速公路建设发展投融资问题研究》课题评为一等优秀

2008年初，中国总会计师协会对2007年按省部级立项的30个研究课题评审结果进行了公布，省高管局《高速公路建设发展投融资问题研究》，作为全国交通系统中唯一入选的课题，被评为一等优秀。

评审验收组专家认为，《高速公路建设发展投融资问题研究》思路清晰、结构合理、采用规范分析与实证分析、定性分析与定量分析相结合等研究方法，对保证高速公路企业资金筹集，提高投资效益有着重要的理论价值和现实意义。

2007年4月以来，省高管局组织局有关部门和单位人员以及高校专家进行了该课题研究，2008年2月完成。课题以高速公路管理相关法律法规为依据，研究高速公路建设发展投融资中存在的问题，分析了全国与山西省高速公路发展的现状及高速公路投资自身效益和社会效益，为进一步寻找山西省高速公路建设融资途径提供理论依据。提出全省高速公路企业融资方式的选择应以投融资体制方式为参照，以解决融资结构不合理问题为导向，以提高融资效率为目标，区分非经营性高速公路与经营性高速公路两种类型，具体可选择银行信贷、设立高速公路专项基金、TOT、BOT、债券融资、吸收私人资本、权益质押、资产证券化、设立公路产业化投资基金、捆绑、借壳上市方式融资等思路。

（李伟鹏）

《国家高速公路网交通量调查观测站点布局规划》课题审定会召开

8月14日至16日,《国家高速公路网交通量调查观测站点布局规划》课题审定会在太原召开。厅党组书记、厅长段建国致辞;交通运输部综合规划司副司长于胜英讲话。省高管局局长董新品,厅规划处有关负责人及各省市代表60多人参加了会议。

国家高速公路交通量调查与信息服务体系的总框架为金字塔状的四层结构,自上而下分别为一类及二类调查站、各级高速公路监控中心、省级公路交通情况调查数据中心、部级公路交通情况调查数据中心、部级公路交通情况调查数据中心。规划目标是:到2010年,初步建成国家高速公路交通量调查与信息服务体系,覆盖所有已建成通车路段,初步具备监测路网运行质量、为社会提供出行服务的能力;到2020年,全面建成国家高速公路交通量调查与信息服务体系,覆盖全部路网里程,具备全面、准确地为行业、为社会提供信息服务的能力。

段建国在致辞中介绍了山西省基本概况及公路建设情况。他说,交通流量调查工作是高速公路管理的一项基础性工作,它对于研究高速公路的管理、建设等有很大的促进作用。山西省在高速公路交通流量调查方面虽然做了一些工作,但与交通运输部的要求和山西的实际需求还有很大的差距,下一步省厅将按照交通运输部的要求进一步抓好高速公路交通流量调查工作,有效整合利用交通量调查基础数据,促进全省高速公路网管理的养护事业的科学可持续发展。

于胜英对山西省治超工作和高速公路管理模式给予高度评价,并对各省市高速公路交通量观测站点规划和数据中心建设等提出了五点要求。

会上,与会人员对《国家高速公路网交通量调查观测站点布局规划》方案进行了认真细致的研讨,并提出了修改意见。与会人员还观看山西省高速公路交通量调查数据中心演示,并参观了省高速公路信息监控中心。据了解,全省高速公路交通量调查数据中心于2005年实施,在全国第一家率先完成。

(李伟鹏)

《山西省交通行业技能型人才需求分析与研究》达国内先进水平

由交通厅立项,山西交通技师学院承担的课题《山西省交通行业技能型人才需求分析与研究》,11月2日由省科技厅组织有关专家对课题进行了科技成果评审。专家经认真讨论后,对此课题给予了国内先进水平的评价。

《山西省交通行业技能型人才需求分析与研究》是全省首次对交通行业技能型人才进行较为系统的调查研究,也是山西交通技师学院建校以来承担的调研任务最重的一个课题。一年多的研究时间内,课题组及有关领导和教师通过现场调研、座谈会、信函、资料检索等方式,收集到大量定性信息和14 600多项数据。研究人员借助经济学、计量学、统计学、计量经济学等多学科知识,运用比较分析法、定性分析法、定量分析法、系统科学等方法,对全省交通行业技能型人才需求状况进行了行业内外对比、全国平均水平对比、不同年份对比,从而勾勒出了全省交通行业技能型人才的现状,找出了其供需存在的问题。同时课题还采用了面板数据(Panel Data)与VAR模型结合的Panel－VAR预测模型对全省交通行业技能型人才的需要进行了分析与预测,为省厅在行业技能型人才队伍建设、职业技能评价、用人机制改革方面提供了管理和决策依据,也为该校适应企业的需求、加强专业建设、推进教育教学改革,在提高就业数量的基础上,不断改善就业质量,为全省交通建设提供大量高质量的技能型人才提供了指南。

(李伟鹏)

《山西省道路运输行业评价指标体系研究课题》达国内领先

11月23日，省科技厅组织国内有关专家对山西省运管局和长安大学共同完成的《山西省道路运输行业评价指标体系研究》项目进行了科技成果评审。

由交通部公路科学研究院、交通部体改法规司、重庆交通大学、省委政策研究室、山西财经大学、省统计学会、省道路运输协会等单位7位专家组成的专家评审委员会认真审阅了项目组提交的技术资料，听取了项目组的汇报，经质询讨论后，一致认为该项目在对山西省道路运输行业进行全面调研的基础上，分析了道路运输与国民经济的影响关系，及道路运输业各子系统的内部运行特征，构建了道路运输行业评价指标体系，提出了该指标体系运行的保障措施和实施建议，开发了相应的数据处理软件，并运用该指标体系对山西省道路运输业的发展现状进行了分析研究和评价，测算了山西道路运输业发展对国民经济的贡献率，对明确山西省道路运输业的发展目标和提高山西省道路运输业的管理水平具有重要的意义。特别是该项目首次提出了全面、系统的山西省道路运输行业评价指标体系，并对山西省的道路运输业进行了深刻的分析评价；深入分析了山西省道路运输产业与国民经济的相互影响关系，建立了定量测算模型，为全国省级道路运输管理机构开展行业评价工作提供了科学方法，对提高道路运输行业管理水平具有重要的促进作用，达到了国内领先水平。

（李伟鹏）

山西交通技师学院科研工作成绩斐然

按照“科研强校”战略和“以科研带教研，以教研促教改”的科研工作方针，山西交通技师学院各教学系专职、兼职与外聘教师积极投入校级、厅级和部级课题的研究中，努力在“实效”上下工夫，在“研究”上求发展，利用教研活动时间和课余时间，重点研讨课改难题，掌握新技术、攻克新难关。年内，新立校级课题3个，厅级课题2个。《中等职业学校学生品德教育体系及应用研究》经省科技厅成果鉴定，获得了国内软课题研究最高评价“国内领先水平”，成为该院第三个国内领先水平的科研项目，其具体成果《学生心理与行为养成教育》一书由人民交通出版社出版发行，在广大中职学校学生中运用；由省交通厅立项，技师学院承担的《山西省交通行业技能型人才需求分析研究》，被评审鉴定为“国内先进水平”。9月25日，学院承担的全国交通职业教育科研项目《现代汽车电器实训台架及多媒体课件开发研究》科研课题顺利通过交通职业教育教学指导委员会专家组评审，获得了交通部专业人员资格评价中心高度评价。

（要亚娟）

省交通科研院交通科技信息化工作得到加强

2008年，省交通科研院强化科学管理，狠抓信息化工作，取得可喜成绩。《山西交通科技》高标准严要求，论文质量稳步提升，连续第9年获山西省一级（优秀）期刊荣誉。《山西交通科技信息》登载各类信息200余条。为了加强资料中心的建设，花费近10万元，购置各种专业图书175册，中文期刊146种，外文期刊21种，报纸21种，交流期刊63种，装订期刊（过刊）200余册。完成查新检索、情报检索56余次、图书资料查阅1200余人次的服务工作。院网站改版工作基本完成，出版发行了院宣传画册。

作为省厅直属信息工作站，配合省厅及有关单位组织或参与完成了多项软科学研究项目，同时承担了《山西科技年鉴》、《山西交通年鉴》、《山西交通志》、《山西改革发展30年系列丛书》等撰写工作，还配合省厅组织或参与完成省科技周宣传和各种学术交流活动。

（张　宁）

省交科院岩土治理和隧道工程专业领域不断创造新成绩

2008年是省交科院岩土和隧道专业领域科研和产业化工作全面推进的一年。年中,开展了“公路穿越采空区治理技术研究”、“公路下保安煤柱留设与压煤开采技术研究”和“隧道衬砌质量检测应用技术研究”3项课题研究。完成了大呼高速公路、太佳高速公路第XZ1合同段、临汾至大宁一级公路、运城解陌高速公路、平榆高速公路第二合同段、灵丘至山阴高速公路第三合同段和长临高速公路地质勘察等项目以及工可地质测绘项目,如霍州至永和关高速公路、阳泉至河顺高速公路以及大同至浑源高速公路项目等12项。

在地质灾害处治项目的勘察、设计、施工方面,完成内蒙古集呼高速公路福生庄隧道地质病害加固施工、108国道阳曲公路段辖区某路基边坡加固设计工作、太原铁路局北同蒲铁路某高边坡的处治设计、晋阳高速公路天坛山隧道病害处治设计工作和台子山隧道病害处治的勘察设计工作。特别是在内蒙古集呼高速公路福生庄隧道地质病害加固工程实施过程中,施工人员认真领会设计思路,充分吸收科研院在地质灾害勘察设计方面的经验,优化技术方案,经过不到4个月的努力拼搏,圆满完成了全部加固任务,受到内蒙古高速公路公司各级领导的一致好评。

(张　宁)

省交科院机电工程和汽车检测专业取得新成绩

2008年,省交科院在科研方面,完成了“多功能综合养护车沥青砼强制拌和工艺及设备研发”,开展了“车载移动式废旧沥青路面材料再生装置”、“废旧沥青砼路面材料回收利用成套设备及技术推广”和“汽车自动变速器整车台架试验设备的开发研究”。产业化方面,改性乳化沥青成套设备和汽车自动变速器整车台架试验设备成效明显,在省内外均有一定的市场和知名度,甚至出口国外。

2008年,为阿尔及利亚生产2台改性沥青成套设备,实现了当年签合同、当年出产品并投入正常使用的承诺,出色地完成了任务。同时还为湖南、山西等高速公路建设部门提供木质素纤维自动加料机、护栏清洗车等设备15台。自主研发生产的汽车自动变速器整车台架试验设备,国内销售4台。

在汽车性能检测领域,检测营运车辆9453辆,类型等级评定1564辆,汽车质量检验鉴定24个批次,修理院内车辆557辆次,修理外来车辆4102辆次,尾气治理1500余辆。产品质量鉴定检验24个批次,已开展汽车尾气排放的检测工作,并检测车辆9070辆次。汽车检测站被省运管局评为“诚信综检站”。

(张　宁)

阳泉华伦陶瓷有限公司利用煤矸石制陶项目获国家金桥奖

阳泉是煤炭资源型城市,煤矸石是排放量和累计堆放量最大的工业废弃物。多年来已累积堆存1.5亿吨,排放量占全市固体废弃物排放量的65%,成为第一大污染源。煤矸石瓷质砖制备工艺项目是华伦陶瓷有限公司与中国地质大学合作,运用中国地质大学国家863计划课题成果。煤矸石瓷质砖的特点是原料中加入约30%的煤矸石,既降低成本又减少煤矸石对当地的污染。该产品具有防污、零级吸水率、无放射性、光泽度高等特点。产品规格适中,品种全、起点高,对市场变化的适应能力强,主要用于楼堂馆所的室内地面装修和台面装修。该项目不仅符合国家产业政策,同时也保护了资源,改善了环境,具有较明显的经济和社会效益,2008年3月,华伦陶瓷有限公司利用煤矸石做原料瓷质砖制备工艺项目获中国技术市场协会颁发的金桥奖。

(王九存　史晋阳)

交通行业管理

奥 运 保 障

省运管局出台《奥运期间道路运输安保工作实施方案》

为进一步加强奥运会期间全省道路运输安全稳定，确保人民生命财产安全，构建一个安全高效、和谐稳定、方便快捷的道路运输环境，根据省交通厅有关要求，7 月 20 日，省运管局制订出台《山西省道路运输安全保卫工作实施方案》，成立以局长李华中为组长、11个市运管局处长及省局机关负责人为成员的奥运期间安全保卫工作领导组。

该方案要求各级运管机构要把奥运会期间的道路运输安全生产和安全保卫工作作为当前的中心工作来做好、做实，加强工作的责任心和紧迫感，坚决贯彻落实党中央、国务院和省委、省政府、省交通厅的部署和要求，全心投入，全力以赴，确保道路运输安全稳定。省运管局奥运安保工作领导组负责全省道路运输系统的奥运期间安全生产和安全保卫工作的指挥、组织、协调、安排、督察。各级运管机构和运输企业都要成立由主要领导挂帅的安保工作领导机构，制订方案、明确职责、措施到位。要查找隐患，落实责任，强化监管，重点防范。

各级运管机构要做到：一要严格按照“三关一监督”和“三不进站、五不出站”的规定，立足源头，突出重点，严把汽车客运站安全关口，严格执行交通部下发的“汽车客运站安全生产规范”确保客运站安全。各汽车客运站在奥运期间必须对进京旅客实行实名制售票，同时要加强对危险品查堵工作，健全安检工作程序，规范例行检查、进出站检查工作。在所有等级客运站进站口等关键环节都要设立专门的“三品”查堵岗位，对进站旅客携带的行李物品进行严格的安全排查。行包托运和小件快递要实行实名登记，并进行必要的安全检查。同时要加强站内外巡查，及时排查隐患苗头，发现可疑人员和危险物品或遗留在站内的包裹等物品要在第一时间向公安部门报告并作出妥善处置。二要加强对奥运期间旅游客运的安全监管，对前往承办有奥运赛事城市的旅游客运公司在承揽业务时一定要要求旅行社对旅客进行实名制身份核对，并对旅客携带的行李物品进行安全检查。三要加强对旅客运输车辆的技术检测和安全例检。本着有安检条件必须进行安检，没有条件创造条件进行安检的原则，要切实加强对车辆技术状况的跟踪监督。安全技术状况不达要求或没有按规定进行安全例检和配备规定的安全防护设施的车辆不准排班，不得上路运行。在奥运期间，对发往全国各大城市的客运班车尤其是发往北京和有奥运赛事城市的客运班车要进行严格的安全技术性能检查，确保车辆处于良好的技术状况。四要全面加强危险货物运输安全监管。要严格危险货物运输驾驶员、押运员和装卸管理人员的从业资格管理，驾驶员与所驾驶车辆要相对固定不能随意变化，危险品、爆炸品运输车辆必须按照公安部门指定运输路线进行运输,不得在人多的地方停车或中途捎人。要加强危险货物运输车辆技术状况监管,对无故不按要求安装使用GPS卫星定位应用系统的危货车辆一律不准其参加运营。要建立健全危险货物运输应急保障机制,畅通信息传递渠道,确保一旦出现安全事故以及其他紧急情况,能够科学高效地应对和处置。五要加强对物流企业和货运站场的监管,尤其是要对发往北京、上海等有奥运比赛项目城市的货运车辆严格管理,严防各类可能影响奥运安全的爆炸、化学等危险品利用物流配送等形式流入有奥运赛事的城市。物流企业要建立物品登记、统计制度,对每次托运的物件、车辆都要做好记录,确保在奥运会期间安全无事故。六要切实加大运输企业的安全源头管控力度,提高运输企业对所属车辆和驾驶员的动态监管。要以道路运输企业的安全机构设置、经费投入、技术保障、宣传教育等为重点,进一步加大对道路运输企业,特别是跨省、市客运班线、超长班线、夜间班线、客运包车的监督检查力度,严格执行车辆日常维护、定期检测和行车日志的审核制度。有效利用GPS卫星定位安全监控系统对营运车辆进行监控,运输企业要通过企业监控系统对营运车辆进行监控,运输企业要通过企业监控平台对所属车辆的运行状况进行全程监控,市级运管机构安全管理平台要指导、监督本地运输企业监控管理平台的使用和管理,督促企业监控管理平台适时监控运行车辆、及时掌握客、货运输车辆动态。七要积极疏导,做好工作,妥善应对和处置各种上访事件。要全面了解、掌握辖区内行业不稳定因素,积极排查疏导各种矛盾和纠纷,千方百计将影响稳定的苗头和不安全因素解决在初始阶段,要有针对性地制定相应的预防措施,积极引导群众以合理合法的方式表达诉求,防止矛盾激化,防止事态扩大,坚决防止非正常赴省、进京上访事件的发生。八要强化值班,畅通信息,确保政令畅通。各级运管机构严格落实值班制度,做好96566运政执线服务,特别要加强夜间值班力量,保证24小时信息畅通并能及时应对处置各种突发事件。要落实好交接班制度,防止工作“断档”。值班人员要严守请示报告制度,遇有重大情况要及时、准确向有关部门和领导报告,坚决杜绝不报、迟报、漏报、瞒报情况的发生。并从7月21日起至9月25日止实行“零报告”制度。

(李伟鹏)

全省第一批服务北京奥运会交通保障车队进京

7月21日上午,全省首批15辆服务奥运会交通保障车队从太原启程进京,为北京奥运会提供运输服务。王志民副厅长出席出发仪式并作动员讲话。

按照交通运输部和北京奥组委要求,省运管局负责组织50辆大型客车,进京参加奥运会交通服务保障工作。主要任务是接送北京交大和首都师大两所高校1600多名奥运志愿者,为他们提供从高校到各比赛场馆间的通勤班车服务。为完成好这项光荣的任务,承担此次运输保障任务的山西汽运集团晋龙捷泰运输贸易有限公司和太原市并州运业有限公司共同新购置50辆大型高级客车,分别为晋龙捷泰30辆,并州运业20辆。各公司车辆车身颜色统一、驾驶员服装统一,全部车辆前挡风玻璃上方粘贴了印有“山西省进京服务奥运会交通保障车队”的统一标识,并精选60名政治成熟、技术过硬、身体健康、安全意识强、综合素质高的优秀驾驶员。出发前,各公司还专门对驾驶员进行规范服务、安全意识、文明用语、应急保障等内容培训。

出发仪式由省运管局局长李华中主持。太原市运管局负责人介绍服务保障车队的基本情况,王志民副厅长作动员讲话,承担服务保障任务的企业代表和驾驶员代表也分别作表态发言。

王志民副厅长在动员讲话中希望参加进

京服务保障工作的全体同志从讲政治、顾大局的高度出发，严格管理，勤奋工作，确保车容整洁、车况良好，服从调度，安全正点，言行文明，优质服务，以实际行动为山西争光、为北京奥运添彩。

9 时 30 分，李华中下达"出发令"，15 辆崭新，锃亮、光艳的客车满载着全省人民"圆满完成保障任务，凯旋而归"的祝福出发，驶向北京。

全省第二批进京服务奥运会交通保障车队的 24 辆客车于 8 月 3 日出发赴京，其余 11 辆客车作为应急保障车辆在太原候命，只要一声召唤，随时赴京服务。

（董忻文）

省交通厅圆满完成奥运圣火传递交通保障任务

6 月 25 日至 27 日，奥运火炬在山西传递。

根据省委、省政府和奥运会火炬接力山西组委会的部署，省交通厅制定了奥运火炬传递方案，专门成立了由厅党组成员、副厅长王志民挂帅的奥运火炬传递工作领导组，调动全厅力量，全力以赴做好奥运火炬传递道路交通保障工作。厅党组书记、厅长段建国多次听取专题汇报，研究落实方案，实地检查各项准备工作。省高管局从路面改造、收费站扩容、人员培训、服务接待等各个方面做好充分的准备。为了确保奥运火炬传递交通保障万无一失，在 6 月中旬，王志民副厅长带领省高管局、省公路局和厅机关有关处室负责人实地检查了大运高速公路及各个就餐、休息场所，并组织了模拟演习，进一步发现问题、弥补不足。火炬传递开始后，王志民全程跟踪，现场指挥，保证了交通秩序正常。

6 月 25 日，当 40 余辆专用车组成的奥运火炬团车队通过运城收费站缓缓驶入大运高速公路时，平坦舒适的路容、路貌，整齐有序的道路设施、绿树成荫的优美风景，装饰一新的收费广场，让大家心旷神怡。

按照传递计划安排，临汾和大营两个服务区为奥运火炬团队提供餐饮、休息等服务。临汾服务区要同时保障 600 余人就餐、休息，责任重大、使命光荣、任务艰巨。为此，祁临高速公路公司把"迎奥运、保畅通"定为工作主题，积极筹备，快速行动，在全面开展收费站扩容改造和绿化美化亮化工程、道路病害处治、服务区场地硬化和设施完善工程等准备工作的基础上，将临汾服务区作为展示大运建设管理成果和品牌形象、参与奥运、服务奥运、奉献奥运的主战场，集中精力，加大投入，精心组织，精益求精，全力以赴地开展迎奥运各项准备工作。新建了面积达 500 平方米、可容纳 300 人同时就餐的奥运餐厅，并配备了中央空调等完善的配套设备设施，提高了接待能力，满足了接待奥运火炬团的需求。为了保证食品卫生和质量，邀请临汾市卫生防疫站对食品的原料采购、入厨加工、制作包装等进行全过程监督；所有餐具均选用奥运会指定的、满足环保要求的餐具，并从北京厂家直接订购；安装了先进的净化水设备，保证水质达到纯净水的指标。为了给奥运火炬团提供精美、可口的饭菜，公司派专人赴北京咨询，精心选定了大众类、素菜类、清真类三类餐，搭配甜、咸两种速溶营养汤，配以时令水果佐餐。为了确保服务区安全，安装了技术先进、覆盖面广的监控设备，对整个服务区进行全方位、全天候的监控，特别是加强了对加油站罐区、餐厅操作间等重点区域、重点部位的安全管理和流动人员管理，严格控制过往车辆和人员的活动范围；同时协助临汾市国家安全局，公安局等部门对周边环境治安开展了全方位整治，对全体人员分批进行了专业技能、岗位提高和文明礼仪培训，大大提升了服务品位。

大营服务区是奥运火炬传递的休息区，当火炬进入服务区时，广场内花团锦簇、彩旗飘飘，超市内、休闲区鲜花簇拥，超市门前红塑胶地毯与绿色盆景交相辉映，给火炬团队和组委会领导留下了深刻的印象。

此次火炬传递交通保障工作的圆满完成，得到了2008年北京奥运会火炬接力境内传递活动山西省组委会总指挥、省委常委、政治委书记、公安厅厅长杜玉林和所有参与人员的高度好评和赞扬。

（丁吉喜）

进京服务奥运会交通保障车辆圆满完成任务返并

随着举世瞩目的北京奥运会圆满闭幕，赛会志愿者通勤运输保障车队也胜利完成了重要而光荣的任务，全省30辆奥运保障车满载着北京奥运会胜利的喜悦和圆满完成保障任务的骄傲凯旋而归。

在京期间，保障车队的全体人员以高度的政治责任心，精心组织、积极协调、科学调度，全力以赴满足了奥运会交通保障的需要。广大驾驶员和维修工作人员以饱满的工作热情，克服诸多困难，恪尽职守、勇于奉献，不怕疲劳、连续作战，为赛会志愿者提供了安全可靠、高效正点、统一规范的运输服务。

省内两家道路运输企业组建的赛会志愿者通勤运输保障车队，服务于北京交通大学和首都师范大学两所高校，共开行通勤班车线路12条，出车2000多次，行程4.2万公里，运送志愿者近7.4万人次，没有发生一起道路交通安全事故，没有接到一起投诉，得到了各方面的一致好评。

8月23日下午，北京奥组委、交通运输部和北京市政府联合召开会议，总结奥运赛会志愿者交通服务保障工作。交通运输部部长李盛霖、副部长冯正霖，北京奥组委执行副主席李炳华，北京市副市长赵凤桐出席会议并为赛会志愿者通勤运输保障车队颁发纪念奖牌。

（李　京）

省公路局抓好主业确保奥运期间道路畅通

为响应省政府“赛在北京，游在山西”的号召，全省公路系统发扬优良传统，以极大的热情积极投身“优质服务保畅通”活动中，全力打造“畅、洁、绿、美、安”的道路交通环境，为“游在山西”提供一流的公路服务水平。各建设单位把质量作为塑造文明的着力点，坚持“百年大计，质量第一”原则，从工程建设源头抓起，着力建设放心工程、廉政工程；各养护单位坚持在文明路的基础上打造精品工程，拓展路的服务功能，达到路与车，路与环境，路与人的和谐发展。持续实施新改建工程和路面改造工程，不断加强以路面为中心的全面养护，强化日常养护、预防性养护和季节性养护，确保干线公路路基稳定坚实，路面平整畅通，路容路貌整洁，双语标志设施齐全，排水系统配套，沿线绿化美化，为北京奥运会提供了良好的道路交通环境。

（武　洋）

路 政 管 理

综 述

2008年，全省路政管理工作在省交通厅和省公路局的正确领导下，以邓小平理论和“三个代表”重要思想为指引，认真贯彻落实科学发展观，进一步规范各项管理制度，强化服务理念，创新管理方式，全面提高了行政执法水平，同时在政府的领导下狠抓超限运输治理，有效地保护了公路路产路权，确保了干线公路安全畅通，路政管理各项工作迈上了新台阶。

全年全省共发生路政案件35 306起，发现35 250起，发现率99.84%，查处35 212起，查处率99.89%，结案35 210起，结案率99.99%，罚款765 910元，收取赔偿费13 967 394元。全省共检测车辆7 172 300辆，其中超限车辆3231辆，超限超载率0.04%，卸货物5179吨。全年全省共召开路政咨询会5727人/68次，张贴布告、宣传画46 895份，广播宣传9322分钟/2043次，电视宣传1970分钟/186次，印发路政宣传手册1394份，制作宣传标牌166块，喷刷宣传标语535幅，出动宣传车24 747千米/517次，签订协议书715份。

（韩 杰）

省公路局积极进行路地共管模式探索

2008年，针对新形势下路政管理工作出现的新课题，全省各公路分局转变观念、创新思路、创造性地开展路政管理工作。

晋中市出台了《关于进一步加强和规范公路管理实施意见》，确定了路政共管领导机构，聘请了分管交通的副县（市、区）长担任本辖区的总路长，各乡（镇）长为分路长，村委主任为路长，具体负责辖区、本路段的管理工作。公路段年初与村委、乡（镇）、县（市、区）签订路政共管责任书，明确双方权利、义务，并定期进行考核。分局同沿线村镇签订共管协议1238份，有力地推动了路政共管工作，通过公路共管解决公路打场晒粮、汽车公路加水、占路经营33次，收到较好效果。

临汾分局由部门型思维向社会化思维转变，对路政队伍在建设和管理上引入先进理念，实行“基地化”管理模式，安泽路政大队推行集学习、训练、路政业务开展为一体的基地化管理新模式，取得了很好的效果，在落实执法责任制的同时，把行业优势和政府的行政管理资源有机地结合起来，实行“路地联管责任制”，让各级政府和相关部门参与路政管理工作，形成了“人人有责任、岗岗有监督、服务出效率、联动出成果”的路政管理新机制。

阳泉分局按照“属地管理与专业管理，集中整治与长效管理有机结合”的工作思路，紧紧抓住政府开展城乡清洁工程和园林化城市建设工作这一良机，拟定了《阳泉市国省道公路路政共管办法》上报阳泉市政府。在分局的积极沟通和努力协调下，阳泉市人民政府行文出台了《阳泉市国省道公路路政共管办法》，成立了公路路政共管工作领导组，召开了由各县（区）政府、公路分局、规划局、国土局、经委、工商局、公安局及煤运公司等成员单位负责人参加的共管工作推进会，与各县（区）政府负责人签订目标责任书，聘请其为“总路长”，为确保国省道公路路政共管工作的有序开展提供了坚实保障。

各单位工作方法的创新，开创了全省路政管理新局面。

（韩 杰）

全省干线公路综合治理成效显著

2008 年是省公路局开展干线公路综合治理工作的重要一年，各分局根据各自实际整体规划、合理布局、集中管理，整治过村镇路段、处理平交道口、取缔违章建筑和占道经营，规范非公路标志及加油站、饭店标志等。通过综合治理活动，全省共清理路障 113 008 平方米，拆除非公路标牌 3293 块/2271 处，拆除违章建筑 12 648 平方米/440 处；修建过村镇路段排水沟 308.5 公里（单侧），修筑过村镇路段砼隔离墙 361.4 公里（单侧），修建标准平交道口 2492 处，治理非公路标志牌 14 524 块，拆除违章建筑 171 974.5 平方米，新制作安装加油站、饭店图示标志 1256 块。国省干线公路已基本形成了人文、环保、绿色、畅通的和谐文明通道，发挥了公路应有的经济和社会效益。

同时，为保证 2008 年奥运会成功举办和省内提出的“赛在北京，游在山西”目标的实现，提供安全稳定的交通保障，省公路局成立了安全保卫工作领导组，抽调 1148 名路政人员，对管辖的干线公路 232 座大桥、特大桥梁和 55 处隧道，每处 4 人实行 24 小时守候，确保了大桥和隧道的绝对安全。

（韩 杰）

临汾市交通路政支队荣获省级集体一等功

“五一”劳动节前夕，临汾市交通路政支队荣获省劳动竞赛委员会授予的集体一等功称号。多年来，临汾路政支队坚持以强化队伍建设为切入点，以提高执法水平为出发点，以加大执法力度为着力点，以严格执法行政为落脚点，内强素质，外树形象。自 2007 年 5 月新一届领导班子上任后，在支队长王闫红的带领下，通过加强职工思想政治业务素质的教育培训力度，不断完善各项内部管理规章制度，建立起了“权责明确、行为规范、监督有效、保障有力”的行政执法体制，锻造出一支适应新时期社会主义经济和公路事业发展需要，具有促进公路改革和发展信念，奉献社会、服务人民、依法行政、文明管理、廉洁勤政、务实高效的路政执法队伍。尤其是在“双超”治理和推行厢式运输、实施碧水蓝天工程工作中成绩显著，为维护临汾市公路路产路权，保障公路安全畅通，促进环境改善，推动经济振兴，作出了积极的贡献。

（李玉洲 庞燕东）

运 输 管 理

综 述

2008年，全省交通道路管理工作呈现四大特点。

应急保障能力不断增加。一是协同省运管局不断完善战略物资道路运输应急保障体系、道路旅客运输应急保障体系、汽车维修救援体系，现有12支战略物资应急保障车队运行良好，全省264个维修企业和365辆应急救援车辆纳入了汽车维修救援体系。二是协调省征稽局、省运管局，为应急保障车辆落实了省厅出台的交通规费优惠政策，减半征收养路费和免收运输管理费。三是圆满完成抗震救灾、北京奥运应急运输任务。组织抗震救灾物资和人员运输1509辆次，运送活动房25 383套、其他食品、药品、消毒设备1200余吨，共计完成运输量77 943吨、货运周转量10 912万吨公里，返乡民工及救灾人员4364人；组织50部大型客车承担奥运志愿者运输保障工作，运送奥运志愿者7.4万人次；协调省高管局、省公路局、省征稽局落实了抗震救灾物资运输和奥运志愿者运输保障车辆减免公路通行费政策；组织评比表彰了29个抗震救灾物资和奥运志愿者运输先进单位和82名先进个人。

服务“三农”工作成效明显。一是继续推进村村通客车工程。协调省征稽局、省运管局落实了省厅出台的减半征收养路费、客运附加费的优惠政策，为6000余辆农村客车办理了减免交通规费审批手续，降低了农村客运车辆运行成本。二是加快推进农村客运设施建设。会同有关部门建设乡镇站80个、农村客运候车亭1100个，组织检查组对2004年以来乡镇汽车站建设情况进行了督查。三是进一步促进“绿色通道”建设。按照省政府和交通部的要求，协调有关部门取消了鲜活农产品运输“绿色通道”省内外车辆有差别的政策，全省各类收费站对整车运输鲜活农产品的车辆全部免收公路通行费。按照省政府的要求，会同省供销社等部门研究制定了季节性化肥“绿色通道”政策。一年来全省“绿色通道”减免通行费2.5亿元，大大降低了农副产品和农资流通成本，促进了农民增收、农业增效。四是组织11个市交通局对15个大型农副产品集散中心进行专题调研，并邀请农业厅、商务厅、供销社有关部门负责人共同研究整合资源、相互配合，共同推进探索研究加快农村物流发展的有效途径。

交通发展对策研究不断深入。一是会同省道路运输协会开展了《山西省长途客运小件快运发展研究》，依托和整合既有的客运站、客运班线、客运行李箱资源，构建长途客运小件快运网络，满足人民群众日益增长的小件快运需求，提高客运车辆运输效率，促进企业增收和节能减排。二是会同长沙理工大学进行《运价油价联动机制研究》，科学确定油价与运价的关系，促进运价管理的科学化、合理化。三是协助分管领导进行了《综合运输体系建设调研》,明确综合体系建设的意义、目标、重点及措施。四是组织开展了《全省交通系统安全生产工作调研》,认真研究安全生产工作中突出问题,认真总结安全生产工作经验,理清发展思路,制定工作措施。五是参与起草并出台了《关于促进我省道路运输业又好又快发展的若干意见》等。

汽车站场建设步伐加快。一是加快站场建设前期工作。协助厅综合规划处完成了6个一、二级汽车站的工可评审和14个一、二级汽车站的初步设计评审。二是加快站场建设步伐。续建、新建一、二级汽车站20多个,建成一级汽车站1个、二级汽车站11个。三是争取省厅及有关部门支持,增加了对一、二级汽车站的补助标准,加大了投入。

(杨吉平　常卫平)

全省公路春运圆满结束

3月2日,2008年春运工作落下帷幕。广大旅客在春运中基本实现了顺利出行,实现了“安全优质、平稳有序、客货兼顾”的总体目标。

2008年春运与往年相比,呈现三个特点:其一,全省道路运输春运工作总体上安全畅通、平稳有序、运力充足、组织到位,没有形成大的客流高峰,没有发现旅客和鲜活农产品滞留现象,电煤抢运成效显著,治超工作稳步推进,未发生较大道路旅客运输和危险货物运输责任事故;其二,春运期间在燃油价格上涨,冰雪天气情况较为严峻,给道路旅客运输带来极大的不便情况下,汽车客运票价保持了相对稳定,客运服务质量不但没有降低反而有了普遍提高;其三,全省运管系统在春运工作开始前就对客货应急运力进行了全面摸底核实,全省共组建客运应急保障车队11支,应急客车583辆;货运应急保障车队14支,应急货车579辆;应急救援维修企业26家,并将应急保障车辆公司名称、负责人、联系电话等详细信息制定成册下发各市,确保了应急保障车队春运期间在紧急情况下能够招之即来,来之能战,战之能胜。在这当中,长治市运管处组织40辆客车冒雪运送1300名学生赴太原考试;平陆运管所组织10辆应急客车深夜营救被大雪围困5个多小时的191名中学师生。

春运期间,全省日均投放客运车辆1.2万辆,日均发送班次3.6万个,组织客运包车1062辆,加班1903个班次,累计运送旅客1820万人次,总体与上年同期基本持平,是上年同期的100.7%,创下了历史新高。

(李伟鹏)

全省“十一”黄金周道路旅客运输安全有序

“十一”黄金周期间,全省各级运管机构、运输企业、汽车客运站的广大干部职工提高认识、统一思想,坚守岗位、精心策划,严密组织、狠抓落实,圆满完成了国庆节期间道路旅客运输任务。

“十一”黄金周期间,全省道路旅客运输日均投入营运客车1.4万辆(其中旅游客车1280辆),日发班次3万多个,累计安全运送旅客420余万人次。全省未发生旅客滞留及道路旅客运输安全责任事故。为广大人民群众度过一个平安、祥和的国庆佳节创造了条件。

“十一”黄金周期间,全省道路旅客运输总体上安全高效、平稳有序。主要特征:一是旅游客流呈“井喷”式增长,比上年同期增长25%,特别是发往北京、青岛、大连等方向的客流大幅度增长;二是客流预测科学准确,应急运力准备充分,安全保障措施落实到位;三是车容车貌、站容站貌明显改善,服务质量显著提高,各项文明创建工作有效开展。

(李伟鹏)

山西运政智能识别稽查系统正式启用

5月16日上午,山西运政智能识别稽查系统启用仪式暨操作培训交流会在太原召开。厅运管处、各市运管局分管稽查工作的负责同志以及有关稽查人员参加培训。

山西运政智能识别稽查系统是省运管局在建立全省统一运政数据库存的基础上，2006年年底开始组织开发，经广泛调研，并在阳泉、忻州、太原、晋中四个市局、处进行试点应用，项目于2007年9月开发完成并通过专家验收。

山西运政智能识别稽查系统通过对多种现代信息技术的综合利用，实现了车辆图像获取、车辆识别、数据比对、自动报警等整个稽查流程的自动化处理，通过智能识别稽查系统可以实现不停车稽查，增强了运政稽查针对性，增加了执法透明度，确保准确查处违规车辆，有效杜绝公路“三乱”。

（李伟鹏）

省运管局、省交管局联合开展全省机动车驾驶人培训、考试专项检查

为进一步规范全省机动车驾驶员培训机构的培训行为，提高全省机动车驾驶人培训、考试质量，从源头上有效预防和减少交通事故的发生，省运管局、省交管局专门成立了专项检查领导组，从7月18日至8月31日，在全省集中开展机动车驾驶人培训、考试专项检查。

省运管局将按照《机动车驾驶员培训管理规定》和《机动车驾驶培训机构资格条件》有关要求，结合近期开展的对驾校的重新定级工作，重点对驾校核定级别后培训资格条件是否达到规定要求、教学管理是否混乱、培训质量低、是否存在使用无资格证教练员、非教练号牌车辆培训等问题进行检查；公安交管部门重点对驾校的报考申请人资料、异地申请人资料、培训的驾驶人3年内是否有交通肇事和违法行为、驾校的预约报考人数上限、驾校异地申请人比例等问题进行检查。

为确保此次专项检查能够保质保量如期完成，省运管局、省交管局要求：一是各市交通运管部门和各市公安交警部门要密切协作，结合本地实际情况，制订工作方案，确定检查工作重点，迅速展开对本辖区内所有驾校的专项检查工作；二是各市交通运管部门和各市公安交警部门要建立工作责任制，要加强对检查工作的组织领导，细化工作方案，要建立分片包干的工作责任制，对重点驾校、重点问题要重点检查，确保专项检查工作的实际效果；三是要注重工作实效，对检查出的突出问题要深刻剖析症结，分析存在问题的原因，提出有针对性的整改措施；四是要建立驾校评估机制。经过客观公开的评估之后，各市运管部门对符合条件纳入管理的驾校，要上报省运管局，同时函告同级公安交警部门备案。省运管局将符合资格条件、纳入行业管理的驾校在省级新闻媒体上进行公示；五是要建立部门联动机制。各级运管部门与各级交管部门要强化协作、密切配合、要互通培训、考试信息，要联合严厉打击黑驾校、黑教练车，并依法取缔黑报名培训点（场所），同时要建立信息交流通报制度，共同维护驾培市场秩序，引导驾校良性发展；六是要建立长效机制。

（李伟鹏）

省运管局召开道路运输承运人责任险续保工作座谈会

8月12日，省运管局召开了山西省道路运输承运人责任险续保工作座谈会。省运管局、省道协相关负责人、各市运管机构代表、全省14家大中型客运、危货运输企业代表和中国人民财产保险公司、中国平安财产保险公司负责人共40余人参加了会议。

承运人责任险是《中华人民共和国道路运输条例》规定的一种道路运输企业必须投保的强制险。全省道路运输行业开展此项工作三年来，在保障人民生命财产安全和社会稳定等方面起到了积极的作用，受到了全省道路运输企业和承运人的普遍欢迎和肯定。实践证明，道路运输承运人责任险制度已经成为道路运输安全生产监管的重要内容，也

是建立和完善道路运输安全保障体系和突发重大安全生产事故应急救援机制的重要和有效的措施。

会议商定，2008 年至 2009 年度，我省道路运输承运人责任险继续由中国人民财产保险公司、中国平安财产保险公司承保。省道路运输协会代表全省运输企业与“人保”和“平安”两家保险公司负责人当场补充签订了《山西省道路客运、危险货物运输承运人责任保险特别约定》。

（李伟鹏）

阳泉郊区物流配送中心成立

12 月 16 日，阳泉市福泰物流有限责任公司郊区“万村千乡市场工程”物流配送中心举行揭牌仪式，成为郊区首家集商品采购、配送、物流为一体的物流企业。阳泉市福泰物流有限责任公司（阳泉市郊区“万村千乡市场工程”物流配送中心）是一家专门承接郊区万村千乡市场工程农家店物流配送的商务企业，组建于 2008 年初，总投资 500 万元。从 2008 年 8 月试运行以来，积极探索服务商家、服务社会的最佳运营模式，秉承“商品质量百分之百合格，购物顾客百分之百满意”的工作目标，本着“诚实守信”的服务理念和“同铸诚信、共建和谐”的主题，以争创“诚信示范店”为载体，努力打造诚信品牌，形成了以福泰物流有限责任公司为龙头，集商品采购、配送、物流为一体的商业销售网，切实做到质量求优、价格求廉、计量求准、管理求严，以高质量的商品、规范的价格、诚信的服务、良好的信誉赢得顾客信赖。现已建成农家店超市 149 个，营业面积达 6800 平方米，还有 50 多个连锁店正在建设之中，全区 184 个自然村形成村村有店连锁经营，统一采购，统一配送的网络连锁经营农村商贸体系，有效保障了郊区的商务秩序。

（王九存　史晋阳）

临汾市对全市货运源头监管情况进行专项检查

2008 年 4 月 12 日至 4 月 16 日，临汾市交通局组织运管部门对全市 17 个县（市、区）货运源头监管情况进行专项检查，摸清底数，取得一手资料，为下一步采取相应对策措施提供参考。

从检查情况来看，一是货运源头企业公示和运政人员监管方面，各县（市、区）基本上都公示了辖区内重要货运源头单位，临汾市共计公示货运源头企业 710 家，曲沃、襄汾、侯马、霍州货运源头企业运政人员已全部进驻。吉县、隰县以巡查为主，其余县（市、区）以进驻和巡查相结合方式对货运源头单位进行监管；二是源头监管人员履职方面，襄汾、蒲县、侯马、曲沃、霍州、翼城、浮山等县，现场监管有记录、源头登记表填写规范、详实、制定了严格的管理制度，层层签订责任书、承诺书，此项工作落实的较为到位；三是对违规超标装载的企业处理方面，乡宁、洪洞、翼城等县对违规超标装载的企业公开重处重罚，对驻站的运管人员实施严厉的问责追究制，源头监管力度大、措施硬、效果好。四是运管派驻人员经费落实方面，乡宁、霍州、蒲县、浮山、大宁较为重视，已落实部分资金。

（李玉洲　庞燕东）

平顺县交通局采取“五项措施”抓春运

为搞好 2008 年春运工作，平顺县交通局运管所早准备、早安排，采取五项措施，积极抓好春运工作。一是加强对春运期间客运市场的监管。严厉打击“黑车”、“非法营运”和欺客宰客等违章行为，一旦发现依法从严查处。同时，与公安部门积极开展联合执法工作，保障春运期间道路运输市场秩序良好。二是严把“三关一监督”，加强源头管理。继续加强车站安全检查，严格把好安全“三关”，即把好旅客进站关，做到进站旅客人人过目，携带行包件件过线，坚决堵住“三品”进站上车；把好站内车检关，要求企业对所有参加春运的车辆进行等级复核，确保良好的车况质量；把好车辆出站关，对出站的车辆人数，必须每班清点核对，坚决堵截超载车辆出站。三是加强车辆技术管理和驾驶员管理。在春运开始前，要求各运输企业对所有参加春运的车辆及其安全设施进行全面的技术检查，确保车辆技术状况良好，对驾驶员要进行安全教育。同时，为保证春运加强车辆的组织工作，要求本所当班或值班人员要加强包车牌和春运证发放的管理，严格把关。四是督促运输行业开展优质服务活动。倡导文明服务，杜绝粗暴待客。举报电话 8922550 保持 24 小时人工值班，及时受理群众投诉和咨询。五是搞好春运组织工作，制定应急疏运方案，同时储备部分应急运力，以应对各种突发情况，确保旅客走得了，走得好。

由于措施得力，平顺县的春运市场秩序良好，井井有条，春运期间未发生一起交通安全责任事故，受到了县领导的充分肯定。

（韩金廷）

交 通 法 制

综 述

2008年,在厅党组的正确领导下,交通系统各级法制部门坚持不懈认真贯彻“依法治国,建设社会主义法治国家”的基本方略,积极落实省委、省政府法制宣传教育和依法治省工作规划,围绕交通中心工作,以立法为基础,以法制宣传教育为保障,以推进政府职能转变、规范行政执法行为为重点,全面推进依法治交工作,为全省交通事业持续、快速、健康发展提供了有力的法制保障。

厅政策法规处在厅党组的统一部署下,在厅机关各处室,全系统各部门、各单位的大力支持下,通过全体交通法制工作人员的共同努力,圆满完成了各项工作目标和任务。

(曹居月　陈　星)

省交通厅认真开展案卷评查工作

为进一步加强行政执法监督,规范行政执法行为,提高行政执法水平,推进依法行政,根据有关法律、法规和国务院《全面推进依法行政实施纲要》、国务院办公厅《关于全面推行行政执法责任制的若干意见》,结合本省实际,省人民政府制定了《山西省行政执法案卷评查规定》。

省厅在接到文件后立即进行了转发,同时要求各市交通局及厅直有关单位认真学习并自查,总结本部门行政执法案卷办理方面的主要成绩、存在的问题,根据存在的问题提出改进措施,组织力量,集中精力,在规定的时间内,按照规定要求,求真务实,完成行政执法案卷自查自评工作。

各单位主要领导重视并加强行政执法案卷的评查工作,分管领导具体抓落实,晋中市交通局在自查自评的基础上,随机抽查案卷10宗,邀请省交通厅法规处、市法制办及市公安局法规处进行一案一表逐项评查。抽查结果表明基本能做到执法主体合法,事实认定清楚,证据完备,适用法律准确,处罚适当,程序合理,法律文书规范,符合行政处罚案卷评查标准和要求。

开展行政执法案卷评查,是推动建立权责明确、行为规范、监督有效、保障有力的行政执法体制的着力点,是各级行政机关完善自我约束机制的重要方面,对于提高行政执法案卷质量,规范和监督行政执法行为,促进依法行政,提高行政执法人员执法水平,保障公民、法人和其他组织合法权益,追究违法行政行为,促进政府职能转变,保障行政机关依法履行职责起着重要作用。省厅将根据省人民政府要求,进一步结合厅中心工作和内部管理,认真落实各项行政执法制度,规范行政执法行为,提高认识,促进依法行政管理和依法行政工作水平的进一步提升。

(陈　星)

省交通厅重视法制宣传教育

2008年,省厅加大法制宣传教育力度,

营造依法行政良好氛围。组织举办了“厅党组中心组报告会”和全省交通行政执法高级培训班。“五五”普法开展以来，省厅就把各级领导干部学法用法作为普法的重中之重，有效地提高了各级领导干部依法决策、依法管理的能力，促进了依法治交工作的深入开展。

首先是建立部门法律顾问制度，为交通工作的科学决策提供法律依据。在组建了新的交通系统领导班子后，厅党组研究决定聘请1名法律顾问，为重大决策及合同中所提出的问题及疑问进行法律研究，提供法律咨询。可列席厅党组会议，及时提供法律咨询、法律服务等。

其次是于12月19日组织厅直单位进行年度法律知识考试。考试内容为共学法和交通专业法。参考书为《干部法律知识读本》、《“五五”普法干部读本》、《“五五”普法企业管理人员读本》和《交通行政执法法规汇编》。共学法侧重于公共管理、市场经济、安全生产、以及干部法纪教育等相关法规内容。各单位高度重视，认真组织，各级干部通过考试达到以考促学，较全面掌握本职工作需要的法律知识的目的，同时省厅将考试成绩按干部管理权限记入学法档案，作为今后考核及提升的依据。

（陈　星）

省交通厅大力加强立法工作

2008年，为加强立法工作，完善地方交通法规体系，厅法规处围绕交通建设和发展的中心工作，争取省政府支持，结合集中治理超限超载工作，配合省政府制定出台了《山西省道路货物运输源头治理超限超载暂行办法》和《山西省治理车辆非法超限超载工作责任追究办法》。《山西省道路货物运输源头治理超限超载暂行办法》对各级政府及相关部门在治超工作中的职责任务、货运源头单位的义务、运管机构和执法人员的职责以及货运源头单位装载、计重、开票等环节工作人员的责任等方面做出了明确的规定。《山西省治理车辆非法超限超载工作责任追究办法》就各级政府和有关部门在治超工作中的责任和义务以及有关连带责任的追究做出了明确的规定。这两个《办法》的制定和出台对于把治超工作纳入科学化、法制化、规范化轨道，建立治超长效机制具有非常重要的意义。完成了《山西省民用运力国防动员办法》和《山西省机动车维修管理办法》的起草、论证和调研工作。《山西省民用运力国防动员办法》细化了国务院、中央军委发布的《民用运力国防动员条例》，规范了全省出现的新情况、新问题的工作程序，对于巩固国防和促进国民经济和社会发展具有重要意义。完成了《山西省公路管理条例》（修订）、《山西省道路运输管理暂行条例》、《山西省水上交通安全管理条例》等立法项目的申报和前期工作。《山西省公路管理条例》（修订）细化和明确上位法的有关规范，对系新生事物进行规范，建立健全全省公路管理法律制度，促进全省公路事业健康发展，为促进山西省交通运输事业全面可持续发展奠定了基础，逐步使全省交通各方面都做到依法可依。《山西省道路运输管理暂行条例》的起草是为与上位法保持一致，从而建立统一、开放、竞争、有序的道路运输市场，保障道路运输安全，保护运输各方当事人的合法权益，促进道路运输业的发展。制定《山西省水上交通安全管理条例》，有利于依法界定水上交通安全管理范围；构建适应当前和未来水上交通安全管理综合管理模式；理顺和明确各级人民政府和相关部门的安全管理职责、安全管理保障职责；科学设定水上交通安全管理职责、安全管理保障职责；科学设定水上交通安全管理的方式、方法，进一步明确和完善管理手段；构建和完善水上交通安全行为模式、水上交通安全保障救济联动体制和水上交通管理运行记者、监督制约机制，将水上交通安全管理纳入政府法制化管理。

（陈　星）

省交通厅举办全省交通行政执法高级培训班

为认真贯彻国务院《行政复议条例》和省政府223、224号令，6月26日至28日，省厅在忻州顿村举办为期三天的全省交通行政执法高级培训班，对全系统交通法制和治超的骨干力量进行全面系统的培训。厅党组书记、厅长段建国出席开班典礼并作动员报告，厅党组成员、副厅长张志川主持会议。

这次培训的主要内容是省政府新发布的《山西省道路货物运输源头治理超限超载暂行办法》、《山西省治理非法超限超载暂行办法》、《山西省治理非法超限超载工作责任追究办法》和《行政复议法实施条例》等，目的就是通过集中强化学习、集中辅导，有效提高广大交通行政执法人员，特别是领导干部的学法、用法和执法水平，进一步强化依法行政、依法办事的能力和水平。来自公路系统、征稽系统、高管系统、省运管局、省地方海事局及各市交通局执法队伍的负责同志近150人参加了培训。

厅长段建国在讲话中指出，交通行政执法要从实现全省交通“十一五”发展目标的高度，以保护国家财产，维护国家费收，提供良好的通行环境和建立公平的市场秩序为出发点，坚持以人为本，服务群众，加大执法力度，及时制止、纠正、惩处各种违法行为，坚持有法必依，执法必严，违法必究，做到文明执法，不失职不越权。各级交通主管部门和各执法机构要通过实施执法责任制实现行政执法的规范化、程序化和法制化；要突出抓好交通行政执法人员的法制培训，强化执法队伍建设、努力打造一支政治合格、纪律严明、执法规范、热情服务、形象良好的执法队伍；要强化行政执法监督，在接受权力机关、司法机关、人民群众和舆论监督等外部监督的同时，加强交通内部上下级的层级监督。

段建国强调，全省交通系统要以这次培训为契机，广泛深入开展两个《办法》和相关法律法规的学习，通过举办讲座、办培训班等多种形式，全面提升全系统交通行政执法队伍的整体素质。今后，凡新的综合性行政法律法规、交通法律法规都必须举行培训。他最后强调，作为全省交通执法队伍的负责人和业务骨干，尤其要增强学习的责任感和紧迫感。大家回到工作岗位后，要积极发扬带头示范作用，将自己的所学应用到交通行政执法实践中，理论指导实践，通过实践推进理论建设，从而促进全省交通行政执法队伍能力的整体提升，为交通事业快速发展作出新的贡献。

《山西省道路货物运输源头治理超限超载暂行办法》、《山西省治理非法超限超载工作责任追究办法》于26日开始实施。

（李伟鹏）

交 通 安 全

综 述

2008年，全省交通系统认真学习贯彻党的十七大精神，以邓小平理论和“三个代表”重要思想为指导，深入贯彻落实科学发展观，牢固树立“以人为本”、“以车为本”、“安全发展”的理念，始终坚持“安全第一、预防为主、综合治理”的方针，紧紧围绕保障交通从业人员安全、保障人民群众安全便捷出行、保障交通安全畅通的目标，突出道路旅客运输安全、道路危货运输安全、水上交通安全、公路桥梁运营安全、重点公路施工安全“五个重点”，深入开展安全“隐患治理年”、“安全生产百日督查”和“全国安全生产月”等活动，不断推进依法治安、科技兴安、发展创安，进一步加强了安全生产基础，提升了安全生产监管与保障能力，遏制了一度时间出现的重大事故多发势头，保持了较为稳定的交通安全生产形势。

组织领导进一步加强。一是完善了安全生产管理机构。各单位普遍成立了行政“一把手”任组长的安全生产委员会和办公室，做到了机构、人员、职责、经费“四落实”。省厅先后两次调整充实厅安全生产委员会，建立了厅长任组长、分管副厅长任常务副组长、其他有关厅领导任副组长、厅直有关单位和厅机关有关处室负责人任成员的安全生产委员会，形成了“一把手”挂帅抓、分管领导具体抓、其他领导共同抓的“一岗双责”、齐抓共管安全生产工作格局。省运管局、省海事局、闻垣高速建管处专门设立了安全监督处，配备专人从事安全生产监管工作；晋中、阳泉两市交通局争取市政府及编办支持设立了市地方海事局，落实了水上交通安全监管机构和监管人员；大同、朔州两市已经市领导同意成立地方海事局，并正在办理编办审批手续。二是及时研究部署。厅党组高度重视安全生产工作，在年初就与全省交通工作会议合并召开了全省交通安全生产工作会议，年内又先后十多次召开安全生产专题会议，并8次在厅党组会议和6次在厅长办公会议上研究安全生产工作，设立了100万元安全生产奖励资金。省厅还印发90余份有关安全生产工作的文件，及时安排部署安全生产工作，并先后组织30多个安全检查组对春运安全、旅游黄金周安全、奥运安全、重点公路施工安全进行安全检查和督查，厅直各单位和各市交通局也都多次组织检查，及时发现和解决安全生产工作中的问题。

安全生产基础不断夯实。坚持从强基础和抓基层入手，不断提升行业安全生产监管能力和水平。一是继续完善安全生产目标责任制。省厅与11市交通局、18个厅直单位、3个重点公路建设单位签订了安全生产目标责任书，把安全生产重点工作列入责任目标考核，用责任制推进安全生产工作。各级各部门也都层层建立了年度安全生产责任制以及重点工作安全生产责任制，有水上交通安全管理任务的市、县还建立了市政府、县政府、乡(镇)政府、村民委员会船舶安全责任制。全省交通系统形成了纵向到底、横向到边的安全生产责任制体系。二是加强安全生产制度建设。省厅制定出台了安全生产重大隐患排查整治管理办法、安全生产隐患和事故举报等十项制度,修订了《山西省交通运输安全生产事故应急预案》,制定了道路运输安全"三关一监督"源头管理"十项措施"。省公路局制定并实施了安全隐患举报奖励制度,闻垣高速公路建设管理处制定实施了《安全专项资金计量支付办法》。三是制定并实施了安全生产专项工作预案。主要是制定并组织实施了交通基础设施安全生产专项整治、"隐患治理年"、"安全生产百日督查"、"全国安全生产月"、"渡口渡船整治"等活动方案,组织落实了春运安全、旅游黄金周运输安全、奥运保障运输安全等措施。全系统各单位、各部门也都制定了相应的工作方案。省运管局会同省公安厅交通管理局制定实施了联合执法打击"黑车"非法营运专项行动。省公路局建立了桥梁运营安全管理责任制,责任到人,挂牌公示。省高管局建立了桥梁安全检测长效机制,定期检查,及时维护。

安全隐患治理取得明显成效。省政府挂牌督办的五项交通运输安全重大隐患,有四项整治完成,通过了公路、安监、交警部门的联合验收,已上报省政府销号,有一项在继续整治之中,并在2009年全部完成。省道路交通事故预防工作领导组、省安监局提出的10项事故多发路段和安全隐患整治全部完成。全省公路系统和高管系统以及各市交通局大力实施公路安保工程、危桥改造工程、事故多发路段整治工程。国省干线公路完成安保工程886公里,完成危桥改造253座、公铁立交安全整治20座、综合治理2400公里,修建过村镇路段排水沟296公里、隔离247公里、平交道口处理2451处、拆除违章建筑17.2万平方米,新安装交通标志6412套。高速公路加固维护桥梁16座、隧道4座、路基12处,增设了紧急避险车道、减速带和标志标线。农村公路启动了危桥改造试点工程,完成危桥改造71座。省交通质监站、厅重点办多次组织公路施工安全检查,晋城高速公路建设管理处认真排查整治安全隐患和规范施工安全管理,底数清,措施硬,工作实。全省运管机构加大稽查力度,规范市场秩序,查处违法违规营运车辆10 340辆次,查处违章11 387起,排查隐患577条,整改565条,列入治理计划的重大隐患12条,对发生群死群伤责任事故的2个企业取消2条长途客运班线经营权,对信誉质量考核不合格的32所驾驶员培训学校和2所驾驶员从业资格培训学校进行停业整顿。省运管局、太原市交通局还积极推进道路运输组织结构调整,鼓励支持晋龙捷泰汽贸运输有限公司对安全管理薄弱的3家小型客运企业实施兼并重组,推进规模化发展、公司化经营、集约化管理,着力解决联营挂靠车辆安全失管失控的问题。全省地方海事机构开展低质量船舶整治和渡口渡船专项整治,整治渡口111道、渡船241艘,确定低质量船舶114艘,消灭了低质量船舶,维护了水上交通秩序。全省高管系统开展了高速公路路边摆摊设点及客车随意停车上下旅客专项整顿。全省开展拉网式、无缝隙治理超限超载专项行动以及源头治超工作,有效地改善了公路交通环境和桥梁运行环境。各市交通局在安全生产检查中严格检查、认真督查,及时下发隐患整改通知书。

安全装备建设快速推进。全省道路运输卫星定位应用系统基本建成,1个省级运管平台、11个市级运管平台、53个企业平台互联互通,7634辆长途客运车辆、高速客运车辆、旅游客运车辆、危险化学品运输车辆安装了卫星定位应用终端并纳入系统管理,实现了对运输企业及营运车辆的动态安全监管考核。为32个汽车客运站新配备了行包安全检查仪,汽车站安检仪总数达到65个,一、二级汽车站基本全部配备了安检仪,提升了汽车站易燃易爆易腐蚀危险化学品的检查能力和安全服务水平，有效防止了危险化学品进站上车。为50个汽车站安装了驾驶员及营运车辆安全报班系统，有效防止经营业户随意更换驾驶员带来车辆和线路不熟悉而造成重大安全隐患。太原客运东站、客运西站、迎宾站建成了汽车安全例检系统。为地方海事机构配备安全监督车20辆、监督艇8艘和救生器材460套。高速公路隧道施工全面推广使用了地质安全超前测报系统，闻垣高速公路建设管理处还专门委托省交通科学研究院对超长隧道地质情况适时测报，有效指导隧道掘进及防护工作，防止隧道坍塌事故发生。

安全宣传培训效果明显。认真组织开展了“全国安全生产月”活动和“安全生产集中咨询日”活动，制作安全生产图板100多块，印制散发安全生产宣传资料5万多册，并在高速公路、汽车站电子显示屏上进行安全生产信息传递。省运管局、省道路运输协会组织4期汽车客运站站长及“三品”检查人员安全培训，培训人员500多人；省交通企业协会组织了公路施工安全生产培训班，培训人员150多名；省交通质监站先后组织7期公路施工企业“三类人员”培训班、继续教育培训班、监理工程师安全培训班，培训各类人员1740人。闻垣高速公路建设管理处专门编印散发《施工人员安全提示手册》并组织安全生产巡回展览。厅党组把安全发展列为学习实践科学发展观的重要内容和交通发展战略，专门组织举办了厅党组中心组学习建筑施工安全法律法规报告会。此外，还对三起重大道路运输事故进行了及时通报，协同有关部门按照“四不放过”的原则对事故进行了调查处理，深刻汲取事故教训。

（杨吉平　常卫平）

高速公路优先保障三类车辆通行

1月21日下午，省厅组织省公路局、省高管局、省运管局、太原市交通局，并邀请省公安厅交通管理局的领导和有关部门负责人，紧急召开交通、公安联席会议，共商持续降雪特殊气象条件下保障公路安全畅通措施。

经认真研究，确定了四条保障公路安全畅通的措施：一是公路部门特别是高速公路部门要以雪为令，组织全部力量清雪、融雪、打冰、保畅；二是每天上午11时至下午5时交警部门开放高速公路，允许装有防滑链长途客车、小型客车以及鲜活农产品运输车辆通行；三是严禁车辆超速、超员、超车，严禁不装防滑链的车辆上高速公路运输；四是建立交通、公安信息互通、畅通、共享机制和工作协调机制。双方还决定，对被困客车特别是省界被困客车，交警或路政人员将警车开道，压速引导，就近驶离高速公路或进入服务区停靠。

在此基础上，交通部门着力做好六项工作：一是以主要运输动脉打冰清雪保畅为重点，公路部门和高管部门认真组织，加强领导，集中人力、物力、财力打好清雪保障主动仗，确保省到市公路运输通道安全畅通。二是运管机构要科学安排班次，组织运输企业选派最好的驾驶员和最好的客车，集中利用高速公路每日开通的有效时间，抢运旅客，缓解铁路运输压力，安全有序地做好民工返乡、学习放假、职工探亲、旅游疏运工作。三是要保障交通、公安各部门信息互通、畅通、共享机制的有效运行，加强信息通报和工作协调，及时发布路况信息，特别是运管机构要及时将从公安交警部门获得的路况信息向运输企业和客运站场发布。四是汽车客运站和高速公路服务区要加强内部管理，提供便民服务，做好送开水、送温暖工作，以人为本，关心旅客，解忧排难。五是交通部门要主动想办法，建立长效应急机制，高速公路、干线公路以及农村公路都要加大投入，加快清雪装备和应急队伍建设。六是要优先保障客车、小车和鲜活农产品运输车辆通行，确保鲜活农产品运输“绿色通道”畅通。全省14支道路运输应急保障车队要处于应急状态，运管机构和运输企业要主动与当地政府和电厂等企业联系，及时组织运力，保障电煤等重要物资和城乡居民生活用品的运输。

（李伟鹏）

省公路局建立安全隐患有奖举报制度

为深入贯彻落实科学发展观，贯彻“安全第一、预防为主、综合治理”方针，建立隐患治理长效机制，实现公路系统安全生产、安全发展的目标，省公路局制定出台《山西省公路局安全隐患有奖举报制度》。

制度规定，凡在第一时间内实名举报安全隐患，经查证属实，对安全生产工作有贡献的，对举报者给予现金奖励。举报范围包括三大类共18个方面，涉及公路养建管各个方面。奖励标准：对举报一般隐患者奖励500元至1000元，对举报重大隐患者奖励10 000元，对举报特别重大隐患者奖励100 000元。制度还规定，对隐患排查不力，治理不彻底的，要视情节轻重给予单位责任人行政处分。

（李伟鹏）

省高管局开展高速公路突发事件应急管理培训与演练

为学习借鉴国际先进的应急管理方法和理念，进一步完善全省高速公路突发事件应急预案，提高突发事件的应急处置能力和水平，有效检验奥运期间高速公路的应急管理工作，8月13日，省高管局邀请美国国土安全部国家应急培训中心教授Chuck Dolejs、北京宽信减灾系统技术有限公司董事长、应急演练专业师于鸣平一行，对全省高速公路突发事件应急管理工作进行了专题培训并组织了桌面演练。

Chuck Dolejs教授一行以丰富的工作经验和独到的视角，深入浅出地介绍了美国在突发事件应急管理上的理念、原则、经验、做法，并对模拟演练的方法、步骤做了详细的阐述。桌面模拟演练以某出省方向的高速公路路面坍塌并导致客车倾覆造成人员重大伤亡、危化品车辆卡在塌陷路段具有泄露危险为场景，组织应急管理参与人员扮演不同的角色，对突发事件进行处置，从各个环节讨论各项可能的应急措施，进而解决所遇到的问题。此次培训及桌面模拟演练对于进一步增强全系统应急管理的意识，提高全省高速公路突发事件应急响应协调、信息报送发布、紧急救援、清障保畅、危化品应急处置等各方面的能力将发挥积极作用。

（李伟鹏）

全省启用12122全国高速公路救援电话

为了向社会公众提供更为便捷优质的高速公路出行服务，12月18日上午8时，省高速公路管理局启用了12122全国高速公路救援电话，至此山西省成为继陕西、河南、青海等省后率先开通此公益服务号码的省份。

为保证高速公路客服短号码调整平稳过渡，及时为司乘人员提供服务，经省通信管理局批准，从12月18日至12月31日期间实行12122与96565共存过渡，到2009年1月1日正式关闭96565短号码。为此全省高速公路132个收费站、30个服务区都在显要位置悬挂宣传横幅，并通过各收费站、服务区可变情况板、道路可变情况板上滚动发布客服电话变更信息。

山西省高速公路96565客服专线自2003年开通以来，共受理各类信息查询、服务投诉、紧急救援等256万多次，顾客满意度达98%以上。

（李伟鹏）

山西交通学院举行紧急疏散和消防演习活动

为进一步普及消防安全知识，增强师生消防安全意识，掌握在火场中迅速逃生、自救、互救的基本方法，提高抵御火灾和应对紧急突发事件的能力。2008年11月13日，学院特邀太原市消防十七中队官兵，动用三部消防车辆进行了大型的紧急疏散及消防演习,学院领导、各系部、处(室)负责人、五管要害的职工、所有公寓、教学楼的人员参加了活动。

演习中,警报响起,各系学生在系主任、系书记、辅导员、安全员的指挥下,撤离时用湿毛巾捂住口鼻,弯腰依次快速、安全下楼,在最短的时间疏散到了操场。由于预案布置科学合理,整个过程组织有序,分工明确,没有拥挤、推搡现象,在极短的时间内,全部学生宿舍楼撤离一空。随后,消防队员讲解了灭火器的使用方法,师生在消防队员的指导下,亲自动手,用灭火器对铁锅中柴油点火、烂棉被柴油点火、木柴柴油点火的模拟火灾进行灭火演练。

这是学院进行的一次颇为生动的安全教育活动,师生们通过亲身参与,提高消防安全意识和逃生自救的本领,在一定程度上掌握了对突发事故应急疏散和正确使用灭火器材的技能。此次活动得到了圆满的教育效果。

(任安国)

晋中市榆次区交通局
百日安全生产督察行动有序推行

为了认真贯彻落实区政府关于重点行业(领域)开展安全生产百日督查专项行动的工作部署,进一步强化道路交通安全监管工作,榆次区交通局认真开展了安全生产百日督查行动。

一是加强领导,认真落实。成立了由李爱锁局长任组长,阎利平副局长任副组长的百日安全生产督查领导组。多次到相关单位进行检查,对照制定的工作方案,进一步强化工作措施,确保此次行动取得成效,不走过场。

二是突出重点,全面深入。组织各相关单位负责人召开了安全生产百日督查工作会议,做了周密的安排与部署,签订责任书,实行周报制度。在督查行动中做到了统筹兼顾、点面结合、整体推进,彻底排查涉及交通安全方面的隐患和存在的问题,做到排查不留死角、整治不留后患;同时重点检查危货运输行业和道路交通运输企业,把各项安全生产措施落到实处。

三是加强宣传,搞好结合。充分利用广播、电视、报纸等媒体,广泛宣传"交通安全生产百日督查专项行动"的目的、意义、做法、成效和经验,结合"安全生产月"活动,加大宣传力度,教育引导交通生产经营单位和广大参与者认真开展"交通安全生产百日督查专项行动",并将督查专项行动与正在开展的"隐患治理年"、"奥运道路交通、治安保卫攻坚战"及日常治安管理和道路交通管理工作紧密结合起来,确保各项工作协调有序推进。

(王跃东)

阳泉客运总站严格执行
"三关一监督"和"六不"报班规定

为进一步加强春运安全工作,阳泉客运总站成立了春运工作领导机构,制定措施、落实制度、明确职责、责任到人,确保春运工作扎实进行。

严格执行"三关一监督"的工作制度,即把好进站车辆各种运营手续齐全和车辆安全技术状况合格关、把好进站旅客携带行李物品安全检查关、把好车辆出站乘客人数核对和灭火器防滑链齐全有效关。同时,从源头和细节工作做起,严格执行"六不"报班的规定。一、司机酒后、有疲劳困倦现象的不报班;二、未经日检合格的车辆不报班;三、二级维护超期或法定保险失效的不报班;四、擅自更换司机、班次的不报班;五、应配两名驾驶员的线路车辆只有一名驾驶员不报班;六、随车灭火器未配备或失效及冬季雪天无防滑链的不报班。检查人员必须上车核对乘客人数和进行安全巡视,超员客车一律就地分流,确保旅客的安全。

(李伟鹏)

临汾市采取措施加强道路运输安全监管

一是认真组织开展安全隐患排查治理工作,提升安全生产管理水平,要求各运管所及道路运输企业,制定排查治理方案,扎实做好安全生产隐患排查治理工作,夯实安全生产基础,建立长效机制。二是继续认真履行“三关一监督”职责,落实安全生产立体责任。认真落实《汽车客运站安全生产规范》,落实汽车站安全生产主体责任;做好安全生产检查工作,重点是加强道路旅客运输、道路危险货物运输的安全检查;定期召开安全生产监管例会,做好道路运输行车事故统计报告工作:继续开展以打击“黑车”为重点的市场整顿工作,净化道路运输市场秩序,保障道路运输安全。三是修订完善道路运输应急预案,健全突发事件应急保障体系,开展好应急演练活动,确保在关键时刻拉的动、用的动。四是推动道路运输企业安全生产评估工作,对评估不合格的企业要采取限批、停业整顿以及取消经营资格等措施,确保安全主体责任落到实处。五是加快建立道路运输从业人员动态监管体系,要充分利用GBS等高科技手段加强对驾驶从业人员的动态监管,建立从业人员的信誉考核制度,完善违章驾驶信息通报制度,提高从业人员的安全生产意识。

(李玉洲　庞燕东)

长治市交通系统安全生产管理工作成效显著

2008年,长治市交通局安全生产各项指标均控制在市政府、省交通厅下达的考核指标之内,全年未发生一起交通安全责任事故。长治市交通局被评为全省交通系统安全生产管理工作先进单位,名列全省第一。

年内,长治市交通局主要抓了以下几方面工作。一是加强领导,完善机制,强化安全管理责任。市交通局成立安全领导组,按照“谁主管谁负责,谁分管谁负责,谁审批谁负责,谁签字谁负责”的原则,对上级下达的控制指标进行层层分解,市交通局与各县市区交通局、市运管处与各县市区运管所签订安全生产责任书,企业向运管所报送安全生产承诺书,将责任层层分解落实到各级、各部门,做到安全生产目标责任制横向到边、纵向到底。二是加强宣传,广泛培训,增强安全意识。在开展的“治理隐患,防范事故”的安全生产月活动中,电视宣传30余次,出动宣传车30余辆次,悬挂安全宣传横幅50余条,印发宣传资料6万余份,接待咨询群众5000余人,举办安全生产演讲会、事故安全分析会及对策研讨会,各运输企业不失时机地在员工中开展安全宣传活动;开展大量安全基础知识、基本技能和安全法律法规培训,市交通局组织了两期危货运输从业者培训,运管系统培训乘务员285人,同时组织危货运输人员500余人进行了换证培训,海事系统对50余名船员进行资质考核培训,各运输公司也都根据自身实际情况开展了广泛培训,有效提高了全员安全生产意识。三是强化监管、全面排查隐患。市交通局安委会下发《2008年安全生产隐患排查治理方案》、《开展安全生产百日督查专项行动方案》和《关于在全市交通系统开展回头看再排查除隐患保安全百日专项行动的通知》,市交通局隐患督查领导组分派6个检查组对各县交通局、运管处、海事处进行安全生产隐患排查5次,查处事故隐患72起,当场改正54起,限期整改18起。各级各部门各司其职,各级运管部门严把“三关一监督”,多次深入企业、车站进行集中督查,积极开展“双超”源头治理工作,100多名巡查人员分驻12个县市区全天候进行治理超限超载工作,受到省、市领导的表彰;海事系统全力开展隐患排查治理,全年查出隐患9处,有效巩固和加强了水上运输安全;市交通局公路处和质监站对全市的县乡公路和施工项目进行了全面排查和监督检查,对重大隐患向社会公示,对发现的问题予以通报批评,并制定整改措施,限期整改,限期完成。四是规范运输市场秩序。市运管处实行由支队牵头,各县市区运政稽查大队配合,采取对各县巡回检查和各县交叉检查的方法,对全市运输市场进行稽查,全年共出动稽查人员 21 450 人次,纠正违章经营行为 8902 起,有力地保障了从业人员和广大乘客的合法权益和生命财产安全。五是充分发挥应急保障作用。年内及时修订完善了《长治市道路运输突发公共事件应急预案》,并要求各县市区交通局及道路运输企业、客运站等单位进一步完善突发公共事件应急预案,积极开展各种形式的应急实战活动,在南方发生冰雪灾害期间和汶川大地震发生后,为保障受灾地区应急运输的及时和安全发挥了重要作用。

(韩金廷)

长治公路分局“五个加强”狠抓安全

长治公路分局坚持“制度、管理、培训”三大工作原则,制定多项措施加强安全生产管理,杜绝了各类事故的发生。

一是加强安全生产教育,使全局干部职工牢固树立“安全第一”、“安全就是效益”的思想,全面提高抓安全生产工作意识,在全局形成人人讲安全,事事讲安全的良好氛围。二是加强安全生产管理。认真落实《安全责任书》,坚决贯彻“谁主管,谁负责”的原则,进一步建立和完善安全生产责任制,层层落实到人,严格检查,杜绝违章,消除隐患。三是加强车辆管理。制定了技术设备安全管理制度和岗位安全操作规程,并对执行情况定期、不定期检查。狠抓机械车辆管理,严禁病车出车,违章操作,搞好车辆的“三勤”保养工作,确保车况良好。四是加强对各道班、施工队伍的安全管理。充分发挥班组长职能和狠抓“三违”现象(即违章指挥、违章操作、违反劳动纪律),要求道工上路作业必须穿安全标志服,按标准在作业区内设置安全护墩、临时生产安全护拦、开启警示灯、悬挂摆放通行标志牌、车辆限速标志等,做到安全生产、文明生产。五是加强重视养护路线行车安全工作。加强对流量大的国道、省道主干线的巡查和监管力度,杜绝恶性事故的发生,对所养路段全部按照国家标准设置明显的公路标志,特别是在危桥、险路及桥梁的两端设置明显的限重、限速、限宽警示标志。

(曹宏昇)

太旧高速路政大队开展重大事故快速应急处置实战演练

1 月 3 日,为贯彻落实省政府“抓综治、保畅通、保安全、为人民”的总体要求,确保高速公路的安全畅通,提高应对突发事件的应急处置能力,省高速公路管理局太旧路政大队联合高速交警一支队二大队、晋中养护处、凯思达公司抢修队等部门以及省环保局、寿阳县环保局一起开展了一起重大事故快速应急处置实战演练。

实战演练的现场设在太旧高速公路太石方向 400 多公里处。在高速公路防护栏外 27 米处的护坡坡底,斜卧着一辆“满载”着 30 多吨煤焦油重型半挂油罐车。早 8 点整,随着演练指挥小组的一声令下,演习随即进入紧张状态,按照方案,路政、交警、抢修人员管制准备工作就绪后,上午 9 时 50 分,交警正式实施交通管制,封闭 444K 至 446K +450 米太石方向,同时在石太方向采取双向并道行驶,并向社会发布交通管制信息。10 时 10 分,吊车、配重车进入现场,进行吊车配重,车头切割和调整重心,起吊前准备工作一切就绪。由于起吊难度大,一般超吊公司难以胜任,指挥小组调来专业的吊装公司配合处置。环保局工作人员携带检测仪器进入现场,确保抢险过程中无煤焦油泄漏。

经过多部门密切配合和紧张工作,到下午 15 时 30 分,事故车终于全部被吊起。16 时 40 分,事故车辆由清障车拖离现场,作业车随即全部撤离,抢修人员恢复设施、撤去管制标志。17 时 48 分,现场指挥组长发出通报:现场已全部清理,解除交通管制,恢复正常通车,演练圆满结束。

(李伟鹏)

忻州高速公路公司 三项措施提高通行保障能力

提高通行保障能力是经济社会发展的内在需求,是广大人民群众的期望所在。2008年,忻州高速公路公司以组织实施"迎奥运、保畅通"为主题,继续引深开展保畅通工程活动,通过三项措施提高通行保障能力。

一是大力提高道路设施功能。集中对高速公路上影响通行的薄弱路段、事故多发路段、通行能力不足的收费站等进行扩容改造,重点完成雁门关隧道右线路面推移处治工程、代县收费站广场拓宽工程、收费岗亭更换或改造及忻州、原平收费站增设一岛双亭等项目,提高公路应急保畅能力。坚持保畅优先,正确处理好治超与保畅通关系,集中对货运车流较大的检测点,加大投入、增加设备,提高通行速度。按照交通部有关规定,对全线标志、标线实行全面规范,有效提高道路安全系数,最大限度挖掘道路通行潜力。通过工程和技术措施,缩短车辆过站时间,提升通行效率,着力解决收费站交通拥堵问题。大力提高收费站车道设备的完好率,确保始终处于正常的运行状态,保证过往车辆的快速通行。对车流量大、容易造成堵车的收费站,配备便携机,提高车辆的放行能力。

二是大力加强内部运行机制管理。切实把各项应急预案落到实处,进一步加强对社会服务承诺和快速反应机制的责任落实,并作为对基层单位年度绩效考核的重要工作指标,坚决执行责任追究。加强施工组织管理,合理安排施工项目,完善安全保畅方案,努力提供安全畅通的行车环境。加强对长陡坡等交通事故高发路段的日常巡查,及时增设标志标牌,发布行车信息,提高应对突发事件的能力。简化收费操作流程,尽量减少对特殊事件处置环节与操作回控,全力提高收费放行速度。全面落实鲜活农产品运输车辆便利通行的政策措施,加快"绿色通道"放行速度。加大路政巡查力度,开展专项整治,依法维护路产路权,严格落实《山西省高速公路交通事故现场快速处置工作规范》,提高快速反应能力。加快建立信息预警预报体系,力争年内完成出行诱导服务系统,为广大司乘人员提供多路径的识别选择。继续加强与交通广播电台、114、移动联通手机短信平台的合作,提高信息发布的终端数量,充分满足广大人民群众的出行需求。

三是大力增强应急处置合力。主动加强与高速交警的协调沟通,把提高联动效应,实现双方工作同步作为最基本的工作制度。积极配合高速交警部门实行搭桥疏导交通,并纳入应急预案。大力协助高速交警部门对车流较大的路段实行交通管制,合理调配路网资源,提高通行效能。积极协调联系公安部门,完善应对突发事件紧急预案,提升应对和处置突发事件的能力,对强行闯站、聚众滋事等严重违法行为进行严厉打击,同时积极疏导交通,保持良好的收费秩序。充分协调和利用社会资源,为提高应变能力提供可靠的人力、物力保证。合力调配和开发内部资源,最大限度地发挥自身的资源效能。

(李伟鹏)

交　通　战　备

综　述

2008年，全省交通战备系统认真学习贯彻党的十七大精神，以科学发展观为指导，坚持以军事斗争交通保障准备为牵引，以正规化建设为突破口，以国防交通基础设施建设为重点，交通战备各项工作和建设取得新的成绩。

（景匆停）

全省国防交通工程建设进展顺利

根据年度工作安排，2008年完成了大同66173部队道路改造工程和忻州偏关窑寨至舍身崖、寿阳黄岭至太安驿段国防公路、娘子关驻军大桥工程的前期工作。交城315后方基地进出公路改造工程建设顺利。

（景匆停）

全省交通战备信息化建设稳步推进

在构建省交战办与各市交通局、大型交通企事业单位一体化交通战备信息控制体系中，省交战办把交通战备信息化建设纳入省交通运输厅"1166"交通信息资源整合工程。主要抓了三方面的工作：一是根据省交通运输厅公路交通信息资源整合与服务工程建设，提出交通战备技术需求；二是按照系统需求，对数据库进行一次清理检查，查漏补缺，更新和完善数据资料；三是组织交通战备人员培训，熟练掌握国家配发的《国防交通信息管理系统》、《国防交通地理信息系统》的应用。

（景匆停）

全省交通战备法规建设日臻完善

根据《国防法》、《国防交通条例》和《民用运力国防动员条例》等法律法规，省交战办完成《山西省实施〈民用运力国防动员条例〉办法》和《贯彻落实国务院、中央军委关于进一步加强交通战备工作意见的意见》，报相关部门审批。

（景匆停）

山西省国防交通协会成立

3月18日下午，山西省国防交通协会宣布成立，并召开第一届理事会第一次会议。会议通过了《山西省国防交通协会章程》和《山西省国防交通协会会费收支管理办法》，选举产生了协会会长、副秘书长和第一届理事会。省交通战备办公室第一主任、厅党组书记、厅长王晓林当选为协会会长。

山西国防交通协会的成立，为开展交通战备工作建立了广泛而深厚的群众基础，进一步壮大了交通战备工作的基础和规模，标志着全省交通战备工作进入了一个新阶段。协会成立后，将依托协会组织和团结各方面的力量，充分发挥参谋、咨询、桥梁作用，协助政府和军队加强新时期国防交通工作，加速推进国防交通建设、不断增强全省交通保障能力。

王晓林在讲话中指出，今后一个时期，国防交通协会工作总的指导思想是：贯彻新时期军事战略方针，依靠上级主管部门和协会全体会员，团结协会全体理事和国防交通战线上的广大群众，紧紧围绕国防交通中心任务和工作重点，发挥咨询和参谋作用，为促进国防交通事业和经济发展服务。协会的每一位成员都要明确和贯彻这一指导思想，坚持协会建设的正确方向。“十一五”期间，国防交通总任务是抓紧战场交通设施建设、保障力量建设、法规机制建设，确保完成保障任务。具体到全省，重点有六个方面：一是加强战场交通建设；二是要抓好交通保障队伍建设；三是要完善各类应急预案、方案；四是加快国防交通法规制度建设；五是进一步加强正规化建设；六是要推进国防交通信息化建设。以上各项工作任务，单靠某一个部门、某一个单位难以完成，这就需要国防交协发挥其广泛性的特点，协调联络各有关单位共同工作。他特别指出，国防交通协会要在重大问题研究上下工夫，在国防交通法规制度建设上下工夫，在协作效能上下工夫。

就如何发挥好国防交通协会的作用，王晓林强调，协会成员要明确工作目的，牢固树立服务思想，为国防交通平时服务、急时应急、战时应战建言献策，通过本身的桥梁与纽带作用，努力为国防建设服务，为经济建设服务，为会员单位服务；要加强学习，丰富知识，开阔视野，提高能力，注重在实践中摸索规律，同时要搞好团结协作，争取各方面的广泛支持，不断开创协会工作新局面。

（景勿停）

全省交通战备工作暨“军交—2007B”活动山西分现场总结表彰大会召开

3月18日，全省交通战备工作暨“军交—2007B”活动山西分现场总结表彰大会在忻州顿村召开。

北京军区交通战备办公室副主任、北京军区联勤部军交运输部副部长万峰大校，省国防动员委员会副主任、省军区副司令员何永才大校等应邀出席会议并讲话。省交通战备办公室第一主任、厅党组书记、厅长王晓林作了题为《奋发有为，求真务实，推动交通战备工作又好又快发展》的工作报告，省交通战备办公室副主任史荣和作了“军交—2007B”山西分现场整训点验活动总结报告，厅党组副书记、副厅长张润主持会议。

2007年，全省各级交通战备部门和交通主管部门坚持“平战结合”的原则，完成了两条国防公路建设项目、红沟靶场道路的改建、新建虎峪河两座小桥和“砺剑—2007”军事演习野营村场地整修，进一步改善了国防交通基础设施，华北国防交通培训基地、山西省国防交通物资储备基地建设也进入正常建设程序。特别是省运管局在全省8个市建成了市级卫星定位应用系统平台，平时营运与运政管理服务系统互联互通，实现了对运力动员进行适时调动指挥，有效地增强了全省交通运输保障能力。同时，全省还组建了公路运输专业保障队伍13个中队，公路工程专业保障队伍38个中队，铁路工程专业保障队伍19个中队、4个区队，民航专业保障队伍7个中队。目前，一个与北京军区军事战略部署相适应，与全省交通力量分布相适应，精干管用、工种配套、互相衔接、平时服务、急时应急、战时应战的交通保障力量体系基本形成。

针对2008年的交通战备工作任务，王晓林要求，各级领导和从事交通战备工作的同志，要进一步提高认识，统一思想，增强使命感、紧迫感和责任感，从加强国防建设、军队建设和保卫国家安全的战略高度，充分认识加强新时期交通战备工作的重大意义，树立建设为准备、准备为实战的思想，进一步加强各级交战办的服务、组织、协调、监督和指导的职能作用，理顺工作机制，形成国动委统一领导，交战办组织协调，成员单位各负其责，各单位、各部门齐抓共管，全社会积极参与的交通战备工作格局。继续坚持交通战备工作目标责任制，继续坚持交通战备工作领导负责制和重大工作失误责任追究制。有计划、有重点地开展提高交通保障动员水平等专题研究，认真总结交通战备建设经验，科学分析新时期交通战备工作面临的新情况、新问题，正确把握新形势下交通战备建设工作的基本规律，加强工作薄弱环节，制定并采取改进工作的思路和措施，不断提高交通战备工作的水平。

会议表彰了全省交通战备工作和“军交—2007B”山西分现场整训点验活动先进单位、先进个人。

各地市交通战备办公室主任、副主任，铁路、电信、民航交通战备办公室主任、副主任，省厅有关处室负责人，厅直单位交通战备领导组组长、战备办主任以及先进单位、先进工作者代表和参加“军交—2007B”山西分现场活动军地有关单位代表参加会议。

（景匆停）

交通运输部交通战备办公室检查全省储备器材

5月9日至5月13日，交通运输部交通战备办公室国防交通储备器材检查组，对全省的国防交通储备器材进行了全面检查。检查组共检查了太原市的常庄库、晋中市鸣李库、忻州的田村库和阳方口库等6个国防交通储备器材库。检查组一致认为：战储器材维修保养及时，技术状态良好；管理规范，基本做到了账物卡相符；新库布局合理，设备先进。

（景匆停）

省交战办组织参加“联动－2008”实兵演习

5月19日至20日，省交战办参加了“联动－2008A”党政军联合指挥演练活动，省国动委40个成员单位全部参加了演练，省交通厅等8个单位进行了作业成果交流。7月4日，省交办组织省公路局太原分局、长运一公司参加了省委、省政府、省军区组织的“山西省应对多种安全威胁军警民联合实兵演习”（联动－2008B）。省公路局太原分局1个公路工程中队20人、6台大型装卸机械参加阅兵式和分列式；长运一公司1个公路运输中队36人、17台车参加实兵演习防空作战单元的战略物资输送课目，历时近三个月。

（景匆停）

省交战办举办全省交通战备干部培训班

为了进一步提高全省交通战备干部队伍的政治素质、专业技术和业务能力，逐步培养一支适应新形势的交通战备队伍，为做好新时期军事斗争交通保障工作提供有力人才支撑，7月15日至17日，山西省交通战备干部业务能力素质建设培训班在忻州举办。省国动委综合办公室主任车瑞金大校，省交战办副主任史荣和，省交战办副主任、省军区后勤部副部长林保江大校参加了动员。

来自全省各市交通战备办公室，铁路系统、厅直有关单位交通战备办公室和部分基层单位共80余名同志参加了培训。

中国人民解放军通信指挥学院原副院长（军职）季卜枚教授为大家讲授了“当前国际国内形势和交通战备面临的挑战”；司令部工作系杨晓华教授讲授了“地形图知识和军交标图”；中国人民解放军后勤指挥学院军交教研室教学组长张祥利教授讲授了“交通战备信息化建设与基本技能”；军交教研室吕伟凯教授讲授了“战时交通保障组织实施”；学员队马文政治委员讲授了“如何提高公文写作能力”等方面的专业知识。通过培训，交通战备干部加深了对交通战备的地位、作用及重要性的认识，学到了交通战备工作必备的专业知识，基本达到“三懂六会”，即：“懂政治、懂法律、懂专业”，“会协调、会组织、会指挥、会标图、会写公文、会使用现代化办公设施”。提高了交通战备干部的思想理论水平和业务素质，在“精业务、懂科技、善谋划、会指挥”的“能力型”交通战备干部队伍建设上迈上一个新台阶。

（景匆停）

省交战办开展 30 周年主题系列活动

为了顺利开展交通战备恢复 30 周年纪念活动。按照省交战办 13 号文“关于开展交通战备恢复 30 周年纪念活动的通知”精神，在全省范围内开展以“总结 30 年经验，弘扬优良传统，提高交通保障能力，发挥更大作用”为主题的交通战备恢复 30 周年纪念活动。

9 月 2 日下午，在省交战办指挥室召开山西省交通战备三十年建设成果采访活动，采访团利用 5 天时间深入基层有关单位集中采访。在记者见面会上，省交通厅党组书记、厅长段建国同志发表了重要讲话。人民日报、山西日报、山西电视台、山西人民广播电台、山西新闻网等 15 家新闻媒体参加采访活动。《人民日报》山西记者站记者伍彧彧，在人民网山西视窗上开设了“交通战备 30 周年建设成果报道专栏”，连续登载题目为“山西省强化高速公路国防交通保障力量建设”、“山西公路交通战备基础得到夯实”、“山西交通战备信息化平台基本形成”、“山西高速公路开辟交通战备绿色快速专用通道”等多篇稿件，先后被新华网、中国网、搜狐网等网站转载。《黄河新闻网》记者田国青，在本网专稿栏内刊载了山西交通战备 30 周年建设成果主题采访活动见闻稿三篇和专题报道集八篇文稿。《山西经济日报》记者齐泽萍，在本报二版刊发了题目为“身边的隐形守护神——山西交通战备采访侧记”的文章，列举了大量事例再现了交通战备的社会作为。《山西人民广播电台》记者刘灼，在山西新闻综合广播节目中播发了题目为“我省交通战备成就瞩目”、“我省国防交通专业保障队伍建设成效显著”等三篇新闻广播稿。《生活晨报》记者张云峰，在本报先后刊发了题目为“平时服务、战时应战、省交战工作走在了全国前列”、“征收费用减免让战略保障车队动力十足”、“山西交通战备三十年成果卓著”等三篇文稿。《山西电视台》经济频道记者王宏在直播山西栏目，科教频道记者兰玉君在都市 110 栏目中，分别播发了山西交通战备建设成果宣传的视频稿件。还有省军区记者站的李峰，用手中的影像设备记录和反映了交通战备工作成果。期间，还在《山西交通》报开设了“交通战备 30 周年”专栏，收到各种文章 85 篇，发表文章 39 篇。开展了交通战备法律法规知识竞赛活动，收回答卷 5000 余份。

通过大力宣传报道和开展法规知识竞赛活动，无论在交通系统还是社会各界均产生了较大反响和广泛的社会影响。

（景匆停）

全省交通战备 30 周年建设成果新闻采访活动启动

9 月 2 日，全省交通战备 30 周年建设成果采访活动启动，厅党组书记、厅长段建国出席启动仪式并讲话。

2008 年是我国改革开放 30 周年，也是恢复成立各级交通战备工作机构 30 周年。根据省交战办“关于开展交通战备恢复 30 周年纪念活动的通知”精神，全面展示全省交通战备工作所取得的成就，省交战办、厅新闻宣传中心和省军区政治部宣传处共同组织了这次采风活动，来自中央驻晋新闻媒体及省城主流媒体、省军区记者站、山西交通等 15 家新闻媒体在为期 5 天的时间里，赴晋中市、阳泉市、忻州市交战办，省高管局、省公路局、省运管局交战办，太原铁路局、省民航管理局、省通信管理局交战办就全省交通战备建设情况、工程保障队伍建设、战储器材管理、运输保障队伍、正规化建设、交通动员准备、国防公路、应急保障等内容进行集中采访。

30 年来，全省各级交通战备部门，注重

紧紧抓住交通基础设施大发展的有利时机，逐年加大资金投入，不断完善交通路网结构，努力改善部队通行条件，创造性地在交通基础设施建设中贯彻国防要求。全省国防交通专业保障队伍坚持平时服务、急时应急、战时应战的方向，遵循统一领导、分类建设、条块结合、分级管理的原则，根据部队体制编制的调整情况，按照行政地域和行业特点，建立了一个与山西省交通力量分布相协调，精干管用、工种配套、互相衔接的、平时服务、急时应急、战时应战的交通保障力量体系，使国防交通专业保障队伍真正成为企业生产的主力军，平时应急的突击队，战时保障的骨干力量。目前，全省组建有铁路、公路、航空、通信等运输和工程专业保障队伍。2006年全国交通战备会议推广了山西省"明确责任搞组建，政策扶持促建设，瞄准一流求突破，开展训练提素质"的国防交通专业保障队伍建设的经验做法。2000年以后，各级交通战备办公室积极适应军事变革的潮流，充分发挥信息化对交通保障能力的倍增和催化作用，按照"重点突破、逐步实施、全面推进、整体提升"的信息化建设思路，从装备设施、网络通道、数据资源、应用系统和人才队伍等方面入手，多形式、多渠道投入资金1800多万元，精心组织，科学实施，全面展开信息化建设。为提高全省交通战备的快速反应、快速动员、快速投送、快速抢修的能力，各级交通战备部门结合生产任务，组织交通保障训(演)练。全省交通战备系统坚持以正规化建设为突破口，重实际、求实效、搞创新、谋发展，摸索建立了交通战备业务建设管理"五化"标准要求，各级交通战备办公室严格按照"五化"标准要求，坚持年初有任务部署、年中有检查指导、年底有考核验收，实行逐项量化目标管理责任制，保证了各项业务工作的高效运转，促进了交通战备建设全面发展、整体推进。坚持把加强地方配套性法规建设，作为依法开展交通战备工作的有效手段。根据《国防法》、《国防交通条例》和《民用运力国防动员条例》，结合本省实际，先后制定实施了《山西省实施国防交通条例办法》、《山西省交通战备正规化建设实施办法》、《应急交通保障暂行规定》等法规措施，为依法开展交通战备工作提供了法规保障。四川汶川发生大地震后，各级交通战备部门迅速启动应急预案，在各级人民政府的统一指挥下，全力投入抗震抢险工作。全省13支公路运输保障队伍接到命令后，在规定的时间内到达规定的地点集结，装满物资开赴抗震救灾第一线。在抢建活动板房工作中，公路运输保障队伍不分昼夜强送物资材料，为援建灾区作出了重大贡献，受到各级政府的高度赞扬。

集中采访出发仪式上，记者们观看了全省交通战备模拟沙盘，听取了省交战办副主任史荣和关于全省交通战备工作基本情况介绍。厅党组书记、厅长段建国代表省交战办、省交通厅对记者们积极参与这次采风活动表示诚挚的感谢。并发表了题为《构建"三位一体"交通保障体系，为国防交通战备事业作出新贡献》的讲话。段建国希望记者们能深入下去，用手中的笔和镜头，在宣传30年来全省交通战备发展历程和所取得的成果的同时，多宣传交通战备建设的重要意义，进一步明确交通战备工作的指导思想、基本原则和重点任务，让更多的人认识到作为国防建设重要组成部分的交通战备建设的重要性，进一步完善"平时服务、急时应急、战时应战"交通保障体系，为国防交通战备事业作出自己应有的贡献。

见面会由省军区后勤部副部长林保江大校主持。

(景勿停)

《山西省交通图》编绘印刷

为了更好地服务于国防、部队和经济建设，适应党、政、军领导机关和有关部门的需要，2008年12月30日编绘完成2008年版《山西省交通图》。

(景勿停)

省公路局交通储备器材工作受到交通运输部表彰

为了迎接交通运输部于2008年进行的全国交通系统第三次国防交通储备器材大检查，省公路交战办在全省交通战备工作安排中就清点库存、库房清理与检修、钢桥保养以及战备钢桥库房的建设等提出了具体要求，局所属各单位都按照《交通部国防交通储备器材管理规定》和交通部交通战备办公室《关于做好全国交通系统国防交通储备器材大检查准备工作的通知》要求，一一清点库存，对零部件损坏、变形情况及缺件的名称、数量，认真填表造册，并注明了丢失、损坏、变形的原因。同时对库房及库区进行了彻底清扫，对在自检中发现的有锈蚀现象的零部件进行了除锈、刷漆，对有漏雨、渗水现象的库房进行了维修，21个战备库房基本上做到了库内干净整洁，代部存放战备器材小件分箱存放，大件分类堆码，名称、规格、数量挂牌清晰，账、卡、物相符。特别是忻州田村库库房通风良好，照明灯具、消防设施齐全，代部存放战备器材基本上保持完好状态，尤其是其规范化管理得到了交通运输部检查组的充分肯定和高度评价，被评选为全国交通运输系统先进战备仓库。

（赵　京）

省公路局积极参与交通战备恢复30周年纪念活动

2008年是恢复成立各级交通战备工作机构30周年。为了认真总结全省交通战备工作经验，全面展示全省交通战备工作成就，进一步提高交通战备保障能力，省交战办决定开展纪念全省交通战备30周年主题系列活动。省公路局根据省交战办“关于开展交通战备恢复30周年纪念活动的通知”精神，积极组织，迅速部署，认真回顾了30年来省局交通战备工作从小到大，由弱到强，不断发展、完善和提高，并且连续20年被省交战办评为“年度交通战备工作先进单位”的光荣历程，以“奋发向上，与时俱进，交通战备保障工作硕果累累”为题，将全局全体交通战备工作人员在历次军事演习、保障部队机动、抢险救灾中做出的重要贡献以及在国防交通储备器材、保障队伍建设及国防交通科研等方面所取得的成绩进行了梳理，撰写成稿，参加了“交通战备30周年”征文活动，得到了上级部门的认可（被评选为三等奖）。

同时，省局交战办组织全省干线公路养护部门干部职工深入学习《国防法》、《国防交通条例》等国防交通战备相关知识，480余人参加了交通战备知识答题竞赛，使广大干部职工进一步熟悉了交通战备法规，加深了对交通战备工作的了解，增强了广大养路员工的国防意识和战备观念，进而从根本上树立起了“国防无小事”的观念。

（赵　京）

计 划 统 计

综 述

2008年，厅综合规划处在厅党组的正确领导下，深入贯彻落实科学发展观，紧紧围绕厅党组提出的发展思路，着力做好规划、前期、计划、统计和融资五项工作，经过全体工作人员的努力，较好地完成了各项工作任务。

*加强规划管理，促进科学发展。*组织开展并完成了《山西省高速公路网调整规划》工作，形成了“三纵十一横十一环”的高速公路网布局，已经省政府批准实施；完成了《山西省旅游公路建设规划》，已经厅党组会议通过并付诸实施。开展了《山西省干线公路布局规划》，组织完成了《公路运输枢纽建设规划》，组织制定了《山西省交通厅促进现代服务业发展实施细则》。通过对交通发展布局的规划和对关系全局的重点问题的研究，进一步明确了科学发展的思路、方向与途径，研究和规划成果受到了各方面的高度评价，并运用到了推进交通科学发展的具体实践之中。

*加快前期工作，服务扩大内需。*大力推进公路建设和运输站场建设项目前期工作，对明后两年开工建设的21个尚未开展前期工作的高速公路项目提早安排了可研、环保、水保、地震评价等项工作，做好扩大内需、加快建设的项目储备。多次赴国家发改委、交通运输部、国家开发银行、国家环保部、国家文物局等部门就加快公路建设项目前期工作进行专题汇报，争取在项目评估、技术审查、环保和文物保护审批、资金补助等方面的政策支持，大力推进全省高速公路建设加快项目的落实。

年内完成了高速公路、干线公路、县乡公路、旅游公路和站场、房建工程工可报告报批项目61个；完成高速公路环评报告报批8个、水保报批3个。

在汽车客运站方案设计中引入竞争机制，通过竞争提升设计水平，一级汽车站设计全部实行全国招标。有6个一、二级汽车站通过可研报告评审，有14个一、二级汽车站通过初步设计评审，续建新建一、二级汽车站20个。

*改进计划、预算管理，提高工作效能。*研究改进计划管理办法，加强宏观管理和政策指导，减少审批环节、提高工作效率。为进一步科学、规范、高效的履行部门职能，充分调动基层单位的积极性和主动性，以科学发展观为指导，统筹发展，深化改革，创新管理的工作能力和水平，坚持“宏观管理，政策指导；统筹考虑，突出重点；科学合理，实事求是；比例控制，上下一致”的预算管理原则，制定《山西省交通厅高速公路通行费预算管理试行办法》。

完成了《交通运输部农村公路计划管理系统》的2007年备案项目和2008年计划项目数据录入、汇总和上报工作，充分发挥了计划管理系统的项目管理功能，要求各市优先安排项目库中项目，为保证省政府提出的2010年实现农村通油路、水泥路全覆盖的目标提供了有效的管理手段。

2008年是省财政确定的项目推进年，按照省财政厅《关于建立和管理经济建设项目库的通知》（晋财建字〔2008〕31号）要求，建立了1个省级分库和11个市级分库，省级分库已纳入省财政总库，11个市级分库与所在市财政部门进行了对接。2008年围绕省政府提出的“十件实事”，建成了全省农村公路改造项目的公路项目库。下一步按照合理排序、适时更新、滚动管理、共建共享的原则，进一步充实和完善入库项目。

部门预算改革是财政管理制度改革的核心，预算编制是实施预算管理的基础，厅规划处把提高预算管理的科学化、精细化作为预算管理工作的重点。推进高速公路、国省干线公路支出预算定额管理，积极应对实行“成品油价格消费税”带来的负面影响，组织制订了《成品油价格消费税交通资金管理暂行办法》。

*加强统计工作，提高服务水平。*根据交通运输部要求，开展了全国公路水路运输量专项调查和第三次全国港口普查工作，省厅和省统计局联合成立了全省公路水路运输量和港口普查专项调查领导小组，负责协调解决有关重大问题。两个领导小组均下设办公室，负责具体组织实施工作。在具体调查工作中，各单位和统计人员克服时间紧、任务重、要求高、难度大，各单位领导高度重视、精心组织，各级专项调查机构紧紧围绕数据质量这一核心，建立严格的岗位责任制，实行严格的质量抽查和质量检验制度，坚持“分级负责，就地解决”的数据质量控制原则，把数据错误消灭在源头，确保公路水路运输量专项调查和第三次港口普查工作按期、高质量完成。目前水路运输量专项调查和第三次港口普查工作已完成并报部，得到了交通运输部好评，公路水路运输量专项调查已完成外业调查，正在紧张地开展内业处理工作。

完成了2007年《山西省交通统计资料》编制工作，完成了交通运输、交通固定资产投资、公路交通情况调查统计2008年定期统计报表和年报工作，为开展绩效评价、改进项目管理和领导决策提供了可靠数据，还定期在山西交通网站上公布有关数据，为广大群众做好服务。被省统计局评为年度统计先进单位。

*加大筹融资力度，创新体制机制。*2008年上半年，国家实行较紧的货币政策，资金筹措难度很大。厅规划处积极探索新的融资渠道，在积极争取国家补助的基础上，加大招商引资力度，探讨利用通行费结余收入融资、高速公路上市、发行企业债券和中期票据等筹融资方式，有力地支持了年度公路建设目标的完成。

一是协调解决了忻阜高速公路投资合作纠纷事宜。2008年9月5日，省厅与中海公司签订了《关于忻阜高速公路项目有关事宜的合同书》。合同书约定山西中海投资有限公司有条件退让出忻阜高速公路项目主线投资建设经营，剩余忻阜高速公路服务区仍由山西中海投资有限公司按BOT方式投资建设经营及移交，之前双方签订的所有意向书、合同书及协议书同时失效。投资合作纠纷的解决直接推动了项目工可审批进程。9月26日，国家发改委以发改基础〔2008〕2559号文件批复了忻阜高速公路可行性研究报告，标志着该项目的前期工作取得了突破性进展，为早日开工建设创造了重要条件。

二是按照交通运输部颁布的《经营性公路投资人招标办法》，完成了阳泉至五台山阳泉至盂县段、平遥至榆社、榆社至和顺、高平至陵川高速公路BOT项目投资人招标和投资、建设经营协议签订工作，融资总额130.5亿元。在2009年至2010年40个高速公路建设项目中又筛选了10个效益较好的项目招商引资，长治至平顺高速公路建设项目已发布投资人招标公告。

三是与五大银行（开行、工行、农行、中行、交行）正式签署战略合作协议和首批贷款合同。框架协议总额1750亿元。其中，开行500亿元，工行350亿元，农行300亿元，中行300亿元,交行300亿元。首批贷款合同136亿元,其中,开行110亿元,交行26亿元,涉及高速公路和国省干线改造工程60余个项目。另外,忻保高速公路项目贷款68亿元,国开行也已承诺,正在办理贷款合同。

四是落实干线公路四期贷款78.8亿元,用于总投资43亿元、2128公里干线路网新改建和路面改造项目,贷款期限20年(宽限期3年),由省厅统贷统还,目前贷款已通过评审,正在签订贷款合同。

五是抓住国家扩大内需、加快基础设施建设的机遇,争取到国家新增中央预算内投资3亿元,用于全省3000公里的农村公路改造。

六是争取到干线公路和农村公路交通部车购税补助资金14.92亿元、农村公路中央预算内以工代赈资金0.26亿元,争取到忻州至五台山、忻州至保德、灵丘至山阴、临汾至吉县、山阴至平鲁5个高速公路交通部车购税补助44.64亿元。

(王京荣 张耀红)

全省公路运输枢纽规划编制工作基本完成

为适应新时期公路交通发展需求,按照交通运输部安排,省厅于2007年10月全面开展了公路运输枢纽规划编制工作。

通过一年的组织、调研、编写,全省公路运输枢纽规划编制工作基本完成,除忻州外其他10个市的规划全部进行了初审,其中纳入国家公路运输枢纽的5个,即太原、大同、长治、临汾、吕梁。随着全省公路运输枢纽规划的进一步落实和实施,全省公路运输的整体服务能力和水平会有显著提高,为构建布局合理、运转高效、智能环保、多种运输方式及城市公共交通紧密衔接的综合交通运输体系奠定基础。 (邢益彰)

《山西省2008年至2012年旅游公路建设规划》编制完成

随着经济的发展,旅游业进入全面快速发展新时期,被列为山西省四大新兴支柱产业之一和重要接续产业。同时,《山西省"十一五"旅游产业发展总体规划》获政府批准,对发展旅游公路做出了明确要求。为此,科学编制旅游公路建设规划,正确引导全省旅游公路建设非常必要。2008年,省厅及时安排厅规划发展中心开展了旅游公路建设规划,对2008年至2012年全省旅游公路进行总体安排,提出"5个大循环26个小循环"的布局思路,强化了各层次旅游公路与外省公路的对接,有效支撑山西旅游产业"1236"空间布局,提升山西旅游公路交通服务水平,为山西旅游业发展提供优质高效的交通支撑和保障。该规划已通过专家评审并经省厅下发实施。

(张小燕)

《山西省高速公路网调整规划》经省政府常务会议审议通过

2008年12月4日,省政府常务会议审议通过了由省厅编制的《山西省高速公路网调整规划》。在党的十七大精神和国家促进中部地区崛起战略这个更新、更高的背景要求下,调整规划从适应全国区域经济和促进省域经济协调发展的角度出发,根据山西省高速公路发展的实际情况,对《山西省高速公路网规划》进行了完善和补充。调整规划布局方案为"三纵十一横十一环",即由3条纵线、11条横线、11条环线及11条连接线组成,形成纵贯南北承东启西、覆盖全省、通达四邻的高速公路网络,里程为6300公里。规划实施完成后,在省内实现省会到省辖市3小时通达、相邻省辖市之间2小时通达,所有县(市、区)在半小时内上高速,对外形成北出长城、南抵黄河、东连京冀、西达秦蜀的路网布局,出省高速通道达到30条。将大大提高山西省高速公路的网络化程度,从根本上改善全省交通状况,增强国防安全和应急保障能力。

(王 丽)

财　务　审　计

综　述

2008年，全省交通财务工作紧紧围绕全省交通工作的总体要求和发展目标，在交通运输部的指导下，全面贯彻落实科学发展观，本着"指导、协调、服务、监管"的指导思想，坚持依法理财、科学理财，积极进取，与时俱进，努力适应经济发展新形势，取得了一定成绩。

（郭全英　高海青　宋　蔚）

全省规费征收实现新突破

2008年，全省交通规费征收实现了新突破，交通规费征收168.62亿元，比上年142.36亿元递增18.5%，完成计划114%。其中，汽车养路费实际征收389 160万元，同比递增17.8%，完成计划117.9%；拖拉机养路费及货补费实际征收24 580万元，同比递增1.9%，完成计划119.6%；运输管理费实际征收64 653万元，同比递增43.7%，完成计划146.9%；客运附加费实际征收19 051万元，同比递增24.2%，完成计划150%；货运附加费实际征收55 783万元，同比递增26.6%，完成计划126.8%；车辆通行费实际征收1 133 016万元（高速公路871 606万元），同比递增17.4%（高速公路递增14.8%），完成计划110.2%（高速公路完成计划114.7%）。特别是公路养路费、货运附加费，提前100天完成全年征收任务，创下了当年超收7亿元的历史新纪录，征收总额名列全国第8，增长速度全国第2。

主要做法是：一是加强对交通规费征收工作的指导、协调力度，积极创造条件，优化环境，严格征缴管理，将经济形势对规费征收的不利影响降到最小；二是加强费源管理，加大对晋车外挂、假军车和"三无"车辆的治理力度，全省平均吨位实征率达到83%，同比上升4%；三是加强政策宣传，创新宣传方式，使《山西省公路养路费征收管理条例》、《山西省公路养路费征收管理规定》、国务院办公厅103号文件、交通部111号文件等政策法规更加深入人心；四是加大稽查力度，规范稽查管理，制定出台了《稽查管理规定及考核办法》、《停征车辆跟踪监督管理规定》，共查扣车辆5.58万台，34.29万个吨位，稽查收入1.1亿元，依法清理欠费1.3亿元；五是坚持不懈地狠抓清理人情车、特权车，杜绝违规减免通行费；六是创造环境，优化服务，全省高速公路推行了通行费刷卡收费，既为服务对象提供了便捷的服务方式，又保证了费收资金的安全。

（宋　蔚）

省交通厅不断拓宽筹融资渠道

一是合理调配使用资金，保证了到期贷款本息的按时足额偿还和到期流资贷款的转贷业务。2008年，约45亿到期贷款本息需按时足额偿还，约35亿流动资金到期需要转贷。为此，采取了增加实有资金总量，调整还贷时间，做好借新还旧的衔接等积极有效措施，确保了资金运作的平稳、有效。未发生一笔逾期贷款和欠息，为全省下一步筹措资金营造了良好的融资环境。

二是适时调整资金配置重点，在项目前期工作（工可、环评、土地）不完备，贷款难以落实到位的情况下，及时筹措流动资金，确保项目建设前期的资金需求。先后在短时间内落实22亿新增流资贷款，有效缓解了建设资金极度紧张的局面，先后投入高速公路项目建设18.3亿元，解决干线公路资金缺口34.58亿元。

三是创新投融资体制，适应公路建设快速发展要求。根据国家逐步扩大内需、促进经济增长的政策措施和省委、省政府部署要求，全省2009年至2010年两年公路建设规模4.77万公里，项目总投资2435亿元，资本金需求800亿元。面对大发展、大机遇带来的大挑战，在广泛调研和科学测算的基础上，我省提出高速公路通行费结余三年百亿元的融资方案，在此基础上，运用资本运作的方式，经与银行沟通，提出了用今后5年至10年高速公路通行费结余收入变现的方式，两年筹集200亿元资本金方案，已落实48.3亿元，另中国银行30亿元，兴业银行30亿元，民生银行15亿元，工商银行80亿元正在积极推进，同时以流资融资、资本金搭桥等多种融资方式，积极推进资本金筹集。至2009年上半年，可保证融回100亿元资本金，并争取在年底前完成融资200亿计划，为高速公路资本金筹集打下基础。与此同时，积极解放思想、大胆尝试，与开发银行、工商银行、农业银行、中国银行、交通银行五大银行签署了总额1750亿元的战略合作框架协议，着力破解了制约交通发展的资金难题，为全省的交通建设提供资金支持。

（宋　蔚）

省交通厅资金安全和资金效益管理能力明显提高

按照交通运输部提出的要切实加强“资金安全和资金效益”两个监管，努力做到“收入和支出管理并重、建设资金和营运资金监管并重、资金安全和资金效益并重、资金和资产使用管理并重”的资金管理总要求，2008年，厅财务征费处积极转变工作思路，努力克服以往工作中重收入、轻支出，重建设资金、轻营运资金，重资金安全、轻资金效益，重资金管理，轻资产管理的不足，大力推进制度创新、管理创新，紧密结合全省交通行业财务管理的特点和重点，着力构建省厅资金管理和资产管理制度体系，资金安全和资金效益管理能力明显提高，交通系统部门预算连续三年获得全省一等奖，得到省财政部门的充分肯定。

（宋　蔚）

省交通厅预算执行监管能力进一步提升

在经过2007年近1年的试运行后，省厅正式下发了《山西省交通厅预算资金拨付（审批）管理暂行办法》。办法对预算资金用款计划报送及审核、资金支付审批、节余资金管理、预算执行监督管理、处理处罚等预算执行管理的各重要环节进行了较为彻底的规范，取得了明显的效果。各预算单位主体责任进一步强化，预算执行更为规范，违规问题明显减少，资金安全保障能力得到明显强化。一是预算执行率得到明显提高，至11月，总预算执行率达到85.26%，扣除当月下达的预算，预算执行率达到91%，二是公路、运管、征费、高管、各市交通局等主管部门对其下属单位的转移支付率也大大提高，均超过80%。三是各预算单位的资金支付方式进一步规范，财政直接支付比例达到70%。四是对全系统预算内资金的预算下达与预算执行进行了汇总和分析，并形成月报，使厅领导能及时掌握预算资金的分配与执行情况。

（宋　蔚）

省交通厅财务监督管理体制进一步完善

从近几年国家审计、内部审计开展的各

项审计所提出的审计问题来看，省厅所属部分单位一定程度上仍存在依法理财意识淡薄，内控制度不健全、预算执行不严肃、会计核算和资产管理不规范等现象。为实现预算管理的科学化、精细化，强化资金安全监管和资金使用效益监管，加大事前、事中监管力度，充分发挥内部监管职能，提高全系统各单位领导和财务部门依法理财、勤政廉政的责任意识，严肃财经纪律，切实解决屡查屡犯的问题，厅财务处提出了对厅直各单位、各高速公路项目建设管理处、各市交通局推行依法理财承诺制。同时，依据相关法律法规，结合交通系统实际情况，在广泛征求意见的基础上，针对各市交通局和厅直单位资金监管的重点和存在问题的共性，厅财务处分别草拟了厅直单位、市交通局“坚持依法理财杜绝屡查屡犯承诺书”范本，要求各单位第一负责人就依法行政（办事）、依法理财，遵守财经法规，规范资金使用管理和会计核算工作，健全内部控制制度，严肃财经纪律，加强审计整改，杜绝屡查屡犯现象发生等各个方面做出承诺。通过推行依法理财承诺制，将财务监督关口前移，极大地增强了各单位领导依法理财的责任意识和自觉性，进一步加强和完善了行业内部监督机制建设，有利于在确保资金、资产安全的前提下，最大限度地提高资金、资产的使用效益。

（宋　蔚）

省交通厅财务监管力度持续加强

2008 年以来，针对拟建项目前期工作量加大，由于客观原因所限暂不能进入正常计量支付程序等新出现的特征和情况，厅财务处将监管过程前延，进一步加强了对前期借款资金的监管管理，完善了对建设资金的全过程监管，取得了明显实效。一是规范和严格了前期工作借款的审批。在财务处的提议下，年初厅长办公会讨论并通过了前期工作借款的审批原则，对征地拆迁费、勘察设计费、建设单位管理费等三种类型前期借款额度确定的原则，审批的程序等进行了明确规定，并提出了具体要求。二是草拟并下发了《关于进一步加强高速公路建设项目前期借款资金管理的通知》，建立完善了资金使用和管理工作责任制和严格的问责制。三是要求各建设项目对前期借款资金的使用管理情况进行自我检查，并由财务处牵头组织了一次重点的抽查。通过完善对前期借款资金监管的措施和手段，将建设资金置于全过程的监管之中，确保了建设资金的安全高效。

（宋　蔚）

省交通厅积极推进预算项目绩效自评与考评工作

2008 年，省厅组织开展了大运高速公路临汾至侯马段的项目绩效考评工作。安排项目实施单位临汾高速公司开展了临侯高速公路的绩效自评工作，并对项目相关数据和自评材料进行审核，完成了项目绩效考评报告。在项目自评和考评工作中，财务处一方面从思想上高度重视，组织上抓好落实，措施上切实到位，另一方面加强对项目实施单位的指导，为项目实施单位创造良好的学习和培训条件，制定科学合理的工作方案和保障措施，确保了自评工作的按时完成，也为下一步在全系统范围内推广绩效评价工作积累了宝贵经验。

（宋　蔚）

省交通厅圆满完成行政事业单位资产损益批复工作

继 2007 年圆满完成全系统行政事业单位资产清查工作后，2008 年，省厅重点完成了行政事业单位资产损益的批复工作。省财政厅共计批复厅直各单位申报的资产盘盈 190 万元，资产损失 12 464 万元，负债净减少 412 万元。根据行政事业单位国有资产管理的有关规定和省财政厅要求，对资产清查中批准核销的毁损、报废资产，交由省财政实物库统一收回，集中处置。厅财力处积极指导和要求各单位加强领导，严格已批复损益资产的管理，防止出现钻处置资产的空子，积极配合省财政实物库做好处置资产的交接工作，目前各单位的资产交接工作已全部顺利完成。

（宋 蔚）

省交通厅着力强化和规范收费公路行政许可审核工作

一是试行限时办结制和审核结果书面告知制。为提高政府公信力，方便基层单位办理收费公路行政许可审核事项，厅财务处试行了资料准备和审核结果书面告知制。即经办人在受理有关单位申请设置收费站或延长收费期限的申请后，应即时通知申请单位提供申请资料，在收到申请资料后的7个工作日内必须完成审核工作，并出具书面审核结果，审核结果中应就申请事项是否符合办理条件进行详细说明，对认为申请事项不符合规定或要求申请单位进一步提供资料的，要有明确的法规或文件依据。审核结果经处长审阅后加盖处室公章，交给申请单位经办人。审核结果符合规定条件的，转入下一办理程序；对不符合规定的，要求申请单位限时补充提供。这一制度，对收费公路行政许可工作的审核人和申请单位形成双向约束，结果公开公正透明，受到基层单位的普遍欢迎，收到了较好效果。

二是对上报省政府的申请文件内容及附件进行规范。收费公路审批涉及部门、环节较多，时间较长，为进一步提高办理效率，多次主动与省财政厅、省物价局相关处室协商，就上报省政府的申请文件及附件的内容及格式达成共识，最大限度地减少了多部门对申请事项的重复审核，明显提高了工作效率。

三是强化社会审计机构审计责任，初步规范了审计报告内容。根据省政府177号令和晋政函〔2007〕218号函的要求，申请设置收费站和延长收费期限时，申请单位应提供由社会审计机构出具的相关审计报告。但由于前述法规和规范性文件未就社会审计机构资格、相关审计内容进行规范，以往各申请单位聘请的社会审计机构良莠不齐，审计报告内容随意，大部分审计报告内容避重就轻，不能满足审核要求。为较好地解决这一问题，经与省财政厅、省物价局协商，厅财务处在2008年就规范审计报告内容、强化社会审计机构审计责任进行了试点工作。在对申请单位聘请的社会审计机构的资格进行确认后，要求其按照厅财务处指定披露的审计内容进行补充审计，并按规定的内容及格式重新出具审计报告。通过对三个申请单位审计报告的重新规范，其通过省财政厅、省物价局的审核时间要较未试点的申请单位缩短近一半时间，这一举措，不仅在一定程度上强化了社会审计机构的审计责任，提高了审计质量，更重要的是减轻了审核工作量，提高了审核工作效率，省财政厅、省物价局高度认可厅财务处这一变革措施，积极要求对此进行进一步的深化和规范。

四是继续完成收费公路属性归位工作。根据国务院《收费公路管理条例》和交通部《关于进一步规范收费公路管理工作的通知》文件精神，继2007年完成全省已运营高速公路属性归位后，2008年重点对普通公路进行了属性归位。8月，经省政府批准同意，大运、东长、汾柳三条二级公路正式变更为政府还贷公路，至此，全省收费公路属性归位工作基本完成。

（宋 蔚）

省交通厅积极应对燃油税费改革

实施燃油税费改革，以燃油消费税替代交通6项规费，并逐步有序取消政府还贷二级公路收费，是国务院在新的经济形势下做出的重大举措，对全省交通发展和稳定大局影响深远。为做好燃油税费改革应对工作，交通部、省财政厅连续下发紧急通知，要求统计报送全省交通规费征管机构、人员情况，交通规费收入情况及资金管理模式，政府还贷二级公路的投资、人员、收支、债务及运营管理等情况，统计结果将成为中央下一步确定全省燃油税返还基数的重要依据。厅领导高度重视，厅长段建国和总会计师张德仪均作了重要指示，要求“各单位一把手要高度重视，亲自把关，按期上报，数据要真实可靠”。

面对时间紧、任务重、压力大的形势，厅财务处以高度的使命感和责任感，与相关处室密切配合，深入研究和分析相关报表内容，本着“有利于确定全省税费返还基数，有利于人员分流安置，有利于全面压缩债务规模，降低偿债风险”的原则，连续加班加点，拟定填报原则及操作说明，迅速组织填报工作，在规定的时间内完成了统计汇总工作，撰写了较有深度的数据分析材料，较好地做到了数据真实准确，依据充分合规，行动果断有力，为中央准确核定全省税费返还基数提供了翔实可靠的数据支撑，相关工作得到省财政厅和省厅领导的高度认可。

与此同时，厅财务处还紧密结合全省政府还贷二级公路的实际情况，自主设计了政府还贷二级公路分类统计报表，内容涵盖了全省政府还贷二级公路收费路段区域分布、收费里程、收费站及收费人员数量、收费车道、收费期限、收费政策依据、项目投资及分类、项目累计债务及分类、项目累计债务余额及分类、累计收支水平、偿债能力分析等收费公路管理的重要环节，为厅党组下一步制定全省政府还贷二级公路撤并站方案积累了重要的决策参考依据。

（宋　蔚）

省交通厅着力加强财务审计队伍建设

为做好新形势下各项交通财务审计工作，提升服务水平，增强业务能力，厅财务征费处针对不同的业务开展需要，组织了各项职业技能和知识更新培训：一是继续加强会计人员继续教育培训，以《山西省2008年度会计人员继续教育读本》为基本教材，按照初级、中级、高级会计人员不同层次，行政、事业和企业单位不同性质，统筹规划，分类指导，继续实行“菜单式”培训。全系统财务人员参加培训277人，覆盖面100%。二是为更好地开展交通预算项目绩效考评工作，组织开展了“交通预算项目绩效考评”培训，厅直各单位100余人接受了培训，从交通预算项目绩效考评原则、依据、内容、指标体系、形式、方法、结果应用及考评报告的编制方法、格式等各个方面加强了学习，提高了认识，增长了技能。三是组织征稽系统相关业务人员参加了“公路养路费征收、稽查暨规范化管理”培训班，对提高征稽人员业务素质，加强养路征稽管理起到了积极作用。

（宋　蔚）

省公路局积极筹措资金保障公路建养工作正常进行

2008年，省公路局面临的主要问题一是沿黄公路、路网县际新改建公路、干线公路大修等工程项目资金严重短缺。为缓解出现的资金缺口压力，保证各项工作的顺利进行，省公路局财务征费处面对巨大的融资压力，力争从多渠道、多方面积极调配、筹措资金。一方面通过与各商业银行协商，从各商业银行累计转贷、续贷款10.35亿元；另一方面为解决沿黄干线公路及薄弱路段大修工程开行资金不到位的问题，从其他途径筹集7.8亿元；此外为了维护路桥企业的稳定，积极向省厅借款4.1亿元，共计22.25亿元，主要用于借付各分局周转及工程借款资金9.25亿元，沿黄干线公路工程资金3亿元，借付分局大修工程资金3.8亿元，垫付、借付有关单位沥青储备款1.5亿元，支付直属路桥企业及各分局所属路桥企业4.7亿元。通过积极努力，最大限度地保证了全局公路养建工程项目的顺利完成。

（张建峰）

省公路局认真开展路桥集团资产清查工作

路桥集团收归省公路局监管后，省公路局

财务征费处根据实际需要，编制了关于路桥系统的财务监管报表，并对路桥系统的资产清查工作提出了具体操作指导意见，对资产清查中账务清查、财产清查、重点清查内容和审计工作等方面的有关要求和规范进行指导。对于路桥各单位资产清查审计初稿中不完善和需补充的内容提出了意见和建议。要求审计报告内容应补充对路桥组建以来资产负债及权益的变化情况及形成的原因进行分析、总结清查后账面反映的经营盈亏情况、总结潜在的亏损总额以及产生原因等项内容。这对进一步摸清路桥的实际状况起到了关键性的作用。

（张建峰）

山西汽运集团晋龙捷泰公司推行“财务公司”经营模式

自2001年9月，山西汽运集团所属晋龙捷泰公司重组至今，在财务收支两条线的尝试中，逐步推行“财务公司”运作机制，从构思到运行体现了胆略与决心，做到了资金的最佳整合和利用最大化，成效显著，为企业的改革与发展起到了积极的推动作用。

实行资金集中管理，提高资金使用效率。公司重组后，针对企业资金缺乏、资金使用效率低、财务基础管理弱，特别是各基层单位设立多个账户，资金较为分散，甚至体外循环，难以集中管理，公司在需用资金的时候经常调用基层单位现金、基层单位又遮遮掩掩等问题，一是大刀阔斧对财务管理体制进行改革，于2002年上半年原则取消各基层单位银行账户，由公司财务处对资金实行集中管理，会计一级核算，不仅初步解决了资金短缺的燃眉之急，而且有效地提高了资金使用效率；二是对基层单位实行预算管理，超额部分由公司审批，极大地控制了经营成本，堵塞了管理漏洞；三是严格执行收支两条线。公司所有资金由财务部统一管理，各生产经营单位全部执行“备用金”及“流动资金”管理制度，所有的收支项目通过内部往来科目与公司财务处实行报账核算制，每到月底进行对账并及时做出账面余额调节。

发挥财务调控功能，推行集中管理模式。一是提高资金利用率，降低管理成本。公司实行集中式财务管理，将各基层分散的现金集中起来，降低现金的持有水平，保证公司重点项目的资金需要，强化现金管理，提高现金利用率，有力地降低了管理成本。二是有利于发挥财务调控功能，完成统一财务目标。针对子分公司私自在银行开户截留现金的问题，采取集中式的财务管理能够得到有效控制与管理。三是有利于发挥财务的分析作用，降低公司财务风险和经营风险。为使现金管理变被动为主动，克服短期行为，财务处能够通过整体预测，对公司现有资金规模，同企业的经营规模比较看是否匹配，如不匹配，需要多大的融资规模，可寻求的资金来源等有一个清楚的认识。对于财务部而言，则要随时掌握每一个时期和时点可以运用和必须支付的现金，真正能达到预算管理的目的。四是有利于统一调剂公司资金，保证资金用到好的项目上，降低资金成本。财务可以在现金预测的基础上，研究资金来源的构成方式，选择最佳的筹资方式，将沉淀资金盘活，实现公司内部资金的有偿使用，既增加了公司利息收入，又增强了基层合理使用资金的意识。

完善财务职能，提高资本运作能力。随着企业的发展，财务部门单纯的核算职能已远远不能满足企业的发展需要，如何最大限度地发挥财务部门的作用，使财务部门直接参与企业业务管理，强化资本运作能力，提升企业经营绩效，成为企业经营探讨的重大课题。2008年，公司将“财务部”改为“财务公司”，下设“财务管理中心”和“财务结算中心”，所有财务人员集中办公，取消报账员，结算中心模拟银行模式，在大厅设有12个窗口，不同的办事人员根据窗口标识就能找到相应的办事人员，同时，公司在大厅增设POS机和自动取款机，不仅方便了客户需求，而且极大地提高了工作和办事效率。

（陈富根）

交 通 公 安

综 述

2008年,厅公安处在省交通厅、省公安厅和交通部公安局的领导下,认真学习党的十七大精神,学习实践科学发展观,围绕"迎奥运、保安全"主题,克服困难,积极开展工作。在维护稳定、保卫重点公路工程建设、维护站车路治安秩序、维护抗震救灾秩序、开展"平安交通"建设、推进治安综合治理等方面都做出了显著成绩,为"保增长、保民生、保稳定",拉动经济,促进交通事业健康快速发展作出了显著贡献。

(田 根 张立承 李廷政)

省交通厅认真做好"春节""元宵节"安全稳定工作

为贯彻省综治委、省公安厅关于做好2008年"春节"、"元宵节"期间安全稳定工作的要求,确保全省交通系统安全稳定,确保广大交通干部职工过一个欢乐祥和的节日,根据厅2月1日晋交公安字〔2008〕50号文《关于做好2008年"春节"、"元宵节"期间安全稳定工作的通知》,厅公安处(厅综治委)对全系统维稳工作专题部署。

一是统一思想,提高认识,扎实做好单位内部安全稳定工作。对一些因企业改制、征地拆迁、民工工资等问题引发的突出矛盾及群体性上访事件,省厅要求各单位领导充分认识做好维稳工作的重要性,研究分析本单位存在影响稳定薄弱环节,制定切实解决问题和预防问题的办法措施,将问题解决在基层,化解在萌芽。同时注意工作方法,做好思想工作,引导群众以合理合法方式表达诉求,对于设有公安科的单位,要严禁动用警力处理上访事件,防止矛盾激化。

二是加强监督检查,预防治安案件和火灾事故发生。节前要组织专人对本单位、本系统所属办公区、生活区的治安防范工作进行一次大检查,重点是对所属单位"五管要害"、宾馆、饭店及印刷厂等部位,临时用工、出租房屋、防火重点、施工现场所使用的爆炸物品等进行检查,防止出现问题。

三是加强运输站场管理,确保安全畅通。各公路部门要加大公路养护和巡查力度,确保公路安全畅通;运管部门加强对司乘人员安全教育和运输车辆督导检查,消除事故隐患,避免行车事故发生;各交通公安分处、科所严格"三品"检查,严防易燃、易爆、危险品进站上车,同时协助车站做好客流疏导、维护好站车秩序。

四是结合"平安创建"活动,认真做好"反恐防恐"、"法轮功"防控、矛盾纠纷排查调处、严禁黄赌毒等工作,交通院校要加强与家长的沟通联系,共同做好学生放假期间的管理工作,严防各类事故。

五是加强节日期间值班力量,有问题及时逐级上报,保持信息畅通。

(田 根 张立承 李廷政)

省交通厅认真做好奥运安保工作

根据省委、省政府、交通部关于做好奥运安保工作的要求，省交通厅4月25日向全系统发出通知，对奥运安保工作进行了部署。

一是要加强领导，全力以赴做好奥运安保工作。省交通厅成立了奥运安保工作领导组。组长由厅长、厅党组书记段建国担任，副组长由全体厅党组成员担任；成员由各市交通局局长、省公路局局长、省运管局局长、省高管局局长、省交战办副主任及厅办公室、公路处、运管处、公安路政处和厅重点办负责人组成。领导组办公室设在厅公安路政处，主任田根、副主任张立承。厅奥运安保领导组负责全省交通系统奥运安保工作的指挥、组织、协调。领导组办公室负责具体工作的安排、督查。二是采取有效有力措施，把奥运安保工作落到实处。首先是明确任务、责任到人。各单位逐级成立奥运安保工作领导组，“一把手”负总责，明确分管领导和具体工作人员各自职责任务，责任到人。及时制定出本单位工作方案，完善值班、请示报告、责任追究制度和日常工作检查等制度。加大人力、物力、财力的投入，确保人员、工作、经费、措施到位；其次认真开展督导检查。对在检查中发现的各种隐患和问题立即采取措施消除隐患解决问题。要加强对“五管要害”部位控制、防火防盗、用工、交通院校师生思想动态以及爆炸物品等管理；加强道路运输及站场管理，严格按照“三关一监督”、“三不进站”、“五不出站”的规定，立足源头，严把汽车客运、运输企业和驾驶员安全源头控制。严查“三品”，特别是对开往北京、天津等赛事城市客运车辆和货运车辆严格管理，防止发生影响奥运安全的爆炸、化学危险品流入比赛项目城市；各公路部门加大养护、巡查力度，落实桥梁、隧道等重点守护任务，及时处置各类影响公路安全畅通的问题、隐患，确保安全畅通。三是加大矛盾排查调处力度，防止非正常来并赴京上访事件的发生。要全面了解掌握影响单位内部稳定的苗头和不安定因素，并制定相应措施，千方百计将矛盾纠纷解决在基层、解决在内部、解决在初始阶段。要讲究工作方法，积极引导职工群众用合理的方式表达诉求，防止矛盾激化。同时进一步完善处置突发事件预案，切实从力量组织、工作措施、后勤保障等方面认真做好随时处置突发事件的充分准备。四是做好值班备勤工作。特别是夜间值班，要实行领导24小时带班，落实好交接班，严格请示报告制度，遇有重大情况及时，准确地向有关部门报告，杜绝迟报、漏报、瞒报。

为使奥运安保工作真正落到实处。省厅又根据省综治委、省反恐办的要求，先后于6月4日、7月14日就出租房屋和流动人口管理、登记上报、易爆物品收缴上报、客运车辆安检、重点部位防范等进行专题部署。奥运火炬经大运高速公路运城至大同传递，为保证活动万无一失，省厅对各高速公路收费站和服务区提出要求，以文明整洁的站容站貌和队伍形象和扎实的安保措施确保火炬传递工作顺利进行，火炬传递车队在临汾服务区休息就餐，厅长段建国2次到现场调研，就食品、治安安全提出要求，由于周密部署，扎实工作，传递活动在我省圆满完成。整个奥运会期间，交通系统内部稳定，治安安定，实现了“五不发生”预定目标。

（田　根　张立承　李廷政）

省交通厅厅直各单位认真做好矛盾纠纷排查调处工作

2008年，为确保内部稳定和奥运期间不出现影响奥运会召开的问题，厅直各单位突出开展了矛盾纠纷排查调处工作。各单位成立了矛盾排查调处领导机构和办事机构，调配了懂政策、业务熟悉、调处能力强的人员，综合应用政策、法律、经济、行政等手段和教育、协调、疏导等办法化解各类矛盾纠纷，避免矛盾升级。针对企业改制、资产重组、人员调整分流、班线调整、工资拖欠等引发的上访,特别是一些非正常上访闹访,省交通厅在按政策认真接待上访的同时,与当地综治机构、公安派出所建立了联运机制,坚持可散不可聚、可缓不可急、可解不可激的原则,多种办法疏导,全年接访50余次群访无一激化;省公路局针对路桥集团兼管后涉及人员工资、福利待遇和安置等问题,主动工作,积极引导群众互谅互让、平等协商、教育引导职工群众通过理性、合法的方式表达诉求,从实际出发考虑问题,寻求解决办法,在交通厅和信访部门的配合调处下,20余次群访都在内部得以解决;省交通开发投资总公司在矛盾纠纷调处工作中,按照"预防为主、教育疏导、依法处理、防止激化"的原则,针对修路中出现的征地拆迁和工资拖欠等问题,实行包案制,主要领导亲自接待答复、积极解决涉及农民、农民工利益的问题,消除了对立,促进了和谐。各单位、各级信访干部和办事机构,用极大的热心、耐心、关心和诚意积极稳妥引导疏导上访,化解矛盾,收到了预期效果。全年没有发生非正常进京上访,各类矛盾得到调处和缓解,维护了政治稳定,和谐安定大局。

(田　根　张立承　李廷政)

省交通厅认真做好奥运火炬传递安全保卫工作

在"奥运安保"工作中,省交通厅领导高度重视,精心组织,成立了由厅长段建国挂帅的安保工作领导组,多次召开会议,专题研究,落实责任。特别是对奥运火炬传递途径省内路线进行了包括路容路况、收费站点、服务区站容站貌、人员精神面貌、服务态度、应急准备等工作在内的全方位整顿治理。厅长段建国、副厅长王志民、张志川先后对火炬经过重点路段、重点部位、全程进行了检查督导。尤其是祁临高速公路临汾服务区承担着为奥运火炬传递团队600余人提供就餐、休息等服务任务。为确保传递活动安全有序万无一失,交通厅、高管局领导多次深入临汾服务区现场指导,祁临公司上下深感责任重大,围绕"迎奥运、保畅通"这一主题,积极筹备,快速行动,认真展开收费站扩容改造和优化亮化工程、道路病害处置和美化绿化工程、服务区现场硬化和设施完善工程,全面加强员工业务培训、文明礼仪服务、应急机制建设等工作,重点提高公共服务能力和应急处置能力,全力以赴做好迎奥运传递各项准备工作。6月6日,厅长段建国、高管局长董新品、高管局副局长周存信、厅公安处长田根以及临汾市党政领导、公安局负责人等陪同省委常委、省政法委书记、公安厅长杜玉林赴祁临公司临汾服务区视察迎奥运准备工作。杜玉林同志对奥运餐厅等工程建设进度、监控设备等安保措施以及其他准备给予高度评价和充分肯定,并针对下一步工作提出要求。

由于交通系统上下重视,精心组织,措施有力,在有关部门协同配合下,奥运火炬在我省传递活动顺利完成,没有发生任何问题。交通系统用辛勤劳动向全省、全国人民交了一份满意答卷。

(田　根　张立承　李廷政)

省交通厅开展打击盗用仿造军车号牌专项行动

由于军车享有免交普通车辆所需交纳的各种交通规费、税费、过桥过路费等费用及在执行任务、运输军用物资等特殊作业时,可在各条道路、街道上行驶、停放不受限制等权利,一些普通车辆利用假冒仿造军用车辆的牌照、行驶证或临时通行证诈取车辆享有的特殊权利,达到逃缴国家各种税费之目的。"假军车"的出现严重损害国家和守法车主的利益,破坏了"公平、公正"的市场竞争规则,扰乱了运输市场。针对上述行为,军队和地方有关部门虽多次进行打击,但收效甚微。按照总参、总政、总后、公安部、交通部联合下发《关于继续深入开展打击盗用、仿造军车号牌专项斗争的通知》有关精神,省交通厅积极协调省军区战勤处开展军车专项治理,加大联合稽查力度。坚持"应征不漏、应免不征”的原则，对不符合要求的军车车辆按照规定（10吨以上悬挂军牌车辆进行地方运输行为）收取通行费，并将有关情况及时向有关部门汇报；对疑似假军车严格检查，辨明真伪，发现假军车一律按行驶路线收取通行费。从2007年专项斗争开始，至2008年底，经过近一年半的专项治理，全省高速公路免费军车数量已明显减少，治理成果显著。主要采取了以下步骤：

一是调查研究摸清了假军车的五种存在形式：(1)假军车挂假牌。这类假冒车辆主要以大车型、大吨位、五轴以上货车进行严重超载拉沙、矿石居多；(2)假军区挂真军牌。这类现象一般以报废、走私、非法改装轿车、货车居多；(3)一牌多用，一副军牌两辆车用，一般悬挂一块军车牌或直接放置驾驶室挡风玻璃，以逃避检查或过路费；(4)直接用反光膜，粘贴纸制作仿造军用号牌贴在地方牌照上冒充军车。一般都是经过收费站时换上假牌，过了收费站又换上地方牌；(5)不悬挂任何号牌，喷着军绿色的大货车，其驾驶员往往身穿陈旧的迷彩服，身带仿造的士兵证或士官证。此类车辆遇到检查时态度蛮横，霸气十足，极不配合。

二是采取有效查验方法。一查证件，查看军车行驶证是否制作精良，字体是否清晰，对着阳光能否看到水印。二摸钢印，军车的号牌、证件上都有军章钢印。三看车尾，看汽车尾部是否喷有军车车号。四对车牌，查看军车是否前后均悬挂车牌并车号一致。五查牌照，军车牌照制作结实精细。六看形象，看驾驶人是否有军人气质。

三是加强协调配合。针对军队警备部门及军车监理部门管理人员较少，公路检查时间有限，而地方交警、公路等执法部门又无独立检查军车的权力，加之检查中驾驶员以军事秘密为由，不予配合，不出示有关证件等问题，由党政、军、武警公安、交通等部门联合成立了假冒军车违法处理领导小组，定期召开联席会议互通情报共同研制打假活动中出现的问题；由军地、警备、执法部门组成联合执法整治队伍，采取固定、流动检查、突击检查等方式开展打假行动；公安机关和交通部门对悬挂军牌超过10吨的大吨位运输车辆一律先滞留车辆，通知当地警备部门处理；充分发挥科技手段，军地执法部门积极探索数据交换情报共享的途径，充分发挥公安网、城市交通监控、公路收费站监控的作用。军队发现被盗车辆号牌，定期在公安网发布，以便交警、交通部门查缉。军地等执法部门对当地假军车运路线时间进行摸底，掌握其活动规律，并通过摸清假冒军车牌证制作窝点，加大源头打击力度。与此同时向社会公开举报电话，使假军车无立足之地，创造良好交通秩序，形成打击假军车长效机制。

（田　根　张立承　李廷政）

省交通厅调整
社会治安综治领导组成员

针对厅领导变动情况，交通厅于2008年12月18日对交通厅社会治安综合治理领导组成员进行调整。

组长由党组书记、厅长段建国担任，副组长由党组成员、纪检组长韩日裕，党组成员、副厅长张志川担任。成员由公路局局长戴飞、征稽局党委书记、局长张晋鹏，高管局局长董新品、运管局局长李华中、办公室主任尹新平、厅政策法规处处长曹居月、人事处处长蔺建煌、机关党委书记杨俊威、公安处处长田根、后勤服务中心主任张补才组成；领导组办公室设在公安处，主任由田根兼任，副主任由公安处副处长张立承担任。

（田　根　张立承　李廷政）

省交通厅厅直单位
加强防控基础设施建设

2008年厅直各单位在社会治安综治工作中，将“平安交通”建设作为中心，突出奥运安保工作，着力抓基础建设，抓安保防控措施，开展了一系列卓有成效的工作。

一是联系本单位实际,针对性地整改存在的各种隐患和漏洞,组建应急队伍,建立快速反应机制。二是加大资金投入,改造和维修基础设施,物防技防功能优势凸显。如:省公路局、省运管局、省高管局、省征费局对监控盲点和易失盗部位新增监控探头;交通建设开发投资总公司新办公楼投入使用后,首先考虑的就是安保工作,安装了全新高科技防火防盗红外报警和视频监控系统,办公室应用了高科技指纹密码锁;省交通科研院投入50余万元,安装了全新红外报警和视频监控;省运管局加强对基层印刷厂的安全防控设施改造,更新了监控报警系统,并和公安机关"110"报警中心联网,实现了远程报警,使防控能力大大增强。三是奥运期间省公路局、省高管局、省交通建设投资开发总公司投入了大量的人力、财力、物力,全力做好所属公路、生活服务区、桥梁隧道的安保防控工作,对3222座大(特)型桥梁、181处隧道实行24小时专人值守,出色地完成了迎奥运、保畅通、保安全任务。四是健全了消防组织机构,完善了防火制度,保持了消防设施完好,加强了义务消防队伍建设。交通大酒店在消防管理上实现了与太原市公安局消防支队远程联网,接受消防支队业务指导和学习培训。交通建设开发投资总公司所属晋焦高速公路公司针对辖区路段隧道多易发生火情的特点,投资购置了两辆消防车,配备了专职消防队员,提高了灭火能力,一年中共扑灭着火车辆7次。特别是2008年6月8日晚,牛郎河隧道一客车着火,分司立即启动应急预案,及时扑灭火险,防止了重大火灾事故发生。

(田 根 张立承 李廷政)

省交通厅厅直单位“平安创建”工作五到位

2008年,厅直各单位在开展"平安交通"创建和"矛盾纠纷调解年"活动及奥运安保等工作中取得了显著成绩,具体概括为"五个到位"。

一是思想认识到位。各单位能够站在落实科学发展观和构建社会主义和谐社会的高度来认识治安综治工作,牢固树立稳定压倒一切的思想,强化大局意识,把平安交通建设活动作为本单位一项重要工作、一项重要任务来抓;二是领导到位。各单位主要领导把奥运安保和维护内部稳定工作作为头等大事来抓。一把手负总责,担任本单位治安综治领导组长,主持本单位涉及奥运、治安综治、平安交通创建大局。把上述工作列入行政工作重要议程,与本单位总体工作同部署、同检查、同考核、同总结、同奖惩;三是组织到位。各单位建立健全了治安综治领导机构和职能办事机构,有良好的运行机制,基本形成自上而下治安综治工作责任体系,为综治各项工作提供了强有力保证;四是人员到位。各单位重视综治干部的配置和管理,综治主管部门责、权、利给予保障。多数单位聘用了地方保安队伍,增强了保卫力量,加强了内部治保、安全防范等工作,层层签订责任书、责任到人,党政工团有关部门积极参与,形成了治安综合治理、平安交通创建活动合力,治安综治工作队伍稳定;五是资金到位。各单位在"平安交通"创建和矛盾"纠纷调处年"活动中,特别是在奥运会期间,结合各单位内部实际,采取有效措施和手段,投入大量资金,进一步改造和维修物防技防设施,安装更新"三铁一器"(铁门、铁窗、铁柜、报警器)。厅直单位全部安装了高科技红外感应报警系统、视频监控系统,人防、物防、技防结合,安全管理防范功能全面提升。

(田 根 张立承 李廷政)

省交通厅厅直单位“平安小区”建设管理水平全面提升

2008年,厅直各单位结合奥运安保工作和平安创建活动,从安全管理、人性化管理,居住环境等方面入手,全面提升小区安全管理水平。

按照"六有"、"六无"创建标准,厅直单

位包括驻太原厅属单位小区(宿舍)都不同形式设立物业管理机构及配备物管人员,有门房门卫并设有报警电话,楼房一层按规定设防护网,单元设对讲防盗门,小区内设有活动室,文化设施、卫生有人清扫,花木有人修剪,实现了美化、绿化、亮化,达到了三保(保安、保法、保绿),为职工家属提供了良好居住环境。在改善居住环境的同时,各单位加强对住户的管理。交通监理总公司制定了《住宅小区公约》,加强对出租房屋管理,对出租房逐一登记,与出租房屋职工签订治安安全责任书;厅后勤服务中心针对三个小区分散的情况,加强巡查监督,落实人防、技防措施,并为三个小区的住宅楼每层配备两台灭火器;省公路局路泽苑小区地处城乡结合部,社情较为复杂,小区内17幢楼房750户,居住2200户家属,是小店区坞城办事处最大的一个社区,管理难度大,公路局公安处狠抓安全防控,配合了全天候监控报警装置,除门卫外,建立了一支巡逻队,白天巡查夜间蹲守,全年没有发生任何失盗案件;省交通设计院、科研院聘请离退休老干部老职工参与小区管理,开展了文明守法,争当文明公民、和睦邻里等活动,职工家属反映良好。小区创建活动做到了治安秩序好、居住环境整洁、文明道德、和谐安定、文体设施齐全、职工家属安居乐业。厅直单位平安小区创建活动起到了良好的示范作用,厅机关宿舍、公路局小区连续12年被树立为创建典型,多数单位被当地政府、办事处、综治办、公安机关评为先进、模范、标兵、星级社区等。

(田 根 张立承 李廷政)

三所交通院校结合奥运安保引深"平安校园"建设

厅属三所交通院校把做好奥运安保工作作为推动"平安校园"建设契机,全面加强校园治安综治工作,努力为师生员工的工作学习和生活创造一个稳定、安全、有序环境。一是落实责任制,形成一把手亲自抓,分管领导协同抓,各系、部、处、科室相关部门具体抓,齐抓共管、群防群治的良好态势。二是加大投入改造安防基础设施,安全防范功能增强。交通干校投资170多万元对学校和住宅小区全面改造,消防、安保设施更新换代,全部安装了红外报警视频监控系统,消防设施采用了自动报警灭火系统;交通技师学院自筹资金156万元在校门及校园公共场所、教学大楼、学生宿舍区、食堂安装了72个视频探头,学校和小区围墙设置红外应急报警装置,六个重点地方建立值班监控视频图像信号,总监控室24小时不间断监控;交通职业技术学院在原有消防安保设施基础上,又投入30万元,加强视频监控系统。三是从校园保卫、安全防范、消防管理、学生管理、食品卫生管理多方面进一步完善制度,强化管理。交通技师学院安装了先进的门禁一卡通系统,重点是学院财务、大门、宿舍楼门等部门。学生凭卡存钱支取、持卡才能进出学校大门、教学楼、宿舍楼大门,并制定了《交通技师学院安全责任分解和考核办法》,强化了管理责任;交通职业技师学院针对学生集中,易发生问题的学生公寓,狠抓安全管理,加强了公寓班主任和辅导员建设。每个班、每个公寓都配备了公寓班主任和辅导员,并由保卫处治安科长专门负责公寓安全,加强检查督导,消除隐患,有问题及时查处,有效地维护了公寓秩序。四是落实消防安全责任制,三院校都成立了义务消防队,组织师生员工消防演练,不断提高消防意识,消防技能和掌握"四懂四会"。坚持开展消防安全检查,及时更换和维修消防设施及灭火器材,堵塞漏洞,防患未然。四是结合院校实际,开展三个教育(法制教育、安全教育、品德教育)。交通职业学院购买了2000余册《大学生安全知识读书》发放每一学生,并将法制教育引进课堂,经常性聘请公安、监狱、法学教授、心理咨询等专家开办法律讲座、心理健康讲座、爱国主义讲座、心理辅导及健康咨询。交通技师学院利用校园闭路电视进行现场直播,点评教育违纪学生、表扬先进,弘扬爱国主义精神。保卫科专门购买了《与法同行》、《预防青少年犯罪警示录》等教育光碟,定期向学生播放。学生管理部门认真执行周末离校登记、假期离校提醒等制度,加强与学生家长联系,做好"九防"工作,提高学生安全意识自防能力;交通干部学校作为省交通厅"十一五"规划确定的干部培训基地,针对培训学员来源广、流动快、素质较高等特点,把创建内容编入教学大纲,列入教学计划,将综治工作同创建工作相结合,将治安综治工作列为交通系统干部培训必修课。综治工作进课堂成为交通系统治安综治工作的一大特点和亮点。

(田 根 张立承 李廷政)

全省交通系统
综治宣传活动效果突出

根据交通厅2008年治安综治工作要点要求,交通系统各单位以奥运安保、平安交通建设和矛盾纠纷调解年、确保内部安全稳定为主要内容,形式多样开展综治宣传活动。

一是通过召开专题座谈会、举办法律法规知识讲座、安全讲座、奥运安保专题讨论、普法宣传、法制教育讲座、举办奥运安保、安全消防、反恐防恐、普法为主要内容的培训班,从学法、懂法入手,增强干部职工大局意识、法制观念。二是利用典型案例,以案释法,切实提高干部职工法律素质。三是利用先进的电子信息传媒手段长距离全方位开展迎奥运、保畅通和法制宣传。省公路局、高管局、征稽局发挥"条管"优势,认真做好综治工作向下延伸工作,组织开展综治宣传月活动。其中省高管局最为突出,宣传活动形式多样、内容丰富、规模大、效果好。他们在收费站、服务区、入省口及主要枢纽,采用广告牌、大标语、路况信息板、板报、传单等形式,轰轰烈烈地进行打造平安高速、平安大道宣传。三是采取设立法制专栏、奥运安保专栏、图片展览、报刊阅读、校园广播、板报、宣传橱窗等图文并茂形式,使干部职工群众耳目一新、易学易懂,起到了良好的宣传效果。

(田 根 张立承 李廷政)

人 事 劳 资

综　述

2008年，在新一届厅党组的正确领导下，全省交通系统各级组织人事部门以邓小平理论和“三个代表”重要思想为指导，坚持学习实践科学发展观，全面贯彻落实执行全省组织部长会议、全省人事工作会议和全省劳动保障工作会议精神，坚持人才强交战略，紧紧围绕干部队伍建设、公务员队伍建设和专业技术人员队伍建设，不断深化干部人事制度改革和事业单位机构体制、人事制度改革，全面提高交通系统干部人事工作水平，统筹推进各项工作，为全省交通事业又好又快发展，提供了坚强的组织人事保障。

一年来，按照厅党组和厅领导的安排，在厅直单位和机关各处室的支持和帮助下，经过全处同志的共同努力，圆满地完成了各项工作。截至2008年12月31日，厅属机关、企事业单位职工29 134人，其中干部13 754人，工人15 380人；行政机关85人，事业单位13 346人，企业单位15 703人；高级职称1104人，中级职称3225人，初级职称4459人；技师995人，高级工3837人，中级工4268人，初级工6010人。

*加强领导班子和干部队伍建设。*按照组织人事工作要为交通建设主战场服务的指导方针，厅人事劳资处紧紧围绕交通发展的中心任务，不折不扣地贯彻落实厅党组的一系列重要指示，谋划和推进组织人事工作，加强领导班子和干部队伍建设。坚持党管干部的原则，坚持以“四化”标准和德才兼备原则衡量干部，以扩大民主、完善考核、推进交流、加强监督为主线，结合实际，把干部工作的重心与交通工作的中心结合起来。

一是在干部的选用中，严格按照“公开、公平、公正”的原则，坚持标准，严格程序，确保把“政治上靠得住、发展上有本事、作风上过得硬、人民群众信得过”的优秀干部推荐选拔到领导岗位。同时，注重从优化领导班子结构的角度，加强领导班子配备。根据上述原则，全年新成立了六个高速公路建设管理处，共选配50多名干部充实到高速公路建设和管理单位。

二是在干部管理中严格程序，按照《党政领导干部选拔任用工作条例》和省委的有关规定，从考察对象的确定、组织考察到提交党组会讨论决定都严格按规定程序执行，坚持民主推荐，坚持自下而上的组织推荐，在考察中也严格按规定的程序和范围进行。规范了干部考察前公示制和任前公示制。继续完善厅属后备干部人才库。

三是在干部考核中进一步健全机制，以建立促进科学发展的干部考核评价机制试点工作为契机，全面推行新的综合考核评价办法，坚持定性与定量相结合，切实把贯彻落实科学发展观的实际成效作为考核班子、干部实绩的根本标准和评价班子、干部的基本依据，努力形成正确的用人导向。

四是进一步加大了干部队伍的监督、管理工作。从完善监督制度、强化监督措施、健全监督机制入手，继续深化对全系统干部选拔任用工作的监督管理，重点是加强对厅属各单位党政一把手在干部选拔任用工作方面的监督。对1名因工作失职的干部进行了免职。

五是加大干部交流力度，推荐1名干部到四川茂县挂职、2名干部到市县挂职，2名干部到省援茂办公室工作，11人参加副厅级领导干部公开选拔，13名处级领导干部实行了异地或跨部门交流使用。

六是加强了干部的日常管理工作。办理了14名处级干部的退休手续，选派1名干部参加省委党校中青班学习。通过以上六项工作，进一步匡正了用人导向，为培养造就一支适应新世纪、新阶段战略任务需要的干部队伍起到了积极的推动作用。

加强专业技术人才队伍建设。按照省委组织部的整体安排，积极开展了厅局联系专家推荐选拔工作；完成了交通系统333人才工程候选人的推荐工作。此外，还完成了省高管局、厅重点办等部分厅属单位专业技术岗位职数结构比例审批及部分厅属单位专业技术人员聘任工作。职称评审中采取公开答辩、盲评考试等办法，进一步规范职称评审程序，严肃评审纪律，确保评审公正。全年共有70名专业技术人员获得了高级工程师、191名专业技术人员获得了工程师任职资格。57名专业技术人员参加优高、高级经济师、高级会计师、副教授等评审。继续进行了机动车检测维修专业技术人员职业水平考试的前期准备工作，交通技师学院的实际操作考点通过了交通运输部的验收。

加大人才引进力度，实现人才资源共享。树立“不求所有，但求所在；不求所在，但求所用”的用人理念，在人才引进上始终坚持公开、平等、竞争、择优的原则，进一步加大从省内外、行业内外引进人才的力度，吸纳了一批优秀大学毕业生，充实到基层，充实到一线，充实到执法队伍，让优秀人才为我所用，为交通尽力。交通职业技术学院面向社会招聘硕士研究生5名，本科生5名；省公路系统定向招聘37名；省征费稽查系统定向招聘工作人员52名，省高速公路系统面向社会招聘工作人员10名，继续深入开展清华大学博士山西服务月活动，全年共有4名博士到交通系统服务。

加强交通技术工人队伍建设。技术工人尤其是高技能人才，承担着技术创新和实现科技成果转化为现实生产力的重任，是交通发展的中坚力量。完成1100余人次的技术工人等级考核工作的审查报名工作，其中近500人通过技师资格考试，600余人通过高、中、初级工资格考试，并为上年考核合格的同志发了证、审批兑现了工资。

深入调研，为交通运输管理体制改革做好准备工作。2008年是交通系统机构编制工作非常繁忙的一年，一是按照国家实行大部制改革的要求积极准备全省交通行政管理体制改革；二是结合省直事业单位机构编制清理规范工作，稳妥准备交通系统事业单位管理体制改革，摸清了事业单位机构编制现状，为下一步事业单位改革打下了良好基础；三是结合省经济发展研究中心调研，为干线公路管理体制改革做了前期准备工作；四是结合交通事业大发展，思考如何理顺高速公路建设、管理体制；五是结合治理超限超载工作，思考公路路政管理体制；六是结合税费改革，准备征费系统体制改革；六是核定了部分高速公路公司的人员编制。

密切关注厅属各单位对《劳动合同法》及《劳动合同法实施条例》的执行情况。《劳动合同法》从2008年起正式实施，为了贯彻落实好《劳动合同法》以及《劳动合同法实施条例》，组织了两次用工单位人事劳资部门负责人进行座谈，了解厅属各用工单位的贯彻落实情况，共同研究解决《劳动合同法》实施工作中遇到的困难和问题。全系统《劳动合同法》的贯彻实施工作正在有条不紊的推进当中。

贯彻落实公务员法，切实加强机关公务员队伍建设。一是为提高公务员的整体素质，推进厅机关行政效能建设，在省人事厅的统一安排下，在厅机关全体公务员中开展了为期两年的公共管理核心内容培训。年底前已培训完全部七门课程并在人事厅的督导下进行了闭卷考试。各处室公务员都取得了优良成绩。二是在完成厅里公务员登记的基础上，又完成了工会参照公务员管理的审批登记工作。三是完成了机关人事管理的日常工作，办理了三名同志的退休手续。同时，继续加强对厅机关借用人员的管理工作，对借用人员的手续进行了完善。

认真做好工资审批和聘用制干部的管理工作。完成厅机关公务员近110余人次的工资报批工作，主要涉及正常晋升级别工资档次、级别工资滚动、职务变动晋升工资、新进人员确定工资等；为新进机关工作的领导和同志们办理了医疗保险手续；为厅属事业单位审批工资近15 000余人次；审批了厅属事业单位临时补贴发放方案等。在聘用制干部管理方面，完成了240余人的初聘工作，344名聘用制干部的续聘工作。

严格外事管理，严守外事纪律。中办、国办《关于进一步加强因公出国（境）管理的若干规定》出台以后，国家加强了对因公出国各个环节的管理，一些新的规章制度逐渐出台。为了适应新的外事工作环境，一是加大了新规定的宣传力度，提高广大外事主管领导和工作人员的认识水平；二是严格审查，确保报送材料符合外事管理的相关规定；三是热情服务，积极协助具体承办单位办理出国手续。汶川大地震后，根据中央和省委的要求，进一步严格了因公出国（境）工作的审查，结合交通工作需要，共派出厅属单位18人因公出国（境）考察、学习与交流（其中自组团2个，7人；参加部委团6个，6人；参加省内跨地市团组2个，5人）。

进一步加强干部人事档案管理工作。不断完善档案管理制度，对档案的接收转递程序进行了细化，严格审核学历等归档材料。同时，在交通部通用人事管理信息系统（CMIS6.0）的推广使用方面，基本完成了厅管干部的档案信息录入，实现了对厅管干部档案信息的动态管理。

交通扶贫工作再创佳绩。按照厅党组提出的"修路、引水、建学校，种草、种树、传科技"的扶贫工作思路，继续在定点扶贫点石楼县罗村镇加大基础设施建设力度，重点解决老百姓面临的实际困难和问题。厅定点扶贫工作在连续多年获表彰的基础上，又取得优异成绩，再次被省委、省政府评为省直机关定点扶贫先进单位。

加强组工干部自身建设。2008年，根据中组部《关于在全国组织系统开展"讲党性、重品行、作表率"活动的意见》精神，在全交通系统的组工干部中开展了"讲党性、重品行、作表率，树组工干部新形象"活动。通过开展这项活动，使组织人事部门贯彻落实科学发展观的自觉性进一步增强，干部群众反映的一些突出问题得到有效解决，选人用人公信度和组织工作的满意度明显提升，"三个之家"建设得到切实加强；组织人事干部在思想观念、素质能力、工作作风和工作方式方法上有新转变、新进步、新提高，"公道正派、知人善任的可信形象，清正廉洁、忠诚正直的可靠形象，创新求实、锐意改革的可敬形象，团结和谐、真诚待人的可亲形象更加鲜明。

（蔺建煌　侯一方　卢永旺）

山西省交通厅重点公路工程建设办公室正式挂牌

1月31日，山西省交通厅重点公路工程建设办公室正式挂牌，办公地点搬至省厅办公大楼五层。

厅党组副书记、副厅长张润在座谈时提出了三点要求：继续坚持科学发展观，围绕"三个服务"，立足"又好又快"，全面落实"三个并重"，确保省第九次党代会提出的到"十一五”末高速公路通车里程达到3000公里目标的实现；加强廉政建设，不断完善教育制度监督并重的惩治和预防腐败体系，实现厅党组提出的“修好多条路，不倒一个人”的廉政目标；进一步强化工程质量、安全工作、建立严密的工程质量、安全责任体系，确保工程质量、安全万无一失。

厅党组书记、厅长王晓林在讲话中强调，重点办要以更加饱满的工作热情，更加扎实的工作作风，投身于重点公路工程建设事业。一要强化服务意识，转变工作作风，全力以赴为重点工程做好各项工作。二要加强协调能力，协调解决好制约工程建设的各种困难，真正发挥好服务协调作用。三要提高管理水平，要制定加强工程管理的有效措施，切实抓好工程质量、安全管理工作，强化监管，科学管理。四要加大监督力度，进一步强化职能，加强廉政建设，对重点环节、重点岗位工作人员要严格管理，从源头上把好关口，严格用人程序，严格执行省厅下发的《关于进一步加强重点公路工程建设系统人员管理的通知》意见。同时要加强党建工作，理顺各建设单位党组织关系，强化领导班子建设，特别是要强化基层组织、基础管理、基本素质的“三基”工作。各级纪检监察部门要充分发挥监督协调作用，加强培训教育，加强监督检查，从源头上预防和治理腐败现象的发生，建立健全各项规章制度，形成按制度办事、靠制度管人的良好机制，使全省重点公路工程建设系统全面走上规范化、制度化、正规化的轨道。

（冀常军）

省交通厅召开事业单位机构编制清理规范工作会议

9月10日上午，省交通厅召开事业单位机构编制清理规范工作会议，学习贯彻中央和省委省政府关于推进事业单位人事制度改革精神，对厅属事业单位机构编制清理规范工作进行部署。厅党组书记、厅长段建国在会上作重要讲话，厅党组成员、副厅长张志川传达省委、省政府办公厅《关于对省直事业单位机构编制清理规范意见》精神，对清理规范工作原则、时间安排、方案制订、尺度把握等作了说明。会议由厅党组副书记、副厅长张润主持，厅党组成员、总工程师郜玉兰，厅党组成员、总会计师张德仪，厅党组成员、省公路局党委书记赵振田出席会议。

根据全省事业单位人事制度改革的总体进程要求，厅属事业单位人事制度改革分三步进行，对现有事业单位机构编制进行清理规范为第一步。其原则为“科学定位、配套改革，先易后难、分步实施，人有去处、利有保证，积极推进、确保成效”。根据省厅实际，具体安排为：第一步，制定并上报清理规范意见，10月20日前完成；第二步，组织实施，12月中旬完成；第三步，检查验收，12月下旬完成。

会议要求，各单位要在10月20日前上报清理规范意见，从现在开始要认真学习有关文件，准确掌握清理规范的目标原则、主要内容和有关标准，深入细致了解情况，认真分析梳理。同时，要做好清理规范文件中一些内容的尺度把握，比如成立一年以上但尚未组建运行的事业单位的撤销、职责任务和编制机构的明确、经费形式的规范等问题。

段建国在讲话中阐述了事业单位人事制度改革的重大意义，通报了国家、省、厅有关事业单位人事制度改革的总体进程。他指出，省交通厅是全省事业单位人事制度改革的试点单位，一定要充分认识推进改革的重大意义，充分认识试点单位的重大责任，充分认识其艰巨性、复杂性，坚持求真务实，大胆探索实践，勇于进取创新，积极主动做好工作，确保完成改革任务，努力为全省积累经验。

段建国要求，为了顺利完成事业单位人事制度改革试点的各项任务，各单位要加强领导、增强工作合力，突出改革重点、抓好当前工作，积极稳妥推进、保持社会稳定，搞好教育发动、营造良好氛围。在具体操作中要认真搞清情况，划准职能，应当转为企业的单位要制定好职工接受的配套政策，保障职工权益。每一步都要做好做细，透明公开。他特别强调，在清理规范过程中必须严肃组织人事纪律、财经纪律和机构编制纪律，防止借改革之机违规转移资金、私分钱物，防止擅自增设机构、增加人员编制和领导职数，防止突击提拔干部。

（李奋先）

省交通厅召开领导干部任职大会

9月10日上午，省厅召开领导干部任职大会，厅党组书记、厅长段建国受省委省政府委托宣布任命决定。

张润任省交通战备办公室主任（正厅级）；韩日裕任厅党组成员、省纪检委驻交通厅纪检组长；曹燎原任厅巡视员。省纪委副书记李正印出席并讲话。他充分肯定了近年来全省交通事业超常规、跨越式发展为全省经济社会发展作出的突出贡献及近年来全省交通系统廉洁高效、扎实有效的纪检监察工作。他要求省纪委驻厅纪检组认真贯彻何勇同志近日在中纪委监察部召开的派驻机构工作座谈会上的讲话精神，牢固树立“三监督”观念，为全省交通事业健康发展保驾护航。

张润、韩日裕、曹燎原作了表态发言，表示要牢记使命，维护班子团结，认真履行职责，勤勤恳恳做事，为交通事业又好又快发展作出新贡献。

（李伟鹏）

精神文明建设

党 团 建 设

综　述

2008年，在省直工委和厅党组的正确领导下，厅直各级党组织认真学习贯彻党的十七大和十七届三中全会精神，深入贯彻落实科学发展观，紧紧围绕交通中心工作，扎实开展党的建设、党风廉政建设、精神文明建设工作，为全省交通事业又好又快发展提供了有力的思想保障和精神动力。通过一年扎实有效的工作，广大党员干部党性观念、党员意识进一步增强，思想作风、工作作风进一步转变；基层党组织的政治核心、战斗堡垒作用更加充分体现，创造力、凝聚力和号召力明显增强；文明和谐创建再上台阶，交通职工整体素质和行业文明程度进一步提升。

（杨俊威）

省交通厅大力强化“三基”工作

2008年，省交通厅党组始终坚持把党的基层组织建设贯穿于党建工作始终，始终坚持把加强基层组织、强化基础管理、提高党员基本素质“三基”工作贯穿于交通运输改革发展的各个方面。

*一是强化基层组织建设。*针对近年来全省交通建设发展较快、新增单位较多的实际，及时健全了所有新成立单位的党组织和纪检组织，重点加强了在建工程项目党的工作，参建单位在进驻工地的同时都健全党组织，把党的基层组织建到了工队、班组。援川灾区公路抢通保通突击队组建后，迅速成立了指挥部临时党委，在抢通保通过程中，发挥了强有力的战斗堡垒作用。

*二是强化基础管理。*从规范基层党组织工作机制、规范党组织换届选举工作、规范专职党务干部的选拔配备等入手，严格落实“一课三会”制度、党日活动制度、民主评议党员制度等，努力提高基层党组织工作的规范化水平。为全面加强基层党的建设，进一步落实党建工作目标责任，修订完善了厅直党的工作责任制考核办法。同时，各级党组织把《中国共产党流动党员活动证》发放工作与流动党员摸底登记、党员教育、关心爱护党员相结合，完成了全系统基层党组织和全体党员基础信息采集、录入与审核等工作，完成了党组织及党员的信息库建设，严密了党的组织体系。

*三是强化党员基本素质。*按照“坚持标准、保证质量、改善结构、慎重发展”的方针，将发展党员计划向建设、生产、教育、科研一线倾斜，严把“入口关”，一年来发展新党员270名。在援川抗震救灾抢通保通战斗中，30名队员火线入党，广大党员充分发挥了先锋模范作用，真正成为带领群众前进的先进分子，为灾区人民作出了重大贡献。同时，通过党员先锋岗、党员突击队、劳动竞赛等形式，为党员服务群众、奉献社会，加强党性锻炼搭建了平台。

通过强化“三基”工作，增强了党组织的凝聚力、创造力和战斗力，较好地发挥了广大党员的先锋模范作用，为交通运输各项工作又好又快发展提供了坚强的政治保证。

（武作华）

省交通厅持续深化文明和谐创建活动

2008年，交通厅坚持把文明和谐创建工作同群众性精神文明创建活动有机结合起来，不断创新载体、丰富内涵，持续深化文明和谐创建活动，推动了行业文明创建再上新台阶。全省交通系统跨入了“全国交通文明行业”之列。交通厅新命名了3个“文明和谐示范窗口标兵”单位，10个“文明和谐示范窗口”单位。

一年来，交通厅积极配合省文明委组织实施了千里大运文明长廊推进计划，继续挖掘大运“千里文明高速路”的创建内涵，丰富创建形式，提升创建品位，完善长效机制，推动了全行业文明创建向纵深发展；不断引深文明路、文明车、文明和谐示范窗口、文明和谐单位（行业）、文明职工“五个文明”创建活动，通过道路、站所、码头、服务区等窗口，让每一位旅客切切实实享受到方便快捷、安全舒适、整洁优美的交通服务；制定印发了《全省交通行业精神文明建设评比表彰规定》，把“文明和谐行业”、“文明和谐单位”、“文明和谐集体”、“文明职工”、“精神文明建设先进工作者”纳入行业管理范畴，提高了行业精神文明建设表彰管理工作的科学化、规范化、制度化水平，鼓励各单位和广大职工积极组织和参与群众性精神文明创建活动，促进了行业精神文明建设健康发展。

（武作华）

省交通厅广泛开展以“迎奥运、树新风、促和谐”为主题的文明和谐创建活动

2008年是改革开放30周年和举办北京奥运会之年。交通厅广泛开展了以纪念改革开放30周年和“迎奥运、树新风、促和谐”为主题的文明和谐创建活动，开创了“文明和谐行业人人共建、文明和谐成果社会共享”的新局面。

厅直机关党委组织参加了交通运输部在青岛举办的“与奥运同行”迎奥运交通形象展示活动和“迎奥运、讲文明、树新风”文明礼仪知识竞赛，荣获“优秀组织奖”。在厅直属系统开展了纪念中国共产党建党87周年党史党建知识暨“迎奥运、讲文明、树新风”礼仪知识竞赛活动，进一步提高了交通干部职工的服务技能，推动了交通行业“迎奥运、讲文明、树新风”活动向纵深发展。为纪念改革开放30周年，根据省直工委安排，在全省交通系统组织开展了“亲历思想解放”有奖征文活动，组织参与了改革开放以来特别是党的十六大以来全省交通改革发展取得的重大成果，展示了大运千里文明高速路创建及文明和谐行业创建成果，展示了山西交通的文明和谐新形象。

（武作华）

省交通厅文明和谐创建工作获检查验收组好评

9月4日，省直文明委检查验收组对交通厅文明和谐创建工作进行了检查验收。检查组一致认为交通厅文明和谐创建特色鲜明、机制健全、内涵丰富、载体多样、效果显著。

交通厅在文明和谐创建方面，一是深化思想认识，加强组织领导，把文明和谐创建作为推动交通又好又快发展的总抓手；二是建立长效机制，严格目标落实，保证了创建工作广泛深入持久开展；三是突出行业特色，注重典型引路，创建工作整体推进；四是坚持以人为本，强化理论武装，交通职工队伍思想道德素质和科学文化素质明显提高；五是坚持党要管党，致力从严治党，抓党风促政风带行风；六是围绕“三个服务”，坚持“三个并重”，文明和谐创建推动了交通运输事业全面协调可持续发展。

（武作华）

省交通厅召开“知荣明耻”主题教育活动“双先”表彰大会

11月5日上午，省交通厅召开“知荣明耻”主题教育活动先进集体、先进个人表彰大会。会议对2006年3月以来，厅属单位各级关工委在青少年中广泛、深入、持久、扎实开展“知荣明耻”主题教育活动的基本情况、主要经验和取得成绩做了阶段性总结回顾，对在活动中涌现出的先进集体、先进个人进行表彰，对当前关工委工作做了安排。省关工委执行主任武正国，厅党组副书记、副厅长张润出席并讲话；厅党组成员、省公路局党委书记赵振田代表厅党组致辞。厅关工委原顾问廉平，厅关工委顾问任先泉、刘乾，厅关工委主任杨继刚，厅关工委第一副主任任景春等出席。

2006年3月以来，厅属单位各级关工委工作可以用六个“好”来总结归纳：一是领导重视，快速反应，第一时间部署好；二是强化宣传，舆论先导，浓厚氛围营造好；三是普学普教，深化认识，坚实基础奠定好；四是形式多样、潜移默化，自律他律结合好；五是“五老”奉献，余热生辉，尽责尽力服务好；六是知行统一，学以致用，累累硕果结得好。会议对下一步工作提出4点要求。一要把开展“知荣明耻”主题教育活动的成功经验，运用到社会主义核心价值体系宣传教育活动中去；二要把对青少年积极开展科普宣传教育和技能培训落到实处；三要充分发挥主观能动性，不断增强开展工作的积极性、主动性；四是深入学习实践科学发展观，努力开创新局面。

武正国在讲话中希望全省交通系统关心下一代工作能够百尺竿头，更进一步，成为全省关心下一代工作的先进典型。此次大会的召开在省直机关是第一家。他相信，在省交通厅党组正确领导下，全省交通系统的关心下一代工作一定能够搞得更好，作出更大贡献。

张润在讲话中指出，关心下一代工作涉及国家千秋万代，也涉及整个交通行业发展，要用科学发展观把关工委的工作搞好，使青少年茁壮成长，成为山西交通的一个亮点。

省征稽局关工委、太原公路分局娄烦段、山西交通技师学院07341班、晋中公路分局关工委分别作经验交流。

（孙乾灏）

省公路局不断强化基层党建工作

2008年，省公路局在基层党组织工作中，坚持围绕中心，服务大局，拓宽领域，强化职能，不断扩大党的工作的覆盖面，增强党的凝聚力和战斗力。认真贯彻落实《山西省公路局党的工作责任制》，积极探索新时期基层党建工作的新方法、新思路，推动基层党建工作迈上一个新台阶。一是总结经验，表彰先进。局直机关党委在纪念建党87周年之际，表彰了5个“先进基层党组织”、37名“优秀共产党员”和15名“优秀党务工作者”。3个基层党组织、26名党员、5名党务工作者受到厅党组表彰。二是认真开展民主评议党员工作。三是在党员发展上，遵循先培训后发展的原则，全年共培训入党积极分子8名，发展党员15名，并严格发展对象谈话制度。四是严格党费收缴管理制度，按照党章的要求及时足额收缴党费，落实中组部关于老干部上缴党费50%返还给所在党组织的有关规定，明确了党费使用范围和签字审批程序。

（武　洋）

省公路局顺利通过省直文明和谐单位标兵验收

8月29日，省直文明和谐单位标兵检查验收组对省公路局2008年创建工作进行了检查验收。检查组组长、省直工委副书记、省直文明委常务副主任贾明建对省公路局的创建工作给予了充分肯定，认为省公路局对文明和谐单位创建工作的重要意义认识到位，定位准确，创建主动性强，积极性高；创建工作亮点纷呈，尤其是公路文化建设、先进典型选树等有许多值得借鉴的地方。通过检查进一步坚定了省公路局文明和谐创建的信心,为下一步文明创建工作指明了方向,明确了思路。

（武　洋）

全省公路系统行业文明建设再结硕果

2008 年,全省公路系统文明行业建设继续坚持以科学发展观为指导,以“服务人民、奉献社会”为宗旨,以“路更好、人更富、环境更美”为目标,以培养“四有”职工队伍为根本任务,坚持不懈地抓落实,抓巩固,抓提高,抓创新,干部职工队伍整体素质进一步提高,行业凝聚力、战斗力进一步增强,行业风气明显好转,行业形象明显提升,行业文明程度整体提高。省公路局机关连续 9 年保持了“省级文明和谐单位”荣誉,连续 8 年保持了交通部“文明行业”荣誉,连续 10 年保持了省直“文明和谐单位标兵”荣誉。2008 年,晋城公路分局更是荣获了中央文明委授予的文明单位荣誉称号。目前,全省公路系统共有国家级文明单位 1 个,省级文明和谐单位标兵 6 个,省级文明和谐单位 29 个。

（武　洋）

全省公路系统文明和谐示范窗口创建成效明显

按照“打造最能反映行业文明程度的精品,培育最能折射行业文明程度的亮点,选树最能发挥示范带动作用的先进典型”的要求和“素质高、管理严、服务优、环境美、效益好”的创建标准,2008 年全省公路系统“文明和谐示范窗口”创建的重点是如何在公路行业实现由传统产业向现代服务业转型过程中发挥示范引领作用。围绕这一重点全省公路部门坚持不懈抓管理、抓指导,与时俱进不断丰富创建内容,提升创建标准,提高准入门槛,确保“文明和谐示范窗口”的示范性和影响力。目前,全省公路系统共有厅级“文明和谐示范窗口”42 个,标兵 4 个;局级“文明和谐示范窗口”36 个(新申报 3 个),标兵 6 个。

（武　洋）

全省公路系统青年文明号创建工作取得新成就

2008 年,全省公路系统青年文明号创建工作坚持以学习实践中国特色社会主义理论体系为统领,紧密围绕中心工作,深入开展创建活动,引领青年职工立足岗位成才,恪守职业道德,充分体现了公路系统的行业文明,达到了经济、社会、人才效益三丰收。12 月 15 日,忻州公路分局白坡头收费站、晋城公路分局高都收费站被团省委青年工作部授予省级青年文明号荣誉。12 月 31 日,大同公路分局的史守东、晋中公路分局的宋庆瑞被团省委青年工作部授予山西省青年岗位能手荣誉。

（武　洋）

省公路局积极推进公路文化建设年活动

根据《山西公路文化建设纲要》和《关于开展公路文化建设年活动的实施方案》安排部署,2008 年,省公路局在公路文化建设领域重点抓了三项工作。一是大力宣传舆论发动,让广大干部职工充分认识到开展公路文化建设的重要性和必要性。通过举办专题讲座、召开动员大会、以会代训、以查促创等多种形式,在不同层面、不同场合充分宣传开展公路文化建设的重要意义,实现广大干部职工思想上的统一。二是提炼公路核心价值理念。本着征集过程即是受教育过程的原则,在全系统各个层面广泛开展了山西公路行业核心价值理念征集活动。目前各公路分局已完成征集活动,在充分征集的基础上,省公路局公路文化建设领导组通过研究、提炼、升华,将形成具有浓郁公路行业特点、体现公路行业精神内涵和符合时代发展要求的山西公路行业核心价值理念。三是积极推进“文化公路”建设。在 2008 年 11 月 14 日至 16 日召开的全省公路系统党工部部长推进会上，将“文化公路”的建设理念及时向局属各单位推广。“文化公路”是公路文化建设的重要内容，是建立在“畅、洁、绿、美、安”文明样板路基础上，包含体现先进的建养管理念、地域历史文化特征、生态文明和人文理念的现代公路，集中体现精神文化、制度文化和物质文化建设的最新成果，对于提升公路行业的服务理念、管理水平和职工队伍素质有着巨大的推动作用。

（武　洋）

山西交通技师学院
跻身全国交通行业文明单位行列

2月，交通部发出《关于表彰2006至2007年度全国交通行业精神文明建设先进个人的决定》，山西交通技师学院受到交通部表彰，荣获全国交通行业文明单位称号。6月19日，该院隆重举行“全国交通行业文明单位”挂牌仪式。近年来，该院高度重视精神文明建设，遵循“立德树人、打造品牌”的宗旨，在全院师生员工中深入开展了以“创建良好校风，优化育人环境”为主题的文明创建活动。评选了一批文明科室、文明班级和文明宿舍，选树了全院的文明创建工作，结合“迎奥运、讲文明、树新风”活动，学院呈现出人人说文明话、办文明事、做文明人的良好氛围。

（要亚娟）

纪　检　监　察

综　述

2008年，全省交通系统认真贯彻中央纪委和省、部关于反腐倡廉建设的部署和要求，落实改革创新、惩防并举、统筹推进、重在建设的基本要求，突出抓好以工程建设领域为重点的源头治理，以治理超限超载为重点的执法监督，以纠风治乱为重点的行风建设，以履职尽责为重点的领导干部作风建设，配套建立交通特色的惩防腐败体系，为促进全省交通事业又好又快发展提供了坚强有力的政治保证。

（胡建新　李征远）

省交通厅全面推行党风廉政建设责任制

2008年，厅党组认真贯彻落实中央及全省党风廉政建设和反腐败工作部署，多次召开党组扩大会议、厅属单位党政负责同志和纪委书记会议，传达上级有关部署和要求，谋划交通廉政工作和惩防体系建设。厅领导班子调整后，及时充实调整了党风廉政建设各个领导组的组成人员和领导机构，为工作落实提供了坚实基础。厅党组还分别召开纠风和政风行风评议、治理非法超限超载、纪委书记座谈会等专项会议，厅主要领导对反腐倡廉建设提出具体要求，厅属各单位迅速传达贯彻，结合实际制定落实措施，促进了反腐倡廉工作的落实。厅党组结合年初安排部署的反腐倡廉建设7个方面的工作，将任务分解为42项，明确了厅领导和各部门的责任分工，逐级制定了计划和措施。驻厅纪检组及时把握各项工作的进程，加强对厅属单位纪检监察工作进行帮助指导，一季度专门抽调10多名纪委书记对厅属单位党风廉政建设责任制落实情况进行考核。厅党组及时把握纪检监察工作的进程，年内多次对厅属单位落实责任制进行检查指导，督促党风廉政建设责任制的落实。

根据中央颁发的《工作规划》和省《实施办法》，厅党组结合全省交通系统实际，研究加强惩治和预防腐败体系建设的具体任务和措施，出台了《山西省交通厅党组贯彻落实〈建立健全惩治和预防腐败体系2008—2012年工作规划〉的实施意见》，明确了今后5年全省交通系统以科学发展观为指导、推进惩防体系建设的工作思路和目标，对省委、省政府赋予省厅的1项牵头任务、6项协办任务进行了重点部署，对惩防体系中的教育、制度、监督、改革、纠风和惩处6个方面的工作整体推进进行了周密安排，为今后一个时期全省交通系统的惩防体系建设提供了重要依据。省纪委《简报》连续两次转发了省厅贯彻落实《工作规划》的措施和做法。

（李征远　吴铁虹）

省交通厅扎实开展廉政教育和文化活动

2008年，省交通厅强化反腐倡廉教育，

以树立正确的权力观为重点，先后组织了作风建设、中纪委二次全会精神、中央惩防体系《工作规划》、学习“右玉精神”和科学发展观的学习教育，深入开展正反两方面的典型教育，组织党员干部收看抗震救灾英模报告，结合王月喜、苗元礼、宋建平案件和交通系统的违规违纪案件，及时进行警示教育，吸取教训，引以为戒。省厅还组织重点公路建设单位纪检书记参加了交通部举办的纪检工作培训班。集中开展廉政文化活动，采取征集廉政书画作品、征集群发短信、组织文艺节目等多种形式，在全系统营造反腐倡廉的良好环境，评比表彰了一批开展交通廉政文化建设的先进单位和个人。厅领导和纪检工作人员在各种报刊发表廉政方面的文章10多篇，并上报省纪委、驻交通部纪检组关于交通行业反腐倡廉研讨调研文章3篇，配合和促进了廉政教育的开展，省纪委《简报》转发了省厅加强节日期间廉政建设的措施，驻厅纪检组撰写反腐倡廉政研讨论文被省纪委评比为优秀论文奖，被驻交通部纪检组评为调研论文评比二等奖并在交通监察年会上进行了大会交流，省交通厅被交通运输部表彰为全国交通行业廉政文化建设征文活动优秀组织单位。

（李征远　吴铁虹）

省交通厅全面推进反腐倡廉监督制度创新

2008年，省交通厅围绕权力运行、工程建设、行政审批、干部人事制度等方面加大改革力度，落实领导干部重大事项报告、述职述廉、民主评议、谈话诫勉、选拔任用等制度规定，强化管理监督，从源头上预防腐败。着重修改完善了《重点公路联合监督办法》、《厅党组议事制度》、《督查工作制度》、《责任审计联席会议制度》、《依法理财承诺制》、《政务信息公开办法》、《厅党组巡视工作暂行办法》等规章制度，各项制度都在新的交通网站上对社会公开公布，厅党组和所属单位健全了议事规则、决策程序和规章制度，对“三重一大”的各个环节进行强有力的监督，重点对大额度资金投入的工程项目招投标及建设过程中物资采购、设计变更、资金拨付、所有权转让、质量验收等环节实施全程监控。厅党组成员和处级以上领导干部都建立了个人重大事项申报登记和述职述廉制度，配套建立了廉政档案，有效预防和治理交通领域的腐败现象。

厅党组把交通基础设施作为建设和谐交通、廉洁交通的重点环节，推行项目法人责任制、招标投标制、纪检人员派驻制、双合同制、农村公路巡查制，做到事前、事中、事后监督相互结合，加强对工程建设概算控制、招标投标、转包分包、设计变更、资金拨付、物资采购等关键环节的监督检查。

为了加强高速公路建设招投标监督，维护公路建设市场秩序和招投标活动的公平、公正、公开，促进高速公路建设健康有序地发展，根据国家的相关法律、法规、规章，省厅会同省人大财经委、省人民检察院、省发展和改革委员会、省监察厅、省审计厅、省重点工程建设领导组办公室等七部门联合制定颁发了《高速公路建设招投标联合监督办法（试行）》，在全省高速公路建设招标中试行。

《联合监督办法》明确，全省境内的高速公路建设，包括公路、桥梁、隧道、立交交通工程及沿线设施的勘察、设计、施工、监理、主要材料设备采购等招标投标活动，均由省交通厅会同七部门对项目法人组织的招标投标活动实施监督。

《联合监督办法》专门设置条款，规定了联合监督的范围、监督方式、基本程序和要求。主要监督招标投标活动是否符合法律、法规、强制性技术标准的规定，是否公平、公正、公开，招标结果是否合法有效及招标投标工作人员的遵纪守法情况，依法受理和调查关于招标投标活动的投诉，查处违法违规行为。对招标投标过程中发生的违法违纪行为，明确了处理的法规依据。

《联合监督办法》的实施，对于加强招投标管理，改进和规范招投标行政监督工作，建立和完善公正、高效的招投标投诉处理机制，加强招投标监督管理队伍建设，及时受理投诉并查处违法行为和招投标活动中的腐败和不正之风，提高依法行政和依法监督水平，起到了积极有效的作用。

加强对工程验收项目施工现场和合同履行情况的监督检查，突出廉政合同落实情况的验收考核，并配合省重大项目稽查办、监察厅执法室完成了对晋城至济源高速公路招投标工作的专项稽查。

（李征远　吴铁虹）

全省交通系统积极推行公路建设阳光操作

2008年，省交通厅出台《关于开展“推行公路建设阳光操作，打造优质安全廉政工程”活动的实施意见》，明确全省公路工程建设（包括高速公路、干线公路、农村公路）从编制规划至竣工验收全过程的各重要环节，都必须坚持实施阳光操作，达到公开透明。这项创新措施的实施对于规范全省公路工程建设行为，规范行政权力公开透明，加强对公路工程建设的管理监督，将起到重要作用。

根据《实施意见》规定，全省公路建设要以政务透明、政策公开、准确及时为基本要求，以明确责任、强化监督为管理手段，严格实施公开阳光操作，坚持公开、公正、依法办事，将有关公路工程建设工作向社会公开，主动接受社会各界监督，全力打造优质、安全、廉政工程。实施公开的事项包括：公开项目建设计划、公开项目审批结果、公开招标过程、公开征地拆迁管理、公开建设资金使用情况、公开施工过程管理、公开工程设计变更、公开质量检查结果、公开履约管理考核情况、公开交工竣工验收结果等。并明确阳光操作实施公开的主体单位，是公路工程建设项目管理、设计、施工、监理单位，主体单位法定代表人是实施阳光操作的第一责任人。

《实施意见》要求，实施公路工程建设公开阳光操作，要形成“政策透明、制度公开、要求明确、管理有效、监督到位”的长效机制，确保这项工作落到实处。各单位、各部门要把坚持公路工程建设实施公开阳光操作，作为规范交通建设市场秩序、端正交通行业风气、打造廉政交通的具体措施，坚持把公开透明放在突出位置，促进从源头上防治腐败。涉及公路工程建设的主管单位和部门，要结合各自的工作实际，制定出落实本《意见》的实施方案，明确各自职责范围内公路工程建设阳光操作中的公开主体、公开内容、公开方式、公开范围、公开时间和公开监督检查部门，使阳光公开操作达到规范、有效。

《实施意见》还要求，全省公路工程建设涉及的有关行政管理部门和各从业单位要精心组织，认真落实，切实把坚持公路工程建设实施公开阳光操作与权力公开透明运行、预防职务犯罪、治理商业贿赂工作结合起来，与业务工作、业绩评定、年度考核结合起来。通过规范和公开有关公路工程建设方面的依据、程序和结果，真正把权力的运行置于阳光之下，达到公开、透明、规范，保障人民群众的知情权和监督权。杜绝暗箱操作，从源头上预防腐败现象的发生。有关人员要认真履行职责，工作中既要各司其职，各负其责，又要加强协作，密切配合，定期召开会议，定期向上级主管部门报告情况，定期进行跟踪考核，建立起规范的工作台账，不断完善工作运作机制，确保工作目标的实现。

为推进公路建设阳光操作，《实施意见》要求各职能部门加强对所负责的公开主体单位公路工程建设实施公开阳光操作的监督检查，积极整合监督资源，创新监督机制，加大监督力度，提高监督的整体效能。通过推行重点公路建设联合监督制，纪检监察派驻制、农村公路巡查制、工程建设“双合同”制等活动，重点对公路建设工程的招标投标、转包分包、设计变更、材料采购、资金拨付、经营权转让等重点环节和重点部位的监督。及时了解和掌握推行公路工程建设公开阳光操作的落实情况和薄弱环节，对措施不到位的，要有针对性地提出解决办法，不断完善交通建设领域的规章制度。还要广泛听到社会各界的意见和建议，充分发挥法律监督、行政监督、社会监督、舆论监督的作用，通过严格实行公开，达到权力运行规范、程序严密、结果公正、监督有力。《实施意见》还明确指出，要加大对违反制度行为的责任追究力度，严肃查处党员干部违反规定干预、插手工程建设招投标等以权谋私的行为，促进公路建设全过程依法、依规、依纪顺利展开。

这项工作新华网、中国公路网、山西日报等多家新闻媒体进行了报道，省政府《舆情摘要》、省纪委《山西纪检监察信息》刊发了信息，省厅的做法得到牛仁亮副省长的充分肯定，省纪委还转发了《着眼交通工程建设领域特点，积极构建惩治和预防腐败新体系》典型材料。

（李征远　吴铁虹）

省交通厅端正行风治超治乱

2008年，省交通厅进一步落实华北五省（市、区）《通告》和省政府《实施意见》、《源头治理暂行办法》、《责任倒查与追究暂行办法》、建立治超工作责任制，明确岗位职责，形成了规范的监督体系。注重规范站点管理和执法程序，认真组织治超人员政策规定培训，注重规范站点管理和执法程序，认真组织治超人员政策规定培训，完善持证上岗、轮岗交流制度，保证治超人员严格规范执法、文明执法。加强责任倒查，查获的非法超限超载车辆按照倒查、问责、追责程序，逐级追究监管责任，对治超不作为和乱作为的部门和单位，追究主要领导责任。省厅先后发放责任倒查通知13份，查处倒查责任10余起，尤其是严肃查处了太原公路分局所属3个治超站点的违规违纪行为，30名相关责任人受到了纪律处分。全国交通系统纠风工作会议对山西省治超工作给予了肯定，省纪委《山西纪委监察信息》刊发了省厅加强治超治理监督的做法。

坚持不懈深化治理，严防“三乱”反弹。全省交通系统充分发挥查处公路“三乱”快速反应机制的作用，加大了上路明察暗访力度，省厅和厅直单位先后30多次对收费站点、路政执法人员的工作进行监督检查，及时纠正行政执法不规范和乱收费、乱罚款现象。继续落实了收费站点的清理工作，严格二级公路收费站点审批程序，对到期站点及时进行了核查，对不符合要求的坚决不予延期，撤销了清徐贯中桥收费站，对3个收费站进行了整改。各级还贯彻落实有关要求，抓好涉农优惠“绿色通道”畅通、奥运火炬传递和抗震抢险救灾车辆的顺利通行，保证了应急任务的圆满完成。全省交通系统40个单位被省政府表彰为治理公路“三乱”工作先进集体。

认真开展评议工作，行风建设深入推进。省厅专门召开全省交通系统纠风暨政风行风评议工作部署会，明确纠风工作责任制，安排部署了5项重点任务，提出了具体要求和落实措施。厅领导、农村路网处和厅属四个主管局领导，4次进入山西人民广播电台《行风热线》直播节目，现场解答群众关心的行政审批、公路“三乱”等热点问题，对反映的突出问题进行了及时反馈和解决。厅党组书记、厅长段建国于12月15日又在《行风热线》节目中对交通厅年初向社会承诺的八件实事落实情况进行了反馈，得到了全社会的认可。全省交通系统还专门在党政机关、企事业单位、新闻媒体、社区居民、服务对象等人员中聘请政风行风评议代表850人，省厅和各级还专门组织了行风监督员座谈会，接受全社会对交通行业风气建设的监督。全系统积极开展文明创建活动，促进了政风行风建设，省交通厅被授予全国交通文明行业，厅属6个基层单位、6名个人被交通部表彰为精神文明先进集体和个人，省公路局、省征费局被表彰为全省政风行风评议先进单位。省行评办对省厅政风行风建设进行了专项检查,对省厅的做法和取得成绩给予了充分肯定。

坚持公开办事程序,行政效能不断提升。落实《政府信息公开条例》,注重健全管理制度,制定了信息公开办法程序,明确业务流程,落实首办责任制和限时办结制,强化监督。更新了全省交通信息网,建立了网上审批制度,加强各项事务的公开,重大项目审批、建设开工、招标中标、干部任免等工作,坚持在交通网站、《山西交通》报等媒体进行公示,接受各方面的监督和意见反馈。厅行政效能办多次分别对厅机关、厅直有关单位效能建设和行政执法工作进行了督查,重点对行政审批大厅的履行承诺情况进行了检查指导。省厅21个行政审批项目全年共受理行政审批(许可)33 783件,无一例超时办结。

(李征远　吴铁虹)

省交通厅加大信访和案件工作力度

2008年,省交通厅高度重视信访工作,注重发现和解决带苗头、倾向性问题,把治理重点放在案件查处上来,对确有问题的做出严肃处理,让广大党员干部吸取教训,接受警示教育。积极完善联合办案机制,成立了联合办案领导组,并通过执法、治贿、纠风治乱等工作发现案件线索,加大对违纪违法问题的发现力度和查办案件的组织协调力度。全年共受理群众举报和来访77件次,信访处理率达100%,驻厅纪检组、监察室按时上报省、部有关部门要结果的6件,查实初核涉及处级干部的6件,一名处级干部受到行政记大过处分,对3名处级干部进行了诫勉谈话,有些举报按照干部管理权限分别做出了处理。还受理工程招投标、质量验收等方面的举报、投诉12件,全部进行了核实、澄清,对反映属实一一进行了查处,对反映情况不属实或有偏差的也进行了反馈,努力为建设单位创造公平竞争的良好环境。在处理信访和案件过程中,注重树立大局意识,坚持把握政策界限,尤其是协助厅党组较好地处理了路桥集团上访事件,落实省政府关于路桥建设集团公司由国资委改由交通厅监管的决定,纪检组抽调15名纪委书记深入各单位进行稳控、冻结结算账户的协助工作。还协助检察机关对支援四川地震灾区的机械设备进行了核实;配合省效能办对交通安全隐患整改情况进行了专项督查;配合省纠风办对公路收费站点设置进行了专项调查。同时结合案件和倾向性问题,及时开展了警示性教育和治理整顿,总结经验教训,堵塞漏洞,完善制度,发挥了查办案件治本作用。

(李征远　吴铁虹)

省公路局惩治和预防腐败工作体系不断完善

2008年,省公路局在省委、省政府和省交通厅党组的正确领导下,坚持以科学发展观为指导,认真贯彻中纪委、省纪委和省交通厅纪检监察工作会议精神,按照"标本兼治,综合治理,惩防并举,注重预防"的方针,召开了党风廉政建设工作会议,强化廉政目标责任,与局属各单位签订《党风廉政建设目标责任书》;制定了《中共山西省公路局委员会关于全省公路系统建立健全惩治和预防腐败体系2008—2012年工作规划的实施意见》;对党风廉政建设和反腐败工作进行了2次专项检查,建立健全了目标考核制度和责任追究制度。形成了党政齐抓共管,部门各负其责,纪委组织协调,群众积极参与的良好局面。

(张　磊)

省公路局预防治理腐败能力不断提高

2008年,省公路局紧紧抓住"权、钱、人"的重点环节,加强了从源头上预防腐败工作的力度。一是严格财务管理,严格执行"收支两条线"规定,加大了对相关违纪行为的清理纠正力度;二是深入推进干部人事任用制度改革，认真落实《公开选拔党政领导干部工作暂行规定》；三是加强了对各单位领导班子的廉政勤政的监督检查和任期经济责任审计工作力度；四是建立健全了党风廉政建设和反腐败联席会议制度，积极探索从源头上有效预防腐败的新机制，各单位都能结合实际制定各项制度。如：长治分局与当地检察院建立了惩治和预防渎职等职务犯罪联席会议制度；吕梁分局推行了八项监督制度；晋城分局制定了《领导干部廉政谈话暂行办法》；运城分局出台了《工作人员诫勉教育、效能告诫实施办法》等。

（张　磊）

省公路局加大查处违法违纪案件工作力度

2008 年，省公路局把案件查处重点工作，放在关系到行业“窗口”形象的重点部门，加大了对执法执收人员违规违纪造成公路“三乱”案件、以及以权谋私、侵害职工群众利益和严重违反工作纪律案件的查处，做到了有案必查，对确有问题的做出严肃处理，让广大党员、干部吸取教训，接受警示教育。全年共受理群众来信来访、举报电话 45 件次，信访处理率达 100%，结案率 93%，受党纪、政纪处分 29 人（其中正科级干部 5 人、副科级干部 7 人、一般工作人员 17 人），维护了党纪的严肃性。

（张　磊）

省公路局治理超限超载工作有了新突破

2008 年，省公路局针对治理超限超载工作中发现的具体问题，专门组织了行风监督员座谈会，接受群众对交通行业风气建设的监督。通过走访服务对象、询问车主司机等，针对发现的具体问题、分析原因，制定了整改计划，落实整改措施 150 条。一是通过加强宣传教育工作，营造良好的治超氛围，规范交通执法行为；二是各单位实行严格责任倒查追究制度，对在治超工作中不作为或乱作为者，坚决予以责任追究。三是强化“四级稽查”网络系统，加大稽查力度，狠抓落实整改，逐步形成了治理公路“三乱”的长效机制。2008 年山西省人民政府授于省公路局政风行风评议先进单位。

（张　磊）

阳泉市交通局获全市政风行风评议工作先进单位

2008 年，阳泉市交通局坚持“管行业必须管行风”的原则，切实加强领导，坚持系统联动，严格明确责任，扎实深入推进，把政风行风评议工作与深入学习贯彻落实党的“十七”大精神相结合；与治理公路“三乱”和治理公路超限超载相结合；与党风廉政建设相结合；与抗震救灾工作相结合；与迎奥运、保安全、促稳定相结合；与全面完成 2008 年“146”工作目标和为民办的“十件实事”、实现交通又好又快发展相结合，使全系统的政风行风评议工作深入推进。为了突出政风行风评议工作的务实性和深入性，局党组多次召开专题会研究，聘请 26 名行风监督员，组建 150 名数据库人员评议群体，设立了意见箱，公布监督举报电话，把政风行风评议置于社会和群众的监督之下，同时还建立了“一把手负总责、抓业务管行风”的责任体系，在全局开展“征求意见下基层，面对面交流，想基层所想；排忧解难下基层，零距离服务，办基层所急；整改落实下基层，件件有成效取信于民”的“三下基层”活动。进而加强了全系统政风行风建设，促进了各项工作的开展。由于工作突出，阳泉市交通局被中共阳泉市委、阳泉市人民政府评为“2008 年度政风行风评议工作”先进单位。

（王九存　史晋阳）

临汾市交通局“五个到位”狠抓政风行风建设

近年来，临汾市交通局紧紧抓住民主评

议行风这条主线，通过坚持做到“五个到位”，认真开展民主评议行风工作，塑造了交通行业新形象，规范了交通行政执法行为。

“五个到位”主要是，一是统一思想，认识到位。市交通局领导始终把统一思想认识作为行评工作的根本保证。首先强调统一思想，端正认识，增强搞好行评工作的责任感和使命感，使广大干部职工充分认识行评工作是端正机关工作作风，加强机关廉政、勤政建设的有效载体，进一步增强工作的责任感和使命感，自觉把行风建设作为推进交通事业全面发展的大事抓实、抓好。

二是健全机构，领导到位。坚持“谁主管，谁负责”的原则，开展民主评议行风工作。市、县两级交通局第一把手作为行风建设的第一责任人，亲自抓督促、抓指导、抓检查、抓落实，建立健全领导机构和工作机构，形成层层负责，层层抓行评工作的组织机制。形成“一把手”亲自担任领导小组组长；亲自部署行风评议工作；亲自听取行风工作汇报，研究决定行风建设的重大问题。

三是明确责任，措施到位。每年的行评工作，市交通局都认真按照市行评办和省交通厅的工作部署，结合交通管理工作的实际和每个阶段行评工作的重点，研究制定《全市交通系统民主评议行风工作实施意见》，明确行评工作的主题，重点对象，工作内容和工作措施，将行评工作职责层层分解到基层站（所）和每一位交通行政管理人员身上。根据不同的评议对象，确定切合实际的工作重点和工作措施，做到一级抓一级，层层抓落实。

四是营造氛围，宣传到位。各级、各单位充分应用各种宣传手段，形式多样，营造交通行评声势。广泛宣传，发动群众，主动了解并积极参与民主评议行风工作。在宣传发动阶段，通过收费站、服务窗口向社会群众发放宣传材料 50 000 余份，其他交通管理业务指南、交通法律、法规问答等宣传材料 1 万多份，收到了良好的宣传效果。

五是找准问题，整改到位。在开展行评活动中，市交通局始终把查摆问题和整改落实阶段作为关键环节抓实抓好。通过有组织、有计划、有步骤地发动群众提意见、建议，组织干部职工对照要求自身查摆问题；各参评单位通过发放调查问卷，召开座谈会，深入到各相关单位和服务对象进行调查及开展明察暗访等多种形式查访活动，切实做到真查、实查、查准、查实，有什么问题就摆什么问题，不打掩护，不轻描淡写。特别是群众反映最强烈，直接与人民群众利益相关的问题，各单位狠下工夫抓整改，抓落实，取得明显的成效。

（李玉洲　庞燕东）

晋城公路分局出台《领导干部廉政谈话暂行办法》

为切实加强对领导干部的教育和监督，促进分局党风廉政建设和领导干部队伍建设，晋城公路分局正式出台了《领导干部廉政谈话暂行办法》。本《办法》对廉政谈话的基本原则、廉政谈话的类型及对象、廉政谈话程序、廉政谈话内容作出了具体规定。

廉政谈话具体分为岗前谈话、提醒谈话、诫勉谈话三种类型。岗前谈话对象为即将任职的正、副科级领导干部。通过任职前廉政谈话，立足教育，着眼防范，使其进一步加强廉洁从政意见。提醒谈话主要对象为副科级以上领导干部。针对群众反映的副科级以上领导干部存在的工作、思想、生活作风等方面的问题，暂未得到证实核实时，对其进行提示和预防性提醒教育。一般干部职工如有群众反映其存在工作、思想、生活作风等方面问题时，也可列为提醒谈话对象。诫勉谈话对象为副科级以上领导干部。根据群众来信来访、年度考核、纪律作风建设和各类专项检查等渠道反映或暴露出来的某些领导干部在执行政策、依法行政、遵纪守法、廉政勤政、贯彻落实党风廉政建设责任制以及工作作风、生活作风等方面存在严重的不够立案调查的问题，对其进行告诫和劝勉教育。

（李伟鹏）

交 通 教 育

综 述

2008年,省交通厅交通教育工作在更新观念、深化改革的基础上,职业院校走上了靠外延发展保障规模、内涵发展提高水平的质量兴校轨道。在职各类教育培训工作按照低重心运行、高层次突破的发展思路,最大限度地满足全系统职工接受教育的需求,发挥了交通教育在交通发展中的作用。

一是注重教学与科研相结合,提升交通院校的科研水平。开展"山西省交通行业技能型人才需求分析与研究"科研课题6项。山西省交通职业技术学院崔旭民撰写的《高等职业技术学院学生特点分析及教育对策》获得中国交通教育研究会第二次交通教育科学优秀论文评选一等奖;山西交通技师学院孙宗斌撰写的《深化半军事管理的思考与实践》、张文才撰写的《交通技能型人才职业能力培养教学模式构建研究》获得三等奖。

二是广泛开展了各类人员资格、岗位培训和继续教育工作。按照交通部关于干部培训的有关规定,坚持"统一规划、分工负责、分级负责、分类培训"的原则,加强行业培训管理,规范行业培训行为,重点开展了全省交通行政执法人员、统计人员、会计人员等岗位培训工作,共开办培训班90余期、培训8000余人次,使培训工作制度化、规范化,促进了交通行业职业道德、专业素质和管理水平的提高。

三是进一步拓宽在职教育渠道,多层次举办成人学历教育。在充分发挥厅属院校教育基地作用的同时,加强与高等院校的联合,为行业职工求知求学提供尽可能周全的服务,培养更多的适应公路建设的高层次专业人才。继续与长沙理工大学、长安大学、北京交通大学、太原理工大学等院校联合举办了道桥、土木工程、计算机等专业的高等函授教育、远程教育、自考,共入学910余人,结业1000余人。

(李贵顺　李英杰　郜勇刚)

山西交通技师学院启动课程开发工作

为了加快学院教育教学改革步伐,着力解决专业课程中比较突出的问题,全面贯彻新的职业教育课程理念,真正做到按照实际工作任务、工作过程和工作情境组织课程,构建以工作过程化为主体的、具有特色的现代职业教育课程体系,省交通技师学院特聘华东师范大学徐国庆博士指导,以4月27日召开的课程开发动员大会为标志,正式启动实施专业教学标准和课程标准开发工作。经过第一阶段的开发准备,在第二阶段,汽车工程系、公路工程系、信息工程系和机电工程系分别举办了工作任务和职业能力分析会,34名来自企业一线的技术专家参与了所在岗位工作任务与职业能力讨论分析。在此基础上,各系认真组织课程转化讨论会,经过热烈讨论，初步确立了汽车工程、公路工程两个专业职业导向模块化分层次课程框架。随后在课程专家的指导下，转入专业教学标准、课程标准、实训室建设标准以及与课程配套的教学实施方案编写阶段。此项工作由各专业教学指导委员会主任、校领导亲自抓，全体专兼职教师包括外聘教师，人人头上有任务，于年底形成了 15 个专业教学标准、29 门课程标准和 196 份教学方案。第一批评审通过的成果在 2008 年入学的学生中运用。

（要亚娟）

山西交通技师学院新校区投入使用

作为山西省唯一的农民工培训示范基地，山西交通技师学院大力加强基地项目建设，以满足人才培训和服务社会的需要。在省厅的支持下，购置了原太谷县职业中学作为该院的北校区。按照合同规定，8 月底，正式接管北校区。学院按照《北校区维修改造方案》，对教室、实训室进行了规划布局，购置了先进的教学设施设备，分阶段、按步骤启动了改造维修工程。至年底，学院标识上墙，公路工程系 13 个班 700 余名师生进入北校区学习，相关教学管理、学生管理工作人员到位、制度到位、检查督导到位，教育教学和校园秩序均保持了安全稳定。

（要亚娟）

全国机动车检测维修专业技术人员职业水平实操考点建成

12 月 16 日，交通运输部专家一行 4 人对山西交通技师学院初步建成的全国机动车检测维修专业技术人员职业水平实际操作考点进行评审验收。专家组对实操考点的零部件检验工位、车身电子测量工位、电气故障排除工位、车身修复与涂装工位、检测评估与运用工位等作了现场拍照，对零部件检验工位所有机械与电气零部件数据进行了测量与核对，并对考试系统作了现场安装与培训，最终评审通过。该院成为目前全国第 7 家、山西唯一一家机动车检测维修专业技术人员职业水平实际操作考点，为该院加强汽车专业建设及对外培训赢得了更多机会。

（要亚娟）

交通征稽文化课题通过交通部评审

交通征稽文化课题是交通运输部部署，山西省交通厅承办，山西省交通征费稽查局具体组织落实的全国交通文化 22 个课题之一，历时两年的努力，2008 年 5 月 8 日，《交通征稽文化专著》经交通运输部评审通过认为符合交通运输部研究要求，填补了研究空白，有很高的参考价值。《交通征稽文化专著》和《交通征稽文化手册》由人民出版社公开出版发行。

（范彦军　李　丽）

省征稽局对局管干部进行全方位封闭式培训

6 月 2 日，省征稽局对全省交通征稽系统局管干部封闭式培训活动拉开序幕。此次培训共分 8 期，每期 4 天，培训干部 690 名，是近年来力度最大的一次，也是“十一五”干部管理规划的一项重要内容。

省征稽局党委书记、局长张晋鹏以“思维与观念的创新”为主题为学员们上了第一节课，就观念与思维的内涵、创新观念与思维的必要性，思考观念与思维创新对交通征稽的特殊意义和具体要求等内容与广大学员们进行了探讨。他指出，创新是推动整个交通征稽持续发展的内在驱动力，是山西交通征稽发展的坐标。作为基层干部，要树立学习观念、人才观念、竞争观念和法制观念，形成和谐思维、共赢思维，推进交通征稽持续发展。

（范彦军　李　丽）

山西交通学院奖励三位省级双师型教师

2007年11月,由山西省教科文卫体工会联合会和山西省教育厅组织开展的山西省第二届高等职业院校“双师型”教学名师、优秀教师评选活动中,学院车辆工程系任成尧、柴慧理和王增林三位教师经过专业技能测试、课堂教学考察和专家评审,在60名参赛选手中脱颖而出,任成尧获得“双师型”教学名师称号,被山西省社会主义劳动竞赛委员会荣记个人一等功;柴慧理和王增林获得“双师型”优秀教师称号,被山西省社会主义劳动竞赛委员会荣记个人二等功。三位教师在评选活动中获得了较高评价,为学院赢得了荣誉。学院根据《名师建设工作规范》和2006年表彰奖励额度,对他们给予了奖励。

(刘素平　鲁　静)

山西交通学院举行青年教师测量技能大赛

近年来,学院不断深化教学改革,锐意创新教学模式,稳步提高教学质量,工学交替、理实一体化等先进教学手段广泛应用,双师型专业教师队伍建设得到了学院的大力支持,尤其是对青年教师的培养上,在学历深造、学术交流、带岗实践等方面给予了政策和资金倾斜。

2008年11月4日下午,学院公路类专业14名青年教师在学院操场,用水准仪、全站仪和GPS开展了测量技能大比拼。比赛全部按照国家高级测量工的要求,分应知和应会两部分,进行了理论知识、水准测量、全站仪放样和GPS定位测量等四个科目的考核。最终,取得综合成绩前六名的青年教师受到了学院表彰。

本次比赛不仅为广大青年教师提供了互相交流学习、锻炼实践技能、提高综合素质的平台,同时也为学院青年教师努力钻研营造了良好的学术氛围,有效促进学院的青年教师队伍建设。

(刘素平　鲁　静)

山西交通学院顺利完成2008年度国家奖学金、国家励志奖学金和国家助学金的评审发放工作

根据国家奖学金、国家励志奖学金、国家助学金发放的有关文件精神和省财政厅、省教育厅《关于下发普通本科高校、高等职业学校2008－2009学年国家奖学金、国家励志奖学金和2008年秋季国家助学金预算的通知》,学院结合自身实际情况,坚持公平、公正、公开的原则,经过严格审核,已完成2008年度国家奖学金、国家励志奖学金和国家助学金的评审工作,资助奖金至本月底将全部发放到位。

经学生本人申请,系认定评议小组审核,系认定工作组复核,学生处汇总报资助工作领导组审批,并将评审名单进行了为期五天的公示。最终确定5名同学获国家奖学金,每人8000元,小计4万元;93名同学获国家励志奖学金,每人5000元,小计46.5万元;685名同学获国家助学金,每人1000元,小计68.5万元。总计119万元。学院希望受资助的同学心怀感恩,铭记党和国家的关怀,继续发扬吃苦耐劳的精神,合理使用资助奖金,努力学习,不负众望,以优良的品格和突出的成绩回报社会和学院。

(刘素平　鲁　静)

全省首届一汽丰田(合力会杯)服务技能大赛成功举办

2008年5月19日,全省首届一汽丰田(合力会杯)“专业对车、诚意待人”服务技能大赛在学院举行。来自山西各丰田4S店中的9名优秀选手参加了本次比赛。此次大赛,秉承提升顾客满意度,检验一汽丰田经销店标准服务接待流程的贯彻,提升服务接待

水平的宗旨,为各经销店提供了服务顾问之间互相交流学习的平台,促进了学院理论教学与市场应用的结合。

这次大赛主要考核服务顾问的服务素质和水平,围绕选手对服务品牌、核心服务流程以及超级 S/A 考核的理解和落实情况进行现场模拟比赛。在接车和交车两个环节的比赛中,参赛选手进行了激烈地角逐,经评委认真评判,大昌 4S 店的选手获得一等奖,其余选手分获二、三等奖及其他奖项。

学院 07 届汽车营销班的学生全程观摩比赛,并且在比赛间隙积极参与互动,亲身体验接车和交车的过程。通过观摩,同学们不仅学习到实际技能,还进一步将理论知识应用到实践中,这必将为他们今后的就业和发展积累更多的经验。

在学院领导的大力支持下,"一汽丰田(合力会杯)服务技能大赛"成功举办,承办方授予学院优秀合作单位荣誉称号。

(刘素平　靳　炜)

山西交通学院荣获
"金蝶杯"全国总决赛一等奖

2008 年 5 月 24 日,"金蝶杯"全国高校企业经营实战模拟精英赛总决赛在深圳落下帷幕。全国进入决赛的 37 所高校的代表队参加了此次决赛。学院经济管理系学生代表队在系老师的带领下,经过层层选拔,最后进入全国总决赛,经过三天的激烈角逐力挫群雄,再次喜获高职高专组第一名、全国高校企业经营实战模拟精英赛总决赛一等奖的优异成绩。

本次大赛由教育部中国教育信息化理事会、教育部教育管理信息中心和金蝶软件(中国)有限公司共同组织。"金蝶杯"全国高校企业经营实战模拟精英赛旨在推动高校信息化实践教学及信息化复合型人才的培养,使在校学生深入了解企业经营管理及决策知识,真实剖析企业运营过程,切实提高就业实践能力。

(郝晓燕)

山西交通学院举办
2009 届毕业生就业双选洽谈会

12 月 16 日,学院 2009 届毕业生与用人单位双向选择洽谈会在学院举行,学院 1200 多名毕业生和 69 家用人单位参加了洽谈会,会场气氛热烈,秩序井然。

本次洽谈会用人单位提供就业岗位 1133 个,经过用人单位和毕业生的双向选择有 70% 的毕业生达成就业议向。为应对较为严峻的就业形势,学院多次召开就业筹备会、就业协调会,争取为毕业生就业提供优质的环境和服务。各系、各有关部门积极配合招生就业办公室,走访了多家单位,充分了解用人单位接收毕业生的政策和需求信息,搞好毕业生就业工作。共向 310 多家用人单位发出邀请函,多渠道收集就业信息 97 条,组织了 1 场大型双选会和 24 场小型双选会,70% 以上的毕业生与用人单位达成就业意向,就业率超过 80%,在全省继续保持了较高水平。

(刘素平　鲁　静)

山西交通学院两名师生喜获
第五届吴福—振华交通教育奖励基金

经学院推荐,交通运输部科教司组织评审,学院车辆工程系教授任成尧获得了第五届"吴福——振华交通教育优秀教师奖",公路监理专业学生黄万卿获得第五届"吴福——振华交通教育优秀学生奖",分别获得奖励基金 8000 元和 5000 元。

"吴福——振华交通教育奖励基金"是由澳门知名人士吴福先生和中国港湾集团振华公司共同出资建立的,用于表彰交通行业中忠诚人民教育事业,治学严谨,爱岗敬业,开拓创新,有突出科研成果的高级以上专业技术职务的教师和热爱祖国,勤奋学习,努力拼搏的校级以上三好学生。并以此激励广大师生以他们为榜样,奋发作为,为加快发展现代交通运输事业作出新的更大的贡献。

(刘素平　鲁　静)

山西交通学院
筑机专业就业形势喜人

近年来，学院车辆工程系筑机专业立足市场实际，适应经济发展和社会进步的需要，以技术应用能力培养为主线，加强实践教学环节，走产学结合的道路，与诸多企业建立了良好关系，培养了一批批高素质、强技能、全面发展的高等技术应用型人才。

2008年学院筑机专业共有毕业生71人，其中三年制高职生42人，五年制高职生29人。截至3月份这批学生已与中铁十二局、中铁三局第五分公司、大同公路分局、晋中交通局、沃尔沃山西分公司、山西挖宝机械工程有限公司、山西通宝工程机械有限责任公司、山西兴远工程机械有限公司、山西豪力工程机械有限公司、高速公路开发有限公司、山西腾飞亚鑫工程机械有限公司等单位签订劳动合同。

筑机专业连续三年就业率保持100%，毕业生受到用人单位广泛好评，招生与就业形成良性循环。

（李文耀）

晋中市举办首届交通局长培训班

5月19日至20日，晋中市交通局在榆次举办了为期两天的全市交通局长培训班。2007年年底至2008年年初，晋中市基层政府换届过程中，全市11个县(区、市)有9个进行了调整，为了使新局长尽快融入交通行业这个大家庭中，尽快进入角色，担负起加快区域交通建设，促进本地经济发展的重任，市交通局党组决定举办培训班。经过长时间的酝酿和精心准备，在培训班上，计划、公路、路政、运管、征费、质监、行政执法、财务等相关科(处、室)主要负责人和分管领导对各自的业务知识与工作要点进行了详细的讲解，个别老局长也就多年来的工作体会同与会的新局长进行了深入的交流。最后，李彦平局长围绕“想干事、会干事、干成事、好共事、不出事”这十五个字，勉励大家在新的岗位上为交通事业作出新的贡献。虽然培训时间不长，但是取得的效果良好，新局长普遍反映通过两天的培训受益匪浅，为今后具体工作的开展起到了很好的指导和借鉴作用。

（王跃东）

资料宣传

省交通厅表彰《山西交通年鉴》工作先进单位和先进个人

2008年，在厅党组的正确领导下，在各有关单位的大力支持下，全省交通系统史志年鉴工作者以“三个代表”重要思想为指导，全面贯彻落实科学发展观，围绕2008年交通工作中心和全年交通史志年鉴工作目标任务，肩负时代使命，积极应对挑战，与时俱进，开拓创新，以强烈的责任感和使命感，在本职工作岗位上爱岗敬业，尽职尽责，勤奋刻苦，拼搏奉献；积极创造条件，克服各种困难，一丝不苟，保质保量圆满完成《山西交通年鉴》(2008年版)资料报送及先进典型宣传等工作任务，为推动全省交通事业又好又快发展做出显著成绩，涌现出一批年鉴工作的先进单位和个人。2009年3月10日，在全省交通史志年鉴工作会议上，省厅以晋交办字〔2009〕89号文印发《关于表彰2008年度《〈山西交通年鉴〉工作先进单位和先进个人的决定》，对在2008年《山西交通年鉴》编撰工作中做出显著成绩的17个先进单位和22名先进个人进行了表彰。其中，17个先进单位分别为：运城市交通局、山西省公路局长治分局、忻州市交通局、晋中市交通局、临汾市交通局、长治市交通局、阳泉市交通局、大同市交通局、山西省交通征费稽查局、山西省交通运输管理局、山西省交通规划勘察设计院、山西省交通建设开发投资总公司、山西省交通科学研究院、山西省公路局太原分局、山西省交通征费稽查局忻州分局、山西太旧高速公路管理有限责任公司、山西忻州高速公路管理有限责任公司；22名先进个人分别是：席红霞、曹宏昇、刘邦晋、王跃东、李玉洲、韩金廷、史晋阳、高青、范彦军、张慧萍、秦华国、宗庆文、许艳红、张夏玲、赵树平、王立中、吕锋、刘玉怀、王锁胜、王国忠、贾振卜、陈富根。

（梁锦华）

《山西交通年鉴》2008年版出版发行

《山西交通年鉴》是全省交通运输系统逐年记事体系列丛书，2008年版为第15本，记事时限为2007年1月1日至2007年12月31日，收载范围囊括全省交通运输系统各单位、各部门。该书以党的十七大精神和科学发展观为指导，立足全省交通运输工作实际，真实、全面、实事求是地反映了全省交通运输系统2008年工作情况。为保持年鉴内容相对稳定，编排上承接上年体例，分为栏目、类目和条目三个层次。栏目包括“特载(6篇)、交通史志年鉴工作会议专辑(2篇)、大事记、各市交通局工作业绩(11篇)、厅直单位工作业绩(22篇)、公路系统单位工作业绩(18篇)、征稽系统单位工作业绩(12篇)、高管系统单位工作业绩(18篇)、重点公路工程建设单位工作业绩(7篇)、交通开发单位工作业绩(3篇)、山西汽车运输集团工作业绩(16篇)、部领导调研摘记、省领导调研摘记、厅领导调研摘记、全省交通建设成就、交通行业管理、精神文明建设、统计资料、政策法规辑录、光荣榜、领导干部名录、图片资料、山西省交通厅抢通保通抢险突击队、先进典型集锦24个栏目。其中“山西省交通厅抢通保通抢险突击队”为新增栏目，旨在突出反映“5·12”汶川特大地震后，厅党组果断决策，在最短时间内派遣以副巡视员郭贵平为总队长的公路抢通保通抢险突击队，开赴灾区，帮助灾区人民重建家园的典型事件，具有强烈的时效性和年度特色。类目包括“全省交通建设成就”中的“公路设计、公路建设、公路养管、质量监理、内河航运、征费稽查、交通科技”，“交通行业管理”中的“超限超载治理、运输管理、交通法制、交通安全、交通战备、财务审计、交通公安、人事劳资”，“精神文明建设”中的“党团建设、纪检监察、交通教育、资料宣传、新闻宣传、工会工作”等22个类目539个条目。该书在编撰过程中体现出四个特点：一是组织领导有力。2008年版《山西交通年鉴》编审委员会主任由前后两位厅长王晓林、段建国担任，常务副主任张润，副主任王志民、韩日裕、张志川、部玉兰、张德仪、赵振田、曹燎原、郭贵平，编委委员则由各市交通局、厅直各单位及厅机关各处室主要领导担任。主编师国梁、张岐山，副主编梁锦华。二是收载内容全面。厅直单位中增加了“山西省交通厅公路工程定额站”，“特载”中除收录王晓林厅长在全省交通工作会议上的讲话外，还增收了新任厅党组书记、厅长段建国在全省交通工作推进会上的讲话，做到涵盖面广泛，内容全面、新颖。三是精心选取典型。在“先进典型集锦”栏目，严格按照标准挑选，即从不同部门和行业考察，又有先进性和教育意义，图片精心挑选，文字说明简练，图文并茂，充分反映了交通建设辉煌成就。全书共收录照片194幅，字数164万字，2008年10月由山西人民出版社出版发行，为各级领导提供了可读、可信、可鉴的丰富资料，出版后受到广泛好评。

（梁锦华）

《山西路谱》正式出版发行

2005年，交通部专门发文，要求各省组织编撰《路谱》、《桥谱》等书籍。由于厅资料信息中心编撰任务重，人员少，未能及时开展此项工作。2008年，在《山西交通志》（1978～2008）资料收集整理过程中，各市交通局报送了大量农村公路资料，由于篇幅所限，“十五”期间尤其是2006年以来农村公路重要建设成就的县乡村公路无法在《山西交通志》中一一详述。为此，在向厅领导汇报后，中心决定专门编撰《山西路谱》一书。

全省各市县、乡、村公路数量庞大，里程不一，等级层次差别较大。为了做到全书资料完整和体例统一，编辑部多次召开专门会议安排部署有关资料报送工作，提出完成时限和明确要求。厅党组副书记、副厅长张润还亲自批示有关市交通局，要求认真做好农村公路资料报送工作。由于时间紧，农村公路数量难以统计，各市交通局报回来的资料标准不一，修改难度极大。为了确保《山西路谱》一书编撰质量，圆满完成出版任务，资料信息中心3位领导分工负责，各把一方，进行多次校改及有关资料的补充完善工作。中心主任师国梁负责吕梁市、阳泉市、长治市、晋城市农村公路资料修改工作；副主编张岐山负责太原市、大同市、朔州市、忻州市农村公路资料修改工作；副主编梁锦华负责晋中市、临汾市、运城市农村公路资料修改工作。为本书提供初稿的人员有：序言资料由张岐山提供，概述资料由师国梁提供；太原市路线资料由张建刚、岳红旺提供，概述资料由张岐山提供；大同市路线资料由邓盛、高青、李恒东提供，概述资料由张岐山提供；朔州市路线资料由石爱、杨亚非、周建平、范金荣提供，概述资料由张岐山提供；忻州市乡级公路资料由顾占斌、刘邦晋提供，县、乡、村公路概述资料由张岐山提供；吕梁市路线资料、概述由田光铭提供；晋中市路线资料由姬怀杰、王耀东提供,概述资料由梁锦华提供;阳泉市路线、概述资料由王九存、史晋阳提供;临汾市县、乡公路资料由华志刚、李玉洲、庞燕东提供,县、乡、村公路概述资料由梁锦华提供;运城市路线、概述资料由王健康、席红霞、鲁晓岩提供;长治市县级公路资料由李明芳、韩金廷提供,县、乡、村公路概述资料由师国梁提供;晋城市路线、概述资料由贾承健、郭光明、吴洪兴提供;后记资料由师国梁提供。

《山西路谱》是全省第一部以农村公路为主要记载内容的专业志书,该书分县级公路、乡级公路、村级公路、专用公路四编 44 章 375 节,前有序言、概述,后有后记,详细记载了全省各县、市、区公路建设情况,内容全面,涵盖面广,是一部资料性、专业性很强的工具书,也是《山西交通志》的很好补充,填补了全省公路专业书籍的空白。全书共 145 万字,2009 年 9 月由山西人民出版社出版发行。

(梁锦华)

《大路人生——山西交通改革发展30年回顾与展望》编撰完成

为了精心组织好党的十一届三中全会以来改革开放 30 周年纪念活动,更好地传承历史,总结经验,充分展示交通改革辉煌成就,充分说明"只有社会主义才能救中国,只有改革开放才能发展中国、发展社会主义、发展马克思主义"的深刻道理,用数据和事实说明改革开放是交通振兴之基,发展之本,激励和鼓舞全系统广大干部职工牢记宗旨,坚定信心,高举旗帜,在十七大精神指引下,再创新业绩,再作新贡献。根据中共中央办公厅、省委办公厅通知精神和省史志研究院具体要求,2008 年,省厅以晋交办字〔2008〕145 号文印发《通知》,决定编撰出版《大路人生—山西交通改革发展 30 年》一书。稿件征集对象为厅机关和厅直单位副处级以上干部;厅属县处级以上单位党政主要负责人;各市交通局副局级以上领导;山西汽车运输集团中层以上干部及各分公司党政主要负责人;厅机关、厅直各单位及各市交通局、山西汽车运输集团1978 年以后离退休老干部(副处级以上职务或副高级以上职称)。内容以 1978 年改革开放以来,个人亲身经历或所见所闻为题材,或以某一个单位前后变化为脉络,从某一个侧面见证或反映全省交通系统改革发展建设成就,探讨和总结经验教训,对今后工作提出若干建议及思路。资料上限为 1978 年 1 月 1 日,下限为 2008 年 8 月 31 日。

为了加强领导,高水平、高质量完成资料征集及编撰任务,省厅成立了编审委员会。厅党组书记、厅长段建国任主任;厅党组副书记、副厅长张润任常务副主任;厅党组成员、副厅长王志民,厅党组成员、省纪委驻厅纪检组组长韩日裕,厅党组成员、副厅长张志川,厅党组成员、总工程师部玉兰,厅党组成员、总会计师张德仪,厅党组成员、省公路局党委书记赵振田,厅巡视员曹燎原,厅副巡视员郭贵平,山西汽车运输集团董事长胡鲜朝任副主任;委员由厅机关各处室处长、厅直各单位党政一把手、各市交通局局长担任。编委会下设编辑部。编辑部设在厅资料信息中心,具体负责书稿征集、修改、审定及编辑出版事宜。编辑部主任:师国梁(兼);副主任:张岐山、梁锦华。

文件下发后,各市交通局、省公路局、省征稽局、省运管局、省高管局、厅重点办、山西交通职业学院、山西交通技师学院、省交通干部学院、省交通干部学校、省交通设计院、省交通科研院、省交通开发总公司等单位都高度重视,均成立了编撰机构,确定了党政主要领导负总责,分管领导分工负责,专职或兼职人员具体负责稿件的征集及修改工作的责任体系,迅速行动起来,采取有力措施,积极完成任务。省公路局为激发大家踊跃撰写稿件的积极性,以征文形式开展活动,收回稿件 120 多篇;省征稽局、山西交通技师学院、山西汽车运输集团认真组织,分别报送稿件 48 篇、36 篇和 63 篇;省交通科研院赵队家院长、刘耀龙书记亲自审读本单位收回的征文稿件,同时认真写稿,起了很好的带头作用;省交通质监站5名领导干部全部按照要求交回了稿件。省交通设计院、阳泉市交通局、省运管局、厅规划中心等单位也精心组织,及时上报资料,保证了稿件征集工作顺利进行。共报回稿件320篇。

稿件内容方面,有以单位的发展壮大为落脚点的;有以某个历史事件为切入点的;还有以个人的成长为背景,展现交通发展成就的;有对比现在和过去,反映发展变化的;更多的是个人的体会及对改革开放带来巨大变化的感激之心,激动之情。稿件的作者有厅领导段建国、张润、王志民、张志川、郜玉兰、郭贵平;有单位或部门的一把手,厅机关处级干部;有退下来的老领导胡玉珍及其他老干部;有考任副厅级干部的张明旺等等,更多的是各个岗位上的中层干部和技术骨干,是交通事业发展的中流砥柱。每位作者都用个人眼光和亲身经历,讴歌和赞美了改革开放以来山西交通建设的辉煌成就,诉说了改革开放30年人民生活发生的巨大变化,感情充沛,文字朴实,其中不乏优秀之作,读之有如置身交通发展变化的大舞台,生动,形象,真实感人。

经资料信息中心三位主编、副主编全力以赴,尽心尽力,认真审稿和修改,共采用稿件205篇。全书分为改革纵横16篇、公路建设67篇、征稽管理25篇、道路运输6篇、设计科研20篇、教育培训13篇、规划发展4篇、舆论宣传8篇、农村公路4篇、汽运集团42篇,共205篇100万字。于2009年10月由山西人民出版社出版发行。

(梁锦华)

《山西交通志》(1978~2008)出版发行

根据省委、省政府要求,按照《山西省第二轮〈山西省志〉编纂工作实施方案》及2006年6月13日召开的《山西省志》编纂工作会议精神和张少琴副省长讲话要求,为了完整地记述1978年以来改革开放给山西交通事业带来的巨大变化及全省交通系统各部门、各单位改革发展建设辉煌成就,为后人留下一份可资借鉴和弥足珍贵的公路交通史料,省交通厅领导高度重视,于2006年6月启动了《山西交通志》编纂工作。

首先是认真贯彻省委、省政府召开的《山西省志》编纂工作会议精神,从讲政治高度认真抓好组织协调工作。2006年6月13日,省委、省政府召开会议,安排部署《山西省志》编撰工作,《山西省志·交通志》为其中一卷。会后,厅资料信息中心主任师国梁及时向厅领导作了汇报。6月20日,由王晓林厅长和张润副厅长主持,召开厅机关各处室和有关单位负责人参加的座谈会,就如何做好编撰工作进行专题研究。在取得厅领导的支持后,6月21日,省交通厅以晋交办字〔2006〕272号文印发《通知》,成立了《山西省志·交通志》编撰委员会。编审委主任由王晓林担任,常务副主任由张润担任,副主任杨金泉、王志民、张志川、郜玉兰、张德仪、赵振田。编委委员由厅机关各处室负责人、厅直各单位党政一把手、各市交通局局长及山西汽车运输集团、山西路桥建设集团董事长担任,共计45人。编委会下设编辑部,编辑部设在厅资料信息中心,具体负责志稿征集、修改、编撰及审定事宜。编辑部组建以后,在认真学习第二轮《山西省志》编撰工作实施方案基础上,结合全省交通30年来改革发展建设实际情况,进行了深入细致研究,进一步统一思想,提高认识。大家一致认为;篇目是志书大纲。要想做到重点突出,内容全面,结构合理,层次分明,张弛有序,图文并茂,就必须把篇目设计好、修改好。为此,认真抓好五方面工作。一是认真做好与上一次志书体例的承接工作。1999年12月出版的《山西通志·交通志·公路水运篇》(总第21卷),上限为清道光二十年(1840年),有的事项溯自发端,下限为1997年,部分内容顺延至1998年。因此,在编撰新的篇目时,充分尊重原编撰者劳动成果,尽可能做到承上启下,相互衔接。如全书重点内容仍然分为公路交通和水路交通两大部分。在公路交通中,分为道路、运输、征费、科技、教育等;在水路交通中,分为航道、船舶、基础设施、交通安全等。二是根据1978年以来全省交通事业改革建设发展的实际情况进行调整。如第一轮《山西通志》中"道路设施"部分内容,只记述桥梁、隧道工程,这次又增加互通式立交、服务区、交通工程(含标志、标线)、机电设施(含收费、通信、监控等),并把综合规划、前期工作、资金筹措、法制建设、交通审计、安全生产等内容分设章节重点记述;在公路运输中,增加危险货物运输、相关服务业管理、行业管理等内容。三是紧紧围绕厅党组中心工作,突出重点内容。如改革开放以来,全省交通建设的辉煌成就之一就是以太阳高速公路为代表的高速公路从无到有,由少到多,到2008年底全省已达1686公里,在全国排名第9位,在中部排名第2位;2001年至2005年,作为全国农村公路建设试点,全省新改建农村公路89 529公里,占到全国同期农村公路建设1/3。其中,改造75 875公里,是新中国成立50年来农村油路、水泥路总里程的5倍;交通战备工作,"十五"以来在全国独占鳌头。实施"国防大运"、建立"战略物资运输保障车队",填补全国空白,多次受到交通部、北京军区表彰,其经验在全国进行推广。对于这些有典型意义的事件,都在志书篇目中独立成章,详细记述。四是与时俱进,大胆创新,增设新的篇章。由于交通系统单位多,各有关部门工作纵横交错。为了做到全面、完整、系统地反映每一个单位工作职责和工作业绩,专门设立"管理机构篇",把全省交通系统所有单位分门别类囊括进去。如以行政机构为线索,把省交通厅、各市交通局及各县市区交通局机构设置及工作概述设立一章;以业务管理机构为线索,把具有一定行政管理职能的事业单位,如省公路局、省高管局、省征稽局、省运管局、省地方海事局、厅重点办、省交通战备办设立一章;以设计科研、教育培训、监督管理、开发投资、舆论宣传、后勤保障为线索,把所有厅直单位设立一章。20世纪90年代以来,全省交通系统行业文明建设成绩比较突出。各种文明示范窗口、文明示范单位和精神文明建设标兵占到全省同类命名数30%以上,为此,专门设立"行业文明建设篇"进行集中记述。为了充分反映全省交通系统反腐倡廉和"修好多条路,不倒一个人"取得的突出成绩,专门设立"廉政建设篇"。五是延伸空间,扩展载录内容,将一些相关企业和学术团体列入篇目。如山西汽车运输集团,是全国50强运输企业之一,一直是省交通厅直属单位,在推动公路运输发展中成绩卓著;山西路桥建设集团,原来是省公路局直属企业,为加快全省公路事业发展功不可没。但是随着经济体制改革不断深化,政企逐步分开。2001年5月25日,省政府批准成立山西路桥建设集团有限公司;2001年9月19日,省政府批准成立山西汽车运输集团有限公司;从2001年6月30日起,两大集团人事、党务等工作划归省国有资产管理委员会管理。考虑到两个集团与省交通厅的历史渊源以及对全省公路交通事业发展所作的贡献,专门设置"大型行业集团"一章。此外,以学术团体为线索,将省公路学会、省道路运输协会、省交通企业协会等10余个协会、学会、工作委员会设立一章。

经过反复推敲,悉心研究,并广泛征求听取厅领导及相关部门意见基础上,8易其稿,不断修改完善,敲定了《山西交通志》篇目,使之更加符合山西交通建设改革发展实际。此外,确定了编撰工作方案和进度安排,即2006年、2007年搜集资料、编辑整理,2008年修改定稿,2009年由山西人民出版社公开出版发行。由于领导高度重视,措施得力,工作开展迅速扎实,编纂工作受到省史志研究院高度评价。2006年9月26日,在省直系统修志工作汇报会上,厅资料信息中心主任师国梁代表省厅作了题为《修路修志同抓共责，潜心谋篇精益求精》的典型发言，成为全省修志的典型。12月底，厅资料信息中心被省史志研究院评为史志工作先进单位，两人被评为先进个人。

其次是明确组织机构、指导思想、编撰原则、志书体例及具体要求。2007年2月28日，省交通厅以晋交办字〔2007〕66号文印发《关于认真做好〈山西交通志〉（1978年至2006年）一书编辑出版工作的通知》，从组织机构、指导思想、编撰原则、志书体例、具体要求等方面要求各单位统一思想，提高认识；建立机构，落实到人；认真负责，确保质量；审核修改，及时上报资料。为了进一步加强领导，落实责任，高质量、高水平地完成《山西交通志》编撰工作，2007年10月18日，省交通厅以晋交办字〔2007〕434号文印发《关于调整〈山西交通史志年鉴编审委员会成员〉的通知》，编委会主任由厅长担任，常务副主任由分管厅领导担任，副主任由各位厅领导担任，委员由厅机关各处室负责人、厅直各单位党政一把手担任。同时确定总编辑为师国梁，副总编辑为张岐山、梁锦华。后由于人事变动，编审委主任增加了新任厅长段建国，副主任增加了韩日裕和曹燎原。编委委员由52人组成。各有关单位都成立相应机构，明确分管领导和具体承办人，将任务层层分解，责任到人，明确要求和时限，认真开始资料收集工作。

再次，是精益求精，一丝不苟，圆满完成编撰任务。2007年6月上旬，中心分别召开由各市交通局、厅直各单位、厅机关各处室有关部门人员参加的座谈汇报会，督促检查《山西交通志》进展情况。座谈会上，大家就编撰过程中存在的一些具体问题进行讨论交流，商定解决办法。2008年3月，在全省交通史志年鉴工作会议上，厅党组副书记、副厅长张润在讲话中再一次强调要高度重视编撰工作，以高度负责的精神，竭尽全力，高水平、高质量完成任务。2008年5月至6月，中心又分别召集各市交通局、省公路局、省征费局、省海事局、省运管局、省高管局有关人员召开会议，检查进度，交流资料收集、编撰方法和途径。随后，中心领导深入各市交通局和厅直各单位，解决编撰过程中存在的各种问题，为编撰工作顺利完成奠定基础。各有关单位和部门分管领导高度重视，承担编撰任务的同志积极搜集资料，反复修改完善。大家不厌其烦，不怕辛苦，加班加点，查找30年全部的资料，有的甚至深入走访退下来的老同志，生怕资料不完整，有漏项，表现出了高度负责和严谨求实的精神与作风。

由于时间跨度长，涉及单位多，有关资料繁杂，为了保持全书体例完整和统一，在广泛征求各有关单位意见基础上，师国梁主任集中6个月时间，对全部初稿进行了修改、增删、补充和完善。力求做到重点突出、结构合理；详略得当，文字精练；表达准确，数字翔实；层次分明，要素齐全（时间、地点、人物、事件、原因、结果）。此后，编辑部全体人员分工负责，对每一份稿件都认真审阅，包括每一句话、每一个标点符号都不放过，按照省厅印发的编撰篇目进行取舍，提出修改意见后，及时通知有关单位修改和补充。有的单位一次没有补全，就不厌其烦地说明情况，再次提出要求。在近一年时间里，充分利用节假日和休息时间，反复推敲，一丝不苟，力求能编成一部精品志书。截至2008年年底，将各单位报送的1200万字志书初稿修改删减至600万字左右。全书分为公路交通、水路交通、行业文明建设、廉政建设、管理机构、汽车运输集团、人物、大事记8编32章562.88万字，前有序言、概述、后缀文献辑存、图表资料、后记，厅党组书记、厅长段建国亲自作序。全书还收集整理了全省交通系统各个历史时期的具有代表性和典型意义的图片资料138幅，更加直观、鲜明地印证30年改革开放的伟大成就。

作为全省交通文化建设的系统工程，第二轮修志工作的重中之重和改革开放30年的真实记录，《山西交通志》的编撰得到了各级领导和各个单位的高度重视。各市交通局、厅直各单位、厅机关各处室承担编撰任务的同志均以严肃认真的态度对待这项工作，经过大量的资料收集和整理，大家在两年的时间里，众手打造出一本质量过硬，全面系统完整地反映改革开放30年这一重要历史时期交通辉煌发展伟大实践的典籍。内容方面突出了“四个体现”，即一是体现了历届厅党组带领全省交通系统广大职工艰苦奋斗、开拓创新的发展历程，客观地反映了交通事业发展的延续性；二是体现了交通系统各行各业的发展进程和取得的重大成就，客观地了反映交通事业发展的现实性；三是体现了交通系统在现代化建设实践中所创造和积累的有益经验及做法，客观地反映了交通事业发展的时代性；四是体现了在建设和谐社会，实践科学发展观过程中的创举，客观地反映了交通事业发展的独特性。质量方面，体现了“客观、准确、科学、创新”八字方针，做到了志书内容与形式的与时俱进，使志书具有更强的时代特征。2009年4月由山西人民出版社出版发行。

（梁锦华）

新　闻　宣　传

省交通厅举行山西交通新闻宣传迎春座谈会

1月30日，省交通厅在省征稽局七楼会议室召开山西交通新闻宣传迎春座谈会，与中央驻晋新闻媒体、省内新闻媒体的领导和记者朋友们欢聚一堂，共贺新春佳节。

座谈会上，厅党组副书记、副厅长张润代表省交通厅党组对参会的新闻媒体在山西交通长期的建设、改革、发展中，呕心沥血、殚精竭虑，紧紧围绕发展大局，全方位、多角度、宽领域宣传交通、讴歌交通、监督交通，在弘扬行业正气、鼓舞人心士气、营造舆论氛围、促进环境改善、推动改革方面发挥的不可替代的作用表示衷心感谢并致以节日的问候和新春的祝福。张润希望媒体一如既往地关心交通、支持交通、理解交通，与交通人继续交朋友、结友谊、联感情，抓住重点，关注焦点，追踪热点，跟踪难点，宣传发展成果，讴歌时代先锋，批评落后对象，为交通率先发展鼓与呼。

座谈会上，光明日报山西站站长杨荣、中央人民广播电台山西站站长李文祥、山西经济日报总编尚晋生、山西人民广播电台副总编李铁元、山西电视台新闻部副主任樊冬平、山西晚报经济部主任张晓绵、山西日报工交报主任桂小纯等先后发言，对近年来交通事业快速发展予以赞扬，同时表示一如既往地关心、关注、关爱交通，为交通鼓与呼。

厅直党委书记杨俊威主持座谈会。厅办公室、重点办、农村处、治超办有关负责同志以及厅新闻宣传中心班子成员、有关部室负责人参加了座谈会。

（殷　楠）

《中国交通报》驻山西记者站再次获全国“优秀记者站”称号

3月31日，在中国交通报社召开的2008年全国通联工作会议上，中国交通报驻山西记者站再次获全国“优秀记者站”荣誉称号，至此连续22年保持此项荣誉，这在全国记者站中尚属首家。

2007年，山西记者站坚持正确的舆论导向，紧紧围绕厅党组中心工作，努力捕捉全省交通系统三个文明建设中的热点、亮点和焦点，记者站同志们克服困难，发扬连续作战的精神，深入全省建设工地一线采访，在全省公路建设的宣传中频率高、密度大、效果好，对各类重大活动、重点工程建设情况进行了及时报道，山西记者站全年在《中国交通报》上共发表稿件（图片）211篇（幅），超额完成了中国交通报社下达的年度考核任务。

会议上对在新闻宣传报道工作和通联队伍建设等各项工作中作出突出成绩的全国28个记者站、46名驻地记者进行了表彰。山西记者站再次荣获全国“2007年度优秀记者站”称号，驻站副站长石中生也再次荣获全国“优秀驻地记者”和“首席记者”称号。至此山西记者站已连续22年保持优秀记者站荣誉,石中生本人也连续 6 年保持“优秀驻地记者”和连续 4 年荣获“首席记者”荣誉。杨原平同志采写的《山西:公路集雨灌农田》稿件获 2007 年度中国交通报好新闻二等奖;石中生、侯忠礼采写的《山西平顺:农村物流中心对农民心思》稿件获 2007 年度中国交通报好新闻三等奖。《山西:公路春运温馨有序》被中央电视台“媒体广场”节目采用。另外,全省交通运输管理局刘庆、省高速公路管理局周世俊、阳泉市交通局齐宏卫、朔州市交通局孟廷宪、忻州公路分局刘汉轶 5 名同志也获得全国“2007 年度优秀通讯员”称号。

厅党组副书记、副厅长张润在听取了记者站 2007 年工作情况汇报后,对山西记者站 2007 年的交通新闻宣传工作给予了充分肯定,作出了批示:希望继续努力,并感谢新闻中心和记者站同志们。

(殷　楠)

省交通厅组织赴
晋济高速公路新闻采访团

10 月 13 日,由厅重点办和厅新闻宣传中心组织的“赴晋济高速公路采访团”举行了出发启动仪式。

晋济高速公路起点位于晋城市泽州互通,终点位于晋豫两省交界,路线全长30.049 公里,全线采用四车道高速公路标准建设。晋济高速公路于 2005 年初开工,2008 年年底完工,造价 21.7 亿元,是全省造价最高的一条高速公路。

此次采访团的新闻媒体有新华社山西分社、人民日报山西记者站、光明日报山西记者站、经济日报山西记者站、中央人民广播电视台山西记者站、山西日报、山西经济日报、山西人民广播电台、山西电视台、山西新闻网、黄河新闻网、中国摄影家协会及山西省摄影家协会会员等 20 多家省内主流媒体记者组成。

(殷　楠)

工　会　工　作

综　述

2008 年,全省交通系统各级工会在厅党组的正确领导下,坚持以中国特色社会主义工会理论体系为指导,深入学习实践科学发展观,紧密联系交通工作实际,积极履行工会各项职能,围绕"抓重点、树品牌、上水平"的工作思路,以提高职工队伍整体素质、维护职工合法权益、深入开展社会主义劳动竞赛和创建劳动关系和谐企业等为着力点,团结动员广大职工奋发进取,圆满完成了年度各项工作任务,为构建和谐社会、和谐交通作出了积极贡献。

首先,团结动员广大交通职工在推动交通又好又快发展中发挥主力军作用,建功立业劳动竞赛取得丰硕成果。2008 年,全系统各级工会组织围绕交通发展中心工作,突出"当好主力军,建功十一五,和谐奔小康"的劳动竞赛主题,组织开展了内容丰富、形式多样的全局性、阶段性的社会主义劳动竞赛活动。竞赛活动做到了有方案、有组织、有内容、有目标、有措施、有奖惩,竞赛活动坚持与强有力的思想政治工作相结合,强化竞赛的组织领导和科学管理,使竞赛活动落到实处;坚持与加强和提高职工队伍素质相结合,引导广大职工以饱满的热情、旺盛的斗志投入到本职工作之中;坚持与工程建设管理相结合,使工程建设管理和竞赛做到有章可循、严格考核、奖惩兑现;坚持与新闻宣传报道相结合,发挥新闻舆论的鼓舞和推动作用,大力宣传和表彰先进集体和模范人物,增强了竞赛活动的感召力。劳动竞赛活动为每位职工建功立业打造了良好平台,提供了发展渠道,收到了良好的效果。比如,在重点公路建设中制定出台了劳动竞赛方案和实施意见,把竞赛活动贯穿于整个工程的全过程。通过"比工程进度",加快推进了重点项目建设速度;通过"比工程质量",创出了一批精品工程;通过"比技术创新",创造推行了一批新工艺、新技术;通过"比安全生产,比文明施工",创出了和谐文明的施工环境。省高管局在大运高速公路全线深入开展"五比五看"竞赛活动,使千里大运高速公路成为全国文明路建设管理的典范,获得交通部全国文明单位称号。省公路局在道班、站、段开展"为公路添彩,为单位争光,为社会作贡献,为自己树形象"的"四为"劳动竞赛活动,培养创建出一批以西坞岭道班为典型的"民主型、温馨型、娱乐型、学习型、公寓化、园林化"的职工小家,有力推动了公路养护管理事业发展。省运管局在运管系统举办了"全国奔腾杯汽车维修钣金喷漆技能竞赛(山西分赛区)暨山西省交通行业职业技能竞赛"和"全省机动车驾驶员培训教练员岗位练兵技术比武",开展了以交通发展为主题、以结构调整为主线、以改革创新为动力的服务"三农"的"村村通客车工程"劳动竞赛活动,极大推动了全省村村通客车工程的迅速发展。省征稽局深入开展了"十佳百优"竞赛活动,大力表彰先进,在全系统营造了比、学、赶、帮、超的竞赛氛围。自下而上实施了创建"工人先锋号"竞赛活动。全系统小到班、组、所、站、队、工段、车间,大到局、厂、院,层层组织、层层参加、层层评比,涌现出一批立足本职、勤奋工作、争创一流的站、所、队、道班。经过严格考核验收,省总工会命名了100个山西省"工人先锋号",交通系统就有6个,其中高速公路收费站4个、省公路局治超收费点1个、省征稽局基层征费所1个。中国海员建设工会命名了交通系统1个单位为全国"工人先锋号"。隶属各市总工会上报的单位中公路、征稽、运管等单位也都有基层单位获此殊荣。各级工会还把创建"工人先锋号"与组织全系统企业开展节能减排竞赛活动相结合,除进行节能减排专项表彰外,还将好的单位推荐参加省总或中国海员建设工会表彰。2008年,中国海员建设工会表彰交通系统节能减排先进单位2个。竞赛活动的开展不仅使各级工会积累了经验、增长了本领、扩大了影响,而且还有效激励和调动了广大职工群众立足本职岗位、赶超先进模范、争创一流业绩的积极性和创造性,充分展示了当代工人阶级主人翁风采和主力军力量,为交通建设锤造出一支作风过硬的建设大军。一批具有鲜明行业特点的先进单位和模范个人也在劳动竞赛中脱颖而出。如省高管局获得全国总工会颁发的"五一劳动奖状",6个基层站所获得的省总工会"工人先锋号",厅机关公路处长蒋品获得山西省"五一劳动奖章",朔州公路分局、忻州公路分局获得中国海员建设工会"农民工平安返乡(岗)安全优质服务竞赛"先进集体称号。省厅四川灾区抢通保通突击队被全总授予"工人先锋号"称号。

其次,努力发挥工会"大学校"作用,继续组织实施"素质工程",职工素质教育、交通文化建设取得新成效。各级工会开展强化职工素质教育活动,重点是强化维护职工合法权益、提高职工整体素质、群众参与民主管理、厂务公开、经费审查、新时期基层工会工作、农民工权益维护、职工技术创新和交通发展等内容,各单位结合实际和行业特点,注重职工技能的提高,采取走出去、请进来、传帮带、岗位练兵和职业技能竞赛等多种形式,搞好本单位职工技能培训。积极为每个职工提供平等的锻炼机会和更多的学习渠道,突出重点,强化实用性、可操作性和超前性,全面提升员工的实际工作能力,真正使职工成为本单位的多面手、技术创新能手,增强了全系统每个职工的生存能力和适应时代变化的能力。同时,大力开展"创建学习型组织、争当知识型职工"活动,对职工进行法律法规、市场经济理论和专业知识的培训。监理总公司教育培训科荣获"山西省五一劳动奖状"和"山西省学习型组织标兵班组"。省公路运输工会结合交通行业特点,大张旗鼓地开展交通文化建设,通过形式多样、内容丰富的各项文化和体育活动,不断扩大工会的影响力、凝聚力、感召力。组织全系统30余名女工代表参加了省直机关"心系2008奥运会"庆"三八"女干部健步走活动,举办了全系统第四届"学院杯"职工足球赛,组织了全系统"庆祝改革开放三十周年、讴歌交通建设成果"职工群众卡啦OK比赛、迎奥运火炬传送活动,与省广电厅、河北交通厅举办了乒乓球、羽毛球友谊比赛,省征稽局举办了全系统"迎奥运羽毛球比赛"和"迎国庆书画摄影展",省运管局组织了首届羽毛球、乒乓球比赛,吕梁市交通局举办了全市交通系统首届职工乒乓球比赛,交通技师学院举办了"心系灾区、祈福奥运"文艺晚会,职业技术学院组织了第二届"农民工趣味运动会",交通设计院工会举办了"庆六一职工子女书画写作作品展",地方海事局工会举办了第一届羽毛球比赛和第二届乒乓球比赛,其他各单位工会还自行组织多次文艺体育活动。省公路运输工会组织的文艺团体和体育运动队在参加省总组织和全省及全国性的各项文体比赛中都取得了优异成绩，为推动全系统三个文明建设作出了积极贡献。

再次，积极维护职工合法权益，构建和谐社会、和谐交通工作稳步发展。积极推进民主管理，强化民主监督力度，进一步加强了基层工会职代会制度建设。在全系统基层工会中开展“关爱职工、实现双赢、共谋发展”活动，落实以职代会为基本形式的民主管理制度，深入推行厂务公开、企务公开、政务公开，完善民主监督形式和民主管理制度，进一步保证了职工享有的知情权、参与权、表达权和监督权落实到位。凡企业改革改制过程出台涉及职工切身利益的重大改革措施，必须经职代会审议通过。各级工会还积极协助党政领导解决职工收入分配、社会保障、劳动安全等方面存在的问题，使职工实现体面劳动，最大程度的增加和谐因素，最大程度的减少和化解矛盾冲突。同时还注重了女职工权益的保护，组织全系统女职工参加全总举办的“妇女权益保障法”知识竞赛活动，组织先进女职工参加了全总组织的赴京参观学习活动，在已建立工会女职工组织的单位推动女职工权益保护专项集体合同的签订，为女职工上了特殊医疗保险，有效保护了女职工的合法权益。坚持“以职工为本、主动依法科学维权”的工会维权观，以构建和谐交通、协调劳动关系为主线，以解决职工群众最关心、最直接、最现实的利益问题为重点，加大了《劳动合同法》学习宣传力度，加强了职代会、厂务公开和平等协商、集体合同工作，开展了创建劳动关系和谐企业活动，取得了明显成效。各级工会以深入学习宣传贯彻《劳动合同法》为抓手，积极促进全系统和谐劳动关系的建立；抓住贯彻实施《劳动合同法》、《就业促进法》和《劳动争议调解仲裁法》等法律法规的有利时机，大张旗鼓的宣传贯彻。首先组织全系统工会干部认真学习有关法律法规，特别是学深、学透《劳动合同法》，达到每一条款都能熟悉运用，成为依法维护职工权益的专家。其次在全系统广泛宣传《劳动合同法》和《劳动争议仲裁法》，叫响“职工有困难找工会”、“农民工有困难找工会”，使广大职工知道他们的合法权益有法律保护、有组织维护。同时，以开展“平等协商集体合同和工资集体协商活动月”为契机，围绕“完善机制、提升质量、增效增资、共享成果”这个主题。及时召开专题会议，具体安排部署，组织全系统15个企业对本单位集体合同和工资协议工作进行了全面分析、研究和自查自检回头看，各单位都利用互联网信息、黑板报、召开座谈会等形式，大造声势，营造良好的活动氛围，严格按照“十有”要求，对已签订的集体合同和工资协议进行完善，进一步健全了平等协商的程序和制度，保证了合同条款的合法性、可行性。省交通设计院把集体合同条款层层分解到各相关职能部门，与经济责任制、岗位责任制和目标管理责任制相结合，纳入院各项管理制度中，提高了履行集体合同的自觉性和有效性；路桥一公司在合同评级阶段组织员工人人提案，扩大了民主参与范围；高管局信通公司紧紧抓住集体合同的“签订、履行、查处”等主要环节，加强对集体合同的动态管理和监督检查，把集体合同履约率、职工认可率和企业劳动关系和谐稳定作为考核的主要目标；太旧高速公司坚持按劳分配、易岗易薪原则，合理分配工资，并按照集体合同要求及时补交了422名短期合同工的养老保险283万元。全系统15个企业除1个企业重组未签订外，所属企业全部签订完善了集体合同协议，签约率达94%，覆盖职工率达97%，履约率达到100%。各基层企业工会认真执行国家的法律法规，把企业生产经营和职工切身利益紧密结合起来，坚持把维护平等协商集体合同和工资集体协商作为落实工会基本职责的重要手段和重要内容，及时依法履行集体合同，保证了合同的有效协调运行，维护了职工的合法权益，调动了职工的积极性，增强了企业的活力，促进了企业效益的增长和发展。省公路运输工会被山西省总工会评为“集体合同工作先进单位”。各建设单位把“维护农民工权益、服务农民工生活”始终放在管理工作的重要位置,怀着“农民工为交通建设服务,我为农民工兄弟服务”的深厚感情,拓宽关注视野,扎实有效地为农民工提供多方面的服务。深入各项目部、各施工单位了解农民工春节期间的乘车情况,及时与铁路、公路等运输单位协调沟通,为他们提早办理团体购票,解决了春运高峰期回家购票难的问题,并为他们平安返乡、平安出行提供方便,派专车接送农民工上站,确保农民工兄弟按时、顺利返乡。对建设单位农民工工资进行专项检查,确保了农民工工资按时足额发放。组织建设单位加强对农民工进行道路交通安全法律法规教育,强化农民工返乡安全意识,增强他们的法制观念,提高他们对交通事故危害性的认识和遵守交通法规的自觉性。太原公路分局娄烦段以10年工龄为界,与61名农民工分别签订了“无固定期限”和“五年期限”合同,并为其进行了体检。

第四,以贯彻落实中国工会十五大和全国产业工会工作会议精神为契机,工会自身建设得到新的加强。一是加强组织建设。各级工会始终把工会组织建设作为工会工作的前提和基础紧紧抓住不放,全系统组建工会和发展会员工作向纵深发展,具备条件的少数基层单位去年已经全部建会。目前,全系统有197名专职工会干部、936名兼职工会干部,基层建会747个,基层班组1639个,基本做到了全覆盖。继续深入开展了“一条例三规范”基层工会规范化竞赛活动,促进了全系统工会组织的自我完善和创新发展,提高了工会工作水平。继续抓好“建家”工作,各个层级的“模范职工之家”和“模范职工小家”数量明显增加,省公路局工会、省高管局工会荣获全总“模范职工之家”称号,组织健全、维权到位、工作活跃、作用明显、职工信赖的职工之家发挥了积极作用。二是加大培训力度。全系统各级工会深入开展“创建学习型机关”、“争做职工群众贴心人”等活动,把学习实践科学发展观和中国工会十五大精神作为主要内容,采取送出去、请进来、以会代训等形式,加大了对新任基层工会主席和工会干部的政治理论培训;在业务培训上重点突出了劳动关系、劳动保护、劳动法律、劳动就业、工资分配、社会保障和社会管理等方面知识,通过培训使全系统工会干部的政治理论水平、履职能力和解决实际问题的能力有了进一步的提高。三是加强作风建设。各级工会深入基层、深入职工、了解实情、研究问题、提出对策,积极向党委和行政部门反映群众呼声和要求,最大程度的调动职工群众积极性、创造性,做了许多党政所需、职工所求、工会所能的实事,提高了工会组织的吸引力和感召力,发挥了党联系职工群众的桥梁纽带作用。针对金融危机的现实,在11个企业中开展了金融危机影响职工思想状况调查活动,其发放调查问卷360份,在问卷8个题目中,对克服金融危机有信心的占到67.2%,对工会发挥作用、积极帮助职工解决困难持肯定态度的占72.5%。掌握了企业职工思想状况的第一手资料。四是加强会费收缴和资产管理。采取有效措施,把各单位会费收缴情况列入评先、评优和考核工作目标之中,加强管理,加大经费审计和监督力度,有效促进了会费的收缴,会费收缴在往年的基础上有了新的回升。加大了工会工作的宣传力度,扩大了工会的影响。新闻宣传中心利用《山西交通》、山西交通网及时报道工会工作,刊登保障职工合法权益的法律常识,宣传阵地的作用发挥明显。

第五,凝聚职工真情,加大帮扶力度,奉献爱心、支援灾区成效显著、影响广泛。各级工会组织在推动职工利益合法化和合法利益维护的同时,带着深厚感情为职工群众办实事、做好事、解难事。在完善元旦、春节“送温暖”活动的基础上推动“送温暖”活动经常化,“两节”期间各级工会组织都组织慰问困难职工、老职工、老劳模、老工会工作者,全系统发放慰问金和慰问品计50余万元。公路运输工会帮扶中心全年帮扶患病及其他特殊原因的困难职工22人,发放帮扶款7万元。积极开展"金秋助学"活动,全年累计捐款21万元,资助了37名大中学生。广大职工踊跃参加捐赠活动,在"博爱一日捐"和"助残日"活动中,全系统职工捐款47.6万元。交通职工的爱心受到了省民政厅、省残联及受助职工的高度赞扬。"5·12"四川汶川发生特大地震后,各级工会积极响应全总和省总号召,发挥自身优势,认真组织,主要做了以下工作:一是帮助返乡。5月14日、15日,为了帮助震区民工平安返回家乡,全省运管系统严密组织、合理安排,先后调派了145辆客车,对在晋务工的5000余名要求回家的川籍农民工进行免费运送,确保了他们平安返乡。二是稳定人心。对在沿黄干线务工的川籍农民工,省公路局所属单位都积极地做了稳定人心的工作。对要求回家的民工,由单位提供路费和生活费,并提前支付两个月的工资,帮助他们共度难关;留下继续工作的,为他们提供一部免费电话,让他们可以随时同家人取得联系。同时大家都伸出援助之手,随时帮助他们解决困难,使他们感受到了大家庭的温暖。三是奉献爱心。"5·12"之后,全系统通过各种形式共向灾区捐款487.1万元。除所有的党员工会干部积极交纳"特殊党费"外,省公路运输工会还及时发动群众积极捐款支援四川灾区,广大工会干部职工踊跃捐款奉献爱心,28个交通基层工会组织和工会干部还捐款37.1万元,定向捐赠四川、陕西两省交通工会爱心款15万元,受到中国海员建设工会的嘉奖,四川、陕西两省交通厅分别发来感谢信。为了让灾区群众安全过冬,再次组织广大干部职工送温暖、献爱心,为灾区捐棉被8882件、捐款44.35万元。

(王晓光　王大为　李宇淘)

省公路运输工会再传“祥云”火炬激励职工共建和谐

7月8日至11日,省公路运输工会在厅直14个单位的广大职工中开展了奥运"祥云"火炬展示活动,激励职工立足本职为奥运争光。

"祥云"火炬在全省传递时,山西路桥一公司司机孙怀胜担任了第169棒火炬手。此次组织火炬展示,就是为了让广大交通职工更近距离地目睹"祥云"火炬的风采,体会北京举办奥运会的荣耀,表达广大交通职工喜迎奥运的强烈心愿。在"祥云"火炬展示活动的现场,气氛热烈,激情荡漾。当全国劳模、省交通开发投资公司总经理魏庆飞从省公路运输工会主席王晓光手中接过"祥云"火炬后,非常激动:"我觉得浑身都充满了力量。"在获得"国家巾帼文明岗"等多项殊荣的太原高速公司小店收费站,职工们争相触摸"祥云",感受"祥云",纷纷表示要发扬奥运精神,更好地做好本职工作。

(王晓光　王大为　李宇淘)

西坞岭道班荣获全国“模范职工小家”称号

7月16日下午,受省总委托,省公路运输工会王晓光主席为荣获全国"模范职工小家"的临汾公路分局翼城段西坞岭道班授牌,省公路局党委副书记、局长戴飞、副书记李铁山、省公路运输工会副主席王大为等参加了授牌仪式。

西坞岭道班位于省道坪曲线翼城县与沁水县交界处的大山里,远离村庄、远离城市,全班共5名职工,担负着10公里山区二级油路的路基养护任务。多年来,西坞岭道班在上级各部门的正确领导下,充分发挥"职工小家"作用,用极具特色的职工小家凝聚人、教育人、培养人,推动了班内的整体工作。一是深入扎实地开展职工建家活动,坚持把建设"民主型、温馨型、娱乐型、学习型、公寓型、园林型"的职工小家作为建家活动的目标和落脚点,以健康舒适的职工小家促进道班内部的和谐;二是狠抓公路养护主业不放松,把"路通我荣、路阻我耻"作为工作信条,把打造高质量、高品位的文明通道作为自己的天职,以良好的路况保障交通的文明和谐。三是建设文明示范窗口,把推行文明用语、为民排忧解难作为公路人形象,以优质的服务展示文明和谐。四是以活动为载体,把创建"青年文明号"、"工人先锋号""劳动竞赛"等活动作为提升职工素质的有效途径,推进班内整体的文明和谐。该班连续17年被省公路局和临汾公路分局授予"标兵班组";1994年获省级"青年文明号";1997年被交通厅授予"文明养路道班";1999年被交通部授予"全国百名文明道班"、2007年被全国总工会、国家安监总局授予"安康杯"竞赛"优胜班组"、2008年在山西省"五一"表彰会上,被省委、省政府授予"工人先锋号"。班长梁荣曾被评为省级"劳动模范"。

(王晓光　王大为　李宇洵)

旧关收费站荣获山西"工人先锋号"称号

6月27日上午,省总工会巡视员、副主席郭争荣与省高速公路管理局局长董新品共同为荣获山西省"工人先锋号"称号的太旧高速公路公司旧关收费站揭牌。

旧关收费站是山西省出境的东大门,代表着山西的形象。自计重收费实施以来,该站遭遇了历史上最严重的车流高峰和堵车压力。面对这种情况,该站积极参与省公路运输工会"五比五看、服务创优"劳动竞赛,遵循"最大限度地满足顾客"的经营理念,通过严格的军事化管理,军事化训练和岗位练兵、技术比武,开展文明用语和手势语言及"八颗牙"微笑服务,内强素质,外树形象,在保持了良好的窗口形象的同时,各项事业得到全面发展。为国家累计收取通行费41.88亿元,其中2008年的通行费收入就达13.43亿元,创历史之最,相当于该站过去8年的收入总和,占全省高速公路总收入的近五分之一。

(王晓光　王大为　李宇洵)

省交通厅为四川灾区捐款捐物献爱心

四川汶川地震灾区的灾情始终深深地牵动着省厅全体干部职工的心。5月12日地震发生后,省交通厅先后两次组织全系统职工、全体党员分别以"送温暖、献爱心"和"特殊党费"的形式向灾区人民捐款436万元。

"送温暖、献爱心"捐款捐物活动中,厅领导率先垂范,带头捐款、捐衣,广大职工积极参与,热情捐赠,特别是60名厅离退休老干部踊跃捐款3050元,捐衣被71件,体现了一方有难、八方支援,团结互助、扶贫济困的中华传统美德。全省交通系统共捐赠衣被8882件,现金443 450.18元。

(王晓光　王大为　李宇洵)

晋焦高速公路公司荣获"山西省模范劳动关系和谐企业"荣誉称号

在山西省创建劳动关系和谐企业潞安现场会上,晋焦高速公路有限公司被授予"山西省模范劳动关系和谐企业"荣誉称号。"山西省模范劳动关系和谐企业"是由省劳动和社会保障厅、省总工会和省企业联合会、省企业家协会联合在全省范围内组织开展的一项评选活动。此次全省共有103家企业受到表彰。晋焦公司是山西交通系统唯一一家获此殊荣的单位。

近年来,晋焦公司以"共建和谐企业,共谋企业发展,共享发展成果"为目标,深入开展了"创建劳动关系和谐企业"活动。首先,公司相继建立了平等协商、签订集体劳动合同和工资集体协商协议制度,并进行了集体合同和工资集体协商协议的签订工作,企业用工备案率和劳动合同签订率均达到了100%,并被晋城市劳动局评为"甲级用人单位"。其次,公司依托企业文化建设来增强企业的凝聚力和向心力。近年来,公司已连续举办多次"职工运动会","精英杯"技能比武和职工才艺作品展,通过这一系列活动,不仅展示了企业良好的形象,而且丰富了企业文化的内涵,促进了企业的健康稳定和谐发展。第三,公司始终坚持"为职工说话、替职工着想、给职工办事"的工作理念,以人性化为特色,大力营造和谐发展环境。公司依法为职工缴纳了"五险一金"、"女工特病保险"和"职工意外伤害险",职工参保人数均达到了100%。

这些工作的开展,在晋焦公司内部建立了规范有序、公正合理和谐稳定的企业劳动关系,较好地维护了职工的权益,为企业的发展注入了不竭的动力,促进了企业的和谐发展。

(魏晓勇)

省运管局举办首届职工羽毛球、乒乓球赛

为充分展现全省运管职工团结奋斗的精神风貌,营造浓厚的行业文化氛围,提升全省道路运输行业文明创建水平,9月4日至6日,省运管局在太原理工大学体育馆举办了全省运管系统首届职工羽毛球、乒乓球比赛。共有来自省局和11个市运管局、处的12支代表队的160余名运动员参加了比赛。

赛场上各队都派出了最强阵容,他们团结协作、勇于拼搏、相互尊重、顾全大局,既赛出了水平,赛出了风格,又增进了友谊。经过三天紧张、激烈的角逐,有8支参赛队和24名参赛队员发挥出较高水平,取得了名次。省运管局对取得前六名的团体和个人分别颁发了证书、奖杯和奖金。其中阳泉市运管处代表队摘取了羽毛球混合团体桂冠,太原市运管局代表队获得乒乓球混合团体第一名;羽毛球男、女单打冠军分别由长治市运管处的王竹青和阳泉市运管处的关东丽获得;乒乓球男、女单打冠军分别被运城市运管处的谦高鹏和太原市运管局的王岩摘取。

9月6日上午,比赛圆满闭幕。

(张慧萍)

省高管局举办职工卡拉OK大赛

为了纪念改革开放30周年,加强行业文化建设,展示全省高管系统职工团结、和谐、健康向上精神风貌,不断丰富职工文化生活,11月4日、11月5日,省高管局组织举办了"全省高管系统职工卡拉OK大赛",本次大赛本着"以人为本、提高素质、广泛参与、公正公平、增强团结"的指导思想进行。来自高管系统20个下属单位60名选手共计53个参赛曲目通过激烈的角逐,共决出一等奖4名、二等奖5名、三等奖9名。此次活动也是为参加省公路运输工会即将举办的全交通系统卡拉OK大赛选拔优秀选手。

(柴　瑞)

山西、河北两省交通运输工会举行羽毛球友谊赛

11月8日,河北省交通系统与山西省交通系统羽毛球代表队在省公路局羽毛球馆举行了一场高水平的羽毛球友谊对抗赛。双方队员在男女单打等五个项目上进行了激烈的争夺。

比赛期间,双方进行了座谈,就交通运输工会工作发展交流了经验。省交通运输工会主席王晓光结合自已参加全国总工会第十五次代表大会的经历谈了体会和感受。

河北省交通运输工会对我省同行所提供的一流的比赛设施和热情的接待服务表示了感谢,同时希望双方今后在工作、学习、文体活动等多项活动中开展更大规模的交流合作,促进共同发展。

(王晓光　王大为　李宇洵)

临汾市交通局开展第二期大病医疗互助活动

职工大病医疗互助是一项实实在在的民生工程,是职工基本医疗保险制度的重要补充,是社会救助体系的重要组成部分。为确保2008年第二期职工大病医疗互助活动取

得良好的效果，临汾市交通局工会在总结2007年首届职工大病医疗互助中职工受益的基础上，以黑板报和发宣传材料等形式扩大宣传面，使职工对大病医疗互助有了更深入的了解，认识到职工平均每天只需一角钱，一年付出36元，一旦身患疾病，即可获得救助。

自9月1日开始启动以来，局机关、局属各单位职工们积极响应，共有9个单位393人参加了此次的大病医疗互助活动，共缴费金额14 148元。

（庞燕东）

省公路运输工会举办“运管杯”职工卡拉OK大赛

为纪念改革开放三十周年，歌颂山西交通发展成果，省公路运输工会12月22日至23日在省歌舞剧院举办了全系统“运管杯”职工卡拉OK大赛。此次“运管杯”职工歌手比赛历时两个多月，共有来自全系统30多个单位的300多名选手参加比赛，经过初赛、复赛和决赛，最终30名选手获得荣誉。此项活动的成功举办，必将激发全系统广大职工树立信心，鼓足干劲，在应对国际国内经济危机和实现新一轮交通建设高潮中开拓进取，顽强拼搏，为推动全系统的精神文明建设，倡导社会主义新风，实现山西经济腾飞，交通率先发展的伟大事业再创佳绩、再立新功。

（郝钦杰）

王晓光当选中国工会十五大代表

中国工会第十五次全国代表大会于10月17日至21日在北京召开，会期4天半。经选举，省公路运输工会主席王晓光当选，成为出席中国工会第十五次全国代表大会的46名代表之一。他作为全省交通系统13万职工和省内17个产业工会中的代表，参加了中国工会十五大。

这次大会由31个省、自治区、直辖市总工会和全国铁路、民航、金融工会以及中直机关、中央国家机关工会联合会组成36个代表团，共有代表1800名，特邀代表289名，港澳来宾29名。大会审议并通过全国总工会十四届执委会报告、财务工作报告和经费审查委员会工作报告，讨论并通过《中国工会章程（修正案）》，选举产生新一届全国总工会领导机构。

（王大为）

省交通征稽局举办职工书画摄影比赛

9月25日，全省交通征稽系统职工书画摄影比赛拉开帷幕。

此次全省征稽系统职工书画摄影比赛，给交通征稽系统的全体干部职工提供了一个展示业余文化爱好和特长的平台，不仅活跃了职工业余文化生活，更进一步弘扬了征稽文化，增强了自身行业的凝聚力。活动开展以来，受到了厅工会、全系统广大干部职工和离退休老干部的大力支持和欢迎，共计收到参展作品424件，其中书画作品133幅、摄影作品291件。参赛者们以独特的视角和丰富的艺术形式生动地展示了全系统成立二十多年来的各项工作成果，抒发了广大职工爱岗敬业、同舟共济的信念，表现了征稽人高雅健康的情操和昂扬向上的精神风貌，充满了浓郁的“征稽情怀”。

（范彦军　李　丽）

老干部工作

综述

2008年，省交通厅老干部工作在厅党组的正确领导下，在省委老干部局的直接指导下和全体老同志的协同配合下，按照胡锦涛总书记的“全面做好离退休干部工作”的要求，紧紧围绕交通又好又快发展的中心工作，突出重点，狠抓落实，始终做到深怀尊老之心，增强爱老之情，恪守敬老之责，善谋为老之策，多办便老之事，全系统的老干部工作顺利推进，完成了厅党组交给的年度任务。

为进一步搞好老干部活动室建设，提高老干部活动室管理服务质量，省厅于2008年3月17日下发了晋交离字〔2008〕99号《关于在全省交通系统开展老干部活动中心(室)“建设和管理服务年”活动的意见》，目的就是要提高全系统老干部活动阵地的管理服务水平。目前，各单位的老干部活动中心(室)开展活动丰富，深得老同志们的好评。

老天无情，人有情。在2008年5月22日上午山西省交通厅捐赠现场，89岁高龄的老厅长廉平眼含热泪说：“一方有难，八方支援，我们虽然退了休，但并没有退党，我们这些老党员只想把我们的心愿带给灾区！”这句话蜕出了广大老党员的心声。本着自觉自愿的原则，厅机关广大离退休党员纷纷响应中央组织部和省委组织部的号召，22日上午踊跃交纳“特殊党费”。其中厅机关共有离退休老党员65名，共交纳“特殊党费”45 000元。身在外地的鄂俊太、在北京就医的胡玉珍、入党积极分子朱学尧等同志纷纷打来电话积极要求捐款，史锦文老伴知道后骑车40分钟替史锦文同志送来1000元“特殊党费”……这就是山西交通战线离退休老党员向灾区人民献上的一份深情厚意，全系统老同志共捐款超过68万元，捐物1000余(套)件。08年7月23日第一时间组织厅直单位太原地区副处级以上老干部听取了由厅副巡视员、山西交通支援四川公略抢通保通前线指挥、突击队总队长郭贵平同志作的“抢通生命线，情系重灾区的”事迹报告会，这一活动在广大老同志中引起强烈反响，会后广大老同志通过电话、短信息或写心得等方式表达了自己的心声。

2008年7月在建党87周年前夕，厅离退休人员党支部组织部分离退休老党员进行了一次以“纪念七，一迎奥运”为主题的红色之旅活动，先后到我省重点建设工程万家寨水利枢纽及汾河源头等地进行了参观学习，并举行了迎奥运登山康体和篝火晚会，特别是在长城和黄河“握手处”的偏关老牛湾庄重举行了重温入党誓词，永远对党忠诚的活动仪式。

2008年8月29日交通厅副厅长刘乾迎来了九十岁生日，厅党组书记、厅长段建国送去了花篮表示祝贺，厅党组成员、副厅长王志民以及厅机关有关处室负责人剑场祝贺，并赠送了慰问金，使老同志充分感受到厅党组的关怀。

2008年11月20日省直工委和省直老龄工委召开了“庆祝山西省商老龄工委成立二十周年暨老龄创建工作表彰大会”。在这次会上,对在老龄事业中表现突出的先进单位和个人进行了表彰:王志民副厅长荣获“省直机关重视老龄工作的好公仆”称号;山西省交通厅荣获“省直机关老龄工作先进单位”称号;山西省交通厅老龄办荣获“省直机关老龄工作先进办公室”称号;任先泉、谭培青同志荣获“省直机关老有所为先进个人”;石专花荣获“省直机关孝亲敬老模范”称号。

(李爱和　白　云)

省交通厅机关老干部健步走迎奥运

健步春风里,激情迎奥运。4月23日上午,厅老干处组织“迎奥运、健步走”活动,厅机关数十名离退休老同志踊跃参加,其中有多位厅级老领导,表达对北京奥运的热切期盼和美好祝愿。厅党组书记、厅长段建国出席启动仪式。

这次活动的线路为,从厅机关出发向西,经桃园南路、迎泽大街、折新建南路、回文源西巷、也即绕厅机关和家属院转一个圈,线路并不是很长。参加的老同志们有的已届耄耋之年,平均年龄亦逾古稀,一个个兴致勃勃。虽说步伐不是整齐划一,有的甚至算不上矫健,可无比的坚定。更加坚定的是那一张张饱经风霜的脸上,流露出的坚决支持北京奥运的淡定神情。沿线杨花飞,柳絮飘,春意阑珊,但老同志们无不春风满面。在健步行走的同时,不少人还交谈着北京奥运圣火的传递情况,对藏独分子干扰圣火传递,企图干扰北京奥运顺利进行的恶劣行径,表达了强烈的愤慨,表示要全力支持北京奥运,并坚信一定能够取得圆满成功。

在简短的启动仪式上,段建国亲切与老同志们一一握手致意。他说,任职半个月来,不是在省内调查研究,就是上北京和有关部委沟通,一直忙于几条高速公路开工的千头万绪和其他事务之中,因此,为还没有来得及登门拜访各位老领导深表歉意,恳请老同志们原谅。他希望老同志们积极为我省交通事业的又好又快发展建言献策,并给予他个人工作上的支持和帮助。

段建国说,北京奥运举世瞩目,中华民族各族儿女热情期盼,对提升我国的国际形象,激发民族自豪感,凝聚人心,推动经济和社会发展具有巨大的促进作用。他希望通过这次老干部“健步真诚、迎奥运”活动,进一步营造交通行业迎接奥运争作贡献的积极性,同时,能够进一步丰富老同志们的晚年生活。最后,他再次祝福老同志们身体健康,家庭幸福,生活美满!

(李奋先)

省公路局离退休人员管理工作扎实有效

1月14日,省交通厅党组成员、省公路局党组书记赵振田、省公路局局长戴飞亲自走访、看望了省局机关11位厅局级老领导和遗孀,省局老干处代表局党委,走访慰问了全系统副处以上离退休干部,送去了党组织的关怀。1月15日举行了“全民健身与奥运同行健步走向北京”启动仪式。

4月8日,省公路局召开了全系统老干部工作会议,集中学习有关老干部工作的文件精神,总结上年工作,安排布署新一年的工作任务。4月9日开始,按照全国、全省老干部工作会议的要求,在全系统老干部部门开展“讲党性、重品行、作表率,树组工干部新形象”学习实践活动。开展全系统老干部活动中心(室)“管理服务年”活动,省局离退休人员活动中心被省委老干部局评为“2008年度老干部活动中心(室)‘管理服务年’标兵单位”称号。

在“5·12”汶川特大地震发生后,5月18日局机关80余名老同志捐款7770元;5月22日,局机关100余名老党员缴纳了

37 550元特殊党费,老同志们以实际行动为受灾群众解困、为国家分忧。

5 月 28 日至 29 日,举办了公路系统第六届老年运动会,参赛的老年运动员、裁判员、教练员共 160 余人,参赛人数为历届之最。6 月 23 日至 27 日,在局机关 70 岁以上老同志办理公交乘车 IC 卡过程中,考虑到老同志年事高、行动不便、又不能耽误他们乘车等因素,公路局离退休人员管理处委派专人多次到公交公司取送、办理、解决了他们的实际困难,受到老同志的好评。

6 月,离退休干部党总支被省委组织部、省委老干部局评为"先进党总支"。

8 月 12 日至 15 日,组织局机关离休老同志去朔州右玉健康疗养,9 月 16 日至 20 日,组织退休干部去黄山健康疗养。

7 月 10 日开始,组织老同志进行"迎奥运知识礼仪答题活动"。

8 月 8 日开始,制作展出了"点燃奥运激情、实现百年梦想 –2008 奥运倒计时"和"改革开放 30 年成就"图片集。

8 月 13 日,离退休干部处党总支组织党小组长、支部委员前往汾阳杏花村汾酒厂、全国农业先进典型贾家庄参观学习。

8 月 10 日,荣获省交通厅颁发的厅属单位"知荣明耻"主题教育活动优秀组织奖。

9 月 8 日至 16 日,组织各单位老干部工作的分管领导和老干科长赴老干部工作先进省份参观学习,组织老干部工作人员参加了省老龄委组织的"老干部工作人员培训班"。

11 月 4 日至 12 月 20 日,离退休干部处党总支开展学习实践科学发展观等活动,12 月 11 日聘请党校教授作形势报告会,使老同志对党的大政方针有了深刻理解。

(沈恭菊)

图　表

2008年全省公路密度统计表

市(名)	公路通车里程（公里）	土地面积（百平方公里）	人口（万人）	公路密度		排名	
				平均每平方公里有公路(公里)	平均每万人有公路(公里)	按国土面积	按人口
合计	124772.882	1567.12	3374.57	79.62	36.97		
大同	11460.175	141.02	314.07	81.27	36.49	6	7
朔州	8787.977	106.24	151.73	82.72	57.92	5	1
忻州	15875.491	251.51	305.67	63.12	51.94	11	2
太原	6013.41	69.1	344.27	87.02	17.47	3	11
阳泉	5249.692	45.7	130.87	114.87	40.11	1	5
晋中	14104.418	163.86	309.51	86.08	45.57	4	3
吕梁	14759.374	211.33	355.44	69.84	41.52	10	4
临汾	16081.03	202.75	414.7	79.31	38.78	8	6
运城	14314.971	141.82	501.68	100.94	28.53	2	10
长治	10489.832	139.58	325.18	75.15	32.26	9	9
晋城	7636.512	94.21	221.45	81.06	34.48	7	8

2008年全省公路等级里程统计表

单位:公里

市(名)	公路通车里程	等级里程						等外路	等级里程占总里程的百分比(%)
		合计	高速	一级	二级	三级	四级		
合计	124772.882	114215.205	1965.203	1406.777	13401.733	16966.846	80474.646	10557.677	91.54
大同	11460.175	11258.622	147.596	26.514	1052.834	1839.643	8192.035	201.553	98.24
朔州	8787.977	8457.255	127.868	80.983	925.726	1284.865	6037.813	330.722	96.24
忻州	15875.491	13609.158	111.674	11.499	1555.429	1644.351	10286.205	2266.333	85.72
太原	6013.41	5814.986	165.051	177.73	844.803	969.833	3657.569	198.424	96.70
阳泉	5249.692	5249.692	66.72	59.239	389.429	571.181	4163.123		100.00
晋中	14104.418	13929.227	273.997	283.152	1902.957	1475.539	9993.582	175.191	98.76
吕梁	14759.374	10797.007	191.873	180.61	1884.273	1830.74	6709.511	3962.367	73.15
临汾	16081.03	14302.406	208.306	219.895	1746.735	2724.76	9502.71	1778.624	88.94
运城	14314.971	14276.059	329.96	143.208	1375.282	1985.259	10442.35	38.912	99.73
长治	10489.832	9450.588	180.972	139.74	1119.553	1200.983	6809.34	1039.244	90.09
晋城	7636.512	7070.205	161.186	84.207	604.712	1439.692	4780.408	566.307	92.58

2008年全省公路路面里程统计表

单位:公里

市(名)	有铺装路面里程		简易铺装路面里程		未铺装路面里程
	合 计	占总里程的百分比(%)	合 计	占总里程的百分比(%)	
合计	58458.996	46.9	29346.349	23.5	36967.537
大同	8693.658	75.9	651.999	5.7	2114.518
朔州	4186.13	47.6	1410.304	16.0	3191.543
忻州	7013.259	44.2	2106.118	13.3	6756.114
太原	3329.782	55.4	1314.774	21.9	1368.854
阳泉	4427.177	84.3	243.307	4.6	579.208
晋中	6230.103	44.2	3367.152	23.9	4507.163
吕梁	4089.227	27.7	2634.017	17.8	8036.13
临汾	4562.837	28.4	5208.559	32.4	6309.634
运城	4781.513	33.4	8297.862	58.0	1235.596
长治	5147.211	49.1	3245.334	30.9	2097.287
晋城	5998.099	78.5	866.923	11.4	771.49

2008年全省公路有铺装路面、简易铺装路面里程统计表

单位:公里

市(名)	合 计	国 道	省 道	县 道	乡 道	专用公路	村 道
合计	87805.345	4732.82	9107.83	17297.488	28813.908	530.688	27318.611
大同	9345.657	299.867	864.803	1696.717	3701.91	50.721	2731.639
朔州	5596.434	275.483	667.939	1119.758	1987.675	54.232	1491.347
忻州	9119.377	521.652	1318.456	1785.585	3099.088	83.604	2310.992
太原	4644.556	321.165	398.64	968.484	1085.613	32.611	1838.043
阳泉	4670.484	211.408	269.15	701.85	744.861	3.543	2739.672
晋中	9597.255	689.564	915.982	1886.878	3609.011	43.601	2452.219
吕梁	6723.244	632.134	1007.856	2155.565	1280.3	28.206	1619.183
临汾	9771.396	703.354	1009.863	2240.943	2987.756	51.274	2778.206
运城	13079.375	295.98	1165.988	2131.561	5560.549	108.173	3817.124
长治	8392.545	563.742	905.884	1553.168	2106.944	46.577	3216.23
晋城	6865.022	222.471	583.269	1056.979	2650.201	28.146	2323.956

2008年全省公路通车里程统计表

单位:公里

市(名)	合 计	国 道	省 道	县 道	乡 道	专用公路	村 道
合计	124772.882	4736.82	9107.83	18784.455	44326.635	660.83	47156.312
大同	11460.175	299.867	864.803	1878.16	4870.31	50.721	3496.314
朔州	8787.977	275.483	667.939	1259.141	3924.734	56.361	2604.319
忻州	15875.491	521.652	1318.456	2025.659	6561.425	148.705	5299.594
太原	6013.41	321.165	398.64	1001.094	1559.446	32.611	2700.454
阳泉	5249.692	211.408	269.15	734.095	867.301	3.543	3164.195
晋中	14104.418	689.564	915.982	2128.779	6073.391	68.922	4227.78
吕梁	14759.374	632.134	1007.856	2394.165	3494.009	28.206	7203.004
临汾	16081.03	703.354	1009.863	2312.366	5155.14	78.985	6821.322
运城	14314.97	295.98	1165.99	2196.71	6252.97	108.89	4294.43
长治	10489.832	563.742	905.884	1674.661	2700.859	55.742	4588.944
晋城	7636.512	222.471	583.269	1179.622	2867.05	28.146	2755.954

2008年全省公路晴雨通车里程统计表

单位:公里

市(名)	合 计	国 道	省 道	县 道	乡 道	专用公路	村 道	晴雨通车里程占总里程的百分比(%)
合计	115770.797	4736.82	9107.83	18691.227	42385.819	633.119	40215.982	92.8
大同	11258.622	299.867	864.803	1878.16	4843.183	50.721	3321.888	98.2
朔州	8478.929	275.483	667.939	1254.105	3816.546	56.361	2408.495	96.5
忻州	13913.914	521.652	1318.456	2001.762	6103.757	148.705	3819.582	87.6
太原	5861.26	321.165	398.64	1001.094	1461.489	32.611	2646.261	97.5
阳泉	5249.692	211.408	269.15	734.095	867.301	3.543	3164.195	100.0
晋中	14035.436	689.564	915.982	2123.363	6038.07	68.922	4199.535	99.5
吕梁	11094.18	632.134	1007.856	2394.165	3000.423	28.206	4031.396	75.2
临汾	14256.847	703.354	1009.863	2297.501	4481.149	51.274	5713.706	88.7
运城	14276.059	295.98	1165.988	2166.049	6252.97	108.888	4286.184	99.7
长治	10058.459	563.742	905.884	1674.661	2662.424	55.742	4196.006	95.9
晋城	7287.399	222.471	583.269	1166.272	2858.507	28.146	2428.734	95.4

2008 年全省公路绿化里程统计表

单位:公里

市(名)	合计	国道	省道	县道	乡道	专用公路	村道	绿化里程占总里程的百分比(%)
合计	52462.751	3925.992	6393.57	12463.106	19673.842	341.519	9664.722	42.0
大同	3235.307	218.73	588.955	1040.025	1156.646	7.8	223.151	28.2
朔州	3478.639	243.514	490.473	831.759	1524.114	27.43	361.349	39.6
忻州	3786.71	424.389	926.446	1008.25	1380.093	45.677	1.855	23.9
太原	1850.477	307.961	197.852	663.165	613.838	30.568	37.093	30.8
阳泉	837.264	159.836	156.277	343.788	164.076	3.543	9.744	15.9
晋中	5412.736	564.562	588.497	1552.027	1885.836	39.86	781.954	38.4
吕梁	3623.547	455.698	661.979	1065.712	583.901	26.014	830.243	24.6
临汾	9570.8	565.968	597.625	2240.084	4256.662	78.985	1831.476	59.5
运城	13850.71	272.045	1027.453	2148.157	6088.385	45.667	4269.003	96.8
长治	4376.547	509.301	709.901	1051.269	1307.592	18.407	780.077	41.7
晋城	2440.014	203.988	448.112	518.87	712.699	17.568	538.777	32.0

2008 年全省公路里程增减变化情况统计表

单位:公里

市(名)	通车里程	国道	省道	县道	乡道	专用公路	村道	等级里程	有铺装简易铺装路面里程	晴雨通车里程	绿化里程
合计	4904.249	372.729	-220.428	680.145	3281.29	-41.322	831.835	7113.171	7159.568	6678.204	7923.949
大同	939.109	-19.145	19.145	83.015	1384.465	-31.325	-497.046	1232.766	1519.047	1231.49	50.998
朔州	357.85			15.631	94.735		247.484	559.105	217.07	545.158	284.837
忻州	58.007	-0.736		76.171	-66.732		49.304	476.078	1125.47	701.69	90.846
太原	153.481	-1.497	15.263	15.466	54.242	-60.061	76.068	183.32	285.173	186.678	258.104
阳泉	77.647	-2.56			35.967		44.24	379.03	132.803	81.33	103.634
晋中	617.883	99.701	-99.701	47.689	454.235	-5.092	121.051	651.546	573.031	617.883	337.494
吕梁	291.121		65.458	260.542	-14.597		-20.282	584.445	825.119	566.068	186.483
临汾	1702.007		10.043	2.741	106.138	1.059	1582.026	1970.694	1282.604	1800.659	320.691
运城	247.959		31.467	117.386	934.052	0.097	-835.043	247.959	246.701	247.959	6016.191
长治	160.105	175.846	-171.625	48.16	49.216		58.508	314.812	352.084	228.724	158.859
晋城	299.08	121.12	-90.478	13.344	249.569		5.525	513.416	600.466	470.565	115.812

2008 年全省公路桥梁实有数统计表

单位：延米／座

市(名)	合计		危桥		按使用年限分						按跨径分							
					永久性		半永久性		临时性		特大桥		大桥		中桥		小桥	
	延米	座	延米	座	延米	座	延米	座	延米	座	延米	座	延米	座	延米	座	延米	座
合计	507338.17	10767	46700.86	1283	503364.17	10648	3737.7	112	236.3	7	39459.8	24	190535.09	937	140707.33	2397	136635.95	7409
大同	39104.21	841	4411.73	140	39088.21	840			16	1	4719.2	3	13183.92	62	11042.75	190	10158.34	586
朔州	17873.37	372	1961.8	57	17873.37	372							6786.32	33	6383.94	97	4703.11	242
忻州	54085.32	1411	8483.63	198	54065.32	1410	20	1					20918.69	98	15941.45	279	17225.18	1034
太原	50004.37	972	3130.45	93	50004.37	972					10276.3	5	15307.9	72	12615.61	204	11804.56	691
阳泉	30687.2	566	2219.1	37	30687.2	566					5203.7	3	8196.8	51	7991	128	9295.7	384
晋中	61662.54	1294	3168	77	61027.94	1258	601.3	35	36.3	1	2253	2	28550.96	129	14545.23	237	16313.35	926
吕梁	80713.09	1603	9792.58	283	78952.09	1566	1703	35	58	2	7475.5	5	28597.48	144	24446.38	430	20193.73	1024
临汾	53455.13	991	4179.5	99	52234.73	954	1220.4	37			2215.5	2	23143.9	96	14990.92	261	13104.81	632
运城	35176.41	615	3963.65	109	34857.41	608	193	4	126	3	5975.5	2	12892.5	68	9294.9	169	7013.41	376
长治	51466.7	1381	4529.39	169	51466.7	1381							18563.74	102	15438.83	273	17464.13	1006
晋城	33109.83	721	861.03	21	33109.83	721					1341	2	14392.88	82	8016.32	129	9359.63	508

2008 年全省国道里程及其技术状况统计表

市(名)	通车里程(公里)	等级公路(公里)						有铺装、简易铺装路面里程(公里)			晴雨通车里程(公里)	绿化里程(公里)	公路桥梁(米/座)																	
													合计		按使用年限分								按跨径分							
		小计	高速	一级	二级	三级	四级	小计	有铺装	简易铺装					危桥		永久性		半永久性		临时性		特大桥		大桥		中桥		小桥	
合计	4736.82	4736.82	1500.368	639.135	2202.079	349.955	45.283	4736.82	4246.796	490.024	4736.82	3925.992	214460.02	2618	5295.25	110	214460.02	2618					35834.7	21	110251.26	473	35846.48	540	32527.58	1584
大同	299.867	299.867	95.745		131.278	68.988	3.856	299.867	286.792	13.075	299.867	218.73	16522.3	172	1306.3	28	16522.3	172					4719.2	3	6937.9	26	2428.9	39	2436.3	104
朔州	275.483	275.483	96.05		118.769	38.664	22	275.483	220.097	55.386	275.483	243.514	5350.14	94	253	3	5350.14	94							2127.2	10	2272.04	33	950.9	51
忻州	521.652	521.652	111.674		329.829	80.149		521.652	456.756	64.896	521.652	424.389	20765.81	339	552.45	19	20765.81	339							12435.8	48	4093.85	71	4236.16	220
太原	321.165	321.165	165.051	109.806	29.627	16.681		321.165	321.165		321.165	307.961	26827.39	262	112	4	26827.39	262					10276.3	5	8913.4	39	4585.9	66	3051.79	152
阳泉	211.408	211.408	66.72	24.225	96.773	23.69		211.408	206.908	4.5	211.408	159.836	15212.6	147	491.9	10	15212.6	147					5203.7	3	4963	31	2227.9	34	2818	79
晋中	689.564	689.564	273.997	149.484	230.069	36.014		689.564	598.545	91.019	689.564	564.562	31904.01	409	159	1	31904.01	409					2253	2	21355.28	86	3594.26	54	4701.47	267
吕梁	632.134	632.134	191.873	60.609	357.135	22.517		632.134	550.628	81.506	632.134	455.698	36471.33	357	649.7	12	36471.33	357					7475.5	5	19945.81	81	5287.82	68	3762.2	203
临汾	703.354	703.354	131.605	147.117	376.458	35.67	12.504	703.354	608.911	94.443	703.354	565.968	14829.66	253	915.1	19	14829.66	253							8264.2	39	3103.18	50	3462.28	164
运城	295.98	295.98	65.561	109.105	108.837	5.554	6.923	295.98	263.691	32.289	295.98	272.045	9850.46	70	156.4	4	9850.46	70					4566	1	3077.9	14	1752.6	27	453.96	28
长治	563.742	563.742	180.972	38.789	337.161	6.82		563.742	510.832	52.91	563.742	509.301	21360.17	343	690.4	9	21360.17	343							12253.22	57	4665.87	70	4441.08	216
晋城	222.471	222.471	121.12		86.143	15.208		222.471	222.471		222.471	203.988	15366.15	172	9	1	15366.15	172					1341	2	9977.55	42	1834.16	28	2213.44	100

2008 年全省省道里程及其技术状况统计表

市（名）	通车里程（公里）	等级公路(公里)						有铺装、简易铺装路面里程(公里)			晴雨通车里程（公里）	绿化里程（公里）	公路桥梁（米/座）																	
		小计	高速	一级	二级	三级	四级	小计	有铺装	简易铺装			合计		危桥		按使用年限分						按跨径分							
																	永久性		半永久性		临时性		特大桥		大桥		中桥		小桥	
合计	9107.83	9107.83	464.835	304.987	6327.261	1620.007	390.74	9107.83	7414.511	1693.319	9107.83	6393.57	116354.52	2540	9805.44	242	116354.62	2540					3625.1	3	43298.26	216	35689.8	547	33741.46	1774
大同	864.803	864.803	51.851	6.642	682.579	108.911	14.82	864.803	815.699	49.104	864.803	588.955	10779.01	255	833.73	32	10779.01	255							3948.02	21	3685.45	55	3145.54	179
朔州	667.939	667.939	31.818	56.007	555.288	19.346	5.48	667.939	640.94	26.999	667.939	490.473	7680.79	156	43.9	3	7680.79	156							3501.68	17	2208.8	34	1970.31	105
忻州	1318.456	1318.456		5.215	1022.348	261.721	29.172	1318.456	1152.381	166.075	1318.456	926.446	14935.02	389	2448.98	43	14935.02	389							4619.74	27	5284.9	81	5030.38	281
太原	398.64	398.64		20.492	333.5	17	27.648	398.64	398.64		398.64	197.852	4994.26	106	213	6	4994.26	106							1409.4	7	2489.51	37	1095.35	62
阳泉	269.15	269.15		29.097	223.143	10.78	6.13	269.15	259.785	9.365	269.15	156.277	4849.5	113	281.3	4	4849.5	113							1564.7	9	1637	25	1647.8	79
晋中	915.982	915.982		6.865	762.478	144.159	2.48	915.982	802.665	113.317	915.982	588.497	9756.86	234	458	7	9756.86	234							3832.38	22	2763.72	43	3160.76	169
吕梁	1007.856	1007.856		74.843	622.183	290.749	20.081	1007.856	829.569	178.287	1007.856	661.979	11430.29	334	1303.28	41	11430.29	334							3057.29	14	3482.08	59	4890.92	261
临汾	1009.863	1009.863	76.701	8.931	690.956	174.523	58.752	1009.863	716.872	292.991	1009.863	597.625	19711.42	260	1073.6	21	19711.42	260					2215.5	2	9757.6	35	4469.02	66	3269.3	157
运城	1165.988	1165.988	264.399	11.773	585.319	196.691	107.806	1165.988	654.282	511.706	1165.988	1027.453	16291.75	287	1042.15	23	16291.75	287					1409.6	1	6777.5	30	4028.1	64	4076.55	192
长治	905.884	905.884		27.12	555.578	204.815	118.371	905.884	581.246	324.638	905.884	709.901	8516.53	219	1666.77	57	8516.53	219							2790.12	19	2624.06	39	3102.35	161
晋城	583.269	583.269	40.066	58.002	293.889	191.312		583.269	562.432	20.837	583.269	448.112	7409.19	187	440.73	5	7409.19	187							2039.83	15	3017.16	44	2352.2	128

2008 年全省县公路里程及其技术状况统计表

市(名)	通车里程(公里)	等级公路(公里)						有铺装、简易铺装路面里程(公里)			晴雨通车里程(公里)	绿化里程(公里)	公路桥梁(米/座)																	
													合计				按使用年限分						按跨径分							
		小计	高速	一级	二级	三级	四级	小计	有铺装	简易铺装					危桥		永久性		半永久性		临时性		特大桥		大桥		中桥		小桥	
合计	18784.455	18635.284		242.814	3625.377	9341.276	5425.817	17297.488	8029.118	9268.37	18691.227	12463.106	91659.64	2691	22069.15	574	90723.94	2660	819.4	28	116.3	3			23378.41	149	34582.26	658	33698.97	1884
大同	1878.16	1878.16		18.088	147.999	1319.755	392.318	1696.717	1274.464	422.253	1878.16	1040.025	7758.4	262	1748.8	59	7742.4	261			16	1			1839	12	2923.6	56	2995.8	194
朔州	1259.141	1254.105		20.146	112.928	767.448	353.583	1119.758	399.649	720.109	1254.105	831.759	2992.9	75	1119.4	36	2992.9	75							1067.8	5	825	15	1100.1	55
忻州	2025.659	2001.762			160.755	1086.441	754.566	1785.585	586.788	1198.797	2001.762	1008.25	10288.24	367	4104.5	96	10268.24	366	20	1					2667.95	15	3527.6	71	4092.69	281
太原	1001.094	1001.094		34.216	382.707	439.656	144.515	968.484	899.036	69.448	1001.094	663.165	8675.92	236	1997.45	39	8675.92	236							3818.6	17	2002.5	37	2854.82	182
阳泉	734.095	734.095		5.917	46.451	396.068	285.659	701.85	603.457	98.393	734.095	343.788	4814.9	127	1164.9	18	4814.9	127							1109.1	7	1582.2	27	2123.6	93
晋中	2128.779	2123.363		74.191	734.826	786.121	528.225	1886.878	698.392	1188.486	2123.363	1552.027	12340.22	361	1964.3	53	12121.52	348	182.4	12	36.3	1			2369.8	14	5263.5	89	4706.92	258
吕梁	2394.165	2394.165		12.927	706.757	921.777	752.704	2155.565	740.43	1415.135	2394.165	1065.712	17171.77	464	5482.3	142	17098.77	462	73	2					2850.28	29	8411.28	167	5910.21	268
临汾	2312.366	2287.695		8.523	497.642	1183.986	597.544	2240.943	677.086	1563.857	2297.501	2240.084	9251.91	218	1499	38	8885.91	208	366	10					2559.1	11	3449.08	65	3243.73	142
运城	2196.713	2166.049		20.93	536.861	1144.309	463.949	2131.561	853.001	1278.56	2166.049	2148.157	6120.9	159	2056.7	52	5878.9	155	178	3	64	1			2220.1	16	2491.5	53	1409.3	90
长治	1674.661	1655.862		28.648	152.499	697.056	777.659	1553.168	598.586	954.582	1674.661	1051.269	7268.58	265	649.5	30	7268.58	265							1612.18	12	2543.2	50	3113.2	203
晋城	1179.622	1138.934		19.228	145.952	598.659	375.095	1056.979	698.229	358.75	1166.272	518.87	4975.9	157	282.3	11	4975.9	157							1264.5	11	1562.8	28	2148.6	118

2008 年全省乡公路里程及其技术状况统计表

市（名）	通车里程（公里）	等级公路(公里)						有铺装、简易铺装路面里程(公里)			晴雨通车里程（公里）	绿化里程（公里）	公路桥梁（米/座）																	
		小计	高速	一级	二级	三级	四级	小计	有铺装	简易铺装			合计				按使用年限分						按跨径分							
															危桥		永久性		半永久性		临时性		特大桥		大桥		中桥		小桥	
合计	44326.635	42224.819		95.838	780.676	3754.344	37593.961	28813.908	18139.113	10674.795	42385.819	19673.842	42042.15	1586	6010.32	227	41034.35	1551	964.8	34	43	1			6456.86	47	14970.1	291	20615.19	1248
大同	4870.31	4843.183			29.63	241.618	4571.935	3701.91	3611.853	90.057	4843.183	1156.646	2330	101	478.9	18	2330	101									1247.8	25	1082.2	76
朔州	3924.734	3813.587			112.315	341.964	3359.308	1987.675	1583.905	403.77	3816.546	1524.114	1461.14	33	424.1	12	1461.14	33							89..64	1	942.6	12	428.9	20
忻州	6561.425	6083.586			30.906	160.898	5891.782	3099.088	2674.614	424.474	6103.757	1380.093	4595.1	206	655.1	24	4595.1	206							590	4	1488.2	29	2516.9	173
太原	1559.446	1460.003		7.513	73.565	217.141	1161.784	1085.613	786.501	299.112	1461.489	613.838	5046.6	178	395.3	17	5046.6	178							937.5	7	1734.1	30	2375	141
阳泉	867.301	867.301			15.274	87.528	764.499	744.861	703.446	41.415	867.301	164.076	1866	60	126	3	1866	60							270	2	478	8	1118	50
晋中	6073.391	6017.086		47.522	122.412	370.906	5476.246	3609.011	2338.249	1270.762	6038.07	1885.836	4635.3	202	440.7	13	4413.4	188	221.9	14					624.5	5	1407.6	26	2603.2	171
吕梁	3494.009	3018.635		18.746	152.442	440.496	2406.951	1280.3	732.899	547.401	3000.423	583.901	6459.8	227	1366.8	52	6027.3	218	389.5	8	43	1			593.5	5	2562.7	49	3303.6	173
临汾	5155.14	4446.179		14.495	101.294	860.051	3470.339	2987.756	1152.313	1835.443	4481.149	4256.662	5391.7	155	652.8	18	5038.3	143	353.4	12					1444.5	6	2003	43	1944.2	106
运城	6252.97	6252.97			57.918	459.431	5735.621	5560.549	1110.828	4449.721	6252.97	6088.385	1621.3	67	636.4	29	1621.3	67							270	3	529.7	14	821.6	50
长治	2700.859	2611.209		0.585	28.975	171.513	2410.136	2106.944	1151.783	955.161	2662.424	1307.592	5553.62	233	705.22	37	5553.62	233							1148.22	8	1657.2	38	2748.2	187
晋城	2867.05	2811.08		6.977	55.945	402.798	2345.36	2650.201	2292.722	357.479	2858.507	712.699	3081.59	124	129	4	3081.59	124							489	6	919.2	17	1673.39	101

2008 年全省专用公路里程及其技术状况统计表

市(名)	通车里程(公里)	等级公路(公里)						有铺装、简易铺装路面里程(公里)			晴雨通车里程(公里)	绿化里程(公里)	公路桥梁(米/座)																	
		小计	高速	一级	二级	三级	四级	小计	有铺装	简易铺装			合计		危桥		按使用年限分						按跨径分							
																	永久性		半永久性		临时性		特大桥		大桥		中桥		小桥	
合计	660.83	623.954		7.343	64.427	287.259	264.925	530.688	276.974	253.714	633.119	341.519	2381.75	73	309	5	2351.75	72	30	1					626	5	880.5	17	875.25	51
大同	50.721	50.721			36.25	14.471		50.721	50.721		50.721	7.8	639	10			639	10							336	2	219	4	84	4
朔州	56.361	56.361			3.751	52.61		54.232	27.219	27.013	56.361	27.43	264.4	10	105.4	2	264.4	10									135.5	3	128.9	7
忻州	148.705	148.705		6.284	7.064	9.327	126.03	83.604	35.223	48.381	148.705	45.677	494.15	21	131.6	2	494.15	21							100	1	147	3	247.15	17
太原	32.611	32.611				32.611		32.611	9.338	23.273	32.611	30.568	143	2			143	2							128	1			15	1
阳泉	3.543	3.543				3.543		3.543	3.543		3.543	3.543	17	1			17	1											17	1
晋中	68.922	68.922			5.206	14.96	48.756	43.601	5.478	38.123	68.922	39.86	206	11			206	11											206	11
吕梁	28.206	28.206				28.206		28.206	22.755	5.451	28.206	26.014	87	3			87	3									68	2	19	1
临汾	78.985	51.274		1.059	4.546	45.669		51.274	37.504	13.77	51.274	78.985	90	5			60	4	30	1									90	5
运城	108.888	108.888				55.238	53.65	108.173	31.601	76.572	108.888	45.667	125	3	72	1	125	3									107	2	18	1
长治	55.742	46.577			7.61	18.45	20.517	46.577	25.446	21.131	55.742	18.407	50.2	3			50.2	3											50.2	3
晋城	28.146	28.146				12.174	15.972	28.146	28.146		28.146	17.568	266	4			266	4							62	1	204	3		

2008年全省村公路里程及其技术状况统计表

市（名）	通车里程（公里）	等级公路(公里)						有铺装、简易铺装路面里程(公里)			晴雨通车里程（公里）	绿化里程（公里）	公路桥梁（米/座）																	
		小计	高速	一级	二级	三级	四级	小计	有铺装	简易铺装			合计				按使用年限分						按跨径分							
															危桥		永久性		半永久性		临时性		特大桥		大桥		中桥		小桥	
合计	47156.312	3886.498		116.66	401.913	1614.005	36753.92	27318.611	20352.484	6966.127	40215.982	9664.722	40439.99	1259	3211.7	125	38439.49	1207	1923.5	49	77	3			6524.3	47	18738.19	344	15177.5	868
大同	3496.314	3321.888		1.784	25.098	85.9	3209.106	2731.639	2654.129	77.51	3321.888	223.151	1075.5	41	44	3	1075.5	41							123	1	538	11	414.5	29
朔州	2604.319	2389.78		4.83	22.675	64.833	2297.442	1491.347	1314.32	177.027	2408.495	361.349	124	4	16	1	124	4											124	4
忻州	5299.594	3534.997			4.527	45.815	3484.655	2310.992	2107.497	203.495	3819.582	1.855	3007	89	591	14	3007	89							505.2	3	1399.9	24	1101.9	62
太原	2700.454	2601.473		5.703	25.404	246.744	2323.622	1838.043	915.102	922.941	2646.261	37.093	4317.2	188	412.7	27	4317.2	188							101	1	1803.6	34	2412.6	153
阳泉	3164.195	3164.195			7.788	49.572	3106.835	2739.672	2650.038	89.634	3164.195	9.744	3927.2	118	155	2	3927.2	118							290	2	2065.9	34	1571.3	82
晋中	4227.78	4114.31		5.09	47.966	123.379	3937.875	2452.219	1786.774	665.445	4199.535	781.954	2820.15	77	146	3	2623.15	68	197	9					369	2	1516.15	25	935	50
吕梁	7203.004	3716.011		13.485	45.756	126.995	3529.775	1619.183	1212.946	406.237	4031.396	830.243	9092.9	218	990.5	36	7837.4	192	1240.5	25	15	1			2150.6	15	4634.5	85	2307.8	118
临汾	6821.322	5804.041		39.77	75.839	424.861	5263.571	2778.206	1370.151	1408.055	5713.706	1831.476	4180.44	100	39	3	3709.44	86	471	14					1118.5	5	1966.64	37	1095.3	58
运城	4294.432	4286.184		1.4	86.347	124.036	4074.401	3817.124	1868.11	1949.014	4286.184	4269.003	1167	29			1090	26	15	1	62	2			547	5	386	9	234	15
长治	4588.944	3667.314		44.598	37.73	102.329	3482.657	3216.23	2279.318	936.912	4196.006	780.077	8717.6	318	817.5	36	8717.6	318							760	6	3948.5	76	4009.1	236
晋城	2755.954	2268.305			22.783	219.541	2043.981	2323.956	2194.099	129.857	2428.734	538.777	2011	77			2011	77							560	7	479	9	972	61

2008年全省乡(镇)村通公路、通油路情况汇总表

市名称	乡镇总数		乡		镇		开发区		街道办事处		行政村									备注
	总数(个)	已通畅个数	总数(个)	已通畅个数	总数(个)	已通畅个数	总数(个)	已通畅个数	总数(个)	已通畅(个)	总数(个)	已通达 个数	已通达 其中:通其他硬化路面 个数	本年通达的村 个数	通公路所占比重(%)	已通畅 个数	已通畅 其中:通其他硬化路面 个数	本年通畅的村 个数	通油路所占比重(%)	
合　计	1271	1271	631	631	564	564	5	5	71	71	28107	28080	1		99.90	24740	281	948	88.02	
大同市	99	99	65	65	33	33	1	1			1948	1948			100.00	1864		48	95.69	
朔州市	73	73	51	51	18	18			4	4	1675	1675			100.00	1460		59	87.16	
忻州市	188	188	126	126	59	59			3	3	4851	4828			99.53	3459	174	383	71.30	
太原市	79	79	31	31	21	21	1	1	26	26	1019	1019			100.00	1016		2	99.71	
阳泉市	33	33	12	12	20	20	1	1			959	959			100.00	953	39	10	99.37	
晋中市	119	119	59	59	59	59	1	1			2755	2755			100.00	2700	15	13	98.00	
吕梁市	160	160	66	66	82	82			12	12	3108	3108			100.00	2114		231	68.02	
临汾市	156	156	76	76	75	75			5	5	2958	2958			100.00	2622		125	88.64	
运城市	148	148	55	55	81	81			12	12	3189	3189			100.00	3181		4	99.75	
长治市	135	135	64	64	68	68			3	3	3424	3422			99.94	3328	53	17	97.20	
晋城市	81	81	26	26	48	48	1	1	6	6	2221	2219	1		99.91	2043		56	91.99	

2008 年全省公路系统机构设置情况统计表

单位	人员合计	局直单位		国省道																			
					分局机关			县级公路管理段				道班				勘察设计所				其他单位职工人数			
		人数	固定工	小计	管理人员	工程技术人员	工勤人员	个数	管理人民	工程技术人员	工勤人员	个数	固定职工	合同制	临时工	人数	管理人员	工程技术人员	其他	个数	管理人员	工程技术人员	工勤人员
总计	20756	10	1211	19545	891	346	171	111	2287	781	2239	689	564	1308	6678	11	245	175	165	100	2004	473	2993
合计	19545			19545	891	346	171	111	2287	781	2239	689	564	1308	6678	11	245	175	165	100	2004	473	2993
大同	1788			1788	151	85	7	9	280	73	44	26	6	6	569	1	41	35	7	7	629	141	48
朔州	1208			1208	51	44	6	6	77	52	119	56	6	7	599	1	18	18	4	9	49	28	272
忻州	1961			1961	76	18	16	15	394	78	151	101	116		924	1	18	18	27	10	173	11	66
太原	1109			1109	99	12	9	6	211	110	142	36		104	414	1	27	24	4	4	73	38	26
阳泉	1141			1141	69	38	17	3	80	31	129	23	2	7	361	1	16	12	4	12	149	33	307
晋中	3214			3214	78	23	18	11	147	108	247	68	297	436	625	1	15	12	20	8	276	43	1055
吕梁	2265			2265	88	25		13	214	108	657	85	10	37	874	1	25	14	48	13	86	44	226
临汾	2053			2053	61	15	19	17	410	72	333	108	35	359	519	1	28	17	2	8	88	36	199
运城	1572			1572	59	34	36	13	105	51	129	98	72	223	599	1	13	10	15	10	71	22	250
长治	2357			2357	98	30	40	12	171	38	276	82	20	25	1040	1	15	15	32	14	114	31	526
晋城	877			877	61	22	3	6	198	60	12	6		104	154	1	29		2	5	296	46	18
局直单位	1211	10	1211																				

2008 年全省各市公路养护组织机构设置情况统计表

单位	小计	县乡公路												
		市交通局路管人员			县级交通局				道班				其他单位职工	
		管理人员	工程技术人员	工勤人员	个数	管理人员	工程技术人员	工勤人员	个数	固定职工	合同制	临时工	固定职工	合同制
合计	20975	75	50	10	114	3004	1430	1422	1334	746	808	14594	316	
大同	2017				9	303	207	98	174	130	117	1369		
朔州	1367	10	6		6	104	58	3	120	75	26	1046	103	
忻州	2372				14	658	238	61	211	44	32	1577		
太原	857				10	106	55	21	53			730		
阳泉	1667	24	11	2	3	62	13	25	35	8	8	1538		
晋中	1819				11	163	81	78	131	58	327	1193		
吕梁	3570	25	18	3	13	564	280	469	184	181	128	2019	181	
临汾	1898				17	388	137	31	48	185	110	1184	32	
运城	2465	16	15	5	13	206	109	278	166		60	1868		
长治	2010				12	328	177	308	158	65		1309		
晋城	933				6	122	75	50	54			761		

2008 年全省营业性公路运输量统计表

地市名称	客运量(万人)	旅客周转量(万人公里)	货运量(万吨)	货物周转量(万吨公里)
合　计	31397	242544	66710	11022284
太原市	2396	86813	9798	1245586
大同市	2710	22464	11041	1123183
阳泉市	2633	5959	3074	219387
长治市	3367	24494	6732	787765
晋城市	2621	14425	2933	212521
朔州市	2971	12386	1749	323192
晋中市	3118	12123	6093	985938
运城市	4416	19825	6053	2754549
忻州市	1341	9079	4259	965573
临汾市	4099	21892	9651	1266316
吕梁市	1724	13079	5327	1138273

2008 年全省道路运输经营业户统计表

指标名称	序号	合计	100 辆及以上的企业	50－99 辆的企业	10－49 辆的企业	10 辆以下的企业	个体运输户
甲	乙	1	2	3	4	5	6
一、道路旅客运输业户数	1	1247	39	47	181	89	891
其中：班车客运	2	1169	28	41	136	73	891
出租客运	3	25	10	2	11	2	
旅游客运	4	64		6	38	20	
其　他	5	5	1	1	3		
内：公交客运	6	5	1	1	3		
二、道路货物运输业户数	7	213330	214	192	1003	10678	201243
其中：普通货运	8	175732	200	172	891	10572	163897
货物专用运输	9	205	1	2	34	49	119
内：集装箱运输	10	1			1		
大型物件运输	11	12			3	4	5
危险货物运输	12	170	10	19	80	61	
其　他	13	39757	2		2	10	39743
三、道路客货运输兼营业户数	14	15	10	1	3	1	

补充资料：道路运输经营许可证在册数 224442 张。

2008年全省道路客运线路班次统计表

指标名称	计量单位	序号	合计	<400公里	≥400且<800公里	≥800公里
甲	乙	丙	1	2	3	4
客运线路合计	条	1	5307	4939	232	136
	平均日发班次	2	31985.3	31509.5	374.5	101.3
其中：高速公路客运线路	条	3	472	270	104	98
	平均日发班次	4	1923.1	1724.5	135.5	63.1
1.跨省线路	条	5	630	300	194	136
	平均日发班次	6	1352.8	984.5	267.0	101.3
2.跨地(市)线路	条	7	861	823	38	0
	平均日发班次	8	3897.5	3790.0	107.5	0
3.跨县线路	条	9	1161	1161	0	0
	平均日发班次	10	8368.0	8368.0	0	0
4.县内线路	条	11	2655	2655	0	0
	平均日发班次	12	18367.0	18367.0	0	0

2008年全省农村道路客运统计表

指标名称	计量单位	序号	数量
甲	乙	丙	1
一、客运班车通达情况			
乡镇总数	个	1	1214
其中:通班车的乡镇数	个	2	1192
建制村总数	个	3	28105
其中:通车的建制村数	个	4	26466
二、农村客运站数量	条	5	21110
三、农村客运班线	平均日发班次	6	2793
		7	19413.6
四、农村客运车辆合计	辆	8	6864
	客位	9	117057
1、按等级分			
高　级	辆	10	13
	客位	11	215
中　级	辆	12	1362
	客位	13	26424
普　通	辆	14	5489
	客位	15	90418
2、按车长分			
特大型	辆	16	0
	客位	17	0
大　型	辆	18	133
	客位	19	3773
中　型	辆	20	3653
	客位	21	71508
小　型	辆	22	3078
	客位	23	41776
五、农村旅客运输量			
客运量	万人	24	8896.61
旅客周转量	万人公里	25	234530.00
六、农村客运站本期完成投资	万元	26	2749.42
其中:政府投资	万元	27	1404.98

政策·法规辑录

中华人民共和国交通运输部

收费公路权益转让办法

交通运输部令2008年第11号

《收费公路权益转让办法》已于2007年6月15日经第7次部务会议通过，现予以公布，自2008年10月1日起施行。

交通运输部部长　**李盛霖**

2008年8月20日

第一章　总　则

第一条　为了规范收费公路权益转让行为，维护转让方、受让方以及使用者的合法权益，促进公路事业发展，根据《中华人民共和国公路法》（以下简称《公路法》）、《收费公路管理条例》（以下简称《收费条例》）制定本办法。

第二条　在中华人民共和国境内转让收费公路权益，应当遵守本办法。

第三条　本办法下列用语的含义是：

（一）收费公路，是指按照《公路法》和《收费条例》规定，经批准依法收取车辆通行费的公路（含桥梁和隧道）。收费公路包括政府还贷公路和经营性公路。

政府还贷公路，是指县级以上地方人民政府交通运输主管部门利用贷款或者向企业、个人有偿集资建成的收费公路。

经营性公路，是指国内外经济组织依法投资建设或者依法受让政府还贷公路收费权的收费公路。

（二）收费公路权益，是指收费公路的收费权、广告经营权、服务设施经营权。

（三）收费公路权益转让，是指收费公路建成通车后，转让方将其合法取得的收费公路权益有偿转让给受让方的交易活动。

转让方是指将合法取得的收费公路权益依法有偿转让给受让方的国内外经济组织，包括不以营利为目的专门建设和管理政府还贷公路的法人组织和投资建设经营性公路的国内外经济组织。

受让方是指依法从转让方有偿取得收费公路权益的国内外经济组织。

第四条　国家允许依法转让收费公路权益，同时对收费公路权益的转让进行严格控制。

国家在综合考虑转让必要性、合理性、社会承受力等因素的基础上，严格限制政府还贷公路转让为经营性公路。

收费公路权益转让活动，应当遵守相关法律、法规、规章的规定，应当遵循公开、公平、公正和诚实信用的原则。

第五条　国务院交通运输主管部门主管全国收费公路权益的转让工作。国务院发展改革部门和财政主管部门依据各自职责，负责收费公路权益转让的相关管理工作。

第二章 收费公路权益转让条件

第六条 转让收费权的公路，应当符合《收费条例》第十八条规定的技术等级和规模。

第七条 有下列情形之一的，收费公路权益中的收费权不得转让：

（一）长度小于1000米的二车道独立桥梁和隧道；

（二）二级公路；

（三）收费时间已超过批准收费期限2/3。

第八条 同一个收费公路项目的收费权、广告经营权、服务设施经营权，可以合并转让，也可以单独转让。

第九条 转让收费公路权益，不得有下列行为：

（一）将一个依法批准的收费公路项目分成若干段转让收费权；

（二）将收费公路权益项目与非收费公路权益项目捆绑转让；

（三）受让方没有全部承继转让方原对政府和社会公众承担的责任、义务；

（四）将政府还贷公路权益无偿划转给企业法人。

第十条 转让尚未偿清国际金融组织或者外国政府贷款的收费公路权益的，应当按照国家相关规定在申请转让审批前经原利用国外贷款审批部门同意。

收费公路权益转让的受让方应当按照国家有关投资管理的相关规定，在申请转让审批前将投资项目申请报告报有相应管理权限的投资主管部门核准。申请核准时应当同时提交收费公路权益转让合同。

第十一条 转让公路收费权，应当征得下列利害关系人同意：

（一）该公路的债权人；

（二）该公路收费权的质权人；

（三）该公路的所有投资人；

（四）公路的投资建设合同和转让公路收费权合同中约定转让及再转让时要征得其同意的人。

第十二条 公路收费权的受让方应当具备下列条件：

（一）财务状况良好，企业所有者权益不低于受让项目实际造价的35%；

（二）商业信誉良好，在经济活动中无重大违法违规行为；

（三）法律、法规规定的其他条件。

单独转让公路广告经营权、服务设施经营权时，其受让方应当具备的条件，按照地方性法规和省级人民政府规章执行。

第十三条 转让政府还贷公路收费权，可以向省级人民政府申请延长收费期限，但延长的期限不得超过5年，且累计收费期限的总和最长不得超过20年。国家确定的中西部省、自治区、直辖市政府还贷公路累计收费期限的总和，最长不得超过25年。

转让经营性公路收费权，不得延长收费期限，且累计收费期限的总和最长不得超过25年。国家确定的中西部省、自治区、直辖市经营性公路累计收费期限的总和，最长不得超过30年。

不得以转让公路收费权为由提高车辆通行费标准。

第三章 收费公路权益转让程序

第十四条 转让公路收费权，在办理转让审批前，转让方可以先向审批机关提出转让立项申请。

提出转让立项申请的，需要提交以下材料：

（一）转让收费权的公路概况，包括公路建设年限，技术等级和规模，投资来源和投资额，通车收费时间，近三年该收费公路的收支情况等；

（二）转让的原因和目的；

（三）转让政府还贷公路所得收入的投向；

（四）本办法第十一条规定的利害关系

人同意转让的书面意见；

（五）转让尚未偿清国际金融组织或者外国政府贷款的收费公路权益的，出具原利用国外贷款审批部门的书面同意意见；

（六）省级人民政府批准收取车辆通行费的文件；

（七）经审计机关或者有资格的会计师事务所审计的上一年度会计报告；

（八）首次转让公路收费权的，提供该收费公路竣工财务决算和竣工审计报告；

（九）转让经营性公路收费权的，提供公司章程；

（十）再次转让公路收费权的，提供原转让协议；

（十一）审批机关认为需要提供的其他文件。

第十五条 审批机关收到转让立项申请后，应当对申请转让的收费权是否符合转让条件进行初步审查，并出具转让立项审查意见。

转让立项审查意见可以作为转让方在作转让前期准备工作时证明拟转让的公路收费权符合转让条件的依据。

转让立项审查意见自出具之日起一年内有效。

第十六条 转让下列收费公路的收费权，转让方应当委托符合条件的资产评估机构，对收费权价值进行评估：

（一）政府还贷公路；

（二）有财政性资金投入的经营性公路；

（三）使用国有资本金投资的公路。

资产评估机构出具的评估报告，是确定前款规定收费公路的收费权转让最低成交价的依据。

转让方对资产评估机构出具的资产评估报告，应当按照国家有关资产评估的规定，报有关部门核准或者备案。

第十七条 转让方按照第十六条规定进行收费权价值评估的，应当委托符合下列条件的资产评估机构：

（一）具有法律、行政法规规定的资产评估资质；

（二）评估机构的人员具备与公路收费权价值评估相适应的专业知识和经验；

（三）评估机构和人员近三年未发生违规行为，未有违规不良记录。

第十八条 转让收费公路权益进行收费权价值评估，评估方法应当采用收益现值法，所涉及的收益期限由转让方与资产评估机构在批准的收费期限内约定。

第十九条 转让政府还贷公路收费权益和有财政性资金投入的经营性公路收费权益，应当采用公开招标的方式，公平、公正、公开选择受让方。

第二十条 收费公路权益转让的招标投标活动，应当严格执行《中华人民共和国招标投标法》等有关规定。

省级人民政府交通运输主管部门负责对收费公路权益转让招标投标全过程的监督管理。省级人民政府发展改革部门、财政主管部门依据各自职责，负责招标投标活动的监督。

第二十一条 进行收费公路权益转让招标的，转让方应当通过国家指定的报刊、信息网络或者其他媒介，发布招标公告。公告期不得少于20日。

第二十二条 转让政府还贷公路权益和有财政性资金投入以及使用国有资本金投资的经营性公路权益进行招标的，应当实行有底价招标。其中转让收费权的招标底价不得低于有关部门核准或者确认的收费权价值评估价。

第二十三条 转让方应当依法编制招标文件。招标文件应当包括下列内容：

（一）招标项目的基本情况，包括项目建设年限、通车时间、技术等级和规模、投资来源和投资额、近年收支情况等；

（二）受让方应当具备的条件及有关资格和资信要求。转让政府还贷公路权益和有财政性资金投入的经营性公路权益的，应当要求受让方承诺所成立的公路经营企业不对外提供担保，包括为受让方债务提供任何形

式的担保,不承担受让方的债务;

(三)受让方的权利和义务;

(四)转让金的支付形式、期限(最长不超过合同生效后6个月)及担保要求;

(五)经营期间公路养护、绿化及水土保持要求;

(六)经营终结后解散和清算的程序,公路权益移交时公路及公路附属设施、服务设施的标准;

(七)受让方或其设立的公路经营企业破产,终止、解除转让协议的条件;

(八)政府终止收费公路权益转让协议的条件;

(九)投标文件的编制要求及其送达方式、地点和截止时间;

(十)开标地点及开标和评标的时间安排;

(十一)评标标准、评标办法、评标程序、确定废标的因素;

(十二)签订的转让合同的主要条款;

(十三)职工安置方案;

(十四)债权债务处理方案;

(十五)其他需要说明的问题。

第二十四条 受让方确定后,转让方和受让方应当依法订立收费公路权益转让合同。

转让合同应当包括下列条款:

(一)转让方与受让方的名称与住所;

(二)项目名称和经营内容;

(三)经营范围和转让期限;

(四)转让价格及支付价款的时间(最长不超过合同生效后6个月)和方式;

(五)有关资产交割事项;

(六)转让方涉及的职工安置方案;

(七)转让方的权利和义务;

(八)受让方的权利和义务;

(九)公路养护和服务质量保障措施(包括建立养护维修保证金等);

(十)经营风险的承担责任;

(十一)公路养护责任;

(十二)公路移交的方式和时间;

(十三)争议的解决方式;

(十四)各方的违约责任;

(十五)合同变更和解除的条件;

(十六)转让合同期满后公路收费权的归属和移交事项;

(十七)转让和受让双方认为必要的其他条款。

第二十五条 公路收费权益转让合同自公路收费权转让批准之日起生效。

第二十六条 转让国道(包括国道主干线和国家高速公路网项目,下同)收费权,应当经国务院交通运输主管部门批准。转让国道以外的其他公路收费权,应当经省级交通运输主管部门审核同意,报省级人民政府批准。将公路广告经营权、服务设施经营权与公路收费权合并转让的,由具有审批公路收费权权限的审批机关批准。

单独转让公路广告经营权、服务设施经营权的审批,按照地方性法规和省级人民政府规章执行。

第二十七条 申请转让公路收费权的,转让方应当向审批机关提交申请文件,内容应当包括:

(一)提出过立项申请的,需提交转让立项审查意见;未提出过立项申请的,需提交第十四条规定的相关材料;

(二)转让前期按照规定进行收费权价值评估的有关材料和资产评估报告的核准或者备案文件等;

(三)转让前期招标投标情况和受让方的确定情况;

(四)审计部门或者会计师事务所出具的受让方上年度会计报告和受让方的法人营业执照副本;

(五)按照第十条规定办理的相关手续和书面同意意见;

(六)转让收入的具体投向;

(七)公路收费权益管理情况;

(八)转让方、受让方签订的公路收费权益转让合同;

(九)审批机关认为需要提供的其他文件。

第二十八条 审批机关应当按照《行政许可法》和相关规定的要求,办理公路收费权转让审批。

审批机关在审查收费公路权益转让申请时,应当综合考虑维护国家利益、社会公共利益的因素。

同意转让公路收费权的,审批机关应当出具公路收费权转让批准文件。

第二十九条 由省级人民政府批准转让公路收费权的,转让方自批准之日起30日内,应当将省级交通运输主管部门审核意见、省级人民政府批准文件和转让合同报国务院交通运输主管部门备案。

第三十条 国务院交通运输主管部门应当自批准公路收费权转让之日起30日内,将批准文件抄送国务院发展改革主管部门和财政主管部门。

第三十一条 转让方应当对所提交申请材料的真实性、合法性负责。

第四章 转让收入使用管理

第三十二条 转让政府还贷公路权益的收入,除用于偿还公路建设贷款和有偿集资款外,应当全部用于公路建设。任何单位不得将转让政府还贷公路权益的收入用于公路建设以外的其他项目。

转让有财政性资金投入的经营性公路权益取得的收入中与财政性资金投入份额相应的收入部分,除用于偿还公路建设贷款外,主要用于公路建设。

第三十三条 转让全部由社会资金投入的经营性公路权益取得的收入,由投资者自行决定转让收入使用方向。

国家有关部门应当鼓励投资者将这部分收入继续投入公路建设项目。

第三十四条 转让政府还贷公路权益和转让有财政性资金投入的经营性公路权益取得的收入中与财政性资金投入份额相应的收入部分,纳入预算管理。转让方应当在取得上述转让收入的3个工作日内,按照规定的预算级次上缴财政。实行非税收入收缴管理制度改革的,按照改革的相关规定执行。财政主管部门应当将转让收入纳入当年财政收支预算,资金拨付按照财政国库管理制度有关规定执行。

第五章 收费公路权益转让后续管理及收回

第三十五条 受让方依法拥有转让期限内的公路收费权益,转让收费公路权益的公路、公路附属设施的所有权仍归国家所有。

第三十六条 收费公路权益转让合同约定的转让期限届满,转让收费公路权益的公路、公路附属设施以及服务设施应当处于良好的技术状态,由国家无偿收回,由交通运输主管部门管理。

收费公路权益转让期限未满,因社会公共利益需要等原因国家提前收回转让的收费公路权益的,接收收费公路权益的交通运输主管部门依法给予受让方补偿。最高补偿额按照原转让价格和提前收回的期限占原批准转让期限的比例计算确定。

第三十七条 收费公路权益转让后,该公路路政管理的职责仍然由县级以上地方人民政府交通运输主管部门或者公路管理机构的派出机构、人员行使。

第三十八条 受让方在依法取得收费公路权益后,依法成立的公路经营企业应当按照国家规定的标准和规范要求,做好公路养护管理、绿化以及公路用地范围内的水土保持工作,并对收费公路及沿线设施进行日常检查、检测、维护,保证收费公路处于良好的技术状态。

公路经营企业应当根据交通运输主管部门要求,定期提供公路技术状况检测报告。

第三十九条 公路经营企业应当接受国务院交通运输主管部门和省、自治区、直辖市人民政府交通运输主管部门的行业管理,按要求实行联网收费,并遵守路网的其他统一要求,及时提供统计资料和有关经营情况。

第四十条 收费公路权益转让后,省、自治区、直辖市交通运输主管部门应当对该收费公路的收费管理和养护情况实施监督检查。

收费公路权益转让合同约定的转让期限届满前6个月,省、自治区、直辖市人民政府交通运输主管部门应当对转让权益的收费公路进行鉴定和验收。经鉴定和验收,公路符合收费公路权益转让时核定的技术等级和标准的,公路经营企业方可按照国家有关规定,在转让期限届满时向交通运输主管部门办理公路移交手续;不符合转让收费公路权益时核定的技术等级和标准的,公路经营企业应当在交通运输主管部门确定的期限内进行养护,达到要求后,方可按照规定办理公路移交手续。转让期限届满仍未达到要求的,交通运输主管部门应当收回公路收费权,办理公路移交手续,指定其他单位进行养护,养护费用由原公路经营企业承担。

第六章 法律责任

第四十一条 违反本办法的规定,擅自批准收费公路权益转让的,按《收费条例》第四十七条的规定查处。

第四十二条 违反本办法第九条的规定,由国务院交通运输主管部门或者省级交通运输主管部门依据职权,责令改正;对负有责任的主管人员和其他直接责任人员依法给予行政处分;构成犯罪的,依法追究刑事责任。

第四十三条 违反本办法的规定,转让方应当通过招标选择受让方而未进行招标,或者招标的程序、内容不符合本办法的规定,按照《中华人民共和国招标投标法》的有关规定查处。

第四十四条 违反本办法的规定,社会中介机构在对收费公路权益转让项目进行审计或者评估时弄虚作假,或者出具的会计报告和评估报告严重失实的,根据其情节轻重,由有关机构按照国家有关法律、法规的规定处罚。

第四十五条 违反本办法的规定,有下列行为之一的,按照《收费条例》第五十二条的规定查处:

(一)转让方未将转让政府还贷公路权益的收入和转让有财政性资金投入的经营性公路权益取得的收入中与财政性资金投入份额相应的收入部分全额缴入国库的;

(二)交通运输主管部门、财政主管部门将转让政府还贷公路权益的收入和转让有财政性资金投入的经营性公路权益取得的收入中与财政性资金投入份额相应的收入部分,未用于偿还贷款或者偿还有偿集资款及未用于公路建设,将转让收入挪作他用的。

第四十六条 违反本办法的规定,受让方未履行公路养护、绿化和公路用地范围内的水土保持义务,按照《收费条例》第五十四条和第五十五条的规定查处。

第四十七条 违反本办法的规定,审批机关及其工作人员有下列情形之一的,按照《中华人民共和国行政许可法》第七十二条和第七十四条的规定查处:

(一)不在本办法规定的期限内出具审批意见的;

(二)对不符合法定条件和程序的收费公路权益转让申请予以批准,或者超越法定职权予以审批的;

(三)在受理、审查过程中,未向转让方一次告知必须补正的全部内容的。

第四十八条 审批机关工作人员在办理收费公路权益转让审批过程中,索取或者收受他人财物或者谋取其他利益,按照《中华人民共和国行政许可法》第七十三条的规定查处。

第七章 附 则

第四十九条 本办法规定的时限以工作日计算,不含法定节假日。

第五十条 本办法自2008年10月1日起施行。交通部于1996年10月9日以交通部第9号令发布的《公路经营权有偿转让管理办法》同时废止。

关于修改《中华人民共和国公路管理条例实施细则》的决定

交通运输部令2009年第8号

《关于修改 < 中华人民共和国公路管理条例实施细则 > 的决定》已于2009年5月27日经第5次部务会议通过，现予公布，自公布之日起施行。

交通运输部部长 **李盛霖**

2009年6月13日

关于修改《中华人民共和国公路管理条例实施细则》的决定。

根据国务院《关于实施成品油价格和税费改革的通知》（国发〔2008〕37号）以及《国务院关于修改 < 中华人民共和国公路管理条例 > 的决定》（国务院2008年第543号令），交通运输部决定对《中华人民共和国公路管理条例实施细则》作如下修改：

一、删除第十条第六项中的“公路养路费”。

二、将第十四条第二款修改为：“国道和重要省道的新建、改建，由国家和地方共同投资或者用车辆购置税和国务院成品油价格和税费改革后形成的交通资金收入给予补助”，并将第三款修改为：“县道建设主要依靠地方投资与民工建勤的办法实施，可用国务院成品油价格和税费改革后形成的交通资金收入给予补助”。

三、删除第四十六条中的“公路养路费”。

四、删除第四十八条第一款和第三款。

五、删除第四十九条第一款中的“公路养路费”，删除第四十九条第二款。

六、删除第五十条中的“及公路征费稽查站卡”、“和征费检查”及“也不得拒绝接受检查”。

七、删除第五十一条。

八、删除第五十三条第一款和第四款，同时将该条第三款修改为：“对收取的过渡费的使用，除以渡养渡的必要支出外，主要用作改渡为桥的建设资金”。

九、将第六十一条修改为：“对违反本《细则》第四十八条、第四十九条规定的单位和个人，根据以下规定处罚：（一）对逃缴公路规费的，责令限期补缴；对情节严重的，还应当处以相当所欠费款一至五倍的罚款。（二）对非公路主管部门或者其授权的公路管理机构的任何其他部门、单位和个人擅自征收通行费、过渡费的，应当没收全部非法所得，并处以不超过全部非法所得两倍的罚款，同时对当事者及其单位主要负责人处以相当其本人三个月工资的罚款”。

此外，对条文的顺序以及条文中引用《中华人民共和国公路管理条例》的条文顺序，根据2008年12月27日公布的《国务院关于修改（中华人民共和国公路管理条例 > 的决定》作相应调整。

本决定自公布之日起施行。

《中华人民共和国公路管理条例实施细则》根据本决定作相应修改，重新发布。

中华人民共和国公路管理条例实施细则

（1988年6月28日交通部发布根据2009年6月13日交通运输部《关于修改〈中华人民共和国公路管理条例实施细则〉的决定》修正）

第一章 总 则

第一条 根据《中华人民共和国公路管理条例》（以下简称《条例》）第三十七条的规定，制定本实施细则（以下简称《细则》）。

第二条 本（《细则》所称"公路"是指在中华人民共和国境内，按照国家规定的公路工程技术标准修建，并经公路主管部门验收认定的城间、城乡间、乡间可供汽车行驶的公共道路。

第三条 公路分为国家干线公路（以下简称国道），省、自治区、直辖市干线公路（以下简称省道），县公路（以下简称县道），乡公路（以下简称乡道）和专用公路五个行政等级。

国道是指具有全国性政治、经济意义的主要干线公路，包括重要的国际公路，国防公路，联结首都与各省、自治区首府和直辖市的公路，联结各大经济中心、港站枢纽、商品生产基地和战略要地的公路。

省道是指具有全省（自治区、直辖市）政治、经济意义，联结省内中心城市和主要经济区的公路，以及不属于国道的省际间的重要公路。

县道是指具有全县（旗、县级市）政治、经济意义，联结县城和县内主要乡（镇）、主要商品生产和集散地的公路，以及不属于国道、省道的县际间的公路。

乡道是指主要为乡（镇）内部经济、文化、行政服务的公路，以及不属于县道以上公路的乡与乡之间及乡与外部联络的公路。

专用公路是指专供或者主要供厂矿、林区、油田、农场、旅游区、军事要地等与外部联络的公路。

第四条 公路与城市道路的划分，应当以是否形成街道或者近期城市发展规划区域为界限，由省级公路主管部门与当地城建部门共同商定，并随城市建设区域的发展变化进行合理调整。

第五条 当专用公路的专用性质改变时，经专用单位申请，省级公路主管部门批准，可改划为省道或者县道。

公路如因改线等情况变化，个别路线（段）失去原有作用，经上一级公路主管部门核准并办理有关手续，可改作其他用途。

第六条 各级人民政府有责任加强对公路建设、养护和管理工作的领导；要把公路的建设和发展纳入本地国民经济发展计划，统筹安排并认真组织实施；对一切违章利用、侵占和破坏公路、公路用地和公路设施的行为，要及时采取措施加以制止，确保公路完好畅通。

第七条 公民有遵守公路法规，爱护公路、公路用地和公路设施的义务；有权检举、揭发违章利用、侵占、破坏公路、公路用地和公路设施的行为。有车单位和个人，有按国家规定缴纳各项公路规费的义务。公路沿线有劳动能力的农民和车船等运输工具，有按国家规定履行公路建勤的义务。

第二章 机构与职责

第八条 中华人民共和国交通运输部主管全国公路事业，地方各级人民政府的公路主管部门主管本地区的公路事业。

第九条 各级公路主管部门可根据实际情况设置公路管理机构。公路管理机构依据公路主管部门的授权，负责公路管理工作。

第十条 各级公路主管部门和其授权的

公路管理机构应当认真履行下列各项管理职责：

（一）贯彻执行国家关于公路建设、养护、管理工作的方针、政策、法规，负责《中华人民共和国公路管理条例》及本《细则》的实施。

（二）编制公路建设、养护计划并组织实施；协调解决计划执行中发生的问题；负责公路建设、养护工作的检查和奖惩，采取措施提高路况，保证畅通。

（三）负责路政管理，处理违章，保护路产，维护公路养护施工的正常秩序。

（四）组织公路现代化养护、现代化管理技术的开发，负责交通情况调查和路况登记，培训公路专业人员，改善技术装备，交流先进经验，提高公路管理水平。

（五）调查研究和统计上报公路情况。

（六）负责通行费、过渡费等规费的征收和使用管理等。

第三章　公路建设

第十一条　公路发展规划必须遵循远近期结合、新建与改建结合、平时建设与战时需要结合、需要与可能结合的原则，全面规划，统筹安排，从整体上提高公路网络的使用效果。

第十二条　各个行政等级的公路发展规划，按《条例》规定的原则和管理权限分别制定和审批。年度计划应当与规划相衔接。凡经批准的规划有改变时，必须经原审批单位同意。

第十三条　新建公路、改建原有公路，由各级公路主管部门在各级人民政府的统一领导下组织实施。

公路新建、改建工程，应当符合国家规定的公路工程技术标准、规范、规程的要求。

第十四条　公路建设资金，根据《条例》第九条的规定筹集。

国道和重要省道的新建、改建，由国家和地方共同投资或者用车辆购置税和国务院成品油价格和税费改革后形成的交通资金收入给予补助。

县道建设主要依靠地方投资与民工建勤的办法实施，可用国务院成品油价格和税费改革后形成的交通资金收入给予补助。

乡道的建设主要由乡（镇）自办，或者以乡（镇）为主，由地方财政给予补助。

边远、贫困地区的县道、乡道建设，可实行以工代赈的办法。

边防、国防公路建设资金，另由国家专项投资解决。

第十五条　凡属新建的公路基本建设项目和改建的大中型项目，均应当按国家《公路工程基本建设管理办法》中规定的基本建设程序办理。

在符合审批制度的前提下，各项程序可根据具体情况进行合理的交叉；小型项目和乡道也可适当裁并一些程序。

第十六条　公路勘察设计任务必须由持有公路勘察设计证书的单位和法人承担。

重大公路建设项目的设计，采取招标办法，鼓励竞争，提高设计质量。

第十七条　大中型公路建设项目的施工实行招标制。

凡纳入国家或者地方财政投资的公路建设项目，实行国内公开招标。

凡利用外资和国际间贷款的公路建设项目，可实行国际招标，但必须履行规定的批准手续。

特殊公路建设工程或者不具备招标条件的公路建设项目，可采取议标、邀标或者投资包干方式组织施工。

第十八条　公路主管部门应当加强公路建筑市场管理、定额管理和工程质量监理。

承担公路工程施工任务的建筑单位必须取得经公路主管部门考核合格发给的施工证书，以及工商行政管理部门核发的施工营业执照。

第十九条　公路新建、改建工程按批准的设计文件修建完成后，应当及时按国家

《公路工程竣工验收办法》的规定组织验收，办理交接手续。不符合设计要求以及公路产权资料不完备的公路工程，不得交付使用，建设单位和施工单位应当采取补救措施或者重新返工。

第二十条 现有国道、省道穿过县级市和县城的路段改建时，可按"靠城不进城"的原则，避开城区另辟新线。新线工程由当地政府负责做好协调工作，公路主管部门负责组织实施。

凡根据县级市和县城建设规划进行公路扩建的，由公路主管部门承担与现有公路技术标准相吻合部分所需的建设费用。提高公路技术标准和扩大工程规模而增加的费用，由提出或者确定提高标准和扩大规模的部门承担。

第二十一条 地级市及其以上的大中城市出入口道路与干线公路连接处，已划为城市规划范围，但尚未形成街道的路段，其建设规划、计划及其实施以当地城建主管部门为主，公路主管部门配合协助。

第二十二条 公路建设用地，应当本着节省土地、少占良田的原则，做到"全面规划，充分利用，合理安排"。

新建、改建国道、省道、县道需要征用、拨用土地的，按照《中华人民共和国土地管理法》的规定办理，具体征用、拨用标准按"社会公益设施"的实际情况，由各省、自治区、直辖市人民政府规定。

新建、改建乡道需用的土地，由乡（镇）人民政府规划、审核，报县级人民政府批准划拨。

第二十三条 根据公路发展规划，新建公路或者拓宽原有公路、增建公路设施等需要预留土地的，由公路主管部门根据《条例》规定精神提出申请，经当地人民政府批准后纳入土地利用总体规划，并造册登记，立案存档。

第二十四条 公路设计、施工应当尽量适应地形变化，并采取必要措施，减少对自然地貌的破坏，防止水土流失和环境污染。

通过名胜古迹和自然保护区的公路，应当注意与周围环境、天然景观的协调。严禁损坏历史文物。

修建公路如可能影响铁路、管道、水利、电力、邮电、军事等设施的正常使用，以及公路与铁路立交所涉及的建设原则、建设规模、建设标准、投资来源、组织实施、交接管理等事项，按国家有关规定办理。

第二十五条 新建、改建公路应当按照国务院确定的分工，同时修建公路防护、排水、养护、绿化、交通工程、环境保护等设施，高速公路还应当同时修建监控、营运、服务、救护等设施。

第四章 公路养护

第二十六条 公路养护以预防为主，防治结合，经常保持公路完好、平整、畅通、整洁、美观，及时修复损坏部分，周期性地进行大中修，逐步改善技术状况，提高公路的使用质量和抗灾能力。

第二十七条 公路养护采取下列组织形式：

国道、省道主要由固定（合同制）专业工人养护，适当利用民工建勤采备砂石材料。

县道以建勤轮换工养护为主，但每个养护道班应当至少配一名固定（合同制）养路专业工人。

乡道由乡（镇）人民政府组织群众养护。

公路养护道班一般按每十至十五公里设立一个，也可根据养路机械化程度、路面等级和养护难易程度的变化，设置大道班（或者养护工区）延长其管养里程。人烟稀少和边远地区的公路，也可实行机械化养护队定期巡回养护。

第二十八条 各级公路管理机构应当加强对公路路基、路面、桥涵等构造物、排水设备、防护设施、绿化带，以及有关交通工程设施的日常巡视和检查。实施综合治理和全面养护，防止公路环境污染，美化路容路貌，减少水毁损失。

公路、公路桥梁及其他构造物发生损坏、承载力不足或者出现险情时，公路管理机构除及时通知当地公安交通管理机关采取减速行驶、单向行驶、限载行驶或者封闭绕行的交通措施外，应当尽快落实维修、加固、修复的工程措施。

第二十九条 进行公路养护或者施工作业，应当采取措施维持交通；当影响车辆正常通行时，应当在作业处或者施工路段两端设置明显的施工标志；影响行车安全的，夜间还需设置红灯警视信号。

在交通流量大的公路上进行大中修养护或者改建施工，可能造成交通堵塞时，公路管理机构应当函告当地公安交通管理部门，共同疏导交通；需中断交通的，应当与当地公安交通管理机关事先共同发布通告。

在高等级公路或者交通流量大的公路上从事养护作业的人员，应当着统一的安全标志服。

第三十条 各级公路主管部门应当本着珍惜民力的原则，做好民工建勤工作。公路沿线农村成年劳动力每年每人不得超过三个建勤工日，车船运输工具每年每台件不得超过两个建勤工日。

第三十一条 公路遇有大量雪阻、塌方、水毁、泥石流、沙埋、地震等自然灾害致使交通受阻时，公路主管部门可及时报请当地政府动员附近驻军、机关、学校、企事业单位和城乡居民进行紧急抢救，尽快恢复通车。

当国道中断交通两天以上时，应当将阻、通情况及时报告交通运输部和省、直辖市、自治区人民政府。省道、县道、乡道中断交通的报告程序由省级公路主管部门规定。

第三十二条 在公路沿线设置公路养护专用砂石料场和施工取土场地，应当事先征得当地县(市)人民政府土地管理部门同意，并按社会公益事业需要办理长期或者临时拨用手续。

在县(市)人民政府核准、土地管理部门划拨的公路料场取土(砂)采石，任何单位和个人均不得借故阻挠或者索取价款。

公路养护工程取土采石不得影响附近建筑物和水利、电力、管道、通讯、军事等设施的安全以及农田水土保持。

第三十三条 公路管理机构应当充分利用公路用地、边坡、分隔带，本着因路制宜、稳固路基、防护边坡、保障安全、美化路容、改善环境的原则实施公路绿化。

对公路花草树木，只许作抚育和更新性质的修饰或者采伐。需要更新砍伐公路树木的，国道、省道须经省级公路主管部门批准；县道须经地(州、市)公路主管部门批准；乡道须经县(旗、市)公路主管部门批准。

第五章 路政管理

第三十四条 公路主管部门和其授权的公路管理机构负责管理和保护公路、公路用地和公路设施(以下简称路产)，依法查处各种违章利用、侵占、污染、毁坏路产的行为，控制公路两侧建筑红线，审理跨越公路的其他设施建筑事宜，核批公路的特殊利用、占用和超限运输，维持公路渡口和公路养护施工作业的正常秩序，保护公路管理机构及其工作人员的合法权益等。

第三十五条 公路路政管理人员在执行公务时，按国家规定着装、佩戴〔中国公路路政〕胸徽，并持有“中华人民共和国路政管理证”及指挥旗(灯)。路政巡查车辆须装有“路政管理”标牌和标志灯饰。

第三十六条 在公路、公路用地范围内禁止：

(一)设置电杆、变压器、地下管线及其他类似设施。

(二)设置棚屋、摊点、维修场及其他类似临时设施。

(三)堆放垃圾、建筑材料及其他类似堆积物。

(四)挖掘、采矿、取土、引水灌溉、排放污水、种植作物、烧窑、制坯、沤肥及其他类似作业。

（五）任何违章利用、侵占、损坏路产的行为。

第三十七条 在公路大中型桥梁和渡口上下游各二百米、公路隧道上方和洞口外一百米范围内不得：

（一）采挖砂石、淘金开矿、修筑堤坝、压缩或者扩宽河床、烧荒、刷坡、爆破、取土、伐木或者进行其他类似作业。

（二）倾倒垃圾、污物，堆放或者倒运货物，停泊船只、排筏或者进行其他类似活动。

（三）有任何妨碍公路桥梁、渡口、隧道安全和畅通的行为。

第三十八条 在公路两侧从事开山、采矿、伐木和施工作业，不得危及公路、公路设施的安全；如有危及的可能时，从事作业的单位或者个人应当在作业前报告当地公路管理机构，同时采取必要的防护措施；已发生危及路产安全的，须立即停止作业，听候处理。

第三十九条 超过公路和公路桥梁、隧道、渡船限载、限高、限宽、限长标准的车辆不得任意通行；必须通行的，须经公路管理机构批准，妨碍交通的，还需经公安交通管理机关批准，并由超限运输单位承担公路管理机构为此采取技术保护措施和修复损坏部分所发生的费用。

履带车、铁轮车，以及类似可能损害路面的其他运输机具，不得在铺有路面的公路上行驶；必须通行的，按本条上款规定办理。

机动车辆制造、修理厂家不得擅自在公路上试车；必须试车的，应当事先征得当地公路管理机构的同意、签订协议，悬挂公安交通管理机关核发的试车号牌，指定路段，设置试车标志，并明确由厂方向路方缴纳公路损坏补偿费。

第四十条 兴建铁路、机场、电站、水库、水渠、地下管线或者其他建设工程，需要挖掘公路或者占用、利用公路、公路用地和公路设施时，建设单位和个人必须事先征得公路主管部门同意，签订协议，并承担按原公路技术标准修复或者商定按规划标准改建公路的费用；影响交通的，还须征得公安交通管理部门的同意。

第四十一条 修建跨越公路的各种桥梁、渡槽、管线等设施，必须考虑公路的远景发展规划、满足公路工程技术标准规定的各项几何尺寸及净空的要求；因施工造成公路及公路设施损坏的，按本《细则》第三十九条规定的原则办理。

第四十二条 在公路两侧修建永久性构造物或者设施，其建筑设施边缘与公路边沟（坡脚护坡道、坡顶截水沟）外缘的最小间距必须符合《条例》的以下规定：

国道不少于二十米、省道不少于十五米、县道不少于十米、乡道不少于五米。公路弯道内侧及平交道口附近还须满足公路长远发展规划标准的行车视距或者改作立体交叉的要求。

第四十三条 在公路上增设交叉道口，需经公路主管部门和公安交通管理机关审核批准，并按公路工程技术标准的要求设计、修建。

第四十四条 通过公路渡口的一切车辆和人员，必须服从渡口和路政管理人员的调度及指挥，遵守渡口管理规章。

第四十五条 对违反《条例》及本细则，侵犯公路合法权益、造成路产损坏或者严重危及路产安全的单位、个人或者车辆，公路路政管理人员有权对当事者和案发现场进行拍照取证和查处，并按《条例》规定，责令赔偿损失；对驾车逃逸者可通知公安交通管理人员或者赶赴交通检查站会同检查人员共同拦截，查处其违章行为。

第六章 公路规费征收和使用管理

第四十六条 各级公路主管部门应当加强对通行费、过渡费，以及其他规费征收和使用管理工作的领导。任何单位和个人不得以任何名义平调、挪用、滥用、截留、挤占公路规费。

第四十七条 各项公路规费征收标准和管理办法，由交通运输部会同国务院有关部门制定；各省（自治区、直辖市）公路主管部门可制定实施细则，报省级人民政府批准后施行。

第四十八条 凡利用贷款和需要偿还的集资修建的高等级公路和大型公路桥梁、隧道，以及经省级人民政府批准收费的公路渡口，所有车辆通过时都要按规定缴纳通行费和过渡费（属国家规定免征的除外）。

第四十九条 省级公路主管部门和其授权的公路管理机构按“收管用一体，统收统支，收支两条线，严格核查”的原则，负责通行费、过渡费的征收和使用管理工作。

第五十条 根据《条例》第三十一条规定，经省级人民政府批准，公路主管部门和其授权的公路管理机构，可以在必要的公路路口、桥头、渡口、隧道口设立收取车辆通行费的站卡，任何部门、单位和个人不得干预阻挠其征费工作。

第五十一条 各种公路规费征收票证和处罚单据，由省级公路主管部门统一印制核发。

第五十二条 收取的车辆通行费，除用于收费公路或者桥梁、隧道的养护及收费人员、设施等正常开支外，只能用于偿还贷款和需要偿还的集资。

对收取的过渡费的使用，除以渡养渡的必要支出外，主要用作改渡为桥的建设资金。

第七章 法律责任

第五十三条 公路主管部门和其授权的公路管理机构有权对违反《条例》和本《细则》规定的单位和个人，分别情况，责令其归还原物，恢复原状，赔偿损失，没收非法所得并处以罚款。

第五十四条 对违反《条例》第二十二条及本《细则》第三十六条规定的单位和个人，应当分别情况给予处罚：

（一）对尚未造成路产损失的，责令限期移出，同时恢复原状并处以罚款。

（二）对造成路产损失的，应当责令限期拆除、修复路产、赔偿损失并处以罚款。

第五十五条 对违反《条例》第二十三条、第二十四条及本《细则》第三十七条、第三十八条规定的单位和个人，按本条以下规定给予处罚：

（一）警告，责令暂停施工，待完善防护措施后复工；限期迁出规定范围。

（二）罚款。

（三）对已造成公路及公路设施损失的，责令停止施工作业，赔偿公路损失；情节严重的，另处以不超过公路损失赔偿费20%的罚款。

第五十六条 对违反《条例》第二十五条、第二十六条及本《细则》第三十九条、第四十四条规定或者对公路路产造成损坏的当事者和其单位，应当分别情况给予处罚：

（一）对违反规定利用公路试车、行驶履带车、铁轮车或者进行超限运输的，责令立即停驶，补办有关手续并酌情处以罚款。

（二）对违反规定行车，造成公路及其设施损坏的，限期缴纳路产损失赔偿费，并处以不超过路产损失赔偿费100%的罚款。

（三）对违反公路渡口管理规章的，按该规章规定处理。

第五十七条 对违反《条例》第二十七条、第二十八条、第二十九条及本《细则》第四十条、第四十一条、第四十二条规定的单位和个人，按以下规定处罚：

（一）对擅自动工的，责令停工，补办手续，并酌情处以罚款。

（二）对已造成公路路产损失的，责令赔偿损失并处以罚款。

（三）对违反《条例》第二十九条及本《细则》第四十二条规定的，立即责令停工，限期拆除。

第五十八条 对违反《条例》第三十条及本《细则》第四十三条规定的单位，参照本《细则》第五十七条的规定予以处罚。

第五十九条 对违反《条例》第二十条及本《细则》第三十三条规定，乱砍滥伐或者毁坏公路花草林木的单位和个人，按照《中华人民共和国森林法实施细则》第二十二条、第二十三条、第二十五条、第二十六条的有关规定处理。

第六十条 对违反本《细则》第四十八条、第四十九条规定的单位和个人，根据以下规定处罚：

（一）对逃缴公路规费的，责令限期补缴；对情节严重的，还应当处以相当所欠费款一至五倍的罚款。

（二）对非公路主管部门或者其授权的公路管理机构的任何其他部门、单位和个人擅自征收通行费、过渡费的，应当没收全部非法所得，并处以不超过全部非法所得两倍的罚款，同时对当事者及其单位主要负责人处以相当其本人三个月工资的罚款。

第六十一条 违反《条例》和本《细则》规定的当事者对公路主管部门或者其授权的公路管理机构给予的处罚不服的，在接到处罚通知单之日起七日内向上一级公路主管部门或者其授权的公路管理机构提出申诉；对上一级公路主管部门或者其授权的公路管理机构的处理决定还不服的，可在接到处理决定书之日起十五日内向人民法院起诉；期满不起诉又不履行处理决定的，公路主管部门或者其授权的公路管理机构可以报请人民法院强制执行。

第六十二条 对违反本《细则》第四十六条规定，属于公路征费人员的，由公路主管部门或者其授权的公路管理机构负责查处；属于公路主管部门或者其授权的公路管理机构的，由上一级公路主管部门或者有关主管部门查处。

对超出国家规定使用范围，挪用公路规费于其它建设和开支的，银行有权拒付，审计、财政部门有权追查、索赔，并按国家有关规定给予处罚。

第六十三条 各级公路管理人员违反《条例》及本《细则》规定的，由各级公路主管部门或者其授权的公路管理机构给予行政处分或者经济处罚。

公路管理人员受本单位或者上级单位负责人指使、纵容而违反《条例》和本《细则》规定的，除追究其本人责任外，并应当追究有关单位及其负责人的责任。

第六十四条 违反《条例》及本《细则》规定应当受治安管理处罚的，由公安机关处理；构成犯罪的，由司法机关依法追究刑事责任。

第八章 附 则

第六十五条 本《细则》的解释权属交通运输部。各省、自治区、直辖市公路主管部门可根据《条例》及本《细则》规定制定具体实施办法。

第六十六条 本《细则》自 1988 年 8 月 1 日起施行。

道路旅客运输及客运站管理规定

交通运输部令2009年第4号

《关于修改 <道路旅客运输及客运站管理规定> 的决定》已于2009年4月13日经第4次部务会议通过，现予公布，自公布之日起施行。

交通运输部部长　**李盛霖**
2009年4月20日

发布关于修改《道路旅客运输及客运站管理规定》的决定

交通运输部决定对《道路旅客运输及客运站管理规定》(交通运输部2008年第10号令)作如下修改：

删除第五十一条、第九十八条。

此外，对条文的顺序作相应的调整。

本决定自公布之日起施行。

《道路旅客运输及客运站管理规定》根据本决定作相应的修改，重新发布。

道路旅客运输及客运站管理规定

(2005年7月13日交通部发布根据2008年7月23日交通运输部《关于修改 <道路旅客运输及客运站管理规定> 的决定》第一次修正，根据2009年4月20日交通运输部《关于修改 <道路旅客运输及客运站管理规定> 的决定》第二次修正)

第一章　总　　则

第一条　为规范道路旅客运输及道路旅客运输站经营活动，维护道路旅客运输市场秩序，保障道路旅客运输安全，保护旅客和经营者的合法权益，依据《中华人民共和国道路运输条例》及有关法律、行政法规的规定，制定本规定。

第二条　从事道路旅客运输(以下简称道路客运)经营以及道路旅客运输站(以下简称客运站)经营的，应当遵守本规定。

第三条　本规定所称道路客运经营，是指用客车运送旅客、为社会公众提供服务、具有商业性质的道路客运活动，包括班车(加班车)客运、包车客运、旅游客运。

(一)班车客运是指营运客车在城乡道路上按照固定的线路、时间、站点、班次运行的一种客运方式，包括直达班车客运和普通班车客运。加班车客运是班车客运的一种补充形式，在客运班车不能满足需要或者无法正常运营时，临时增加或者调配客车按客运班车的线路、站点运行的方式。

（二）包车客运是指以运送团体旅客为目的，将客车包租给用户安排使用，提供驾驶劳务，按照约定的起始地、目的地和路线行驶，按行驶里程或者包用时间计费并统一支付费用的一种客运方式。

（三）旅游客运是指以运送旅游观光的旅客为目的，在旅游景区内运营或者其线路至少有一端在旅游景区（点）的一种客运方式。

本规定所称客运站经营，是指以站场设施为依托，为道路客运经营者和旅客提供有关运输服务的经营活动。

第四条 道路客运和客运站管理应当坚持以人为本、安全第一的宗旨，遵循公平、公正、公开、便民的原则，打破地区封锁和垄断，促进道路运输市场的统一、开放、竞争、有序，满足广大人民群众的出行需求。

道路客运及客运站经营者应当依法经营，诚实信用，公平竞争，优质服务。

第五条 国家实行道路客运企业等级评定制度和质量信誉考核制度，鼓励道路客运经营者实行规模化、集约化、公司化经营，禁止挂靠经营。

第六条 交通运输部主管全国道路客运及客运站管理工作。

县级以上地方人民政府交通运输主管部门负责组织领导本行政区域的道路客运及客运站管理工作。

县级以上道路运输管理机构负责具体实施道路客运及客运站管理工作。

第二章 经营许可

第七条 班车客运的线路根据经营区域和营运线路长度分为以下四种类型：

一类客运班线：地区所在地与地区所在地之间的客运班线或者营运线路长度在800公里以上的客运班线。

二类客运班线：地区所在地与县之间的客运班线。

三类客运班线：非毗邻县之间的客运班线。

四类客运班线：毗邻县之间的客运班线或者县境内的客运班线。

本规定所称地区所在地，是指设区的市、州、盟人民政府所在城市市区；

本规定所称县，包括县、旗、县级市和设区的市、州、盟下辖乡镇的区。

县城城区与地区所在地城市市区相连或者重叠的，按起讫客运站所在地确定班线起讫点所属的行政区域。

第八条 包车客运按照其经营区域分为省际包车客运和省内包车客运，省内包车客运分为市际包车客运、县际包车客运和县内包车客运。

第九条 旅游客运按照营运方式分为定线旅游客运和非定线旅游客运。

定线旅游客运按照班车客运管理，非定线旅游客运按照包车客运管理。

第十条 申请从事道路客运经营的，应当具备下列条件：

（一）有与其经营业务相适应并经检测合格的客车：

1. 客车技术要求：

（1）技术性能符合国家标准《营运车辆综合性能要求和检验方法》（GBl8565）的要求；

（2）外廓尺寸、轴荷及质量符合国家标准《道路车辆外廓尺寸、轴荷及质量限值》（GB1589）的要求；

（3）从事高速公路客运或者营运线路长度在800公里以上的客运车辆，其技术等级应当达到行业标准《营运车辆技术等级划分和评定要求》（JT/T198）规定的一级技术等级；营运线路长度在400公里以上的客运车辆，其技术等级应当达到二级以上；其他客运车辆的技术等级应当达到三级以上。

本规定所称高速公路客运，是指营运线路中高速公路里程在200公里以上或者高速公路里程占总里程70%以上的道路客运。

2. 客车类型等级要求：

从事高速公路客运、旅游客运和营运线路长度在800公里以上的客运车辆，其车辆类型等级应当达到行业标准《营运客车类型划分及等级评定》(JT/T325)规定的中级以上。

3. 客车数量要求：

(1)经营一类客运班线的班车客运经营者应当自有营运客车100辆以上、客位3000个以上，其中高级客车在30辆以上、客位900个以上；或者自有高级营运客车40辆以上、客位1200个以上；

(2)经营二类客运班线的班车客运经营者应当自有营运客车50辆以上、客位1500个以上，其中中高级客车在15辆以上、客位450个以上；或者自有高级营运客车20辆以上、客位600个以上；

(3)经营三类客运班线的班车客运经营者应当自有营运客车10辆以上、客位200个以上；

(4)经营四类客运班线的班车客运经营者应当自有营运客车1辆以上；

(5)经营省际包车客运的经营者，应当自有中高级营运客车20辆以上、客位600个以上；

(6)经营省内包车客运的经营者，应当自有营运客车5辆以上、客位100个以上。

(二)从事客运经营的驾驶人员，应当符合下列条件：

1. 取得相应的机动车驾驶证；

2. 年龄不超过60周岁；

3. 3年内无重大以上交通责任事故记录；

4. 经设区的市级道路运输管理机构对有关客运法规、机动车维修和旅客急救基本知识考试合格而取得相应从业资格证。

本规定所称交通责任事故，是指驾驶人员负同等或者以上责任的交通事故。

(三)有健全的安全生产管理制度，包括安全生产操作规程、安全生产责任制、安全生产监督检查、驾驶人员和车辆安全生产管理的制度。

(四)申请从事道路客运班线经营，还应当有明确的线路和站点方案。

第十一条 申请从事客运站经营的，应当具备下列条件：

(一)客运站经有关部门组织的工程竣工验收合格，并且经道路运输管理机构组织的站级验收合格；

(二)有与业务量相适应的专业人员和管理人员；

(三)有相应的设备、设施，具体要求按照行业标准《汽车客运站级别划分及建设要求》(JT/T200)的规定执行；

(四)有健全的业务操作规程和安全管理制度，包括服务规范、安全生产操作规程、车辆发车前例检制度、安全生产责任制、危险品查堵、安全生产监督检查的制度。

第十二条 申请从事道路客运经营的，应当按照下列规定提出申请：

(一)从事县级行政区域内客运经营的，向县级道路运输管理机构提出申请；

(二)从事省、自治区、直辖市行政区域内跨2个县级以上行政区域客运经营的，向其共同的上一级道路运输管理机构提出申请；

(三)从事跨省、自治区、直辖市行政区域客运经营的，向所在地的省、自治区、直辖市道路运输管理机构提出申请。

第十三条 申请从事客运站经营的，应当向所在地县级道路运输管理机构提出申请。

第十四条 申请从事道路客运经营的，应当提供下列材料：

(一)申请开业的相关材料：

1.《道路旅客运输经营申请表》(见附件1)；

2. 企业章程文本；

3. 投资人、负责人身份证明及其复印件，经办人的身份证明及其复印件和委托书；

4. 安全生产管理制度文本；

5. 拟投入车辆承诺书，包括客车数量、类型及等级、技术等级、座位数以及客车外廓长、宽、高等。如果拟投入客车属于已购置或者现有的，应当提供行驶证、车辆技术等级证书（车辆技术检测合格证）、客车等级评定证明及其复印件；

6. 已聘用或者拟聘用驾驶人员的驾驶证和从业资格证及其复印件，公安部门出具的3年内无重大以上交通责任事故的证明。

（二）同时申请道路客运班线经营的，还应当提供下列材料：

1.《道路旅客运输班线经营申请表》（见附件2）；

2. 可行性报告，包括申请客运班线客流状况调查、运营方案、效益分析以及可能对其他相关经营者产生的影响等；

3. 进站方案。已与起讫点客运站和停靠站签订进站意向书的，应当提供进站意向书；

4. 运输服务质量承诺书。

第十五条　已获得相应道路班车客运经营许可的经营者，申请新增客运班线时，除提供第十四条第（二）项规定的材料外，还应当提供下列材料：

（一）《道路运输经营许可证》复印件；

（二）与所申请客运班线类型相适应的企业自有营运客车的行驶证、《道路运输证》复印件；

（三）拟投入车辆承诺书，包括客车数量、类型及等级、技术等级、座位数以及客车外廓长、宽、高等。如果拟投入客车属于已购置或者现有的，应当提供行驶证、车辆技术等级证书（车辆技术检测合格证）、客车等级评定证明及其复印件；

（四）拟聘用驾驶人员的驾驶证和从业资格证及其复印件，公安部门出具的3年内无重大以上交通责任事故的证明；

（五）经办人的身份证明及其复印件，所在单位的工作证明或者委托书。

第十六条　申请从事客运站经营的，应当提供下列材料：

（一）《道路旅客运输站经营申请表》（见附件3）；

（二）客运站竣工验收证明和站级验收证明；

（三）拟招聘的专业人员、管理人员的身份证明和专业证书及其复印件；

（四）负责人身份证明及其复印件，经办人的身份证明及其复印件和委托书；

（五）业务操作规程和安全管理制度文本。

第十七条　县级以上道路运输管理机构应当定期向社会公布本行政区域内的客运运力投放、客运线路布局、主要客流流向和流量等情况。

道路运输管理机构在审查客运申请时，应当考虑客运市场的供求状况、普遍服务和方便群众等因素。

第十八条　道路运输管理机构应当按照《中华人民共和国道路运输条例》和《交通行政许可实施程序规定》以及本规定规范的程序实施道路客运经营、道路客运班线经营和客运站经营的行政许可。

第十九条　道路运输管理机构对道路客运经营申请、道路客运班线经营申请予以受理的，应当自受理之日起20日内作出许可或者不予许可的决定；道路运输管理机构对客运站经营申请予以受理的，应当自受理之日起15日内作出许可或者不予许可的决定。

道路运输管理机构对符合法定条件的道路客运经营申请作出准予行政许可决定的，应当出具《道路客运经营行政许可决定书》（见附件4），明确许可事项，许可事项为经营范围、车辆数量及要求、客运班线类型；并在10日内向被许可人发放《道路运输经营许可证》，并告知被许可人所在地道路运输管理机构。

道路运输管理机构对符合法定条件的道路客运班线经营申请作出准予行政许可决定的，应当出具《道路客运班线经营行政许可决定书》（见附件5），明确许可事项，许可事项为经营主体、班车类别、起讫地及起讫站点、途经路线及停靠站点、日发班次、车辆数量及要求、经营期限;并在10日内向被许可人发放《道路客运班线经营许可证明》(见附件8),告知班线起讫地道路运输管理机构;属于跨省客运班线的,应当将《道路客运班线经营行政许可决定书》抄告途经上下旅客的和终到的省级道路运输管理机构。

道路运输管理机构对符合法定条件的客运站经营申请作出准予行政许可决定的,应当出具《道路旅客运输站经营行政许可决定书》(见附件6),并明确许可事项,许可事项为经营者名称、站场地址、站场级别和经营范围;并在10日内向被许可人发放《道路运输经营许可证》。

道路运输管理机构对不符合法定条件的申请作出不予行政许可决定的,应当向申请人出具《不予交通行政许可决定书》。

第二十条 受理跨省客运班线经营申请的省级道路运输管理机构,应当在受理申请后7日内发征求意见函并附《道路旅客运输班线经营申请表》传真给途经上下旅客的和目的地省级道路运输管理机构征求意见;相关省级道路运输管理机构应当在10日内将意见传真给受理申请的省级道路运输管理机构,不予同意的,应当依法注明理由,逾期不予答复的,视为同意。

相关省级道路运输管理机构对跨省客运班线经营申请持不同意见且协商不成的,由受理申请的省级道路运输管理机构通过其隶属的省级交通运输主管部门将各方书面意见和相关材料报交通运输部决定,并书面通知申请人。交通运输部应当自受理之日起20日内作出决定,并书面通知相关省级交通运输主管部门,由受理申请的省级道路运输管理机构按本规定第十九条、第二十二条的规定为申请人办理有关手续。

第二十一条 被许可人应当持《道路运输经营许可证》依法向工商行政管理机关办理登记手续。

第二十二条 被许可人应当按确定的时间落实拟投入车辆承诺书。道路运输管理机构已核实被许可人落实了拟投入车辆承诺书且车辆符合许可要求后,应当为投入运输的客车配发《道路运输证》;属于客运班车的,应当同时配发班车客运标志牌(见附件7)。正式班车客运标志牌尚未制作完毕的,应当先配发临时客运标志牌。

第二十三条 已取得相应道路班车客运经营许可的经营者需要增加客运班线的,应当按本规定第十二条的规定进行申请。

第二十四条 向不同级别的道路运输管理机构申请道路运输经营的,应当由最高一级道路运输管理机构核发《道路运输经营许可证》,并注明各级道路运输管理机构许可的经营范围,下级道路运输管理机构不再核发《道路运输经营许可证》。下级道路运输管理机构已向被许可人发放《道路运输经营许可证》的,上级道路运输管理机构应当按上述要求予以换发。

第二十五条 中外合资、中外合作、外商独资形式投资道路客运和客运站经营的,应当同时遵守《外商投资道路运输业管理规定》。

第二十六条 道路客运经营者设立子公司的,应当按规定向设立地道路运输管理机构申请经营许可;设立分公司的,应当向设立地道路运输管理机构报备。

第二十七条 对同一客运班线有3个以上申请人的,或者根据实际情况需要,道路运输管理机构可采取服务质量招投标的方式实施道路客运班线经营许可。

相关省级道路运输管理机构协商确定通过服务质量招投标方式,实施跨省客运班线经营许可的,可采取联合招标、各自分别招标等方式进行。一省不实行招投标的,不影响另外一省进行招投标。

道路旅客运输班线经营权服务质量招投标管理办法另行制定。

第二十八条 在道路客运班线经营许可

过程中,任何单位和个人不得以对等投放运力等不正当理由拒绝、阻挠实施客运班线经营许可。

第二十九条 客运经营者、客运站经营者需要变更许可事项或者终止经营的,应当向原许可机关提出申请,按本章有关规定办理。

客运班线的经营主体、起讫地和日发班次变更和客运站经营主体、站址变更按照重新许可办理。

客运经营者和客运站经营者在取得全部经营许可证件后无正当理由超过180天不投入运营或者运营后连续180天以上停运的,视为自动终止经营。

第三十条 客运班线的经营期限由省级道路运输管理机构按《中华人民共和国道路运输条例》的有关规定确定。

第三十一条 客运班线经营者在经营期限内暂停、终止班线经营,应当提前30日向原许可机关申请。经营期限届满,需要延续客运班线经营的,应当在届满前60日提出申请。原许可机关应当依据本章有关规定作出许可或者不予许可的决定。予以许可的,重新办理有关手续。

客运经营者终止经营,应当在终止经营后10日内,将相关的《道路运输经营许可证》和《道路运输证》、客运标志牌交回原发放机关。

第三十二条 客运站经营者终止经营的,应当提前30日告知原许可机关和进站经营者。原许可机关发现关闭客运站可能对社会公众利益造成重大影响的,应当采取措施对进站车辆进行分流,并向社会公告。客运站经营者应当在终止经营后10日内将《道路运输经营许可证》交回原发放机关。

第三十三条 客运经营者在客运班线经营期限届满后申请延续经营,符合下列条件的,应当予以优先许可:

(一)经营者符合本规定第十条规定;

(二)经营者在经营该客运班线过程中,无特大运输安全责任事故;

(三)经营者在经营该客运班线过程中,无情节恶劣的服务质量事件;

(四)经营者在经营该客运班线过程中,无严重违法经营行为;

(五)按规定履行了普遍服务的义务。

第三章 客运车辆管理

第三十四条 客运经营者应当依据国家有关技术规范对客运车辆进行定期维护,确保客运车辆技术状况良好。

客运车辆的维护作业项目和程序应当按照国家标准(《汽车维护、检测、诊断技术规范》(6818344)等有关技术标准的规定执行。

严禁任何单位和个人为客运经营者指定车辆维护企业;车辆二级维护执行情况不得作为道路运输管理机构的路检路查项目。

第三十五条 客运经营者应当定期进行客运车辆检测,车辆检测结合车辆定期审验的频率一并进行。

客运经营者在规定时间内,到符合国家相关标准的机动车综合性能检测机构进行检测。机动车综合性能检测机构按照国家标准《营运车辆综合性能要求和检验方法》(6818565)和《道路车辆外廓尺寸、轴荷及质量限值》(GBl589)的规定进行检测,出具全国统一式样的检测报告,并依据检测结果,对照行业标准《营运车辆技术等级划分和评定要求》(JT/T198)进行车辆技术等级评定。客运车辆技术等级分为一级、二级和三级。

车籍所在地县级以上道路运输管理机构应当将车辆技术等级在《道路运输证》上标明。

第三十六条 机动车综合性能检测机构应当使用符合国家和行业标准的设施、设备,严格按照国家和行业有关营运车辆技术检测标准对客运车辆进行检测,如实出具车辆检测报告,并建立车辆检测档案。

第三十七条 县级以上道路运输管理机构应当定期对客运车辆进行审验,每年审验一次。审验内容包括：

（一）车辆违章记录；

（二）车辆技术档案；

（三）车辆结构、尺寸变动情况；

（四）按规定安装、使用符合国家标准的行车记录仪情况；

（五）客运经营者为客运车辆投保承运人责任险情况。

审验符合要求的，道路运输管理机构在《道路运输证》审验记录栏中注明：不符合要求的，应当责令限期改正或者办理变更手续。

第三十八条 鼓励使用配置下置行李舱的客车从事道路客运。没有下置行李舱或者行李舱容积不能满足需求的客运车辆，可在客车车厢内设立专门的行李堆放区，但行李堆放区和乘客区必须隔离，并采取相应的安全措施。严禁行李堆放区内载客。

第三十九条 营运客车类型等级评定由县级以上道路运输管理机构依据行业标准《营运客车类型划分及等级评定》（JT/T325）和交通部颁布的《营运客车类型划分及等级评定规则》的要求实施。

第四十条 禁止使用报废的、擅自改装的、拼装的、检测不合格的客车以及其他不符合国家规定的车辆从事道路客运经营。

第四十一条 客运经营者和县级以上道路运输管理机构应当分别建立客运车辆技术档案和管理档案，并妥善保管。对相关内容的记载应当及时、完整和准确，不得随意更改。

客运经营者车辆技术档案主要内容应当包括：车辆基本情况、主要部件更换情况、修理和二级维护记录（含出厂合格证）、技术等级评定记录、类型及等级评定记录、车辆变更记录、行驶里程记录、交通事故记录等。

道路运输管理机构车辆管理档案主要内容应当包括：车辆基本情况、二级维护和检测记录、技术等级评定记录、类型及等级评定记录、车辆变更记录、交通事故记录等。

第四十二条 客运车辆办理过户变更手续时，客运经营者应当将车辆技术档案完整移交。县级以上道路运输管理机构应当对经营者车辆技术档案的建立情况实施监督管理。

第四十三条 客运经营者对达到国家规定的报废标准或者经检测不符合国家强制性标准要求的客运车辆，应当及时交回《道路运输证》，不得继续从事客运经营。

第四章 客运经营管理

第四十四条 客运经营者应当按照道路运输管理机构决定的许可事项从事客运经营活动，不得转让、出租道路运输经营许可证件。

第四十五条 道路客运企业的全资或者绝对控股的经营道路客运的子公司，其自有营运客车在10辆以上或者自有中高级营运客车5辆以上时，可按照其母公司取得的经营许可从事客运经营活动。

本条所称绝对控股是指母公司控制子公司实际资产51%以上。

第四十六条 道路客运班线属于国家所有的公共资源。班线客运经营者取得经营许可后，应当向公众提供连续运输服务，不得擅自暂停、终止或者转让班线运输。

第四十七条 客运班车应当按照许可的线路、班次、站点运行，在规定的途经站点进站上下旅客，无正当理由不得改变行驶线路，不得站外上客或者沿途揽客。

经许可机关同意，在农村客运班线上运营的班车可采取区域经营、循环运行、设置临时发车点等灵活的方式运营。

本规定所称农村客运班线，是指县内或者毗邻县间至少有一端在乡村的客运班线。

第四十八条 客运经营者不得强迫旅客乘车，不得中途将旅客交给他人运输或者甩客，不得敲诈旅客，不得擅自更换客运车辆，不得阻碍其他经营者的正常经营活动。

第四十九条 严禁客运车辆超载运行，在载客人数已满的情况下，允许再搭乘不超过核定载客人数10%的免票儿童。

客运车辆不得违反规定载货。

第五十条　客运经营者应当遵守有关运价规定，使用规定的票证，不得乱涨价、恶意压价、乱收费。

第五十一条　客运经营者应当在客运车辆外部的适当位置喷印企业名称或者标识，在车厢内显著位置公示道路运输管理机构监督电话、票价和里程表。

第五十二条　客运经营者应当为旅客提供良好的乘车环境，确保车辆设备、设施齐全有效，保持车辆清洁、卫生，并采取必要的措施防止在运输过程中发生侵害旅客人身、财产安全的违法行为。

当运输过程中发生侵害旅客人身、财产安全的治安违法行为时，客运经营者在自身能力许可的情况下，应当及时向公安机关报告并配合公安机关及时终止治安违法行为。

客运经营者不得在客运车辆上从事播放淫秽录像等不健康的活动。

第五十三条　客运经营者应当为旅客投保承运人责任险。

第五十四条　客运经营者在运输过程中造成旅客人身伤亡，行李毁损、灭失，当事人对赔偿数额有约定的，依照其约定；没有约定的，参照国家有关港口间海上旅客运输和铁路旅客运输赔偿责任限额的规定办理。

第五十五条　客运经营者应当加强对从业人员的安全、职业道德教育和业务知识、操作规程培训。并采取有效措施，防止驾驶人员连续驾驶时间超过4个小时。

客运车辆驾驶人员应当遵守道路运输法规和道路运输驾驶员操作规程，安全驾驶，文明服务。

第五十六条　客运经营者应当制定突发公共事件的道路运输应急预案。应急预案应当包括报告程序、应急指挥、应急车辆和设备的储备以及处置措施等内容。

发生突发公共事件时，客运经营者应当服从县级及以上人民政府或者有关部门的统一调度、指挥。

第五十七条　客运经营者应当建立和完善各类台账和档案，并按要求及时报送有关资料和信息。

第五十八条　旅客应当持有效客票乘车，遵守乘车秩序，文明礼貌，携带免票儿童的乘客应当在购票时声明。不得携带国家规定的危险物品及其它禁止携带的物品乘车。

第五十九条　客运车辆驾驶人员应当随车携带《道路运输证》、从业资格证等有关证件，在规定位置放置客运标志牌。客运班车驾驶人员还应当随车携带《道路客运班线经营许可证明》。

第六十条　遇有下列情况之一，客运车辆可凭临时客运标志牌运行：

（一）原有正班车已经满载，需要开行加班车的；

（二）因车辆抛锚、维护等原因，需要接驳或者顶班的；

（三）正式班车客运标志牌正在制作或者不慎灭失，等待领取的。

第六十一条　凭临时客运标志牌运营的客车应当按正班车的线路和站点运行。属于加班或者顶班的，还应当持有始发站签章并注明事由的当班行车路单；班车客运标志牌正在制作或者灭失的，还应当持有该条班线的《道路客运班线经营许可证明》或者《道路客运班线经营行政许可决定书》的复印件。

第六十二条　客运包车应当凭车籍所在地县级以上道路运输管理机构核发的包车客运标志牌，按照约定的时间、起始地、目的地和线路运行，并持有包车票或者包车合同，不得按班车模式定点定线运营，不得招揽包车合同外的旅客乘车。

客运包车除执行道路运输管理机构下达的紧急包车任务外，其线路一端应当在车籍所在地。

单程的去程包车回程载客时，应当向回程客源所在地县级以上道路运输管理机构备案。

非定线旅游客车可持注明客运事项的旅游客票或者旅游合同取代包车票或者包车合同。

第六十三条 省际临时客运标志牌（见附件9）、省际包车客运标志牌（见附件10）由省级道路运输管理机构按照交通部的统一式样印制，交由当地县以上道路运输管理机构向客运经营者核发。省际包车客运标志牌和加班车、顶班车、接驳车使用的省际临时客运标志牌在一个运次所需的时间内有效，因班车客运标志牌正在制作或者灭失而使用的省际临时客运标志牌有效期不得超过30天。

省内临时客运标志牌、省内包车客运标志牌样式及管理要求由各省级交通运输主管部门自行规定。

第六十四条 在春运、旅游"黄金周"或者发生突发事件等客流高峰期运力不足时，道路运输管理机构可临时调用车辆技术等级不低于三级的营运客车和社会非营运客车开行包车或者加班车。非营运客车凭县级以上道路运输管理机构开具的证明运行。

第五章 客运站经营

第六十五条 客运站经营者应当按照道路运输管理机构决定的许可事项从事客运站经营活动，不得转让、出租客运站经营许可证件，不得改变客运站用途和服务功能。

客运站经营者应当维护好各种设施、设备，保持其正常使用。

第六十六条 客运站经营者和进站发车的客运经营者应当依法自愿签订服务合同，双方按合同的规定履行各自的权利和义务。

客运站经营者应当按月和客运经营者结算运费。

第六十七条 客运站经营者应当依法加强安全管理，完善安全生产条件，健全和落实安全生产责任制。

客运站经营者应当对出站客车进行安全检查，采取措施防止危险品进站上车，按照车辆核定载客限额售票，严禁超载车辆或者未经安全检查的车辆出站，保证安全生产。

第六十八条 客运站经营者应当禁止无证经营的车辆进站从事经营活动，无正当理由不得拒绝合法客运车辆进站经营。

客运站经营者应当坚持公平、公正原则，合理安排发车时间，公平售票。

客运经营者在发车时间安排上发生纠纷，客运站经营者协调无效时，由当地县级以上道路运输管理机构裁定。

第六十九条 客运站经营者应当公布进站客车的班车类别、客车类型等级、运输线路、起讫停靠站点、班次、发车时间、票价等信息，调度车辆进站发车，疏导旅客，维持秩序。

第七十条 进站客运经营者应当在发车30分钟前备齐相关证件进站等待发车，不得误班、脱班、停班。进站客运经营者不按时派车辆应班，1小时以内视为误班，1小时以上视为脱班。但因车辆维修、肇事、丢失或者交通堵塞等特殊原因不能按时应班、并且已提前告知客运站经营者的除外。

进站客运经营者因故不能发班的，应当提前1日告知客运站经营者，双方要协商调度车辆顶班。

对无故停班达3日以上的进站班车，客运站经营者应当报告当地道路运输管理机构。

第七十一条 客运站经营者应当设置旅客购票、候车、乘车指示、行李寄存和托运、公共卫生等服务设施，向旅客提供安全、便捷、优质的服务，加强宣传，保持站场卫生、清洁。

在客运站从事客运站经营以外的其他经营活动时，应当遵守相应的法律、行政法规的规定。

第七十二条 客运站经营者应当严格执行价格管理规定，在经营场所公示收费项目和标准，严禁乱收费。

第七十三条 客运站经营者应当按规定的业务操作规程装卸、储存、保管行包。

第七十四条 客运站经营者应当制定公共突发事件应急预案。应急预案应当包括报告程序、应急指挥、应急设备的储备以及处置措施等内容。

第七十五条 客运站经营者应当建立和完善各类台账和档案,并按要求报送有关信息。

第六章 监督检查

第七十六条 道路运输管理机构应当加强对道路客运和客运站经营活动的监督检查。

道路运输管理机构工作人员应当严格按照法定职责权限和程序进行监督检查。

第七十七条 道路运输管理机构及其工作人员应当重点在客运站、旅客集散地对道路客运、客运站经营活动实施监督检查。此外,根据管理需要,可以在公路路口实施监督检查,但不得随意拦截正常行驶的道路运输车辆,不得双向拦截车辆进行检查。

第七十八条 道路运输管理机构的工作人员实施监督检查时,应当有2名以上人员参加,并向当事人出示交通部统一制式的交通行政执法证件。

第七十九条 道路运输管理机构的工作人员可以向被检查单位和个人了解情况,查阅和复制有关材料。但应当保守被调查单位和个人的商业秘密。

被监督检查的单位和个人应当接受道路运输管理机构及其工作人员依法实施的监督检查,如实提供有关资料或者说明情况。

第八十条 道路运输管理机构的工作人员在实施道路运输监督检查过程中,发现客运车辆有超载行为的,应当立即予以制止,并采取相应措施安排旅客改乘。

第八十一条 客运经营者在许可的道路运输管理机构管辖区域外违法从事经营活动的,违法行为发生地的道路运输管理机构应当依法将当事人的违法事实、处罚结果记录到《道路运输证》上,并抄告作出道路客运经营许可的道路运输管理机构。

第八十二条 客运经营者违反本规定后拒不接受处罚的,县级以上道路运输管理机构可以暂扣其《道路运输证》等道路运输管理机构颁发的相关证件,签发待理证,待接受处罚后交还。

第八十三条 道路运输管理机构的工作人员在实施道路运输监督检查过程中,对没有《道路运输证》又无法当场提供其他有效证明的客运车辆可以予以暂扣,并出具《道路运输车辆暂扣凭证》(见附件12)。对暂扣车辆应当妥善保管,不得使用,不得收取或者变相收取保管费用。

违法当事人应当在暂扣凭证规定的时间内到指定地点接受处理。逾期不接受处理的,道路运输管理机构可依法作出处罚决定,并将处罚决定书送达当事人。当事人无正当理由逾期不履行处罚决定的,道路运输管理机构可申请人民法院强制执行。

第七章 法律责任

第八十四条 违反本规定,有下列行为之一的,由县级以上道路运输管理机构责令停止经营;有违法所得的,没收违法所得,处违法所得2倍以上10倍以下的罚款;没有违法所得或者违法所得不足2万元的,处3万元以上10万元以下的罚款;构成犯罪的,依法追究刑事责任:

(一)未取得道路客运经营许可,擅自从事道路客运经营的;

(二)未取得道路客运班线经营许可,擅自从事班车客运经营的;

(三)使用失效、伪造、变造、被注销等无效的道路客运许可证件从事道路客运经营的;

(四)超越许可事项,从事道路客运经营的。

第八十五条 违反本规定,有下列行为之一的,由县级以上道路运输管理机构责令停止经营;有违法所得的,没收违法所得,处违法所得2倍以上10倍以下的罚款;没有违法所得或者违法所得不足1万元的,处2万元以上5万元以下的罚款；构成犯罪的，依法追究刑事责任：

（一）未取得客运站经营许可，擅自从事客运站经营的；

（二）使用失效、伪造、变造、被注销等无效的客运站许可证件从事客运站经营的；

（三）超越许可事项，从事客运站经营的。

第八十六条 违反本规定，客运经营者、客运站经营者非法转让、出租道路运输经营许可证件的，由县级以上道路运输管理机构责令停止违法行为，收缴有关证件，处2000元以上1万元以下的罚款；有违法所得的，没收违法所得。

第八十七条 违反本规定，客运经营者有下列行为之一，由县级以上道路运输管理机构责令限期投保；拒不投保的，由原许可机关吊销《道路运输经营许可证》或者吊销相应的经营范围：

（一）未为旅客投保承运人责任险的；

（二）未按最低投保限额投保的；

（三）投保的承运人责任险已过期，未继续投保的。

第八十八条 违反本规定，取得客运经营许可的客运经营者使用无《道路运输证》的车辆参加客运经营的，由县级以上道路运输管理机构责令改正，处3000元以上1万元以下的罚款。

违反本规定，客运经营者不按照规定携带《道路运输证》的，由县级以上道路运输管理机构责令改正，处警告或者20元以上200元以下的罚款。

第八十九条 违反本规定，客运经营者（含国际道路客运经营者）、客运站经营者及客运相关服务经营者不按规定使用道路运输业专用票证或者转让、倒卖、伪造道路运输业专用票证的，由县级以上道路运输管理机构责令改正，处1000元以上3000元以下的罚款。

第九十条 违反本规定，客运经营者有下列情形之一的，由县级以上道路运输管理机构责令改正，处1000元以上3000元以下的罚款；情节严重的，由原许可机关吊销《道路运输经营许可证》或者吊销相应的经营范围：

（一）客运班车不按批准的客运站点停靠或者不按规定的线路、班次行驶的；

（二）加班车、顶班车、接驳车无正当理由不按原正班车的线路、站点、班次行驶的；

（三）客运包车不按约定的起始地、目的地和线路行驶的；

（四）以欺骗、暴力等手段招揽旅客的；

（五）在旅客运输途中擅自变更运输车辆或者将旅客移交他人运输的：

（六）未报告原许可机关，擅自终止道路客运经营的。

第九十一条 违反本规定，客运经营者、客运站经营者已不具备开业要求的有关安全条件、存在重大运输安全隐患的，由县级以上道路运输管理机构责令限期改正；在规定时间内不能按要求改正且情节严重的，由原许可机关吊销《道路运输经营许可证》或者吊销相应的经营范围。

第九十二条 违反本规定，客运经营者不按规定维护和检测客运车辆的，由县级以上道路运输管理机构责令改正，处1000元以上5000元以下的罚款。

第九十三条 违反本规定，客运经营者使用擅自改装或者擅自改装已取得《道路运输证》的客运车辆的，由县级以上道路运输管理机构责令改正，处5000元以上2万元以下的罚款。

第九十四条 违反本规定，机动车综合性能检测机构不按照国家有关技术规范进行检测、未经检测出具检测结果或者不如实出具检测结果的，由县级以上道路运输管理机构责令改正，没收违法所得，违法所得在5000元以上的，并处违法所得2倍以上5倍以下的罚款；没有违法所得或者违法所得不足5000元的，处5000元以上2万元以下的罚款;构成犯罪的,依法追究刑事责任。

第九十五条 违反本规定,客运站经营者有下列情形之一的,由县级以上道路运输管理机构责令改正,处1万元以上3万元以下的罚款:

(一)允许无经营许可证件的车辆进站从事经营活动的;

(二)允许超载车辆出站的;

(三)允许未经安全检查或者安全检查不合格的车辆发车的;

(四)无正当理由拒绝客运车辆进站从事经营活动的。

第九十六条 违反本规定,客运站经营者有下列情形之一的,由县级以上道路运输管理机构责令改正;拒不改正的,处3000元的罚款;有违法所得的,没收违法所得:

(一)擅自改变客运站的用途和服务功能的;

(二)不公布运输线路、起讫停靠站点、班次、发车时间、票价的。

第九十七条 道路运输管理机构工作人员违反本规定,有下列情形之一的,依法给予行政处分;构成犯罪的,依法追究刑事责任:

(一)不依照规定的条件、程序和期限实施行政许可的;

(二)参与或者变相参与道路客运经营以及客运站经营的;

(三)发现违法行为不及时查处的;

(四)违反规定拦截、检查正常行驶的运输车辆的;

(五)违法扣留运输车辆《道路运输证》的;

(六)索取、收受他人财物,或者谋取其他利益的;

(七)其他违法行为。

第八章 附　则

第九十八条 出租汽车客运、城市公共汽车客运管理根据国务院的有关规定执行。

第九十九条 客运经营者从事国际道路旅客运输经营活动,除一般行为规范适用本规定外,有关从业条件等特殊要求应当适用交通运输部制定的国际道路运输管理规定。

第一百条 道路运输管理机构依照本规定发放的道路运输经营许可证件和(《道路运输证》,可以收取工本费。工本费的具体收费标准由省、自治区、直辖市人民政府财政、价格主管部门会同同级交通运输主管部门核定。

第一百零一条 本规定自2005年8月1日起施行。交通部1995年9月6日发布的《省际道路旅客运输管理办法》(交公路发〔1995〕828号)、1998年11月26日发布的《高速公路旅客运输管理规定》(交通部令1998年第8号)、1995年5月9日发布的《汽车客运站管理规定》(交通部令1995年第2号)、2000年4月27日发布的《道路旅客运输企业经营资质管理规定(试行)》(交公路发〔2000〕225号)、1993年5月19日发布的《道路旅客运输业户开业技术经济条件(试行)》(交运发〔1993〕531号)同时废止。

光 荣 榜

国家部委表彰奖励

中华全国总工会

2009年全国“工人先锋号”（2个）

山西交通技师学院农民工培训基地

山西路桥二公司闻垣项目部“T梁预制队”

2009年全国五一奖章（1名）

贾建民　　山西运城闻垣高速公路建设管理处处长

全国五一劳动奖状（1个）

山西省高速公路管理局

交通运输部

奥运交通保障工作先进工作者个人（1名）

郭　钰　　山西省交通运输管理局客运班线管理处副处长

2008年度全国交通行政执法
先进工作者集体（2个）

山西省太原市道路运输管理局

山西省高速公路管理局运城路政大队

责任制示范单位（2个）

山西省运城市交通局

山西省公路局晋城分局

交通文明执法标兵(3名)

李振国　山西省大同市交通综合行政执法支队支队长
行子华　山西省高速公路管理局运城路政大队大队长
张永生　山西省交通征费稽查局太谷稽查所所长

交通法制先进工作者(1名)

曹居月　山西省交通厅政策法规处处长

2008年度全国海(水)上搜救

先进单位(1个)

山西省地方海事局

先进集体(1个)

山西省地方海事局安全监督处

先进个人(1名)

张国民　山西省地方海事局安全监督处处长

2008年度交通运输政务信息工作

先进单位二等奖(1个)

山西省交通厅

先进个人(1名)

郭富平　山西省交通厅资料信息中心副主任

全国公路交通情况调查

先进单位(1个)

山西省公路局

先进个人(2名)

吴秀武　山西省交通厅综合规划处副处长
刘中海　山西省公路局计划统计处主任科员

全国农村公路通达情况专项调查

先进集体(4个)

山西省交通厅
山西省公路局
晋中市交通局
长治市交通局

先进个人(12 名)

吴秀武　卫跃文　刘中海　刘爱民　邢益彰　刹文康　潘晋初　郝淑华　张自康
苏友兰　王志强　侯民杰

中共中央宣传部
中华人民共和国司法部
全国普及法律常识办公室

全国“五五”普法中期

先进集体(1 个)

山西省交通厅

先进个人(1 名)

武安瑜　山西省交通厅政策法规处主任科员

中国交通报社

2008 年度优秀记者站(1 个)

《中国交通报》驻山西记者站

2008 年度优秀驻地记者(1 名)

石中生　山西省交通厅新闻宣传中心副主任、《中国交通报》驻山西记者站专职副站长(主持工作)

中国关心下一代工作委员会

全国“中华魂”(知荣明耻,从我做起)主题教育活动

先进集体(1 个)

山西省交通厅关工委

先进个人(2 名)

一等奖(1 名)

安正义　山西省交通厅关工委副主任兼秘书长

三等奖(1 名)

戎斌生　山西省交通厅关工委副秘书长

优秀辅导员(2 名)

钱恒达　山西省交通规划勘察设计院关工委主任
孙宗斌　山西省交通技师学院关工委常务副主任

省委、省政府表彰奖励

中共山西省委 山西省人民政府

1999－2009年依法治省工作
依法行政十佳单位(1个)

山西省交通厅

法制宣传教育十佳单位(1个)

阳泉市交通局

全省援川抗震救灾
先进集体(3个)

山西省交通厅
太原市交通局
阳泉市交通局

先进个人(3名)

张　润　　山西省交通厅副厅长,山西省交通战备办主任
闫献忠　　山西省公路局阳泉分局副局长
惠高峰　　山西省公路局副局长

中国共产党山西省委员会

保障北京奥运会残奥会
先进单位(1个)

山西省交通厅

省部委办厅局表彰奖励

山西省人民政府办公厅

2008年度政风行风评议先进单位(1个)

山西省公路局

2008年度省政府系统办理人大代表建议工作

优秀单位(1个)

山西省交通厅

先进个人(2名)

郭富平　　山西省交通厅资料信息中心副主任

李栋然　　山西省交通厅办公室副主任科员

2008年山西省人民政府目标责任制工作

先进单位(1个)

山西省交通厅

先进个人(1名)

李栋然　　山西省交通厅办公室副主任科员

2008年度全省安全生产工作

先进个人(1名)

常民锋　　山西汽运集团临汾汽车运输有限公司董事长

2008年度全省安全监管监察

先进工作者(1名)

常卫平　　山西省交通厅运输管理处主任科员

2008年度全省安全生产专项整治
先进个人(1名)

李彦平　　晋中市交通局局长

2008年度信息工作
红旗单位(1个)

山西省交通厅

信息工作标兵(1名)

尹新平　　山西省交通厅办公室主任

山西省劳动竞赛委员会
山 西 省 总 工 会

2009年山西省五一奖状(2个)

山西省公路局晋中分局
山西省公路局运城分局

2009年山西省五一奖章(6名)

耿春光　　山西省交通征费稽查局阳泉分局党委书记
郭长庆　　山西省公路局晋城分局局长
薛存银　　山西省交通征费稽查局忻州分局局长
张红忠　　临汾市洪洞县交通局路政股干事
田　根　　山西省交通厅公安路政处处长
陈新安　　运城市鑫佰融交通建设有限公司融资员

2009年山西省集体一等功(1个)

山西省公路局晋中分局勘测设计所

2009年山西省集体二等功(2个)

山西省公路局太原分局勘测设计所
山西省公路局交口公路管理段

2009年山西省集体三等功(2个)

山西省交通科学研究院
晋中市昔阳县通达筑路工程有限公司

2009年山西省"工人先锋号"(1个)

山西长晋高速公司晋城东收费站

2009年山西省职工技术创新能手(1名)

张伟斌　山西运城路桥公司二处工程师

2009年山西省一等功(6名)

乔明珍　山西省交通征费稽查局长治分局局长
刘庆义　长治市交通局道路运输管理处处长
李海军　永济市交通局局长
裴生宝　忻州市五台县交通局路政大队大队长
闫毅志　山西省公路局吕梁分局高工
刘介平　山西省公路局吕梁分局孝义公路管理段段长

2009年山西省二等功(6名)

翟忠德　山西省公路局阳泉分局盂县洞沟收费站站长
姚宝喜　山西省公路局长治分局项目经理
康学军　晋中市寿阳县交通局局长
王小成　运城市交通局综合执法支队队长
王红芳　运城市临猗县公路段段长
张红宇　运城市夏县交通局局长

2009年山西省三等功(2名)

翼德政　晋中市平遥县交通局局长
孟援军　霍州市道路运输管理所所长

山西省抗震救灾五一表彰

山西省五一劳动奖章(19名)

杨海龙　山西路桥第一工程有限责任公司董事长兼党委书记
周文全　山西省公路局党委委员、总工程师
任耀生　山西路桥第一工程有限责任公司群力公司经理
张文红　山西路桥第一工程有限责任公司工程四处处长
吴光华　山西路桥第一工程有限责任公司副总工程师
王建平　山西路桥第一工程有限责任公司工程师
澎湘源　山西路桥集团国际公司物流分公司流动工程师
张东海　山西路桥第一工程有限责任公司工程师
李瑜理　山西路桥第一工程有限责任公司工程师
樊建国　山西路桥第一工程有限责任公司副总经理
白爱梅　山西路桥第一工程有限责任公司监察室主任
高恩科　山西路桥第一工程有限责任公司办公室主任
石建高　山西省交通厅重点公路建设办公室高级工程师
李晋宏　山西路桥建设集团有限公司高级工程师
石中生　山西省交通厅新闻宣传中心副主任

韩洪泽　　山西省公路局副处长
郭贵平　　山西省交通厅抗震救灾抢险保通突击队队长
孟海强　　山西太原高速公司有限公司驾驶员
禹　涛　　山西祁临高速公路有限公司驾驶员

个人一等功(2 名)

孙怀胜　　山西路桥第一工程有限责任公司驾驶员
阎　伟　　山西路桥第一工程有限责任公司驾驶员

山西省直机关劳动竞赛委员会

山西省直机关“五一劳动奖章”(1 名)

贾　勇　　山西省交通厅厅直机关党委副书记,高级政工师

山西“五一”劳动奖章(1 名)

田　根　　山西省交通厅公安路政处处长

山西省关心下一代工作委员会

山西省“中华魂”(知荣明耻,从我做起)主题教育活动

先进集体(1 个)

山西省交通厅关工委

先进个人(3 名)

一等奖(1 名)

李月星　　山西省交通厅关工委委员

二等奖(1 名)

王燕峰　　山西省公路局长治分局党工部干事

三等奖(1 名)

许莎莎　　山西长治高速公路公司东阳关收费站办公室干事

优秀辅导员(4 名)

孟　科　　山西交通职业技术学院关工委主任
锁德元　　山西省公路局太原分局关工委主任
翟晋余　　山西省交通征费稽查局长治分局关工委主任
王海锦　　山西省交通运输管理局关工委秘书长

先进工作者(1名)

樊子义　　山西省高速公路管理局关工委常务副主任

山西省关心下一代工作

十佳先进集体(1个)

山西省交通厅关工委

先进集体(3个)

山西省公路局晋中分局关工委

山西省交通征费稽查局晋城分局关工委

山西省公路局太原分局娄烦公路管理段

先进个人(4名)

安正义　　山西省交通厅关工委副主任兼秘书长

武瑞祥　　山西省公路局晋中分局关工委主任

张锁顺　　山西省交通征费稽查局晋城分局关工委副主任

郭新德　　山西省公路局长治分局关工委主任

山西省直属机关工作委员会

党建工作先进单位(1个)

山西省交通运输厅

先进基层党组织(3个)

山西省交通运输厅直属机关党委

山西省交通运输管理局党委

山西太原高速公路有限公司小店收费站党支部

优秀共产党员(6名)

戎斌生　　山西省交通运输厅直属机关党委主任科员

刘杰涛　　山西省高速公路管理局纪委副书记

郜伟刚　　山西省交通征费稽查局养征处副处长

张跃峰　　山西省交通建设工程监理总公司总经理

赵　伟　　山西省交通厅重点公路建设办公室廉特派员

宋青会　　山西省公路局工程质量检测中心总监

优秀党务工作者(3名)

贾　勇　　山西省交通运输厅直属机关党委副书记

王贵才　　山西省交通规划勘察设计院党办副主任
任果仙　　山西省高速公路管理局机关第一党支部书记

党风廉政建设先进集体(1个)

山西省交通技师学院纪委

党风廉政建设先进工作者(2名)

穆俊有　　山西省地方海事局局长助理、办公室主任
王　晋　　山西省交通征费稽查局太原分局党委副书记、纪委书记

山西省交通厅

2008年度安全生产管理工作
先进单位(48个)

长治市交通局
阳泉市交通局
临汾市交通局
忻州市交通局
晋城市交通局
运城市交通局
大同市交通局
山西省公路局
山西省地方海事局
山西省高速公路管理局
山西省交通征费稽查局
山西省交通基本建设工程质量监督站
山西省交通建设开发投资总公司
山西省交通建设工程监理总公司
山西省交通规划勘察设计院
山西省交通科学研究院
山西省公路局临汾分局
山西省公路局晋中分局
山西省公路局大同分局
山西省公路局阳泉分局
山西省公路局质检中心
山西忻州高速公路有限责任公司
山西太原高速公路有限责任公司
山西运城高速公路有限责任公司
山西中交翼侯高速公路有限责任公司

山西长晋高速公路有限公司
山西省交通征费稽查局运城分局
山西省交通征费稽查局晋城分局
阳泉市运输管理处
晋城市运输管理处
长治市运输管理处
临汾市运输管理处
长治市地方海事局
运城市地方海事局
晋城市地方海事局
晋中市交通建设工程质量监督站
忻州市交通建设工程质量监督站
山西晋城高速公路建设管理处
山西阳翼高速公路建设管理处
山西闻垣高速公路建设管理处
山西汽运集团晋龙捷泰运输贸易有限公司
山西汽运集团三皇侯马运业股份有限公司
山西汽运集团晋城汽运有限公司
山西汽运集团长治汽运有限公司
长治市第一汽车运输有限公司
晋中市祁县汇通汽车运输有限公司
山西汾阳运输公司危货中心
大同市祥昊石化有限责任公司

先进个人(200名)

太原市交通局(3名)
崔跃龙　戴长庆　赵建忠
大同市交通局(3名)
祁建宇　李建成　王日亮
朔州市交通局(3名)
李朝华　孟占海　何兴华

忻州市交通局(3名)
顾占斌　周明伟　郝建平
吕梁市交通局(3名)
孙林富　蔡建德　高新民
晋中市交通局(3名)
李彦平　李素成　冀得政
阳泉市交通局(3名)
赵发明　王永昌　姚牛海

临汾市交通局(3 名)

华志刚 令狐文选 连英全

运城市交通局(3 名)

王健康 李菊红 王 力

长治市交通局(3 名)

李明芳 杨共生 李宏柏

晋城市交通局(3 名)

贾承健 王余良 王晋霞

山西省交通厅直属单位(19 名)

刘雁阳 尚金明 张跃峰 李宝琴 聂承凯 郭晓军 姚伟华 陈 杲 张西良 安正明 孙宗斌 石 珏 肖毓恺 刘兴华 宋小平 宋建华 王柏茂 杜建武 任 志

山西省公路局系统(35 名)

胡志勇 赵永平 孙宗明 吴夏生 尚海英 闫计平 刘 彪 沈芳青 陈占强 崔 毅 王亚龙 韩国琦 张爱文 李善武 李兴柱 张惠民 赵保平 张卫平 张文明 郭秋文 张玉萍 贾艳强 史学英 焦学峰 张兆阳 张保宏 王力云 关志华 李军耀 王小军 狄友植 郭裕忻 张光明 乔 莉 秦维俊

山西省高速公路管理局系统(25 名)

衡小平 贾建民 赵善义 李明军 王 道 杜爱如 陈晋芳 崔树强 杨 丽 杨晋杰 李明军 王明刚 刘泉旺 刘万红 王安宏 孙金虎 任冬霞 陈德将 申红军 王兆华 杜玉红 周 勇 郭晋军 张秀琴 贺 斐

山西省交通征费稽查局系统(15 名)

陈继胜 张 兴 郭长征 王建国 范文生 谷贵成 薛立耀 寇燕辉 杨海滨 杨旭祥 杨集生 柳锐锋 姜永伟 马少华

山西省交通运输管理局系统(25 名)

李 灵 张海珠 陈东红 段 权 唐国源 霍金相 何 莉 刘继东 王改宏 李 阳 刘庆宇 薛露平 吴 俊 周建国 王 春 梁 寅 白俊明 杜 明 郭 杰 王福记 吴鹏鸣 张学宏 秦光晋 王旭胜 杜崇兹

山西地方海事局系统(15 名)

高 倩 姚海然 高晋勇 赵志忠 马锐利 牛红斌 悦文光 孙 印 穆俊有 张国民 黄 驰 王翠莲 杨文斌 贺 斌 陈志强

山西省交通基本建设工程质量监督站(15 名)

李新杰 陶云川 马冬云 孟续峰 朱 飚 张政杰 张 涛 陶韵红 雷志军 孙 涛 姚旭东 侯 军 王维斌 王小靖 贺文喜

山西省交通厅重点公路工程建设办公室(11 名)

马春平 金新年 刘红兵 马建萍 荆劲峰 张青江 荆冰寅 解晋涛 刘 峰 秦林清 梁 奇

山西省交通厅机关(7 名)

曹居月 蒋 品 吴秀武 要前进 杜 锋 靳茂林 常卫平

2008年度完成工作目标责任制

优秀单位(12个)

忻州市交通局
晋中市交通局
长治市交通局
山西省公路局
山西省交通征费稽查局
山西省交通运输管理局
山西省高速公路管理局
山西地方海事局
山西省交通规划勘察设计院
山西省交通科学研究院
山西交通技师学院
山西省交通建设开发投资总公司

先进单位(21个)

大同市交通局
朔州市交通局
太原市交通局
吕梁市交通局
阳泉市交通局
临汾市交通局
运城市交通局
晋城市交通局
山西省交通基本建设工程质量监督站
山西交通职业技术学院
山西省交通干部学校
山西省交通建设监理总公司
山西省交通厅后勤服务中心
山西省交通厅新闻宣传中心
山西省交通厅资料信息中心
山西交通安居置业管理中心
山西省交通厅规划发展中心
山西省物流中心
山西省交通厅会计核算中心
山西省交通环境保护中心
山西省交通厅公路交通工程定额站

农村公路建设质量年活动

优胜单位(11 个)

临汾市乡宁县交通局
太原市杏花岭区交通局
晋中市和顺县交通局
长治市长治县交通局
吕梁市柳林县交通局
晋城市泽州县交通局
运城市万荣县交通局
阳泉市郊区交通局
大同市天镇县交通局
忻州市河曲县交通局
朔州市怀仁县交通局

农村公路养护质量年活动

优胜单位(11 个)

晋中市昔阳县交通局
大同市广灵县交通局
长治市平顺县交通局
河津市交通局
忻州市忻府区交通局
晋城市陵川县交通局
阳泉市平定县交通局
太原市清徐县交通局
汾阳市交通局
朔州市右玉县交通局
临汾市古县交通局

农村公路建设质量年活动

优秀项目(11 个)

朔州市神电运煤通道
忻州市定襄县瑶池至三室村公路
临汾市曲沃县杨谈至高显公路
长治市长治县横河至杨村公路
阳泉市盂县杨家沟至刘家村公路
新荣区郭家窑至破鲁段公路
太原市清徐县云支至孟封公路
运城市平陆县候王至南村公路
吕梁市柳林县小垣则至军渡公路
高平市北环城公路

晋中市和顺县西河峪至高邱公路

2008年度定点扶贫工作

先进单位(2个)

山西省高速公路管理局
山西省交通征费稽查局

模范工作队员(7名)

车鸿宾　靳小明　王发刚　马洪超　王仁豪　张必功　任宏平

“知荣明耻”主题教育活动

优秀组织奖(18个)

山西省公路局关工委
山西省交通征费稽查局关工委
山西省高速公路管理局关工委
山西省交通规划勘察设计院关工委
山西省交通建设开发投资总公司关工委
山西交通职业技术学院关工委
山西交通技师学院关工委
山西省公路局太原分局关工委
山西省公路局晋中分局关工委
山西省公路局晋城分局关工委
山西省公路局大同分局关工委
山西省交通征稽局晋中分局关工委
山西省交通征稽局忻州分局关工委
山西太旧高速公路有限公司关工委
山西太原高速公路有限公司关工委
山西长治高速公路有限公司关工委
山西运城高速公路有限公司关工委
山西省高速公路管理局晋城管理处关工委

先进集体(21个)

山西省公路局太原分局娄烦公路管理段
山西省公路局晋中分局昔阳公路管理段
山西省公路局晋中分局榆社公路管理段
山西省公路局长治分局屯留公路管理段
山西省公路局晋城分局商品公路管理处
山西省公路局大同分局公路建设物资经销公司
山西省交通征费稽查局长治分局常村收费站
山西省交通征费稽查局晋城分局阳城征稽所

山西省交通征费稽查局太原分局河西征稽所
山西省交通征费稽查局运城分局闻喜征稽所
山西省交通征费稽查局霍侯路征费管理处侯马收费站
山西省交通征费稽查局大同分局落里湾收费站
山西朔州高速公路公司毛皂收费站
山西太原高速公路公司小店收费站
山西忻州高速公路公司高蒲收费站
山西吕梁高速公路公司开栅收费站
山西太长高速公路公司榆次收费站
山西高速公路开发公司晋中机械化养护中心
山西省交通物资供应总公司
山西祁临高速公路晋中服务区有限公司
山西省高速公路管理局晋城管理处阳城收费站

先进个人(33 名)

王燕峰　山西省公路局长治分局党工部
师彦晋　山西省公路局太原分局测设所
赵　峰　山西省公路局太原分局路政支队
张　琳　山西省公路局太谷管理段综合办
孙建峰　山西省公路局晋城商品公路管理处办公室
朱晋平　山西省公路局忻州分局关工委
张　栋　山西省交通征费稽查局朔州分局人事科
常　荣　山西省交通征费稽查局阳泉分局党工部
古耀军　山西省交通征费稽查局晋中分局团委
崔军杰　山西省交通征费稽查局长治分局党工部
米喜平　山西省交通征费稽查局忻州分局人事科
田　杰　山西省交通征费稽查局霍侯路征费管理处工会
张彦军　山西省交通征费稽查局吕梁分局文水征稽所
范　华　山西省交通征费稽查局大同分局党工部
赵　琛　山西省交通征费稽查局运城分局垣曲征稽所职工子女
张　钧　山西大同高速公司大同北收费站
魏　阔　山西朔州高速公路山阴收费站
于　欣　山西太旧高速公路公司党工部
李永燕　山西太长高速公路公司长治西收费站
李　凯　山西汾离高速公路离石东收费站
吉孟夏　山西长治高速公路公司党工部
陈建荣　山西太原高速公路公司党工部
王海利　山西忻州高速公路公司代县收费站
申　力　山西晋焦高速公路公司丹河收费站
张宏斌　山西交通信息通信公司

王荣芳　山西高速公路开发有限公司晋宇公司
王梦溪　山西长晋高速公司职工子女
焦　蕊　山西运城高速公司职工子女
陈春霞　山西省交通建设开发投资总公司人力资源部
高云芬　山西省交通规划勘察设计院党办
张晓霞　山西交通技师学院07341班班长
薛昊亮　山西交通技师学院中专184班副班长
马振欧　山西交通技师学院07321班学生

先进工作者(22名)

武瑞祥　山西省公路局晋中分局关工委主任
锁德元　山西省公路局太原分局关工委主任
田天义　山西省公路局长治分局关工委副主任
樊培谟　山西省公路局大同分局关工委常务副主任
胡希铨　山西省公路局介休管理段关工委主任
延小平　山西省公路局吕梁分局老干科副科长
李军峰　山西省公路局大同分局团委书记
郜学良　山西省交通征费稽查局党委副书记、关工委副主任
杨中杰　山西省交通征费稽查局关工委办公室副主任
王忠旭　山西省交通征费稽查局老干处党支部书记
谭培青　山西省交通征费稽查局忻州分局离休干部
范云瑞　山西省交通征费稽查局晋城分局关工委办公室主任
李艳青　山西省交通征费稽查局太原分局离退休人员党支部书记
李　峰　山西省交通征费稽查局临汾分局人事科长
陈　丽　山西省高速公路管理局团委书记
师　光　山西大同高速公路公司党工部长
王芙蓉　山西临汾高速公路公司工会副主席
李国平　山西长治高速公路公司党工部长
杜文俊　山西省交通规划勘察设计院离退科科长
侯云梅　山西交通职业技术学院信息工程系党总支书记
张艳芬　山西交通技师学院学生处主任、关工委秘书长
王亚丽　山西省交通厅老龄工委干事

1999～2009年山西省交通运输厅依法治交工作
行政执法标兵单位(16个)

太原市道路运输管理局
大同市交通综合行政执法支队
朔州市怀仁县交通局
忻州市岢岚县交通局

吕梁市道路运输管理处
晋中市道路运输管理局
阳泉市道路运输管理处
临汾市交通路政支队
运城市交通综合执法支队
长治市道路运输管理处
晋城市泽州县道路运输管理所
山西省公路局晋中分局
山西省公路局晋城分局
山西省交通征费稽查局运城分局稷山所
山西省交通征费稽查局晋中分局太谷所
山西省高速公路管理局长邯路政大队

依法治理先进单位(16 个)

太原市交通局
大同市交通局
临汾市交通局
运城市交通局
运城市绛县综合执法大队
长治市交通局法制科
山西省公路局忻州分局
山西省交通征费稽局太原分局
山西省祁临高速公路有限责任公司
山西省地方海事局
山西省交通规划勘察设计院
山西省交通科学院研究院
山西省交通基本建设工程质量监督站
山西交通职业技师学院
山西省交通建设工程监理总公司
山西省交通建设开发投资总公司

依法行政先进单位(16 个)

太原市清徐县交通局
大同市阳高县交通局
朔州市交通局
晋中市交通路政支队
吕梁市交通局
晋中市昔阳县交通局
阳泉市交通局
临汾市翼城县交通局

永济市交通局
运城市新绛县交通局
长治市交通局
晋城市阳城县交通局
山西省公路局
山西省交通征费稽查局
山西省交通运输管理局
山西省高速公路管理局

行政执法先进单位(16个)

太原市尖草坪区交通稽查大队
大同市道路运输管理处
朔州市平鲁区交通局
忻州市忻府区交通路政管理所
晋中市祁县交通局
吕梁市临县地方海事处
阳泉市盂县交通局
临汾市洪洞县交通局
河津市交通综合执法大队
长治市郊区交通局
晋城市城区交通局
山西省公路局阳泉分局
山西省公路局临汾分局
山西省交通征费稽查局忻州分局
山西省交通征费稽查局长治分局
山西省高速公路管理局临汾路政大队

法制宣传教育先进单位(16个)

太原市小店区交通局
大同市天镇县交通局
大同市灵丘县交通局
忻州市交通局运输管理处
吕梁市柳林县交通局征费稽查站
晋中市榆次区交通局
临汾市乡宁县交通服务中心
运城市平陆县交通局
长治市黎城县交通局
山西省公路局太原分局
山西省交通征费稽查局临汾分局
山西太旧高速公路管理有限责任公司

山西交通技师学院
山西省交通干部学校
山西省交通厅后勤服务中心
山西省交通厅新闻宣传中心

行政执法标兵(16名)

王书见　太原市道路运输管理局运政稽查支队支队长
齐太山　大同市大同县道路运输管理所所长
王忠英　朔州市应县道路运输管理所所长
赵瑞华　忻州市五台县交通局路政大队副大队长
梁春祥　吕梁市道路运输管理处处长
吴海峰　晋中市交通路政支队副支队长
杨继勇　阳泉市交通局道路管理处副处长
王闫红　临汾市交通路政支队支队长
王小成　运城市交通局综合执法支队支队长
刘庆义　长治市道路运输管理处处长
岳非非　晋城市交通局路政管理处路政一大队大队长
赵国华　山西省公路局长治分局路政支队长
李文军　山西省公路局运城分局路政管理支队指导员
刘玉平　山西省交通征费稽查局吕梁分局离石所所长
李润河　山西省交通征费稽查局朔州分局应县所所长
尹秀春　山西省高速公路管理局太祁路政大队路政案件查处员

依法行政先进个人(18名)

刘树茂　朔州市朔城区交通局局长
王　雁　晋中市交通局运输科科长
王艾虎　阳泉市平定县交通局局长
吕虎林　晋城市交通局总工程师
鹿庆华　山西省公路局公安路政处处长
杨　斌　山西省交通征费稽查局养路费征收管理处处长
赵有恭　山西省交通征费稽查局阳泉分局局长
崔玲玲　山西省高速公路管理局法规处处长
马晓艳　山西省高速公路路政总队办公室副主任
霍　莉　山西省交通运输管理局副局长
王大为　山西省交通运输厅公路运输工会副主席
田书平　山西省交通运输厅离退休人员管理处副处长
李改蓉　山西省交通运输厅交通战备办公室副调研员
丁吉喜　山西省交通运输厅公路管理处副调研员
杨继勇　山西省交通运输厅政策法规处副调研员

许有志　山西省交通运输厅财务征费处副处级干部
秦培兰　山西省监察厅驻省交通运输厅监察室副处级干部
靳茂林　山西省交通运输厅运输管理处主任科员

行政执法先进个人(15 名)

康玉平　古交市道路运输管理所所长
陈　政　大同市广灵县交通局法制办主任
孙占先　朔州市交通局执法大队队长
杨振华　忻州市交通局路政法规处科员
赵平兴　吕梁市石楼县交通路政大队队长
杨建堂　晋中市太谷县交通局副局长
闫学臻　阳泉市郊区交通局法制办主任
华志刚　临汾市交通局党组书记、局长
黄永刚　运城市河津市交通局局长
冯泽民　长治市交通局法制科科长
宋军红　晋城市道路运输管理处稽查支队支队长
张渊宇　山西省公路局大同分局路政支队神泉堡超限超载检测站站长
黄　孝　山西省交通征费稽查局大同分局副局长
李俊杰　山西省交通征费稽查局晋城分局法制办主任
李　军　山西省高速公路管理局祁临路政大队路政审批管理员

法制宣传教育先进个人(35 名)

郭俊华　太原市阳曲县交通局办公室主任
金卫东　大同市新荣区交通局法制办主任
周建平　朔州市交通局办公室主任
陈沅俊　忻州市宁武县交通局副局长
刘志勇　吕梁市交通局宣传教育中心科员
周红波　大同市左权县交通局法制办主任
杨德军　阳泉市交通规费征收稽查处处长
关荣华　临汾市交通局法规中心科员
李海军　永济市交通局局长
王建军　长治市交通局法制科副科长
李海荣　高平市交通局局长
陈占强　山西省公路局朔州分局人劳科科长
李卫杰　山西省交通征费稽查局霍侯路征费管理处稽查科科长
赵春梅　山西省忻州高速公路责任有限公司人力资源部副部长
申晓飞　山西省太旧高速公路管理有限责任公司综合办文秘普法办干事
任艳静　山西省交通运输管理局法规处处长
刘　军　山西省地方海事局政务大厅副主任
王贵才　山西省交通规划勘察设计院公安科科长

金　莹　　山西省交通科学研究院人事劳资教育科副科长
安　进　　山西省交通基本建设工程质量监督站办公室主任
余建忠　　山西交通职业技术学院人事劳资处处长
魏延萍　　山西省交通技师学院党工部主任
肖毓恺　　山西省交通干部学校校长
张跃峰　　山西省交通建设工程监理总公司总经理
李　平　　山西省交通建设投资开发总公司党委书记
王柏茂　　山西省交通厅后勤服务中心副主任
杨原平　　山西省交通厅新闻宣传中心主任
赵国荣　　山西省交通厅资料信息中心信息部部长
杜宗云　　山西交通安居置业管理中心办公室主任
王泽伟　　山西省物流中心人事劳资处处长
刘江涛　　山西省交通厅会计核算中心副主任
赵　兵　　山西省交通环境保护中心站监测中心副主任
陆　疆　　山西省交通厅公路交通工程定额站办公室副主任
安小平　　山西省交通厅规划发展中心主任兼支部书记
贾晓峰　　山西省交通厅重点公路工程建设办公室副处级监督检查员

法制工作先进个人(16 名)

滕悦茹　　太原市交通局政策法规处处长
李俊如　　大同市交通局人事法规科科员
麻　德　　朔州市交通局法规科科长
张明义　　忻州市交通局路政法规科主任科员
高淑建　　吕梁市交通局法规科科员
刘爱荣　　晋中市交通局法制科科员
冯爱红　　阳泉市交通局人事法规科副科长
张学伟　　临汾市交通局副局长
李菊红　　运城市交通局政策法规科科长
李明芳　　长治市交通局局长
王晚喜　　晋城市交通局法规科科长
蔚照成　　山西省公路局吕梁分局路政支队支队长
郭利琴　　山西省交通征费稽查局政策法规处处长
史华敏　　山西省高速公路管理局法规处干事
傅泽锋　　山西省交通运输管理局法规处副处长
武安瑜　　山西省交通运输厅政策法规处主任科员

2009 年度先进基层党组织(40 个)

山西省公路局直属机关党委
山西省交通征费稽查局党委
山西省高速公路管理局党委

山西大同高速公路有限责任公司党委
山西太原高速公路有限公司党委
山西省交通规划勘察设计院党委
山西省交通科学研究院党委
山西交通技师学院党委
山西省交通建设开发投资总公司党委
山西省交通厅重点公路工程建设办公室党委
山西忻阜高速公路建设管理处党委
山西太佳高速公路(吕梁段)建设管理处党委
山西闻垣高速公路建设管理处党委
山西省公路工程质量检测中心党总支
山西忻州高速公路有限责任公司大盂管理处党总支
山西交通职业技术学院机关党总支
山西交通职业技术学院工程管理系党总支
山西忻保高速公路建设第十一合同段党支部
山西省交通征费稽查局机关第一党支部
山西省交通运输管理局后勤党支部
山西朔州高速公路有限责任公司路政大队党支部
山西太旧高速公路有限责任公司晋中养护处党支部
山西祁临高速公路有限责任公司晋中片区党支部
山西临汾高速公路有限公司机关党支部
山西运城高速公路有限责任公司闻喜管理处党支部
山西长治高速公路有限责任公司养护管理中心党支部
山西太长高速公路有限责任公司养护工区党支部
山西长晋高速公路有限责任公司长治南收费站党支部
山西晋焦高速公路有限公司丹河收费站党支部
山西省交通规划勘察设计院三所党支部
山西交通技师学院机关党支部
山西省交通干部学校第三党支部
山西省交通建设工程监理总公司机关党支部
山西省交通建设工程监理总公司北京项目部党支部
山西省交通建设投资总公司阳济公司党支部
山西阳翼高速公路建设管理处第二党支部
山西省交通厅后勤服务中心第一党支部
山西省交通征费稽查局太原分局西铭交通征稽所党支部
山西省交通征费稽查局太原分局小店收费站党支部
山西省交通厅机关第六党支部

2009年度优秀共产党员(204名)

山西省公路局系统(26名)

安兰双 段晓燕 侯建勋 黄广忻 郝增民 李传书 李海军 李林林 李新军 梁 健 曲俊荣 任予峡 王国禄 王 晋 王力杰 王明会 魏超飞 吴瑞军 杨帅奇 张海珠 张建斌 张 羽 赵瑞红 朱水祥 张建华 张建华(忻保)

山西省交通征费稽查局系统(7名)

郝如恒 茹 雷 黄金玉 梁宏飞 杜士平 王之纲 刘晓明

山西省交通运输管理局系统(7名)

聂保平 张 军 郭 峰 张江浩 杜 钟 段 权 王晋生

山西省高速公路管理局系统(58名)

李晓阳 邓本红 齐海英 王晓琳 徐世民 赵 功 乔洪峰 王九梅 崔志忠 姚丽英 赵 健 郭 毅 张志来 杨志刚 刘 明 王秋林 周文举 李 凯 王锡忠 张国庆 张泽民 徐嘉樑 赵 奇 袁育萍 李红涛 姚 毅 潘建峰 孔庆忠 李 峰 刘勇华 姚文勇 江家宏 薛炎龙 刘晓明 孙 毅 王安宏 鲁晋华 赵湘茹 张国兵 赵善义 张 铮 李 伟 睢相国 杨红卫 崔培忠 邱引强 申拽马 王为善 张 俊 马 斌 王惠玲 温二虎 樊小丽 张 华 郝晓燕 徐 滨 牛 铮 杨 毅

山西省地方海事局(2名)

宋海燕 冯建祥

山西省交通规划勘察设计院(9名)

刘文进 王 敬 董建新 高建荣 张永强 樊慧平 王秀平 范晓江 孙雅洁

山西省交通科学研究院(9名)

张俊成 刘文刚 申俊敏 王江龙 方 锐 吕志伟 赵 凯 虞文景 刘新民

山西省交通基本建设工程质量监督站(2名)

马冬云 王永红

山西交通职业技术学院(8名)

张一兵 崔旭民 张西良 薛培权 杨广云 王增林 杨 芳 范 君

山西交通技师学院(7名)

负 伟 范振贵 卫申蔚 杨雪峰 温利斌 路根中 王文艳

山西省交通干部学校(4名)

张咏楠 张健健 白贵生 张 萍

山西省交通建设工程监理总公司(7名)

王荣豪 郭占林 任建荣 李松涛 马昕宇 蔡长青 赵建军

山西省交通建设开发投资总公司(7名)

贺进刚 姚永福 王亚龙 卢向阳 兰晓琳 宗庆文 张 洁

山西省交通厅重点公路建设办公室(18名)

张耀文 何广龙 罗建国 丁秀春 武志杰 平 甍 姬 鸽 邱启明 程广庭 常文伟 茹 冰 秦世华 荆冰寅 郝瑞军 梁 奇 张礼宁 申 浩 张 力

山西省交通厅后勤服务中心(3名)

杨建平 赵晋秀 郭富生

山西省交通厅新闻宣传中心(4 名)

王小萍　苏　军　韩　涛　武作华

山西省交通厅资料信息中心(1 名)

梁锦华

山西交通安居置业管理中心(1 名)

李国红

山西省交通厅规划发展中心(1 名)

白彦萍

山西省物流中心(1 名)

葛贵林

山西省公路学会(1 名)

王　青

山西省交通征费稽查局太原分局(12 名)

赵建平　郅海源　王居栋　夏国强　张振辉　武俊英　张双生　李培中　齐旭鸿
赵国新　杜文军　杨志诚

山西省交通厅会计核算中心(1 名)

刘　悦

山西省交通厅定额站(1 名)

吕春春

山西省交通厅机关(7 名)

李武军　张俊萍　李英杰　杨继勇　李爱和　关中祥　王晓光

2009 年度优秀党务工作者(50 名)

山西省公路局系统(5 名)

赵金田　米春玲　吕军月　罗　凌　黄辛杰

山西省交通征费稽查局系统(2 名)

任国胜　戴　波

山西省交通运输管理局系统(1 名)

张宇宾

山西省高速公路管理局系统(19 名)

董化金　王巨乐　田浩平　刘炜东　张瑞军　刘　菁　张京平　宋　娟　王新民
王彩荣　马国岗　陆晨旭　元丰社　郝建军　白正义　姜中石　周世俊　赵桂萍
李　宏

山西省交通规划勘察设计院(2 名)

桑明泰　高云芬

山西省交通科学研究院(2 名)

杨玉东　甄俊杰

山西交通职业技术学院(2 名)

王秀萍　柴慧理

山西交通技师学院(2名)
魏延萍　温时德
山西省交通干部学校(1名)
翟智慧
山西省交通建设工程监理总公司(2名)
徐　忠　赵丽华
山西省交通建设开发投资总公司(3名)
王玉亮　尤达文　郭国锋
山西省交通厅重点公路建设办公室(3名)
李　栋　张彦斌　刘银柱
山西省交通厅后勤服务中心(1名)
杜建武
山西省交通征费稽查局太原分局(3名)
高福龙　刘建萍　寇成仓
山西省交通厅机关(2名)
贾　勇　李征远

全省交通系统北京奥运志愿者运输保障工作

先进单位(5个)

山西省交通运输管理局
太原市道路运输管理局
山西太旧高速公路管理有限责任公司
山西汽运集团晋龙捷泰运输贸易有限公司
太原市并州运业有限公司

先进个人(21名)

樊素伟　山西省交通运输管理局客运班线管理处副处长
马　杰　山西省交通运输管理局客运班线管理处科员
孟玉梅　太原市道路运输管理局客运科长
苏　静　太原市道路运输管理局客运管理站科员
戎大亮　山西太旧高速公路管理有限公司阳泉养护处处长
曹星义　山西晋龙捷泰运输贸易有限公司董事长
雷德雄　山西晋龙捷泰运输贸易有限公司经理助理
张　勇　山西晋龙捷泰运输贸易有限公司驾驶员
吴晓利　山西晋龙捷泰运输贸易有限公司驾驶员
刘玉栋　山西晋龙捷泰运输贸易有限公司驾驶员
李俊民　山西晋龙捷泰运输贸易有限公司驾驶员
张法文　山西晋龙捷泰运输贸易有限公司驾驶员
赵　刚　山西晋龙捷泰运输贸易有限公司驾驶员

姜丽生　山西晋龙捷泰运输贸易有限公司驾驶员
郝建文　太原市并州运业有限公司董事长
冯建民　太原市并州运业有限公司技安部长
尹智荣　太原市并州运业有限公司驾驶员
李耀成　太原市并州运业有限公司驾驶员
李小云　太原市并州运业有限公司驾驶员
孙建斌　太原市并州运业有限公司驾驶员
李炎祥　太原市并州运业有限公司驾驶员

全省交通政务信息工作

先进集体(18 个)

大同市交通局
朔州市交通局
忻州市交通局
吕梁市交通局
太原市交通局
晋中市交通局
阳泉市交通局
山西省公路局
山西省交通征费稽查局
山西省交通运输管理局
山西省高速公路管理局
山西省地方海事局
山西省交通规划勘察设计院
山西省交通科学研究院
山西交通职业技术学院
山西交通技师学院
山西省交通建设开发投资总公司
山西省交通厅规划发展中心

先进个人(96 名)

大同市交通局(1 名)
陶　彪
朔州市交通局(1 名)
侯　兴
忻州市交通局(1 名)
王开瑞
吕梁市交通局(1 名)
刘步春

太原市交通局(1名)
岳红旺
晋中市交通局(1名)
郭琦鹏
阳泉市交通局(1名)
冯才元
临汾市交通局(1名)
唐燕东
运城市交通局(1名)
鲁晓岩
长治市交通局(1名)
郭文军
晋城市交通局(1名)
贾巨峰
山西省交通厅机关(16名)
陈　星　解宝平　宋　蔚　梁进勇　常卫平　阎宇驰　贠岩龙　景勿停　卢永旺
陈秀峰　李征远　李宇淘　白　云　张俊萍　米　娟　王惠权
山西省公路局系统(14名)
马　勇　史忠良　贾雯棋　邱士宇　张田培　张　昕　刘永胜　张海凤　尹海峰
焦朝霞　张　霞　曹宏昇　杨　瑞　赵永福
山西省交通征费稽查局系统(14名)
范彦军　张　为　牛瑞灵　昝成继　阚欣荣　王居栋　康爱祥　赵凌云　李云杰
郭　旗　张　伟　韩建华　乔　鹏　邵文辉
山西省高速公路管理局系统(16名)
王国忠　杜利青　申霄飞　任美峰　刘爱平　葛彦明　李文平　张翰鑫　吴彩贤
韩卫平　冯　强　秦　晋　徐宝芬　王巨乐　崔培良　李爱霞
山西省重点公路工程建设办公室(17名)
李　栋　赵晓勇　于洪峰　曹少谦　崔庆云　王俊亮　张　宇　方　毅　平　甍
宋　峰　刘会清　邢鹏云　张　伟　苏　彪　董海洋　仪振刚　薛建军
山西省交通运输管理局(2名)
路翠芬　吴广晖
山西省地方海事局(1名)
杨志强
山西省交通规划勘察设计院(1名)
王艳艳
山西省交通科学研究院(1名)
张小彤
山西省交通质量监督站(1名)
戊元依

山西交通职业技术学院(1 名)
刘素平
山西交通技师学院(1 名)
要亚娟
山西省交通干部学校(1 名)
梁志凌
山西省交通建设开发投资总公司(4 名)
张亚文　邢鹏云　秦小丽　李海霞
山西省交通建设工程监理总公司(1 名)
马昕宇
山西省交通厅新闻宣传中心(1 名)
殷　楠
山西省交通计算机通信中心(1 名)
张海亮

2008 年度《山西交通年鉴》工作

先进单位(17 个)

运城市交通局
山西省公路局长治分局
忻州市交通局
晋中市交通局
临汾市交通局
长治市交通局
阳泉市交通局
大同市交通局
山西省交通征费稽查局
山西省交通运输管理局
山西省交通规划勘察设计院
山西省交通建设开发投资总公司
山西省交通科学研究院
山西省公路局太原分局
山西省交通征费稽查局忻州分局
山西太旧高速公路管理有限责任公司
山西忻州高速公路管理有限责任公司

先进个人(22 名)

席红霞　曹宏昇　刘邦晋　王跃东　李玉洲　韩金廷　史晋阳　高　青　范彦军
张惠萍　秦华国　宗庆文　许艳红　张夏玲　赵树平　王立中　吕　锋　刘玉怀
王锁胜　王国忠　贾振卜　陈富根

全省交通系统办公室工作
先进个人(142 名)

大同市交通局(2 名)
李恒东　赵阳春
朔州市交通局(2 名)
孟廷宪　周建平
忻州市交通局(2 名)
韩新生　董丽华
吕梁市交通局(2 名)
田光铭　冯丽芳
太原市交通局(2 名)
燕国文　李　欣
晋中市交通局(2 名)
姬怀杰　王跃东
阳泉市交通局(2 名)
张永红　秦东贵
临汾市交通局(2 名)
李玉洲　张红枝
运城市交通局(2 名)
席红霞　李　芬
长治市交通局(2 名)
张　宏　王德强
晋城市交通局(2 名)
贾巨峰　宋　萍
山西省交通厅机关(5 名)
杜丽萍　高洪生　李栋然　杜　锋　董新亮
山西省公路局系统(22 名)
吴正杰　田　娅　刘艾芳　张继东　郝利宏　张夏玲　高向晖　王春梅　胡秋花
董枫林　解占伟　史　勇　宋海燕　焦榜丹　蔚晋玲　李林林　刘丽芳　宋晋萍
冯景霞　马　强　宋　伟　张鸿斌
山西省交通征费稽查局系统(18 名)
柳锐锋　郝丽欣　闫贵林　杨金成　张震丽　张鼎颖　陈继胜　张　兴　赵树平
赵建平　郑彦明　张宏兴　马剑锋　段林枝　杨海滨　薛万红　李耀武　默海平
山西省高速公路管理局系统(21 名)
李　慧　曲文莉　王立中　殷文秀　左保山　张金锁　赵姗姗　王　志　原燕妮
王　锋　刘丽芬　张福连　吴宇凯　张凤琼　卫克艳　张廷元　魏鹏举　林红兵
杨彩虹　李　岸　郭继和
山西省重点公路工程建设办公室(18 名)
武桂香　郝瑞军　胡立新　刘伟威　何广龙　张　强　刘银柱　门高鹏　牛世伟
刘　峰　李忠涛　和　亮　刘志军　常文伟　窦新霞　王文平　王爱云　孙永安

山西省交通运输管理局系统(8 名)
郭　峰　温晓明　陈　亮　李文杰　牛婷婷　赵志强　白　斌　魏晓霞
山西省地方海事局(2 名)
杨文斌　郝开国
山西省交通规划勘察设计院(3 名)
秦华国　范卫东　徐　航
山西省交通科学研究院(2 名)
赵忠安　刘国伟
山西省交通基本建设工程质量监督站(1 名)
安　进
山西交通职业技术学院(2 名)
张一兵　崔旭民
山西交通技师学院(1 名)
孟仁贵
山西省交通干部学校(1 名)
赵卫中
山西省交通建设开发投资总公司(5 名)
陈　宏　张晓枫　张新建　王更苗　窦海霞
山西省交通工程建设监理总公司(1 名)
阎　慧
山西省交通厅新闻宣传中心(1 名)
王晴红
山西省交通厅资料信息中心(1 名)
梁锦华
山西省交通厅后勤服务中心(1 名)
穆霄峰
山西省交通厅规划发展中心(1 名)
郭晓生
山西交通安居置业管理中心(1 名)
李国红
山西省物流中心(1 名)
窦艳丽
山西省交通厅会计核算中心(1 名)
刘江涛
山西省交通环境保护中心站(1 名)
刘晓连
山西省交通厅公路交通工程定额站(1 名)
陆　疆
山西省交通计算机通信中心(1 名)
侯金铃

全省农村公路通达情况专项调查

先进集体(23 个)

大同市交通局公路管理处
大同市天镇县交通局
朔州市交通局
忻州市交通局
原平市交通局
太原市交通局公路管理处
太原市小店区交通局
阳泉市交通局道路管理处
晋中市左权县交通局
晋中市太谷县交通局
吕梁市交通局
吕梁市临县交通局
临汾市交通局
临汾市尧都区交通局
运城市稷山县交通局
运城市万荣县交通局
长治市沁县交通局
长治市平顺县交通局
晋城市泽州县交通局
山西省公路局阳泉分局
山西省公路局晋中分局
山西太原高速公路有限公司
山西长治高速公路有限责任公司

先进个人(93 名)

大同市交通局(7 名)

张素芳 白 玫 颉云奎 许贵福 李自新 汤 勇 赵永福

朔州市交通局(5 名)

张 晋 丰 旭 闫登峰 尹文权 刘建文

忻州市交通局(9 名)

李 钰 李幼平 马 祥 冀新天 任少萍 索效武 程宝荣 杨耀刚 张晓东

太原市交通局(7 名)

贾全福 孟永红 刘军伟 耿旭东 冯艳兆 马志强 贾学强

阳泉市交通局(4 名)

曹继春 张英莲 郭全瑞 郭书贵

晋中市交通局(7 名)

张俊杰 王小明 王仰武 侯开红 张小红 白宇燕 郑敬东

吕梁市交通局(8 名)

刘 琼 白庆山 白小荣 张立毅 张东春 许瑞新 杨艳芳 许世燕

临汾市交通局(11 名)

刘松甫　樊霍平　邸彦军　刘兆强　张香菊　朱文梅　李　茂　宁　枫　李晓云
冯志荣　李　佳

运城市交通局(8 名)

董万哲　关　妍　鲁晓岩　吴丽娜　段　军　王　燕　刘海伟　张秀梅

长治市交通局(8 名)

郜俊先　郝素斌　王岳峰　常建华　刘　鹏　秦卫华　段利解　郭慧萍

晋城市交通局(5 名)

吴建义　崔喜源　秦胜东　秦良彦　祁海军

山西省农村公路通达情况专项调查办公室(2 名)

解宝平　张耀红

山西省公路局(6 名)

张兴顺　王巧霞　刘保平　温广丽　杜美玲　李顺平

山西省高速公路管理局(8 名)

付建光　李亚杰　虞丽云　张　峰　续文建　樊丽英　王　晶　陈艳萍

2008 年度新命名“文明和谐示范窗口标兵”单位(3 个)

山西省公路局忻州分局台山公路段
山西忻州高速公路公司顿村收费站
山西运城高速公路公司侯马收费站

2008 年度新命名“文明和谐示范窗口”单位(10 个)

山西省公路局大同分局堡子湾传统教育基地
山西省公路局忻州分局宁武公路段
山西省交通征费稽查局忻州分局繁峙征稽所
山西省交通征费稽查局晋中分局榆次征稽所
山西朔州高速公路公司朔州收费站
山西太原高速公路公司长风收费站
山西运城高速公路公司机场收费站
山西省交通厅五台山职工培训中心
山西省交通工程监理总公司北京项目部
阳泉市交通局大村收费站

2007 年度部门决算先进单位(11 个)

山西省公路局
山西省交通征费稽查局
山西省交通运输管局
山西省高速公路管理局
山西省交通技师学院
山西省交通厅会计核算中心

长治市交通局
忻州市交通局
太原市交通局
朔州市交通局
运城市交通局

2007年度基本建设决算先进单位(11个)

山西省公路局
山西省交通征费稽查局
山西晋济高速公路有限公司
大同市交通局
忻州市交通局
晋中市交通局
阳泉市交通局
吕梁市交通局
运城市交通局
临汾市交通局
晋城市交通局

2007年度企业财务决算先进单位(6个)

山西省高速公路管理局
山西省公路局
山西省交通建设工程监理总公司
山西省交通规划勘察设计院
山西省交通厅后勤服务中心
山西省交通建设开发投资总公司

领导干部名录

山西省交通厅

段建国　厅党组书记、厅长
张　润　厅党组副书记、副厅长
　　　　山西省国防动员委员会交通战备办公室主任
王志民　厅党组成员、副厅长
韩日裕　厅党组成员、省纪委驻交通厅纪检组组长
张志川　厅党组成员、副厅长
郜玉兰　厅党组成员、总工程师
张德仪　厅党组成员、总经济师
赵振田　厅党组成员、省公路局党委书记
曹燎原　厅巡视员
郭贵平　厅副巡视员

尹新平　办公室主任
苏　敏　办公室副主任
田建江　办公室调研员

曹居月　政策法规处处长
杨转科　政策法规处副调研员
杨继勇　政策法规处副调研员

王京荣　综合规划处(外资处)处长
吴秀武　综合规划处(外资处)副处长
董占文　综合规划处(外资处)副处长
王　蕾　综合规划处(外资处)调研员
武建勇　综合规划处(外资处)副调研员
解宝平　综合规划处(外资处)副调研员

郭全英　财务征费处处长
高海青　财务征费处副处长

蒋　品　公路管理处处长
杨增梅　公路管理处调研员、副处长
丁吉喜　公路管理处副调研员

杨吉平　运输管理处处长
张　翼　运输管理处副处长
滑晋生　运输管理处副调研员

李贵顺　科技教育处处长
李英杰　科技教育处调研员、副处长
李　明　科技教育处调研员

田　根　公安处处长
张立承　公安处副处长

蔺建煌　人事处处长
侯一方　人事处调研员、副处长
郝振清　人事处副调研员

杨俊威　厅直机关党委书记
贾　勇　厅直机关党委副书记
原建中　厅直机关党委调研员

李爱和　离退休人员管理处处长
田书平　离退休人员管理处副处长

王晓光　省公路运输工会主席
王大为　省公路运输工会副主席
逯美玲　省公路运输工会调研员
窦林彬　省公路运输工会调研员

山西省国防动员委员会交通战备办公室(挂靠单位)
史荣和　副主任(副厅级)
马　健　副主任(正处级)
李改蓉　副调研员

中共山西省纪委驻交通厅纪律检查组(派驻单位)
山西省监察厅驻交通厅监察室(派驻单位)
胡建新　驻交通厅纪检组副组长(2008年12月30日任职)、监察室主任
李征远　驻交通运输厅监察室副主任(正处级)(2009年6月16日任职)
秦培兰　驻交通运输厅纪检组、监察室副处级检查员、监察员(2009年6月16日任职)

市县区交通局

太原市交通局

张建刚　党组书记、局长
闫明生　党组成员、副局长、市交通战备办公室主任
贾秀荣　党组成员、副局长
李　宁　党组成员、副局长
王正仁　党组成员、纪检组长
赵瑞雪　党组成员、副局长
高海林　党组成员、副局长、市客运办主任
贾全福　党组成员、总工程师
张成森　党组成员、副调研员
朱宗文　党组成员、副调研员
李建华　党组成员、副调研员、公交公司副董事长
任选平　党组成员、市运管局局长

小店区交通局
杨武良　局　长
迎泽区交通局
樊海光　局　长
杏花岭区交通局
苏广生　局　长
尖草坪区交通局
郑　俊　局　长
万柏林区交通局
宁克强　局　长
晋源区交通局
张　旗　代局长
古交市交通局
阎元亮　局　长
清徐县交通局
姚忠杰　局　长
阳曲县交通局
李锁亮　局　长
娄烦县交通局
武富敬　局　长

大同市交通局

许　栋　党组书记、局长（2009 年 2 月离任）
张明生　党组书记、局长（2009 年 2 月任职）
胡建业　党组副书记、副局长
叶富民　党组成员、副局长
王　荣　党组成员、副局长
姚胜利　党组成员、副局长
邓　盛　党组成员、纪检组长
王尚学　党组成员、总工程师

大同县交通局
刘日新　局　长
阳高县交通局
李守清　局　长
天镇县交通局
张云峰　局　长

浑源县交通局

任常青　　局　长

灵丘县交通局

杜春光　　局　长

广灵县交通局

王　桓　　局　长

左云县交通局

赵　升　　局　长

南郊区公路局

李长春　　局　长

葛文栋　　书　记

新荣区交通局

陶　义　　局　长

朔州市交通局

石　爱　　党组书记、局长

秦艮生　　党组成员、副局长(正处)

杨亚非　　党组成员、纪检组长

杨三雄　　党组成员、总工程师

吴宏璧　　党组成员(正处)

朔州区交通局

刘树茂　　局　长

阎登峰　　党总支书记

平鲁区交通局

张元胜　　局　长

山阴县交通局

郭文忠　　局　长

王　君　　党总支书记

应县交通局

胡宝禄　　局　长

王　全　　党总支书记

怀仁县交通局

韩宝卿　　局　长

姚建国　　党总支书记

右玉县交通局

王　建　　局长、党总支书记

忻州市交通局

顾占斌　　局长

李　钰　　副局长

张早安　　副局长

张刚邡　　副局长

高资驭　　纪检组长

张明亮　　总工程师

冯子英　　局长助理

戴有权　　助理调研员

忻府区交通局

郭月亮　　局　长

张慧祥　　书　记

定襄县交通局

李兆明　　局　长

原平市交通局

李迎泽　　局　长

张元忠　　书　记

代县交通局

梁跃飞　　局　长

胡泽平　　书　记

繁峙县交通局

李桂生　　局　长

五台县交通局

王满荣　　局　长

静乐县交通局

段玉光　　局　长

宁武县交通局

周喜生　　局　长

神池县交通局

侯玉文　　局　长

张天荣　　书　记

五寨县交通局

贾剑山　　局　长

李平小　　书　记

岢岚县交通局

孙永红　　局　长

河曲县交通局

贾兴瑞 局 长

保德县交通局

郭付才 局 长

张智才 书 记

偏关县交通局

董存海 局 长

吕梁市交通局

贾永岩 党组书记、局长

张建峰 副局长(正县级)、交通战备办主任

孙林富 副局长(正县级)

裴剑英 副局长

薛春平 副局长(正县级)

张 锦 党组副书记

李万强 纪检组长

张小平 总工程师

杨志峰 总会计师

任石平 调研员(正县级)

高树峰 副调研员

刘康斌 副调研员

交城县交通局

张守明 局 长

文水县交通局

张维元 局 长

汾阳市交通局

郝长江 局 长

孝义市交通局

杜 云 局 长

交口县交通局

宋成亮 局 长

石楼县交通局

张石明 局 长

柳林县交通局

杜根柱 局 长

中阳县交通局

张蝉旺 局 长

离石区交通局

杨晓峰 局 长

临县交通局

高新民 局 长

兴县交通局

白鹏昊 局 长

岚县交通局

牛存山 局 长

方山县交通局

任三元 局 长

晋中市交通局

李彦平 党组书记、局长

张晋平 党组成员、副局长

王根喜 党组成员、副局长

郭福生 党组成员、副局长、纪检组长

陈平生 党组成员、副局长

吴红兵 党组成员、总工程师

程惠明 党组成员、运管局长

荀富杰 党组成员、纪检组长

姬怀杰 党组成员、办公室主任

刘奎藻 助理调研员

王庆元 助理调研员

榆次区交通局

李爱锁 局长兼书记

太谷县交通局

赵卯平 局长兼书记

祁县交通局

权 冰 局长兼书记

平遥县交通局

冀得政 局 长

姚忠国 书 记

介休市交通局

李 忠 局长兼书记

灵石县交通局

牛兴山 局长兼书记

寿阳县交通局

康学军 局长兼书记

昔阳县交通局

张保林　　局长兼书记

和顺县交通局

巩红中　　局长兼书记

左权县交通局

张保伟　　局　长

范志向　　书　记

榆社县交通局

郝跃刚　　局长兼书记

阳泉市交通局

李书田　　党组书记、局长

韩晋萍　　党组成员、副局长

赵发明　　党组成员、副局长

梁保栋　　党组成员、副局长

杨素英　　党组成员、总会计师

毕映富　　党组成员、纪检组长

焦建星　　党组成员、总工程师

张昧小　　调研员

李宝福　　助理调研员

盂县交通局

胡俊卿　　局　长

李爱科　　党总支书记

平定县交通局

王艾虎　　局　长

王春常　　党总支书记

郊区交通局

罗树宏　　局　长

张英莲　　党总支书记

临汾市交通局

华志刚　　党组书记、局长

王　强　　副局长

苏胜勇　　副局长

张学伟　　副局长

孙铁中　　副局长

赵宪法　　纪检书记

令狐文选　　总工程师

尧都区交通局

张金铭　　局　长

李福平　　书　记

曲沃县交通局

靳海旺　　局　长

陈德胜　　书　记

侯马市交通局

贾新田　　局长兼书记

翼城县交通局

宁廷树　　局　长

张华立　　书　记

霍州市交通局

王并生　　局　长

吴记明　　书　记

洪洞县交通局

狐东锁　　局　长

蒲县交通局

双新生　　局　长

襄汾县交通局

王红星　　局　长

张天发　　书　记

安泽县交通局

许　峰　　局　长

郭贵富　　书　记

吉县交通局

谭建章　　局长兼书记

乡宁县交通局

刘润才　　局　长

王建丽　　书　记

隰县交通局

乔明星　　局　长

贠晓明　　书　记

汾西县交通局

郭　大　　局　长

王建平　　书　记

古县交通局

杨跃武　　局　长

籍云刚　　书　记

大宁县交通局

白慧星　　局　长

马春明　　书　记

永和县交通局

樊志刚　　局　长

张培金　　书　记

浮山县交通局

刘建荣　　局　长

王晓民　　书　记

运城市交通局

王健康　　党组书记、局长

畅汇河　　副局长

王树民　　副局长

鲍师选　　副局长

解建功　　副局长

王书臣　　纪检组长

毋智民　　总工程师

荆永勤　　党组成员

陈新安　　党组成员

盐湖区交通局

陈秋明　　局长兼书记

临猗县交通局

陈景安　　局　长

阎义华　　书　记

万荣县交通局

王卫民　　局长兼书记

河津市交通局

黄永刚　　局长兼书记

稷山县交通局

杜广发　　局长兼书记

新绛县交通局

孔京喜　　局长兼书记

绛县交通局

白海珠　　局　长

张秀峰　　书　记

垣曲县交通局

阎保峰　　局　长

闻喜县交通局

杨安龙　　局长兼书记

夏县交通局

张红宇　　局长兼书记

平陆县交通局

员戊戌　　局长兼书记

芮城县交通局

姚三义　　局长兼书记

永济市交通局

李海军　　局　长

李全忠　　书　记

长治市交通局

李明芳　　党组书记、局长

杨共生　　党组副书记、副局长

师文高　　副局长

卢四海　　副局长

郜俊先　　副局长

金胜军　　纪检书记

景启明　　总工程师

沁源县交通局

张建伟　　局　长

沁县交通局

柴沁森　　局　长

武乡县交通局

史振宏　　局　长

襄垣县交通局

宋苏华　　局　长

黎城县交通局

孙广兴　　局　长

潞城市交通局

李秀仁　　局　长

平顺县交通局

郭忠胜　　局　长

壶关县交通局

郭刚德　　局　长

长治县交通局

王爱山　　局　长

长子县交通局

苗晋宏　　局　长

屯留县交通局

魏养增　　局　长

郊区交通局

张庭伟　　局　长

晋城市交通局

贾承健　　党组书记、局长

陶德恩　　党组成员、副局长

李连根　　党组成员、副局长

李明耀　　党组成员、副局长

靳　胜　　党组成员、纪检组长

王汉庆　　党组成员、副局长

王余良　　党组成员、副局长

吕虎林　　党组成员、总工程师

郭光明　　党组成员、副调研员

李海军　　党组成员、副调研员

杨　洋　　局长助理

城区交通局

王满庆　　局长兼党总支书记

泽州县交通局

李晋中　　局长兼党总支书记

高平市交通局

李海荣　　局长兼党总支书记

阳城县交通局

茹起来　　局长兼党总支书记

陵川县交通局

秦青瑞　　局长兼党总支书记

沁水县交通局

段国英　　局长兼党总支书记

厅直属单位

山西省公路局

赵振田　厅党组成员、局党委书记
戴　飞　局长、党委副书记
王升云　党委委员、副局长
李铁山　党委副书记兼纪委书记
蒋　品　党委委员、副局长
陈运生　党委委员、副局长
胡志勇　党委委员、副局长
惠高峰　党委委员、副局长
周文全　党委委员、总工程师
张兴顺　局长助理
张为民　局长助理

山西省交通征费稽查局

张晋鹏　党委书记、局长
王世锋　党委副书记、副局长
崔锁在　副局长
冯　德　副局长
郝如恒　副局长
郜学良　党委副书记、纪委书记
郭建中　工委主任
郜建刚　总会计师

山西省交通运输管理局

李华中　党委书记、局长
李　灵　党委副书记、副局长
聂保平　副局长
王学义　副局长
霍　莉　副局长
刘志斌　纪检书记

山西省运政稽查总队

席建华　政　委
高玉斌　副总队长
张江浩　副总队长

山西省汽车驾驶员培训学校管理中心

史晓华　主　任
朱　虹　副主任
裴增武　副主任

山西省战略物资道路运输应急保障指挥调度中心

张海珠　主　任

山西省道路运输管理培训中心

王海锦　主　任

山西省道路运输管理局治理非法超限超载办公室

李华中　主　任

山西省交通运输管理局后勤服务中心

李华中　主　任

山西省高速公路管理局

董新品　局长、党委副书记
李万定　党委书记

周存信　副局长、党委副书记
王联明　副局长
魏和平　党委副书记、纪委书记
范双成　副局长、总会计师
武移风　总工程师
刘玉柱　党委委员、太原公司总经理

山西省地方海事局

牛世骏　局长、党支部书记
孙　印　副局长

山西省交通规划勘察设计院

聂承凯　院　长
帖智武　党委书记兼副院长
马健中　常务副院长兼总工(正处)
任小峰　党委副书记、纪委书记
郭晓军　副院长
刘秀武　工会主席
黄仰收　副院长
张晓东　副院长
聂　强　党委副书记

山西省交通科学研究院

赵队家　院　长
刘耀龙　党委书记
任良华　党委副书记
温金中　副院长
杨建红　副院长
赵国珠　副院长
韩　萍　总工程师
姚伟华　工会主席
多文英　副院长
刘少文　副院长
李晋文　副院长

山西省交通基本建设工程质量监督站

常二栋　站　长
王俊北　副站长
李新杰　副站长
虞翠云　副站长
薛　兰　党支部副书记

山西交通职业技术学院

孟　科　党委书记
贾山泉　党委副书记、纪委书记
安正明　副院长
钟建民　副院长

山西交通技师学院

张文才　校　长
徐利民　党委书记
孙宗斌　党委副书记、副校长
郭俊雄　副校长
白德恭　副校长
贠　伟　副校长
孟仁贵　纪委书记

山西省交通干部学校

肖毓恺　校　长
申水旺　党委书记
曹有生　副校长
刘兴华　副校长
周新湘　副校长

山西省交通建设工程监理总公司

张跃峰　总经理、党委副书记
米慧杰　党委书记
何晓明　副经理、总工程师
程跃平　党委副书记、纪委书记
冯尔钢　副经理(兼任省公路学会秘书长)
曹世军　副经理
张广煊　工会主席
李仙桃　总会计师

山西省交通建设开发投资总公司

魏庆飞　总经理
李　平　党委书记、副总经理
李润喜　党委副书记、工会主席(正处)
尚建军　副总经理
贝　瑜　总会计师
韩文军　副总经理(正处)
张庆华　副总经理
田介平　纪检书记
杨天平　副总经理

山西省交通厅资料信息中心

师国梁　主任、党支部书记
郭富平　副主任

山西省交通厅新闻宣传中心

杨原平　主任、党支部书记
李　兴　副主任
宋建华　副主任
石中生　副主任
杨春兰　副主任
崔鸣原　副主任

山西省交通厅后勤服务中心

张补才　党总支书记、主任
杨建平　副主任
杨开奇　副主任
王柏茂　党总支副书记

山西交通安居置业管理中心

郭永刚　主　任
王津林　副主任

山西省交通厅规划发展中心

安小平　主任兼党支部书记
白彦萍　副主任

山西省物流中心

郭树中　主　任
郝　钧　副主任

山西省交通厅会计核算(审计)中心

郭贵堂　主任、党支部书记

山西省交通厅公路交通工程定额站

雷英夏　站　长
王彩仙　副站长

山西省交通环境保护中心站

赵队家　站　长
王东伟　副站长

公路系统单位

山西省公路局机关

王　晋　　办公室主任
袁海鸿　　办公室副主任
徐媛丽　　办公室副主任
周建设　　机关党委书记
杨　林　　党委工作部部长
段晓燕　　党委工作部副部长
常仙玲　　人事处处长
王焕斌　　人事处副处长
杨帅奇　　人事处副处长
王巧霞　　计划统计处处长
张志清　　计划统计处副处长
刘保平　　计划统计处副处长
李安渠　　养路处处长
王文俊　　养路处副处长
霍翠兰　　养路处副处长
赵玉生　　建设处处长
吴夏生　　建设处副处长
刘　军　　建设处副处长
郝增民　　副总工程师
马德文　　技术处处长
张天明　　技术处副处长
韩洪泽　　技术处副处长
赵金田　　财务征费处处长
吕金玲　　财务征费处副处长
李兴昌　　财务征费处副处长
李秀萍　　财务征费处正处级调研员
李若菁　　财务征费处副处级调研员
曲俊荣　　政策法规处处长
赵永红　　政策法规处副处长
鹿庆华　　公安路政处处长
寒晓卫　　公安路政处副处长
赵振伟　　公安路政处副处长
卫跃文　　地方公路处处长
郭转英　　地方公路处副处长
赵高峰　　地方公路处副处长
牛　亮　　审计处处长
许有志　　审计处副处长
赵晋华　　审计处正处级调研员
王贵宏　　纪委副书记、监察室主任
宋瑞平　　监察室副主任
崔改正　　监察室正处级调研员
王钦华　　工会主席
汪晓云　　工会副主席
黄道荣　　工会副主席
徐心光　　工会副处级调研员
要胜利　　离退休人员管理处处长
鲍惠卿　　离退休人员管理处副处长
李　萍　　离退休人员管理处副处长

太原公路分局

李润平　　局　长
赵涌文　　党委书记
吴胜斌　　副局长
蔡双寿　　工会主席、党委委员
曹力群　　副局长、党委委员
锁文录　　副局长、党委委员
徐俊德　　纪委书记

韩国琦 副书记

大同公路分局

刘　美 局　长
李　忠 党委书记
胡　权 党委副书记、纪委书记
刘　彪 副局长、党委委员
武　喜 总工、党委委员
曹军英 副局长、党委委员
左世娟 工会主席

朔州公路分局

李　开 局　长
康义仁 党委书记
李一民 副局长、党委委员
张俊生 总工、党委委员
王德全 纪委书记、党委委员
张金顺 工会主席、党委委员

忻州公路分局

张利民 局　长
杨中平 党委书记
郜树实 副局长、党委委员
王斌俊 总工、党委委员
刘庆珍 纪委书记、党委委员
张贵良 工会主席、党委委员

吕梁公路分局

王　敏 局　长
王福贵 党委书记
闫志雄 副局长
刘庆爱 副局长
关红锦 纪委书记、工会主席、党委委员
邓卫明 总　工
卫　君 党委副书记

晋中公路分局

王四小 局　长
胡钢成 党委书记
于长生 工会主席、党委委员
李文寿 总工、党委委员
赵保平 副局长、党委委员
杨　桦 党委副书记、纪委书记
张惠民 副局长

阳泉公路分局

禹彦荣 局　长
卫　生 党委书记
刘青竹 副书记兼纪委书记
闫献忠 副局长、党委委员
曹成江 副局长、党委委员
王牛孩 党委副书记
宋振宏 副局长、党委委员

临汾公路分局

姚来义 局　长
李　红 党委书记
皇甫宝 副局长、党委委员
王玉林 总工、党委委员
刘小平 工会主席、党委委员

运城公路分局

丁惠民 局　长
权可进 党委书记
畅良臣 副局长、总工程师
王发刚 党委副书记
李曙光 工会主席、党委委员
郭临生 副局长
吉王毅 副局长

长治公路分局

苗宏宇 局　长
郭新德 党委书记
路江峰 副局长、党委委员
秦绍佐 副局长、党委委员
赵庆新 副局长、党委委员
杨卫星 党委副书记、纪委书记、工会主席
都魏龙 副局长兼总工

晋城公路分局

郭长庆　局　长
张根法　党委书记
张小马　副局长、党委委员
张玉春　副局长
王振明　副局长、党委委员
陈建国　副局长、总工程师、党委委员
郭立新　纪委书记、党委委员

三门峡黄河公路大桥山西管理处

李晓阳　处　长
李福祥　副处长
郭青林　纪检监察员
王建忠　副处长

省公路局生活服务中心

徐碧河　主　任
李跃强　党总支书记
张怀德　副书记兼工会主席
李月谦　副主任

省公路物资供应总公司

刘宪文　总经理、党总支副书记
赖桂祥　党总支书记(正处)
聂建中　副经理
宋一芬　副经理
杨海义　副经理
郭裕忻　副书记
陈康生　工会主席
张玉春　副经理
张　宏　副经理
吴　翼　副经理

省公路工程质量检测中心

王进满　主　任
米春玲　党总支书记
郎光昌　副主任、党总支委员
贾建荣　工会主席、党总支委员
薛喜廷　副主任

省公路局职业技术教育培训中心

原香山　主　任
张效荣　副主任
王　璐　副主任

省公路构件厂

李敬中　厂长兼书记
陈德镛　副书记
贺乃仁　副厂长
邓书秀　工会主席
冀俊如　副厂长
马延年　总　工
丁　毅　副厂长
王　平　副厂长

省筑路机械厂

张光明　厂　长
郭　嘉　书记、工会主席
徐志杰　副厂长
李爱民　副厂长

省公路局多种经营中心

侯守刚　主　任

省交通厅五台山职工培训中心

李晋勇　主任、忻州公路分局党委委员

省公路局信息中心

汪晓云　主　任

征稽系统单位

山西省交通征费稽查局职工教育培训中心

渠　刚　　主任、党支部书记
梁宏飞　　副主任
贾中华　　副主任

山西省交通征费稽查局资讯交流中心

刘志国　　主　任
杜士平　　副主任

山西省交通征费稽查局稽查总队

李建国　　队　长
任国胜　　政　委

山西省交通征费稽查局信息中心

孙明江　　主　任

太原征稽分局

刘宝东　　局　长
王志国　　党委书记
王　晋　　党委副书记、纪检书记、工会主席
刘俊飞　　副局长
黄　瑄　　副局长
张迎喜　　副局长
武晋熙　　副局长
杨进才　　副局长

大同征稽分局

梁文亮　　局　长
曲晓东　　党委书记
黄　孝　　党委副书记、副局长
张　谦　　纪检书记、工会主席
刘初平　　副局长

朔州征稽分局

曲恒卯　　局　长
何斌祚　　党委书记
徐　斌　　副局长
潘日成　　副局长

忻州征稽分局

薛存银　　局　长
段志伟　　党委书记
李宣厚　　党委副书记、纪检书记、工会主席
智利敏　　副局长
雷红锋　　副局长

晋中征稽分局

张志坚　　局　长
宋亚平　　党委书记
王玉寿　　党委副书记、纪检书记、工会主席
谷贵成　　副局长
车鸿宾　　副局长
顾志峰　　副局长
刘建斌　　副局长

阳泉征稽分局

赵有恭　局　长
耿春光　党委书记
任晓军　党委副书记、纪委书记、工会主席
范文生　副局长

吕梁征稽分局

贾志刚　局　长
辛泉生　党委副书记(主持工作)
秦泳湫　党委副书记、纪委书记、工会主席
薛立耀　副局长
薛　岳　副局长

长治征稽分局

乔明珍　局　长
秦国增　党委书记
王京会　副局长
郭建军　副局长
王天龙　副书记、纪委书记
王保川　副局长

晋城征稽分局

张慧锋　局　长
张联信　党委书记
郭建伟　党委副书记、副局长

临汾征稽分局

李建勋　局　长
杨国泉　党委书记
袁彦社　党委副书记、纪委书记、工会主席
刘　耀　副局长

运城征稽分局

贾振卜　局　长
高　前　党委书记
文志坚　党委副书记、纪检书记、工会主席
王冬生　副局长
杨宏伟　副局长
李义让　副局长
李雅昌　副局长

霍侯路征费管理处

韩跃庄　处　长
樊庆宏　党委书记
薛国海　副处长
杨集生　副处长
郝卫国　副处长
赵幼芳　党委委员

高管系统单位

山西省太旧高速公路管理有限责任公司

李新喜　董事长、党委书记
郭迎平　总经理
丁建业　党委副书记、纪委书记
鄯宝玉　副总经理
田卫川　副总经理
李友桐　副总经理
吴宇刚　总会计师
姚丹阳　副总经理

山西省大同高速公路有限责任公司

尉继廷　总经理
董化金　党委书记
刘俊卿　党委副书记
任　永　党委副书记、副总经理
寇振旺　纪检书记
赵　军　副总经理
麻学平　总会计师

山西省朔州高速公路有限责任公司

刘根生　总经理
李树平　党委书记
何广龙　副总经理
赵寿基　副总经理
李明军　副总经理
蒙　俊　总会计师

山西省忻州高速公路有限责任公司

王志义　董事长、总经理
张　显　党委书记
王　道　副总经理
邵长兰　党委副书记
胡慧恩　副总经理
贺贵仁　副总经理
郝向东　工会主席
郑耀武　副总经理
陶　瑜　总会计师

山西省太原高速公路有限责任公司

刘玉柱　总经理
张京平　党委书记
李康吉　副总经理
王锡忠　纪检书记
闫柏青　副总经理
姜中波　副总经理
杨振峰　副总经理

山西省祁临高速公路有限责任公司

姚惠发　总经理
李志刚　党委书记
胡旭东　副总经理、韩信岭桥隧管理处处长
刘　钢　副总经理
鲁永春　工会主席
杜爱如　副总经理
孙斌科　韩信岭桥隧管理处副处长
李亚东　韩信岭桥隧管理处副处长

山西省临汾高速公路有限责任公司

衡小平　总经理
樊肖林　党委书记
刘晋峡　副总经理

山西省运城高速公路有限责任公司

贾建民　总经理
昝生晋　党委书记
李鹏飞　常务副总经理
刘俊平　副总经理
杨广晨　总会计师
姚文勇　工会主席、纪检书记
江家宏　副总经理

山西吕梁高速公路有限公司

张启星　总经理
高存厚　党委书记
李耀峰　副总经理
刘宝宁　纪检书记

山西吕梁汾离高速公路建设有限公司

张启星　总经理
逮伍尔　党委书记
吕宝生　纪检书记
贾福志　总会计师
贺月年　副总经理

山西省长治高速公路有限责任公司

杨　勇　总经理
范黎卿　副总经理
王旭东　副总经理
郭秀斌　党委副书记
姬　鸽　副总经理
王根兴　工会主席

中交翼侯高速公路有限公司

王为善　总经理
姜中石　党委书记
张　骏　财务总监
汪国荣　副总经理兼纪委书记
刘　刚　副总经理
刘学文　副总经理
郭泽刚　总经理助理

山西省高速公路管理局晋城管理处

杨转科　处　长
陆晨旭　党总支书记
王兆华　副处长
张明喜　工会主席
苏泽民　处总支委员

山西省高速公路开发有限公司

王联明　董事长
王喜全　党委书记
高耀华　总经理
张利华　副总经理
陈晋芳　党委副书记、纪委书记
马东强　副总经理

山西省交通信息通信公司

赵文华　经　理
温廷全　党支部书记
宫一雄　常务副经理
温二虎　副经理
侯新容　副经理兼总工程师

山西省高速公路收费管理结算中心

范双成　主　任
李　宏　副主任
申爱萍　副主任

山西省高速公路信息监控中心

倪　津　主　任
曹世勋　党支部书记

山西省高速公路路政总队

魏和平　总队长
孙吉亮　副总队长
于金柱　副总队长

重点公路工程建设单位

山西省重点公路工程建设领导组办公室

刘清平　党委书记、综合处处长
杨直清　党委副书记、地方协调处处长
杨绍波　党委委员、工程管理处处长
王润民　党委委员、社会资本项目管理处处长
李俊生　党委委员、农村路网管理处处长
王丽川　党委委员、综合处副处长
冀常军　党委委员、纪委书记
王　维　地方协调处副处长(正处级)
赵　伟　正处级廉政建设特派员
郭炳华　地方协调副处长
贾晓峰　副处级公路建设监督检查员

山西省晋城环城高速公路建设管理处

张三宏　处　长
冯银富　副处长
王　华　纪检书记
马　远　党委书记、副处长
赵升琪　副处长

山西省阳翼高速公路建设管理处

张　华　处　长
张功胜　党委书记
高岳权　总工程师
王战兵　副处长
郝　剑　总会计师
茹　冰　副处长

山西省大同高速公路建设管理处

李应怀　处　长
张守信　党委书记
李　君　纪检书记
董贵春　副处长
郭兆宏　副处长
谢鹏远　副处长
宋平兴　副处长

山西省太佳高速公路(太原段)建设管理处

姚建军　处　长
刘玉柱　党委书记
王　刚　副处长
刘晓明　副处长
茹晋龙　纪检书记
张于良　总工程师
姜中波　总会计师

山西省太佳高速公路(吕梁段)建设管理处

刘子兴　处　长
刘迎全　党委书记
温智勇　副处长
董万森　副处长
刘泽林　副处长
李春和　纪检书记
武志杰　处长助理

山西省汾平高速公路有限公司

王龙琪　　总经理
刘　峰　　副总经理
宋金成　　副总经理
吕少锋　　副总经理
汪曙光　　财务总监

山西省长平高速公路建设管理处

杨　勇　　处　长
姬　鸽　　党委书记
张泽民　　副处长
和　亮　　副处长
王秀平　　总工程师
许珏惠　　总会计师
李怀明　　纪检书记
王根兴　　工会主席（长治高速）

山西省平阳高速公路建设管理处

郭迎平　　处　长
刘　彪　　党委书记
张　俊　　副处长
李建东　　副处长
崔志盛　　总工程师
刘江涛　　总会计师
李文平　　纪委书记
孙　珑　　处长助理

山西省闻垣高速公路建设管理处

贾建民　　处　长
侯兴杰　　党委书记、副处长
杨广晨　　总会计师
荆冰寅　　副处长
魏培孝　　总工程师
赵宝龙　　纪委书记

交通开发单位

山西省太长高速公路有限责任公司

魏庆飞　　董事长
赵善义　　副董事长、总经理
王玉亮　　党委书记
冯建刚　　副总经理、总工程师
张功胜　　副总经理
张　华　　副总经理
刘安民　　副总经理
王振北　　总会计师
张　铮　　党委副书记、纪委书记

山西省长晋高速公路有限责任公司

魏庆飞　　董事长
郭智锋　　总经理
刘玉怀　　党委书记
王庆红　　常务副经理
尤达文　　副书记
郝建军　　副书记兼纪检书记
李吉祥　　总会计师
张应魁　　总会计师
王文明　　经理助理
赵剑斌　　经理助理
段星星　　工会常务副主席

山西省晋焦高速公路有限公司

王锁胜　　党总支书记、总经理
白正义　　党总支副书记、副总经理、工会主席
任怀杰　　党总支委员、副总经理
邱引强　　党总支委员、副总经理
王利发　　党总支委员、总工程师
张　明　　副总经理
冯晓军　　党总支委员、综合办主任
申拽马　　党总支委员、丹河收费站站长

山西汽车运输集团有限公司

山西汽车运输集团有限公司

胡鲜朝　董事长、党委副书记
郭鹏飞　党委书记、副董事长
张海清　总经理
牛天长　工会主席（兼阳泉公司董事长）
王援朝　副总经理
王彩霞　总会计师
武　艺　副总经理
曹继祥　副总经理
郭丕英　调研员（享受副职待遇）
李建华　董事会秘书处处长
李淑萍　董事会人事处处长
路晋华　董事会规划处处长
苏高平　董事会审计处处长
郭　争　党委办公室主任
杨竹娟　团委副书记、工会女工委主任
牛培晋　纪委、监察室主任
赵润香　离退休人员管理处处长
李胜堂　工会副主席
段素宏　办公室主任
靳道喜　人力资源处处长
刘军阳　财务处处长
韩跃川　业绩考核处处长
张宝亭　技术安全处处长
陈树海　产权管理处处长
杨静芬　信息中心主任
任伯招　信访办公室主任
黄安柱　运输公安分处处长
许爱民　机关后勤中心主任

山西运城汽车运输集团有限公司

孙振清　董事长
张欢照　党委书记、副董事长
乔耀旭　总经理
马晋英　纪委书记、工会主席
田星耀　监事会主席
谢保国　副总经理
许宇翔　副总经理
李吉录　副总经理
张建明　副总经理
卫振华　副总经理、总会计师

山西三皇侯马运业集团股份有限公司

崔德民　董事长
鹿向东　党委书记、副董事长
陈来旺　总经理
翟中新　党委副书记、纪委书记、工会主席
段惠煊　监事会主席
成海燕　副总经理
李良法　副总经理
张振生　副总经理、总会计师

山西汽运集团临汾汽车运输有限公司

常民锋　董事长
孟德生　党委书记、副董事长
高增运　总经理

王合迎　　纪委书记、监事会主席
卫　国　　工会主席
马保平　　副总经理
张卫政　　副总经理
郭爱世　　副总经理
田晓凯　　总会计师

山西省晋城汽车运输有限责任公司

秦建军　　董事长
王和平　　党委书记、副董事长
田　锋　　总经理
崔永林　　副总经理
侯晋灵　　副总经理
张宏善　　副总经理
申梅芳　　纪委书记、监事会主席
李军社　　副总经理
祁永恒　　总会计师

山西省长治汽车运输有限责任公司

马瑞峰　　董事长
刘海存　　党委书记
李晋生　　总经理
杜林江　　副董事长
梁宝明　　工会主席
韩玉平　　副总经理
张志斌　　总会计师
曹剑文　　纪委书记、监事会主席
王文录　　副总经理
张学用　　副总经理

山西省阳泉汽车运输有限责任公司

牛天长　　董事长(兼)
王立魁　　党委书记
张世明　　总经理
刘广兴　　党委副书记、工会主席
王成喜　　副总经理
马连水　　纪委书记、监事会主席
李建华　　副总经理
王丽生　　副总经理

山西省汾阳汽车运输有限责任公司

武建军　　董事长
王小明　　党委书记、副董事长
王　平　　党委副书记
陷士为　　工会主席
席生喜　　纪委书记、监事会主席
邓立齐　　副总经理
刘　涛　　副总经理

山西汽运集团忻州汽车运输有限公司

常　彪　　董事长
王　涛　　党委书记、副董事长
张四满　　总经理
赵玉生　　纪委书记
杨俊元　　工会主席
刘金元　　副总经理
白云萍　　总会计师
李广泰　　监事会主席
阎跃林　　副总经理
张俊前　　副总经理

山西省阳方口汽车运输有限责任公司

李九龙　　董事长
宫承亮　　党委书记、副董事长
周银柱　　总经理
王　亮　　党委副书记
徐全旺　　纪委书记、工会主席
包建忠　　监事会主席
吕成厚　　副总经理
王小荣　　副总经理
刘建峰　　副总经理
张建民　　副总经理

山西雁北运业有限责任公司

邵龙晓　　董事长
张俊贵　　党委书记
王均国　　总经理
王明华　　党委副书记
名廷信　　工会主席
王　平　　副总经理

肖正伟　　总会计师
白生庆　　纪委书记、监事会主席
高建福　　副总经理
任毅斌　　总经理助理

山西汽运集团晋龙捷泰运输贸易有限公司

曹星义　　董事长
赵建成　　党委书记、副董事长
李保全　　总经理
胡玉生　　工会主席
王慧芳　　总会计师
安先珍　　党委副书记、纪委书记、监事会主席
韩　刚　　副总经理
田　伟　　副总经理
韩建华　　副总经理
刘　军　　副总经理

山西宇星客车有限公司

张晋华　　党委书记、董事长
崔俊文　　总经理、总工程师
原建新　　党委副书记、工会主席
赵江波　　副总经理

解玉环　　总会计师
阎效东　　纪检书记、监事会主席
赵吉中　　副总经理
杨太忠　　副总经理
李玉波　　副总经理

山西迎泽物流有限公司

赵泽华　　总经理
郭思通　　党总支书记
李秀文　　副总经理
王永昌　　副总经理

山西汽运集团同兴开发有限公司

李　俊　　总经理、党总支书记
杨　海　　党总支副书记
张旭升　　副总经理
霍志波　　副总经理

山西汽运集团交通大厦

林　原　　总经理、党总支书记
蔺　连　　党总支副书记
刘俊峰　　副总经理